Marisa Carlà • Angela Chiaino

Incontesto

Competenze di metodo, comunicative, linguistiche e testuali

ANTOLOGIA

G. B. PALUMBO EDITORE

Incontesto

Le idee guida

L'idea-guida alla base del progetto è quella di creare un'opera caratterizzata da una **didattica laboratoriale centrata sulle competenze**, che consenta agli studenti di acquisire il sapere attraverso il "fare", **coinvolgendoli attivamente**, svolgendo compiti e risolvendo problemi, abituandoli quindi alla concretezza e all'azione con la finalità di far acquisire loro i quadri concettuali che sono indispensabili per **l'interpretazione della realtà.**

La didattica laboratoriale presuppone l'uso della metodologia della ricerca, pertanto il laboratorio è inteso come modalità di lavoro, come ambiente di apprendimento, dove i docenti guidano la didattica per **situazioni-problema** e per **situazioni in contesto,** per attivare **abilità e competenze** in grado di rendere operativi i saperi e **comunicare** a seconda dei diversi contesti e scopi, **padroneggiando la lingua italiana** in forma scritta e orale, con chiarezza e proprietà.

Come è strutturato il libro

I Percorsi, le Unità e i Primi Piani

L'opera è divisa in **Percorsi, Unità** e **Primi Piani.**
Ogni Percorso ha come finalità **l'attivazione e il consolidamento** di determinate **competenze**:

- competenze di metodo
- competenze di lettura
- competenze di autovalutazione
- competenze interpretative
- competenze comunicative

Ogni **Unità** presenta una sequenza di brani seguita da un **Primo Piano**, in cui, attraverso **testi non letterari,** vengono trattati argomenti particolarmente vicini agli interessi dei giovani e connessi all'argomento trattato nell'Unità.
I testi presi in esame nei Primi Piani sono testi di carattere scientifico, economico, sociologico, artistico, fotografico, multimediale (*videotesti*). Le tipologie testuali che caratterizzano i testi sono: *il rapporto, il documentario, l'intervista, il dossier, il saggio argomentativo, l'articolo informativo* e *il testo multimediale.*

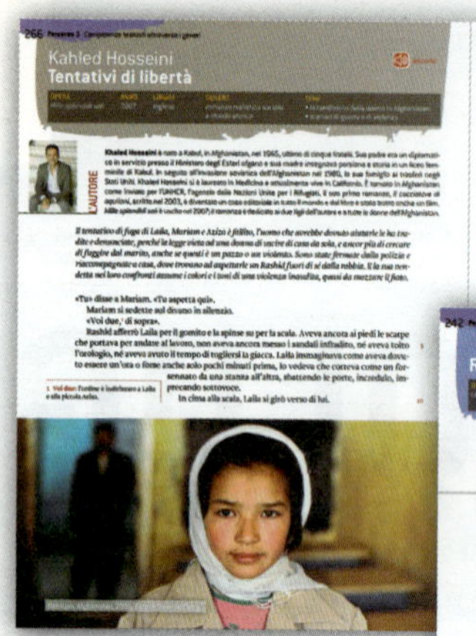

I brani e gli apparati didattici

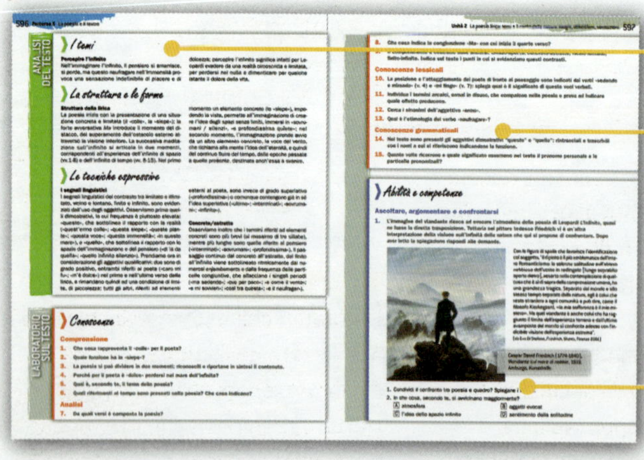

Ogni testo presente nelle Unità è corredato da un' **analisi del testo** puntuale e dettagliata, divisa in: **I temi – Le tecniche narrative – Le tecniche espressive.**

Segue un **Laboratorio sul testo** caratterizzato da batterie di esercizi tendenti a verificare le conoscenze sia **testuali** che **morfosintattiche.** Ogni Laboratorio è suddiviso in: **Comprensione – Analisi – Conoscenze lessicali – Conoscenze grammaticali.**

Una rubrica speciale accompagna ciascun testo per attivare e potenziare *in itinere* **Abilità e competenze**, a sua volta suddivisa in **Scrittura e interpretazione** e **Ascoltare, argomentare e confrontarsi.**

Le rubriche che caratterizzano l'opera

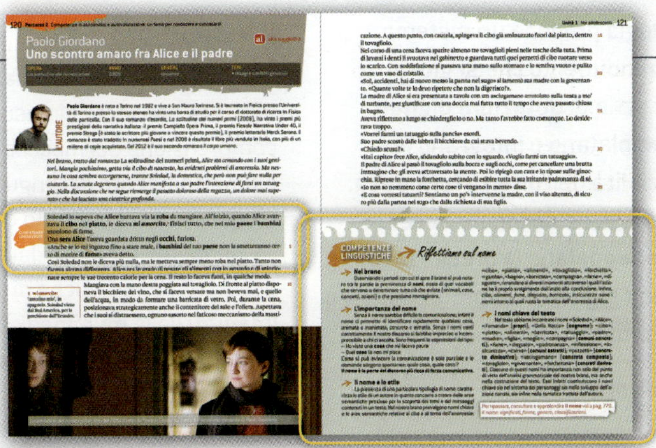

Competenze linguistiche

Riflettiamo su... il nome, l'articolo ecc.

Si tratta di una rubrica che, partendo dal testo, riflette su aspetti morfologici fondamentali della lingua italiana che connotano particolarmente il testo analizzato, con rimandi ad un sintetico schedario grammaticale (*Prontuario grammaticale*) inserito alla fine del volume.

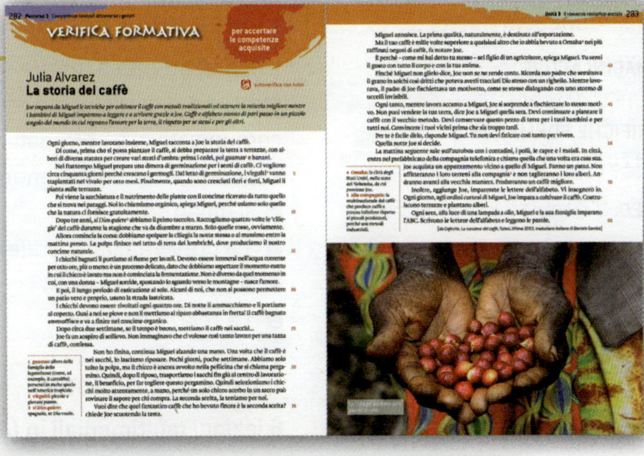

Verifiche formative *per accertare le competenze acquisite* con possibilità di autoverifica e tutor digitale

La struttura delle prove allena al modello INVALSI. Lo studente è assistito nella parte digitale da un tutor che lo aiuta nelle risposte sbagliate e lo guida ad un approfondimento nelle risposte esatte. La prova è sempre corredata da un report finale.

Laboratori in situazione: progetti interdisciplinari di gruppo e di cittadinanza attiva nel rapporto Scuola-Società-Territorio

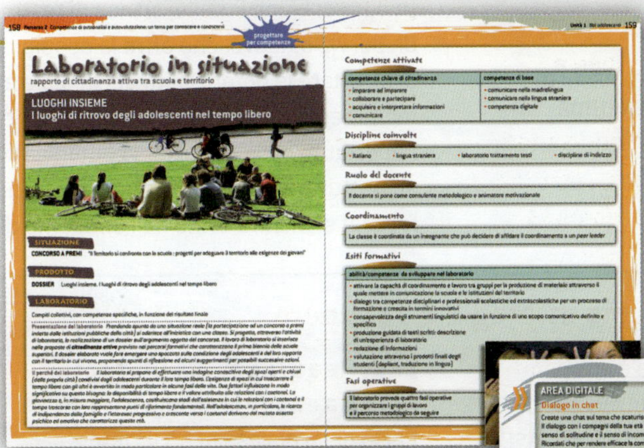

È una delle novità forti del libro finalizzata a:

- potenziare il ruolo degli studenti come **soggetti attivi** del proprio processo di formazione e di apprendimento;
- **attivare** conoscenze individuali e gusto per la **ricerca** autonoma;
- incentivare la **collaborazione** con il gruppo;
- acquisire la capacità di **comunicare esperienze relazionando** alla fine del progetto, utilizzando e integrando diversi linguaggi.

Le attività dei laboratori partendo da situazioni concrete (concorsi, progetti d'Istituto, partecipazione a giornate di studio, interviste, ecc.) propongono la progettazione delle seguenti attività: **dossier, spettacolo teatrale, allestimento di una mostra fotografica, depliant illustrativo, partecipazione attiva a progetti d'Istituto.**

I Laboratori sono finalizzati ad attivare competenze specifiche e atteggiamenti responsabili nei confronti del territorio, dell'ambiente e dei luoghi di vita e di lavoro.

Area digitale

Laboratori che invitano gli studenti a utilizzare nella progettazione dei loro lavori gli strumenti digitali (forum, chat, ricerca in internet...) per acquisire nuove competenze comunicative.

Incontesto

Un sistema di apprendimento integrato (carta + digitale)

L'antologia propone un sistema di apprendimento che si giova di una serie di **dotazioni digitali** che completano o integrano le potenzialità dell'offerta formativa. Apposite icone collocate sulle pagine segnalano la presenza di materiali digitali di approfondimento o interattivi:

- ASCOLTI
- TESTI ATTIVI
- IMMAGINI ATTIVE
- VERIFICHE FORMATIVE CON FUNZIONE TUTOR
- VIDEO
- VIDEOTESTI
- LA COMUNICAZIONE IN CONTESTO
- TESTI AD ALTA LEGGIBILITÀ
- TESTI FACILITATI CON ASCOLTO E AUTOVERIFICA CON TUTOR
- CORSO DI DIZIONE (a cura di Elena Pistillo)

Il *Videotesto*

L'utilizzo della multimedialità nella didattica consente di misurarsi con la comprensione dei meccanismi di costruzione e funzionamento dei linguaggi visivi, con cui i ragazzi sono a contatto quotidianamente.
Il *videotesto*, prodotto dalla Casa Editrice per uso didattico, offre la possibilità di affrontare tematiche di alta valenza formativa attraverso i **linguaggi integrati** della multimedialità (*immagini, parole, suoni, attorialità della voce, comunicazione gestuale, significati combinatori delle parole e dei contenuti*).
Il laboratorio di metodo connesso è finalizzato ad attivare abilità di analisi di un *videotesto* per acquisire capacità di lettura e interpretazione di testi multimediali.

I video sulla comunicazione in contesto

L'opera, attenta a fornire strumenti e strategie didattiche per attivare competenze comunicative, è corredata da video sulle seguenti situazioni comunicative:

- Il dibattito
- La presentazione orale di un curriculum
- Il colloquio di lavoro
- La relazione orale

Il Corso di dizione

6 lezioni multimediali in formato digitale
(a cura di Elena Pistillo, attrice di teatro)
Un servizio nuovo, che offre la possibilità di sfruttare le potenzialità del digitale e del multimediale, per migliorare la *pronuncia*, importante nelle situazioni comunicative soprattutto in vista delle sfide con cui i ragazzi si misureranno nell'ambiente di lavoro.

"L'inclusione" come strategia di recupero

L'antologia **Incontesto** è un'opera attenta alla **didattica inclusiva** attraverso suggerimenti e percorsi didattici individualizzati nel rispetto del principio generale **dell'integrazione degli alunni nella classe** perché nessun alunno sia sentito come non appartenente, non pensato e quindi non accolto.
Nel sistema integrato carta + digitale l'opera presenta:

In formato digitale, nel libro interattivo, **Testi ad alta leggibilità**, nel carattere **EasyReading©**, disegnato per aiutare a evitare lo scambio visivo, tipico della dislessia, tra lettere e numeri simili per forma.

Molti brani con l'ausilio di **Ascolti**, che aiutano l'apprendimento degli alunni ipovedenti.

Sempre in digitale, nel libro interattivo, **Testi facilitati** (con ascolto e autovalutazione con tutor), con una struttura a livelli: *primo livello*: ascolto, divisione in parti ed esercizi attivi di comprensione, parole calde e glossario semplificato; *secondo livello*: laboratorio sul testo con esercizi facilitati con autoverifica e funzione tutor. Tale servizio aiuta gli alunni non madrelingua o quelli con problemi di apprendimento.

Per evitare il rischio di uno "specialismo escludente" il percorso didattico è ricco di **attività di gruppo**, che consentono di attivare modalità di lavoro inclusive che coinvolgano l'intero gruppo classe.

INDICE

Laboratorio in situazione
rapporto di cittadinanza attiva tra scuola e territorio

UNITÀ 4

PERCORSO 5

La poesia e il teatro 537

UNITÀ 1

Il testo poetico: strutture e forme 539

UNITÀ 2

La poesia lirica: temi • Il canto della natura: luoghi, atmosfere, sensazioni 571

PERCORSO 6
Competenze comunicative: metodi, strumenti, strategie 729

PERCORSO 1

Competenze di metodo: strumenti e strategie

PERCORSO 1

Competenze di metodo: strumenti e strategie

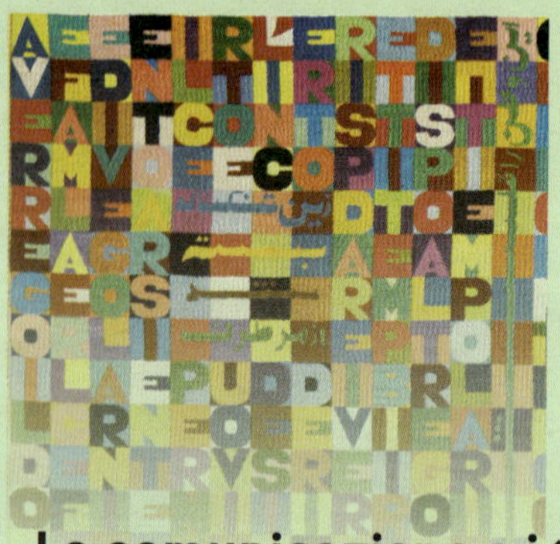

Webook

I contenuti digitali integrativi dell'opera
incrementabili e aggiornabili sono disponibili all'indirizzo
www.palumboeditore.it/incontesto
seguendo le procedure indicate

Libro interattivo

Chi ha acquistato la versione dell'opera
con **libro interattivo (eBook+)** troverà le istruzioni
per scaricarlo nel coupon allegato o nel sito della Casa Editrice
www.palumboeditore.it

HANNO COLLABORATO
Angela Pinnavaia Unità 4 del Percorso 1; Laboratori in situazione
Enrico Stabellini Unità 1, § 5, del Percorso 1; Unità 2 del Percorso 4; § 4, *Saper parlare*, del Percorso 6

COORDINAMENTO EDITORIALE Giancarlo Biscardi
REDAZIONE Valentina Conti
PROGETTO GRAFICO E COPERTINA Federica Giovannini
REALIZZAZIONE GRAFICA Vincenzo Marineo
IMPAGINAZIONE Fotocomp - Palermo
REALIZZAZIONE DEI MATERIALI MULTIMEDIALI Palumbo Multimedia
la regia del testo teatrale messo in scena è di Gianfranco Perriera
(Compagnia Teatès - Palermo)
FOTOLITO La Nuova Lito - Firenze
STAMPA Tipolitografia Petruzzi s.n.c. - Città di Castello (PG)

ISBN 978-88-6017-830-5

Finito di stampare dalla Tipolitografia Petruzzi s.n.c., Città di Castello (PG),
nel mese di marzo 2014 per conto della G.B. Palumbo & C. Editore s.p.a., Palermo

EasyReading®

I testi ad alta leggibilità di questo volume sono stati realizzati con il carattere **EasyReading®** font ad alta leggibilità
dedicato ai dislessici, ma fruibile da tutti.
Il carattere **EasyReading®** è stato concepito e disegnato da Edizioni Angolo Manzoni, come "font ad alta leggibilità"
per aiutare a evitare lo scambio visivo tra lettere e numeri simili per forma.
Il font **EasyReading®** ha ricevuto dall'Associazione Italiana Dislessia parere positivo per le sue specifiche caratteristiche
grafiche che sono utili ad agevolare la lettura a chi presenta problematiche di Dislessia (Disturbo Specifico dell'Apprendimento)
www.easyreading.it

Pucci Alfredo

Marisa Carlà • Angela Chiaino

Incontesto

Competenze di metodo, comunicative, linguistiche e testuali

La comunicazione e i testi

1 LA COMUNICAZIONE

La **comunicazione** è un processo che accompagna ogni momento della vita dell'uomo. Comunicare con gli altri, scambiare esperienze, idee, emozioni con le persone che ci circondano, interagire in vari modi con coloro che condividono con noi l'ambiente sociale, di lavoro o familiare, rientra nell'esperienza di vita di ogni giorno.

Comunicare, dal latino *communicare*, 'rendere comune', vuol dire mettere in comune con gli altri qualche cosa: esperienze, idee, emozioni, informazioni, giudizi, ordini, ecc.

Attraverso la comunicazione si realizza un passaggio di informazioni in un continuo processo di trasmissione di segnali (**segni**) che veicolano messaggi. Perché la comunicazione abbia un significato è necessario che esista un sistema di regole che spieghino il valore dei segni (**codice**) condiviso sia dalla fonte del segnale (**emittente**) sia da colui che lo riceve (**destinatario**).

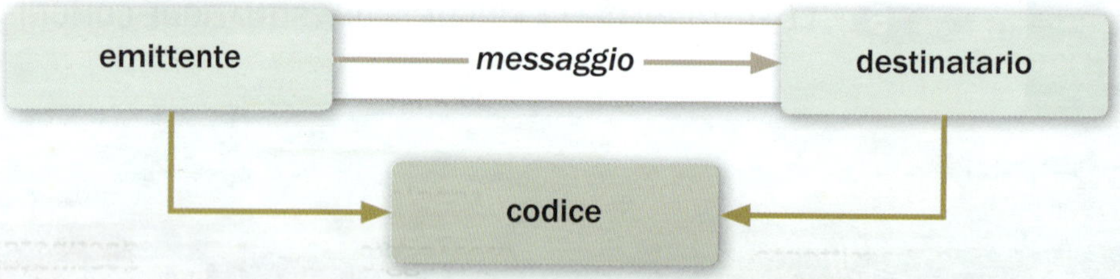

Le forme di comunicazione sono molte e in tutte sono presenti gli elementi costitutivi del processo comunicativo: *emittente*, *messaggio*, *ricevente*, *codice*, *canale*, *referente*:

- l'**emittente** è colui che trasmette il messaggio
- il **messaggio** è il contenuto della comunicazione, è ciò che si vuol comunicare: informazioni, impressioni, giudizi, ordini, desideri, preghiere, ecc.; il messaggio è la manifestazione concreta della comunicazione e può avere forme diverse: può essere costituito da immagini, da gesti, da suoni, da parole
- il **ricevente** o **destinatario** è colui che riceve il messaggio.
  L'intenzione comunicativa si forma nella mente dell'emittente, ma perché avvenga la comunicazione occorre che l'emittente possa raggiungere il **ricevente**.
  Il messaggio è comprensibile solo se l'**emittente** e il **ricevente** conoscono il **codice** dei segni convenzionali e il modo di usarlo.
  Il messaggio espresso mediante un **codice** viene trasmesso tramite un **canale**:
- il **codice** è un sistema di segni (conosciuto sia dall'emittente che dal ricevente) regolati da precise norme e da rapporti di corrispondenza ai significati
- il **canale** è il mezzo fisico che consente all'emittente di trasmettere il messaggio al ricevente (onde sonore nel caso della comunicazione orale, carta per la comunicazione scritta, oppure telefono, elettricità, computer, ecc.)
- il **referente** è l'aspetto della realtà (persone, animali, oggetti) al quale il messaggio si riferisce.

Ogni atto comunicativo quindi presuppone la presenza di sei elementi. Nello schema raffiguriamo gli elementi della comunicazione e i loro collegamenti.

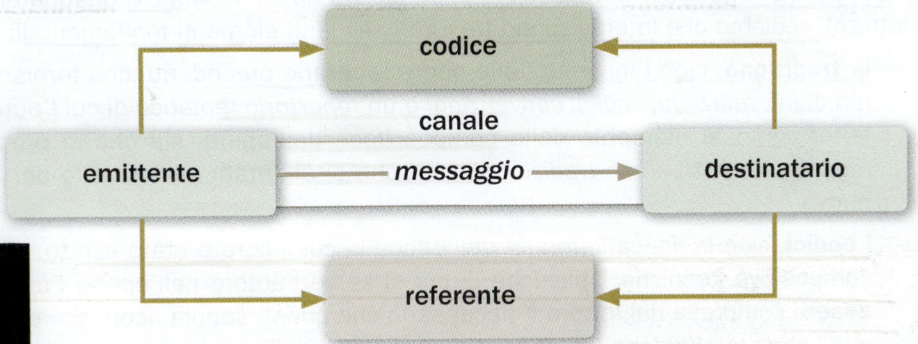

La comunicazione non è una realtà fissa e immutabile, ma è influenzata da vari fattori: il **tempo**, lo **spazio**, il **ruolo** degli interlocutori, lo **scopo** che si prefigge.

Un ruolo fondamentale nell'ambito di qualsiasi società è sostenuto dalla **comunicazione linguistica**, ossia dal processo di trasmissione di informazioni per mezzo dei segni linguistici formati da suoni che corrispondono a concetti.

All'interno della comunicazione linguistica possiamo riconoscere uno spazio specifico, rappresentato da una forma particolare di comunicazione verbale: la **comunicazione letteraria**.

Cocktail Party, pannello dal collage murale lungo oltre settanta metri *The Americans* di Saul Steinberg, 1958. Bruxelles, Musées royaux des Beaux-Arts de Belgique.

2 LA COMUNICAZIONE LETTERARIA

Autore, testo, pubblico

La comunicazione letteraria presenta gli stessi fattori costitutivi di ogni processo comunicativo. Il **testo letterario** è un testo che veicola *messaggi estetici*; la *funzione dominante* del linguaggio è quella **poetica**, in base alla quale il testo presenta caratteristiche peculiari:

- possiede una **struttura** formale **non modificabile**, in quanto è stata fissata una volta per sempre dall'autore in un determinato momento
- offre una **molteplicità di significati**, che consentono una *varietà di interpretazioni*, sempre nuove e diverse in relazione al momento storico e alla tipologia dei lettori. È da tenere presente che la comunicazione letteraria rappresenta solo uno degli aspetti della comunicazione estetica che riguarda tutti gli altri sistemi di segni (visivi, musicali, gestuali ecc.) che danno vita alle arti figurative, alla musica, alla danza, alla recitazione, ecc.

Se analizziamo i fattori specifici che regolano il processo di **comunicazione letteraria** che si instaura tra l'emittente del messaggio, un **autore** (lo scrittore), e il destinatario, il **pubblico** (il lettore), vediamo che interagiscono tra loro i seguenti elementi fondamentali:

- la **tradizione**, cioè l'insieme delle opere letterarie precedenti, che forniscono un patrimonio di *informazioni*, *codici*, *convenzioni* e un *repertorio tematico* di cui l'autore non può non tener conto al momento della composizione dell'opera, sia che si proponga di imitare modelli del patrimonio *tradizionale,* sia che si allontani dal modello per creare un'opera nuova
- i **codici**, cioè la *lingua letteraria* dell'epoca in cui il libro è stato scritto, l'insieme di regole compositive, tecniche, stilistiche di cui si serve l'autore nell'opera. Perché l'opera possa essere compresa dal lettore è necessario che questi sappia riconoscere i *codici* e *decodificarli*, comprendendone il messaggio
- il **contesto**, con cui si indica:
  a. l'insieme degli elementi a cui l'opera si riferisce (mondo reale o immaginario, ideologia, cultura, lingua, valori ecc.)
  b. le circostanze storiche in cui l'opera è stata prodotta, che determinano o condizionano la sua nascita e le scelte dell'autore (*contesto culturale*)
- il **canale**, il mezzo concreto attraverso cui avviene la comunicazione letteraria, in questo caso il libro.

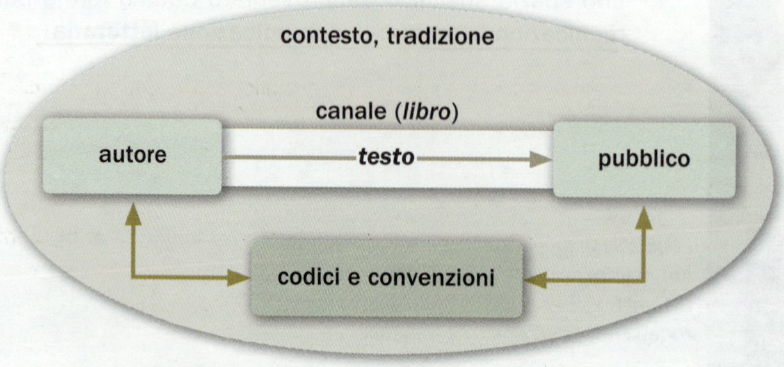

L'autore quindi scrive un'opera letteraria indirizzando il proprio messaggio al pubblico; a determinare e "condizionare" la struttura del testo e le scelte dell'autore contribuiscono: la **tradizione**, l'esistenza dei **codici** e di **convenzioni** di cui, d'altra parte, deve essere a conoscenza anche il lettore per poter interpretare un'opera.

Un altro elemento che condiziona lo scrittore nel comporre un'opera è il fenomeno che viene chiamato **committenza**.

Si parla di committenza in senso stretto quando un mecenate commissiona ad uno scrittore un'opera per celebrare, ad esempio, il proprio casato, o quando un editore commissiona ad un autore un'opera che ritiene possa avere successo. Forme di committenza possono essere anche le attese del pubblico che lo scrittore cerca di cogliere per costruire la sua opera.

Autore e pubblico

Come abbiamo detto l'**autore** è l'emittente del messaggio artistico nella comunicazione letteraria: egli si presenta nella duplice veste di uomo reale o individuo storico e di **autore implicito** o costruttore dell'opera.

La relazione che l'autore del messaggio artistico (*emittente*) può instaurare con il pubblico (*destinatario*) varia profondamente a seconda del contesto storico e culturale. Il rapporto **emittente-destinatario** dipende anche dal tipo di conoscenza che l'autore ha del suo pubblico: se l'autore sa di avere un pubblico definito con una precisa ideologia è anche definita la sua funzione di scrittore, l'opera contiene in sé l'immagine del lettore a cui è destinata; se l'autore non individua con esattezza il pubblico deve decidere il senso del proprio lavoro senza concreti riferimenti che lo aiutino nelle scelte.

Autore e lettore reali e impliciti

L'**autore reale** (lo scrittore) è la persona storica dell'autore dell'opera letteraria quale emerge dal complesso delle sue opere, delle sue idee, degli avvenimenti che caratterizzano la sua vita.

L'**autore implicito** è l'idea dell'autore che noi ci facciamo leggendo la sua opera in base agli elementi che il testo ci fornisce.

Il **lettore implicito** è l'idea di lettore che l'autore considera come destinatario ideale delle sue opere.

Il **lettore reale** è colui che realmente ha letto o leggerà quella determinata opera.

Il **narratore** è colui che è responsabile dell'atto di enunciazione del racconto, e deve essere distinto dalla persona fisica dell'autore e dalla sua ideologia.

Il **narratario** (o destinatario del narratore) designa il personaggio che compare nella storia come destinatario del racconto; è interlocutore del narratore. Ad esempio i narratari nei *Promessi Sposi* sono i «venticinque lettori» a cui il Manzoni si rivolge nell'*Introduzione* dell'opera.

Seymour Chatman ha proposto il seguente schema per indicare un circuito comunicativo immaginario all'interno del testo narrativo; all'esterno del riquadro si collocano invece gli elementi che appartengono al circuito comunicativo reale.

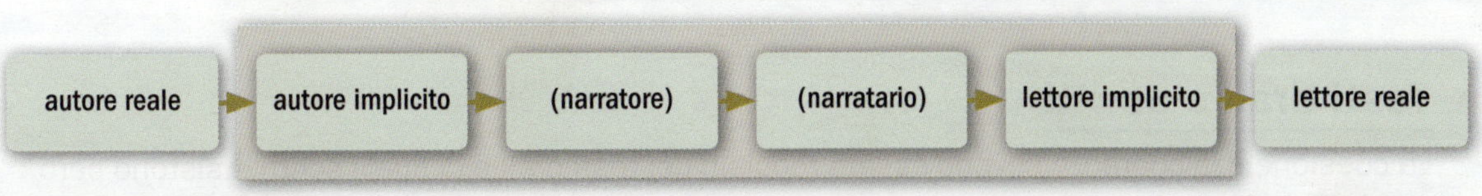

Le parentesi che racchiudono *narratore* e *narratario* indicano che si tratta di elementi facoltativi. Osservando i singoli elementi dello schema e i rapporti che intercorrono tra essi notiamo che vi è una simmetria: all'autore reale corrisponde il lettore reale, all'autore implicito il lettore implicito, al narratore il narratario.

3 I TESTI E LA COMUNICAZIONE

Che cos'è un testo

I testi sono unità linguistiche, ossia un insieme organico di parole che hanno lo scopo di comunicare un messaggio di senso compiuto, cioè completo, che dia tutte le informazioni inviate da un emittente a un ricevente in una determinata situazione comunicativa.
Ogni messaggio deve essere costruito secondo precise modalità che riguardano:

- il **piano del significato**, ossia la **coerenza interna**: tutti gli elementi di un messaggio devono essere collegati in modo coerente e logico (corretta collocazione delle parole, uso appropriato di norme morfologiche e sintattiche)
- il **piano della comunicazione**, ossia la **coerenza esterna**: il messaggio deve essere rispondente alla situazione comunicativa nella quale si colloca (*contesto*).

Per essere efficace il messaggio deve tenere presenti entrambi i piani.

Il messaggio che risponde a tali requisiti viene chiamato **testo** (dal latino *textum* 'intreccio di fili', da *texere* 'tessere'). Il testo è quindi un "tessuto di parole" strutturato in modo da dare un'informazione completa e compiuta.

La coesione testuale

Una proprietà fondamentale del testo è la sua **coesione**, cioè tutti quei legami che uniscono tra di loro parole e frasi di un testo rendendolo compatto ed efficace dal punto di vista linguistico.
La *coerenza* riguarda il contenuto di un testo, la **coesione** riguarda le soluzioni formali (legami grammaticali, esatto uso delle parole).
In base alla **coesione** ogni elemento linguistico che appartiene al testo non esiste come entità autonoma, ma acquista un preciso valore proprio perché inserito nel testo insieme a tutti gli altri elementi.

Caratteristiche del testo

organizzazione dei temi intorno a un tema centrale
con lo scopo di rendere efficace la comunicazione

unità		+	**completezza**
coerenza logica stilistica	**coesione** formale	+	rispondenza allo scopo per cui il testo è stato progettato

Testi orali e scritti

La coesione e la coerenza devono essere requisiti dei testi orali e di quelli scritti. Esistono però modi di esprimersi propri del parlato, adatti cioè ad una comunicazione non ufficiale, detta *informale*. Il testo informale ha un progettazione sommaria, il periodo può presentare ellissi, pause, ripetizioni.
Il testo scritto formale è progettato invece con maggiore attenzione: vi è un preciso controllo della costruzione sintattica e delle scelte lessicali; esso deve fornire tutti gli elementi necessari alla completezza dell'informazione dal momento che l'interlocutore è assente.

4 TIPOLOGIA DEI TESTI

I testi, scritti e orali, pur avendo delle costanti comuni, si presentano sotto diverse forme, perché i contenuti possono essere diversissimi, così come diversi possono essere la funzione linguistica e gli scopi. Sulla base delle differenziazioni, possiamo individuare diverse tipologie di testi e dividerli in: testi pragmatici o **testi non letterari** quando hanno lo scopo di conseguire un fine pratico; **testi letterari** quando le finalità non sono pratiche, ma prevalentemente di natura *estetica* e la funzione dominante è quella *poetica*.

Testi descrittivi

Descrivono persone, luoghi, cose e stati d'animo, con lo scopo di **informare** sulle caratteristiche di qualcosa. Il testo descrittivo può avere lo scopo di **persuadere** sulla validità o meno dell'elemento descritto; o uno scopo **espressivo** quando, attraverso la descrizione, **esprime stati d'animo** o **emozioni**. Ad esempio, sono **testi descrittivi persuasivi** *le guide turistiche, i cataloghi delle mostre e dei musei, i manuali tecnici e scientifici, gli annunci economici*. Sono **di tipo descrittivo-espressivo** *tutte le sezioni descrittive di opere letterarie in versi e in prosa*.

Testi narrativi

Raccontano un fatto, un avvenimento o una serie di eventi che si svolgono nel tempo, incentrati su una o più persone. Lo scopo della narrazione può essere:

- **pratico**, per informare qualcuno di qualche avvenimento, per tramandare avvenimenti degni di memoria (*la narrazione storica*, *il diario*, *l'autobiografia*, *gli articoli giornalistici di cronaca*)
- **letterario**, quando non ha finalità pratiche, ma di ordine estetico (*romanzi*, *novelle*, *fiabe*).

Testi regolativi

Sono testi che **dettano regole** in forma di ordini, istruzioni, obblighi, divieti, permessi; hanno sempre finalità pratiche e si propongono di suggerire o di ordinare qualcosa a qualcuno. I testi regolativi hanno una struttura lineare e chiara e un preciso linguaggio. Possono essere **rigidi e schematici** (*leggi*, *regolamenti*, *istruzioni per l'uso*), o **liberi e variati** (*manuali di comportamento*).

Testi informativo-espositivi

Sono testi che **informano** attraverso spiegazioni, con lo scopo di accrescere o modificare le conoscenze del destinatario.

Il tipo più semplice di testo informativo è quello che si limita a fornire un elenco di dati (ad esempio l'*orario ferroviario* o un *bollettino meteorologico*).

Sono testi **informativi di tipo espositivo** *le voci dell'enciclopedia e del dizionario, i manuali scolastici, saggi (di letteratura, storia, medicina, ecc.), cronache giornalistiche, relazioni scientifiche.*

Testi argomentativi

Sono testi che vogliono **sostenere con argomentazioni**, cioè con prove, una precisa opinione su un argomento. Sono testi argomentativi *gli articoli di fondo dei giornali*, *i trattati scientifici*, *i discorsi degli uomini politici*. Anche il tema è un testo argomentativo, dal momento che in esso gli studenti vengono chiamati a sostenere con argomentazioni le proprie opinioni.

5 I TESTI E LA SITUAZIONE COMUNICATIVA

La **situazione comunicativa** è il contesto reale nel quale si colloca una comunicazione. Una situazione comunicativa implica che un determinato autore scriva un testo concreto a un destinatario individuato e per uno scopo preciso. Questo vuol dire che ogni testo comunica in modo diverso, così come differenti sono le aspettative del lettore-fruitore, il quale se legge un testo scientifico si aspetta un certo tipo di informazione e un linguaggio specifico e bene articolato; se legge un articolo di cronaca si aspetta che il contenuto sia vero e quindi verificabile; se legge un testo narrativo si aspetta di trovarsi di fronte ad una storia di invenzione con una tipologia di scrittura differente a seconda del genere, ecc.

Esaminiamo **la situazione comunicativa** di alcune tipologie testuali in cui abbiamo analizzato **in che modo** e **cosa** comunica un testo.

5.1 Testo narrativo

Luigi Malerba

Come i corvi diventarono neri

Tanti anni fa, quando i treni andavano a vapore e buttavano fuori dalla locomotiva grandi sbuffi di fumo nero, i corvi erano gialli.

Due corvi, marito e moglie, che vivevano nel bosco insieme agli altri uccelli, non riuscivano a rassegnarsi alla loro voce gracchiante e morivano di invidia per gli altri uccelli che avevano voci squillanti e argentine.

Giù nella valle passava ogni giorno il treno fischiando e sbuffando. I due corvi scesero a valle, si appostarono su un palo vicino alla ferrovia e quando passò il treno lo inseguirono per acchiappare al volo il suo fischio.

Per giorni e giorni i due corvi inseguirono il fischio del treno volando in mezzo agli sbuffi di fumo nero, ma ogni volta ritornavano delusi e stanchi.

Diventarono neri come il carbone, ma la loro voce rimase gracchiante come prima. Eppure un giorno o l'altro riusciremo ad acchiappare quel fischio e faremo morire di invidia tutti gli uccelli del bosco dicevano i due corvi.

Passarono gli anni, i due corvi gialli diventarono sempre più neri.

Quando nacquero i piccoli erano neri anche loro e ancora oggi i corvi sono neri come il fumo che usciva dalle locomotive quando i treni andavano a vapore.

Come comunica il testo

ANALISI

I protagonisti del racconto sono i due corvi, invidiosi del canto "argentino" (dal timbro squillante) degli altri uccelli del bosco, ai quali si contrappongono (antagonisti).

Il linguaggio e la struttura del periodo sono semplici; poche sono le proposizioni subordinate, come avviene nel linguaggio colloquiale. Il testo utilizza una struttura prevalentemente paratattica, cioè fa uso frequente di proposizioni coordinate. Questa forma comunicativa è tipica del linguaggio sia delle fiabe che delle favole, quando hanno come destinatari i bambini o, soprattutto in passato, quando erano destinate ad un pubblico "semplice", non particolarmente istruito, che aveva bisogno soprattutto di racconti per immagini, come, appunto, avviene in questo testo di Malerba.

Si noti la contrapposizione tra i colori giallo (colore solare) e nero (che dà un'idea di buio, privo di luce, triste), presente più volte nel testo, dove sono dominanti le sensazioni visive e uditive (fischio del treno, voci gracchianti e voci argentine).

Sotto il profilo fonetico, si sottolinei l'utilizzo del verbo "gracchiare", presente due volte nel testo, in cui le consonanti "gr" e "cc" esprimono suoni decisamente sgradevoli, che si contrappongono alla musicalità del canto "squillante" e "argentino" degli altri uccelli del bosco.

Cosa vuole comunicare il testo?
INTERPRETAZIONE

È importante che ciascuno accetti se stesso, la propria natura, anche quando questa sembra essere stata ingiusta, come nel caso del canto gracchiante dei corvi.

L'invidia nei confronti degli altri induce spesso comportamenti che producono più danni che vantaggi a chi li mette in atto (il colore nero, provocato dal folle tentativo di "catturare il fischio del treno", da parte di corvi che un tempo erano gialli, assume un significato negativo).

È importante che ciascuno cerchi di valorizzare le proprie potenzialità; sappia riconoscere i propri punti di forza, in quanto ciascuno ne possiede; cerchi di migliorare se stesso senza snaturarsi, senza tentare di essere ciò che non si è per natura, agendo sotto l'impulso devastante dell'invidia.

5.2 Articolo di economia

Federico Rampini

La grande contrazione

...Il lunedì nero dell'**Armageddon**[1] è arrivato, il panico ha travolto ogni argine, i mercati globali sono crollati, ma per una crisi diversa da quella che si aspettava. Non bastavano il **downgrading**[2] americano, e il timore del **default**[3]-italiano: ora è la recessione il nemico più grande. Non risparmia le potenze emergenti, non risparmia neppure la robusta Germania. L'incubo è il "**double dip**",[4] il doppio tuffo delle economie che ricorda tragicamente i cicli depressivi degli anni Trenta. L'angoscia è accentuata dallo spettacolo di impotenza del leader più importante del mondo, Barack Obama.

[da «la Repubblica», anno 30, n. 188]

1. **Armageddon:** secondo il Nuovo Testamento (Apocalisse 16, 16), tutti i re della terra verranno riuniti alla fine di tutti i tempi in un luogo, chiamato Armageddon, da tre spiriti, per sfidare Dio. È l'eterna lotta tra il Male e il Bene. Quindi, questa parola sta a significare la fine del mondo.
2. **downgrading:** in campo economico, con questo termine si vuole intendere il declassamento di un Paese ad opera di Agenzie specializzate nella valutazione delle "condizioni di salute" di uno Stato.
3. **default:** insolvenza, ovvero l'incapacità di rispettare le clausole del regolamento di un finanziamento.
4. **double dip:** doppio tuffo (metafora della caduta).

Come comunica il testo
ANALISI

Si tratta di poche righe che fanno parte di un articolo di giornale di contenuto economico.

Non ci troviamo di fronte ad una fredda e oggettiva relazione, bensì a qualcosa che mira a colpire la parte del cervello che presiede alle **funzioni emotive**. Per cogliere appieno il contenuto del messaggio, nonché il senso di alcune metafore, è importante essere a conoscenza del significato di certi vocaboli, senza il quale il senso della comunicazione cambierebbe sensibilmente.

Si può ora creare un **campo semantico della paura**: «Armageddon»; «panico»; «travolto ogni argine»; «mercati... crollati»; «crisi»; «downgrading»; «default»; «recessione»; «incubo»; «double dip»; «tragicamente»; «cicli depressivi»; «angoscia»; «impotenza».

Cosa vuole comunicare il testo?
INTERPRETAZIONE

Si tratta, pertanto, di un testo di natura economica che vuole provocare paura, se non panico, nel lettore. Viene descritto, infatti, un quadro internazionale da "fine del mondo".

Chiunque, che non abbia competenze specifiche in campo economico, dovendosi affidare alla lettura di un testo come questo, viene colto dall'angoscioso timore di perdere tutto ciò che possiede; che non ci sia scampo alla rovina imminente. È una comunicazione a forte impatto emotivo, che non lascia spazio alla speranza, perché è giunta, appunto, "la fine del mondo". Il clima di tragedia viene espresso, infatti, già nella frase d'apertura dell'articolo, laddove si parla dell'«Armageddon»: un'Apocalisse.

5.3 Articolo di cronaca

Le ossessioni di un bambino prodigio

William James Sidis fu un bambino di talento: capace di leggere fin dall'età di due anni, a otto inventò una nuova tavola logaritmica, e a 10 già parlava sei lingue. Nel 1909 si iscrisse alla Harvard University, dove teneva lezioni di matematica al corpo docente. Assieme a lui entrarono a Harvard altri quattro bambini prodigio: Norbert Wiener, Adolf Augustus Berle Junior, Cedric Wing Houghton e Roger Session. Ma il futuro sorriderà solo ad alcuni di loro (Berle, Wiener e Session).

Il padre aveva sottoposto William a una pressione spietata fin da piccolo, negandogli ogni genere di divertimento e permettendo che la stampa lo perseguitasse. Crebbe nutrendo un astio profondo nei suoi confronti e, dopo essersi laureato a soli 16 anni, perse interesse per la matematica. Passò il resto della sua vita dedicandosi a banali lavori impiegatizi; i suoi interessi divennero ossessivi e di tipo autistico: a 28 anni scrisse un poderoso volume sulla classificazione dei trolley dei tram. Morì in solitudine a 46 anni, per un'emorragia cerebrale.

[da «Mente e Cervello», n. 21]

Come comunica il testo
ANALISI

I primi tre periodi dell'articolo hanno lo scopo di "presentare" William ai lettori: capace di leggere a due anni; inventore di una nuova tavola logaritmica; conoscitore di sei lingue; docente alla Harward University. Siamo di fronte ad un ***climax*** (figura retorica che consiste nel disporre le parole secondo un crescendo di emozioni) che ha lo scopo di rendere "straordinarie" le doti intellettuali del protagonista. Tali doti sembrano prospettare un'aspettativa di vita estremamente positiva per il suo futuro. L'elencazione riportata sopra, in realtà, lo rende "diverso" da tutti gli altri i bambini, accentuandone la solitudine.

Tanto più enfatizzate sono le sue capacità, tanto più significativo è il «Ma» avversativo, che introduce alla seconda parte dell'articolo. Il «Ma» segna uno stacco, un rovesciamento delle emozioni rispetto a quanto il lettore si sarebbe aspettato dalla lettura dei primi tre periodi.

L'avversativa ha un impatto forte nel lettore. Lo prepara all'improvviso ad un tono decisamente diverso. Introduce, infatti, un punto di vista con cui si mette in evidenza l'infelicità della vita di William nonostante, o proprio a causa delle sue eccezionali doti.

Il testo è diviso in due parti: nella prima, abbiamo un'esaltazione delle qualità di William e un'elencazione dei suoi "successi" sul piano anche sociale. Egli sembra a tutti gli effetti un vincente. Nella seconda parte, invece, il testo sposta l'attenzione sul piano psicologico del protagonista, da cui emergono la "sconfitta" e i "costi" sul piano umano che l'errata educazione ricevuta dal padre ha provocato.

Cosa vuole comunicare il testo?
INTERPRETAZIONE

Il testo comunica al lettore un messaggio chiaro: un'educazione che non rispetti la natura e le esigenze di un bambino può provocare in quest'ultimo sofferenze che ne condizioneranno tutta l'esistenza. Dall'articolo emerge il comportamento violento del padre, le cui aspettative non tengono in alcun conto la naturale crescita del proprio figlio. Le doti straordinarie di William gli danno certo la fama, la notorietà, ma non possono renderlo felice, in quanto il prezzo che egli deve pagare alla notorietà è terribilmente alto. È al di sopra delle sue possibilità di bambino poterlo sopportare. Il padre gli ha impedito di vivere la fanciullezza, con i suoi sogni e la sua spensieratezza. Lo ha offerto "in pasto" alla stampa, abbagliato dalla possibilità di avere fama, notorietà in tutto il mondo. È stato "spietato" con lui. Tutto ciò ha provocato in William un forte astio nei suoi confronti, e la sua vita da adulto ha pagato il prezzo della infelicità e della solitudine.

In questo articolo emerge pertanto, con forza, l'importanza dell'amore, dei legami familiari e del rispetto per la dignità della persona. La fama, il successo, il prestigio non possono sostituirsi ai valori veri della vita.

5.4 Testo pubblicitario

[da «Gioia», n. 24]

Come comunica il testo

Questa immagine pubblicitaria invita all'acquisto di libri della serie «Harmony».

Vi appare un uomo giovane, bello, a torso nudo, con uno sguardo ammiccante, disteso su un "lenzuolo" su cui compaiono frammenti di frasi che ricordano le pagine stampate di un libro. Al suo fianco c'è un fiore dal colore rosa (i romanzi della serie, infatti, appartengono al genere "rosa"); sovrapposta all'immagine del giovane c'è infine una scritta, che gioca sull'ambiguità del pronome «tuo».

I destinatari della comunicazione pubblicitaria sono certamente soprattutto donne che, attratte dal richiamo sessuale del messaggio e dalle tematiche amorose preannunciate dal colore rosa del fiore, simbolo del genere narrativo, possono essere più facilmente indotte all'acquisto di quel tipo di romanzo di evasione.

Il messaggio promette un'evasione esclusiva, facile e immediata , dalla grigia monotonia di una vita piatta. Promette quelle emozioni piacevoli, di cui il quotidiano delle potenziali lettrici è spesso avaro.

5.5 Articoli scientifici: testi a confronto

Energy drink e alcool: un cocktail pericoloso

Attenzione agli energy drink. Queste bevande, ricche di zuccheri, caffeina e altre sostanze stimolanti sono molto amate da giovani e giovanissimi, e vengono usate sempre più spesso come "base" per cocktail, insieme a vodka o altri distillati, per limitare l'effetto soporifero causato dall'alcool. Uno studio realizzato dall'Università di Sao Paulo, in Brasile, di cui riferisce il settimanale britannico «New Scientist» mostra però che gli effetti di questi beveroni sulla lucidità mentale e la capacità di coordinamento sono analoghi a quelli di drink di gradazione alcolica decisamente più elevata. «Con il risultato che chi li consuma potrebbe avere la sensazione di essere più sobrio di quanto in realtà non sia», spiega Maria Lucia Souza-Formigoni, responsabile dello studio. I ricercatori hanno fatto bere a un gruppo di volontari l'equivalente di quattro cocktail di bevande ad alta gradazione alcolica, mentre un secondo gruppo ha assunto solo due cocktail e mezzo di alcool, mescolato però con un energy drink. Sottoponendo i due gruppi a test visivi e di coordinamento motorio non si sono osservate differenze apprezzabili nei risultati, anche se i ragazzi che avevano bevuto il secondo cocktail sostenevano di sentirsi molto più lucidi. Ad accentuare gli effetti dell'alcool, secondo i ricercatori brasiliani, potrebbe essere la taurina, un amminoacido che entra in molte bibite stimolanti, «a rischio però di dare ai consumatori una falsa, e quindi pericolosa, sensazione di sobrietà».

[da «Mente e Cervello», n. 21, anno IV]

Come comunica il testo

ANALISI

L'articolo è tratto da una rivista scientifica. Affronta un argomento di grande attualità che riguarda il mondo giovanile: l'uso di bevande alcoliche e i loro effetti psicologici e fisici sui consumatori. L'interesse per questo tema è senza dubbio dettato anche dalla cronaca, che riporta spesso notizie di incidenti stradali e casi gravi di danni subiti da giovani e giovanissimi a causa dell'abuso di sostanze alcoliche.

Già il titolo riassume l'argomento ed esprime una valutazione conclusiva e certa: energy drink e alcool sono un cocktail pericoloso.

L'assenza nel titolo di una forma verbale rende più pregnante il messaggio, che in forma più "narrata", in presenza di un verbo, perderebbe di efficacia. Ad esempio, nel titolo «Energy drink e alcool sono un cocktail pericoloso» il contenuto del messaggio è lo stesso, ma l'effetto comunicativo è diverso: più incisive sono l'omissione del verbo e la presenza dei due punti che provocano un'attesa nel lettore.
Obiettivo del **titolo** è comunicare un dato certo: dalla semplice lettura del titolo si è in grado di sapere di cosa si parla e a quale conclusione si è giunti in merito all'argomento affrontato.
Uno studio scientifico, come tale, deve basarsi **su fonti attendibili**, autorevoli. Infatti, nell'articolo si parla di uno «studio realizzato dall'Università di Sao Paulo»; il riferimento a ricerche a livello universitario deve rappresentare una garanzia di serietà per il lettore. La ricerca con i relativi risultati sono stati diffusi da una rivista scientifica britannica, la «New Scientist». Anche questa specificazione avvalora la serietà della comunicazione e della fonte che l'ha diffusa.
L'articolista di «Mente e Cervello» appare solo sullo sfondo della comunicazione; la responsabilità dei risultati conclusivi della ricerca viene affidata alla voce della stessa "responsabile dello studio": Maria Lucia Souza-Formigoni.

Uno studio scientifico deve poi basare la propria ricerca su prove laboratoriali che abbiano il crisma della **obiettività**. L'articolo, infatti, riporta nel dettaglio le modalità con cui l'esperienza scientifica è stata portata avanti. Si parla di prove di laboratorio in cui si sono utilizzati due gruppi sottoposti a test obiettivi. Tutto ciò è a garanzia della **scientificità** del lavoro svolto. Il risultato certo è, appunto, che "energy drink e alcool" sono "un cocktail pericoloso". Meno certa è la sostanza che provoca l'accentuazione degli effetti dell'alcool. Questa minore certezza è espressa nell'articolo dall'uso del verbo al condizionale: «Ad accentuare gli effetti dell'alcool... **potrebbe essere** la taurina...». Il modo verbale della certezza è l'indicativo. Il condizionale, invece, lascia aperta la possibilità che la verità sia diversa.

Cosa vuole comunicare il testo?
INTERPRETAZIONE

La comunicazione scientifica fa quindi leva sulla credibilità delle fonti informative, sulla garanzia di una corretta applicazione di metodi scientifici di lavoro da parte degli studiosi, che non lascino dubbi e/o sospetti nel lettore. La comunicazione è per lo più asettica; non lascia trasparire l'emotività del giornalista. Fa leva sulla obiettività dei dati e sulla correttezza dei procedimenti di ricerca. L'emotività del lettore viene coinvolta certamente, ma il messaggio conta soprattutto di colpire la parte razionale del cervello umano, più che la parte emotiva.

Ecco come lo stesso argomento potrebbe essere comunicato in modo diverso da un giornale non scientifico ad un vasto pubblico di lettori, facendo leva sulla loro emotività.

Energy drink e alcool: il cocktail micidiale del sabato sera

I giovani fanno un largo uso di bevande ricche di zuccheri, caffeina e taurina, che, insieme alla vodka, sono la "base" dei loro cocktail. Essi si illudono, con queste bevande, di annullare l'effetto soporifero dell'alcool per poter "reggere" in piedi e ballare più a lungo. Ma, come risulta da alcuni studi fatti, questi beveroni ingannano. Infatti, hanno gli stessi effetti dei drink ad alta gradazione alcolica. Cioè, fanno perdere di lucidità e impediscono i movimenti normali. Quando i ragazzi assumono questi energy drink, hanno l'impressione di essere padroni di se stessi; di essere lucidi; di poter guidare tranquillamente l'automobile senza alcun rischio. Ma è una sensazione tragicamente ingannevole. In realtà è come se fossero ubriachi. Non si rendono conto di non avere la lucidità necessaria per guidare o per fare qualunque cosa. Le conseguenze possono essere gravissime. Il sabato sera, proprio per questo, da momento di spensieratezza spesso si trasforma in tragedia per i ragazzi e per le loro famiglie.

Cosa vuole comunicare il testo?

INTERPRETAZIONE

Il titolo dell'articolo, così formulato, concentra l'attenzione su quanto accade di frequente il sabato sera, soprattutto nelle discoteche, quando i giovani fanno uso di sostanze alcoliche, con conseguenze spesso gravi, soprattutto a causa di incidenti stradali dovuti all'ubriachezza. L'aggettivo «micidiale» già di per sé significa "procura la morte", pertanto preannuncia una situazione di tragedia. È evidente, quindi, che lo scopo dell'autore dell'articolo è **colpire la parte emotiva** del cervello del lettore.

La comunicazione, come si può vedere, non si sofferma sulla scientificità o meno della ricerca fatta. Non ha bisogno di riferirsi a fonti autorevoli per essere credibile.

Per cui, al freddo elenco di dati scientifici e sperimentali, si sostituiscono gli effetti tragici, a forte impatto emotivo, dell'assunzione di bevande da parte dei giovani. Tali effetti vengono anticipati dall'avverbio «tragicamente» e dall'aggettivo «ingannevole» che già influenzano il lettore in merito a ciò che si dirà successivamente. Questi, pertanto, non si chiede se la pericolosità della bevanda sia vera oppure no, perché l'articolista la dà per certa e lo stimolo informativo si sposta dal livello razionale a quello emotivo. Ci si trova di fronte allo stesso principio che è alla base del messaggio pubblicitario. Destinataria della comunicazione non è la razionalità, bensì l'emotività del lettore.

6 LE FUNZIONI DELLA LINGUA IN UNA SITUAZIONE COMUNICATIVA

In un processo comunicativo la **lingua** viene usata in modi diversi, a seconda degli **scopi** che l'emittente si prefigge: *informare*, *convincere*, *raccontare*, *narrare*, *descrivere*, *rallegrare*, *persuadere*, *sedurre*, *dissuadere*, *protestare*, *ribattere*, *invocare*, *implorare*, ecc.

La lingua risponde a tutte le nostre esigenze ed intenzioni e può svolgere quindi diverse funzioni.

Per **funzione della lingua** si intendono i diversi modi con cui si usa la lingua per ottenere uno scopo.

Riconoscere le funzioni della lingua significa non solo comprendere il messaggio, ma anche capire le intenzioni o lo stato d'animo di chi parla o scrive. Le funzioni della lingua sono tante quanti sono gli scopi.

Le principali funzioni della lingua, secondo il linguista Roman Jakobson (1896-1982) possono essere raggruppate in **sei categorie principali**, tante quanti sono gli elementi fondamentali della comunicazione.

Infatti, quando mettiamo in risalto uno degli elementi della comunicazione, usiamo la lingua in **funzioni diverse**.

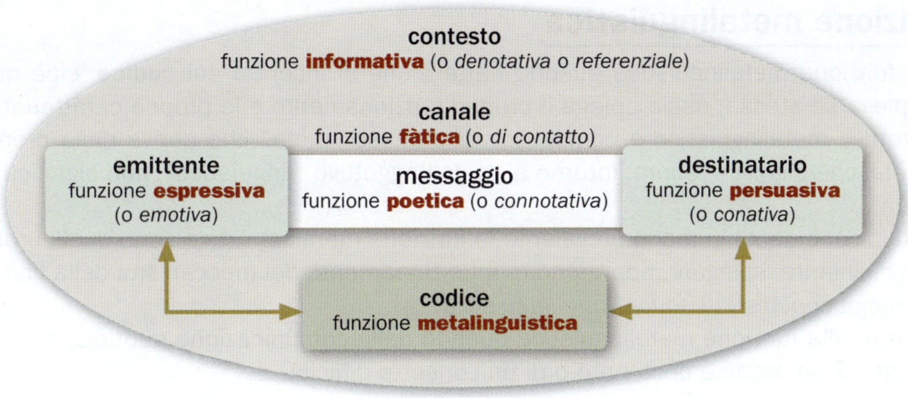

Teniamo presente che spesso, in una stessa comunicazione, possono essere presenti più funzioni e che quindi il modello di Jakobson non può essere applicato rigidamente.

La funzione espressiva

La funzione espressiva (o *emotiva*) si ha quando il messaggio è incentrato sull'**emittente** che esprime personali opinioni o stati d'animo, emozioni, giudizi, sentimenti.

Nella **produzione letteraria** la funzione espressiva è presente in particolare nella *poesia lirica*, nei *diari personali*, nelle *lettere*, nelle *memorie*, nelle *confessioni*, nelle *autobiografie*, tutti testi in cui l'emittente ha lo scopo di mettere in primo piano se stesso e le proprie emozioni.

La funzione persuasiva

La funzione persuasiva (o *conativa*, dalla radice del verbo latino *conāri*, 'indurre a fare') si ha quando la lingua è usata con lo scopo di *ordinare*, *convincere*, *persuadere* il **destinatario** a fare qualcosa o ad accettare una certa opinione.

Lo scopo di persuadere può essere raggiunto anche indirettamente adoperando, ad esempio, invece di un ordine in forma esplicita, formule di cortesia (*per favore, per piacere*), o usando il condizionale al posto dell'imperativo (*chiuderesti la porta?*).

La funzione persuasiva prevale: negli *ordini,* nei *divieti,* negli *slogan politici,* nei *testi d'istruzioni per l'uso,* nelle *circolari,* nei *regolamenti,* nelle *leggi,* nei *messaggi pubblicitari*.

La funzione poetica

La funzione poetica (o *connotativa*) si ha quando la comunicazione si concentra sul **messaggio**, quando cioè l'emittente pone l'accento, più che sull'argomento trattato, sul modo con cui costruire il messaggio, curando in modo particolare la scelta delle parole e delle espressioni, gli accenti, i suoni, con lo scopo di evocare immagini, sensazioni ed emozioni.

La funzione poetica si ha in *tutti i testi letterari*, in *poesia*, ma anche in testi in prosa in cui prevale l'attenzione sulla forma del testo e quindi sul tono, sul ritmo, sulla scelta delle parole, sull'uso di figure retoriche, in modo da rendere particolarmente suggestivo il messaggio.

La funzione fàtica

La funzione fàtica (o *di contatto*, dal latino *fari*, 'parlare'), si ha quando l'attenzione è concentrata sul **canale** che unisce *emittente* e *ricevente*.

Nella funzione fàtica, la lingua è usata per stabilire un contatto tra l'emittente e il destinatario.

Un esempio tipico di tale funzione è data dalle conversazioni telefoniche o via radio: *Pronto, mi ascolti? Chi parla?*, e dai vari intercalari del tipo *Già*, *Certo*, *Davvero!*, necessari per richiamare l'attenzione del nostro interlocutore; risulta quindi particolarmente rassicurante usare certe espressioni per mantenere il contatto con il ricevente.

La funzione metalinguistica

Si ha la funzione metalinguistica quando l'attenzione si incentra sul **codice**, cioè quando la lingua spiega se stessa, ossia spiega il proprio funzionamento e le proprie caratteristiche.

L'aggettivo metalinguistico è composto dal prefisso "meta" che deriva dalla preposizione greca *metà*, che significa 'sopra, intorno a', e dall'aggettivo "linguistico", che significa 'relativo alla lingua'.

I testi in cui è usata in modo prevalente la funzione metalinguistica sono quelli prodotti con lo scopo di chiarire, spiegare, approfondire il funzionamento dei meccanismi della lingua: *dizionari*, *grammatiche*, *testi di educazione linguistica*.

Si ricorre alla funzione metalinguistica quando nella comunicazione quotidiana si chiarisce il significato di un termine poco noto o di un concetto difficile.

La funzione informativa

La funzione informativa (o *referenziale* o *denotativa*) si ha quando la comunicazione è focalizzata sul **contesto** ed ha lo scopo di trasmettere informazioni in modo oggettivo, ossia senza lasciare trasparire l'opinione dell'emittente sulla realtà a cui è riferita la comunicazione.

Questa funzione è chiamata anche **referenziale** perché riguarda il **referente**, cioè l'argomento di cui si tratta.

Il **linguaggio** usato in **funzione referenziale** è chiaro, semplice, conciso, privo di sfumature emotive.

Sono testi con funzione referenziale: *relazioni*, *verbali*, *articoli giornalistici*, *testi scolastici*, *trattati scientifici*; nonché: *avvisi*, *comunicati*, *orari*, *bollettini*, *insegne dei negozi*; come anche: *notizie del telegiornale*, *previsioni meteorologiche*, *segnali orari radiofonici e televisivi*.

Nei testi in cui prevale la funzione referenziale prevalgono il modo indicativo e l'uso della terza persona.

UNITÀ 2

Il testo narrativo letterario

1 IL TESTO NARRATIVO LETTERARIO: STRUTTURA E FORME

Che cos'è un testo narrativo letterario

Esistono varie tipologie di **testi narrativi**: alcuni di ambito privato (lettere, diari), altri di ambito pubblico (memorie autobiografiche, relazioni di viaggio, cronache di eventi storici).
La nostra attenzione si concentra sui **testi narrativi letterari**, ovvero su **racconti** e **romanzi**.
Il **testo narrativo letterario** è un testo in cui una voce narrante racconta avvenimenti, reali o immaginari, disposti in una successione temporale e in una concatenazione causale.
Nei testi letterari fondamentale importanza ha la *funzione poetica* della lingua (vedi p. 18).

Gli elementi della narrazione

Ogni testo narrativo, pur nella varietà e diversità di stile, di forma, di contenuto, presenta delle caratteristiche comuni che coincidono con gli elementi necessari e indispensabili di ogni storia.
Perché si possa parlare di testo narrativo devono esistere degli elementi essenziali:

- un **narratore**, ossia la voce narrante che ha il compito di raccontare la storia
- un **destinatario**, cioè un lettore generico
- una **storia,** in cui una serie di avvenimenti è organizzata in una successione temporale
- un **personaggio** o dei **personaggi** che con le loro azioni contribuiscono allo sviluppo della storia
- la collocazione in un determinato **tempo** e in un determinato **spazio** degli avvenimenti narrati.

Marc Chagall, *La stanza gialla* (particolare), 1911. Riehen (Basilea), Fondation Beyeler.

Per comprendere la struttura di un testo narrativo, esistono strumenti di analisi che ci permettono di cogliere il funzionamento e il significato globale del testo.

La disciplina che si occupa di esaminare tutti gli elementi e i meccanismi costitutivi di una narrazione è la **narratologia**.

1.1 Fabula e intreccio

Ogni narratore può raccontare una storia in modo diverso. Perciò all'interno di una storia distinguiamo *ciò* che viene narrato e il *modo* in cui viene narrato.
Occorre infatti distinguere nella narrazione la **fabula** dall'**intreccio**:

- la **fabula**, ossia l'insieme dei fatti che costituiscono una storia, raccontati secondo una successione logica e cronologica e disposti secondo una concatenazione temporale e causale che segue l'ordine naturale degli accadimenti
- l'**intreccio**, ossia l'insieme dei fatti disposti secondo un ordine diverso da quello naturale e che viene stabilito dal narratore; è la realtà della narrazione, così come essa si presenta capoverso dopo capoverso, prescindendo dall'ordine logico-temporale e causale della fabula. L'intreccio è l'elemento dinamico che governa lo svolgimento di una storia rendendolo possibile.

In tutti i testi narrativi gli avvenimenti appaiono sistemati secondo un **ordine** di **narrazione** stabilito dal narratore.

Difficilmente si ha una coincidenza perfetta tra fabula e intreccio; l'intreccio può completamente rovesciare l'ordine della fabula o mutarlo parzialmente.

Per esempio, nel genere giallo spesso l'omicidio viene presentato all'inizio per poi narrare le vicende che spiegano le motivazioni e quelle che hanno determinato l'avvenimento.

Nello schema sottostante prendiamo spunto da un ipotetico delitto e presentiamo i fatti: a sinistra, secondo l'ordine cronologico della *fabula*; a destra, secondo un ordine non cronologico che rappresenta un possibile *intreccio*.

Il **confronto tra fabula e intreccio** ci consente di individuare lo slittamento degli eventi, compiuto ad arte da uno scrittore immaginario nella stesura del suo romanzo, rispetto all'ordine naturale, cioè logico-cronologico dei fatti.

Fabula *(ordine cronologico)*	**Intreccio** *(ordine non cronologico)*
1. è stato commesso un omicidio	**2.** si ritrova un cadavere
2. si ritrova un cadavere	**4.** si svolgono le indagini
3. si sospetta di un uomo	**1.** è stato commesso un omicidio
4. si svolgono le indagini	**3.** si sospetta di un uomo
5. si scopre il vero colpevole	**5.** si scopre il vero colpevole
6. si scagiona l'indiziato innocente	**6.** si scagiona l'indiziato innocente

La struttura della fabula

Le fasi narrative Ogni testo narrativo pur nella diversità dei contenuti e della struttura presenta delle componenti fisse:

- **situazione iniziale** o **esordio**, quella da cui prende avvio il racconto; è in questa prima parte che di solito vengono fornite informazioni sul protagonista, sull'ambiente in cui egli vive, sulla sua situazione e sull'epoca in cui avvengono i fatti
- **evoluzione della storia** o **svolgimento**, in cui sono narrate le varie azioni del protagonista, i tentativi che compie per raggiungere uno scopo, le difficoltà che deve fronteggiare, gli aiuti che riceve, ecc.
- **momento di massima tensione** (**Spannung**), in cui l'azione culmina capovolgendo la situazione iniziale. La storia raggiunge il suo momento cruciale suscitando nel lettore il desiderio di sapere come andrà a finire
- **situazione finale o scioglimento** (**conclusione**), in cui termina il racconto con la soluzione dei problemi.

1.2 Le sequenze

Tipi di sequenze

Tutti i testi narrativi possono essere suddivisi in **sequenze**. Esse corrispondono a segmenti di testo strutturalmente autonomi, sia dal punto di vista sintattico che tematico, in quanto presentano un contenuto unitario e di senso logico compiuto.
Le sequenze scandiscono i diversi momenti del racconto e possono essere di vario tipo:

- **sequenze narrative**, contengono la narrazione degli eventi e hanno il compito di far procedere la narrazione lungo l'asse del tempo. Le sequenze narrative sono di **natura dinamica**, in quanto determinano lo sviluppo del racconto; forniscono al lettore informazioni (per esempio sul tempo e sul luogo dove si svolge la vicenda narrata):

  Passavo delle mezze giornate a correre sul ghiaccio coi miei compagni, le guance ardenti e le mani livide, il cuore energicamente dilatato dal moto intenso e ritmico del pattinaggio, colmo della meravigliosa, spensierata capacità di godimento che è propria dell'adolescenza. Facevamo gare di velocità, di salto in lungo, di salto in alto, giocavamo ad acchiapparci, e quelli di noi che portavano ancora i vecchi pattini d'osso legati con lo spago agli stivali non erano i corridori più scadenti.

  [Hermann Hesse, *Sull'amore*]

- **sequenze descrittive**, la narrazione si interrompe e l'autore si sofferma sulla descrizione di un paesaggio, di un ambiente, di un personaggio, di un oggetto, di un animale, di una situazione, ecc. Le sequenze descrittive sono di **natura statica** perché l'azione, lo svolgimento del racconto, non procede, ma si ferma per dare spazio a informazioni o riflessioni:

  Il sole, invece di prendere più forza avvicinandosi al mezzogiorno, s'intirizziva tutto finché non sparì, come bevuto da una cartasuga. L'aria fu piena di leggeri cristalli senza colore che volavano obliqui. Era il nevischio: non ci si vedeva di qui a lì. I ragazzi sciavano alla cieca, gridando e chiamandosi, e tutti i momenti uscivano di pista e, dài, cadevano. L'aria e la neve adesso erano tutto lo stesso colore, bianco opaco, ma aguzzandoci dentro gli occhi, per poco che si facesse meno denso, ecco scorgevano l'ombra celeste-cielo come sospesa là in mezzo, che volava in qua e in là come su una corda di violino.

  [Italo Calvino, *Gli amori difficili*]

– **sequenze riflessive**, contengono le riflessioni, i giudizi, i commenti del narratore o dei personaggi oppure l'analisi della psicologia dei personaggi. Le sequenze riflessive sono di **natura statica** perché l'azione, lo svolgimento del racconto, non procede, ma si ferma per dare spazio a informazioni o riflessioni:

Aveva acconsentito ad andarsene, a lasciare la sua casa. Era saggio? Cercò di ponderare ogni aspetto della questione. A casa aveva comunque tetto e cibo; aveva intorno quelli che aveva conosciuto tutta la vita. Naturalmente doveva lavorare sodo, sia a casa sia al negozio. Cosa avrebbero detto di lei ai grandi magazzini scoprendo che era scappata con uno? Che era una stupida, forse; e avrebbero rioccupato il suo posto con un'inserzione. La signorina Gavan sarebbe stata contenta. Ce l'aveva sempre avuta con lei, soprattutto ogni volta che c'era gente che ascoltava.

[James Joyce, *Gente di Dublino*]

– **sequenze dialogiche**, riportano i dialoghi dei personaggi espressi in forma diretta e racchiusi tra virgolette (« »). Le sequenze dialogiche possono contribuire allo sviluppo dell'azione (**sequenze dinamiche**), alla descrizione di situazioni o ambienti, all'espressione di giudizi e opinioni (**sequenze statiche**).

Il pomeriggio seguente andai a trovare Esther, la quale capì subito che qualcosa mi preoccupava. «Vuoi sdraiarti?» chiese, quasi bisbigliando.

«Stanotte ho fatto un sogno. Non so che senso abbia» dissi guardando da un'altra parte.

Lei si avvicinò e chiese: «Vuoi raccontarmelo?».

Non risposi.

«Se vuoi, parlane ad alta voce e fai finta che io non ci sia. Non dirò nulla. A meno che non sia tu a chiedermelo». Si sedette in silenzio accanto a me. Restammo zitti per un po', finché, non so per quale motivo, iniziai a raccontarle il sogno.

[Ishmael Beah, *Memorie di un soldato bambino*]

Le sequenze più ampie sono dette **macrosequenze**. Le sequenze più brevi sono dette **microsequenze**.

In sintesi le sequenze possono essere:

NARRATIVE (dinamiche)	narrazione di avvenimenti, fatti, azioni; ritmo veloce, sostenuto
DESCRITTIVE (statiche)	descrizione di un personaggio, di un paesaggio, di un oggetto o di una situazione; non sviluppano l'azione, ma danno informazioni; ritmo lento
DIALOGICHE (statiche e dinamiche)	dialoghi fra personaggi, con discorsi diretti (virgolettati « », o con lineette –); ritmo lento o veloce
RIFLESSIVE (statiche)	l'autore spiega qualcosa con un ragionamento o una riflessione, espone le sue idee su un argomento o analizza la psicologia di un personaggio; ritmo lento

Ricordiamo che non esistono criteri fissi e rigidi per la suddivisione in sequenze di un testo narrativo.

In generale si ha un cambiamento di sequenza quando:

– un nuovo personaggio entra in scena
– un personaggio presente esce di scena
– cambia il tempo o il luogo dell'azione
– cambia l'azione
– il narratore si sofferma su una descrizione o un commento.

Laboratorio di metodo

esempio guidato

Le sequenze

Dopo avere diviso il testo in sequenze, individuiamo nel racconto di Calvino l'uso delle sequenze nella costruzione del discorso narrativo.

Italo Calvino

Il bosco sull'autostrada

testo attivo

A casa di Marcovaldo quella sera erano finiti gli ultimi stecchi, e la famiglia, tutta incappottata, guardava nella stufa impallidire le braci, e dalle loro bocche le nuvolette salire a ogni respiro. Non dicevano più niente; le nuvolette parlavano per loro: la moglie le cacciava come sospiri, i figlioli le soffiavano assorti come bolle di sapone, e Marcovaldo le sbuffava verso l'alto a scatti come lampi di genio che subito svaniscono.

I sequenza statica descrittiva
Presenta informazioni riguardanti la condizione della famiglia di Marcovaldo.

Alla fine Marcovaldo si decise: – Vado per legna; chissà che non ne trovi –. Si cacciò quattro o cinque giornali tra la giacca e la camicia a fare da corazza contro i colpi d'aria, si nascose sotto il cappotto una lunga sega dentata, e così uscì nella notte, seguito dai lunghi sguardi speranzosi dei familiari. Andare per legna in città: una parola! Marcovaldo si diresse subito verso un pezzetto di giardino pubblico che c'era tra due vie. Tutto era deserto.

II sequenza dinamica narrativa
Contiene verbi di azione e osservazioni sullo sviluppo della vicenda.

Marcovaldo studiava le nude piante a una a una pensando alla famiglia che lo aspettava battendo i denti [...]

III sequenza statica riflessiva

Intanto il piccolo Michelino, battendo i denti, leggeva un libro di fiabe, preso in prestito alla bibliotechina della scuola. Il libro parlava d'un bambino figlio di un taglialegna, che usciva con l'accetta, per far legna nel bosco. – Ecco dove bisogna andare, – disse Michelino, – nel bosco! Lì sì che c'è la legna! – Nato e cresciuto in città, non aveva mai visto un bosco neanche di lontano.

IV sequenza statica riflessiva
Presenta informazioni su Michelino e sul libro che sta leggendo.

Detto fatto, combinò coi fratelli: uno prese un'accetta, uno un gancio, uno una corda, salutarono la mamma e andarono in cerca di un bosco.
Camminavano per la città illuminata dai lampioni, e non vedevano che case: di boschi, neanche l'ombra. Incontravano qualche raro passante, ma non osavano chiedergli dov'era un bosco. Così giunsero dove finivano le case della città e la strada diventava un'autostrada. Ai lati dell'autostrada, i bambini videro il bosco: una folta vegetazione di strani alberi copriva la vista della pianura. Avevano i tronchi fini fini, diritti o obliqui; e chiome piatte e estese, dalle più strane forme e dai più strani colori, quando un'auto passando le illuminava coi fanali. Rami a forma di dentifricio, di faccia, di formaggio, di mano, di rasoio, di bottiglia, di mucca, di pneumatico, costellate da un fogliame di lettere dell'alfabeto. Evviva! – disse Michelino, – questo è il bosco! E i fratelli guardavano incantati la luna spuntare tra quelle strane ombre: – Com'è bello... Michelino li richiamò subito allo scopo per cui erano venuti lì: la legna. Così abbatterono un alberello a forma di fiore di primula gialla, lo fecero in pezzi e lo portarono a casa.

V sequenza mista narrativa e descrittiva
Contiene verbi d'azione e presenta osservazioni e informazioni riguardanti lo stato d'animo dei ragazzini.

[da *Marcovaldo*, Einaudi, Torino 1973]

Lavoriamo con metodo
per consolidare abilità e competenze

Italo Calvino
Giovannino senza paura

– C'era una volta un ragazzetto chiamato Giovannin senza paura, perché non aveva paura di niente. Girava per il mondo e capitò a una locanda a chiedere alloggio. – Qui posto non ce n'è, – disse il padrone, – ma se non hai paura ti mando in un palazzo.

– Perché dovrei aver paura?

– Perché *ci si sente*, e nessuno ne è potuto uscire altro che morto. La mattina ci va la Compagnia con la bara a prendere chi ha avuto il coraggio di passarci la notte.

Figuratevi Giovannino! Si portò un lume, una bottiglia e una salsiccia, e andò.

A mezzanotte mangiava seduto a tavola, quando dalla cappa del camino sentì una voce: – Butto?

E Giovannino rispose: – E butta!

Dal camino cascò giù una gamba d'uomo. Giovannino bevve un bicchier di vino.

Poi la voce disse ancora: – Butto?

E Giovannino: – E butta! – e venne giù un'altra gamba. Giovannino addentò la salciccia.

– Butto?

– Butta! – e viene giù un braccio. Giovannino si mise a fischiettare.

– Butto?

– E butta! – un altro braccio.

– Butto?

– Butta!

E cascò un busto che si riappiccicò alle gambe e alle braccia, e restò un uomo in piedi senza testa.

– Butto?

– Butta!

Cascò la testa e saltò in cima al busto. Era un omone gigantesco, e Giovannino alzò il bicchiere e disse: – Alla salute!

L'omone disse: – Piglia il lume e vieni.

Giovannino prese il lume ma non si mosse. – Passa avanti! – disse l'uomo.

Passa tu, – disse Giovannino.

Tu! – disse l'uomo.

Tu! – disse Giovannino.

Allora l'uomo passò lui e una stanza dopo l'altra traversò il palazzo, con Giovannino dietro che faceva lume. In un sottoscala c'era una porticina.

Apri! – disse l'uomo a Giovannino. E Giovannino: – Apri tu!

E l'uomo aperse con una spallata.

C'era una scaletta a chiocciola.

– Scendi, – disse l'uomo.

– Scendi prima tu, – disse Giovannino.

Lavoriamo con metodo
per consolidare abilità e competenze

Scesero in un sotterraneo, e l'uomo indicò una lastra in terra. – Alzala! – Alzala tu! – disse Giovannino, e l'uomo la sollevò come fosse stata una pietruzza.

Sotto c'erano tre marmitte d'oro. – Portale su! – disse l'uomo. – Portale su tu! – disse Giovannino. E l'uomo se le portò su una per volta.

Quando furono di nuovo nella sala del camino, l'uomo disse: – Giovannino, l'incanto è rotto! – Gli si staccò una gamba e scalciò via, su per il camino. – Di queste marmitte una è per te, – e gli si staccò un braccio e s'arrampicò per il camino. – Un'altra è per la Compagnia che ti verrà a prendere credendoti morto, – e gli si staccò anche l'altro braccio e inseguì il primo. – La terza è per il primo povero che passa, – gli si staccò l'altra gamba e rimase seduto per terra. – Il palazzo tientelo pure tu, – e gli si staccò il busto e rimase solo la testa posata in terra. – Perché dei padroni di questo palazzo, è perduta per sempre ormai la stirpe, – e la testa si sollevò e salì per la cappa del camino.

Appena schiarì il cielo, si sentì un canto: *Miserere meí, miserere meí*, ed era la Compagnia con la bara che veniva a prendere Giovannino morto. E lo vedono alla finestra che fumava la pipa.

Giovannin senza paura con quelle monete d'oro fu ricco e abitò felice nel palazzo. Finché un giorno non gli successe che, voltandosi, vide la sua ombra e se ne spaventò tanto che morì.

[da *Fiabe italiane*, Einaudi, Torino 1974]

› Comprendere

1. **Dividi in sequenze il brano riportato e di ciascuna individua la tipologia, motivando la risposta.**
2. **Indica e sottolinea i verbi di movimento presenti nelle varie sequenze.**

› Produrre per capire le tecniche narrative

3. **Trasforma una sequenza dialogata, presente nel testo di Calvino, in una sequenza narrativa.**
4. **Componi un breve testo narrativo formato da sequenze dialogate.**
5. **Scegli un oggetto o un animale e presentalo creando delle sequenze descrittive.**
6. **Racconta una gita con i tuoi compagni componendo un testo formato da una sequenza narrativa, una sequenza descrittiva e una sequenza riflessiva. Stabilisci tu l'ordine delle sequenze.**
7. **Componi un breve testo formato da una sequenza narrativa e una dialogica. Crea tu la situazione: l'allestimento di una festa, una serata divertente, una giornata fortunata, l'incontro di nuovi amici, ecc.**

1.3 Lo spazio

Lo spazio in una narrazione è il luogo in cui sono ambientati gli eventi ed è la dimensione in cui operano i personaggi reali o immaginari.

L'ambientazione di un racconto o di un romanzo è costituita da un insieme di elementi narrativi e descrittivi dell'*epoca* e del *luogo* in cui la vicenda si svolge, ma comprende anche l'*atmosfera* tipica di questa epoca e questo luogo, quell'insieme di sensazioni emotive che viene percepito e vissuto dai personaggi che in quell'ambientazione si muovono.

Un'ambientazione appropriata e ben costruita dallo scrittore rende più interessante e convincente la storia da raccontare, intensificando il coinvolgimento del lettore. Il lettore infatti può essere trasportato nell'universo della storia grazie a una descrizione efficace ed evocativa dell'ambiente: questo accresce le sue motivazioni e la sua disponibilità alla lettura e lo convince della credibilità della trama e dei personaggi.

I modi di rappresentare lo spazio

La rappresentazione dello spazio dipende da vari elementi:

- il punto di vista
- il rapporto narratore-personaggio
- gli intenti che la narrazione si propone di raggiungere
- l'ideologia dell'autore in rapporto all'epoca storica in cui vive.

Lo spazio nel quale si sviluppa la storia può essere:

- **uno spazio aperto**

  Quell'anno il grano era alto. A fine primavera aveva piovuto tanto, e a metà giugno le piante erano più rigogliose che mai. Crescevano fitte, cariche di spighe pronte per essere raccolte. Ogni cosa era ricoperta di grano. Le colline, basse, si susseguivano come onde di un oceano dorato. Fino in fondo all'orizzonte grano, cielo, grilli, sole e caldo.

  [Niccolò Ammaniti, *Io non ho paura*]

In questo brano, l'autore ha ricostruito con molta precisione un luogo caratterizzato dal grano rigoglioso delle colline, che sembrano ondeggiare nel cielo, tra il canto dei grilli nel caldo sole dell'estate.

Juan Gris, *La finestra aperta*, 1921. Madrid, Museo Nacional Centro de Arte Reina Sofia.

- **uno spazio chiuso**

Diversamente, lo scrittore Vasco Pratolini descrive l'interno di un'abitazione, facendo ricorso solo a pochi elementi dell'arredamento, che sono però molto significativi per i proprietari di quella casa:

> È sempre in ordine; e con i mattoni rossi di cinabrese, il tappeto sul tavolo, l'abat-jour di moda che pende dal soffitto, e che si può alzare e abbassare a piacimento. Sulla parete, dentro una cornice, v'è l'ingrandimento della fotografia dei genitori di Ugo... Di fronte, v'è un'olografia di "Garibaldi ferito in Aspromonte".
>
> [Vasco Pratolini, *Il quartiere*]

Dalla tipologia degli oggetti descritti, appare evidente che l'ambiente non è tipico dei giorni nostri, ma che ci riporta indietro nel tempo.

La rappresentazione dello spazio può inoltre essere valutata in base al maggiore o minore grado di corrispondenza con la realtà. Pertanto lo spazio può essere:

- **reale**, se l'ambiente descritto esiste nel mondo reale
- **immaginario**, se è frutto di invenzione del narratore, come ad esempio nei racconti fantastici o fantascientifici
- **realistico**, se il luogo della narrazione, creato dalla fantasia dell'autore, non esiste nella realtà, ma ha delle caratteristiche credibili, ossia potrebbe trovarsi in qualche parte del mondo in un certo momento della storia.

I luoghi della narrazione, siano essi reali, realistici o immaginari, assumono talora anche un valore **simbolico**, sono cioè la materializzazione degli stati d'animo dei personaggi o di temi e motivi che il narratore vuole introdurre in essi:

> In questo istante sento come il mare vorrebbe chiudersi introno a noi, come sia solo una casuale combinazione di acqua, vento e corrente a permetterci di andare avanti.
>
> [Peter Høeg, *Il senso di Smilla per la neve*]

Non è una descrizione reale del mare ma simbolica, in quanto l'autore esprime ciò che il mare rappresenta in quel momento per la protagonista.

Descrizione soggettiva e oggettiva

La descrizione di uno spazio può essere **soggettiva**, se le sensazioni sono mediate e "filtrate" attraverso lo sguardo di un personaggio o del narratore che ce ne mostra solo alcuni aspetti trascurandone degli altri:

> Le brevi parole dei vogatori riecheggiavano sonoramente tra le muraglie scure e folte della vegetazione. Tenebre trasudavano di fra gli alberi, attraverso la massa intricata dei rampicanti, da dietro le grandi foglie fantastiche e immote; le tenebre misteriose e invincibili; le tenebre profumate e velenose delle foreste impenetrabili.
>
> [Joseph Conrad, *La laguna, da Racconti e romanzi brevi*]

La descrizione dello spazio può essere **oggettiva** se l'autore si limita a descrivere gli elementi in maniera impersonale, senza fare su di essi alcun commento, così come avviene in questa brevissima descrizione di un interno, scritta da Carlo Levi.

> La camera da letto dava su un balconcino, da cui una scaletta saliva, sul fianco della casa, alla terrazza che la copriva tutta: di qui la vista spaziava sui più lontani orizzonti... Lo studio e la terrazza avevano un pavimento a scacchi colorati, come in certe sagrestie di campagna...
>
> [Carlo Levi, *Cristo si è fermato ad Eboli*]

I due tipi di descrizione dell'ambiente, oggettivo e soggettivo, possono coesistere nello stesso brano, perché l'autore può passare immediatamente dall'uno all'altro senza interruzioni.

Laboratorio di metodo

esempio guidato

testi attivi
Janet Frame • La laguna
Jorge Luis Borges • I due re e i due labirinti

A La descrizione soggettiva del paesaggio

Il brano è tratto dall'*incipit* di *Peter Camenzind* (1911), un romanzo di formazione e primo successo letterario dello scrittore Hermann Hesse.

In questo brano, i luoghi sono i veri protagonisti della vicenda, essi sono utilizzati dall'autore non solo per caratterizzare la scena ma per far comprendere al lettore l'anima e la visione del mondo del personaggio principale.

Peter, il protagonista, vede e descrive un paesaggio che è nello stesso tempo esteriore ed interiore. Le cose che appaiono al lettore sono filtrate attraverso i suoi stati d'animo, i suoi ricordi e le sue sensazioni.

Non sapevo come si chiamassero il lago e i monti e i ruscelli del mio paese. Ma vedevo stesa al sole la verdazzurra e liscia superficie del lago trapunta di piccoli lumi e intorno, in fitta corona, i monti ripidi e nelle loro più alte fenditure i lucidi nevai e le minuscole cascate e ai lori piedi prati obliqui e luminosi cosparsi di alberi da frutta, di capanne e di grigie mucche dell'Alpe.

L'autore descrive in modo oggettivo alcuni elementi del paesaggio facendo uso di **aggettivi che aiutano il lettore a "vedere" la scena**.

E siccome la mia povera piccola anima era vuota, silenziosa e in attesa gli spiriti del lago e della montagna vi scrissero le loro belle, ardite gesta. Le pareti rigide e gli erti versanti parlavano con orgoglio e rispetto dei tempi di cui sono figli e di cui portano le cicatrici. Parlavano di quando la terra si fendette e si torse e dal suo corpo tormentato mandò fuori, tra i gemiti del parto, le vette e le creste. Monti rocciosi sorsero ruggendo e crepitando finché, nell'ascesa senza meta, si spezzarono in cima; monti gemelli lottarono disperatamente per lo spazio finché uno vinse, salì e respinse il fratello mandandolo in frantumi.

Segue la descrizione di emozioni che gli elementi del paesaggio danno al protagonista: gli oggetti, gli scorci del paesaggio non si limitano a stare di fronte al protagonista, ma gli parlano e hanno per lui un senso preciso.

Fin da quei tempi erano rimaste nelle gole le vette scapitozzate, le rocce respinte e spaccate, e ad ogni sgelo la valanga d'acqua portava a valle blocchi grandi come case, li frantumava come vetro e li affondava d'un colpo nei morbidi prati. Dicevano sempre la stessa cosa quei monti di roccia.
Ed era facile comprenderli osservandone le ripide pareti, gli strati infranti, curvati, scoppiati, ciascuno straziato da ferite aperte. Abbiamo sofferto spaventosamente, dicevano, e ancora soffriamo.

Il protagonista vede i monti come **«scoppiati... straziati da ferite aperte»**. Si tratta di sensazioni assolutamente personali che molto difficilmente potrebbero essere provate d'istinto da una qualsiasi persona che si trovi davanti ad una montagna.

[da Hermann Hesse, *Peter Camenzind*, trad. di E. Pocar, Mondadori, Milano 1984]

Laboratorio di metodo

esempio guidato

B L'effetto del contrasto tra ambiente e personaggio

Nel brano riportato, in poche righe l'autore riesce a creare tensione emotiva e inquietudine nel lettore. Questo effetto è ottenuto mediante **un'efficace ambientazione**.

Due bambini si perdono tra le montagne alla vigilia di Natale sorpresi dall'oscurità e dalle nevicate. La fragilità dei bambini sperduti contrasta con l'immensità della montagna che si è trasformata in uno spazio pauroso dominato dalla neve e dalle tenebre; ed è proprio questo che accresce la tensione narrativa, coinvolgendo il lettore nella sorte dei protagonisti.

Fin dove poteva giungere l'occhio dei bambini tutto era ghiaccio. Punte e creste e lastre si ergevano come tutto un pauroso ammasso di ghiaccio ricoperto di neve. Non era un bastione che si potesse oltrepassare e poi ritrovare la neve, come avevano creduto dal basso; dalla volta del bastione salivano altre pareti di ghiaccio, a fenditure e crepacci, percorse da innumerevoli vene azzurre e serpeggianti, e dietro a esse altre pareti simili e dietro a queste altre ancora, e fin dove la neve, cadendo, copriva il resto con il suo grigiore. [...]

L'ambiente appare minaccioso perché all'improvviso perde i rassicuranti tratti familiari per trasformarsi in qualcosa di pauroso e oscuro.
La descrizione è piena di contrasti cromatici; il **«grigiore» della neve, l'azzurro del ghiaccio** e più avanti **le stelle, fino al «lume verdepallido»** di intensità variabile che **dilaga** nel cielo.

Nello sterminato silenzio che regnava, nel silenzio in cui non sembrava muoversi neanche un aghetto di neve, i bambini udirono tre volte lo schianto del ghiaccio. Ciò che sembra la cosa più rigida ed è invece la più mobile e viva, il ghiaccio aveva prodotto quei suoni.
Tre volte udirono dietro di loro il rimbombo, che era terribile, come se fosse spaccata la terra, e si diffondeva in tutte le direzioni e pareva correre per tutte le piccole vene di ghiaccio.

I bambini rimasero a sedere ad occhi aperti e guardavano le stelle.
Anche per gli occhi incominciò ad avvenire qualcosa. Mentre i bambini così sedevano, fiorì davanti a loro nel cielo una pallida luce in mezzo alle stelle e tese un arco tenue tra di esse.
Mandava un lume verdepallido che dilagava lentamente verso il basso, ma l'arco si fece via via più lucente fino a che le stelle si ritrassero di fronte ad esso e impallidirono.

Notiamo come le descrizioni statiche siano intercalate da sequenze altrettanto descrittive ma dinamiche. Infatti lo **«sterminato silenzio»** viene interrotto dallo **«schianto del ghiaccio»**. L'autore stesso ci tiene a spiegare come il ghiaccio **sia mobile e vivo**.
Nel brano la natura da elemento di contrasto assume la funzione di personaggio principale accanto ai bambini; un personaggio maestoso e terribile nello stesso tempo.

[da Adalbert Stifter, *Cristallo di rocca*, trad. di G. Bemporad, Adelphi, Milano 1984]

C Le caratteristiche dell'ambiente

Il fascino dei luoghi si sprigiona dalle pagine dello scrittore cileno Luis Sepúlveda, viaggiatore instancabile nelle terre più remote del mondo.

Verso le cinque di mattina del 24 giugno lasciammo Caletta Oscura e ci addentrammo nel Canale Costa in direzione sud.
Navigammo quasi in linea retta, toccando appena il timone in quella specie di sentiero largo un miglio. A ovest avevamo l'isola Traiguen e a est i ghiacci della Cordigliera Hudson.

Il luogo descritto nel testo è la Patagonia, che come tutte le terre di confine è permeata da un'aura di mistero, ideale per fare da sfondo alla enigmatica vicenda narrata nel libro.

Trenta miglia più a sud, tenendo come punto di riferimento, a est, l'isola di Simpson entrammo nel fiordo Elefantes, bordato sulla costa orientale dalle imponenti vette innevate della Cordigliera di San Valentin, che si elevava coi i suoi quattromila metri di solitudine affilata dai venti. Al centro del fiordo scorgemmo varie dozzine di delfini cruzados – begli animali dalla pelle scurissima screziata sui fianchi da pennellate d'argento – che si muovevano leggermente nelle acque tranquille.
Si avvicinarono al Pajaro Loco con la naturalezza di chi saluta un vecchio amico, e ringraziarono del pesce, che il Socio lanciò loro, con buffi salti. Frecce di notte e d'argento che prima di tuffarsi, per poi riemergere accanto alla barca, libravano in aria i loro due metri, dicendoci qualcosa di indecifrabile con le piccole bocche dai denti ambrati.

Tutte le opere di Sepúlveda sono caratterizzate da un motivo conduttore, il rapporto conflittuale tra l'uomo e la natura. Una tematica di questo genere richiede un contesto ambientale molto particolare.

Don Checo toccò appena il timone per avvicinare il Pajaro Loco alla riva occidentale, ripida e verde. Navigammo davanti alla penisola di Sisquelan e poche miglia più a sud avremmo incontrato l'insuperabile barriera gelata dei ventisqueros della laguna di San Rafael. L'aria ci annunciava la presenza delle nevi esterne, dei seicentomila ettari di ghiacciai che iniziano all'estremo sud del fiordo Elefantes, dove fino a un secolo fa si riunivano i chono, gli alakaluf, gli ona e chilote per macellare qualche balena che si era arenata.

Sepúlveda non si limita a mostrarci scenari esotici, ma ci proietta in ambienti in cui emerge il contrasto tra l'aggressività di una civiltà che non si preoccupa del futuro e i fragili equilibri della natura.

[da Luis Sepúlveda, *Il mondo alla fine del mondo*, trad. di I. Carmignani, Guanda, Parma 1994]

Lavoriamo con metodo
per consolidare abilità e competenze

Nel brano seguente è descritto l'ambiente in cui, nel cuore di Roma, vive il protagonista.

Gabriele D'Annunzio
Un'antica ed elegante dimora

L'anno moriva, assai dolcemente. Il sole di San Silvestro spandeva non so che tepor velato, mollissimo, aureo, quasi primaverile, nel cel di Roma. Tutte le vie erano popolose come nelle domeniche di Maggio. Su la piazza Barberini, su la piazza di Spagna una moltitudine di vetture passava in corsa traversando; e dalle due piazze il romorio confuso e continuo, salendo alla Trinità de' Monti, alla via Sistina, giungeva fin nelle stanze del palazzo Zuccari, attenuato. Le stanze andavansi empiendo a poco a poco del profumo ch'esalavan ne' vasi i fiori freschi. Le rose folte e larghe stavano immerse in certe coppe di cristallo che si levavan sottili da una specie di stelo dorato slargandosi in guisa d'un giglio adamantino, a similitudine di quelle che sorgon dietro la Vergine del tondo di Sandro Botticelli alla Galleria Borghese. Nessuna altra forma di coppa eguaglia in eleganza tal forma: i fiori entro quella prigione diafana paion quasi spiritualizzarsi e meglio dare imagine di una religiosa o amorosa offerta. Andrea Sperelli aspettava nelle sue stanze un'amante. Tutte le cose a torno rivelavano infatti una special cura d'amore. Il legno di ginepro ardeva nel caminetto e la piccola tavola del tè era pronta, con tazze e sottocoppe in maiolica di Castel Durante ornate d'istoriette mitologiche da Luzio Dolci, antiche forme d'inimitabile grazia, ove sotto le figure erano scritti in carattere corsivo a zàffara nera esametri d'Ovidio. La luce entrava temperata dalle tende di broccatello rosso a melagrane d'argento riccio, a foglie e a motti. Come il sole pomeridiano feriva i vetri, la trama fiorita delle tendine di pizzo si disegnava sul tappeto. L'orologio della Trinità de' Monti suonò le tre e mezzo. Mancava mezz'ora. Andrea Sperelli si levò dal divano dov'era disteso e andò ad aprire una delle finestre; poi diede alcuni passi nell'appartamento; poi aprì un libro, ne lesse qualche riga, lo richiuse; poi cercò intorno qualche cosa, con lo sguardo dubitante. L'ansia dell'aspettazione lo pungeva così acutamente ch'egli aveva bisogno di muoversi, di operare, di distrarre la pena interna con un atto materiale. Si chinò verso il caminetto, prese le molle per ravvivare il fuoco, mise sul mucchio ardente un nuovo pezzo di ginepro. Il mucchio crollò; i carboni sfavillando rotolarono fin su la lamina di metallo che proteggeva il tappeto; la fiamma si divise in tante piccole lingue azzurrognole che sparivano e riapparivano; i tizzi fumigarono. Allora sorse nello spirito dell'aspettante un ricordo. Proprio innanzi a quel caminetto Elena un tempo amava indugiare, prima di rivestirsi, dopo un'ora di intimità.

[da *Il piacere*, Milano, Mondadori 1986]

Comprendere

1. **La descrizione dell'ambiente passa dal generale al particolare e dall'esterno all'interno. Delinea e sottolinea nel testo "il percorso" del narratore.**

2. **La descrizione delle stanze di palazzo Zuccari è molto analitica. Su quali particolari si sofferma l'attenzione del narratore? Quale aspetto dell'ambiente vuole mettere in evidenza?**

3. **Il protagonista entra in scena senza essere presentato e caratterizzato, almeno esplicitamente, ma la descrizione dell'ambiente in cui vive ci rivela alcuni tratti del suo modo di essere; indica quali.**

Produrre per capire le tecniche narrative

4. **Scrivi un breve racconto e ambientalo in un luogo che ti affascina in modo particolare. Descrivi il luogo dal punto di vista soggettivo facendo emergere sensazioni e stati d'animo.**

5. **Scrivi un breve brano in cui i personaggi facciano ripetutamente riferimento ai dettagli ambientali. Suggeriamo di lasciare questo compito ai personaggi evitando così il punto di vista onnisciente. Lasciate che i dettagli significativi (il buio, la nebbia, ecc.) emargano dai dialoghi e dalle sensazioni dei personaggi.**

1.4 Il tempo

Tempo della storia e tempo della narrazione

Il tempo, come lo spazio, costituisce la dimensione fondamentale del narrare. Una storia, infatti, per esistere, ha bisogno che gli avvenimenti che la compongono si concatenino in una successione temporale che può essere lineare (inizio, svolgimento, fine), oppure presentare sfasature rispetto all'ordine cronologico reale. Occorre quindi tener sempre presente che in una narrazione esistono due diversi piani temporali:

- il **tempo della storia**, ossia quello in cui si svolgono i fatti narrati. Non si tratta di un tempo reale, misurabile in ore, giorni, mesi, anni, in quanto le vicende narrate sono frutto della *finzione narrativa*, ma di un tempo che imita in ogni caso quello reale;
- il **tempo della narrazione**, un tempo *fittizio* che riguarda le scelte adottate dall'autore per esporre i fatti e si riferisce alla *durata della narrazione*, non a quella dei fatti narrati. Il narratore può ricostruire una dimensione temporale esterna o interna ai fatti, oppure rallentare, accelerare, sospendere, dilatare il tempo; può presentare salti temporali o ritorni all'indietro; può dedicare attenzione ad alcuni fatti e tralasciarne altri; può utilizzare forme narrative diverse: *descrizioni*, *dialoghi*, *digressioni*, *riflessioni*, *ecc.*

L'insieme di tutte queste scelte permette all'autore di alterare la successione e la durata degli eventi, realizzando il *tempo della narrazione*, diverso dal *tempo della storia*.

La successione degli eventi

Per quanto riguarda la **successione degli eventi**, le scelte operate dall'autore riguardano l'ordine, la durata e la frequenza.

Ordine

All'interno di un racconto, i fatti non seguono necessariamente l'ordine cronologico lineare. A questo proposito è necessario distinguere il piano della *fabula* da quello dell'*intreccio*.

La **fabula** è la disposizione degli eventi secondo l'ordine logico e cronologico; l'**intreccio** è la disposizione degli eventi secondo l'ordine in cui vengono narrati.

Raramente in una narrazione fabula e intreccio coincidono; ciò si verifica, ad esempio, nei racconti cosmogonici, in cui l'argomento trattato (le fasi della creazione del mondo o la genealogia degli dèi) impone che gli eventi siano ordinati secondo la loro precisa successione:

> In principio Dio creò il cielo e la terra [...] E fu sera e fu mattina: primo giorno; Dio fece il firmamento [...] secondo giorno; Dio disse: "Le acque che sono sotto il cielo si raccolgano in un solo luogo e appaia l'asciutto" [...] terzo giorno. [...] Allora Dio nel sesto giorno portò a termine il lavoro che aveva fatto e cessò nel settimo giorno da ogni suo lavoro.
>
> [*Genesi*]

Tale coincidenza è presente anche nelle narrazioni molto brevi, ma difficilmente si verifica nelle opere di più ampio respiro, in cui l'intreccio, per esigenze narrative, presenta sfasature (anticipazioni, recuperi memoriali, digressioni) rispetto alla successione lineare degli avvenimenti.

Questi spostamenti temporali vengono definiti **anacronie**, e possono essere:

- **prolessi**, quando vengono anticipati fatti che accadranno dopo, creando attesa e coinvolgimento nel lettore:

  > Molti anni dopo, di fronte al plotone di esecuzione, il colonnello Aureliano Buendía si sarebbe ricordato di quel remoto pomeriggio in cui suo padre lo aveva condotto a conoscere il ghiaccio.
  >
  > [Gabriel García Márquez, *Cent'anni di solitudine*]

- **analessi** (o *flashback*), per riprendere o narrare fatti accaduti in precedenza, necessari per la comprensione della storia:

  > Io fui concepito nella notte tra la domenica ed il primo lunedì di marzo, nell'anno di nostro Signore Millesettecentodiciotto. Ne sono matematicamente certo. Ma come sia giunto ad essere così preciso su di un fatto avvenuto prima che io nascessi, dipende da un altro piccolo aneddoto, noto soltanto nella nostra famiglia, ma che io rendo qui di pubblica ragione per chiarire meglio il punto.
  >
  > [Laurence Sterne, *Vita e opinioni di Tristram Shandy*]

Marc Chagall, *Io e il mio paese*, 1911.
New York, The Museum of Modern Art.

Durata

La durata è il tempo dedicato dall'autore alla narrazione dei fatti; essa dipende dalle scelte ideologiche e stilistiche dell'autore, che può optare, a seconda dei casi, per diverse soluzioni, determinando la *velocità* della narrazione:

- **sommario** (o *accelerazione*): si verifica quando l'autore espone in maniera sintetica avvenimenti svoltisi in un arco di tempo ampio:

  I mesi estivi passarono mentre mi dedicavo corpo e anima a questo solo scopo. Passarono così inverno, primavera ed estate: ma io non seguii il graduale fiorire delle piante.

  [Mary Shelley, *Frankenstein*]

- **ellissi**: il narratore può omettere avvenimenti accaduti durante un certo arco di tempo, perché ritenuti insignificanti ai fini della storia. Nella narrazione, ad esempio, non viene quasi mai dato spazio al sonno dei personaggi o ad azioni abituali come il vestirsi, il lavarsi, ecc.
- **analisi**: il narratore può dedicare ampio spazio ad avvenimenti di breve durata; il tempo della narrazione risulta così più lento rispetto al tempo della storia. Marcel Proust, ad esempio, in *Alla ricerca del tempo perduto*, dedica alcune pagine a descrivere una sensazione durata pochi attimi.
- **pausa**: si verifica quando per alcune righe o per alcune pagine il tempo della storia narrata rimane bloccato, mentre procede il tempo della narrazione; tale interruzione può avvenire:

– quando il narratore si sofferma sulla *descrizione* di un paesaggio, di un ambiente o di un personaggio:

Così come stava seduto al tavolo, con la testa reclinata all'indietro, al lume della lampada, le sue guance rosse e giovanili contrastavano singolarmente col bianco dei suoi capelli, e mi trovai senza volerlo a paragonare i suoi tratti con le maschere delle sue marionette, che tante volte mi aveva mostrato.

[Gustav Meyrink, *Il Golem*]

– quando viene analizzato lo **stato d'animo** di un personaggio (*pausa introspettiva*):

Pickman non era affatto un fantasioso o un romantico [...] non tentava neppure di darci gli aspetti effimeri, fuggevoli, prismatici del sogno, ma con gelido sarcasmo riproduceva un mondo di orrore palpabile.

[Howard P. Lovecraft, *Il modello di Pickman*]

– quando vengono **commentati i fatti** narrati o quelli che sta per raccontare (*pausa di commento*):

L'uomo, fin che sta in questo mondo, è un infermo che si trova su un letto scomodo più o meno, e vede intorno a sé altri letti, ben rifatti al di fuori, piani, a livello: e si figura che ci si deve star benone. Ma se gli riesce di cambiare [...]

[Alessandro Manzoni, *I promessi sposi*, cap. XXXIII]

– quando opera delle **digressioni** (deviazioni), più o meno ampie, dal corso normale degli avvenimenti, per approfondirne qualche aspetto particolare: ad esempio l'ampio spazio dedicato da Manzoni, nei *Promessi sposi*, alla guerra di successione del ducato di Mantova.

Il caso in cui vi è maggior coincidenza tra *tempo storico* e *tempo narrativo* si verifica quando questi vengono presentati attraverso il dialogo tra i personaggi; si parla a questo proposito di *scena narrativa*:

– Il vecchio lanzichenecco si fa beffe di noi – disse Poussin tornato davanti al preteso quadro. – Io qui non vedo che un ammasso confuso di colori delimitati da una quantità di linee bizzarre che formano una muraglia di pittura.
– Ci sbagliamo: guardate!... – riprese Porbus.

[Honoré de Balzac, *Il capolavoro sconosciuto*]

In questo caso i discorsi dei personaggi e i minimi gesti che li accompagnano si svolgono in un tempo sostanzialmente coincidente con quello che lo scrittore impiega per riportarli nella scrittura.

Frequenza

Il rapporto tra *tempo della storia* e *tempo della narrazione* è valutabile inoltre sul piano della frequenza. Il narratore può raccontare una volta ciò che è accaduto una volta sola (**racconto singolativo**); è il caso più normale, in quanto gli eventi unici sono i più significativi per caratterizzare un personaggio o delineare una situazione. Ma il narratore può raccontare una sola volta anche ciò che è accaduto più volte (**racconto iterativo**); in questo caso vengono utilizzate forme avverbiali come *spesso*, *abitualmente*, *di solito* e forme verbali come l'*imperfetto* o il *presente iterativo*:

> Il povero Geppetto si affaticava a ritagliarlo; ma più lo ritagliava e lo scorciava, e più quel naso impertinente diventava lungo.
>
> [Carlo Collodi, *Pinocchio*]

> Ogni trentatré anni all'incirca si ripete nelle nostre viuzze un avvenimento [...] un uomo assolutamente sconosciuto, privo di barba, dalla faccia gialla e tratti mongolici, provenendo dalla via della Vecchia Scuola, vestito di stinti abiti fuori moda, con un'andatura inciampicante in modo specialissimo e uniforme come se ad ogni attimo dovesse cadere in avanti, attraversa il quartiere ebraico e d'un tratto si rende invisibile.
> Di solito svolta in un vicolo, e scompare.
>
> [Gustav Meyrink, *Il Golem*]

Infine, il narratore può raccontare molte volte ciò che è accaduto una volta sola (**racconto ripetitivo**): in questo caso molto spesso viene presentato il *punto di vista* di personaggi diversi. Nei racconti gialli, ad esempio, capita spesso che l'azione criminosa sia più volte narrata nelle diverse versioni dei testimoni.

Distanza

Per una completa valutazione di ciò che riguarda il *tempo*, ricordiamo infine che, oltre al *tempo della storia* e al *tempo della narrazione*, occorre tener conto anche del *tempo della scrittura*, ossia del tempo storico in cui l'autore ha realizzato la propria opera.

Il tempo che intercorre tra il periodo in cui accadono i fatti e il momento in cui questi vengono narrati si definisce **distanza**. La distanza può essere **massima** e incolmabile, come nelle fiabe (in cui si ricorre a formule del tipo *C'era una volta...; Tanto tempo fa...*), o **minima**, come ad esempio in una narrazione in forma di diario. La distanza tra *tempo della storia* e *tempo della scrittura* ha una grande importanza nei romanzi storici, nei quali l'epoca posta dall'autore al centro della narrazione contribuisce alla comprensione del significato complessivo dell'opera.

Ritmo narrativo

Da tutti gli esempi e dalle definizioni date risulta che nel rapporto tra *tempo della storia* e *tempo della narrazione* vi sono continui cambi di *velocità*, che determinano il **ritmo della narrazione**, dato da **rallentamenti** e **accelerazioni** cui lo scrittore può fare ricorso con un'infinita gamma di soluzioni, a seconda degli intenti e degli effetti che egli vuole creare nella narrazione.

Roy Lichtenstein, *Figures in Landscape*, 1977. Humlebaek, Louisiana Museum of Modern Art.

Laboratorio di metodo

esempio guidato

testo attivo

Heinrich Böll • Distacco

La successione degli eventi nella narrazione: la durata

La **durata** è il tempo dedicato dall'autore a raccontare gli episodi della storia.

Nel racconto *La casa di Asterione* non è possibile stabilire la **durata della storia** se non approssimativamente; si tratta certamente di parecchi anni, come indica l'espressione: «ogni nove anni».

È possibile individuare il **tempo della storia** indirettamente, grazie a personaggi quali Teseo, Arianna e il Minotauro.

Le scelte dell'autore sono importanti perché determinano il **ritmo** da imprimere al susseguirsi dell'azione. Nel testo di Borges il ritmo è rallentato dalle molte **pause** riflessive, descrittive e di commento.

Jorge Luis Borges

La casa di Asterione

So che mi accusano di superbia, e forse di misantropia, o di pazzia. Tali accuse (che punirò al momento giusto) sono ridicole.
È vero che non esco di casa, ma è anche vero che le porte (il cui numero è infinito)* restano aperte giorno e notte agli uomini e agli animali. Entri chi vuole. Non troverà qui lussi donneschi né la splendida pompa dei palazzi, ma la quiete e la solitudine.
E troverà una casa come non ce n'è altre sulla faccia della terra. (Mente chi afferma che in Egitto ce n'è una simile.)
Perfino i miei calunniatori ammettono che nella casa non c'è un solo mobile. Un'altra menzogna ridicola è che io, Asterione, sia un prigioniero. Dovrò ripetere che non c'è una porta chiusa, e aggiungere che non c'è una sola serratura? D'altronde, una volta al calare del sole percorsi le strade; e se prima di notte tornai, fu per il timore che m'infondevano i volti della folla, volti scoloriti e spianati, come una mano aperta. Il sole era già tramontato, ma il pianto accorato d'un bambino e le rozze preghiere del gregge dissero che mi avevano riconosciuto. La gente pregava, fuggiva, si prosternava; alcuni si arrampicavano sullo stilobate del tempio delle Fiaccole, altri ammucchiavano pietre. Qualcuno, credo, cercò rifugio nel mare. Non per nulla mia madre fu una regina; non posso confondermi col volgo, anche se la mia modestia lo vuole.

Pausa riflessiva — **Sommario** — **Pausa descrittiva** — **Sommario**

La verità è che sono unico. Non m'interessa ciò che un uomo può trasmettere ad altri uomini; come il filosofo, penso che nulla può essere comunicato attraverso l'arte della scrittura. Le fastidiose e volgari minuzie non hanno ricetto nel mio spirito, che è atto solo al grande; non ho mai potuto ricordare la differenza che distingue una lettera dall'altra. Un'impazienza generosa non ha consentito che imparassi a leggere. A volte me ne dolgo, perché le notti e i giorni sono lunghi. Certo, non mi mancano distrazioni. Come il montone che s'avventa, corro pei corridoi di pietra fino a cadere al suolo in preda alla vertigine. Mi acquatto all'ombra

Pausa riflessiva

Laboratorio di metodo

esempio guidato

di una cisterna e all'angolo d'un corridoio e giuoco a rimpiattino. Ci sono terrazze dalle quali mi lascio cadere, finché resto insanguinato. In qualunque momento posso giocare a fare l'addormentato, con gli occhi chiusi e il respiro pesante (a volte m'addormento davvero; a volte, quando riapro gli occhi, il colore del giorno è cambiato). Ma, fra tanti giuochi, preferisco quello di un altro Asterione.. Immagino ch'egli venga a farmi visita e che io gli mostri la casa. — **Pausa riflessiva**

Con grandi inchini, gli dico: "Adesso torniamo all'angolo di prima," o: "Adesso sbocchiamo in un altro cortile," o: "Lo dicevo io che ti sarebbe piaciuto il canale dell'acqua," oppure: "Ora ti faccio vedere una cisterna che s'è riempita di sabbia," o anche: "Vedrai come si biforca la cantina." A volte mi sbaglio, e ci mettiamo a ridere entrambi. — **Scena**

Ma non ho soltanto immaginato giuochi; ho anche meditato sulla casa. Tutte le parti della casa si ripetono, qualunque luogo di essa è un altro luogo. Non ci sono una cisterna, un cortile, una fontana, una stalla; sono infinite le stalle, le fontane, i cortili, le cisterne. La casa è grande come il mondo. — **Pausa descrittiva**

Tuttavia, a forza di percorrere cortili con una cisterna e polverosi corridoi di pietra grigia, raggiunsi la strada e vidi il tempio delle Fiaccole e il mare. Non compresi, finché una visione notturna mi rivelò che anche i mari e i templi sono infiniti. — **Sommario**

Tutto esiste molte volte, infinite volte; soltanto due cose al mondo sembrano esistere una sola volta: in alto, l'intricato sole; in basso, Asterione. Forse fui io a creare le stelle e il sole e questa enorme casa, ma non me ne ricordo. — **Pausa riflessiva**

Ogni nove anni entrano nella casa nove uomini, perché io li liberi da ogni male. — **Sommario**

Odo i loro passi o la loro voce in fondo ai corridoi di pietra e corro lietamente incontro ad essi. La cerimonia dura pochi minuti. Cadono uno dopo l'altro; senza che io mi macchi le mani di sangue. Dove sono caduti restano, e i cadaveri aiutano a distinguere un corridoio dagli altri. — **Pausa descrittiva**

Ignoro chi siano, ma so che uno di essi profetizzò, sul punto di morire, che un giorno sarebbe giunto il mio redentore. — **Sommario**

Da allora la solitudine non mi duole, perché so che il mio redentore vive e un giorno sorgerà dalla polvere. Se il mio udito potesse percepire tutti i rumori del mondo, io sentirei i suoi passi. Mi portasse a un luogo con meno corridoi e meno porte! Come sarà il mio redentore? Sarà forse un toro con volto d'uomo? — **Pausa riflessiva**

O sarà come me?

Il sole della mattina brillò sulla spada di bronzo. — **Sommario**

Non restava più traccia di sangue. — **Ellissi**

"Lo crederesti, Arianna?" disse Teseo. "Il Minotauro non s'è quasi difeso." — **Scena**

[da *L'Aleph*, Feltrinelli, Milano 1974, trad. di F. Testori Montalto]

Lavoriamo con metodo
per consolidare abilità e competenze

Dino Buzzati
Il colombre

Quando Stefano Roí compì i dodici anni, chiese in regalo a suo padre, capitano di mare e padrone di un bel veliero, che lo portasse con sé a bordo.

«Quando sarò grande» disse «voglio andar per mare come te. E comanderò delle navi ancora più belle e grandi della tua.»

«Che Dio ti benedica, figliolo» rispose il padre. E siccome proprio quel giorno il suo bastimento doveva partire, portò il ragazzo con sé.

Era una giornata splendida di sole; e il mare tranquillo. Stefano, che non era mai stato sulla nave, girava felice in coperta, ammirando le complicate manovre delle vele. E chiedeva di questo e di quello ai marinai che, sorridendo, gli davano tutte le spiegazioni. Come fu giunto a poppa, il ragazzo si fermò, incuriosito, a osservare una cosa che spuntava a intermittenza in superficie, a distanza di due-trecento metri, in corrispondenza della scia della nave. Benché il bastimento già volasse, portato da un magnifico vento al giardinetto, quella cosa manteneva sempre la distanza. E, sebbene egli non ne comprendesse la natura, aveva qualcosa di indefinibile, che lo attraeva intensamente. Il padre, non vedendo Stefano piú in giro, dopo averlo chiamato a gran voce invano, scese dalla plancia e andò a cercarlo.

«Stefano, che cosa fai lì impalato?» gli chiese scorgendolo infine a poppa, in piedi, che fissava le onde.

«Papà, vieni qui a vedere.»

Il padre venne e guardò anche lui, nella direzione indicata dal ragazzo, ma non riuscì a vedere niente.

«C'è una cosa scura che spunta ogni tanto dalla scia» disse «e che ci viene dietro.»

«Nonostante i miei quarant'anni» disse il padre «credo di avere ancora una vista buona. Ma non vedo assolutamente niente.»

Poiché il figlio insisteva, andò a prendere il cannocchiale e scrutò la superficie del mare, in corrispondenza della scia. Stefano lo vide impallidire.

«Cos'è? Perché fai quella faccia?»

«Oh, non ti avessi ascoltato» esclamò il capitano. «Io adesso temo per te. Quella cosa che tu vedi spuntare dalle acque e che ci segue, non è una cosa. Quello è un colombre. È il pesce che i marinai sopra tutti temono, in ogni mare del mondo. È uno squalo tremendo e misterioso, più astuto dell'uomo. Per motivi che forse nessuno saprà mai, sceglie la sua vittima, e quando l'ha scelta la insegue per anni e anni, per una intera vita, finché è riuscito a divorarla. E lo strano è questo: che nessuno riesce a scorgerlo se non la vittima stessa e le persone del suo stesso sangue.» «Non è una favola?»

«No. Io non l'avevo mai visto. Ma dalle descrizioni che ho sentito fare tante volte, l'ho subito riconosciuto. Quel muso da bisonte, quella bocca che continuamente si apre e chiude, quei denti terribili. Stefano, non c'è dubbio, purtroppo, il colombre ha scelto te e finché tu andrai per mare non ti darà pace. Ascoltami: ora noi torniamo subito a terra, tu sbarcherai e non

Lavoriamo con metodo
per consolidare abilità e competenze

ti staccherai mai più dalla riva, per nessuna ragione al mondo. Me lo devi promettere. Il mestiere del mare non è per te, figliolo. Devi rassegnarti. Del resto, anche a terra potrai fare fortuna.» Ciò detto, fece immediatamente invertire la rotta, rientrò in porto e, col pretesto di un improvviso malessere, sbarcò il figliolo. Quindi ripartì senza di lui. Profondamente turbato, il ragazzo restò sulla riva finché l'ultimo picco dell'alberatura sprofondò dietro l'orizzonte. Di là dal molo che chiudeva il porto, il mare restò completamente deserto. Ma, aguzzando gli sguardi, Stefano riuscì a scorgere un puntino nero che affiorava a intermittenza dalle acque: il "suo" colombre, che incrociava lentamente su e giù, ostinato ad aspettarlo. Da allora il ragazzo con ogni espediente fu distolto dal desiderio del mare. Il padre lo mandò a studiare in una città dell'interno, lontana centinaia di chilometri. E per qualche tempo, distratto dal nuovo ambiente, Stefano non pensò più al mostro marino. Tuttavia, per le vacanze estive, tornò a casa e per prima cosa, appena ebbe un minuto libero, si affrettò a raggiungere l'estremità del molo, per una specie di controllo, benché in fondo lo ritenesse superfluo. Dopo tanto tempo, il colombre, ammesso anche che tutta la storia narratagli dal padre fosse vera, aveva certo rinunciato all'assedio. Ma Stefano rimase là, attonito, col cuore che gli batteva. A distanza di due-trecento metri dal molo, nell'aperto mare, il sinistro pesce andava su e giù, lentamente, ogni tanto sollevando il muso dall'acqua e volgendolo a terra, quasi con ansia guardasse se Stefano Roi finalmente veniva.

Così, l'idea di quella creatura nemica che lo aspettava giorno e notte divenne per Stefano una segreta ossessione. [...] Intanto il padre venne a morire per malattia, il suo magnifico veliero fu dalla vedova venduto e il figlio si trovò ad essere erede di una discreta fortuna. [...] Aveva appena ventidue anni Stefano, quando, salutati gli amici della città e licenziatosi dall'impiego, tornò alla città natale e comunicò alla mamma la ferma intenzione di seguire il mestiere paterno. La donna, a cui Stefano non aveva mai fatto parola del misterioso squalo, accolse con gioia la sua decisione. L'avere il figlio abbandonato il mare per la città le era sempre sembrato, in cuor suo, un tradimento alle tradizioni di famiglia.

E Stefano cominciò a navigare, dando prova di qualità marinare, di resistenza alle fatiche, di animo intrepido. Navigava, navigava, e sulla scia del suo bastimento, di giorno e di notte, con la bonaccia e con la tempesta, arrancava il colombre. Egli sapeva che quella era la sua maledizione e la sua condanna, ma proprio per questo, forse, non trovava la forza di staccarsene. E nessuno a bordo scorgeva il mostro, tranne lui.

[...] Ma Stefano non mollava. La ininterrotta minaccia che lo incalzava pareva anzi moltiplicare la sua volontà, la sua passione per il mare, il suo ardimento nelle ore di lotta e di pericolo.

Con la piccola sostanza lasciatagli dal padre, come egli si sentì padrone del mestiere, acquistò con un socio un piccolo piroscafo da carico, quindi ne divenne il solo proprietario e, grazie a una serie di fortunate spedizioni, poté in seguito acquistare un mercantile sul serio, avviandosi a traguardi sempre più ambiziosi. [...] Finché, all'improvviso, Stefano un giorno si accorse di essere diventato vecchio, vecchissimo; e nessuno intorno a lui sapeva spiegarsi perché, ricco com'era, non lasciasse finalmente la dannata vita del mare. [...] E una sera, mentre la sua magnifica nave era ancorata al largo del porto dove era nato, si sentì prossimo a morire. Allora chiamò il secondo ufficiale, di cui aveva grande fiducia, e gli ingiunse di non opporsi a ciò che egli stava per fare. L'altro, sull'onore, promise. Avuta questa assicurazione, Stefano, al secondo ufficiale che lo ascoltava sgomento, rivelò la storia del colombre, che aveva continuato a inseguirlo per quasi cinquant'anni, inutilmente.

«Mi ha scortato da un capo all'altro del mondo» disse «con una fedeltà che neppure il più nobile amico avrebbe potuto dimostrare. Adesso io sto per morire. Anche lui, ormai, sarà terribilmente vecchio e stanco. Non posso tradirlo.»

Ciò detto, prese commiato, fece calare in mare un barchino e vi salì, dopo essersi fatto dare un arpione. «Ora gli vado incontro» annunciò. «È giusto che non lo deluda. Ma lotterò, con le mie ultime forze.» A stanchi colpi di remi, si allontanò da bordo. Ufficiali e marinai lo videro scomparire laggiù, sul placido mare, avvolto dalle ombre della notte. C'era in cielo una falce di luna. Non dovette faticare molto. All'improvviso il muso orribile del colombre emerse di fianco alla barca.

«Eccomi a te, finalmente» disse Stefano. «Adesso, a noi due!» E, raccogliendo le superstiti energie, alzò l'arpione per colpire.

«Uh» mugolò con voce supplichevole il colombre «che lunga strada per trovarti. Anch'io sono distrutto dalla fatica. Quanto mi hai fatto nuotare. E tu fuggivi, fuggivi. E non hai mai capito niente.» «Perché?» fece Stefano, punto sul vivo. «Perché non ti ho inseguito attraverso il mondo per divorarti, come pensavi. Dal re del mare avevo avuto soltanto l'incarico di consegnarti questo.» E lo squalo trasse fuori la lingua, porgendo al vecchio capitano una piccola sfera fosforescente. Stefano la prese fra le dita e guardò. Era una perla di grandezza spropositata. E lui riconobbe la famosa Perla del Mare che dà, a chi la possiede, fortuna, potenza, amore, e pace dell'animo. Ma era ormai troppo tardi.

«Ahimè!» disse scuotendo tristemente il capo.

«Come è tutto sbagliato. Io sono riuscito a dannare la mia esistenza: e ho rovinato la tua.»

«Addio, pover'uomo» rispose il colombre. E sprofondò nelle acque nere per sempre.

Due mesi dopo, spinto dalla risacca, un barchino approdò a una dirupata scogliera. Fu avvistato da alcuni pescatori che, incuriositi, si avvicinarono. Sul barchino, ancora seduto, stava un bianco scheletro: e fra le ossicine delle dita stringeva un piccolo sasso rotondo. Il colombre è un pesce di grandi dimensioni, spaventoso a vedersi, estremamente raro. A seconda dei mari, e delle genti che ne abitano le rive, viene anche chiamato kolomber, kahloubrha, kalonga, kalu-balu, chalung-gra. I naturalisti stranamente lo ignorano. Qualcuno perfino sostiene che non esiste.

[da *Il colombre*, Mondadori, Milano 1992]

Lavoriamo con metodo
per consolidare abilità e competenze

Comprendere

1. **La vicenda narrata è ambientata**
   [A] nel passato [B] nel futuro [C] nel presente [D] in un tempo indefinito
2. **La vicenda narrata dura**
   [A] alcuni mesi [B] alcuni anni [C] tutta la vita [D] alcuni giorni
3. **La vicenda è narrata**
   [A] in ordine cronologico [B] con *flashback* e anticipazioni
4. **Il tempo della narrazione rispetto alla durata della storia è**
   [A] più lungo [B] più corto [C] coincidente
5. **Il tempo della narrazione e la durata della storia coincidono**
   [A] nelle sequenze riflessive [B] nelle sequenze dialogiche [C] nelle sequenze descrittive
6. **«E per qualche tempo, distratto dal nuovo ambiente, Stefano non pensò più al mostro». Si tratta di**
   [A] un sommario [B] una scena [C] una pausa

Produrre per capire le tecniche narrative

7. **Racconta in un breve testo una tua esperienza personale riferendoti in modo approfondito agli stati d'animo a essa collegati, così che il tempo della narrazione superi quello reale.**
8. **Racconta un viaggio da te effettuato: nel racconto il tempo narrativo dovrà dilatarsi oltre quello reale per le descrizioni dettagliate (edifici, vie, negozi, parchi, ecc.).**
9. **Scrivi una breve storia, reale o immaginaria, ambientandola o nel presente o nel passato. Inserisci nella storia pause descrittive, riflessive e disgressive.**
10. **Racconta una storia in cui siano presenti un'ellissi, un sommario, un momento di coincidenza tra tempo reale e tempo narrativo.**

1.5 Narratore, autore e punto di vista

Perché si possa parlare di narrazione è necessaria la presenza, oltre che di una storia, di un **narratore** (o **voce narrante**), ossia colui che racconta la storia.

Occorre distinguere il narratore dall'autore.

tipologia di narratori	
autore reale	lo scrittore che materialmente scrive una storia
autore implicito	l'autore così come se lo immagina il lettore; può non coincidere con l'autore reale
narratore	può coincidere con l'autore reale, ma può essere chiunque, in quanto è colui che racconta una storia; ci possono essere più narratori (quello di **primo grado** racconta la vicenda principale, quello di **secondo grado** narra una storia secondaria all'interno della precedente) può essere **interno** alla vicenda, presente come personaggio (usa la prima persona); ovvero **esterno** alla vicenda, cioè non ne fa parte come personaggio (usa la terza persona)

onnisciente	il narratore spiega, commenta, giudica da una posizione di superiorità assoluta perché sa tutto dei personaggi e della vicenda
inattendibile	un narratore di cui non ci si può fidare; le sue parole vanno interpretate; la verità va ricostruita a partire da menzogne e deformazioni
lettore (o **narratario**)	è il destinatario della narrazione: può essere **implicito** (un lettore ideale a cui si rivolge l'autore) oppure **reale** (il lettore che concretamente legge il testo)

La voce narrante e il punto di vista

Quando si narra una storia, si deve stabilire **il punto di vista** da cui la storia verrà osservata, interpretata e valutata. Ogni personaggio infatti vede le cose che lo circondano in modo molto personale e differente rispetto al modo di vederle degli altri personaggi; ci rivela un mondo tutto suo, non solo attraverso i suoi occhi, ma anche con lo sguardo interiore, in base alla sua cultura e alla sua sensibilità.

Il punto di vista può essere definito anche **l'angolo visuale, la prospettiva** da cui il narratore racconta la storia.

Il punto di vista adottato per osservare un fatto può essere quello di un personaggio e non necessariamente quello del narratore. Ad esempio prendiamo in considerazione due enunciati che si riferiscono ad una medesima situazione:

Quel giorno Marta ***era molto felice*** *per i risultati finali ottenuti*

Quel giorno, ***a Francesco sembrò*** *che Marta fosse molto felice per i risultati ottenuti*

Nel primo enunciato il giudizio dipende direttamente dal narratore: voce e punto di vista coincidono ed il lettore acquisisce l'informazione sullo stato d'animo di Marta come un fatto certo e indiscutibile.

Nel secondo enunciato, la voce del narratore fornisce invece il punto di vista di Francesco sullo stato d'animo di Marta, la sua interpretazione personale; però Marta potrebbe anche non essere davvero felice.

La scelta del punto di vista

La scelta del punto di vista da parte di uno scrittore non è solo un fatto tecnico, ma è connessa al contenuto e al significato stesso del racconto. Infatti narrare la storia dal punto di vista di un personaggio invece che da quello di un altro, significa presentare aspetti diversi e dare diverse interpretazioni e valutazioni ai fatti narrati.

Il punto di vista, che riguarda la persona che osserva i fatti, li interpreta e li giudica, **non** va confuso con la **voce narrante**, che è invece il **mezzo espressivo** con cui le informazioni vengono comunicate al lettore dallo scrittore.

Per comprendere il punto di vista occorre domandarsi: "chi vede o giudica o interpreta ciò che viene narrato?".

La scelta del punto di vista narrativo è un fattore importante per qualsiasi narratore.

Ricordiamo che:

IL PUNTO DI VISTA

riguarda la persona che osserva i fatti, li interpreta e li giudica e non va confuso con la voce narrante

LA VOCE NARRANTE

è il mezzo espressivo con cui le informazioni vengono comunicate al lettore dallo scrittore

A seconda della scelta dell'autore, sono possibili tre punti di vista, detti anche **focalizzazioni** (*messe a fuoco*):

Il punto di vista onnisciente (focalizzazione zero)
Il narratore ne sa più dei suoi personaggi

Si definisce **punto di vista onnisciente** (o *focalizzazione zero*) quello di un narratore che domina dall'alto gli avvenimenti, in quanto conosce la situazione meglio dei personaggi di cui esplora il mondo interiore e interpreta i pensieri più intimi e segreti; conosce non solo il loro presente, ma anche il passato e il futuro.

Il narratore, in questo caso, racconta la storia usando la **terza persona** ed ha completa libertà di movimento nel tempo e nello spazio della narrazione; può anche mettere in maggiore risalto il punto di vista di uno o più personaggi, può essere in accordo o in contrasto con loro, può intervenire, a propria discrezione, nella storia con intrusioni o commenti.

Ad esempio:

– *Quel giorno Marta era molto felice ed aveva davvero buone ragioni per esserlo*

In questa frase, la prima parte – come abbiamo già visto – informa il lettore sullo stato d'animo di Marta, mentre la seconda esprime un giudizio del narratore sul fatto che Marta avesse o non avesse motivo di essere in quello stato d'animo.

Si può quindi affermare che lo **sguardo onnisciente** del narratore:

- offre la più ampia prospettiva possibile
- consente di dare al lettore informazioni che altri personaggi ignorano
- consente di riassumere le informazioni
- è ideale per descrivere vasti scenari

Il punto di vista interno (focalizzazione interna)
Il narratore ne sa quanto i suoi personaggi

Lo scrittore può scegliere di narrare la storia adottando, per tutta la durata del testo, il punto di vista di un personaggio che racconterà quindi sempre **in prima persona**. Questa tecnica consente all'autore di avere grande libertà di esprimere pareri, giudizi e fare commenti sulle azioni che si stanno svolgendo.

Il narratore in prima persona può essere un personaggio principale o secondario, oppure può essere un semplice testimone della storia che sta raccontando.

La narrazione in prima persona ha una grande immediatezza comunicativa.

Nel caso della focalizzazione interna non necessariamente il narratore deve essere interno; egli può essere esterno ma riferire i fatti secondo il punto di vista del personaggio diretto.

Il punto di vista esterno (focalizzazione esterna)
Il narratore sa meno dei suoi personaggi

Si ha il punto di vista esterno quando il narratore vede e **racconta dall'esterno** come se fosse un testimone, pertanto riferisce soltanto ciò che vede capitare sotto il suo sguardo. Non sa nulla dell'interiorità, dei pensieri e delle emozioni dei personaggi. In questo caso il narratore dimostra di sapere della storia meno dei suoi personaggi e racconta in modo oggettivo e dall'esterno i loro comportamenti, le loro azioni, i loro dialoghi.

– *Quel giorno Marta ricevette una telefonata e con il viso corrucciato andò via velocemente*

Qui il narratore descrive ciò che vede (le azioni della protagonista e la sua espressione corrucciata) ma non dimostra di conoscere le motivazioni sottese ai suoi gesti.

Il narratore e la focalizzazione

focalizzazione...	zero	interna	esterna
il narratore...	**è onnisciente** ne sa più dei personaggi	**ha una conoscenza parziale dei fatti** ne sa come uno dei personaggi	**conosce i fatti man mano che si svolgono** ne sa meno dei personaggi

Laboratorio di metodo

esempio guidato

testi attivi

Laura Mancinelli • L'occhialaio di Santa Teresa

Karel Čapek • La chiromante

A Il punto di vista onnisciente (focalizzazione zero)

Charles Dickens

Coketown

Coketown, verso la quale dirigevano i loro passi Gradgrind e Bounderby, era un trionfo di fatti; non c'era la benché minima traccia di fantasia lì, non più di quanto ce ne fosse nella signora Gradgrind. Prima di eseguire l'intera melodia, facciamo risuonare la nota dominante: Coketown.

Era una città di mattoni rossi o, meglio, di mattoni che sarebbero stati rossi, se fumo e cenere lo avessero consentito. Così come stavano le cose, era una città di un rosso e di un nero innaturale come la faccia dipinta di un selvaggio; una città piena di macchinari e di alte ciminiere dalle quali uscivano, snodandosi ininterrottamente, senza mai svoltolarsi del tutto, interminabili serpenti di fumo. C'era un canale nero e c'era un fiume violaceo per le tinture maleodoranti che vi si riversavano; c'erano vasti agglomerati di edifici pieni di finestre che tintinnavano e tremavano tutto il giorno; a Coketown gli stantuffi delle macchine a vapore si alzavano e si abbassavano con moto regolare e incessante come la testa di un elefante in preda a una follia malinconica. C'erano tante strade larghe, tutte uguali fra loro, e tante strade strette ancora più uguali fra loro; ci abitavano persone altrettanto uguali fra loro, che entravano e uscivano tutte alla stessa ora, facendo lo stesso scalpiccio sul selciato, per svolgere lo stesso lavoro; persone per le quali l'oggi era uguale all'ieri e al domani, e ogni anno era la replica di quello passato e di quello a venire.

Questi attributi di Coketown erano in gran parte inseparabili dall'industria che dava da vivere alla città; su questo sfondo, in contrasto, c'erano gli agi del vivere che si diffondevano in tutto il mondo; c'erano la raffinatezza e la grazia del vivere che contribuivano – non indaghiamo in quale misura – a creare quella gentildonna elegante che storceva il nasino al solo sentir nominare il luogo or ora descritto.

Non c'era nulla a Coketown che non stesse a indicare una industriosità indefessa. Se i seguaci di una setta religiosa decidevano di erigere una chiesa – cosa che avevano fatto i seguaci di diciotto sette – ne saltava fuori un pio magazzino di mattoni rossi, sormontato, a volte (ma soltanto negli esemplari più raffinati), da una campana racchiusa in una specie di gabbia per uccelli. Unica eccezione era la Chiesa Nuova: un edificio intonacato che, sopra alla porta principale, aveva un campanile quadrato con in cima quattro pinnacoli simili a robuste gambe di legno. In città tutte le insegne degli edifici pubblici erano negli stessi identici austeri caratteri bianchi e neri.

[da *Tempi difficili*, trad. di G. Lonza, Garzanti, Milano 1988]

Il **punto di vista** è quello del narratore **onnisciente** che presenta la città industriale nei suoi aspetti più degradati, descrivendola come un'unica immensa fabbrica, un concentrato di tutti gli aspetti negativi, sia ambientali che umani, della realtà industriale che vuole rappresentare.

La **descrizione** dell'immenso agglomerato di macchinari e alte ciminiere si attua attraverso **la percezione di forme e colori, odori e rumori.**

Le metafore e le similitudini introducono, attraverso la deformazione grottesca, il mondo innaturale e degradato della civiltà industriale.

In questa realtà disumanizzata gli operai, in modo alienante, **fanno sempre gli stessi gesti con lo stesso ritmo.**

A parte l'unica eccezione della Chiesa Nuova tutto è uguale nella città.

Laboratorio di metodo esempio guidato

B Il punto di vista interno (focalizzazione interna)

Katherine Mansfield

Il suo primo ballo

Leila aveva imparato a ballare in collegio. Ogni sabato pomeriggio le allieve venivano spedite in una piccola sala parrocchiale fatta di lamiera ondulata dove Miss Eccles (di Londra) teneva i suoi corsi «esclusivi». Ma la differenza tra quella sala che odorava di polvere – con i versetti della Bibbia stampati su tela alle pareti, la povera donnetta terrorizzata che pestava il pianoforte gelato e si teneva in testa una toque di velluto marrone con degli orecchi da coniglio, e Miss Eccles che pungolava i piedi delle ragazze con una lunga bacchetta bianca – la differenza tra quella sala e tutto questo era così spaventosa che Leila era sicura che se il suo cavaliere non fosse arrivato e lei avesse dovuto ascoltare quella musica meravigliosa e guardare gli altri scorrere, scivolare su quel pavimento dorato, come minimo sarebbe morta, o svenuta, oppure avrebbe alzato le braccia e sarebbe volata fuori da una di quelle buie finestre piene di stelle.

Chi racconta la vicenda è un **narratore esterno** che al tempo stesso assume il **punto di vista interno**, quello di Leila, la protagonista, e ci fa conoscere i pensieri della ragazza attraverso la forma del **discorso indiretto libero**. In questo modo il lettore vive pienamente il ballo e prova le stesse emozioni della protagonista.

«È il nostro credo...». Qualcuno si inchinò, sorrise, le offrì il braccio; non doveva morire, dopotutto. La mano di qualcuno le premette la vita, e lei galleggiò via come un fiore gettato in uno stagno.

«È un buon pavimento, vero?» le sussurrò all'orecchio una voce affettata.

«Mi pare che sia deliziosamente scivoloso» disse Leila.

«Prego?» La voce sommessa sembrò sorpresa. Leila lo disse di nuovo, e ci fu una minuscola pausa prima che la voce rispondesse: «Oh, certo!» e poi lui riprese a farla volteggiare.

La voce narrante indugia sulla descrizione minuta di tutti i preparativi.

La guidava così bene! Ecco la grande differenza tra ballare con gli uomini e ballare con le ragazze, pensò Leila. Le ragazze si scontravano e si pestavano i piedi, e quella che faceva da cavaliere stringeva sempre troppo forte. Le azalee non erano più dei fiori isolati: erano bandiere bianche e rosa che le ondeggiavano intorno.

Vincent Van Gogh, *Sala da ballo ad Arles*, 1888. Parigi, Musée d'Orsay.

«Era dai Bell la settimana scorsa?» disse di nuovo la voce, che le parve stanca. Leila si chiese se doveva dirgli di fermarsi pure, se voleva.
«No, questo è il mio primo ballo» disse.
Il cavaliere fece una risatina affannata. «Oh, andiamo!» protestò.
«Sì, davvero, è il primo ballo a cui sia mai andata» insisté Leila con fervore. Era un tale sollievo poterlo dire a qualcuno. «Vede, fino ad ora ho sempre vissuto in campagna...».
In quel momento la musica cessò e loro andarono a sedersi su due sedie contro il muro. Leila incrociò i piedi di satin rosa sotto la sedia e si fece vento, osservando beata le altre coppie che uscivano dalle porte girevoli e sparivano.
«Ti diverti, Leila?» domandò Jose, facendole un cenno con la testa dorata. Laura passò e le strizzò impercettibilmente l'occhio; Leila si chiese per un attimo se era poi davvero un'adulta. Certo il suo cavaliere non parlava molto: tossiva, metteva via il fazzoletto, si tirava giù il panciotto, si toglieva un minuscolo filo dalla manica. Ma non le importava.

[da *Tutti i racconti*, trad. di F. Nossi e C. Campo, Adelphi, Milano 1987]

La solennità del primo ballo, che la protagonista vive come una vera e propria iniziazione alla società elegante, fa in modo che lo spazio le appaia in certi momenti ammantato di un alone fiabesco.

C Il punto di vista esterno (focalizzazione esterna)

Ernest Hemingway
Colline come elefanti bianchi

Le colline che attraversano la valle dell'Ebro erano estese e bianche. Da questo lato non c'era ombra né alberi e la stazione sorgeva tra due linee di binari nel sole. Al lato della stazione c'era la calda ombra dell'edificio e una tenda fatta di file di grani di bambù pendeva attraverso la porta aperta del bar per non fare entrar le mosche. L'americano e la ragazza che era con lui sedettero a un tavolino all'ombra, fuori dell'edificio. Faceva molto caldo e l'espresso di Barcellona sarebbe arrivato dopo quaranta minuti. Si fermava a quella stazione per due minuti e proseguiva per Madrid.
"Cosa prendiamo?" domandò la ragazza. Si era tolto il cappello e l'aveva messo sul tavolo.
"Fa molto caldo" disse l'uomo.
"Prendiamo una birra".
"*Dos cervezas*" ordinò l'uomo attraverso la tenda.
"Grandi?" chiese una donna dalla soglia.
"Sì. Due grandi".
La donna portò due bicchieri di birra e due sottocoppe di panno. Pose le sottocoppe e i bicchieri di birra sul tavolino e guardò l'uomo e la ragazza. Questa stava guardando lontano, attraverso le colline. Erano bianche nel sole e la campagna era arsa e bruciata.

[da *I quarantanove racconti*, trad. di G. Trevisani, Einaudi, Torino 1959]

Il narratore riferisce, come un semplice spettatore, soltanto ciò che può vedere e percepire dall'esterno.

Il lettore non viene messo a conoscenza dei pensieri dei personaggi (l'americano, la ragazza), **ma solo dei loro gesti e comportamenti**.

Mancano le pause riflessive e gli interventi del narratore.

Lavoriamo con metodo
per consolidare abilità e competenze

Edward D. Hoch
Storie di giovani alieni

L'astronave comparve, rotonda e scintillante, nel cielo di Chicago, e lentamente calò sull'immenso parcheggio metropolitano alla periferia della città; e lentamente, nel silenzio rispettoso e quasi sgomento che s'era creato, si sollevarono gli enormi portelloni laterali, a mostrare la consueta fila di gabbie.

Dietro le sbarre s'intravedevano dei bizzarri esseri d'una razza selvaggia, incredibile, da potersi immaginare solo negli incubi: piccoli animali simili a cavalli, che si muovevano a scatti e continuavano incessantemente a cicalare con vocine acute. I cittadini della Terra si assieparono intorno alla cassa, dove l'equipaggio del professor Hugo provvide celermente a raccogliere i soldi dei biglietti; e poco dopo apparve il buon professor Hugo in persona, col suo ampio mantello multicolore e il cappello a cilindro.

«Signori Terrestri!» esclamò nel microfono.

Il ronzio della folla si spense, ed egli poté continuare: «Signori Terrestri, quest'anno, per il consueto, misero dollaro, potrete ammirare uno spettacolo davvero eccezionale: i rarissimi, semi-sconosciuti ragni-cavalli di Kaan, portati fino a voi, a prezzo di grandi spese, per milioni di miglia attraverso lo spazio. Avvicinatevi alle gabbie, guardateli, studiateli, ascoltateli, parlatene ai vostri amici. Ma fate in fretta! La mia nave può trattenersi in quest'area soltanto sei ore!»

E lentamente, ordinatamente la folla prese a sfilare davanti alle gabbie: il pubblico era al tempo stesso inorridito e affascinato da queste straordinarie creature che assomigliavano a cavalli, ma s'inerpicavano e correvano lungo le sbarre come ragni.

«È una cosa che lo vale tutto, quel dollaro!» osservò un uomo, allontanandosi di corsa.

«Vado a casa a prendere mia moglie.»

Andò avanti così per tutta la giornata, finché ben diecimila persone riuscirono a sfilare davanti alle gabbie che s'affacciavano lungo le fiancate dell'astronave. Poi, scoccato il limite delle sei ore, di nuovo il professr Hugo uscì col suo microfono in mano: «Ora dobbiamo andare, ma torneremo fra un anno esatto. E se lo zoo di quest'anno vi è piaciuto, telefonate ai vostri amici nelle altre città: domani saremo a New York, e la settimana prossima atterreremo a Londra, e poi Parigi, Roma, Hong Kong e Tokyo. E poi salperemo per altri mondi ancora!»

Li salutò con un cordiale arrivederci, e mentre lentamente l'astronave decollava, i cittadini di Chicago convennero che quell'anno lo zoo interplanetario era stato il migliore in assoluto...

Circa due mesi e tre pianeti più tardi, l'argentea astronave del professor Hugo calò infine tra le familiari, frastagliate rocce di Kaan: e ad uno ad uno i curiosi ragni-cavalli sgusciarono rapidamente dalle gabbie, col professore fermo davanti all'uscita per pronunciare brevi parole di congedo.

Poi tutti schizzarono in cento direzioni diverse, a raggiungere le loro case tra le rocce.
In una di queste, la creatura-lei fu ben felice di vedere il ritorno del suo compagno e del figlioletto. Farfugliando un festoso saluto in uno strano linguaggio, corse ad abbracciarli.
«Quanto tempo!» esclamò. «Allora, è stato bello?»
E la creatura-lui annuì: «Magnifico! Specialmente il piccolino si è divertito un sacco! Abbiamo visitato otto mondi, e visto molte cose.»
Il piccolo galoppò tutto allegro nella caverna, inerpicandosi sulle pareti: «Nel posto chiamato Terra è stato meglio di tutti! Le creature che ci abitano portano degli indumenti sulla pelle, e camminano su due zampe.»
«Ma non era pericoloso?» chiese la creatura-lei.
«No» rispose il compagno. «Ci sono delle sbarre robuste, per proteggerci da loro. E poi rimaniamo sempre all'interno dell'astronave. La prossima volta devi venire anche tu, cara! È un viaggio che li vale proprio tutti, i diciannove commoc che ci costa!»
«Oh sì!» annuì il piccolo. «È stato il migliore zoo in assoluto...»

[da Edward D. Hoch, *Zoo*, in *Storie di giovani alieni*, a cura di I. Asimov, trad. di I. Tron, A. Mondadori, Milano 1989]

〉Comprendere

1. **Individua e sottolinea nel brano i punti di vista, indicane la focalizzazione e motiva la tua risposta.**

〉Produrre per capire le tecniche narrative

2. **La realtà che ci circonda può essere trasformata cambiando semplicemente punto di vista**

a) descrivi il tuo ambiente quotidiano immedesimandoti nel punto di vista di uno dei componenti della tua famiglia
b) descrivi la scuola che frequenti dal tuo punto di vista
c) descrivi un amico dal tuo punto di vista
d) descrivi un aspetto della realtà che ti circonda che meno ti piace dal tuo punto di vista

3. **Si possono costruire divertenti storie impossibili, adottando punti di vista impossibili. Occorre per prima cosa scegliere un "personaggio" assolutamente improbabile, come un oggetto inanimato a cui si dovranno poi attribuire capacità sensoriali e pensieri umani. Per scrivere ovviamente dovrai vedere la realtà dalla prospettiva dell'oggetto scelto.**

4. **Prova a riscrivere una battaglia tra quelle studiate in storia dal punto di vista degli sconfitti.**

5. **Prova a riscrivere una favola o una fiaba che conosci capovolgendo i punti di vista dei protagonisti.**

6. **In molte storie ci sono personaggi buoni e positivi da una parte e malvagi e sleali dall'altra; di solito il bene e l'onestà trionfano sul male. Prova ad abbozzare la trama di un racconto in cui il punto di vista del narratore sia quello corrispondente al personaggio negativo. Ti suggeriamo come impostarlo**

a) personaggio buono (breve descrizione)
b) personaggio cattivo (breve descrizione)
c) situazione di scontro (come, quando e perché il cattivo colpisce il personaggio buono; le ragioni di un personaggio cattivo)
d) soluzione finale
e) la punizione del cattivo raccontata dal suo punto di vista: è meritata oppure no?

1.6 I personaggi

I personaggi sono il motore della storia in quanto determinano lo svolgimento dell'azione. Lo sviluppo narrativo nasce dalla tensione che si crea tra personaggi e situazioni.
La situazione, i personaggi e il modo in cui essi agiscono nella situazione, la motivazione (ossia lo scopo per cui agiscono) costituiscono gli elementi fondamentali della narrazione. Tutti questi elementi sono determinanti per costruire l'intreccio della storia da raccontare.

La presentazione dei personaggi

Il narratore può ricorrere a varie strategie per presentare i personaggi e le loro caratteristiche:

- **presentazione indiretta**: le caratteristiche del personaggio non sono tratteggiate nel testo in apposite sequenze descrittive, ma vengono fatte scaturire progressivamente dalle parole, dalle azioni e dalle riflessioni del personaggio stesso. Quindi lo scrittore si limita a descrivere il suo comportamento, o ne riporta alcuni pensieri, o lo tratteggia descrivendone i rapporti con gli altri personaggi
- **presentazione diretta**: nel testo si trova una descrizione, più o meno dettagliata, del personaggio. La presentazione diretta può essere fatta dal **narratore esterno** (ossia dalla voce del racconto che ha conoscenza dei fatti e dei personaggi), il quale delinea in terza persona il ritratto del personaggio in questione; **da un altro personaggio**, che descrive in modo soggettivo la fisionomia della persona in oggetto; **da un narratore interno** (il narratore sta dentro la storia come personaggio dell'azione), che in prima persona delinea il ritratto del personaggio. Infine il personaggio può **presentarsi da sé (autoritratto)**.

La tipologia: personaggi piatti e personaggi a tutto tondo

I personaggi possono essere distinti in diverse **tipologie** che tengono conto della loro complessità psicologica:

- **personaggi piatti**, con attributi univoci (*il buono*, *il cattivo*, *il pazzo*) facilmente riconoscibili e dotati di pochi tratti psicologici; definiti anche **tipi**, in genere sono personaggi **statici** in quanto non subiscono evoluzione nel corso della vicenda e il loro comportamento è pertanto facilmente prevedibile
- **personaggi a tutto tondo**, dotati di maggiore complessità psicologica: contraddittori, poliedrici, imprevedibili; definiti anche **individui**, sono personaggi **dinamici**, in quanto si evolvono e si trasformano nel corso della vicenda, a seconda delle circostanze e dei rapporti con gli altri personaggi.

Caratterizzazione dei personaggi

Caratterizzare un personaggio significa delinearne la fisionomia, ossia l'insieme degli aspetti fisici, psicologici e comportamentali che ne determinano l'identità. Riportiamo nella tabella l'insieme dei tratti distintivi che caratterizzano l'identità di un personaggio.

caratterizzazione	tratti distintivi
fisica	dati anagrafici, tratti somatici, aspetto esteriore
sociale	ambiente di appartenenza, condizioni economiche, abitudini di vita
culturale	livello di istruzione, conoscenze, interessi, attitudini
psicologica	carattere, qualità, difetti, rapporti con gli altri personaggi, emozioni, sentimenti, stati d'animo
ideologica	valori, ideali, convinzioni politiche e religiose, visione del mondo e della vita

In sintesi, gli elementi da tenere presente nell'analisi di un personaggio sono:

fisionomia	– fisica o fisiognomica – psicologica e morale – culturale – sociologica – ideologica
tipologia	– piatto (comportamento prevedibile) – a tutto tondo (comportamento imprevedibile, di particolare complessità) – statico (sempre identico a se stesso) – dinamico (mutevole nel comportamento)
presentazione diretta	il personaggio è presentato dal narratore esterno o attraverso le parole di altri personaggi che parlano con lui o in sua assenza
presentazione indiretta (o **in azione**)	il personaggio è mostrato al lettore mentre dice o fa qualcosa, senza una presentazione specifica (che può anche esserci successivamente)
autoritratto	quando il personaggio si presenta da sé

Il sistema dei personaggi

I rapporti tra i personaggi e i loro ruoli (o funzioni) all'interno di una narrazione costituiscono quello che viene definito il **sistema dei personaggi**.

In base al ruolo che i personaggi assumono nelle vicende della narrazione si distinguono:

– **protagonisti**, quando il loro ruolo è primario e fondamentale nel dare impulso all'azione narrativa: intorno ad essi è incentrata la storia

– **personaggi minori (o secondari)**, quando il loro ruolo non è al centro della vicenda; tuttavia essi sono utili a determinare il contesto, il luogo e a rendere completo il quadro narrativo

– **comparse**, quando il loro ruolo è del tutto marginale, ininfluente rispetto alla vicenda; si tratta di personaggi che spesso agiscono in gruppo (folla) o che compaiono solo brevemente.

I ruoli (o funzioni) dei personaggi

Nella tabella seguente classifichiamo i personaggi sulla base dei ruoli e delle funzioni che assumono nella vicenda.

classificazione dei ruoli dei personaggi	
eroe/protagonista	è al centro dell'azione, generalmente la mette in moto o ne è vittima, è comunque il più presente; se sono due, l'altro è co-protagonista
antagonista	si contrappone al protagonista, indirettamente dà significato alle azioni del protagonista
donatore/aiutante	fornisce al protagonista gli strumenti per lottare e può affiancarlo nella lotta (in tal caso l'aiutante è sempre volontario)
oggetto	persona o cosa desiderata o temuta, che mette in moto l'azione
mandante	personaggio che affida al protagonista la missione da compiere; il protagonista può dovergli rendere conto; il mandante può anche essere un ideale astratto (il senso del dovere, l'amore…)
falso eroe/falso protagonista	personaggio che tenta di sostituirsi al protagonista senza averne le qualità (può coincidere con l'antagonista, oppure essere un falso aiutante)

Laboratorio di metodo

esempio guidato

testo attivo
Luis Sepúlveda • Le rose di Atacama

A La caratterizzazione del personaggio

L'autore presenta la figura di don Fabrizio, principe di Salina, dal punto di vista fisico, morale, sociale e psicologico.

Giuseppe Tomasi di Lampedusa
Il Gattopardo

Lui, il Principe, intanto si alzava: l'urto del suo peso da gigante faceva tremare l'impiantito, e nei suoi occhi chiarissimi si riflesse, un attimo, l'orgoglio di questa effimera conferma del proprio signoreggiare su uomini e fabbricati [...]. Non che fosse grasso: era soltanto immenso e fortissimo; la sua testa sfiorava (nelle case abitate dai comuni mortali) il rosone inferiore dei lampadari; le sue dita sapevano accartocciare come carta velina le monete da un ducato; e fra villa Salina e la bottega di un orefice era un frequente andirivieni per la riparazione di forchette e cucchiai che la sua contenuta ira, a tavola, gli faceva spesso piegare in cerchio. [...]

L'autore presenta il personaggio evidenziandone le **caratteristiche fisiche** e dando indicazioni sulla **caratterizzazione sociale**.

Man man che si procede aumentano gli elementi della **caratterizzazione psicologica**.

I raggi del sole calante ma ancora alto di quel pomeriggio di maggio accendevano il colorito roseo, il pelame color di miele del Principe; denunziavano essi l'origine tedesca di sua madre, di quella principessa Carolina la cui alterigia aveva congelato, trent'anni prima, la Corte sciattona delle Due Sicilie.
Ma nel sangue di lui fermentavano altre essenze germaniche ben più incomode per quell'aristocratico siciliano, nell'anno 1860, di quanto potessero essere attraenti la pelle bianchissima ed i capelli biondi nell'ambiente di olivastri e di corvini: un temperamento autoritario, una certa rigidità morale, una propensione alle idee astratte che nell'habitat molliccio della società palermitana si erano mutati rispettivamente in prepotenza capricciosa, perpetui scrupoli morali e disprezzo per i suoi parenti e amici. [...]

Quindi vengono date indicazioni sulle sue attitudini e sui suoi interessi che ne evidenziano la **caratterizzazione culturale e ideologica**.

Il Gattopardo, film drammatico del 1963 di Luchino Visconti, tratto dall'omonimo romanzo d Giuseppe Tomasi di Lampedusa.

Primo (ed ultimo) di un casato che per secoli non aveva mai saputo fare neppure l'addizione delle proprie spese e la sottrazione dei propri debiti, possedeva forti e reali inclinazioni alle matematiche; aveva applicato queste all'astronomia e ne aveva tratto sufficienti riconoscimenti pubblici e gustosissime gioie private.
Basti dire che in lui orgoglio e analisi matematica si erano a tal punto associati da dargli l'illusione che gli astri obbedissero ai suoi calcoli (come, di fatto, sembravano fare) e che i due pianetini che aveva scoperto (Salina e Svelto li aveva chiamati, come il suo feudo e un suo bracco indimenticato) propagassero la fama della sua casa nelle sterili plaghe fra Marte e Giove e che quindi gli affreschi della villa fossero stati più una profezia che una adulazione. Sollecitato da una parte dall'orgoglio e dall'intellettualismo materno, dall'altra dalla sensualità e faciloneria del padre, il povero principe Fabrizio viveva in perpetuo scontento [...].

[da *Il Gattopardo*, Feltrinelli, Milano 2001]

B Il sistema dei personaggi

Quattordici è il nome del protagonista, un ragazzo che ricevette tale nome dai genitori proprio perché era il quattordicesimo figlio.

Italo Calvino
Quattordici

C'erano una mamma e un babbo con tredici figli tutti maschi. Ne nacque un altro, e gli misero nome Quattordici. Crebbe in fretta e diventò grande; e la mamma gli disse: – È ora che anche tu aiuti i tuoi tredici fratelli che sono nel campo a zappare. Prendi questo cesto con la colazione per te e per loro e raggiungili.

Il **protagonista** è un ragazzo di nome Quattordici che si allontana dalla famiglia per trovare lavoro altrove

Gli diede un cesto con quattordici pagnotte e quattordici forme di cacio e quattordici litri di vino; e Quattordici andò. A metà strada gli prese fame e mangiò tutte e quattordici le pagnotte e le forme di cacio e bevve tutti e quattordici i litri di vino. I fratelli, rimasti a bocca asciutta, gli dissero: – Prendi un bidente, anche tu e mettiti a zappare. E Quattordici: – Sì, ma voglio un bidente che pesi quattordici libbre.
I fratelli gli trovarono un bidente che pesava quattordici libbre, e Quattordici disse: – Facciamo chi fa prima a zappare fino in fondo al campo? Si misero a zappare tutti e quattordici; e Quattordici arrivò per primo in fondo al campo.
Da allora in poi, Quattordici lavorò coi fratelli: lavorava per quattordici ma mangiava anche per quattordici e i fratelli diventarono magri come acciughe.

Laboratorio di metodo

esempio guidato

Allora la madre e il padre gli dissero: – Vattene un po' per il mondo! – e Quattordici ci andò. C'era un contadino grosso che aveva bisogno di quindici zappatori. – Io lavoro per quattordici e mangio per quattordici, quindi pretendo la paga per quattordici, – disse lui. – Se mi prendete a questo patto, vengo.

L'**antagonista** è il contadino grosso che per avidità spinge Quattordici a compiere un'impresa impossibile per liberarsi di lui

Il contadino è anche il **mandante**

Il contadino grosso volle metterlo alla prova e prese lui insieme a un altro uomo, così Quattordici più uno faceva quindici. Andarono a zappare e mentre l'uomo dava un colpo di bidente Quattordici ne dava quattordici e presto zappò tutta la campagna. Quando ebbe tutta la campagna zappata, il contadino grosso pensò che non gli conveniva di dargli la paga e da mangiare per quattordici e pensò a un sistema per liberarsi di lui. – Sta' a sentire – gli disse. – Devi farmi un servizio. Devi andare all'Inferno con sette mule e quattordici bigonce a caricarle d'oro da Lucibello. – Certo che ci vado, – disse Quattordici – datemi solo una tenaglia che pesi quattordici libbre. Avuta la tenaglia, frustò le mule per la strada dell'inferno. Arrivato alle porte dell'Inferno, disse a quei diavoli: – Chiamatemi Lucibello.

L'**oggetto** da conquistare è l'oro del diavolo Lucibello

– Che vuoi dal nostro capo? – chiesero i diavoli.

Altri antagonisti sono Lucibello e i quattordici diavoli

Quattordici diede la lettera del suo padrone, che chiedeva gli riempisse le quattordici bigonce d'oro.

– Vieni giù, – gli rispose Lucibello. Quando fu giù quattordici diavoli gli si avventarono contro per divorarlo. Ma appena un diavolo apriva la bocca, Quattordici gli prendeva la lingua con la tenaglia e lo lasciava morto. Ci rimase solo Lucibello capo dei diavoli.

– Come faccio a riempirti d'oro le quattordici bigonce se m'hai ammazzato i quattordici diavoli che dovevano caricarle?

– Le carico io, – disse Quattordici; riempì d'oro le bigonce e disse: Grazie, me ne vado.

– Credi d'andartene così? – disse Lucibello e aperse la bocca per mangiarlo.

Quattordici prese la lingua con la tenaglia anche a lui, lo alzò, da terra, se lo mise a tracolla appeso alla tenaglia, e via dall'Inferno con le mule piene d'oro. Arrivò a casa dal padrone e legò il Diavolo al piede della tavola di cucina. – Cosa devo fare, ora? – disse Lucibello. E Quattordici disse: – Prenditi il mio padrone e tornatene nell'Inferno con lui. Il Diavolo non se lo fece dire due volte; e Quattordici restò lui padrone di tutto.

L'**antagonista Lucibello** diventa l'aiutante positivo

Quattordici diventa il **destinatario** dell'oggetto del desiderio

[da *Fiabe italiane*, Einaudi, Torino 2011]

C La presentazione di due personaggi da parte del narratore

Thomas Mann

Hans e Tonio

I ritratti dei due amici vengono presentati dal narratore interno attraverso il suo punto di vista.

Hans e Tonio avevano tempo di andare a passeggio dopo la scuola perché nelle loro famiglie si pranzava solo alle quattro. I loro babbi erano grandi commercianti che rivestivano pubblici uffici, ed erano molto potenti in città.
Agli Hansen appartenevano già da parecchie generazioni i vasti depositi di legname giù in riva al fiume. Tonio invece era figlio del console Kröger [...]

Presentazione dei personaggi

Entrambi portavano la cartella a tracolla, entrambi avevano abiti belli e caldi; Hans indossava un corto cappotto alla marinara, col largo colletto turchino che gli scendeva sulle spalle e sul dorso; Tonio un pastrano grigio, stretto alla vita da una cintura. Hans portava in capo un berretto da marinaio danese, coi nastri corti, dal quale sfuggiva un ciuffo di capelli biondo canapa.

Aspetti esteriori

Era straordinariamente bello e ben fatto, largo di spalle e stretto di fianchi: i suoi occhi, azzurri come l'acciaio, avevano uno sguardo franco e acuto. Ma sotto il berretto rotondo di pelliccia Tonio mostrava un viso bruno dai lineamenti disegnati con nettezza meridionale, dove gli occhi scuri e ombreggiati dolcemente, erano trasognati e un po' sgomenti sotto le palpebre troppo grevi. Bocca e mento erano di un'insolita morbidezza.

Aspetti fisici

Camminava indolente e diseguale, mentre le agili gambe di Hans Hansen nelle calze nere procedevano con ritmata elasticità.
Tonio non parlava. Aveva il cuore stretto. Aggrottando le sopracciglie un po' oblique e tenendo le labbra arrotondate come per fischiare, guardava lontano con la testa leggermente inclinata. Quell'atteggiamento e quell'espressione gli erano consueti.

Aspetti psicologici

[da *Tonio Kröger*, Mondadori, Milano 1981, trad. di E. Castellani]

Laboratorio di metodo esempio guidato

D La delineazione dei personaggi attraverso il dialogo

Un esempio efficace della tecnica del **discorso diretto** ci viene offerto in una pagina del romanzo *Oceano Mare* di Alessandro Baricco. Dalla voce dei protagonisti il lettore apprende informazioni che gli consentono di entrare nella situazione narrativa incuriosendolo e invogliandolo a seguire gli sviluppi della vicenda.

Alessandro Baricco

Oceano mare

– Così ci lasciate dottor Savigny...
– Sì, signore.
– E avete deciso di tornare in Francia.
– Sì.
– Non sarà facile per voi... voglio dire la curiosità della gente, le gazzette, i politici... Temo che si sia aperta un vera e propria caccia ai sopravvissuti di quella zattera...
– Me l'hanno detto.
– È quasi diventato un fatto nazionale. Succede quando si mette la politica di mezzo...
– Prima o poi, vedrete, si dimenticheranno tutti di questa storia.
– Non ne dubito, caro Savigny. Prendete: queste sono le carte per il vostro imbarco.
– Vi devo molto capitano.
– Non ditelo.
– E quanto al vostro dottore, gli devo forse la vita... ha fatto miracoli.
– Savigny, se ci mettiamo a contare i miracoli, in questa storia, non finiremo più. Andate. E abbiate fortuna.
– Grazie Capitano... Ah, una cosa ancora.
– Ditemi.
– Quel... quel timoniere... Thomas... dicono che è scappato dall'ospedale...

– Sì, è una strana storia. Certo qui non sarebbe successo, ma giù, all'ospedale civile, potete ben immaginare come...
– Si è saputo più nulla, di lui?

– No, per adesso no. Ma non può essere andato molto lontano, nelle condizioni in cui era. Niente di più facile che sia morto, da qualche parte...
– Morto?
– Be', è il meno che si possa pensare di uno che... ah, perdonatemi: era forse un vostro amico?

[da *Oceano mare*, Feltrinelli, Milano 2007]

Dall'attacco del brano capiamo che ci sono due interlocutori, il dottor Savigny e un altro personaggio di cui non ci viene detto il nome, ma possiamo intuire dalla risposta di Savigny – **sì, signore** – che si tratta di un ufficiale di rango (dopo si capirà che l'interlocutore è il capitano Chaumareys che aveva abbandonato la ciurma della sua nave su una zattera in riva al mare). Notiamo che Savigny risponde a monosillabi alle osservazioni del capitano e che quindi probabilmente ha qualcosa da nascondere o di cui esita a parlare.

L'informazione contenuta nel dialogo fa capire che Savigny forse ha paura di qualcuno. Infatti prima di congedarsi Savigny chiede al capitano informazioni su **quel timoniere – Thomas**.

I puntini di sospensione indicano esitazione o ansia in colui che parla.

Grazie all'utilizzo del discorso diretto l'autore porta avanti la trama delineando chiaramente i personaggi, il loro stato d'animo e la loro posizione nei confronti l'uno dell'altro.

Il lettore attivo riesce a captare il tono della voce, gli sguardi, i gesti fisici e persino i moti dell'animo dei personaggi coinvolti nel dialogo.

Lavoriamo con metodo
per consolidare abilità e competenze

Il brano che segue è tratto da un racconto di Marco Lodoli. Il professore di italiano è molto nervoso e poco disponibile al dialogo: è morto lo scrittore Alberto Moravia (1907-1990) e gli studenti non sanno chi è.

Marco Lodoli
Alberto

Ieri il professore d'italiano è entrato in classe con la faccia dei giorni scuri. La ricreazione non era ancora terminata, ma lui ha gridato mettetevi seduti e state zitti. Posso finire di mangiare la pizza? ha chiesto Robbioli, e il professore ha detto di no. Poi ha aggiunto: è morto Moravia, stamattina alle nove. Il professore spesso ha delle pretese esagerate, non si rende bene conto che questo è l'istituto tecnico Marcheggiani, crede che noi sappiamo molte cose di quelle che interessano solo a lui. Ogni tanto ci fa scrivere su un quaderno un elenco di libri che dobbiamo leggere – li dovete leggere assolutamente, sono opere fondamentali – così lui detta e noi scriviamo la formazione della Roma. Insomma, solo Laura e Giorgio sapevano chi era Moravia: uno che ha fatto romanzi. Il professore ci ha ripetuto ancora una volta che siamo delle bestie e non ci meritiamo niente. Siamo nati capre e moriremo capre. Ci boccia tutti. Gli facciamo pena per quanto siamo capre. Sempre le stesse cose ripete, gli si gonfia il collo mentre le grida. Poi ha detto a Laura di aprire il Salinari-Ricci[1] a pagina seicentoundici e di leggere a voce alta. «Alberto Pincherle, in arte Moravia, nacque nel 1907 a Roma da famiglia ebrea benestante. Ammalatosi di tubercolosi ossea all'età di nove anni, dovette rimanere inattivo fino quasi a diciassette anni, passando di sanatorio in sanatorio...» Era gobbo come Leopardi? ha domandato Robbioli. So' tutti gobbi gli scrittori, ha detto Finzi, per questo so' scrittori. Laura allora s'è interrotta e ha detto ce lo racconti lei, professore, questo Moravia, che a leggerlo sul libro non ci si capisce niente. Il professore ha alzato la testa dal giornale e ha ordinato a Laura di continuare a leggere, che meglio del Salinari-Ricci non può spiegarlo nessuno, e che lui, il professore, ha un calo di voce e non deve sforzarsi. Io a orecchio ho seguito Laura fino al primo libro di Moravia, intitolato *Gli indifferenti* e scritto dall'autore all'età di diciannove anni, che è l'età mia, poi mi sono perso. Ma insomma de che parlano 'sti libri de Moravia, ha chiesto Lunati, e il professore gli ha spiegato che questa è una domanda assurda, che i romanzi non parlano di una cosa o di un'altra, che nei romanzi la storia non conta niente. E

Renato Guttuso, *Ritratto di Moravia*, 1982. Roma, Casa Museo "Alberto Moravia".

1. **Salinari-Ricci:** manuale di letteratura italiana.

Lavoriamo con metodo
per consolidare abilità e competenze

che conta, allora? E lì il professore ha fatto un gesto vago sopra la testa: contano le idee, capito Lunati, le idee e lo stile. E che so' le idee, io non ce l'ho le idee, però me succedono un sacco di cose, anche questa estate, anche ieri pomeriggio. Laura, ha tagliato corto il professore, continua a leggere, che è meglio, vai dove parla della *Romana*. Allora Finzi ha detto che la *Romana* lui l'ha vista in tivvù, con la Dellera, ed era un film da buttarsi dalla finestra a ogni puntata. Così il professore s'è arrabbiato ed è uscito in corridoio a fumarsi una sigaretta, e Robbioli s'è ripreso la pizza da sotto il banco, e tutti ci siamo messi a ripassare fisica.

[da *Boccacce*, Il nuovo Melangolo, Genova 1997]

Comprendere

1. La presentazione del professore di italiano è
A diretta — B indiretta — C mista

2. Il professore è un personaggio
A piatto — B a tutto tondo — C stereotipato

3. Gli studenti sono personaggi
A piatti — B a tutto tondo — C stereotipati

4. La presentazione degli studenti è
A diretta — B indiretta — C mista

5. La presentazione dello scrittore Alberto Moravia è
A diretta — B indiretta — C mista

Produrre per capire le tecniche narrative

6. Prova a creare un personaggio storico protagonista di una vicenda ambientata nel passato.
Scegli un'epoca storica che conosci bene o che ti ispiri in modo particolare: noi ti suggeriamo l'antico Egitto, l'impero romano, il Medioevo.
Per rendere il personaggio credibile e non commettere errori grossolani di attribuzione, una volta scelto il periodo sarà necessario un breve lavoro di documentazione.
Puoi iniziare a scrivere l'episodio in cui il personaggio si presenta al lettore, cercando di dare più risalto alla descrizione delle caratteristiche fisiche e psicologiche che ritieni prioritarie rispetto ad altre che farai emergere pian piano nel corso del racconto.

7. Prova a costruire un personaggio protagonista di una storia ambientata nel mondo contemporaneo; può essere un personaggio che conosci da vicino (un amico, un compagno di scuola, un vicino di casa, ecc.) oppure un personaggio speciale (uno scienziato, una cantante, uno sportivo, ecc.).
Presenta il personaggio con le sue abitudini, le sue passioni, e soffermati a descrivere soltanto alcune caratteristiche fisiche e morali. Le altre le svelerai pian piano nel corso dell'intera storia. Per rendere la storia più coinvolgente cerca di creare attesa e curiosità nel lettore.

8. Prova a costruire un personaggio non omogeneo alla storia, ossia contrastante con il tempo e il luogo che hai scelto per tale storia. Ad esempio un uomo che si è perduto in un'isola in cui vivono comunità legate a valori e a modelli di vita molto diversi dai suoi.
Crea un personaggio in sintonia con l'epoca in cui vive. Per esempio potrebbe essere un medico, noto per gli aiuti umanitari in Paesi poveri del mondo. Ti consigliamo di preparare:
- una scheda che riporti le caratteristiche della categoria medica
- una scheda che riporti le caratteristiche del luogo in cui vuoi ambientare la storia

1.7 La lingua e lo stile

Lo **stile dei testi narrativi** è una "spia" particolarmente significativa delle intenzioni comunicative di un autore e della sua particolare concezione della vita e dell'arte.
Pertanto la lingua e lo stile di ogni autore sono il risultato delle scelte che egli compie tenendo presente: la *sintassi*, il *lessico*, la *punteggiatura*, le *figure retoriche*.

Le scelte sintattiche

La **sintassi** è l'insieme di norme che regolano la combinazione delle parole nella frase e la combinazione delle frasi nel periodo. Le scelte sintattiche, quindi, in un'opera letteraria, riguardano l'organizzazione della frase e la sua struttura interna.

Esistono diversi modi di costruire il discorso, queste diverse costruzioni costituiscono un aspetto dello stile dell'autore e possiedono un importante significato.

Lo stile ipotattico: la subordinazione

Si ha uno stile ipotattico, quando in un testo prevalgono periodi costituiti da un numero alto di **proposizioni subordinate**, ossia di frasi secondarie che dipendono dalla frase principale. Lo stile ipotattico **rallenta il ritmo** della narrazione.
Tale stile ha una lunga tradizione letteraria e si rintraccia più facilmente negli autori classici del passato che nei contemporanei. In questo tipo di registro il **linguaggio** è spesso **ricercato** e **difficile**, ricco di *vocaboli raffinati* o *arcaici*. La **sintassi** è **complessa** con frasi impreziosite dalle *figure retoriche*:

> Mancava poco alle otto del mattino allorché il consigliere titolare Jakòv Petrovič Goljadkin si svegliò da un lungo sonno, fece uno sbadiglio, si stiracchiò e aprì finalmente del tutto gli occhi. Per due minuti, però, rimase a giacere immobile nel suo letto come un uomo non completamente sicuro se sia sveglio o se ancora dorma e se tutto ciò che accade intorno a lui sia realtà o non piuttosto la continuazione di un fantastico sognare. Ma ben presto i sensi del signor Goljadkin ripresero ad accogliere, più chiare e più precise, le consuete, abituali impressioni.
>
> [Fëdor Dostoevskij, *Il sosia*]

Lo stile paratattico: la coordinazione

Si ha uno stile paratattico quando il periodo si compone di **proposizioni coordinate**, ossia di frasi brevi indipendenti, separate da un segno di punteggiatura. La presenza della paratassi **accelera il ritmo** del discorso:

> Il ragazzo non si è fatto domande. Ha cercato di non farsele. Sa esattamente dove sta andando e cosa deve fare. Solo che ancora non sa come. E non sa quel dove in che posto si trovi esattamente, a quanta distanza da casa, dai posti che conosce. La strada non la sa.
>
> [Simona Vinci, *Come prima delle madri*]

Anche le **frasi nominali**, chiamate anche ellittiche, cioè senza verbo, ottengono effetti di ritmo accelerato ed esprimono un concetto **in sintesi** e con **immediatezza**:

> ...Il ricordo di un tale fuggevole incontro rimase nella loro vita come un che di struggente e d'improbabile; di lunare appunto. Uno di quelli che, quasi titoli, si qualificano soltanto per sostantivi: «una notte, una lettura di versi». Ricordi, per dire così, senza verbo.
>
> [Tommaso Landolfi, *Il gioco della torre*]

I registri linguistici

Accanto alla costruzione dei periodi un altro aspetto fondamentale dello stile è costituito dalle **scelte lessicali** che risultano significative per comprendere il messaggio che l'autore vuole trasmettere.

La combinazione di scelte lessicali e sintattiche dà forma al **registro linguistico**.

Le scelte di un autore possono essere varie: può servirsi di diversi registri linguistici, attingere a linguaggi settoriali, creare neologismi (parole nuove), prelevare parole dal dialetto o da lingue straniere.

Il registro alto (o formale)

Il registro alto, o formale, è caratterizzato da **scelte linguistiche ricercate**, molto distanti dall'uso corrente, e da una **sintassi elaborata**, in cui prevalgono periodi di varia complessità, e da un grande uso di **figure retoriche**.

Caratterizza questo livello l'uso frequente di termini di origine classica oppure arcaici e non più usati, ma appartenenti ad una tradizione letteraria consolidata.

Le opere che utilizzano questo registro linguistico vogliono raggiungere un tono solenne o elegante adatto a trattare argomenti non ordinari e quotidiani. Riportiamo, come esempio, un brano tratto dall'*incipit* del romanzo di Gabriele D'Annunzio, *Il piacere*:

> L'anno moriva, assai dolcemente. Il sole di San Silvestro spandeva non so che tepor velato, mollissimo, aureo, quasi primaverile, nel cel di Roma. Tutte le vie erano popolose come nelle domeniche di Maggio. Su la piazza Barberini, su la piazza di Spagna una moltitudine di vetture passava in corsa traversando; e dalle due piazze il romorio confuso e continuo, salendo alla Trinità de' Monti, alla via Sistina, giungeva fin nelle stanze del palazzo Zuccari, attenuato.
>
> Le stanze andavansi empiendo a poco a poco del profumo ch'esalavan ne' vasi i fiori freschi. Le rose folte e larghe stavano immerse in certe coppe di cristallo che si levavan sottili da una specie di stelo dorato slargandosi in guisa d'un giglio adamantino, a similitudine di quelle che sorgon dietro la Vergine del tondo di Sandro Botticelli alla Galleria Borghese. Nessuna altra forma di coppa eguaglia in eleganza tal forma: i fiori entro quella prigione diafana paion quasi spiritualizzarsi e meglio dare imagine di una religiosa o amorosa offerta.

[Gabriele D'Annunzio, *Il piacere*]

Il registro medio

Il **registro medio** è quello maggiormente aderente all'uso comune della lingua.

Il registro medio risponde alla necessità di adottare forme linguistiche più aderenti alla realtà utilizzando **parole semplici** di uso comune e una **sintassi lineare**, abbastanza semplice, con prevalenza, di **paratassi**:

Vasilij Kandinskij, *Gruppo in crinolina*, 1909. New York, Solomon R. Guggenheim Museum.

C'era una volta tre sorelle, giovani tutte e tre: una aveva sessantasette anni, l'altra settantacinque e la terza novantaquattro. Dunque queste ragazze avevano una casa con un bel terrazzino, e questo terrazzino in mezzo aveva un buco, per vedere la gente che passava in strada. Quella di novantaquattro anni vide passare un bel giovane, subito prese il suo fazzolettino più fino e profumato e mentre il giovane passava sotto il terrazzino lo lasciò cadere. Il giovane raccolse il fazzolettino, sentì quell'odore soave e pensò: «Dev'essere d'una bellissima fanciulla». Fece qualche passo, poi tornò indietro, e suonò la campanella di quella casa. Venne ad aprire una delle tre sorelle, e il giovane chiese: – Per piacere, ci sarebbe una ragazza in questo palazzo?

– Signorsì, e non una sola!

– Mi faccia un piacere: io vorrei vedere quella che ha perduto questo fazzoletto.

– No, sa, non è permesso, – rispose quella, – in questo palazzo si usa che fin che una non è sposata, non la si può vedere.

[Italo Calvino, *Le tre vecchie* in *Fiabe italiane*]

Il registro basso o colloquiale

Il registro basso (o colloquiale) è caratterizzato da un **linguaggio semplice** che fa uso di parole, espressioni e modi di dire comuni, e da una **sintassi** in genere **paratattica**, poco articolata, non attenta alle regole grammaticali, privilegiando ad esempio l'uso dell'indicativo al posto del congiuntivo. Il registro basso può riprodurre la parlata popolare di uno o più personaggi con presenza di termini dialettali, errori morfologici e sintattici, modi di dire. Riportiamo un esempio tratto da *I Malavoglia* di Giovanni Verga:

Intanto l'annata era scarsa e il pesce bisognava darlo per l'anima dei morti, ora che i cristiani avevano imparato a mangiare carne anche il venerdì come tanti turchi. Per giunta le braccia rimaste a casa non bastavano più al governo della barca, e alle volte bisognava prendere a giornata Menico della Locca, o qualchedun altro. Il re faceva così, che i ragazzi se li pigliava per la leva quando erano atti a buscarsi il pane; ma sinché erano di peso alla famiglia, avevano a tirarli su per soldati; e bisognava pensare ancora che la Mena entrava nei diciassett'anni, e cominciava a far voltare i giovanotti quando andava a messa. «L'uomo è il fuoco, e la donna è la stoppa: viene il diavolo e soffia». Perciò si doveva aiutarsi colle mani e coi piedi per mandare avanti quella barca della casa del nespolo.

[Giovanni Verga, *I Malavoglia*]

La terra trema, film del 1948 di Luchino Visconti, ispirato a *I Malavoglia* di Giovanni Verga.

2 IL NARRATORE E LE TECNICHE DI RAPPRESENTAZIONE

Per riportare le parole e i pensieri dei personaggi il narratore si avvale di particolari tecniche narrative, cioè di diverse modalità espressive attraverso cui presentare la storia al lettore:

- **discorso diretto:** viene usato nei dialoghi e nei monologhi. Col discorso diretto si ottiene una *mimesi* ("riproduzione") immediata della voce dei personaggi, così da rendere più realistico il carattere della narrazione
- **discorso indiretto:** l'autore riferisce il dialogo o il discorso di un personaggio usando espressioni verbali come *disse che, rispose che, pensò che* ecc.
- **discorso indiretto libero** (o *erlebte Rede*, in tedesco 'discorso vissuto'): si presenta come un discorso indiretto senza il verbo reggente, così da sembrare direttamente pronunciato dal personaggio, anche se mancano le virgolette o altri segni che separano la sua voce da quella del narratore. Il discorso indiretto libero permette al narratore di nascondersi dietro i propri personaggi (come fa Verga), fino a confondere la propria voce con la loro. Prendiamo un esempio tratto da *Rosso Malpelo*:

  Dacché poi fu trovata quella scarpa, Malpelo fu colto da tal paura di veder comparire fra la rena anche il piede nudo del babbo, che non volle mai più darvi un colpo di zappa; <u>gliela dessero a lui sul capo, la zappa</u>.

  [Giovanni Verga, *Rosso Malpelo*]

  Nella prima parte del periodo il narratore riferisce l'atteggiamento di Malpelo attraverso il discorso indiretto; la seconda (dopo il punto e virgola) presenta l'osservazione direttamente pronunciata da Malpelo, che si inserisce nel periodo senza elementi introduttivi (*disse* e virgolette o trattino).

  Di una cosa sola gli doleva, che cominciasse a farsi vecchio, e la terra doveva lasciarla là dov'era. <u>Questa è una ingiustizia di Dio, che dopo di essersi logorata la vita ad acquistare della roba, quando arrivate ad averla, che ne vorreste ancora, dovete lasciarla</u>!

  [Giovanni Verga, *La roba*]

  Nella seconda parte, non introdotta, viene data direttamente (senza *disse* e virgolette) la parola a Mazzarò, il protagonista della novella *La roba*, riportando parole da lui direttamente pronunciate. È quindi il personaggio che rivive i fatti, non il narratore che li racconta. Attraverso tale procedimento, il narratore può modificare e confondere il proprio punto di vista, o assumere quello dei personaggi, o riferire altri punti di vista senza distinguere la propria voce. Esso permette inoltre di conservare molte caratteristiche del parlato comune e snellire sintatticamente i periodi, vivacizzando il racconto e conferendogli un andamento drammatico
- **soliloquio:** si verifica quando il *personaggio parla da solo*. Il soliloquio è una tecnica tipica del teatro, e si verifica quando un personaggio, solo sulla scena, esprime le proprie considerazioni o i propri sentimenti a voce alta, perché il pubblico, anche se non direttamente chiamato in causa, lo possa sentire. Tale tecnica viene adottata anche nella narrativa, quando il narratore cede la parola ad un personaggio affinché questi, rivolgendosi a se stesso, possa esprimere direttamente il proprio pensiero. Un soliloquio viene ad esempio espresso da don Abbondio, quando, sulla strada del castello dell'Innominato, esprime per conto suo una serie di considerazioni mentalmente rivolte a tale personaggio:

  – E costui... costui, dopo aver messo sottosopra il mondo con le sue scelleratezze, ora lo mette sottosopra con la conversione... se sarà vero. Intanto tocca a me a farne l'esperienza!... È finita: quando son nati con quella smania in corpo, bisogna che faccian sempre fracasso. Ci vuol tanto a fare il galantuomo tutta la vita, com'ho fatt'io? No signore: si deve squartare, ammazzare, fare il diavolo...

  [Alessandro Manzoni, *I promessi sposi*]

Il soliloquio caratterizza gran parte del romanzo di Pirandello *Il fu Mattia Pascal*:

«E innanzi tutto», dicevo a me stesso, «avrò cura di questa mia libertà: me la condurrò a spasso per vie piane e sempre nuove, né le farò mai portare alcuna veste gravosa. Chiuderò gli occhi e passerò oltre appena lo spettacolo della vita in qualche punto si presenterà sgradevole... mi trasformerò con amoroso e paziente studio, sicché, alla fine, io possa dire non solo di aver vissuto due vite, ma d'esser stato due uomini».

[Luigi Pirandello, *Il fu Mattia Pascal*]

Caratteristica fondamentale del soliloquio, secondo il critico letterario Angelo Marchese, è che «il personaggio, implicitamente o esplicitamente, parlando o anche soltanto ragionando con se stesso, si rivolga a un destinatario. La finalità precipua del soliloquio è la confessione: spesso il personaggio nel soliloquio cerca di persuadere qualcuno o se stesso, donde la struttura dialettica dei ragionamenti».

Quando invece il discorso del personaggio non presuppone un destinatario, un ascoltatore, allora si ha la tecnica del *monologo interiore*.

– **monologo interiore:** il monologo interiore presuppone *un'autoanalisi da parte del personaggio* e non implica necessariamente la presenza di un destinatario, dal momento che il lettore viene introdotto direttamente, senza nessuna spiegazione o premessa del narratore, nella mente del personaggio. Secondo Seymour Chatman, teorico della narrativa, il monologo interiore presenta le seguenti caratteristiche:
– è in prima persona
– generalmente è al tempo presente
– viene espresso nel linguaggio caratteristico del personaggio
– non è richiesta la presenza, implicita o esplicita, di un destinatario.

Il monologo interiore può essere confuso col discorso indiretto libero: la differenza fondamentale consiste nel fatto che, mentre nell'indiretto libero il narratore ad un certo punto adotta il linguaggio del personaggio, *nel monologo interiore*, invece, *il narratore si annulla*, scompare, e al suo posto subentra il personaggio. Tale tecnica è tipica della letteratura europea del Novecento, come ad esempio nell'*Ulisse* di Joyce:

Tu faresti quel che ha fatto lui? Una barca sarebbe lì vicino, un salvagente... Lo faresti sì o no? L'uomo che annegò nove giorni fa al largo di Roccia della fanciulla. Lo stanno aspettando ora. La verità, sputala fuori. Vorrei, proverei. Non sono bravo a nuotare. Acqua fredda che cede...

[James Joyce, *Ulisse*]

René Magritte, *Shéhérazade*, 1948.

– **flusso di coscienza** Nel monologo interiore il personaggio controlla ancora con razionalità e consapevolezza le proprie associazioni di pensiero; la sintassi pertanto conserva un andamento logico e lineare, anche se spesso ellittico (ossia in cui vengono omesse parole facilmente intuibili dal contesto: pronomi, verbi e altri elementi). Il *flusso di coscienza* (in inglese *stream of consciousness*) *vuole* invece *rappresentare il complesso e contraddittorio movimento della coscienza*, dal cui profondo affiorano in modo incontrollato e caotico parole, pensieri e immagini, che vengono riprodotti sulla pagina con lo stesso ordine e nello stesso tempo. Il termine “flusso di coscienza” venne usato per la prima volta per indicare il *libero fluire di pensieri e impressioni* nella mente di un individuo in un dato momento; concezione che viene poi sviluppata dall'analisi dell'inconscio (psicanalisi) di Sigmund Freud. In letteratura, quindi, il flusso di coscienza consiste nel riportare i pensieri del personaggio secondo il loro libero svolgimento, secondo le libere associazioni di idee che avvengono nella mente, spesso senza la punteggiatura.

Il primo ad utilizzare tale tecnica, che si imporrà successivamente anche nelle opere di altri scrittori come Virginia Woolf, Samuel Beckett e William Faulkner, fu lo scrittore irlandese James Joyce nel romanzo *Ulisse*, da cui riportiamo l'esempio:

Un bel sollievo dovunque si sia non tenersi l'aria in corpo chissà se quella braciola di maiale che ho preso col tè dopo era proprio fresca con questo caldo non ho sentito nessun odore sono sicura che quell'uomo curioso dal norcino è un gran furfante spero che quel lume non fumi mi riempirebbe il naso di sudiciume meglio che rischiare che mi lasci aperto il gas tutta la notte non potevo riposare nel mio letto a Gibilterra mi alzavo anche per vedere ma perché diavolo mi preoccupo tanto di questo per quanto la cosa mi piace d'inverno fa più compagnia Oh Signore poi era un freddo boia quell'inverno che avevo dieci anni o giù di lì sì avevo quella gran bambola con quei vestiti buffi addosso sempre a vestirla e svestirla quel vento gelido che veniva di scivolo giù dalle montagne.

[James Joyce, *Ulisse*]

Si tratta del tentativo di rappresentare il libero fluire dei pensieri di Molly Bloom, espresso in prima persona e senza nessun tipo di punteggiatura, per evidenziare il rapido procedere per associazioni di idee del pensiero, a metà strada tra coscienza e inconscio.

Il narratore inoltre può ricorrere, nell'economia della storia, a interventi diversivi più o meno ampi che prendono il nome di **digressioni** (dalla semplice *divagazione* al *racconto nel racconto*); queste possono costituire approfondimenti del discorso, rallentamenti dell'azione, creare *suspense* o altri effetti narrativi.

Pablo Picasso, *Marie-Thérèse, Faccia e profilo*, 1931. Collezione privata.

2.1 Il discorso narrativo

L'inizio (*incipit*) di una narrazione

L'inizio di una narrazione (o *incipit*) costituisce uno dei punti strategicamente più rilevanti del testo. È in questa sede infatti che l'autore ha la necessità di catturare l'attenzione del lettore, di stimolarne la curiosità e stabilire con lui quella sorta di complicità (il cosiddetto "patto narrativo", ossia l'accettazione da parte del pubblico delle regole imposte dall'autore) che favorirà il proseguimento della lettura.

Ma l'*incipit* è importante anche perché nelle battute iniziali il lettore può cogliere le scelte narrative essenziali, come ad esempio lo statuto della voce narrante, il tono del discorso, il tipo di focalizzazione adottato, il livello del linguaggio e spesso anche il tema di fondo che sostiene il libro.

È quindi necessario prestare massima attenzione alla parte iniziale di un romanzo, quando ci avviciniamo ad esso sia con intento emotivo, vincolato al puro piacere della lettura, per saggiarne la risposta alle nostre aspettative, al nostro *orizzonte d'attesa*, e stabilire quindi se lasciarci sedurre o meno dalla narrazione; sia con intento critico-interpretativo, per cercare di cogliervi gli elementi essenziali che troveranno sviluppo nel corso della narrazione.

Prenderemo ora in esame, a titolo esemplificativo, alcuni inizi di celebri romanzi dell'Ottocento e del Novecento, cercando di cogliervi alcune caratterizzazioni generali.

L'*incipit* spazio-temporale

Il romanzo storico dell'Ottocento parte in genere dalla determinazione del tempo e dello spazio entro cui è inscritta la vicenda, narrata secondo il punto di vista del narratore onnisciente (creatore e regolatore dell'universo del romanzo):

> Il 15 maggio 1796 il generale Bonaparte entrò a Milano alla testa del giovine esercito che aveva varcato il ponte di Lodi e mostrato al mondo come dopo tanti secoli Cesare e Alessandro avessero un successore.
>
> [Stendhal, *La Certosa di Parma*]

> Al cadere d'una bella giornata d'aprile dell'anno 1503 la campana di San Domenico in Barletta sonava gli ultimi tocchi dell'avemaria.
>
> [Massimo D'Azeglio, *Ettore Fieramosca*]

Questo tipo di avvio, divenuto ormai prevedibile, verrà sottoposto a variazioni in chiave ironica, come fa Robert Musil nell'*Uomo senza qualità*, negli anni '30 del Novecento:

> Sull'Atlantico gravava un'area di bassa pressione che, muovendosi verso oriente incontro a quella di alta pressione dislocata sulla Russia, non manifestava ancora alcuna tendenza a spostarsi verso nord per scansarla. Le isotere e le isoterme facevano il loro dovere. La temperatura dell'aria era nella norma rispetto alla temperatura media annua, rispetto a quella del mese più freddo come a quella del mese più caldo e all'oscillazione mensile aperiodica della temperatura. Il sorgere e il tramontare del sole e della luna, le fasi lunari, quelle di Venere, dell'anello di Saturno e molti altri importanti fenomeni rispettavano le previsioni degli annuari di astronomia. Nell'aria il vapor acqueo possedeva la massima elasticità e l'umidità era scarsa. Ovvero, con un'espressione che, quantunque un po' fuori moda, caratterizza benissimo questo insieme di fatti: era una bella giornata d'agosto dell'anno 1913.
>
> [Robert Musil, *L'uomo senza qualità*]

Snoopy che medita come iniziare il suo romanzo.

Oppure, come fa Umberto Eco nel *Nome della rosa* (1980), per segnalare con immediata evidenza una delle possibili chiavi di lettura del libro (le altre verranno segnalate in seguito attraverso un analogo gioco di citazioni):

> Era una bella mattina di fine novembre. Nella notte aveva nevicato un poco, ma il terreno era coperto di un velo fresco non più alto di tre dita...
>
> [Umberto Eco, *Il nome della rosa*]

Tornando all'Ottocento, nei *Promessi sposi* di Alessandro Manzoni l'iniziale descrizione paesaggistica è di tale precisione e ampiezza da anticipare quella che in seguito diventerà una tecnica cinematografica; dalla panoramica generale («Quel ramo del lago di Como... tra due catene non interrotte di monti») alla progressiva restrizione di campo che focalizza le strade e il personaggio di don Abbondio che le percorre, prima in distanza («tornava bel bello...»), poi in maniera più ravvicinata (con la descrizione del movimento delle mani e dei piedi) e infine in primo piano (il movimento degli occhi). Alcuni critici hanno richiamato l'immagine di una ripresa cinematografica che parte dall'alto e va via via zoomando verso il basso:

> Quel ramo del lago di Como che volge a mezzogiorno, tra due catene non interrotte di monti, tutto a seni e a golfi, a seconda dello sporgere e del rientrare di quelli, vien, quasi a un tratto, a ristringersi, e a prender corso e figura di fiume, tra un promontorio a destra, e un'ampia costiera dall'altra parte; e il ponte, che ivi congiunge le due rive, par che renda ancor più sensibile all'occhio questa trasformazione, e segni il punto in cui il lago cessa, e l'Adda ricomincia, per ripigliar poi nome di lago dove le rive, allontanandosi di nuovo, lascian l'acqua distendersi e rallentarsi in nuovi golfi e in nuovi seni. [...] Per un buon pezzo, la costa sale con un pendio lento e continuo; poi si rompe in poggi e in valloncelli, in erte e in ispianate, secondo l'ossatura de' due monti, e il lavoro delle acque. Il lembo estremo, tagliato dalle foci de' torrenti, è quasi tutto ghiaia e ciottoloni; il resto, campi e vigne, sparse di terre, di ville, di casali; in qualche parte boschi, che si prolungano su per la montagna. Lecco, la principale di quelle terre, e che dà nome al territorio, giace poco discosto dal ponte, alla rive del lago [...] Dall'una all'altra di quelle terre, dall'alture alla riva, da un poggio all'altro, correvano e corrono tuttavia, strade e stradette, più o men ripide, o piane; ogni tanto affondate, sepolte tra due muri, donde, alzando lo sguardo, non iscoprite che un pezzo di cielo e qualche vetta di monte [...]
>
> Per una di queste stradicciole, tornava bel bello dalla passeggiata verso casa, sulla sera del giorno 7 novembre dell'anno 1628, don Abbondio, curato d'una delle terre accennate di sopra [...] Diceva tranquillamente il suo ufizio, e talvolta, tra un salmo e l'altro, chiudeva il breviario, tenendovi dentro, per segno, l'indice della mano destra, e, messa poi questa nell'altra dietro la schiena, proseguiva il suo cammino, guardando a terra, e buttando con un piede verso il muro i ciottoli che facevano inciampo nel sentiero: poi alzava il viso, e, girati oziosamente gli occhi all'intorno, li fissava alla parte d'un monte.
>
> [Alessandro Manzoni, *I promessi sposi*]

L'*incipit* con l'io narrante

In *Moby Dick* di Herman Melville, la voce narrante è quella di un personaggio, Ishmael, testimone delle drammatiche vicende che verranno raccontate e alle quali, evidentemente, egli è sopravvissuto. Quanto egli ci dice in apertura lo pone su di un livello alto: infatti il suo desiderio di imbarcarsi non è dovuto solo alla necessità di denaro, ma soprattutto quella di soddisfare un bisogno interiore; egli inoltre, ricordando il suicidio di Catone, ci rivela di possedere una buona cultura, tale da porlo al di sopra dell'uomo di media istruzione e quindi anche del lettore comune (egli è infatti consapevole di ciò di cui gli uomini non si rendono conto):

> Chiamatemi Ishmael. Alcuni anni fa – non importa quanti esattamente – avendo pochi o punti denari in tasca e nulla di particolare che m'interessasse a terra, pensai di darmi alla navigazione e vedere la parte acquea del mondo. È un modo che ho io di cacciare la malinconia e di regolare la circolazione. Ogni volta che m'accorgo di atteggiare le labbra al torvo, ogni volta che nell'anima mi scende come un novembre umido e piovigginoso, ogni volta che mi accorgo di fermarmi involontariamente dinanzi alle agenzie di pompe funebri e di andar dietro a tutti i funerali che incontro, e specialmente ogni volta che il malumore si fa tanto forte in me che mi occorre un robusto principio morale per impedirmi di

scendere risoluto in istrada e gettare metodicamente per terra il cappello alla gente, allora decido che è tempo di mettermi in mare al più presto. Questo è il mio surrogato della pistola e della pallottola. Con un bel gesto filosofico Catone si getta sulla spada: io cheto cheto mi metto in mare. Non c'è nulla di sorprendente in questo. Se soltanto lo sapessero, quasi tutti gli uomini nutrono, una volta o l'altra, ciascuno nella sua misura, su per giù gli stessi sentimenti che nutro io verso l'oceano.

L'inizio del romanzo di Marcel Proust *Alla ricerca del tempo perduto* rivela immediatamente come l'assoluto protagonista del libro sia costituito dall'*io*, dalla coscienza della voce narrante, alla ricerca di se stesso attraverso il recupero memoriale:

Per molto tempo, mi son coricato presto la sera. A volte, non appena spenta la candela, mi si chiudevan gli occhi così subito che neppure potevo dire a me stesso: «M'addormento». E, una mezz'ora dopo, il pensiero che dovevo ormai cercar sonno mi ridestava; volevo posare il libro, sembrandomi averlo ancora fra le mani, e soffiare sul lume; dormendo avevo seguitato le mie riflessioni su quel che avevo appena letto, ma queste riflessioni avevan preso una forma un po' speciale; mi sembrava d'essere io stesso l'argomento del libro: una chiesa, un quartetto, la rivalità tra Francesco I e Carlo V. La convinzione sopravviveva per qualche attimo al mio risveglio, e non offendeva la mia ragione, ma mi pesava sugli occhi come scaglie, ed impediva loro di rendersi conto che la candela non era più accesa.

[Marcel Proust, *Alla ricerca del tempo perduto, La strada di Swann*]

L'*incipit in medias res*

Quando l'inizio della narrazione parte nel mezzo della storia si parla di *incipit in medias res*, dal latino 'nel mezzo dell'argomento'. Per esempio Franz Kafka è solito entrare direttamente nella vicenda, in maniera quasi brutale, creando subito quell'atmosfera angosciosa e assurda, come in un incubo, che caratterizza i suoi libri:

Qualcuno doveva aver calunniato Josef K. poiché senza che avesse fatto alcunché di male una mattina venne arrestato.

[Franz Kafka, *Il processo*]

Era tarda sera quando K. arrivò. Il paese era affondato nella neve. La collina non si vedeva, nebbia e tenebre la nascondevano, e non il più fioco raggio di luce indicava il grande Castello. K. si fermò a lungo sul ponte di legno che conduceva dalla strada maestra al villaggio, e guardò su nel vuoto apparente.

[Franz Kafka, *Il castello*]

Gregor Samsa, svegliandosi una mattina da sogni agitati, si trovò trasformato, nel suo letto, in un enorme insetto immondo. Riposava sulla schiena, dura come una corazza, e sollevando un poco il capo vedeva il suo ventre arcuato, bruno e diviso in tanti segmenti ricurvi, in cima a cui la coperta da letto, vicina a scivolar giù tutta, si manteneva a fatica. Le gambe, numerose e sottili da far pietà, rispetto alla sua corporatura normale, tremolavano senza tregua in un confuso luccichio dinanzi ai suoi occhi.

[Franz Kafka, *La metamorfosi*]

L'*incipit* da una riflessione

Nel romanzo di Luigi Pirandello *Quaderni di Serafino Gubbio operatore* la voce narrante è quella del protagonista (derivata dal suo diario, dai quaderni appunto, dal momento che egli, in seguito a un incidente sul lavoro, è diventato muto), che manifesta la preferenza per l'analisi interiore («Studio la gente...»), nel tentativo di esplorare ciò che sta al di là delle apparenze, l'«*oltre*» presente in tutto e in tutti ma che gli uomini non vogliono o non sanno vedere:

Studio la gente nelle sue più ordinarie occupazioni, se mi riesca di scoprire negli altri quello che manca a me per ogni cosa ch'io faccia: la certezza che capiscano ciò che fanno.

In prima, sì, mi sembra che molti l'abbiano, dal modo come tra loro si guardano e si salutano, correndo di qua, di là, dietro alle loro faccende o ai loro capricci. Ma poi, se mi fermo a guardarli un po' addentro negli occhi con questi miei occhi intenti e silenziosi, ecco che subito s'adombrano. Taluni anzi si smarriscono in una perplessità così inquieta, che se per poco io seguitassi a scrutarli, m'ingiurierebbero o m'aggredirebbero.

No, via, tranquilli. Mi basta questo: sapere, signori, che non è chiaro né certo neanche a voi neppur quel poco che vi viene a mano a mano determinato dalle consuetissime condizioni in cui vivete. C'è un *oltre* in tutto. Voi non volete o non sapete vederlo.

[Luigi Pirandello, *Quaderni di Serafino Gubbio operatore*]

L'*incipit* dal lettore protagonista

Come ultimo esempio riportiamo l'*incipit* di *Se una notte d'inverno un viaggiatore*, un romanzo di Italo Calvino in cui appare manifesto l'intento di chiamare in causa il lettore, il quale diviene il protagonista della storia, narrata, caso raro nella narrativa, in seconda persona:

Stai per cominciare a leggere il nuovo romanzo *Se una notte d'inverno un viaggiatore* di Italo Calvino. Rilassati. Raccogliti. Allontana da te ogni altro pensiero. Lascia che il mondo che ti circonda sfumi nell'indistinto. La porta è meglio chiuderla; di là c'è sempre la televisione accesa. Dillo subito, agli altri: «No, non voglio vedere la televisione!». Alza la voce, se no non ti sentono: «Sto leggendo! Non voglio essere disturbato!». Forse non ti hanno sentito, con tutto quel chiasso; dillo più forte, grida: «Sto cominciando a leggere il nuovo romanzo di Italo Calvino!». O se non vuoi non dirlo; speriamo che ti lascino in pace.

[Italo Calvino, *Se una notte d'inverno un viaggiatore*]

2.2 Il "finale": la conclusione della narrazione

Nell'economia di un testo narrativo, la conclusione non è soltanto la parte in cui vengono sciolti i nodi della vicenda, ma costituisce anche lo spazio privilegiato dall'autore per trarre il bilancio della storia e spesso per offrirci, più o meno intenzionalmente, la propria visione del mondo.

Il finale di un racconto non può essere valutato a parte, ma occorrerà porlo in relazione al resto dell'opera, di cui esso dovrà rivelare la coerenza e la tenuta.

Dal momento che ogni narrazione costituisce un universo a sé stante, non è possibile raggruppare in precise categorie i rispettivi "finali", legati al genere dell'opera di cui fanno parte o determinati dalle intenzioni dell'autore. Ci limitiamo pertanto ad esaminare, a titolo esemplificativo, le parti conclusive di alcune opere, distinguendo tra quelle in cui l'intento narrativo prevale su quello riflessivo (**finale chiuso**) e, viceversa, quelle in cui la riflessione prevale sulla narrazione (**finale aperto**). All'interno di ciascuna tipologia agiscono poi altre modalità, che possono anche incrociarsi e sovrapporsi tra loro, determinando, a seconda dei casi, finali **lieti**, **sorprendenti**, **problematici**, **provvisori**, **morali** e altro ancora, fino al caso di opere **prive di conclusione** per precisa scelta dell'autore.

I finali chiusi

Favola e fiaba

Un finale chiuso è fondamentale nelle opere in cui l'intreccio, l'evolversi della vicenda, ha un peso determinante. Ciò si verifica ad esempio nelle fiabe e nelle favole. Nelle prime, che hanno pura funzione di intrattenimento, contano soprattutto i fatti, che necessariamente devono precipitare verso un punto d'arrivo, quasi sempre gratificante (**lieto fine**, in inglese *happy end*):

...E vissero felici e contenti.

Nelle favole la storia, che può anche essere brevissima, deve per forza concludersi affinché l'intento morale (la **morale della favola**) possa essere comunicato:

Una volpe per caso aveva visto una maschera tragica;
e dopo averla girata qua e là una e due volte,
«Oh quale grande aspetto», disse, «ma non ha il cervello».
Questo fu detto per quelli cui Fortuna attribuì
onore e gloria, ma tolse il senso comune.

[Fedro, *Favole*]

Un caso particolare è offerto dalla raccolta orientale *Le mille e una notte*, in cui Sherazàd racconta ogni notte al sultano una storia che si conclude con l'annuncio di una nuova storia: stratagemma con cui ella riesce a salvare la propria vita. Si assiste così ad una serie di **conclusioni provvisorie**, che procedono all'infinito, quasi a voler testimoniare l'infinito processo della narrazione:

– Ma tutto questo, – aggiunse Sherazàd, – non è più meraviglioso di ciò che avvenne fra il sarto, il gobbo, l'ebreo, il soprintendente e il cristiano.
– E qual è la loro storia? – domandò il re.

[*Le mille e una notte*]

Il genere "giallo"

Lo stesso vale per il genere "giallo", basato principalmente sulla ricostruzione dei fatti che portano alla scoperta dell'autore del delitto; l'interesse è quindi interamente rivolto a dare risposta alle domande: *chi? come? quando? perché?*. Nell'ultimo capitolo delle sue opere, Agatha Christie, ad esempio, riunisce tutti i protagonisti in un luogo chiuso (una stanza d'albergo, la cabina di un piroscafo, lo scompartimento di un treno) per ricostruire minuziosamente il delitto, smascherando tra i presenti il colpevole. In genere poi, una volta sciolto inequivocabilmente l'enigma, l'ultima frase del libro è costituita da una battuta di alleggerimento (dell'autore o dei protagonisti), con la funzione di confermare al lettore il perfetto ristabilimento dell'ordine che era stato turbato:

Ma come sarebbe stato meglio se Hercule Poirot non si fosse ritirato dalla professione, per venire proprio qui a coltivare le sue zucche!

[Agatha Christie, *L'assassinio di Roger Ackroyd*]

«Un'altra ciambella riuscita col buco, eh, Hastings?».

[Agatha Christie, *La serie infernale*]

A differenza di quanto succede per altre opere, il "giallo" classico non ammette un finale problematico, ma sempre logico e incontrovertibile; e sarà sempre un finale **a sorpresa**, teso a sconcertare il lettore, che fino all'ultima pagina deve rimanere nel dubbio. Uno dei casi più evidenti è dato dall'*Assassinio di Roger Ackroyd* della Christie, in cui il colpevole è addirittura il narratore della storia.

Anche nella categoria del "giallo" vi sono tuttavia casi anomali, che rientrano però nell'ambito del cosiddetto "giallo d'autore", ossia di un genere adottato con fini morali o filosofici (in cui la riflessione prevale sulla narrazione). Le storie poliziesche di Leonardo Sciascia, ad esempio, non si concludono, non offrono un messaggio gratificante: in esse la giustizia non trionfa, come non trionfa nella realtà italiana del suo tempo, i cui mali egli intende appunto denunciare.

Il mistero di Edwin Drood di Charles Dickens è rimasto invece incompiuto a causa della morte dell'autore; ciò lasciò sconcertati i lettori che, avendo già letto le prime parti uscite a dispense, non seppero mai come la storia andasse a finire. Il libro divenne così oggetto di grande interesse e molti si sono cimentati a idearne una logica soluzione; tra questi vanno ricordati Fruttero e Lucentini, che su questo mistero hanno costruito un romanzo, *La verità sul caso D*.

Avventura

Il finale **chiuso** e **lieto** caratterizza molti romanzi d'avventura (almeno quelli in cui l'elemento narrativo prevale su quello riflessivo), nei quali si verifica in genere l'identificazione del lettore con l'eroe protagonista ed è quindi impensabile che questi non porti a termine con successo la propria missione, gratificando così il lettore:

> A partire da quel giorno, mio zio fu il più felice degli scienziati. E io il più beato degli uomini, perché la mia graziosa Virlandese, abdicando la sua posizione di figlioccia, riprese posto nella casa della Königstrasse in qualità di nipote e di moglie. Inutile aggiungere che suo zio fu l'illustre professor Otto Lidenbrock, membro corrispondente di tutte le società scientifiche, geografiche e mineralogiche delle cinque parti della Terra.
>
> [Jules Verne, *Viaggio al centro della Terra*]

Anche in questo genere, tuttavia, esistono casi di finale **problematico**, come ad esempio nei *Viaggi di Gulliver* di Jonathan Swift, in cui il protagonista-narratore, dopo aver sperimentato la superiore società dei cavalli (gli *houyhnhnm*), stenta a riconciliarsi con la razza degli uomini (qui chiamati *yahu*) cui egli appartiene, rivelando l'intento polemico e ferocemente satirico dell'autore:

> La mia riconciliazione con la razza dei yahu potrebbe non essere così difficile, sol che essi si contentassero di avere quei soli vizi e quelle sole follie che la natura ha dato loro in sorte... Ma quando vedo un ammasso di deformità e d'infermità fisiche e morali arrogarsi perfino il diritto d'essere orgoglioso, esco allora fuori dei gangheri; né riesco a capire come mai una bestia simile e il vizio dell'orgoglio possano insieme combaciare. I saggi e virtuosi *houyhnhnm*, che abbondano d'ogni eccelsa dote atta a fregiare una creatura ragionevole, non hanno nel loro idioma una parola che designi l'*orgoglio*. Dicemmo che per esprimere il male si valgono della parola *yahu*.
>
> [Jonathan Swift, *Viaggi di Gulliver*]

Federico Zandomeneghi, *Riflessione*. Pavia, Musei Civici, Collezione Morone.

I finali etici

La narrativa dell'Ottocento

Le opere narrative dell'Ottocento si concludono in genere con un **bilancio etico** che l'autore trae dalla vicenda. Moderatamente lieto (dato che il male è sempre pronto ad agire nell'uomo e nella società) è il finale («il sugo» della storia) dei *Promessi sposi* di Alessandro Manzoni:

> Dopo un lungo dibattere e cercare insieme, conclusero che i guai vengono bensì spesso, perché ci si è dato cagione; ma che la condotta più cauta e più innocente non basta a tenerli lontani; e che quando vengono, o per colpa o senza colpa, la fiducia in Dio li raddolcisce, e li rende utili per una vita migliore. Questa conclusione, benché trovata da povera gente, c'è parsa così giusta, che abbiam pensato di metterla qui, come il sugo di tutta la storia.
>
> La quale, se non v'è dispiaciuta affatto, vogliatene bene a chi l'ha scritta, e anche un pochino a chi l'ha raccomodata. Ma se in vece fossimo riusciti ad annoiarvi, credete che non s'è fatto apposta.

[Alessandro Manzoni, *I promessi sposi*]

Lirico e **commovente** è il bilancio di Carlino, che riconosce nella Pisana, dopo la sua morte, il punto di riferimento della propria vita, alla fine delle *Confessioni di un italiano* di Ippolito Nievo:

> Ti intravvedo azzurrina e compassionevole al raggio morente della luna; ti parlo come a una donna viva e spirante nelle opere meridiane del giorno. Oh tu sei ancora con me, tu sarai sempre con me; perché la tua morte ebbe affatto la sembianza d'un sublime ridestarsi a vita più alta e serena. Sperammo ed amammo insieme, insieme dovremo trovarci là dove si raccolgono gli amori dell'umanità passata e le speranze della futura, senza di te che sarei io mai?... Per te per te sola, o divina, il cuore dimentica ogni suo affanno, e una dolce malinconia suscitata dalla speranza lo occupa soavemente.

[Ippolito Nievo, *Confessioni di un italiano*]

Tragico e **sublime** è il finale dell'epica vicenda narrata da Herman Melville in *Moby Dick*:

> Piccoli uccelli volarono ora, strillando, sull'abisso ancora aperto; un tetro frangente bianco si sbatté contro gli orli in pendio; poi tutto ricadde, e il gran sudario del mare tornò a stendersi come si stendeva cinquemila anni fa.

[Herman Melville, *Moby Dick*]

Bilancio etico e allo stesso tempo **annuncio di nuove prospettive** caratterizzano il finale di *Delitto e castigo* di Fëdor Dostoevskij:

> Al principio della loro felicità, in certi istanti, eran pronti tutt'e due a considerare quei sette anni come sette giorni. Egli ignorava perfino che la nuova vita non gli si concedeva per nulla, che bisognava ancora acquistarla a caro prezzo, pagarla con una grande opera nell'avvenire... ma qui già comincia una nuova storia, la storia del graduale rinnovarsi di un uomo, la storia della sua graduale rigenerazione, del suo graduale passaggio da un mondo in un altro, dei suoi progressi nella coscienza di una nuova realtà, fino allora completamente ignota. Questo potrebbe formare argomento di un nuovo racconto, ma il nostro racconto odierno è finito.

[Fëdor Dostoevskij, *Delitto e castigo*]

Il senso di **ineluttabilità del destino** caratterizza il finale dei *Malavoglia* di Giovanni Verga:

> Tornò a guardare il mare, che s'era fatto amaranto, tutto seminato di barche che avevano cominciato la loro giornata anche loro, riprese la sua sporta, e disse: – Ora è tempo d'andarsene, perché fra poco comincierà a passar gente. Ma il primo di tutti a cominciar la sua giornata è stato Rocco Spatu.

[Giovanni Verga, *I Malavoglia*]

I finali aperti

La narrativa del Novecento

Dopo la grande stagione ottocentesca del romanzo, la narrativa del Novecento si caratterizza per la sua sperimentazione formale e per la problematicità dei contenuti. Si hanno allora prevalentemente **finali aperti**, dettati dalla consapevolezza di una realtà non perfettamente comprensibile, soggetta a una pluralità di interpretazioni e di sensazioni, di cui ciascun autore offre la propria personale testimonianza, senza pretese di verità assolute:

> Piccola anima, smarrita e soave, compagna e ospite del corpo, ora t'appresti a scendere in luoghi incolori, ardui e spogli, ove non avrai più gli svaghi consueti. Un istante ancora, guardiamo insieme le rive familiari, le cose che certamente non vedremo mai più... Cerchiamo d'entrare nella morte a occhi aperti...
>
> [Marguerite Yourcenar, *Memorie di Adriano*]

> Ecco tutto quello che sono disposto a raccontarvi. Probabilmente potrei dirvi quello che feci quando andai a casa, e come mi sono ammalato e via discorrendo, e a che scuola dovrei andare in autunno quando sarò uscito da qui, ma non ne ho voglia. Sul serio. Ora come ora, queste cose non mi interessano molto.
>
> Un sacco di gente, soprattutto questo psicanalista che c'è qui, continuano a domandarmi se quando tornerò a scuola a settembre mi metterò a studiare. È una domanda così stupida, secondo me. Voglio dire, come fate a sapere quello che farete, finché non lo *fate*? La risposta è che non lo sapete. *Credo* di sì, ma come faccio a saperlo? Giuro che è una domanda stupida...
>
> D.B. mi ha domandato che cosa ne pensavo io di tutta questa storia che ho appena finito di raccontarvi. Non ho saputo che accidente dirgli. Se proprio volete saperlo, non so che cosa ne penso. Mi dispiace di averla raccontata a tanta gente. Io, suppergiù, so soltanto che sento un po' la *mancanza* di tutti quelli di cui ho parlato. Perfino del vecchio Stradlater e del vecchio Ackley, per esempio, credo di sentire la mancanza perfino di quel maledetto Maurice. È buffo. Non raccontate mai niente a nessuno. Se lo fate, finisce che sentite la mancanza di tutti.
>
> [Jerome D. Salinger, *Il giovane Holden*]

Per vari motivi Kafka ha lasciato incompiuti tutti e tre i suoi romanzi (*America*, *Il processo*, *Il castello*), ma l'assenza di conclusione ha ugualmente valore, in quanto efficace testimonianza del mondo assurdo e minaccioso che incombe sul protagonista e anche sull'autore.
Si concludono invece i romanzi di Luigi Pirandello, ma per affermare la distruzione della logica comune, l'annullamento e il rinnovamento dell'io individuale:

> La vita non conclude. E non sa di nomi, la vita. Quest'albero, respiro tremulo di foglie nuove. Sono quest'albero. Albero, nuvola; domani libro o vento: il libro che leggo, il vento che bevo. Tutto fuori, vagabondo...
>
> La città è lontana. Me ne giunge, a volte, nella calma del vespro, il suono delle campane. Ma ora quelle campane le odo non più dentro di me, ma fuori, per sé sonare, che forse ne fremono di gioja nella loro cavità ronzante, in un bel cielo azzurro pieno di sole caldo tra lo stridìo delle rondini o nel vento nuvoloso, pesanti e così alte sui campanili aerei. Pensare alla morte, pregare. C'è pure chi ha ancora questo bisogno, e se ne fanno voce le campane. Io non l'ho più questo bisogno, perché muojo ogni attimo, io, e rinasco nuovo e senza ricordi: vivo e intero, non più in me, ma in ogni cosa fuori.
>
> [Luigi Pirandello, *Uno, nessuno e centomila*]

René Magritte, *Ogni giorno*, 1938. Collezione privata.

VERIFICA FORMATIVA

per accertare le competenze acquisite

Il testo narrativo letterario

autoverifica con tutor

1. Indica se le seguenti affermazioni sono vere o false

a Una narrazione si presenta come un'unità in cui si intrecciano storia e discorso V F
b L'intreccio è il succedersi in ordine logico e cronologico degli avvenimenti V F
c La fabula è l'ordine con cui vengono presentati i fatti dal narratore V F
d In una narrazione gli avvenimenti si susseguono secondo l'ordine stabilito dal narratore V F
e La sequenza è una porzione di testo autonoma dal punto di vista sintattico e tematico V F
f Le sequenze narrative sono di natura statica V F
g I nuclei narrativi sono l'insieme delle informazioni essenziali e accessorie V F
h Le macrosequenze sono l'insieme delle sequenze narrative V F
i Le sequenze dialogiche possono essere solo statiche V F
l Le sequenze riflessive sono di natura psicologica V F

2. Completa la seguente affermazione inserendo i seguenti termini al posto giusto.

dinamici, tipi, individui, statici

I personaggi **piatti** sono definiti anche ....; in genere sono personaggi .... in quanto non subiscono evoluzione nella storia.

I personaggi a **tutto tondo** sono definiti anche ....; sono personaggi .... in quanto si evolvono e si trasformano nel corso della vicenda.

3. La presentazione dei personaggi nella storia avviene

A sempre nello stesso modo
B sempre nello stesso momento
C in modi e momenti diversi scelti liberamente
D in modi e momenti diversi a seconda del tipo di focalizzazione

4. La funzione del personaggio in una narrazione è

A la parte che interpreta nel racconto
B la parte da protagonista
C la parte da antagonista
D il ruolo secondario

5. La presentazione di un personaggio è diretta quando

A il profilo del personaggio emerge dalle sue azioni
B il profilo viene comunicato dal narratore
C il profilo viene comunicato da un altro personaggio
D il profilo viene comunicato dal narratore, da un personaggio o dal personaggio stesso

6. Come si chiama l'espediente che anticipa i fatti che accadranno dopo creando attesa nel lettore

A analessi
B prolessi
C ellissi
D pausa

7. Come si chiama l'espediente narrativo che si verifica quando l'autore espone in maniera sintetica avvenimenti svoltisi in un arco di tempo ampio?

A analisi
B durata
C sommario
D sintesi

8. **Nel rapporto tra il tempo della storia e il tempo della narrazione il ritmo narrativo è dato**

A dai continui cambi di velocità
B dai rallentamenti
C dalle accelerazioni
D dalle pause

9. **Lo spazio in una narrazione è (barra la risposta sbagliata)**

A la cornice degli eventi
B la dimensione in cui operano i personaggi
C un elemento costitutivo del racconto
D è un elemento oggettivo

10. **In una narrazione l'adozione di un punto di vista particolare in relazione alla posizione assunta dal narratore si chiama focalizzazione.**

☐ vero ☐ falso

11. **Collega le focalizzazioni elencate con le rispettive definizioni**

1 racconto a focalizzazione zero
2 racconto a focalizzazione interna
3 racconto a focalizzazione esterna

A quando il narratore sa meno dei suoi personaggi
B il narratore ne sa più dei personaggi: entra nella loro psicologia, nei loro pensieri e giudica le loro azioni
C quando il narratore ne sa quanto i suoi personaggi

12. **In una narrazione il narratore è**

A lo scrittore che ha composto l'opera
B la voce a cui l'autore affida la narrazione

13. **Le digressioni in una narrazione servono per (segna la risposta errata)**

A approfondire il discorso
B rallentare l'azione narrativa
C creare *suspense*
D creare nuovi intrecci

14. **Il discorso indiretto libero è**

A un discorso indiretto senza il verbo reggente
B un discorso indiretto dialogato
C un discorso indiretto usato nei monologhi
D un discorso pronunciato dal protagonista

15. **In quale tecnica narrativa il personaggio parla da solo?**

A soliloquio
B monologo interiore
C flusso di coscienza
D dialogo

16. **Leggi il seguente *incipit* e poi indica di che tipo è.**

Qualcuno aveva bussato alla porta, chi poteva essere a quell'ora della notte? Eppure i colpi si facevano più forti e più frequenti. Ecco che...

17. **In una storia si parla di finale aperto quando**

A la riflessione prevale sulla narrazione
B la narrazione prevale sulla riflessione
C la narrazione e riflessione coincidono
D la storia si interrompe

UNITÀ 3

I testi argomentativi, informativi, descrittivi

1 IL TESTO ARGOMENTATIVO

La funzione

Il **testo argomentativo** è un testo attraverso il quale, con una serie di argomenti logici, si sostiene un'idea o un'opinione per dimostrarne la validità con soluzioni ragionate e convincenti. Il testo argomentativo ha sempre uno **scopo** pratico, quello di **convincere** il destinatario della validità di una determinata idea.

Le caratteristiche

Il testo argomentativo è costituito pertanto da alcuni elementi essenziali:

- il **problema**: l'argomento che si vuole affrontare
- la **tesi**: l'opinione di cui si vuole dimostrare la validità attraverso argomenti di sostegno
- gli **argomenti**: tutti i ragionamenti e le prove a sostegno della tesi

Gli argomenti possono essere:

- **a favore della tesi**: tutte le argomentazioni che portano prove e spiegazioni per convincere il destinatario
- **contrari alla tesi** (**antitesi**): le obiezioni alla tesi, ossia opinioni diverse o contrarie a quella sostenuta
- **a favore dell'antitesi**: tutte le argomentazioni che sostengono le obiezioni alla tesi
- **confutazione degli argomenti dell'antitesi**: l'autore confuta l'antitesi, ossia dimostra l'infondatezza degli argomenti che sostengono la tesi contraria alla sua
- **la conclusione**: in cui si riporta l'attenzione sulla tesi ribadendone la pertinenza logica e la validità

Schema del testo argomentativo

L'ordine con cui vengono esposti i punti di questa struttura può essere cambiato o possono essere omessi alcuni passaggi:

→ **problema - antitesi - argomenti a sostegno dell'antitesi - tesi - conclusione**

→ **problema - tesi - argomenti a sostegno della tesi - conclusione**

→ **problema - tesi - antitesi - argomenti a sostegno dell'antitesi - conclusione**

Quando in un testo argomentativo non è presente l'antitesi, ossia la controargomentazione, dal punto di vista persuasivo il testo risulta abbastanza fragile, perché non affronta tutte le obiezioni che si possono sollevare. In questo caso l'argomentazione si dice **affermativa**. Quando la tesi è rafforzata dalla confutazione degli argomenti contrari che si possono apportare, l'argomentazione si dice **confutativa.**

Il testo argomentativo presenta particolari caratteristiche anche dal punto di vista **linguistico**: fa largo uso di **connettivi**, che hanno la funzione di legare tra loro le frasi, e di **indicatori di forza**, che permettono di capire il tipo di atto linguistico che si vuole compiere e quindi lo scopo comunicativo in un determinato contesto.

Punto esclamativo, illustrazione di René Gruau.

Laboratorio di metodo

esempio guidato

testo attivo

L'eutanasia

Il primo concetto da chiarire, per non incorrere in facili equivoci, è che in nessuna proposta attualmente in discussione si parla di eutanasia.

Problema
Di eutanasia non si discute, come se il problema non esistesse.

Il termine, eutanasia, che suscita forti contrasti ogni volta che viene pronunciato, significa letteralmente porre fine alla vita di una persona, gravemente ammalata e incapace di sopportare oltre la sofferenza, attraverso la somministrazione di sostanze velenose che portano alla cosiddetta "dolce morte".

Tesi
L'eutanasia è la "dolce morte" procurata chimicamente e risparmia sofferenze ai malati terminali.

Messo da parte questo argomento, il diritto che si vuole riconoscere è invece quello di permettere a ogni persona di indicare le cure e i trattamenti che ritiene accettabili per se stesso, se un giorno diventerà incapace di intendere e di volere. In altre parole, il diritto di richiedere ai medici la sospensione o la non attivazione di procedure e terapie, anche nei casi più estremi e tragici di sostegno vitale, un diritto che oggi ogni paziente consapevole esercita attraverso il meccanismo del consenso informato, accettato da tutti e obbligatorio per legge.

Argomenti a sostegno della tesi
Occorre ribadire che ciascuno ha il diritto di decidere della propria vita e della propria morte e il diritto di fare delle richieste ai medici.

Per essere ancora più chiari, le direttive anticipate di vita, meglio conosciute come "testamento biologico", e il rifiuto dell'accanimento terapeutico altro non sono che un allargamento dello spazio di libertà individuale già sancito nel nostro Paese. Facciamo un esempio concreto: ogni volta che una persona viene ricoverata per un esame diagnostico o un intervento chirurgico, un operatore sanitario ha l'obbligo di descrivergli le caratteristiche dell'operazione, le possibili conseguenze, i rischi.

Ulteriori argomenti a sostegno della tesi
Non bisogna dimenticare poi che il rifiuto dell'accanimento terapeutico fa parte della sfera di libertà di ciascuno di noi.

Il fondatore del San Raffaele di Milano, Don Luigi Verzè, dopo l'intervista rilasciata, precisa di essere contrario all'eutanasia ma sottolinea come sia necessario, quando «si è tentato tutto» per salvare il malato, evitare l'accanimento terapeutico.

«Io vorrei essere chiaro, – sottolinea – sono contro l'eutanasia ovvero il 'fare' morire un paziente, magari per interrompere le sue sofferenze. Così come sono contro l'accanimento terapeutico ovvero il moltiplicarsi di cure e atti medici, a volte anche invasivi, che prolungano artificialmente la vita».

Antitesi
Non tutti hanno le stesse opinioni: c'è chi è totalmente contrario all'eutanasia ma è favorevole a evitare l'accanimento terapeutico.

«Ritengo sia più giusto che quando si è tentato tutto, ma proprio tutto, i medici si arrendano, 'lascino' che la vita faccia il suo corso, che il malato torni fra le braccia del Padre, questo è un atto di amore e di responsabilità. Non un atto medico contro la vita, ma la constatazione che l'uomo ha una sua dignità, soprattutto negli ultimi istanti della sua vita».

Argomenti a sostegno dell'antitesi
Essere contrari all'eutanasia significa essere contrari alla morte solo per evitare le sofferenze. La vita è un bene

Laboratorio di metodo

esempio guidato

«Regolarmentare questo argomento per legge è impossibile – aggiunge – anche perché ogni caso è singolo ed irripetibile, come ogni uomo. Siamo in una zona grigia in cui la legge e le regole rischiano di peggiorare la situazione, di renderla sterile».
Questo stesso diritto non è oggi riconosciuto alle persone che si trovano per esempio in coma oppure in stato vegetativo permanente, e che non possono esprimere personalmente le proprie volontà. Di qui l'esigenza di poter indicare prima che sia impossibile, che cosa si ritiene accettabile e che cosa no, e ribadire in questo modo l'autodeterminazione dell'individuo rispetto alla propria vita.

prezioso e va tutelata fino a una fine che deve essere naturale. Sarebbe comunque importante che ciascuno scegliesse nel corso della propria vita le strade da perseguire in casi estremi in cui non si è più in grado di decidere.

Pensiamo per esempio al dramma di Eluana Englaro, mantenuta in stato vegetativo permanente dal 1992, nonostante i ripetuti sforzi della famiglia per fare rimuovere il tubo dell'alimentazione e sospendere tutte le altre terapie, non giustificabili data l'impossibilità di guarigione o anche solo di un minimo miglioramento della ragazza. Ma pensiamo anche agli altri 1.500 corpi che, come lei, sono stati abbandonati da quello che possiamo definire vita, con funzioni vitali prolungate artificialmente solo attraverso l'ausilio di macchinari. Questo si chiama accanimento terapeutico, eppure se oggi un medico in Italia decidesse di staccare la spina, correrebbe il rischio di essere accusato di omicidio volontario. Di fronte a tutto questo non possiamo negare la necessità di una legge.
Anche la Chiesa cattolica concorda su questi principi e nel suo catechismo infatti scrive che: «L'interruzione di procedure mediche onerose, pericolose, straordinarie o sproporzionate rispetto ai risultati attesi può essere legittima. In tal caso si ha la rinuncia all'accanimento terapeutico. Non si vuole così procurare la morte: si accetta di non poterla impedire. Le decisioni devono essere prese dal paziente, se ne ha la competenza e la capacità o, altrimenti, da coloro che ne hanno legalmente il diritto, rispettando la ragionevole volontà e gli interessi legittimi del paziente».

Esempi a sostegno della tesi
Ma occorre tenere presente che non sempre si è in grado di fare scelte così importanti in vita pensando alla morte. Né esistono leggi che permettano alle famiglie di decidere di opporsi all'accanimento terapeutico.

Ritornando alla nostra legge, credo che chi si esprimerà contro, e lo farà solo per logiche di schieramento partitico, certo non potrà nascondersi dietro al debole paravento della vita.
Nessuno infatti può affermare, se non in mala fede e per meri fini ideologici, che l'accanimento terapeutico significa difesa della vita! Sarà invece inevitabile che, pur partendo da un presupposto condiviso a larga maggioranza, ci si confronti su alcuni punti che richiederanno un rigoroso e severo dibattito. Penso innanzitutto all'introduzione del fiduciario, una figura immaginata per interpretare le volontà del paziente dato che nessun documento, anche il più preciso, potrà mai elencare tutte le possibili circostanze in cui una persona si troverà. Il fiduciario dovrebbe essere scelto perché ha condiviso momenti, pensieri e idee con il paziente e quindi in grado di capire se in quella determinata circostanza egli avrebbe voluto essere sottoposto alle terapie oppure no.

Conclusioni
Occorre innanzitutto aprire un dibattito rigoroso e pensare all'introduzione del fiduciario, che dovrebbe essere una figura che ha conosciuto profondamente il paziente. L'eutanasia risparmia sofferenze inutili ed è giusto porre fine artificialmente alla vita di una persona se la stessa lo ha chiaramente espresso in vita. Occorrono tuttavia leggi chiare e non influenzate da schieramenti politici.

Lavoriamo con metodo
per consolidare abilità e competenze

Leggi il seguente testo argomentativo e rispondi alle domande che seguono.

Francesco Alberoni

La scienza non può dire cosa è bene e cosa è male

[...]. La scienza produce una vertiginosa trasformazione del mondo e dell'uomo e ogni progresso apre nuovi dilemmi. La scoperta dell'energia atomica ha reso possibile una guerra termonucleare. Gli uomini hanno scelto di non farla. Negli anni Sessanta i contraccettivi hanno consentito alle donne di evitare una gravidanza indesiderata.

Le donne li hanno usati anche quando le tradizionali leggi morali lo proibivano. [...] Fra non molti anni i genitori potranno decidere il corredo genetico dei figli, la neuroscienza consentirà di modificare idee, sentimenti e passioni agendo sui processi fisicochimici del cervello. E ogni volta si porrà il quesito: farlo o non farlo? È bene o è male? Ma la scienza non può dire cosa è bene e cosa è male. Può parlarti di fatti, di processi, dirti cosa puoi fare ma non può dirti assolutamente nulla su cosa è giusto fare, cosa devi fare, sui valori. L'universo scientifico non ha categorie morali.

Certo il singolo scienziato può avere criteri etici ma li ha in quanto uomo non in quanto scienziato. Lo scienziato atomico ti dice quali effetti devastanti ha una guerra atomica. Ma se farla o non farla la scienza non te lo sa dire. Chi ci dice allora cosa è bene e cosa è male? In alcuni casi la religione, in altri l'ideologia politica, in altri la civiltà in cui sei stato allevato. Ma oggi tutti e tre questi fattori sono indeboliti e sotto accusa. Prevale la tesi che siano validi tutti i punti di vista. Ma una società in cui tutti i giudizi hanno lo stesso peso non può decidere, non può fare leggi, cade in preda al disordine. Però, oltre una certa soglia di disordine, si crea un disagio intollerabile e gli uomini alla fine scoprono in se stessi cosa è bene e cosa è male, e si raccolgono in movimenti collettivi che si scontrano finché non prevale una delle due alternative. [...] Col progredire della scienza e della tecnica questi scontri sono destinati a diventare sempre più violenti. [...] E ci saranno partiti politici in cui i valori diventeranno più importanti dei tradizionali temi economici.

[www.corriere.it/alberoni/, 16 febbraio 2009]

Comprendere

1. **Qual è la tesi principale espressa nell'articolo? Qual è la seconda tesi? Quali prove ci sono a sostegno della prima tesi? E quali argomenti a sostegno della seconda?**

2. **Che cosa si enuncia (senza altro supporto argomentativo) nella terza tesi conclusiva?**

Produrre per capire il testo argomentativo

3. **Prova a scrivere anche tu un testo argomentativo in cui sostieni la tesi opposta a quella che è stata enunciata nell'esempio guidato, *L'eutanasia*, p. 77.**

2 IL TESTO INFORMATIVO-ESPOSITIVO

La funzione

Il **testo informativo-espositivo** è un testo che trasmette informazioni attraverso spiegazioni oggettive, ordinate e complete su un determinato argomento con lo scopo pratico d'informare, far conoscere qualcosa a qualcuno.

I testi informativi-espositivi possono riguardare argomenti vari e possono essere:

- di tipo **analitico**, possono cioè procedere per analisi, sviluppando, chiarendo, spiegando e collegando idee e problemi, come: *voci dell'enciclopedia, relazioni scientifiche, cronache giornalistiche, testi scolastici, conferenze, recensioni di libri* o *film*.
- di tipo **sintetico**, molto brevi, in cui sono formulate rapide e concise informazioni, come: *schemi, scalette, appunti, sommari, mappe, inserzioni, avvertenze, orari, programmi, telegrammi, indici*.

Le caratteristiche strutturali e linguistiche

I testi informativi-espositivi presentano forme molto varie che dipendono dal tipo di argomento trattato e dalla loro destinazione. Un aspetto che li accomuna è la cura particolare che essi riservano alla disposizione degli argomenti e ai loro collegamenti. Infatti se l'obiettivo del testo è quello di informare e spiegare, il primo requisito richiesto è la **coerenza**.

I criteri più usati per sviluppare un testo espositivo sono:

- l'**ordine cronologico**: attraverso l'esposizione dei dati secondo la scansione temporale
- l'**elencazione**: i vari elementi vengono registrati l'uno di seguito all'altro
- l'**ordine causale**: attraverso il rapporto di causa ed effetto tra i vari elementi dell'esposizione
- la **definizione**: attraverso l'esposizione di una serie di informazioni che individuano in modo preciso l'oggetto dell'esposizione (ad esempio, le voci dei dizionari e delle enciclopedie)
- il **confronto**: attraverso il confronto fra due fatti, due persone, due avvenimenti sulla base di somiglianze, analogie e differenze
- l'**esemplificazione**: attraverso l'esposizione dei fatti chiariti con uno o più esempi.

Dal punto di vista stilistico il testo espositivo espone in modo **impersonale** e con un linguaggio **oggettivo** utilizzando termini precisi, specifici del settore di indagine. Inoltre utilizza **frasi brevi** e una **struttura sintattica lineare**. Come tempi verbali privilegia **il presente e il passato remoto** e fa largo uso di **testi non continui**: *fotografie*, *cartine*, *mappe*, *grafici*, ecc. per facilitare la comprensione delle informazioni date. Inoltre la suddivisione interna si avvale spesso di **capitoli**, **paragrafi**, **titolature** per sviluppare con chiarezza le informazioni.

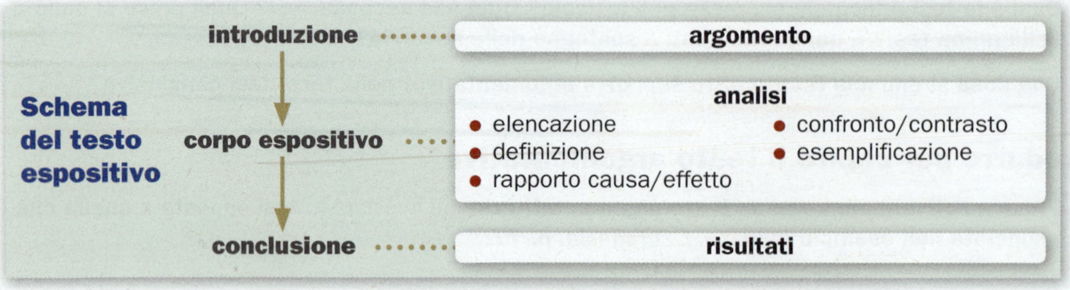

Laboratorio di metodo

esempio guidato

Testo informativo sviluppato secondo il criterio della definizione

testo attivo

Professioni del futuro

Quali sono i settori dove nei prossimi anni, ma anche nei nostri, sarà più facile trovare lavoro? Dando uno sguardo agli annunci, le prime statistiche saltano già agli occhi: venditori, operatori di call center ed informatici sono e saranno sempre più richiesti dal mercato. Ma anche badanti, infermieri, consulenti previdenziali ed assicurativi.

INTRODUZIONE
Informazione generale
Il testo contiene una serie di informazioni su quelli che saranno i settori dove è più facile trovare lavoro in futuro.

Dunque professioni in linea con le esigenze dei tempi che cambiano, caratterizzati da un generale invecchiamento della popolazione, dalla ricerca di certezze previdenziali e dal boom dell'Informatica. Il progresso della tecnologia, farà, inoltre, scomparire le classiche figure dell'impiegato di concetto e dell'operaio, mentre saranno sempre ricercati gli operai specializzati ed i responsabili di contabilità ed amministrazione aziendale. Abbiamo fatto un breve sunto effettuando una carrellata sul web di quelle che potrebbero essere le professioni più remunerative ed abbiamo scartato quelle più attuali quali web editor, web content, web writer, ovvero quelle legate alla gestione del contenuti web perché sulla base delle testimonianze di nostri lettori sembra che queste offerte siano ancora legate a proposte di stage gratuiti e contratti a termine, probabilmente provocati dal fatto che i contenuti prodotti in Rete sono ancora offerti in forma gratuita. Mentre i contratti più interessanti vengono offerti a web master, web designer e programmatori informatici, quindi quelli che operano nell'area grafica e tecnica, per cui se si vuole conquistare un posto come gestore di contenuti on line è indispensabile avere un'adeguata base tecnico-grafica, cosa che certamente farà saltare dalla sedia gli operatori della comunicazione e del giornalismo on line, visti ancora come scribacchini senza arte, né parte (ci sentiamo chiamati in causa, visto che anche noi facciamo i giornalisti on line).

CORPO ESPOSITIVO
Esemplificazione attraverso l'esposizione dei fatti
Le informazioni sono presentate in modo oggettivo e impersonale e sconsigliano ai giovani le professioni non retribuite. I contratti più interessanti sono quelli dei programmatori informatici dell'area grafica e tecnica che richiedono tuttavia adeguate competenze.

Laboratorio di metodo

esempio guidato

Probabilmente negli anni questo gap culturale sarà colmato, ma sconsigliamo ai giovani di scegliere il mestiere di giornalista on line perché se già il giornalista cartaceo viene reclutato a costo zero, figuriamoci quello on line. Ma non vogliamo divagare. Tornando alle professioni più remunerative, toglieremmo quelle dei call center: troppi contratti a termine e compensi a provvigione, accompagnati da fissi mensili talvolta irrisori. Ed il benedetto contratto di lavoro dipendente? Per molti questo contratto è assolutamente da dimenticare, anche per i profili più elevati si diffonderà il contratto di consulenza, ovvero il professionista che presta la propria opera presso diverse strutture aziendali.

Inoltre in futuro al contratto di lavoro dipendente è preferibile il contratto di consulenza.

Questa potrebbe essere la forma contrattuale più gettonata in futuro a patto che i compensi siano adeguati alla professionalità del lavoratore e non mascherino delle realtà di sfruttamento. Qualche contratto di lavoro dipendente, sarà ancora possibile trovarlo, ad esempio per il lavoro di segretaria, contabile, responsabile di gestione amministrativa, assistente di studio medico. Anzi, con il progressivo invecchiamento della popolazione le città pulluleranno di studi medici (altra professione del futuro) in cerca di segretarie ed assistenti amministrative, contabili ed infermieristiche, in questi casi e, ve lo garantiamo, perché la redazione ha fatto una ricerca in merito, i contratti offerti sono nella quasi totalità dei casi, di lavoro dipendente a tempo indeterminato. Compensi dai 1000 ai 1300 euro netti al mese. In qualche caso, per le assistenti di studi medici con incarichi di partecipazione a meeting convegni, lo stipendio offerto è anche di 1500 euro mensili. Cercare per credere!

CONCLUSIONE
Considerazioni e proposte
Il contratto di consulenza può essere quello più accettabile in futuro, salvo che non mascheri realtà di sfruttamento. Continueranno ad esistere contratti di lavoro dipendente con compensi adeguati rispetto al problematico panorama che riguarda il mondo del lavoro.

[www.globize.forumfree.it]

Lavoriamo con metodo
per consolidare abilità e competenze

Il testo è un articolo giornalistico, un esempio di testo informativo-espositivo che affronta un argomento scientifico a livello divulgativo.

Antonio Cianciullo
"Dieci anni per salvare il pianeta". L'allarme degli scienziati dell'Onu

ROMA - Il conto alla rovescia è scattato. Abbiamo davanti 10 anni per evitare la catastrofe climatica. E bruceremo i primi 7 senza impegni obbligatori per metterci al sicuro: solo nel 2020 dovrebbe entrare in vigore un accordo globale, ancora da definire, per tagliare le emissioni serra. Le cifre del divorzio tra scienza e politica sono contenute nel quinto rapporto che l'Ipcc (Intergovernmental Panel on Climate Change), la task force scientifica dell'Onu che ha vinto il Nobel per la pace, renderà pubblico venerdì prossimo.
Il testo, 2.200 pagine frutto di 6 anni di lavoro di 209 scienziati coadiuvati da un team di 1.500 esperti, è ora al vaglio dei governi ma i numeri sono ormai definiti. Gli scenari previsti per la fine del secolo sono quattro. Nel più drammatico – prendendo la media delle previsioni – i mari saliranno di 62 centimetri e la temperatura crescerà di 3,7 gradi rispetto al periodo 1986-2005: dunque sfonderà il muro dei 4 gradi rispetto all'epoca preindustriale, il disastro paventato dalla Banca Mondiale in un allarmato rapporto del novembre scorso.

IPCC, gli scenari e l'andamento reale delle emissioni

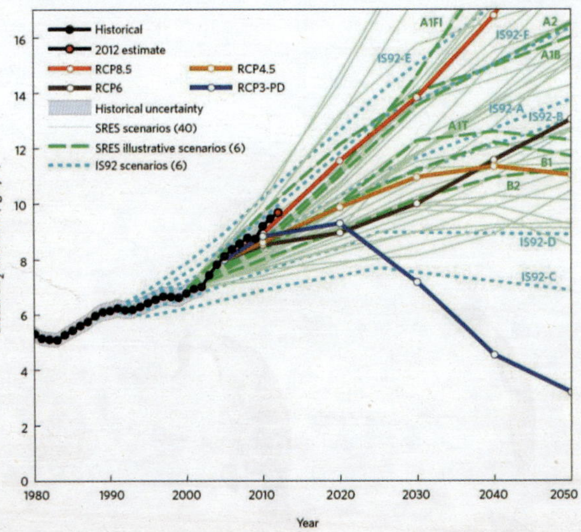

In nero la linea della serie storica delle emissioni di CO2. In rosso lo scenario catastrofico che porta a un aumento di oltre 4 gradi rispetto all'era preindustriale. In blu lo scenario virtuoso della riconversione green. In mezzo alcune ipotesi intermedie.

Lavoriamo con metodo
per consolidare abilità e competenze

Nello scenario più favorevole, i mari cresceranno di 24 centimetri e la temperatura aumenterà di un grado rispetto al periodo 1986-2005. E dunque di 1,7 gradi rispetto all'epoca preindustriale, sfiorando così la soglia dei 2 gradi considerata dai governi il limite di sicurezza da non superare.
Ma quale di questi due estremi è più probabile? Per chiarire il quadro, l'Ipcc apre uno spaccato sul meccanismo che guida la mutazione del clima: l'accumulo di anidride carbonica (CO_2) in atmosfera. Potremmo salvarci, imboccando la via dello scenario migliore, se riuscissimo a restare, sempre a fine secolo, entro un tetto di 421 parti per milione di CO_2. Non sono poche: in epoca preindustriale erano 280 e da milioni di anni non si supera il livello attuale. Abbiamo già oltrepassato le 400 parti per milione e l'indicatore continua a salire al ritmo di 2 parti abbondanti per anno. Tra 10 anni saremo fuori dall'area di sicurezza.
Dovremmo dare un taglio immediato e drastico all'uso di combustibili fossili, responsabili assieme alla produzione di cemento dell'89 per cento delle emissioni, e bloccare la deforestazione, che pesa per il rimanente 11 per cento. Ma il risultato delle riduzioni volontarie volute dall'asse Stati Uniti - Cina - India - Brasile al vertice di Copenaghen del 2009 è stato un aumento delle emissioni serra che viaggia oltre il 2 per cento l'anno. Anche se si stabilisse un buon accordo globale da far entrare in vigore nel 2020, il tetto delle 421 parti per milione verrà superato dall'inerzia di un sistema energetico che continua a puntare su carbone, petrolio, gas tradizionale e shale gas.

Mentre le probabilità di imboccare la strada della difesa del clima si riducono, lo scenario più catastrofico appare in linea con quanto sta accadendo. Uno dei diagrammi esaminati dagli scienziati proietta nel futuro i 4 possibili destini del clima e li confronta con l'evoluzione delle emissioni serra: le nostre azioni seguono passo passo lo scenario dei 4 gradi di aumento, quello in cui le concentrazioni di CO2 arriveranno a 936 parti per milione trasformando il pianeta in un forno tropicale.

Tracciati gli scenari, l'Ipcc risponde indirettamente alle polemiche che lo hanno preso a bersaglio. Forte dell'abbondanza delle prove accumulate in questi anni, il rapporto usa un'espressione molto forte definendo "virtualmente certo" il cambiamento climatico e la spinta verso l'aumento della temperatura.

"Per la prima volta ci è stato chiesto di esaminare l'ipotesi di un aumento compreso tra i 4 e i 6 gradi, quello verso cui attualmente stiamo andando", racconta Riccardo Valentini, uno dei coordinatori europei degli scienziati Ipcc. "In questo caso l'impatto sulla vita del pianeta sarebbe pesantissimo: i biologi ormai parlano di sesta estinzione di massa".

"L'ultima volta che il nostro pianeta è stato esposto a concentrazioni di anidride carbonica superiori a 400 parti per milione le temperature erano di 4 gradi più alte e i mari avevano guadagnato fino a 40 metri: non sembra il caso di ripetere quell'esperienza dovendo trovar posto a 9 miliardi di esseri umani", commenta Stephanie Tunmore, la responsabile clima di Greenpeace. "Agendo subito in direzione dell'efficienza energetica, delle fonti rinnovabili e della modifica degli stili di vita possiamo ancora contenere i danni".

[www.repubblica.it/ambiente/]

› Comprendere

1. **Indica con colori diversi lo schema del testo informativo-espositivo.**
2. **Indica secondo quale criterio sono esposte le informazioni.**
3. **Dividi l'articolo in paragrafi e assegna a ciascuno un titolo.**
4. **Sottolinea tutti i termini di tipo specialistico e spiegali aiutandoti con il vocabolario.**

› Produrre per capire l'articolo di giornale

5. **Il testo espone l'argomento in modo analitico. Ora sintetizza ed esemplifica il testo attraverso uno schema grafico che fornisca informazioni essenziali, ma che permetta di capire l'argomento.**
6. **Scrivi un articolo per un giornale di informazione turistica in cui devi presentare le caratteristiche peculiari del luogo in cui abiti.**
7. **Fai la recensione di un film ed elabora una scheda informativa.**
8. **Fai una breve sintesi di tipo informativo di un libro di narrativa che ti ha particolarmente interessato per farlo conoscere ai compagni della tua classe.**

3 IL TESTO DESCRITTIVO

Le caratteristiche fondamentali

Il testo descrittivo è un testo in cui chi scrive rappresenta ciò che ha visto, oppure gli stati d'animo e le sensazioni provati, in modo tale che il destinatario riesca a costruire nella sua mente l'idea di chi scrive.

La descrizione è dunque un testo in cui si mostra com'è fatta una cosa, illustrandone le caratteristiche principali dal punto di vista di chi descrive.

Si possono descrivere: persone, ambienti, luoghi, cose, animali, eventi naturali, scene, situazioni.

Gli scopi

Il testo descrittivo può avere lo **scopo**:

– **informativo**, quando vuole fare conoscere le caratteristiche di qualcosa
– **persuasivo**, quando vuole indurre il destinatario a valutare la cosa secondo il modo in cui viene presentata
– **espressivo**, quando si esprimono, attraverso la descrizione, sensazioni e stati d'animo proponendo la visione personale di cose e persone.

Descrizione oggettiva e descrizione soggettiva

Una descrizione può essere realizzata in modo **impersonale e oggettivo**, oppure in modo **personale e soggettivo**.

La descrizione **oggettiva** si ha quando si presenta una serie di dati in modo impersonale, senza nessuna impressione personale o partecipazione emotiva, con scopo soprattutto informativo. Con la *descrizione oggettiva si forniscono dati precisi e informazioni che chiunque può verificare*.

Osserviamo per esempio la descrizione di una pianta spontanea, il *ribes rosso*:

Il ribes rosso è un piccolo arbusto senza spine che cresce nei terreni sassosi delle zone montane alpine e appenniniche centro settentrionali. I grappoli di piccole bacche rosse maturano quasi sempre verso la fine di giugno; in Germania sono chiamate bacche di San Giovanni, festeggiato appunto il 24 giugno. Già nel secolo XVI erano conosciute le molte proprietà medicinali del ribes rosso; i frutti depurativi e rinfrescanti sono permessi anche alle persone affette da diabete, perché non sono ricchi di zucchero. Essiccati nel forno si conservano molto bene e si possono usare, in inverno, per preparare infusi digestivi dal sapore delicato. Il succo serve per preparare bevande dissetanti, aperitive e digestive; la polpa ha una applicazione cosmetica, come maschera idratante e vitaminizzante per il viso.

[da "Segreti e virtù delle piante medicinali", Selezione dal Reader's Digest]

La descrizione **soggettiva** si ha quando si presenta qualcosa attraverso opinioni personali e con una partecipazione emotiva.

Nella descrizione soggettiva lo **scopo** è quindi soprattutto **espressivo**: la realtà viene illustrata in relazione a *idee, stati d'animo, emozioni, gusti personali*.

Osserviamo ad esempio la descrizione di una giovane donna nel testo narrativo che segue: è una cugina mai vista, né sentita, che l'autrice descrive sulla base di un dipinto.

Ho avuto sott'occhi un ritratto di Fernande che mi ha dato modo di conoscere il colore degli occhi della modella. Erano verdi come lo sono spesso quelli dei gatti. Fernande era ritratta di profilo e con la palpebra lievemente abbassata, ciò che le dava uno sguardo un po' "di sotto in su". Indossava un abito color smeraldo che l'artista pensava si accordasse con gli occhi, e un enorme cappello con nodi di nastro scozzese, lo stesso che portava in una figurina ritagliata dello stesso periodo. Poteva avere al massimo quindici anni.

[Marguerite Yourcenar, *Care Memorie*]

Le tecniche descrittive

Le tecniche descrittive sono i diversi modi che si possono scegliere per descrivere un oggetto o una situazione. Le scelte dipendono dall'oggetto da rappresentare, dal tipo di immagine che si vuole costruire attraverso le parole, e dalla funzione che la descrizione svolge nel complesso del testo.
La descrizione può essere:

- **lineare**: da sinistra a destra, dal basso verso l'alto e viceversa, secondo il movimento con cui l'occhio guarda l'oggetto
- **dalla visione di insieme al particolare**: quando la descrizione dell'oggetto avviene prima nel suo insieme, poi nei particolari
- **progressiva nello spazio**: quando la rappresentazione dei luoghi è legata ad una persona che si muove nello spazio e che man mano descrive il luogo o i luoghi che attraversa
- **progressiva nel tempo**: quando l'ordine delle informazioni segue, attraverso il tempo, gli elementi che costituiscono l'oggetto rappresentato. Si usa ad esempio per descrivere una persona o un luogo nel suo progressivo cambiamento nel tempo; si ha così non un'immagine, ma una serie di immagini

La descrizione è **legata al punto di vista** dal quale viene ripreso l'oggetto da descrivere. Il punto di vista può essere:

- **fisso**, cioè determinato e preciso, quando vengono descritti solo alcuni aspetti da un particolare angolo visuale
- **indefinito**, quando vengono presentate le cose non da un'angolatura particolare, ma genericamente nel loro insieme
- **mobile**, quando le cose vengono presentate via via come ci appaiono durante un percorso (una passeggiata, un viaggio in treno ecc.)
- **legata ai dati sensoriali**, cioè ai dati che emergono dalla percezione dell'oggetto attraverso i cinque sensi (vista, udito, olfatto, tatto, gusto). A seconda di quanto ci proponiamo di descrivere, utilizzeremo uno dei sensi o, come avviene spesso, più sensi insieme. Questa tecnica permette al destinatario di percepire direttamente l'oggetto descritto.
  Nel descrivere occorre tener presente gli aspetti visivi (forma, dimensione, colori, luci, movimenti, posizione) e gli aspetti sonori (tipo di suono, intensità, durata, provenienza, caratteristiche di altezza e timbro)
- **di tipo comparativo**, quando la descrizione avviene ricorrendo a frequenti paragoni, in modo da rendere più facile al destinatario la comprensione delle caratteristiche dell'oggetto descritto. Questa tecnica è molto frequente nei testi di tipo informativo e in quelli di tipo espressivo-letterario.

Le caratteristiche linguistiche

Le descrizioni avvengono **quasi sempre in terza persona**.

I tempi verbali sono il **presente** o l'**imperfetto**. Il presente si usa nelle descrizioni di tipo informativo, l'imperfetto soprattutto nei testi descrittivi di tipo narrativo.

La descrizione avviene attraverso **frasi brevi** e con un largo uso di *preposizioni*, *avverbi* e *locuzioni avverbiali* (*davanti*, *dietro*, *in alto*, *in basso*, *di qua*, *di là*, *laggiù*, *lassù*, *in cima*).

Cospicuo è l'uso di *aggettivi* e *sostantivi*, di tipo sia *denotativo* che *connotativo*, e di frequenti figure retoriche, come la *similitudine* (cioè il paragone con una cosa più nota), la *sinestesia* (in cui si accostano termini che si riferiscono ad aree sensoriali diverse: ad esempio *tenero* [*tatto*] *pigolio* [*udito*]), la *metafora* (o similitudine abbreviata).

Il punto di vista e la descrizione dei luoghi

Il **punto di vista** è l'angolo visuale da cui il narratore descrive l'ambiente; rappresenta quindi la prospettiva emotiva e culturale da cui la descrizione viene effettuata. Può assumere diversi aspetti: può essere frutto di *osservazione visiva*, del *ricordo*, di *conoscenze*, di *giudizi* e *valutazioni critiche*.

punto di vista nella descrizione d'ambiente	
la percezione	osservazione visiva: ciò che l'occhio vede nell'ambiente
il ricordo	ciò che viene ricordato dell'ambiente descritto
le conoscenze	ciò che si sa dell'ambiente da descrivere
i giudizi o le valutazioni critiche	ciò che si pensa dell'ambiente descritto

Il **punto di vista** in una descrizione è importante perché consente di capire il rapporto tra narratore e personaggio, se lo sguardo che osserva è **interno** o **esterno** alla narrazione, se appartiene al narratore o al personaggio, se la descrizione è **oggettiva** e **impersonale** o intessuta di valutazioni di carattere **personale** e **soggettivo**.

L'inserimento della descrizione di un luogo nella narrazione è collegato alla sfera d'azione dei personaggi e può trovarsi:

- prima dell'inizio della vicenda;
- durante una pausa della narrazione;
- inserita in un dialogo o in una conversazione scritta tra personaggi;
- realizzata all'interno di una sequenza narrativa;
- distribuita in varie parti della narrazione ed essere quindi una descrizione frammentaria.

Si può descrivere, inoltre, *dal generale al particolare* (prima l'insieme, poi le singole parti), *dall'esterno all'interno* (prima quello che si vede fuori, poi gli interni), *secondo una scelta soggettiva* (si può iniziare da un particolare che si ritiene importante).

In una descrizione d'ambiente vi è sempre un uso cospicuo di *sostantivi* e *aggettivi*; il lessico è *denotativo* o *connotativo*, ossia descrive senza valutare o descrive con valutazioni soggettive.

I tempi verbali sono prevalentemente il *presente* e l'*imperfetto* indicativo. Nei romanzi dell'Ottocento prevalgono le descrizioni ambientali realistiche ed oggettive, quasi di taglio pittorico; nei testi narrativi del Novecento, invece, la tendenza è quella di una progressiva interiorizzazione delle descrizioni d'ambiente attraverso il punto di vista dei personaggi; il rapporto con l'ambiente viene quindi filtrato attraverso la psicologia, le conoscenze, le sensazioni dei personaggi.

Il giardino del Castello di Vaux-Le-Vicomte in Francia. Foto di Yann Arthus-Bertrand dal libro *La terra vista dall'alto*.

Laboratorio di metodo

esempio guidato

La descrizione del personaggio legato al punto di vista

Nel brano scelto l'autore Riccardo Bacchelli descrive il Raguseo, un contrabbandiere così chiamato perché nativo di Ragusa in Dalmazia.

Riccardo Bacchelli

Il Raguseo

L'antico pirata si esprimeva nel veneziano della costa e delle isole dall'Istria a Corfù, con pacata compitezza. Corrispondeva alla descrizione del padron di barca ragusino, e non si sarebbe detto, a guardarlo, che avesse tanta forza da esser passata in proverbio fra chi lo conosceva. Ma bisognava vedere la vivacità pungente, penetrativa, degli occhi astutissimi e scrutatori, stretti alla radice d'un naso adunco e sottile, inetti a sorridere, anzi a moderare il cipiglio cruccioso e minaccioso, qual è perenne negli occhi degli uccelli predaci. Di questi, i suoi avevan pure, sul volto bruno e olivastro, il luminio brillante, duro, cieco come uno specchio. Non si potevano nemmeno dire cattivi, ma senz'anima affatto: e sarebbe stato come far carico a un animale d'un istinto della sua natura: per altro l'avida crudeltà dell'istinto offendeva su viso d'uomo: e la loro riusciva molesta, perché conscia ed astuta. Consapevole di tal molestia e per abito dell'astuzia stessa, il birbo consumato, abbassava la palpebra a mezz'occhio, con che veniva meglio a spiccare la pupilla, tonda come un gran di pepe, e straordinariamente piccola e lucida, e che di sotto il lembo della palpebra sembrava puntata come la bocca d'una pistola corta, insidiosa. Ipocritissimo era il perenne sorriso freddo sulle labbra sottili. Rideva spesso, e rideva male. La voce, di solito mansuetissima, era sempre falsa. Dove appariva tutto l'uomo allo scoperto, era sulla fronte torva e intricata e tormentata d'infinite rughe, quasi che ogni pravità, o mala azione vi avesse lasciato il segno, e che una perpetua contenzione maligna la contraesse.

Le scarpe grosse di Scacerni, mentre il Raguseo aveva ai piedi un paio di babbuccie ricamate, risuonavano nelle stanze ampie, come in una casa disabitata, ma stipata d'una quantità stragrande di suppellettili e di arredi ricchi e strani e disparati: si pensava al bottino, vedendoli, alla ruberia, alla stiva d'un pirata e alla spelonca d'un predone. La luce era spiovente dall'alto di pertugi aperti nel sommo delle finestre murate. Quando facesse nuvolo, pensò Scacerni, lì bisognava viver coi lumi tutt'il giorno. Sugli usci il Raguseo gli cedeva il passo, cerimoniosamente, ma per non aver persona dietro le spalle. Attraversate parecchie camere spaziose, arrivarono in una minore e più chiara arredata con ricchi tappeti in terra e alle pareti, con una tavola senza sedie, delle quali facevan le veci i divani. Il Raguseo batté leggermente le mani e comparve un ragazzo, anch'egli alla levantina, molle ed effeminato, con un tavolinetto intarsiato di madreperla, e il caffè servito alla turca.

[da *Il mulino del Po*, Mondadori, Milano 1979]

La descrizione avviene in terza persona **attraverso il punto di vista del narratore esterno**, con il prevalere del tempo **imperfetto**.

I **tratti fisici** del personaggio sono strettamente connessi con il **suo carattere**.

Di lui non colpisce tanto la figura esteriore nel suo complesso quanto **la forza interiore che scaturisce da alcuni tratti particolari**.
Gli occhi, il cipiglio cruccioso, il sorriso ipocrita. Nella descrizione della fronte viene resa esplicita la corrispondenza tra elementi esterni ed elementi interiori.

Nella descrizione del personaggio, domina il **senso dell'eccesso**, evidente nella frequenza di **superlativi**, e dell'**ambiguità**, espressa attraverso le avversative.

Il linguaggio è caratterizzato da una **notevole ricchezza lessicale**.

Lavoriamo con metodo

per consolidare abilità e competenze

Descrivere osservando le immagini

DESCRIZIONE SOGGETTIVA E OGGETTIVA

Ti presentiamo una cartolina d'epoca (A) del periodo della Belle Époque (tra la fine Ottocento e l'inizio del Novecento) e un manifesto pubblicitario d'epoca (B). Effettua di ciascuna di essi una descrizione oggettiva e una soggettiva.

A

Anonimo, *Lago di Como*, 1899.

B

Magazzini Mele Napoli.

Produrre per imparare a descrivere

DESCRIZIONE DEL PERSONAGGIO

1. **Descrivi un personaggio protagonista del nostro tempo mettendo in evidenza tutti gli aspetti che ne possono definire l'identità (modo di essere, modo di pensare e di comunicare, modo di fare).**

2. **Descrivi un amico, evidenziandone gli aspetti del carattere e i modi di fare che più ti piacciono.**

DESCRIZIONE DELL'AMBIENTE

3. **Descrivi la tua scuola per un *depliant* informativo da inviare alla scuola con cui effettuerete uno scambio culturale.**

4. **Descrivi il luogo in cui vivi in modo impersonale ed oggettivo e con uno scopo puramente informativo.**

UNITÀ 4

Testi visivi e testi multipli: arte, fotografia e cinema

Testi visivi, testi multipli

La narrazione non si realizza solo attraverso la parola ma anche attraverso l'immagine. Se nella narrazione verbale la storia si sviluppa nel tempo, nella narrazione visiva e multipla le figure si sviluppano primariamente nello spazio.

Il testo artistico

Arte è una parola che già nella sua derivazione latina (*ars* = 'mestiere') rimanda alla tecnica, all'abilità manuale dell'uomo; il suo aggettivo, **artistico**, indica la qualità dell'oggetto (manufatto) in cui è riconoscibile l'applicazione di determinate tecniche, il rispetto di modelli preesistenti, una nuova proposta di interpretazione di un soggetto, ecc.

Le opere d'arte scaturiscono da un atto creativo dell'artista, di colui che possiede capacità di generare dal niente un oggetto frutto della sua idea nata in un luogo misterioso della mente.

Le opere artistiche sopravvivono al loro creatore e sono testimonianza di valori che da contingenti divengono eterni.

La pittura, tra le arti maggiori, presenta un'affinità con il linguaggio verbale per la caratteristica comune di riempire, secondo un ordine, uno spazio bidimensionale con segni (oggetti e figure) che il fruitore dell'opera può decodificare secondo un codice che caratterizza il linguaggio visivo: *linea*, *superficie*, *forma*, *colore*, *luce*, *spazio* e *movimento*.

Il testo fotografico

La fotografia, attraverso fatti visivi che hanno valore di segno, tende a stabilire una situazione comunicativa, cioè trasmette un messaggio, costituito di proprie regole, di un proprio codice. In quanto "sistema", si può affermare che essa è un linguaggio. Fotografare è come scrivere con le immagini al posto delle parole. La fotografia è scrittura con la luce, lo strumento più importante a disposizione del fotografo.

Rispetto ad altre arti visive, quali ad esempio la pittura, si potrebbe pensare che la fotografia non sia una "rappresentazione della realtà" cioè un'immagine influenzata dal punto di vista dell'esecutore, bensì una copia, una "riproduzione" che ritrae esattamente il soggetto ripreso, senza apportare alcuna variazione. In realtà anche il fotografo, servendosi di particolari accorgimenti tecnici, è in grado di deformare la realtà o semplicemente di dare rilievo a determinati elementi dell'immagine anziché ad altri.

Anche la fotografia dunque è una rappresentazione del reale e come tale la sua visione, al pari di quella di un quadro o di una scultura, comporta un'attività di "lettura".

Il testo cinematografico

Il film ha un suo linguaggio specifico; come nella grammatica e nella sintassi della lingua, anche nel cinema ci sono alcune figure dominanti che costituiscono gli elementi basiliari della costruzione del fotogramma.

Nel cinema questo segno minimo di base prende il nome di **inquadratura**, cioè lo spazio visivo abbracciato dalla macchina da presa. L'inquadratura può essere analizzata a seconda della funzione che assume nel contesto narrativo.

Il linguaggio cinematografico non è semplice, perché non si tratta di un linguaggio omogeneo, bensì di un **insieme di diversi codici e linguaggi**.

Oltre all'immagine in movimento, fanno parte del linguaggio cinematografico *il parlato*, *la musica e i rumori*. L'insieme di queste tre componenti forma la **colonna sonora** del film.

Il linguaggio cinematografico si trova spesso ad utilizzare forme espressive tipiche di **altri ambiti artistici**. Per quanto riguarda la parte visiva, il cinema ha molte affinità con la **fotografia** e con la **pittura**; per la sua capacità di rappresentare e raccontare la realtà esso è vicino al **teatro** e alla **letteratura di tipo narrativo**; per accrescere la sua forza espressiva, il cinema utilizza procedimenti del **linguaggio poetico**, creando simboli e metafore; infine il significato di molte situazioni filmiche non sarebbe lo stesso se mancasse l'apporto della **musica**.

1 COME RACCONTA L'ARTE

1.1 Le sequenze

Nell'arte pittorica, il concetto di sequenza narrativa e descrittiva è tipico delle predelle dei polittici (grandi composizioni di legno o tela raccolte entro una cornice); la sequenza può trovarsi entro spazi rettangolari, a sviluppo orizzontale, divisi in tre o più eventi o in quadretti o tondi accostati. Generalmente, con le sequenze si raccontano momenti significativi della vita di un santo o della passione di Cristo.

UN ESEMPIO

Una lunga storia: la vita di san Nicola

1

Beato Angelico (1385/1400-1455), *Trittico di Perugia - due scomparti di predella*, 1475?. Perugia, Galleria Nazionale dell'Umbria.

Nel *Trittico di Perugia*, i tre pannelli rettangolari costituiscono **tre sequenze narrative** rappresentative della vita del santo, dalla sua nascita (estrema sinistra) alla sua morte (a destra). Ogni pannello presenta al suo interno un ulteriore divisione in sequenze, così che la vita del santo si legge attraverso **sette episodi**.

2

Nel **primo pannello**, *La nascita del Santo, la vocazione e l'elemosina a tre fanciulle povere*, pur essendo presentati tre momenti lontani fra loro, sono stati collocati in un unico spazio: quello di una strada affiancata da edifici; al centro la strada che fa da sfondo alla *vocazione*; l'interno di una stanza accoglie la *nascita del Santo*, mentre una casa dall'ampia porta aperta illustra il racconto dell'*elemosina alle tre fanciulle povere*; sinteticamente, il santo compare come neonato, ragazzo, adulto.

3

Nel **secondo pannello** sono rappresentati *l'incontro di san Nicola col messaggero dell'imperatore* e *il miracoloso salvataggio di un veliero*.

Dall'incontro con il messo imperiale, san Nicola ottiene un certo quantitativo di grano che miracolosamente si moltiplica, salvando la popolazione dalla carestia.

4

Nel **terzo pannello**, lo spazio, diviso nettamente in due da una parete, corrisponde ad altrettanti momenti: *la liberazione di tre condannati* da parte di san Nicola e *la morte del Santo*; la parete delimita la stanza dove viene reso omaggio alla sua salma; al di qua (cioè in un "prima" temporale) era avvenuto il miracolo della liberazione dei condannati, ambientato in un ampio spazio aperto sul paesaggio. In questo pannello la parete funziona dunque come limite sia spaziale sia temporale, ma visivamente crea in chi la guarda una perfetta sequenza narrativa.

1.2 I personaggi

Le scelte del pittore relative alla rappresentazione delle **figure** e dello spazio in cui sono inserite hanno molto in comune con la **descrizione dei personaggi** e dell'ambiente che è propria del lavoro dello scrittore. Le figure possono essere protagoniste o comparse in ampie composizioni, possono essere oggetto di un'attenta definizione o essere sommariamente tracciate.

UN ESEMPIO

Un ritratto psicologico

Il ritratto di Monsieur Bertin (direttore di giornale e uomo di affari) è un tipico ritratto *a tutto tondo*, rappresentato con attenta osservazione dei particolari: i fini capelli grigi, la grassezza del volto e delle mani, lo sguardo penetrante, le braccia scostate dal corpo e le mani pesantemente appoggiate sulle ginocchia ne rivelano, infatti, la prorompente presenza fisica, che il pittore ha accentuato facendogli occupare quasi interamente lo spazio del quadro. Il ritratto psicologico non impedisce di farci arrivare anche il suo "peso sociale", ciò che fa del soggetto uno dei ritratti più interessanti della nascente borghesia francese di metà Ottocento, quella che avrebbe preso le redini dell'economia e del potere politico.

Jean-Auguste Dominique Ingres (1780-1867), *Monsieur Louis-François Bertin*, 1832. Parigi, Museo del Louvre.

1.3 Funzioni, ruoli, valori dei personaggi

UN ESEMPIO

Il sistema dei personaggi

In uno dei più celebri quadri dell'arte spagnola del Seicento, Diego Velázquez ribalta il valore dei personaggi rispetto a quanto aveva indicato fino ad allora la tradizione: i personaggi più importanti e di maggiore rilievo sarebbero stati al centro dello spazio dipinto e quelli meno importanti negli spazi residui. Al centro, effettivamente, sta la figlia dei sovrani, l'infanta Margherita, che tuttavia è attorniata da almeno altre otto figure: al suo fianco due damigelle con abiti eleganti, ma non tanto quanto quello della dama di corte, in una

Diego Velázquez (1599-1660), *La famiglia di Filippo IV*, detto *Las Meninas*, 1656. Madrid, Museo del Prado.

posa che rivela la perfetta consapevolezza del suo ruolo; sorprendentemente, però, in primissimo piano c'è un grande, mansueto, cane! Solo in secondo piano, a sinistra, c'è il pittore davanti a una grande tela (ne vediamo il retro) e, a destra, la dama addetta al servizio della regina e un uomo che resta totalmente in ombra; in fondo (e nell'atto di abbandonare lo spazio abitato dai tanti personaggi) il maresciallo di palazzo. Infine, incorniciati di nero, finalmente, il re e la regina, ma riflessi a mezzo busto in uno specchio sulla parete di fondo della stanza, che stanno guardando la scena che anche noi abbiamo osservato. Difficile non concludere che anche "noi" siamo diventati personaggi, legati al racconto visivo dagli sguardi: la domanda finale può essere dunque: a chi sta facendo il ritratto, il pittore, dal momento che tutti i personaggi ci guardano?

1.4 Lo spazio

Lo spazio pittorico viene definito secondo i principi visivi del vicino e del lontano, cioè secondo i parametri spaziali della nostra visione oculare, da cui deriva anche la nostra educazione a *guardare* e *vedere* secondo determinate regole.

DUE ESEMPI

Spazio come rappresentazione simbolica

1

George Tooker (1920), *La metropolitana*, 1950. New York, Whitney Museum of American Art.

Come nel testo narrativo, anche la rappresentazione dello spazio in un dipinto può avere una dimensione simbolica, in quanto ciò che vediamo rimanda a qualcosa d'altro rispetto al suo proprio significato: in questo caso i corridoi della metropolitana, dipinti secondo le regole convenzionali della prospettiva, non si armonizzano con le grandi dimensioni dei personaggi, creando un'antitesi che ci porta verso l'interpretazione simbolica. L'artista vuole comunicarci qualcosa di più di quel luogo fisico, la metropolitana, a cominciare dalla presenza delle sbarre, dallo snodarsi dei corridoi e ballatoi che, interrompendo i percorsi, sembrano confondere le persone che percorrono spazi troppo piccoli per la loro statura. Come non pensare che stanno tutti cercando una via d'uscita, specialmente osservando lo sguardo inquieto della donna in primo piano che sembra muoversi in uno spazio estraneo e, simbolicamente, ostile? La metropolitana dunque come metafora di un angusto spazio artificiale, brulicante di uomini in trappola che camminano, ciascuno in solitudine, non per abbreviare i tempi del vivere quotidiano, ma seguendo un itinerario precostituito, senza speranza di tornare in superficie.

Un caso particolare di sintesi estrema dello spazio

2

***Sarcofago Ludovisi*, III sec. d.C., Roma. Museo Nazionale Romano di palazzo Altemps.**

La proprietà che la rappresentazione visiva ha di mostrare figure, azioni, espressioni su un'unica superficie e di mostrarsi all'occhio che può coglierle "in un sol colpo", rende immediata, e a volte più attraente, la comunicazione artistica rispetto a quella verbale.

Su questa faccia del sarcofago romano, il racconto di una battaglia (che una traduzione in pagina scritta renderebbe pesante e monotono) è reso attraverso la totale assenza di spazio tra le figure, scelta espressiva che sembra la più efficace per raccontare ciò che si svolge in più punti, tra personaggi anonimi, come le comparse di un film di guerra in costume. Solo una figura emerge tra le tante, e solo per la sua centralità, quella del protagonista (da una fonte scritta individuata in Ostiliano, figlio dell'imperatore Decio, che combatte contro i barbari). E proprio le figure dei barbari occupano la parte inferiore del rettangolo, schiacciati dai soldati romani, a piedi o a cavallo, per cui deduciamo l'esito vittorioso della civiltà sulla barbarie.

1.5 Il tempo

La dimensione del tempo, che è legata a quella dello spazio, in pittura si esprime con figure e immagini, così come nella scrittura esso è affidato al linguaggio.

Potranno pertanto esserci degli indicatori di tempo atmosferico: si può dipingere il tramonto o l'alba, il cielo stellato o le nuvole di un temporale; si dipingono personaggi che interpretano i vari momenti della vita e, grazie alle sequenze, si possono raccontare lo sviluppo di una storia personale o, più raramente, il trascorrere del tempo su un soggetto, ad esempio il paesaggio.

UN ESEMPIO

L'età dell'uomo

La cruda realtà del trascorrere del tempo è messa letteralmente a "nudo" attraverso la presentazione di tre figure femminili: una giovane donna dalla candida pelle chiara e dai seducenti capelli biondi, una bimba con bei capelli ricci e rossi, una donna curva e deformata che nasconde il viso nella mano e sotto i lunghi capelli, unico legame con un passato che non tornerà. L'elemento astratto del fondo, trattato non come spazio abitabile ma come superficie variamente decorata, non toglie verità a questa amara riflessione sugli inesorabili cambiamenti subiti dal corpo umano nel corso del tempo.

Gustav Klimt (1862-1918), *Le tre età della donna*, 1905. Roma, Galleria d'Arte Moderna.

1.6 Il punto di vista

Il punto di vista costituisce il punto *ottico* in cui si colloca il pittore-narratore che voglia raccontare una storia.

1

DUE ESEMPI

Il punto di vista del pittore: focalizzazione interna

L'artista surrealista spagnolo ci vuol portare all'interno del quadro, ci vuol far vedere *con i suoi occhi* come egli guarda e dipinge il soggetto che ha deciso di rappresentare. In realtà egli ci sta rivelando un trucco usato molto spesso dai pittori che si vogliono fare il ritratto e che, infatti, si guardano allo specchio. Qui Dalí non si limita alla propria figura, vi aggiunge la moglie, non già per dipingerla di spalle (come dice il titolo) ma per osservarla

Salvador Dalí (1904-1989), *Dalí di spalle dipinge Gala di spalle*, 1972-73. Figueras, Foundacion Gala.

meglio. Anche se non sappiamo che cosa verrà dipinto nel *quadro dentro il quadro*, questa operazione di concentrazione sul **punto di vista** del pittore aiuta a mettere a fuoco ciò che sempre i quadri ci fanno vedere, ma che spesso sfugge al nostro sguardo distratto. In modo ironico egli ci costringe a creare insieme a lui l'immagine che andrà a dipingere, catturando la nostra attenzione sull'immagine riflessa nello specchio.

Il punto di vista del pittore: focalizzazione esterna

2

Albrecht Altdorfer (1480-1538), *La battaglia di Alessandro e Dario a Isso*, 1529. Monaco, Alte Pinakothek.

All'opposto dell'operazione precedente, l'occhio dell'artista rinascimentale tedesco sembra essere quello di colui che, dall'esterno, vede tutto: il cielo, come se lo percorresse in aereo; la terra, come se fosse sulla più alta cima del mondo; le città e gli accampamenti, riprodotti con un tipo di prospettiva che, non a caso, si chiama "a volo d'uccello". E poi vede gli eserciti schierati, le singole scaramucce, gli uomini disarcionati, i comandanti che incitano alla battaglia, i cavalli tramortiti. Sappiamo che è impossibile per l'uomo vedere tutto questo con un solo colpo d'occhio, mentre è possibile per un artista ricostruire il passato e farcelo rivivere sotto i nostri occhi, controllare la trama (intreccio) degli eventi che si stanno svolgendo e quelli che devono ancora accadere. In sostanza l'artista dipinge quello che sa e non quello che vede, secondo un procedimento normale nella letteratura, ma molto più raro nella pittura.

1.7 Come analizzare un testo pittorico

L'analisi di un testo pittorico serve ad identificare il soggetto, cioè quello che nell'opera d'arte ha assunto una determinata *forma*, creata attraverso *linee e colori*.

Qualunque siano le forme, esse risulteranno in relazione tra loro, poiché l'artista le avrà disposte in una composizione; l'insieme della *composizione* potrà suggerire a sua volta l'idea di uno *spazio*.

Forme, *colori*, *linee*, *composizioni* e *spazio* costituiscono il **codice visivo** usato dall'artista cui va aggiunta la *luce* che, in un testo visivo-figurativo, funziona come l'elemento che suggerisce uno stretto rapporto con la realtà.

Il soggetto

I **soggetti** delle opere pittoriche sono i più vari, ma la storia dell'arte li ha "catalogati", distinguendo fra quelli ispirati alle **religioni**, alla mitologia o alla storia.

Nell'arte europea e occidentale, una parte significativa delle rappresentazioni figurative illustra le storie del Vecchio e del Nuovo Testamento: da qui la necessità di saper riconoscere le modalità rappresentative di personaggi e scene ripetuti costantemente a partire dal V-VI secolo d.C.

Anche i soggetti della **mitologia** e della **storia** si sono col tempo fissati in modelli, riconoscibili attraverso tratti somatici dei personaggi, abbigliamento, contesti naturali o artificiali.

Dal XVI secolo questi modelli sono stati insegnati nelle Accademie, cioè nelle scuole per la formazione degli artisti, e dunque si è cominciato a parlare di **genere,** ciascuno con caratteristiche definite, permettendo così la loro conoscenza anche tra non specialisti.

Tra i primi generi, in ordine di complessità esecutiva, si trovano:

- il **genere storico**, con i personaggi della religione, della mitologia, della storia antica o moderna
- il **ritratto**, all'inizio riservato a sovrani e nobili, poi allargato a borghesi, fino alla gente comune
- il **paesaggio**, in un primo tempo collocato come sfondo, poi riprodotto come soggetto autonomo
- la **natura morta**, cioè la composizione di oggetti inanimati, frutta, fiori, strumenti musicali, vasellame, fino all'oggetto di uso quotidiano, dipinto anche se privo di valore o di qualità estetiche
- la **scena di genere**, dove protagonista spesso è il popolo, colto nelle case o nelle strade, nel lavoro dei campi o delle fabbriche.

Il codice visivo

La forma: è ciò che dà corpo ai **personaggi**, di cui si possono osservare il numero, le caratteristiche fisiche, l'abbigliamento, i gesti, la posizione rispetto agli altri personaggi, agli **oggetti**, al **paesaggio** o alle **architetture**.

La composizione: non esistono schemi fissi o regole con le quali leggere le composizioni, ma si può procedere con l'individuazione di alcune costanti e tra queste le composizioni:

- **a piramide, a cerchio, in linea retta** delle figure/oggetti
- **simmetrica** o **asimmetrica** dell'insieme dei personaggi/oggetti
- ottenuta con l'applicazione delle **leggi della prospettiva**
- che **accosta le forme** fino a coprire l'intera superficie dipinta.

Lo spazio in un'opera pittorica può essere:

- **uno spazio geometrico**, ottenuto dall'applicazione della prospettiva (centrale, aerea). Lo spazio geometrico viene percepito come **artificiale**, può essere uno spazio chiuso e architettonicamente definito (ad esempio una stanza); o aperto (una strada, una città).

– **uno spazio** suggerito dalla riproduzione di un **ambiente naturale**, lo si trova nei quadri paesaggistici.

Nell'arte astratta lo spazio è più difficile da cogliere e dipende o dal colore o dalle linee/forme o dalla composizione o da tutti questi elementi insieme.

Colore e linea: è impossibile definire un modello di riferimento per interpretare i modi di essere della **linea**, se non quello generale che classifica:

– linee curve e linee spezzate (le quali potranno creare armonie o dissonanze)
– linee marcate o sottili, che delimitano o meno le forme
– linee create esclusivamente dal colore.

Anche per il **colore** non esiste una regola d'uso e di conseguenza uno schema di lettura; nell'arte degli ultimi due secoli, però, si sono utilizzati maggiormente i colori fondamentali (rosso, giallo e blu) e puri, cioè non mescolati tra loro; tutta la pittura antica, invece, ha fatto maggior uso, in genere, di colori mescolati col bianco, col nero o tra loro, per ottenere una più vasta gamma di toni di un medesimo timbro (colore).

La luce è strettamente collegata ai colori (che si distinguono infatti per essere più o meno luminosi), e la pittura che ne deriva è il risultato del loro accostamento o della loro contrapposizione, e ciò genera effetti di luce; il colore serve anche a creare le *ombre*, in contrasto con la luce, di cui si genera l'effetto modulando i colori sulle forme.

Questi elementi costituiscono la traccia che il lettore di un testo visivo-figurativo segue per arrivare alla conoscenza del **messaggio** dell'artista; nella storia dell'arte figurativa dell'Occidente la rappresentazione di molti soggetti è stata regolata, condizionando così anche l'espressione libera dei "messaggi".

Il messaggio è ciò che ogni fruitore di un'opera d'arte vuole individuare attraverso i passaggi precedenti; nella realtà della pratica di *lettore dell'opera*, resta un traguardo complesso e difficile da raggiungere se non accompagnato da una certa conoscenza dell'artista e della sua opera, della sua formazione e dei suoi modelli, dell'ambiente in cui è vissuto (o vive e opera) e talvolta anche delle sue idee.

Dati di base della scheda di un'opera pittorica/visiva

autore ....

data di nascita e di morte ....

titolo dell'opera ....

anno/i di esecuzione .... (secolo ....)

luogo di conservazione (museo) ....

collocazione (se affresco) ....

tecnica (olio, acquerello, affresco, mosaico, arazzo) ....

committente (per le opere anteriori al XX secolo) ....

Laboratorio di metodo

esempio guidato

Il tema e la struttura di un testo pittorico

Anton van Dyck

Le quattro età dell'uomo

L'AUTORE

Anton van Dyck (1599-1641)

L'OPERA

OPERA: *Le quattro età dell'uomo*

ANNO: 1625

LUOGO DI CONSERVAZIONE: Vicenza, Museo Civico d'Arte e di Storia

TEMA: il trascorrere del tempo

MESSAGGIO: il cammino dell'uomo nella circolarità del tempo

Il tema

Il tema del quadro è il **trascorrere del tempo**. Nella tradizione pittorica, per indicare il tempo della vita umana sono stati raffigurati uomini (più raramente donne) di tre età diverse e che rappresentano simbolicamente i tre momenti più caratteristici dell'esistenza: *giovinezza*, *maturità* e *vecchiaia*.

La presentazione dei personaggi

Il pittore fiammingo Anton van Dyck, nel rappresentare il trascorrere del tempo, allontanandosi dalla tradizione, presenta quattro personaggi: nel dipinto ha aggiunto un bambino, dormiente, che simboleggia l'innocenza dell'**infanzia**, ignara del futuro e fiduciosa negli adulti.
La **giovinezza** è raffigurata da una donna, bella ed aggraziata, che ha lo sguardo intenso e trepidante rivolto verso l'uomo.
La **maturità** spetta all'uomo barbuto, vestito da soldato, vigoroso ma gentile, come si comprende dal tocco leggero con cui sfiora il braccio della fanciulla.
La **vecchiaia** senza dubbio è rappresentata dall'uomo curvo e canuto che sta alle loro spalle.
L'opera è costruita secondo un moto ellittico che dal candore del corpo del bambino, abbandonato nel sonno, prosegue lungo il braccio della donna fino al suo volto. Uno sguardo intenso e trepidante unisce i due giovani, mentre l'uomo, con gesto sicuro, tocca il braccio dell'amata. Il vecchio in lontananza, puntando il dito verso il basso in direzione del bambino, sembra chiudere idealmente il percorso. Questo andamento circolare, vuole esprimere **l'abbandono dell'uomo all'inesorabile scorrere del tempo**.

Lo spazio

Nel dipinto non esiste profondità spaziale in quanto le figure si sviluppano sullo stesso piano, a parte il vecchio, in secondo piano, avviato in una direzione che non appartiene a nessuno degli altri tre personaggi. In un dipinto, tuttavia, può assumere un valore spaziale anche il colore: dal candore del lenzuolo su cui sta il corpo roseo del bambino, si prosegue, attraverso le rose, lungo il braccio della donna e sul suo volto, a formare un'ampia curva. Il colore della pelle dell'uomo e del vecchio è più scuro ma chiudono una specie di moto circolare che caratterizza l'intera composizione.

Il punto di vista

Se si vuole stabilire un parallelismo tra il punto di vista del narratore e quello del pittore, chi detiene il controllo sui personaggi è certamente il pittore, che non nasconde nulla e ci permette di vedere con i suoi occhi: noi vediamo infatti dove va il vecchio, vediamo lo sguardo intenso e trepidante che lega la fanciulla all'uomo e il suo sguardo abbassato su di lei. Vediamo anche che il dito del vecchio indica, con una breve diagonale, un luogo esterno al quadro che si incontra idealmente con la diagonale del corpo del bambino.

Il messaggio

L'uomo non può far nulla contro l'inesorabile trascorrere del tempo, solo viverlo a tappe, secondo il ruolo che la natura gli ha affidato.

La tecnica pittorica

Tecnica ad olio, basata sulla sovrapposizione di colori stesi a velature, mescolati fra di loro per ottenere sfumature e tonalità naturali.

Lavoriamo con metodo
per consolidare abilità e competenze

Pieter de Hooch (1629-1684), *La madre*, 1661. Berlino, Staatliche Museen.

Ti presentiamo un quadro e ti forniamo alcune informazioni sull'artista e sul contesto in cui l'opera è nata.

L'artista

Il pittore Pieter de Hooch (1629-1684) dipinse scene di genere e ritratti, sapendo cogliere della società a cui egli stesso apparteneva le caratteristiche psicologiche, ma anche i limiti.

Il contesto

L'Olanda del XVII secolo è una repubblica delle province unite che ha ottenuto dalla Spagna la piena indipendenza. Nella società olandese, domina la borghesia mercantile, intraprendente, ricca e autonoma anche culturalmente: essa perciò diventa la maggior committente di opere d'arte (benché solo pittoriche), in quanto ha capito che l'arte rappresenta uno *status symbol* e grazie ad essa potrà emanciparsi e fare affari.

Comprendere

1. Come definiresti lo spazio entro cui è impostato l'interno?
[A] una stanza [B] un appartamento [C] uno scorcio

2. Da quale elemento dipinto deduci i piani?
[A] dalla distanza reciproca tra i personaggi [B] dalla scacchiera del pavimento
[C] dalle dimensioni del quadro

3. A quale "altezza", secondo te, il pittore ha collocato il suo "punto di vista"?
[A] del suo occhio, di una persona che sta in piedi nella stessa stanza
[B] dell'orizzonte, anche se non si vede
[C] più in alto dei nostri occhi che sono in basso rispetto al quadro

4. Dal punto di vista scelto dal pittore quali elementi risultano sfocati, non definiti?
[A] quelli della seconda stanza [B] nessun elemento
[C] quelli a destra e a sinistra

5. Quale messaggio, a tuo avviso, ci ha voluto comunicare l'artista?

Produrre per comprendere un testo pittorico

6. Osservando il dipinto e tenendo presenti le notizie fornite, esprimi in un breve testo un tuo giudizio motivato sull'opera.

7. Quali particolari hanno attirato maggiormente la tua attenzione? Spiegane i motivi.

8. Il titolo dell'opera è *La madre*, ma qual è, secondo te, il tema? Prova a sviluppare una tua ipotesi interpretativa.

2 LA FOTOGRAFIA: DOCUMENTA E RACCONTA

2.1 Che cos'è la fotografia

La fotografia, intesa come linguaggio, ha una sua particolare scrittura basata sull'uso dei segni che si manifestano attraverso l'impiego della macchina fotografica. La luce è l'elemento fisico che consente e determina la costruzione di immagini fotografiche.

Fotografare è come scrivere, con le immagini al posto delle parole. La fotografia è scrittura con la luce, lo strumento più importante a disposizione del fotografo.

Anche la fotografia, dunque, come un quadro o una scultura, va letta, seguendo la traccia delle sue numerose componenti, alcune scientifiche e tecniche (*ottica*), altre linguistiche (*figure retoriche*, *narratività*, *simbolismo*) e psicologiche (*percezione visiva*).

Comprendere il significato di un'immagine fotografica non è quindi un semplice atto di intuizione spontanea, né di pura valutazione estetica, ma un processo che richiede, da parte dell'osservatore, il possesso di una serie di conoscenze e abilità che riguardano la tecnica fotografica.

Che cos'è il linguaggio fotografico

La luce, nella fotografia, è l'elemento fisico che consente e determina la costruzione di immagini fotografiche, per cui la fotografia viene ormai comunemente definita un modo di comunicare che è il risultato della scrittura della luce su supporti fotosensibili.

In una fotografia confluiscono ed entrano in rapporto una serie di elementi: *inquadratura*, *linee e angolazione*, *campi e piani*, *messa a fuoco*, *luci*, ecc.; tali elementi si possono definire *grammaticali* e la loro combinazione dà luogo a immagini molto diverse.

2.2 Gli elementi del linguaggio fotografico

ESPANSIONI DIGITALI
Percezione visiva dell'immagine

Gli elementi fondamentali dell'immagine sono:

- il **punto**: unità minima dell'immagine fotografica, difficilmente si trova isolato, ma il raggruppamento di più punti, rarefatti o addensati, crea gli effetti di chiaroscuro
- la **linea**: la sua varietà (*orizzontale*, *verticale*, *spezzata*, *obliqua*) trasmette sensazioni diverse, ad esempio la linea orizzontale di una campagna pianeggiante evoca calma e pacatezza, una linea spezzata evoca inquietudine, instabilità

- **luci e ombre**: il rapporto tra luce e ombra è chiamato *chiaroscuro* e serve a conferire un effetto di tridimensionalità alla fotografia che per sua natura è bidimensionale. Forti contrasti di luce e ombre suscitano effetti drammatici, invece graduali passaggi tra ombra e luce (sfumature, toni) conferiscono all'immagine serenità ed equilibrio
- il **colore**: anche i colori suscitano emozioni particolari nel fruitore dell'immagine fotografica. Tra i colori fondamentali il rosso è in genere associato al calore, mentre il blu al freddo. La percezione dei colori tuttavia varia a seconda delle culture: ad esempio il bianco in certi paesi asiatici è il colore del lutto, mentre nelle culture occidentali è l'emblema della purezza.

2.3 Le tecniche fotografiche

Le scelte operative del fotografo riguardo al suo rapporto con la parte di realtà che intende riprodurre sono influenzate dal linguaggio e dalle tecniche fotografiche.

- il **punto di vista**: esso può condizionare il messaggio che il fotografo intende comunicare. La ripresa frontale del soggetto lo fa apparire *spontaneo*, *naturale* mentre la ripresa obliqua (col soggetto che guarda alle spalle del fotografo) denota profondità di pensiero; la ripresa dal basso conferisce imponenza e monumentalità, mentre quella dall'alto ha l'effetto di minimizzare l'oggetto ripreso
- il **tempo di esposizione**: la variabile temporale va intesa in due sensi: come l'attimo in cui la foto interrompe il fluire del tempo e come durata dell'apertura dell'otturatore fotografico che consente alla luce di impressionare la pellicola, più il tempo è breve più appare *congelato* il soggetto e l'intera immagine; se è più lungo, può suggerire effetti di movimento del soggetto.
- l'**apertura del diaframma**: controllando l'apertura dell'obiettivo (diaframma) il fotografo definisce anche la profondità di campo: se esso è chiuso, la profondità è maggiore, ossia l'estensione spaziale che l'apparecchio è in grado di mettere a fuoco; se è aperto al massimo, la profondità di campo è limitata.
- il **gruppo ottico**: ha influenza sugli effetti prospettici, infatti il *grandangolo* esalta gli oggetti in primo piano e conferisce profondità; l'*obiettivo standard* ottiene una prospettiva più simile a quella dell'occhio umano; i *teleobiettivi* riducono il senso di profondità e fanno apparire più grandi gli oggetti lontani.

2.4 Generi e finalità della fotografia

I **generi** della fotografia sono in parte simili a quelli della pittura.

Rispetto ai generi la fotografia può essere: il *ritratto*, il *paesaggio naturale*, *urbano*, *rurale*, le *scene di vita quotidiana di gente comune*, il *nudo*, la *fotografia scientifica*, la *fotografia di denuncia sociale*, la *fotografia di opere d'arte*, l'*istantanea*.

Riguardo alla **finalità**, la fotografia può perseguire:

- la **documentazione**, come il rilievo aereo, i rilievi della polizia, l'archivio dei beni culturali
- l'**informazione**, relativamente a fatti di cronaca, eventi naturali (eruzioni, alluvioni, ecc.) o agli effetti delle azioni umane (scoperte scientifiche, disastri ecologici, ecc.)
- la **denuncia** in relazione a situazioni di disagio esistenziale, sociale, urbano, economico, razziale o gli effetti di malattie, carestie, della guerra, specie dalla seconda guerra mondiale in poi
- il **gossip**, con l'incursione nella vita privata di personaggi famosi, ecc.
- la **persuasione** nel campo della la pubblicità
- la **bellezza**, quando la fotografia tende alla perfezione tecnica e linguistica: per molti fotografi, infatti, il valore estetico prevale sulla trasmissione di qualsiasi contenuto.

ALCUNI ESEMPI

Il ritratto

Esempio di fotografia di denuncia, che riassume la volontà di informare e documentare una situazione di povertà materiale e culturale dovuta agli effetti della grande crisi economica del 1929. Questa foto, scattata nel 1935, ritrae lo sguardo preoccupato di una donna californiana e dei suoi due bambini. La forza espressiva della donna e il taglio a mezzo busto fanno della fotografia un ritratto.

Dorothea Lange (1895-1965), *Madre senza patria*, 1935. Collezione Gruber.

Il paesaggio

Franco Fontana (1933), *Basilicata*, 1978.

Questa foto non ha lo scopo di presentare scientificamente il territorio della regione italiana, ma persegue chiaramente una finalità estetica: il taglio fotografico (inquadratura) di questa porzione di territorio, scelto per il contrasto naturale dei colori, ottiene un effetto di astrazione dal reale, che si dimentica facilmente in quanto attratti dalle forme geometriche accostate in perfetta armonia e peso proporzionale tra forma e colore.

ESPANSIONI DIGITALI
SCHEDA APPROFONDIMENTI
Storia della fotografia

SCHEDA APPROFONDIMENTI

Breve storia della fotografia

All'inizio della fotografia troviamo le intuizioni sulla *camera oscura* del filosofo greco Aristotele (IV secolo a.C.), che aveva osservato come un'immagine, raccolta su un supporto posto a breve distanza di un piccolo foro di luce che attraversava una camera oscurata, appariva capovolta. In seguito alla stanza si sostituì una cassetta e l'immagine venne fissata sulla sua parete di fondo interna, di fronte al forellino da cui entrava la luce. Della cassetta oscura (forma rudimentale della macchina fotografica) si occuparono, non a caso, artisti e pittori: Leon Battista Alberti (XV secolo) in forma teorica; Leonardo (XVI secolo) in forma pratica, disegnandola; Canaletto (XVIII secolo) utilizzandola nell'esecuzione delle vedute prospettiche di Venezia. Ma solo progressi scientifici di ottica e chimica (trasformazione del colore sottoposto alla luce) fecero compiere passi avanti verso la riproduzione dell'immagine: con l'inchiostro simpatico di Jean Hellot (1685-1766) e con lo "sviluppo" di un'immagine su lastra di vetro coperta di ioduro d'argento di Louis Daguerre.

Nel 1839 il fisico François Jean Dominique Arago presentò ufficialmente gli esperimenti di Daguerre; successivamente William Fox Talbot sostituì alla lastra di vetro un supporto cartaceo e introdusse il negativo (pellicola) come fase intermedia del processo di riproduzione.

Poi si ridussero i tempi di esposizione (per catturare la luce), e il peso della macchina; nel 1888 la fotocamera Kodak fu la prima ad essere munita di rullino, facilitando l'operazione dello sviluppo.

Laboratorio di metodo

esempio guidato

Lettura guidata di un testo fotografico

Simona Calì Cocuzza

***Bambina del Salvador che vende carbone*, 1988**

Il tema

Denuncia dello sfruttamento minorile. Questa foto valse alla fotoreporter la copertina del celebre magazine del *New York Time*; una foto che è insieme di denuncia ma anche un partecipato "ritratto" di bambina.

Il personaggio

I personaggi sono due: la bambina e la sua bambola; dal modo in cui la bimba tiene in braccio la bambola, rendendola ben visibile, si capisce che, pur posando per un fotografo, lo fa con estrema naturalezza. Il colore della pelle della bambina e il nero del carbone che le incornicia il viso contrastano volutamente con il bianco della bambola anche essa ricoperta da qualche macchia di nero.

Il personaggio, l'ambiente e lo spazio

Le vistosissime tracce di nero che ricoprono interamente la bambina e i capelli arruffati sono in relazione all'ambiente in cui vive. Il colore scuro che circonda il soggetto-personaggio rende confuso lo spazio con cui, però, solo in apparenza la bambina si confonde; l'elemento metallico a sinistra contestualizza il luogo ma soprattutto fa da cornice spaziale.

Il punto di vista

La bimba guarda verso l'alto (si trova infatti molto più in basso del livello di chi la sta fotografando) ma solo perché da lì attinge il carbone; malgrado ciò, il volto è ritratto in primo piano, la bambina si è messa in posa, appoggiata su una gamba, e ci guarda.

Il messaggio: cosa vuole comunicare la fotografia?

Vuole **documentare** lo sfruttamento e il lavoro minorile, da decenni denunciato proprio tramite i reportage fotografici, ma ancora persistente e diffuso; non ha infatti importanza dove esso sia praticato perché interessa stati e continenti molto diversi tra loro. La scelta della bambina con una bambola è ben studiata perché ne emerge sia una foto ritratto sia una foto denuncia.

Lavoriamo con metodo
per consolidare abilità e competenze

Lettura del testo fotografico

Bill Brandt (1904-1983) dalla serie East Coast, Sussex, 1957.

Comprendere

1. **In quante parti può essere divisa la foto?**
- A tre fasce parallele inclinate
- B quattro parti in quanto la superiore è a sua volta divisa in due
- C cinque parti in quanto anche la fascia inferiore è divisibile
- D non è possibile dividerla

2. **Qual è il soggetto della fotografia?**
- A un orecchio
- B la costa del Sussex
- C l'astrazione geometrica delle forme
- D il confronto tra forme naturali diverse

3. **Quale funzione ha l'immagine?**
- A fare un ritratto senza identificazione del soggetto
- B fare un paesaggio
- C far riflettere sulla geometria delle forme
- D fare una foto sensazionale

4. **La fotografia**
- A ha un valore documentario
- B ha un valore estetico
- C è un'istantanea sulla realtà
- D è una riflessione sulla geometria della natura

Riflettere

5. **La foto, attraverso il particolare punto di vista, suggerisce un'esperienza uditiva e non solo visiva, se il suo messaggio è arrivato a noi deve essere verificato, ma il fotografo sembra esprimere la convinzione che è possibile allargarsi verso altri sensi, che anche il mezzo fotografico può portare alla sensazione uditiva. Rifletti su questa affermazione ed esprimi la tua opinione.**

3 COME RACCONTA IL CINEMA

ESPANSIONI DIGITALI
- Come si scrive un film
- Il cinema tra arte e industria
- Breve storia del cinema
- Il cinema: breve storia
- Il cinema: gli antenati

3.1 Il testo filmico

Il testo filmico è formato da una *sequenza di immagini* e una *sequenza di parole e suoni*; fin dalla sua creazione, nel testo filmico, che per brevità chiamiamo film, le due componenti si presentano ben distinte:

– il film infatti **si scrive**, seguendo un procedimento codificato, che prevede il *soggetto*, la *scaletta*, il *trattamento*, e la *sceneggiatura*

– ma soprattutto il film si **gira,** secondo un linguaggio specifico, a sua volta codificato, con il quale, grazie all'uso della cinepresa, si ottengono *inquadrature e movimenti di macchina*.

3.2 La ripresa del film

La **ripresa del film** segue le regole del linguaggio cinematografico. Come la lingua è composta di segni, i quali, disposti in una successione definita, danno luogo ad un testo, così nel cinema la successione delle inquadrature e il loro raggruppamento in scene e sequenze danno origine al discorso filmico.

Con l'**inquadratura**, che si ottiene con la macchina da presa fissa o in movimento, si determina il *campo visivo* compreso dall'obiettivo che inquadra, appunto, figure umane, ambiente, spazio, paesaggio. Il regista sceglie ogni inquadratura, cioè tutto ciò che in essa si deve vedere, secondo il **punto di vista** (distanza dal soggetto-ambiente) e l'**angolazione della macchina da presa** (dall'alto o dal basso, da destra o da sinistra) rispetto a ciò che le sta davanti.

L'inquadratura è definita *soggettiva* o *oggettiva* a seconda che riproduca la realtà come la vede un personaggio del film o come la vede l'occhio del regista.

Sul set di *Hunger Games*, film del 2012 diretto da Gary Ross, trasposizione cinematografica dell'omonimo romanzo di Suzanne Collins.

I piani e i campi

In base al *campo visivo* (o ampiezza) le inquadrature si possono classificare in **piani** e **campi**, che danno origine a loro volta a nove tipologie fondamentali per determinare la quantità e la qualità degli oggetti inquadrati; le nove tipologie si abbreviano con le iniziali maiuscole dei termini che le indicano.

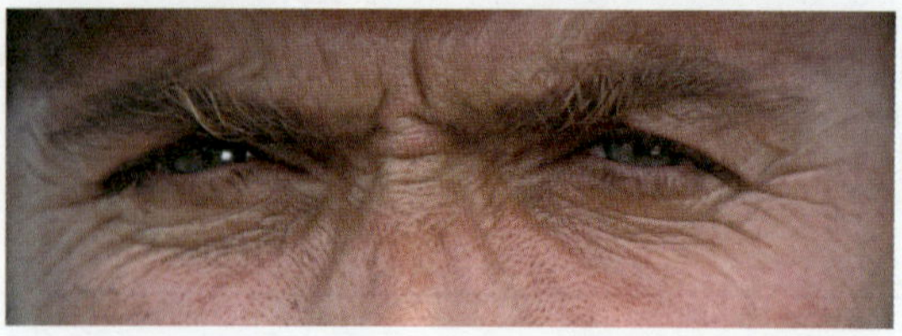

Dettaglio D – quando l'inquadratura mostra solo un particolare limitato della figura umana (mano, occhio) o di un oggetto (ruota di automobile, utensile, ecc.).

Primo Piano PP – quando vengono inquadrati il volto, le spalle e ciò che dell'ambiente sta attorno al personaggio.

Primissimo Piano PPP – quando l'inquadratura indugia sul volto.

Mezza Figura MF – quando l'inquadratura è, come dice il termine, della mezza figura, sia in piedi che seduta; l'ambiente acquista un valore.

Piano Americano PA – l'inquadratura mostra la figura fino al ginocchio; nata col cinema western americano, è ancora usata.

Figura Intera FI – quando si vede l'intera figura del personaggio o dei personaggi di cui si possono seguire i movimenti.

Quando l'inquadratura ingloba una parte consistente dell'ambiente, l'attenzione si pone sullo spazio.

Campo Medio CM – l'inquadratura comprende ambiente e figure intere che entrano in rapporto di senso con lo spazio circostante.

Campo Lungo CL – l'inquadratura ingloba grandi oggetti nello spazio, spesso in movimento.

Campo Lunghissimo CLL – l'inquadratura suggerisce la distanza tra gli oggetti e chi li guarda.

3.3 Scene, sequenze, luce, colore, montaggio, sonorizzazione

L'insieme delle inquadrature crea **scene**, di solito caratterizzate da unità spaziale; il cambio di luogo infatti dà origine ad un'altra scena.

La **sequenza** è un insieme narrativo formato da più inquadrature o da più scene in cui si conserva l'unità di azione o di vicenda; un particolare tipo di sequenza, detta **piano sequenza**, è piuttosto lunga, formata da inquadrature dello stesso tipo (ad esempio tutti CL o CM) e caratterizzata da uniformità descrittiva. In genere si usa per rafforzare l'effetto narrativo o il realismo delle immagini, derivato, appunto, dalla mancanza di tagli intermedi.

La **luce** nel cinema è un elemento fondamentale che serve a dare senso a ciò che l'immagine mostra, senso che può cambiare proprio con la fonte della luce. La luce serve anche a dare spessore tridimensionale alle immagini e, attraverso le sfumature e i contrasti tra gli oggetti di scena, valorizzare la prospettiva dello spazio inquadrato.

Il **colore** viene usato come mezzo espressivo oltre che descrittivo: se espressivo, sottolinea le emozioni e i sentimenti e il procedere della storia nei suoi momenti cruciali; come elemento descrittivo carica la realtà di significati artistici, dipendenti comunque dalla personalità del regista.

Il **montaggio** presuppone la scelta del materiale *girato*: spesso si tratta di migliaia di metri di pellicola impressionata senza ordine narrativo o logica descrittiva ma secondo criteri di opportunità (periodo di ingaggio degli attori), economia (tempi di noleggio, assicurazione, ecc.), organizzazione del lavoro (prima tutti gli interni, poi tutti gli esterni, ecc.).

La scelta delle sequenze risponde prima di tutto al senso della storia ma anche alla ricerca di ritmo del *discorso*, che può essere concitato o allentato, ampio o stringato, con effetti diversi sul coinvolgimento dello spettatore. Le migliori inquadrature, i migliori pezzi girati della medesima scena saranno scelti per ottenere la migliore combinazione possibile per rispondere alla sensibilità, alla creatività, all'idea iniziale del regista.

Le componenti del sonoro nel prodotto filmico sono tre: *parlato, musica e rumori*, pertanto, terminato il montaggio, si passa alla **sonorizzazione**, cioè si procede con la sincronizzazione di immagini, musica e rumori (*mixaggio*) che raramente vengono ripresi assieme alle immagini, ma in un secondo momento (*pistaggio*). Altra operazione che attiene al sonoro è il *doppiaggio*, la traduzione dei dialoghi da una lingua all'altra, per esigenze commerciali di distribuzione. Appartiene al sonoro anche la *voce fuori campo* di un personaggio non inquadrato o che voglia introdurre un ricordo o un commento; benché oggi più rara, può essere anche esterna al racconto e in tal caso si avvicina al ruolo del narratore nella narrativa.

Guida alla recensione di un film

titolo ....

titolo originale (se il film è straniero) ....

anno di distribuzione (e di lavorazione, nel caso non coincidano) ....

REGISTA	DIRETTORE DELLA FOTOGRAFIA ....
AUTORE DEL SOGGETTO (sceneggiatore/i e/o regista)	ATTORI PRINCIPALI ....
TRATTO DA (opera letteraria o soggetto originale)	
AUTORE RIDUZIONE (se tratto da un'opera letteraria)	PRODUZIONE ....
AUTORE DELLE MUSICHE	ANNO DI PRODUZIONE ....

1. **Gli autori** ▶ gli ideatori del film
2. **Soggetto trattato** ▶ brevissima sintesi del contenuto del film
3. **Sinossi** ▶ la trama del film
4. **Personaggi** ▶ individuare i personaggi protagonisti, i personaggi secondari e le sequenze (o blocchi narrativi) in cui uno o più personaggi agiscono portando a termine conversazioni, azioni, spostamenti, indagini, rivelazioni, ecc.
5. **Sceneggiatura** ▶ ambiente e tempo in cui si svolge l'azione; descrizione dei particolari; descrizione dei personaggi e loro relative funzioni scena per scena
6. **Inquadratura** ▶ indicare i diversi tipi di inquadratura utilizzati dal regista e gli effetti ottenuti (es.: molti primi piani; solo campi medi e lunghi; alternarsi di dettagli e di primi piani ecc.)
7. **Colonna sonora** ▶ ripensare alla colonna sonora (estranea alla storia) e domandarsi se è in perfetto accordo con la storia (comica, drammatica, da commedia leggera, da thriller ecc.)
8. **Messaggio** ▶ chiedersi cosa ha voluto comunicare il regista attraverso la sua opera; dire quali sono state le impressioni provate e perché

Laboratorio di metodo

esempio guidato

Lettura guidata di un film

Vita di PI

TITOLO ORIGINALE: *Life of Pi*
ANNO DI DISTRIBUZIONE: 2012
REGIA: Ang Lee
SCENEGGIATURA: David Magee; tratto dal romanzo di Yann Martel
MUSICHE: Mychael Danna
INTERPRETI: Suraj Sharma, Irrfan Khan, Rafe Spall, Adil Hussain, Gérard Depardieu
PRODUZIONE: USA

Soggetto

Vita di Pi è un film di avventura con molti momenti drammatici: è un film sulla formazione di un adolescente e sul rapporto tra l'uomo e la maestosità della natura. Costruito su un lungo *flashback*, si avvale di effetti speciali e unisce momenti di contemplazione "fotografica" della natura con altri dove il ritmo concitato è il risultato di un sapiente montaggio di diverse inquadrature.

Sinossi

Pi, cioè Piscine Molitor Patel, è un ragazzo indiano che vive con la famiglia in India, all'interno di uno zoo realizzato e diretto dal padre che, per difficoltà economiche, decide di trasferirsi in Canada e di portare con sé, oltre ai familiari, gli animali. Durante il viaggio una tempesta distrugge la nave: unico superstite sarà Pi e tre animali, poi ridotti alla sola tigre, l'ultimo acquisto dal padre e anche il più temibile. Il film racconta la lunga permanenza in mare, i tentativi di addomesticamento della tigre, gli espedienti per sopravvivere, l'approdo su un'isola che non offre asilo, l'arrivo in Messico e il salvataggio in extremis.

Personaggi

Pi – Lo vediamo da bambino, poi, per buona parte del film, ragazzo, e infine adulto; di lui subito sappiamo che cosa pensa (della famiglia, della religione, degli animali); come si rapporta con gli altri; come ricorda la sua avventura; come considera la vita.

Laboratorio di metodo
esempio guidato

La tigre del Bengala – è la co-protagonista del naufragio; pur ottenuta con effetti speciali, non perde nulla della sua bellezza.
Il padre – è un uomo dagli interessi scientifici, che insegna a Pi a credere nella propria razionalità.
La madre – è affettuosa e premurosa, avrà un ruolo più "simbolico" che reale.
Il fratello – scompare nel naufragio come tutta la famiglia di Pi.
La ragazza – resta di lei il ricordo nostalgico nel nome che Pi dà alla sua bambina.
Agenti assicuratori – indagano sulle cause del naufragio e danno il via alla seconda versione del racconto di Pi.
Lo scrittore – intervista Pi che, grazie a lui, comincia il suo lungo racconto (*flashback*).

Sceneggiatura

Il film racconta **due storie dell'avventura in mare**: la prima occupa quasi tutto il tempo del film e ha per protagonisti Pi e la tigre, la seconda racconta una versione diversa del naufragio, dove al posto degli animali ci sono altri superstiti, cioè la madre, un cuoco, un marinaio; ci sono anche due tempi narrativi, quello che vede la storia della crescita di Pi, che si conclude col naufragio, e quello che segue la storia di Pi adulto che torna con la memoria alla sua infanzia e all'avventura che lo ha segnato per sempre. Filo conduttore della storia è la voce narrante del protagonista, bambino, giovane, adulto.

Inquadrature

Vita di Pi, basato sull'omonimo romanzo di Yann Martel, è meraviglioso nella fotografia, che include panorami mozzafiato dell'Oceano indiano e delle sue isole e inquadrature splendide di animali di ogni tipo, ed è eccellente nell'uso degli effetti speciali, di cui a tratti eccede.

Colonna sonora

La colonna sonora del film, affidata al compositore canadese **Mychael Danna**, ha ricevuto una doppia nomination: per le musiche originali e per la migliore canzone assegnata al brano *Pi's Lullaby*, composto da Danna con la vocalist e musicista indiana **Bombay Jayashri**. Della colonna sonora fa parte anche il brano *Manzil*, composto da **Shri** e interpretato dal cantante indiano **Suraj Jagan**.

Messaggio

Il racconto di un naufragio, di pericolo e di solitudine, diventa una grande metafora della forza della fede e della grandezza del creato. Un'avventura in mare dalle forti emozioni si trasforma in un'esperienza spirituale, aiutata da un 3D sensazionale e raffinato. Oltre alle stupefacenti immagini, e ad una storia unica, *Vita di Pi* è soprattutto un racconto sulla maturazione spirituale di un adolescente di fronte allo spettacolo dell'universo. Un ragazzo che è stato paragonato dalla critica al *Piccolo Principe* di Saint-Exupéry nella tenerezza che riserva a tutte le forme di vita di un mondo che gli sembra espressione di un amore universale.

Dopo la visione del film

1. **Perché Pi, ormai diventato adulto e con famiglia, vuole scrivere la sua storia con la tigre?**
2. **La storia di Pi ha un valore universale o è solo la sua particolare avventura in mare con una tigre? Motiva la tua risposta.**
3. **Che cosa del film è risultato più affascinante e coinvolgente o, al contrario, noioso?**
4. **Quale aspetto del messaggio filmico ti ha maggiormente colpito?**
5. **Consiglieresti di vedere questo film? Perché?**

PERCORSO 2

Competenze di autovalutazione: un tema per conoscere e conoscersi

PERCORSO 2

Competenze di autovalutazione: un tema per conoscere e per conoscersi

Adolescenze

L'adolescenza (termine che deriva dal latino *adolesco* = 'crescere') è senz'altro uno dei periodi più importanti, ma anche più delicati e complessi, della vita: essa prepara l'individuo ad entrare nell'età adulta. Diventare adulti significa acquisire nuove competenze, assumere nuove identità, ridefinire i legami affettivi, fare delle scelte consapevoli per trovare la propria strada. Scegliere significa confrontarsi con la realtà, capire tutte le possibilità che si presentano e mettersi alla prova per misurare le proprie capacità, accettando anche i limiti e rimettendo in questione la definizione di sé, rinnovando ideali, speranze e passioni.

Rivolgere l'attenzione a questo tema vuol dire porre al centro dell'interesse gli adolescenti con le loro esperienze e le loro sensibilità, nel rapporto delicato e complesso con il mondo attuale, con la società di oggi, con le istituzioni e con la famiglia, attraverso un percorso che interessa tanto l'ambito della letteratura, quanto quello delle arti, della sociologia, della pedagogia e della psicoanalisi.

UNITÀ 1

Noi adolescenti

Paolo Giordano • Uno scontro amaro fra Alice e il padre
COMPETENZE LINGUISTICHE • **Riflettiamo sul nome**
SCHEDA APPROFONDIMENTI **Anoressia e bulimia**
Peter Cameron • Compiti a casa: un problema da risolvere
Alessandro D'Avenia • Difendere i propri sogni

ESPANSIONI DIGITALI
Silvia Avallone • Il cortile

VERIFICA FORMATIVA autoverifica con tutor
William Faulkner • Adolescenza

PRIMO PIANO *testi non letterari*
Universo giovani: realtà, prospettive e speranze
SAGGIO - TESTO ARGOMENTATIVO
Umberto Galimberti • Educare alle emozioni
ARTICOLO DI GIORNALE - TESTO ARGOMENTATIVO
Marco Lodoli • L'ossessione per il denaro da parte dei miei studenti
DIALOGO - TESTO ARGOMENTATIVO
Ferdinando Camon • Discutiamo insieme: lo sballo del sabato sera

ESPANSIONI DIGITALI
SCHEDA APPROFONDIMENTI **Le droghe più diffuse**

TESTO ARTISTICO - RITRATTO
Valentina D'Amaro • Senza titolo

ESPANSIONI DIGITALI
SCHEDA ARTE **Gli adolescenti nell'arte**
SCHEDA CINEMA **Gli adolescenti nel cinema**

Laboratorio in situazione rapporto di cittadinanza attiva tra scuola e territorio
LUOGHI INSIEME - I luoghi di ritrovo degli adolescenti nel tempo libero

Paolo Giordano
Uno scontro amaro fra Alice e il padre

al alta leggibilità

OPERA	ANNO	GENERE	TEMA
La solitudine dei numeri primi	2008	romanzo	• disagi e conflitti giovanili

L'AUTORE

Paolo Giordano è nato a Torino nel 1982 e vive a San Mauro Torinese. Si è laureato in Fisica presso l'Università di Torino e presso lo stesso ateneo ha vinto una borsa di studio per il corso di dottorato di ricerca in Fisica delle particelle. Con il suo romanzo d'esordio, *La solitudine dei numeri primi* (2008), ha vinto i premi più prestigiosi della narrativa italiana: il premio Campiello Opera Prima, il premio Fiesole Narrativa Under 40, il premio Strega (è stato lo scrittore più giovane a vincere questo premio), il premio letterario Merck Serono. Il romanzo è stato tradotto in numerosi Paesi e nel 2008 è risultato il libro più venduto in Italia, con più di un milione di copie acquistate. Del 2012 è il suo secondo romanzo *Il corpo umano*.

Nel brano, tratto dal romanzo La solitudine dei numeri primi, *Alice sta cenando con i suoi genitori. Mangia pochissimo, getta via il cibo di nascosto, ha evidenti problemi di anoressia. Ma nessuno in casa sembra accorgersene, tranne Soledad, la domestica, che però non può fare nulla per aiutarla. La serata degenera quando Alice manifesta a suo padre l'intenzione di farsi un tatuaggio. Nella discussione che ne segue riemerge il passato doloroso della ragazza, un dolore mai superato e che ha lasciato una cicatrice profonda.*

COMPETENZE LINGUISTICHE

Soledad lo sapeva che **Alice** buttava via la **roba** da mangiare. All'inizio, quando Alice avanzava il **cibo** nel **piatto**, le diceva ***mi amorcito***,[1] finisci tutto, che nel mio **paese** i **bambini** muoiono di fame.
Una **sera Alice** l'aveva guardata dritto negli **occhi**, furiosa.
«Anche se io mi ingozzo fino a stare male, i **bambini** del tuo **paese** non la smetteranno certo di morire di **fame**» aveva detto.
Così Soledad non le diceva più nulla, ma le metteva sempre meno roba nel piatto. Tanto non faceva alcuna differenza. Alice era in grado di pesare gli alimenti con lo sguardo e di selezionare sempre le sue trecento calorie per la cena. Il resto lo faceva fuori, in qualche modo.
Mangiava con la mano destra poggiata sul tovagliolo. Di fronte al piatto disponeva il bicchiere del vino, che si faceva versare ma non beveva mai, e quello dell'acqua, in modo da formare una barricata di vetro. Poi, durante la cena, posizionava strategicamente anche il contenitore del sale e l'oliera. Aspettava che i suoi si distraessero, ognuno assorto nel faticoso meccanismo della masti-

1 ***mi amorcito***: 'amorino mio', in spagnolo. Soledad viene dal Sudamerica, per la precisione dall'Ecuador.

La solitudine dei numeri primi, film del 2010 diretto da Saverio Costanzo, tratto dall'omonimo romanzo di Paolo Giordano.

cazione. A questo punto, con cautela, spingeva il cibo già sminuzzato fuori dal piatto, dentro il tovagliolo.
Nel corso di una cena faceva sparire almeno tre tovaglioli pieni nelle tasche della tuta. Prima di lavarsi i denti li svuotava nel gabinetto e guardava tutti quei pezzetti di cibo ruotare verso lo scarico. Con soddisfazione si passava una mano sullo stomaco e lo sentiva vuoto e pulito come un vaso di cristallo.
«Sol, accidenti, hai di nuovo messo la panna nel sugo» si lamentò sua madre con la governante. «Quante volte te lo devo ripetere che non la digerisco?».
La madre di Alice si era presentata a tavola con un asciugamano arrotolato sulla testa a mo' di turbante, per giustificare con una doccia mai fatta tutto il tempo che aveva passato chiusa in bagno.
Aveva riflettuto a lungo se chiederglielo o no. Ma tanto l'avrebbe fatto comunque. Lo desiderava troppo.
«Vorrei farmi un tatuaggio sulla pancia» esordì.
Suo padre scostò dalle labbra il bicchiere da cui stava bevendo.
«Chiedo scusa?».
«Hai capito» fece Alice, sfidandolo subito con lo sguardo. «Voglio farmi un tatuaggio».
Il padre di Alice si passò il tovagliolo sulla bocca e sugli occhi, come per cancellare una brutta immagine che gli aveva attraversato la mente. Poi lo ripiegò con cura e lo ripose sulle ginocchia. Riprese in mano la forchetta, cercando di esibire tutta la sua irritante padronanza di sé.
«Io non so nemmeno come certe cose ti vengano in mente» disse.
«E cosa vorresti tatuarti? Sentiamo un po'» intervenne la madre, con il viso alterato, di sicuro più dalla panna nel sugo che dalla richiesta di sua figlia.

COMPETENZE LINGUISTICHE → *Riflettiamo sul nome*

Nel brano
Osservando i periodi con cui si apre il brano si può notare tra le parole la preminenza di **nomi**, ossia di quei vocaboli che servono a denominare tutto ciò che esiste (animali, cose, concetti, azioni) o che possiamo immaginare.

L'importanza del nome
Senza il nome sarebbe difficile la comunicazione; infatti il nome ci permette di identificare rapidamente qualsiasi cosa, animata e inanimata, concreta e astratta. Senza i nomi usati correttamente il nostro discorso si farebbe impreciso e incomprensibile a chi ci ascolta. Sono frequenti le espressioni del tipo:
– *Ho visto una **cosa** che mi faceva paura*
– *Quel **coso** là non mi piace*
Come si può evincere la comunicazione è solo parziale e le domande sorgono spontanee: quale cosa, quale coso?
Il nome è la parte del discorso più ricca di forza comunicativa.

Il nome e lo stile
La presenza di una particolare tipologia di nome caratterizza lo stile di un autore in quanto concorre a creare delle aree semantiche preziose per la scoperta dei temi e dei messaggi contenuti in un testo. Nel nostro brano prevalgono nomi chiave e le aree semantiche relative al cibo e al tema dell'anoressia: «cibo», «piatto», «alimenti», «tovagliolo», «forchetta», «gamba», «bagno», «barricata», «compagna», «fame», «disgusto», rimandano ai diversi momenti attraverso i quali l'azione ha il proprio svolgimento dall'inizio alla conclusione. Infine, *cibo*, *alimenti*, *fame*, *disgusto*, *barricata*, *insicurezza* sono i nomi intorno ai quali ruota la tematica dell'anoressia di Alice.

I nomi chiave del testo
Nel testo abbiamo incontrato i nomi «Soledad», «Alice», «Fernanda» (**propri**); «Della Rocca» (**cognome**); «cibo», «piatto», «alimenti», «barricata», «tatuaggio», «padre», «madre», «figlia», «moglie», «compagna» (**comuni concreti**); «fame», «disgusto», «padronanza», «inflessione», «insicurezza», «calma» (**comuni astratti**); «pezzetti» (**concreto diminutivo**); «asciugamano» (**concreto composto**); «tovagliolo», «governante», «forchettata» (**concreti derivati**). Ciascuno di questi nomi ha importanza non solo dal punto di vista dell'analisi grammaticale del nostro brano, ma anche nella costruzione del testo. Essi infatti costituiscono i nomi chiave sia nel sistema dei personaggi sia nello sviluppo dell'azione narrata, sia infine nella tematica trattata dall'autore.

Per ripassare, consultare e approfondire **Il nome** vai a pag. 772.
Il nome: significati, forme, genere, classificazioni.

«Una rosa. Piccolina. Viola ce l'ha».

«E, di grazia, chi sarebbe Viola?» domandò il padre con un'inflessione ironica appena troppo marcata.

Alice scosse la testa, guardò il centro del tavolo e si sentì insignificante.

«Viola è una sua compagna di classe» rispose Fernanda con evidente sforzo. «Ne avrà parlato un milione di volte, su. Si vede proprio che tu non ci sei con la testa».

L'avvocato Della Rocca guardò sua moglie con sufficienza, come a dire non sei stata interpellata.

«Perdonatemi, ma non credo di essere molto interessato a ciò che le compagne di classe di Alice si fanno disegnare addosso» sentenziò infine. «In ogni caso tu non ti fai nessun tatuaggio».

Alice spinse nel tovagliolo un'altra forchettata di spaghetti.

«Tanto non puoi impedirmelo» azzardò, continuando a fissare il centro vuoto del tavolo. La sua voce fu incrinata da un accenno di insicurezza.

«Potresti ripetere?» domandò suo padre, senza mutare il volume e la calma della propria voce.

«Potresti ripetere?» scandì più lentamente.

«Ho detto che tanto non puoi impedirmelo» disse Alice, alzando gli occhi, ma senza riuscire a sostenere quelli profondi e ghiacciati di suo padre per più di mezzo secondo.

«Lo credi davvero? Da ciò che mi risulta tu hai quindici anni e questo ti vincola alle decisioni dei tuoi genitori per, il calcolo è molto semplice, ancora tre anni» spiegò l'avvocato. «Allo scadere di questo periodo sarai libera di, diciamo così, impreziosire la tua pelle con fiori, teschi o quant'altro».

L'avvocato sorrise verso il piatto e si infilò in bocca una forchettata di spaghetti, arrotolati per bene.

Ci fu un lungo silenzio. Alice faceva scivolare pollice e indice lungo l'orlo della tovaglia. Sua madre, insoddisfatta della propria cena, sbocconcellava[2] un grissino e vagava con lo sguardo per la sala da pranzo. Suo padre fingeva di mangiare di gusto. Masticava con movimenti rotatori della mascella e ai primi due morsi di ogni boccone teneva gli occhi chiusi, in estasi.

Alice scelse di affondare il colpo, perché lo detestava sul serio, perché vederlo mangiare in quel modo le faceva irrigidire anche la gamba buona.[3]

«A te non importa nulla se io non piaccio a nessuno» disse. «Se non piacerò mai a nessuno».

Suo padre la guardò interrogativo, poi tornò alla sua cena, come se nessuno avesse parlato.

2 sbocconcellava: smangiucchiava, mangiava a piccoli morsi e senza avere realmente voglia di farlo.

3 la gamba buona: la destra. La sinistra le è rimasta rigida, a seguito di un incidente con gli sci.

SEGNALIBRO

La solitudine dei numeri primi, Mondadori, Milano 2008.

il piacere di leggere

Alice e Mattia hanno entrambi subito un evento traumatico durante l'infanzia. Alice ha avuto un incidente sciando, che le ha lasciato una lesione permanente alla gamba sinistra. Mattia ha abbandonato la sua sorella gemella, affetta da un grave ritardo mentale, in un parco della città, sull'argine del fiume; il corpo della bambina non è stato mai ritrovato. Anni più tardi i due si ritrovano a frequentare lo stesso liceo. Alice è una ragazzina insicura, anoressica e claudicante, che desidera soltanto essere accettata dalle sue coetanee; Mattia è schivo, chiuso e taciturno, ha ottimi voti a scuola ma non ha amici e si abbandona spesso ad atti di autolesionismo. Sono due solitudini che si incontrano e si riconoscono: fra i due nasce un legame profondo, che li accompagnerà negli anni successivi, quelli dell'università di Mattia e dell'apprendistato come fotografa di Alice, del trasferimento di lui presso un'importante università del nord Europa come docente di matematica e del matrimonio di lei con un giovane medico. Più di una volta i loro destini si incroceranno senza tuttavia mai unirsi veramente: Mattia e Alice sono come quelli che i matematici chiamano "numeri primi gemelli", quelle coppie di numeri primi che stanno quasi vicini, perché fra loro c'è sempre un solo numero a separarli, senza riuscire mai a toccarsi.

«Non ti importa se mi hai rovinata per sempre»[4] continuò Alice. L'avvocato Della Rocca rimase con la forchetta a mezz'aria. Guardò sua figlia per alcuni secondi, stravolto.
«Non capisco di cosa tu stia parlando» disse con la voce un po' tremante.
«Invece lo capisci benissimo» fece Alice. «Lo sai che è soltanto colpa tua se io sarò così per sempre». Il padre di Alice appoggiò la forchetta sul bordo del piatto. Con una mano si coprì gli occhi, come se stesse riflettendo profondamente su qualcosa. Poi si alzò e uscì dalla stanza. I suoi passi pesanti risuonarono sul marmo lucido del corridoio.
Fernanda disse oh Alice, senza compassione o rimprovero, solo scuotendo la testa rassegnata. Poi seguì il marito nell'altra stanza.
Alice continuò a fissare il suo piatto pieno per quasi due minuti, mentre Soledad sparecchiava il tavolo, silenziosa come un'ombra. Poi si cacciò in tasca il tovagliolo ripieno e si chiuse nel bagno.

4 **Non ti importa... per sempre**: Alice si riferisce all'incidente che l'ha resa claudicante: era ancora una bambina e il padre l'aveva costretta, contro la sua volontà, a frequentare una scuola di sci in montagna. È per questa ragione che la ragazza reputa il padre responsabile della sua menomazione fisica.

ANALISI DEL TESTO

I temi

Il rapporto genitori figli

Al centro della narrazione c'è in primo luogo il **rapporto** difficile fra un'adolescente e i **genitori**: un rapporto fatto di incomprensioni e assenze, di incomunicabilità e solitudine. Ad Alice i suoi genitori appaiono troppo chiusi, distanti, poco interessati a lei e al suo mondo: sono assorti nei propri problemi, distratti, cenano con lei tutte le sere e sembrano non accorgersi della sua **anoressia**, dei suoi gesti mal dissimulati per far sparire il cibo dal piatto senza consumarlo. I genitori, dal canto loro, hanno una scarsa considerazione della ragazza: la reputano un po' strana, diversa, forse proprio a causa di quell'incidente di cui nessuno vuol parlare, di quel passato doloroso che aleggia sulla famiglia e che non è stato mai affrontato.

L'insicurezza

Accanto al tema del rapporto difficile con i genitori, e strettamente collegate ad esso, si sviluppano altre tematiche: l'insicurezza tipica dell'adolescenza, il bisogno di sentirsi accettati dal gruppo di coetanei, di piacere a se stessi e agli altri.

Le tecniche narrative

La protagonista

La protagonista del brano è **Alice**, una ragazza di quindici anni che ha avuto un incidente con gli sci quando era ancora bambina che le ha lasciato una gamba menomata (nel brano si fa solo un accenno all'accaduto). Questo handicap fisico ha contribuito a rendere Alice particolarmente sensibile, insicura e vulnerabile: Alice non si piace, e manifesta il suo disagio per il suo corpo attraverso l'anoressia. Invidia la sua compagna di classe, Viola, considerata da tutti bella e desiderabile, e vorrebbe essere come lei: il suo desiderio di farsi tatuare una rosa sulla pancia non è altro che un modo per cercare di emularla: «Una rosa piccolina, Viola ce l'ha».

Gli altri personaggi

Attorno ad Alice ruotano gli altri personaggi di casa. La **domestica** ecuadoregna, Soledad, è una figura silenziosa e attenta: è l'unica ad accorgersi del malessere di Alice e a cercare di aiutarla.
Della **madre** di Alice abbiamo il ritratto di una donna dai modi pacati, forse un po' freddi e scostanti, vagamente assente: non prende parte, se non indirettamente e con poco spirito, alla discussione fra Alice e suo padre, salvo rivolgere un blando rimprovero alla figlia, che vuol sottolineare una sorta di solidarietà con il marito: «disse oh Alice, senza compassione o rimprovero, solo scuotendo la testa rassegnata. Poi seguì il marito nell'altra stanza».
E infine il **padre**: è l'antagonista di Alice, disapprova e contrasta con un tono che non ammette repliche la richiesta di Alice di farsi un tatuaggio, la tratta con sufficienza, fastidio e sarcasmo. Di lui sappiamo che è un avvocato. Ma è un uomo che ha un punto debole: indirettamente e senza volerlo, è stato la causa dell'incidente di Alice, avendo costretto la figlia a frequentare la scuola di sci nella speranza di farne una campionessa. E quando Alice glielo ricorda, volutamente, per ferirlo, lo vediamo vacillare, sotto il peso di un errore commesso tanti anni prima e ormai irrimediabile.

I luoghi

La scena si svolge interamente in un luogo chiuso, una stanza da pranzo, attorno a un tavolo apparecchiato per la cena. È un ambiente domestico, familiare, intimo e proprio questa intimità, che dovrebbe essere sinonimo di calore umano e amore, finisce con lo stridere con i fatti narrati, con la solitudine e l'incomunicabilità dei personaggi coinvolti. Il luogo degli affetti, della protezione, diventa una sorta di prigione dalle sbarre invisibili ma pesanti, fatte di sensi di colpa, vecchi rancori, dolori mai affrontati e superati.

Il tempo

Il tempo della narrazione è un tempo chiuso, circoscritto: tutto si svolge all'ora di cena, il momento in cui la discussione fra Alice e suo padre si apre e si conclude (o, meglio, rimane in sospeso, perché uno dei due interlocutori lascia la scena), senza lasciare altra possibilità. La chiusura (del tempo, dello spazio) riflette la chiusura dei personaggi, la loro incapacità a rapportarsi fra loro, ad aprirsi l'uno con l'altro.

Le tecniche espressive

Semplicità ed essenzialità

La scena viene descritta dall'autore in terza persona, ma il punto di vista assunto è quello di Alice, vera protagonista della storia. Il linguaggio utilizzato è semplice, essenziale: l'autore non si dilunga mai in descrizioni, ma focalizza l'attenzione sui personaggi e soprattutto sui dialoghi che esprimono le relazioni, gli stati d'animo, la psicologia dei personaggi stessi, singolarmente considerati e nei loro scambi reciproci.

LABORATORIO SUL TESTO

Conoscenze

Comprensione

1. Soffermati con attenzione sulle situazioni più rilevanti dell'episodio e rispondi alle seguenti domande.
a) Come si comporta, solitamente, Alice a tavola?
b) Chi, in casa, si è accorto dei disturbi alimentari di Alice?
c) Che cosa dice Soledad ad Alice, per convincerla a mangiare di più?

2. Ricostruisci i gesti di Alice a tavola. Che cosa fa?

3. Tutte le azioni di Alice a tavola, durante la cena, hanno un unico scopo. Quale?

4. Di che cosa Alice accusa suo padre?

Analisi

5. Rintraccia nel testo tutti gli aspetti che caratterizzano il personaggio principale evidenziando quelli che ti sembrano più efficaci a sottolineare il suo stato d'animo.

6. Individua la tipologia del narratore. Chi è il narratore nel brano? Il narratore è interno o esterno? Quale ruolo ha il narratore nella scena rappresentata?

7. Quali sentimenti prova Alice, secondo te, nei confronti di suo padre? Individua le frasi e i passaggi nel testo che giustificano la tua risposta.

Conoscenze lessicali

8. Scegli per ciascuno dei nomi sottoelencati e presenti nel testo il sinonimo corretto.

- roba
  - A proprietà
  - B cibo
  - C quantità
  - D affare
- tavolo
  - A mensola
  - B asse
  - C scrittoio
  - D mensa
- insicurezza
  - A indecisione
  - B certezza
  - C vaghezza
  - D superficialità

Conoscenze grammaticali

9. Nella frase «Aspettava che i suoi si distraessero» il verbo «distraessero» è coniugato nel modo

- A indicativo imperfetto
- B condizionale presente
- C congiuntivo imperfetto
- D congiuntivo passato

10. Nell'espressione «Io non so nemmeno come certe cose ti vengano in mente», «certe» è

- [A] un aggettivo determinativo
- [B] un aggettivo indefinito
- [C] un aggettivo di quantità
- [D] un aggettivo qualificativo

Abilità e competenze

Scrittura e interpretazione

1. **La protagonista del brano ha evidenti problemi di anoressia, di cui tuttavia i genitori sembrano non accorgersi. Pensi che dovrebbero intervenire e aiutarla? In che modo?**

2. **Che cosa succede il mattino successivo, a colazione, a casa di Alice? Scrivi tu il seguito della storia.**

Ascoltare, argomentare e confrontarsi

3. **Alice vorrebbe farsi un tatuaggio, ma è minorenne e ha bisogno del consenso dei genitori. Hai un tatuaggio? Che cosa rappresenta? I tuoi genitori erano d'accordo o lo hai fatto di nascosto? Eri consapevole delle controindicazioni e dei rischi cui andavi incontro quando l'hai fatto? Ti sei mai pentito di averlo fatto e, se sì, per quale ragione? Confrontati con i tuoi compagni e dopo avere ascoltato le motivazioni di ciascuno sintetizza le tue impressioni in una scaletta che ti servirà per un tuo intervento conclusivo.**

SCHEDA APPROFONDIMENTI

ESPANSIONI DIGITALI
SCHEDA APPROFONDIMENTI
Anoressia e bulimia

I disordini alimentari: anoressia e bulimia

Con l'espressione **"disordini alimentari"** si intendono una serie di disturbi del comportamento alimentare, vere e proprie malattie, di cui l'**anoressia** (il rifiuto del cibo) e la **bulimia** (l'assunzione di cibo in quantità eccessive, non richieste dall'organismo) sono forse le più conosciute e diffuse. Negli ultimi vent'anni queste malattie sono diventate delle vere e proprie emergenze sanitarie, a causa della loro rapida diffusione e per gli effetti devastanti che hanno sulla salute e sulla vita sociale delle persone che ne sono affette.
Anoressia e bulimia, inoltre, possono essere causate da eventi particolarmente traumatici o, più semplicemente, possono essere la conseguenza di diete sbagliate, improvvisate e poco equilibrate, seguite per emulare amici e amiche che sembrano riscuotere un maggior successo nel proprio ambiente sociale di appartenenza o per corrispondere ad un determinato canone estetico. L'attuale propensione della moda verso un modello di bellezza femminile che esalta la magrezza, anche eccessiva, può avere conseguenze devastanti sulle abitudini e i comportamenti alimentari di molte adolescenti.

Peter Cameron
Compiti a casa: un problema da risolvere

al alta leggibilità

OPERA	ANNO	LINGUA	GENERE	TEMI
Paura della matematica	2008	inglese	racconto	• incomunicabilità in famiglia • disagi giovanili

L'AUTORE

Peter Cameron è nato nel New Jersey, negli USA, il 29 novembre 1959. Si è laureato all'Hamilton College di New York nel 1982 in Letteratura inglese. Ha vissuto per diversi anni a Londra, attualmente vive a New York. È autore di romanzi e racconti. Il primo racconto fu venduto al *The New Yorker* nel 1983. La prima raccolta di racconti, da titolo *One Way or Another,* è stata pubblicata nel 1986 (la traduzione italiana, con il titolo *In un modo o nell'altro*, è stata pubblicata nel 1987 da Rizzoli). Tra le altre sue opere (tradotte in italiano), *Quella sera dorata* (2006), *Un giorno questo dolore ti sarà utile* (2007), *Paura della matematica* (2008) e *Coral Glynn* (2012).

Michael, il protagonista, dopo la morte del suo cane Keds, non va più a scuola per alcuni giorni, preferisce stare a casa a risolvere complessi problemi di algebra che si assegna da solo. La sorella, la madre, il padre lo trattano con condiscendenza, ma anche con una certa superficialità: sono presi ciascuno dai propri problemi, pensano che la tristezza del ragazzo sia legata soltanto alla morte del cane e non si accorgono che il suo disagio ha ragioni ben più profonde.

Giovedì scorso il mio cane, Keds, era nei pressi dell'A&P[1] quando è stato investito da un ragazzino che manovrava un carrello del supermercato; dapprima abbiamo creduto che si fosse soltanto rotto una zampa, ma poi ci siamo accorti che aveva un'emorragia interna:[2] tutte le volte che apriva la bocca, gli usciva un fiotto di sangue,[3] come ottuse parole scarlatte in un brutto sogno silenzioso.

Ogni sera, prima di andare a lavorare, mia sorella si lava i capelli nel lavello di cucina con birra, maionese e uova: a volte mi siedo e guardo quello strano miscuglio che le cola lungo il collo bianco. Nel frattempo, mette sul gas un pentolone d'acqua e quando ha finito coi capelli si fa la pulizia del viso con il vapore. Farebbe non so cosa pur di essere bella.

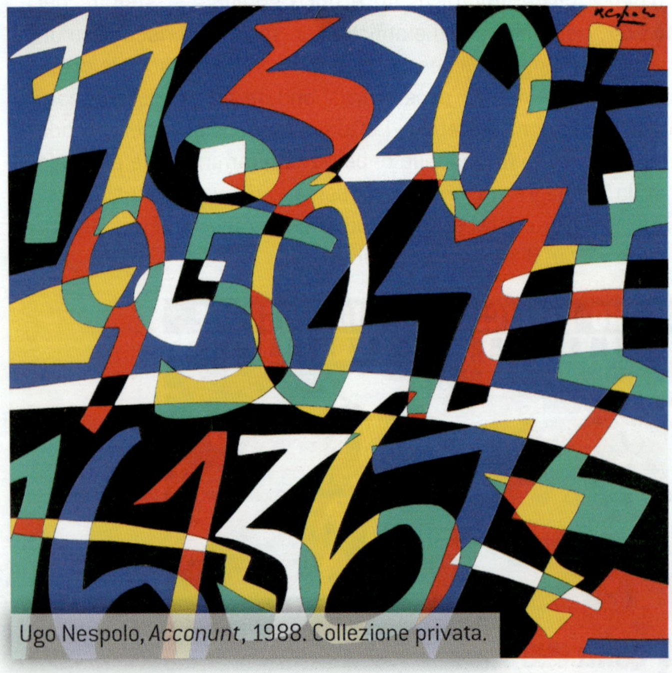

Ugo Nespolo, *Acconunt*, 1988. Collezione privata.

Sto tentando di risolvere un astruso[4] problema di algebra che mi son dato da solo. Da venerdì non vado più a scuola e l'unica cosa che mi manca sono i compiti a casa. Trova il valore di *n*. Sarà un numero intero? Non è mai un numero intero, è sempre una frazione.

«Mi dai qualcosa per asciugarmi, per favore?» chiede mia sorella. Si volta verso di me, raccogliendosi i capelli bagnati sulla testa, e appoggiando la doccia del lavello sul suo sostegno, accanto al rubinetto.

1 **A&P**: è il nome del supermercato nel cui parcheggio è avvenuto l'incidente di Keds.
2 **emorragia interna**: fuoruscita di sangue da un vaso sanguigno; nel caso di un'emorragia interna il sangue si riversa all'interno del corpo e può causare la morte.
3 **fiotto di sangue**: onda, ondata (si dice del sangue quando fuoriesce in maniera violenta).
4 **astruso**: difficile, complicato.

Le do uno strofinaccio per i piatti. «No» fa lei. «Non fare lo scemo, dammi un asciugamano». In bagno c'è mia madre che innaffia le piante: le ha sistemate tutte nella vasca e ora apre la doccia, si siede sul coperchio del water e guarda la scena. In bagno c'è lo stesso odore che all'esterno.
Do l'asciugamano a mia sorella e la guardo mentre se lo arrotola intorno alla testa, toglie il coperchio della pentola piena di acqua bollente e vi getta alcune fette di limone: poi espone il volto al vapore.
Il problema che mi sono assegnato stasera è questo.

$$\frac{245\,(n+17)}{34} = 396\,(n-45)$$

$$n =$$

Mercoledì vado alla palestra della scuola, e rimango fuori dalla porta a guardare i ragazzi in fila che fanno esercizi di respirazione. Nevica, ed è già buio, per cui posso guardare tranquillamente senza che loro mi vedano.
«Bene» dice mio padre quando torno a casa; è in garage, e sta provando la porta ad apertura automatica. Tutte le volte che passa un aereo sulla casa, la porta si apre o si chiude, e per questo mio padre vorrebbe sistemarla. «Hai cambiato idea per quel che riguarda la scuola?» mi chiede.
Incateno la bicicletta a un palo, cosa che manda in bestia[5] mio padre, il quale sostiene che non c'è nessun bisogno di incatenare le cose in casa propria. Fa finta di non notarlo, mentre io faccio scorrere il dito medio sul parafango, per togliere la neve: è abbastanza difficile andare in bicicletta quando nevica e oggi, mentre tornavo da scuola, sono caduto e sono rimasto sulla strada innevata con la bici addosso. Mi dava una sensazione di calore.
«Prenderemo un altro cane» annuncia mio padre.
«Non è per questo» dico. Vorrei che la finissero tutti quanti di parlare di cani: tra l'altro, non saprei dire quanto mi sento triste per Keds in confronto alla tristezza che provo in generale. E se non tengo separate queste due cose, mi sembra quasi di tradire Keds.
«Allora, cosa c'è?» chiede mio padre.
«Niente».
Mio padre annuisce: è molto bravo a sollevare questioni e a lasciarle cadere. Un sacco di cose lasciate cadere. Ora preme il pulsante per la chiusura della porta e il meccanismo ben oliato si chiude, lasciando il garage nel buio più completo. Mio padre schiaccia di nuovo il pulsante e la porta si apre: entrambi fissiamo la neve che cade sul vialetto, come se in quei pochi secondi il mondo potesse essere cambiato.
Mia madre si è scordata di chiamarmi per la cena, e quando glielo faccio notare, lei mi dice che mi ha chiamato, ma io dormivo. Sta carican-

5 **manda in bestia**: fa arrabbiare moltissimo.

SEGNALIBRO

Paura della matematica, Adelphi, Milano 2008.
Traduzione di Luciana Bianciardi

il piacere di leggere

Il libro raccoglie una serie di racconti che hanno come tema centrale i rapporti umani (fra genitori e figli, nonni e nipoti, amici o rapporti sentimentali) spesso segnati dalla difficoltà di comunicare i propri sentimenti, le proprie emozioni o i propri pensieri a chi ci circonda o ci sta di fronte. Nel racconto intitolato *Compiti a casa* il giovane protagonista non va più a scuola dopo la morte accidentale del suo cane Keds e si inventa complicati problemi di algebra da risolvere. La matematica diventa per Michael un modo per affrontare il dolore e la solitudine: non solo la tristezza per l'improvvisa perdita del fedele compagno, come tutti (la madre, il padre, la sorella, gli insegnanti) credono, ma anche il senso di perdita e di abbandono che lo accompagna.

do la lavastoviglie, mentre mia sorella ci ascolta separando i tuorli d'uovo dalle chiare per il suo shampoo.
«Che cosa ti preparo?» chiede mia madre. «Un sandwich con il polpettone?».
«No» rispondo. Apro il frigo e do un'occhiata al suo contenuto, tutto illuminato. «Mi andrebbero delle uova...».
«Va bene» dice mia madre. Viene vicino a me e mette una mano sopra la mia che impugna la maniglia: non ci sono uova nel frigorifero. «Oh...» fa mia madre. E poi: «Julie?».
«Cosa?» chiede mia sorella.
«Hai preso tu le ultime uova?».
«Forse sì» risponde mia sorela. «Non so».
«Non importa» faccio io. «Niente uova».
«No» dice mia madre. «Julie farà lo shampoo senza uova. Non le ho certo comprate per questo».
«Ma non posso» protesta mia sorella. «È una ricetta ben precisa, e senza uova non posso farla, manca la proteina».[6]
«Non importa: non mi vanno» dico io. «Non mi va niente». Vado in camera mia.
Dopo un po' viene anche mia madre, e si mette a guardare fuori dalla finestra: la neve si è tramutata in pioggia. «Non sei il solo a soffrire» dice.
«Per che cosa?» chiedo. Sono seduto sul letto sfatto. Ho stabilito un patto con la mamma, per cui se non rimetto in ordine la mia camera, lei non mi rifà il letto: e stamani non ho messo in ordine.
«Per Keds» fa lei. «Anche a me dispiace, ma questo non mi impedisce di andare a scuola».
«Tu non vai a scuola» ribatto.
«Lo sai cosa voglio dire» dice mia madre. Si guarda intorno, poi comincia a darsi da fare per rimettere in ordine.
«Non farlo» le dico. «Smetti».
Mia madre lascia cadere gli abiti sporchi in un gesto di sconfitta che mi pare esagerato. Quasi – quasi – li getta sul pavimento: tiene le mani in un modo che sembrano ancora più vuote. «Se non hai intenzione di andare a scuola» dice poi «almeno tieni in ordine la tua stanza».

6 **proteina**: sostanza organica complessa, costituita essenzialmente da ossigeno, idrogeno, azoto e carbonio, che ha un'importanza fondamentale nella composizione della materia vivente e degli organismi.

ANALISI DEL TESTO

I temi

Solitudine e incapacità di comunicare

I temi che emergono nel testo sono: la solitudine del protagonista; l'incapacità di comunicare ed esprimere le sue emozioni ed i suoi pensieri alle persone che gli stanno accanto; la **tristezza** di fondo che lo accompagna sempre, nella sua quotidianità, e che è soltanto acuita, ma non determinata, dalla perdita del suo fedele compagno di giochi, il cane Keds. In tutto ciò la matematica diventa per Michael una sorta di rifugio, di punto di riferimento: la matematica è per definizione la disciplina delle regole e delle certezze e con la sua solidità fa da contrappunto all'incertezza e all'inquietudine che caratterizzano la vita del protagonista.

Il racconto inoltre affronta il tema della **famiglia**, un tipo particolare di famiglia, colta nella sua quotidianità, nelle azioni ordinarie di ogni giorno. Una famiglia in cui i rapporti fra i singoli componenti sembrano ormai consolidati secondo degli standard definiti che non lasciano spazio a comportamenti diversi e tantomeno a emozioni espresse.

Le tecniche narrative

La voce narrante

La vicenda è narrata in **prima persona** da Michael, il protagonista del racconto. Michael racconta la sua vicenda e la sua quotidianità in famiglia e lo fa con tono pacato, distaccato, con precisione e dovizia di particolari, mescolando episodi di poca importanza (come lo scambio di battute con la sorella che si sta lavando i capelli e gli chiede di passarle un asciugamano) con altri, ben più gravi (come la morte improvvisa e cruenta del suo cane Keds e la decisione di non andare più a scuola). L'apparente indifferenza di Michael è soltanto una finzione e una forma di autodifesa, un modo per nascondere un disagio profondo che nessuno sembra comprendere e che lui stesso non riesce a spiegare.

Il protagonista

Di **Michael**, protagonista e voce narrante del racconto, non conosciamo l'età, ma lo immaginiamo adolescente: sappiamo che vive ancora con i genitori e la sorella, frequenta la scuola e studia algebra, è in grado di risolvere problemi piuttosto difficili, quindi presumibilmente è uno studente delle superiori. I suoi comportamenti sono quelli di una persona riflessiva, sensibile, probabilmente introversa e molto intelligente. Davanti alla morte improvvisa del suo cane non ha reazioni forti o violente, piuttosto si chiude in se stesso manifestando una profonda tristezza difficile da capire da parte degli altri.

Gli altri personaggi

Gli altri personaggi del racconto che circondano il protagonista sono i suoi familiari più stretti, **madre**, **padre** e **sorella.** Anche di loro sappiamo poco, e tuttavia dai loro gesti, comportamenti e parole è possibile ricavare il ritratto di persone molto assorbite dalle proprie preoccupazioni. Julie, la sorella, pensa soltanto al proprio aspetto fisico, il padre ha problemi pratici da risolvere (come la porta del garage che funziona male) ed evita di affrontare altre problematiche. Di lui il protagonista dice che è molto bravo a sollevare questioni e a lasciarle cadere. La madre è l'unica che cerca di parlare con il figlio, ma anche lei non comprende il disagio di Michael, e si limita a consolarlo con frasi di circostanza, tollerando con indulgenza quello che viene ritenuto il carattere bizzarro e capriccioso del figlio.

Le tecniche espressive

Semplicità e ricercatezza

Il tono della narrazione è pacato e riflette il carattere di Michael: fatti, emozioni e pensieri vengono presentati in maniera ordinata con un linguaggio comune ma sempre appropriato alle circostanze. Raramente compaiono espressioni più colloquiali (come "mandare in bestia", riferito al padre) e brevi dialoghi, come piccoli spaccati di vita quotidiana che servono a rendere il quadro d'insieme, a far capire al lettore la natura dei personaggi.

LABORATORIO SUL TESTO

Conoscenze

Comprensione

1. **Soffermati sul personaggio protagonista: indica le ragioni che determinano il suo comportamento evidenziando le frasi che lo caratterizzano.**

2. **Indica i motivi che portano il protagonista ad assegnarsi da solo difficili problemi di algebra da risolvere.**

3. **Rifletti sugli atteggiamenti del padre e della madre. Ti pare che entrambi non capiscano le manifestazioni del carattere del figlio? Motiva la risposta.**

Analisi

4. **Da chi è narrata la storia? Il narratore è esterno o interno?**

5. **Ti sembra che Michael, il protagonista della storia, sia un ragazzo (puoi scegliere più di un aggettivo)**

[A] timido [C] estroverso [E] fragile [G] insensibile [I] sensibile
[B] riservato [D] introverso [F] forte [H] coraggioso [J] intelligente

Motiva le opzioni che hai scelto, facendo riferimento al testo.

6. Cosa sappiamo dei familiari di Michael? Come definiresti la sorella, il padre e la madre del protagonista?

Conoscenze lessicali

7. Spiega, con parole tue, il significato delle seguenti espressioni, con riferimento al contesto in cui sono utilizzate.

a) Sollevare una questione
b) Lasciar cadere una questione
c) Mandare in bestia
d) Dare un'occhiata
e) Fare un gesto di sconfitta
f) Darsi da fare

Conoscenze grammaticali

8. Trova un sinonimo per i seguenti termini presenti nel testo.
esagerato, sconfitto, oliato, fiotto, ottuso, tramutarsi, impedire.

Abilità e competenze

Scrittura e interpretazione

1. Scrivi un breve racconto di massimo 80 parole, che contenga i seguenti termini presenti nel testo: *compito*, *astruso*, *esagerato*, *palestra*, *proteine*.

2. Come giudichi l'atteggiamento del protagonista? Quali suggerimenti potresti dargli? Esprimi un tuo giudizio e il tuo punto di vista.

Ascoltare, argomentare e confrontarsi

3. Per Michael, il protagonista del racconto, la matematica diventa una sorta di rifugio, un modo per concentrarsi su problemi specifici e risolvibili e non pensare a tutto il resto, per affrontare un disagio che non riesce ad esprimere e a comunicare ai suoi familiari. Ti è mai successo di sentirti triste o giù di morale? Per quale ragione? Racconta la tua esperienza ai compagni.

AREA DIGITALE

Dialogo in chat. I disagi esistenziali

Create una chat sul tema che scaturisce dalla lettura del brano: i disagi adolescenziali.
Il dialogo con i compagni della tua età è quanto mai importante per condividere esperienze e superare il senso di solitudine e il senso di incomprensione da parte degli altri.
Ricordati che per rendere efficace la comunicazione in chat è importante rispondere ai messaggi in modo chiaro, sintetico e in tempi strettissimi.

Spunti per la chat.

- Ti sei mai comportato come Michael, il protagonista del racconto, trasferendo i tuoi disagi, tipici dell'età adolescenziale, su qualcos'altro (un hobby, un compito, un lavoro particolare, ecc.)?
- E le persone che ti circondano (familiari, amici, insegnanti) come si sono comportate in quell'occasione?
- Si sono accorte della tua tristezza?
- Hanno fatto qualcosa per aiutarti a parlarne o ad affrontarla?

Alessandro D'Avenia
Difendere i propri sogni

testo facilitato
ascolto

OPERA	ANNO	GENERE	TEMI
Bianca come il latte, rossa come il sangue	2010	romanzo	• la difficoltà di crescere • il rapporto con la famiglia, la scuola, i genitori

L'AUTORE

Alessandro D'Avenia è nato a Palermo il 2 maggio 1977. È cresciuto in una famiglia numerosa (ha cinque tra fratelli e sorelle), con un padre dentista e una madre appassionata di classici greci e latini. Ha maturato sin da giovane un profondo amore per la lettura e i classici della letteratura, che lo ha portato a laurearsi in Lettere classiche a Roma e al conseguimento di un dottorato di ricerca presso l'Università di Siena. Ha collaborato a diverse sceneggiature e si è occupato di progetti educazionali per la scuola. Attualmente vive a Milano, dove insegna Lettere in un liceo classico. *Bianca come il latte, rossa come il sangue* è il suo primo romanzo. Del 2011 è il suo secondo romanzo *Cose che nessuno sa*.

Può una ricerca di storia trasformarsi nell'occasione per capire qualcosa di se stessi, dei propri sogni, del proprio amore? Sembra impossibile, eppure è ciò che accade a Leo, il protagonista, un ragazzo di sedici anni che studia al liceo classico: e lo schermo bianco del computer prende vita, si riempie di segni e di parole che raccontano l'importanza di difendere i propri sogni dall'arroganza di chi vuole rubarceli, distruggerli, portarceli via.

Papà non è tornato per cena. Quando è rientrato era così tardi che non ho avuto il coraggio di chiedergli nulla.[1] Non era il momento opportuno. Mi avrebbe fulminato e non potevo bruciarmi la mia unica possibilità. Io sono ancora sveglio perché sto cercando di scrivere il compito per il Sognatore. Non mi è mai fregato niente dei compiti difficili. Quando non mi riescono vado a dormire tranquillo e li copio il giorno successivo. Non so perché in questo caso c'è in gioco qualcosa di più, che mi spinge ad accettare la sfida. Come se, gettando la spugna, tradissi il Sognatore o me stesso.

1 **chiedergli nulla**: Leo intende chiedere a suo padre il permesso per donare il proprio sangue a Beatrice, che necessita di trasfusioni perché malata di leucemia.

Bianca come il latte, rossa come il sangue, film del 2013 diretto da Giacomo Campiotti, adattamento cinematografico dell'omonimo romanzo di Alessandro D'Avenia.

Sono davanti allo schermo del computer. Scrivo le domande del titolo: "Perché Roma, Alessandria e Bisanzio sono state bruciate dai loro conquistatori? Cosa animava barbari, arabi, turchi? Cosa li rendeva simili pur essendo così diversi?". Bianco. Non mi viene niente. Bianco come questo maledetto schermo. Bianco come il sangue di Beatrice. Chiamo Silvia. Non risponde. Silvia lascia sempre il cellulare acceso perché vuole che io possa chiamarla in qualsiasi momento se ho bisogno di aiuto. Silvia è il mio angelo custode. L'unica differenza è che lei la notte dorme, e a volte non sente il cellulare vibrare, come adesso. Devo risolvere da solo.

È tardi. Fuori c'è il nero della notte e la mia mente è bianca. Cerco di trasformarmi in uno di quei saccheggiatori e mi chiedo cosa voglio ottenere dando fuoco ai libri che contengono. Mi aggiro per le strade polverose di Roma, di Alessandria e di Bisanzio, che poi ho scoperto essere diventata Costantinopoli e poi Istanbul, e in mezzo agli strepiti e alle urla della gente do fuoco a migliaia di libri. Mi sbarazzo di tutti quei sogni di carta e li trasformo in cenere. Li trasformo in fumo bianco.

Ecco la risposta. Incenerire i sogni. Bruciare i sogni è il segreto per abbattere definitivamente i propri nemici, perché non trovino più la forza di rialzarsi e ricominciare. Non sognino le cose belle delle loro città, delle vite altrui, non sognino i racconti di altri, così pieni di libertà e di amore. Non sognino più nulla. Se non permetti alle persone di sognare, le rendi schiave. E io, saccheggiatore di città, adesso ho bisogno solo di schiavi, per regnare tranquillo e indisturbato. E così, non rimanga parola su parola. Ma solo bianca cenere dei sogni antichi. Questa è la distruzione più crudele: rubare i sogni alla gente. Lager[2] pieni di uomini bruciati con i loro sogni. Nazisti[3] ladri di sogni. Quando non hai sogni li rubi agli altri, perché non li abbiano neanche loro. L'invidia ti brucia il cuore e quel fuoco divora tutto...

Quando finisco di scrivere fuori è buio come prima, e dal nero della notte io ho rubato i segni che adesso riempiono lo schermo bianco. Ho scoperto qualcosa: studiando, scrivendo. È la prima volta, ma non prenderò l'abitudine... E naturalmente l'inchiostro nero della stampante è finito, non mi resta che stamparla a colori.

Rosso.

Il Sognatore gira per i banchi a controllare l'esito della ricerca. Tutti sembrano averla svolta.

2 **Lager**: campi di concentramento e di sterminio.

3 **Nazisti**: gli appartenenti al movimento nazionalsocialista di Adolf Hitler, al potere nella Germania degli anni Trenta e Quaranta del Novecento.

SEGNALIBRO

Bianca come il latte, rossa come il sangue, Mondadori, Milano 2010.

il piacere di leggere

Leo è un sedicenne come tanti: frequenta il liceo classico con poco entusiasmo e risultati mediocri, viaggia a bordo di un cinquantino senza freni, ha un amico che si chiama Niko con cui condivide la passione per la musica e quella per il calcetto e una compagna di classe, Silvia, che lo salva nelle interrogazioni e nei momenti di solitudine, un cane di nome Terminator, una famiglia con cui comunica poco ma che si rivelerà fondamentale nel momento del bisogno e un amore, appena sbocciato e ancora segreto, per una ragazza della scuola, la bellissima Beatrice dagli occhi verdi e i capelli rossi. Sarà proprio l'amore per Beatrice a cambiare Leo, nel corso di un anno scolastico destinato a rimanere impresso nella sua memoria per sempre; perché Beatrice è ammalata di leucemia e stare accanto a lei diventerà per Leo un modo per crescere, per capire il valore delle cose e riflettere su se stesso e su chi gli sta accanto. Leo imparerà l'importanza dei sogni, attraverso gli occhi pieni di vita di una ragazza che sta morendo e gli ideali di un supplente di storia e filosofia soprannominato, non a caso, "il Sognatore" e troverà la forza di andare avanti, di vincere il dolore e la morte, di scoprire che c'è sempre qualcosa o qualcuno per cui valga la pena non arrendersi.

A turno, chi vuole è chiamato a leggerla ad alta voce. Sembra di immergersi nella polvere e nel fuoco di secoli fa, eppure siamo in classe. Tutti hanno scritto qualcosa di cui sono orgogliosi, almeno quelli che hanno il coraggio di leggere. Io naturalmente non sono tra loro, leggere ad alta voce è come cantare. Suona la campanella. Ci affrettiamo a consegnare i nostri compiti, ma il Sognatore non li vuole. Incredibile! Preferisce che conserviamo la risposta che abbiamo trovato. E la custodiamo per noi stessi.

Il Sognatore è proprio un pazzo. Ti dà i compiti e poi non ti mette il voto. Che razza di professore è uno che non ti mette il voto? Certo però che è riuscito a far svolgere a tutti la ricerca. Anche a me, nel cuore nero della notte. Allora forse non è necessario il voto per costringerti a studiare. Il Sognatore rimane seduto benché la classe si stia svuotando. Sorride e gli brillano gli occhi. Ha fiducia in noi. Ci crede capaci di fare cose belle. Forse non è del tutto un fallito.

Non lascerò che i saccheggiatori brucino i miei sogni e li riducano in cenere. Non lo permetterò a nessuno. Rischio di non rialzarmi più. Invece Beatrice ha bisogno di me e non di un cumulo lagnante di macerie. Non voglio dimenticarmi quello che ho scoperto.

Non voglio perché è troppo importante, ma ho la memoria scadente. Devo scrivere tutto, altrimenti dimentico. Forse l'unico modo di salvarmi dalla mia memoria è diventare scrittore.

Ne voglio parlare con Silvia, è l'unica che non mi prenderebbe in giro. Come se avesse ascoltato i miei pensieri si avvicina, mi si stringe al braccio e appoggia la testa sulla mia spalla.

«Cosa volevi ieri? Ho visto la chiamata solo stamattina».

«Volevo una mano per la ricerca».

Silvia solleva la testa e mi fissa con un'espressione triste:

«E certo. Cos'altro?».

Si stacca e si allontana.

La fisso andar via con la sensazione di non aver capito, come quando papà mi dice qualcosa e ne intende un'altra. A proposito, devo parlare con papà prima che me ne dimentichi...

ANALISI DEL TESTO

I temi

Sentimenti contrastanti

I temi sono quelli tipici del romanzo di formazione: **la difficoltà di crescere**, di diventare adulti e affrontare i grandi problemi della vita, il carico di dolore, solitudine e ingiustizia che essa spesso porta con sé, rappresentata in questo caso dalla malattia di Beatrice, una malattia che trasforma il sangue in acqua, lo rende bianco, uccide. Ma si parla anche di **rapporto con i genitori** (la difficoltà di comunicare con il padre), di **amicizia** (quella fra Leo e Silvia) e di **amore** (quello di Leo per Beatrice), di una **scuola** percepita come un ambiente estraneo, ostile, coercitivo, che però può rivelarsi anche, inaspettatamente, un luogo di crescita, di maturazione, di sviluppo di interessi e curiosità.

Le tecniche narrative

Il protagonista

Leo è un ragazzo come tanti, va a scuola per dovere, studia quando è costretto a farlo, se un compito gli risulta troppo difficile si rivolge a Silvia, la sua migliore amica, il suo "angelo custode" come dice lui, oppure si limita a copiarlo da qualcuno il giorno dopo. Quando arriva un nuovo supplente di storia e filosofia, soprannominato il Sognatore, Leo si prepara ad accoglierlo con cinismo, ma questo giovane insegnante è diverso: una luce gli brilla negli occhi quando spiega, quando sprona gli studenti a vivere intensamente, a cercare il proprio sogno. Il professore riesce a toccare le corde giuste, quelle della curiosità, delle emozioni, dell'amore. Leo impara una lezione importante: bruciare i sogni delle persone equivale a privarle di un futuro e quindi di una parte essenziale di se stesse, della loro umanità.

Gli altri personaggi
Accanto a Leo si staglia la figura del professore-filosofo, **il Sognatore**, dalla didattica originale, che Leo inizialmente giudica un fallito e un illuso, salvo poi ricredersi e trovare in lui una guida per crescere e arrivare a capire se stesso. Accanto a Leo, poi, c'è **Silvia**, leggermente in disparte, defilata rispetto alla vicenda centrale: è l'angelo custode di Leo, la presenza discreta, continua ma poco appariscente della sua vita. Ma Silvia spesso rimane delusa e ferita dagli atteggiamenti a volte superficiali di Leo, tanto preso dai suoi problemi e dai suoi pensieri da non accorgersi dei sentimenti di lei.

Il luogo e il tempo
La vicenda narrata si svolge interamente in **luoghi chiusi** (la stanza di Leo prima, l'aula scolastica nella seconda parte) e in tempi sequenziali (la sera, la notte e la mattina successiva), abbracciando quindi un arco di tempo limitato. Gli ambienti non vengono descritti, solo tratteggiati, i dialoghi ridotti al minimo indispensabile (un breve scambio di battute fra Leo e Silvia).

Le tecniche espressive

Essenzialità linguistica
La vicenda è narrata in prima persona dal protagonista, Leo; il linguaggio e le espressioni sono modellati su quelli di un sedicenne: **frasi brevi** e spezzate, essenziali, uso di **modi di dire colloquiali**, il modo di esprimersi tipico di un ragazzo che sta seguendo i suoi pensieri, che dà libero corso alle proprie considerazioni personali.

LABORATORIO SUL TESTO

Conoscenze

Comprensione

1. **Che cosa ha imparato Leo dalla ricerca che ha svolto? Indica le sue conclusioni.**

2. **Quali sentimenti lascia emergere il narratore nei confronti del professore di storia soprannominato il Sognatore?**

3. **Che cosa pensa di fare Leo, per non dimenticare ciò che ha imparato?**

4. **Quando Leo confessa a Silvia di averla chiamata per un aiuto nella ricerca, Silvia appare delusa. Per quale ragione, secondo te?**

5. **Quali significati assumono, secondo te, i colori nero, rosso e bianco per Leo?**

Analisi

6. **Attraverso quali elementi l'autore presenta Leo, il protagonista?**

7. **In quali luoghi si svolge la vicenda narrata? Evidenzia le espressioni che li caratterizzano.**

8. **Per quale ragione Leo definisce il suo professore di storia, il Sognatore, «un pazzo»?**

9. **Come viene descritto il professore di Leo?**

10. **Ti sembra che il professore di Leo abbia raggiunto un buon risultato con i suoi alunni, e con Leo in particolare? Per quale ragione?**

Conoscenze lessicali

11. **Nel testo compaiono modi di dire colloquiali; individuali e sottolineali.**

12. **«Volevo una mano per la ricerca»: sostituisci «mano» con un nome adatto al significato della frase.**

13. Che cosa significano le seguenti espressioni? (scegli l'opzione corretta)

- gettare la spugna
  - [A] offrire il proprio aiuto a qualcuno
  - [B] disfarsi delle cose vecchie
  - [C] buttarsi via
  - [D] rinunciare
- bruciarsi una possibilità
  - [A] guadagnarsi una possibilità
  - [B] perdere una possibilità
  - [C] rimandare
  - [D] dimenticarsi di qualcosa

Conoscenze grammaticali

14. Sottolinea nella frase presente nel brano i nomi astratti e i nomi concreti.

Mi sbarazzo di tutti quei sogni di carta e li trasformo in cenere. Li trasformo in fumo bianco.

15. «In mezzo agli strepitii e alle urla della gente». Scrivi almeno tre sinonimi per la parola sottolineata.

16. Nel testo compare più volte la parola «sognatore» riferita al professore che non dà i voti ai compiti: scrivi due sinonimi e due contrari della parola.

Abilità e competenze

Scrittura e interpretazione

1. Ti proponiamo due brevi brani tratti dal libro di Alessandro D'Avenia. Esprimi, con opportune motivazioni, le tue considerazioni.

a) Amare è un verbo, non un sostantivo.
Non è una cosa stabilita una volta per tutte, ma si evolve, cresce, sale, scende, si inabissa, come i fiumi nascosti nel cuore della terra, che però non interrompono mai la loro corsa verso il mare. A volte lasciano la terra secca, ma sotto, nelle cavità oscure, scorrono, poi a volte risalgono e sgorgano, fecondando tutto.

b) Viene il giorno che ti guardi allo specchio e sei diverso da come ti aspettavi. Sì, perché lo specchio è la forma più crudele di verità. Non appari come sei veramente. Vorresti che la tua immagine corrispondesse a chi sei dentro e gli altri, vedendoti, potessero riconoscere subito se sei uno sincero, generoso, simpatico… invece ci vogliono sempre le parole o i fatti. È necessario dimostrare chi sei. Sarebbe bello doversi limitare a mostrarlo. Sarebbe tutto più semplice.

Ascoltare, argomentare e confrontarsi

2. «Questa è la distruzione più crudele: rubare i sogni alla gente». Rifletti su questa affermazione: che cosa significa? Ti trova d'accordo? Per quale motivo? Esprimi un tuo giudizio ad alta voce confrontandoti con i tuoi compagni.

3. Leo decide di difendere i propri sogni per amore di Beatrice, perché lei è malata e ha bisogno di lui. Pensi che avere un amore, un'amicizia, qualcuno che ha bisogno di noi ci aiuti ad essere più forti, a difendere ciò in cui crediamo? Ti è mai capitato di sentirti più forte per amore di qualcun altro? Esprimi con argomentazioni appropriate le tue considerazioni dopo avere organizzato un gruppo di ascolto coinvolgendo i tuoi compagni.

4. Ti capita di studiare qualcosa per passione o per interesse, indipendentemente dal risultato finale, dal voto? Confronta la tua opinione con quella dei tuoi compagni e dopo avere ascoltato gli interventi di ciascuno esprimi le tue considerazioni argomentandole.

VERIFICA FORMATIVA

per accertare le competenze acquisite

William Faulkner
Adolescenza

autoverifica con tutor

È un momento felice per Juliet, forse il tempo più felice della sua adolescenza. Sta trascorrendo l'estate insieme ad un compagno, Lee, un ragazzino della sua età: insieme nuotano e chiacchierano, si divertono liberi e innocenti.

Quello fu il periodo felice, tanto luminoso e tranquillo da farle dimenticare che non era sempre stato così; che lei e lui[1] non potevano rimanere immutati, due animali in un'estate eterna. Quando avevano fame andavano in cerca di more e mirtilli, nuotavano nel caldo luminoso di mezzogiorno, pescavano nella calma tranquilla del pomeriggio e al crepuscolo trascinavano i piedi nell'erba appesantita di rugiada, verso casa. Era sorprendente come Lee sembrasse non avere responsabilità di sorta; in apparenza non subiva alcun tipo di costrizione, né faceva mai parola di casa sua o un qualche accenno a una vita che non fosse quella che loro due conducevano insieme. Ma per Juliet non era un atto strano: l'infanzia le aveva inculcato[2] la consapevolezza precoce dell'eterna faida[3] tra genitori e figli, e mai le era passato per la mente che potesse esistere un'infanzia diversa dalla sua.

La nonna[4] non aveva mai visto Lee, e fino a quel momento le circostanze avevano assecondato i desideri di Juliet: sua nonna non doveva vederlo mai. Temeva che si sarebbe sentita in dovere di interferire in una qualche maniera, così stava attenta a non trascurare in alcun modo il proprio lavoro e a non far nascere sospetti nella mente dell'altra. Con l'astuzia che un bambino acquista quando comincia presto a imparare dall'esperienza, Juliet comprese che la loro amicizia poteva durare solo finché restava ignota a chi aveva autorità su di lei. Non è che non si fidasse della nonna; non si fidava proprio di nessuno, neppure della capacità di Lee di far fronte all'attiva disapprovazione di una persona più vecchia. Di se stessa invece era sicura.

Venne agosto e passò, e poi settembre. Per tutto il mese di ottobre e i primi di novembre continuarono a tuffarsi e a nuotare; ma dopo le prime leggere brinate, anche se l'acqua era ancora calda, l'aria divenne percettibilmente[5] più fresca. Ora nuotavano solo a mezzogiorno e dopo si sdraiavano insieme, avvolti in una vecchia coperta da cavallo, e chiacchieravano e sonnecchiavano e poi ancora chiacchieravano. Alle piogge di fine novembre seguì l'inverno, ma c'erano ancora i boschi bruni e fradici, e loro accendevano il fuoco e arrostivano pannocchie e patate dolci.

Infine l'inverno. Tempo di scure albe ferrigne[6] e un pavimento gelido da far raggricciare[7] le dita dei piedi mentre si vestiva, di fuochi da accendere nella stufa fredda. Poi, quando il calore aveva appannato i vetri della cucinetta stretta e lei aveva lavato i piatti e fatto il burro, puliva un vetro con un angolo del grembiule e, guardando fuori, lo vedeva che stava ad aspettarla, una figuretta esile sul limitare bruno del campo più lontano, sotto la casa. Si era procurato un vecchio fucile a una canna sola e andavano a caccia di conigli nei campi scheletriti[8] di cotone e di granturco, o tendevano futili[9] agguati alle anatre negli acquitrini melmosi. Ma finalmente l'inverno era passato.

Finalmente l'inverno era passato. Il vento girò a sud e arrivarono le piogge: il torrente si gonfiò, torvo,[10] fangoso e freddo. Poi il sole, e trovarono[11] i primi germogli del salice e le prime tanagre[12] scarlatte

1 **lui**: Lee, il ragazzino amico di Juliet.
2 **inculcato**: impresso.
3 **faida**: lotta a scopo di vendetta.
4 **La nonna**: la nonna paterna, con la quale Juliet vive.
5 **percettibilmente**: sensibilmente.
6 **ferrigne**: grigie.
7 **raggricciare**: raggrinzire.
8 **scheletriti**: privi di vegetazione.
9 **futili**: tesi per gioco.
10 **torvo**: minaccioso.
11 **trovarono**: Juliet e Lee.
12 **tanagre**: uccelli di piccole dimensioni vivacemente colorati.

Winslow Homer, *A pesca*, 1878. Waterville, Colby College Museum of Art.

come frecce fiammeggianti nell'intrico dei rovi. Gli alberi da frutta sbocciarono in folate[13] di rosa e di bianco, come grappoli di api fragranti attorno ad alveari di case grigie e scolorite e stinti covoni di fieno; e sotto capricciosi cieli marmorizzati, su cui esili alberi si appoggiavano ubriachi, il vento sibilava sugli altipiani coperti di pini, simile al lungo passaggio remoto di treni lontani.

Il primo giorno di caldo, Lee la aspettava con impazienza. E lei, trafficando inquieta e inconcludente davanti all'acquaio scuro, non riuscì più a trattenersi. «Facciamo a chi arriva primo» urlò lui quando Juliet apparve di corsa con uno straccio umido che le svolazzava dietro, e si precipitarono spogliandosi verso il ruscello. I due tuffi furono simultanei anche se, nella fretta, lei aveva trascurato di togliersi le scarpe. Se le sfilò fra le risa sguaiate di Lee, senza fiato per l'impatto con l'acqua gelida.

13 **folate**: sbuffi.

[*Una rosa per Emily* di William Faulkner, Adelphi, Milano 1997, traduzione di D. Mezzacapa e L. Pansini Verga]

Competenza testuale

Comprendere i dati espliciti

1. **Come trascorrevano il tempo Juliet e Lee in quell'estate felice?**

2. **Perché Juliet non voleva che la nonna vedesse Lee? Che cosa temeva?**
- A che interferisse nella sua amicizia con Lee
- B che lo mandasse via
- C che si mettesse a chiacchierare con lui facendogli domande
- D che non le piacesse

3. **Come passavano Lee e Juliet le giornate d'inverno?**
- A andando a caccia di conigli nei campi di cotone o di granturco e giocando con le anatre
- B leggendo libri seduti su comode poltrone
- C aiutando la nonna a sistemare la casa
- D mettendo a posto

4. **Quali segni della natura annunciano il ritorno della primavera?**

5. **Con la primavera ritorna il caldo: qual è la prima cosa che pensano di fare i due ragazzi?**
- A tuffarsi nell'acqua del ruscello
- B correre tra i prati
- C fare gare in bicicletta
- D passeggiare lungo il ruscello

VERIFICA FORMATIVA

Comprendere i dati impliciti

6. Da quanto si legge nelle righe conclusive del primo capoverso il rapporto fra Juliet e i genitori è stato

A conflittuale B fiducioso
C sereno D turbolento

7. Qual è il significato della seguente frase?

Era sorprendente come Lee sembrasse non avere responsabilità di sorta; in apparenza non subiva alcun tipo di costrizione...

8. Juliet non si fidava

A di Lee B della nonna
C di se stessa D di nessuno

9. Quando arriva il primo caldo di primavera troviamo Juliet alle prese con le faccende di casa, qual è il suo stato d'animo? (scegli gli aggettivi che ritieni esatti).

A impaziente E tranquillo
B inconcludente F svogliato
C frenetico G pigro
D riflessivo

Comprendere le strutture narrative

10. Che cosa scandisce il trascorrere del tempo?

11. Quali sono i tempi verbali usati nel racconto?

12. Quali luoghi sono descritti nel brano?

13. Oltre a Juliet, la protagonista, quali altri personaggi compaiono o sono menzionati nel brano?

Competenza lessicale

14. Che cos'è esattamente il "crepuscolo"? C'è differenza con "tramonto"?

15. La prima parte del brano insiste su termini come «responsabilità», «costrizione», «inculcato», «consapevolezza», «autorità», qual è il loro preciso significato? Quale tipo di rapporti famigliari suggeriscono?

Competenza grammaticale

16. Sottolinea nella frase seguente i nomi concreti e i nomi astratti.

Fino a quel momento le circostanze avevano assecondato i desideri di Juliet [...]. Temeva che si sarebbe sentita in dovere di interferire in una qualche maniera, così stava attenta [...] a non fare nascere sospetti nella mente dell'altra.

17. Volgi al plurale i nomi di seguito elencati.

pomeriggio, faida, astuzia, esperienza, autorità, vecchia, fresca, fuoco, caccia, granturco, straccio, acqua

AREA DIGITALE
Le risposte agli esercizi sono disponibili nell'area digitale

Interpretare e valutare

- **All'inizio del brano l'autore definisce Juliet e Lee «due animali in un'estate eterna»: commenta la frase sottolineando il rapporto fra i due ragazzi e la natura circostante.**

....

....

PRIMO PIANO

Universo giovani: realtà, prospettive e speranze

testi non letterari

«… se è vero che c'è una massa di adolescenti che manda 300 sms al giorno, è anche vero che ci sono molti più adolescenti che hanno idee e fanno volontariato, comprendono e discutono di temi sociali».

testi non letterari

Umberto Galimberti
Educare alle emozioni

al alta leggibilità

ANNO	MODELLO DI SCRITTURA	TIPOLOGIA TESTUALE	TEMA
2007	saggio	testo argomentativo	• l'educazione emotiva

L'AUTORE

Umberto Galimberti è nato a Monza nel 1942. Dal 1976 ha insegnato come professore incaricato Antropologia culturale, dal 1983 come professore associato Filosofia della Storia e, successivamente, come professore ordinario Filosofia della Storia, Psicologia generale e Psicologia dinamica presso l'Università di Venezia. Tra i suoi libri, ricordiamo: *Le cose dell'amore* (2004), *La casa di psiche* (2005), *L'ospite inquietante. Il nichilismo e i giovani* (2007). Nel 2008 ha raccolto in volume (*Il segreto della domanda*, Apogeo) parte delle lettere della rubrica che tiene sulla rivista «D la Repubblica delle Donne». Le sue ultime pubblicazioni sono *Miti del nostro tempo* (2009), *Il viandante della filosofia* (2011), *Cristianesimo. La religione dal cielo vuoto* (2012).

L'autore argomenta sull'importanza fondamentale dell'educazione emotiva dei ragazzi e sull'importanza di riconoscere, esprimere e governare in modo armonioso le emozioni e i sentimenti.

Tra una palestra e un corso di nuoto perché bisogna crescere con un bel corpo, tra una spiegazione ora sbrigativa, ora articolata, ora un po' imbrogliata perché bisogna diventare intelligenti, quanto passa tra genitori e figli di quella *comunicazione indiretta* per cui si sente nella pancia, prima che nella testa, che del padre e della madre ci si può fidare, perché li si avverte al proprio fianco nei primi movimenti un po' impacciati della vita? Cura del corpo, cura dell'intelligenza, ma quanta cura dell'anima?

Qui gli adulti annaspano un po'. E veicolano l'amore attraverso le cose che in abbondanza acquistano per soddisfare quei desideri infantili che vanno a occupare il vuoto di comunicazione, che già manifesta i suoi primi segni nella svogliatezza, nell'indolenza, nella pigrizia, nella ribellione e, nei casi anche se meno eclatanti, nella rassegnazione depressiva.

Quel che si può avvertire in questo periodo caratterizzato da sovrabbondanza di stimoli esterni e carenza di comunicazione sono i primi segnali di quella *indifferenza emotiva*, oggi sempre più diffusa, per effetto della quale non si ha *risonanza emozionale* di fronte ai fatti a cui si assiste o ai gesti che si compiono.

E tutto ciò perché? Perché manca un'educazione emotiva: dapprima in famiglia, dove i giovanissimi trascorrono il loro tempo in quella tranquilla solitudine con le chiavi di casa in tasca e la televisione come baby-sitter, e poi a scuola quando, sotto gli occhi molto spesso appannati dei loro professori, ascoltano parole incidenti,[1] che fanno riferimento ad una cultura troppo lontana da ciò che la televisione ha loro offerto come base di reazione emozionale.

E così la loro sensibilità fragile, introversa e indolente che la scuola si guarda bene di educare, tracolla in quell'inerzia a cui li aveva allenati l'apprendimento passivo davanti al video e oggi davanti a Internet, con frequenti fughe nel sogno o nel mito, nella ricerca neppure troppo spasmodica[2] di un'identità, di cui troppo presto si dubita di poter reperire la fisionomia, per incapacità di rintracciare radici emotive proprie.

Il tutto condito da un acritico consumismo, reso possibile da una società opulenta,[3] dove le cose sono a disposizione prima ancora che sorga quell'emozione desiderante, che quindi non è sollecitata a conquistarle, e perciò le consuma con disinteresse e snobismo in modo individualistico, dove il pieno delle cose sta al posto del vuoto delle relazioni mancate.

Oggi l'educazione emotiva è lasciata al caso e tutti gli studi e le statistiche concordano nel segnalare la tendenza, nell'attuale genera-

1 **incidenti**: marginali, secondarie.
2 **spasmodica**: angosciosa.
3 **opulenta**: molto ricca.

Fotografia di Julia Fullerton-Batten tratta dalla serie *Teenage stories*, 2005.

zione, ad avere un maggior numero di problemi emotivi rispetto a quelle precedenti. E questo perché oggi i giovanissimi sono più soli e più depressi, più rabbiosi e ribelli, più nervosi e impulsivi, più aggressivi e quindi più impreparati alla vita, perché privi di quegli strumenti emotivi indispensabili per dare avvio a quei comportamenti quali l'autoconsapevolezza, l'autocontrollo, l'empatia,[4] senza i quali saranno sì capaci di parlare ma non di ascoltare, di risolvere i conflitti, di cooperare.

Ai professori che ogni giorno si apprestano a dare giudizi sulle capacità intellettuali dei loro allievi un invito a riflettere prima su quanta educazione emotiva hanno distribuito, perché, a se stessi almeno, non possono nascondere che l'intelligenza e l'apprendimento non funzionano se non li alimenta il cuore.

4 **empatia**: immedesimazione, capacità di comprendere lo stato d'animo degli altri.

[da *L'ospite inquietante*, Feltrinelli, Milano 2007]

ANALISI DEL TESTO

I temi

I falsi miti di oggi

Il pensiero di Galimberti ruota attorno al problema dell'educazione all'emotività e della **difficoltà di comunicare** del mondo giovanile. L'autore sottolinea come la **mitizzazione della bellezza** del corpo e "l'obbligo" di essere intelligenti nel mondo contemporaneo non hanno lasciato spazio alla cura dell'anima, ovvero dei sentimenti, delle emozioni. Il vuoto emotivo viene colmato da parte degli adulti proponendo delle cose, ossia dei beni materiali. L'opulenza della società occidentale mette a disposizione molti di questi beni, che vengono offerti ancor prima che un giovane possa desiderarli. In questo modo egli viene privato anche di questa stimolante emozione.

L'indifferenza emotiva

L'autore addossa la **responsabilità** di questo inaridimento delle coscienze dei ragazzi agli adulti, genitori e insegnanti, che sembrano non dare la dovuta importanza all'educazione emotiva dei giovani. Quali sono, in base alla tesi di Galimberti, le **conseguenze** di tutto questo? Innanzitutto «l'indifferenza emotiva», che rende apatici, cioè non emotivamente partecipativi, di fronte alle cose che accadono e ai «gesti che si compiono».

La solitudine nel mondo tecnologico
In secondo luogo, si favorisce un senso di solitudine nei ragazzi che, in un mondo sempre più tecnologizzato, vivono davanti alla televisione e al computer, perché sono privati di una vera comunicazione con il mondo degli adulti. L'atteggiamento che viene rinforzato è di un **apprendimento passivo**, non partecipativo. I ragazzi sono sottoposti ad una mole incredibile di informazioni, soprattutto attraverso Internet, senza avere il tempo e la possibilità cognitiva di elaborarle, favorendo così il proprio senso critico.

La formazione emotiva
Esiste un **vuoto comunicativo** tra generazioni, secondo l'autore, che si tenta di colmare sostituendolo con delle "cose". Le conseguenze si possono constatare nei comportamenti dei ragazzi che manifestano svogliatezza, indolenza, pigrizia, ribellione, e, in alcuni casi, rassegnazione depressiva.
L'autore riconosce un'importanza fondamentale alla formazione emotiva dei ragazzi, che sembra esclusa dalla educazione che essi ricevono in famiglia, così come nella scuola. **Scuola e famiglia**, due istituzioni deputate alla educazione, sembrano dimenticarsi del valore di una corretta formazione emotiva e della conseguente solitudine che caratterizza la vita quotidiana dei ragazzi, affidati sempre di più alle "cure" di strumenti tecnologici che ne accentuano il senso di vuoto esistenziale.

Le tecniche di scrittura

La tesi, le argomentazioni, la conclusione
Anche se breve, il brano ha tutte le caratteristiche del testo argomentativo: una **tesi** da dimostrare (la cura del corpo non ha lasciato spazio alla cura dell'anima), e le **argomentazioni** a sostegno per dimostrare come né la famiglia né le istituzioni diano la dovuta importanza all'educazione emotiva dei giovani. La **conclusione** finale chiama in causa la famiglia e la scuola, invitandole a dare maggiore valore alla formazione emotiva, per delimitare il senso di isolamento e di vuoto esistenziale, avvertito dalle giovani generazioni.

Le tecniche espressive

Le scelte stilistiche
Dal punto di vista stilistico il testo è caratterizzato da una struttura sintattica paratattica (prevalenza di frasi coordinate) quando il ritmo è più serrato e il linguaggio appare più colloquiale.
La struttura sintattica appare di tipo ipotattico (presenza di frasi principali e subordinate), quando il ritmo è più disteso e le argomentazioni diventano più circostanziate e critiche. Dal punto di vista morfologico, la prevalenza di nomi indica l'intento dell'autore di definire in modo esatto e circostanziato i concetti che sono alla base delle argomentazioni.

LABORATORIO SUL TESTO

Conoscenze

Comprensione

1. **Che significato dai al concetto di "educazione emotiva"?**
   - [A] capacità di provare emozioni
   - [B] capacità di riconoscere ed esprimere sentimenti
   - [C] capacità di provare sentimenti
   - [D] capacità di amare
2. **In che modo l'autore pensa che la scuola possa contribuire alla "educazione emotiva" dei ragazzi?**
3. **Cosa significa che la mancanza di una "educazione emotiva" provoca l'assenza di una "risonanza emozionale" di fronte ai fatti che accadono?**
4. **Che cosa significa "il vuoto delle relazioni umane" di cui parla l'autore?**

Analisi

5. **Completa sinteticamente nello schema la struttura argomentativa del brano.**

- problema: L'EDUCAZIONE EMOTIVA
- tesi: ....
- argomenti a sostegno: COME DOVREBBE ESSERE
- conclusione: CONSIGLIO RIFERITO AI PROFESSORI

Conoscenze lessicali

6. **Crea un campo semantico con le parole del testo che caratterizzano i giovani di oggi.**

7. **Trova nel testo quelle che ti sembrano parole chiave.**

Conoscenze grammaticali

TENDE A CHIUDERSI IN SE STESSO

8. **Trova il significato del nome "introversione", poi indica se è composto da**

[X] A aggettivo + nome   B avverbio + nome   C preposizione + nome   D nome + nome

9. **Trova almeno due sinonimi e due contrari per ciascuno dei seguenti nomi che compaiono nel testo e indica di volta in volta se appartengono alla categoria dei nomi concreti o astratti.**

indolenza	sinonimi: SVOGLIATEZZA
☐ concreto ☒ astratto	contrari: VOLONTÀ
ribellione	sinonimi: RIVOLTA
☒ concreto ☐ astratto	contrari: OBBIDIENZA
rassegnazione	sinonimi: ADATTAMENTO
☐ concreto ☒ astratto	contrari: OPPOSIZIONE

❯ *Abilità e competenze*

Scrittura e interpretazione

1. **La tecnologia, secondo te, può sostituirsi alla vera comunicazione tra persone? Esponi le tue opinioni in un breve testo argomentativo.**

2. **La lettura di un racconto, di una poesia, l'ascolto di un disco di musica, possono contribuire alla "educazione emotiva"? Perché? Esponi le tue opinioni in un breve testo argomentandole.**

Ascoltare, argomentare e confrontarsi

3. **L'accusa che l'autore rivolge alla scuola è quella di abituare i ragazzi ad un "apprendimento passivo", quindi acritico; lo stesso atteggiamento che poi avranno davanti alla comunicazione televisiva o di Internet, con conseguenze pesanti anche per la loro identità personale. Che cosa ne pensi di questa affermazione? Discutine con i tuoi compagni e poi relaziona oralmente sulle conclusioni finali.**

4. **La società contemporanea mette a disposizione dei giovani ogni cosa materiale, ancor prima che essi provino l'emozione del desiderio. E questo tende certamente ad accentuare la loro "povertà" emotiva. Ti riconosci con quanto affermato dall'autore? Confronta la tua opinione con quella dei tuoi compagni.**

testi non letterari

ascolto

Marco Lodoli
L'ossessione per il denaro da parte dei miei studenti

ANNO	MODELLO DI SCRITTURA	TIPOLOGIA TESTUALE	TEMI
2007	articolo di giornale	testo argomentativo	• il denaro quale unico valore sociale • il denaro per fuggire dalla realtà quotidiana

L'AUTORE

Marco Lodoli è nato a Roma nel 1956. Laureato in Lettere, è insegnante di Italiano in un istituto professionale della periferia di Roma. Dapprima scrittore di poesie, approda alla prosa con il suo primo romanzo, *Diario di un millennio che fugge* (1986) che ha vinto il premio Mondello Opera Prima. Collabora con il quotidiano «la Repubblica», dove, nella cronaca di Roma, firma una rubrica che si chiama *Isole* e, nell'edizione nazionale, è editorialista su temi che riguardano i giovani e la scuola. Tra le sue opere ricordiamo: *Cani e Lupi* (1995), *I pretendenti – trilogia –* (2003), *I professori e altri professori* (2004), *I principianti – trilogia –* (2005), *Bolle* (2006), *Isole* (2008), *Vapore* (2013).

Dialogo tra un professore e la sua alunna diciassettenne sul valore del denaro nella società attuale.

La scuola, anche quella che traballa sul bordo della città, quella dove i ragazzi ormai fanno fatica anche a leggere e a scrivere e far di conto, a volte si trasforma inaspettatamente in un'aula di filosofia teoretica:[1] dal nulla spuntano discussioni che lasciano a bocca aperta per la quantità di intelligenza e verità che si dispiega. L'altro giorno, a mezz'ora dalla fine delle lezioni, una ragazza – sembrano più sveglie, le ragazze, più sincere – ha cominciato a dire che l'unica cosa importante sono i soldi. Non è un'affermazione nuova, anzi direi che i miei allievi sono piuttosto ossessionati dal valore del denaro, che sta senz'altro al primo posto nella loro brutale gerarchia.[2] Come al solito io ho ribattuto che i soldi sono importanti, ma non sono tutto nella vita, e soprattutto che non devono occupare il primo posto nella fantasia di un adolescente. A diciassette anni altre devono essere le preoccupazioni e le gioie: l'amore, lo studio, l'impegno, l'amicizia, le avventure del cuore e della mente, e così via.
Ma poi, uscendo dal solito tracciato pedagogico,[3] ho voluto capire meglio. «Perché, cara Jessica, i soldi sono così decisivi? Spiegamelo, io non lo capisco». La risposta è stata immediata, diretta, sorprendente. «Perché i soldi sono il contrario della realtà. Non è vero che i soldi permettono di avere più fette della torta, questa torta è marcia e nessuno la desidera. Più sei ricco, più puoi rimanere fuori dal mondo. Meglio ancora: puoi abitare in un mondo a parte, tutto fantastico, tutto inventato e invulnerabile». Il contrario della realtà, e cioè? «È semplice, le faccio l'esempio della mia famiglia. Mio padre guadagna mille e cento euro al mese. Ne paga seicento di affitto per la casa in cui viviamo, uno schifo di casa. Per andare avanti ha dovuto chiedere prestiti alle finanziarie, alla banca, agli amici. Ora deve lavorare notte e giorno, spezzarsi la schiena per mantenerci, dormire poco e preoccupato. Noi siamo dentro alla realtà, ma la realtà non è mai bella. Lei professore ci ha spiegato gli scrittori realisti e neorealisti:[4] e questi scrittori cosa raccontano? Miseria, degradazione, squallore. Questa è la realtà. Chi ha molti soldi, invece, può vivere da un'altra parte, lontano dalla minaccia della realtà. Si può creare le sue favole. Una bella barca per viaggiare sul mare con gli amici, locali notturni dove si ride e si scherza, abiti incredibili per travestirsi, una villa con la piscina e il

1 **filosofia teoretica**: filosofia della conoscenza, si occupa dei problemi filosofici più generali, con speciale attenzione alle questioni riguardanti la conoscenza.
2 **gerarchia**: ordine di importanza.
3 **tracciato pedagogico**: si riferisce a un percorso di tipo educativo.
4 **scrittori realisti e neorealisti**: il realismo è un movimento culturale di fine Ottocento che ebbe come obiettivo raccontare la realtà sociale del tempo (vedi pag. 256). Il Neorealismo è un movimento culturale che si diffuse in Italia dal 1945 al 1956 e, rifacendosi al realismo di fine Ottocento, sostenne la necessità di mettere in luce tutti i problemi reali della società italiana dopo la seconda guerra mondiale.

Senza titolo, fotografia di Hannah Starkey del 1997. Londra, Tate Gallery.

muro alto, affinché la realtà non possa entrare. Io voglio i soldi per scappare da questa morsa. Voglio essere ricca per andare più lontano possibile dalla realtà».

Io ho cercato di replicare, di difendere la vita per quello che è, con le sue pene e le sue meraviglie autentiche, dunque necessarie per comprendere meglio chi siamo, cosa vogliamo, dove ci dirigiamo. «Tutte chiacchiere, professore, tutte bugie. Oggi la realtà non piace a nessuno, neanche a lei che scrive romanzi e poesie. Neanche lei, come tutti gli artisti grandi o piccini, ama la realtà, altrimenti non avrebbe passato tanti anni in mondi paralleli,[5] che non si incrociano mai con le cose pesanti della vita. Mio padre ha obbedito alla realtà, perché non poteva fare altrimenti, perché è un poveraccio. Ma se avesse potuto sarebbe fuggito anche lui, e un po' ci prova ancora. La domenica va in chiesa, prega Dio, s'inventa per due ore un cinema marziano[6] e ci si ripara dentro. Oppure guarda la televisione fino a stordirsi, quando può. [...] Ognuno cerca una scappatoia dalla pesantezza della realtà, dai debiti, dalle malattie, dai turni di lavoro. E i soldi sono la stessa cosa, ma molto meglio. Chi è carico di soldi può fregarsene di tutto. Per questo piacciono tanto a noi ragazzi, non l'ha capito? Perché noi non vogliamo più scendere a patti con le cose reali, vogliamo vivere il più possibile dentro una bella finzione, come quelli che recitano a teatro. Che dovremmo fare, altrimenti? Lottare per cinquanta euro in più, sbatterci nella politica per avere un'altra briciola di pane secco? Per carità. I soldi sono esattamente uguali ai sogni, ma durano di più e portano più lontano.

Lo so, noi che abitiamo in periferia, che siamo figli di disgraziati, tanti soldi non ne avremo mai. Però finché ho diciassette anni ci voglio sperare. Voglio augurarmi tutto il bene possibile. E tutto il bene possibile è stare fuori dalla realtà, fuori dallo schifo, dalle guerre, dalla miseria, dalla sconfitta. I soldi sono come Dio e come l'arte, anche meglio. Portano in fretta altrove. E io voglio stare lassù, felice e indifferente». Poveri gli ultimi, allora, perché solo loro è il regno della realtà. Bisogna rimettersi seriamente al lavoro per aggiustarla meglio possibile, questa realtà italiana, per renderla vivibile, apprezzabile, addirittura amabile. È un'impresa improba, ma bisogna riparare subito le falle: la nave è già inclinata e le poche scialuppe di salvataggio sono tutte piene, di ricchi o di spaesate illusioni.

[da «la Repubblica», 7 giugno 2007]

5 **mondi paralleli**: i mondi creati dall'immaginario letterario.
6 **cinema marziano**: si riferisce ad una rappresentazione cinematografica in cui compaiono realtà lontane da noi appartenenti ad un altro pianeta.

ANALISI DEL TESTO

I temi

Il denaro come valore

Per i giovani il denaro è importantissimo, anzi nella scala gerarchica dei valori è la cosa più importante. Ben altre devono essere le preoccupazioni e le gioie è la replica del professore: «l'amore, lo studio, l'impegno, l'amicizia, le avventure del cuore e della mente, e così via».

La tesi della ragazza e gli argomenti a sostegno
Jessica, la ragazza diciassettenne con cui il professore dialoga, con una risposta immediata, afferma che i soldi sono importanti: «Perché i soldi sono il contrario della realtà»; cioè permettono di vivere in nuove realtà e lontano dalla società da cui si vuole fuggire: «Puoi abitare in un mondo a parte, tutto fantastico, tutto inventato e invulnerabile».
Jessica a sostegno della propria opinione porta esempi riferiti alla sua famiglia: «Mio padre guadagna mille e cento euro al mese. Ne paga seicento di affitto per la casa in cui viviamo, uno schifo di casa».
Jessica inoltre accosta le realtà quotidiane della sua famiglia a testimonianze letterarie degli scrittori realisti e neorealisti che raccontano: «Miseria, degradazione, squallore».

L'antitesi del professore
A quanto affermato da Jessica, il professore replica che occorre accettare la vita con i problemi e le gioie e i dolori che ci riserva «per comprendere meglio chi siamo, cosa vogliamo, dove ci dirigiamo».

La confutazione dell'antitesi e gli argomenti a sostegno
Jessica risponde prontamente che, in verità, la realtà non piace a nessuno e sostiene la sua affermazione, riportando esempi che si riferiscono a fatti e a situazioni reali.
Ad esempio lo stesso professore, che si è creato un mondo parallelo nell'immaginario letterario: «Neanche lei, (...) ama la realtà, altrimenti non avrebbe passato tanti anni in mondi paralleli».
Altro esempio è quello del padre, che cerca di dimenticare la realtà, rifugiandosi nella religione o guardando la televisione quando può farlo: «La domenica va in chiesa, prega Dio, (...). Oppure guarda la televisione fino a stordirsi».
Altri esempi sono i tentativi con cui ognuno cerca di fuggire dalla realtà e da tutti i problemi da risolvere per affrontare la vita.
I giovani, invece, vedono nei soldi lo strumento che può risolvere tutti i loro problemi perché permettono loro di andare "altrove" e di «stare fuori dalla realtà, fuori dallo schifo, dalle guerre, dalla miseria, dalla sconfitta».

La conclusione
Jessica ha portato una serie di argomentazioni logiche e convincenti a conferma della sua tesi, l'importanza del denaro:
- la realtà per molti è fatta di miseria e sconfitte
- i soldi allontanano dai problemi reali
- pertanto i soldi servono perché permettono di creare altre realtà fittizie

Il problema non si risolve ma resta aperto ad altre discussioni, confronti e conclusioni. Il professore (sostenitore dell'antitesi) è convinto che occorra creare una società civile più equa e vivibile per costruire una società diversa e un mondo migliore.

Le tecniche espressive

Immediatezza e chiarezza del linguaggio
Il testo è un articolo apparso su un giornale a tiratura nazionale, quindi letto da un pubblico vario. Per questo motivo l'autore usa un lessico semplice e un linguaggio immediato per illustrare il problema in modo chiaro e recepibile da un pubblico di massa.
Tuttavia il linguaggio dei due interlocutori, Jessica e il professore, mostra due diversi registri: semplice e immediato quello della ragazza, più elevato e immaginifico quello del professore, che, pur evitando complicazioni intellettualistiche, parla sempre da docente.

LABORATORIO SUL TESTO

Conoscenze

Comprensione

1. **Indica il contesto sociale che emerge dall'articolo con opportuni riferimenti al testo.**
2. **Che cosa vuole fare capire il professore a Jessica?**
3. **Che cosa obietta Jessica?**
4. **Che cosa ne deduce il professore alla fine del dialogo con la sua studentessa?**

Analisi

5. **Completa nello schema seguente e in forma sintetica la struttura argomentativa del dialogo tra il professore e Jessica.**

- problema: **I soldi sono molto importanti nella nostra società?**
- tesi: I SOLDI SONO IL CONTRARIO DELLA REALTÀ
- argomenti a sostegno: ESEMPI RIFERITI ALLA SUA FAMIGLIA
- confutazione: A NESSUNO PIACE LA REALTÀ
- argomenti a sostegno della confutazione: TUTTI CERCANO DI SCAPPARE
- conclusione: TUTTI DEVONO LAVORARE PER STARE BENE NELLA REALTÀ

Conoscenze lessicali

6. **Spiega con parole tue il significato delle seguenti espressioni.**

a) lasciano a bocca aperta TI LASCIANO SBALORDITI
b) le cose pesanti della vita LE COSE PIÙ BRUTTE DELLA TUA VITA
c) non vogliamo scendere a patti NON VOGLIO METTERMI D'ACCORDO
d) una scappatoia dalla pesantezza della realtà UN MODO PER SCAPPARE DAI VERI FATTI

Conoscenze grammaticali

7. **Nella proposizione: «A diciassette anni altre devono essere le preoccupazioni e le gioie: l'amore, lo studio», quale funzione ricoprono «le preoccupazioni e le gioie»?**

A soggetto
B complemento oggetto
C nome del predicato
D complemento predicativo del soggetto

8. **Nella proposizione: «Voglio essere ricca per andare più lontano possibile dalla realtà», l'espressione sottolineata indica una proposizione**

A causale
B finale
C oggettiva
D temporale

9. **Nella proposizione: «Ma se avesse potuto sarebbe fuggito anche lui...», la forma verbale sottolineata è**

A un congiuntivo presente
B un congiuntivo passato
C un condizionale presente
D un condizionale passato

Abilità e competenze

Scrittura e interpretazione

1. **Sei d'accordo con Jessica o con il professore? Scrivi un breve testo di massimo 15 righe sostenendo le tue opinioni con argomentazioni convincenti.**

2. **Scrivi una lettera a Jessica in cui esprimi il tuo punto di vista rispetto al valore del denaro cercando di convincerla che altri sono i valori della vita.**

3. **Prepara un questionario con poche ma attinenti domande per capire quali sono gli orientamenti della tua classe rispetto al valore da attribuire al denaro.**

Ascoltare, argomentare e confrontarsi

4. **Con il denaro si può costruire una realtà migliore, afferma Jessica; «Più sei ricco, più puoi rimanere fuori dal mondo. Meglio ancora: puoi abitare in un mondo a parte, tutto fantastico, tutto inventato e invulnerabile». Qual è la tua opinione in proposito? Discutine con i tuoi compagni.**

testi non letterari

Ferdinando Camon
Discutiamo insieme: lo sballo del sabato sera

ANNO	MODELLO DI SCRITTURA	TIPOLOGIA TESTUALE	TEMA
2007	dialogo	testo argomentativo	• confronto tra adulti e giovani sul tema della droga

L'AUTORE

Ferdinando Camon è nato in un piccolo paese di campagna, in provincia di Padova, nel 1935. Nel 1978 pubblica il romanzo *Un altare per la madre*, che vince il premio Strega. Al centro del romanzo c'è la crisi della civiltà contadina. Seguono le analisi di altre crisi: col "ciclo del terrore" (*Occidente*, 1975; *Storia di Sirio*, 1984) Camon racconta il terrorismo, e col "ciclo della famiglia" (*La malattia chiamata uomo*, 1981; *La donna dei fili*, 1986) la crisi che porta in analisi. A seguito delle minacce rivoltegli da alcuni gruppi terroristi in seguito alla pubblicazione di *Occidente* è costretto per qualche tempo a lasciare l'Italia con la famiglia, sotto protezione. Con il *Canto delle balene* (1989) Camon inaugura il "ciclo della coppia". Nel 1991 esce il romanzo *Il Super-Baby*, storia del parto visto dal nascituro. Seguono altri due romanzi *Mai visti sole e luna*, del 1994, e *La Terra è di tutti*, del 1996. Nel 2004 esce il romanzo breve *La cavallina, la ragazza e il diavolo*. Nel novembre del 2006 lo scrittore ha riunito in un volume (*Tenebre su tenebre*) una lunga serie di pensieri, ragionamenti, analisi, ricordi, scritti nel corso degli ultimi anni a ridosso delle vicende più importanti della storia e della cronaca. *Figli perduti* viene pubblicato nel 2009. Il romanzo *La mia stirpe* è del 2011.

Siamo abituati a pensare alla droga come a un problema che non ci riguarda da vicino, lontano dal nostro quotidiano. Per questo non ci accorgiamo di come la droga ci passi continuamente di fianco, sia attorno a noi al punto da essere considerata come una presenza normale e innocua. A iniziare dai sabati sera in discoteca, dove "sballarsi" (con droghe e alcol) è diventato un rito collettivo di cui non si comprende il significato, e di cui, soprattutto, non si vedono gli inevitabili pericoli, le conseguenze mortali. Perché in molti casi, se non è la droga a uccidere direttamente, a uccidere sono gli incidenti stradali che avvengono a causa dell'assunzione di stupefacenti: così quella che dovrebbe essere una serata di festa, di divertimento, di musica, balli e risate con gli amici si trasforma in una tragedia, in una perdita irreparabile, in un lutto doloroso e inconsolabile.

Falsa partenza

Professore: – So per esperienza che gli incontri in cui voi dovreste imparare qualcosa, funzionano meglio se siete voi a parlare per primi, dicendo che cosa già sapete. Vediamo dunque: cosa sapete della droga? Certamente ne avete sentito parlare, in casa o alla televisione, ne avrete discusso con gli amici, forse qualcuno di voi ha qualche amico drogato, o che lui suppone che si droghi, forse – e questo sarebbe interessantissimo – avete visto la droga da vicino, una bustina di eroina,[1] una briciola di pane di hashish,[2] una pasticca di ecstasy...[3] Una settimana fa vi ho pregato di prepararvi a questo incontro leggendo qualche libro o vedendo qualche film, al cinema, in cassetta o dvd, sulla droga. Ce ne sono tanti ormai, antichi e recenti. Vediamo dunque: raccontate liberamente, vi ascolto.

Ragazza: – Scusi professore, parlo anche a nome dei miei compagni, abbiamo pensato che sarebbe meglio discutere subito quel che è successo qui questa settimana, perché i giornali gli dedicano ogni giorno pagine su pagine.

1 **eroina**: alcaloide derivato dalla morfina, polvere bianca, cristallina, di sapore amaro, usata come stupefacente e, in medicina, come analgesico e sedativo (per questa e per gli altri tipi di stupefacenti, vedi anche la scheda di approfondimento).
2 **hashish**: stupefacente ricavato dalle resine dei germogli della canapa indiana preventivamente essiccata, consistente in polvere pressata in pani, che si fuma puro o mescolato a tabacco, e produce effetti euforizzanti o narcotici.
3 **ecstasy**: tipo di droga chimica nata negli Stati Uniti, che unisce agli effetti allucinogeni l'eliminazione delle inibizioni.

Professore: – Intendete la discoteca?
Ragazza: – La discoteca, sì.
Professore: – Va bene, niente in contrario, partiamo dalla discoteca. Guardate che è una notizia normale, succede in tutte le città d'Europa. La polizia ha controllato in piena notte, con cento agenti, sei cani antidroga e due elicotteri, una megadiscoteca capace di contenere mille clienti, tra i quali si mescolano decine di spacciatori. C'è qualcuno fra voi che frequenta quella discoteca? Che la conosce bene? Coraggio, lo ascoltiamo.

Capotto
Ragazzo: – Io ci sono stato due settimane fa.
Professore: – E com'era l'ambiente?
Ragazzo: – Be', era molto strano, mi pareva tutto incredibile. È la più grande discoteca della nostra città, sta un po' fuori, sulle colline. Dentro c'è posto fino a mille clienti, vengono tutti in auto, a gruppi o a coppie. E arrivano spacciatori da quattro-cinque città vicine. Adesso è chiusa, la polizia ha fatto questa irruzione di notte, verso le due, con cento agenti e cani anti droga e perfino due elicotteri, non ho capito a cosa servivano gli elicotteri...
Professore: – Qualcuno ha un'idea? Una retata in una discoteca con elicotteri, perché gli elicotteri?
Altro ragazzo: – Gli elicotteri per vedere dall'alto se qualcuno scappa da qualche porta nascosta, che strada prende, dove si nasconde. Dall'alto informano gli agenti a terra, li guidano.

Professore: – Proprio così. La polizia va con gli elicotteri quando pensa che alcuni dei ricercati scapperanno, e sono proprio quelli che vuol prendere. Perché proprio quelli?

Ragazzo: – Perché quelli sono gli spacciatori, che stanno sempre all'erta, tengono d'occhio l'ingresso, per valutare chi entra, e le porte di servizio, sul retro. Al minimo sospetto, scappano. È facile trovare i drogati, sono tonti come gli ubriachi. Più difficile bloccare gli spacciatori.

Professore: – Credo che il vostro compagno abbia ragione. Ne han trovati poi, di spacciatori, in questa megadiscoteca?

Primo ragazzo: – A decine.

Professore: – E come mai son riusciti a trovarli e a fermarli?

Ragazzo: – Perché i poliziotti eran più di cento, come dicevo prima, e bloccavano anche le porte sul retro. Quando invece arrivano con due o tre auto, non trovano mai niente. O al massimo trovano polvere di droga o pasticche per terra, sui divani, nelle toilette. Ma spacciatori, mai.

Professore: – Questo però non è avvenuto la sera che c'eri anche tu, è avvenuto dopo. Cos'hai visto tu, perché dici che era un ambiente incredibile?

Ragazzo: – Perché era un manicomio, mille ragazzi che ballavano, bevevano, urlavano, musica fortissima, mi batteva sul petto come una scarica di bastonate. E poi c'era dell'altro...

Professore: – Dillo.

Ragazzo: – È quello che mi pareva incredibile.

Professore: – Be', dillo.

Ragazzo: – Ecco, c'eran ragazzi che ballavano e cantavano urlando: «Qua si vola – con la pastiglia in gola», «Una pasta[4] – non mi basta –, ma con otto – mi capotto». Sembravano invasati. La musica li accompagnava a tutto spiano,[5] era proprio una festa della droga. Le pastiglie venivan gettate in alto, sopra i gruppi che ballavano, e nel gruppo c'era chi alzava la testa a bocca aperta, per ricevere la pastiglia e mandarla giù.

Professore: – «Mi capotto», cantava dunque quel ragazzo. «Mi capotto» vuol dire «mi rovescio con l'auto». E così una disgrazia si trasforma in un canto di vittoria. Però il concetto vale anche rovesciato: un canto di vittoria si trasforma in disgrazia. C'è stato qualche incidente stradale, quella notte, tra i ragazzi usciti dalla discoteca?

Ragazzo: – Be', ce ne sono sempre.

Professore: – Sì, ma la notte del sabato ha una quantità di incidenti molto superiore alle altre notti. Il decuplo.[6] I ragazzi muoiono soprattutto nella notte tra sabato e domenica. Il sabato è la giornata della trasgressione, la domenica è la giornata del lutto.

4 **pasta**: in gergo, pastiglia di ecstasy.
5 **a tutto spiano**: in abbondanza e senza interruzione.
6 **decuplo**: dieci volte di più.

SEGNALIBRO

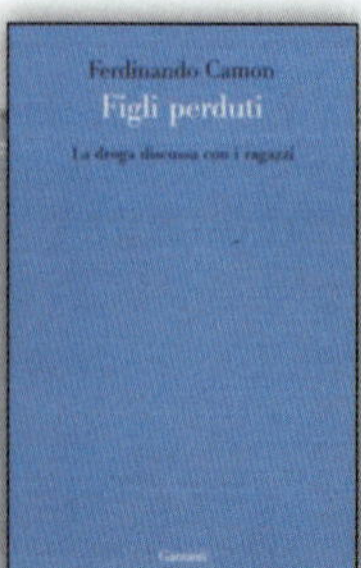

Figli perduti. La droga discussa con i ragazzi, Garzanti, Milano 2009.

il piacere di leggere

Il libro nasce da una lunga conversazione fra lo scrittore, che, su incarico del Ministero della Pubblica Istruzione, tiene da anni corsi nelle scuole sul problema della droga, e gli studenti delle classi che via via incontra. Il risultato è questo testo fitto di domande, dubbi, risposte, citazioni letterarie e cinematografiche, che ruotano attorno al problema della droga, ma, più in generale, attorno alla vita dei ragazzi: i divertimenti del sabato sera, la discoteca, lo "sballo", le amicizie, il sesso, i pericoli, le esperienze ed i rischi che si corrono, a volte consciamente, per una sorta di desiderio di autodistruzione, più spesso inconsciamente, per superficialità, mancanza di adeguate informazioni o eccessiva sicurezza di sé. In questo dialogo, lungo e appassionato, condotto con grande franchezza da una parte e dall'altra, emerge la volontà di discutere e comprendere un argomento delicato e importante, come quello della droga, spesso trattato con troppa superficialità e noncuranza, e di affrontare un problema che presenta molte sfaccettature e che, purtroppo, ci riguarda tutti da vicino.

PRIMO PIANO

Cellulare

Professore: – «Il sabato del villaggio» è una poesia di Leopardi, dice che il sabato è la giornata più felice della settimana, perché riempita dall'attesa della felicità domenicale. Oggi se un poeta dovesse scrivere un'elegia[7] sui giovani e il sabato, dovrebbe intitolarla «Il sabato del cimitero», perché al sabato sera i ragazzi escono da casa come se andassero in guerra, mezza dozzina o una dozzina di loro non sopravvivranno alla notte, non torneranno tra i vivi. Tra i ricordi più sgradevoli che la mia mente conserva c'è la visione di un'auto sfracellata a una curva, era uscita di strada per l'alta velocità (mi vien da dire: aveva superato il «muro del suono[8] stradale»), aveva sbattuto contro un albero, e si era attorcigliata intorno all'albero. Dentro c'erano i corpi di cinque ragazzi sui vent'anni, tutti immobili come manichini, a testa in giù. Il particolare che tiene appeso questo ricordo alla mia memoria, come un gancio, è che nella tasca di qualcuno di questi ragazzi il cellulare squillava e squillava, e intorno c'erano due agenti della stradale indaffarati a stilare[9] il verbale, che scaricavano uno sull'altro il tristissimo compito di rispondere: «Prendi quel maledetto cellulare e rispondi», «Rispondi tu». In Inghilterra, nei tribunali, emettono anche sentenze rieducative: per esempio, se uno fa un incidente stradale, lo condannano a lavorare per alcuni anni nella Croce Rossa o nel Pronto Soccorso. Lì, a rispondere a quel cellulare, avrebbe dovuto esserci il ragazzo delle molte pasticche in discoteca, quello che cantava: «Con otto – mi capotto».

Parlando con i drogati in terapia, ascoltando le loro confidenze, le loro risposte, al perché in discoteca si drogano in massa, perché vogliono restare scatenati ed eccitati per quattro-cinque ore senza crollare per terra, viene il sospetto che il limite delle energie stia al corpo come il muro del suono sta a un aereo. L'aereo su cui voliamo noi passeggeri, poniamo un jumbo, normalmente fila a 900 chilometri all'ora, urta contro il muro del suono ma non lo supera. Urtandolo, vibra. Il Concorde lo supera. Superandolo, non vibra più, ma vola silenzioso e leggero come se il suo spostamento fosse una forma di ubiquità.[10] Nel canto «ma con otto – mi capotto» non c'è la paura della morte, ma l'ebbrezza di sfidarla, lanciarsi di là, nel dopo-morte, e dunque di sentirsi immortali. La discoteca è il luogo dove la trasgressione del limite diventa un rito collettivo di tutta la giovane generazione, attraverso questo rito la generazione dei ventenni-trentenni collauda la propria morale assoluta e separata, che trasforma la vita in super-vita e il sesso in super-sesso. Queste trasformazioni si raggiungono trasformando il corpo in un super-corpo. In questa operazione, il corpo vien perduto e abbandonato come il bozzolo da cui vola via una farfalla.

7 **elegia**: nell'antica poesia greca e latina, componimento a carattere morale o sentimentale.
8 **muro del suono**: il suono è il prodotto della vibrazione di una sorgente sonora elastica, che si propaga per onde e stimola l'apparato uditivo provocando una sensazione acustica; la barriera, o muro, del suono, è un violento aumento di resistenza al moto, che si produce quando un corpo acquista una velocità prossima a quella del suono.
9 **stilare**: compilare, redigere.
10 **ubiquità**: la capacità di essere in più luoghi diversi nello stesso tempo (qualità, secondo le religioni, propria di Dio e di alcuni santi).

ANALISI DEL TESTO

I temi

La droga: un problema da affrontare

Il tema principale che il testo affronta è anche il tema del libro, come riportato dal sottotitolo: la droga, ovvero **la diffusione e il consumo di sostanze stupefacenti** da parte dei giovani. Il problema della droga viene presentato sotto forma di discussione con i ragazzi: l'argomento si costruisce a poco a poco, attraverso i racconti e le osservazioni dei ragazzi. E proprio attraverso loro si comprende come la droga purtroppo circoli liberamente nelle nostre comunità, passandoci accanto e incrociando le nostre vite in continuazione; come sia facile procurarsela, consumarla senza destare sospetti in genitori, insegnanti e amici (almeno inizialmente) e come poi, per contro, diventi difficilissimo liberarsene.

Disagio, solitudine e falsi miti

Dal dialogo con i ragazzi emergono tante altre questioni, che alla droga magari sono riconducibili, ma in maniera indiretta. Si parla di disagio, di difficoltà a comunicare con gli altri (con i genitori, ma anche con gli insegnanti e gli amici), di solitudine; si parla di falsi miti e modelli sbagliati spesso seguiti per noia, o per mancanza di una guida o di reali alternative, di precarietà (nello studio, nel lavoro ma anche negli affetti), di senso di inadeguatezza, di paura di non farcela o di non essere all'altezza della situazione. Si parla di amore, di sesso, di sentimenti spesso vissuti male, consumati troppo in fretta, svuotati di ogni significato, di ogni emozione. Si parla anche di quell'entusiasmo dei giovani, sicuramente una risorsa che porta a fare sempre nuove esperienze, ma che racchiude in sé il costante pericolo di perdersi.

Le tecniche di scrittura

Il dialogo-discussione

Il brano è un dialogo-discussione fra un professore (l'autore del libro) e una classe di studenti delle scuole superiori, che si svolge nell'arco di un tempo ridotto, durante una lezione. Lo spazio non viene descritto, ma è facile per il lettore collocare la scena in un'aula scolastica.

L'argomentazione

Il testo può essere suddiviso in tre parti o **macrosequenze**:

- una breve **introduzione** del professore, che presenta l'argomento di cui si discuterà (la droga e, in particolare, il consumo di droga da parte dei giovani)
- una serie di domande e risposte brevi che coinvolgono gran parte della classe
- l'ultima parte è un **monologo** del professore, a conclusione dell'argomento, in cui un drammatico e cruento ricordo (legato alla scena di un incidente stradale, in cui hanno perso la vita dei ragazzi) diventa l'occasione per una riflessione più ampia e più profonda, sul valore e il significato della vita, di cui non sempre siamo pienamente consapevoli.

I personaggi

Non conosciamo i nomi dei personaggi coinvolti nel dialogo-discussione, le loro identità non ci vengono rivelate perché, tutto sommato, costituiscono dati irrilevanti ai fini della narrazione. I personaggi del testo sono identificati attraverso i ruoli che giocano nella narrazione. Così l'autore del libro e coordinatore dell'incontro è semplicemente **il professore** perché incarna questo ruolo, di esperto dell'argomento chiamato a incontrare i ragazzi delle scuole per confrontarsi con loro, raccogliere le loro esperienze, le loro opinioni, per esortarli a parlare di un tema che ci riguarda tutti da vicino ma di cui si parla troppo poco. Allo stesso modo, **gli studenti** che intervengono nella discussione non hanno nomi propri, ma vengono semplicemente indicati come «ragazzo», «ragazza», «altro ragazzo». Sono gli studenti di una classe di una scuola superiore ma rappresentano tutti gli studenti di tutte le scuole superiori d'Italia, nel senso che i loro problemi, i loro dubbi e le loro risposte sono quelli di tutti noi.

Le tecniche espressive

Dialoghi incisivi e diretti

Il linguaggio è consono allo stile narrativo scelto: il dialogo prevede toni diretti, talvolta colloquiali, parole chiare e semplici, di uso comune, frasi brevi e incisive. Non è un caso che l'autore abbia scelto di riportare il dialogo in forma diretta, anziché trascrivere i contenuti in linguaggio indiretto, sotto forma di racconto (in prima o in terza persona). L'effetto ottenuto è quello di un testo di immediata fruizione e di facile e scorrevole lettura, veloce, incisivo e diretto come i temi di cui tratta e l'ambientazione da cui nasce. Il linguaggio utilizzato è quello di uso comune, inframmezzato da vere e proprie **espressioni in gergo** (come «pasta» che sta per "pastiglia", o espressioni come «tonti come ubriachi» o «a tutto spiano»). Il professore, conformemente al suo ruolo, utilizza un linguaggio più ricercato.

LABORATORIO SUL TESTO

Conoscenze

Comprensione

1. Di quale argomento discutono il professore e i ragazzi?
- [A] della disoccupazione giovanile
- [B] dei problemi legati allo studio e alla frequenza scolastica
- [C] del consumo di stupefacenti fra i giovani
- [D] del rapporto genitori-figli

2. Da che cosa i ragazzi propongono di partire, per affrontare l'argomento della discussione?
- [A] dalla notizia di una recente perquisizione della polizia in discoteca
- [B] dalla notizia di un incidente stradale in cui hanno perso la vita dei ragazzi
- [C] dallo spaccio di droga osservato nei paraggi della scuola
- [D] da un libro che hanno appena letto sul tema della droga

3. Secondo le statistiche, in quale momento della settimana si verifica il maggior numero di incidenti stradali che coinvolgono giovani?
- [A] lunedì mattina
- [B] nella notte fra venerdì e sabato
- [C] nella notte fra sabato e domenica
- [D] domenica notte

4. Il professore riporta alla classe un suo ricordo, relativo ad un incidente stradale particolarmente drammatico a cui ha assistito. Come vengono descritti l'automobile e i corpi delle vittime coinvolte nell'incidente?

5. Per quale ragione, secondo te, nessuno degli agenti accorsi sul luogo dell'incidente risponde al cellulare di una delle vittime?
- [A] perché non rientra nelle competenze degli agenti
- [B] perché presumibilmente a chiamare è un parente della vittima e nessuno ha il coraggio di dare la drammatica notizia
- [C] perché c'è molto rumore e nessuno sente la suoneria del cellulare

6. Chi avrebbe dovuto rispondere al cellulare della vittima, secondo il professore?

Analisi

7. Il brano è costruito sotto forma di dialogo argomentativo. Individua
- il problema: ....
- la tesi: ....
- gli argomenti a sostegno della tesi: ....
- la conclusione: ....

Conoscenze lessicali

8. Dai una definizione dei termini elencati di seguito (rispettando il significato con cui vengono utilizzati nel testo), poi trova almeno un sinonimo per ciascuno.

a) esperienza b) ricercato c) invasato

Conoscenze grammaticali

9. Indica la tipologia delle proposizioni secondarie sottolineate.

a) Al sabato sera i ragazzi escono da casa come se andassero in guerra. ....

b) Credo che il vostro compagno abbia ragione. ....

10. Indica con quale connettivo può essere sostituito "quando", nella seguente frase: «La polizia va con gli elicotteri quando pensa che alcuni dei ricercati scapperanno».

[A] sebbene [B] nonostante [C] infatti [D] allorché

Abilità e competenze

Scrittura e interpretazione

1. **Inventa un personaggio che in qualche modo ti somigli, una sorta di tuo *alter ego*. Dai un nome e una fisionomia al tuo personaggio, presentandolo brevemente. Quindi crea una breve storia che lo veda protagonista, ambientandola in una discoteca, in un sabato sera qualunque. Che cosa fa il tuo personaggio? Come si comporta? Chi incontra? Che cosa gli accade?**

Ascoltare, argomentare e confrontarsi

2. **Nel brano viene descritto l'ambiente di una grande discoteca in un sabato notte qualsiasi. Tu frequenti la discoteca? Se sì, per quale ragione (ti piace ballare, è il luogo in cui incontri gli amici, è il luogo in cui ci si può "sballare", ecc.)? Riconosci l'ambiente che frequenti di solito nella descrizione fatta dal ragazzo del brano? Hai assistito o partecipato a scene simili a quella descritta? Se sì, che cosa hai provato (senso di disagio, ansia, eccitazione, desiderio di emulazione, ecc.)? Confronta la tua esperienza personale con quella dei tuoi compagni.**

ESPANSIONI DIGITALI
SCHEDA APPROFONDIMENTI
Le droghe più diffuse

PER LEGGERE E APPROFONDIRE

Il problema della droga

Noi, i ragazzi dello zoo di Berlino, la storia autobiografica di Christiane F. (pseudonimo di **Christiane Vera Felscherinow**, Amburgo, 20 maggio 1962), una quattordicenne di un sobborgo di Berlino che, negli anni Settanta, finisce in un giro di droga e di prostituzione da cui non riesce ad uscire.

Alice, i giorni della droga, diario di una quindicenne americana che prova l'Lsd ad una festa e finisce col trovarsi, suo malgrado, nel tunnel della droga. La curiosità infatti la spinge a provare altri stupefacenti e da quel momento il suo declino diventa inesorabile.

In un milione di piccoli pezzi, romanzo del 2003 di **James Frey**, scrittore statunitense, nato nel 1969. È il racconto parzialmente autobiografico della sua dipendenza dalla droga e dall'alcool. La scrittura è ossessiva, la descrizione della degradazione fisica e psichica a cui possono portare l'alcool e la droga è cruda e dettagliata. Gran parte del libro racconta la riabilitazione dell'autore in una clinica del Minnesota, la difficoltà di uscire dalle sue dipendenze e la volontà di riappropriarsi della sua vita.

Tutto quel buio (1998). Protagonista del romanzo di **Linda Yablonsky** è una bella e giovane ragazza newyorkese che, dopo un'adolescenza apparentemente normale e rassicurante, sprofonda nella tossicodipendenza e in una cupa odissea che la conduce attraverso i quartieri più degradati di New York (ma anche di Napoli e poi di Bangkok) sempre con una sola idea in testa: l'eroina.

Jim entra nel campo di basket (1995) di **Jim Carroll**, poeta e cantante rock newyorkese, che scrive questi diari dai dodici ai quindici anni, raccontando meglio di chiunque altro le angosce e la disillusione della gioventù americana dei primi anni Sessanta, persa fra vita di strada ed eroina. Ambientato nelle periferie degradate di New York, il romanzo racchiude la drammatica vicenda di Jim e dei suoi giovani amici, che scivolano inesorabilmente nel baratro della delinquenza, della droga e della prostituzione.

Polvere bianca di **Linda Glovach** (1999) racconta la storia di una ragazza di nome Sam, che ha 19 anni, una madre alcolizzata e un padre che se ne è andato di casa. Sam non si sente sola: ha Dina, la sua gatta, e un diario al quale confida segreti, dubbi e paure. È a lui che parla del nuovo appartamento, del sogno di diventare attrice, del nuovo lavoro come ballerina, dell'amore per Blaine e, infine, anche dell'eroina, che fa dimenticare tristezza e paura. Il diario di Sam ci racconta i suoi sogni, le sue speranze, le sue scelte sbagliate e le sue delusioni. E ci racconta di quella polvere bianca che la consuma nell'anima e nel corpo.

Valentina D'Amaro
Senza titolo

ANNO	MOVIMENTO	TIPOLOGIA TESTUALE	TEMA
2000	arte contemporanea tra pittura e fotografia	testo artistico, ritratto	• atteggiamenti adolescenziali o atteggiamenti provocatori?

L'ARTISTA

Valentina D'Amaro (1966) è un'artista toscana che vive a Milano, ha esordito dipingendo paesaggi, forse influenzata dalla regione d'origine. Poi è passata al genere del ritratto, concentrandosi quasi esclusivamente sugli adolescenti, che osserva come uno studioso che vuole far conoscere delle creature poco conosciute.

L'opera rappresenta una giovane ragazza di cui l'artista fa il ritratto. Poiché il ritratto di uomini e donne è uno dei temi più diffusi in tutta l'arte europea, anche in un ritratto a noi contemporaneo ricorrono le caratteristiche del "genere", che è nato e si è imposto nel Rinascimento.

ANALISI DEL TESTO

Il soggetto: la presentazione del personaggio

La tela ritrae una ragazzina, dallo sguardo intenso accentuato dal trucco, con i capelli tagliati cortissimi; indossa una maglietta e degli shorts, un abbigliamento casual, tipico delle nuove generazioni. Altri particolari, come le unghie laccate, gli anelli al dito, una sigaretta, una borsetta, l'orologio, un tatuaggio sul braccio e un piercing completano la presentazione del personaggio, ispirato alle ragazze che si incontrano quotidianamente e al loro modo di crearsi un'immagine, fatta anche di atteggiamenti del corpo e dello sguardo.

Il **personaggio** è presentato dal suo autore in modo indiretto, attraverso i gesti, il modo di vestire, la pettinatura; proprio questi elementi fanno di questa figura di adolescente un tipo.

Scelte formali e punto di vista

Il soggetto è inquadrato dal basso, un punto di vista di solito connotato dal desiderio di esaltazione del personaggio. Il taglio, un'inquadratura a metà gamba, è associabile ad una modalità di ripresa di tipo cinematografico: si tratta infatti del "piano americano" (cfr. p. 112).

Lo sfondo del quadro è neutro, non c'è ambientazione, all'artista interessa cogliere il primo piano della ragazza in tutta la sua interezza.

Il messaggio

Come in un ritratto fotografico si cerca di capire il soggetto guardando l'espressione del viso e soprattutto gli occhi, così in questo quadro siamo attirati dallo sguardo che la ragazza lancia verso l'osservatore; uno sguardo che potremmo definire di sfida, accentuato dalle mani appoggiate sul pantalone appena slacciato che mette in evidenza l'ombelico. Forse però non vuole comunicare messaggi, perché la forza con la quale si mostra è, in fondo, il suo messaggio, ossia una nuova estetica per una nuova femminilità. Un discorso comunque tutto aperto che va discusso e interpretato da vari punti di vista.

Le note stilistiche

La pittura, negli ultimi decenni del XX secolo, sembra per molti artisti una tecnica ormai superata, a meno che non gareggi con un altro mezzo, la fotografia, che infatti ha sempre più impegnato artisti (non fotografi di professione) a presentarsi con opere molto "ambigue", ma che suscitano nel pubblico un vivo interesse. Un momento di fusione tra i due linguaggi si è avuto quando la pittura ha imitato la riproduzione della realtà ottenuta con la fotografia, per finire col confondere anche gli occhi più esperti. Quest'opera ne è un esempio.

LABORATORIO SULL'OPERA

Conoscenze

Comprensione

1. Quali sentimenti, tra i seguenti, attribuisci alla ragazza?

[A] rabbia [B] indolenza [C] cinismo

Motiva la tua risposta ....

....

2. La tecnica pittorica (olio su tela) è usata per farci pensare ad una fotografia più che a un quadro: pensi che questo effetto sia casuale o voluto? Qual è il messaggio dell'autrice?

3. Dove vedresti ben collocata questa immagine?

[A] su un cartellone pubblicitario
[B] su un cartellone di presentazione di un film
[C] su una rivista per adolescenti
[D] altrove: ....

Motiva la tua risposta ....

....

PRIMO PIANO

Abilità e competenze

Scrittura e interpretazione

1. Ti presentiamo altre opere dedicate dall'autrice a giovani ragazze; immagina di essere un redattore di una rivista per adolescenti

a) accanto a ciascuna immagine scrivi una didascalia significativa

b) di ciascuna opera cogli gli aspetti che trovi più interessanti per una sintetica presentazione.

Senza titolo, 2000, tecnica mista su tela, cm 120 x 90

Didascalia ....

Presentazione ....

Senza titolo, 2000, tecnica mista su tela, cm 160 x 80

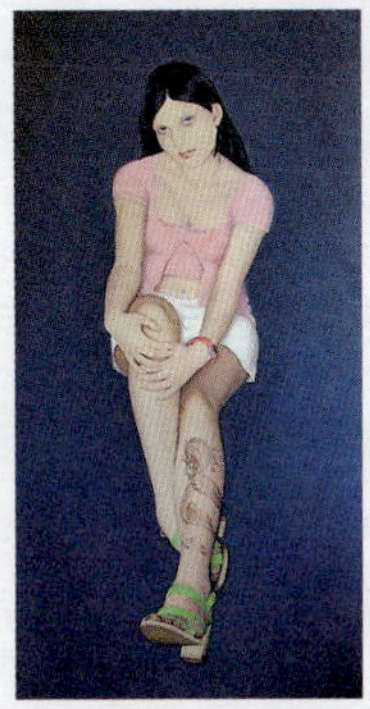

Didascalia ....

Presentazione ....

Senza titolo, 2000, tecnica mista su tela, cm 160 x 80

Didascalia ....

Presentazione ....

Senza titolo, 2001, tecnica mista su tela, cm 90 x 120

Didascalia ....

Presentazione ....

Ascoltare, argomentare e confrontarsi

2. La moda è particolarmente importante per gli adolescenti; spesso con il proprio modo di vestirsi un adolescente cerca di distinguersi dagli altri, di farsi notare, di comunicare un lato del proprio animo o della propria personalità. Sei d'accordo con questa affermazione? Motiva la tua risposta.

3. A volte la scelta di un vestito diventa il primo passo per entrare in un gruppo, per farsi delle amicizie, per rendersi più carini agli occhi degli altri o per far capire che si seguono le tendenze. Insomma, la moda è uno strumento potente, essere alla moda è una specie di lasciapassare per essere accolti bene, apprezzati. Qual è il tuo punto di vista? Organizza un dibattito con la classe e dopo avere ascoltato il giudizio degli altri prepara una scheda sintetica con i risultati finali.

progettare per competenze

Laboratorio in situazione

rapporto di cittadinanza attiva tra scuola e territorio

LUOGHI INSIEME
I luoghi di ritrovo degli adolescenti nel tempo libero

SITUAZIONE

CONCORSO A PREMI "Il Territorio si confronta con la scuola : progetti per adeguare il territorio alle esigenze dei giovani"

PRODOTTO

DOSSIER **Luoghi insieme. I luoghi di ritrovo degli adolescenti nel tempo libero**

LABORATORIO

Compiti collettivi, con competenze specifiche, in funzione del risultato finale.

Cittadinanza attiva *Il lavoro di laboratorio si inserisce nelle proposte di* ***cittadinanza attiva*** *previste nei percorsi formativi che caratterizzano il primo biennio delle scuole secondarie di secondo grado.*

Presentazione del laboratorio *Prendendo spunto da una situazione reale (la partecipazione ad un concorso a premi indetto dalle istituzioni pubbliche della città) si aderisce all'iniziativa con una classe. Si progetta, attraverso l'attività di laboratorio, la realizzazione di un dossier sull'argomento oggetto del concorso. Il dossier elaborato vuole fare emergere uno spaccato sulla condizione degli adolescenti e del loro rapporto con il territorio in cui vivono, proponendo spunti di riflessione ed alcuni suggerimenti per possibili successive azioni.*

Il perché del laboratorio *Il laboratorio si propone di effettuare una indagine conoscitiva degli spazi aperti e chiusi (della propria città) condivisi dagli adolescenti durante il loro tempo libero. L'esigenza di spazi in cui trascorrere il tempo libero con gli altri è avvertita in modo particolare in alcune fasi della vita. Due fattori influiscono in modo significativo su questo bisogno: la disponibilità di tempo libero e il valore attribuito alle relazioni con i coetanei. La giovinezza e, in misura maggiore, l'adolescenza, costituiscono stadi dell'esistenza in cui le relazioni con i coetanei e il tempo trascorso con loro rappresentano punti di riferimento fondamentali. Nell'adolescenza, in particolare, la ricerca di indipendenza dalla famiglia e l'interesse progressivo e crescente verso i coetanei derivano dal mutato assetto psichico ed emotivo che caratterizza questa età.*

Competenze attivate

competenze chiave di cittadinanza	competenze di base
• imparare ad imparare • collaborare e partecipare • acquisire e interpretare informazioni • comunicare	• comunicare nella madrelingua • comunicare nella lingua straniera • competenza digitale

Discipline coinvolte

- italiano
- lingua straniera
- discipline di indirizzo

Ruolo del docente

Il docente si pone come consulente metodologico e animatore motivazionale

Coordinamento

La classe è coordinata da un insegnante che può decidere di affidare il coordinamento a un *peer leader*

Esiti formativi

abilità/competenze da sviluppare nel laboratorio

- attivare la capacità di coordinamento e lavoro tra gruppi per la produzione di materiale attraverso il quale mettere in comunicazione la scuola e le istituzioni del territorio
- dialogo tra competenze disciplinari e professionali scolastiche ed extrascolastiche per un processo di formazione e crescita in termini innovativi
- consapevolezza degli strumenti linguistici da usare in funzione di uno scopo comunicativo definito e specifico
- produzione guidata di testi scritti: descrizione di un'esperienza di laboratorio
- redazione di informazioni
- valutazione attraverso i prodotti finali degli studenti (depliant, traduzione in lingua)

Fasi operative

Il laboratorio prevede quattro fasi operative per organizzare i gruppi di lavoro e il percorso metodologico da seguire

Laboratorio in situazione

1 Prima fase operativa

La motivazione e l'avvio dell'esperienza

Confronto iniziale: discussione collettiva e schematizzazione del lavoro preparatorio.

La prima fase è abbastanza importante perché deve progettare la programmazione del lavoro, i percorsi da seguire, le ore a disposizione.

ATTIVITÀ		RIFLESSIONI SULLE COMPETENZE ATTIVATE
Durante il primo incontro si chiariscono gli **intenti del laboratorio** e i motivi per i quali si realizza.	1	L'attività ha una valenza orientativa perché lascia intravedere le possibilità di cooperazione e le finalità del lavoro di gruppo.
Discussione e individuazione dei gruppi di lavoro.	2	L'attività sollecita la discussione, la cooperazione, l'organizzazione personale e di gruppo.
Si ascoltano gli interventi del gruppo classe, si confrontano i vari punti di vista.	3	L' attività potenzia le tecniche di ascolto attivo e la capacità di interagire in termini relazionali.
Elaborazione di indicazioni e suggerimenti per rendere i luoghi scelti più vicini alle esigenze dei gruppi che li frequentano.	4	L'attività potenzia il ruolo di soggetti attivi del proprio processo di formazione e di apprendimento e sviluppa la capacità di confronto e la ricerca di risposte.

Dal dibattito possono nascere altri punti oggetto di indagine e di discussione.

2 Seconda fase operativa

La ricerca

Divisione dei gruppi di lavoro: scelta dei componenti e degli argomenti da sviluppare.

Il risultato del confronto iniziale dovrà fornire lo spunto per formare i gruppi di lavoro tenendo presenti le competenze di ciascuno e le relazioni con i propri compagni. Perché il lavoro proceda con impegno, motivazione ed entusiasmo è importante che i gruppi siano ben amalgamati.

ATTIVITÀ		RIFLESSIONI SULLE COMPETENZE ATTIVATE
Indagine conoscitiva: acquisizione d'informazioni generali sugli adolescenti, sulle loro modalità d'uso degli spazi pubblici nel tempo libero; indagine dell'offerta complessiva attuale di tali spazi nelle proprie città.	1	L'attività si pone come occasione per accrescere la motivazione e l'incentivo allo studio, per scoprire il piacere della ricerca, dell'informazione anche come risposta alla curiosità del sapere.
La **pianta della città**: disegnare una mappa della città (o del luogo in cui si vive) evidenziando i luoghi di ritrovo (aperti e chiusi) di cui si parla tramite simboli significativi.	2	Predisporre una pianta sviluppa la capacità di osservazione, uno degli obiettivi indispensabili all'acquisizione di un metodo razionale di conoscenza.
La **fotografia**: fotografare i luoghi oggetto d'indagine con didascalie e commenti che ne evidenzino le caratteristiche positive e negative.	3	Fotografare mette in atto le capacità di osservazione, di documentazione e di testimonianza e il possesso di tecniche e di linguaggi per la comunicazione.
Le **interviste**: raccogliere le interviste di giovani frequentatori dei luoghi scelti per acquisire informazioni sull'uso degli spazi pubblici nel tempo libero. Si consiglia un questionario preparatorio.	4	Predisporre una traccia di intervista è attività formativa perché prefigura l'individuazione dei punti nodali che si vogliono approfondire e correlare. Si tratta dunque di una forma di organizzazione del pensiero.
La **tabella** e i **grafici**: elaborazione statistica dei dati emersi dal lavoro di gruppo e visualizzazione grafica utilizzando procedure informatizzate.	5	La costruzione di tabelle e grafici, oltre a sostenere la capacità di sintesi e di organizzazione del pensiero, consente il confronto e facilita la revisione dei punti di vista.

Laboratorio in situazione

3 Terza fase operativa

Simulazione

Simulazione della presentazione del dossier alla giuria del concorso.

Scelta, da parte del gruppo classe, degli incaricati alla presentazione orale nella giornata designata. Come esplicitato nel bando del concorso, una parte del punteggio verrà assegnato dalla giuria alla presentazione orale.

ATTIVITÀ		RIFLESSIONI SULLE COMPETENZE ATTIVATE
Stabilire le modalità di presentazione orale: • teatralizzata a più voci (sotto forma di dialogo) • a una sola voce accompagnata da altre voci corali • a più voci • con accompagnamento musicale o mix di musiche in sottofondo gestito dal gruppo	1	Divulgare l'esperienza e i risultati conseguiti è indicativo di un esplicito orgoglio per l'appartenenza alla propria scuola.

4 Quarta fase operativa

Comunicare

Scelta delle forme comunicative per presentare l'esperienza e i risultati finali del laboratorio di gruppo.

La scelta delle forme comunicative presuppone la padronanza della lingua italiana e l'utilizzo di strategie diverse a seconda degli scopi comunicativi.

ATTIVITÀ		RIFLESSIONI SULLE COMPETENZE ATTIVATE
Un **articolo giornalistico** che presenti tutte le fasi di sviluppo del lavoro di gruppo, che sarà inviato al giornalino scolastico (cartaceo o on line).	1	Si potenzia la capacità di utilizzare gli strumenti espressivi, informativi ed argomentativi nell'interazione comunicativa.
Un **comunicato stampa** ad un giornale locale che comunichi la presentazione dei risultati del lavoro di gruppo nell'Aula Magna del proprio istituto.	2	Si potenzia la capacità di redigere sintesi con un lessico appropriato adeguato alla situazione comunicativa in oggetto.
Una **relazione orale** per tutta la classe e gli insegnanti con cui si è lavorato laboratorialmente.	3	Si potenzia la capacità di esporre in modo chiaro, logico e coerente l'esperienza di gruppo.
Una **relazione scritta** condivisa da tutti che indichi tutte le fasi di lavoro, sia organizzative, sia di ricerca, da presentare al dirigente della scuola.	4	Si potenzia la capacità di rielaborare in forma chiara le informazioni adeguandole alla situazione comunicativa.
Un **depliant illustrativo**, tradotto anche in altre lingue, da proporre agli studenti dell'istituto o di altri istituti e al territorio in occasione di determinate situazioni (ad esempio scambi culturali).	5	L'attività mette in atto la capacità di articolare una ricerca acquisendo e rielaborando informazioni per trarne conclusioni.
Un **power point**.	6	Si potenzia la capacità di documentare l'esperienza in modo articolato e gradualmente ampliabile, anche utilizzando strumenti multimediali.
Un **ipertesto** che utilizzi immagini e scrittura frutto dell'indagine effettuata.	7	La documentazione attraverso una struttura organizzata come l'ipertesto potenzia l'acquisizione di una visione unitaria d'insieme utile a guidare gli studenti nel passaggio dai processi analitici verso quelli sintetici.

Laboratorio in situazione

QUESTIONARIO DI AUTOVERIFICA

competenze acquisite nell'attività di **Laboratorio in situazione**

LUOGHI INSIEME

Progettare e partecipare

1 **Quando mi hanno proposto questo laboratorio, la mia reazione è stata di**

A indifferenza

B interesse

C curiosità

D entusiasmo

2 **Nella fase di ricerca dei luoghi di divertimento per i giovani la mia partecipazione è stata**

A essenziale perché gli altri non conoscevano i luoghi

B utile per una completa mappa dei luoghi

C marginale perché non li frequento e dunque non li conosco

D utile solo in parte perché i luoghi che io frequento non rientravano nel tema

3 **Durante la ricerca ho scoperto che i luoghi di ritrovo per giovani**

A non sono solo frequentati dai giovani

B si assomigliano tutti

C in alcuni casi sono esclusivi, e non è facile farsi accettare

D sono luoghi da non frequentare

4 **Dal lavoro del laboratorio ho capito che**

A voglio allargare le mie amicizie

B bisognerebbe inventare per i giovani situazioni nuove

C mi piace l'idea che ci si possa incontrare per parlare, ascoltare musica, mangiare, giocare solo tra pari

D un giovane che si documenta sui giovani, suscita l'interesse degli adulti

Acquisire e interpretare informazioni

5 **Quali aspetti interessanti ho scoperto partecipando alla ricerca?**

A prima di questa ricerca non avevo mai dedicato del tempo a parlare seriamente con i miei compagni, così ho imparato a conoscerli veramente

B guardando la mappa dei luoghi di ritrovo della mia città ho scoperto che si concentrano in centro lasciando sguarniti intere zone o quartieri

C non sapevo che, anche nei luoghi di divertimento, specie quelli dove l'ingresso è regolato, ci si ritrova tra simili per "cultura", "estrazione sociale", ecc.

D dalla ricerca ho imparato quanto ci assomigliamo / siamo differenti... nel vestire, nel parlare, tra maschi e femmine, tra studenti della stessa scuola, tra persone dello stesso paese, ecc.

Collaborare e risolvere problemi

6 **Nella divisione del lavoro di gruppo ho capito che mi riesce molto bene**

- A consultare mappe e carte
- B contattare e parlare con gli adulti diversi dai professori
- C lavorare con le immagini
- D ricercare materiale in Internet

7 **Nel collaborare con i compagni ho potuto esprimere le mie capacità di**

- A organizzatore e leader
- B ricercatore sul campo, cioè fuori dalla scuola
- C diplomatiche, di mediazione nei confronti nati tra i miei compagni
- D parlare in pubblico

8 **Nel lavoro conclusivo della ricerca ho**

- A saputo assumermi molti compiti e responsabilità
- B evitato di essere troppo coinvolto
- C lasciato fare agli altri, a chi è più capace di me
- D fatto la mia parte e apprezzato quella degli altri

Comunicare

9 **Per la realizzazione del lavoro ho scelto di**

- A elaborare la sintesi scritta
- B organizzare la forma grafica per il testo cartaceo
- C selezionare le immagini e le fotografie con le didascalie appropriate
- D scegliere la forma grafica per il testo interattivo

10 **A lavoro ultimato ho scelto di**

- A presentarer il dossier a coetanei di altre scuole
- B presentare il dossier alla giuria del concorso
- C non presentare il dossier per insicurezza
- D non presentare il dossier per paura di parlare in pubblico

Competenze digitali

11 **Durante l'attività di laboratorio ho potuto verificare che le mie competenze digitali sono**

- A buone
- B scarse
- C sufficienti
- D inesistenti

PERCORSO 3

Competenze testuali attraverso i generi

PERCORSO 3

Competenze testuali attraverso i generi

UNITÀ 1 **Il romanzo di formazione**

COMPETENZE LINGUISTICHE • Riflettiamo sugli aggettivi

PRIMO PIANO *testi non letterari* Viaggi di formazione

UNITÀ 2 **Il romanzo storico**

COMPETENZE LINGUISTICHE • Riflettiamo sul verbo

modelli letterari *I promessi sposi* di Alessandro Manzoni

PRIMO PIANO *testi non letterari* • Il fotogiornalismo tra informazione e denuncia

UNITÀ 3 **Il romanzo realistico-sociale**

COMPETENZE LINGUISTICHE • Riflettiamo sul pronome

modelli letterari La narrazione naturalista e verista

PRIMO PIANO *testi non letterari* • Altre forme di realismo

UNITÀ 4 **Il romanzo di memoria**

COMPETENZE LINGUISTICHE • Riflettiamo sull'avverbio

PRIMO PIANO *testi non letterari* • Quando ricordare diventa un dovere

UNITÀ 5 **Il giallo**

COMPETENZE LINGUISTICHE • Riflettiamo sulle preposizioni

PRIMO PIANO *testi non letterari* • Il giallo a fumetti

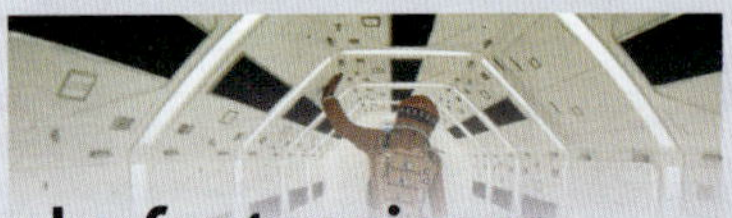

UNITÀ 6 **La fantascienza**

COMPETENZE LINGUISTICHE • Riflettiamo sulle congiunzioni

PRIMO PIANO *testi non letterari* • La realtà virtuale

UNITÀ 1

Il romanzo di formazione

Il romanzo di formazione

L'affermarsi del genere

Il romanzo di formazione è un genere che si afferma tra la seconda metà del Settecento e l'inizio dell'Ottocento, in un periodo di grandi cambiamenti storici e sociali che esercitarono un profondo influsso sui gusti del pubblico e sugli orientamenti degli scrittori dell'epoca.

Nel corso dell'**Ottocento** troviamo romanzi di formazione in Francia, in Russia e in altri Paesi europei, compresa l'Italia. In Germania per indicare il romanzo di formazione fu coniata l'espressione *Bildungsroman*. In questi romanzi viene descritto il percorso di formazione di un giovane eroe, protagonista assoluto della storia, che arriva a conoscere (o a riconoscere) se stesso attraverso un complesso e movimentato rapporto con il mondo circostante. L'eroe, dopo una serie di esperienze, giunge alla consapevolezza del funzionamento della realtà sociale e culturale e della propria personale condizione all'interno di essa. Fra i primi esempi di romanzo di formazione possono essere annoverati *Candido* (1759) di **Voltaire** e *Tom Jones* (1749) di **Henry Fielding**.

Il romanzo di formazione in Italia e nel Novecento

Fra i **classici italiani** non si può parlare di romanzo di formazione se non in maniera molto parziale. Possiamo citare, come esempio, la seconda parte delle *Ultime lettere di Jacopo Ortis* (1802) di **Ugo Foscolo** o le avventure di Renzo Tramaglino raccontate da **Alessandro Manzoni** nei *Promessi sposi* (1827). Per trovare il primo vero romanzo di formazione italiano dobbiamo attendere la seconda metà dell'Ottocento quando appaiono le *Confessioni di un italiano* (1867) di **Ippolito Nievo**, dove grande spazio è lasciato al racconto dell'infanzia e della giovinezza di Carlino, il protagonista.

Nel corso del **Novecento** molti scrittori si sono dedicati a questo genere, pur con trasformazioni tematiche e formali che segnano un'evoluzione del genere stesso. Tra i molti titoli importanti ricordiamo: *Gioventù* di **Joseph Conrad** (1898), *Tonio Kröger* (1903) di **Thomas Mann**, *I turbamenti del giovane Törless* (1906) di **Robert Musil**, *Ritratto dell'artista da giovane* (1916) di **James Joyce**, *Il giovane Holden* (1951) di **Jerome David Salinger**; quest'ultimo è senz'altro il romanzo di formazione più famoso del secondo Novecento. Il tema principale del romanzo è l'incapacità del protagonista, Holden, di inserirsi nel contesto sociale e rispettarne regole e convenzioni. Il giovane Holden interpreta il disagio e l'insoddisfazione della generazione di adolescenti dopo la Seconda guerra mondiale.

Nel romanzo del Novecento compaiono nuove realtà con le quali l'individuo in formazione deve confrontarsi. Inoltre agli inizi del Novecento si afferma la questione femminile come fatto problematico: le donne, da sempre relegate in una condizione subalterna, rivendicano i loro diritti e conquistano uno spazio da protagoniste anche nella scena letteraria sia come personaggi sia come scrittrici.

I romanzi di formazione di autori contemporanei

Nei romanzi di formazione di autori contemporanei le vicende, pur riferendosi a epoche e contesti culturali differenti, ruotano sempre attorno al momento delle prove da superare. I protagonisti si misurano con le difficoltà del mondo e mettono alla prova le proprie capacità di far fronte ad esse. Attraverso la scoperta di amare verità ma anche di nuovi valori come la compassione, la solidarietà, l'amicizia, diventeranno adulti, ma a caro prezzo.

François-Xavier Fabre, *Ritratto di uomo*, 1809 (particolare). Edimburgo, Scottish National Gallery.

David Grossman
Assaf e Tamar

testo facilitato

ascolto

OPERA	ANNO	LINGUA	GENERE	TEMA
Qualcuno con cui correre	2000	ebraico	romanzo di formazione a sfondo storico	• crescere a Gerusalemme

L'AUTORE

David Grossman è uno scrittore israeliano, nato a Gerusalemme il 25 gennaio 1954. È autore di romanzi, saggi e letteratura per bambini, ragazzi e adulti. I suoi libri sono stati tradotti in numerose lingue e hanno vinto molti premi letterari in tutto il mondo. Ha studiato Filosofia e Teatro all'Università ebraica di Gerusalemme. Ha lavorato come corrispondente e come attore radiofonico per la radio Kol Israel, il servizio radiofonico di Stato israeliano. Attualmente vive a Mevaseret Zion, vicino Gerusalemme, con la moglie e i figli, Jonathan e Ruth. Fra i suoi romanzi più celebri vanno ricordati *Vedi alla voce amore* (1988), *Ci sono bambini a zig zag* (1996), *Che tu sia per me il coltello* (1999) e *Qualcuno con cui correre* (2000). Tra i saggi, *Il vento giallo* (1988), dedicato alla questione della popolazione palestinese nei territori occupati dagli israeliani; sempre dedicati al conflitto israelo-palestinese, *La guerra che non si può vincere: cronache dal conflitto tra israeliani e palestinesi* (1984) e *Con gli occhi del nemico. Raccontare la pace in un paese in guerra* (2007), *A un cerbiatto somiglia il mio amore* (2008), *Caduto fuori dal tempo* (2012). Come gran parte degli israeliani, ha sostenuto Israele durante la guerra israelo-libanese del 2006, ma il 10 agosto 2006, insieme agli autori Amos Oz e Abraham Yehoshua, ha parlato durante una conferenza stampa chiedendo al governo di trovare un accordo. Due giorni dopo, suo figlio Uri, di 20 anni, militare di leva, viene ucciso da un missile anticarro nel sud del Libano.

Assaf cerca di dare un ordine ai suoi pensieri, mentre corre dietro al cane affidatogli dal suo capo ufficio per le strade di Gerusalemme. È il ritratto di un sedicenne timido ed impacciato, pieno di dubbi e sognatore, ancora incerto su se stesso e sulle proprie capacità, alla ricerca della propria strada nel mondo.

Un cane corre per strada, inseguito da un ragazzo. Una lunga corda li unisce, si impiglia nelle gambe dei passanti che brontolano, si infuriano, il ragazzo non fa che mormorare «scusi, scusi» e tra le scuse urla al cane: «Fermati! Stop!». Ma quello prosegue la sua corsa.

Vola in avanti, attraversa strade piene di traffico, ignora i semafori rossi. Il mantello dorato sparisce e riappare agli occhi del ragazzo, tra le gambe della gente, come un segnale misterioso. «Piano» grida, e pensa che se almeno sapesse il suo nome potrebbe chiamarlo e quello

Qualcuno con cui correre, film del 2006 di Oded Davidoff, tratto dall'omonimo romanzo di David Grossman.

si fermerebbe, o almeno rallenterebbe a correre, e lo farebbe anche se la corda gli stringesse il collo fino a soffocarlo. Continuerebbe a correre per arrivare alla meta verso cui è lanciato. «Se solo ci arrivassimo!» pensa. «Almeno sarebbe tutto finito».

Questa bella avventura capita proprio in un brutto momento. Il ragazzo, Assaf, rincorre il cane ma i suoi pensieri rincorrono lui, che invece vorrebbe cancellarli, concentrarsi unicamente su quella corsa. Ma i pensieri lo inseguono come una lunga scia di lattine sbatacchianti. In una di esse c'è il viaggio dei suoi genitori. In questo momento stanno sorvolando l'oceano per la prima volta in vita loro. Perché sono dovuti partire così all'improvviso? In un'altra c'è sua sorella maggiore,[1] alla quale non vuole nemmeno pensare perché da lì potrebbero scaturire solo guai. Ma ci sono altre lattine,[2] grandi e piccole, che si urtano nella sua testa, e in fondo alla catena ce n'è una che si trascina dietro ormai da due settimane e il cui suono metallico lo sta facendo impazzire, ripetendogli strepitando che dovrebbe innamorarsi perdutamente di Dafi,[3] perché quanto è possibile aspettare? Assaf sa che dovrebbe fermarsi un momento, mettere un po' d'ordine in quell'insopportabile groviglio, ma il cane ha altri piani.

Al diavolo, aveva sbuffato Assaf quando la porta si era aperta ed era stato chiamato a vederlo.[4] Un attimo prima era proprio stato sul punto d'innamorarsi di lei, Dafi. Aveva sentito di poter finalmente sconfiggere la resistenza che percepiva nelle viscere, zittire la voce pacata e tranquilla che continuava a ripetergli da laggiù: «Non fa per te, questa Dafi. Non fa altro che punzecchiare e sfottere tutti, e te in particolare. Che bisogno hai di continuare questa stupida finzione, sera dopo sera?». Ma allora, nell'attimo in cui stava per soffocare quella voce impertinente, si era aperta la porta dell'ufficio in cui, durante l'ultima settimana, era rimasto seduto ogni giorno dalle otto del mattino alle quattro del pomeriggio, e sulla soglia era apparso Avram Danokh, smunto, scuro, brusco, il vicedirettore del reparto d'igiene del municipio, e l'amico di suo padre che gli aveva procurato quel lavoro per il mese di agosto. Gli aveva detto di smetterla di poltrire e di scendere subito giù con lui al canile, perché aveva finalmente un lavoro da affidargli.

Danokh camminava spedito spiegandogli qualcosa a proposito di un cane ma Assaf non lo ascoltava. Di solito gli ci voleva un po' per passare da uno stato d'animo all'altro e ora seguiva Danokh a malincuore lungo i corridoi del municipio, tra gente che veniva a pagare bollette dell'acqua e tasse per la spazzatura, o a denunciare i vicini per avere costruito una veranda

1 **sua sorella maggiore:** la sorella maggiore di Assaf, Reli, si è trasferita per lavoro negli Stati Uniti. I genitori sono appena partiti per andarla a trovare.
2 **lattine:** sono i pensieri di Assaf, paragonati a lattine che, urtando, fanno rumore.
3 **Dafi:** la ragazza presentatagli da un suo amico.
4 **a vederlo:** Assaf è nel suo ufficio, perso nei suoi pensieri, quando viene chiamato dal suo capo a vedere il cane.

SEGNALIBRO

Qualcuno con cui correre, Mondadori, Milano 2001.
Traduzione di Alessandra Shomroni

il piacere di leggere

Assaf è un sedicenne timido e goffo. Il padre gli ha trovato lavoro durante le vacanze estive presso il municipio di Gerusalemme. E qui gli viene affidato un compito piuttosto insolito: riportare un cane abbandonato al legittimo e sconosciuto proprietario. Immerso nei suoi sogni a occhi aperti e dilaniato da dubbi adolescenziali, Assaf si ritrova a correre dietro al cane per le strade ed i vicoli della città, visitando luoghi sconosciuti, imbattendosi in personaggi bizzarri e rimanendo vittima di una serie di curiose e piccole disavventure. Nell'affannosa ricerca del proprietario di Dinka, il cane che gli è stato affidato, il destino di Assaf si incrocia con quello di una strana e misteriosa ragazza, Tamar, dagli occhi azzurri e dalla voce d'angelo, fuggita da casa per salvare il fratello tossicodipendente, finito nella rete di una banda di spacciatori che lo tengono in pugno. Riportare Dinka a Tamar diventa per Assaf una sorta di missione che lo coinvolge fisicamente ed emotivamente: perché a poco a poco si sente sempre più attratto da quella ragazza temeraria e ostinata della cui esistenza raccoglie frammenti lungo la strada, e che arriva a conoscere ed ad amare prima ancora di averla incontrata.

abusiva.[5] Lo seguì lungo le scale d'emergenza fino al cortile sul retro cercando di scoprire dentro di sé se fosse riuscito a vincere anche l'ultima resistenza nei confronti di Dafi. Cosa avrebbe detto quella sera a Roy,[6] il quale pretendeva che la smettesse con gli indugi e cominciasse a comportarsi da uomo? Già da lontano udì un forte latrato[7] e rimase sorpreso. Di solito i cani abbaiavano tutti insieme, disturbando così le sue fantasticherie, su, al terzo piano, ma ora era solo uno a farsi sentire. Danokh aprì un cancello, si voltò e disse qualcosa che Assaf non riuscì a capire, a causa dei latrati. Aprì una seconda porta e con un cenno ordinò ad Assaf di seguirlo lungo lo stretto corridoio tra le gabbie.

Non c'era alcuna possibilità di errore, era impensabile che Danokh l'avesse condotto lì per un altro cane. Ce n'erano almeno otto o nove rinchiusi nelle gabbie, ma era come se ce ne fosse uno solo, che pareva aver assorbito in sé tutti gli altri, rimasti silenziosi e un po' sconcertati. Non era particolarmente grosso ma aveva un aspetto robusto, selvatico e soprattutto disperato. Assaf non aveva mai visto un cane così disperato. Non faceva che avventarsi contro la rete facendo tremare e scricchiolare l'intera fila di gabbie. Poi emetteva un latrato acuto e terrificante, a metà tra un ululato e un ringhio, e gli altri cani rimanevano a guardarlo in silenzio, con stupore, perfino con rispetto. Assaf ebbe la strana sensazione che, se fosse stato un uomo, avrebbe sentito il bisogno di aiutarlo. Oppure se ne sarebbe andato, per lasciarlo solo con il suo dolore.

Tamar

Chiusa nello squallido gabinetto della stazione ferroviaria, Tamar si prepara ad affrontare la sua missione: abbandonare la casa dei genitori e la vita tranquilla e ordinata di giovane studentessa e promettente cantante lirica per cercare il fratello Shay, tossicodipendente, vittima di una banda di spacciatori. Prima di partire, rilegge i suoi diari, che non potrà portare con sé nel suo incerto e pericoloso viaggio.

Tamar si chiuse in un'angusta[8] latrina[9] della stazione degli autobus dalle pareti ricoperte di scritte e graffiti volgari. Si tolse in fretta i Levi's e la camicia di tela indiana che i genitori le avevano portato da Londra, si sfilò i sandali, usandoli però come appoggio, e rimase in slip e reggiseno, disgustata dall'aria viziata della toilette che le si appiccicava addosso. Dal grosso zaino estrtasse uno zainetto più piccolo, una maglietta e una salopette blu informe e grezza, irrimediabilmente macchiata e sdrucita.[10] «Ti ci abituerai» pensò indossandola. Esitò un istante poi si tolse anche il sottile braccialetto d'argento ricevuto in dono per il Bar-Mitzvah:[11] sarebbe stato rischioso tenerlo, vi erano incisi nome e cognome. Tirò fuori un paio di scarpe da ginnastica e se le infilò. Avrebbe preferito i sandali ma pensò che nelle prossime settimane le scarpe sarebbero state molto più utili: da un lato le avrebbero conferito maggior sostegno, dall'altro le avrebbero permesso di correre più veloce, nel caso venisse inseguita.

C'erano anche dei diari. Sei quaderni con la copertina rigida avvolti in un sacchetto di carta sigillato. Il primo, scritto all'età di dodici anni, era più sottile degli altri e ancora ornato con disegni variopinti di fiori e cerbiatti, uccellini e cuori trafitti. Gli altri, con la copertina liscia, erano molto più spessi e ricoperti da una scrittura fitta. Appesantivano molto lo zaino

5 **abusiva:** costruita senza regolare permesso.
6 **Roy:** il migliore amico di Assaf, che lo incita a "comportarsi da uomo", ovvero a dichiararsi a Dafi.
7 **latrato:** il verso tipico del cane, quando abbaia in modo rabbioso.
8 **angusta:** stretta, scomoda.
9 **latrina:** sinonimo di gabinetto, usato soprattutto per indicare un luogo sudicio, lurido.
10 **sdrucita:** lacerata, stracciata.
11 **Bar-Mitzvah:** è il nome della cerimonia con la quale i ragazzi ebrei, al compimento del tredicesimo anno di età, vengono riconosciuti responsabili dal punto di vista della Legge ebraica (letteralmente significa 'figlio del comandamento').

e le rendevano le cose più difficili ma lei aveva dovuto farli sparire da casa perché sapeva che i suoi genitori si sarebbero precipitati a leggerli. Li spinse in fondo al grosso zaino ma poi, non potendo trattenersi, afferrò il primo e ne sfogliò le pagine ricoperte da una scrittura infantile. Sorrise e si sedette distrattamente sulla tazza del gabinetto. Ecco, era in seconda media ed era scappata di casa per la prima volta con due amiche per andare al lago di Galilea[12] ad assistere a un concerto rock. Che notte folle avevano passato. Continuò a sfogliare. «Liat[13] si è presentata alla festa in un vestito nero con i lustrini ed era fantastica». «Liat ha ballato con Ghili Papushado ed era stupenda». Le vecchie ferite non si rimarginano mai veramente, sono sempre pronte a riaprirsi (comunque adesso doveva uscire da lì e andarsene). Prese un altro quaderno, di due anni e mezzo prima: «La rende[14] nervosa il fatto che sta crescendo. "Si sta sviluppando" (le loro parole!).[15] E chi lo vuole?». Si bloccò. Cercò di ricordare perché avesse scritto di sé in terza persona. Sorrise con dolore: certo. Quel periodo. Gli sforzi pazzeschi che aveva fatto per imparare a essere più forte, più resistente. Si allenava a sopportare il solletico, e nelle giornate più fredde si toglieva cappotto e maglione, e anche la camicia. Oppure camminava scalza per campi e strade. Anche lo scrivere in terza persona faceva parte di quegli sforzi: «Ama i luoghi piccoli e chiusi come lo spiraglio tra l'armadio e la parete della camera dove fino a pochi mesi fa poteva ancora infilarsi e starsene rinnicchiata per ore. Adesso la fa impazzire il fatto che non potrà più tornarci!!!».

Nella pagina seguente, per un motivo che non ricordava, aveva scritto cento volte, come in un castigo scolastico: «Sono una ragazza saggia e vuota, sono una ragazza saggia e vuota».

Dio mio, pensò appoggiando la testa contro la cassetta del water, non posso credere di essere stata tanto stupida.

[...]

Sorrise con amarezza. Negli ultimi tempi il mondo l'aveva proprio costretta a guardarlo con meraviglia, poi con rabbia e infine con disperazione. Ma l'unica cosa che le aveva fatto sbarrare gli occhi era stata quel taglio di capelli.[16]

Sfogliò avanti e indietro. Rise, sospirò. Che fortuna aver deciso di leggere i diari prima di mettersi al lavoro. Si era vista scoperta, svelata, come se qualcuno le avesse proiettato il film della sua vita, fatto di fotogrammi separati, uno per ogni giorno. Ma ora doveva andarsene da lì: Leah[17] la aspettava al ristorante per il pranzo d'addio, l'ultimo. Eppure non riusciva a muoversi. Avrebbe voluto non uscire di nuovo per strada, sotto gli occhi di tutti. Come la guardava la gente da che si era rapata a zero. Lì, perlomeno, si sentiva protetta. Era sola, al riparo di solidi muri. Ecco, in quella pagina aveva quattordici anni, aveva già cominciato a scrivere al contrario, come in uno specchio, le frasi che voleva tenere segrete: «Povera mamma. Desiderava tanto avere una figlia con cui condividere ogni cosa, ogni segreto, a cui rivelare i misteri della femminilità. È davvero meraviglioso essere donna, proprio un dono di Dio. E cosa ha ricevuto? Me».

La mamma, il papà. Chiuse gli occhi, respinse la loro immagine che riapparve, caparbia. «Ci sono circostanze nella vita in cui ognuno fa per sé» aveva detto suo padre durante la loro ultima lite. Basta, doveva scacciare quel pensiero. Al termine di quell'avventura avrebbe pensato anche a loro. «Per quanto mi riguarda la faccenda[18] è chiusa» aveva detto lui. «Non ho più nessuna intenzione di muovere un dito». L'aveva guardata con calma disgustosa e solo

12 Galilea: regione della Palestina, oggi compresa nello Stato di Israele.
13 Liat: è il nome dell'amica di Tamar.
14 La rende: Tamar, come viene spiegato subito dopo, scrive di se stessa nei suoi diari usando la terza persona.
15 le loro parole: le parole dei suoi genitori, udite di nascosto e riferite a lei.
16 taglio di capelli: per non essere riconosciuta da parenti o amici Tamar ha deciso di rasare a zero i suoi lunghi capelli.
17 Leah: amica di Tamar, è proprietaria di un piccolo ristorante a Gerusalemme.
18 la faccenda: il padre si riferisce all'altro suo figlio, Shay, fratello di Tamar, diciottenne e tossicodipendente, scomparso da casa, che i genitori pensano di non poter più aiutare in alcun modo.

il suo sopracciglio destro aveva continuato a pulsare, come una creatura viva. Un poco alla volta, con fermezza, li cancellò dalla mente. Non poteva pensare a loro adesso. Quel pensiero l'avrebbe solo indebolita e demoralizzata.

ANALISI DEL TESTO

I temi

L'adolescenza
L'età adolescenziale è senza dubbio il tema principale del brano, analizzato attraverso **due prospettive** diverse e parallele: quella **maschile**, incarnata dal personaggio di Assaf, sedicenne, e quella tutta al **femminile** di Tamar, sua coetanea. I loro sono punti di vista differenti, ma li accomuna il fatto di essere, appunto, adolescenti alle prese con problemi più grandi di loro, sullo sfondo di una città difficile come Gerusalemme. Più timido, insicuro, immaturo Assaf, alla sua prima esperienza lavorativa estiva, perso nei suoi pensieri, innamorato di una ragazza a cui non riesce a dichiararsi; più sicura di sé, determinata e forte Tamar, che si è data un obiettivo complessivo e non privo di pericoli: salvare e riportare a casa il fratello tossicodipendente che l'intera famiglia ha abbandonato al suo destino.
L'amore è ciò che muove l'azione: l'amore di Tamar per quel fratello perduto e in difficoltà, ma anche l'amore di Assaf per Tamar, che lo scuoterà dal suo torpore adolescenziale spingendolo a comportarsi, finalmente, "da uomo".

Le tecniche narrative

Il ritmo narrativo
La narrazione è veloce, in perfetta sintonia con il ritmo dei protagonisti: veloci entrambi perché giovani, in corsa Assaf dietro al cane smarrito, in corsa i suoi pensieri e i suoi dubbi, ferma Tamar ma pronta a correre (con le sue scarpe da ginnastica ai piedi), veloci i suoi occhi nel ripercorrere, per l'ultima volta, le pagine del suo diario. Tutto scorre molto in fretta, i pensieri ad alta voce si mescolano alle descrizioni di azioni, paesaggi che scorrono fuori, immagini di una città frenetica, viva, pericolosa, piena di segreti e di avventure.

I protagonisti
Protagonisti indiscussi del romanzo sono Assaf e Tamar. **Assaf** è un ragazzino chiuso, timido e introverso, idealista e sognatore, insicuro e pieno di dubbi riguardo a se stesso e agli altri. È alla sua prima esperienza lavorativa estiva con risultati piuttosto deludenti, tanto che il compito di ritrovare il padrone del cane abbandonato viene percepito come «una bella avventura», anche se capitata in «un brutto momento». È innamorato di una ragazza, Dafi, alla quale non riesce a dichiarare i propri sentimenti. È disorientato per la partenza improvvisa dei suoi genitori, si sente forse perso, smarrito. È, ovviamente, soltanto l'inizio: perché il ragazzo timido e inconsapevole, che è Assaf, diventerà coraggioso e indipendente, in grado di provvedere a se stesso e di aiutare chi ama, senza più paure e resistenze.
Tamar è coetanea di Assaf ma già all'inizio del romanzo sembra più matura: ha preso una decisione importante (aiutare il fratello in difficoltà) spinta soltanto da coraggio, amore e determinazione, contro la rassegnazione e il senso di sconfitta degli adulti, e si prepara ad affrontare una situazione pericolosa e complicata, che potrebbe mettere in pericolo la sua stessa vita.

Le tecniche espressive

Le scelte linguistiche
Anche il linguaggio riflette le caratteristiche dei personaggi: è un **linguaggio chiaro**, limpido, asciutto, che ben esprime i sogni, i pensieri, i sentimenti dei protagonisti, arricchito da qualche **espressione tipicamente giovanile**, legata al mondo dell'adolescenza («sfottere», «rapata a zero»). I pensieri di Assaf, rumorosi e caotici come lattine che sbattono fra di loro, fatti di domande perentorie, vagamente infantili e disperate («quanto è possibile aspettare?», «Che bisogno hai di continuare questa stupida finzione, sera dopo sera?») suscitano tenerezza. Le pagine del diario di Tamar, in particolare, costituiscono una "storia nella storia": il linguaggio essenziale, semplice e a tratti un po' ingenuo di quelle pagine getta una luce nuova sul personaggio di Tamar, ce ne fa scoprire gli aspetti più intimi, le debolezze, rendendolo più vicino, più vero.

LABORATORIO SUL TESTO

Conoscenze

Comprensione

1. **A che cosa pensa Assaf mentre insegue il cane per le vie della città?**

2. **In che cosa il cane che viene affidato ad Assaf appare diverso dagli altri ospiti del canile?**

3. **Quali episodi del suo passato ricorda Tamar rileggendo i diari?**

4. **Come hanno reagito i genitori di Tamar alla scomparsa di suo fratello?**

Analisi

5. **Dove si trovano i due protagonisti? In quale mese dell'anno si svolgono i fatti narrati?**

6. **Come definiresti il rapporto dei protagonisti con i rispettivi genitori? Sulla base di quali elementi presenti nel testo puoi motivare la tua risposta?**

7. **Assaf e Tamar sono diversi, eppure, sin dall'inizio del romanzo, sembrano avere delle caratteristiche in comune. Quali, secondo te?**

Conoscenze lessicali

8. **Trova per ciascuno dei seguenti termini il contrario corrispondente.**

es. *appensatire* contrario *alleggerire*

bloccare, *sorridere*, *respingere*, *chiudere*, *riuscire*, *rivelare*, *indebolire*

Conoscenze grammaticali

9. **Che complementi sono le espressioni sottolineate?**

«<u>Di solito</u> i cani abbaiavano tutti insieme, disturbando così <u>le sue fantasticherie</u>, su, <u>al terzo piano</u>, ma ora era solo <u>uno</u> a farsi sentire». Che complementi sono le espressioni sottolineate?

10. **Trasforma la seguente frase da discorso indiretto a discorso diretto, immaginando ciò che Danokh dice ad Assaf.**

Gli aveva detto di smetterla di poltrire e di scendere subito con lui giù al canile, perché aveva finalmente un lavoro da affidargli.

11. **Nella frase «Il ragazzo, Assaf, rincorre il cane ma i suoi pensieri rincorrono lui», il presente indica**

A un'azione puntuale
B un'azione durativa
C un'azione imminente
D un'azione abituale

Abilità e competenze

Scrittura e interpretazione

1. **Come prosegue la corsa di Assaf e del cane misterioso per le vie della città? Prova a scrivere il seguito della storia, descrivendo una delle possibili avventure che i due possono vivere.**

2. **Che cosa racconterà Tamar all'amica Leah, che sta per incontrare prima di mettersi alla ricerca del fratello scomparso da casa? Scrivi un breve dialogo fra le due amiche.**

Ascoltare, argomentare e confrontarsi

3. **Assaf e Tamar sono due adolescenti, molto diversi fra loro per carattere, attitudini, modi di pensare e di agire. In quale dei due personaggi ti sei maggiormente identificato/a? Al loro posto ti saresti comportato/a allo stesso modo, oppure avresti agito diversamente? Discutine in classe con i tuoi compagni.**

Niccolò Ammaniti
I tentativi di Lorenzo

OPERA	ANNO	GENERE	TEMI
Io e te	2010	romanzo	• adolescenza e problemi di diversità e di droga • difficile rapporto genitori-figli

L'AUTORE

Niccolò Ammaniti è nato a Roma il 25 settembre 1966. Iscritto a Scienze biologiche non ha completato gli studi: quella che sarebbe dovuta essere la sua tesi di laurea, intitolata *Rilascio di Acetilcolinesterasi in neuroblastoma*, diverrà il suo primo romanzo, intitolato *Branchie!* e pubblicato dalla casa editrice Ediesse nel 1994, per essere poi acquisito da Einaudi nel 1997. Nel 1995 Ammaniti ha pubblicato, insieme con il padre Massimo, famoso medico psichiatra, il saggio *Nel nome del figlio*, edito da Mondadori. Nel 1996 ha recitato insieme alla sorella nel film a basso budget *Cresceranno i carciofi a Mimongo* di Fulvio Ottaviano. Ha partecipato nel 1996 all'antologia *Gioventù Cannibale*, curata da Daniele Brolli e pubblicata da Einaudi, con un racconto scritto a quattro mani con Luisa Brancaccio. Sempre nel 1996 ha pubblicato per Mondadori *Fango*, raccolta di racconti che contiene, tra gli altri, i testi *Vivere e morire al Prenestino* e *L'ultimo capodanno dell'umanità*; da quest'ultimo è stato tratto nel 1998 il film di Marco Risi *L'ultimo capodanno*, alla sceneggiatura del quale ha collaborato lo stesso Ammaniti. Nel 1999 è uscito il romanzo *Ti prendo e ti porto via*, sempre per Mondadori. La notorietà a livello nazionale giunge per Ammaniti nel 2001, quando pubblica il romanzo *Io non ho paura*, trasposto due anni dopo nell'omonimo film di Gabriele Salvatores. Nel 2004 ha scritto il soggetto per il film *Il siero della vanità*, diretto da Alex Infascelli. Nel 2006 è stato pubblicato il romanzo *Come Dio comanda*, edito da Mondadori, che nel 2007 si è aggiudicato il premio Strega e da cui è stato tratto l'omonimo film, ancora una volta per la regia di Salvatores (2008). Hanno fatto seguito *Che la festa cominci* (2009) e *Io e te* (2010), romanzo breve da cui è stato tratto l'omonimo film di Bernardo Bertolucci. Nel 2012 ha pubblicato una raccolta di racconti intitolata *Il momento è delicato*.

Lorenzo è uscito di nascosto dalla cantina, ha sfidato la sorte e il pericolo di essere visto per procurarsi dei sonniferi per Olivia, in piena crisi d'astinenza da eroina. Per portarle delle birre ha persino simulato un furto nella guardiola del portinaio del palazzo. Quando finalmente riesce a rientrare in cantina, ha una brutta sorpresa: sua sorella è stesa sul divano e sembra morta.

9.

Il Cercopiteco[1] vagava alla deriva per il cortile.

L'osservavo, dall'altra parte della strada, nascosto dietro un cassonetto dell'immondizia. Ogni tanto dava un colpo di scopa e si bloccava, come se gli avessero tolto l'elettricità.

1 **Il Cercopiteco:** il termine, usato per designare diverse scimmie della specie *Cercopithecini*, è il soprannome che Lorenzo ha dato al portiere del palazzo.

Io e te, film del 2012 di Bernardo Bertolucci, liberamente tratto dall'omonimo romanzo di Niccolò Ammaniti.

Che idiota, non mi ero portato il cellulare e quindi non potevo fregarlo come l'altra volta. Ero stato troppo tempo da nonna,[2] mancavano ancora due ore alla chiusura della portineria. E Olivia mi stava aspettando.

Dopo un quarto d'ora è arrivato l'ingegner Caccia,[3] quello del quarto piano. Poi dal portone è uscito Nihal[4] con i bassotti e si è messo a parlare, accanto alla fontana, con il Cercopiteco. I due non si amavano. Ma il Cercopiteco aveva un parente che lavorava in una agenzia di viaggi e rimediava biglietti aerei a prezzi speciali ai singalesi[5] del quartiere.

A stare in piedi, nascosto dietro il cassonetto, le gambe cominciavano a farmi male. Mi maledicevo per non essermi portato il telefono.

E per finire è arrivato pure Giovanni, il postino. Grande amico di Nihal. Tutti e tre si sono messi a discutere e non la finivano più. I poveri bassotti che volevano andare a pisciare li guardavano sconfortati.

Basta, dovevo fare qualcosa. Se mi beccavano, pazienza.

Mi sono allontanato e ho attraversato la strada. Poi, di corsa, sono arrivato di fronte al muro del mio palazzo. Era alto, ma una vecchia bougainvillea[6] tutta storta si allungava fino alla sommità.

– Forza Roma allora... Che dobbiamo fa', – ho sentito che diceva il Cercopiteco.

– Stavolta [...] Totti[7] s'è ripreso. Va be' ciao... – ha detto Giovanni.

Oddio, stava uscendo. Mi sono aggrappato e una spina mi ha bucato la mano. Ho stretto i denti, mi sono issato sul muro e con un salto goffo sono atterrato nel giardino della Barattieri.[8]

Ho corso fino al palazzo, pregando che nessuno mi vedesse e mi sono appiccicato al muro. La finestra che dava sul seminterrato del Cercopiteco era socchiusa.

Almeno una cosa andava nel verso giusto.

L'ho aperta e reggendomi all'infisso mi sono calato nella penombra. Ho allungato le gambe cercando un appoggio e un calore terribile mi ha avvolto il piede sinistro. Trattenendo un urlo sono piombato sulla macchina del gas e da lì, di culo, a terra.

Avevo immerso la scarpa dentro una pentola di pasta e lenticchie che per fortuna era spenta e si stava raffreddando.

Massaggiandomi una chiappa mi sono alzato.

2 **da nonna:** per procurarsi i sonniferi per Olivia, Lorenzo si è introdotto di nascosto nell'ospedale in cui è ricoverata sua nonna.
3 **ingegner Caccia:** è il condomino del quarto piano, come l'autore spiega subito dopo.
4 **Nihal:** è il domestico che lavora a casa di Lorenzo.
5 **singalesi:** originari dello Sri Lanka (chiamati anche "cingalesi").
6 **bougainvillea:** pianta ornamentale originaria delle zone tropicali, con foglie di colore verde lucente e fiori a grappolo colorati.

SEGNALIBRO

Io e te, Einaudi, Torino 2010.

il piacere di leggere

Lorenzo è un quattordicenne timido e chiuso, che fatica a relazionarsi con i compagni di classe. Per far felice sua madre, si inventa un invito presso un'amica in montagna e simula di partire per la settimana bianca, rinchiudendosi, in realtà, nella cantina del palazzo in cui vive, con provviste alimentari, musica e video games. La sua settimana solitaria prende però una piega imprevista quando nel suo rifugio segreto irrompe Olivia, la sua sorellastra, la figlia che suo padre ha avuto dal suo precedente matrimonio e di cui Lorenzo ha sentito spesso parlare come di una ragazza problematica. Olivia ha nove anni più di Lorenzo, è bionda, magra e nervosa. Dice di essere alla ricerca di uno scatolone che le appartiene, in realtà è in cerca di soldi per comprarsi una dose di eroina, come Lorenzo capirà di lì a poco. Il tentativo disperato, da parte di Lorenzo, di aiutare quella sorella sconosciuta, non voluta e mai amata, che ha fatto irruzione in maniera prepotente, violenta e commovente al tempo stesso nella sua finta vacanza sarà un'esperienza di crescita, di scoperta di sé e della vita senza precedenti, che lascerà un segno indelebile nel suo cuore.

Le lenticchie erano sparse ovunque come se fosse esplosa una bomba.

E ora? Se non pulivo tutto il Cercopiteco avrebbe visto quel casino e avrebbe pensato...

Ho sorriso.

Ovvio, avrebbe pensato che gli zingari gli erano entrati di nuovo in casa.

Mi sono guardato intorno. Dovevo rubargli qualcosa.

Lo sguardo mi è finito su una statua di Padre Pio che assomigliava a un missile. Era ricoperta da una polverina luccicante che cambiava colore a seconda del tempo.

L'ho presa e stavo per uscire, ma sono tornato indietro e ho spalancato il frigo.

Frutta, una ciotola di riso bollito e una confezione di birra da sei.

Ho preso le birre. Quando sono uscito dalla guardiola il Cercopiteco era ancora in cortile, a parlare con Nihal.

Zoppicando e con una scarpa in mano ho fatto le scale che portavano in cantina. Ho girato la chiave e ho spalancato la porta. – Guarda... Ho le bi...

La statua di Padre Pio mi è scivolata di mano e si è disintegrata sul pavimento.

Olivia era stesa sul mio letto a gambe aperte. Un braccio buttato sul cuscino. Un rivolo[9] di saliva le colava sul mento.

Mi sono messo una mano sulla bocca. – È morta.

Tutti gli armadi erano spalancati, tutti i cassetti tirati fuori, tutti i vestiti buttati ovunque, scatoloni sventrati. Sotto il letto barattoli di medicine aperti.

Continuando a fissare mia sorella mi sono trascinato sul divano.

Mi sono toccato le tempie, pulsavano, nelle orecchie un rombo mi stordiva e gli occhi mi facevano male.

Ero così stanco, mai in vita mia mi ero sentito così stanco, ogni fibra del mio corpo era stanca e m'implorava di riposare, di chiudere gli occhi.

Sì, era meglio se dormivo un po', giusto cinque minuti.

Mi sono tolto la scarpa e mi sono steso sul divano. Sono rimasto lì, non so quanto tempo, a fissare mia sorella e a sbadigliare.

Era una macchia scura allungata sul letto azzurro. Pensavo al suo sangue fermo nelle vene. Al sangue rosso che diventa nero, duro come una crosta e poi diventa polvere.

Le dita della mano di Olivia si muovevano a scatti, come i cani quando sognano.

Ho cercato di mettere a fuoco, gli occhi mi pizzicavano.

Ma mi stavo sbagliando. Era solo la mia immaginazione.

Poi ha mosso un braccio.

Mi sono alzato, sono corso da lei e ho cominciato a scuoterla. Non ricordo cosa le dicevo, ricordo solo che l'ho sollevata dal letto, l'ho stretta tra le braccia e ho pensato che dovevo portarla fuori e che ero abbastanza forte da tenerla tra le braccia, come fosse un cane ferito, e camminare con lei tra le braccia per via Aldrovandi, via delle Tre Madonne, viale Bruno Buozzi...[10]

Olivia ha cominciato a parlare a bassa voce.

– Sei viva! Sei viva! – ho balbettato.

Non capivo cosa diceva.

Le ho messo una mano dietro la nuca e ho avvicinato ancora di più l'orecchio.

– Cosa? Cosa hai detto?

Ha gorgogliato:[11] – ... dei sonniferi...

7 **Totti:** Francesco Totti, calciatore classe 1976, attaccante e capitano della Roma, considerato uno dei migliori giocatori del campionato italiano.

8 **Barattieri:** è il nome di un'altra persona che abita nel palazzo.

9 **rivolo:** flusso di liquido.

10 **via Aldrovandi... Bruno Buozzi:** sono i nomi delle vie attorno al palazzo di Cristiano.

11 **Ha gorgogliato:** ha detto in modo rotto e gutturale, come quando le parole escono dalla gola a fatica.

– Quanti ne hai presi?

– Due pasticche.

– Stai bene?

– Sì –. Non riusciva a tenere la testa dritta. – Molto meglio... La contessa[12] aveva un sacco di medicine. Roba buona... Dormo ancora un po'.

La vista mi si è velata di lacrime. – Va bene –. Le ho sorriso. – Dormi. Fai bei sogni.

L'ho adagiata sul letto e le ho steso una coperta addosso.

10.

Per due giorni mia sorella ha continuato a dormire, svegliandosi solo per fare pipì e bere. Io ho rimesso a posto la cantina, ho ammazzato il mostro[13] e ho finito *Soul Reaver*.[14] Ho attaccato a leggere *Le notti di Salem*.[15] Leggevo di metamorfosi vampiresche, di case stregate, di ragazzini coraggiosi capaci di affrontare i vampiri e lo sguardo mi finiva su mia sorella, che dormiva avvolta nella coperta. Sentivo che nella mia tana era protetta, nascosta, che nessuno poteva farle male.

12 **La contessa:** l'appartamento in cui vive Cristiano è appartenuto ad una vecchia contessa deceduta. In cantina ci sono ancora alcuni dei suoi effetti personali.

13 **il mostro:** si riferisce a uno dei video-games che Cristiano ha portato con sé in cantina per ingannare il tempo.

14 ***Soul River:*** è il secondo episodio di una serie di videogiochi.

15 ***Le notti di Salem:*** romanzo horror di Stephen King del 1975.

ANALISI DEL TESTO

I temi

L'adolescenza e la diversità

Il tema principale del romanzo di Ammaniti è l'adolescenza, vista come età critica, crudele, della diversità e del disagio. Il personaggio di Lorenzo incarna molto bene questa tematica. Lorenzo è un ragazzino timido, introverso, senza amici. Si sente ed è un diverso. Tutta la prima parte del romanzo è il resoconto della sua diversità, nascosta da una normalità che è mera apparenza. Lorenzo sembra uguale agli altri perché li imita: studia i comportamenti dei suoi coetanei e li ricopia, per non essere isolato, per sentirsi accettato dal mondo, per non far preoccupare i suoi genitori, la mamma specialmente, particolarmente apprensiva. **Lorenzo è un solitario**, è egocentrico e difende strenuamente il suo spazio vitale. Per questo l'irrompere sulla scena di **Olivia**, il venire a contatto, attraverso lei, con la realtà, con problemi seri e duri (come quello della droga) **ha l'effetto di uno shock**. Lorenzo è costretto, per la prima volta, a muoversi, ad agire, ad aiutare una persona in difficoltà; Olivia lo distoglie dal suo dolore e lo costringe a cambiare, a uscire dal guscio e diventare grande.

La droga

Accanto a quello dell'adolescenza, e ad esso intersecato, il romanzo di Ammaniti affronta, attraverso il personaggio di Olivia, un altro tema scottante e molto attuale: quello della droga. Olivia è un'eroinomane: ha iniziato a drogarsi forse all'età di Lorenzo o poco più grande e, a vent'anni, è già profondamente segnata nel fisico e nella psiche da quell'esperienza devastante e umiliante che è la **tossicodipendenza**. Mentre Lorenzo ritrova se stesso, Olivia si perde. Si riprenderà, con l'aiuto di quel fratello minore sconosciuto e ignorato per tanto tempo: ma sarà soltanto per poco.

Il rapporto genitori-figli

Sullo sfondo delle esperienze esistenziali, tanto di Lorenzo quanto di Olivia, ci sono un rapporto complesso con i genitori, la **difficoltà di accettarsi e di farsi accettare**, la paura e la percezione di non essere amati abbastanza. Per Olivia si tratta di un vero e proprio scontro, soprattutto con il padre, che si esplica attraverso frasi molto dure, un linguaggio ribelle e violento: il padre è accusato di averla trascurata, abbandonata, in una parola, di non averla amata, di essere fuggito, di essersi creato un'altra famiglia lontano da lei.

Lorenzo, paradossalmente, nel rapporto con i genitori sembra più maturo. In realtà ha soltanto trovato una via diversa. Lorenzo non si scontra apertamente, non attacca, non cerca il conflitto: Lorenzo inganna, finge, mostra un'apparenza di serenità e normalità che non gli appartiene.

Le tecniche narrative

Ritmo concitato

Ammaniti utilizza uno **stile narrativo asciutto**, sintetico ed efficace, che arriva subito al cuore del lettore e lo tiene col fiato sospeso. Il ritmo narrativo si addice alla scena descritta, è veloce e concitato, segue le emozioni dei personaggi, i loro movimenti agitati e innaturali. Nella prima parte del brano il ritorno a casa di Lorenzo assume tratti comici, quasi grotteschi, spezzando un ritmo narrativo fortemente drammatico. Nella seconda parte la narrazione si fa emotivamente più intensa e più drammatica: Olivia sembra morta, Lorenzo si agita, si riversa sul divano preso da una grande stanchezza, si rianima davanti al riprendere i sensi di Olivia, ride, piange, ama, prova tutta una girandola di emozioni nuove in pochi secondi. Tutto **il racconto è in prima persona**, tutti i fatti sono filtrati attraverso la percezione di Lorenzo, io-narrante nel quale l'autore si identifica completamente.

I personaggi principali

Tutta la storia ruota attorno ai due personaggi principali: **Lorenzo e Olivia**, diversissimi fra loro eppure uniti da una sorta di affinità profonda e dolorosa. Mentre Lorenzo affronta il proprio disagio nascondendosi, rifugiandosi nella fantasia e fuggendo dalla realtà, Olivia si lancia nel mondo, per strada. Sembra combattiva, Olivia, e determinata: vuole trovare il proprio posto nel mondo, cerca la propria realizzazione e la propria felicità. Lotta contro i demoni del passato, contro quel padre da cui non si è sentita amata. Capisce che la strada che ha scelto, quella della droga, la sta uccidendo, dichiara di volerne uscire. Dietro la ragazza dall'apparenza dura e irriverente c'è un essere fragile, bisognoso di aiuto, di amore e di attenzioni: la bambina abbandonata e mai cresciuta, che si è persa e da sola non riesce a ritrovare la strada.

Le tecniche espressive

Le scelte linguistiche

Il linguaggio dei personaggi di Ammaniti è quello di tutti i giorni: un **linguaggio semplice e diretto**, con inflessioni dialettali e gergali, soprattutto per quanto riguarda i personaggi "secondari" (in questo caso la parlata è quella romana, il "romanesco"). Lo scambio di battute fra Lorenzo e Olivia è asciutto ed essenziale: poche parole, quelle che bastano, ma piene di emozioni. Anche le descrizioni sono rese in un linguaggio semplice e fluido, colloquiale, informale e giovanile che è quello di Lorenzo, l'io-narrante: la sua avventura nella stanza del portiere è colorata di espressioni ironiche, che gettano una luce di ilarità su una situazione per il resto fortemente drammatica.

LABORATORIO SUL TESTO

Conoscenze

Comprensione

1. **Dove si trova Lorenzo, all'inizio del brano?**
2. **Di quale argomento discutono il Cercopiteco e Giovanni?**
3. **In che modo Lorenzo riesce ad entrare nella guardiola del portiere?**
4. **Che cosa accade a Lorenzo nell'entrare nella guardiola del portiere?**
5. **Per quale ragione Lorenzo decide di simulare un furto?**
6. **Cosa fa Lorenzo quando crede che Olivia sia morta?**
7. **Cosa fa Lorenzo quando si rende conto che Olivia è ancora viva?**
8. **Che cosa ha fatto Olivia durante l'assenza di Lorenzo?**
9. **Che cosa fanno Lorenzo e Olivia nei due giorni successivi?**

Analisi

10. **In quali luoghi è ambientata la vicenda narrata?**

11. **La storia è narrata**

[A] in prima persona [B] in terza persona

12. **Quali sentimenti e sensazioni, anche fisiche, prova Lorenzo quando entra nella cantina e vede Olivia priva di conoscenza?**

13. **Come descriveresti i sentimenti che Lorenzo prova per Olivia? Quali passaggi del testo giustificano la tua risposta?**

Conoscenze lessicali

14. **A che cosa vengono paragonate le dita della mano di Olivia?**

15. **«Mi sono messo una mano sulla bocca», quali sensazioni, emozioni, impressioni indica questa frase? Che cosa significa, per Lorenzo, "mettersi una mano sulla bocca"?**

16. **Che cosa significa la frase «nelle orecchie un rombo mi stordiva»? Che cosa indica, secondo te, il rombo che Lorenzo sente nella sua testa?**

Conoscenze grammaticali

17. **Che complementi sono le espressioni sottolineate?**

Mi sono aggrappato e una spina mi ha bucato la mano. Ho stretto i denti, mi sono issato sul muro e con un salto goffo sono atterrato nel giardino della Barattieri.

18. **Quale funzione logica riveste nel seguente periodo il pronome «che»**

Ma il Cercopiterco aveva un parente che lavorava in un'agenzia di viaggi.

[A] soggetto [B] complemento oggetto

[C] complemento di termine [D] complimento di moto a luogo

19. **Il gerundio «reggendomi» (riga 27) ha valore**

[A] oggettivo [B] causale [C] modale [D] temporale

› *Abilità e competenze*

Scrittura e interpretazione

1. **Come si conclude la storia di Lorenzo e Olivia e del loro incontro? Prova a scrivere tu un finale possibile.**

2. **Riesci a comprendere l'atteggiamento di Lorenzo o il suo modo di fare ti risulta del tutto estraneo e/o incomprensibile?**

Ascoltare, argomentare e confrontarsi

3. **Ti è mai capitato di trovarti nelle condizioni di Lorenzo, di dover aiutare qualcuno che stava male e di non sapere cosa fare? Racconta e confronta la tua esperienza con quella dei compagni in classe.**

4. **Che cosa sai delle tossicodipendenze, e del consumo di eroina in particolare? Conosci gli effetti devastanti di questa sostanza sul fisico e sulla psiche delle persone? Che cosa spinge, secondo te, tanti ragazzi giovani a distruggersi e uccidersi assumendo sostanze stupefacenti? Confrontati sull'argomento con i compagni e con l'insegnante.**

Simona Vinci

La difficile decisione di Pietro

al alta leggibilità

OPERA	ANNO	GENERE	TEMI
Come prima delle madri	2003	romanzo di formazione	• il difficile rapporto tra genitori e figli • le esperienze difficili e dolorose per diventare adulti

L'AUTRICE

Simona Vinci è nata a Milano nel 1970 e vive a Budrio, in provincia di Bologna. Come scrittrice esordisce nel 1997 con il romanzo *Dei bambini non si sa niente,* che ottiene un grande successo di pubblico e di critica, suscitando anche scalpore e polemiche per il tema trattato (narra infatti, in maniera molto realistica e diretta, la storia di una piccola compagnia di bambini alla periferia di Bologna, i cui giochi finiscono in tragedia). Segue la raccolta di racconti *In tutti i sensi come l'amore* (1998), a cui fanno seguito altri romanzi e racconti: *Brother and Sister* (2004), *Stanza 411* (2006), *Strada provinciale 3* (2007), *Nel bianco* (2008). Collabora con diversi giornali nazionali, è traduttrice dall'inglese, inoltre è autrice di testi per la televisione e di storie per bambini e adolescenti (come *Corri Matilda* e *Matilda City* del 1998 e *Scheletrina-Cicciabomba* del 2012). *Come prima delle madri* è stato pubblicato nel 2003. Il titolo è tratto da un passo della scrittrice Elsa Morante («beati, come prima delle madri, quando tutto il sangue terrestre è ancora una vena del mare»).

Pietro parte da casa di nascosto, con la sola compagnia del suo cane. Il viaggio che lo aspetta sarà difficile e faticoso. Non solo per le strade impervie, i pericoli, il freddo, la fame, la paura di perdersi, ma soprattutto per le conseguenze della sua decisione. Per Pietro, infatti, questo viaggio ha il significato di un distacco, di una crescita dolorosa e necessaria. Pietro sta andando a denunciare sua madre, "amica dei tedeschi", ovvero filonazista, che si è resa complice di efferati delitti rimasti impuniti.

Il ragazzo[1] e il suo cane hanno camminato molto a lungo. Si sono diretti a nord-est. Hanno seguito l'argine del fiume e anche quando il terreno è diventato paludoso e difficile da attraversare, hanno tenuto duro. Uno di fianco all'altro, quasi un unico corpo strampalato:[2] quattro zampe, due gambe, due teste, lo stesso respiro, lo stesso battito del cuore, lo stesso freddo attorno e nelle ossa.

1 **Il ragazzo:** si tratta di Pietro, il protagonista del romanzo.

2 **strampalato:** strano, stravagante.

Roncocesi, fotografia di Luigi Ghirri del 1992.

COMPETENZE LINGUISTICHE

La luce del pomeriggio che cala fa sembrare **azzurro** quel cielo **lattiginoso**[3] che per pochi giorni all'anno appare davvero **sgombro** da nuvole o da foschia. La nebbia si stende **bassa** sulla terra. Tutto è così **tenue** e **lontano** da sembrare nient'altro che un sogno.

Il ragazzo non si è fatto domande. Ha cercato di non farsele. Sa esattamente dove sta andando e cosa deve fare. Solo che ancora non sa come. E non sa quel dove in che punto si trovi esattamente, a quanta distanza da casa, dai posti che conosce.

La strada non la sa. Ricorda soltanto le parole dell'uomo con gli occhi da lupo, quel giorno nella radura[4] con la Nina, nel Bosco del Traversante.[5] Ricorda di avergli sentito dire che lui e i suoi uomini si sarebbero spostati verso est, sempre mantenendosi lungo l'argine del fiume e avrebbero raggiunto un casone di pietra vicino a una pieve[6] diroccata. Il ragazzo non sa niente di quella pieve, non ne aveva mai sentito parlare prima.

Le campagne di questa pianura sono piene di piccole chiese abbandonate, pievi e santuari e madonnine di ceramica col volto dipinto oppure figurine abbozzate di santi in cotto rosa, protette da una casetta di legno: una pieve diroccata però è un'altra cosa, dev'essere piuttosto visibile, non si può sbagliare.

Il ragazzo pensa che potrebbe continuare a camminare tenendo l'argine alla sua destra. E il fiume lo porterà dove deve andare. Ma il buio è sceso rapido sulle valli e di colpo il ragazzo e il cane hano perso il senso dell'orientamento. Hanno cominciato a girare su se stessi, a impantanarsi in bugni d'acqua[7] stagnante e fetida sulla quale galleggiano piccoli cerchi di ghiaccio. Hanno continuato a ripetere gli stessi errori di valutazione, ancora e ancora, fino a non ricordare più dov'era la strada già percorsa e dove quella da percorrere.

Ora non possono neppure affidarsi alle stelle, perché la nebbia ha incominciato a salire e i banchi[8] bassi che prima sostavano all'altezza delle canne palustri, adesso si sono sollevati e uniti a formare una coltre[9] grigia che ricopre l'orizzonte e il cielo.

Forse, pensa il ragazzo per un istante, dovrò camminare per il resto della vita, un passo avanti all'altro, nel fango e sul ghiaccio, sull'erba rada[10] e bruciata dal gelo, di fianco al ramo di questo fiume invisibile, tra i boschetti di salici e di pioppi sottili dai quali si alzano le gar-

3 **lattiginoso:** simile al latte.
4 **radura:** il prato in un bosco o in una foresta.
5 **Bosco del Traversante:** bosco situato nelle valli di Argenta, nel comune in provincia di Ferrara.
6 **pieve:** chiesa parrocchiale.
7 **bugni d'acqua:** avvallamenti, conche piene d'acqua (letteralmente i bugni sono gli alveari).
8 **banchi**: si dice che la nebbia è "a banchi" quando si presenta sotto forma di masse compatte su un tratto di terra limitato.
9 **coltre:** strato, rivestimento.
10 **rada:** non fitta, poco folta.

SEGNALIBRO

Come prima delle madri, Einaudi, Torino 2003.

il piacere di leggere

Pietro è un dodicenne timido e introverso. Vive in una grande casa nel mezzo della pianura Padana, sullo sfondo dell'occupazione nazista e della resistenza partigiana. Con lui vivono la madre Tea, giovane, bellissima e distante, dal passato misterioso; Nina, la figlia della governante, che introduce Pietro alle meraviglie dell'amore; Irina, la sua compagna di giochi. Pietro viene mandato a studiare in un collegio maschile, distante da casa e circondato dall'acqua: quando torna, tutto sembra essere cambiato in una maniera misteriosa e inquietante. Un uomo sconosciuto, trovato nel bosco con la testa fracassata, la morte di Irina, caduta, pare accidentalmente, in un pozzo, la tragica fine di Nina, violentata e uccisa dai fascisti, gettano un'ombra di morte sulla sua vita e lo scuotono nel profondo, costringendolo a guardare la realtà con occhi lucidi e disincantati. E quando Pietro capisce che dietro tutte quelle morti drammatiche c'è la figura inquietante e tormentata della madre, sa, all'improvviso, che cosa fare. All'amore incondizionato per quella madre bellissima e misteriosa subentra in Pietro la necessità di crescere, di trovare un proprio ruolo nel mondo, di prendere le distanze da quel rapporto insano e malato. Pietro arriva così a prendere una decisione drastica e definitiva, che cambierà per sempre la sua vita: denunciare la madre per i crimini di cui si è resa complice e colpevole proclamando, in questo modo, la propria liberazione e la propria verità.

zette[11] e gli aironi, ancora e ancora, in mezzo agli strani versi degli uccelli che sembrano risate, lamenti, preghiere, maledizioni.

Il suo stomaco ha incominciato a gorgogliare e gli è venuto in mente che è dalla mattina che non mangia. Ha bevuto solo un po' di ghiaccio sciolto che sapeva di erba e fango.

Il cane è stremato quanto lui, forse di più. Si trascina con la testa bassa e gli occhi semichiusi, il garretto[12] al passo con la gamba del padrone, intestardito nella stupida fedeltà dei cani. Ansima e starnutisce, ma non smette di agitarsi al suo fianco. È un vecchio cane. E, non avrebbe dovuto portarlo, pensa il ragazzo. Si abbassa a stringergli la testa contro di sé. Il fiato del cane ha l'odore acido della bile, la spessa lingua rosa è asciutta e screpolata tra le sue dita fredde.

La notte ormai è scesa sul serio e loro si sono persi. Fa paura solo pensarlo: persi.

È dalla mattina che non mangiano niente. Sono rimasti fuori, al freddo, per più di dieci ore. Non ce la possono fare a superare la notte: la temperatura è già scesa di molti gradi e scenderà ancora, devono assolutamente trovare un riparo.

Il ragazzo si guarda attorno: davanti a lui, e dietro e a destra, e a sinistra, non ci sono altro che chilometri e chilometri di campagna piatta e nera. Campi che si srotolano in avanti, confusi con il cielo. E la collinetta dell'argine, ricoperta di brina luccicante che si snoda lunga e scura, all'infinito.

Così il ragazzo è costretto a prendere l'unica decisione possibile: proseguiranno ancora per un po', allontanandosi dall'argine del fiume per cercare un centro abitato, o almeno una

11 **garzette:** varietà di aironi, con piumaggio bianco, zampe e becco neri e due lunghe penne pendenti dalla parte posteriore del capo.

12 **garretto:** negli animali, articolazione di ciascun arto posteriore tra la tibia e il calcagno.

COMPETENZE LINGUISTICHE → *Riflettiamo sugli aggettivi*

Nel brano

Nel periodo a cui facciamo riferimento abbiamo evidenziato delle parole che, sebbene cariche di significato, non risultano autonome. Queste parole sono gli **aggettivi**, che sono sempre usati insieme al nome cui si riferiscono.

Gli aggettivi sono una **parte variabile del discorso** che si aggiungono al nome per attribuirgli una particolare qualità o caratteristica, per meglio specificarlo e determinarlo: *È una bella giornata*; *Il mio amico è partito per un lungo viaggio*; *Questa primavera*.

L'importanza degli aggettivi

La scelta della posizione dell'aggettivo non è casuale e dà al testo sfumature di significato diverse. Gli aggettivi, ad esempio possono **precedere il nome** (*una nuova giacca*) o **seguirlo** (*Ho comprato una giacca nuova*), possono essere collocati **dopo il complemento del nome** (*Ho una giacca da neve nuova*). Gli aggettivi possono avere anche una **funzione predicativa** quando si uniscono al nome non direttamente, ma attraverso una voce del verbo essere (*Il mio vestito è rosso*). L'**aggettivo qualificativo** può essere **sostantivato** e svolgere la funzione del nome, quando è preceduto da un articolo (*I poveri*; *uno straniero*).

Il ruolo dell'aggettivo nel testo è rilevante: l'aggettivo qualificativo arricchisce il sostantivo, lo abbellisce, lo caratterizza in senso positivo e in senso negativo. Un uso equilibrato degli aggettivi qualificativi rende più espressivo il discorso.

Gli aggettivi determinativi precisano, definiscono, chiariscono, descrivono in modo determinato senza lasciare nulla al vago e all'indeterminato. Quanto più sono numerose tanto più il testo assume caratteristiche realistiche.

Gli aggettivi e lo stile dell'autrice

L'autrice del brano, che racconta la storia con uno stile descrittivo, fa un un largo uso di aggettivi, soprattutto qualificativi, che contribuiscono a rappresentare visivamente l'atmosfera dei luoghi descritti, le sensazioni e gli stati d'animo dei protagonisti. Il linguaggio, anche nei momenti di maggiore tensione emotiva, abbellito e addolcito dagli aggettivi, diventa più espressivo e più ricco di suggestione. Gli aggettivi, il cui uso è dosato ed equilibrato nella pagina, aggiungono al testo una sfumatura di colore sottraendolo al grigiore dei fatti narrati.

Per ripassare, consultare e approfondire **gli aggettivi** vai a pag. 775.

casa colonica.[13] Qualcuno dovrà pur esserci in questa campagna maledetta. Qualcuno, o qualcosa. Comincia anche ad avere paura. Ha l'assurda sensazione di essere inseguito e tenuto costantemente sotto lo sguardo freddo e preciso di un cecchino[14] appostato da qualche parte, in mezzo all'erba, pronto a sparare. Sono soltanto fissazioni, si dice, paure da bambini, idiozie, qua non c'è proprio nessuno, solo io, io e Belbo[15] e riprende a camminare, la mano posata sulla nuca pelosa e fredda del cane.

Ha deviato a sinistra, seguendo una striscia di terreno che pareva sicura ed è inciampato in una buca. La sottile crosta di ghiaccio si è sbriciolata e il piede è affondato fino alla caviglia in una melma[16] nera e gelata. Non è riuscito a mantenere l'equilibrio ed è caduto.

La terra sotto il suo corpo è fredda, dura e bagnata. Non manda nessun odore.

Il cane gli lecca la faccia con la lingua calda e asciutta, lo consola, cerca un modo per convincere il ragazzo a rialzarsi, a continuare, a non lasciarsi andare proprio adesso, così. Il fetore[17] insopportabile che esce dalle fauci del cane lo costringe a rialzarsi più in fretta di quanto non vorrebbe.

Non è male starsene così stesi a terra. Il corpo abbandonato, le energie che escono come acqua e se ne vanno giù, risucchiate, a innaffiare radici segrete.

Non è male avere la terra sotto e il cielo sopra e il freddo dentro le ossa che piano piano si riassorbe e addormenta tutto, anche il cuore e i pensieri.

Ma alla fine ricominciano ad avanzare, non si può fare altro che così.

Camminano a passo sincronizzato,[18] il ragazzo e il cane e intorno il nero gelato della notte che avanza da regioni sconosciute e inizia a stringerli nel suo abbraccio.

La campagna è diventata mano a mano sempre più piatta e ostile. Si avvicina la zona delle risaie,[19] ci sono buchi nel terreno, dislivelli, falde[20] acquose coperte da una crosta di ghiaccio leggera, da evitare.

Le cornacchie volano al livello della vegetazione: macchie nere, rapide e pesanti che si affrettano verso i nidi, ora che cala il buio.

Il ragazzo e il cane, il freddo non lo sentono quasi più e neanche la fatica. Il cane forse sì, ma non mollerebbe per niente al mondo, tiene il passo e zampetta al fianco del padrone, la lingua rosa fuori dai denti, il pelo pettinato all'indietro dal vento glaciale che si è alzato e batte la terra nuda, e loro.

13 **casa colonica:** è la casa del colono, contadino che coltiva un fondo altrui.
14 **cecchino:** tiratore scelto, che colpisce a sorpresa e di nascosto.
15 **Belbo:** è questo il nome del vecchio cane di Pietro.
16 **melma:** fango vischioso, che si forma soprattutto sul fondo di fiumi e di paludi.
17 **fetore:** puzza nauseante.
18 **sincronizzato:** contemporaneo, simultaneo.
19 **risaie:** terreni coltivati a riso.
20 **falde:** vena d'acqua sotterranea che scorre sopra strati rocciosi impermeabili.

ANALISI DEL TESTO

I temi

Il viaggio di Pietro

Come prima delle madri ha la struttura e i contenuti di un vero e proprio romanzo di formazione: il protagonista, Pietro, dodicenne timido, introverso, pieno di paure e di dubbi su se stesso e sulla vita, si apre lentamente al mondo, attraversando una serie di eventi e di esperienze dolorose e drammatiche, ma necessarie per crescere. Il suo ultimo **viaggio-fuga** da casa, da solo, in mezzo alla nebbia e al freddo della pianura, senza cibo, senza acqua, con una vaga idea della strada da percorrere, fra mille pericoli (siamo ancora in tempo di guerra) e su viottoli impervi, rappresenta l'ultimo tratto da percorrere, l'ultimo pezzo di strada per diventare adulti. Pietro è consapevole di ciò che quel percorso rappresenta: sta raggiungendo una casa di partigiani, sta andando a denunciare sua madre, che si è resa complice dei nazisti. Il ragazzino timido e pieno di paure, nel giro di pochi mesi è diventato un uomo, capace di decidere autonomamente chi vuole essere e, soprattutto, chi non vuole essere.

La sua è una decisione dolorosa e necessaria, è l'unico modo per affermare se stesso ed essere finalmente libero.

Le tecniche narrative

Le descrizioni
L'autrice sceglie di raccontare la storia di Pietro con uno **stile descrittivo e in terza persona**. Il viaggio di Pietro diventa allora una lunga descrizione di azioni, luoghi e stati d'animo. Non ci sono dialoghi, perché il protagonista è solo con i suoi pensieri: l'unico compagno è un vecchio cane malato. E anche i pensieri, in fondo, sono pochi: Pietro cerca di non pensare, di andare avanti, concentrato unicamente sull'obiettivo che deve perseguire, perché ogni distrazione, in questo momento, potrebbe farlo arretrare. Il tempo della narrazione, il presente, rafforza questa sensazione di immediatezza, di urgenza, di "qui ed ora": Pietro è presente a se stesso. «Sa esattamente dove sta andando e che cosa deve fare». Il paesaggio e i tempi del racconto riflettono lo stato d'animo del protagonista: quello descritto è un paesaggio freddo, umido, di nebbia e acqua, che amplifica la solitudine del protagonista.

Il protagonista
Protagonista assoluto del romanzo è **Pietro**: tutto ruota attorno a lui, le donne di casa, i misteri che si svelano a poco a poco nel corso della narrazione, la storia che da sfondo irrompe violentemente nella sua vita, cambiandola per sempre.

Gli altri personaggi
L'altro personaggio chiave del romanzo è la madre di Pietro, **Tea**, ragazza di umili origini proiettata in una storia più grande di lei. Tea è l'alter ego di Pietro, piena di dubbi e insicurezze che riversa sul figlio senza volerlo. La ribellione di Pietro alla madre non è soltanto un prendere le distanze da lei, ma da tutto ciò che Tea rappresenta: la dipendenza, l'instabilità emotiva, l'incapacità di diventare protagonista della propria vita.

Le tecniche espressive

Le scelte linguistiche
La scelta linguistica è quella di un **linguaggio essenziale**, asciutto, con frasi brevi e puntuali che descrivono senza tanti giri di parole situazioni, paesaggi, stati d'animo. Riflette lo stato d'animo del protagonista, fermo sulla decisione che ha preso. A tratti tuttavia il linguaggio diventa più fluido, più poetico: c'è una sorta di poesia dolce e dolorosa al tempo stesso nella descrizione di questo paesaggio solitario e freddo che si traduce nella scelta di termini ed espressioni poetiche, musicali, forti e visivamente incisive al tempo stesso («cielo lattiginoso», «campi che si srotolano», «brina luccicante», «boschetti di salici», «l'erba rada e bruciata dal gelo», ecc.).

LABORATORIO SUL TESTO

Conoscenze

Comprensione

1. **Che cosa sa Pietro, rispetto al suo viaggio?**

2. **Qual è l'unico ricordo che Pietro possiede, riguardo alla meta del suo viaggio?**

3. **Come reagisce Pietro, inizialmente, davanti alla consapevolezza di essersi perso?**

4. **Quale decisione («l'unica possibile») prende Pietro, dopo aver smarrito la strada?**

5. **In che modo prosegue il viaggio dei due?**

Analisi

6. **La vicenda narrata è ambientata in un luogo aperto o chiuso?**

7. **In quale periodo dell'anno, presumibilmente, si svolgono i fatti narrati? Su quali elementi, presenti nel testo, basi la tua risposta?**

8. **In che modo e misura la descrizione del luogo riflette lo stato d'animo del protagonista?**

9. **Come viene presentato il personaggio di Pietro? Su quali particolari presenti nel testo basi la tua risposta?**

Conoscenze lessicali

10. **Con quali aggettivi descriveresti il cane Belbo? Su quali particolari, presenti nel testo, basi la tua risposta?**

11. **Trova ed elenca nel testo almeno cinque aggettivi che rimandano a sensazioni visive legate a colori, cinque che rimandano a sensazioni olfattive e cinque legati a sensazioni tattili.**

Conoscenze grammaticali

12. **Trasforma il discorso indiretto in discorso diretto, ricostruendo il possibile dialogo fra l'uomo con gli occhi da lupo e i suoi uomini, che il protagonista ha udito di nascosto.**

Ricorda soltanto le parole dell'uomo con gli occhi da lupo, quel giorno nella radura con la Nina, nel Bosco del Traversante. Ricorda di avergli sentito dire che lui e i suoi uomini si sarebbero spostati verso est, sempre mantenendosi lungo l'argine del fiume e avrebbero raggiunto un casone di pietra vicino a una pieve diroccata.

13. **Trasforma il tempo del discorso da tempo presente in passato remoto.**

Il ragazzo non si è fatto domande. Ha cercato di non farsele. Sa esattamente dove sta andando e cosa deve fare. Solo che ancora non sa come. E non sa quel dove in che punto si trovi esattamente, a quanta distanza da casa, dai posti che conosce.

Abilità e competenze

Scrittura e interpretazione

1. **Nel brano Pietro, il protagonista, attraversa un paesaggio particolare, che riflette i suoi sentimenti e il suo stato d'animo. Prova a immaginarti in una situazione analoga: quale tipo di paesaggio attraverseresti in questo momento della tua vita? Racconta brevemente il tuo viaggio in terza persona.**

2. **Come giudichi Pietro e la sua decisione? Tu che cosa avresti fatto al posto suo? Esponi le tue opinioni con convincenti argomentazioni.**

Ascoltare, argomentare e confrontarsi

3. **Pietro affronta il suo viaggio con molte paure ma anche con molta determinazione. Ci sono state circostanze in cui anche tu hai dovuto prendere una decisione difficile? Come ti sei comportato/a? Racconta e confronta la tua esperienza con quella dei tuoi compagni. Alla fine traete le conclusioni del vostro dibattito.**

AREA DIGITALE

Creare un forum. Trovare la propria strada

Il romanzo di Simona Vinci parte da un assunto fondamentale, sin dal titolo: per crescere occorre prendere le distanze dai propri genitori, essere critici nei loro confronti e, se occorre, trovare la propria strada.

L'argomento è quanto mai importante e si presta a diverse interpretazioni e punti di vista.

Create un forum sull'argomento con il vostro gruppo classe e fate in modo che altri gruppi classe si inseriscano nella discussione. Il moderatore del vostro gruppo classe controllerà la congruenza degli interventi. Una volta avviato il forum, partecipate tutti alla discussione per tenerlo vivo e frequentato.

Noi siamo infinito

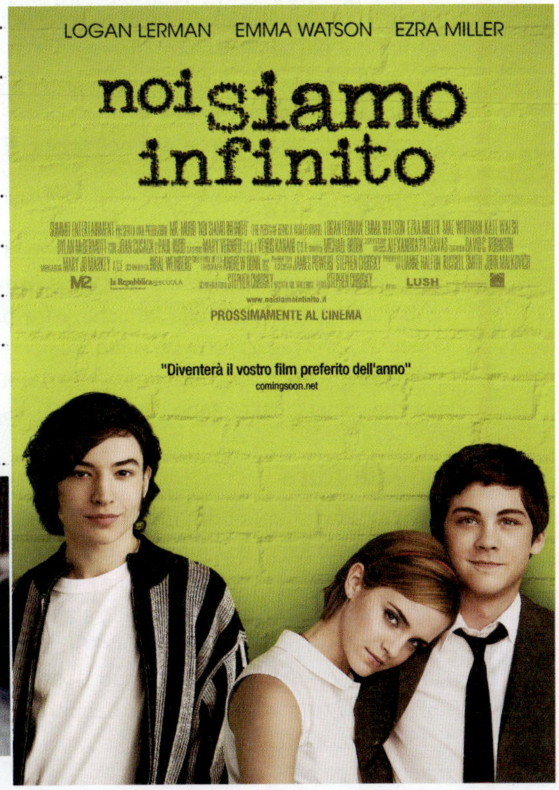

Regia	Stephen Chbosky
Sceneggiatura	Stephen Chbosky, adattamento cinematografico del romanzo *Ragazzo da parete*
Anno	2012
Produzione	Usa
Genere	Drammatico
Interpreti	Logan Lerman, Emma Watson, Ezra Miller, Mae Whitman, Nina Dobrev

Soggetto

Il film tratta di adolescenti di età diverse, dei loro rapporti interpersonali, delle amicizie, a volte superficiali a volte profonde, delle scelte (di relazioni o di studio) collegate proprio a quell'età. La storia si svolge tra l'ambiente scolastico e quello familiare, dove altri problemi si evidenziano nel rapporto con genitori e fratelli.

Sinossi

Il film racconta la storia di un ragazzo, Charlie, e del suo nuovo ambiente scolastico dove, benché egli sia molto timido, riesce a farsi amici due fratelli (Sam e Patrick), estroversi e diversi rispetto agli altri compagni. Frequentandoli anche fuori dalla scuola, conosce altre persone e inizia un rapporto sentimentale con una ragazza (Mary Elizabeth), benché in fondo non si senta libero e soddisfatto. Durante le feste, le prove di teatro, la mensa scolastica, le scene di vita familiare, emergono i rapporti sentimentali che legano i tre amici; con Sam non si può aprire del tutto, con Patrick arriva al conflitto e alla rottura; in questa fase in cui tutti stanno crescendo e riflettendo sulla propria identità, la trama dei sentimenti si complica, include la sorella di Charlie e i suoi genitori. Cessa l'amicizia fra Charlie e i due fratelli, ma solo dopo un crescendo di scontri Charlie potrà dimostrare la propria sincerità e la propria lealtà nei loro confronti. Nell'alternarsi di momenti spensierati e drammatici, Charlie resta comunque prigioniero di ricordi dolorosi (l'amico suicida, la zia morta): questo peso emotivo scoppia quando Charlie resta di nuovo solo: la scuola è finita e Sam e Patrick se ne vanno; dalla crisi seguita alla separazione, Charlie però si riprende: attraverso l'aiuto di un adulto, infatti, nasce in lui una nuova consapevolezza circa la sua vita e le relazioni con gli altri.

Personaggi

Accanto ai tre personaggi principali, **Charlie**, **Sam** e **Patrick**, il film vuole raccontare la storia di altri adolescenti: la sorella e la ragazza di Charlie, l'amico di Patrick, i ragazzi delle feste, del laboratorio teatrale, della scuola. Se fin dall'inizio si comprende che il film seguirà la storia di Charlie e il mondo dei suoi affetti, il legame che si stringe tra lui e i due fratelli ne fa un film a tre voci: ciascuno infatti sviluppa un carattere, una personalità. Charlie è timido e intelligente, fa riferimento agli adulti, ma in realtà ha bisogno, come tutti, di frequentare i coetanei.
Sam sembra più grande di quanto non sia e anche questo rispecchia un tipo di ragazza che, per qualche motivo (che il racconto filmico ad un certo punto sve-

la), è stata proiettata in avanti nel suo cammino di crescita; malgrado tante sicurezze anche lei però è fragile e dovrà maturare attraverso le delusioni.
Patrick è il più affascinante, sfrontato con gli adulti, sicuro di sé finché anch'egli non prova l'amarezza dell'abbandono e del tradimento.
L'altro personaggio che entra nell'orbita di Charlie è Mary Elizabeth, che forse, di tutti i tipi giovanili, è la più legata ad uno stereotipo: la ragazza che vuole vivere come una donna, costi quel che costi.
L'unico adulto che inizialmente ha una grande importanza per Charlie è il suo professore di inglese, ma non sarà lui a permettere al protagonista di trovare un equilibrio, ma la figura di un medico.

Sceneggiatura

Il film, nei dialoghi tra i protagonisti, contiene molte frasi "profonde". I dialoghi ci rivelano infatti che, al di là di alcune battute gergali o talvolta ironiche, i tre personaggi principali sono ragazzi che pensano, desiderano comunicare, riflettono e si confrontano. Rispetto alle parole, qualche volta i gesti restano piccoli, timidi, rispecchiando, anche in questo, un certo modo di essere dei giovani. I dialoghi sono determinanti per comprendere i caratteri dei personaggi calati nelle situazioni in cui interagiscono tra loro o con altri; a cominciare dall'approccio di Charlie col suo professore o di quello di Patrick mentre parla alla classe, alle spalle del professore.

Inquadratura

Nel film sono molti i primi piani di Charlie e dei suoi amici; il resto serve a seguire la storia nel suo evolversi. Nei *flashback* (i ricordi di Charlie) si vede un bambino paffuto, incuriosito e timido allo stesso tempo, che si muove in un paesaggio invernale. Si comprende che l'infanzia non viene ricordata con spensieratezza e leggerezza; tuttavia non vi sono, neppure nei momenti più dolorosi dei protagonisti, sottolineature della macchina da presa.
Gli esterni, a parte la sequenza del passaggio in auto sotto il tunnel col quale si apre e si chiude il film, non hanno particolare significato e gli interni non rivelano aspetti complementari alla vicenda ma la ambientano, caratterizzandosi come luoghi nei quali ciascuno dei ragazzi vive la propria storia o, come nella scuola, quando la condividono. Un particolare rilievo acquistano la scene di teatro (che Patrick e gli altri stanno allestendo), grazie a colori e luci forti, chiaramente artificiali rispetto ai colori del mondo in cui si vive tutti i giorni.

Commento

Il film rappresenta bene le paure, i dubbi e le incertezze degli adolescenti, riuscendo a coinvolgere gli spettatori, che non possono fare a meno di affezionarsi a Charlie, Sam e Patrick. Profonda e verosimile è l'analisi interiore dei protagonisti che vivono l'adolescenza come il momento più difficile della vita di ognuno; il regista ha saputo presentarla con molte sfaccettature, nel desiderio che ciascuno ha di essere compreso ed amato, nella ricerca di un punto fermo (l'amore totalizzante, un lavoro utile, un'amicizia che non muore) tra attese, desideri, speranze e paure.

Abilità e competenze

Ascoltare, argomentare e confrontarsi

1. **Charlie è un ragazzo timido che fatica a stabilire relazioni. Sapresti ricostruire il percorso verso l'apertura e la sicurezza compiuto da Charlie? In questa maturazione hanno un peso preponderante i coetanei o gli adulti? Tutti e due? O nessuno dei due, ma anche altri elementi (incontri occasionali, eventi non previsti, ecc.)?**

2. **La relazione che lega Patrick e Sam è un po' diversa da quella che unisce di solito i fratelli: su che cosa si regge la loro solidarietà? È spiegata nel film o è data per scontata e non viene mai messa in discussione?**

3. **A un ragazzo, magari timido, può accadere di innamorarsi di una ragazza molto spigliata e sicura di sé, e anche questa non è una scelta originale: che cosa rende "particolare" il sentimento che lega Charlie e Sam? Attraverso quali scene o dialoghi si evince?**

4. **Che sensazioni ti ha suscitato la scena del passaggio nel tunnel dell'inizio e quella della fine?**

VERIFICA FORMATIVA

per accertare le competenze acquisite

Gary Paulsen
Il sogno di Manny

autoverifica con tutor

Manny è un orfano che tenta di sopravvivere disperatamente nelle strade polverose di una cittadina messicana al confine con gli Stati Uniti. Il sogno di Manny è riuscire a superare quel confine e costruirsi una vita migliore negli Stati Uniti. Nel buio della notte aspetta il momento per attraversare il confine cercando di non farsi fermare dalle pattuglie americane incaricate di bloccare i clandestini.

Manny sedeva al buio e aspettava. Si trovava vicino al fiume, sull'angolo d'un vecchio edificio abbandonato, rannicchiato in un canale di scolo, le labbra serrate[1] per nascondere i denti e gli occhi socchiusi per coprire il bianco. Una creatura della notte, al sicuro: così si pensava. Anche se era difficile essere al sicuro al buio, sul fiume.

Al buio, non c'era posto che fosse sicuro a Juárez, ma sul fiume la situazione era doppiamente difficile. Appena le tenebre s'infittivano, quelli che volevano attraversare il confine cominciavano a radunarsi. A centinaia, soli o in gruppi, con sacche piene di vestiti e cibo, aspettavano il momento opportuno fra le rocce della sponda messicana. Dall'altra parte del fiume c'era un reticolato, ma rotto e abbattuto in diversi punti; le pattuglie americane avevano grossi riflettori, ma la gente in attesa li fracassava a sassate in modo che il confine precipitasse nel buio, appena rotto dal chiarore fioco proveniente dalle luci dei locali notturni sulla sponda di Juárez. A rendere pericolosa la zona non erano i fuggitivi e nemmeno i poliziotti, per quanto robusti e, all'occorrenza, crudeli. Erano gli altri.

Erano, a volte, i coyote:[2] quelli che facevano attraversare il confine a pagamento, con false promesse d'incolumità.[3] Non tutti mentivano, ma solo alcuni e derubavano chi s'erano impegnati ad aiutare. E questi – che rubavano e toglievano soldi e altro alle donne, e uccidevano persino – erano abbastanza numerosi da rendere rischioso aggregarsi a un gruppo. Era impossibile sapere se i suoi coyote si sarebbero dimostrati infidi.[4]

Ma peggiori ancora dei coyote erano gli avvoltoi[5] che battevano le strade approfittando nel buio, con coltelli e corde e stivali appuntiti che sferravano calci dolorosi... i malvagi che ferivano e uccidevano per niente, o quasi. Più d'una volta avevano quasi preso Manny per venderlo; a stento era sfuggito alle loro grinfie, inabissandosi nella notte.

Scendevano al fiume approfittando del buio e piombavano come cani selvatici sui gruppi che aspettavano il momento buono per attraversare. Colpivano sempre in silenzio, a parte le risatacce che si lasciavano sfuggire se trovavano donne o qualcuno con un piccolo gruzzolo o

1 **serrate:** chiuse.
1 **coyote:** cane selvatico dal muso aguzzo, con capo e zampe robuste. Buon corridore, si aggira soprattutto di notte e vive nelle praterie e nelle foreste dell'America settentrionale e centrale. Qui il termine viene usato per indicare persone che si aggirano nel buio offrendo la possibilità di attraversare il confine dietro pagamento, spesso derubando e mentendo alla povera gente che si fida di loro.
3 **incolumità:** il rimanere illesi.
4 **infidi:** non degni di fiducia.
5 **avvoltoi:** uccelli rapaci con testa e collo privi di penne e un colletto di piume alla base del collo. Si nutrono quasi esclusivamente di carogne, cioè di animali già morti. Per questa loro caratteristica il nome "avvoltoio" è diventato sinonimo di persona avida e rapace. Qui viene usato per indicare i malvagi che uccidono, feriscono e derubano persone indifese solo per il gusto di fare del male.

Un tratto del confine tra Stati Uniti e Messico a Tijuana-San Diego.

stivali buoni da rubare. Erano così feroci che spesso bastava la sola minaccia della loro violenza perché le vittime di turno obbedissero atterrite.[6]

Erano loro il vero pericolo.

Era per causa loro che il fiume non era sicuro e nessuno avrebbe aiutato la gente. Gli scarsi poliziotti di Juárez erano troppo occupati a proteggere se stessi per badare a chi attraversava illegalmente[7] il confine, e ai poliziotti americani e alle pattuglie di frontiera non importava se i fuggitivi venivano feriti, rapinati o uccisi. Anzi, così diminuiva il numero di quelli da inseguire, catturare, ammanettare[8] e rinchiudere nei campi di raccolta[9] in attesa che gli autobus li riportassero in Messico.

Così Manny, creatura della notte, aspettava al buio, tendendo l'orecchio ai vari suoni: bisbigli concitati,[10] incoraggiamenti sommessi.[11] Nessuno sapeva con certezza quando partire, ma poco dopo la mezzanotte alcuni, i più vicini al ponte, cominciarono ad attraversare, provocando un'ondata, un maremoto di gente in corsa.

Manny restò indietro. Prima di venire al ponte, era passato al Due-per-Quattro[12] e Maria gli aveva dato un pollo e cinque *tortillas*[13] in un sacchetto di carta, che ora teneva stretto al petto con entrambe le mani. Decise di aspettare.

Era impossibile prevedere il comportamento delle pattuglie statunitensi, perché cambiavano spesso tattica. Una notte gli agenti aspettavano tutti insieme, e la volta dopo si spostavano o si sparpagliavano; non ripetevano mai la stessa manovra. Però Manny aveva un piano. Le pattuglie, calcolò, avrebbero catturato i gruppi più consistenti, ma poi avrebbero dovuto accompagnare i prigionieri ai campi di raccolta. In quel momento avrebbe avuto la possibilità di sgusciare oltre il confine.

[da *Oltre il confine*, Mondadori, Milano 1997, traduzione di Chiara Amone]

6 **atterrite:** terrorizzate.
7 **illegalmente:** senza il regolare permesso.
8 **ammanettare:** mettere le manette ai polsi.
9 **campi di raccolta:** i campi in cui chi tenta di oltrepassare il confine viene rinchiuso in attesa di essere rispedito indietro.
10 **concitati:** agitati, emozionati.
11 **sommessi:** sussurrati, pronunciati a voce bassa.
12 **Due-per-Quattro:** un ristorante di Juárez, dove, di tanto in tanto, Maria, la cuoca, regala del cibo a Manny.
13 ***tortillas***: focacce di farina di mais tipiche del Messico, dove sono usate al posto del pane.

Competenza testuale

Comprendere i dati espliciti

1. Manny si trova vicino
- A al fiume
- B al lago
- C al canale
- D all'angolo di un vecchio edificio

2. Quando le tenebre si infittiscono che cosa fanno quelli che vogliono attraversare il confine?
- A si radunano
- B si disperdono
- C si riposano
- D si nascondono

3. Che cosa c'è dall'altra parte del fiume?
- A un reticolato
- B le pattuglie americane
- C la gente in attesa
- D luci dei locali notturni

4. Che cosa rende pericolosa la zona?
- A i poliziotti
- B i fuggitivi
- C i coyote
- D il buio

5. Chi sono gli avvoltoi?
- A uccelli rapaci
- B uomini malvagi
- C uomini indecisi
- D uomini indifesi

6. Che cosa volevano fare gli avvoltoi a Manny?
- A ucciderlo
- B torturalo
- C derubarlo
- D catturarlo per venderlo

7. Perchè i poliziotti americani non aiutano la gente?
- A per paura
- B per proteggere se stessi
- C per noncuranza
- D per obbedire a degli ordini

8. Che cosa ha con sé Manny?
- A un coltello
- B un sacchetto di carta con dentro la sua cena
- C un telefono
- D una pistola

9. È impossibile prevedere il comportamento delle pattuglie statunitensi perché
- A cambiano tattica
- B sono numerose
- C sono sparse
- D sono irriconoscibili

Comprendere i dati impliciti

10. All'inizio del brano compare Manny, si tratta di
- A un ragazzo orfano che vive per le strada
- B un ragazzo fuggito da casa
- C un ragazzo che si è perduto
- D un ragazzo scomparso

11. Quale confine vuole oltrepassare Manny?
- A Stati Uniti
- B Messico
- C Argentina
- D Brasile

12. Nel brano compaiono altri personaggi oltre a Manny. Quali?

13. Manny ad un certo punto resta indietro perché
- A ha paura
- B si è perso
- C vuole aspettare il momento opportuno
- D aspetta qualcuno

14. La conclusione del racconto
- A è perfettamente descritta
- B lascia il lettore nel dubbio
- C è implicita
- D è aperta ad ogni ipotesi

Competenza lessicale

15. Quale dei seguenti termini non è un sinonimo di "concitato"
- A agitato
- B frenetico
- C inquieto
- D arrabbiato

16. Tenendo presente il racconto letto come definiresti il protagonista?
- A coraggioso
- B testardo
- C incosciente
- D sfortunato

17. Quale dei seguenti aggettivi può sostituire «scarsi» nel significato usato nel testo nell'espressione «scarsi poliziotti»?
- A inefficienti
- B inabili
- C sfaticati
- D impreparati

Competenza grammaticale

18. Completa le seguenti frasi coniugando la forma mancante del verbo tra parentesi.
- Avrei voluto che questo racconto .... (*termina*) in modo diverso.
- Dopo la lettura del racconto .... (*volere*) leggere tutto il libro.

19. Unisci le frasi inserendo il pronome relativo nella forma corretta.
- Ho telefonato ad un amico .... ho avuto tue notizie.
- Non conosco i libri .... mi hai parlato.

20. Nella frase presente nel testo «Appena le tenebre si infittivano» l'avverbio *appena* può essere sostituito da
- A mentre
- B quando
- C sebbene
- D pertanto

21. "Peggiore" è un aggettivo di grado
- A positivo
- B superlativo
- C comparativo

AREA DIGITALE
Le risposte agli esercizi sono disponibili nell'area digitale

Interpretare e valutare

Prova a metterti nei panni di Manny e descrivi in cinque righi i suoi stati d'animo nell'affrontare questa difficile e angosciante avventura.

....

....

....

....

....

PRIMO PIANO

Il viaggio di formazione

testi non letterari

«Viaggiare serviva e serve a guardare il mondo esterno, presente e passato. Ma anche a guardare se stessi, a interrogarsi sul mondo, sugli uomini, sul destino di ognuno, Viaggiare per filosofare, cioè per il gusto del sapere e del capire che (insieme all'amare) sono parti essenziali della vita».

Giacomo Corna Pellegrini

Viaggi di ieri: il Grand Tour

Il viaggio di formazione: il Grand Tour

Con il termine *Grand Tour* si indicò il viaggio di istruzione (esperienza destinata ai giovani aristocratici e borghesi di tutta Europa) che aveva come fine da un lato la formazione attraverso il sapere e la conoscenza e dall'altro il piacere dell'evasione e del puro divertimento.

Il termine *tour*, chiarisce come la caratteristica di questo viaggio fosse quella di effettuare un 'giro' – particolarmente lungo e ampio – attraverso i paesi continentali ma che aveva come traguardo prediletto e irrinunciabile l'Italia delle cento città, la cui fitta trama urbana diventa la meta preferita di un nuovo pellegrinaggio.

Gli artisti e una nuova idea di viaggio

La storia del viaggio di formazione, si intreccia con quello della formazione specifica degli artisti; a partire dal XVII secolo, l'educazione professionale di questi ultimi avveniva all'interno delle Accademie, istituzioni con radici nel secolo precedente ma che si diffusero compiutamente in tutte le città d'Europa nel secolo successivo.

SCHEDA ARTE

Il ritratto e la veduta

Da punto di vista artistico, il *Grand Tour* diede impulso allo sviluppo del **ritratto** e della **veduta**.
Infatti, tra i viaggiatori più facoltosi, divenne consuetudine farsi fare un ritratto con alle spalle i monumenti visitati, che potevano comprendere le rovine intorno a Roma o quelle di Pompei e Ercolano, da poco scoperte.
Non sempre però il soggiorno in Italia fu sostenuto da chi aveva a cuore l'educazione dei giovani membri di nobili famiglie, perché l'Italia, se era il centro dell'arte classica, non era per questo anche adatta per imparare a vivere le relazioni sociali e, più specificamente, le relazioni politiche: specie in Inghilterra molti temevano infatti l'influenza negativa di abitudini troppo libere (nei costumi, nei divertimenti, nei semplici contatti con la gente comune) e del pensiero politico, giudicato troppo incline al cinismo o al compromesso.
Nel XIX secolo, superati i grandi eventi della rivoluzione francese e delle guerre napoleoniche, il *Grand tour* riprese più intenso di prima, interessando sempre più persone, ma perdendo progressivamente l'obiettivo formativo per acquisire quello della conoscenza fine a se stessa e del divertimento.

Alcune testimonianze pittoriche

Oltre ad essere il più celebre ritratto dell'intellettuale tedesco (che compì i due viaggi in Italia grazie a borse di studio) questo dipinto rappresenta la summa del *Grand Tour*. La meta del viaggio è raggiunta, Roma, di cui si vede sullo sfondo, tra la scarsa vegetazione, la tomba di Cecilia Metella assieme ad altre rovine sulla via Appia, mentre il poeta, che indossa un ampio mantello si riposa e riflette, tra lastre scolpite e frammenti di mensole antiche, forse proprio su quelle stesse rovine.

J.H.W. Tischbein (1751-1829), *Goethe nella campagna romana*, 1787, Francoforte, Stadtisches Galerie.

Le Accademie, nate in Italia per iniziativa privata, in Francia erano controllate dalla monarchia; in seguito molte diventarono autonome e cominciarono ad offrire ai propri iscritti l'opportunità di completare la formazione con soggiorni di studio proprio in Italia. Era infatti essenziale la conoscenza delle opere antiche, greche e romane, oltre che delle opere rinascimentali, attraverso le quali si perfezionava lo studio dei generi, quello storico, mitologico e religioso e quelli, considerati minori, quali il ritratto e il paesaggio. Se questo *iter* formativo era scontato per un artista, ad affrontare il viaggio in Italia (ma anche in Francia), furono giovani aristocratici o uomini di cultura e in seguito, seppure più rare, le donne, che volevano educarsi attraverso le bellezze della natura e dell'arte.

Questo fenomeno interessò principalmente gli inglesi, che fecero registrare sempre il maggiore numero di presenze in Francia, Italia, Grecia; ma nel Settecento, da tutta Europa potevano arrivare a Roma giovani uomini con i loro *tutors* o giovani donne accompagnate da parenti più mature. L'obiettivo era compiere visite a musei, conoscere le architetture e le sculture di cui tutte le città italiane, da Milano a Roma, da Firenze a Venezia o Napoli erano ricche.

Il pittore Batoni fu uno dei ritrattisti più ricercati dai nobili viaggiatori inglesi: qui a posare in abito da viaggio, circondato da rovine classiche, in una posa che vuol essere disinvolta, col cappello in mano e il bastone da passeggio, è un giovane barone. In mano, a togliere ogni equivoco sullo scopo del viaggio, tiene una piantina di Roma, che infatti ha già raggiunto come si vede dallo sfondo con Castel Sant'Angelo e San Pietro in Vaticano.

Pompeo Batoni (1708-1787), *Francis Basset, Baron de Dunstanville*, 1778, Madrid, Museo del Prado.

Per approfondire con le immagini puoi sfogliare

Grand Tour, 1997, Skira, Milano con 250 immagini pittoriche sull'evoluzione del *Grand tour*.

Grand Tour, libro con fotografie d'epoca sul viaggio di Goethe in Italia, edizioni 24Ore Cultura.

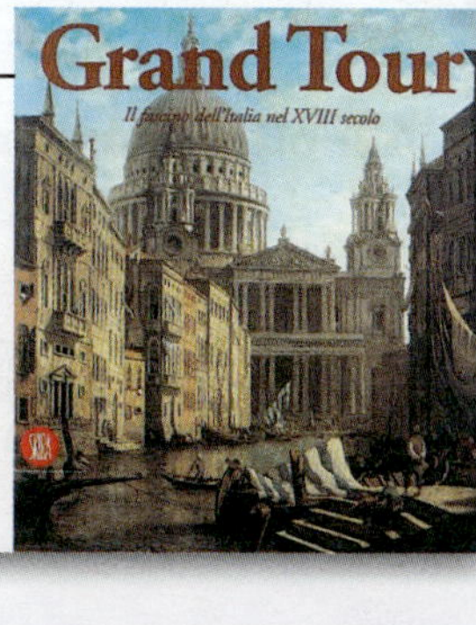

testi non letterari

Giacomo Corna Pellegrini
Viaggiare per filosofare

ANNO	MODELLO DI SCRITTURA	TIPOLOGIA TESTUALE	TEMA
1997	testimonianza	saggio	• il viaggio per sapere e per capire

L'AUTORE

Giacomo Corna Pellegrini è stato un geografo italiano (1931-2011), autore di testi che nel corso degli anni hanno spaziato dalla geografia economica alla geopolitica, dai temi connessi con lo sviluppo del territorio alla geografia urbana.

Il breve testo che proponiamo è tratto da un saggio di Giacomo Corna Pellegrini. Illuminante la sua idea di viaggio: ovvero il viaggio di ieri per capire quello di oggi; per "filosofare", ossia per apprezzare il mondo e la vita attraverso la sapienza, la conoscenza e l'amore.

Il "viaggio in Italia" fu probabilmente un fenomeno sostanzialmente positivo [...] per coloro che lo realizzarono nel corso. Aiutò a conoscere, a capire e molto spesso ad apprezzare la specificità e la ricchezza dell'Italia e delle sue genti. Lo è ancora oggi, almeno se si interrogano in proposito la più parte dei viaggiatori odierni, nel nostro paese. Né potrebbe essere diversamente, se essi di continuo vi ritornano e aumentano di numero. Altrettanto sembra si possa dire del viaggiare di italiani, per cultura e turismo, all'estero. Si può aggiungere che ciò rappresentò anche nella maggior parte dei casi, e tuttora rappresenta, una esperienza piacevole, spesso addirittura "memorabile" o, per lo meno, da non dimenticare facilmente. Ciò non guasta proprio, anche tenendo conto che la vita di ieri e di oggi era ed è spesso faticosa, nella sua quotidianità e ripetitività casalinga. Viaggiare serviva e serve a guardare il mondo esterno, presente e passato. Ma anche a guardare se stessi a interrogarsi sul mondo, sugli uomini, sul destino di ognuno. Viaggiare per filosofare, cioè per il gusto del sapere e del capire che (insieme all'amare) sono parti essenziali della vita.

[da G. Corna Pellegrini, *Viaggio di ieri viaggio di oggi*, in AA.VV., *Il turismo. Dal Grand tour ai viaggi organizzati*, Electa Gallimard, Milano 1997]

LABORATORIO SUL TESTO

Abilità e competenze

Scrittura e interpretazione

1. Ti presentiamo due aforismi sul viaggio: commentali esprimendo le tue considerazioni personali.

L'importanza sia nel tuo sguardo non nella cosa guardata [da André Gide, *I nutrimenti terrestri*]

Ho sempre pensato; quando sarò libero, senza vincoli, viaggerò. Ma non ho ricette per viaggiare. Inciampo spesso, dappertutto. Mi piace perdermi, faccio molte deviazioni. Spesso decido la destinazione strada facendo, oppure la cambio del tutto. Non si può fare esperienza di troppe cose viaggiando; penso sia meglio concentrarsi su poco, o anche nulla, non fare attenzione ai monumenti, ai musei, ma solo tenere gli occhi aperti e ascoltare. E non è così facile. [da Peter Handke]

Ascoltare, argomentare e confrontarsi

2. Sei d'accordo o meno con quanto affermato nel seguente passo? Motiva la tua risposta e confrontati con i tuoi compagni ascoltando i vari punti di vista.

Da ogni viaggio sono tornato con il ricordo di qualcuno più che di qualcosa. Ho una conoscenza dei luoghi attraverso i racconti di uomini e donne incontrati lungo il cammino, e con gli occhi della memoria rivedo più facilmente le espressioni dei loro volti anziché le bellezze di tanti paesaggi.

[da Pino Cacucci, *Camminando*]

Viaggi di oggi: Comenius e Erasmus

A Lisbona, nel 1999, fra i Paesi membri dell'Unione Europea (U.E.) viene steso un trattato col quale si intende organizzare l'intera vita futura degli abitanti dell'Europa stessa.

Per i giovani in particolare, l'azione dell'Unione Europea intende sviluppare la dimensione europea dell'istruzione, principalmente mediante l'apprendimento delle lingue e favorendo la mobilità degli studenti mediante lo sviluppo degli scambi, sia di giovani che di animatori di attività socioeducative, incoraggiando la partecipazione dei giovani alla vita democratica dell'Europa.

L'azione della U.E. si concretizza con l'istituzione di progetti fra cui quelli denominati **Comenius** e **Erasmus**.

Il progetto Comenius (da **Giovanni Amos Comenio**, in latino *Iohannes Amos Comenius*, [1592-1670] teologo e pedagogista ceco) è il nome con cui si indica il programma riguardante tutto l'arco dell'istruzione scolastica, dalla scuola dell'infanzia fino al termine degli studi secondari superiori, che è pensato per rispondere alle esigenze didattiche e di apprendimento soprattutto degli studenti che stanno vivendo il loro periodo di formazione negli istituti scolastici.

Obiettivo di Comenius è principalmente quello di sviluppare la conoscenza e la comprensione della diversità e del valore culturale e linguistico della regione europea e di aiutare i giovani ad acquisire le competenze di base necessarie per la vita, e le competenze utili ai fini dello sviluppo personale, dell'occupazione e di una cittadinanza europea attiva.

Il progetto Comenius ha, tra gli altri, lo scopo di aumentare il volume della mobilità degli scambi di allievi e personale docente dei vari Stati membri, pertanto incoraggia l'apprendimento delle lingue straniere moderne e promuove lo sviluppo di contenuti, servizi, soluzioni pedagogiche e prassi innovative basati sulle **TIC** *Information and Communication Technology* (tecnologie dell'informazione e della comunicazione).

Il progetto Erasmus prende il nome dall'umanista e teologo Erasmo da Rotterdam il quale viaggiò per tutta l'Europa del XV secolo allo scopo di rinforzare la sua formazione culturale. In omaggio a questo illustre esponente dell'umanesimo europeo, nasce l'acronimo del Progetto *European Region Action Scheme for the Mobility of University Students*; in sintesi, "Azione per la Mobilità degli Studenti universitari europei".

L'obiettivo del progetto Erasmus è rispondere alle esigenze didattiche e di apprendimento di tutte le persone coinvolte nell'istruzione superiore di tipo formale e nell'istruzione e formazione professionali di terzo livello, nonché degli istituti e delle organizzazioni che sono preposti a questo tipo di istruzione e formazione o lo agevolano nei paesi partecipanti.

testi non letterari

Comenius e Erasmus: le testimonianze degli studenti

ESPANSIONI DIGITALI
Una ragazza speciale ci racconta il suo Erasmus

ANNO	MODELLO DI SCRITTURA	TIPOLOGIA TESTUALE	TEMA
2012-2013	intervista-testimonianza	testo informativo	• esperienze interculturali

Siamo quattro alunne delle classi 3Q e 3X che hanno partecipato al 3° incontro del progetto multilaterale Comenius svoltosi in Slovacchia e Polonia dal 14 al 23 maggio 2013. Il soggiorno ha avuto inizio a Nàmestovo, cittadina slovacca nella regione di Orava, con la calorosa accoglienza da parte delle famiglie ospitanti e delle nostre corrispondenti. In questo periodo abbiamo avuto l'opportunità di ammirare le bellezze del territorio (il Castello di Orava, il museo di un villaggio tradizionale, le grotte di Demänová, l'isola di Slanica), ma soprattutto di condividere una serie di attività con il gruppo dei ragazzi stranieri provenienti dai setti paesi europei ed extraeuropei facenti parte del progetto. Bellissima e particolarmente coinvolgente è stata la giornata dedicata allo spettacolo "*On est tous des talents*", allo svolgimento del quale tutte le delegazioni hanno contribuito con una serie di esibizioni canore, musicali e teatrali. Il viaggio è proseguito in Polonia, a Rybnik, dove, oltre ad aver visitato la città e altre località come la famosa miniera di sale di Wieliczka (una delle più importanti al mondo), abbiamo potuto consolidare i rapporti di amicizia con i nostri coetanei stranieri già instaurati nei giorni precedenti. Nonostante le differenze culturali e linguistiche, del resto superate senza troppe difficoltà, abbiamo formato un gruppo di amici che è diventato sempre più forte e coeso e, nonostante il viaggio sia terminato, continuiamo a mantenerci in contatto mantenendo vivo il ricordo di quei giorni. È stata un'esperienza veramente significativa, che porteremo a lungo nel nostro cuore.

Rybnik, la Piazza del Mercato.

[Giorgia Clonnesi, Sara Facchini, Elettra Negrini, Sara Romita, I.T.C. V. Bachelet Ferrara]

Lavorare allo stesso progetto

Alla proposta delle nostre professoresse di fare uno scambio con la Francia molti di noi sono rimasti sorpresi. Ci hanno spiegato che lo scambio sarebbe servito a capire le differenze e somiglianze sull'alimentazione fra i nostri due paesi. Prima sono venute le professoresse dei ragazzi francesi e poi sono andate le nostre.

Quando sono tornate ci hanno parlato di come funziona la scuola in Francia.

Per questo progetto abbiamo fatto un sacco di lavori e abbiamo fatto un quaderno apposta dove annotare tutte le attività. All'inizio abbiamo analizzato i cinque sensi: l'olfatto, il tatto, il gusto, l'udito e la vista.

Abbiamo lavorato su questo perché il progetto riguarda l'alimentazione e la salute.

A settembre è arrivato un gruppo di ragazzi francesi che sono stati ospitati nelle nostre famiglie.

Ad aprile anche noi andremo in Francia per completare lo scambio.

L'esperienza è stata molto "ganza", ci siamo accorti che i ragazzi della nostra età, da qualunque paese provengano, hanno gli stessi nostri desideri ed aspettative, si comportano come noi; nonostante la diversità della lingua, già da subito con molti di loro non abbiamo avuto problemi di comunicazione.

[Andrea Muand, classe II e, E I.C. Primo Levi – Tavarnuzze Firenze]

Dal blog dedicato all'esperienza bordolese

Ma perché siamo qui a studiare in un liceo francese per ben tre mesi?

Bella domanda... in effetti abbiamo aderito ad un progetto molto vasto gestito dall'Unione Europea chiamato COMENIUS - MOBILITÀ INDIVIDUALE che dà la possibilità a giovani cittadini europei di vivere una realtà diversa dalla loro per periodi di tempo differenti (ci sono ragazzi che soggiornano per ben 9 mesi!!!).

Finalmente siamo riusciti a pubblicare il nostro blog!!

Sono la prima a scrivere e devo dire che non è affatto semplice rompere il ghiaccio. Da dove comincio? Potrei iniziare dal giorno più importante della mia vita, il giorno che mi ha profondamente cambiata: il primo settembre 2012, aeroporto di Firenze. Adrenalina alle stelle, panico, agitazione ma anche tanta voglia di partire. Lacrime da parte della famiglia, sorrisi e abbracci. Sono queste le sensazioni che ricorderò per sempre.

Tre ragazzi di 17 anni, tre bagagli, tre biglietti, aeroporto Mérignac. Tre mesi a Bordeaux, al liceo Victor Louis, tre mesi alla scoperta della Francia e alla scoperta di noi stessi.

Finalmente arriviamo a destinazione. Sorridiamo timidi alle famiglie che ci accoglieranno per tre mesi, prendiamo i bagagli e saliamo in macchina. Talence per Andrea, La Brède per me ed Eleonora.Ci scambiamo dei sorrisi e ognuno prende la propria strada, consapevoli che tutto cambierà.

[Sara, mercoledì 26 settembre 2012, Liceo Internazionale N. Machiavelli di Firenze e Lycée Victor Louis di Talence, Bordeaux]

TUTTO è finanziato dall'Unione Europea, quindi é tutto completamente spesato partendo dal biglietto aereo finendo con il materiale scolastico. A tutti e tre è sembrata un'occasione da prendere al volo tenendo conto del fatto che alla fine del liceo, insieme alla Maturità, abbiamo un esame in francese che ci permette di avere il BAC (il corrispettivo Esame di Maturità francese), questi tre mesi in Francia non faranno che bene alla nostra lingua...

IL LICEO. Sembra di essere in un altro mondo, innanzitutto la struttura è bella, vasta con un giardino per poterci stare durante le ore di "PERM" (le nostre ore di "buco") e fare quello che ti pare e piace. Le classi hanno tutte un videoproiettore collegabile ad un computer presente sulla cattedra: facciamola breve: i francesi hanno fondi e li investono nell'istruzione, per questo hanno delle aule ben attrezzate e laboratori molto forniti... ah!! stavo dimenticando!! c'è anche una bellissima biblioteca (C.D.I.) e veramente ci puoi trovare di tutto, da romanzi a riviste, veramente ben organizzata...

[Andrea, giovedì 27 settembre 2012, Liceo Internazionale N. Machiavelli di Firenze e Lycée Victor Louis di Talence, Bordeaux]

Ciao a tutti! Questa volta tocca a me scrivervi [...]: non è affatto semplice, [...] ma proviamoci!

Andrea e Sara vi hanno introdotto un po' il nostro progetto, ma in realtà ancora non sapete niente di noi. Che dire! Siamo in tre e abbiamo tutti 17 anni, siamo sicuramente dei soggetti un po' pazzi, non per niente abbiamo deciso di passare tre mesi della nostra vita in Francia, vivendo in famiglie che non conoscevamo e andando in una scuola in cui ci sentivamo completamente spaesati.

Sicuramente, all'inizio non è stato affatto semplice abituarsi a questo nuovo ambiente pieno di cose che tutti davano per scontato e che a noi suonavano a dir poco "bizarres": per esempio, sapevate che esistono le settimane pari e dispari? beh io no, e quando ho chiesto di cosa si trattasse la professoressa stava per scoppiarmi a ridere in faccia, per lei era ovvio!

Ma dopo un mese passato tra i francesi, le cose sono molto migliorate e adesso siamo tutti entusiasti di essere qui.

[Eleonora, 3 ottobre 2012, Liceo Internazionale N. Machiavelli di Firenze e Lycée Victor Louis di Talence, Bordeaux]

AREA DIGITALE

Il depliant turistico. L'Europa

Dividetevi in gruppi: ciascun gruppo scelga un Paese europeo e si documenti sulla storia, sull'economia, sulla religione, sulla tradizioni, sulle festività, sulle tradizioni alimentari.

Per ciascun Paese preparate delle schede di presentazione con il supporto di immagini e create con un software di impaginazione un depliant turistico.

UNITÀ 2

Il romanzo storico

Il romanzo storico

Il romanzo storico si basa sulla rappresentazione di fatti e personaggi storici reali, oppure verosimili, ossia inventati dall'autore, ma inseriti in un contesto reale, con una precisa documentazione su usi, costumi, linguaggio, modi di vita del tempo a cui il racconto si riferisce. Un romanzo si può definire storico solo se i personaggi sono coinvolti in vicende storiche.

Il romanzo storico come genere si diffonde nell'età romantica all'inizio del 1800.

Già nel '600 e nel '700 erano state scritte opere a sfondo storico e con personaggi storici, ma in essi la storia aveva soltanto la funzione di cornice, di sfondo per lo svolgimento dell'intreccio.

Al contrario il romanzo storico ottocentesco risponde all'esigenza del Romanticismo di ravvivare l'attenzione per la storia, di rivalutare le tradizioni popolari e nazionali.

Al passato ci si volge per scoprire le radici culturali, per recuperare gli elementi caratterizzanti della storia nazionale che trovava nel Medioevo le proprie origini. La maggior parte dei romanzi si ispira quindi a personaggi e a momenti del Medioevo, ritenuti utili per comprendere il presente.

In Europa

Il romanzo storico si sviluppò innanzitutto in Inghilterra dove divenne un genere e un modello da imitare grazie allo scrittore **Walter Scott** (1771-1832). L'opera di Scott che diede il via al genere del romanzo storico fu *Ivanhoe*, romanzo ambientato nell'Inghilterra del XII secolo, nel periodo di re Riccardo cuor di Leone e della crociata in Terra Santa.

Tra gli autori principali ricordiamo: lo scrittore russo **Aleksander Sergeevič Puškin** (1799-1837) con il romanzo *La figlia del capitano* (1836), lo scrittore francese **Stendhal** (1783-1842) con il romanzo *La Certosa di Parma* (1839), lo scrittore francese **Victor Hugo** (1802-1865) con il romanzo *Notre Dame de Paris* (1831).

In Italia

Nell'Ottocento Il primo romanzo storico italiano fu *Le ultime lettere di Jacopo Ortis* di **Ugo Foscolo** (1778-1827). La forma epistolare adottata riprende i modelli narrativi presenti nella *Clarissa* di Richardson, nella *Nuova Eloisa* di Rousseau e nei *Dolori del giovane Werther* di Goethe, a cui Foscolo si ispira direttamente.

Il romanzo ottenne un grande e immediato successo grazie ad alcune caratteristiche strutturali: rievocava epoche del passato con un tono di serietà e di verità; andava incontro all'interesse per la tradizione e la storia dei popoli; appagava i gusti del pubblico con vicende avventurose, pittoresche e appassionanti.

Il romanzo storico italiano si affermò verso la fine degli anni Venti con i *Promessi sposi* di **Alessandro Manzoni**: è un esempio di rigorosa ricostruzione storica, in cui anche i personaggi frutto di fantasia paiono veri e credibili e contribuiscono alla ricostruzione del passato.

Nel corso del XIX secolo, fin verso il 1860, la produzione di romanzi storici in Italia è particolarmente fiorente; ricordiamo, tra gli altri: *La battaglia di Benevento* di **Francesco Domenico Guerrazzi**, *Il castello di Trezzo* di **Giovanni Battista Bazzoni**, *Ettore Fieramosca* (1833) di **Massimo D'Azeglio**, *Mario Visconti* (1834) di **Tommaso Grossi** e *Margherita Pusterla* (1838) di **Cesare Cantù**.

Nei romanzi italiani lo sfondo storico è adoperato spesso come supporto per affrontare grandi questioni di attualità politica, legate alle prime battaglie per l'unità nazionale.

Nel Novecento Nel Novecento il romanzo storico non è tra i generi prediletti, tuttavia molti sono gli esempi di romanzo storico seppure caratterizzati da elementi che vanno allontanandosi dai canoni tradizionali; si pensi ad opere come *Il mulino del Po* (1939-40) di **Riccardo Bacchelli**, *La Storia* (1974) di **Elsa Morante**, *Il Gattopardo* (1958) di **Giuseppe Tomasi di Lampedusa**, *La chimera* (1990) di **Sebastiano Vassalli**, *Sostiene Pereira* (1992) di **Antonio Tabucchi**, *La lunga vita di Marianna Ucrìa* (1990) di **Dacia Maraini**.

Oggi Il romanzo storico, dopo i fasti dell'Ottocento e il sostanziale disinteresse da parte degli scrittori del Novecento, sta conoscendo da vent'anni a questa parte una nuova popolarità. Mai come in questi anni infatti la produzione di romanzi storici, ambientati nelle epoche e fra le civiltà più disparate e, va pure detto, di qualità quanto mai eterogenea, è parsa tanto abbondante; anzi questo interesse per epoche e figure storiche ha contagiato altri generi narrativi come il giallo (si pensi a quanti investigatori vestono i panni di frati medievali o addirittura di inquisitori). Quest'ultimo fenomeno è interessante perché permette di datare l'inizio del nuovo interesse per la narrativa storica. Nel 1980, infatti, viene pubblicato, con grande successo di critica e di pubblico, *Il nome della rosa* di **Umberto Eco**: un romanzo dove sono mescolati il thriller e la teologia, le divisioni spirituali all'interno della Chiesa e la politica del Trecento, l'arte e la letteratura medievali, il tutto supportato da un alto livello di documentazione.

Il Gattopardo, film del 1963 diretto da Luchino Visconti, tratto dall'omonimo romanzo di Giuseppe Tomasi di Lampedusa.

Uwe Timm
Dal diario di mio fratello

al alta leggibilità

OPERA	ANNO	LINGUA	GENERE	CONTESTO STORICO	TEMA
Come mio fratello	2005	tedesco	romanzo autobiografico a sfondo storico	seconda guerra mondiale	• riflessioni sulla guerra e sulle responsabilità individuali e collettive

L'AUTORE

Uwe Timm è nato ad Amburgo nel 1940. Ha cominciato a scrivere storie sin da ragazzino. Dopo un periodo di apprendistato come pellicciaio (mestiere ereditato dal padre), ottiene la maturità nel collegio di Braunschweig e studia filosofia e germanistica a Monaco e Parigi. Dopo la laurea, si dedica anche agli studi di sociologia ed economia politica a Monaco. Nel 1974 pubblica il suo primo romanzo, *Un'estate calda*, cui faranno seguito molti altri, tra cui: *La fuga di Kerbel* (1980), *La scoperta della currywurst* (1993), *Rosso* (2001, vincitore in Italia del premio Mondello e del premio Napoli). Si afferma anche come scrittore di libri per l'infanzia (con *Mimmo codino, maialino corridore*, 1989). Ha conseguito numerosi premi, tra cui spiccano il Premio Letterario della città di Monaco nel 1989 e il Grande premio letterario dell'Accademia Bavarese di Belle Arti nel 2001. Il romanzo autobiografico *Come mio fratello* è uscito per la prima volta nel 2003. La sua ultima opera è *Penombra*, edito nel 2011.

L'autore ripercorre alcune pagine di diario del fratello Karl-Heinz, morto soldato sul fronte russo nel 1943 e si interroga sui sentimenti, i pensieri e le emozioni di questi davanti alle violenze e i soprusi perpetrati dai tedeschi sulle popolazioni civili in Ucraina, a cui egli stesso prende parte. Ad emergere è una sconcertante incapacità di cogliere l'ingiustizia e riconoscere la propria colpa: l'indignazione del fratello è tutta rivolta ai bombardamenti che colpiscono Amburgo, la sua città lontana, e non agli ucraini che sopportano l'invasione delle truppe straniere, che vedono le loro case distrutte da quel passaggio di eserciti, il suo sguardo è «lo sguardo normale *sulla quotidianità della guerra».*

La formula che per i genitori riassumeva gli eventi era *colpo del destino*, un destino sul quale nessuno avrebbe potuto esercitare alcun influsso. *Perduti il ragazzo e la casa,*[1] era una delle frasi con cui ci si sottraeva alla riflessione sulle cause. Si credeva con quel lutto di aver contribuito per la propria parte all'espiazione[2] generale. Tutto era *terribile*, già l'essere stati personalmente *vittime*, vittime di un inspiegabile destino collettivo. Forze demoniache che regnavano al di fuori della storia o facevano parte della natura umana, in ogni caso catastro-

1 ***Perduti il ragazzo e la casa:*** nel "colpo del destino" che ha ferito la famiglia dell'autore, i genitori includono la morte del figlio, Karl-Heinz, morto sul fronte russo e la perdita della casa, ad Amburgo, distrutta dalle fiamme in seguito ad un bombardamento aereo degli Alleati, durante la seconda guerra mondiale.
2 **espiazione:** risultato e azione dell'espiare, ovvero riparare una colpa subendo una pena.

Esecuzione di ebrei di Kiev da parte dell'esercito tedesco in Ucraina nel 1942.

fiche e ineluttabili.[3] Decisioni alle quali ci si poteva solo rassegnare. E ci si sentiva trattati ingiustamente dal destino.

Come vedeva se stesso il fratello? Quali sensazioni provava? Riconosceva qualcosa come la responsabilità dei crimini, la colpevolezza, l'ingiustizia?

Nei suoi appunti, nelle sue lettere c'è solo un accenno che mette in dubbio quel mito delle Waffen-SS[4] perbene e coraggiose, diffuso in seguito dalle associazioni degli ex camerati[5] ma coltivato a casa anche dai miei genitori.

Il 25 luglio 1943 scrive in una lettera dall'Ucraina, nelle vicinanze di Konstantinovka:[6] *Ci siamo trasferiti in un alloggio magnifico, lindo e impeccabile come da noi. Qui sotto ci sono anche molte ragazze belle e giovani, ma non devi preoccuparti, ce n'è una – ma cosa dico, non ce n'è nessuna...*

A quanto pare la gente qui sotto non ha mai avuto a che fare con le SS. Erano tutti contenti, ci salutavano, ci portavano frutta ecc. finora qui c'è stata solo la Wehrmacht.[7]

Nella lettera sono acclusi[8] due garofani secchi, una traccia di colore dei petali si è trasmessa alla carta, un rosa delicato. Da sessant'anni i garofani sono infilati nella lettera, vengono da una regione dove la gente era contenta di accogliere i tedeschi perché fino a quel momento non aveva avuto a che fare con le SS. Forse i garofani gli erano stati regalati da una ragazza ucraina. E prima una frase che vuole essere spiritosa, ma tradisce scherzosamente un desiderio soffocato: *non ce n'è nessuna...*

Era severamente proibito ai soldati delle SS avere rapporti con le donne e le ragazze ucraine, la razza superiore[9] non doveva mescolarsi con gli slavi inferiori. Nel diario a un certo punto si dice: *Stiamo smontando le stufe delle case russe per costruire le strade.*

Evidentemente le pietre delle stufe venivano portate via in modo da consolidare le strade per i camion. La cosa si ripete infatti nel diario: *Partenza, ma dopo cinquecento metri siamo costretti a tornare indietro, i mezzi non riescono a passare attraverso il fango. Ogni cento metri bisogna spingere. La strada non potrebbe essere peggiore.*

Portare via le pietre significava distruggere le case. Cos'avrà detto la gente? Avrà pianto? Avrà cercato disperatamente di far capire ai tedeschi che era una cosa spaventosa, rimanere senza stufa nell'inverno imminente?

Lo scrive senza vedere, nemmeno per un istante, un legame fra le case distrutte in Ucraina e le case bombardate ad Amburgo... *resta solo la preoccupazione per casa, ogni giorno vengono annunciati attacchi aerei degli inglesi. Dovrebbero smetterla con queste porcherie. Quella non è guerra, è sterminio di donne e bambini – ed è disumano.*

È difficile capire e rendersi conto di come la compassione e la pena alla vista della sofferenza possano essere annullate, come si arrivi alla separazione fra quel che è umano a casa e quel che è umano qui, in Russia. L'uccisione di civili appartiene qui alla realtà quotidiana, non è neppure degna di menzione,[10] là invece è assassinio.

3 **ineluttabili:** fatali, inevitabili, contro cui non si può lottare, a cui non è possibile opporsi.
4 **Waffen-SS:** letteralmente, le 'SS Combattenti', termine con cui viene designato, a partire dall'aprile 1940, il ramo militare delle Schutzstaffel ('squadre di protezione', nate nel 1923 per proteggere il Führer, Adolf Hitler), piccola unità che sarebbe cresciuta fino a diventare un esercito di quasi un milione di soldati con una fama di spietata efficienza militare.
5 **camerati:** compagni d'armi, commilitoni.
6 **Konstantinovka:** città industriale situata nell'Ucraina dell'est.
7 **Wehrmacht:** il nome tedesco significa 'forza di difesa': è il nome assunto dalle forze armate tedesche con la riforma del 1935 e per tutta la durata della seconda guerra mondiale; dopo la resa incondizionata dell'8 maggio 1945, fu sciolta formalmente nell'agosto 1946.
8 **acclusi:** chiusi, allegati.
9 **razza superiore:** cioè i tedeschi, considerati superiori a qualsiasi altra razza secondo la propaganda del nazionalsocialismo di Hitler.
10 **menzione:** citazione, cenno, ricordo.

Quando ha scritto queste parole aveva diciannove anni e tre mesi, e ancora due mesi di vita. Aveva fatto un tirocinio. Era stato nello Jungvolk,[11] poi nella Hitlerjugend.[12] Esercitazioni paramilitari.[13] Esercitazioni di tiro. Marce notturne. Era stato *forgiato*.[14] A diciotto anni era finito nel Servizio nazionale del lavoro.[15] E nell'autunno del 1942 venne impiegato nella costruzione delle strade davanti a Stalingrado, poi in Francia per l'addestramento delle Waffen-SS, dove venne nuovamente *forgiato*. Poi, nel gennaio del 1943, la missione in Russia.

Gli sarebbe piaciuto fare un corso di danza, raccontava mia sorella. Ma non gli era rimasto il tempo. E gli sarebbe piaciuto praticare il volo a vela. Era il suo desiderio più grande – volare.

Una volta accenna nel diario a un pasto particolare.

29 luglio

dormito nel villaggio, al mattino andiamo sulla base di partenza. 6-8 preparazione artiglieria.[16]

Alle otto parte l'attacco

spaventosi colpi di artiglieria. Feriti Rösch e Herzfeld.[17] *Portiamo indietro i feriti con un carro da ricognizione*[18]

pomeriggio a sminare – dobbiamo togliere mine davanti ai carri armati. Grandi fuochi d'artificio[19] *dei russi. I nostri carri armati sparano sopra le nostre teste. Unterscharführer Wagner*[20] *ferito grave. 6 uomini disattivano 59 mine – ritorno con i feriti.*

11 **Jungvolk:** 'popolo giovane' (il nome completo in tedesco è Deutsches Jungvolk, 'giovane popolo tedesco'), era la sezione della gioventù hitleriana (vedi nota seguente) che comprendeva i ragazzini fra i 10 e i 14 anni d'età.
12 **Hitlerjugend:** la gioventù hitleriana (in lingua tedesca: *Hitler-Jugend*, abbreviata in *HJ*) fu una organizzazione giovanile fondata dal Partito nazionalsocialista nel 1926 per accogliere i giovani, a partire dai 10 anni, e prepararli a servire nelle forze armate e divenire "buoni cittadini", attraverso un sistema di addestramento militare e paramilitare.
13 **paramilitari:** con caratteristiche simili a quelle militari.
14 ***forgiato:*** plasmato, plagiato, addestrato a tenere determinati comportamenti in linea con l'ideologia dominante.
15 **Servizio nazionale del lavoro:** una delle strutture create nel Terzo Reich di Hitler per procurare un lavoro ai cittadini tedeschi disoccupati e assicurare loro uno standard di vita minimo accettabile, legando soprattutto i più giovani all'ideologia del partito nazionalsocialista.
16 **artiglieria:** insieme delle armi da fuoco pesanti, di vario tipo e calibro, non portatili né di uso individuale, in dotazione all'esercito.
17 **Rösch e Herzfeld:** due commilitoni di Karl-Heinz.
18 **carro da ricognizione:** carro armato utilizzato per perlustrare le aree circostanti e riconoscere eventuali pericoli e/o nemici.
19 **fuochi d'artificio:** si tratta del fuoco delle armi dei nemici, che illuminano il cielo.
20 **Unterscharführer Wagner:** sergente Wagner.

SEGNALIBRO

Come mio fratello, Mondadori, Milano 2005.
Traduzione di Margherita Carbonaro

il piacere di leggere

In questo romanzo autobiografico, duro e sofferto, Uwe Timm affronta il fardello del passato, l'infanzia, i genitori, l'esistenza quotidiana in tempo di guerra e nell'immediato dopoguerra, quando bisogna fare i conti con la crisi, le macerie dei bombardamenti, le perdite umane e il peso della colpa. E, soprattutto, cerca di ricostruire l'immagine di quel fratello mai conosciuto, di diciassette anni più grande, morto soldato quando lui era ancora soltanto un bambino, di cui conserva un diario, poche lettere, qualche fotografia e un ricordo sbiadito e lontano. Questa operazione, già di per sé difficile e dolorosa, è resa ancora più complessa dalle circostanze storiche: il fratello ucciso in guerra, infatti, non era un soldato qualsiasi, ma faceva parte dei corpi speciali di Hitler, le Waffen-SS. E anche se non ha mai avuto niente a che vedere con i campi di sterminio nazisti ed è morto combattendo sul fronte russo, nel 1943, pure il passato di quel fratello così amato e apprezzato dai genitori («il ragazzo coraggioso» lo definiva il padre) sembra pesare sul cuore dell'autore, su tutta la famiglia, sulla storia di un'intera nazione. Ripercorrere il laconico e scarno diario di guerra del giovane Karl-Heinz, interrogarsi sui suoi pensieri e sulle emozioni inespresse, cercare di comprendere le motivazioni che lo hanno spinto ad arruolarsi volontario, sacrificando la sua giovinezza e tutta la sua esistenza per quella causa assurda e violenta, significa per l'autore guardare in faccia la storia con coraggio e onestà, chiedersi come sia potuto accadere, come un'intera nazione abbia potuto macchiarsi di un crimine così atroce contro l'umanità come quello consumatosi durante il Terzo Reich di Hitler.

Scoppi di granate[21] *di artiglieria vicino al carro di ricogniz. Schwarz*[22] *e io feriti. – Al posto di medicazione. Iniezione 5 ml e fasciatura, tutti e due mandati alle salmerie*[23] *– passato la notte nell'accampamento dei soldati – Al posto di medicazione mangiato pane e marmellata.*

Nel frattempo ho letto altri diari e lettere, quelli che colgono le sofferenze delle popolazioni civili, che esprimono indignazione, e altri nei quali si racconta con la massima naturalezza dell'uccisione di civili, sia ebrei che russi. È la lingua appresa che rende più facile uccidere: uomini inferiori, parassiti, insetti nocivi la cui vita è sporca, degenerata, animalesca. Sterminare tutto questo con il gas è una misura igienica. Nel diario di mio fratello non c'è nessuna giustificazione esplicita delle uccisioni, nessuna ideologia, come veniva insegnata nelle SS. È lo sguardo *normale* sulla quotidianità della guerra.

21 **granate:** bombe d'acciaio, di ferro o di ghisa a forma di palla, internamente cave, riempite di carica esplosiva, venivano accese e lanciate a mano.

22 **Schwarz:** altro compagno d'armi di Karl-Heinz.

23 **salmerie:** complesso dei carri e dei quadrupedi usati negli eserciti per il trasporto di bagagli, armi, munizioni e viveri.

ANALISI DEL TESTO

I temi

La guerra e la responsabilità individuale

L'autore usa gli scritti del fratello come spunto per una riflessione di carattere storico, etico e politico che abbraccia temi importanti, delicati e "scomodi" al tempo stesso: la guerra, **il piano di sterminio e distruzione attuato dal Terzo Reich di Hitler** (la pulizia etnica, le deportazioni di massa, la superiorità della razza ariana), la colpa e la responsabilità individuale. La domanda, che echeggia continuamente nel testo e alla quale, volutamente, non viene data una risposta, riguarda la coscienza individuale, la responsabilità personale del fratello in ciò che si stava compiendo a livello collettivo e internazionale: era consapevole il giovane Karl-Heinz di ciò che stava facendo? Era conscio di far parte di una gigantesca macchina di morte e di sterminio? Quanto della sua coscienza, della sua sensibilità, della sua capacità di discernere il bene dal male e quindi di prendere decisioni autonome, di pensare, è rimasto dopo anni e anni di ferrea educazione paramilitare, di indottrinamento, di "lavaggio del cervello" da parte degli organi e delle organizzazioni del partito? Cosa è rimasto di Karl-Heinz, dopo essere stato «*forgiato*» (non a caso, nel testo il termine è in corsivo) dalla propaganda nazionalsocialista?

Le tecniche narrative

Il narratore e il punto di vista

L'autore scrive in prima persona, ma riferendosi quasi sempre a terzi, raramente a se stesso («ho letto altri diari e lettere»). Questo perché non è di se stesso che intende raccontare, bensì della propria famiglia e soprattutto di quel fratello, cui è dedicato il titolo del libro, scomparso prematuramente in circostanze drammatiche e imbarazzanti al tempo stesso (era un soldato delle SS di Hitler, anche se non impiegato nei campi di sterminio nazisti). **Il punto di vista** cerca di essere il più possibile **imparziale** e al di sopra delle parti; l'autore analizza i fatti e si pone domande in maniera fredda e lucida, evitando ogni coinvolgimento emotivo e senza cercare giustificazioni di carattere etico e morale.

Il protagonista

Il personaggio principale del brano è il **fratello** dell'autore, il giovane **Karl-Heinz**, caduto non ancora ventenne sul fronte russo, durante la seconda guerra mondiale, di cui l'autore ha conservato le lettere, lo scarno diario, qualche foto e il ricordo sbiadito e lontano di un ragazzone biondo, alto, dagli occhi azzurri e dal fisico atletico, coraggioso e amante della vita. Così alle parole dure e fredde di quel fratello sconosciuto, al suo ruolo di soldato che compie il suo dovere senza interrogarsi mai sulle conseguenze terribili del suo operato, alla sua incapacità di distinguere fra il dolore della sua gente e quello, altrettanto profondo, del nemico, si alternano immagini più "umane" e commoventi del ragazzo che Karl-Heinz è stato, sicuramente attratto dalle ragazze e sensibile all'amore (come testimonia quel piccolo segno, il garofano che forse gli è stato donato da una giovane ucraina e che è rimasto incollato alla carta di una missiva), con il sogno di volare e la passione per il ballo, con l'affetto per la famiglia e per la madre in particolare, che tenta di rassicurare e proteggere anche nei momenti più bui della sua vicenda.

Gli altri personaggi
Gli altri personaggi (i genitori, la sorella, i commilitoni, l'autore stesso) sono personaggi secondari, fanno da contorno a quello di Karl-Heinz, aiutano a ricostruirne la figura.

Le tecniche espressive

I registri narrativi
L'autore utilizza diversi registri narrativi, intersecandoli fra loro. Un primo registro è quello del **ricordo personale**, in particolare rivolto ai genitori, di cui riporta le considerazioni, i pensieri, le reazioni, riassumendoli in poche frasi di straordinaria efficacia. Un secondo registro è quello dei **diari** e delle **lettere** di Karl-Heinz, il fratello, riportati in corsivo con brevi, lapidarie didascalie che ne indicano la provenienza. La terza dimensione che caratterizza il testo è quella del **saggio storico-politico**, che indaga temi cari alla saggistica del Novecento, legati alla guerra, e alla seconda guerra mondiale in particolare.

LABORATORIO SUL TESTO

Conoscenze

Comprensione

1. L'autore proviene da una famiglia
A tedesca B russa C ucraina D ebrea

2. A quale epoca storica si riferiscono le vicende narrate dall'autore?
A prima guerra mondiale
B seconda guerra mondiale
C fine del Novecento
D primi anni del 2000

3. Quale atteggiamento i genitori dell'autore assumono nei confronti della guerra?
A di colpevoli
B di vittime
C un atteggiamento neutrale, non si sentono toccati dalla guerra in alcun modo

4. Il fratello dell'autore faceva parte
A delle Waffen-SS impegnate sul fronte russo, per la precisione in Ucraina
B delle SS impiegate nei campi di sterminio nazisti
C della Wehrmacht

5. Che cosa ha trovato l'autore in una delle lettere del fratello?
A due rose
B due margherite
C due garofani
D un non-ti-scordar-di-me

6. Il fratello dell'autore mostra di essere consapevole della sofferenza causata alle popolazioni ucraine durante l'occupazione tedesca? Riporta il passaggio che giustifica la tua risposta affermativa o negativa.

7. Che cosa avrebbe voluto fare Karl-Heinz, secondo la sorella?
A un corso da sub e uno di equitazione
B il giro del mondo in barca a vela
C un corso di danza e praticare il volo a vela

Analisi

8. **A tuo parere il narratore è**

A del tutto estraneo ai fatti narrati

B coinvolto personalmente nelle vicende narrate, pur cercando di mantenere uno sguardo obiettivo e critico

C emotivamente coinvolto nelle vicende narrate e del tutto incapace di avere una visione lucida, obiettiva e critica degli eventi

Motiva la tua risposta.

9. **Quali domande l'autore si pone nei confronti dei sentimenti, pensieri ed emozioni di suo fratello riguardo all'esperienza della guerra?**

Conoscenze lessicali

10. **Nel testo compaiono diversi termini tecnici, appartenenti al lessico militare e paramilitare. Elencali, spiegandone il significato.**

11. **Perché, secondo l'autore, la lingua rende più facile uccidere in guerra? Con quali termini, in particolare, ci si riferisce ai nemici?**

Conoscenze grammaticali

12. **Spiega quale funzione sintattica assume il «che» nella seguente frase.**

Avrà cercato disperatamente di far capire ai tedeschi che era una cosa spaventosa.

13. **Quale funzione logico-sintattica svolgono le parole sottolineate nella seguente frase?**

Forse i garofani gli erano stati regalati da una ragazza ucraina. E prima una frase che vuole essere spiritosa, ma tradisce scherzosamente un desiderio soffocato: *non c'è n'è nessuna...*

14. **Nella frase «gli sarebbe piaciuto fare un corso di danza», «sarebbe piaciuto» è**

A un congiuntivo passato

B un condizionale presente

C un condizionale passato

D un futuro anteriore

Abilità e competenze

Scrittura e interpretazione

1. **Scrivi una o due pagine di diario, molto brevi, nelle quali racconti un'esperienza personale (un incontro, un episodio che ti è accaduto, un commento su qualcosa che hai visto o udito, o altro ancora).**

2. **Ti sei mai trovato nelle circostanze di compiere un'azione che non avresti voluto compiere, spinto a farlo da altre persone (amici, conoscenti, compagni di classe, parenti ecc.)? In quale occasione? Che cosa hai provato? Ferma i tuoi ricordi e le tue riflessioni in un breve scritto.**

Ascoltare, argomentare e confrontarsi

3. **Il testo di Uwe Timm apre importanti e inquietanti interrogativi sul «tema della colpa e della responsabilità individuale»: dove finisce la coscienza collettiva, l'agire secondo regole dettate e imposte da altri, e dove iniziano la libertà e la coscienza individuali, la responsabilità di un individuo per le azioni che compie, indipendentemente dalle circostanze in cui si trova? Confronta il tuo punto di vista in proposito con quello dei tuoi compagni.**

Sebastiano Vassalli
La storia del primo caduto

testo facilitato
ascolto

OPERA	ANNO	GENERE	CONTESTO STORICO	TEMI
Le due chiese	2010	romanzo storico	prima guerra mondiale	• la brutalità della guerra • cogliere il grottesco anche nel tragico

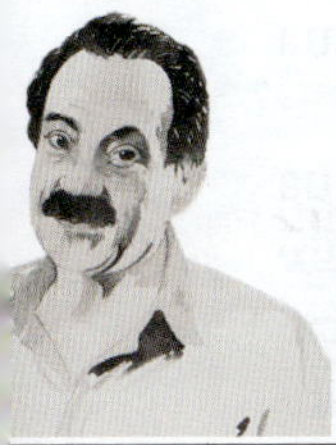

L'AUTORE

Sebastiano Vassalli è nato a Genova nel 1941. Di madre toscana e padre lombardo, si trasferisce con la famiglia a Novara. Si laurea in Lettere a Milano e negli anni Sessanta e Settanta si dedica all'insegnamento e alla ricerca artistica. Successivamente si è interessato alla scrittura, diventando uno degli autori di romanzi e racconti più apprezzati nel panorama italiano. È stato anche giornalista per testate come «la Repubblica» e il «Corriere della Sera»; attualmente è opinionista del quotidiano «La Stampa». I romanzi di Vassalli sono spesso a sfondo storico e documentano l'evoluzione sociale in determinati contesti geografici e culturali (per la maggior parte sono ambientati in Piemonte). Fra le opere più celebri: *La chimera* (1990, vincitrice del premio Strega); *Cuore di pietra* (1996); *Un infinito numero: Virgilio e Mecenate nel paese dei Rasna* (1999); *Archeologia del presente* (2001); *Stella avvelenata* (2003); *Amore lontano* (2005); *L'italiano* (2007). *Le due chiese* è del 2010.

L'autore racconta il dramma della Prima guerra mondiale attraverso le storie dei tredici uomini partiti dal paese di Rocca di Sasso perché richiamati alle armi. Si tratta di pochi aneddoti, fra il tragico e il grottesco, particolari apparentemente futili che tuttavia restituiscono la tragedia di un'epoca e di un'intera generazione e fanno riflettere sulla brutalità e l'inutilità di tutte le guerre.

La guerra tra le valli dei fiumi che scorrono verso sud e quelle dei fiumi che scorrono verso nord e verso est[1] durerà tre anni e mezzo e produrrà milioni di invalidi, di paralitici e di dementi; oltre che, naturalmente, di morti. È una guerra feroce, a cui la valle Minore[2] ha dato il suo contributo mandando al fronte i ragazzi dai diciotto ai ventisei anni e poi anche gli uomini della mobilitazione generale: che però prima di partire hanno fatto un voto, e si sono messi sotto la protezione della Beata Vergine del Soccorso.

I nostri tredici personaggi. I nostri eroi.

Raccontare ora tutta la guerra non è possibile, e non sarebbe nemmeno possibile raccontare per intero le tredici guerre dei tredici richiamati di Rocca di Sasso. Nemmeno Omero, che pure era Omero!, raccontò per intero la guerra di Troia.[3] Preferì darcene un assaggio, opportunamente scelto perché poi noi, partendo da lì, potessimo (se volevamo) immaginare il resto.

Ci raccontò «l'ira di Achille».[4]

C'è un momento centrale in ogni storia: un momento in cui il passato e il futuro di quella storia si incontrano, illuminandosi a vicenda. Omero, con la sua arte di poeta, è riuscito a coglierlo. E anche noi, che dopo tremila anni continuiamo a muoverci sulle sue orme, non racconteremo la guerra complessiva delle valli di qua contro le valli di là, perché questa sarebbe un'impresa superiore alle nostre forze; e non racconteremo nemmeno le tredici guerre dei nostri personaggi, ma di ogni personaggio e della sua guerra cercheremo di cogliere il momento centrale. Per esempio...

1 **tra le valli... e verso est:** le valli dei fiumi che scorrono verso sud sono quelle italiane, mentre le valli dei fiumi che scorrono verso nord e verso est sono quelle austriache: con questa perifrasi l'autore vuol indicare Italia e Austria, nazioni nemiche che si fronteggiano durante la prima guerra mondiale.
2 **valle Minore:** la valle delle Alpi in cui è ambientata la vicenda narrata (e in cui si trova il paesino immaginario di Rocca di Sasso).
3 **guerra di Troia:** si riferisce alla celebre opera di Omero, l'*Iliade*, che racconta la guerra fra i greci e i troiani attraverso le gesta dei loro eroi (in particolare, Achille ed Ettore) e la fine di Troia.
4 **ira di Achille:** riferimento ai versi di apertura dell'*Iliade*: «Cantami, o Diva, del Pelìde Achille / l'ira funesta che infiniti addusse lutti agli Achei».

Per esempio racconteremo il nostro caduto, cioè l'uomo chiamato Contardo dal Pradel, partendo da due episodi così piccoli che nell'andamento complessivo del conflitto non significano assolutamente nulla e che invece sono indispensabili per capire la vicenda di questo personaggio e di tanti altri come lui, tirati fuori dalle loro storie e mandati a morire in un mondo estraneo, dove le vite dei singoli non contano più niente, o quasi niente.

Racconteremo l'episodio dei topi e quello del cervello.

Contardo dal Pradel muore in una delle cento valli che la guerra ha trasformato in una ragnatela di trincee,[5] di buche, di reticolati,[6] di ripari costruiti con i sacchetti di sabbia. Dopo due tentativi dei «nostri» e altrettanti tentativi degli «altri» di impadronirsi delle trincee, delle buche, dei reticolati e dei ripari di chi gli sta di fronte.

Tra noi e gli altri c'è uno spazio disseminato di cadaveri che nessuno seppellisce perché non si riesce a trovare l'accordo per fare una tregua, e dunque nessuno può uscire dalla sua trincea, nemmeno di notte, senza esporsi ai colpi dei nemici.

È piena estate. Fa caldo e i morti si decompongono. C'è un odore di morte che si insinua nei vestiti e nei pensieri degli uomini e che si mescola con gli odori del rancio,[7] della povere da sparo e degli escrementi, in un unico odore: quello della guerra. Quando sulle trincee calano le ombre della notte, si vedono in controluce i topi che corrono sopra i sacchetti di sabbia. Contardo è arrivato da poche ore ed è seduto sulle cassette vuote delle munizioni insieme a un altro soldato: un «vecio» (vecchio. In realtà, ha qualche anno meno di lui, ma è qui già da parecchie settimane ed è questo, in guerra, che determina l'anzianità degli uomini). Stanno consumando la loro cena a base di pane e di formaggio, e il «vecio» tocca col gomito Contardo. Gli dice:

«Adesso ti mostro una cosa. Stai a vedere».

Fa finta di buttare ai topi un pezzetto del suo formaggio. In realtà, gli butta un truciolo di legno che ha tirato fuori di tasca: un legno chiaro, che nella penombra può sembrare formaggio.

I topi accorrono per vedere cos'è. In un attimo ci sono due topi, quattro topi, sei topi. Il legno-formaggio scompare; poi i topi se ne vanno e il legno è rimasto lì a terra. Il «vecio» dice, in tono neutro:

«Non mangiano più nemmeno il formaggio. Mangiano solo i morti».

5 **trincee:** opere di fortificazione consistenti in lunghi fossati scavati parallelamente al fronte nemico, con un parapetto formato con la terra di scavo o con sacchetti riempiti di sabbia, in genere posti in comunicazione con le retrovie per mezzo di camminamenti, entro i quali sostano le fanterie per proteggersi dal tiro nemico nella guerra di posizione o nelle pause della guerra manovrata.
6 **reticolati:** sistemi di muratura usati già dagli antichi Romani, consistenti nel disporre pietre quadrate o romboidali in modo da formare, con l'intreccio regolare delle connessure, un reticolo (o tracciato).
7 **rancio:** pasto dei militari.

SEGNALIBRO

Le due Chiese, Einaudi, Torino 2010.

il piacere di leggere

In un paesino del nord Italia, alle pendici delle Alpi, le esistenze delle persone semplici che vi abitano si intrecciano e spesso si scontrano con la grande Storia, con gli eventi piccoli e grandi che segnano un intero secolo, il Novecento. In questo romanzo corale spiccano alcuni personaggi: il maestro Luigi Prandini, che da socialista e mutilato di guerra diventerà un gerarca fascista; Anselmo detto Ansimino, il ragazzo con l'"intelligenza nelle mani", autista di corriera ma anche fabbro e bravissimo meccanico e di sua moglie Artemisia; poi il sindaco, il cavalier Zoppetti, venuto da fuori ma destinato a restare in paese, per essersi innamorato di una donna del posto, presunta vedova di guerra (finché il marito, creduto morto, non si ripresenterà a casa anni più tardi); il medico, soprannominato Lavatif (clistere) per la sua abitudine di prescrivere clisteri a tutti i suoi pazienti; il vecchio parroco don Ignazio che cede il posto al suo vice, soprannominato don Muscolo, e tanti altri ancora. Tra amori, guerre, lutti, pettegolezzi, amicizie, tradimenti e delitti passionali gli abitanti di Rocca di Sasso superano il primo conflitto mondiale, l'epidemia di spagnola, una seconda guerra mondiale, fino all'avvento dei tempi moderni.

Contardo trangugia[8] quello che sta masticando. Dice: «Ah». Tira fuori di tasca un pezzo di carta di giornale e ci avvolge il pane e il formaggio che gli sono rimasti.

Intasca il pacchetto. Dice: «Mi è passata la voglia». (Di mangiare).

La sua guerra incomincia così, con uno scherzo; e si concluderà dopo poco più di un mese, con un altro scherzo.

Quello del cervello.

Un giorno la trincea dove si trovano il «vecio» e il nostro personaggio subisce un bombardamento violentissimo dell'artiglieria[9] nemica. I sacchi di sabbia volano. I soldati volano. Contardo viene sollevato di peso e cade. Quando riprende i sensi, non ha più l'elmetto e ha il viso pieno di sangue. Per terra davanti a lui, a pochi centimetri dalla sua mano, c'è una massa sanguinolenta che però ha una forma inconfondibile. È un cervello umano. Lui lo guarda e pensa:

«Ho perso il cervello». E poi, dopo un istante: «Come faccio a vivere, senza il cervello? E, soprattutto: come faccio a pensare?».

Muovendosi, sente un dolore insopportabile alla nuca e sviene per la seconda volta. Riapre gli occhi mentre lo stanno mettendo su una barella e fa appello a tutte le forze che gli rimangono per dire al portaferiti, in un soffio: «Il mio cervello. È lì. Bisogna raccoglierlo».

Il portaferiti guarda nella direzione giusta e vede il cervello. Dice:

«Non è il tuo. È il cervello di un altro che è già morto». Ma Contardo non può più ascoltarlo perché ha speso il suo ultimo barlume di vita nello sforzo di parlare. È entrato in coma e finirà di morire su una branda di un ospedale da campo, senza riprendere conoscenza. Il suo ultimo pensiero è stato quello di farsi raccogliere il cervello, perché i medici potessero rimetterglielo dentro alla testa.

È stato, come spesso succede a chi muore, un pensiero futile.[10]

(Quanta letteratura si è accumulata, nel corso dei secoli, sugli ultimi pensieri di chi sta per morire! Sulla loro intensità e sulla loro specularità,[11] che li renderebbe memorabili se non fossero, appunto, gli ultimi e se dopo non si spegnesse la luce. In realtà e per quanto se ne può capire da vivi, gli ultimi pensieri di chi muore sono quasi sempre banali e privi di un legame logico con il passato).

8 **trangugia:** inghiotte, mangia in fretta.
9 **artiglieria:** insieme delle armi da fuoco pesanti, di vario tipo e calibro, non portatili né di uso individuale.
10 **futile:** inconsistente, di poco conto.
11 **specularità:** essere speculari, come riflessi in uno specchio.

John Nash, *Il bosco di Oppy*, 1917. Londra, Imperial War Museum.

ANALISI DEL TESTO

I temi

Brutalità e assurdità della guerra
Il tema principale del brano e dell'intero romanzo è la guerra, descritta in tutta la sua brutalità e la sua assurdità attraverso piccole storie: le vicende degli abitanti di Rocca di Sasso, di quelli che rimangono e soprattutto di quelli che vengono richiamati alle armi, costretti a lasciare il paese e a combattere una guerra di cui non conoscono le ragioni e che per molti di loro significherà morte, dolore, menomazione. E queste storie sono, volutamente, raccontate non per intero ma attraverso pochi aneddoti, pochi significativi particolari, che gettano una luce ancora più vivida e inquietante sul quadro d'insieme, sulla guerra nel suo complesso. (Per un approfondimento sulla Prima guerra mondiale vedi p. 618).

Il grottesco e il tragico
Questa scelta dell'autore, di raccontare un evento storico così drammatico attraverso pochi ed emblematici episodi tragicomici, grotteschi nella loro tragicità, si rivela particolarmente felice: l'effetto è quello di raccontare la guerra per ciò che essa è e rappresenta nel pensiero dell'autore, un evento assurdo, un giocare in maniera crudele e inutile con le vite umane di persone semplici e inconsapevoli, disarmanti nella loro ingenuità (come è ingenuo il personaggio protagonista delle vicende narrate nel brano angologizzato).

Le tecniche narrative

Il narratore onnisciente
Il narratore è un narratore onnisciente, **esterno** ai fatti che racconta, che tuttavia interviene spesso direttamente nel testo, rivolgendosi direttamente ai suoi lettori, anche se mai in prima persona.
All'"io" narrativo, infatti, l'autore preferisce il "noi": parla al plurale, quasi a intendere che il suo non è un punto di vista strettamente personale ma una visione più ampia, più coinvolgente.

Il "noi" come espediente narrativo
Si tratta di un espediente narrativo di grande effetto, che ha il merito di avvolgere il lettore completamente, facendolo partecipe delle vicende narrate e, soprattutto, del pensiero dell'autore stesso. Rispetto all'"io", inoltre, il "noi" ha il pregio di non suonare mai pedante né arrogante e anche in questo riflette lo scopo specifico dell'autore, che non intende mettersi in cattedra e dare lezioni di storia o di morale, bensì vuol semplicemente invitare i suoi lettori a riflettere su talune tematiche ancora oggi, purtroppo, molto attuali (come la violenza, la crudeltà e la guerra).

Il protagonista
Il protagonista delle vicende narrate è **Contardo dal Pradel**, un giovane montanaro del paese immaginario di Rocca di Sasso, partito per il fronte dopo aver ricevuto la cartolina di chiamata alle armi. Dai due episodi che lo vedono protagonista emerge il ritratto di un ragazzo ingenuo e semplice, mite nei comportamenti e misurato nei modi, partito per la guerra senza alcun fanatismo o ideologia, semplicemente perché costretto a farlo. Fin troppo ingenuo Contardo finisce subito per essere vittima dello scherzo, certamente di cattivo gusto ma tutto sommato innocuo, di un camerata appena più scaltro di lui. La sua ingenuità e bonarietà si manifestano in maniera persino più eclatante nel secondo episodio, quando crede di aver perso il cervello e si affretta ad avvertire il suo soccorritore della circostanza, senza rendersi conto che quell'organo sanguinolento e abbandonato non può in alcun modo essere suo. Contardo è uno sciocco "buono", che anziché suscitare irritazione nel lettore fa tenerezza come un bambino: il fatto che non comprenda le circostanze del suo essere in guerra e della sua morte rende la sua fine ancora più ingloriosa, assurda e inutile, come ingloriosa, assurda e inutile è la guerra nel suo complesso.

Le tecniche espressive

La funzione dell'ironia
Il linguaggio è parte integrante della storia: l'autore sceglie di utilizzare spesso l'ironia, anche nel descrivere situazioni drammatiche e particolari truculenti e raccapriccianti, non per banalizzare ciò che racconta, ma, al contrario, per enfatizzare la narrazione, per rendere, attraverso questa ironia amara dai toni leggeri, tutto l'orrore della guerra. La focalizzazione dell'attenzione su un episodio o su un singolo particolare, di per sé insignificante, che però assume un significato particolare alla luce del contesto in cui si inserisce, risponde inoltre a una legge fondamentale, per cui siamo portati a notare e, di conseguenza, a ricordare il dettaglio piuttosto che l'insieme, la vicenda personale, umana e particolare del singolo piuttosto che le azioni di un intero gruppo di uomini (o di un intero paese, o di una nazione).

Conoscenze

Comprensione

1. **Qual è, secondo l'autore, il bilancio finale complessivo della guerra?**

2. **Che cosa è riuscito a cogliere Omero, secondo l'autore?**

3. **Chi è il primo caduto in guerra di Rocca di Sasso?**

4. **Di Contardo dal Pradel sappiamo che**

[A] alla fine riuscirà a tornare sano e salvo dal fronte
[B] tornerà dal fronte vivo ma gravemente ferito
[C] tornerà dal fronte vivo ma resterà mutilato a vita
[D] morirà in guerra

5. **Perché sul fronte in cui combatte il nostro personaggio i cadaveri non vengono seppelliti?**

[A] perché è pericoloso farlo, significa esporsi al fuoco nemico
[B] perché nessuno ha voglia di farlo
[C] perché mancano le pale per scavare le fosse
[D] perché in guerra non è usanza seppellire i cadaveri

6. **Che cosa accade nella trincea di Contardo, un mese dopo lo scherzo dei topi?**

[A] viene bombardata dall'artiglieria nemica
[B] viene evacuata
[C] subisce una violenta inondazione
[D] viene occupata dai nemici

7. **Che cosa accade a Contardo?**

8. **Qual è l'ultimo pensiero di Contardo, prima di morire?**

Analisi

9. **Evidenzia, nel testo, le parti in cui l'autore si rivolge direttamente ai suoi lettori e quelle invece in cui racconta oggettivamente le vicende.**

10. **A quale proposito l'autore ricorda Omero e in che senso si paragona al grande poeta dell'antichità?**

11. **Ti sembra che, in generale, l'autore abbia un atteggiamento favorevole o sfavorevole nei confronti della guerra? Motiva la tua risposta con passaggi del testo.**

12. **Perché l'autore ritiene i due episodi (quello dei topi e quello del cervello) che riguardano il suo personaggio particolarmente significativi?**

13. **Individua i particolari comico-grotteschi nella vicenda personale del personaggio protagonista della narrazione.**

Conoscenze lessicali

14. **Collega ciascuno dei termini della prima colonna al suo sinonimo presente nella seconda colonna.**

paralitico	furore
demente	penombra
mobilitazione	cervice
protezione	sostegno
ira	attività
impresa	matto
barlume	invalido
nuca	arruolamento

Conoscenze grammaticali

15. Nella frase «Il portaferiti guarda nella direzione giusta e vede il cervello», «il portaferiti» è usato con la funzione di

A aggettivo B nome C avverbio D verbo

16. Nel periodo «non racconteremo la guerra complessiva delle valli di qua contro le valli di là, perché questa sarebbe un'impresa superiore alle nostre forze», come potresti sostituire «perché»?

A infatti B malgrado C quando D poiché

Abilità e competenze

Scrittura e interpretazione

1. Racconta la storia di un personaggio in un breve testo, a partire da un episodio che ritieni particolarmente significativo (puoi scegliere di raccontare una vicenda che ha come protagonista un personaggio reale, un personaggio letterario o cinematografico, o ancora te stesso attraverso un singolo episodio che ti riguardi nello specifico).

2. Riportiamo l'*incipit* del romanzo *Le due Chiese* da cui è tratto il brano che abbiamo presentato: rifletti sul suo significato ed esprimi le tue osservazioni a proposito.

Tutto incomincia con quattro spari che riecheggiano nel silenzio della montagna.
Tutto incomincia con un corpo immobile nella neve macchiata di sangue, e con un pezzo di latta: forse una spilla, che qualcuno ha buttato su quel corpo. Sulla spilla, che verrà conservata a lungo nei depositi di un tribunale, come «firma» dell'assassino e quindi anche come elemento fondamentale per le indagini, si leggono, stampate in rilievo, le parole:
«Non più servi non più padroni».

Ascoltare, argomentare e confrontarsi

3. L'autore racconta vicende che riguardano la prima guerra mondiale rivolgendosi al lettore di oggi. Pensi che il tema sia ancora attuale? Quale messaggio pensi che l'autore voglia trasmettere? Su che cosa ci invita a riflettere con la storia di Contardo dal Pradel? Esprimi una tua opinione confrontandoti con i tuoi compagni. Indica alla fine quale opinione prevale, motivando la scelta.

PER LEGGERE E APPROFONDIRE

Romanzi che trattano della Prima guerra mondiale

Riccardo Bacchelli ***Il mulino del Po*** **(1957)**
Si tratta di una trilogia di romanzi che racconta la storia di una famiglia di mugnai dall'epoca napoleonica fino alla prima guerra mondiale; l'ultimo rappresentante di questa famiglia morirà appunto nel 1918, durante la battaglia del Piave.

Erich Maria Remarque ***Niente di nuovo sul fronte occidentale*** **(1929)**
L'autore, un tedesco che ha combattuto durante la prima guerra mondiale sul fronte occidentale, racconta quali conseguenze la guerra ha sulla personalità dei singoli e come, in un contesto di strage, la vita del singolo individuo appaia quasi priva di valore.

Ernest Hemingway ***Addio alle armi*** **(1929)**
Un americano, volontario sul fronte italiano, ha una storia d'amore con una infermiera inglese; le loro storie personali si intrecciano con i più vasti e tragici avvenimenti della guerra.

Günter Grass ***Il tamburo di latta*** **(1959)**
La vita di Oskar, un bambino che a tre anni si rifiuta di crescere, si intreccia con la storia della Germania della prima metà del secolo.

Antonio Scurati
Il bacio

al alta leggibilità

SCHEDA APPROFONDIMENTI
intervista a Scurati

OPERA	ANNO	GENERE	CONTESTO STORICO	TEMA
Una storia romantica	2007	romanzo storico	le Cinque giornate di Milano	• una storia di amore-passione tra i tumulti rivoluzionari

L'AUTORE

Antonio Scurati è nato a Napoli nel 1969. Docente e ricercatore presso l'Università Statale di Bergamo e coordinatore del Centro studi sui linguaggi della guerra e della violenza, dal 2008 è diventato docente della IULM di Milano. È giornalista e autore di saggi e romanzi. Fra i primi, ricordiamo *Guerra. Narrazioni e culture nella tradizione occidentale* (2003, finalista al premio Viareggio), *La letteratura dell'inesperienza. Scrivere romanzi al tempo della televisione* (2006). Tra i romanzi, *Il Sopravvissuto* (2005, vincitore del Premio Campiello), *Il rumore sordo della battaglia* (suo romanzo d'esordio, ripubblicato in una nuova versione nel 2006), *Una storia romantica* (2007), *Il bambino che sognava la fine del mondo* (2009). Del 2010 è *Gli anni che non stiamo vivendo. Il tempo della cronaca*, una raccolta degli articoli in cui riflette sui principali fatti recenti di cronaca nera, politica e attualità. Nello stesso anno affronta i medesimi argomenti con la rubrica "Lettere dal nord" all'interno del programma televisivo *Parla con me*.

È il momento della vittoria: uno dei punti strategici della città in mano al nemico austriaco, Porta Tosa, cade sotto il fuoco dei patrioti. Nella confusione dei festeggiamenti che segue la battaglia, Jacopo e Aspasia si perdono e si cercano, correndo nelle strade della città in tumulto. E quando finalmente si trovano, le loro figure rimangono avvinte in un lungo bacio, destinato ad essere immortalato dagli occhi di un pittore e a diventare celebre nei secoli a venire.

Il segno era giunto alle cinque del pomeriggio. Un *martininn*[1] aveva fatto irruzione a Palazzo Negroni urlando come un ossesso: "Correte, correte. Danno l'assalto a Porta Tosa.[2] Sono tutti lì. O si vince o si muore!".

Allora, Aspasia aveva indossato ancora una volta i suoi abiti da uomo, si era precipitata in strada e aveva cominciato a correre a perdifiato verso Porta Tosa. Mentre lei correva, le barricate mobili[3] avanzavano.

Corri, Aspasia, corri.

1 **martininn:** orfano del convitto degli orfani presso il Convento di San Pietro in Gessate. I *martininn* erano riconoscibili per le loro divise azzurre. La storia vuole che abbiano preso parte alle battaglie combattute durante le Cinque giornate di Milano, recapitando messaggi e notizie alla popolazione e aiutando i patrioti.

2 **Porta Tosa:** Porta Vittoria, già Porta Tosa, è la più orientale delle porte delle mura spagnole di Milano. Il 22 marzo 1848, durante la ribellione delle Cinque giornate, fu la prima, tramite l'uso di barricate mobili, ad essere espugnata dagli insorti. Venne ribattezzata Porta Vittoria dopo l'Unità d'Italia 1861), per ricordare la vittoria di quel giorno. Successivamente l'arco dell'antica porta fu abbattuto: oggi, nello stesso punto è possibile ammirare un obelisco commemorativo dello sforzo del popolo per la libertà, circondato da una piazza intitolata alle Cinque giornate.

3 **barricate mobili:** sbarramenti realizzati con mobili di vario genere e con ogni altro mezzo a disposizione, improvvisati lungo strade o passaggi obbligati, per impedire l'avanzata del nemico o per proteggere l'azione degli insorti durante una sommossa.

Francesco Hayez, *Il bacio*, 1859. Milano, Pinacoteca di Brera.

Per un istante nel tempo, Jacopo fu compiutamente felice. La storia giaceva prostata ai suoi piedi nei cadaveri dei nemici uccisi: una cinquantina di *kaiserjäger*,[4] orizzontali rispetto al suolo, inguainati, in uniformi bianche lordate del loro stesso sangue. Jacopo svettava su di loro verticale, un uomo tirato a piombo.[5] Per un istante nel tempo, la vita non fu più soltanto un naturale processo di devastazione.

Alcuni minuti prima, insieme ai suoi compagni, Jacopo aveva fatto irruzione nella sede del dazio[6] di Porta Tosa. Adesso, insieme a quegli stessi compagni, stava passando sotto i fornici[7] della porta per ricongiungersi con i fratelli insorti dalle campagne. Soltanto pochi minuti e la porta non era già più quella di prima. Ora non si chiamava più Porta Tosa, ora si chiamava Porta Vittoria. L'avevano ribattezzata loro, con il fuoco.

Il fuoco però si sarebbe spento. Le macerie sarebbero state rimosse. La città sarebbe risorta. E lui e quei suoi meravigliosi compagni avrebbero deposto le armi per mettere mano all'aratro, alla mola,[8] alla cazzuola.[9] Avrebbero ricostruito tutto, pietra su pietra, avrebbero liberato l'Italia intera, fino al mare Adriatico, fino al mar Tirreno, dalle Alpi alle Madonie,[10] dal Tagliamento[11] all'Ofanto,[12] e avrebbero costruito un grande paese, una nazione di uomini forti, generosi, giusti, di uomini liberi, qualunque cosa queste parole avessero significato in quel futuro che li attendeva oltre i fornici di Porta Vittoria. Dovevano soltanto desiderare con ardore, lottare con coraggio, credere con fervore. Il paese era giovane, loro erano giovani, e i gemiti dei secoli ora non erano altro che sofismi.[13] Tutta la storia gli era cascata di dosso.

Jacopo piangeva. La commozione era penetrata in lui a poco a poco, sincronizzandosi con i battiti delle campane che suonavano a stormo,[14] colpo su colpo; poi, d'un tratto, lo aveva invaso. Allora il giovane patriota vittorioso era stato travolto da un pianto a dirotto. Fino a un istante prima che quell'antichissimo pianto, quella doglia preistorica, giungesse a lui a cavallo di ere ancestrali, come un saliente[15] avanzato nel corso del tempo, fino a quell'istante Jacopo era stato un uomo giovane, maestosamente insediato nella sovranità del presente. Un istante più tardi, invece, si scioglieva nel pianto. Le lacrime lo squagliavano sommessamente, senza strepito, come un solvente chimico che scrosti un grumo di grasso. Se lo avesse colto un infarto, se ne sarebbe sentito meno travolto. Jacopo piangeva perché aveva avvertito lo sproposito di avere vent'anni in un giorno di vittoria. Piangeva perché sapeva che non sarebbe mai più stato così felice.

I suoi compagni lo abbracciavano, asciugandogli le lacrime con le mani annerite dalla polvere da sparo. Siamo liberi, Jacopo, siamo liberi, gli dicevano.

"Esprimi un desiderio, Jacopo", gli disse Luciano Manara.[16] "La stella dell'impero[17] è caduta".

Jacopo annuì e si preparò a confessare a se stesso, in perfetto silenzio, il desiderio che portava nel cuore.

Perdono tutti, perdono mia madre, perdono mio padre, perdono i miei nemici. Questa notte, nel cielo di Milano arrossato dagli incendi, la stella dell'impero è caduta. Una stella enorme, seguita da una fiammeggiante coda in cometa. E io posso esprimere un unico desiderio. Soltanto questo mi è dato. Null'altro...

---

4 ***keiserjäger:*** soldati dei battaglioni d'assalto dell'esercito austroungarico.
5 **tirato a piombo:** modo di dire, significa lucidato, incerato.
6 **sede del dazio:** il luogo dove si riscuote il dazio; il dazio è un'imposta indiretta che grava sulle merci che entrano o escono da uno Stato.
7 **fornici:** cavità.
8 **mola:** pesante ruota di pietra per macinare (es. la mola di un mulino).
9 **cazzuola:** strumento di metallo di forma triangolare, piana e liscia, con manico di legno, usata dai muratori per prendere, distribuire e stendere la malta.
10 **Madonie:** gruppo montuoso dell'Appennino siculo che costituisce un settore della catena settentrionale della Sicilia, nella provincia di Palermo.
11 **Tagliamento:** il più importante fiume del Friuli-Venezia Giulia, con una lunghezza di 170 km ed un bacino ampio quasi 3.000 km^2.
12 **Ofanto:** il più importante fiume della Puglia per lunghezza, bacino e ricchezza d'acque, nonché uno dei più importanti corsi d'acqua dell'Italia meridionale.
13 **sofismi:** argomentazioni cavillose, valide in apparenza ma in realtà finalizzate a trarre in inganno il proprio interlocutore, tipiche della scuola sofistica greca.
14 **a stormo:** a martello, cioè con rintocchi rapidi e staccati, per chiamare la popolazione a raccolta o alle armi (o anche per avvertire di un pericolo imminente).
15 **saliente:** prominenza, sporgenza.
16 **Luciano Manara:** patriota italiano (1825-1849), tra le figure più note del Risorgimento.
17 **stella dell'impero:** il simbolo dell'Impero austroungarico.

Il desiderio che Jacopo mise sul conto della stella dell'impero, che lui e i suoi compagni quella notte avevano divelto dal cielo di Milano e del mondo, quel desiderio aveva il nome di una donna e gli salì spontaneo dal petto alle labbra, necessio e irrefutabile[18] come un sospiro troppo a lungo trattenuto: Aspasia.

Allora Jacopo prese a correre. Correva come un pazzo in una Milano tripudiante.[19]

Corri, Jacopo, corri.

Jacopo e Aspasia si cercarono a lungo tra la folla impazzita. Letteralmente impazzita. La gioia squassante[20] di quel trionfo inaudito aveva spinto l'intera popolazione sull'orlo della follia: anche i più saldi furono lì lì per averne il cervello sconvolto, mentre gli altri, di fibra più molle, impazzirono davvero.

[...]

COMPETENZE LINGUISTICHE

Aspasia intanto, **sospinta** dalla folla, **era giunta** a Porta Tosa, già **ribattezzata** Porta Vittoria. Lì si **sparava** ancora, si **inseguivano** gli austriaci. **Incontrò** Emilio[21] e altri compagni, ma di Jacopo non c'**era** traccia. Aspasia non **volle** nemmeno **prendere** in considerazione l'ipotesi che **fosse morto**. **Lasciò** i cadaveri dei combattenti alla terra e **cominciò** a **cercarlo** nei caffè, nelle taverne, nelle cantine. Ma i caffè, le taverne e le cantine **erano** tutti deserti. La festa **era** in strada. Al Caffè degli Specchi, nella grande sala vuota circondata su tre lati da enormi specchiere incorniciate in oro zecchino,[22] Aspasia **colse** l'immagine del proprio volto mol-

18 **irrefutabile:** indiscutibile, che non si può confutare o contrastare in alcun modo.
19 **tripudiante:** in gran festa.
20 **squassante:** che scuote in maniera violenta e prolungata.
21 **Emilio:** Emilio Morosini, nobile di origini svizzere, nato a Varese e trasferitosi a Milano con la famiglia e giovane patriota, fu uno dei primi a salire sulle barricate nelle Cinque giornate nel marzo del 1848.
22 **oro zecchino:** oro purissimo.

COMPETENZE LINGUISTICHE → *Riflettiamo sul verbo*

Nel brano

Nella parte di testo evidenziata abbiamo messo in risalto i **verbi**, la cui funzione nelle frasi è subito evidente. Infatti se rileggiamo i periodi senza verbi la comunicazione perde di significato.

Il verbo è la **parte variabile del discorso che fornisce informazioni sul soggetto della frase**, sulle azioni compiute o subite, sui fatti che lo riguardano, sullo stato in cui si trova o sul suo modo di essere.

L'importanza del verbo

Il verbo (dal latino *verbum*, 'parola') è la parte più importante dell'intera frase e costituisce il perno attorno al quale ruotano tutti gli altri elementi.

Per capire l'importanza del verbo, basta pensare al fatto che un solo verbo può formare una frase di senso compiuto. Ad esempio: *nevica*, *piove*, *gioca*. Ogni frase ha un verbo (senza il quale la frase non può esistere) che ci informa sul soggetto riguardo a che cosa fa, cosa subisce, com'è, cosa c'è, cosa accade.

Il verbo esprime un'azione **compiuta** o **subita**, oppure **introduce un modo di essere**.

Il verbo e lo stile dell'autore

In italiano la **posizione normale del verbo** nella frase è **dopo il soggetto e prima del complemento oggetto**, se c'è. Tutti i cambiamenti della posizione del verbo sono dovuti a scelte espressive particolari da parte dell'autore.

Le possibilità espressive del verbo sono infinite perché la scelta dei verbi può creare altrettanto infinite modulazioni stilistiche. Ad esempio, i verbi di movimento conferiscono vivacità e dinamismo al testo.

I verbi statici rallentano il ritmo della narrazione e sono utilizzati quando sono inserite pause di riflessione e di silenzio. Nelle pagine intimistiche prevalgono i verbi che esprimono stati d'animo e sentimenti, nelle pagine realistiche invece i verbi descrivono gesti e comportamenti.

La parte di testo che abbiamo evidenziato è ricca di azioni, quindi prevalgono i verbi di movimento che hanno l'effetto di coinvolgere il lettore nella reciproca e frenetica ricerca dei due amanti, Aspasia e Iacopo.

Per ripassare, consultare e approfondire **Il verbo** vai a pag. 779.

tiplicata in una serie di riflessi abissali.[23] Le occhiaie **erano** indubbiamente profonde, ma gli occhi **erano**, altrettanto indubbiamente, quelli di una donna innamorata. Aspasia si **complimentò** con quegli occhi, **uscì** in strada e **riprese** a **correre**, **inseguendo** il proprio sguardo.

***Corri**, Aspasia, **corri**.*

Mentre Aspasia **cercava** Jacopo al Caffè degli Specchi, Jacopo **cercava** Aspasia dalla contessa Suardi.

[...]

Uscito da Palazzo Suardi, Jacopo percorse ancora qualche via; poi si sentì mancare. Frastornata dal vorticare della folla, la testa gli pesava; sfinite dalla fatica della lotta, le gambe gli mancavano; il desiderio di Aspasia lo consumava. Piegò un ginocchio a terra, abbassò il capo e vomitò il succo acido di uno stomaco vuoto.

Fu allora che Aspasia lo vide. Notò, alla periferia dell'occhio, l'immagine di un uomo abbattuto, una figura incongrua[24] nel mezzo di quell'umanità festante. Guardò meglio. Era Jacopo. Dall'altro lato della strada, oltre una cortina[25] di folla, raggiunto dallo sguardo di Aspasia, Jacopo avvertì come un frullo d'ali. Sulla sconfinata scena del mondo, da qualche parte qualcosa si commuoveva. In quel momento Jacopo alzò gli occhi e anche lui la vide.

In molti, tra la folla, sfiorarono quei due gruppi avvinghiati, eppure non ci furono testimoni del loro bacio.

L'unico a notarli fu Francesco Hayez.[26] Ai suoi occhi, però, quella scena vivente, quelle carni tremule[27] di sangue acceso, si manifestarono da subito con la fissità di un quadro. Jacopo e Aspasia non erano né sarebbero mai più stati così vivi, e forse fu proprio per questo che il grande pittore li vide dipinti. Con gli occhi della mente, gli mise addirittura già attorno una cornice, di sobrio legno laccato d'oro, e sotto una piastrina di metallo con inciso il titolo: *Il bacio*. Semplicemente, *Il bacio*.

Aspasia vi appariva con la testa reclinata all'indietro, il busto un po' avvitato in una torsione dei fianchi, il pube sporto all'infuori, la schiena angolata, i muscoli addominali tesi, la testa abbandonata tra le mani di Jacopo. Le mani di Jacopo ad agguantare, reggere, carezzare la testa di Aspasia, la sinistra dietro la nuca, la destra aperta a ventaglio sulla guancia esposta. Le mani di Aspasia abbracciate a Jacopo, una sulla spalla sinistra, l'altra sulla scapola destra, passata in silenzio sotto l'ascella, tra le pieghe del mantello.

23 **abissali:** profondi.
24 **incongrua:** inadeguata, fuori luogo.
25 **cortina:** strato spesso, barriera.
26 **Francesco Hayez:** pittore italiano (1791-1882), considerato il massimo esponente del Romanticismo storico nelle arti figurative (vedi anche Scheda Approfondimenti, p. 225).
27 **tremule:** tremolanti.

SEGNALIBRO

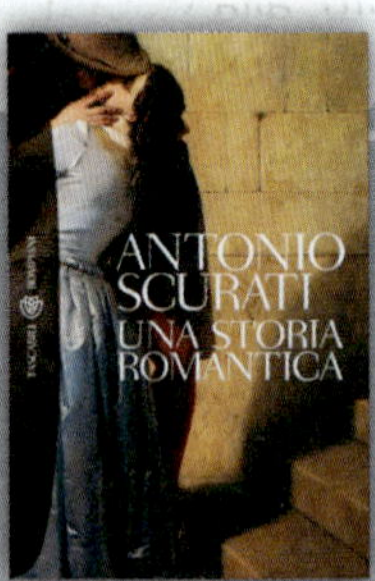

Una storia romantica, Bompiani, Milano 2007.

il piacere di leggere

Nella Milano del 1885, il conte Italo Morosini, stimato senatore del regno d'Italia, sposato con Aspasia, una delle donne più affascinanti della città, ha tradito i suoi ideali repubblicani e ha ceduto alla corruzione, pur di mantenere i privilegi e la tranquillità della propria esistenza. La sua pace è tuttavia turbata da un misterioso dattiloscritto, intitolato *Morte di un patriota* che gli viene recapitato anonimamente. È la storia del conte Jacopo Izzo Dominioni, amico fraterno di Italo, e delle Cinque giornate di Milano del 1848 che Italo e Jacopo, appena ventenni, hanno combattuto insieme sulle barricate contro l'esercito asburgico per liberare la città. Ma il manoscritto racchiude anche la segreta e struggente storia d'amore tra Jacopo e Aspasia, all'epoca fidanzata e promessa sposa di Italo. Il conte Morosini apprende così che, prima di rimanere ucciso dai nemici, Jacopo aveva appassionatamente amato, ricambiato, la bella e battagliera Aspasia. Lo sgomento di Italo diventa addirittura terrore, quando il fantasma dell'amico di un tempo incrocia il suo cammino, nei panni di un misterioso anarchico dal volto sfregiato. Italo cercherà in tutti i modi di fermare quel fantasma tornato dal passato, ma non potrà far nulla per impedire che l'amore di un tempo si manifesti, ancora una volta, in tutta la sua forza, sopravvivendo alla caducità del tempo e diventando immortale, come immortale è la storia delle Cinque giornate di Milano e della lotta dei patrioti italiani per la libertà.

ANALISI DEL TESTO

I temi

Amore e avvenimenti storici
Amore e storia si intrecciano continuamente in tutto il romanzo, completandosi e riflettendosi a vicenda. La vicenda personale dei due giovani protagonisti, Jacopo e Aspasia e del loro amore ardente e contrastato dagli eventi (lei è infatti promessa sposa, per ironia della sorte, a Italo, il migliore amico di Jacopo) si intreccia in maniera strettissima agli accadimenti storici del 1848, e, in particolare, alle **Cinque giornate di Milano**, i giorni di marzo in cui la cittadinanza di Milano riesce a respingere e a cacciare dalla città gli austriaci, percepiti come stranieri e invasori e ad autoproclamarsi città libera e indipendente.
La storia ci racconta che il momento di gloria non durerà a lungo; ma gli accadimenti di quei giorni sono pieni di speranza, entusiasmo, sogni per il futuro e passione, tutti elementi che si trasfondono nella vicenda personale dei due amanti, fino a diventare un tutt'uno.

Le tecniche narrative

Le sequenze e il punto di vista
Il brano è suddivisibile in **sequenze** in rapida successione, e di cui sono protagonisti, alternativamente, Aspasia e Jacopo, nel loro correre incessante per le vie di Milano alla ricerca l'una dell'altro, per ritrovarsi, insieme, nella sequenza finale, che li vede entrambi protagonisti di quel celebre bacio.
L'autore racconta la storia in **terza persona**, anche se il **punto di vista** è sempre, alternativamente, quello **dei protagonisti**, fatta eccezione per le rapide incursioni in cui si rivolge direttamente ai due amanti, esortandoli a ritrovarsi, a non perdere la speranza di ricongiungersi.

I luoghi
La scena si svolge all'**aperto**, in una città fremente e in festa, in cui tutta la popolazione si è riversata nelle strade e le case, i palazzi e i locali pubblici sono rimasti vuoti e deserti, come in una sorta di grande carnevale. Le differenze sociali sono annullate, le regole di comportamento dimenticate, in un tripudio di massa che sfiora (e in alcuni casi raggiunge) la follia.

I protagonisti
I due protagonisti del brano sono **Aspasia** e **Jacopo**, ritratti, a scene alterne, nel momento che segna la vittoria dei patrioti italiani e della città di Milano sul nemico austriaco, e immortalati, nella scena finale, nel momento del loro incontro (quando diventeranno, nella fantasia dell'autore, i soggetti di un celebre dipinto, che suggellerà per sempre il loro amore e tutta l'importanza e l'unicità del momento storico).
Di **Jacopo** sappiamo che ha vent'anni: è dunque giovane, coraggioso (ha combattuto sulle barricate contro il nemico), emotivo, nel giro di pochi minuti passa dalla gioia irrefrenabile ad un pianto dirotto, commosso e nervoso, per poi riprendere a correre nonostante la stanchezza, alla ricerca di Aspasia e fermarsi, vinto, soltanto quando dispera ormai di trovarla (per riprendersi subito, alla vista di lei). Di **Aspasia** sappiamo che è altrettanto giovane, che ha occhi profondi, che è stanca e tuttavia bella, di una bellezza piena di ardore, di passione.
Di entrambi sappiamo che sono innamorati profondamente, e il loro incontro, e il bacio finale immortalato nella tela di Hayez lo testimoniano.

Le tecniche espressive

Il ritmo narrativo
La **narrazione** segue la frenesia degli eventi: è **veloce** come veloci sono le azioni, il volgere degli eventi a favore dei patrioti, la corsa di Jacopo e Aspasia l'uno alla ricerca dell'altra, il vorticare della folla intorno ai due protagonisti. A conferire alla narrazione un ritmo ancor più concitato e vivo sono anche gli interventi diretti dell'autore, che incita i due amanti con quelle esortazioni a correre evidenziate in corsivo (*«Corri, Aspasia, corri»*, *«Corri, Jacopo, corri»*).

Il linguaggio
Il linguaggio usato è un **linguaggio letterario**, forbito, ricco di aggettivi e vocaboli, alcuni dei quali dal sapore un po' antico, in sintonia con l'epoca storica e culturale in cui la vicenda è ambientata: siamo nell'Ottocento, in pieno Romanticismo, i toni e le espressioni sono carichi di enfasi, a volte esasperati ed esagerati, in linea con la tendenza tipicamente romantica ad esprimere al massimo sentimenti e stati d'animo.

LABORATORIO SUL TESTO

› *Conoscenze*

Comprensione

1. **Chi dà l'annuncio dell'assalto?**

2. **In quale punto della città è in corso l'attacco?**

3. **Per quale ragione Jacopo è felice dell'esito dell'assalto?**

4. **Come è stata ribattezzata Porta Tosa, dopo l'assalto?**

5. **Che cosa si ripropongono di fare i giovani patrioti dopo la liberazione della città?**

6. **Quale caratteristica hanno in comune i patrioti e il paese?**

7. **Mentre Jacopo cerca Aspasia per le vie di Milano, quest'ultima**

A ha lasciato la città

B è chiusa in casa e non vuol vedere nessuno

C è ricoverata in ospedale perché rimasta ferita

D sta a sua volta cercando lui

8. **In che modo Aspasia si accorge di Jacopo?**

A perché nota la figura di un uomo abbattuto, stanco, che stona in mezzo alla folla festante

B perché nota un giovane palesemente ubriaco in seguito ai festeggiamenti

C lo riconosce dal berretto che porta in testa

D lo riconosce da uno strappo sulla stoffa della giacca che indossa

Analisi

9. **L'autore interviene nella vicenda narrata, per esortare i suoi protagonisti. Con quale frase, in particolare?**

10. **Il testo è suddivisibile in sequenze che hanno per protagonisti, rispettivamente, Aspasia e Jacopo; nella sequenza finale i due personaggi si ritrovano. Individua le diverse sequenze, specificando per ciascuna quale dei due personaggi è protagonista.**

11. **Quale evento storico mette in moto i personaggi e l'azione?**

12. **Quali personaggi storici, realmente vissuti, compaiono nel testo?**

13. **Lo stato d'animo di Jacopo subisce radicali e repentini cambiamenti nel corso della narrazione. Come mutano i suoi sentimenti e le sue reazioni? Completa il seguente schema.**

momento della storia	stato d'animo di Jacopo	reazione fisica di Jacopo
subito dopo la presa di Porta Tosa	è felice	scoppia in un pianto dirotto
mentre corre per le vie di Milano alla ricerca di Aspasia		
fermo all'angolo di una strada, persa la speranza di trovare Aspasia		

Conoscenze lessicali

14. **Che cosa significa l'espressione «Tutta la storia gli era cascata di dosso», riferita a Jacopo, nel momento immediatamente successivo alla presa di Porta Tosa?**

15. **Che cosa significano le seguenti espressioni?**

- essere inguainato
  - A essere nei guai
  - B essere stretto in un indumento aderente
  - C essere talmente stanco da non riuscire a muoversi
  - D essere pensieroso
- ancestrale
  - A giovane di età
  - B nuovo, novello
  - C antico, primordiale
  - D consumato, logorato dal tempo o dal troppo uso
- strepito
  - A pianto dimesso e silenzioso
  - B rumore forte e indistinto
  - C urlo emesso con tono di voce molto acuto
  - D coro di voci

Conoscenze grammaticali

16. **Intervieni nel seguente periodo sulla punteggiatura: collega tra loro le proposizioni con i connettivi adatti in modo da formare un solo periodo con una proposizione principale e le altre subordinate.**

Il fuoco però si sarebbe spento. Le macerie sarebbero state rimosse. La città sarebbe risorta.

17. **Nel periodo «Jacopo piangeva perché aveva avvertito lo sproposito di avere vent'anni in un giorno di vittoria», la proposizione sottolineata indica**

A scopo   B tempo   C causa   D modo

› *Abilità e competenze*

Scrittura e interpretazione

1. **Scegli un dipinto che ti piace (non importa a quale epoca storica o corrente artistica appartenga) e, dopo averlo brevemente descritto (soggetto/i raffigurato/i, colori, tecnica utilizzata ecc.), inventa la storia che potrebbe aver ispirato il pittore di quel dipinto (come fa l'autore con il celebre dipinto di Hayez, *Il bacio*).**

Ascoltare, argomentare e confrontarsi

2. **Il romanzo di Scurati è ambientato nel 1848, in un'epoca quindi lontana dalla nostra, e descrive un evento storico particolare (le Cinque giornate di Milano), tuttavia tratta temi universali e ancora attuali. Quali sono, secondo te, questi temi? E per quale ragione possono essere considerati di grande attualità? Pensi che l'autore, con questo romanzo, abbia voluto inviare un messaggio alle generazioni di oggi? Se sì, quale? Confronta la tua opinione con quella dei compagni.**

SCHEDA STORIA

Le Cinque giornate di Milano

L'espressione "Cinque giornate di Milano" si riferisce a uno degli episodi più importanti del Risorgimento italiano del XIX secolo. In particolare, si riferisce ai cinque giorni (**dal 18 all 22 marzo 1848**) durante i quali la popolazione di Milano, capeggiata da un gruppo di giovani patrioti e da Carlo Cattaneo, riuscì a respingere l'esercito austriaco, erigendo barricate e combattendo con ogni arma a propria disposizione.

All'epoca dei fatti Milano era la capitale del Regno Lombardo-Veneto, che apparteneva all'**Impero austriaco**. Comandante del presidio austriaco a Milano era il generale Josef Radetzky, ottuagenario ma ancora pieno di energia e con la fama di essere uomo duro e inflessibile.

A scatenare la rivolta fu un episodio apparentemente insignificante (dettagliatamente riportato da Scurati nel suo romanzo): l'ennesima tassa imposta dall'amministrazione austriaca, che riguardava il tabacco e i sigari. Per protesta i milanesi avevano deciso di non fumare più. Provocatoriamente, soldati austriaci furono incaricati di girare per le strade più trafficate della città e nei locali pubblici più in vista, ostentando sigari. Quando un popolano, provocato da un soldato austriaco che gli sbuffava il fumo in faccia, reagì strappandogli il sigaro dalla bocca e gettandolo a terra, la rivolta scoppiò in tutta la sua violenza e intensità. I milanesi presenti, infatti, presero immediatamente le difese del loro concittadino, mettendo in fuga i soldati. La rivolta dilagò in tutta la città molto rapidamente.

L'intera popolazione partecipò ai combattimenti per le vie, innalzando barricate, sparando e gettando oggetti pesanti dalle finestre e dai tetti, inviando messaggi per mezzo di palloni aerostatici agli abitanti delle campagne per esortarle a prendere parte alla lotta.

La sera del 22 marzo 1848, gli austriaci si ritiravano verso il "Quadrilatero" (la zona fortificata compresa fra le quattro città di Verona, Legnago, Mantova e Peschiera del Garda).

Baldassarre Verazzi, *Episodio delle Cinque giornate di Milano: combattimenti a Palazzo Litta*. Milano, Museo del Risorgimento.

Carlo Canella, *Porta Tosa in Milano (22 marzo 1848)*, 1848-1850. Milano, collezione Intesa San Paolo.

SCHEDA ARTE

Il bacio di Francesco Hayez

immagine attiva

Il contesto

Il bacio di Francesco Hayez (1791-1882) è considerato il quadro simbolo del Romanticismo artistico italiano, perché esprime non solo l'amore romantico, il trionfo del sentimento individuale, assoluto e totalizzante (perfettamente reso dall'abbraccio sensuale e carico di emotività fra i due amanti), ma anche gli ideali risorgimentali che hanno motivato e infuocato tante battaglie combattute per la libertà dall'oppressore straniero e per la patria (come le Cinque giornate di Milano del 1848).

Il soggetto

Il dipinto ritrae un uomo e una donna abbracciati nell'atto di baciarsi appassionatamente sulla bocca. La grande sensualità che scaturisce dall'abbraccio dei due amanti è ciò che colpisce immediatamente lo spettatore: si tratta di una novità per l'epoca, per la prima volta viene immortalato in un dipinto un bacio carico di passione e di emotività. I due sono in piedi e lui, con la postura del corpo, sembra assecondare l'inclinazione del corpo di lei; ha una gamba appoggiata sul gradino, particolare che comunica un'idea di allontanamento (sembra quasi che stia per andarsene), particolare che rende il bacio fra i due amanti ancora più struggente. I volti dei due protagonisti rimangono celati, quello di lei perché raffigurata di spalle e parzialmente coperto dalla mano di lui, quello di lui chino sul volto di lei e perso in un gioco di ombre. In questo modo, inoltre, l'attenzione dello spettatore si sposta in maniera spontanea dalle figure dei due amanti alle ombre che si stagliano sul muro, a rappresentare un vago pericolo incombente sulla scena.

Descrizione

I due amanti sono raffigurati in abiti di foggia medievale. I colori caldi dell'abito dell'uomo contrastano con l'azzurro ghiaccio dell'abito di lei, che si staglia in tutta la sua luminosità sullo sfondo dai toni ocra. La scelta dei colori ha un preciso significato politico: attraverso i colori (bianco della veste, il rosso della calzamaglia, il verde del cappello e del risvolto del mantello e infine, l'azzurro dell'abito della donna) il pittore vuole rappresentare l'alleanza avvenuta tra l'Italia e la Francia contro l'Austria con gli accordi di Plombières, nel 1858. Non a caso, il quadro venne presentato all'Esposizione di Brera del 1859, poco dopo l'ingresso di Vittorio Emanuele II e Napoleone III a Milano.

SCHEDA
INVITO ALLA VISIONE

Lincoln

Regia Steven Spielberg

Anno 2012

Produzione Usa

Sceneggiatura Steven Spielberg e Tony Kushner liberamente tratta dal libro di Doris Kearns Goodwin, *Teams of Rivals: the Political Genius of Abramo Lincoln*

Genere storico-biografico-drammatico

Interpreti Daniel Day-Lewis, David Strathairn, Joseph Gordon-Levitt, Tommy Lee Jones, Sally Field, James Spader

Lincoln e gli americani
Lincoln è uno dei più ricordati e amati tra i presidenti, sia per l'abolizione della schiavitù sia per aver rafforzato la centralità del governo: gli americani gli hanno dedicato il *Memorial* a Washington e il suo volto è scolpito sul Monte Rushmore e stampato sulle banconote da 5 dollari e sulle monete da 1 centesimo.

Soggetto

La figura di Abraham Lincoln, il presidente americano che cambiò la storia dell'umanità ponendo legalmente fine alla schiavitù dei neri d'America. Il film propone una lezione di educazione civica di grandissimo impatto e di estrema attualità.

Sinossi

Il film racconta gli ultimi quattro mesi di vita del sedicesimo presidente degli Stati Uniti Abraham Lincoln mentre ancora è in corso la guerra civile (di Secessione) tra Stati del Nord e Stati del Sud e il dibattito sulla legittimità della schiavitù è aperto. Siamo nel 1865, il film parte con una scena di guerra (l'unica) dove i corpi dei soldati nel fango rappresentano la fatica e il dolore comune ai due schieramenti che si fronteggiano violentemente. Il presidente Lincoln, repubblicano, è al secondo mandato e sta combattendo per un grande cambiamento: l'abolizione della schiavitù; la sua personale battaglia sarà ardua ed estenuante, condotta contro il tempo mentre la guerra vera infuria. Ci riuscirà convincendo le frange oltranziste conservatrici, che intravedono la minaccia di un'uguaglianza di fatto e lo spettro del suffragio universale, ad approvare il 13° emendamento alla Costituzione. In tutto il film la vita personale e familiare di Lincoln si intreccia con quella della nazione americana.

Personaggi

Spielberg presenta la figura di Lincoln come quella di un politico intelligente e sensibile, costantemente attento alla salvaguardia dei diritti civili: un uomo con una visione ampia della storia, capace di invitare gli oppositori, dopo aver vinto le elezioni, a far parte del suo Governo. Man mano che il film si dipana appare più evidente come per Lincoln far passare l'emendamento non fosse un obiettivo accessorio né il frutto di una fortunata coincidenza: ne andava della sua identità storica e privata, dice Spielberg, che sovrappone alla perfezione i due piani.

Il regista fa emergere, fra i politici, il ruolo di Taddheus Stevens, il capo dei radicali, espressione della democrazia rappresentativa, con tratti un po' ingenui in alcuni discorsi, ma che rivelano come la politica sia anche compromesso.

Sceneggiatura

Il film non ricostruisce un epico affresco della guerra di Secessione americana perché la pellicola è realizzata, per la maggior parte, in interni, nelle stanze della politica, dove il serrato dialogo tra i rappresentanti degli Stati e il Segretario di Lincoln ricostruiscono con un ritmo incalzante e drammatico i dibattiti. Nel film hanno grande peso le parole e i ragionamenti che si soffermano sui meccanismi del potere.

Commento

Steven Spielberg ha realizzato un grandissimo film che si sofferma sull'uomo straordinario, complesso e di enorme umanità che è stato Abraham Lincoln. Ma più che un film biografico su uno dei presidenti più importanti e amati nella storia degli Stati Uniti , è un invito al recupero della centralità della politica, della sua pratica, dei suoi compromessi. Per questo motivo il film di Spielberg è più che mai attuale.

Ha affermato il regista: «Lincoln ha guidato il nostro Paese attraverso i momenti più difficili e ha fatto sopravvivere gli ideali della democrazia americana, ponendo termine allo schiavismo. Ma nel mio film volevo mostrare qualcosa in più. Lincoln era uno statista e un leader militare, ma anche un padre, un marito e un uomo fortemente incline all'introspezione. Volevo evitare d'incappare nel cinismo e nell'esaltazione eroica, restando fedele allo spessore dell'uomo, agli aspetti più intimi della sua vita e ai tratti più bonari della sua natura».

Abilità e competenze

Ascoltare, argomentare e confrontarsi

1. **La guerra di Secessione americana (1861-1865) scoppiò tra gli Stati del Nord antischiavisti e quelli del Sud che consideravano la schiavitù come un elemento fondamentale della loro economia. La scissione partì dagli Stati sudisti che costituirono una confederazione con presidente Jefferson Davis, quando, nel 1860, venne eletto presidente degli Stati Uniti Abraham Lincoln. La lotta contro la schiavitù fu elemento fondamentale della politica di Lincoln, però alla base del conflitto ci furono altri motivi considerati importanti dal presidente. Quali?**

2. **Quando nel 1860 venne eletto Lincoln, gli Stati del Sud compresero subito che, con un presidente antischiavista, la loro situazione politico-economica ne avrebbe risentito. Eppure appena dopo la sua elezione Lincoln cercò un accordo con gli Stati del Sud. Che cosa propose? Perché?**

3. **Quali furono gli elementi politico-sociali che spinsero Lincoln nel 1864 a decidere di far approvare dal Congresso il 13° emendamento alla Costituzione con cui si aboliva la schiavitù?**

A il fatto che egli fosse profondamente antischiavista

B la necessità di determinare negli Stati Uniti una situazione pericolosa per i bianchi, in genere proprietari delle piantagioni

C il voler costringere l'esercito confederato alla resa senza condizioni, visto che la situazione bellica ormai volgeva a favore dei nordisti e l'abolizione della schiavitù avrebbe di sicuro dato il colpo di grazia all'esercito sudista

4. **Che cosa ne pensi della figura di Lincoln costruita dal punto di vista di Spielberg? Che cosa cambieresti nel film perché ti è apparso poco credibile? Confrontati con i tuoi compagni di classe per condividere l'esperienza di dibattito e discussione dopo la visione del film.**

VERIFICA FORMATIVA

per accertare le competenze acquisite

autoverifica con tutor

Kabul

Il reporter è appena arrivato all'aeroporto di Kabul, la capitale dell'Afghanistan, Paese soggetto ad una guerra che si protrae dal 2001 fra le forze governative, appoggiate dai Paesi occidentali, e i talebani, fondamentalisti islamici. La città è visibilmente segnata dalla guerra e dalle sue conseguenze, ben visibili soprattutto nei quartieri popolari.

Il cielo di Kabul è sempre più lontano, si è perso dietro uno spesso strato d'inquinamento. Un odore acre di smog ti colpisce appena esci dall'aereoporto. «È il profumo del progresso» scherza Hamed, l'autista. «Avete visto, arrivando in aereo? Cinque anni fa si vedeva la città. Adesso solo la nebbia. Sono le fabbriche. Prima tutta quella zona» sporge il braccio fuori dal finestrino «era circondata da campi coltivati. Era da lì che venivano la frutta e la verdura per i mercati di Kabul. Adesso ci sono le fabbriche. Molte lavorano la pelle. E quando ci passi vicino, è meglio chiudere il finestrino. Gli stranieri hanno portato il progresso in Afghanistan? Ecco, il progresso ha questo odore».

[...]

Karte Seh, fu questa la zona della capitale più colpita dai bombardamenti del 1992.[1] E ancora oggi è piena di ordigni inesplosi pronti a colpire ancora. Oggi Karte Seh è la zona da cui arrivano più feriti diretti agli ospedali della città, in particolare all'ospedale di Emergency,[2] che è l'unico specializzato in chirurgia di guerra. Perché oggi quella zona è abitata. Donne, bambini, anziani e meno anziani girano, infatti, tra le rovine dei bombardamenti in cerca di qualsiasi cosa possa essere riutilizzata o rivenduta. E i pastori kuchi[3] portano addirittura a pascolare le loro bestie.

Sono tanti i ragazzini che saltano in aria sulle mine o su ordigni inesplosi nelle periferie della capitale afgana mentre portano a pascolare le loro greggi, alla faccia del paese più libero e sicuro promesso dagli occidentali nel 2001. Molti kuchi infatti non sono più nomadi. Sono diventati stanziali e sono rimasti pochissimi quelli che migrano. D'altronde non avevano molte altre possibilità con la guerra. I kuchi attraversano l'Afghanistan da nord a sud passando per il Panjshir, la pianura Shomalì, Kabul e poi giù verso Jalalabad.[4] Ma la guerra crea sempre problemi ai nomadi, perché taglia le strade con la linea del fronte, con i combattimenti e con le mine che lascia a terra. Alla fine moltissimi di loro hanno deciso di fermarsi a vivere nelle periferie delle città, dove però non c'è lavoro per tutti, e solo qualcosa alla giornata. Sopravvivono come possono, con quattro pecore e un asino. E poi magari finiscono sopra una mina, insieme ai ragazzini che girano cercando materiale da rivendere, o qualche cosa da mangiare. Le carovane colorate di ieri, i disperati fra le macerie di oggi.

[*Guerra alla Terra. I conflitti nel mondo per la conquista delle risorse*, a cura di PeaceReporter, Edizioni Ambiente, Milano 2009]

1 **bombardamenti del 1992:** l'Afghanistan era stato occupato nel 1979 dall'Unione Sovietica, fu liberato nei primi anni Novanta dai talebani e da altre tribù del Paese dopo anni di guerriglia.
2 **Emergency:** associazione italiana di medici volontari che prestano la propria opera presso le popolazioni colpite da guerre.
3 **kuchi:** una tribù seminomade di pastori provenienti dal nord del Paese.
4 **Panjshir...Jalalabad:** regioni e città dell'Afghanistan.

Competenza testuale

Individuare i dati espliciti

1. Il cielo di Kabul si scorge a fatica

- A perché è inquinato
- B perché sono stati costruiti molti grattacieli
- C perché si è in pieno inverno
- D per l'effetto dei bombardamenti

2. Attorno a Kabul le fabbriche hanno preso il posto

- A delle case
- B delle scuole
- C dei campi coltivati
- D dei boschi

3. Nelle fabbriche si lavorano prevalentemente

- A tessuti
- B pellami
- C materie plastiche
- D metalli

4. Se consideriamo le date presenti nel testo l'Afghanistan è in guerra almeno dal

A 2001 B 2006 C 1992 D 1996

5. La zona di Karte Seh è piena

- A di uomini armati
- B di ordigni inesplosi
- C di carri armati
- D di caserme

6. I feriti a causa dell'esplosione delle bombe si recano soprattutto all'ospedale di Emergency perché

- A è gratuito
- B è il più facilmente raggiungibile
- C è vicino all'aeroporto
- D è l'unico specializzato in chirurgia di guerra

7. Cosa cercano donne, bambini e anziani fra le rovine dei bombardamenti?

- A cibo
- B vestiario
- C oggetti di valore
- D qualsiasi cosa possa essere riutilizzata

8. I kuchi non sono più nomadi ma stanziali a causa

- A dei cambiamenti climatici
- B della guerra
- C del progresso materiale
- D delle nuove colture agricole

9. I kuchi si sono stabiliti

- A nelle periferie delle città
- B nei villaggi limitrofi
- C nei centri cittadini devastati dalla guerra
- D sulle montagne

10. La sorte che attende molti kuchi e ragazzini è quella di

- A morire di fame
- B vivere di aiuti e di carità
- C saltare in aria sopra una mina
- D trovare un lavoro anche se modesto

11. Le «carovane colorate di ieri» alludono

- A agli eserciti che hanno combattuto in Afghanistan
- B ai mercanti che attraversavano la regione
- C ai pastori kuchi che si spostavano con le loro greggi
- D a manifestazioni tradizionali del Paese

Individuare i dati impliciti

12. Il brano è presumibilmente

- A un racconto
- B un diario di viaggio
- C un reportage giornalistico
- D una lettera

13. L'io narrante è presumibilmente

- A un giornalista
- B un turista
- C un uomo d'affari
- D un osservatore politico

14. L'autista Hamed

- A è favorevole alle fabbriche e al progresso
- B non è favorevole alle fabbriche e al progresso
- C è indifferente
- D è indeciso

15. **La frase «alla faccia del paese più libero e sicuro promesso dagli occidentali» esprime un giudizio**

- A del narratore
- B di un personaggio secondario
- C di un personaggio principale
- D di uno spettatore

16. **Che tipo di problemi crea la guerra ai nomadi, come i pastori kuchi?**

- A i soldati impediscono loro di spostarsi
- B le strade diventano impraticabili perché tagliate dalla linea del fronte
- C le loro greggi sono requisite per sostentare la popolazione civile
- D sono considerati nemici da entrambi gli schieramenti

Competenza lessicale

17. **Il testo mette in evidenza, nelle prime righe, l'«odore acre di smog». Al sostantivo "odore" abbina almeno cinque aggettivi qualificativi che conosci e che risultino appropriati.**

18. **Un "gregge" è un gruppo di pecore o capre**

Uno "sciame" è un gruppo di API

Una "mandria" è un gruppo di BOVINI

Uno "stormo" è un gruppo di UCCELLI

Un "branco" è un gruppo di LUPI

19. **Spiega la differenza fra "emigrare" e "immigrare".**

Competenza grammaticale

20. **"Fermarsi" è una forma verbale**

- A attiva
- B passiva
- C riflessiva

21. **L'espressione "alla faccia di" possiamo sostituirla con la congiunzione avverbiale**

- A sebbene
- B tuttavia
- C dunque
- D nonostante

Interpretare e valutare

La descrizione di Kabul è fatta da un punto di vista oggettivo o soggettivo? Motiva la tua risposta con riferimento al testo, utilizzando non più di 30 parole.

modelli letterari

I promessi sposi di Alessandro Manzoni

L'OPERA

Fasi di composizione

Il romanzo fu lungamente elaborato da Manzoni, sia dal punto di vista linguistico che strutturale, tra il 1821-23 (in cui attese alla prima stesura, che reca il titolo di *Fermo e Lucia*) e il 1840-42, quando fu pubblicata l'edizione definitiva.

Appena terminato, il manoscritto di *Fermo e Lucia* venne sottoposto a un attento lavoro di revisione e modifica. Mutò il titolo (*I promessi sposi*), i nomi dei personaggi, la distribuzione della materia, la divisione dei capitoli; vennero eliminate alcune digressioni saggistiche, vennero ridotti alcuni episodi; venne modificato inoltre l'ordine dei capitoli e degli episodi, con risultati di maggior equilibrio narrativo. Fu operata infine una radicale revisione della lingua, che nel *Fermo e Lucia* risultava essere un impasto composito di frasi «un po' lombarde, un po' francesi, un po' anche latine», un compromesso tra lingua tradizionale (retorica e distaccata dal popolo) e lingua d'uso (che per Manzoni era il milanese), anch'essa quindi inadeguata a risolvere il problema di un romanzo italiano nazionale. Manzoni aveva comunque deciso di adottare per la sua opera una lingua d'uso che, per motivi storici, appariva degna di essere elevata a lingua nazionale: il fiorentino parlato dalla borghesia colta. La revisione linguistica dell'opera fu radicale. Per familiarizzarsi con la «buona lingua» Manzoni si dedicò alla lettura di testi letterari toscani, soprattutto di livello popolare (cronisti, novellieri), con l'obiettivo di realizzare una lingua viva, legata alle necessità di tutti i giorni, in grado di superare lo scarto fra lingua scritta e lingua parlata. Tali interventi portarono alla prima edizione a stampa dei *Promessi sposi*, nel 1827.

L'ultima fase della revisione fu di natura esclusivamente linguistica, per ottenere una completa uniformità di stile e per eliminare quanto restava nel libro di dialettale (di origine lombarda) e di letterario: la pubblicazione di quest'ultima definitiva edizione avvenne a dispense tra il 1840 e il 1842.

La vicenda

Si possono individuare nel romanzo quattro parti fondamentali, che si articolano in base al principio dell'alternanza e del contrasto: vicenda paesana/vicenda cittadina; avventure di Renzo/avventure di Lucia; rappresentazione storica/ rappresentazione romanzesca. Nel passaggio da una parte all'altra sono collocate la storia di Gertrude (la monaca di Monza), dell'Innominato, la peste di Milano, che fanno da tramite tra le vicende esterne (i potenti, la storia) e lo sviluppo romanzesco (gli umili protagonisti).

Gerolamo Induno, *La presentazione dei fidanzati*, 1875. Collezione privata.

PARTE PRIMA: si svolge nel paese, in cui i due protagonisti, Renzo e Lucia, sono riuniti e tentano di sposarsi; intervengono gli ostacoli che danno il via alla vicenda romanzesca (capp. I-VII). Chiudono questa parte la fuga dei due giovani e l'inserto della storia di Gertrude (capp. IX-X).

PARTE SECONDA: inizia la lunga separazione di Renzo e Lucia, le cui strade prendono da questo momento direzioni diverse: da un lato abbiamo le avventure di Renzo a Milano; dall'altro la persecuzione di Lucia, che culmina nell'incontro con l'Innominato (capp. XI-XIX). La storia di questo personaggio chiude la sezione (capp. XX-XXI).

PARTE TERZA: alla vicenda solitaria di Renzo nella parte precedente corrisponde qui, simmetricamente, la vicenda solitaria di Lucia, anch'essa vittima degli avvenimenti (capp. XXI-XXVI). Intanto comincia a emergere lo sfondo storico, in cui interviene una folta schiera di personaggi coinvolti nelle vicende della guerra, della carestia e della peste. I primi sintomi e il successivo scoppio dell'epidemia chiudono questa parte (capp. XXXI-XXXII).

PARTE QUARTA: i due protagonisti si ricongiungono dopo aver superato la "prova" della peste, che invece ha tolto dalla scena numerosi personaggi. La vicenda si conclude felicemente col matrimonio, contro cui si erano levati gli ostacoli che avevano messo in moto la macchina romanzesca (capp. XXXIII-XXXVIII).

Struttura e temi

Manzoni non racconta direttamente la vicenda ma ricorre a un espediente tipico della tradizione romanzesca (da Cervantes a Scott), fingendo di aver ritrovato un manoscritto di un anonimo del Seicento e di volerlo pubblicare, limitandosi a ripulire il testo da quanto vi restava di artificioso e retorico del linguaggio secentesco. Questo espediente consente all'autore da un lato di descrivere oggettivamente i fatti, dall'altro di commentarli soggettivamente; d'altro canto, diviene anche un mezzo per mantenere le distanze dalla materia narrata, delegando all'anonimo i commenti più moralistici e le riflessioni più sentenziose, e riservandosi invece il commento storico e il contrappunto ironico.

L'opera possiede prima di tutto le caratteristiche del "romanzo storico": lo sfondo secentesco della vicenda, le ampie digressioni sull'assedio di Casale e soprattutto sulla peste, la presenza di figure storicamente esistite (il cardinale Federigo Borromeo, l'Innominato, la monaca di Monza) e la verosimiglianza dei personaggi che lo affollano. Manzoni trova nella storia e nelle contraddizioni del Seicento elementi di interpretazione del presente, sia dal punto di vista sociale e politico che morale e religioso. La ricerca in cui Renzo è impegnato per gran parte del romanzo, le prove cui è sottoposto e che lo conducono a una progressiva maturazione (di ordine morale e sociale), danno a questa parte dell'opera anche le caratteristiche del "romanzo di formazione".

L'ideologia cristiana che ispira il romanzo imposta la dinamica della vicenda attorno al contrasto tra umili/oppressi e potenti/oppressori.

L'AUTORE

Alessandro Manzoni, nato a Milano nel 1785, era figlio di Giulia Beccaria (figlia di Cesare Beccaria, autore del trattato *Dei delitti e delle pene*, 1764) e del conte Pietro Manzoni. Studiò prima presso i padri Somaschi. Ai primi anni dell'Ottocento risalgono le prime esperienze poetiche: il poemetto *Del trionfo della libertà* (1801), odi e sonetti, tra cui *Autoritratto* (1801), e l'idillio *Adda* (1803). Nel 1809 compose il poemetto in endecasillabi sciolti *Urania*. Il 1810 è l'anno della "conversione": Manzoni, sua madre ed Enrichetta si riavvicinarono alla fede cattolica, anche per influsso dell'abate giansenista Eustachio Degola. Dal 1812 al 1815 scrisse i primi quattro *Inni sacri* (*La Risurrezione*, 1812; *Il Nome di Maria*, 1812-13; *Il Natale*, 1813; *La Passione*, 1814-15). Iniziata in Italia, nel 1816, la polemica tra classici e romantici, egli si schierò, pur rifiutando di collaborare con la rivista "Il Conciliatore", dalla parte dei romantici, insieme a Ermes Visconti, Tommaso Grossi e Giovanni Berchet. Nel decennio 1816-1826 scrisse la parte più cospicua delle sue opere: le due odi *Marzo 1821* e *Il cinque maggio* (1821), le tragedie *Il conte di Carmagnola* (1820) e *Adelchi* (1822), la *Lettera a Monsieur Chauvet sull'unità di tempo e di luogo nella tragedia* (1819) e la prima stesura dei *Promessi sposi* (col titolo di *Fermo e Lucia*, 1821-23). Nel 1827 pubblicò la seconda redazione dei *Promessi sposi*; durante un viaggio a Firenze conobbe Giacomo Leopardi, Gino Capponi, Pietro Giordani e Gian Pietro Vieusseux. Negli anni successivi Manzoni rallentò la propria attività creativa e si dedicò prevalentemente alla revisione linguistica dei *Promessi sposi* (che sarà pubblicato a dispense tra il 1840 e il 1842) e a scritti di orientamento filosofico, critico e linguistico: *Dell'invenzione* (1850), le *Osservazioni sulla morale cattolica* (1855), la lettera a Giacinto Carena *Sulla lingua italiana* (1850), *Dell'unità della lingua e dei mezzi per diffonderla* (1868), la *Lettera intorno al Vocabolario* (1868) indirizzata a Ruggero Bonghi. Manzoni, che si era risposato nel 1840 con Teresa Borri Stampa, visse gli ultimi anni onorato come il più grande scrittore italiano vivente; nel 1861, nel primo parlamento dell'Italia unita, venne nominato senatore a vita. Morì a Milano nel 1873.

Francesco Hayez, *Ritratto di Alessandro Manzoni*, 1841. Milano, Pinacoteca di Brera.

L'*incipit* del romanzo e l'incontro di don Abbondio con i bravi

TEMPO	LUOGHI	PERSONAGGI
sera del 7 novembre 1628	il ramo orientale del lago di Como nei dintorni di Lecco, tra i monti Resegone e San Martino	don Abbondio, i due bravi di don Rodrigo

Il romanzo si apre con una precisa descrizione dei luoghi in cui si svolgerà la vicenda, il lago e le montagne intorno alla città di Lecco nella zona sud orientale del lago di Como, dove si forma il lago di Garlate e il fiume Adda: il paesaggio è incantevole. Vi sono i monti sullo sfondo e i corsi d'acqua che lo rendono un autentico "spettacolo".

In un breve inciso si accenna ironicamente ai danni della dominazione spagnola in Italia. La sera del 7 novembre 1628 il curato don Abbondio per tornare a casa percorre una stradina leggendo il suo breviario. Ma ad un incrocio si imbatte in due personaggi che rivelano nel loro aspetto minaccioso e terribile la loro appartenenza alla categoria dei "bravi". Si trattava di uomini di malaffare al servizio dei signorotti locali.

I due bravi intimano a don Abbondio di non celebrare il matrimonio tra Renzo Tramaglino e Lucia Mondella secondo l'ordine ricevuto dal loro padrone don Rodrigo. Don Abbondio nell'udire questo nome, terrorizzato, si dichiara pronto ad obbedire con la massima riservatezza. D'altra parte, ciò è giustificato dal suo stesso carattere debole e pauroso Egli si era fatto prete soltanto per opportunismo per vivere tranquillamente evitando ogni difficoltà e fastidio. Le parole dei bravi hanno perciò su di lui un terribile effetto.

Quel ramo del lago di Como,[1] che volge a mezzogiorno, tra due catene non interrotte di monti,[2] tutto a seni e a golfi, a seconda dello sporgere e del rientrare di quelli, vien, quasi a un tratto, a ristringersi, e a prender corso e figura di fiume,[3] tra un promontorio a destra, e un'ampia costiera dall'altra parte; e il ponte, che ivi congiunge le due rive, par che renda ancor più sensibile[4] all'occhio questa trasformazione, e segni il punto in cui il lago cessa, e l'Adda rincomincia, per ripigliar poi nome di lago dove le rive, allontanandosi di nuovo, lascian l'acqua distendersi e rallentarsi in nuovi golfi e in nuovi seni.[5] La costiera, formata dal deposito di tre grossi torrenti,[6] scende appoggiata a due monti contigui, l'uno detto di san Martino, l'altro, con voce lombarda, il Resegone,[7] dai molti suoi cocuzzoli in fila, che in vero lo fanno somigliare a una sega: talché non è chi, al primo vederlo, purché sia di fronte, come

1 **Quel ramo...Como:** il celebre inizio del romanzo avvia la descrizione dei luoghi in cui si svolge la vicenda. Ci troviamo sul braccio orientale del lago di Como detto anche lago di Lecco dal nome del centro più importante della zona. La descrizione inizia con una visione panoramica della zona per restringersi sui particolari sempre più vicini fino a inquadrare i movimenti del primo personaggio don Abbondio, con cui inizia la storia. La descrizione minuziosa del paesaggio corrisponde alla funzione che Manzoni attribuisce a tutti gli elementi ambientali; l'esattezza geografica dei luoghi serve a conferire verosimiglianza alla storia e a preparare l'entrata in scena dei personaggi con i loro stati d'animo.

2 **due catene...monti:** le due catene montuose sono le Alpi Orobie a Oriente e i monti della Brianza a Ovest.

3 **e a prendere...fiume:** si tratta dell'Adda, che si immerge nel lago di Como, per poi uscirne nel ramo orientale. Nel punto indicato dallo scrittore esso assume le caratteristiche proprie di un fiume.

4 **e il ponte...sensibile:** la presenza di un ponte rende visibile («sensibile»), segnala alla vista la trasformazione del lago in fiume.

5 **e l'Adda...seni:** il fiume Adda torna ad ampliarsi, dando vita al lago di Garlate o Pescarenico. Le sue rive, infatti, tornano ad allontanarsi, ampliando l'ampiezza dello specchio d'acqua. Quest'ultima, perciò, perde la sua impetuosità, rallentando il movimento.

6 **La costiera...torrenti:** i tre torrenti qui indicati sono in realtà il Galdone, il Bione, il Gerenzone.

7 **L'un detto...Resegone:** la precisione della descrizione si accentua con il riferimento alle due alture di S. Martino e del Resegone. Quest'ultimo è così denominato per la sua forma particolare. Il termine deriva dal lombardo *resegon*, ossia 'grossa sega'.

Giuseppe Canella, *Lago di Como*, 1895. Collezione privata.

per esempio di su le mura di Milano che guardano a settentrione, non lo discerna tosto,[8] a un tal contrassegno, in quella lunga e vasta giogaia,[9] dagli altri monti di nome più oscuro e di forma più comune. Per un buon pezzo, la costa sale con un pendio lento e continuo; poi si rompe in poggi e in valloncelli, in erte e in ispianate, secondo l'ossatura de' due monti, e il lavoro dell'acque.[10] Il lembo estremo, tagliato dalle foci de' torrenti, è quasi tutto ghiaia e ciottoloni; il resto, campi e vigne, sparse di terre, di ville, di casali; in qualche parte boschi, che si prolungano su per la montagna.[11] Lecco, la principale di quelle terre, e che dà nome al territorio, giace poco discosto dal ponte, alla riva del lago, anzi viene in parte a trovarsi nel lago stesso, quando questo ingrossa: un gran borgo al giorno d'oggi, e che s'incammina a diventar città.[12] Ai tempi in cui accaddero i fatti che prendiamo a raccontare, quel borgo, già considerabile, era anche un castello, e aveva perciò l'onore d'alloggiare un comandante, e il vantaggio di possedere una stabile guarnigione di soldati spagnoli, che insegnavan la modestia alle fanciulle e alle donne del paese, accarezzavan di tempo in tempo le spalle a qualche marito, a qualche padre; e, sul finir dell'estate, non mancavan mai di spandersi nelle vigne, per diradar l'uve, e alleggerire a' contadini le fatiche della vendemmia.[13] Dall'una all'altra di

8 **discerna tosto:** distingua subito. «Discernere» è latinismo. «Tosto» significa "presto, subito".
9 **giogaia:** catena montuosa.
10 **Per un buon prezzo...acque:** la costa dell'Adda prima sale dolcemente, quindi dà vita ad un paesaggio molto variato, fatto di valli, poggi, pianure. La forma è dovuta al lavoro secolare delle acque, che hanno modellato il paesaggio con la loro opera di erosione. In realtà, più che da un arido fenomeno fisico, il paesaggio pare creato dalla sapiente mano di un artista.
11 **Il lembo estremo...terre, ville:** all'estremità della costa vi sono le ghiaie e i ciottoli dei torrenti. Ma alla natura incontaminata si alternano i segni della presenza umana, rappresentata da quei paesi («terre») e villaggi («ville») che spuntano tra le vigne, i boschi e i campi coltivati.
12 **Lecco...città:** l'agglomerato urbano più significativo è Lecco. Non che si trattasse di un grande centro poiché, come chiarisce Manzoni, nella sua epoca era solo un "grosso borgo". Probabile, quindi, che la sua estensione fosse ancora più ridotta nell'epoca in cui si svolgono i fatti narrati.
13 **Ai...vendemmia:** ironica allusione alla feroce dominazione spagnola che, nel 1628, da quasi un secolo si era affermata nel ducato di Milano. Qui resisterà fino ai primi anni del Settecento. Lecco ospitava un castello e soldati spagnoli che angariavano regolarmente la popolazione: molestando le giovani donne, rintuzzando la reazione dei mariti gelosi, devastando i campi nel tempo del raccolto. Il tocco leggero della narrazione non deve però trarre in inganno: è evidente che lo scrittore condanna recisamente queste prepotenze. Ed è altrettanto chiaro che Manzoni guarda al passato ma si riferisce anche alla dominazione austriaca dei suoi tempi.

quelle terre, dall'alture alla riva, da un poggio all'altro, correvano, e corrono tuttavia,[14] strade e stradette, più o men ripide, o piane; ogni tanto affondate, sepolte tra due muri, donde, alzando lo sguardo, non iscoprite che un pezzo di cielo e qualche vetta di monte; ogni tanto elevate su terrapieni aperti: e da qui la vista spazia per prospetti più o meno estesi, ma ricchi sempre e sempre qualcosa nuovi, secondo che i diversi punti piglian più o meno della vasta scena circostante, e secondo che questa o quella parte campeggia o si scorcia, spunta o sparisce a vicenda.[15] Dove un pezzo, dove un altro, dove una lunga distesa di quel vasto e variato specchio dell'acqua; di qua lago, chiuso all'estremità o piuttosto smarrito in un gruppo, in un andirivieni di montagne, e di mano in mano più allargato tra altri monti che si spiegano, a uno a uno, allo sguardo, e che l'acqua riflette capovolti, co' paesetti posti sulle rive;[16] di là braccio di fiume, poi lago, poi fiume ancora, che va a perdersi in lucido serpeggiamento pur tra' monti che l'accompagnano, degradando via via, e perdendosi quasi anch'essi nell'orizzonte. Il luogo stesso da dove contemplate que' vari spettacoli, vi fa spettacolo da ogni parte: il monte di cui passeggiate le falde, vi svolge, al di sopra, d'intorno, le sue cime e le balze, distinte, rilevate, mutabili quasi a ogni passo, aprendosi e contornandosi in gioghi ciò che v'era sembrato prima un sol giogo, e comparendo in vetta ciò che poco innanzi vi si rappresentava sulla costa: e l'ameno, il domestico di quelle falde tempera gradevolmente il selvaggio, e orna vie più il magnifico dell'altre vedute.[17]

ESPANSIONI DIGITALI
I bravi

L'incontro di don Abbondio con i Bravi

Per una di queste stradicciole, tornava bel bello dalla passeggiata verso casa, sulla sera del giorno 7 novembre dell'anno 1628, don Abbondio,[18] curato d'una delle terre accennate di sopra: il nome di questa, né il casato del personaggio, non si trovan nel manoscritto, né a questo luogo né altrove. Diceva tranquillamente il suo ufizio,[19] e talvolta, tra un salmo e l'altro, chiudeva il breviario, tenendovi dentro, per segno, l'indice della mano destra, e, messa poi questa nell'altra dietro la schiena, proseguiva il suo cammino, guardando a terra, e buttando con un piede verso il muro i ciottoli che facevano inciampo nel sentiero:[20] poi alzava il viso, e, girati oziosamente gli occhi all'intorno, li fissava alla parte d'un monte, dove la luce del sole già scomparso, scappando per i fessi del monte opposto, si dipingeva qua e là sui massi sporgenti, come a larghe e inuguali pezze di porpora.[21] Aperto poi di nuovo il breviario, e recitato un altro squarcio, giunse a una voltata della stradetta, dov'era solito d'alzar sempre gli occhi dal libro,

14 **tuttavia:** ancora.

15 **e da qui...vicenda:** dopo la breve notazione storica, torna in primo piano l'incanto del paesaggio. Il racconto torna così decisamente a basarsi sulla dimensione della visualità.

16 **Dove un pezzo...rive:** lo specchiarsi nelle acque limpide del lago dei paesetti; la cornice dei monti che lo circonda; tutto concorre a dare l'immagine idilliaca di un paesaggio sereno, manifestazione visibile della meraviglia del creato.

17 **Il luogo stesso...vedute:** è la chiusa della lunga e minuta descrizione del paesaggio, quasi il suggello poetico. Chi osserva quel lembo di terra lombarda, spiega Manzoni, assiste ad uno "spettacolo" di straordinaria bellezza. E come in uno spettacolo teatrale vi sono diversi elementi scenografici: i monti, le balze, le cime, le forme seducenti delle alture, l'alternarsi di elementi "domestici" con quelli "selvaggi". L'amenità è dunque la qualità essenziale del luogo.

18 **Per...Abbondio:** al preludio paesaggistico segue l'entrata in scena di uno dei protagonisti del romanzo. È don Abbondio, che si incammina per una stretta strada alla volta della sua abitazione. Da notare l'estrema precisione con cui Manzoni indica la data, segno della sua volontà di trasmettere al lettore la sensazione della verosimiglianza dei fatti narrati. Abbondio è nome inconsueto oggi, ma al tempo era quello del patrono di Como. Al di là di questo, è stato scelto con cura dal Manzoni per fornire una prima indicazione sul carattere del personaggio.

19 **Diceva...ufizio:** don Abbondio recitava la sua preghiera quotidiana («ufizio»). Evidentemente, del tutto ignaro di quanto stava per accadergli, come indica quel «tranquillamente», che è pure indicazione preziosa per comprendere il suo carattere.

20 **proseguiva...sentiero:** anche il gesto con cui don Abbondio scansa i ciottoli ha un significato allusivo. Esso rappresenta la nota psicologica del personaggio che, come si chiarirà più avanti, ha trascorso la sua vita cercando di evitare ogni ostacolo.

21 **Poi alzava...porpora:** il colore rosso della porpora rappresenta visivamente il tramonto. Don Abbondio contempla sereno la placidità idilliaca di questo paesaggio illuminato dalla luce crepuscolare. È l'ennesimo segno di una serenità che sta per essere bruscamente spezzata.

e di guardarsi dinanzi: e così fece anche quel giorno. Dopo la voltata, la strada correva diritta, forse un sessanta passi, e poi si divideva in due viottole, a foggia d'un ipsilon: quella a destra saliva verso il monte, e menava alla cura:[22] l'altra scendeva nella valle fino a un torrente; e da questa parte il muro non arrivava che all'anche del passeggiero.[23] I muri interni delle due viottole, in vece di riunirsi ad angolo, terminavano in un tabernacolo,[24] sul quale eran dipinte certe figure lunghe, serpeggianti, che finivano in punta, e che, nell'intenzion dell'artista, e agli occhi degli abitanti del vicinato, volevan dir fiamme;[25] e, alternate con le fiamme, cert'altre figure da non potersi descrivere, che volevan dire anime del purgatorio: anime e fiamme a color di mattone, sur un fondo bigiognolo,[26] con qualche scalcinatura qua e là. Il curato, voltata la stradetta, e dirizzando, com'era solito, lo sguardo al tabernacolo, vide una cosa che non s'aspettava, e che non avrebbe voluto vedere. Due uomini stavano, l'uno dirimpetto all'altro, al confluente, per dir così, delle due viottole: un di costoro, a cavalcioni sul muricciolo basso, con una gamba spenzolata al di fuori, e l'altro piede posato sul terreno della strada; il compagno, in piedi, appoggiato al muro, con le braccia incrociate sul petto.[27] L'abito, il portamento, e quello che, dal luogo ov'era giunto il curato, si poteva distinguer dell'aspetto, non lasciavan dubbio intorno alla lor condizione.[28] Avevano entrambi intorno al capo una reticella verde, che cadeva sull'omero sinistro, terminata in una gran nappa, e dalla quale usciva sulla fronte un enorme ciuffo:[29] due lunghi mustacchi arricciati in punta: una cintura lucida di cuoio, e a quella attaccate due pistole: un piccol corno ripieno di polvere, cascante sul petto, come una collana: un manico di coltellaccio che spuntava fuori d'un taschino degli ampi e gonfi calzoni: uno spadone, con una gran guardia traforata a lamine d'ottone, congegnate come in cifra, forbite e lucenti: a prima vista si davano a conoscere per individui della specie de' bravi.[30]

22 **Dopo la voltata...cura:** ancora con grande precisione Manzoni specifica le caratteristiche spaziali in cui si muove il suo personaggio. Adesso don Abbondio ha di fronte una strada che si biforca. Da un lato essa porta verso la sua casa parrocchiale (*cura*).
23 **l'altra...passeggero:** la seconda via scende verso uno dei torrenti sopra menzionati. Essa è delimitata da un muretto basso.
24 **tabernacolo:** il tabernacolo è una nicchia dipinta con immagini sacre. La raffigurazione del tabernacolo è tanto minuta quanto ironica. Questo esempio di pedanteria barocca probabilmente si trovava allocato nel rione di Acquate.
25 **sul quale...fiamme:** quelle dipinte nelle pareti del tabernacolo non sono soltanto pitture convenzionalmente barocche. Le fiamme dell'inferno, le figure sconciate, prefigurano le inquietudini che da lì a poco agiteranno il povero don Abbondio. In effetti, esse apparivano tali, come sottolinea con pungente ironia lo scrittore, all'artista e agli abitanti del luogo. Da ciò si capisce che non doveva certo trattarsi di un'opera d'arte.
26 **bigiognolo:** grigio.
27 **Due...petto:** dei due nuovi personaggi per adesso non si dice nulla di preciso. Si comprende che don Abbondio è negativamente impressionato dalla loro comparsa. La loro posa trasmette subito il senso della loro sicurezza.
28 **L'abito...condizione:** ancora un passo verso la precisazione della qualifica dei due. Lo scrittore dice che i loro vestiti e il loro portamento li qualificano senza dubbio. Ma per adesso non aggiunge altro, creando volutamente un clima di attesa.
29 **Avevano... ciuffo:** comincia l'elencazione dei segni distintivi dei bravi. La reticella, la nappa, e soprattutto il ciuffo non lasciano dubbi. Forse proprio il ciuffo serviva a nascondere il volto all'occorrenza.
30 **due...bravi:** dall'aspetto fisico si passa alla elencazione delle armi. I due personaggi, di cui non sarà rivelato il nome, rappresentano in questo modo due veri e propri "tipi". Si tratta di due "bravi", ovvero di mercenari violenti dediti ad ogni sorta di ribalderie, al servizio dei signorotti locali.

ANALISI DEL TESTO

I temi

La corruzione della società del tempo
In questo capitolo il tema fondamentale è quello della **critica** alla società del tempo in cui è ambientata la vicenda. Con una polemica pacata e ironica Manzoni descrive la corruzione politica, morale e istituzionale del regno lombardo nel Seicento nel periodo della **dominazione spagnola**. Le caratteristiche dell'epoca, il modo di amministrare la giustizia appaiono evidenti nelle digressioni del narratore-scrittore, attraverso la presentazione dei bravi e il loro dialogo con don Abbondio in cui risultano evidenti i rapporti di forza dell'epoca, dominati dal sopruso e dall'ingiustizia e dalla convivenza tra potere e fuorilegge.

Le tecniche narrative

Il personaggio: don Abbondio

Il narratore è onnisciente: conosce la storia che sta narrando è può addentrarsi liberamente nei pensieri e nei sentimenti dei suoi personaggi.

Il personaggio di don Abbondio è definito fin dalla passeggiata; si notino infatti i gesti abitudinari, quasi meccanici: siamo di fronte a un tranquillo prete di campagna attento a scansare ogni piccolo intoppo. La sua connotazione psicologica viene delineata non soltanto attraverso la descrizione indiretta, ma anche mediante il dialogo.

I luoghi

La prima sequenza narrativa è di **carattere descrittivo**: Manzoni rappresenta con un tono affettuoso il paesaggio in cui è ambientata la vicenda. Ci si trova vicino a Lecco, in un lembo della Lombardia circondato dalle Alpi e da numerosi corsi d'acqua. Qui, tra sparsi villaggi e paeselli, verrà collocata l'azione.

Le coordinate spazio-temporali

Le coordinate spazio-temporali del racconto sono definite da Manzoni con notevole precisione per dare alla vicenda quella **connotazione "verosimile"** che l'autore ritiene indispensabile. Sono molti i particolari che Manzoni evoca in questo capitolo e che si riferiscono al paesaggio: i monti, i fiumi, i laghi, il tabernacolo davanti al quale si svolge l'incontro con i bravi. Tutto concorre a precisare nel modo più puntuale la spazialità. Una analoga precisione si nota a proposito della temporalità: la vicenda si svolge la sera del 7 novembre del 1628.

Le tecniche espressive

Forma diegetica e forma mimetica

Diversi registri stilistici coesistono in questo primo capitolo; l'autore alterna la forma diegetica (il racconto del narratore) con quella mimetica (i dialoghi e le parole dei personaggi). Si alternano l'**uso del discorso indiretto legato** e libero, ma non mancano il monologo (quello di don Abbondio) e il discorso diretto. Il narratore interviene talvolta direttamente nel racconto, altre volte assumendo il punto di vista dei personaggi. Il tempo della narrazione e quello della storia coincidono solo nelle parti dialogate. Il tono generale è caratterizzato da una profonda **ironia**, con la quale Manzoni esprime la sua ferma condanna morale nei confronti di una società, quel è quella secentesca, dominata dall'ingiustizia.

LABORATORIO SUL TESTO

Conoscenze

Comprensione

1. **Nella descrizione iniziale il punto di osservazione muta progressivamente: prima indugia in una panoramica dall'alto su monti, seni, golfi e torrenti e casali e poi si concentra sul territorio di Lecco in cui ha origine la vicenda. Trascrivi il passo da cui inizia l'azione del romanzo e indica in quale modo si raccorda alla descrizione dei luoghi.**

2. **L'autore indica con una precisa data l'inizio della vicenda: 7 novembre 1628. Che funzione assume questa precisazione?**

Analisi

3. **Il punto di vista è quello del narratore onnisciente in quanto conosce sia le azioni dei personaggi sia il loro stato d'animo, i loro pensieri e le loro motivazioni interiori. Riporta un passo in cui è possibile evidenziare le caratteristiche del narratore onnisciente.**

4. **Rintraccia tutti i riferimenti sia diretti (date e cenni alla situazione politica) sia indiretti (abbigliamento, comportamento, ecc.) all'epoca storica in cui è ambientato il romanzo.**

5. **Ricostruisci la figura di don Abbondio tenendo presenti i riferimenti testuali che ritroviamo nelle varie sequenze.**

6. **I bravi vengono presentati attraverso alcuni elementi relativi al loro aspetto, al portamento e agli abiti che indossavano. Rileva questi elementi e trascrivili nella tabella proposta.**

abiti	
portamento	
aspetto	

Conoscenze lessicali

7. **Compaiono nel racconto modi di dire colloquiali e frasi proverbiali. Cita qualche esempio.**

8. **Trova il sinonimo dei seguenti termini.**

agghiacciante	
sguaiato	
incantato	

Conoscenze grammaticali

9. **Nella frase «Perché al suo apparire, coloro s'eran guardati in viso, alzando la testa», «perché» introduce una proposizione**

A finale
B dichiarativa
C temporale
D causale

10. **Trasforma il seguente testo in discorso indiretto.**

«Or bene,» gli disse il bravo, all'orecchio, ma in tono solenne di comando, «questo matrimonio non s'ha da fare, né domani, né mai.»
«Ma, signori miei,» replicò don Abbondio, con la voce mansueta e gentile di chi vuol persuadere un impaziente, «ma, signori miei, si degnino di mettersi ne' miei panni. Se la cosa dipendesse da me,... vedon bene che a me non me ne vien nulla in tasca...»
«Orsú,» interruppe il bravo, «se la cosa avesse a decidersi a ciarle, lei ci metterebbe in sacco».

Abilità e competenze

Scrittura e interpretazione

1. **Prova a descrivere, dal tuo punto di vista, i pensieri e lo stato d'animo di don Abbondio alla vista dei due bravi.**

2. **Don Abbondio è un curato coraggioso e forte e ha in odio i prepotenti perciò quando incontra i bravi... Continua tu.**

3. **Ti presentiamo la fotografia di un luogo molto suggestivo. Sull'esempio dei *Promessi sposi* crea anche tu in *incipit* descrittivo e poi fai iniziare l'azione di una storia.**

SCHEDA APPROFONDIMENTI

Il Romanticismo

Origini del movimento

Il Romanticismo fu un complesso movimento culturale e artistico che si sviluppò in Europa tra la fine del Settecento (a partire del 1798) e i primi decenni dell'Ottocento, operando un profondo mutamento della sensibilità, del gusto, della visione del mondo. All'esaltazione della ragione del periodo illuminista e all'imitazione dei classici sostenuta dal Neoclassicismo, il Romanticismo contrappose l'esaltazione del sentimento, della fantasia, delle forze irrazionali, e la rivalutazione della religiosità; al concetto dell'uomo "cittadino del mondo" e al cosmopolitismo settecentesco oppose i valori democratici, la coscienza della nazionalità e il culto dell'individualità, il cui eroe modello non è più quello dello scienziato, ma del poeta che esprime liberamente i propri sentimenti.

Il movimento romantico si sviluppò in Germania attorno alla rivista «Athenäum» (1798-1800), fondata a Berlino dai fratelli Friedrich e August Wilhelm Schlegel, e da qui si diffuse, con caratteri diversi, in tutta Europa. In campo letterario ebbe un precedente importante nel movimento dello Sturm und Drang ('Tempesta e assalto', 1770-1785), così chiamato dall'omonimo dramma di Friedrich Maximilian Klinger (1752-1831).

La cultura romantica

Con la sconfitta di Napoleone (1814) e il Congresso di Vienna (1815), l'Europa torna alla situazione politica precedente alla Rivoluzione francese, i cui princìpi di «libertà, uguaglianza e fratellanza» vennero negati dall'assolutismo dei governi aristocratico-feudali ritornati al potere. Per reazione, in tutta Europa si vennero pertanto a creare movimenti culturali e artistici ispirati alla libertà, che spesso coincisero (ad esempio in Italia) con la lotta per la liberazione nazionale.

Il pensiero filosofico che sta alla base del Romanticismo è l'idealismo che contrappone alla Natura lo Spirito, al mondo esterno quello dell'io. Dalla concezione idealista del mondo e della natura nella loro storicità,

Eugène Delacroix, *La libertà che guida il popolo*, 1830. Parigi, Museo del Louvre.

nel loro continuo divenire, nacque un profondo interesse per la storia (storicismo), considerata come un processo inarrestabile di mutamento e trasformazione, in cui la condizione dell'uomo si definisce attraverso la ricerca del passato ma anche tramite l'aspirazione al futuro. Nell'ambito di questa rivalutazione della storia, il Medioevo non fu più considerato epoca di oscurità e di barbarie, ma il periodo della nascita della civiltà moderna e cristiana, con le differenze etniche e nazionali che caratterizzavano ogni popolo.
Uno dei miti romantici è quello della natura; essa non è più intesa in senso meccanico e fisico, ma viene mitizzata e spiritualizzata, sentita come totalità in cui palpita una vita divina.
Alla base della letteratura romantica vi è l'esigenza di rappresentare il "vero", che da un lato porta a un'arte come libera effusione del sentimento e della fantasia, dall'altro alla necessità di mantenere uno stretto rapporto con il contesto storico. Da qui nascono le due linee portanti del Romanticismo: quella realistica (che sfocerà poi nel Naturalismo), e quella lirico-soggettiva (che porterà in seguito al Decadentismo), che trovano espressione in forme letterarie nuove o rinnovate (finalmente liberate dalla tradizione dei classici e dall'uso della mitologia) come il romanzo storico e contemporaneo, quello psicologico, le memorie, il diario, il dramma storico, la ballata, la romanza, la novella sentimentale.

Il Romanticismo italiano

In Italia la diffusione delle idee romantiche si fa risalire convenzionalmente al 1816, quando apparve sulla rivista «Biblioteca italiana» il saggio di M.me de Stäel *Sulla maniera e l'utilità delle traduzioni*, che polemicamente invitava gli intellettuali italiani a svecchiare la loro cultura, ancora legata a posizioni accademiche e conservatrici, e condannava gli scrittori che «vanno continuamente razzolando le antiche ceneri per trovarvi forse qualche granello d'oro» e che non si dedicano allo studio delle cose contemporanee e della poesia straniera. L'articolo fece scoppiare un'accesa polemica tra romantici e classicisti, che si protrasse per circa un decennio. I sostenitori della tradizione classica, come Vincenzo Monti e Pietro Giordani, si raccolsero attorno alla «Biblioteca italiana», mentre i sostenitori del Romanticismo (tra cui Silvio Pellico, Giovanni Berchet, Ermes Visconti, Pietro Borsieri, Federico Confalonieri, Pietro Maroncelli) diedero vita alla rivista «Il Conciliatore», di tendenza liberale e antiaustriaca, che la censura austriaca fece sopprimere nell'ottobre del 1819.
In Italia, sia per la forte resistenza della tradizione classica, sia per il rigido controllo esercitato sulla cultura dai governi della Restaurazione, il Romanticismo ebbe prospettive più limitate e particolari, e si sviluppò in continuità con l'esperienza illuminista; i romantici sentirono infatti come maestri Parini e Alfieri, Monti e Foscolo. Gli scrittori romantici posero comunque in primo piano la necessità di entrare in comunicazione con la società attraverso una lingua e una letteratura moderne, capaci di esprimere i sentimenti collettivi del "popolo", e in primo luogo quello religioso, rappresentato dal cattolicesimo. Tali tendenze trovarono la loro massima espressione artistica nel romanzo di Alessandro Manzoni (1785-1873) *I promessi sposi*, lungamente elaborato dal 1821 al 1840.
La linea lirico-soggettiva del Romanticismo, nutrita però originalmente di un'ideologia di matrice illuminista, è rappresentata in Italia da Giacomo Leopardi (1798-1837).

François Gérard (1770-1837), *Ritratto di Madame de Staël*, 1810 circa.

PRIMO PIANO

Il fotogiornalismo tra informazione e denuncia

testi non letterari

Mio fratello Robert Capa assunse volontariamente l'incarico di raccontare l'inferno che gli uomini si sono fabbricati da soli: la guerra.

Cornell Capa, dalla prefazione di Leggermente fuori fuoco

ESPANSIONI DIGITALI
SCHEDA APPROFONDIMENTI
Il fotogiornalismo

testi non letterari

Robert Capa, un fotoreporter di guerra

OPERA	MODELLO DI SCRITTURA	TIPOLOGIA TESTUALE	TEMA
Leggermente fuori fuoco	reportage	fotografia	• raccontare la guerra attraverso le immagini

L'AUTORE

Robert Capa pseudonimo di Endre Friedmann (1913-1954), è uno dei grandi maestri della fotografia del XX secolo. Nato a Budapest nel 1913 da una famiglia della borghesia ebraica, dalla nativa Ungheria si trasferì a Parigi nel 1933. Iniziò come fotoreporter durante la guerra civile spagnola (1936-1939), proseguì attestando con i suoi scatti la resistenza cinese di fronte all'invasione del Giappone (1938), la seconda guerra mondiale (1941-1945) – fra cui spicca la documentazione dello sbarco in Normandia – e ancora il primo conflitto arabo-israeliano (1948), e quello francese in Indocina (1954) durante il quale il quale morì, ucciso da una mina antiuomo, a soli 40 anni. Nella sua breve e folgorante carriera, Capa riuscì a documentare cinque guerre, con scatti a pochi metri dai campi di battaglia.
Robert Capa fu tra i primi a capire l'importanza del mezzo fotografico come arma di denuncia e di testimonianza, i suoi *reportages* comparirono sulle più importanti riviste internazionali.

Il fotogiornalismo moderno nasce alla metà degli anni Venti del '900 in Germania. Negli anni Trenta i settimanali illustrati conoscono un periodo di grande espansione, grazie a una tecnica di stampa detta "rotocalcografia" (da cui il termine rotocalco). Ma è negli Stati Uniti che nasce il modello del periodico illustrato che s'impone in tutto il mondo con settimanali come «Time», «Fortune» e «Life». In Italia tale modello viene ripreso da «Omnibus» di Leo Longanesi (1937).
Con l'avvento del nazismo e l'inizio delle persecuzioni razziali, a Parigi arriva il giovane ungherese André Friedman, che diventerà noto con il nome di Robert Capa. Nel 1947 Robert Capa, insieme ad altri fotografi, fonda a Parigi l'agenzia Magnum Photos, tuttora una delle principali agenzie fotogiornalistiche del mondo.
Il reportage *di guerra è uno dei primi prodotti della fotografia stessa. Ma fu con la Guerra civile spagnola (1936-1939) che emerse una nuova generazione di fotoreporter. Il fotografo professionista non si limita più a rappresentare le conseguenze di una battaglia, ma le vive in prima linea, incominciando, grazie all'evoluzione tecnica delle nuove macchine, a fermare la morte in diretta.*
Caposcuola di questa pratica fu Robert Capa.
Il suo modo di fotografare è senza alcuna retorica e con un'urgenza tale da spingersi a scattare a pochi metri dai campi di battaglia, fin dentro il cuore dei conflitti. Non gli fu difficile raccontare gli esuli, i soldati feriti, la popolazione civile stremata, perché conosceva molte delle esperienze di coloro che aveva ritratto. Egli stesso era stato un rifugiato politico, aveva provato in prima persona la fame, il dolore della perdita, la fuga dalla furia dell'antisemitismo nazista. Le sue immagini colpiscono ancora oggi per la loro immediatezza, per l'empatia e l'umanità che riescono a comunicare: più che le battaglie, Capa racconta gli eventi bellici attraverso gli sguardi della popolazione civile, dei bambini, e di tutti i sopravvissuti che, nonostante le perdite e la distruzione, riescono, con ammirevole forza e dignità, ad andare avanti: immagini che sono entrate in maniera indelebile nell'immaginario del Novecento.

USCITA

PRIMO PIANO

1

6 giugno del 1944
Lo sbarco degli alleati in Normandia

Il D-Day, il 6 giugno del 1944, è il giorno in cui gli americani sbarcarono in Normandia. Robert Capa scatta foto e riempie 4 rotoli di pellicola, ma per uno sbaglio tecnico restano solo nove foto, che diventano tra le più celebri al mondo. Insieme a Ernest Hemingway, Capa seguì le truppe corazzate americane dalla Normandia fino alla periferia di Parigi.
«Le pallottole facevano buchi nell'acqua intorno a me, allora andai a proteggermi dietro un riparo metallico» egli scrisse. «Sebbene fosse ancora troppo presto e troppo scuro per scattare delle buone fotografie, il mare grigio e il cielo grigio rendevano con grande effetto quei piccoli uomini che si muovevano sotto le forme surrealistiche delle postazioni di difesa dei nazisti». E ancora: «sapevo che il solo modo di vincere il terrore era scattare delle foto, finire il lavoro il più presto possibile e lasciarsi alle spalle quell'inferno di spiaggia».

2

Troina (Enna), 1943
Gli Alleati sbarcano in Sicilia

Scattata durante l'azione militare degli alleati sbarcati in Italia, questa immagine fa parte di un *corpus* di foto dedicate ad uno dei momenti risolutivi della seconda guerra mondiale. Gli scatti di Capa hanno cominciato a suscitare perplessità sulla funzione documentaristica della fotografia, soprattutto quando essa risultava esteticamente perfetta sul piano dell'inquadratura, della luce, della ricerca dell'originalità del soggetto.

3

10 luglio 1943
Un contadino siciliano indica ad un ufficiale americano la direzione che ha preso il convoglio tedesco

«Eravamo alla periferia di Palermo, i tedeschi erano stati isolati e ciò che restava delle truppe italiane non aveva intenzione di combattere. La jeep che mi ospitava seguiva i primi carri della seconda divisione corazzata lungo il percorso verso il centro della città.

La strada era fiancheggiata da decine di migliaia di siciliani in delirio che agitavano fazzoletti bianchi e bandiere americane fatte in casa con poche stelle e troppe strisce. [...] Ero stato all'unanimità riconosciuto come siciliano dalla folla in festa. Ogni rappresentante della popolazione maschile voleva stringermi la mano, le donne anziane darmi un bacio e le più giovani riempivano la jeep di fiori e frutta. Nulla di tutto ciò mi fu di qualche aiuto per scattare fotografie».

4

Madrid, 1936

Un altro scatto di Capa ci mostra il volto nascosto della guerra ma anche, dal punto di vista giornalistico, irrilevante: a chi può interessare infatti la sosta di anonimi soldati che, nelle retrovie, giocano a scacchi? Eppure anche questa immagine si rivela simbolica, rappresentativa di quell'umanità che resta comunque sotto la terribile, dura scorza del militare pronto ad uccidere a comando. La foto si rivela significativa anche dell'interesse che quelli che documentano gli scenari di guerra hanno mostrato per la gente comune, per i cadaveri senza nome, i soldati, le case e le strade distrutte, sempre uguali, qualunque sia il luogo della terra in cui la guerra li ha colpiti.

5

Israele, 1950, campo profughi

La fotografia non rappresenta la guerra durante il suo corso ma una delle conseguenze più costanti: lo spostamento della popolazione non belligerante e la sua forzata sistemazione nei campi profughi. Si tratta qui di un campo allestito per gli ebrei sopravvissuti ai rastrellamenti e al genocidio e che avevano deciso di andare in Israele dopo la proclamazione dello stato autonomo; per loro le sofferenze non finirono affatto, come esprime l'immagine della bambina piangente in primo piano, letteralmente in bilico su una terra che non sente come propria, priva della casa e forse anche dei familiari.

6

La guerra in Indocina, 1953-1954

La foto presenta in modo drammatico il coinvolgimento della popolazione asiatica durante la guerra in Indocina. Il fotografo riesce a documentare: i cadaveri dei morti con i fori dei proiettili in primo piano; la potenza delle armi da fuoco; il soldato (in secondo piano, ma che domina tutti mentre dà ordini); i bambini e le donne (tra cui una anche a terra) atterriti, stupiti, visibilmente provati, in fuga dal conflitto; lo sfondo, con il filo spinato, muri fatiscenti, una baracca chiusa. La fotografia mostra che quella guerra fu terribile proprio per i più indifesi, per la miseria che ne è derivata, per la costante minaccia sotto cui tutti sono vissuti.

[da *Leggermente fuori fuoco*, Contrasto, Aosta 2002, traduzione di Piero Berengo Cardin]

Conoscenze

1. **Quale tra le foto presentate ritieni più significative dal punto di vista degli elementi fondamentali del linguaggio fotografico? Spiegane i motivi.**
2. **Quale fotografia ritieni più significativa dal punto di vista del messaggio? Spiegane i motivi.**
3. **In quale fotografia il rapporto tra luce e ombra crea un effetto migliore?**
4. **In quale foto la prospettiva è centrale? E in quale dal basso o dall'alto? Spiegane i motivi.**

Abilità e competenze

Scrittura

1. **Ti presentiamo tre fotografie di Robert Capa: inserisci accanto a ciascuna una didascalia appropriata al soggetto e alla situazione. Poi scegli quella che maggiormente ti ha colpito e scrivi una breve storia di massimo 10 righe.**

1. Londra, gennaio 1943. Un ufficiale americano gioca con dei bambini inglesi, orfani di guerra adottati dalla sua unità.

Didascalia ....
....
....
....
....

2. Chartres, 18 agosto 1944. Una donna francese e il figlio avuto da un soldato tedesco subito dopo la liberazione. La donna è stata punita con la rasatura della testa e viene ricondotta a casa.

Didascalia ....
....
....
....
....

3. Parigi, 26 agosto 1944. La folla festeggia per la liberazione di Parigi.

Didascalia ....
....
....
....
....

Laboratorio delle competenze di scrittura

1 L'inviato speciale

Dopo esserti documentato su un aspetto della storia narrata nei brani presentati nell'unità prepara un articolo di giornale per una rivista di storia di tipo divulgativo. Correda l'articolo di fotografie accompagnate da opportune didascalie.

2 "Fotografi senza frontiera"

La onlus "Fotografi senza frontiere" nasce dalla convinzione che la fotografia è un mezzo di comunicazione efficace per rappresentare eventi e situazioni senza la mediazione linguistica. Raccogli una serie di fotografie (puoi utilizzare Internet o riviste di storia) che documentino un aspetto della storia contemporanea riguardante qualsiasi Paese del mondo. Per ciascuna fotografia crea delle didascalie. Poi presenta la tua ricerca fotografica spiegandone le ragioni e i contenuti

3 Un reportage di viaggio

Il viaggio è lo strumento per condividere in profondità le esperienze di un'umanità lontana dai nostri limitati orizzonti quotidiani. Immaginate di dover intraprendere un viaggio in treno e di percorrere migliaia di chilometri per conoscere il cuore segreto dei luoghi più remoti e impenetrabili e di incontrare uomini e donne che li abitano. Dai loro racconti apprendete storie personali e storie collettive di chi ha vissuto la guerra in prima persona.
Il vostro treno vi può portare ovunque decidiate. Documentate il vostro viaggio in un reportage che porti a conoscenza di altri la vostra esperienza.

4 Un album fotografico per documentare e riflettere

Il tema: I bambini e la guerra

Dopo avere letto il testo seguente tratto dal sito dell'UNICEF approfondisci il tema: "I bambini e la guerra" con una ricerca fotografica in Internet. Individua il paese travolto dalla guerra di cui vuoi saperne di più. Organizza una galleria fotografica multimediale corredata da fotografie sistemate in ordine cronologico e contrassegnate da opportune didascalie.

«Da sempre la guerra è nemica giurata dell'infanzia, poiché con il suo carico di lutti e distruzioni interrompe tragicamente l'età in cui un essere umano ha un bisogno assoluto dell'affetto e della protezione da parte del mondo adulto.
Ma se per secoli le guerre avevano la forma di scontri fra soldati, con i civili nel ruolo di spettatori e vittime occasionali, quelle della nostra epoca sono quasi esclusivamente stragi di persone inermi.
Dal secondo conflitto mondiale in poi, oltre il 90% dei caduti nelle guerre sono civili, in metà dei casi bambini. Questi sono gli effetti dei conflitti moderni, i cui teatri non sono più trincee o campi di battaglia, bensì città, villaggi, scuole e ospedali.
[...] Lo sterminio di bambini e ragazzi è un freddo calcolo militare – l'eliminazione dei nemici di domani. Anche arruolare ragazzini per combattere ed eventualmente fare strage di altri bambini non è che la coerente conseguenza di questo folle ragionamento.

Distribuzione dei rifugiati siriani nei Paesi della regione medio-orientale aggiornata al 15 luglio 2013 –
Fonte dei dati: Alto Commissariato ONU per i Rifugiati (UNHCR) www.unicef.it

Ultimi conflitti: emergenza Siria
In questa mappa, basata sui dati più aggiornati forniti dall'Alto Commissariato delle Nazioni Unite per i Rifugiati (UNHCR) è raffigurata la distribuzione della popolazione che ha varcato i confini della Siria per cercare rifugio nei Paesi confinanti della regione medio-orientale.
Il numero dei profughi è in costante aumento, e ha superato quota un milione nella prima settimana di marzo del 2013, in coincidenza con la conclusione del secondo anno di guerra. Questo numero continua ad aumentare di 5-6.000 unità al giorno e a fine settembre 2013 sfiora i 2 milioni di unità.

progettare per competenze

Laboratorio in situazione

rapporto di cittadinanza attiva tra scuola e territorio

FRAMMENTI DI STORIA: ADOTTA UN MONUMENTO
Testimonianze storiche del nostro passato

Pozzuoli, L'antico mercato romano (Marcellum) e il tempio di Serapide.

SITUAZIONE

CONCORSO REGIONALE Rileggere il territorio attraverso testimonianze storiche del nostro passato

PRODOTTO

DEPLIANT ILLUSTRATIVO **Frammenti di storia: adotta un monumento**

LABORATORIO

Compiti collettivi, con competenze specifiche, in funzione del risultato finale.

Cittadinanza attiva *Il lavoro di laboratorio si inserisce nelle proposte di cittadinanza attiva prevista nei percorsi formativi che caratterizzano il primo biennio delle scuole secondarie di secondo grado.*

Presentazione del laboratorio *Al laboratorio partecipa tutta la classe divisa in gruppi. Scopo del laboratorio è quello di interessarsi a un monumento storico della propria città: palazzi, edifici, chiese, chiostri, statue, piazze, fontane ed ogni altra presenza architettonica che possa rappresentare un pezzo della storia della comunità. Riscoprire e rivalorizzare monumenti storici della realtà locale vuol dire rileggere i legami con la propria storia per dare un nuovo significato al senso di appartenenza alla propria terra e alla propria comunità e per capire quanto sia importante conservare le tracce del passato, preservarle dalla distruzione e sottrarle alla dimenticanza.*

Competenze attivate

competenze chiave di cittadinanza	competenze di base
• imparare ad imparare • collaborare e partecipare • risolvere problemi • acquisire e interpretare informazioni • comunicare	• comunicare nella madrelingua • comunicare nella lingua straniera • competenze storiche • competenza digitale

Discipline coinvolte

- italiano
- storia
- lingua straniera
- discipline di indirizzo

Ruolo del docente

Il docente si pone come consulente metodologico e animatore motivazionale

Coordinamento

La classe è coordinata da un insegnante che può decidere di affidare il coordinamento a un “peer leader”

Esiti formativi

abilità/competenze da sviluppare nel percorso di laboratorio

- stimolare lo studio della storia politica e culturale attraverso la ricerca di documenti reperibili negli spazi dell’abitato
- valorizzare la diversificazione dei ruoli in gruppi eterogenei all’interno della classe
- facilitare la collaborazione per la realizzazione di un prodotto finale comunicabile
- promozione del risultato della ricerca

Fasi operative

Il laboratorio prevede **tre fasi operative** per organizzare
- i gruppi di lavoro
- il percorso metodologico
- le attività interne ed esterne alla scuola
- i rapporti di cooperazione
- le strutture da utilizzare all’interno della scuola

Laboratorio in situazione

1 Prima fase operativa

Conoscere e conoscersi

Riflessione collettiva

In questa prima fase si comprendono la finalità della ricerca, l'organizzazione dei tempi laboratoriali, le modalità di attuazione, la stesura di richieste da presentare agli organi preposti della scuola per sviluppare il compito.

ATTIVITÀ		RIFLESSIONI SULLE COMPETENZE ATTIVATE
Discussione e individuazione dei gruppi di lavoro. Si ascoltano gli interventi del gruppo classe: si confrontano i vari punti di vista, si chiariscono le finalità del laboratorio e i motivi per i quali si realizza	1	L' attività potenzia le tecniche di ascolto attivo e la capacità di interagire in termini relazionali. Si potenzia inoltre il ruolo come soggetti attivi del proprio processo di formazione e di apprendimento e si sviluppano la capacità di confronto e la ricerca di risposte
Esposizione delle conoscenze personali e formazione di una piattaforma comune dalla quale partire per l'individuazione di monumenti da scoprire, visitare, studiare	2	L'attività mette in evidenza conoscenze individuali, e potenzia le capacità di confronto
Ricerca di informazioni su guide cartacee, siti del Comune, pro loco, associazioni culturali che si occupano di storia locale	3	L'attività mette in evidenza abilità di ricerca autonoma e sviluppa le capacità di osservazione in relazione agli obiettivi da raggiungere
Stesura di un elenco di monumenti, case storiche, case-museo, chiese, ecc. presenti nell'abitato o nel territorio di cui si vuole conoscere stato e funzione	4	L'attività sollecita la consapevolezza di ciascuno riguardo l'obiettivo prefissato e potenzia la capacità di collaborazione con il gruppo
Organizzazione per la documentazione fotografica dei monumenti interessanti	5	L'attività fa emergere abilità personali e potenzia la capacità di documentare l'esperienza attraverso altri strumenti e altri linguaggi

2 Seconda fase operativa

Ricerca e studio

Divisione in gruppi di lavoro

Scelta dei tipi di documenti da studiare e presentare e delle modalità di lavoro e documentazione della ricerca sul territorio.

ATTIVITÀ		RIFLESSIONI SULLE COMPETENZE ATTIVATE
Scelta definitiva del monumento da adottare	1	L'attività mette in evidenza la consapevolezza di tutti i membri del gruppo e potenzia l'adattabilità di ciascuno alle decisioni collegiali
Studio del monumento attraverso una scheda sintetica che ne illustri le sue caratteristiche formali	2	L'attività fa emergere abilità e conoscenze personali di educazione visiva, storia dell'arte e potenzia le capacità di sintesi
Studio storico del monumento su fonti reperite in biblioteche, archivi o tramite siti web	3	L'attività potenzia le abilità di ricerca autonoma e di lettura di diverse tipologie testuali.
Presentazione del monumento in un documento di sintesi, corredato da didascalie, commenti e, se ci sono le competenze di qualche componente del gruppo, disegni e sezioni	4	L'attività potenzia le capacità di comunicare esperienze, conoscenze, opinioni, utilizzando e integrando diversi linguaggi specifici

Pisa, Palazzo della Carovana.

Laboratorio in situazione

3 Terza fase operativa

Comunicare

Presentazione del prodotto finito

Il depliant viene presentato alla direzione del bando del concorso e vengono scelte le forme comunicative per presentare l'esperienza ad altre istituzioni.

ATTIVITÀ		RIFLESSIONI SULLE COMPETENZE ATTIVATE
Presentazione del depliant alla direzione del bando del concorso con allegata una relazione scritta condivisa da tutti che indichi le metodologie usate e tutte le fasi di lavoro sia organizzative, sia di documentazione	1	L'attività conferma la capacità del gruppo di perseguire un obiettivo e nello stesso tempo di confermare la consapevolezza del valore delle competenze acquisite e dell'importanza di essere cittadini attivi. Inoltre si potenzia la capacità di rielaborare in forma chiara le informazioni adeguandole alla situazione comunicativa
Redazione di un articolo giornalistico che presenti tutte le fasi di sviluppo del lavoro dei gruppi, che sarà inviato a un giornalino scolastico (cartaceo o on line) o a un giornale locale	2	Si potenzia la capacità di utilizzare gli strumenti espressivi, informativi ed argomentativi nell'interazione comunicativa
Redazione di un comunicato stampa ad un giornale locale che comunichi la presentazione dei risultati del lavoro dei gruppi nell'Aula Magna del proprio Istituto	3	Si potenzia la capacità di redigere sintesi con un lessico appropriato adeguato alla situazione comunicativa in oggetto
Presentazione del lavoro, tramite power point, alle associazioni che si occupano di tutela del patrimonio artistico e paesaggistico (la creazione di un ipertesto o di power point richiedono competenze specifiche, per questo si ricorre per aiuto o per consulenza ai tecnici informatici dei laboratori multimediali presenti nelle varie scuole)	4	Si potenzia la capacità di documentare l'esperienza in modo articolato e gradualmente ampliabile, anche utilizzando strumenti multimediali
Presentazione del depliant sotto forma di ipertesto che utilizzi le immagini e la scrittura frutto dell'indagine effettuata	5	La documentazione attraverso una struttura organizzata, come l'ipertesto, potenzia l'acquisizione di una visione unitaria d'insieme utile a guidare gli studenti nel passaggio dai processi analitici verso quelli sintetici

Isola di San Giorgio Maggiore (Venezia).

Compiti individuali in situazione

1 La tua scuola ospiterà un gruppo di studenti provenienti da una nazione europea ai quali dovrai presentare il lavoro svolto e il risultato della ricerca (**depliant** cartaceo o multimediale) indicando le fasi del laboratorio a cui hai preso parte e il tuo coinvolgimento personale. Concludi la presentazione con le tue riflessioni e commento personali. Tieni presente che il tuo intervento dovrà essere tradotto nella lingua del gruppo ospite, pertanto cerca di utilizzare un testo sintetico ma completo in tutte le sue parti.

2 Partecipi ad un evento programmato dalla tua città, in cui si premiano i migliori lavori svolti nelle scuole finalizzati alla valorizzazione del territorio. Scrivi una **relazione** per presentare il depliant "Adotta un monumento", realizzato insieme alla tua classe, che presenterai all'incontro utilizzando i documenti di supporto come spiegazione dell'esperienza.

3 Il direttore del giornalino scolastico ti ha incaricato di scrivere un **articolo** su: "I monumenti della mia città". Basati sulle conoscenze acquisite nell'esperienza del laboratorio in situazione "Adotta un monumento" e utilizza i documenti e le fonti consultate.

QUESTIONARIO DI AUTOVERIFICA

competenze acquisite nell'attività di Laboratorio in situazione

FRAMMENTI DI STORIA: ADOTTA UN MONUMENTO

Progettare e partecipare

1 **Quando mi hanno proposto questo laboratorio la mia reazione è stata di**

A indifferenza, perché in fondo è un lavoro scolastico
B interesse, perché mi piacciono la storia e la storia dell'arte
C curiosità, perché in fondo non conosco quello che mi circonda
D entusiasmo, perché mi piace comunque lavorare in gruppo

2 **Nella fase di ricerca dei monumenti il mio interesse/impegno si è manifestato in particolare**

A per le chiese
B per i monumenti (sculture) celebrativi
C per i musei

Motiva la risposta.

3 **Durante la ricerca ho scoperto che i monumenti del mio paese o della mia città**

A alcuni li vedo tutti i giorni ma in fondo non li ho mai guardati
B sono una fonte di informazione divertente da consultare perché basta guardarli
C sono pochi e per me privi di interesse

Laboratorio in situazione

4 **Dal lavoro del laboratorio ho capito che**

- A il tema della salvaguardia dei monumenti è un tema attuale
- B mi piacerebbe continuare a studiare la storia dell'architettura
- C documentare i monumenti attraverso le immagini è la prima forma di lettura del monumento stesso

Acquisire e interpretare informazioni

5 **Quali nuove informazioni ho acquisito grazie al lavoro del laboratorio?**

- A prima di questa ricerca non avevo neppure sentito parlare delle tante associazioni culturali che si occupano del patrimonio architettonico
- B guardando il monumento che abbiamo adottato ho potuto conoscere una parte significativa del mio territorio
- C ho imparato a creare archivi di fotografie e a schedare un monumento

Collaborare e risolvere problemi

6 **Nella divisione del lavoro di gruppo ho capito che mi riesce molto bene**

- A schedare e catalogare
- B scrivere le didascalie (scrivere in modo sintetico)
- C impaginare un depliant
- D consultare e distinguere tra le tante immagini che Internet fornisce

7 **Nel collaborare con i compagni ho potuto esprimere le mie capacità di**

- A coordinatore del lavoro degli altri
- B fotografo
- C allestitore di materiale iconografico
- D disegnatore

8 **Nel lavoro conclusivo della ricerca**

- A ho saputo assumermi il compito affidatomi
- B ho evitato di emergere anche se so di avere molte capacità
- C ho lavorato con assiduità per ottenere il miglior risultato possibile per la mia scuola

Comunicare

9 **Per la diffusione del lavoro di laboratorio ho scelto di**

- A elaborare una sintesi scritta
- B redigere un articolo giornalistico
- C redigere un comunicato stampa
- D redigere un commento sull'attività svolta

10 **A lavoro ultimato ho scelto di**

- A presentare il depliant tramite power point
- B presentare il depliant alla giuria del concorso
- C eclissarmi e lasciare che altri si proponessero

Competenze digitali

11 **Durante l'attività di laboratorio ho potuto verificare che le mie competenze digitali sono**

- A buone
- B scarse
- C sufficienti
- D inesistenti

UNITÀ 3

Il romanzo realistico-sociale

Il romanzo realistico-sociale

Il realismo

Il realismo è una delle tendenze generali della letteratura d'ogni tempo, il tratto d'unione fra scrittori tanto diversi, per epoca e linguaggio, come Dante e Boccaccio, Manzoni e Tolstoj, Fielding e Dickens. Il realismo consiste a grandi linee in una rappresentazione problematica dell'esistenza umana e della sofferenza che vi è connaturata, attraverso una gamma di stili che mescola il tragico e il comico, così come nella vita sono mescolate grandezza e miseria, tragedia e quotidianità.

Questo filone realistico della letteratura occidentale culmina nel romanzo francese dell'Ottocento, da **Stendhal** e Balzac fino a Flaubert, Zola e al movimento del Naturalismo.

Poco dopo la metà dell'Ottocento, in Francia, il realismo è teorizzato e assunto come programma non solo da scrittori, ma anche da artisti: il pittore Gustave Courbet (1819-1877) nel 1855 si dichiarava realista affermando che i suoi quadri rappresentavano i costumi, le idee, l'aspetto della sua epoca.

Nel 1856 compare il romanzo *Madame Bovary* di **Gustave Flaubert** (1821-1880), che diviene un modello per i narratori successivi. Il criterio principale su cui Flaubert fonda il suo realismo è il metodo della narrazione, l'impersonalità: l'autore non interviene nell'opera, racconta con distacco, non commenta, non fa sentire nel testo la propria voce. L'oggetto della rappresentazione diventa la società contemporanea, ritratta senza abbellimenti e artifici, nella sua realtà nuda, problematica e spesso dolorosa. *Madame Bovary* racconta una storia qualsiasi: Emma Bovary è la moglie di un medico di campagna, che tradisce vanamente il marito cercando la passione romantica e alla fine si uccide perché indebitata.

Claude Monet, *Gli scaricatori di carbone*, 1875 circa. Parigi, Museo d'Orsay.

Gli scrittori realisti dell'Ottocento hanno spesso coltivato l'ambizione di offrire un quadro esaustivo della società del proprio tempo, progettando e talvolta portando a termine vasti cicli narrativi, articolati su numerosi romanzi (la *Commedia umana* di **Honoré de Balzac** arriverà quasi al centinaio) ognuno dei quali descrive dall'interno una categoria o un'istituzione sociale. Oltre all'opera di Balzac ricordiamo il ciclo dei *Rougon-Macquart* di **Émile Zola** (vedi **Il Naturalismo**, p. 286) e il *Ciclo dei Vinti* di Giovanni Verga (vedi **Il Verismo**, p. 294), rimasto peraltro incompiuto.

Il contesto sociale

L'Ottocento è un'epoca di straordinario progresso economico, di nuove scoperte scientifiche e di conseguenza di rapido sviluppo della tecnologia. L'impiego della macchina a vapore nell'industria e nei trasporti (si pensi alla ferrovia), l'avvio dell'industria chimica, destinata ad una rapida ed inarrestabile espansione per tutto il corso del Novecento, il telegrafo, l'illuminazione a gas di tutte le città modificarono il volto dell'Europa e lo stile di vita di grandi masse di persone.

Se nel corso dell'Ottocento si affermò progressivamente la **borghesia come classe dirigente** (ricordiamo che la borghesia è composta da commercianti, imprenditori, banchieri, etc.), anche le condizioni di vita delle classi più povere mutarono. I lavoratori (in primo luogo dell'industria, poi seguirono minatori e contadini) giunsero ad una presa di coscienza dei propri diritti e lottarono per ottenere miglioramenti salariali e norme che li tutelavano, in fabbrica e fuori.

A Londra, nel **1864**, si costituì la **prima associazione dei lavoratori**, nota col nome di Prima Internazionale. Karl Marx, che nel 1848 aveva pubblicato con Friedrich Engels il *Manifesto del Partito comunista*, teorizzò la possibilità di costruire una società egualitaria senza classi attraverso la lotta del proletariato contro la borghesia. Alle sue idee fecero riferimento i primi partiti politici di ispirazione socialista.

Il contesto storico-politico

Nel **1848** (definito l'**anno della rivoluzione europea**, della primavera dei popoli) in tutta Europa le forze democratiche e liberali, incarnate dalla borghesia più avanzata, assunsero un ruolo di guida: in senso liberale e nazionale in Paesi come l'Italia, in cui c'era una dominazione straniera; in senso progressista in Paesi come la Francia, dove esisteva già un assetto nazionale stabile. In quasi tutte le città europee scoppiarono rivoluzioni liberali che volevano rovesciare le strutture conservatrici, ancora in senso monarchico-nobiliare, imposte dal Congresso di Vienna

(1815), per instaurare forme di governo più libere e aperte alla partecipazione popolare. L'esito del 1848 fu tuttavia quello di una ripresa reazionaria e autoritaria, anche da parte di quelle forze borghesi che si erano trovate nelle rivoluzioni a fianco del proletariato e che infine s'allearono con le varie monarchie.

Crebbe la potenza politica e sociale della borghesia industriale e il conseguente sviluppo economico provocò un'aspra competitività sui mercati internazionali, fenomeno che contribuì all'affermazione del nazionalismo. L'idea della superiorità della propria nazione sulle altre e del suo diritto a farsi largo fra gli altri popoli è all'origine di sanguinose guerre, prima fra tutte quella franco-prussiana, che vide la sconfitta della **Francia di Napoleone III** e l'**ascesa della Germania**, unificata nel 1866, forte e militarmente preparata, che sotto la guida di Bismarck acquistò un ruolo dominante nella politica continentale europea. Il **Paese più ricco** e progredito dell'Europa ottocentesca, l'**Inghilterra**, si affermava definitivamente come massima potenza mondiale, sostenuta da un'economia moderna e in espansione e da strutture politiche e sociali definitivamente orientate in senso liberale.

In Italia la realizzazione dell'**Unità** (1861), portata a termine con l'annessione di Roma (1870), evidenziò grandi problemi: il sottosviluppo economico, sociale e culturale di tanta parte del territorio del nuovo Stato, l'analfabetismo, il brigantaggio, il divario fra Nord e Sud del Paese.

Si afferma in quest'epoca la cultura del **Positivismo**, che coltivava l'idea ottimistica di una convivenza fra gli uomini all'insegna del progresso scientifico, civile e materiale.

Dal realismo al Neorealismo

La narrazione realistica prosegue anche nel Novecento. Tra il 1945 e il 1955 comincia a diffondersi una tendenza artistica, soprattutto narrativa e cinematografica, denominata **Neorealismo** basata sull'esperienza diretta della realtà. Fu ***Roma città aperta*** (1945) di **Roberto Rossellini** (1906-1977) ad inaugurare il cinema neorealista italiano. Il film è la prima testimonianza dei problemi sociali e civili dell'Italia durante la **Resistenza**, cioè quel periodo compreso tra il **1943** e il **1945**, in cui le formazioni partigiane combatterono duramente per liberare l'Italia dall'occupazione nazifascista.

Il Neorealismo nasce nel clima di ritrovata libertà e di rinnovata speranza del secondo dopoguerra del Novecento, dopo gli anni della dittatura fascista.

Ancora una volta la letteratura si fa portavoce dei problemi umani e sociali attraverso modi espressivi realistici e con un linguaggio semplice tale da essere compreso dalla maggioranza, attingendo, dove fosse richiesto per una comunicazione più immediata, anche al dialetto. Tra le opere più significative del Neorealismo ricordiamo: *Uomini e no* (1945) di **Elio Vittorini**; *Cristo si è fermato a Eboli* (1945) di **Carlo Levi**, *Il sentiero dei nidi di ragno* (1947) e *Ultimo viene il corvo* (1948) di **Italo Calvino**. *Il compagno* (1947) e *La casa in collina* (1948) di **Cesare Pavese**, *I ventitrè giorni della città di Alba* (1952) e *La malora* (1953) di **Beppe Fenoglio**, *Metello* (1955) di **Vasco Pratolini**, *Le parrocchie di Regalpetra* (1956) di **Leonardo Sciascia**.

Il realismo oggi

Attraverso varie sfumature e tecniche espressive differenziate, l'impianto realistico caratterizza molte narrazioni dalla seconda metà del Novecento fino ai nostri giorni. In primo piano ritroviamo i grandi temi esistenziali e i problemi politici sociali ed economici che continuano a travagliare ancora oggi l'esistenza di molti popoli.
Troverai alcuni esempi di realismo contemporaneo in questa unità.

Giuseppe Pellizza da Volpedo, *Il Quarto Stato*, 1898-1901. Milano, Galleria d'Arte Moderna.

Sampat Pal Devi
La nascita della Gulabi gang

ascolto

OPERA	ANNO	LINGUA	GENERE	TEMI
Con il sari rosa	2011	francese	romanzo realistico sociale autobiografico	• la condizione della donna in India • i diritti delle donne

L'AUTRICE

Sampat Pal Devi (Uttar Pradesh, 1960) è un'attivista e scrittrice indiana, impegnata nella lotta per la conquista dei diritti per le donne. È fondatrice e leader del gruppo di attiviste politiche dell'India settentrionale (nel Banda District, appartenente allo stato dell'Uttar Pradesh) chiamato Banda Gulabi o Gulabi gang o Gang Rosa (Pink Gang). Sposata all'età di dodici anni con un matrimonio combinato, nonostante la legge indiana proibisca ormai da molti anni i matrimoni infantili, è diventata madre quattro anni più tardi, Sampat Pal Devi è madre di cinque figli. Ha lavorato per il governo in difesa della salute dei lavoratori, ma ha sempre rifiutato le proposte di entrare in politica. Il suo romanzo autobiografico, *Con il sari rosa* (2011), documenta la sua esperienza personale e l'impegno del gruppo per difendere e migliorare le condizioni di donne e bambini in India. È stato tradotto in molte lingue, suscitando ammirazione e consenso in tutto il mondo.

*La **Gulabi gang**, la banda delle donne in sari rosa (il sari è il vestito tradizionale delle donne indiane), rappresentata da Sampat Pal, nasce da un episodio fortuito, uguale a tanti altri: una donna ha subito un'ingiustizia e la polizia locale si è rifiutata di aiutarla. Nel prendere le sue difese e nel perorare la sua causa, Sampat prende coscienza della grande forza rappresentata dall'unione e dalla solidarietà delle donne, capaci, insieme, di vincere qualsiasi battaglia e avere la meglio su secoli di soprusi e vessazioni.*

Stavo organizzando una delle mie riunioni in un villaggio dei dintorni, quando venne a trovarmi una donna. Si presentò a testa alta, lo sguardo fiero ma con una punta di disperazione. E portava un braccio al collo. Cosa poteva essere accaduto a quella signora ben vestita, che con tutta evidenza veniva dal ceto medio, per ridurla in quello stato?

«*Namaste*».[1]

«*Namaste*».

«Lei è Sampat Pal?».

«Sono io».

COMPETENZE LINGUISTICHE

«**Mi** hanno detto che può aiutarmi». **Le** ho tentate tutte, **lei** è la mia ultima possibilità».

«Non so se posso aiutarla, ma intanto **mi** dica cosa **le** è successo. Io penso che si possa sempre fare qualcosa, anche nelle situazioni più disperate».

«Il problema nasce da un gregge di capre».

«Di chi è il gregge?».

«Dei miei vicini».

Ancora le capre... Non era certo la prima volta che **ne** sentivo parlare. In campagna basta una capra per dividere un villaggio. Una lite tra vicini? È colpa della capra...

«Che cos'hanno combinato queste capre?».

«Sono venute a brucare l'erba nel mio campo, e non potevo lasciarglielo fare, sennò addio raccolto».

«Le ha mandate via, allora?».

«Sì, ma subito sono spuntati i miei vicini, furibondi. Hanno cominciato a insultarmi, a dire che stavo maltrattando le loro capre. Ho detto loro che le capre stavano devastando i

1 ***Namaste***: saluto originario della zona di India e Nepal. Può essere utilizzato sia quando ci si incontra sia quando ci si lascia. Viene di solito accompagnato dal gesto di congiungere le mani, unendo i palmi con le dita rivolte verso l'alto, e tenendole all'altezza del petto, del mento o della fronte, facendo al contempo un leggero inchino col capo.

miei germogli, ma non mi hanno nemmeno ascoltato. E poi uno di loro, che aveva un bastone, mi ha colpito più volte e mi ha rotto il polso. Sono dovuta scappare di corsa».

«Ha sporto denuncia?».

«Dopo essere stata all'ospedale per farmi curare, sono andata in commissariato. All'inizio i poliziotti non volevano darmi retta, ma ho insistito e alla fine hanno preso nota della denuncia».

«Ma hanno arrestato il suo vicino?».

«Non l'hanno neanche interrogato. Sono gente che conta, i miei vicini. Scommetto che hanno pagato gli agenti, pur di non avere noie».

«Quando è successo il fatto?».

«Circa un mese fa. Quando ho visto che non succedeva niente, sono tornata alla polizia, ma mi hanno spedita via, dicendomi che la cosa non era di mia competenza. Allora mi sono messa in contatto con un paio di partiti politici, per avere un appoggio. Ho ottenuto un colloquio con i rappresentanti locali, ma tutti e due hanno fatto orecchie da mercante, dicendo che avevano altro da fare che occuparsi di capre. Poi, qualche giorno fa, ho sentito parlare di lei. Dicono che lei sa come fare, quando c'è di mezzo la polizia».

«Dipende dalle volte. Comunque credo che qualcosa si possa fare».

Le feci ripetere nei dettagli la sua storia, mentre Jay Prakash[2] prendeva appunti. Fu lui a redigere una denuncia in debita forma, che portammo tutti e tre insieme al posto di polizia a cui si era rivolta la donna. Fummo ricevuti dal comandante, che si irritò quando la riconobbe.

«È la terza volta che viene qui. Si può sapere cosa vuole, ancora?».

Jay Prakash e io non aprimmo bocca, lasciando che fosse lei a rispondere.

2 **Jay Prakash:** sostenitore dei diritti umani in India, amico e socio di Sampat.

COMPETENZE LINGUISTICHE

Riflettiamo sul pronome

Nel brano

Le parole evidenziate nel testo seguente sono pronomi e sono usate al posto del nome.

Il **pronome** (dal latino *pro-nomen* 'al posto del nome') è una **parte variabile del discorso** che si adopera al posto del nome (o anche di un'intera espressione) e che ne fa le veci per evitare ripetizioni che appesantirebbero il testo.

L'importanza del pronome

I pronomi consentono di **collegare parole** o parti del testo anche lontane tra di loro. **La posizione** del pronome **è libera**, e varia secondo la sua funzione.

Il pronome può avere:

– **funzione di coesione**, dal momento che rinvia nel testo ad altre parole o a elementi della situazione comunicativa: *Solo* ***lui*** *mi fa capire, Enrico è veramente bravo* (il pronome **lui** sostituisce il nome Enrico);

– **funzione stilistica**, dal momento che può evitare la ripetizione a vantaggio della scorrevolezza del discorso: *Ho chiamato le mie amiche e* ***le*** *ho invitate alla festa*;

– **funzione sintattica**, in quanto permette di creare tra due proposizioni rapporti di **coordinazione** e di **subordinazione**: *Ho trovato un libro* ***che*** *cercavo da tempo*.

I pronomi si dividono in base al significato e alla funzione che svolgono nella frase in: **personali**, **possessivi**, **dimostrativi**, **interrogativi**, **esclamativi**, **relativi**, **indefiniti**.

Il pronome e lo stile dell'autore

I pronomi rendono più fluido lo stile di un autore perché evitano ripetizioni e facilitano la coordinazione. Nei testi narrativi svolgono un ruolo di primo piano i pronomi personali in quanto danno la voce al narratore. Ad esempio, la **prima persona** caratterizza il **narratore interno** al racconto, mentre la **terza persona** è tipica del **narratore esterno** o onnisciente.

Nel brano da noi esaminato l'autrice e narratrice interna utilizza la prima persona per illustrare i problemi e la condizione delle donne indiane. Il coinvolgimento in prima persona dà maggiore concretezza ai fatti narrati, anche attraverso un linguaggio semplice e diretto, caratterizzato dal prevalere del discorso diretto e da uno stile sintetico che utilizza abbondantemente i pronomi nei loro diversi significati e funzioni.

Per ripassare, consultare e approfondire **Il pronome** vai a pag. 781.

«Mi spiace disturbarla, ma non ho più saputo nulla della denuncia che ho presentato un mese fa. Mi sono detta che magari l'avevate smarrita e ne ho preparata un'altra. Eccola qui».

«Me la dia subito!».

L'ufficiale era furioso. Le strappò via il foglio di mano, con uno sguardo aggressivo. Poi, senza neanche guardare cosa c'era scritto, lo fece in mille pezzi.

«Ma chi ti credi di essere, eh? Pensi che non sappia fare il mio lavoro? Le conosco, le bugiarde come te, sempre pronte a mettere in piedi un casino per delle sciocchezze. Ma come ti permetti di venirmi a disturbare, per qualche capra che ti ha mangiato quattro fili d'erba, eh?».

«Il mio vicino mi ha picchiata. Ho la mano fratturata!».

«Senti, non ho tempo da perdere. Sta' zitta e sparisci dalla mia vista. E guai a te se ti fai rivedere un'altra volta, chiaro?».

Maiale schifoso. Era ora di intervenire. Se questo sbirro voleva giocare a chi fa la voce più grossa, aveva trovato pane per i suoi denti.

«Mi sembra che lei non abbia capito il problema».

«Cosa?».

«Lei non ha capito il problema della signora. La signora vuole sporgere denuncia».

«E lei chi diavolo è?».

«Mi chiamo Sampat Pal e questa donna è mia amica. Lei l'ha insultata, non si sa con che diritto. Lei è un poliziotto, lo stato la paga per perseguire chi ha commesso dei reati. Cosa aspetta a fare il suo dovere?».

«Senti senti. Cos'è, pensi di farmi paura? Ne avrò viste cinquanta, di arpie[3] come te, quindi se credi di impressionarmi...».

«Ah, così ne hai viste cinquanta, eh? Bene, allora ci vediamo domani. E domani sì che ne vedrai cinquanta, di arpie come me».

Ci siamo alzati con calma e ce ne siamo andati. Il poliziotto ci ha guardato andare via, sghignazzando.

Il giorno dopo ritornai al commissariato, e con me c'erano cinquanta donne. Ormai avevo contatti e appoggi in tutto il distretto, quindi non fu difficile mobilitare tutta quella gente. Perché è questa la forza delle donne: sono solidali tra loro. Ma tutte sapevano cosa voleva dire essere umiliate solo perché appartenevano al sesso debole. L'ufficiale con cui avevamo parlato il giorno prima non c'era, e i suoi sottoposti dissero di non poter fare nulla in sua assenza. Ci dissero che se volevamo potevamo

3 arpie: nella mitologia classica, le arpie sono mostri con corpo di vari animali, ali di uccello e testa di donna, particolarmente voraci e brutti, che personificano la rapina e la fame. Il temine è diventato sinonimo di donna brutta e cattiva, dall'aspetto e dai modi particolarmente ripugnanti.

SEGNALIBRO

Con il sari rosa, Piemme, Milano 2012.
Traduzione di Giovanni Zucca

il piacere di leggere

Con il sari rosa è il racconto autobiografico di Sampat Pal Devi, una donna indiana che ha avuto la forza e il coraggio di ribellarsi alla legge non scritta della tradizione che vorrebbe le donne assoggettate agli uomini (padri, fratelli, mariti) e private dei diritti fondamentali della persona. In questo romanzo Sampat racconta la sua infanzia in una famiglia povera ma dignitosa, il suo desiderio, manifestato sin da piccola, di frequentare la scuola locale e imparare a leggere, scrivere e far di conto, andando contro la tradizione e i desideri della famiglia. Racconta il suo matrimonio combinato, all'età di soli 12 anni, le gravidanze, la convivenza non facile con la suocera e nel villaggio del marito dove è costretta a trasferirsi e dal quale dovrà fuggire, osteggiata da tutti e persino minacciata di morte per aver preso le difese degli appartenenti alle caste inferiori della comunità. E soprattutto, il suo coraggio nel fondare la Banda Gulabi o Gang Rosa, organizzazione di donne in sari rosa che si batte quotidianamente per difendere i diritti dei più deboli, far rispettare le leggi e chiedere maggiore giustizia sociale.

Gulabi Gang, film documentario del 2012 scritto e diretto da Nishtha Jain.

tornare un'altra volta. Invece di smontarci, la loro risposta ci galvanizzò[4] ancora di più. Ci sedemmo sotto le finestre del posto di polizia, ben decise a non muoverci di lì finché non avessimo ottenuto soddisfazione. I poliziotti erano inviperiti,[5] ma un paio d'ore dopo dovettero cedere.

«E va bene, la prendiamo, 'sta denuncia...».

Non ricordo più cosa accadde all'uomo che aveva picchiato la sua povera vicina. Ma sono certa che quella volta la pratica fece il suo corso. Gli uomini sono dei vigliacchi, basta gridare più forte di loro ed è fatta. Tutto sta nell'osare, ed è questo che le donne fanno raramente. Tenute imbavaglilate per decine di generazioni, si sono rassegnate ad accettare i limiti loro imposti dalle tradizioni. Al giorno d'oggi la legge attribuisce loro gli stessi diritti degli uomini, eppure non osano ribattere quando il marito le insulta, né denunciarlo quando le picchia. Spesso non hanno nemmeno il coraggio di chiedere agli uffici preposti[6] la pensione che gli spetta... E non sanno che gli basta osare, per ottenere tutto. Tutto quello che ero riuscita a ottenere, da mariti, *pradhan*,[7] poliziotti e magistrati, lo avevo ottenuto solo perché l'avevo chiesto ad alta voce, il più forte possibile, unendo la mia alle voci di altre donne. Il nostro potere era dato dalla nostra presenza tutte insieme, dalla nostra solidarietà in quanto gruppo. Perché l'ho capito prima di altre? Non lo so. Ancora una volta, non ci avevo mai pensato prima. Però era ormai evidente che la mia era un'autentica vocazione. Avevo la capacità di mobilitare le donne unicamente grazie alla mia forza di persuasione, mentre altre organizzazioni spendevano milioni di rupie[8] con risultati assai più modesti. E quella forza avevo il dovere di usarla. Una donna sola non può nulla. Molte donne insieme hanno modo di fare pressione, di capovolgere i rapporti di forze, di mettere i bastoni fra le ruote di un'amministrazione spesso corrotta. A me spettava dare loro l'impulso iniziale, per spingerle a organizzarsi.

La mia banda di donne esisteva già, solo che non aveva ancora un nome. Ne parlai a lungo con Jay Prakash, e arrivammo alla conclusione che il mio operato sarebbe stato più incisivo se fosse divantato in qualche modo ufficiale. Se volevo che la mia forza fosse riconosciuta, dovevo essere identificabile. Così riunii nel mio ufficio venticinque donne che avevano dai quaranta ai settant'anni. Avevano esperienza di vita e non si lasciavano ingannare tanto fa-

4 **ci galvanizzò:** ci elettrizzò, ci eccitò.
5 **inviperiti:** fortemente irritati.
6 **preposti:** che hanno questo incarico.
7 ***pradhan*:** sindaci.
8 **rupie:** la rupia è l'unità monetaria dell'India, del Pakistan e di altri Stati asiatici.

cilmente. Le avevo conosciute tutte quand'ero arrivata a Badausa,[9] sia grazie ai corsi di cucito sia ai gruppi di *self-help*.[10] Queste donne povere, provenienti dalle caste più umili,[11] spesso vedove e quindi costrette a provvedere da sole alle proprie necessità, erano le mie sostenitrici più fedeli. Ogni volta che c'era stato bisogno di fare pressioni su qualcuno, loro si erano presentate, anche alle nostre imprese più recenti, cioè l'abbattimento del muro[12] e il sostegno dato alla donna con il polso fratturato. Loro conoscevano i miei metodi e riuscivano a convincere anche le donne più restie[13] a far affidamento su di me. Dissi loro se volevano creare insieme a me una vera e propria organizzazione, per difendere le donne e lottare contro le ingiustizie. Il loro sì fu entusiasta.

Era il marzo del 2006.

Io avevo quarantacinque anni.

La Gulabi gang era nata, e io ne ero il capo.

---

9 Badausa: città dell'Uttar Pradesh, in India, in cui Sampat si è trasferita dopo aver lasciato con la famiglia il villaggio del marito (dove aveva ricevuto minacce di morte per il suo impegno a favore dei più deboli).

10 gruppi di *self-help*: gruppi di auto-sostegno (*self-help* significa, letteralmente, 'auto-aiuto'), generalmente composti da donne che si impegnano in una determinata attività lavorativa (cucito e confezione di abiti, vendita di legumi e verdure, produzioni artigianali, ecc.), investendo una parte del denaro guadagnato per migliorare la propria attività e costituendo una cassa comune per aiutarsi a vicenda in caso di necessità. La creazione di gruppi di *self-help* è stata una delle attività principali di Sampat, prima della fondazione della Gulabi gang.

11 caste più umili: la società indiana è, ancora oggi, rigidamente suddivisa in caste, ovvero in classi sociali dai confini ben definiti (nonostante il sistema delle caste sia stato ufficialmente abolito). Chi appartiene alle caste più umili è completamente privato dei diritti fondamentali e costretto ad una vita di povertà e sofferenze (vedi anche la scheda Approfondimenti: Il sistema delle caste, p. 000).

12 l'abbattimento del muro: si riferisce ad un altro episodio significativo, di poco anteriore a quello della donna dal braccio rotto. Un gruppo di donne di un villaggio vicino si era rivolto a Sampat per via di un muro, costruito da un ricco del posto con il benestare delle autorità locali, che le costringeva a lunghi giri per recarsi da un punto all'altro del villaggio. Sampat, con le altre donne, aveva abbattuto il muro durante la notte e sporto denuncia alla polizia per le ritorsioni subite.

13 restie: non intenzionate ad andare oltre, poco convinte, riluttanti.

ANALISI DEL TESTO

I temi

La condizione delle donne in India

Il tema centrale di tutta la narrazione è la condizione delle donne indiane, una condizione particolarmente difficile e grave, caratterizzata da soprusi, violenze e discriminazione. Le donne sono vittime di vessazioni continue, perpetrate fra le mura domestiche (da padri e mariti) e ad un più generico livello sociale. I loro **diritti** fondamentali di persone, di esseri umani vengono quotidianamente **calpestati**, ignorati e derisi. Pur godendo di uguali diritti di fronte alla legge, di fatto le donne sono considerate **esseri inferiori**, indegne persino di essere ascoltate: vittime di reati o di lesioni corporali gravi, le loro lamentele e le loro denunce non vengono neppure prese in considerazione.

Il ritratto che emerge da questo racconto è quello di un Paese in cui vige ancora una rigida suddivisione in caste e a contare sono la ricchezza e il potere, in cui la corruzione dilaga anche fra le autorità pubbliche e le forze dell'ordine e in cui i più deboli – poveri, donne, bambini, appartenenti alle caste più umili – sono destinati ad avere sempre la peggio. Ma in questo stesso Paese, l'India di oggi, molte voci si alzano in segno di protesta, dando un forte segnale di cambiamento.

Il messaggio di Sampat Pal e del suo gruppo è chiaro e universale: non arrendersi, unirsi contro il nemico comune, superare la paura e l'ignoranza e combattere insieme, perché soltanto insieme si può vincere.

Le tecniche narrative

La voce narrante

Il testo è essenzialmente suddivisibile in **due** parti, o **macro-sequenze**. Nella prima, più **descrittiva**, viene riportato un episodio che l'autrice e voce narrante della storia ritiene particolarmente significativo ai fini della narrazione: la vicenda della donna con il polso fratturato che si rivolge a lei per ottenere una giustizia fino a quel momento negata. La seconda parte invece è più **discorsiva**, saggistica: l'episodio in questione diventa lo spunto per parlare della condizione delle donne in India, affrontando quindi tematiche più vaste e più complesse. Fornisce inoltre la spiegazione dell'evento centrale di tutto il romanzo: la nascita della Gulabi gang, la banda di donne in sari rosa che lotta per difendere i diritti dei più deboli.

Le protagoniste

Protagoniste assolute di tutta la vicenda narrata sono **le donne** e l'autrice stessa, **Sampat Pal**, la cui figura si staglia eroica e coraggiosa nel momento in cui prende la parola e tiene testa, con determinazione e senza esitazione, al poliziotto arrogante e corrotto che vorrebbe intimidirla, insultarla e mandarla via con modi bruschi. Ma anche se è la figura singola di Sampat a ergersi sulle altre, a spiccare per coraggio e determinazione, ella non è mai sola ad agire. È lei stessa a sottolinearlo: con lei ci sono innanzitutto la vittima, quindi il suo collaboratore e amico Jay, e, soprattutto, le altre donne, forti per numero e convinzioni, senza le quali non sarebbe possibile avere l'attenzione dei funzionari di polizia e portare avanti la battaglia contro l'ingiustizia e in difesa della legalità.

Le tecniche espressive

Dialoghi concisi ed essenziali

L'episodio della donna dal polso fratturato è raccontato soprattutto attraverso i dialoghi, brevi ed essenziali, dai toni concisi che si accendono fino a diventare bruschi e violenti nella parte che riguarda lo scambio di battute fra Sampal e il poliziotto.

Linguaggio semplice e diretto

In generale, il linguaggio utilizzato dall'autrice è volutamente semplice e diretto, ricco di modi di dire ed espressioni colloquiali e ha il pregio di arrivare direttamente al lettore, in maniera chiara ed estremamente efficace, con tutto il suo carico di denuncia sociale.

LABORATORIO SUL TESTO

Conoscenze

Comprensione

1. **Che cosa è accaduto alla donna che chiede aiuto a Sampat e a che cosa è dovuto l'incidente di cui è stata vittima?**
2. **Per quale ragione la donna è stata malmenata?**
   - [A] ha osato ribellarsi alla polizia
   - [B] ha osato ribellarsi al marito
   - [C] ha allontanato le capre dei vicini che distruggevano i suoi germogli
   - [D] ha abbattuto il muro del giardino confinante al suo che le impediva il passaggio
3. **Che cosa ha fatto la polizia in difesa della donna?**
4. **Che cosa decidono di fare Sampat e Jay per aiutare la donna?**
   - [A] le consigliano un buon avvocato
   - [B] la accompagnano all'ospedale per avere una certificazione del suo stato di salute
   - [C] la accompagnano al posto di polizia per sporgere nuovamente denuncia
   - [D] le consigliano di lasciar perdere per il suo bene
5. **Come si comporta il poliziotto che riceve Sampat, Jay e la donna? Come reagisce Sampat?**
6. **Per quale ragione le altre donne decidono di sostenere la causa di Sampat?**
   - [A] perché la vittima dell'ingiustizia è una loro amica
   - [B] perché la vittima dell'ingiustizia è una loro parente
   - [C] perché devono un favore a Sampat
   - [D] per solidarietà nei confronti di una donna come loro che ha subito un'ingiustizia

7. Il potere e il successo del gruppo di Sampat sono dati

[A] dalle conoscenze politiche di Sampat
[B] dalle amicizie influenti di Sampat
[C] dal grande potenziale economico di cui dispone il gruppo
[D] dalla solidarietà all'interno del gruppo

8. L'organizzazione di Sampat, che nasce ufficialmente nel marzo 2006, quale scopo ha?

[A] prendere il potere in India
[B] difendere le donne e lottare contro le ingiustizie
[C] sostenere le caste più alte e influenti del Paese
[D] arricchirsi

Analisi

9. Chi è la voce narrante del racconto?

10. Dove sono ambientate rispettivamente la prima e la seconda parte della vicenda narrata?

11. Come definiresti il poliziotto con cui ha a che fare Sampat?

12. Sampat ti sembra una persona (puoi scegliere più aggettivi)

[A] timida
[B] remissiva
[C] debole
[D] coraggiosa
[E] forte
[F] rassegnata
[G] determinata
[H] consapevole
[I] sprovveduta
[L] istruita
[M] ignorante

Motiva le tue scelte.

13. Che cosa pensa Sampat delle donne indiane? Che cosa dovrebbero fare, secondo lei (e non fanno abbastanza)?

Conoscenze lessicali

14. Nel testo sono presenti alcuni modi di dire di uso comune. Riportali e spiegane il significato.

a) Fare orecchie da mercante
b) Non aprire bocca
c) Fare la voce grossa

15. Individua la definizione esatta per ciascuno dei seguenti termini.

- **sghignazzare**

[A] correre e giocare nell'acqua, fino a bagnarsi completamente
[B] piangere in maniera rumorosa, con singhiozzi lunghi e prolungati
[C] fare uno scherzo a qualcuno
[D] ridere sguaiatamente, rumorosamente, per deridere o schernire qualcuno

- **persuasivo**

[A] in grado di convincere gli altri
[B] dotato di grande pazienza
[C] dotato di una fervida immaginazione
[D] che persegue uno scopo con impegno e passione

Conoscenze grammaticali

16. Nella proposizione «Dopo essere stata all'ospedale per farmi curare, sono andata in commissariato», «per farmi curare» è una proposizione

[A] finale
[B] temporale
[C] consecutiva
[D] causale

17. Scegli un periodo in cui è presente un discorso diretto e trasformalo in discorso indiretto.

Abilità e competenze

Scrittura e interpretazione

1. **Immagina di fondare un'organizzazione: quale campo sceglieresti? Con quali scopi e con quali regole? Scrivi lo statuto della tua associazione, specificandone obiettivi, requisiti dei partecipanti, tempi e modi di azione e ogni altra informazione utile a caratterizzarla.**

Ascoltare, argomentare e confrontarsi

2. **Nella vicenda narrata la protagonista, Sampat, non esita a far valere le proprie ragioni davanti ad un funzionario pubblico, senza lasciarsi intimorire dal tono aggressivo di questi e lottando fino alla fine affinché vengano riconosciuti i diritti della donna che si è rivolta a lei. Tu come ti saresti comportato al suo posto? Ti è mai capitato di essere testimone di un'ingiustizia? Che cosa hai fatto? Pensi che in questi casi sia importante reagire, o che sia invece meglio rassegnarsi, assumere un atteggiamento più remissivo? Confronta la tua opinione con quella dei compagni.**

SCHEDA APPROFONDIMENTI

ESPANSIONI DIGITALI
SCHEDA APPROFONDIMENTI
La Banda Gulabi

Il movimento Banda Gulabi

Il movimento fondato da Sampat Pal Devi all'inizio del 2006 e chiamato Banda Gulabi o Gang Rosa (*Pink Gang*, dal colore dei sari indossato dalle donne che ne fanno parte), prende ispirazione dalla figura di Laxmibai Rani, una regina indiana che formò il suo esercito nel 1887 e tenne testa agli Inglesi per un anno. *Banda* è al centro di Bundelkhand, una delle zone più povere di uno degli stati più popolosi dell'India.

I diritti delle donne indiane

La Costituzione indiana proclama l'uguaglianza tra i sessi, le caste e le religioni. Le donne indiane hanno addirittura acquisito il diritto di voto prima di noi. Di fatto, tuttavia, in India la donna è tradizionalmente considerata inferiore all'uomo ed è fortemente discriminata e penalizzata. Le donne sono sottomesse ai mariti, ai quali devono obbedire in qualunque circostanza. Nonostante sia stata promulgata, nel 2007, una legge che punisce la violenza sulle donne, ogni giorno decine e decine di donne vengono violentate e picchiate, senza avere alcuna possibilità di ribellarsi o di denunciare i propri aguzzini. Molte vengono persino uccise. Si calcola che in India 17 donne muoiano ogni giorno per morte violenta. E che una donna venga violentata ogni mezz'ora. Contrariamente a quanto avviene nel resto del mondo, le donne in India rappresentano la minoranza della popolazione (48%). Ci sono 929 donne ogni 1.000 uomini: effetto devastante di una selezione spietata, praticata talvolta ancora prima della nascita.

Gulabi Gang, film documentario del 2012 scritto e diretto da Nishtha Jain.

Khaled Hosseini
Tentativi di libertà

ascolto

OPERA	ANNO	LINGUA	GENERE	TEMI
Mille splendidi soli	2007	inglese	romanzo realistico sociale a sfondo storico	• la condizione della donna in Afghanistan • scenari di guerra e di violenza

L'AUTORE

Khaled Hosseini è nato a Kabul, in Afghanistan, nel 1965, ultimo di cinque fratelli. Suo padre era un diplomatico in servizio presso il Ministero degli Esteri afgano e sua madre insegnava persiano e storia in un liceo femminile di Kabul. In seguito all'invasione sovietica dell'Afghanistan nel 1980, la sua famiglia si trasferì negli Stati Uniti. Khaled Hosseini si è laureato in Medicina e attualmente vive in California. È tornato in Afghanistan come inviato per l'UNHCR, l'agenzia delle Nazioni Unite per i Rifugiati. Il suo primo romanzo, *Il cacciatore di aquiloni*, scritto nel 2003, è diventato un caso editoriale in tutto il mondo e dal libro è stato tratto anche un film. *Mille splendidi soli* è uscito nel 2007; il romanzo è dedicato ai due figli dell'autore e a tutte le donne dell'Afghanistan.

Il tentativo di fuga di Laila, Mariam e Aziza è fallito, l'uomo che avrebbe dovuto aiutarle le ha tradite e denunciate, perché la legge vieta ad una donna di uscire di casa da sola, e ancor più di cercare di fuggire dal marito, anche se questi è un pazzo o un violento. Sono state fermate dalla polizia e riaccompagnate a casa, dove trovano ad aspettarle un Rashid fuori di sé dalla rabbia. E la sua vendetta nei loro confronti assume i colori e i toni di una violenza inaudita, quasi da mozzare il fiato.

«Tu» disse a Mariam. «Tu aspetta qui».

Mariam si sedette sul divano in silenzio.

«Voi due,[1] di sopra».

Rashid afferrò Laila per il gomito e la spinse su per la scala. Aveva ancora ai piedi le scarpe che portava per andare al lavoro, non aveva ancora messo i sandali infradito, né aveva tolto l'orologio, né aveva avuto il tempo di togliersi la giacca. Laila immaginava come aveva dovuto essere un'ora o forse anche solo pochi minuti prima, lo vedeva che correva come un forsennato da una stanza all'altra, sbattendo le porte, incredulo, imprecando sottovoce.

In cima alla scala, Laila si girò verso di lui.

1 **Voi due:** l'ordine è indirizzato a Laila e alla piccola Aziza.

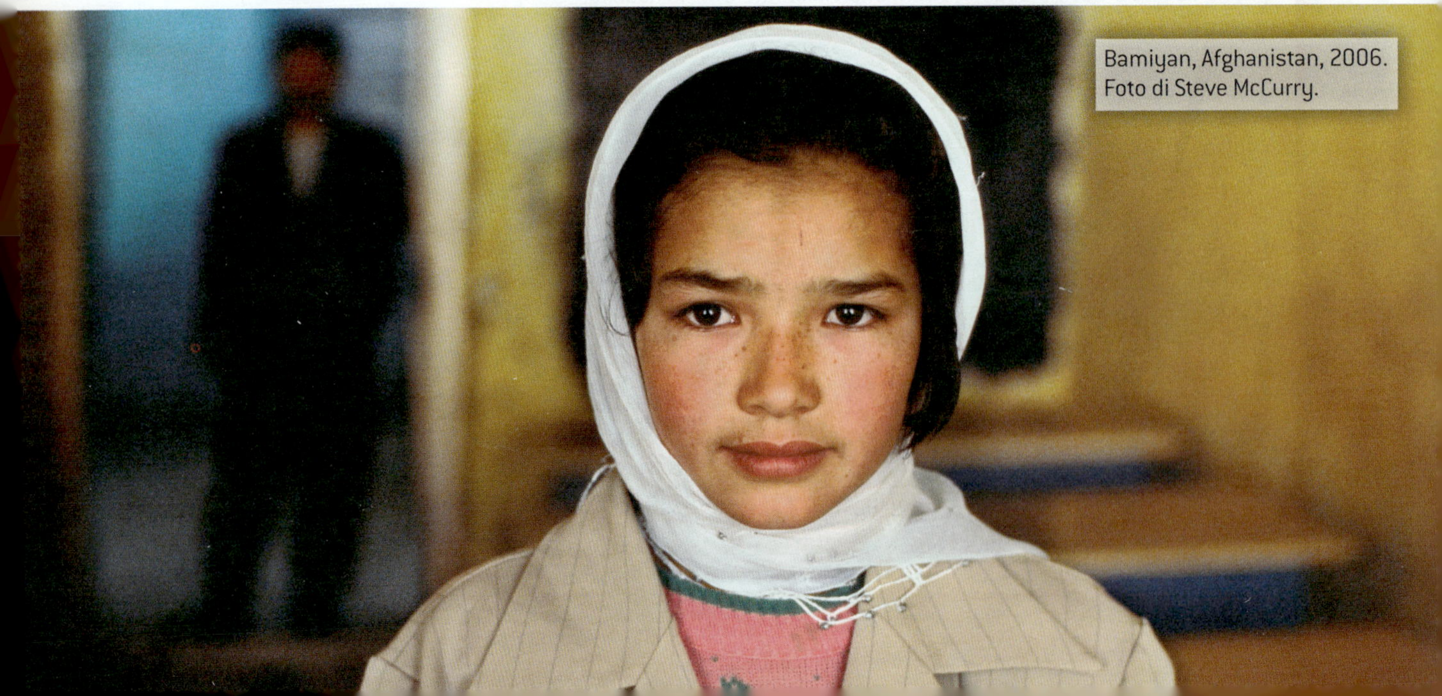

Bamiyan, Afghanistan, 2006.
Foto di Steve McCurry.

«Lei non voleva» disse. «Sono stata io a costringerla. Lei non voleva andare...».

Laila non vide arrivare il pugno. Mentre stava ancora parlando si ritrovò a quattro zampe sul pavimento, con il viso in fiamme e gli occhi sbarrati, mentre cercava di tirare il fiato. Era come se fosse stata investita da un'auto in corsa, colpita fra lo sterno e l'ombelico. Si rese conto che avva lasciato cadere Aziza e che la bambina ora stava urlando. Cercò di nuovo di inspirare, ma emise solo un suono rauco, strozzato. Aveva la bava alla bocca.

Poi si sentì afferrare e trascinare per i capelli. Vide che sollevava Aziza, vide i piedini della bimba che scalciavano e i sandaletti che scivolavano via. I capelli le si strappavano a ciocche e dal dolore gli occhi le si riempirono di lacrime. Vide il piede che apriva con un calcio la porta di Mariam, vide Aziza scagliata sul letto. Rashid lasciò andare i capelli e Laila sentì la punta della scarpa colpirla brutalmente nella natica sinistra. Emise un urlo di dolore, mentre lui chiudeva la porta sbattendola con violenza. Poi, udì il rumore della chiave che girava nella toppa.

Aziza stava ancora urlando. Laila si raggomitolò sul pavimento, respirando a fatica. Si sollevò facendo leva sulle mani e arrancando si avvicinò al letto. Allungò le braccia per toccare sua figlia.

Da basso incominciò il pestaggio. I suoni che giungevano a Laila erano quelli di una metodica pratica familiare. Niente imprecazioni, niente urla, niente suppliche, niente grida di sorpresa, solo la sistematica procedura di dare percosse e riceverne, il *pum pum* di qualcosa di solido che colpiva la carne, qualcosa, che veniva sbattuto contro la parete con un tonfo sordo. Abiti strappati. Di tanto in tanto, Laila sentiva un rincorrersi di passi, un inseguimento muto, mobili rovesciati, vetri infranti, poi di nuovo il suono cupo delle bastonate.

Laila prese Aziza in braccio. Sentì qualcosa di caldo che correva giù per il vestito: la vescica di Aziza si era svuotata.

Al pianterreno le corse e gli inseguimenti finalmente cessarono. Ora si sentiva un suono simile a quello di una mazza di legno che batte e ribatte un quarto di bue.

Laila cullò Aziza finché ci fu silenzio. Quando sentì i cigolii della porta d'ingresso che veniva aperta e poi sbatteva richiudendosi, fece sedere Aziza sul pavimento e sbirciò fuori dalla finestra. Vide nel cortile Rashid che spingeva Mariam tenendole una mano sulla nuca. Mariam, piegata in due, era a piedi nudi. C'era sangue sulle mani di lui, sangue sul viso di Mariam, sui capelli, giù per il collo e la schiena. La sua veste era strappata sul davanti.

«Perdonami, Mariam» disse Laila al vetro, piangendo.

Vide che spingeva Mariam dentro il capanno. Entrò anche lui e ne uscì con un martello e alcune lunghe assi di legno. Chiuse la porta del capanno, prese una chiave dalla tasca e serrò il lucchetto. Verificò che la porta fosse ben chiusa, poi andò sul retro a prendere la scala.

Alcuni minuti dopo, Laila vide la sua faccia apparire alla finestra. Teneva dei chiodi infilati

SEGNALIBRO

Mille splendidi soli, Piemme, Casale Monferrato (AL) 2007. Traduzione di Elisabetta Vaj

il piacere di leggere

Le due donne protagoniste del romanzo sono molto diverse fra loro, per provenienza, cultura, età e carattere. Ma la guerra che insanguina le strade di Kabul e la violenza che soffoca i suoi abitanti, e le donne in particolare, fa intrecciare le loro vite e i loro destini. Mariam e Laila non potrebbero essere più diverse. Mariam è una harami, una figlia illegittima, cresciuta in un sobborgo di Herat, andata in sposa, appena quindicenne e contro la sua volontà, a Rashid, un vedovo di Kabul, molto più vecchio di lei. Laila invece è cresciuta in una famiglia benestante di Kabul con i genitori, due fratelli maggiori e l'inseparabile Tariq, l'amico di sempre di cui è segretamente innamorata. La guerra sconvolge le esistenze delle due donne e intreccia i loro destini; Laila, dopo i fratelli, perde entrambi i genitori, crede Tariq morto e per far nascere la bambina che aspetta da lui non ha altra scelta che diventare la seconda moglie di Rashid, il marito di Mariam. I rapporti fra le due donne all'inizio sono molto tesi, ma a poco a poco fra loro si stabilisce un'intesa che diventa complicità e solidarietà contro Rashid, diventato nel frattempo sempre più aggressivo e violento nei loro confronti..

nell'angolo della bocca. Aveva i capelli scarmigliati[2] e, sulla fronte, una striscia di sangue. Quando lo vide, Aziza strillò, nascondendo il viso sotto l'ascella di Laila.

Rashid si mise a inchiodare le assi alla finestra.

Il buio era totale, impenetrabile e omogeneo, senza sfumature, senza trama. Rashid aveva otturato tutte le fessure tra le assi e aveva sistemato un grosso oggetto inamovibile[3] ai piedi della porta, così che da sotto non filtrava nessuna luce. Aveva infilato qualcosa anche nel buco della chiave.

Poiché per Laila era impossibile seguire il passaggio del tempo con gli occhi, lo seguì con l'orecchio buono.[4] L'*azan*[5] e il canto dei galli le annunciavano il mattino. L'acciottolio[6] dei piatti giù in cucina e il suono della radio le dicevano che era sera.

Il primo giorno si cercarono a tentoni nel buio. Laila non vedeva Aziza quando piangeva, né quando gattonava sul pavimento.

«*Aishi*»[7] gemeva Aziza. «*Aishi*».

«Tra un attimo» le rispondeva Laila, baciandola; le sue labbra cercavano la fronte, ma finivano sulla nuca della piccola. «Tra un po' avremo il latte. Devi avere pazienza. Se ti comporti come una brava bambina paziente la mamma ti darà l'*aishi*».

Le cantò delle canzoncine.

L'*azan* risuonò per la seconda volta, ma Rashid non portò loro niente da mangiare e, peggio ancora, niente da bere. Quel giorno soffrirono di una calura pesante, soffocante. La stanza si trasformò in una pentola a pressione. Laila si passava la lingua asciutta sulle labbra, pensando al pozzo in cortile, all'acqua fresca e pulita. Aziza non smetteva di piangere e Laila notò con preoccupazione che quando le passava la mano sulle guance la pelle era asciutta e secca. Le tolse tutto di dosso, cercò qualcosa per farle vento, si rassegnò a soffiarle in viso finché sentì che le girava la testa. Ben presto, Aziza smise di gattonare per la camera. Non faceva che appisolarsi e svegliarsi in continuazione.

A più riprese, Laila pestò i pugni sulle pareti, raccolse l'energia che le rimaneva per chiedere aiuto, sperando che i vicini la sentissero. Ma non venne nessuno e le sue grida ebbero il solo effetto di spaventare Aziza, che si mise di nuovo a gemere con un suono flebile,[8] arrochito,[9] Laila si lasciò scivolare per terra. Pensava a Mariam, bastonata e sanguinante, rinchiusa nell'aria rovente del capanno.

A un certo punto si addormentò, con il corpo sfatto dall'afa irrespirabile. Sognò che lei e Aziza avevano incontrato casualmente Tariq. Lui si trovava sull'altro lato di una strada affollata, sotto il tendone della bottega di un sarto. Seduto sui talloni, assaggiava dei fichi da un cesto. «Ecco tuo padre» le aveva detto Laila. «Quell'uomo laggiù, lo vedi? Lui è il tuo vero Baba».[10] L'aveva chiamato per nome, ma la sua voce era stata soffocata dal frastuono della strada e Tariq non l'aveva sentita.

Fu svegliata dai sibili dei razzi che sfrecciavano sopra la sua testa. Da qualche parte, nel cielo che lei non poteva vedere, esplodevano boati, seguiti dal lungo frenetico martellare delle mitragliatrici automatiche. Laila chiuse gli occhi. Fu svegliata dai passi pesanti di Rashid nel corridoio. Si trascinò sino alla porta e prese a batterla con le mani.

«Un solo bicchiere, Rashid. Non per me. Fallo per lei. Non vorrai macchiarti le mani del suo sangue».

Lui non si fermò.

2 **scarmigliati:** spettinati, arruffati.
3 **inamovibile:** impossibile da muovere, da spostare.
4 **orecchio buono:** Laila è rimasta sorda da un orecchio, in seguito all'esplosione che ha distrutto la sua casa e la sua famiglia.
5 ***azan*:** è il richiamo (*adhān*) che serve a ricordare l'obbligo di effettuare validamente la preghiera islamica (vedi anche la nota 11).
6 **acciottolio:** rumore continuato e frequente di cose che si urtano, specialmente stoviglie.
7 ***Aishi*:** latte.
8 **flebile:** lamentoso, lieve, debole.
9 **arrochito:** roco.
10 **Baba:** papà.

Incominciò a supplicarlo. Gli chiese perdono, gli fece promesse. Lo maledisse.

Sentì che chiudeva la porta della sua camera e accendeva la radio.

Il muezzin[11] salmodiò l'*azan* per la terza volta. Ancora il caldo torrido. Aziza non rispondeva più. Smise completamente di muoversi, smise di piangere.

Laila posava l'orecchio sulla bocca della bambina, ogni volta con il terrore di non sentire più il respiro debole, sibilante. Persino il semplice gesto di sollevarsi da terra le dava il capogiro. Si riaddormentava e faceva sogni che non riusciva a ricordare. Quando si svegliava, verificava che Aziza fosse viva, le passava le dita sulle labbra screpolate dall'arsura, le posava sul collo per sentire le pulsazioni ormai deboli, poi si sdraiava di nuovo. Sarebbero morte qui, di questo Laila era sicura, ma ciò che più la terrorizzava era di sopravvivere ad Aziza, così piccola e fragile. Quanto avrebbe resistito ancora? Sua figlia sarebbe morta in quell'aria arroventata e lei avrebbe dovuto sdraiarsi e aspettare la morte accanto al suo corpicino che andava irrigidendosi. Si riaddormentò. Si svegliò. Si riaddormentò. Il confine tra sogno e veglia si fece labile.[12]

Non furono i galli o l'*azan* a svegliarla, ma il rumore di qualcosa di pesante che veniva trascinato. Sentì un tintinnio metallico. Improvvisamente la stanza fu inondata della luce. Provò un dolore lancinante[13] agli occhi. Alzò la testa, sussultò e si protesse gli occhi con la mano. Attaverso le dita vide una sagoma massiccia, indistinta, in piedi nel rettangolo della porta. La sagoma si mosse. Ora la forma accovacciata incombeva su di lei e una voce le parlava all'orecchio.

«Se ci provi ti scoverò dovunque tu sia. Giuro sul nome del Profeta[14] che ti scoverò. E quando ti troverò non ci sarà tribunale di questo paese dimenticato da Dio che mi riterrà responsabile delle mie azioni. Prima a Mariam, poi a lei e infine a te. E ti costringerò a guardare. Mi capisci? *Ti costringerò a guardare*».

E con quelle parole lasciò la stanza. Ma non prima di averle tirato un calcio nel fianco.

11 **muezzin:** nella liturgia islamica, è l'incaricato di salmodiare cinque volte al giorno dal minareto il richiamo (*adhān*) che serve a ricordare l'obbligo di effettuare la preghiera islamica.

12 **labile:** fugace, passeggero.

13 **lancinante:** detto di un dolore acutissimo che si manifesta con forti fitte in un punto determinato del corpo.

14 **Profeta:** Maometto.

ANALISI DEL TESTO

I temi

Denuncia e speranza

La storia degli ultimi cinquant'anni dell'Afghanistan, paese di origine dell'autore, è raccontata attraverso gli occhi di due donne, molto diverse tra loro ma unite da un destino comune, costrette a dover subire le stesse umiliazioni, a dover sopportare la stessa violenza fisica e psicologica e le stesse discriminazioni sessiste. Tra loro sboccerà un'amicizia fortissima, un legame talmente intenso che porterà una delle due a sacrificare la sua stessa vita per il bene dell'altra. Importante e interessante è la profonda riflessione sulla **condizione della donna** che è il vero motivo di fondo del libro. L'autore, accanto alla denuncia, sottolinea anche la speranza che quei «mille splendidi soli» tornino a danzare indisturbati sui minareti di Kabul.

Le tecniche narrative

La protagonista e il punto di vista

La protagonista del brano è sicuramente **Laila**: anche se la narrazione è in terza persona, l'autore assume il suo punto di vista. A delinearsi è una figura di donna forte, coraggiosa e combattiva nella sua estrema fragilità ed impotenza, che nel momento cruciale sa preoccuparsi per gli altri dimostrando una grande maturità e forza d'animo, nonostante la giovane età. La disperazione e la paura di non farcela, non tanto rivolta verso se stessa quanto nei confronti della figlia, sono i sentimenti che le danno la forza di resistere e di urlare la sua rabbia fino alla fine, a dispetto delle poche energie fisiche che le sono rimaste e della brutalità della violenza psicologica che le è stata inflitta.

Gli altri personaggi

Molto diverso il personaggio di **Mariam**: altrettanto impotente e fragile di Laila, Mariam assume sin dall'inizio un atteggiamento remissivo e rassegnato. Accetta le botte e le bastonate del marito senza reagire, senza emettere una lacrima o un gemito, senza difendersi. Diversamente da Laila, che è più giovane ed è cresciuta in una famiglia benestante, di mentalità moderna e aperta, che prima della guerra è andata a scuola, Mariam viene da un piccolo villaggio ed è cresciuta in un ambiente povero, sia economicamente sia culturalmente, con una donna triste e rassegnata. Dalla madre ha imparato che non serve ribellarsi, tanto sono e saranno sempre le donne le più deboli, quelle che avranno la peggio.

Rashid è l'antagonista, il cattivo della storia: un uomo mentalmente chiuso, privo di cultura, fermamente ancorato ai pregiudizi e alla mentalità retrograda di vaste zone agricole ed arretrate del Paese, per il quale il gesto delle due donne (cercare una via di fuga da casa, dalle continue e quotidiane vessazioni e percosse) viene letto come un affronto intollerabile, un colpo basso a quell'onore e orgoglio che ogni uomo di valore deve essere in grado di difendere in casa propria. Non c'è posto per i sentimenti nel cuore di quest'uomo, sono soltanto questo onore e questo orgoglio a contare, e per difenderli Rashid farebbe qualsiasi cosa.

Il tempo

Il **tempo** del racconto è dilatato, **incerto**, perché anch'esso ritagliato sulle sensazioni della protagonista, Laila, che si fanno via via più flebili man mano che le sue energie diminuiscono, che le forze l'abbandonano a causa delle percosse subite e della mancanza di cibo e di acqua.

› *Le tecniche espressive*

Stile ritmato

Lo stile di Hosseini si configura in una serie di **periodi brevi**, asciutti, dominati dalla coordinazione, spesso per asindeto, cioè realizzata senza l'uso delle congiunzioni, e ritmati dalla fitta presenza della punteggiatura che sembra scandire la cadenza del racconto.

L'autore ha la capacità di descrivere e suscitare sentimenti forti, di coinvolgere e rapire, senza mai cadere nell'artificioso e nel retorico. La **narrazione in terza persona** permette ancora di più al lettore di immedesimarsi nel contesto socio-storico di quei tempi e nella donna: umiliata, violentata nel corpo e nell'anima da uomini, da una guerra che non la risparmia e dalla morte che le porta via tutto ciò che ha di caro intorno a sé.

LABORATORIO SUL TESTO

› *Conoscenze*

Comprensione

1. **Quali punizioni infligge Rashid a Laila e a Mariam?** LE PICCHIA

2. **Quanto tempo dura la segregazione di Laila e di Aziza?**

[A] un'ora [B] alcune ore [C] più di un giorno

3. **Che cosa fa Laila per attirare l'attenzione del vicinato e chiedere aiuto?** TIRAVA PUGNI ALLE PARETI

4. **Che cosa fa Laila per convincere Rashid a dare qualcosa da bere alla bambina?** LO PREGA

5. **Che cosa minaccia di fare Rashid, se Laila tenterà di nuovo di scappare?** LE UCCIDERÀ

Analisi

6. **Di chi è la voce narrante del racconto?** DELLO SCRITTORE

7. **Attraverso quale punto di vista viene narrata la vicenda?** 3 PERSONA

8. **Quali sentimenti, sensazioni ed emozioni prova Laila mentre subisce la violenza di Rashid e dopo, quando rimane chiusa in camera, al buio, senza acqua né cibo per sé e per la sua piccola?** PAURA - FAME - SONNO DOLORE - TIMORE

9. **Per quale ragione, secondo te, Laila si sente in colpa per le sofferenze che Mariam è costretta a patire?** PERCHÈ QUELLA DI SCAPPARE È STATA UNA SUA IDEA

Conoscenze lessicali

10. Collega ciascun termine al suo sinonimo.

labile	ardente
lancinante	fioco
inamovibile	regolare
flebile	fisso
scarmigliato	caduco
metodico	spettinato
torrido	compatto
omogeneo	straziante

Conoscenze grammaticali

11. Quale costruzione sintattica prevale nello stile di Hosseini? Dopo aver risposto alla domanda, rintraccia due passaggi nel testo che confermano la tua risposta.

[A] coordinazione per asindeto [B] coordinazione per polisindeto [C] subordinazione

12. Nella frase «Poiché per Laila era impossibile seguire il passaggio del tempo con gli occhi», quale proposizione introduce «poiché»?

[A] causale [B] consecutiva [C] temporale [D] interrogativa indiretta

Abilità e competenze

Scrittura e interpretazione

1. Ti presentiamo due frasi tratte dal romanzo *Mille splendidi soli*. Per ciascuna fai un breve commento personale.

Vedete, ci sono cose che vi posso insegnare, altre che potete imparare dai libri. Ma ci sono cose che, beh, bisogna vedere e sentire.

So che, quando questa guerra sarà finita, l'Afghanistan avrà forse più bisogno di donne che di uomini. Perché una società non ha nessuna possibilità di progredire se le sue donne sono ignoranti, nessuna possibilità.

Ascoltare, argomentare e confrontarsi

2. Nel brano emergono violenza fisica (un vero e proprio pestaggio), oltre che psicologica (lasciare degli esseri umani rinchiusi, al buio, doloranti e feriti, senza cibo né acqua). Pensi che si tratti di situazioni estreme, ricollegabili alla circostanza che la storia raccontata è ambientata in Afghanistan? Pensi che in Occidente episodi del genere non accadano o non possano accadere? Confronta la tua opinione con quella dei tuoi compagni.

PER LEGGERE E APPROFONDIRE

La condizione delle donne in Afghanistan

Deborah Ellis ***Sotto il burqua. Avere 11 anni a Kabul***
(Fabbri Editori, Milano 2005)
Racconta la storia di Parvana, una ragazzina che per sopravvivere nell'Afghanistan dei talebani si finge un maschio; della stessa autrice, *Il viaggio di Parvana*, che racconta il seguito dell'avventura della coraggiosa protagonista nella sua fuga per la salvezza, attraverso il Paese devastato dalle bombe e dalle mine antiuomo.

Ana Tortajada
Il grido invisibile. La vita negata delle donne afghane
(Sperling & Kupfer, Milano 2001)
Documenta la drammatica condizione di isolamento e miseria delle donne afghane, attraverso un coraggioso viaggio-reportage.

SCHEDA STORIA

L'Afghanistan

Situato in una posizione strategica tra Medio Oriente, Asia Centrale e India, l'Afghanistan è stato da sempre oggetto di interessi politici ed economici. Invaso dalle truppe sovietiche nel 1979, riesce a liberarsi dieci anni più tardi, quando i russi si ritirano lasciando tuttavia il Paese in una sanguinosa guerra civile tra fazioni politiche ed etnie diverse. Tra il 1992 ed il 1996 ad avere la meglio è il movimento dei talebani, studenti delle scuole coraniche sunnite del Pakistan, che conquistano il potere città dopo città, assoggettando tutta la popolazione ad un ferreo regime: viene istituita la *sharia*, la legge islamica, gli uomini vengono costretti a farsi crescere la barba; televisione, radio, concerti e ogni forma di divertimento vengono vietati. Ma sono le donne a pagare il prezzo più alto: le scuole vengono chiuse, le uniche forme di istruzione vengono impartite nei convitti coranici solo ed esclusivamente ai ragazzi. Le donne non possono più lavorare e vengono private di ogni diritto, persino quello di uscire di casa se non accompagnate da un uomo di casa (padre, marito o fratello) e comunque indossando sempre il burqa (o burka), il lungo e largo abito che non lascia scoperto neppure il viso. Molte di loro muoiono di parto o di banali infezioni per non aver ricevuto in tempo le cure necessarie. Quelle rimaste vedove o sole dopo l'arresto dei mariti da parte dei talebani, sono spesso costrette a prostituirsi o a mendicare. Questa situazione perdura fino ai tempi più recenti quando, all'indomani dell'attacco dell'11 settembre 2001 alle Torri gemelle di New York, il regime talebano viene accusato apertamente dagli Stati Uniti di dare rifugio e protezione al terrorista Osama Bin Laden, indicato come il mandante della strage. Tra la fine del 2001 e gli inizi del 2002, in seguito all'attacco armato condotto dagli Stati Uniti contro il Paese, il regime dei talebani crolla. Il 9 ottobre 2004 hanno avuto luogo le prime elezioni presidenziali democratiche aperte anche alle donne, che hanno sancito la vittoria di Karzai. Molto tuttavia resta da fare per ricostruire e dare nuova speranza ad un Paese martoriato dalle guerre e dalle bombe: si stima che in Afghanistan, tra il 1979 ed il 2001, siano morte un milione e mezzo di persone, di cui quattrocentomila a causa delle mine antiuomo. Altre migliaia di civili sono morti nei bombardamenti successivi nonché a causa della fame e delle malattie; altri ancora sono rimasti mutilati e invalidi per tutta la vita, molti di loro sono soltanto dei bambini. Il Paese è andato quasi interamente distrutto, ponti e strade non esistono più. La maggior parte dei campi sono disseminati di mine antiuomo e non potranno essere coltivati per lunghi anni a venire: questo fa sì che l'agricoltura, ridotta allo stremo dalla guerra, non possa risollevarsi. Anche la condizione della donna in Afghanistan, nonostante l'insediamento del nuovo governo democratico, è ancora lontana da un reale miglioramento: le donne hanno ancora paura, molte di loro, soprattutto nelle zone più povere del Paese, indossano ancora il burqa nonostante non siano più costrette a farlo. Il livello di istruzione rimane molto basso, le possibilità per loro di trovare un impiego sono esigue.

Bambini che giocano su un carro armato a Kandahar in Afghanistan. Foto di Steve McCurry del 1994.

Roberto Saviano
Un terribile fatto di cronaca

al alta leggibilità
intervista a Roberto Saviano

OPERA	ANNO	GENERE	TEMA
Gomorra	2006	romanzo inchiesta	• il mondo affaristico e criminale della camorra

L'AUTORE

Roberto Saviano (Napoli, 22 settembre 1979) è uno scrittore e giornalista italiano. Nei suoi scritti, nei suoi articoli e nel suo romanzo d'esordio, *Gomorra*, pubblicato nel 2006, usa la letteratura e il reportage per raccontare la realtà economica della camorra e della criminalità organizzata in genere. *Gomorra* è stato tradotto in 43 paesi. Ha ricevuto diversi premi prestigiosi e riconoscimenti da parte della critica. *Gomorra* è anche diventato un film (uscito nelle sale italiane nel 2008), per la regia di Matteo Garrone. Nel 2009 esce il romanzo *La bellezza e l'inferno*. Del 2013 è il romanzo *Zero Zero Zero*. Dalle prime minacce di morte del 2006 da parte dei cartelli camorristici, Roberto Saviano è sottoposto a un serrato protocollo di protezione. Dal 13 ottobre 2006 vive sotto scorta.

Uno dei passaggi più tragici e toccanti del libro è quello che racconta un fatto di cronaca: l'uccisione di una bella ragazza di appena quattordici anni, Annalisa Durante, in una calda serata di primavera. Annalisa non ha nessuna colpa: viene uccisa per caso, la vittima designata era un'altra, un ragazzo poco più grande di lei, erede di una nota famiglia camorrista della zona. L'unica colpa di Annalisa è quella di essersi trovata nel posto sbagliato al momento sbagliato. L'unica colpa di Annalisa è quella di essere nata a Napoli.

Annalisa Durante, uccisa a Forcella[1] il 27 marzo 2004 dal fuoco incrociato, a quattordici anni. Quattordici anni. Quattordici anni. Ripeterselo è come passarsi una spugna d'acqua gelata lungo la schiena. Sono stato al funerale di Annalisa Durante. Sono arrivato presto nei pressi della chiesa di Forcella. I fiori non erano ancora giunti, manifesti affissi ovunque, messaggi di cordoglio,

1 **Forcella:** quartiere popolare di Napoli.

Gomorra, film del 2008 diretto da Matteo Garrone, basato su *Gomorra* di Roberto Saviano.

lacrime, strazianti ricordi delle compagne di classe. Annalisa è stata uccisa. La serata calda, forse la prima serata realmente calda di questa stagione terribilmente piovosa, Annalisa aveva deciso di trascorrerla giù al palazzo d'una amica. Indossava un vestitino bello e suadente.[2] Aderiva al suo corpo teso e tonico,[3] già abbronzato. Queste serate sembrano nascere apposta per incontrare ragazzi, e quattordici anni per una ragazza di Forcella è l'età propizia[4] per iniziare a scegliersi un possibile fidanzato da traghettare[5] sino al matrimonio. Le ragazze dei quartieri popolari di Napoli a quattordici anni sembrano già donne vissute. I volti sono abbondantemente dipinti, i seni sono mutati in turgidissimi[6] meloncini dai pushup, portano stivali appuntiti con tacchi che mettono a repentaglio l'incolumità delle caviglie. Devono essere equilibriste provette per reggere il vertiginoso camminare sul basalto, pietra lavica che riveste le strade di Napoli, da sempre nemica d'ogni scarpa femminile. Annalisa era bella. Parecchio bella. Con l'amica e una cugina stava ascoltando musica, tutte e tre lanciavano sguardi ai ragazzetti che passavano sui motorini, impennando, sgommando impegnandosi in gincane[7] rischiosissime tra auto e persone. È un gioco al corteggiamento. Atavico,[8] sempre identico. La musica preferita dalle ragazze di Forcella è quella dei neomelodici, cantanti popolari di un circuito che vende moltissimo nei quartieri popolari napoletani, ma anche palermitani e baresi. Gigi D'Alessio è il mito assoluto. Colui che ce l'ha fatta a uscire dal microcircuito imponendosi in tutt'Italia, gli altri, centinaia di altri, sono rimasti invece piccoli idoli di quartiere, divisi per zona, per palazzo, per vicolo. Ognuno ha il suo cantante. D'improvviso però, mentre lo stereo spedisce in aria un acuto gracchiante del neomelodico, due motorini, tirati al massimo, rincorrono qualcuno. Questo scappa, divora la strada con i piedi. Annalisa, sua cugina e l'amica, non capiscono, pensano che stanno scherzando, forse si sfidano. Poi gli spari. Le pallottole rimbalzano ovunque. Annalisa è a terra, due pallottole l'hanno raggiunta. Tutti fuggono, le prime teste iniziano ad affacciarsi ai balconi sempre

2 **suadente:** seducente, attraente, allettante.
3 **tonico:** pieno di vigore, di forza.
4 **propizia:** favorevole.
5 **traghettare:** condurre, portare.
6 **turgidissimi:** gonfi e ingrossati.
7 **gincane:** gare automobilistiche o motociclistiche con percorsi disseminati di ostacoli stravaganti e prove bizzarre e inconsuete da superare.
8 **Atavico:** ereditario, primordiale.

SEGNALIBRO

Gomorra, Mondadori, Milano 2006.

il piacere di leggere

Un giornalista giovane e coraggioso attraversa con la sua Vespa i quartieri più tristi e poveri di Napoli, i paesini dell'hinterland, i luoghi del casertano dominati dai famigerati "casalesi", tra i clan più potenti della camorra. Entra negli affari del "sistema", come la camorra stessa si definisce, nelle fabbriche abusive dove si lavora in nero ventiquattr'ore su ventiquattro, festivi compresi, per il mercato dell'abbigliamento, d'alta moda e contraffatto che sia, perché qui vero e falso si confondono, tendono ad essere una cosa sola. Roberto Saviano documenta, fa domande, rende testimonianze, descrive e riflette su una realtà che gli è dolorosamente familiare, perché lui in quelle terre c'è nato e cresciuto, le ha amate e le ha viste distrutte, cementificate dall'edilizia della camorra, attanagliate dall'ignoranza, dalla droga, dalla disoccupazione, soffocate dalla mancanza di sogni, di aspirazioni, di prospettive diverse da quelle note, conosciute. E la parola, allora, sembra diventare l'unica possibilità, la sola arma che possa, se non sconfiggere o contrastare l'egemonia dei clan, almeno gridare la rabbia di chi non ci sta, di chi non vuol soccombere alla logica del sistema per cui o si è affiliati, o si è complici oppure si deve tacere la verità, fingere di non aver visto, di non aver udito nulla. La parola è l'unica arma, il coraggio della denuncia, la capacità di indignarsi e di urlare la propria indignazione, a costo della vita stessa: come ha testimoniato con la sua, di vita, don Giuseppe Diana, sacerdote, ucciso di mattina presto, mentre si preparava a celebrare la prima messa, per aver osato sfidare il potere dei camorristi locali, armato, lui, della sola parola.

aperti per auscultare[9] i vicoli. Le urla, l'ambulanza, la corsa in ospedale, l'intero quartiere riempie le strade di curiosità e ansia.

Salvatore Giuliano è un nome importante. Chiamarsi così sembra già essere una condizione sufficiente per comandare. Ma qui a Forcella non è il ricordo del bandito siciliano[10] a conferire autorità a questo ragazzo. È soltanto il suo cognome. Giuliano. La situazione è stata peggiorata dalla scelta di parlare fatta da Lovigino Giuliano. Si è pentito, ha tradito il suo clan per evitare l'ergastolo. Ma come spesso accade nelle dittature, anche se il capo viene tolto di mezzo, nessun altro se non un suo uomo può prenderne il posto. I Giuliano quindi, anche se con il marchio dell'infamia,[11] continuavano a essere gli unici in grado di mantenere rapporti con i grandi corrieri del narcotraffico[12] e imporre la legge della protezione.[13] Col tempo però Forcella si stanca. Non vuole più essere dominata da una famiglia di infami, non vuole più arresti e polizia. Chi vuole prendere il loro posto deve fare fuori l'erede, deve imporsi ufficialmente come sovrano e scacciare la radice dei Giuliano, il nuovo erede: ovvero Salvatore Giuliano, il nipote di Lovigino. Quella sera era il giorno stabilito per ufficializzare l'egemonia,[14] per far fuori il rampollo[15] che stava alzando la testa e mostrare a Forcella l'inizio di un nuovo dominio. Lo aspettano, lo individuano. Salvatore cammina tranquillo, si accorge all'improvviso di essere nel mirino. Scappa, i killer lo inseguono, corre, vuole gettarsi in qualche vicolo. Iniziano gli spari. Giuliano con molta probabilità passa davanti alle tre ragazze, approfitta di loro come scudo e nel trambusto estrae la pistola, inizia a sparare. Qualche secondo e poi fugge via, i killer non riescono a beccarlo. Quattro sono le gambe che corrono all'interno del portone per cercare rifugio. Le ragazze si girano, manca Annalisa. Escono. È a terra, sangue ovunque, un proiettile le ha aperto la testa [...].

Pensare che una ragazzina è morta perché aveva deciso di ascoltare musica assieme alle amiche, sotto un portone in una serata, di primavera, fa girare le viscere. Ho la nausea. Devo restare calmo. Devo capire, se possibile. Annalisa è nata e vissuta in questo mondo. Le sue amiche le raccontavano delle fughe in moto con i ragazzi del clan, lei stessa si sarebbe forse innamorata di un bel ragazzetto ricco, capace di far carriera nel Sistema o forse di un bravo guaglione[16] che si spaccava la schiena tutto il giorno per quattro soldi. Il suo destino sarebbe stato quello di lavorare in una fabbrica in nero, di borse, dieci ore al giorno per cinquecento euro al mese. Annalisa era impressionata dal marchio sulla pelle che hanno le operaie che lavorano il cuoio, nel suo diario era scritto: "le ragazze che lavorano con le borse hanno sempre le mani nere, stanno per tutto il giorno chiuse in fabbrica. C'è anche mia sorella Manu ma almeno a lei il datore di lavoro non la costringe a lavorare anche quando non si sente bene". Annalisa è divenuta simbolo tragico perché la tragedia si è compiuta nel suo aspetto più terribile e consustanziale:[17] l'assassinio. Qui però non esiste attimo in cui il mestiere di vivere non appaia una condanna all'ergastolo, una pena da scontare attraverso un'esistenza brada,[18]

9 **auscultare:** nel linguaggio medico significa ascoltare, con l'orecchio o con strumenti specifici i suoni provenienti dagli organi interni del paziente, valutandone la normalità o l'anormalità. Qui è usato come sinonimo di ascoltare con particolare attenzione.

10 **bandito siciliano:** Salvatore Giuliano era anche il nome di un famoso bandito siciliano vissuto nella prima metà del secolo scorso, accusato, fra gli altri crimini, della strage di Portella della Ginestra, avvenuta il primo maggio del 1947, presso Piana degli Albanesi, Palermo, contro duemila lavoratori, in prevalenza contadini, riunitisi per manifestare contro il latifondismo e a favore dell'occupazione delle terre incolte, oltre che per celebrare la festa dei lavoratori; nella strage morirono 11 persone, fra cui due bambini.

11 **marchio d'infamia:** sono considerati infami (ovvero, nel linguaggio della malavita, spie, delatori) perché un componente della loro famiglia, Lovigino appunto, ha deciso di collaborare con la giustizia. La colpa di Lovigino è ricaduta su tutti i componenti della famiglia, marchiandoli, segnandoli a vita.

12 **corrieri del narcotraffico:** coloro che sono incaricati di trasportare la droga da un Paese all'altro eludendo i controlli doganali e di polizia alle frontiere.

13 **legge della protezione:** la legge non scritta della protezione che un clan di camorra garantisce non solo ai suoi affiliati e alle loro famiglie, ma a tutti gli abitanti del quartiere o territorio posto sotto il suo dominio e controllo.

14 **egemonia:** supremazia, preminenza.

15 **rampollo:** figlio.

16 **guaglione:** ragazzo (in dialetto napoletano).

17 **consustanziale:** che ha una sola e medesima natura e sostanza.

18 **brada:** selvaggia, non disciplinata da regole chiare e precise.

identica, veloce, feroce. Annalisa è colpevole d'essere nata a Napoli. Nulla di più, nulla di meno. Mentre il corpo di Annalisa nella bara bianca viene portato via a spalla, la compagna di banco lascia trillare il suo cellulare. Squilla sul feretro:[19] è il nuovo requiem.[20] Un trillo continuo, poi musicale, accenna una melodia dolce. Nessuno risponde.

19 **feretro:** bara coperta dalla coltre funebre.
20 **requiem:** composizione musicale strutturata sulla preghiera dei defunti generalmente eseguita durante un funerale.

ANALISI DEL TESTO

I temi

La realtà drammatica della camorra
Il titolo del libro di Saviano, *Gomorra*, si riferisce ad un celebre episodio raccontato nella Bibbia (Genesi, 19). *Gomorra* è una delle mitiche "cinque città della pianura" (la più nota delle quali è Sodoma), distrutte da Dio per la corruzione dei loro abitanti. Secondo il testo biblico era situata nei pressi del Mar Morto.
In questo brano l'autore riporta un fatto di **cronaca nera**, un agguato di camorra che uccide per errore una ragazza di appena quattordici anni. Il suo punto di vista è quello di una persona direttamente coinvolta in ciò che racconta, non solo perché presente fisicamente («Sono stato al funerale di Annalisa Durante») ma perché emotivamente coinvolto, partecipe degli eventi. L'autore non nasconde le sue emozioni più vere e più profonde davanti a quello che è successo («Ho la nausea. Devo restare calmo») né il suo pensiero («Annalisa è colpevole di essere nata a Napoli. Nulla di più nulla di meno») e lo fa in maniera forte, quasi violenta, come forte e violenta è stata l'uccisione di Annalisa. Lo scopo dell'autore è chiaro: non presentare semplicemente un fatto di cronaca, non soltanto documentare l'accaduto, ma anche e soprattutto scuotere le coscienze, invitare il lettore a riflettere su una realtà drammatica e quanto mai attuale, di cui si parla e si sa troppo poco.

Le tecniche narrative

Realtà sociale difficile e rischiosa
L'omicidio di Annalisa Durante diventa anche l'occasione per fotografare una realtà economica e sociale difficile, degradata, a costante rischio di povertà e di criminalità. Qui, come in altre parti del romanzo, l'attenzione è concentrata sui giovani: quattordici anni la vittima, la stessa età le sue amiche e compagne di classe, poco più grande il vero bersaglio dell'agguato, quel Salvatore Giuliano nipote di un camorrista. Perché normalmente in una società sono i giovani ad incarnare la nuova generazione, i sogni, le ambizioni, le energie e le speranze per il futuro. Solo che questi ragazzi un futuro non ce l'hanno, non l'hanno mai avuto e non lo avranno mai.

Le giovani vittime del "sistema"
Sono i giovani le vere vittime del "sistema", della camorra. Le loro vite sono già segnate, i loro destini già scritti dal solo fatto di essere nati e cresciuti in quella determinata realtà, dove le alternative, per chi rimane, sono soltanto due: «spaccarsi la schiena tutto il giorno per quattro soldi», lavorare in nero il pellame per uno stipendio da fame (come la sorella di Annalisa), oppure essere un camorrista o legarsi in qualche modo ad un clan, sperando di "fare fortuna" all'interno dell'organizzazione, di diventare "qualcuno". E, in entrambi i casi, rischiando di morire all'improvviso e ancora troppo giovani, come la storia di Annalisa testimonia. Perché non basta tenersi fuori dal giro, non essere un camorrista o parente di un camorrista per salvarsi: si può essere uccisi comunque all'angolo di una strada, mentre si ascolta la propria canzone preferita, senza aver commesso alcuna colpa, in una guerra non dichiarata, non riconosciuta ufficialmente dalle organizzazioni internazionali, ma che uccide sul serio, come qualsiasi altra guerra.

Le tecniche espressive

Lo stile giornalistico
Lo **stile** è quello **dell'inchiesta** raccontata in prima persona ma non con il linguaggio giornalistico, oggettivo e imparziale del cronista che si limita a riferire ciò che è accaduto; al contrario, i **toni** sono **accesi**, forti, le parole vibranti trasudano rabbia, indignazione, impotenza.
Nel testo sono presenti due livelli di narrazione: il primo è la descrizione dettagliata del mondo della camorra, il secondo è la descrizione di come lo scrittore esplora questo mondo e delle riflessioni e dei sentimenti che suscita in lui.

LABORATORIO SUL TESTO

Conoscenze

Comprensione

1. **All'inizio del brano l'autore riporta dati precisi circa il nome della vittima, l'età, il luogo e la data dell'agguato. Elenca queste informazioni, ricavandole dal testo.**

2. **L'agguato è avvenuto**

[A] in un quartiere ricco [B] in un quartiere popolare

Motiva la tua risposta, facendo riferimento alle informazioni presenti nel testo.

3. **Che cosa sappiamo dell'aspetto della vittima?**

4. **Che cosa stava facendo la vittima quando viene colpita?**

5. **Per quale ragione Annalisa viene uccisa?**

[A] perché è figlia di un boss della camorra
[B] perché è fidanzata con un giovane camorrista
[C] perché è figlia di un carabiniere
[D] per errore

6. **Chi è il Salvatore Giuliano della storia e per quale ragione la camorra voleva ucciderlo?**

7. **Che cosa fa Salvatore Giuliano quando capisce di essere stato puntato dai killer?**

8. **Che cosa veniamo a sapere della famiglia di Annalisa dal suo diario?**

9. **Qual è il requiem per Annalisa al suo funerale?**

Analisi

10. **Ti sembra che l'autore nel raccontare i fatti sia**

[A] oggettivo e imparziale, si limita a riportare un episodio di cronaca nera
[B] emotivamente coinvolto, esprime le sue idee e le sue emozioni riguardo all'accaduto.

Motiva la tua risposta, riportando di seguito i passaggi del testo che secondo te avvalorano l'opzione che hai scelto.

11. **La vita nei quartieri popolari di Napoli viene definita dall'autore «una condanna all'ergastolo»: perché, secondo te? Che cosa vuol dirci l'autore con questa frase?**

12. **Come viene descritta, in generale, la vita dei ragazzi e delle ragazze nei quartieri popolari di Napoli? Che cosa fanno, come impiegano il loro tempo libero, quali prospettive hanno per il futuro?**

Conoscenze lessicali

13. **Trova i sinonimi dei seguenti termini: *rampollo*, *clan*, *trillo*, *infamia*.**

14. **Individua nel testo le espressioni gergali e sostituiscile con altre dello stesso significato ma appartenenti ad un registro medio.**

15. **Cerca nel testo e trascrivi i termini e le espressioni appartenenti al campo semantico della violenza.**

Conoscenze grammaticali

16. **Individua nel testo un periodo di tipo paratattico (cioè formato da frasi coordinate) e uno di tipo ipotattico (cioè formato da frasi subordinate). Quale forma di periodo prevale nel brano?**

17. **«Pensare che una ragazzina è morta perché aveva deciso di ascoltare musica». Che valore ha «perché»?**

[A] causale [B] temporale [C] modale [D] consecutiva

Abilità e competenze

Scrittura e interpretazione

1. Quale significato ha la frase «Annalisa è colpevole di essere nata a Napoli»? Su che cosa vuol farci riflettere, secondo te, l'autore con questa affermazione?

2. «Con *Gomorra* non pretendevo tanto di avere successo quanto di cambiare le cose, svegliare la gente, costringerla a vedere l'orrida realtà neppure tanto nascosta». Commenta questa frase esprimendo le tue considerazioni personali.

Ascoltare, argomentare e confrontarsi

3. Riportiamo uno stralcio di un articolo di Roberto Saviano apparso su «la Repubblica» (3 maggio 2007). Commentalo insieme ai tuoi compagni.

«Quanto pesa una parola. Quali calibri usare e su quali bilance misurarla. Domande che come febbri tropicali tormentano ogni particella di chi si avvicina da scrittore o da lettore alla letteratura. La prima volta che capii il potere della parola ero ragazzino, bande di bambini in bicicletta sulle ormai rottamate BMX scorrazzavano per i paesini dell'entroterra campano, raggiungevano i centri vicini e insultavano chiunque, sputacchiavano su tutti, signore, ragazzini, vecchi. Una volta un gruppetto si ribellò alle vessazioni e iniziò a correre verso i piccoli teppisti in bici, ma bastò solo una sola frase di questi: "Siamo di Casal di Principe" per fermare chiunque, terrorizzato. Come se si stesse giocando a "Un, due, tre, stella!", quando chi è "sotto" si gira e tutti devono fermarsi come pietre, e chi si muove perde. Allo stesso modo bastava pronunciare l'origine, il provenire da una realtà così ferocemente criminale da innescare immaginazioni mitiche così tragiche che faceva d'improvviso temere anche dei gracili ragazzini dalla faccia scura...».

SCHEDA APPROFONDIMENTI

La camorra

SCHEDA APPROFONDIMENTI La camorra

Con il termine **camorra** si indica l'insieme delle attività criminali organizzate, con una marcata presenza sul territorio, che si sviluppano ed hanno le proprie radici in Campania, in particolare a Napoli, nel napoletano e nel casertano e hanno sviluppato interessi anche al di fuori delle proprie zone d'origine.

Come organizzazione criminale la camorra nasce a Napoli nel XIX secolo con il nome di **Bella Società Riformata** (cioè confederata), che si costituisce ufficialmente nel 1820 riunendosi nella chiesa di Santa Caterina a Formiello a Porta Capuana.

In origine il sodalizio si occupa principalmente della riscossione del pizzo nei confronti dei commercianti di Napoli. Nonostante le violenze ed i crimini perpetrati, i camorristi godono della benevolenza del popolo al quale, in una situazione come quella che segue alla proclamazione dell'Unità d'Italia, di totale disinteresse delle istituzioni per i problemi sociali, garantiscono un minimo di "giustizia". Solo nei primissimi anni del Novecento lo Stato riuscirà a reagire allo strapotere dell'organizzazione: la Bella Società Riformata scompare ufficialmente nel 1915. In realtà, la Camorra restò in sordina, anche durante il periodo fascista, in attesa di tempi migliori, non scomparendo mai del tutto e nel secondo dopoguerra iniziò ad assumere le caratteristiche riscontrabili.

Attualmente la Camorra si presenta come un'organizzazione di tipo orizzontale (con varie bande territoriali più o meno in lotta tra loro), non verticistica, composta da diverse famiglie o clan, ciascuna con un controllo diretto su una parte del territorio, diversi insediamenti e contatti all'estero e con i propri "giri d'affari" illeciti per guadagni che ammontano a milioni e milioni di euro. Si calcola che le famiglie camorriste attualmente presenti e attive sul territorio siano 236.

Il presidio delle forze dell'ordine a Scampia, quartiere di Napoli, teatro, negli ultimi anni, delle faide di camorra per il predominio del traffico di stupefacenti.

SCHEDA INVITO ALLA VISIONE

La prima neve

Regia Andrea Segre

Anno 2013

Produzione Italia

Soggetto Tra le montagne del Trentino si incrociano le vite di un migrante africano e di un ragazzino che tra quelle montagne è nato e cresciuto. Tra i due nascerà un'amicizia sincera e pura che permetterà a entrambi di accettare il dolore della perdita che loro malgrado hanno dovuto subire.

Interpreti Juan-Christophe Folly, Matteo Marchel, Anita Caprioli

Sinossi

A Pergine, un piccolo paese del Trentino ai piedi della Valle dei Mocheni, Dani, un africano del Togo fuggito dai conflitti del suo Paese prima e della guerra in Libia poi, vive in una comunità di accoglienza per rifugiati politici con la figlia di un anno e altri migranti che come lui condividono la stessa sorte. Dani ha perso la moglie, morta di parto dopo un lungo "viaggio della speranza". Il dolore che lo attanaglia gli impedisce di fare il padre, lasciando che della figlia si prenda cura una donna che come lui vive nella Comunità. Il suo obiettivo è quello di raggiungere dei connazionali a Parigi, ma nell'attesa di partire trova lavoro da Pietro, un vecchio apicoltore della valle che vive in un maso di montagna insieme alla nuora Elisa e al nipote Michele, un bambino di 10 anni; il padre di Michele è morto da poco, lasciando un grande vuoto nella vita del ragazzino, lo stesso vuoto che Dani si porta dentro per la perdita della moglie.

In attesa della prima neve Dani e Michele aiutano Pietro a preparare le arnie e la legna per affrontare il rigido inverno. Tra i due nasce un'amicizia sincera e pura, un rapporto di affetto che riempirà in parte il loro vuoto interiore e aiuterà entrambi ad accettare la perdita dei loro cari.

Sceneggiatura e inquadrature

Il regista Andrea Segre anche in questo suo secondo lungometraggio, così come in *Io sono Li*, dedica ampio spazio al paesaggio che diventa protagonista silenzioso della vicenda narrata. Attraverso inquadrature a tutto campo che si restringono poi per cogliere dettagli di spazi inattesi, Segre rende omaggio ai luoghi che fanno da scena alle vicende umane narrate nei suoi film. Il suo passato da documentarista gli consente di utilizzare un registro naturalistico capace però di pennellate poetiche. Egli rivela, fin dalla prima inquadratura ad altezza di bambino, un approccio privo di pregiudizio nei confronti dello straniero, diverso per il colore della pelle ma uguale nei sentimenti umani.

Commenti

Il naturalismo etico di Segre recupera la solidarietà tra gli uomini contro i cliché sull'integrazione. Colpisce nel film l'assenza di conflitto. Andrea Segre tocca ancora una volta il tema dell'immigrazione senza rimanere ostaggio del gracchiare rozzo della politica e delle complici polemiche a mezzo stampa. Via stereotipi, sensazionalismo, pietismo fasullo. Gli abitanti della valle e coloro che vi arrivano per caso, convivono guardandosi negli occhi, come esseri umani uguali; li guida il reciproco riconoscimento, la solidarietà, la coscienza di una comune appartenenza alla terra.

[*Gianluca Arnone*, cinematografo.it]

Quello dell'incontro/scontro tra culture nell'Italia di oggi è un tema molto caro a Segre, che lo osserva come argomento "moderno", che bisogna gestire e col quale bisogna fare i conti, cercando di recuperare la ricchezza che entrambe le parti possono mettere in campo. Durezza, difficoltà, spigolosità di Dani sono osservate con lo stesso, profondo, doloroso sguardo che accompagna la descrizione della piccola comunità montana nella quale l'eredità del passato comincia ad erodersi di fronte alle lusinghe del presente.

[CEI]

Abilità e competenze

Ascoltare, argomentare e confrontarsi

1. Perché Dani non riesce ad occuparsi della sua bambina?
2. Come vive Michele il rapporto con la madre e la morte del padre?
3. Come cambia l'atteggiamento di Dani e Michele?
4. Come reagisce Dani quando vede per la prima volta la neve?
5. Condividi l'opinione della critica che vede nel film "una radiografia acuta e pertinente di un problema, l'incontro tra culture, che suscita emozioni e sentimenti che fanno parte del nostro quotidiano"?

Laboratorio delle competenze di scrittura

1 Organizzare una conferenza

Immagina di organizzare, presso la tua scuola, una conferenza-incontro con **Sampat Pal Devi**, autrice di *Con il sari rosa*. Sampat Pal è conosciuta in tutto il mondo per aver sfidato il sistema nel suo paese, l'India, con l'Esercito del Sari Rosa, la **Gulabi Gang**. Il movimento ha attirato più volte l'attenzione della stampa e della televisione estera che le hanno dedicato lunghi servizi.

Prima fase dell'organizzazione: creazione di un invito e di un manifesto che pubblicizzi l'evento in cui stabilirai i relatori e dove avverrà l'incontro.

Seconda fase dell'organizzazione: tu farai da moderatore e introdurrai l'incontro. Dopo una buona documentazione prepara una scaletta di domande che rivolgerai a Sampat Pal Devi. Le domande devono essere poche ma pertinenti per fare in modo che il pubblico presente conosca l'autrice del libro e la fondatrice di un movimento che ha attirato l'attenzione dell'opinione pubblica mondiale.

2 Scrivere un'inchiesta

Prendendo spunto dal brano di Roberto Saviano, tratto dal libro *Gomorra*, prepara un'inchiesta su fatti di cronaca che negli ultimi tempi hanno visto come protagonista la criminalità organizzata.

Puoi utilizzare articoli di giornale, notizie tratte da internet, altri saggi che trattano l'argomento.

Correda la tua inchiesta di immagini per dare maggiore rilievo e visibilità al lavoro svolto.

3 Punti di vista

Scegli uno dei racconti letti nell'Unità e cambia il punto di vista del protagonista: varia qualche elemento dell'ambientazione, introduci dei personaggi nuovi e cambia il finale.

4 L'articolo di giornale

Scrivi un breve articolo per una rivista di larga divulgazione in cui vuoi fare conoscere la condizione delle donne in Afghanistan, ispirandoti al brano di Kahled Hosseini tratto da *Mille splendidi soli*.

India, Bombay, 1981.

VERIFICA FORMATIVA

per accertare le competenze acquisite

Julia Alvarez
La storia del caffè

autoverifica con tutor

Joe impara da Miguel le tecniche per coltivare il caffè con metodi tradizionali ed ottenere la miscela migliore mentre i bambini di Miguel imparano a leggere e a scrivere grazie a Joe. Caffè e alfabeto vanno di pari passo in un piccolo angolo del mondo in cui regnano l'amore per la terra, il rispetto per se stessi e per gli altri.

Ogni giorno, mentre lavorano insieme, Miguel racconta a Joe la storia del caffè.

Di come, prima che si possa piantare il caffè, si debba preparare la terra a terrazze, con alberi di diversa statura per creare vari strati d'ombra: prima i cedri, poi guamas[1] e banani.

Nel frattempo Miguel prepara una dimora di germinazione per i semi di caffè. Ci vogliono circa cinquanta giorni perché crescano i germogli. Dal letto di germinazione, i virgulti[2] vanno trapiantati nel vivaio per otto mesi. Finalmente, quando sono cresciuti fieri e forti, Miguel li pianta sulle terrazze.

Poi viene la sarchiatura e il nutrimento delle piante con il concime ricavato da tutto quello che si trova nei paraggi. Noi lo chiamiamo orgánico, spiega Miguel, perché usiamo solo quello che la natura ci fornisce gratuitamente.

Dopo tre anni, *si Dios quiere*[3] abbiamo il primo raccolto. Raccogliamo quattro volte le 'ciliegie' del caffè durante la stagione che va da dicembre a marzo. Solo quelle rosse, ovviamente.

Allora comincia la corsa: dobbiamo spolpare la ciliegia la notte stessa o al massimo entro la mattina presto. La polpa finisce nel tetto di terra dei lombrichi, dove produciamo il nostro concime naturale.

I chicchi bagnati li portiamo al fiume per lavarli. Devono essere immersi nell'acqua corrente per otto ore, più o meno: è un processo delicato, dato che dobbiamo aspettare il momento esatto in cui il chicco è lavato ma non è cominciata la fermentazione. Non è diverso da quel momento in cui, con una donna – Miguel sorride, spostando lo sguardo verso le montagne – nasce l'amore.

E poi, il lungo periodo di essicazione al sole. Alcuni di noi, che non si possono permettere un patio vero e proprio, usano la strada lastricata.

I chicchi devono essere rivoltati ogni quattro ore. Di notte li ammucchiamo e li portiamo al coperto. Guai a noi se piove e non li mettiamo al riparo abbastanza in fretta! Il caffè bagnato ammuffisce e va a finire nel concime organico.

Dopo circa due settimane, se il tempo è buono, mettiamo il caffè nei sacchi...

Joe fa un sospiro di sollievo. Non immaginavo che ci volesse così tanto lavoro per una tazza di caffè, confessa.

Non ho finito, continua Miguel alzando una mano. Una volta che il caffè è nei sacchi, lo lasciamo riposare. Pochi giorni, poche settimane. Abbiamo solo tolto la polpa, ma il chicco è ancora avvolto nella pellicina che si chiama pergamino. Quindi, dopo il riposo, trasportiamo i sacchi fin giù al centro di lavorazione, il beneficio, per far togliere questo pergamino. Quindi selezioniamo i chicchi molto attentamente, a mano, perché un solo chicco acerbo in un sacco può rovinare il sapore per chi compra. La seconda scelta, la teniamo per noi.

Vuoi dire che quel fantastico caffè che ho bevuto finora è la seconda scelta? chiede Joe scuotendo la testa.

1 **guamas:** alberi della famiglia delle leguminose (come, ad esempio, il carrubbo) presenti in molte specie nell'America tropicale.
2 **virgulti:** piccole e giovani piante.
3 ***si Dios quiere***: spagnolo, se Dio vuole.

Miguel annuisce. La prima qualità, naturalmente, è destinata all'esportazione.

Ma il tuo caffè è mille volte superiore a qualsiasi altro che io abbia bevuto a Omaha[4] nei più raffinati negozi di caffè, fa notare Joe.

È perché – come mi hai detto tu stesso – sei figlio di un agricoltore, spiega Miguel. Tu senti il gusto con tutto il corpo e con la tua anima.

Finché Miguel non glielo dice, Joe non se ne rende conto. Ricorda suo padre che seminava il grano in solchi così dritti che poteva averli tracciati Dio stesso con un righello. Mentre lavorava, il padre di Joe fischiettava un motivetto, come se stesse dialogando con uno stormo di uccelli invisibili.

Ogni tanto, mentre lavora accanto a Miguel, Joe si sorprende a fischiettare lo stesso motivo. Non puoi vendere la tua terra, dice Joe a Miguel quella sera. Devi continuare a piantare il caffè con il vecchio metodo. Devi conservare questo pezzo di terra per i tuoi bambini e per tutti noi. Convincere i tuoi vicini prima che sia troppo tardi.

Per te è facile dirlo, risponde Miguel. Tu non devi faticare così tanto per vivere.

Quella notte Joe si decide.

La mattina seguente sale sull'autobus con i contadini, i polli, le capre e i maiali. In città, entra nel prefabbricato della compagnia telefonica e chiama quella che una volta era casa sua. Joe acquista un appezzamento vicino a quello di Miguel. Fanno un patto. Non affitteranno i loro terreni alla compagnia[5] e non taglieranno i loro alberi. Andranno avanti alla vecchia maniera. Produrranno un caffè migliore.

Inoltre, aggiunge Joe, imparerete le lettere dell'alfabeto. Vi insegnerò io. Ogni giorno, agli ordini cortesi di Miguel, Joe impara a coltivare il caffè. Costruiscono terrazze e piantano alberi.

Ogni sera, alla luce di una lampada a olio, Miguel e la sua famiglia imparano l'ABC. Scrivono le lettere dell'alfabeto e leggono le parole.

[da *Cafecito. La canzone del caffè*, Salani, Milano 2003, traduzione di Daniela Gamba]

4 **Omaha:** la città degli Stati Uniti, nello stato del Nebraska, da cui proviene Joe.

5 **alla compagnia:** la multinazionale del caffè che produce caffè a prezzo inferiore rispetto ai piccoli produttori, perché usa metodi industriali.

Le "ciliege" prodotte dalle piante di caffè.

Competenza testuale

Comprendere i dati espliciti

1. Con quale metodo Miguel produce il suo caffè?
- [A] con il metodo tradizionale
- [B] con il metodo industriale

2. Quanto tempo trascorre complessivamente dalla semina del caffè al momento in cui il caffè viene messo nei sacchi?
- [A] circa un mese
- [B] circa sei mesi
- [C] circa un anno
- [D] circa tre anni

3. Dopo aver messo il caffè nei sacchi è necessario
- [A] conservarlo in un ambiente freddo
- [B] lasciarlo riposare
- [C] spedirlo immediatamente
- [D] trattarlo con conservanti

4. La prima qualità del caffè di Miguel è destinata
- [A] alla famiglia
- [B] agli amici
- [C] al consumo interno
- [D] all'esportazione

5. Il padre di Joe faceva
- [A] l'insegnante
- [B] l'agricoltore
- [C] il commerciante
- [D] il musicista

6. Che cosa consiglia di fare Joe a Miguel?
- [A] vendere la sua terra alla compagnia del caffè
- [B] affittare la sua terra alla compagnia del caffè
- [C] conservare la sua terra e coltivarla con i vecchi metodi
- [D] conservare la sua terra ma coltivarla con nuovi metodi

7. Che cosa decide di fare Joe per aiutare Miguel a coltivare il caffè?
- [A] comprare un terreno vicino a quello di Miguel e coltivare il caffè in modo tradizionale
- [B] comprare un terreno vicino a quello di Miguel e coltivare il caffè con nuovi metodi
- [C] tornare negli Stati Uniti e riprendere il suo lavoro di insegnante
- [D] lavorare per la compagnia del caffè e fare concorrenza a Miguel

8. Che cosa insegna Joe alla famiglia di Miguel?
- [A] a coltivare il caffè
- [B] a leggere e scrivere
- [C] a far di conto
- [D] a produrre concime organico

Comprendere i dati impliciti

9. Il testo è composto soprattutto di
- [A] dialoghi
- [B] descrizioni di luoghi
- [C] descrizioni di persone
- [D] descrizioni di un procedimento

10. L'argomento del testo è
- [A] la coltivazione del caffè
- [B] la vendita del caffè
- [C] la crisi dell'agricoltura sudamericana
- [D] l'agricoltura biologica

11. Il processo di produzione del caffè è descritto in maniera
- [A] approssimativa
- [B] sintetica
- [C] minuziosa
- [D] confusa

12. Miguel insiste molto sui metodi naturali di coltivazione, in quali punti del testo? Trovane almeno due e trascrivili.

- ....
....
- ....
....

13. Vari elementi del testo ci dicono che Miguel vive
- [A] in un Paese dell'America Latina
- [B] nel nord America
- [C] in Spagna
- [D] altrove

14. Joe ha più cultura e istruzione di Miguel.
- [A] vero
- [B] falso

15. La vita che conduce Miguel è
- [A] piena di soddisfazioni
- [B] serena e tranquilla
- [C] triste e inutile
- [D] noiosa e pesante

Competenza lessicale

16. Che cosa è il "pergamino"?

- A un piccolo recipiente
- B una pellicina che avvolge il chicco di caffè
- C un setaccio per separare i chicchi grandi da quelli piccoli
- D uno strumento per pesare i sacchi di caffè

17. Il linguaggio adoperato da Miguel nel descrivere le varie fasi di coltivazione del caffè ha un tono

- A tecnico
- B poetico
- C indifferente
- D insofferente

18. Qual è la differenza fra "importare" ed "esportare"?

Competenza grammaticale

19. Nella forma verbale "devi faticare", "dovere" è un

- A verbo ausiliare
- B verbo servile

20. La prima persona singolare del congiuntivo presente del verbo "dovere" è

- A che io debba
- B che io deva
- C che io devo
- D che io devi

21. Nel brano compaiono le seguenti frasi

a) I virgulti vanno trapiantati nel vivaio per otto mesi.

b) I chicchi bagnati li portiamo al fiume per lavarli.

Scrivi nello spazio sottostante i complementi che compaiono in ciascuna.

a) ....
....

b) ....
....

AREA DIGITALE

Le risposte agli esercizi sono disponibili nell'area digitale

Interpretare e valutare

I contadini, a partire dalla famiglia di Miguel, che imparano a leggere e scrivere, sono avvantaggiati nel loro lavoro rispetto a quelli analfabeti, perché possono leggere I contratti e stipulare accordi più vantaggiosi con i loro compratori. In che senso, secondo te, l'istruzione è importante per queste persone? In che modo saper leggere e scrivere può aiutare i piccoli produttori a contrastare il grande potere delle multinazionali del caffè? Esponi le tue opinioni in un testo che non superi le cinque righe.

....

....

....

....

....

modelli letterari

La narrazione naturalista e verista

Tra il 1860 e il 1890, alla luce dei fatti finora indicati, la letteratura, a livello europeo, fu contraddistinta da un'aspirazione al vero, al reale, al sociale, all'analisi della società contemporanea. Lo scrittore non si limita a creare avvenimenti immaginari, ma, come lo scienziato, analizza i fatti concreti, studia fenomeni sociali e vede l'uomo come un individuo condizionato dall'ambiente e da fattori ereditari. L'attenzione degli scrittori dunque è rivolta all'analisi di tutti gli aspetti concreti della vita, anche quelli meno elevati e meno nobili. Il realismo diede origine in Francia ad una corrente letteraria e artistica che prese il nome di **Naturalismo**; in Italia, negli anni compresi tra il 1870 e il 1890, una letteratura strettamente legata alla realtà prese il nome di **Verismo**, che rifacendosi al Naturalismo francese, ne accentuò il carattere regionalistico ritraendo l'umile realtà quotidiana diversa da paese a paese.

Il romanzo realistico prosegue anche nel Novecento, quando tra il 1945 e il 1955 cominciò a diffondersi una tendenza artistica, soprattutto narrativa e cinematografica, denominata **Neorealismo**.

IL NATURALISMO FRANCESE

Le origini

Il Naturalismo è un movimento letterario nato in Francia nella seconda metà dell'Ottocento, e diffusosi poi in tutta Europa tra il 1870 e il 1890. Suo precursore è considerato **Gustave Flaubert** (1821-1880), per quanto riguarda le tecniche narrative dell'*impersonalità* e dell'*oggettività*: «L'artista deve essere nella sua opera come Dio nella creazione, invisibile e onnipotente, sì che lo si sente ovunque, ma non lo si vede mai». Il primo teorico del movimento, a cui risale anche l'impiego del termine in campo artistico, fu il critico francese Hippolyte Taine (1828-1893), secondo cui l'opera d'arte può trattare la psicologia umana con la stessa imparzialità e rigore con cui le scienze trattano i fenomeni naturali. Alla base di questa idea vi è l'influsso del pensiero positivista e il principio deterministico del comportamento umano, in base al quale anche l'arte è determinata da fattori puramente naturali; l'arte viene considerata come un prodotto della natura e deve quindi essere rappresentata con la precisione della scienza. L'esponente più significativo del movimento fu **Émile Zola** (1840-1902), che con la sua opera di romanziere si impose come caposcuola del Naturalismo. Per sua iniziativa nel 1880 furono pubblicate *Le serate di Médan*, che segnarono l'inizio ufficiale della scuola naturalista: un volume collettivo che raccoglieva sei novelle, tutte concernenti la guerra franco-prussiana, di Zola, Huysmans, Céard, Hennique, Alexis e Maupassant, che vi contribuì con la novella *Palla di sego*.

Zola sosteneva che l'opera d'arte, come ogni espressione umana, è il risultato di tre fattori: l'**ereditarietà**, l'**ambiente sociale**, il **momento storico**; il comportamento non è legato alla libera scelta dell'uomo, ma è condizionato da fattori a lui

Édouard Manet, *Ritratto di Émile Zola*, 1867-1868. Parigi, Musée d'Orsay.

esterni, come l'educazione, l'ambiente, i bisogni economici. La letteratura, e in particolare il romanzo, erano per Zola «una conseguenza dell'evoluzione scientifica del secolo»; il romanzo pertanto doveva essere un «romanzo sperimentale», ossia il «verbale dell'esperimento che il romanziere ripete sotto gli occhi del pubblico» (Zola, *Il romanzo sperimentale*, 1880). Compito dello scrittore è quello di basarsi su dati concreti, raccogliere informazioni, preparare schede, modelli, piani accurati; egli deve insomma poggiare il suo lavoro su basi scientifiche, dopo di che può chiudersi nel suo «laboratorio» e dar luogo ad un «esperimento».

Il romanzo naturalista

La concezione naturalista dell'arte trovò nel romanzo la forma espressiva più congeniale. Il romanzo doveva essere una "fetta di vita" (***tranche de vie***), analizzata con i metodi delle scienze naturali e sociali e doveva studiare la società in tutti i suoi aspetti. Dal punto di vista tematico, i naturalisti concentrarono la loro attenzione sugli strati sociali più bassi, sulla miseria, sulle malattie, sulla realtà e sulle profonde contraddizioni delle metropoli industriali.

Il romanzo naturalista è quasi sempre di argomento contemporaneo; sullo sfondo vi è un ambiente descritto con grande precisione, per cogliere i tratti caratteristici che determinano il comportamento degli uomini; dei personaggi vengono analizzati i caratteri ereditari e le condizioni economiche, in modo che la loro psicologia risulti fondata su dati e presupposti scientifici.

Il linguaggio tende ad adeguarsi a quello dell'ambito sociale rappresentato, utilizzando un registro basso e quotidiano, vicino al parlato; molti pertanto sono i termini gergali e dialettali, appartenenti ai vari ambiti regionali e sociali. Viene usato in modo intensivo il dialogo, nella forma del discorso diretto e del discorso indiretto libero.

Dal punto di vista stilistico, il romanzo naturalista è caratterizzato dal **canone dell'impersonalità**; la descrizione prevale sulla narrazione; lo scrittore rinuncia ad esprimere i propri sentimenti in nome di una verità oggettiva che deriva direttamente dalle cose. Lo scrittore diventa «il regista nascosto del dramma. Non si mostra mai in qualche recesso di una frase», deve sparire dal libro e lasciar parlare le cose, non giudicare i personaggi e il loro modo di agire, ma limitarsi a rappresentarli.

Caratteristico del romanzo naturalista è l'impegno culturale e politico dello scrittore, che assume in genere, nello sforzo di ricercarne le cause, una funzione di denuncia dei problemi sociali.

Della scuola naturalista fanno parte, oltre a Zola, Guy de Maupassant (1850-1893) e i fratelli Edmond (1822-1896) e Jules (1830-1870) de Goncourt, Alphonse Daudet (1840-1897).

immagine attiva

Gustave Caillebotte, *I piallatori di parquet*, 1875. Parigi, Musée d'Orsay.

Émile Zola
Il lavatoio di Parigi

OPERA	ANNO	LINGUA	GENERE	TEMA
L'assommoir (*L'ammazzatoio*)	1877	francese	romanzo	• il duro lavoro delle donne nel lavatoio di Parigi

L'AUTORE

Lo scrittore francese **Émile Zola** nasce a Parigi nel 1840, figlio di Francesco Zola, ingegnere di origine veneziana trasferitosi in Francia nel 1830. Inizia a lavorare come impiegato alle dogane, poi, nel 1862, ha l'occasione di entrare alla casa editrice Hachette; pratica anche il giornalismo, attività che non abbandonerà mai del tutto. Nel 1864, convinto dall'editore Hachette a dedicarsi alla narrativa, pubblica il suo primo libro, *I racconti a Ninetta*. Zola abbraccia la prospettiva del realismo divenendo in pochi anni il caposcuola del Naturalismo. Nel 1868 inizia a progettare un ciclo di romanzi con l'obiettivo di analizzare tutti gli strati della società francese del tempo, attraverso le vicende di vari personaggi, tutti appartenenti al ceppo dei Rougon-Macquart. Nascono così *I Rougon-Macquart, storia naturale e sociale di una famiglia sotto il secondo impero*, 20 romanzi pubblicati fra il 1871 (*La fortuna dei Macquart*) e il 1893 (*Il dottor Pascal*).
I titoli più importanti del ciclo: *Il ventre di Parigi* (1873), sulla dura realtà popolare della città; *L'assommoir* (1877); *Nanà* (1880), sul mondo della prostituzione parigina; *Il paradiso delle signore* (1883); *Germinal* (1885), sulla vita e le lotte sociali di un bacino carbonifero; *La bestia umana* (1890).
L'ultimo progetto a cui si dedica è ancora un ciclo narrativo, *I quattro vangeli*, rimasto incompiuto per la morte improvvisa dell'autore, a Parigi, per le esalazioni di una stufa, il 29 settembre del 1902.

Nella scena che proponiamo campeggiano da un lato il lavatoio, enorme e rumorosa struttura che abbrutisce le donne che vi lavorano, dall'altro il personaggio di Gervaise, giovane donna ricca di qualità umane, alle prese con una infelice situazione sentimentale e con dure fatiche quotidiane, ma ancora energica e fiduciosa nel futuro.

Gervaise restò per un attimo indecisa. Era tentata di dare un bel calcio all'involto[1] della biancheria, per poi mettersi seduta a cucire. Il respiro regolare di Lantier finì per rassicurarla. Prese il turchinetto[2] e il pezzo di sapone che le erano rimasti dopo l'ultimo bucato, e avvicinandosi ai bambini che giocavano tranquillamente con dei vecchi turaccioli, davanti alla finestra, li baciò, dicendo loro sottovoce:

«State buoni, non fate rumore. Papà dorme».

Quando lasciò la camera, soltanto le risate soffocate di Claude e di Etienne[3] risuonavano nel grande silenzio, sotto il soffitto annerito. Erano le dieci. Un raggio di sole entrava dalla finestra semiaperta.

Sul boulevard,[4] Gervaise prese a sinistra e seguì rue Neuve de la Goutte d'Or.[5] Passando davanti alla bottega della signora Fauconnier, salutò con un cenno del capo. Il lavatoio si trovava quasi a metà della via, nel punto in cui la strada cominciava a salire. Al di sopra d'un piatto edificio, tre enormi serbatoi d'acqua, dei cilindri di zinco saldamente bullonati, si mostravano nelle loro grigie rotondità, mentre un po' indietro s'innalzava lo stenditoio, un secondo piano abbastanza elevato e chiuso su ogni lato da persiane dalle stecche sottili, che lasciavano vedere i capi di biancheria posti ad asciugare sui fili d'ottone, e attraverso le quali l'aria entrava dall'esterno. Sulla destra dei serbatoi, la stretta canna della macchina a vapore sbuffava, un soffio forte e regolare, lanciando getti di fumo bianco. Gervaise, senza nemme-

1 **involto:** fagotto.
2 **turchinetto:** materia colorante che si unisce all'acqua del bucato per dare alla biancheria un leggerissimo riflesso azzurro.
3 **Claude...Etienne:** i bambini di Gervaise e Lantier.
4 **boulevard:** viale, in francese.
5 **rue Neuve de la Goutte d'Or:** una strada di Parigi, la città dove è ambientato il romanzo.

Edgar Degas, *Lavandaie*, 1870-1872. Le Havre, Musée d'art moderne André Malraux.

no raccogliersi le sottane, da donna abituata alle pozzanghere, oltrepassò la porta ingombra di boccali d'acqua di candeggina.[6] Conosceva già la padrona del lavatoio, una donnetta delicata, dagli occhi malati, sempre seduta nel suo stanzino a vetri, con registri davanti a sé, pani[7] di sapone sulle mensole, vasi di turchinetto, libbre di bicarbonato di soda[8] in pacchetti. Passando, le domandò la mestola e il bruschino che le aveva affidato in occasione del suo ultimo bucato. Quindi, prese il suo numero ed entrò.

Era un immenso capannone dal soffitto piatto, con travi a vista, montato su pilastri di ghisa, chiuso da ampie finestre luminose. Un chiarore smorzato filtrava liberamente attraverso il caldo vapore sospeso come una nebbia lattiginosa.[9] Dei fumi salivano da certi angoli, si dilatavano, coprendo il fondo con un velo azzurrognolo. Pioveva un'umidità opprimente, gonfia d'un odore saponoso, un odore slavato, madido,[10] continuo. A tratti, dominavano aliti[11] più forti d'acqua di candeggina. Lungo le batterie,[12] ai due lati della corsia centrale, c'erano file e file di donne, le braccia nude fino alle spalle, il collo nudo, le sottane raccolte in alto a mostrare le calze colorate e grandi scarpe a lacci. Battevano furiosamente, ridevano, s'arrovesciavano per gridare qualche parola in quel frastuono, si curvavano sul fondo dei loro mastelli, volgari, brutali, ondeggianti, infradiciate come da un acquazzone, le carni arrossate e fumanti. Attorno a loro, sotto di loro, scorreva come un torrente continuo: i secchi d'acqua calda passati e svuotati d'un tratto, i rubinetti aperti dell'acqua fredda, che colavano dall'alto, gli schizzi delle mestole, gli sgocciolii dei panni risciacquati, le pozzanghere in cui sguazzavano; e tutto scivolava via in tanti piccoli ruscelli sulle lastre inclinate. E in mezzo alle grida, ai colpi cadenzati, allo scroscio mormorante come di pioggia, a quel clamore da temporale che andava soffocandosi contro il soffitto inumidito, la macchina a vapore, a destra, tutta imbiancata come da una sottile rugiada, sbuffava e brontolava senza tregua, con l'armoniosa trepidazione del suo volantino[13] che sembrava regolare l'immensità di quel chiasso.

6 **candeggina:** soluzione diluita di ipoclorito sodico, nel bucato serve per smacchiare i tessuti.
7 **pani:** blocchi a forma di parallelepipedo.
8 **libbre di bicarbonato di soda:** sostanza cristallina, bianca, impiegata in vari usi domestici fra cui il bucato. Una libbra è un'antica unità di misura di peso, con valore di poco inferiore al mezzo chilo.
9 **lattiginosa:** di colore simile al latte annacquato.
10 **slavato...madido:** sbiadito, bagnato; i due aggettivi riferiti a odore formano una sinestesia.
11 **aliti:** fiati, nel senso di odori.
12 **batterie:** le postazioni per lavare i panni.
13 **volantino:** piccola ruota che serve per guidare organi meccanici.

Gervaise, a piccoli passi, seguiva il corridoio, gettando lo sguardo a destra e a sinistra. Portava l'involto della biancheria sotto il braccio, l'anca un po' rialzata, zoppicando più del solito,[14] in mezzo al viavai delle lavandaie che la urtavano da ogni parte.

«Ehi, da questa parte, piccola!», gridò il vocione della signora Boche.

Poi, quando la giovane l'ebbe raggiunta, a sinistra, proprio in fondo, la portinaia, che stava sfregando energicamente un calzino, cominciò a parlare con frasi veloci, senza lasciare il suo lavoro.

«Mettetevi là, vi ho tenuto un posto... Oh! non ne ho per molto. Boche[15] sporca così poco la sua biancheria... E voi? Neanche per voi andrà troppo per le lunghe, vero?... È davvero piccolo, il vostro involto. Prima di mezzogiorno, avremo finito e potremo andare a mangiare... Un tempo, davo la mia biancheria a una lavandaia di rue Poulet, ma me li rovinava tutta a forza di cloro e colpi di spazzola. Allora ho deciso di lavarmela da sola. È tanto di guadagnato. Costa solo il prezzo del sapone... Ma dite un po', ecco delle camicie che avreste dovuto mettere a mollo. Questi sporcaccioni di bambini, in fede mia, sembrano avere della fuliggine[16] sul didietro!».

Gervaise sciolse il suo involto, dispiegò le camicie dei bambini. E poiché la signora Boche le consigliava di prendere un secchio d'acqua di liscivia,[17] rispose:

«Oh! no, basterà l'acqua calda... So il fatto mio».

Aveva già separato la biancheria, mettendo da parte i pochi capi colorati. Poi, dopo aver riempito il suo mastello con quattro secchi d'acqua fredda, presa al rubinetto che era dietro di lei, vi immerse il mucchio di panni bianchi, e rialzandosi la sottana fino a stringersela fra le cosce, entrò in una specie di bidoncino, sistemato per il dritto, che le arrivava fino al ventre.

«Sapete il fatto vostro, vero?», ripeté la signora Boche. «Facevate la lavandaia al vostro paese, è così, piccola?».

Gervaise, con le maniche rimboccate a mostrare le sue belle braccia da bionda, ancora giovani, appena arrossate sui gomiti, cominciava a mettere in ammollo la sua biancheria. Dopo aver disteso una camicia sull'assicella della batteria, corrosa e imbiancata dall'usura

14 zoppicando più del solito: Gervaise zoppica dalla gamba destra, ma la minorazione si nota soltanto quando è particolarmente stanca.
15 Boche: il marito della portinaia.
16 fuliggine: deposito nerastro costituito da particelle di carbone, si producono a causa di una incompleta combustione.
17 liscivia: soluzione di idrati e carbonati, usata per lavare e imbiancare tessuti.

SEGNALIBRO

L'assommoir, Garzanti, Milano 1992. Traduzione di Ferdinando Bruno

il piacere di leggere

Considerato, assieme a *Germinal*, un romanzo di ambiente "operaio", *L'assommoir* è soprattutto il racconto della vita di una donna, Gervaise Macquart. Pubblicato nel 1877 è il settimo romanzo del ciclo dei *Rougon-Macquart*.
Il libro è centrato sulla piaga sociale dell'alcolismo, l'ammazzatoio (*assommoir*) del titolo è l'osteria, dove i vari personaggi, e non solo gli operai, vanno ad annegare nell'alcool la loro disperazione. Protagonista è una giovane donna, Gervaise, che fin da giovanissima è amante e convivente di Lantier, un uomo senza un mestiere e senza un'occupazione, dal quale ha avuto due figli. Con Lantier va a vivere a Parigi, dove lavora come lavandaia, un lavoro duro ma che le consente perfino di mettere da parte qualche risparmio, finché l'uomo, attratto da nuovi amori la abbandona.
Gervaise conosce l'operaio Coupeau e lo sposa, la sfortuna però sembra perseguitarla: Coupeau è vittima di un grave incidente sul lavoro e i risparmi della donna servono tutti per curarlo. Il difficile momento sembra superato e Gervaise apre una piccola bottega contraendo un grosso debito e trovandosi ben presto nell'impossibilità di restituirlo.
Coupeau esce completamente demoralizzato dalla lunga malattia e si dà all'alcool. Gervaise, distrutta dalla fatica e ormai sfiduciata, comincia a bere e incomincia per lei un lento ma inesorabile destino che la porta sulla strada dell'abbandono e della disperazione. Dopo la morte del marito in un misero ospizio Gervaise si riduce a vivere in un sottoscala, dove sarà trovata morta per la fame e gli stenti.

dell'acqua, la sfregava con il sapone, la rigirava, la sfregava dall'altro lato. Prima di rispondere, impugnò la sua mestola, si mise a battere, gridando queste frasi, punteggiandole[18] con colpi secchi e cadenzati:

«Sì, sì, lavandaia... A dieci anni... Sono passati dodici anni da allora... Andavamo al fiume... C'era un odore più buono che qui... Avreste dovuto vedere, c'era un angolo sotto gli alberi... con dell'acqua limpida che scorreva... Sapete, a Plassans... Non conoscete Plassans?... vicino a Marsiglia?».

«Forte come una bestia!», esclamò la signora Boche, meravigliata dall'energia di quei colpi di mestola. «Che briccona! Schiaccerebbe il ferro con quelle sue braccine da signorina».

La conversazione continuò ad alta voce. La portinaia, a volte, era costretta a protendersi di più, non riuscendo a sentire. I panni bianchi vennero battuti, e con che forza! Gervaise li rimise nel mastello, li riprese uno a uno per sfregarli una seconda volta con il sapone e strigliarli. Con una mano, teneva fermo il capo di biancheria sulla batteria, mentre con l'altra [...] faceva uscire dal panno una schiuma sporca, che scivolava in lunghe colate. Allora, nel minimo rumore del bruschino, si fecero più vicine, chiacchierarono in modo più intimo.

«No, non siamo sposati», riprese Gervaise. «Non me ne vergogno. Lantier non è così garbato da far desiderare di essergli moglie. Se non ci fossero i bambini, allora!... Avevo quattordici anni e lui diciotto, quando abbiamo avuto il primo. L'altro è venuto quattro anni dopo... È successo come succede sempre, lo sapete anche voi. Non ero felice in casa nostra. Papà Macquart, per un nonnulla, era capace di prendermi a calci nelle reni. E allora, è proprio vero, uno cerca di divertirsi un po' fuori... Ci saremmo anche sposati, ma i nostri genitori, chissà poi perché, non hanno voluto».

Scosse le mani, che si facevano rosse sotto la schiuma bianca.

«L'acqua è davvero fredda, a Parigi», disse.

18 **punteggiandole:** intercalandole, inframmezzandole.

ANALISI DEL TESTO

I temi

Il lavoro delle donne

Emerge dal brano il faticoso lavoro delle donne nel lavatoio parigino, un edificio moderno, grande, organizzato, meccanizzato ma l'impressione generale che ne ricava il lettore è quello di un luogo infernale. L'interno è avvolto in una «nebbia lattiginosa», grava un'«umidità opprimente, gonfia» di odori. Il rumore è assordante: colpi, grida, scrosci come di pioggia, clamore «da temporale», lo sbuffare della macchina a vapore. Le donne poi, a intere file, «battevano furiosamente», gridavano, «brutali», «volgari», «infradiciate», «le carni arrossate e fumanti».

Le tecniche narrative

La struttura del brano

Il brano è divisibile in **tre parti**: Gervaise, la protagonista, che dopo alcune esitazioni lascia la camera dell'albergo dove vive e cammina per le vie di Parigi diretta al lavatoio; la lunga e accurata descrizione del lavatoio e delle donne intente a lavorare; Gervaise che lava la biancheria chiacchierando con la portinaia, la signora Boche.

Il punto di vista

Il punto di vista del narratore coincide con quello di Gervaise. La descrizione del lavatoio corrisponde pienamente ai canoni del Naturalismo teorizzati da Zola. L'edificio è descritto con precisione e ricchezza di particolari sia nella struttura sia nel funzionamento delle parti meccaniche (la macchina a vapore), gli attrezzi e i detergenti sono indicati col nome specifico (candeggina, liscivia, bicarbonato di sodio, pani di sapone, vasi di turchinetto), il lavoro delle lavandaie intente al bucato è seguito nei minimi gesti e in tutte le operazioni. La descrizione è evidentemente il frutto di un'**osservazione diretta** da parte dello scrittore, Zola si è personalmente documentato sul luogo e sul mestiere che intendeva descrivere: «... assegnai a Gervaise il mestiere di lavandaia, e pensai subito a quella descrizione del lavatoio che misi nel romanzo, in cui passai molte ore...» (da un colloquio di Edmondo De Amicis con lo stesso Zola, riportato in *Ricordi di Parigi*, 1879).

Le tecniche espressive

Immagini e metafore

Il linguaggio di Zola ricorre a immagini e metafore per descrivere l'abbrutimento delle lavandaie, gli edifici moderni, lungi dal liberare dalla fatica, diventano luoghi di alienazione e sfruttamento. Significativo è il ricordo malinconico da parte di Gervasie delle limpide acque attorno a Plassans, l'accostamento con le acque schiumose e fredde del lavatoio rappresenta bene il contrasto fra l'idilliaco villaggio e la grande metropoli moderna, fra natura e modernità.

LABORATORIO SUL TESTO

Conoscenze

Comprensione

1. **Che cosa induce finalmente Gervaise a recarsi al lavatoio? Porta con sé i bambini?**

2. **Che cos'è il lavatoio? Come funziona?**

3. **Da chi è attesa Gervaise al lavatoio?**

4. **Gervaise è una brava lavandaia? Da cosa lo si nota?**

5. **Che cosa racconta Gervaise alla signora Boche, la portinaia della locanda in cui abita?**

6. **Perché Gervaise e Lantier non si sono sposati?**

7. **Se si eccettuano le righe iniziali tutto il brano è ambientato nel lavatoio; Gervaise ricorda però Plassans, presso Marsiglia, perché? Che rapporto c'è fra Plassans e il lavatoio?**

Analisi

8. **La scena è narrata in prima o in terza persona?**

9. **Il punto di vista è interno o esterno alla vicenda?**

10. **La descrizione del lavatoio, prima l'esterno poi l'interno, occupa due interi lunghi capoversi, sapresti individuarli?**

11. **Nel brano sono presenti due casi di analessi, cioè riferimenti da parte di un personaggio a fatti accaduti prima della narrazione. Di quale personaggio si tratta? Sapresti ritrovare le analessi?**

12. **Analizza il modo in cui viene caratterizzato il personaggio di Gervaise, quali informazioni sul suo aspetto e la sua personalità è possibile ricavare?**

13. **Quale impressione suscita Gervaise nella portinaia?**

Conoscenze lessicali

14. **La descrizione del lavatoio ti sembra**
precisa, approssimativa, accurata, prolissa, vivace, sbrigativa, enfatica, fotografica, arida, immaginosa
(sottolinea gli aggettivi che ritieni pertinenti)

15. **Nel brano, in accordo con il tema a esso sotteso, domina il campo semantico dello squallore; sottolinea tutti termini che appartengono ad esso.**

Conoscenze grammaticali

16. **«Un tempo davo la mia biancheria ad una lavandaia di rue Poulet». Qual è il soggetto della frase?**

17. **«Dei fumi salivano da certi angoli». Qual è la funzione logica nella frase «dei fumi»?**

18. **Trasforma il discorso diretto della seguente frase in discorso indiretto.**
E poiché la signora Boche le consigliava di prendere un secchio d'acqua di lisciva, rispose: «Oh! no, basterà l'acqua calda... so il fatto mio».

Abilità e competenze

Scrittura e interpretazione

1. **Nelle due opere del pittore russo Abram Efimovič Archipov, realizzate in anni diversi, viene riprodotto lo stesso tema, *Le lavandaie*. Le opere riescono a rappresentare l'atmosfera cupa creata dalle pagine di Zola nel descrivere il lavatoio luogo del duro lavoro femminile. Emerge dal quadro la sensazione di umido e di squallore per il lavoro che si svolge al chiuso e al buio e la durezza del mestiere che abbrutisce: donne scarmigliate, mal vestite, curve, stanche.**

Abram Efimovič Archipov, *Lavandaie*, 1898 ca. San Pietroburgo, Museo di Stato.

Abram Efimovič Archipov, *Le lavandaie* (seconda versione) del 1901 alla Galleria Tret'jakov Mosca.

2. **Immagina di dovere realizzare per una rivista di larga diffusione un articolo giornalistico per far conoscere la dura realtà di questi luoghi.**

Ascoltare, argomentare e confrontarsi

3. **Osservando le immagini di Repin provate a pensare quanta fatica ci fosse dietro e quali modelli di organizzazione del lavoro. Le condizioni di lavoro delle donne erano durissime e misere le retribuzioni, quasi totale l'assenza di norme di protezione sociale del lavoro. Altissima era la percentuale delle malattie e della mortalità. Oggi siamo in una realtà totalmente diversa, ma il cammino è stato lungo e difficile e non è ancora concluso. Organizzate un dibattito in cui viene coinvolta tutta la classe per approfondire questo argomento e riflettere sul lungo cammino delle donne per ottenere i propri diritti in campo lavorativo. Occorre però che vi documentiate prima, utilizzando Internet e altre fonti per una breve ricerca.**

IL VERISMO

Il contesto storico

Sulla scia del Naturalismo francese anche in Italia nell'ultimo trentennio dell'Ottocento si impose nell'arte la tendenza a una rappresentazione realistica, che in letteratura prese il nome di Verismo. I due movimenti avevano in comune l'esigenza di una rappresentazione **oggettiva** e **impersonale** della realtà, ma si distinguevano proprio per la diversa situazione storica a cui facevano riferimento. Mentre la Francia era un paese già industrializzato, l'Italia, appena uscita dalle guerre risorgimentali, era ancora un paese prevalentemente agricolo, con problemi sociali non del tutto risolti (il brigantaggio, la "questione meridionale", il processo di industrializzazione che stentava a decollare) e con forti squilibri tra il Nord, più avanzato, e il Sud ancora in condizioni di miseria e arretratezza. Pertanto, mentre il Naturalismo privilegiava l'osservazione degli ambienti urbani, in cui dominava la contrapposizione tra proletariato e borghesia – le classi sociali protagoniste dello sviluppo economico – il Verismo si concentrava sugli ambienti agricoli e provinciali, specialmente del Meridione, e sulla popolazione contadina. Rispetto al Naturalismo francese, il Verismo ebbe un carattere **regionalistico**, legato a problemi differenziati da regione a regione, e **pessimistico**, dal momento che, nelle condizioni di arretratezza dell'Italia, non poteva essere accettato l'ottimismo positivistico di un progresso inarrestabile e garantito per tutti.

La poetica

Centro propulsore del movimento verista fu Milano, dove già era stato accolto entusiasticamente il romanzo *L'ammazzatoio* (*L'assommoir*, 1877) di Zola, che aveva dato vita a un acceso dibattito sulla nuova concezione della letteratura proposta dal Naturalismo. Gli animatori furono tuttavia meridionali, in particolare **Luigi Capuana** (1839-1915) e **Giovanni Verga** (1840-1922), perché in essi era più viva la coscienza degli squilibri economici e sociali esistenti nel Paese.

Non vi è un vero e proprio manifesto programmatico del Verismo, che resta invece legato alle singole opere degli autori, in particolare *Vita dei campi* (1880) e *I Malavoglia* (1881) di Verga, e *Giacinta* (1879) di Capuana, nelle quali prendevano forma concreta i canoni *scientifici* della «perfetta impersonalità dell'opera d'arte», che deve sembrare «essersi fatta da sé».

Capuana, che fu il maggior teorico del movimento, sintetizza la poetica verista in alcuni punti fondamentali: riproduzione *oggettiva* della vita dal vero, in modo che la pagina scritta risulti un *documento umano*; rappresentazione della realtà non solo dall'esterno, fotograficamente, ma anche dall'interno, ricostruendo i fatti sulla base delle leggi naturali e sociali che li determinano; rifiuto della retorica in nome di una *scrittura di cose*, aderente ai fatti; ricorso a elementi dialettali come documento oggettivo dei fatti descritti.

Gli autori

Oltre a Verga e a Capuana, tra gli autori più significativi che adottarono, almeno in una fase della loro produzione, i canoni del Verismo, sono da ricordare Federico De Roberto (1861-1927) e Matilde Serao (1856-1927); in area toscana Renato Fucini (1843-1921) e Mario Pratesi (1842-1921); in area settentrionale, Emilio De Marchi (1851-1901), Remigio Zena (pseudonimo di Gaspare Ivrea, 1850-1917) e Achille Cagna (1847-1931). Rientrano per certi aspetti nell'ambito del Verismo anche le *Novelle della Pescara* (1902) di Gabriele D'Annunzio (1863-1938).

Erminio Kremp, *Attesa all'Arenella*, 1912. Collezione privata.

Giovanni Verga
Rosso Malpelo

Intervista a Romano Luperini su *Rosso Malpelo*

OPERA	ANNO	GENERE	TEMI
Vita dei campi	1880	novella verista	• sfruttamento del lavoro minorile • pregiudizi ed emarginazione

Giovanni Verga nacque da una famiglia benestante, che lo indirizzò agli studi di legge, che egli però interruppe per dedicarsi alla letteratura. Esordì nel 1861 col romanzo patriottico *I carbonari della montagna*, seguito, nel 1863, da *Sulle lagune*. Nel 1865 lasciò la Sicilia per stabilirsi a Firenze, che nel 1867 divenne la capitale d'Italia; quindi si trasferì nel 1871 a Milano, dove si inserì negli ambienti letterari, a contatto con artisti ansiosi di un rinnovamento culturale. Continuava intanto la sua opera di scrittore, con romanzi che rappresentavano ambienti alto-borghesi e vicende di esasperato romanticismo (*Una peccatrice*, 1866; *Storia di una capinera*, 1869; *Eva*, 1873; *Tigre reale*, 1873; *Eros*, 1875). L'incontro con Luigi Capuana, di cui condivise le teorie sul Verismo, lo indirizzò verso una più concreta osservazione della realtà e verso un nuovo modo di concepire la letteratura.
Del 1874 è la novella *Nedda*, che segna l'inizio della sua stagione verista. Lo scrittore pone come principio della sua arte l'osservazione e la descrizione della realtà con occhio «obbiettivo», quasi scientifico, senza coinvolgimento emotivo e senza esprimere giudizi personali. Protagonisti delle opere diventano gli *umili*, studiati e descritti nella triste e spesso inutile lotta per la vita. Verga infatti è convinto che la vita sia dominata da una forza cieca e incontrollabile, alla quale gli uomini, a qualunque ceto sociale appartengano, non possono opporsi, risultando sempre dei *vinti*. In questa amara visione dell'esistenza, l'unica saggezza per l'uomo è costituita dall'«ideale dell'ostrica», restare cioè attaccati allo scoglio accontentandosi di ciò che la sorte ha assegnato alla vita di ciascuno.

L'AUTORE

Le sue opere maggiori sono le raccolte di novelle *Vita dei campi* (1879), *Novelle rusticane* (1884), *Vagabondaggio* (1887), *I ricordi del capitano D'Arce* (1891), *Don Candeloro e C.* (1894), e i romanzi *I Malavoglia* (1881) e *Mastro-don Gesualdo* (1889).
Verga scrisse anche opere per il teatro, ricavate da sue novelle, come *Cavalleria rusticana* (1884) e *La lupa* (1896), che segnano l'inizio del teatro verista italiano.

La novella Rosso Malpelo *è uno dei capolavori del Verismo. In essa Verga descrive la realtà di povertà e di sfruttamento delle classi disagiate in Sicilia alla fine del XIX secolo, realtà che egli conosceva e che emergeva altresì dalle inchieste del Regno d'Italia da poco formatosi (1861). L'opera è anche un ritratto, umanissimo e di grande attualità, di un adolescente, un ragazzo minatore che le dure necessità della vita costringono a lavorare in modo disumano e a difendersi con altrettanta brutalità. Anche i capelli rossi, che nelle credenze popolari erano considerati segno di malvagità, contribuiscono a creare diffidenza e sospetto nei suoi confronti. Condannato dai pregiudizi e dalla violenza della gente all'emerginazione e ad una tragica fine, Malpelo è simbolo di una condizione umana senza speranza, quella di chi, invece di trovare nel lavoro il proprio riscatto, vi incontra la disperazione e la morte.*

Malpelo si chiamava così perché aveva i capelli rossi; ed aveva i capelli rossi perché era un ragazzo malizioso e cattivo, che prometteva di riescire un fior di birbone.[1] Sicché tutti alla cava della rena rossa lo chiamavano Malpelo; e persino sua madre col sentirgli dir sempre a quel modo aveva quasi dimenticato il suo nome di battesimo.

1 **Malpelo...birbone:** secondo la superstizione popolare, i capelli rossi sono segno di cattiveria. La spiegazione («aveva i capelli rossi perché era un ragazzo malizioso e cattivo») non regge ovviamente sul piano logico e sta ad indicare che il punto di vista da cui sono narrati i fatti non è quello dell'autore, ma di un anonimo narratore dello stesso livello sociale e mentale dei personaggi che agiscono nella vicenda, per cui l'autore rinuncia al punto di vista di uomo colto, per avvicinarsi, "regredire" a quello popolare dei propri personaggi; tale tecnica è stata definita "artificio di regressione" e rientra nei canoni veristi dell'"impersonalità e oggettività".

Fotogramma tratto dal film *Rosso Malpelo* (2007) di Pasquale Scimeca, tratto dalla novella di Giovanni Verga.

Del resto, ella lo vedeva soltanto il sabato sera, quando tornava a casa con quei pochi soldi della settimana,[2] e siccome era *malpelo* c'era anche a temere che ne sottraesse un paio di quei soldi; e nel dubbio, per non sbagliare, la sorella maggiore gli faceva la ricevuta a scapaccioni.

Però il padrone della cava aveva confermato che i soldi erano tanti e non più; e in coscienza erano anche troppi per Malpelo, un monellaccio che nessuno avrebbe voluto vedersi davanti, e che tutti schivavano come un can rognoso, e lo accarezzavano coi piedi, allorché se lo trovavano a tiro.[3]

Egli era davvero un brutto ceffo, torvo, ringhioso, e selvatico. Al mezzogiorno, mentre tutti gli altri operai della cava si mangiavano in crocchio[4] la loro minestra, e facevano un po' di ricreazione, egli andava a rincantucciarsi col suo corbello tra le gambe, per rosicchiarsi quel suo pane di otto giorni, come fanno le bestie sue pari;[5] e ciascuno gli diceva la sua motteggiandolo[6] e gli tiravan dei sassi finché il soprastante[7] lo rimandava al lavoro con una pedata. Ei c'ingrassava fra i calci e si lasciava caricare meglio dell'asino grigio, senza osar di lagnarsi. Era sempre cencioso e lordo di rena rossa, ché la sua sorella s'era fatta sposa[8] e aveva altro pel capo:

2 **Del resto...settimana:** attraverso queste notizie disseminate nel testo ci viene fornito un quadro abbastanza preciso sulle condizioni lavorative della cava: in questo caso apprendiamo che i minori stavano fuori di casa anche una settimana per un misero stipendio. I dati forniti da Verga coincidono perfettamente con quelli ricavati dall'*Inchiesta sul lavoro in Sicilia* di Franchetti e Sonnino, nel 1876-77.

3 **come un can rognoso...a tiro:** le similitudini con il mondo degli animali sono tipiche dei modi espressivi della mentalità contadina, che connotano in senso negativo il personaggio. L'espressione «lo accarezzavano coi piedi», a indicare che lo prendevano a calci, ha un significato ironico.

4 **in crocchio:** riuniti insieme.

5 **col suo corbello...sue pari:** anche nel momento del pasto egli è seduto in disparte («rincantucciato») sul cesto di vimini («corbello»), con l'atteggiamento di una bestia.

6 **motteggiandolo:** prendendolo in giro.

7 **il soprastante:** il caposquadra, il sorvegliante.

8 **s'era fatta sposa:** si era fidanzata.

nondimeno era conosciuto come la bettonica[9] per tutto Monserrato e la Carvana[10] tanto che la cava dove lavorava la chiamavano «la cava di Malpelo», e cotesto al padrone gli seccava assai.[11] Insomma lo tenevano addirittura per carità e perché mastro Misciu,[12] suo padre, era morto nella cava.

Era morto così, che un sabato aveva voluto terminare certo lavoro preso a cottimo,[13] di un pilastro lasciato altra volta per sostegno nella cava, e che ora non serviva più, e s'era calcolato così ad occhio col padrone per 35 o 40 carra[14] di rena. Invece mastro Misciu sterrava da tre giorni e ne avanzava ancora per la mezza giornata del lunedì. Era stato un magro affare e solo un minchione come mastro Misciu aveva potuto lasciarsi gabbare a questo modo dal padrone;[15] perciò appunto lo chiamavano mastro Misciu Bestia, ed era l'asino da basto[16] di tutta la cava. Ei, povero diavolaccio, lasciava dire e si contentava di buscarsi[17] il pane colle sue braccia, invece di menarle addosso ai compagni, e attaccar brighe. Malpelo faceva un visaccio come se quelle soperchierie[18] cascassero sulle sue spalle, e così piccolo com'era aveva di quelle occhiate che facevano dire agli altri: – Va là, che tu non ci morrai nel tuo letto, come tuo padre.

Invece nemmen suo padre ci morì nel suo letto, tuttoché[19] fosse una buona bestia. Zio Mommu[20] lo sciancato, aveva detto che quel pilastro lì ei non l'avrebbe tolto per venti onze[21]

9 **come la bettonica:** la bettonica è una pianta medicinale molto diffusa; vuol quindi significare che era conosciuto da tutti.

10 **Monserrato e la Carvana:** sobborghi di Catania, oggi integrati nella città.

11 **e cotesto...assai:** il doppio complemento di termine («al padrone gli») ricorre spesso in Verga: è uno dei modi per riprodurre la sintassi dialettale o comunque della lingua non colta, come si presuppone che sia quella del narratore.

12 **mastro Misciu:** «mastro» (maestro, artigiano), indica in Sicilia un lavoratore manuale; «Misciu» è diminutivo dialettale di Domenico.

13 **a cottimo:** secondo una retribuzione proporzionale al lavoro effettuato.

14 **carra:** plurale di carro, un'antica unità di volume (circa 500 litri).

15 **solo un minchione...dal padrone:** mastro Misciu, che è soprannominato addirittura «Bestia» per la sua ingenuità, si lascia raggirare dal padrone sulla retribuzione del lavoro.

16 **da basto:** da carico.

17 **buscarsi:** procacciarsi.

18 **soperchierie:** prepotenze.

19 **tuttoché:** sebbene.

20 **Zio Mommu:** diminutivo di Girolamo. "Zio" è un appellativo usato in Sicilia in senso generico e non per indicare un rapporto di parentela, ma di rispetto verso le persone anziane.

21 **onze:** l'onza è un'antica moneta usata in diversi Stati italiani, ma soprattutto in Sicilia fino all'Unità d'Italia e corrispondeva a circa 13 lire italiane d'allora; il suo valore era per l'epoca molto elevato.

SEGNALIBRO

Vita dei campi, Palumbo, Palermo 1994.

il piacere di leggere

La raccolta *Vita dei campi*, pubblicata nel 1880 dall'editore Treves, comprende otto novelle già apparse in riviste tra il 1878 e il 1880: *Fantasticheria*, *Jeli il pastore*, *Rosso Malpelo*, *Cavalleria rusticana*, *La lupa*, *L'amante di Gramigna*, *Guerra di santi*, *Pentolaccia*.

La novità della raccolta consiste nell'adesione alla tecnica verista dell'*oggettività* e dell'*impersonalità*; i personaggi non vengono più guardati paternalisticamente da un narratore onnisciente, ma vengono lasciati liberi di agire secondo il proprio sistema di valori, passioni, illusioni; l'autore si abbassa di livello (tecnica narrativa della *regressione*) e si identifica con un narratore popolare, che osserva dall'interno il mondo descritto perché egli stesso ne fa parte, ne condivide i comportamenti e il linguaggio.

L'ambiente è quello della campagna siciliana nel trapasso dal regime borbonico al nuovo stato unitario, un mondo dai ritmi sempre uguali, dominato dalla miseria, dallo sfruttamento dei lavoratori, dall'ostilità della natura, in cui a regolare la vita degli uomini sono le leggi della forza e dell'egoismo; un mondo in cui i fatti più drammatici, la violenza e le uccisioni vengono considerati del tutto naturali.

tanto era pericoloso; ma d'altra parte tutto è pericoloso nelle cave, e se si sta a badare al pericolo, è meglio andare a fare l'avvocato.[22]

Adunque il sabato sera mastro Misciu raschiava ancora il suo pilastro che l'avemaria[23] era suonata da un pezzo, e tutti i suoi compagni avevano accesa la pipa e se n'erano andati dicendogli di divertirsi a grattarsi la pancia per amor del padrone, e raccomandandogli di non fare *la morte del sorcio*.[24] Ei, che c'era avvezzo alle beffe, non dava retta, e rispondeva soltanto cogli ah! ah! dei suoi bei colpi di zappa in pieno; e intanto borbottava: – Questo è per il pane! Questo pel vino! Questo per la gonnella di Nunziata! – e così andava facendo il conto del come avrebbe speso i denari del suo *appalto* – il cottimante![25]

Fuori della cava il cielo formicolava di stelle,[26] e laggiù la lanterna fumava e girava al pari di un arcolaio[27] ed il grosso pilastro rosso, sventrato a colpi di zappa, contorcevasi e si piegava in arco come se avesse il mal di pancia, e dicesse: *ohi! ohi!* anch'esso. Malpelo andava sgomberando il terreno, e metteva al sicuro il piccone, il sacco vuoto ed il fiasco del vino. Il padre che gli voleva bene, poveretto, andava dicendogli: – Tirati indietro! – oppure: – Sta attento! Sta attento se cascano dall'alto dei sassolini o della rena grossa. – Tutt'a un tratto non disse più nulla, e Malpelo, che si era voltato a riporre i ferri nel corbello, udì un rumore sordo e soffocato, come fa la rena allorché si rovescia tutta in una volta; ed il lume si spense.

Quella sera in cui vennero a cercare in tutta fretta l'ingegnere che dirigeva i lavori della cava, ei si trovava a teatro, e non avrebbe cambiato la sua poltrona con un trono, perch'era gran dilettante.[28] Rossi[29] rappresentava l'*Amleto*, e c'era un bellissimo teatro.[30] Sulla porta si vide accerchiato da tutte le femminucce di Monserrato, che strillavano e si picchiavano il petto per annunziare la gran disgrazia ch'era toccata a comare Santa[31] la sola, poveretta, che non dicesse nulla, e sbatteva i denti quasi fosse in gennaio. L'ingegnere, quando gli ebbero detto che il caso era accaduto da circa quattro ore, domandò cosa venissero a fare da lui dopo quattro ore. Nondimeno ci andò con scale e torcie a vento, ma passarono altre due ore, e fecero sei, e lo Sciancato disse che a sgomberare il sotterraneo dal materiale caduto ci voleva una settimana.

Altro che quaranta carra di rena! Della rena ne era caduta una montagna, tutta fina e ben bruciata dalla lava, che si sarebbe impastata colle mani e dovea prendere il doppio di calce.[32] Ce n'era da riempire delle carra per delle settimane. Il bell'affare di mastro Bestia!

L'ingegnere se ne tornò a veder seppellire Ofelia:[33] e gli altri minatori si strinsero nelle spalle, e se ne tornarono a casa ad uno ad uno. Nella ressa e nel gran chiacchierio non badarono a una voce di fanciullo, la quale non aveva più nulla di umano, e strillava: – Scavate! scavate qui! presto! – To'! – disse lo Sciancato – è Malpelo! – Da dove è venuto fuori Malpelo? – Se tu non fossi stato Malpelo, non te la saresti scappata, no! – Gli altri si misero a ridere, e chi diceva che Malpelo avea il diavolo dalla sua, un altro che avea il cuoio duro a mo' dei gatti. Malpelo

22 **a d'altra parte...l'avvocato:** è la risposta popolare attraverso il discorso indiretto libero, che Verga usa nella sua narrazione impersonale; consiste nel dare indirettamente la parola ai personaggi, inserendo nella narrazione, come parte integrante di essa, frammenti di discorso diretto, privo quindi dei segnali (virgolette, trattino) che normalmente lo introducono.

23 **l'avemaria:** l'ora del tramonto.

24 ***la morte del sorcio***: espressione idiomatica (sottolineata dal corsivo), che significa restare in trappola.

25 **il cottimante!:** il «cottimante» è un lavoratore a cottimo (vedi nota 13). L'espressione, in tono ironico, vuole sottolineare il cattivo affare fatto da mastro Misciu.

26 **Fuori della cava...di stelle:** è il primo paesaggio esterno, non a caso notturno.

27 **arcolaio:** strumento girevole di legno su cui veniva dipanata la matassa.

28 **era gran dilettante:** si dilettava, era appassionato di teatro.

29 **Rossi:** l'attore Ernesto Rossi, celebre per le interpretazioni shakespeariane.

30 **c'era un bellissimo teatro:** espressione per indicare un pubblico scelto.

31 **comare Santa:** la moglie di Mastro Misciu e madre di Malpelo.

32 **dovea prendere il doppio di calce:** essendo fine e asciutta e perciò di buona qualità, la rena assorbiva il doppio di calce. Mastro Misciu aveva accettato di sbancarla a un prezzo molto basso, concludendo un pessimo affare.

33 **a veder seppellire Ofelia:** ritornò in teatro per assistere alla fine della rappresentazione dell'*Amleto*.

non rispondeva nulla, non piangeva nemmeno, scavava colle unghie colà nella rena, dentro la buca, sicché nessuno s'era accorto di lui; e quando si accostarono col lume gli videro tal viso stravolto, e tali occhiacci invetrati[34] e tale schiuma alla bocca da far paura; le unghie gli si erano strappate e gli pendevano dalle mani tutte in sangue. Poi quando vollero toglierlo di là fu un affar serio; non potendo più graffiare, mordeva come un cane arrabbiato e dovettero afferrarlo pei capelli, per tirarlo via a viva forza.

Però infine tornò alla cava dopo qualche giorno, quando sua madre piagnucolando ve lo condusse per mano; giacché, alle volte il pane che si mangia non si può andare a cercarlo di qua e di là.[35]

Anzi non volle più allontanarsi da quella galleria, e sterrava con accanimento, quasi ogni corbello di rena lo levasse di sul petto a suo padre. Alle volte, mentre zappava, si fermava bruscamente, colla zappa in aria, il viso torvo[36] e gli occhi stralunati, e sembrava che stesse ad ascoltare qualche cosa che il suo diavolo gli sussurrava negli orecchi, dall'altra parte della montagna di rena caduta. In quei giorni era più tristo e cattivo del solito, talmente che non mangiava quasi, e il pane lo buttava al cane, come se non fosse *grazia di Dio*. Il cane gli voleva bene, perché i cani non guardano altro che la mano la quale dà loro il pane. Ma l'asino grigio, povera bestia, sbilenca e macilenta, sopportava tutto lo sfogo della cattiveria di Malpelo; ei lo picchiava senza pietà, col manico della zappa, e borbottava: – Così creperai più presto![37]

Dopo la morte del babbo pareva che gli fosse entrato il diavolo in corpo, e lavorava al pari di quei bufali feroci che si tengono coll'anello di ferro al naso. Sapendo che era *malpelo*, ei si acconciava ad esserlo il peggio che fosse possibile,[38] e se accadeva una disgrazia, o che un operaio smarriva i ferri, o che un asino si rompeva una gamba, o che crollava un pezzo di galleria, si sapeva sempre che era stato lui; e infatti ei si pigliava le busse senza protestare, proprio come se le pigliano gli asini che curvano la schiena, ma seguitano a fare a modo loro. Cogli altri ragazzi poi era addirittura crudele, e sembrava che si volesse vendicare sui deboli di tutto il male che s'immaginava gli avessero fatto, a lui e al suo babbo. Certo ei provava uno strano diletto a rammentare ad uno ad uno tutti i maltrattamenti ed i soprusi che avevano fatto subire a suo padre, e del modo in cui l'avevano lasciato crepare. E quando era solo borbottava: – Anche con me fanno così! e a mio padre gli dicevano Bestia, perché ei non faceva così![39] – E una volta che passava il padrone, accompagnandolo con un'occhiata torva: – È stato lui, per trentacinque tarì![40] – E un'altra volta, dietro allo Sciancato: – E anche lui! e si metteva a ridere! Io l'ho udito, quella sera!

Per un raffinamento di malignità sembrava aver preso a proteggere un povero ragazzetto, venuto a lavorare da poco tempo nella cava, il quale per una caduta da un ponte s'era lussato il femore, e non poteva far più il manovale. Il poveretto, quando portava il suo corbello di rena in spalla, arrancava in modo che sembrava ballasse la tarantella, e aveva fatto ridere[41] tutti quelli della cava, così che gli avevano messo nome Ranocchio; ma lavorando sotterra, così ranocchio com'era, il suo pane se lo buscava; e Malpelo gliene dava anche del suo, per prendersi il gusto di tiranneggiarlo, dicevano.

34 **invetrati:** vitrei, fissi.
35 **giacché...di qua e di là:** altro esempio di discorso indiretto libero.
36 **torvo:** feroce, minaccioso.
37 **Così creperai più presto!:** Malpelo è un ragazzo solo e disperato e reagisce al dolore con la violenza, l'unico sfogo che gli è concesso.
38 **Sapendo...che fosse possibile:** Malpelo esprime dolore e rancore attraverso la cattiveria; risponde così alla violenza della vita, che gli ha sottratto anche il padre.
39 **E quando...faceva così!:** il punto di vista è ora quello del protagonista, cui il dolore e l'odio hanno aperto gli occhi sull'ambiente che lo circonda, in cui non esiste la pietà ma solo la legge del più forte.
40 **tarì:** moneta corrispondente alla trentesima parte dell'onza; aveva quindi un valore di 42 centesimi di lira.
41 **Il poveretto...aveva fatto ridere:** il mondo che circonda Malpelo è violento e non sembra conoscere la solidarietà.

Infatti egli lo tormentava in cento modi. Ora lo batteva senza un motivo e senza misericordia,[42] e se Ranocchio non si difendeva, lo picchiava più forte, con maggiore accanimento, e gli diceva: – To'! Bestia! Bestia sei! Se non ti senti l'animo di difenderti da me che non ti voglio male, vuol dire che ti lascerai pestare il viso da questo e da quello!

O se Ranocchio si asciugava il sangue che gli usciva dalla bocca o dalle narici: – Così, come ti cuocerà il dolore delle busse, imparerai a darne anche tu! – Quando cacciava[43] un asino carico per la ripida salita del sotterraneo, e lo vedeva puntare gli zoccoli, rifinito,[44] curvo sotto il peso, ansante e coll'occhio spento, ei lo batteva senza misericordia, col manico della zappa, e i colpi suonavano secchi sugli stinchi e sulle costole scoperte.[45] Alle volte la bestia si piegava in due per le battiture, ma stremo di forze non poteva fare un passo, e cadeva sui ginocchi e ce n'era uno il quale era caduto tante volte, che ci aveva due piaghe alle gambe: e Malpelo allora confidava a Ranocchio: – L'asino va picchiato, perché non può picchiar lui; e s'ei potesse picchiare, ci pesterebbe sotto i piedi e ci strapperebbe la carne a morsi.

Oppure: – Se ti accade di dar delle busse, procura di darle più forte che puoi; così coloro su cui cadranno ti terranno per da più di loro,[46] e ne avrai tanti di meno addosso.

Lavorando di piccone o di zappa poi menava le mani con accanimento, a mo' di uno che l'avesse con la rena, e batteva e ribatteva coi denti stretti, e con quegli *ah! ah!* che aveva suo padre. – La rena è traditora; – diceva a Ranocchio sottovoce – somiglia a tutti gli altri, che se sei più debole ti pestano la faccia, e se sei più forte, o siete in molti, come fa lo Sciancato, allora si lascia vincere. Mio padre la batteva sempre, ed egli non batteva altro che la rena, perciò lo chiamavano Bestia, e la rena se lo mangiò a tradimento, perché era più forte di lui.

Ogni volta che a Ranocchio toccava un lavoro troppo pesante, e Ranocchio piagnucolava a guisa di una femminuccia, Malpelo lo picchiava sul dorso, e lo sgridava: – Taci, pulcino! – e se Ranocchio non la finiva più, ei gli dava una mano, dicendo con un certo orgoglio: – Lasciami fare; io sono più forte di te. Oppure gli dava la sua mezza cipolla,[47] e si contentava di mangiarsi il pane asciutto, e si stringeva nelle spalle, aggiungendo: – Io ci sono avvezzo.

Era avvezzo a tutto lui, agli scapaccioni, alle pedate, ai colpi di manico di badile, o di cinghia da basto, a vedersi ingiuriato e beffato da tutti, a dormire sui sassi, colle braccia e la schiena rotta da quattordici ore di lavoro; anche a digiunare era avvezzo, allorché il padrone lo puniva levandogli il pane o la minestra. Ei diceva che la razione di busse non gliela aveva levata mai il padrone; ma le busse non costavano nulla. Non si lamentava però, e si vendicava di soppiatto, a tradimento, con qualche tiro di quelli che sembrava ci avesse messo la coda il diavolo: perciò ei si pigliava sempre i castighi anche quando il colpevole non era stato lui; già se non era stato lui sarebbe stato capace di esserlo, e non si giustificava mai: per altro sarebbe stato inutile. E qualche volta come Ranocchio spaventato lo scongiurava piangendo di dire la verità e di scolparsi, ei ripeteva: – A che giova? Sono *malpelo*! – e nessuno avrebbe potuto dire se quel curvare il capo e le spalle sempre fosse effetto di bieco orgoglio o di disperata rassegnazione, e non si sapeva nemmeno se la sua fosse selvatichezza o timidità.[48] Il certo era che nemmeno sua madre aveva avuta mai una carezza da lui, e quindi non gliene faceva mai.

42 **Ora lo batteva...senza misericordia:** Malpelo si è costruito la sua filosofia di vita, tutta negativa: le leggi che regolano la vita sono basate sulla forza e sulla sopraffazione e il più debole, per non soccombere, deve subito impararle. Esercitando violenza su Ranocchio, Malpelo vuole insegnargli a sopravvivere.

43 **cacciava:** spingeva innanzi.

44 **rifinito:** sfinito.

45 **costole scoperte:** per la magrezza, le costole sporgevano sotto la pelle.

46 **ti terranno per da più di loro:** ti considereranno più forte di loro. La vita ha insegnato a Malpelo che i deboli vanno picchiati, perché, se potessero, essi farebbero lo stesso con gli altri.

47 **la sua mezza cipolla:** il misero pasto quotidiano del ragazzo: pane e cipolla.

48 **e nessuno...timidità:** la psicologia di Malpelo, sebbene possa sembrare scoperta, è invece velata di mistero. Ci sono in lui orgoglio e rassegnazione e il suo comportamento esprime una forma di reazione, che resterà però priva di conseguenze.

Il sabato sera, appena arrivava a casa con quel suo visaccio imbrattato di lentiggini e di rena rossa, e quei cenci che gli piangevano addosso[49] da ogni parte, la sorella afferrava il manico della scopa se si metteva sull'uscio in quell'arnese, ché avrebbe fatto scappare il suo damo[50] se avesse visto che razza di cognato gli toccava sorbirsi; la madre era sempre da questa o da quella vicina, e quindi egli andava a rannicchiarsi sul suo saccone come un cane malato. Adunque, la domenica, in cui tutti gli altri ragazzi del vicinato si mettevano la camicia pulita per andare a messa o per ruzzare[51] nel cortile, ei sembrava non avesse altro spasso che di andar randagio per le vie degli orti, a dar la caccia a sassate alle povere lucertole, le quali non gli avevano fatto nulla, oppure a sforacchiare le siepi dei fichidindia. Per altro le beffe e le sassate degli altri fanciulli non gli piacevano.

La vedova di mastro Misciu era disperata di aver per figlio quel malarnese, come dicevano tutti, ed egli era ridotto veramente come quei cani, che a furia di buscarsi dei calci e delle sassate da questo e da quello, finiscono col mettersi la coda fra le gambe e scappare alla prima anima viva che vedono, e diventano affamati, spelati e selvatici come lupi. Almeno sottoterra, nella cava della rena, brutto e cencioso e sbracato[52] com'era, non lo beffavano più, e sembrava fatto apposta per quel mestiere persin nel colore dei capelli, e in quegli occhiacci di gatto che ammiccavano se vedevano il sole. Così ci sono degli asini che lavoravano nelle cave per anni ed anni senza uscirne mai più, ed in quei sotterranei, dove il pozzo di ingresso è verticale, ci si calan colle funi, e ci restano finché vivono. Sono asini vecchi, è vero, comprati dodici o tredici lire, quando stanno per portarli alla Plaja,[53] a strangolarli; ma pel lavoro che hanno da fare laggiù sono ancora buoni; e Malpelo, certo, non valeva di più, e se veniva fuori dalla cava il sabato sera, era perché aveva anche le mani per aiutarsi colla fune, e doveva andare a portare a sua madre la paga della settimana.

Certamente egli avrebbe preferito di fare il manovale, come Ranocchio, e lavorare cantando sui ponti, in alto, in mezzo all'azzurro del cielo, col sole sulla schiena – o il carrettiere, come compare Gaspare che veniva a prendersi la rena della cava, dondolandosi sonnacchioso sulle stanghe, colla pipa in bocca, e andava tutto il giorno per le belle strade di campagna – o meglio ancora avrebbe voluto fare il contadino che passa la vita fra i campi, in mezzo al verde, sotto i folti carrubbi,[54] il mare turchino là in fondo, e il canto degli uccelli sulla testa. Ma quello era stato il mestiere di suo padre, e in quel mestiere era nato lui. E pensando a tutto ciò, indicava a Ranocchio il pilastro che era caduto addosso al genitore, e dava ancora della rena fina e bruciata che il carrettiere veniva a caricare colla pipa in bocca, e dondolandosi sulle stanghe, e gli diceva che quando avrebbero finito di sterrare si sarebbe trovato il cadavere di suo padre, il quale doveva avere dei calzoni di fustagno quasi nuovi. Ranocchio aveva paura, ma egli no. Ei narrava che era stato sempre là, da bambino, e aveva sempre visto quel buco nero, che si sprofondava sotterra, dove il padre soleva condurlo per mano. Allora stendeva le braccia a destra e a sinistra, e descriveva come l'intricato labirinto delle gallerie si stendesse sotto i loro piedi dappertutto, di qua e di là, sin dove potevano vedere la sciara[55] nera e desolata, sporca di ginestre riarse, e come degli uomini ce n'erano rimasti tanti, o schiacciati, o smarriti nel buio, e che camminano da anni e camminano ancora, senza poter scorgere lo spiraglio del pozzo pel quale sono entrati, e senza poter udire le strida disperate dei figli, i quali li cercano inutilmente.

Ma una volta in cui riempiendo i corbelli si rinvenne una delle scarpe di mastro Misciu, ei fu colto da tal tremito che dovettero tirarlo all'aria aperta colle funi, proprio come un asino che

49 **gli piangevano addosso:** strappati, penzolavano da ogni parte.
50 **damo:** fidanzato.
51 **ruzzare:** giocare.
52 **sbracato:** trasandato.
53 **Plaja:** località a sud del porto di Catania.
54 **carrubbi:** il carrubo è un albero delle leguminose, il cui frutto è commestibile, molto diffuso in Sicilia e nell'Italia meridionale.
55 **sciara:** distesa lavica ondulata, brulla e deserta.

stesse per dar dei calci al vento. Però non si poterono trovare né i calzoni quasi nuovi, né il rimanente di mastro Misciu; sebbene i pratici asserissero che quello dovea essere il luogo preciso dove il pilastro gli si era rovesciato addosso; e qualche operaio, nuovo del mestiere, osservava curiosamente come fosse capricciosa la rena, che aveva sbatacchiato il Bestia di qua e di là, le scarpe da una parte e i piedi dall'altra.

Dacché poi fu trovata quella scarpa, Malpelo fu colto da tal paura di veder comparire fra la rena anche il piede nudo del babbo, che non volle mai più darvi un colpo di zappa; gliela dessero a lui sul capo, la zappa.[56] Egli andò a lavorare in un altro punto della galleria e non volle più tornare da quelle parti. Due o tre giorni dopo scopersero infatti il cadavere di mastro Misciu, coi calzoni indosso, e steso bocconi che sembrava imbalsamato. Lo zio Mommu osservò che aveva dovuto stentar molto a morire, perché il pilastro gli si era piegato in arco addosso, e l'aveva seppellito vivo; si poteva persino vedere tuttora che mastro Bestia aveva tentato istintivamente di liberarsi scavando nella rena, e avea le mani lacerate e le unghie rotte. – Proprio come suo figlio Malpelo! – ripeteva lo Sciancato – ei scavava di qua, mentre suo figlio scavava di là. – Però non dissero nulla al ragazzo per la ragione che lo sapevano maligno e vendicativo.[57]

Il carrettiere sbarazzò il sotterraneo dal cadavere al modo istesso che lo sbarazzava dalla rena caduta e dagli asini morti, ché stavolta oltre al lezzo del carcame,[58] c'era che il carcame era di *carne battezzata*;[59] e la vedova rimpiccolì i calzoni e la camicia, e li adattò a Malpelo, il quale così fu vestito quasi a nuovo per la prima volta, e le scarpe furono messe in serbo per quando ci fosse cresciuto, giacché rimpiccolirsi le scarpe non si potevano, e il fidanzato della sorella non ne aveva volute di scarpe del morto.

Malpelo se li lisciava sulle gambe quei calzoni di fustagno quasi nuovo, gli pareva che fossero dolci e lisci come le mani del babbo che solevano accarezzargli i capelli, così ruvidi e rossi com'erano. Quelle scarpe le teneva appese ad un chiodo, sul saccone, quasi fossero state le pantofole del papa,[60] e la domenica se le pigliava in mano, le lustrava e se le provava; poi le metteva per terra, l'una accanto all'altra, e stava a contemplarsele coi gomiti sui ginocchi, e il mento nelle palme per delle ore intere, rimuginando chi sa quali idee in quel cervellaccio.

Ei possedeva delle idee strane, Malpelo! Siccome aveva ereditato anche il piccone e la zappa del padre, se ne serviva, quantunque fossero troppo pesanti per l'età sua; e quando gli avevano chiesto se voleva venderli, che glieli avrebbero pagati come nuovi, egli aveva risposto di no; suo padre li ha resi così lisci e lucenti nel manico colle sue mani, ed ei non avrebbe potuto farsene degli altri più lisci e lucenti di quelli, se ci avesse lavorato cento e poi cento anni.

In quel tempo era crepato di stenti e di vecchiaia l'asino grigio; e il carrettiere era andato a buttarlo lontano nella sciara. – Così si fa; – brontolava Malpelo – gli arnesi che non servono più si buttano lontano. – Ei andava a visitare il carcame del *grigio* in fondo al burrone, e vi conduceva a forza anche Ranocchio, il quale non avrebbe voluto andarci; e Malpelo gli diceva che a questo mondo bisogna avvezzarsi a vedere in faccia ogni cosa bella o brutta; e stava a considerare con l'avida curiosità di un monellaccio i cani che accorrevano da tutte le fattorie dei dintorni a disputarsi le carni del *grigio*. I cani scappavano guaendo, come comparivano i ragazzi, e si aggiravano ustolando[61] sui greppi[62] dirimpetto, ma il Rosso non lasciava che Ranocchio li scacciasse a sassate. – Vedi quella cagna nera, – gli diceva – che non ha paura delle tue sassate; non ha paura perché ha più fame degli altri. Gliele vedi quelle costole! – Adesso non soffriva

56 **gliela dessero...la zappa:** il commento di Malpelo è inserito attraverso il discorso indiretto libero.
57 **maligno e vendicativo:** i minatori non dicono niente a Malpelo non per pietà, ma per paura della vendetta.
58 **carcame:** carogna, corpo di un animale in stato di avanzata putrefazione.
59 ***carne battezzata*:** come in altri punti, il corsivo sottolinea un'espressione popolare usuale nella lingua dei protagonisti.
60 **quasi fossero...papa:** è il commento ironico degli altri, che non comprendono i sentimenti e la sofferenza di Malpelo.
61 **ustolando:** mugolando, avidi di cibo.
62 **greppi:** pendii scoscesi.

più, l'asino grigio, e se ne stava tranquillo colle quattro zampe distese, e lasciava che i cani si divertissero a vuotargli le occhiaie profonde e a spolpargli le ossa bianche, e i denti che gli laceravano le viscere non gli avrebbero fatto piegar la schiena come il più semplice colpo di badile che solevano dargli onde mettergli in corpo un po' di vigore quando saliva la ripida viuzza. Ecco come vanno le cose! Anche il *grigio* ha avuto dei colpi di zappa e delle guidalesche,[63] e anch'esso quando piegava sotto il peso e gli mancava il fiato per andare innanzi, aveva di quelle occhiate, mentre lo battevano, che sembrava dicesse: – Non più! non più! – Ma ora gli occhi se li mangiano i cani, ed esso se ne ride dei colpi e delle guidalesche con quella bocca spolpata e tutta denti. E se non fosse mai nato sarebbe stato meglio.

La sciara si stendeva malinconica e deserta fin dove giungeva la vista, e saliva e scendeva in picchi e burroni, nera e rugosa, senza un grillo che vi trillasse, o un uccello che vi volasse su. Non si udiva nulla, nemmeno i colpi di piccone di coloro che lavoravano sotterra. E ogni volta Malpelo ripeteva che al di sotto era tutta scavata dalle gallerie, per ogni dove, verso il monte e verso la valle; tanto che una volta un minatore c'era entrato coi capelli neri, e n'era uscito coi capelli bianchi, e un altro cui s'era spenta la torcia aveva invano gridato aiuto ma nessuno poteva udirlo.

– Egli solo ode le sue stesse grida! – diceva, e a quell'idea, sebbene avesse il cuore più duro della sciara, trasaliva.

– Il padrone mi manda spesso lontano, dove gli altri hanno paura d'andare. Ma io sono Malpelo, e se io non torno più, nessuno mi cercherà.

Pure, durante le belle notti d'estate, le stelle splendevano lucenti anche sulla sciara, e la campagna circostante era nera anch'essa, come la sciara, ma Malpelo stanco dalla lunga giornata di lavoro, si sdraiava sul sacco, col viso verso il cielo, a godersi quella quiete e quella luminaria[64] dell'alto; perciò odiava le notti di luna, in cui il mare formicola di scintille, e la campagna si disegna qua e là vagamente – allora la sciara sembra più brulla e desolata. «Per noi che siamo fatti per vivere sotterra», pensava Malpelo «ci dovrebbe essere buio sempre e dappertutto». La civetta strideva sulla sciara, e ramingava[65] di qua e di là; ei pensava: «Anche la civetta sente i morti che son qua sotterra e si dispera perché non può andare a trovarli».

Ranocchio aveva paura delle civette e dei pipistrelli; ma il Rosso lo sgridava perché chi è costretto a star solo non deve aver paura di nulla, e nemmeno l'asino grigio aveva paura dei cani che se lo spolpavano, ora che le sue carni non sentivano più il dolore di esser mangiate.

– Tu eri avvezzo a lavorar sui tetti come i gatti – gli diceva – e allora era tutt'altra cosa. Ma adesso che ti tocca a viver sotterra, come i topi, non bisogna più aver paura dei topi, né dei pipistrelli, che son topi secchi con le ali, e i topi ci stanno volentieri in compagnia dei morti.

Ranocchio invece provava una tale compiacenza a spiegargli quel che ci stessero a far le stelle lassù in alto; e gli raccontava che lassù c'era il paradiso, dove vanno a stare i morti che sono stati buoni e non hanno dato dispiaceri ai loro genitori. – Chi te l'ha detto? – domandava Malpelo, e Ranocchio rispondeva che glielo aveva detto la mamma.

Allora Malpelo si grattava il capo, e sorridendo gli faceva un certo verso da monellaccio malizioso che la sa lunga. – Tua madre ti dice così perché, invece dei calzoni, tu dovresti portar la gonnella.

E dopo averci pensato un po'.

– Mio padre era buono e non faceva male a nessuno, tanto che gli dicevano Bestia. Invece è là sotto, ed hanno persino trovato i ferri e le scarpe e questi calzoni qui che ho indosso io.

63 **guidalesche:** piaghe prodotte dai finimenti di cuoio sulla pelle degli animali da soma.

64 **luminaria:** distesa di stelle.

65 **ramingava:** andava qua e là ramingo, vagava.

Da lì a poco, Ranocchio il quale deperiva da qualche tempo, si ammalò in modo che la sera dovevano portarlo fuori dalla cava sull'asino, disteso fra le corbe,[66] tremante di febbre come un pulcin bagnato. Un operaio disse che quel ragazzo *non ne avrebbe fatto osso duro*[67] a quel mestiere, e che per lavorare in una miniera senza lasciarvi la pelle bisognava nascervi. Malpelo allora si sentiva orgoglioso di esserci nato e di mantenersi così sano e vigoroso in quell'aria malsana, e con tutti quegli stenti. Ei si caricava Ranocchio, sulle spalle, e gli faceva animo alla sua maniera, sgridandolo e picchiandolo. Ma una volta nel picchiarlo sul dorso Ranocchio fu colto da uno sbocco di sangue, allora Malpelo spaventato si affannò a cercargli nel naso e dentro la bocca cosa gli avesse fatto, e giurava che non avea potuto fargli quel gran male, così come l'aveva battuto, e a dimostrarglielo, si dava dei gran pugni sul petto e sulla schiena con un sasso; anzi un operaio, lì presente, gli sferrò un gran calcio sulle spalle, un calcio che risuonò come su di un tamburo, eppure Malpelo non si mosse, e soltanto dopo che l'operaio se ne fu andato, aggiunse: – Lo vedi? Non mi ha fatto nulla! E ha picchiato più forte di me, ti giuro!

Intanto Ranocchio non guariva e seguitava a sputar sangue, e ad aver la febbre tutti i giorni. Allora Malpelo rubò dei soldi della paga della settimana, per comperargli del vino e della minestra calda, e gli diede i suoi calzoni quasi nuovi che lo coprivano meglio. Ma Ranocchio tossiva sempre e alcune volte sembrava soffocasse, e la sera non c'era modo di vincere il ribrezzo[68] della febbre, né con sacchi, né coprendolo di paglia, né mettendolo dinanzi alla fiammata. Malpelo se ne stava zitto ed immobile chino su di lui, colle mani sui ginocchi, fissandolo con quei suoi occhiacci spalancati come se volesse fargli il ritratto, e allorché lo udiva gemere sottovoce, e gli vedeva il viso trafelato e l'occhio spento, preciso come quello dell'asino grigio allorché ansava rifinito sotto il carico nel salire la viottola, ei gli borbottava: – È meglio che tu crepi presto! Se devi soffrire in tal modo, è meglio che tu crepi! – E il padrone diceva che Malpelo era capace di schiacciargli il capo a quel ragazzo, e bisognava sorvegliarlo.

Finalmente un lunedì Ranocchio non venne più alla cava, e il padrone se ne lavò le mani, perché allo stato in cui era ridotto oramai era più di impiccio che d'altro. Malpelo si informò dove stesse di casa, e il sabato andò a trovarlo. Il povero Ranocchio era più di là che di qua, e sua madre piangeva e si disperava come se il suo figliolo fosse di quelli che guadagnano dieci lire la settimana.[69]

Cotesto non arrivava a comprendere Malpelo, e domandò a Ranocchio perché sua madre strillasse a quel modo, mentre che[70] da due mesi ei non guadagnava nemmeno quel che si mangiava. Ma il povero Ranocchio non gli dava retta e sembrava che badasse a contare quanti travicelli c'erano sul tetto. Allora il Rosso si diede ad almanaccare[71] che la madre di Ranocchio strillasse a quel modo perché il suo figliuolo era sempre stato debole e malaticcio, e l'aveva tenuto come quei marmocchi che non si slattano mai.[72] Egli invece era stato sano e robusto, ed era *malpelo*, e sua madre non aveva mai pianto per lui perché non aveva mai avuto timore di perderlo.

Poco dopo, alla cava dissero che Ranocchio era morto, ed ei pensò che la civetta adesso strideva anche per lui nella notte, e tornò a visitare le ossa spolpate del *grigio*, nel burrone dove solevano andare insieme con Ranocchio. Ora del *grigio* non rimanevano più che le ossa sgan-

66 **corbe:** grossi cesti di vimini, più grandi dei corbelli, che servivano a trasportare la rena estratta.
67 ***non ne avrebbe fatto osso duro:*** forma idiomatica (evidenziata come al solito dal corsivo) per dire che non sarebbe vissuto a lungo.
68 **ribrezzo:** brivido; Ranocchio ha una malattia polmonare.
69 **come se...la settimana:** la similitudine adotta il punto di vista di Malpelo, e serve a sottolineare la visione pessimistica e spietata che questi ha della vita, considerata solo in relazione al guadagno.
70 **mentre che:** sebbene.
71 **ad almanaccare:** a fantasticare, immaginare.
72 **come quei marmocchi...mai:** come i bambini che non si divezzano mai, che dipendono ancora dalla madre.

gherate, ed anche di Ranocchio sarebbe stato così, e sua madre si sarebbe asciugati gli occhi, poiché anche la madre di Malpelo s'era asciugati i suoi dopo che mastro Misciu era morto, e adesso si era maritata un'altra volta, ed era andata a stare a Cibali;[73] anche la sorella si era maritata e avevano chiusa la casa. D'ora in poi, se lo battevano, a loro non importava più nulla, e a lui nemmeno, e quando sarebbe divenuto come il *grigio* o come Ranocchio, non avrebbe sentito più nulla.

Verso quell'epoca venne a lavorare nella cava uno che non s'era mai visto, e si teneva nascosto il più che poteva; gli altri operai dicevano fra di loro che era scappato dalla prigione, e se lo pigliavano ce lo tornavano a chiudere per degli anni e degli anni. Malpelo seppe in quell'occasione che la prigione era un luogo dove si mettevano i ladri[74] e i malarnesi come lui, e si tenevano sempre chiusi là dentro e guardati a vista.

Da quel momento provò una malsana curiosità per quell'uomo che aveva provata la prigione e n'era scappato. Dopo poche settimane però il fuggitivo dichiarò chiaro e tondo che era stanco di quella vitaccia da talpa e piuttosto si contentava di stare in galera tutta la vita, ché la prigione, in confronto, era un paradiso e preferiva tornarci coi suoi piedi. – Allora perché tutti quelli che lavoravano nella cava non si fanno mettere in prigione? – domandò Malpelo.

– Perché non sono *malpelo* come te! – rispose lo Sciancato. – Ma non temere, che tu ci andrai e ci lascerai le ossa.

Invece le ossa le lasciò nella cava, Malpelo, come suo padre, ma in modo diverso. Una volta si doveva esplorare un passaggio che si riteneva comunicasse col pozzo grande a sinistra, verso la valle, e se la cosa era vera, si sarebbe risparmiata una buona metà di mano d'opera nel cavar fuori la rena. Ma se non era vero, c'era il pericolo di smarrirsi e di non tornare mai più. Sicché nessun padre di famiglia voleva avventurarvisi, né avrebbe permesso che ci si arrischiasse il sangue suo[75] per tutto l'oro del mondo.

Ma Malpelo non aveva nemmeno chi si prendesse tutto l'oro del mondo per la sua pelle, se pure la sua pelle valeva tutto l'oro del mondo; sua madre si era rimaritata e se n'era andata a stare a Cibali, e sua sorella s'era maritata anch'essa. La porta della casa era chiusa, ed ei non aveva altro che le scarpe di suo padre appese al chiodo; perciò gli commettevano[76] sempre i lavori più pericolosi, e le imprese più arrischiate, e s'ei non si aveva riguardo alcuno, gli altri non ne avevano certamente per lui. Quando lo mandarono per quella esplorazione si risovvenne del minatore, il quale si era smarrito, da anni ed anni, e cammina e cammina ancora al buio gridando aiuto, senza che nessuno possa udirlo; ma non disse nulla. Del resto a che sarebbe giovato? Prese gli arnesi di suo padre, il piccone, la zappa, la lanterna, il sacco col pane, e il fiasco del vino, e se n'andò, né più si seppe nulla di lui.

Così si persero persin le ossa di Malpelo,[77] e i ragazzi della cava abbassano la voce quando parlano di lui nel sotterraneo, ché hanno paura di vederselo comparire dinanzi, coi capelli rossi e gli occhiacci grigi.

73 **Cibali:** piccolo centro della Piana tra Belpasso e Catania.

74 **Malpelo seppe...ladri:** Malpelo non conosce nulla della realtà esterna, quindi neanche delle prigioni e dei ladri; il suo orizzonte è interamente ristretto alla cava e alla sciara. Di fatto però la vita che conduce alla cava è peggiore di quella della prigione, come affermerà l'ex prigioniero, «stanco di quella vitaccia da talpa», al cui confronto la prigione «era un paradiso».

75 **il sangue suo:** un consanguineo.

76 **commettevano:** assegnavano, affidavano.

77 **Così si persero...Malpelo:** Malpelo che scompare nella cava è simbolo dell'impossibilità di sfuggire al proprio destino; egli, partendo per esplorare un nuovo passaggio, ha cercato vanamente di sfidarlo, tentando di sottrarsi alla propria realtà. Il finale della novella ha un tono di fiaba: Malpelo diviene una sorta di creatura eccezionale che vaga nei cunicoli sotterranei della cava, da cui è stato ingoiato.

ANALISI DEL TESTO

I temi

Il lavoro minorile

Il racconto è un documento storico sullo sfruttamento del lavoro minorile nell'Ottocento. Malpelo è vittima di pregiudizi, un perseguitato, un oppresso, un ragazzo che della vita ha conosciuto solo gli aspetti più duri. Le uniche forze positive, umane che lo muovono sono, oltre all'istinto di conservazione, il ricordo e la nostalgia del padre. Grazie al ricordo del padre, che qualche volta lo carezzava, tutte le violenze subite non riescono a spegnere in lui una scintilla di umanità.

Egli odia Ranocchio, un ragazzo sfortunato come lui, per la sua debolezza, per la sua incapacità di sopravvivere in un mondo in cui vige la legge del più forte. Ma anche lo ama, perché nelle debolezze di Ranocchio, scorge le proprie e perché, nonostante cerchi di indurirsi il cuore per meglio proteggersi dall'aggressione del mondo esterno, non riesce a soffocare la pietà e la partecipazione nei confronti della sofferenza.

Le tecniche narrative

L'artificio della regressione

Per realizzare il canone dell'**oggettività** e **impersonalità**, Verga ricorre nella novella all'**artificio della regressione**; attraverso l'adozione di un linguaggio popolare, egli si identifica con un narratore anonimo dello stesso livello dei personaggi, che guarda le cose con gli stessi occhi e le esprime con le stesse parole; ne è spia l'illogica spiegazione iniziale «aveva i capelli rossi perché era un ragazzo malizioso e cattivo», oltre all'andamento sintattico generale di tutta la narrazione, alla presenza di frasi idiomatiche popolari, **termini dialettali** e l'uso particolare del **discorso indiretto** libero.

L'ottica straniata

Tale narratore introduce il protagonista e ne mette subito in rilievo la condizione di emarginato attraverso il particolare dei capelli rossi, che sarebbero simbolo della sua cattiveria. I fatti vengono presentati secondo un'ottica (coincidente con quella del mondo della cava) straniata, anomala, per cui ciò che è "normale" viene considerato come se fosse "diverso"; ad esempio, dopo la morte del padre, Malpelo comincia ad avere atteggiamenti incomprensibili per la comunità che lo osserva, che li attribuisce alla sua cattiveria invece che al suo dolore «il viso torvo e gli occhi stralunati, «e sembrava che stesse ad ascoltare qualche cosa che il suo diavolo gli sussurrava negli orecchi, dall'altra parte della montagna»; In quei giorni era più tristo e cattivo del solito»; allo stesso modo, il suo comportamento educativo nei confronti di Ranocchio, per insegnargli a difendersi, viene giudicato come un modo per prendersi il gusto di tiranneggiarlo.

Il punto di vista

Il punto di vista del protagonista emerge solo nella seconda parte della novella, dove veniamo a conoscenza dei suoi sentimenti. Malpelo ha una visione **pessimistica**, indurita da una vita di miseria, di dolore, di violenza e ha capito, a differenza degli altri operai della cava, che la legge su cui si basa il mondo è quella della forza e che a questa immodificabile regola non resta che adattarsi con **disperata rassegnazione**. Senza comprenderne i motivi, Malpelo è tuttavia consapevole di questa tragica realtà: in questo senso egli è un "eroe", in cui lo scrittore proietta il proprio pessimismo senza soluzione.

L'ambiente è quello della cava, sotterraneo e bestiale, come stanno a indicare tutte le similitudini tratte dal mondo animale, oppresso dallo sfruttamento, dalla violenza, dalla morte. La morte è l'unica liberazione dalle sofferenze e la morte sarà la scelta finale anche di Malpelo.

Le tecniche espressive

Strutture linguistiche

La **prosa** è prevalentemente **paratattica**, con numerosi «e» e «che» usati come legami logici nei bruschi cambiamenti di argomento e di soggetto. Frequente nella narrazione è il discorso indiretto e indiretto libero; quello diretto domina nell'ultima parte ed è quasi del tutto riferito a Malpelo.

Numerose sono le espressioni idiomatiche, i **proverbi**, i **modi di dire**, usati per caratterizzare l'ambiente e i personaggi.

LABORATORIO SUL TESTO

Conoscenze

Comprensione

1. **Lavorando nella cava quale idea del mondo si è fatta Malpelo?**

2. **Come viene descritto il legame tra Malpelo e Ranocchio?**

3. **Come manifesta il proprio affetto per l'amico?**

4. **Che cosa intende fargli capire con il suo comportamento?**

Analisi

5. **I luoghi descritti sono importanti per capire il protagonista e la sua storia. Spiega perché sono importanti.**

6. **Gran parte dei personaggi appartiene a una classe sociale povera, ma ci sono due personaggi di classe sociale più elevata. Quali sono? Cosa rappresentano?**

Conoscenze lessicali

7. **Sostituisci con termini appropriati dell'italiano corrente le seguenti espressioni presenti nel testo.**
- Lo accarezzavano coi piedi allorché se lo trovavano a tiro
- Pareva gli fosse entrato il diavolo in corpo

8. **Nelle seguenti espressioni Malpelo viene paragonato ad un animale. Spiegane il significato.**
- Si lasciava caricare meglio dell'asino grigio
- Si rannicchiava con il suo saccone come un cane malato

Conoscenze grammaticali

9. **Rintraccia nel testo esempi di discorso indiretto libero.**

10. **Rintraccia nel testo gli elementi sintattici in cui è più evidente l'influenza del dialetto siciliano.**

Abilità e competenze

Scrittura e interpretazione

1. **Dalla novella emerge una visione pessimistica della vita, basata sulla legge della violenza e sul rapporto tra forti e deboli, esprimi le tue valutazioni in proposito basandoti sulle tue conoscenze ed esperienze personali.**

2. **Lavorando nella cava quale idea del mondo si è fatta Malpelo? Poniti dal suo punto di vista e scrivi una pagina di diario.**

Ascoltare, argomentare e confrontarsi

3. **Le cronache odierne mostrano continuamente minori in luoghi di guerra, di fame, di disperazione o utilizzati in lavori faticosi e sottoposti a inaudite crudeltà, nonostante gli interventi e gli appelli delle organizzazioni umanitarie che tentano di arginare il doloroso problema. Conoscete fenomeni presenti nelle zone in cui abitate o di cui ne avete sentito parlare? Discutetene e confrontatevi.**

AREA DIGITALE

Ricerca in Internet. Manifesto fotografico sullo sfruttamento minorile

Il 12 giugno 2013 è la Giornata Mondiale contro lo sfruttamento del lavoro minorile voluta dall'Organizzazione Internazionale del Lavoro (OIL) per richiamare l'attenzione dei governi e della società civile sulla condizione di vita di oltre 215 milioni di bambini e adolescenti cui vengono negati i diritti fondamentali. Di questi, 115 milioni svolgono lavori considerati pericolosi, incluse le forme peggiori di lavoro minorile, ovvero pratiche assimilabili alla schiavitù, servitù per debiti, prostituzione, attività illecite o altri lavori dannosi per la salute, la sicurezza o la morale dei bambini.

Per approfondire l'argomento e sensibilizzare altri ragazzi della vostra età, create un manifesto fotografico sul tema: *Lo sfruttamento minorile nel mondo*. Dividetevi in gruppi e fate una ricerca fotografica in Internet.

Ogni gruppo scelga un tema che riguardi lo sfruttamento minorile (sfruttamento sul lavoro, prostituzione, attività illecite, arruolamento nei conflitti armati, ecc.) ed anche il Paese. Ordinate il manifesto per temi per dare un ordine anche visivo alla vostra ricerca. Corredate le immagini con brevissime didascalie per capirne il contesto. La comunicazione deve essere immediata ed efficace. Esponete il manifesto nella vostra scuola come un prodotto di cittadinanza attiva. Dopo averlo fotografato inseritelo anche sul sito della scuola in modo che abbia maggiore diffusione e visibilità.

SCHEDA APPROFONDIMENTI

Il lavoro minorile

Onofrio Tomaselli (1866-1956), *I carusi*, olio su tela, datato 1905.

Il titolo *I carusi* fa riferimento ad un termine siciliano che significa letteralmente 'ragazzi'. Il quadro fu ispirato dal terribile incidente della miniera di Gessolungo (Caltanisetta), avvenuto nel 1881, e va visto come un tributo dell'artista ai 19 giovani che persero la vita nell'incendio di alcune gallerie sotterranee. Il quadro rimanda al grave problema del lavoro minorile, che fra Ottocento e Novecento era diffuso in tutta Italia, arrivando fino all'immediato dopoguerra. Sidney Sonnino e Leopoldo Franchetti, nella loro *Inchiesta parlamentare in Sicilia* del 1876, cercarono di sensibilizzare l'opinione pubblica al dramma del lavoro minorile, denunciando le condizioni dei ragazzini che lavoravano nelle miniere di zolfo anche 15 ore al giorno ad una temperatura di 50° e trasportando carichi pesanti.

Il primo provvedimento di legge a tutela del lavoro minorile fu approvato dal Parlamento italiano nel 1886, anche se con disposizioni che già apparivano arretrate rispetto a quelle di altri Paesi.

Solo nel 1902 il Parlamento elevò a 12 anni il limite di età per l'assunzione e a 12-14 anni il limite per il lavoro in miniera. Ma a 15 anni si poteva svolgere qualunque attività. Del resto nel 1904 l'obbligo scolastico terminava a 9-10 anni. Nel 1919 nasce, in seguito al trattato di Versailles, l'OIL (Organizzazione Internazionale del Lavoro) punto di riferimento per la trattazione del problema.

Attualmente in tutto il mondo 250 milioni di bambini al di sotto dei 14 anni sono costretti a lavorare; fra questi, secondo l'Organizzazione Internazionale del Lavoro, sono 120 milioni i bambini tra i 5 e i 14 anni che lavorano a tempo pieno, cioè circa il 50%. Molti vengono usati da imprenditori senza scrupoli per produrre articoli che noi stessi usiamo per il tempo libero e lo sport: scarpe, palloni, abbigliamento con famosi marchi sportivi, che in nome della globalizzazione sono prodotti dove il lavoro costa poco o pochissimo e non ci sono diritti civili e sociali da rispettare. In Italia le stime dei minori che lavorano illegalmente oscillano fra le 200.000 e le 500.000 unità, in primo luogo in Campania, seguita dalla Sicilia, la Puglia e la Lombardia.

Notizie tratte da www.cooperazioneallosviluppo.esteri.it

PRIMO PIANO

Altre forme di realismo

- Il rapporto
- Il documentario

testi non letterari

Il documentario è una realtà messa in scena.
Nel documentario la macchina da presa è al servizio della realtà che le sta di fronte.

Il rapporto documenta, attraverso un'indagine, determinate situazioni, formulando eventuali proposte in vista di interventi che possono essere attuati.

testi non letterari

Unicef
La condizione dell'infanzia nel mondo

ANNO	MODELLO DI SCRITTURA	TIPOLOGIA TESTUALE	TEMA
2012	rapporto	testo informativo-espositivo	• emarginazione e violenza per i bambini più poveri

UNICEF. Unicef vuol dire *United Nations Children's Emergency Fund*, ossia 'Fondo delle Nazioni Unite per l'infanzia'. L'Unicef è l'agenzia dell'ONU che si occupa di promuovere i diritti e migliorare le condizioni di vita dei bambini e delle bambine in tutto il mondo. Opera in 156 Paesi in via di sviluppo con programmi di assistenza diretta e in 36 paesi industrializzati (Italia inclusa) attraverso la sua rete di Comitati Nazionali, attivi nella sensibilizzazione dell'opinione pubblica e nella raccolta di fondi per i progetti sul campo.

Nel 2012 il rapporto dell'UNICEF (il cui sottotitolo significativamente è Figli delle città*) è dedicato al tema dei minori nell'ambiente urbano: una condizione che coinvolge oltre un miliardo di bambini e ragazzi, in larga parte concentrati nei Paesi in via di sviluppo (e per due terzi nella sola Asia), e che si espande senza sosta, con 60 milioni di nuovi abitanti metropolitani all'anno. Il rapporto analizza l'impatto che l'urbanizzazione ha sull'infanzia, tra grandi opportunità di benessere e crescenti disparità sociali ed economiche. Nelle statistiche, infatti, si cela un divario socio-economico tra quartieri residenziali e* slum *che addirittura supera quello tradizionale tra città e campagna.*

È vicino il giorno in cui la maggior parte dei bambini del mondo crescerà in città grandi e piccole. Già la metà di tutta la popolazione mondiale vive in aree urbane. Entro la metà di questo secolo, più di due terzi della popolazione globale sarà originaria di queste zone. Questo rapporto si concentra sui bambini che vivono negli ambienti urbani di tutto il pianeta; sono più di un miliardo, e il loro numero continua ad aumentare.

[...]

Secondo il programma delle Nazioni Unite per gli insediamenti umani (UN-Habitat), un abitante di città su tre vive senza alcuna garanzia di stabilità, in luoghi sovraffollati e poco igienici, infestati da inquinamento, disoccupazione, traffico, crimine, costo elevato della vita, fornitura insufficiente di servizi e competizione per le risorse. Questo rapporto si concentra in prevalenza sui bambini che vivono negli insediamenti urbani di tutto il mondo e che devono affrontare una serie di sfide particolarmente complesse per svilupparsi e per realizzare i propri diritti. [...]

Grafico 1 Quasi la metà di tutti i bambini del mondo vive in aree urbane
Popolazione mondiale (0-19 anni)

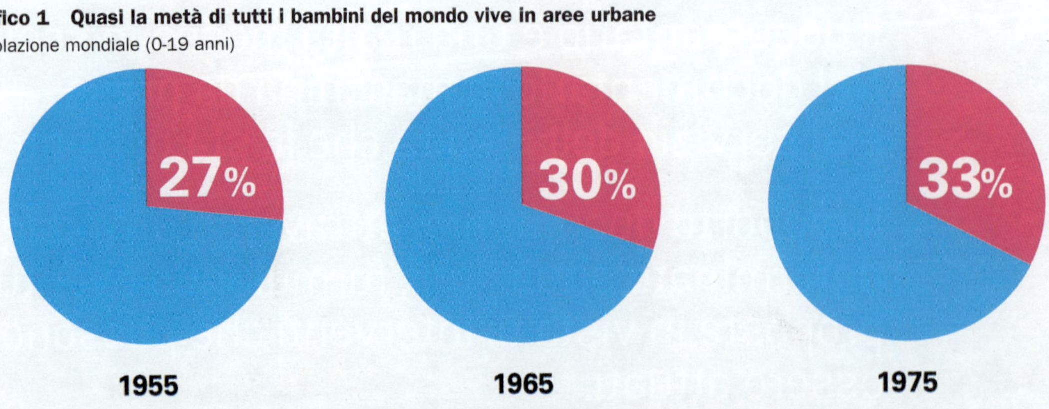

Un futuro urbano

Entro il 2050, 7 persone su 10 vivranno in aree urbane. Ogni anno la popolazione urbana di tutto il mondo aumenta di circa 60 milioni di persone. La maggior parte di questa crescita si sta verificando nei paesi a basso e medio reddito. L'Asia ospita la metà della popolazione urbana mondiale, nonché 66 delle 100 zone urbane che crescono più rapidamente, 33 delle quali si trovano nella sola Cina. Città come Shenzen, con una percentuale del 10% di crescita annua nel 2008, stanno raddoppiando la loro popolazione ogni sette anni. Malgrado un tasso complessivo di urbanizzazione ridotto, l'Africa ha una popolazione urbana maggiore di quella del Nord America o dell'Europa occidentale, e più di 6 africani su 10 residenti in zone urbane vivono in slum.

Man mano che le città si espandono e si fondono, si stanno evolvendo nuove forme urbane. Quasi il 10% della popolazione urbana si trova in megalopoli, ognuna con più di 10 milioni di abitanti, che si sono moltiplicate in tutto il pianeta. A New York e a Tokyo, che rientrano nella lista dal 1950, se ne sono aggiunte altre 19, tutte (tranne tre) in Asia, America latina e Africa. Eppure la maggior parte dello sviluppo urbano si sta verificando non nelle megalopoli ma in città più piccole, in cui vive la maggioranza dei bambini e giovani urbani. In contrasto con la rapida espansione urbana nel mondo in via di sviluppo, si prevede che, nei prossimi vent'anni, più della metà delle città europee riduca il proprio numero di abitanti. Tuttavia, secondo le proiezioni, le dimensioni della popolazione urbana nei paesi ad alto reddito dovrebbero rimanere in gran parte immutate fino al 2025, con gli emigrati da altre parti del mondo a ristabilire l'equilibrio.

L'emigrazione dalle campagne ha guidato la crescita urbana per tanto tempo e, in alcune regioni, resta ancora oggi un fattore importante. Ma secondo l'ultima stima globale, fatta nel 1998, sono i bambini nati tra la popolazione urbana preesistente a determinare circa il 60% della crescita urbana.

Povertà ed esclusione

Per miliardi di persone, l'esperienza urbana è fatta di povertà e di esclusione. Tuttavia i metodi standard di raccolta e analisi dei dati non colgono appieno la portata di entrambi i problemi. Spesso gli studi trascurano i residenti di una città le cui abitazioni e i cui lavori non siano ufficiali o registrati, ossia proprio le persone che hanno maggiori probabiità di vivere in povertà o di essere discriminate. Inoltre, è raro che le definizioni ufficiali di povertà tengano conto in misura sufficiente del costo delle necessità non alimentari. Di conseguenza, le soglie di povertà applicate alle popolazioni urbane non prendono adeguatamente in considerazione i costi di trasporti, affitti, acqua, impianti igienici, istruzione e servizi sanitari. Le difficili condizioni di vita in città vengono esacerbate da fattori come l'illegalità, la scarsa rappresentazione nei processi decisionali e la mancanza di stabilità, di beni e di tutela giuridica. L'esclusione viene spesso aggra-

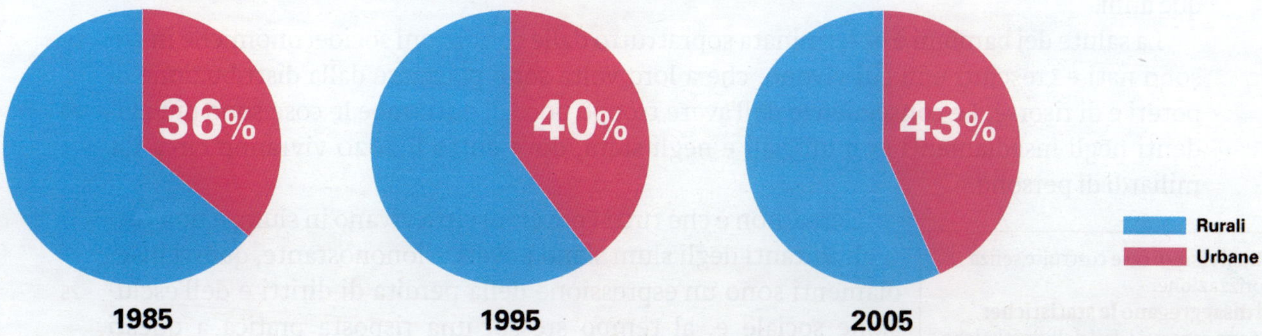

Fonte: Nazioni Unite, Dipartimento per gli affari economici e sociali (UNDESA), Population Division.

Grafico 2 Le popolazioni urbane crescono più rapidamente in Asia e in Africa
Popolazione urbana mondiale 1950, 2010, 2050 (proiezione)

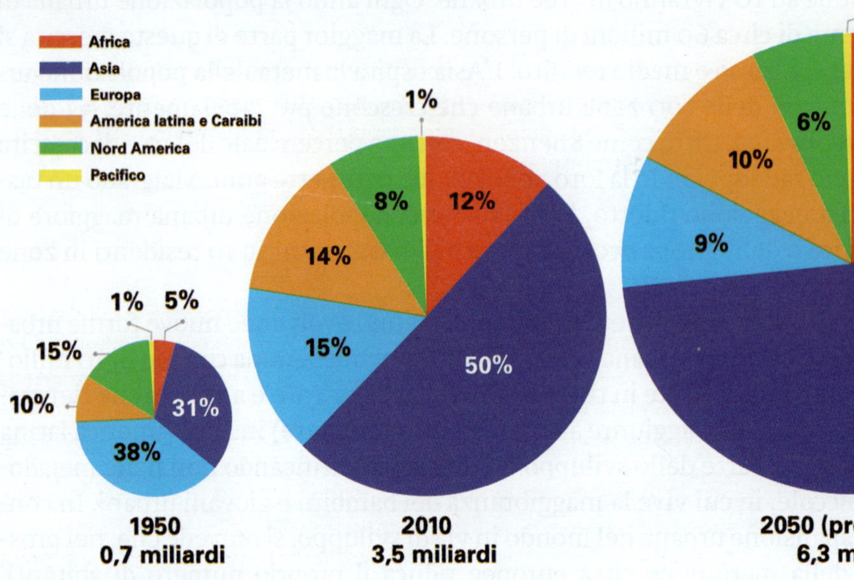

Fonte: UNDESA, Population Division.

vata da discriminazioni di genere, etnia, razza o condizioni di disabilità. In aggiunta a tutto questo, spesso le città si espandono ben oltre la capacità delle autorità locali di fornire le infrastrutture e i servizi necessari a garantire la salute e il benessere di tutti gli abitanti. Una percentuale significativa dello sviluppo demografico a livello urbano si sta registrando nelle zone più svantaggiate, dove regna l'abusivismo.[1] Questi fattori si combinano tra loro per togliere i servizi essenziali dalla portata dei bambini e delle famiglie che vivono nei quartieri urbani più poveri.

La vicinanza fisica a un servizio non ne garantisce l'accesso. In effetti, molti abitanti delle città vivono vicino a scuole o ospedali, ma hanno scarse possibilità di usufruire di questi servizi. Anche laddove non ci siano impedimenti come guardie o tariffe a bloccare la fruizione di alcuni servizi, ai poveri potrebbe mancare la consapevolezza di avere il diritto di poterne beneficiare ritenendoli appannaggio di chi appartiene a una categoria economica o sociale più elevata.

L'accesso inadeguato ad acqua potabile e servizi igienici espone i bambini a maggiori rischi di malattie, malnutrizione e morte. Quando si disaggregano le statistiche[2] sullo stato di salute dell'infanzia, diviene chiaro che anche laddove i servizi siano vicini, i bambini che crescono in insediamenti urbani poveri corrono rischi sanitari significativi. In alcuni casi, tali rischi sono addirittura superiori a quelli prevalenti nelle zone rurali. Studi dimostrano che in molti paesi i bambini che vivono in condizioni di povertà nelle città possono passarsela anche peggio dei bambini poveri di campagna, in termini di altezza in rapporto al peso e di mortalità sotto i cinque anni.

La salute dei bambini è determinata soprattutto dalle condizioni socioeconomiche in cui sono nati e cresciuti e in cui vivono, che a loro volta sono plasmate dalla distribuzione di poteri e di risorse. Le conseguenze dell'avere troppo poco di entrambe le cose sono più evidenti negli insediamenti non ufficiali e negli slum, dove entro il 2020 vivranno circa 1,4 miliardi di persone.

Certo, non è che tutti i poveri di città vivano in slum, e non tutti gli abitanti degli slum siano poveri. Cionondimeno, questi insediamenti sono un'espressione della perdita di diritti e dell'esclusione sociale e, al tempo stesso, una risposta pratica a questi fenomeni.

1 **abusivismo:** case costruite senza autorizzazione.
2 **si disaggregano le statistiche:** vengono separati i dati delle statistiche per analizzarli.

ANALISI DEL TESTO

I temi

La condizione dei bambini nelle città

Il testo è un rapporto, una particolare forma di relazione, ossia un testo informativo-espositivo in cui si presenta una documentazione dettagliata su una situazione, un problema di interesse generale. Nel nostro caso il tema affrontato riguarda la condizione dei bambini di tutto il mondo che vivono nelle aree urbane.

Le tecniche di scrittura

La struttura del testo

Nell'**introduzione** viene presentato l'argomento dell'indagine conoscitiva e lo scopo per cui è stata svolta.

In futuro metà della popolazione mondiale vivrà nelle aree urbane e, come dimostra con chiarezza questo rapporto, milioni di bambini che vivono in città grandi e piccole di tutto il mondo rischiano di essere lasciati indietro perché si trovano ad affrontare sfide difficili e privazioni di diritti.

Nello **sviluppo del testo** vengono esposte le argomentazioni corredate da grafici e schemi.

Oggi centinaia di milioni di bambini vivono in ambienti urbani, molti senza avere accesso ai servizi di base. Sono esposti a pericoli che vanno dalla violenza e dallo sfruttamento alle malattie e alla morte perché vivono in insediamenti affollati, privi di strutture adeguate per la loro crescita e il loro benessere. Questo rapporto evidenzia come l'indigenza e le espropriazioni colpiscono soprattutto le famiglie e i bambini più poveri ed emarginati. I dati sono allarmanti. Entro il 2050, il 70% di tutti gli esseri umani vivrà nelle aree urbane.

È necessario, pertanto, prendere dei provvedimenti urgenti per offrire le strutture e le opportunità di cui questi bambini hanno bisogno per realizzare i propri diritti e il proprio potenziale.

Nella **conclusione** vengono presentate le deduzioni, le proposte e le valutazioni.

Le tecniche espressive

Semplicità ed essenzialità

Il testo fa parte di un rapporto dell'UNICEF destinato a sensibilizzare un pubblico vario, per questo viene utilizzato un linguaggio semplice, appropriato ed essenziale in modo che la comunicazione sia immediata e recepibile da un pubblico di massa. La presenza di schemi e diagrammi serve a supportare l'esposizione con elementi integrativi. Lo stile è caratterizzato da periodi brevi e dalla prevalenza della coordinazione sulla subordinazione.

LABORATORIO SUL TESTO

Conoscenze

Comprensione

1. I bambini che oggi vivono nell'area urbana sono

[A] più di un miliardo [B] meno di un miliardo

2. Ogni anno la popolazione urbana di tutto il mondo aumenta di circa

[A] 60 milioni di persone [C] 100 milioni di persone
[B] 70 milioni di persone [D] 200 milioni di persone

3. La maggior parte dello sviluppo urbano si verifica

[A] nelle grandi città [B] nelle piccole città

4. A determinare la crescita urbana sono

[A] l'emigrazione dalle campagne [B] i bambini nati tra la popolazione urbana

5. Quali sono i fattori che rendono difficili le condizioni di vita nella città?

6. Per quale motivo i metodi standard di raccolta e analisi dei dati non colgono totalmente la portata dei problemi?

Analisi

7. **Con quale informazione si apre la relazione?**

8. **Qual è lo scopo di questa relazione?**

9. **Nello sviluppo del testo quali sono le informazioni fondamentali?**

10. **Perché sono importanti i grafici e le tabelle?**

11. **Quali deduzioni vengono presentate nella conclusione?**

Conoscenze lessicali

12. **Per ogni termine sotto riportato scegli il sinonimo appropriato.**

- **Esacerbato**

  A calmo — B sereno — C irritato

- **Plasmato**

  A modellato — B modificato — C disfatto

Conoscenze grammaticali

13. **Nella frase: «devono affrontare una serie di sfide <u>per realizzare</u> i propri diritti» «Per realizzare» è una proposizione**

A finale
B causale
C consecutiva
D temporale

14. **Indica con quale connettivo si può sostituire «tuttavia» nella frase «Tuttavia, secondo le proiezioni, le dimensioni della popolazione urbana dovrebbero rimanere in gran parte immutate».**

A pertanto
B infatti
C nonostante
D con tutto ciò

15. **Esegui l'analisi grammaticale delle seguenti voci verbali: "dovrebbero rimanere", "dovranno riunire".**

Abilità e competenze

Scrittura e interpretazione

1. **Rifletti su quanto affermato nel testo seguente e fai un'indagine su questo scottante problema nel luogo in cui vivi. Stendi poi una relazione sulla base delle informazioni che hai ricavato e rappresenta in forma di grafico i dati raccolti.**

«Anche senza essere vittime di traffici, molti bambini sono costretti a lavorare per sopravvivere. Si stima che nel 2008, in tutto il mondo, svolgessero un lavoro 215 milioni di bambini e bambine tra i 5 e i 17 anni, 115 milioni dei quali costretti a svolgere mansioni pericolose. I bambini possono lavorare come straccivendoli o lustrascarpe, servire il tè nei chioschi, vendere sigarette per strada, oppure a servizio in abitazioni private o nelle fabbriche. Molti sperimentano le forme peggiori, tra cui il lavoro coatto o vincolato, le attività illecite, la lotta armata e il lavoro domestico. Essendo in gran parte invisibili, queste forme di sfruttamento sono le più difficili da contrastare».

Ascoltare, argomentare e confrontarsi

2. **Commenta quanto di seguito riportato ed esprimi le tue considerazioni; poi confrontati e discutine con i tuoi compagni.**

«Ogni bambino svantaggiato testimonia lo scandalo morale del non riuscire a garantire il suo diritto a sopravvivere, crescere e partecipare alla vita della società. In questo senso, ogni bambino escluso rappresenta un'opportunità perduta, perché quando non riesce a estendere ai bambini di città i servizi e le tutele che permetterebbero loro di svilupparsi come individui produttivi e creativi, la società perde i contributi sociali, culturali ed economici che questi bambini potrebbero dare».

testi non letterari

Anna Stepanovna Politkovskaja
Cecenia: l'odio che genera odio

ANNO	MODELLO DI SCRITTURA	TIPOLOGIA TESTUALE	TEMA
2006	articolo di giornale	testo informativo	• le guerre in Cecenia

L'AUTRICE

Anna Stepanovna Politkovskaja, giornalista russa nata a New York nel 1958 (muore a Mosca nel 2006) molto conosciuta per il suo impegno sul fronte dei diritti umani, per i suoi *reportage* dalla Cecenia.

Anna Stepanovna Politkovskaja comincia a raccontare la storia della Cecenia dal 1999, quando il nuovo presidente della confederazione russa, Vladimir Putin, riapre le azioni di guerra contro quella regione. La maggior parte delle vittime si registra tra i civili ceceni e proprio questo aspetto della guerra diventa l'oggetto delle denunce lanciate dalla giornalista che accusa apertamente il governo russo di violare i diritti umani, praticando torture e rappresaglie. Anna Politkovskaja scrive sul quotidiano russo «Novaja Gazeta» dal 1999 al 2006, giorno della sua morte, avvenuta sotto i colpi di pistola di un assassino che la fredda mentre rientra a casa. Scrive della sua prigionia in Cecenia e delle minacce subite; scrive del sequestro di centinaia di persone al teatro Dubrovka in cui fa la mediatrice; scriverà del sequestro, nel 2004, di un migliaio di bambini tenuti in ostaggio per giorni nella loro scuola di Beslan, di cui 134 moriranno assieme ai soldati russi e ai terroristi; di questo non sarà diretta testimone perché viene avvelenata mentre cerca di raggiungere quella località. Tutto ciò non la fa desistere dall'andare in Cecenia, dove continua le interviste a militari russi e civili ceceni, che visita nei campi profughi e negli ospedali sostenendoli di persona; scrivendo, critica ogni forma di abuso contro la popolazione.

Il mondo teme una proliferazione nucleare incontrollata – io invece temo l'odio. Si sta accumulando sempre di più e in maniera incontrollabile. Il mondo è riuscito almeno a escogitare delle leve per fare fronte ai caporioni di Iraq e Corea del Nord, ma nessuno riuscirà mai a indi-

viduare le vie percorse dalla vendetta personale. Il mondo è completamente indifeso di fronte a quest'ultima. Nel nostro paese attualmente è in corso qualcosa di incredibilmente stupido e irresponsabile – centinaia di persone vengono costrette con la forza ad accumulare intere riserve di odio, che renderanno completamente imprevedibile la vita futura degli altri.

Cosa vogliamo ottenere dai ceceni in carcere per "terrorismo"? Centinaia di persone giovanissime che hanno di fronte a sé pene molto lunghe da scontare. In carcere li odiano e per questo li sottopongono a "trattamenti del tutto speciali", inventati sia dagli altri reclusi sia dall'amministrazione delle carceri.

Perché scrivo la parola "terrorismo" tra virgolette? Ve lo spiego. Chi sono questi ceceni? Per la maggior parte si tratta di ex studenti. Sono finiti nelle carceri senza nulla alle spalle, se non tre guerre. La prima si è svolta quando erano ancora bambini (la prima guerra cecena). La seconda, quando erano adolescenti (la seconda guerra cecena). La terza è l'istruttoria alla quale sono stati sottoposti. Si tratta cioè di studenti "terroristi" che sono fondamentalmente il prodotto delle procedure antigiuridiche messe in atto negli anni 2002, 2003 e 2004.

In quegli anni nel Caucaso settentrionale l'applicazione del diritto era decisamente sui generis: si effettuavano retate di massa e in Cecenia gli studenti venivano "ripuliti" a decine alla volta. Dopo la "pulizia" passavano attraverso la tortura, applicata di routine, come se si trattasse di una semplice procedura di disinfezione... Molti di loro sono stati uccisi, in particolare quelli che non si dichiaravano colpevoli. Ai "volenterosi" è stato concesso di vivere e sono stati condannati sulla base di accuse messe insieme in tutta fretta, senza preoccuparsi della qualità della documentazione reperita. Innocente? Colpevole? Solo Dio può saperlo, non sono mai state condotte vere e proprie indagini. Ed ecco che a partire dal 2005, dopo tutte le cassazioni, un'intera generazione di studenti ceceni "ripuliti" è entrata in carcere, con pene di 15 anni e oltre. È lì che è cominciata la loro quarta guerra. Una guerra con se stessi. O per se stessi? Forse addirittura contro...

[da «Novaya Gazeta», 2006, traduzione italiana di Andrea Ferrario per il sito balcanicaucaso.org – Peacelink, telematica per la pace]

LABORATORIO SUL TESTO

› *Abilità e competenze*

Scrittura e interpretazione

1. Commenta la frase della giornalista Politkovskaja esprimendo le tue riflessioni e considerazioni personali.

«*Il compito di un dottore è guarire le persone, il compito di un cantante è cantare.*
L'unico dovere di un giornalista è scrivere quello che vede.
Io voglio fare qualcosa per altre persone usando il giornalismo».

Ascoltare, argomentare e confrontarsi

2. Rifletti sulla frase riportata e in modo particolare sull'espressione: «i miei appunti [...] sono scritti per il futuro». Qual è la tua opinione? Discutine con i compagni e alla fine degli interventi trai le tue conclusioni.

«Voi probabilmente pensate che io scriva tutto questo per suscitare la vostra compassione. I miei connazionali si sono infatti dimostrati duri di cuore. Siete lì seduti che vi godete la vostra colazione, ascoltando le notizie scioccanti che arrivano dal Caucaso, in cui i fatti più terribili e allarmanti sono addolciti per far sì che agli elettori il cibo non vada di traverso. Ma i miei appunti hanno uno scopo ben diverso, sono scritti per il futuro. Sono la testimonianza delle vittime innocenti della nuova guerra cecena, ed è per questo che scrivo tutti i particolari che posso».

SCHEDA APPROFONDIMENTI

Il documentario di denuncia

Il documentario è una testimonianza di qualcosa che è accaduto ed è una forma d'espressione che sta tra il reportage giornalistico e l'opera cinematografica. Il documentario, infatti, racconta un fatto di cronaca, ma usando le tecniche ed i linguaggi cinematografici. Figura centrale per la realizzazione di un documentario è quella del fotoreporter, un giornalista che racconta i fatti attraverso le immagini fotografiche. Molte volte oltre a raccontare la cronaca con le immagini, è spesso l'autore degli articoli che compongono il servizio. Solitamente il fotoreporter accompagna il giornalista nelle missioni dove è inviato e deve essere sempre in prima linea e presente se vuole raccontare la verità dei fatti. Ormai è una convinzione comune che la verità su cosa accade in un paese in guerra la possa dire solo chi corre gli stessi pericoli di chi ci vive e di chi vi combatte: è per questo però che il numero dei morti fra fotoreporter e giornalisti sta aumentando in proporzione alla loro permanenza nelle zone "calde" e alla consapevolezza dell'unicità delle testimonianze dirette.

Truppe russe a Groznyj in Cecenia nel 2000.

AREA DIGITALE

Creare un forum. L'importanza della verità storica

Create un forum sull'argomento *L'importanza della verità storica*. Prendete come spunto per la discussione le frasi della Politkovskaja che vi proponiamo.

- «Certe volte, le persone pagano con la vita il fatto di dire ad alta voce ciò che pensano. Infatti, una persona può perfino essere uccisa semplicemente per avermi dato una informazione. Non sono la sola ad essere in pericolo e ho esempi che lo possono provare».
- «Vivere così è orribile. Vorrei un po' più di comprensione, ma la cosa più importante è continuare a raccontare quello che vedo».

Fate in modo che tutto il gruppo classe partecipi alla discussione con le proprie opinioni.

SCHEDA STORIA

Le guerre della Cecenia

La Cecenia si separa dalla Russia nel 1991 e, con alterne vicende, resiste, perde e riconquista parti del suo territorio, tra cui la sua capitale Groznyj. Durante tutto il decennio si registrano scontri durissimi generati dal forte desiderio di indipendenza delle popolazioni cecene, che si scontra contro gli interessi economici della Russia in quella regione. La guerra tra i due Stati si conclude ufficialmente nel 1996, per riprendere pochi anni dopo.

Da parte dei ceceni ribelli, che nel 1999 fondano una repubblica islamica, vengono organizzati attentati in diverse città russe: alla violenza rispondono con altra violenza l'esercito russo e il governo ceceno filo-russo.

Un combattente ceceno a Groznyj nel 1995.

Un soldato russo a Groznyj, in Cecenia, nel 1995.

testi non letterari

Mara Cinquepalmi
Ilaria Alpi: una giovane donna forte e determinata

ANNO	MODELLO DI SCRITTURA	TIPOLOGIA TESTUALE	TEMA
2011	articolo di giornale	testo argomentativo	• la guerra in Somalia

L'AUTRICE

Mara Cinquepalmi è giornalista, attualmente responsabile dell'ufficio stampa del Comune di San Lazzaro di Savena, in provincia di Bologna. Da aprile 2013 è la coordinatrice di GIULiA Emilia-Romagna, il coordinamento regionale della rete delle Giornaliste Unite Libere Autonome. A Maggio 2013 è stata eletta nel Consiglio regionale dell'Ordine dei Giornalisti dell'Emilia-Romagna.

La giornalista Mara Cinquepalmi ripercorre, in questo articolo, il coraggio e la passione che Ilaria Alpi aveva profuso nella professione giornalistica pagando con la vita (il 20 marzo del 1994) il suo impegno di raccontare la verità, mentre si trovava in Somalia per seguire la guerra civile di quel paese.

Una giovane donna forte e determinata, ma non aggressiva; una "battagliera e femminista convinta": «Fin dai suoi primi anni di vita – dice Luciana (la madre di Ilaria) – la ricordo come una bambina di carattere, tosta, molto sensibile. Una bambina curiosa, che voleva imparare, ma che aveva anche idee chiare».

Una laurea in lingue e letteratura araba, conseguita con il massimo dei voti presso l'Istituto di Lingue orientali dell'Università La Sapienza di Roma, è stata il suo passaporto verso il Medio Oriente. Le sue corrispondenze dal Cairo per «Paese Sera» raccontavano l'Egitto, non solo dal punto di vista economico e politico, ma anche culturale. Quegli articoli restituiscono al lettore, ancor oggi, un modo diverso di raccontare i paesi arabi: «Amava i paesi arabi. E più li conosceva e più desiderava raccontarne i segreti, i costumi, gli stili di vita, le tensioni interiori. Negli anni vissuti al Cairo (all'inizio coabitò con una giornalista egiziana che non parlava una parola né d'inglese né d'italiano) maturò il desiderio di diventare corrispondente da quella città. Aveva imparato a respirarla, l'aria dell'Africa e dell'Islam» [...].

La carriera giornalistica di Ilaria inizia nel 1990 quando vince il concorso per giornalisti Rai, la passione per i fatti risale alla metà degli anni '80 con le prime collaborazioni per «Paese Sera», «L'Unità», «Rinascita», «Noi Donne», «Italia Radio». Assunta prima a Rai Sat, viene trasferita alla redazione Esteri del Tg3: qui sarà inviata a Parigi, Belgrado, Marocco, Belgrado e per sette volte in Somalia, dal dicembre 1992 al marzo 1994.

«Lei però fin da subito si accorse che preferiva approfondire le notizie e non semplicemente "darle" come si usa spesso nelle agenzie e nei quotidiani [...]». Per Giorgio Alpi, il vero sogno di sua figlia era di riuscire a lavorare per un settimanale, dove forse è più facile, almeno così credeva, andare a fondo. «Le sarebbe piaciuto», aggiunge il padre, «fare la giornalista in un mondo dove a fare notizia sono le cose vere». [...]

Sulla morte di Ilaria e Hrovatin, da subito, sono circolate le ipotesi più diverse, ma ci sono circostanze che inducono a ritenere che Ilaria avesse scoperto fatti ed attività legati a traffici illeciti di armi e rifiuti tossici legati alla cooperazione, elementi emersi da una intervista che Ilaria realizzò a Bogor, sultano di Bosaaso. «Quel che c'era nelle cassette era materiale scottante. Nessuna minaccia le avrebbe impedito di raccontare la storia del peschereccio e di denunciare i traffici illeciti che Bogor aveva confermato». La cassetta arriva, però, in Italia incompleta, probabilmente manomessa: «Una volta visionata in studio, però, la registrazione dell'intervista che il sultano di Bosaaso Bogor aveva rilasciato a Ilaria apparve subito monca, incompleta. La registrazione durava in tutto

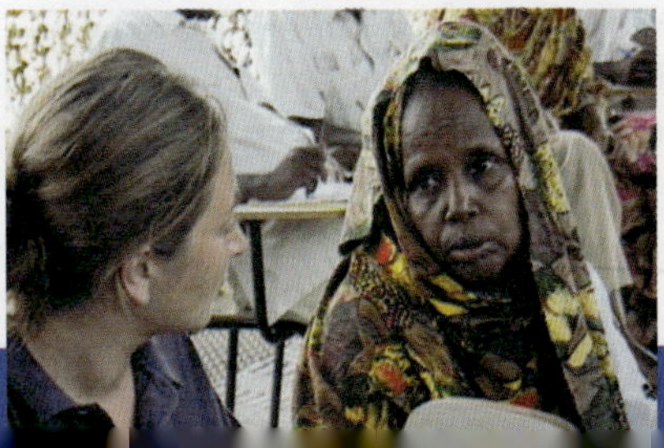

tredici minuti, e le dichiarazioni del sultano risultavano spezzettate, come se Miran, contrariamente al proprio costume, avesse di continuo interrotto la ripresa. [...] Due anni dopo il giornalista Maurizio Torrealta tornò a intervistare Bogor, in un albergo di Gibuti. Bogor ammise che l'intervista rilasciata a Ilaria era stata assai più lunga, almeno due ore, non tredici minuti; e che la giornalista gli aveva fatto parecchie domande sul traffico di armi e di rifiuti. Delle domande e delle relative risposte però non c'era traccia nella cassetta restituita alla Rai».

Ilaria Alpi e Miran Hrovatin rientrano a Mogadiscio domenica 20 marzo: «A Bosaaso lei e Miran avevano fatto un bel lavoro. Anche se erano stati costretti a rimanere molto più del previsto. Ma ora si tornava a Mogadiscio. E lì ci sarebbe stato da correre. A Roma, al Tg3, aspettavano il servizio. Non si poteva mancare l'appuntamento con il satellite per il riversamento. [...] Quella [l'intervista, ndr] al sultano di Bosaaso avrebbe fatto sensazione, le ammissioni sui traffici di armi e rifiuti erano clamorose, ma l'intervista era lunga, bisognava tagliare, a Roma non accettano più di due minuti...».

Ilaria chiama la redazione, ma non anticipa al telefono il contenuto del servizio: «Le aveva risposto Flavio Fusi, in servizio al desk della redazione. In Italia era quasi l'una, Flavio stava preparando l'edizione delle 14.20 [...]. Scusa, non posso dirti nulla al telefono. Però ho delle cose grosse, veramente grosse. Importanti».

Ilaria non farà in tempo a trasmettere il servizio. Una telefonata le fa lasciare in fretta e furia, insieme a Miran, l'hotel Sahafi, dove alloggiavano, per raggiungere l'hotel Hamana. Non si conosce né il motivo di quell'allontanamento repentino né la persona o le persone che avrebbe incontrato.

È una edizione speciale del Tg3 ad annunciare in Italia la morte dei due giornalisti: «Flavio Fusi entrò piangendo nelle case degli italiani. [...] È atroce dover annunciare la morte di un collega: e questa volta l'angoscia era moltiplicata dal fatto di non sapere, di non poter trovare una spiegazione».

«Soltanto tre momenti, purtroppo decisivi, non hanno potuto essere documentati: il sequestro e le minacce subiti da Ilaria e Miran a Bosaaso; come e con chi i due giornalisti abbiano lasciato l'aeroporto militare di Mogadiscio per raggiungere l'hotel Sahafi, poche ore prima dell'omicidio; e chi o cosa abbia indotto Ilaria e Miran a uscire di corsa dall'hotel Sahafi, per essere poi assassinati. La chiave del delitto di Mogadiscio sta, probabilmente, nella risposta a questi tre interrogativi».

I genitori, Luciana Riccardi e Giorgio (scomparso nel 2010) hanno combattuto fianco a fianco in questi anni per arrivare alla verità e alla giustizia sulla morte della loro unica figlia. Nell'ottobre 2008 il Presidente della Repubblica Giorgio Napolitano ha conferito loro la Medaglia d'oro al Merito civile. [...] Nel nome di Ilaria Alpi sono fiorite tante iniziative legate al giornalismo e alla solidarietà: il premio istituito dalla Camera dei Deputati per ricordare il suo impegno professionale e civile e quello della giornalista del «Corriere della Sera» uccisa in Afghanistan nel 2001; il premio giornalistico televisivo Ilaria Alpi che si svolge ogni anno a Riccione.

[da Mara Cinquepalmi, uscito il 6 luglio 2011 sul sito Enciclopedia delle donne.it]

LABORATORIO SUL TESTO

Abilità e competenze

Scrittura e interpretazione

1. Abbiamo inserito alcune fotografie di Ilaria Alpi ripresa nelle "zone calde" in cui era stata inviata; per ciascuna scrivi una didascalia tenendo presente il contesto. Immagina che con il microfono stia parlando per trasmettere in televisione un resoconto di ciò che vede e che è riuscita a sapere e conoscere.

PRIMO PIANO

SCHEDA APPROFONDIMENTI

Chi era Ilaria Alpi

SCHEDA APPROFONDIMENTI **La guerra in Somalia**

Ilaria Alpi, nata nel 1961, si diploma in un liceo romano e poi si laurea in Lettere dopo aver seguito corsi di lingue e cultura islamica; grazie anche all'ottima conoscenza delle lingue francese, inglese e araba, ottiene le prime collaborazioni giornalistiche dalla capitale egiziana per conto dei quotidiani «Paese Sera» e «l'Unità»; vince una borsa di studio per essere assunta alla Rai.

Ilaria Alpi viene uccisa il 20 marzo 1994 a Mogadiscio, capitale della Somalia, dove si trovava per seguire la guerra civile di quel Paese e per indagare su un traffico di armi e di rifiuti tossici illegali in cui era implicata l'Italia. Nell'agguato al fuoristrada morì anche il fotoreporter Miran Hrovatin, ma non l'autista e la guardia del corpo, che rimasero illesi: ciò ha fatto pensare ad una vera azione criminale contro i due, che probabilmente avevano scoperto il traffico internazionale di veleni, rifiuti tossici e radioattivi prodotti nei Paesi industrializzati e mandati regolarmente nei Paesi poveri dell'Africa, in cambio di tangenti e armi scambiate coi gruppi politici locali.

La morte di Ilaria e Miran si trova così al centro di un caso internazionale: le indagini risultano subito complesse per prove cancellate, alterate, interventi non legittimi, depistaggi, come solo si può immaginare nella trama di un film.

Lo squallore, la miseria, il dramma di un popolo che vive tra l'indifferenza dei propri governanti e il silenzio complice e calcolato di chi ha interessi economici con i Paesi africani più poveri, emergono dalle scarse immagini che documentano il lavoro di Ilaria Alpi.

Ilaria Alpi con il fotoreporter Miran Hrovatin in Somalia.

AREA DIGITALE

Una mappa ragionata delle guerre di oggi

Per la passione che Ilaria Alpi aveva profuso nella professione giornalistica, nel 1995 nasce un premio che porta il suo nome ed è dedicato ai migliori servizi giornalistici televisivi; negli stessi anni in Francia nasce il *FIGRA les écrans de la réalité*, festival del reportage di attualità del documentario sociale.

Navigando in Internet troverete notizie sulle due manifestazioni; raccogliete in un elenco i vincitori delle ultime edizioni. Dai titoli dei servizi premiati ricavate una mappa delle guerre ancora in corso nel mondo e dei problemi sociali ancora non risolti. Corredate le guerre della mappa con immagini e didascalie significative.

Dividetevi in gruppi utilizzando le competenze di ciascuno (velocità della ricerca in rete, capacità organizzative, capacità di coordinamento, abilità di scrittura, ecc.). Se lo ritenete opportuno create un coordinatore del gruppo che sia condiviso da tutti.

PER LEGGERE E APPROFONDIRE

Il prezzo della verità

Marco Rizzo, *Ilaria Alpi, Il prezzo della verità*, BeccoGiallo, Padova 2010

A 13 anni dalla morte, viene pubblicata la trasposizione a fumetti delle vicende che hanno portato all'omicidio della giornalista di RaiTre e del suo operatore, Milan Hrovatin, assassinati a Mogadiscio nel 1994, nei giorni in cui truppe internazionali confluite in un'operazione dell'ONU se ne stavano andando. Scritto da Marco Rizzo e disegnato da Francesco Rispoli, la storia inizia dalla fine per risalire agli elementi (il traffico di armi, i rifiuti tossici nocivi e i traffici illeciti) che hanno portato alla morte i due giornalisti. «Non pretendo che il nostro fumetto racconti la verità assoluta, né che il nostro lavoro si sovrapponga a quello dei magistrati, ma di certo abbiamo sentito diverse campane e abbiamo fatto affidamento su materiali diversi, su fonti anche contrastanti, per giungere ad un resoconto verosimile».

progettare per competenze

Laboratorio in situazione

rapporto di cittadinanza attiva tra scuola e territorio

INSIEME PER LA LEGALITÀ
Rapporto di cittadinanza attiva e di educazione alla legalità

SITUAZIONE

CONCORSO NAZIONALE "Insieme per la legalità"

PRODOTTO

SPETTACOLO TEATRALE Progettazione e preparazione di uno spettacolo teatrale sul tema: **"Gli anni Novanta e gli eroi della legalità"** per la partecipazione ad una delle giornate nazionali dedicate ai temi della legalità

LABORATORIO

Compiti collettivi, con competenze specifiche, in funzione del risultato finale.

Cittadinanza attiva *Il lavoro di laboratorio si inserisce nelle proposte di cittadinanza attiva prevista nei percorsi formativi che caratterizzano il primo biennio delle scuole secondarie di secondo grado.*

Presentazione del laboratorio *La cultura dei valori fondanti della legalità e del rispetto della Costituzione è alla base di una convivenza civile. Per questa ragione è fondamentale fare proprio il rispetto delle regole, conoscere i fenomeni illegali e capire come contrastarli.*
Prendendo spunto da una situazione reale (la partecipazione ad un Concorso Nazionale sul tema della legalità), si progetta la realizzazione di un laboratorio teatrale sul modello dell'intervista impossibile.
I personaggi scelti si incontrano e dialogano tra di loro sulle loro vite e i loro destini; saranno intervistati dallo studente che si farà portavoce del questionario elaborato dal gruppo classe. Una voce fuori campo presenterà i personaggi scelti.

Competenze attivate

competenze chiave di cittadinanza	competenze di base
• progettare • risolvere problemi • acquisire e interpretare informazioni • collaborare e partecipare • comunicare	• comunicare nella madrelingua • comunicare nella lingua straniera • competenza digitale

Discipline coinvolte

- italiano
- lingua straniera
- discipline umanistiche e scientifiche

Ruolo del docente

Il docente si pone come consulente metodologico e animatore motivazionale

Coordinamento

La classe è coordinata da un insegnante che può decidere di affidare il coordinamento a un *peer leader*

Esiti formativi

abilità/competenze da sviluppare nel percorso di laboratorio

- interazione tra competenze disciplinari e professionali per la formazione e la crescita in termini innovativi
- attivare la capacità di coordinamento e lavoro tra gruppi di una classe per l'organizzazione di materiale al fine dell'organizzazione di un evento
- promozione di nuovi strumenti di lettura della realtà
- consapevolezza degli strumenti linguistici da usare in funzione di uno scopo comunicativo condiviso

Fasi operative

Il laboratorio prevede tre fasi operative per organizzare i gruppi di lavoro e il percorso metodologico da seguire

Laboratorio in situazione

1 Prima fase operativa

Condivisione delle conoscenze

Analisi della tematica.

La prima fase è abbastanza importante perché deve progettare la programmazione del lavoro, i percorsi da seguire, le ore a disposizione. Si affronta il problema della legalità in Italia, attraverso la condivisione delle conoscenze, la discussione collettiva sugli approfondimenti da acquisire sull'argomento.

ATTIVITÀ		RIFLESSIONI SULLE COMPETENZE ATTIVATE
Ricerca individuale (su testi scolastici, testi reperibili in biblioteca, in Internet) di informazioni sul tema della legalità allo scopo di conoscere l'argomento	1	L'attività sollecita un metodo di acquisizione e organizzazione delle conoscenze attraverso la capacità di informarsi e documentarsi anche utilizzando strumenti multimediali
Confronto tra i risultati; proposte di suddivisione del tema in microargomenti e divisione in gruppi di lavoro per acquisire le informazioni di base e quelle specifiche e per procedere alla rielaborazione informatizzata dei dati	2	L'attività sviluppa autoconsapevolezza e spirito critico e la capacità di confronto e di collaborazione
Stesura di una bibliografia (libri, giornali, film, sitografia, ecc.); organizzazione dei tempi per la sintesi delle fonti	3	L' attività potenzia l'uso di metodi di studio adeguati nella ricerca delle fonti e il rispetto dei tempi della ricerca di gruppo

Dal dibattito possono nascere altri spunti oggetto di indagine e di discussione.

2 Seconda fase operativa

Progettazione e organizzazione

Organizzazione dello spettacolo e messa in scena.

In questa fase si programmano le attività da svolgere per la preparazione del progetto teatrale. Si individuano i personaggi da intervistare e il ruolo dei membri del gruppo nello spettacolo. Il risultato del confronto iniziale dovrà fornire lo spunto per formare i gruppi di lavoro tenendo presenti le competenze di ciascuno e le relazioni con i propri compagni. Perché il lavoro proceda con impegno, motivazione ed entusiasmo è importante che i gruppi siano ben amalgamati.

ATTIVITÀ		RIFLESSIONI SULLE COMPETENZE ATTIVATE
Scelta dei personaggi di cui tracciare il profilo biografico e da intervistare a. scheda del personaggio recitativo b. scelta del monologo c. scelta dei luoghi	1	L'attività potenzia la capacità di analisi e si pone come occasione per scoprire il piacere della ricerca e dell'informazione
Stesura di una scaletta e dei tempi a. recitazione b. musica c. proiezioni audiovisive	2	L'attività potenzia le capacità di sintesi e di organizzazione razionale del pensiero
Scelta dei testi visivi e audiovisivi: immagini (disegni, fotografie); musica (colonna sonora); costumi Stesura (eventuale) di testi originali verbali (domande) e musicali: realizzazione di disegni, di fotografie e di elementi scenografici	3	L'attività potenzia la capacità di documentare le esperienze in modo articolato
Valutazione dei tempi da dedicare alla realizzazione del laboratorio teatrale	4	L'attività accresce il ruolo attivo degli studenti e le capacità di problematizzazione e di confronto

Laboratorio in situazione

3 Terza fase operativa

Comunicazione

Presentazione dei risultati finali.

ATTIVITÀ		RIFLESSIONI SULLE COMPETENZE ATTIVATE
Presentazione all'interno dell'Istituto delle motivazioni del lavoro di gruppo sul tema della legalità e condivisione dei valori comuni	1	L'attività implica la capacità di comunicare esperienze utilizzando linguaggi specifici adeguati alle situazioni
Comunicazione all'interno dell'Istituto sulla realizzazione dello spettacolo, i protagonisti, il coinvolgimento di figure di appoggio, la collaborazione di esterni	2	L'attività si pone come occasione per dare valore alla ricerca finalizzata a un progetto comune
Un **articolo giornalistico** che presenti tutte le fasi di sviluppo del lavoro di gruppo, che sarà inviato a giornalino scolastico (cartaceo, on line) o a un giornale locale	3	Si potenzia la capacità di utilizzare gli strumenti espressivi, informativi ed argomentativi nell'interazione comunicativa
Una **relazione scritta** condivisa da tutti che indichi tutte le fasi di lavoro sia organizzative, sia di ricerca da presentare al Dirigente della Scuola	4	Si potenzia la capacità di rielaborare in forma chiara le informazioni adeguandole alla situazione comunicativa
Sintesi dell'iniziativa **sul sito** della scuola	5	Si potenzia la capacità di documentare l'esperienza in modo articolato e gradualmente ampliabile, anche utilizzando strumenti multimediali

23 maggio: la nave della legalità

Nell'ambito del percorso di educazione alla legalità, promosso in tutte le scuole per condurre i giovani al rispetto dei valori in cui Giovanni Falcone e Paolo Borsellino hanno fortemente creduto, ogni anno viene bandito il concorso "La nave della legalità", che esorta gli studenti a un'approfondita riflessione e sensibilizzazione sui temi della legalità e della lotta alle mafie, attraverso il confronto e processi creativi e produttivi. Il numero di studenti partecipanti all'iniziativa è costantemente cresciuto. Momento conclusivo del percorso sono i giorni **22 e 23 maggio**, giornate durante le quali gli studenti che hanno partecipato al concorso salpano sulle **navi della legalità**, a bordo delle quali incontrano i rappresentanti di Istituzioni ed Enti di vitale importanza nel processo di lotta alle mafie e partecipano a numerosi eventi. Le due navi sono dirette a Palermo, dove allievi e insegnanti vengono accolti dagli studenti siciliani nell'**aula bunker** del carcere Ucciardone di Palermo e nelle piazze della città – dove sono allestiti i **villaggi della legalità** – per celebrare l'anniversario della strage di Capaci. Il pomeriggio del 23 maggio due cortei delle scuole partecipanti, uno in partenza dall'aula bunker, l'altro da Via d'Amelio, luogo dell'uccisione di Paolo Borsellino, sfilano lungo le strade del capoluogo siciliano per testimoniare l'unione di tutti gli studenti italiani nel ricordo dei due personaggi divenuti l'emblema della lotta alla mafia.

L'evento conclusivo della manifestazione, al quale prendono parte numerosi testimoni di lotta alla criminalità organizzata, avviene di fronte all'abitazione del giudice Falcone, in via Notarbartolo, dove si trova "l'albero Falcone", un ficus che è diventato simbolo della lotta alla mafia, grazie alle centinaia di messaggi affissi dai cittadini palermitani subito dopo la strage del 23 maggio 1992.

Alle ore 17.58 in punto la Polizia di Stato suona il Silenzio commemorativo dell'anniversario della strage di Capaci.

Laboratorio in situazione

Compiti individuali in situazione

1. La tua scuola ospiterà un gruppo di studenti provenienti da una nazione europea ai quali dovrai presentare il lavoro svolto in forma ridotta e tradotto in una lingua straniera a tua scelta.

2. Partecipi ad un evento internazionale in cui si premiano i migliori Laboratori in situazione: scrivi una relazione che presenterai all'incontro utilizzando documenti di supporto come spiegazione dell'esperienza.

3. Il direttore del giornalino scolastico ti ha incaricato di scrivere un articolo con il seguente titolo: *I giovani difendono i diritti e combattono ogni forma di illegalità*. Scrivi il testo rispettando la lunghezza massima di 3.000 battute.

QUESTIONARIO DI AUTOVERIFICA

competenze acquisite nell'attività di Laboratorio in situazione

INSIEME PER LA LEGALITÀ

Progettare e partecipare

1 La mia reazione quando abbiamo progettato questo laboratorio è stata

- A indifferenza
- B interesse
- C timore di non farcela
- D entusiasmo

2 Nella fase di ricerca il mio contributo è stato

- A essenziale, perché so di avere buone capacità di lettura e comprensione
- B utile, perché ciascuno contribuisce come può al lavoro complessivo
- C marginale, perché certi argomenti penso che non riguardino i giovani come me
- D superficiale, perché mi sono limitato a quello che mi dicevano di fare

3 Durante la ricerca ho scoperto che le persone su cui indagavamo

- A tuttora non sono conosciute negli ambienti che frequento (famiglia, amici, coetanei, ecc.)
- B erano molto diverse per ruoli e atteggiamenti ma simili per l'impegno civile
- C sono eroi, appunto, e noi non saremo mai come loro
- D si possono imitare solo a patto che la società e la gente comune decidano di rispettare la legge e di vivere nella legalità

4 Dal lavoro del laboratorio ho capito che

- A la Costituzione è un testo che bisogna studiare di più a scuola ma non solo

B bisognerebbe essere molti di più per cambiare il modo in cui vive la maggioranza delle persone

C gli adulti in fondo cercano l'aiuto dei giovani perché da soli non riuscirebbero a diffondere i valori della legalità

D anche se sono giovane posso contribuire a diffondere le idee della legalità

Acquisire e interpretare informazioni

5 Quali aspetti interessanti ho scoperto partecipando alla ricerca?

A indagare sulla vita delle persone (magistrati, giornalisti, intellettuali, uomini di Stato) è essenziale per capire la storia contemporanea

B prima di questa ricerca credevo che la legalità riguardasse solo la droga o argomenti simili

C ho imparato che non c'è solo il linguaggio verbale per comunicare cose importanti come la legalità

D non sapevo che in Italia si facessero tante manifestazioni pubbliche in difesa della legalità

E mi sembra di avere imparato che gli uomini politici e tutti quelli che si fanno conoscere sulla rete o in televisione non sono tutti uguali, per quello che dicono o per come lo dicono

Collaborare e risolvere problemi

6 Nella divisione del lavoro di gruppo ho capito che mi riesce molto bene

A scrivere relazioni e articoli

B recitare e muovermi davanti ad un pubblico

C lavorare con fotografie e immagini

D dirigere il lavoro degli altri

7 Nel collaborare con i compagni ho potuto esprimere le mie capacità di

A organizzatore e leader

B lettore, ricercatore, quello che lavora mentre gli altri quasi non se ne accorgono

C tenere i rapporti con gli adulti, gli esterni

D comunicare in lingue straniere

8 Nel lavoro conclusivo della ricerca ho

A saputo assumermi molti compiti e responsabilità

B evitato di apparire per troppa timidezza

C lasciato fare agli altri, perché non so fare praticamente niente

D fatto con soddisfazione la mia parte senza competere con gli altri

Comunicare

9 Per la realizzazione del lavoro ho scelto di

A tracciare il profilo dei personaggi

B stendere la scaletta dei tempi

C selezionare le immagini e le fotografie con le didascalie appropriate

D scegliere i testi visivi e gli audiovisivi

Laboratorio in situazione

10 **A lavoro ultimato ho scelto di**

- A presentare le motivazioni del lavoro a coetanei di altre scuole
- B presentare il lavoro all'interno dell'istituto
- C non presentare il lavoro per insicurezza
- D non presentare il dossier per paura di parlare in pubblico

Competenze digitali

11 **Durante l'attività di laboratorio ho potuto verificare che le mie competenze digitali sono**

- A buone
- B scarse
- C sufficienti
- D inesistenti

UNITÀ 4

Il romanzo di memoria

Il romanzo di memoria

• Raccontare la memoria

La storia di ciascun individuo, come quella dell'intera civiltà umana, coincide con quello che l'uomo conserva del passato nella propria memoria. Grazie alla memoria l'uomo può conoscere se stesso nel mondo.
La narrazione di memoria è il racconto di ricordi da parte di un narratore, che rievoca, in prima o qualche volta in terza persona, vicende di cui è stato personalmente protagonista o testimone; la ricostruzione personale dei fatti è accompagnata da commenti e riflessioni dello scrittore. **La narrativa di memoria fonde** perciò la **rievocazione** e la **denuncia**.

• Le caratteristiche testuali

Dal punto di vista testuale le caratteristiche sono: la **coincidenza della fabula e dell'intreccio** (quindi il racconto dei fatti in ordine logico cronologico) e la **presenza** di ***flashback***.
Dalle storie narrate emerge sempre la realtà storica: pertanto le vicende non sono frutto di fantasia e presentano personaggi realmente vissuti e fatti storici realmente accaduti. I luoghi sono descritti in modo dettagliato perché il lettore se ne crei un'idea il più possibile precisa. Quando parliamo di storia vera ci riferiamo alla storia che l'autore-narratore si impegna a riferire come tale al lettore, fuori da ogni finzione narrativa.

• Le caratteristiche stilistiche

Dal punto di vista stilistico prevale uno **stile immediato** e spontaneo con una **sintassi semplice**, caratterizzato da misura e pacatezza di tono per mezzo delle quali si trasmettono le emozioni più intense. Lo stile, anche quando si dichiara oggettivo, presenta elementi di soggettività dovuti allo sguardo con cui il singolo scrittore interpreta l'esperienza vissuta.

• Perché scrivere un racconto di testimonianza?

Sono gli autori stessi a dichiararlo: per una necessità ineludibile di liberazione interiore, di raccontare agli altri gli eventi che hanno lasciato tracce profonde nell'animo.
Perché rievocare i drammi della storia come l'orrore della Shoà o l'inferno dei lager sovietici? Per raccontare qualcosa di inimmaginabile, per lasciare testimonianza agli altri e dare voce a chi non c'è più. Per una necessità di comprendere ciò che accade affinché simili orrori non debbano più ripetersi. Si conduce così il lettore, attraverso la memoria dei fatti, a una riflessione sulle degenerazioni dell'animo umano, sul concetto di potere e su ciò che si è disposti a fare per ottenerlo.
Nel nostro percorso abbiamo privilegiato narrazioni in cui le vicende dei singoli si intrecciano agli eventi di un determinato periodo storico spesso in modo drammatico.

Emilio Vedova, *Campo di concentramento (Persone e filo spinato)*, 1950.

Herta Müller
Il fazzoletto di Leo

testo facilitato

ascolto

OPERA	ANNO	LINGUA	GENERE	CONTESTO STORICO	TEMI
L'altalena del respiro	2009	tedesco	romanzo di memoria a sfondo storico	la Romania durante la Seconda guerra mondiale	• la brutalità della guerra • il grottesco nel tragico

L'AUTRICE

Herta Müller è una scrittrice tedesca nata a Niţchidorf, nel Distretto di Timiş, in Romania, il 17 agosto 1953. Studia all'Università di Timişoara, e nel 1976 inizia a lavorare come traduttrice in una azienda ingegneristica, ma nel 1979 viene licenziata per aver rifiutato di collaborare con la Securitate, i servizi segreti del regime comunista. Da questo momento in poi la sua vita in Romania sarà molto difficile. Per guadagnarsi da vivere lavora come maestra d'asilo e insegnante di lingua tedesca. Nel 1982 pubblica il suo primo libro, che esce però in forma censurata (come, del resto, accade a tutte le pubblicazioni sotto la dittatura di Nicolae Ceauşescu). Nel 1987 lascia la Romania e si trasferisce in Germania (dove tutt'ora vive) insieme al marito, lo scrittore Richard Wagner. Nel 2009 è stata insignita del premio Nobel per la Letteratura. Herta Müller è autrice di molti romanzi, poesie e racconti. Tra le sue opere tradotte in italiano, oltre a *L'altalena del respiro* (2009), ricordiamo *Il paese delle prugne verdi* (2008), *Lo sguardo estraneo* (2009), *La paura non può dormire* (2012), *Papà telefona alle mosche* (2012).

I prigionieri del Lager riescono, di tanto in tanto, ad eludere la sorveglianza delle guardie e raggiungere il vicino villaggio russo. Non hanno alcuna possibilità di fuga, il ritorno al Lager è obbligato, ma almeno riescono a barattare qualche oggetto raccattato qua e là (un pezzo di carbone, un pezzo di stoffa) con qualcosa da mangiare. È ciò che intende fare Leo, scambiando il suo pezzo di antracite con un po' di minestra calda. Ma la donna russa che gli apre la porta e che ha un figlio della stessa età di Leo, a sua volta prigioniero in un Lager molto distante da lì, fa molto di più che offrirgli la minestra: gli regala un bellissimo fazzoletto di batista bianca, che Leo non userà mai e conserverà gelosamente fino alla fine, come promessa del suo ritorno a casa.

Nel Lager c'erano pezze di ogni tipo. La vita passava da una pezza all'altra. Dalla pezza per avvolgersi i piedi a quella per asciugarsi le mani e a quella del pane, dalla pezza del cuscino in cui si raccoglieva il bietolone alla pezza per mendicare e far bancarella[1] e addirittura, a patto di averlo, al fazzoletto per pulirsi il naso.

1 **far bancarella:** nel gergo del Lager, *far bancarella* significa scambiare dei beni che ci si è procurati in giro con altri generi di prima necessità, di solito alimentari.

Prigionieri nel campo di concentramento di Ebensee in Austria, dopo la liberazione del campo, maggio 1945.

I russi nel Lager non avevano bisogno di fazzoletti. Con l'indice si tappavano una narice e attraverso l'altra soffiavano a terra il moccio, denso come un impasto di farina e acqua. Poi tappavano la narice pulita e il moccio schizzava fuori dall'altra. Io mi sono esercitato, ma a me il moccio non volava via. Nessuno nel Lager usava un fazzoletto per pulirsi il naso. Chi ne aveva uno lo adoperava come sacchetto per zucchero e sale. Quando era tutto strappato, come carta igienica. Una volta una russa mi regalò un fazzoletto. Faceva molto freddo. Mi pungolava la fame. Dopo il lavoro ero andato per l'ennesima volta nel villaggio dei russi a far bancarella con un pezzo di antracite,[2] che adesso si adoperava per scaldare. Bussai a una porta. Aprì un'anziana russa, prese il mio carbone e mi fece entrare in casa. La stanza era bassa, la finestra all'altezza del mio ginocchio. Su uno sgabello c'erano due sparuti[3] galli, a chiazze bianche e grigie. Uno aveva la cresta penzolante su un occhio e dondolava il capo come un uomo privo delle mani a cui stiano cadendo i capelli sul viso.

La vecchia parlava da un po'. Io capivo soltanto una parola qua e là, intuivo però di cosa si trattasse. Che aveva paura dei vicini, che da tanto tempo era sola con i due galli ma preferiva parlare con i galli piuttosto che con i vicini. Che aveva un figlio della mia età, che si chiamava Boris ed era tanto lontano da casa quanto lo ero io, nella direzione opposta, in un Lager in Siberia, un battaglione punitivo perché un vicino l'aveva denunciato. Forse avrete fortuna, tu e mio figlio Boris, disse, e presto potrete tornarvene a casa. Indicò la sedia e mi sistemai all'angolo del tavolo. Mi tolse il berretto dal capo e lo posò sul tavolo. Mise un cucchiaio di legno accanto al berretto. Poi andò ai fornelli e prese dalla pentola un po' di minestra di patate e la versò in una ciotola di latta. Doveva essere un litro di zuppa. Mangiavo, lei stava accanto alla mia spalla e guardava. La zuppa era calda, io facevo rumore con la bocca e la osservavo di traverso. E lei annuiva. Volevo mangiare lentamente perché il piacere della zuppa durasse più a lungo. Ma la mia fame era seduta come un cane davanti al piatto e ingurgitava. I due galli avevano rattratto[4] le zampe, si erano accovacciati sulla pancia e dormivano. La minestra mi scaldava fino alle dita dei piedi. Il naso mi gocciolava. Oboždi,[5] aspetta, disse la russa e portò dalla stanza accanto un fazzoletto niveo.[6] Me lo mise in mano e mi chiuse le dita, a far segno che lo tenessi. Me lo regalò. E io non osavo soffiarmi il naso. Quello che era accaduto andava molto al di là di uno scambio di merci, e al di là di me e di lei e di un fazzoletto. Riguardava suo figlio. E a me faceva bene e al tempo stesso no, lei o io o entrambi ci eravamo spinti un po' troppo oltre. Lei doveva fare qualcosa per suo figlio perché io ero là, e lui era tanto lontano da casa quanto lo ero io. Essere lì mi imba-

2 **antracite:** carbone fossile di colore nero lucente, ottimo come combustibile.
3 **sparuti:** dall'aspetto pallido e smunto; emaciati, gracili.
4 **rattratto:** contratto, rattrappito.
5 **Obožd i:** 'Aspetta', in russo.
6 **niveo:** bianco come la neve.

SEGNALIBRO

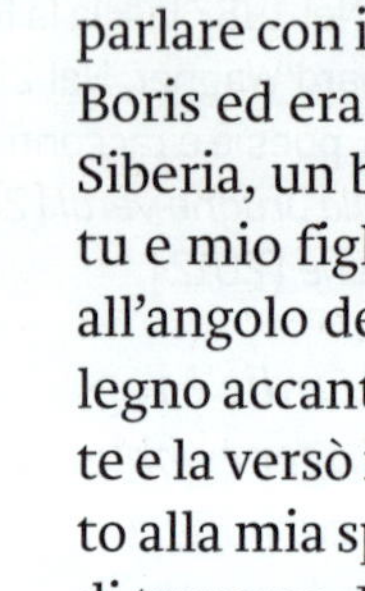

L'altalena del respiro, Feltrinelli, Milano 2009.
Traduzione di Margherita Carbonesi

il piacere di leggere

Partire pensando di sfuggire alla routine del paese e ritrovarsi a soffrire più di prima le pene della costrizione, quella del Lager: è quanto accade a Leo Auberg, un ragazzo di appena diciassette anni che, a causa della sua appartenenza alla minoranza tedesca residente in Romania, viene deportato in Ucraina, in uno dei campi di concentramento del regime sovietico. Siamo nel 1945, all'indomani della Seconda guerra mondiale e mentre l'Europa conta i morti dei campi di sterminio, delle bombe e dei combattimenti, e ritrova lentamente la pace, Leo si trova ad affrontare, da solo, fame, freddo, fatica fisica e dolore. Dispera di tornare a casa, cerca tenacemente di sopravvivere a lavori faticosi e turni massacranti, alla costante mancanza di cibo, alle malattie, alle condizioni ambientali e alle angherie che gli vengono quotidianamente inflitte dai guardiani del campo, e intanto assiste, impotente, alla morte di tanti compagni di sventura. Quando finalmente, dopo cinque anni, gli verrà restituita la libertà, quella drammatica esperienza lo avrà cambiato per sempre.
L'altalena del respiro è stato scritto raccogliendo i ricordi, le storie e le testimonianze dei sopravvissuti alla terribile esperienza dei Lager e, soprattutto, la storia del poeta rumeno tedesco Oskar Pastior (vedi scheda Approfondimenti, p. 339).

razzava, che fossi io e non lui. E che anche lei lo avvertisse e dovesse cancellare il pensiero perché non sopportava più di preoccuparsi per lui. Nemmeno io sopportavo più di essere due persone, due deportati, era troppo per me, non era una cosa semplice come due galli accovacciati l'uno accanto all'altro su uno sgabello. Già da solo ero per me stesso un peso troppo grande.

La mia pezza del carbone, rozza e lurida, l'ho usata poi fuori in strada come fazzoletto. E dopo essermi soffiato il naso l'ho messa attorno al collo, ed è diventata il mio fazzoletto da collo. Con le estremità mi sono asciugato gli occhi mentre camminavo, spesso e brevemente perché non si notasse. In effetti nessuno mi ha osservato, ero io stesso a non volerlo notare. Sapevo benissimo che c'è una legge interiore per cui non si deve mai scoppiare a piangere quando si hanno troppi motivi. Cercai di persuadermi che le lacrime venivano dal freddo, e mi credetti.

Il fazzoletto niveo di finissima batista[7] era vecchio, un buon pezzo dell'epoca zarista.[8] Aveva un orlo a giorno ricamato a mano, piccole frange di seta. Gli spazi fra le frange erano cuciti con cura e agli angoli c'erano roselline di seta. Non vedevo da molto tempo un oggetto tanto bello. A casa la bellezza dei normali oggetti d'uso non era qualcosa di cui valesse la pena parlare. Nel Lager è bene dimenticarli. La bellezza mi afferrò nel fazzoletto. Mi fece male. Chissà se il figlio dell'anziana russa, che era lui e io in uno, sarebbe mai tornato a casa. Cominciai a cantare per staccare i pensieri. Cantai per noi due il blues[9] del vagone bestiame:

Fior di narciso in mezzo al prato,
sulla fossa è ancora alta la neve.
La lettera che mi hai mandato
opprime il cuore, greve[10]

Il cielo correva, nuvole con i loro cuscini imbottiti. Poi la luna precoce guardò con il viso di mia madre. Le nuvole le spinsero un cuscino sotto il mento e un altro dietro la guancia destra. E dalla guancia sinistra il cuscino spuntò fuori di nuovo. E io chiesi alla luna: È già tanto debole mia madre? È malata? Esiste ancora la nostra casa? E abita ancora là mia madre o anche lei è in un Lager? Ed è ancora viva? Lo sa che sono ancora vivo, o sta già piangendo un morto quando pensa a me?

Era ormai il mio secondo inverno nel Lager e non potevamo mandare lettere a casa, nessun segno di vita. Nel villaggio dei russi c'erano betulle nude, e sotto le betulle i tetti di neve, come letti sghembi[11] in baracche d'aria. In quel primo crepuscolo la scorza delle betulle aveva un pallore diverso che durante il giorno, e un bianco diverso da quello della neve. Vedevo il vento nuotare sinuoso fra i rami. Un cagnolino color legno mi venne incontro sul sentiero, accanto agli steccati di salice intrecciato. Aveva la testa triangolare, zampe lunghe, dritte e sottili come bacchette di tamburo. Una nuvoletta bianca gli volava fuori dalla bocca, come se mangiasse il mio fazzoletto e tambureggiasse intanto con le gambe. Mi passò accanto, come se io non fossi che l'ombra del recinto. Aveva ragione, in quel mio ritorno a casa nel Lager non ero altro che un normale oggetto russo nel crepuscolo.

Il fazzoletto bianco di batista non era mai stato usato da nessuno. Neppure io l'ho usato, ma l'ho conservato fino all'ultimo giorno nella valigia, quasi la reliquia[12] di una madre e di un figlio. E alla fine l'ho anche portato a casa.

7 **batista:** tela finissima di lino.
8 **epoca zarista:** l'epoca degli zar, imperatori russi che dominarono il Paese dal 1547 al 1917.
9 **blues:** canto popolare tipico dei neri degli Stati Uniti, caratterizzato da ritmo lento e motivi melanconici.
10 **greve:** grave, pesante, opprimente.
11 **sghembi:** storti, di traverso.
12 **reliquia:** ciò che rimane di qualcuno; residuo, resto.

Nel Lager un fazzoletto così era assolutamente fuori luogo. In tutti quegli anni avrei potuto scambiarlo al bazar con qualcosa da mangiare. Avrei ricevuto zucchero o sale, forse addirittura miglio. La tentazione esisteva, e la fame era cieca abbastanza. Quel che mi trattenne: credevo che il fazzoletto fosse il mio destino. Quando ci si lascia sfuggire di mano il proprio destino, si è perduti. Ero certo che le parole di congedo di mia nonna, SO CHE RITORNERAI, si fossero trasformate in un fazzoletto. Non provo vergogna a dire che il fazzoletto era l'unica persona nel Lager che si preoccupasse di me. E ne sono certo ancora oggi.

ANALISI DEL TESTO

I temi

I prigionieri nei Lager
Nel testo ricorrono diversi temi, che sono anche i temi principali del romanzo: **la povertà, la desolazione, la fatica e la fame** che caratterizzano la vita dei prigionieri nel Lager, la **mancanza di libertà** e l'impossibilità della fuga, l'importanza dei particolari, il valore e il significato delle piccole cose, degli oggetti trovati o donati o ricevuti in dono in circostanze insperate, i sentimenti e i rapporti umani che resistono in mezzo a tanto abbruttimento e squallore. Leo, con i suoi abiti dimessi, la fame cronica, le gambe perennemente affaticate, i pensieri troppo profondi per un ragazzo di appena diciassette anni e il cuore gonfio di tristezza e nostalgia, incarna tutto questo. E, in particolare, sono i sentimenti al centro della narrazione; sia per Leo sia per l'anziana donna russa che Leo incontra, si tratta dei sentimenti più intimi e profondi, quelli che riguardano gli affetti più cari e lontani.

Le tecniche narrative

La voce narrante
La vicenda è narrata **in prima persona da Leo**, il protagonista del romanzo: tutto è filtrato attraverso lo sguardo e la sensibilità particolare di questo ragazzo di appena diciassette anni, che però appare molto più grande della sua età.

Un ricordo, un *flashback* del protagonista
L'episodio specifico (l'incontro di Leo con un'anziana donna russa) è raccontato come un ricordo, un *flashback* del protagonista, che ritorna con la memoria su quel momento per lui particolarmente significativo (quando Leo parla, il lettore sa che si è già salvato, che è sopravvissuto al Lager ed è riuscito a tornare a casa e l'episodio del fazzoletto rappresenta una tappa, un passaggio verso la liberazione).

Le due macrosequenze: l'incontro e le divagazioni
Il brano può essere suddiviso in due parti, o macrosequenze. La prima è incentrata sull'incontro fra i due personaggi principali (Leo e l'anziana donna russa); il dialogo fra i due viene riportato per sommi capi da Leo stesso (del resto i due non parlano la stessa lingua, Leo capisce appena quello che la donna gli racconta, non potrebbe riportare fedelmente le sue parole).
La seconda parte è più descrittiva e poetica e racchiude le divagazioni di Leo nel tornare verso il Lager: protagonisti sono i suoi sentimenti e le sue emozioni, appena riaccesi dal dono inaspettato (il fazzoletto) e rispecchiati da una natura silenziosa, bianca e solida (la neve, le betulle, le nuvole soffici, il vento che soffia con una consistenza quasi tangibile, che «nuota fra i rami», come se fosse, esso stesso, un oggetto, una cosa che si può vedere e toccare).

I protagonisti
I due personaggi che compaiono nel brano sono **Leo**, protagonista e voce narrante della storia, e **l'anziana donna russa** in cui Leo si imbatte mentre è in cerca di cibo. I due non si conoscono, il loro incontro è del tutto casuale e dettato da circostanze particolari e da un interesse reciproco (Leo vuol barattare il suo pezzo di antracite con un po' di cibo, la donna accetta volentieri lo scambio perché probabilmente, a sua volta, ha bisogno di combustibile per scaldarsi). Si tratta di due personaggi diversissimi fra loro, per età, cultura, provenienza geografica, condizioni di vita, lingua ed etnia di appartenenza. Eppure fra di loro si instaura un legame speciale. I due infatti, senza volerlo, scoprono di avere qualcosa in comune: Leo è prigioniero di un Lager come il figlio della donna, Boris (nonostante sia russo). Entrambi hanno perso qualcuno: Leo è lontano dalla sua famiglia, l'anziana donna è separata da suo figlio, il suo affetto più grande. Ciò che i due personaggi hanno in comune (questa nostalgia indicibile, quasi insopportabile per gli affetti lontani, la paura taciuta di non poter riabbracciare i propri cari) supera le loro differenze. E il fazzoletto che la donna dona a Leo, quel bellissimo fazzoletto di batista bianca con le roselline ricamate sopra, la cui finezza stona

con tutto il resto (la povertà e lo squallore dell'ambiente, la tristezza e la desolazione dei protagonisti), diventa il simbolo della nostalgia di casa e della speranza di farcela, di riuscire a sopravvivere all'inferno del Lager, di poter, un giorno, dopo tanto dolore, ritrovare la libertà, le proprie radici e se stessi.

Le tecniche espressive

Il contrasto tra il linguaggio lirico e il contesto
L'autrice usa volutamente un linguaggio poetico, lirico, che contrasta in maniera evidente con le circostanze e i fatti che vengono descritti. Attraverso lo sguardo e le parole di Leo l'autrice indugia sui particolari, sulla descrizione minuziosa degli oggetti (il fazzoletto, la luna, il paesaggio circostante) e sulla bellezza che comunque sopravvive e circonda il protagonista, anche nelle condizioni più disperate. Così gli oggetti sembrano possedere un'anima e un volto (la luna, ad esempio, assume le sembianze della madre), sembrano parlare al protagonista e consolarlo.

LABORATORIO SUL TESTO

Conoscenze

Comprensione

1. **Quale merce di scambio porta Leo con sé nel villaggio russo vicino al Lager?**

2. **Con chi vive l'anziana russa che Leo incontra?**
[A] con suo figlio
[B] con suo marito
[C] vive sola, con l'unica compagnia di due galli
[D] vive sola, con l'unica compagnia di un cagnolino

3. **Per quale ragione il figlio della donna, Boris, è stato internato in un Lager?**
[A] perché è stato denunciato da un vicino
[B] perché è stato sorpreso a rubare a casa di un vicino
[C] perché appartiene, come Leo, alla minoranza tedesca
[D] perché è un traditore e un sovversivo

4. **Per quale ragione Leo si sforza di mangiare lentamente?**
[A] per non sembrare scortese mangiando troppo avidamente
[B] per far durare più a lungo il piacere del cibo
[C] perché ha problemi di digestione
[D] perché ha mal di denti e fa fatica a masticare

5. **Per quale ragione la donna regala a Leo un fazzoletto?**
[A] perché si accorge che il naso di Leo gocciola
[B] perché vuole sbarazzarsi dei suoi vecchi fazzoletti
[C] per avere in cambio un altro pezzo di antracite
[D] per avere in cambio un pezzo di carbone

6. **Che cosa rappresenta, per la donna russa, quel fazzoletto regalato ad un ragazzo sconosciuto?**

7. **Quale significato assume, per Leo, il fazzoletto donatogli dalla donna?**

8. **Per quale ragione Leo non ha mai barattato il fazzoletto con cibo, o altro?**

Analisi

9. **La storia è narrata in prima o in terza persona?**

10. **In quale periodo dell'anno si svolgono i fatti narrati?**

11. **Quali sentimenti contrastanti prova Leo in casa della donna russa?**

12. **Come viene descritto il paesaggio circostante?**

Conoscenze lessicali

13. **A che cosa vengono paragonati, nel testo**

a) le nuvole b) la luna c) Il fazzoletto che è stato donato a Lea

14. **Spiega, con parole tue, il significato delle seguenti espressioni, con riferimento al contesto in cui sono utilizzate.**

a) «Cominciai a cantare per staccare i pensieri»
b) «nuvole con i loro cuscini imbottiti»
c) «la luna precoce guardò con il viso di mia madre»
d) «la fame era cieca abbastanza»

Conoscenze grammaticali

15. **Riscrivi le seguenti frasi, utilizzando un sinonimo per ciascuno dei termini sottolineati.**

a) Su uno sgabello c'erano due sparuti galli, a chiazze bianche e grigie.
b) La zuppa era calda, io facevo rumore con la bocca e la osservavo di traverso.
c) La mia pezza del carbone, rozza e lurida, l'ho usata poi fuori in strada come fazzoletto.

Abilità e competenze

Scrittura e interpretazione

1. **Scrivi un breve racconto (20 parole al massimo) che contenga i seguenti termini**

luna, betulle, lavoro forzato, steppa, prigionia

(se non conosci uno o più fra i termini proposti, cercane prima l'esatto significato sul dizionario)

Ascoltare, argomentare e confrontarsi

2. **Per il giovane Leo, prigioniero del Lager, sottoposto a qualunque genere di dolore e di vessazione e impossibilitato a comunicare con i suoi cari, gli oggetti assumono un significato particolare. C'è stato un momento della tua vita in cui un oggetto ha assunto per te un significato speciale? Per quale ragione? Confronta la tua esperienza con quella dei tuoi compagni e, dopo avere ascoltato i vari interventi, sintetizza le conclusioni su che cosa hai imparato di nuovo attraverso questa piccola indagine.**

PER LEGGERE E APPROFONDIRE

Arcipelago Gulag

Uno dei più celebri romanzi dedicati ai Gulag, i campi di lavoro o Lager sovietici (vedi scheda Storia), è quello di **Aleksandr Solženicyn, *Arcipelago Gulag***, pubblicato negli anni Settanta, che rimane sicuramente il lavoro più noto e completo sull'uso del Gulag come strumento di repressione governativa su scala di massa. Come opera di denuncia, il testo di Solženicyn ebbe un enorme successo di pubblico e di critica e contribuì a rendere noto in tutto il mondo un dramma (quello dei milioni di prigionieri dei campi sovietici) fino a quel momento poco conosciuto e tenuto segreto dalle autorità. Proprio a causa del suo successo l'autore subì l'uccisione della moglie e del figlio da parte del KGB, i servizi segreti sovietici, come atto punitivo e intimidatorio.

SCHEDA APPROFONDIMENTI

Chi era Oskar Pastior?

Oskar Pastior (20 ottobre 1927 - 4 ottobre 2006) è stato poeta e traduttore di lingua tedesca. Era nato in Romania (a Sibiu, in Transilvania) da una famiglia di origine sassone. Per via della sua appartenenza alla minoranza etnica tedesca in Romania, nel 1945 fu deportato in un Gulag dalle autorità di occupazione sovietiche. Tornato in Romania nel 1949, riprese a studiare germanistica presso l'Università di Bucarest. Dopo la laurea iniziò a lavorare per il servizio in lingua tedesca della Radio romena Broadcasting Company. Nel 1964 pubblicò la sua prima raccolta di poesie. Nel 1968 lasciò definitivamente la Romania, per trasferirsi in Germania, prima a Monaco di Baviera, poi a Berlino Ovest (dove visse fino alla fine della sua vita).
Ha ricevuto il prestigioso Georg-Büchner-Preis nel 2006.
Quando è scomparso, nel 2006, Oskar Pastior stava lavorando ad un romanzo di memorie da scrivere a quattro mani con la scrittrice Herta Müller e basato sull'esperienza vissuta da ragazzo nel Gulag. Herta Müller decise di continuare il lavoro da sola, sfruttando i quattro quaderni di ricordi raccolti fino a quel momento. Il risultato è *L'altalena del respiro*, uscito nel 2009, da cui è tratto il brano che hai letto.

SCHEDA STORIA

I Gulag in Unione Sovietica

SCHEDA STORIA **Storia dei Gulag**

In russo Gulag è la sigla con cui si indicava la Direzione principale dei campi di lavoro correttivi ovvero il ramo della Polizia dell'interno e servizio di sicurezza sovietico incaricata di gestire il sistema penale dei campi di lavoro forzato. I Gulag erano stati inizialmente pensati per i criminali, tuttavia finirono presto per inglobare persone di ogni tipo (dissidenti politici, appartenenti a minoranze etniche, ecc.) diventando un sistema di repressione degli oppositori politici dell'Unione Sovietica.

Geografia dei Gulag

I Gulag vennero costruiti generalmente in aree poco popolose o semi-desertiche; questo contribuiva all'isolamento dei prigionieri, scoraggiando eventuali piani di fuga (che erano comunque resi quasi impossibili dalla sorveglianza della polizia e dall'impiego di cani da guardia, tanto che alcuni campi non erano neppure fortificati ma delimitati da semplici pali). Inoltre, se negli anni Venti e Trenta le popolazioni locali, in alcuni casi, aiutavano i prigionieri che riuscivano ad eludere la sorveglianza e a raggiungere un villaggio, successivamente questo accadde sempre più di rado; la crescente diffidenza delle popolazioni locali nei confronti dei prigionieri dei campi e le ricompense elargite dalle autorità per la cattura dei fuggitivi, fecero sì che molti abitanti dei villaggi aiutassero la polizia ad arrestare gli evasori. Poiché i Gulag costituivano una fonte di forza lavoro a basso prezzo, si crearono nuovi campi ovunque la convenienza economica o l'opportunità ne dettasse la costruzione, tenendo anche conto dei rifornimenti dalle grandi città. La maggior parte dei Gulag era situata in aree remote della Siberia nordorientale e nelle zone sudorientali dell'Urss, principalmente nelle steppe del Kazakistan. In generale, tuttavia, furono costruiti campi in tutta l'Unione Sovietica, compresa la parte europea della Russia, la Bielorussia e l'Ucraina.

La vita dopo il Gulag

Una percentuale bassissima di prigionieri riusciva a sopravvivere all'esperienza dei campi di lavoro (la mortalità nei campi è attestata a una media di circa l'80%). Chi riusciva a sopravvivere e ad uscire dal Gulag non aveva comunque un futuro facile. Agli ex detenuti era proibita una vasta gamma di occupazioni. L'occultamento di un precedente imprigionamento era un reato processabile. Gli ex detenuti politici venivano considerati un fastidio. Non era inusuale che molti, dopo la liberazione, decidessero di diventare dei "liberamente insediati", ovvero di continuare a vivere in colonie appositamente fondate nei pressi del campo, piuttosto che tornare nelle vecchie residenze, dove avrebbero trovato ad attenderli una condizione di solitudine e di isolamento.

Margaret Mazzantini
L'acquario di Sebina

al alta leggibilità

OPERA	ANNO	GENERE	CONTESTO STORICO	TEMI
Venuto al mondo	2008	romanzo di memoria	la guerra in Bosnia-Erzegovina (1992-1995)	• l'eroismo delle donne tra le devastazioni della guerra • l'amore forza della vita

L'AUTRICE

Margaret Mazzantini è nata a Dublino il 27 ottobre 1961, dove ha vissuto per tre anni prima di trasferirsi con la famiglia a Tivoli, nei pressi di Roma. Esordisce come attrice (di teatro, di cinema e di televisione) ma è soprattutto la sua parallela attività di scrittrice a procurarle fama e prestigiosi premi. Il suo primo romanzo, *Il catino di zinco* (Marsilio, 1994) arriva finalista al premio Campiello e vince il premio Opera Prima Rapallo-Carige. Con *Non ti muovere* (Mondadori, 2002) ha vinto il premio Strega e il premio Grinzane Cavour; il romanzo ha venduto quasi 2 milioni di copie e ne è stata tratta una riduzione cinematografica di successo, per la regia di Sergio Castellitto. Le altre opere dell'autrice sono: *Manola* (Mondadori, 1999), *Zorro. Un eremita sul marciapiede* (Mondadori, 2004), *Venuto al mondo* (Mondadori, 2008) che ha vinto il premio Campiello nel 2009. Nel 2011 viene pubblicato *Mare al mattino*, vincitore del premio Cesare Pavese e del premio Matteotti. *Nessuno si salva da solo*, vincitore del premio Flaiano, è del 2012. *Splendore* è del 2013.

Gemma ricorda uno degli episodi della sua permanenza a Sarajevo durante la guerra. Sebina è la sorella più giovane di Gojko. Vive con la madre Mirna, rimasta vedova da tanti anni, una maestra senza più alunni perché le scuole sono chiuse. La guerra ha sconvolto le loro esistenze ma non le ha vinte. Continuano a vivere nella loro casa, non vogliono lasciare la loro città martoriata. Sono donne fiere, coraggiose. Sebina continua a curare i suoi pesci. E quell'acquario mandato in frantumi da una granata, quei poveri animaletti che si contorcono disperati fra la polvere delle macerie, sono un simbolo della guerra, della devastazione e della crudeltà di cui gli uomini sono capaci. In quella stessa casa, poco tempo più tardi, Sebina e sua madre troveranno la morte, a causa di una granata che, questa volta, le colpirà in pieno, senza lasciare loro alcuno scampo.

Mirna si è messa gli occhiali e ha cominciato a preparare la lezione per i suoi alunni. La scuola è chiusa, ma lei e i suoi colleghi stanno pensando di organizzare piccole classi a domicilio.[1] Chi può continua ad andare al lavoro a piedi, i più fortunati in bicicletta. I tram sono fermi e non c'è più benzina per le automobili.

Sebina ride, dice che il loro palazzo era nero di smog e che va meglio così, senza macchine.

1 **a domicilio:** a casa.

Venuto al mondo, film del 2012 diretto da Sergio Castellitto, adattamento cinematografico dell'omonimo romanzo di Margaret Mazzantini.

Per uscire Mirna si mette i tacchi. Sorrido, non sono le scarpe più indicate.[2] Lei è seria. Non ha intenzione di cambiare vita, di saltare tutto il giorno come una lepre. Anche il suo trench[3] è in ordine. Stringe la cinta con un gesto deciso. È tornata alla sua taglia da ragazza, il trucco non basta a nascondere il pallore. Anche lei non ha intenzione di lasciare Sarajevo. «Quelli che volevano andarsene lo hanno già fatto. Noi restiamo».

Le dico che non appena troveremo posto su uno di quei convogli diretti a Zagabria[4] o a Belgrado,[5] partiremo. Le dico che vorrei portare Sebina con noi, in Italia.

«Per gli stranieri è tutto più facile» dico.

La mia figlioccia[6] mi guarda, gonfia di odio bosniaco. Somiglia a quel bisonte[7] di suo fratello. Risponde urlando che non ha nessuna intenzione di venire con me, vuole stare con sua madre.

«È solo una vacanza...» provo a dirle.

Ma la mia figlioccia è la bambina più furba di Sarajevo! Si calma, accavalla le gambe sulla sua poltroncina rosa da star e dice con la tranquillità di un capo di Stato che le vacanze si fanno in tempo di pace, loro invece sono in guerra. In ogni caso stanno meglio degli altri, perché Gojko lavora con i giornalisti stranieri. Hanno spostato l'acquario di Sebina nella cucina che si affaccia internamente, sul quadrilatero dei cortili. Gojko s'è procurato un piccolo generatore di corrente.

È sceso il buio, l'acquario è illuminato. È una bolla blu, fosforescente[8] in quel diluvio nero. Ce ne stiamo lì come se fossimo intorno a un caminetto. Voci che galleggiano, come galleggiano i pesci, nasi appena visibili, azzurri. Sebina ha il mento affondato tra le ginocchia, sorride con la sua bocca magra. Gojko la canzona,[9] la perseguita con il suo umorismo macabro,[10] le dice di stare attenta perché con la fame che c'è in giro a qualcuno potrebbe saltare in testa di rubarle i pesci, di pescarli per mangiarseli.

Quando vengo a trovarla mi corre incontro con i pattini agganciati sulle scarpe luminose che le ho regalato. Gioca a fare come quelle ragazzine che ha visto in tv, quelle che servono nei fast food americani, con i pattini, la minigonna e una codina bianca. Si china su di me, mi mette davanti un piatto vuoto, un bicchiere. Ha un blocchetto per prendere l'ordine.

2 **non sono... più indicate:** a Sarajevo, durante la guerra, i cecchini sparano dalle finestre e dai tetti dei palazzi sulla folla che passa, soprattutto donne, vecchi e bambini sono i loro bersagli preferiti. Per questo è necessario correre, attraversare le strade della città in fretta, e i tacchi non sono certo indicati.
3 **trench:** soprabito.
4 **Zagabria:** la capitale e la maggiore città della Croazia.
5 **Belgrado:** capitale della Repubblica di Serbia.
6 **figlioccia:** Gemma è stata la madrina di Sebina al battesimo, per questo la considera la sua "figlioccia".
7 **bisonte:** allusione affettuosa alla corporatura forte e robusta di Gojko, fratello di Sebina e amico di Gemma.
8 **fosforescente:** detto di un corpo solido dotato di luminescenza, per cui, esposto all'azione della luce, emana una luminosità che permane per un certo tempo dopo che l'azione è cessata.
9 **la canzona:** la prende in giro.
10 **macabro:** tetro, cupo, che sa di morte.

SEGNALIBRO

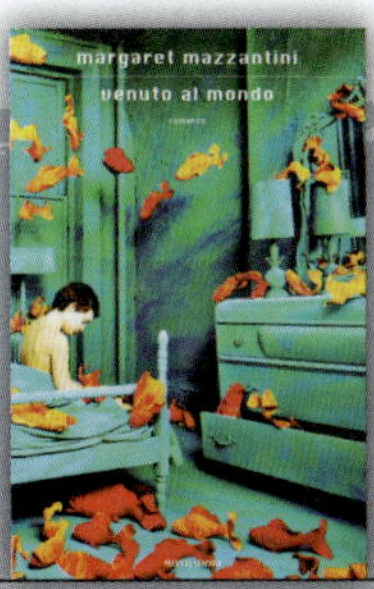

Venuto al mondo, Mondadori, Milano 2008

il piacere di leggere

Gemma torna a Sarajevo, dopo sedici anni, portando con sé il figlio adolescente Pietro. Ad attenderli c'è Gojko, poeta bosniaco, amico di vecchia data e amore mancato di Gemma. A Sarajevo, molti anni prima, Gemma ha conosciuto Diego, un fotografo di Genova, destinato a diventare suo marito e il grande amore della sua vita; sempre a Sarajevo Gemma e Diego hanno conosciuto Aska, giovane musicista bosniaca, disposta ad aiutarli ad avere un figlio in cambio di denaro. La guerra li ha colti lì, in quella città bellissima, crocevia fra Est e Ovest, devastata in pochi giorni da una furia assurda e senza senso, decidendo per sempre dei loro destini: il bambino è nato ed è stato affidato a Gemma, come concordato, ma Diego non è tornato in Italia con lei, è rimasto con quella giovane donna bosniaca della quale nel frattempo si era innamorato, andando incontro a un destino di morte. Sedici anni più tardi, ripercorrendo quegli eventi e riabbracciando Aska, che nel frattempo è diventata la moglie di Gojko e ha dato alla luce un'altra bambina, Gemma scoprirà la terribile verità sull'abbandono di Diego e la nascita di Pietro: il bambino che ha allevato non è figlio di un tradimento, ma della guerra e dell'odio, di quello che viene chiamato "stupro etnico". Gemma è stata violentata dai soldati serbi e condotta in un Lager, davanti agli occhi impotenti di Diego, che solo alcuni mesi più tardi è riuscito a riscattarne la libertà, rimanendo tuttavia schiacciato per sempre dal senso di colpa per non averla salvata prima. E quel figlio dell'odio è diventato un ragazzo dolce e sensibile dagli occhi indaco, un ragazzo come tanti. Perché anche dal male più atroce e impensabile può nascere qualcosa di buono, perché la vita vince sempre, anche sull'orrore della guerra, anche sulla morte.

«Cosa desidera, signora?».

«*Uštipci*,[11] *kolači*[12] e torta di fragole».

Mi mette davanti un libro, poi una presina da cucina, poi una tazza capovolta. Io mi abbuffo masticando aria. Lei ride. Dice: «Però... una bella torta di fragole non sarebbe male».

Mancano le uova, manca il burro, ma possiamo provare a farla con la marmellata di prugne, l'olio di semi e la farina scura. Viene fuori una cosa dura, cotta in padella sul gas da campeggio, punteggiata di pori, come un viso butterato[13] di acne. Però ci lecchiamo i baffi. Stiamo lì a pigiare i polpastrelli contro il piatto per raccogliere le briciole. Poi quel colpo che resterà nelle orecchie a lungo. La granata[14] dev'essere caduta molto vicina. Il boato ci raggiunge alle spalle, improvviso, ci tuona dentro. Il boato ci raggiunge alle spalle, improvviso, ci tuona dentro. Tutto trema. Solo qualche istante più tardi ci accorgiamo di essere scampate per caso. Per quel caso che a Sarajevo ormai si chiama miracolo. Se fossimo rimaste dove eravamo poco fa, prima di metterci a fare quella torta...

La scheggia è lì, ha lacerato la plastica della finestra e si è conficcata nel muro. Un pezzo di metallo ritorto,[15] appuntito come una vanga e lungo più di un braccio. Il muro intorno è crepato, fessure profonde che lasciano vedere quello che c'è dietro. Sembra una scultura, l'opera di un artista concettuale.[16] Quel muro come terra aperta dalla siccità, quel tizzone di ferro, come una grossa vanga cattiva. L'immagine di Tito[17] non è caduta, si è messa di traverso ma è rimasta appesa al suo chiodo. Penso che Diego farà una fotografia, che questa immagine ha bisogno di un testimone.

Il cuore, come una piccola pendola, fa avanti e indietro, conta i secondi. Nessun crollo. Aspettiamo con il fiato fermo in gola che la casa violata ritrovi un suo assetto. L'acquario dei pesci è ancora intatto. Sebina lo guarda... guarda quelle scaglie multicolori che fluttuano nell'acqua scossa. Guardiamo la vita che resiste. Quei pesci che tremano come i gigli sulla nuova bandiera della Bosnia. È un attimo, poi la crepa cammina sul vetro, invisibile. Una scossa sommersa rimasta imprigionata nell'acqua e che solo adesso esplode. L'acquario si apre in due, cade a terra in mille pezzi. I pesci si rovesciano nella polvere, saltano con i loro dorsi sporchi. Sebina urla, io le grido di non avvicinarsi, i solai potrebbero crollare. Ma lei si tuffa nella polvere. E allora la raggiungo carponi, ci aggiriamo in quel piccolo tugurio[18] pericolante per cercare di salvare quelle creaturine che non valgono nulla. Eppure valgono. Anzi, adesso valgono più di tutto... come il simbolo, come i gigli. Prendo la tanica, svuoto un po' d'acqua in una pentola, buttiamo i pesci lì dentro. Più tardi Sebina ha gli occhi ristagnanti di lacrime che non sono mai uscite, guardiamo il moto dei pesci in quella pentola, in quell'acqua sudicia di polvere. Sono tutti vivi, tranne uno. Un affaretto che galleggia, come un mozzicone di sigaretta.

«È morto il piccolo...» sussurra Sebina, «il mio *Bijeli*».[19]

La consolo. È già un miracolo che gli altri siano vivi.

Poi Gojko le porterà un nuovo acquario, e Dio solo sa dove sbatterà la testa per trovarlo. Ma Sebina lo tormenterà per giorni e giorni, non può lasciare i pesci nella pentola. Gojko si è

11 ***Uštipci:*** gnocchi fritti, solitamente serviti con formaggi locali affettati, piatto tipico della cucina erzegovese.
12 ***kolači:*** biscottini tipici della tradizione culinaria dei Paesi balcanici.
13 **butterato:** coperto di cicatrici o pustole.
14 **granata:** tipo di arma pesante, può essere una bomba d'acciaio, di ferro o di ghisa a forma di palla internamente cava che, riempita di carica esplosiva, viene accesa e lanciata a mano, oppure un proiettile di forma cilindrica con punta ogivale e spoletta, che viene lanciato per mezzo delle artiglierie, e scoppia per urto.
15 **ritorto:** torto, attorcigliato su se stesso.
16 **artista concettuale:** si definisce arte concettuale qualunque espressione artistica in cui i concetti e le idee espresse siano più importanti del risultato estetico e percettivo dell'opera stessa. Il movimento artistico che porta questo nome si è sviluppato negli Stati Uniti a partire dalla seconda metà degli anni Sessanta.
17 **Tito:** è stato un politico jugoslavo, a capo della Repubblica Jugoslava dalla fine della seconda guerra mondiale sino alla morte. Riuscì, dopo la guerra, a tenere unito il Paese originando i movimenti indipendentisti e nazionalisti locali. Dopo la sua morte la Repubblica Federale di Jugoslavia è precipitata verso una progressiva disgregazione, culminata nelle cosiddette "guerre jugoslave" dei primi anni Novanta (vedi anche la scheda Approfondimenti, p. 346).
18 **tugurio:** casa miserabile, squallida.
19 ***Bijeli:*** è il nome del pesciolino di Sebina (*bijel* in croato significa 'non colorato', 'chiaro', 'bianco').

pentito di averglieli regalati. Perché il mangime non si trova neanche al mercato nero. *Perché le cose vive muoiono.* Sebina non è tranquilla, ormai bisogna scendere in cantina sempre più spesso e restarci molte ore. E lei non vuole lasciare i suoi pesci.

«Mi fa male il cuore» dice.

«Tutto ciò che ami ti fa soffrire, è una regola...».

Ci pensa un po'.

«È per questo che non vuoi bambini?».

Vorrei piangere,[20] le do un pizzico, sorrido.

«Mi basti tu...».

«Io non sono tua figlia».

«Un po' lo sei».

Mi soppesa con quel muso dispettoso.

«Sì, un pochino...».

Fa il gesto con la mano, un pezzo d'amore racchiuso tra due dita piccole.

20 **Vorrei piangere:** Gemma, in realtà, vorrebbe avere figli ma non può averne, e questa circostanza è causa per lei di grande sofferenza. La bambina invece è ignara del dramma di questa maternità mancata che Gemma sta vivendo.

ANALISI DEL TESTO

I temi

Una guerra assurda raccontata

Il tema principale che la narrazione affronta è quello della guerra, che l'autrice sceglie di raccontare attraverso i particolari, piccoli episodi all'apparenza minori, secondari, di per sé poco significativi (come l'episodio dei pesci di Sebina) che tuttavia, insieme, costruiscono un grande puzzle, il quadro fosco e raccapricciante di un dramma umano che si è consumato in tempi non lontani e in un'area geografica molto vicina a noi, e che per questo risulta ancora più sconcertante. I piccoli pesci di Sebina, tremolanti come i gigli della bandiera della neo-nata Bosnia-Erzegovina, che annaspano nella polvere cercando di sopravvivere, diventano allora il simbolo di una **popolazione martoriata**, sconfitta, che tuttavia raccoglie eroicamente le ultime forze per risollevarsi, per continuare a vivere.

Sono questi piccoli episodi, inoltre, a fare da introduzione e preludio alla tragedia che si scatenerà di lì a poco: perché un'altra granata, poco tempo più tardi, colpirà nuovamente la casa di Mirna e Sebina e questa volta non rimarrà conficcata in un muro ma le centrerà in pieno, uccidendole. Mirna e Sebina sono le eroine di questa guerra assurda e crudele, combattuta fra vicini di casa, fra abitanti di una stessa città che soltanto fino a poco tempo prima hanno convissuto in pace nonostante le diverse appartenenze etniche e religiose, hanno pregato il proprio Dio a poche centinaia di metri gli uni dagli altri, hanno fatto la spesa negli stessi mercati e frequentato gli stessi luoghi di ritrovo.

L'eroismo delle donne

Accanto al tema della guerra, spicca l'eroica resistenza delle donne, rimaste sole in una città assediata, o perché vedove (come nel caso di Mirna), o perché gli uomini di casa sono andati a combattere sulle montagne. Mirna e Sebina incarnano il coraggio e la fierezza di chi non vuole arrendersi, di chi non vuole lasciare la propria casa, il legame con i propri affetti, la propria città amata e martoriata, il disperato tentativo di mantenere la normalità anche in circostanze così tragiche.

L'amore come significato della vita

Legato ai temi della maternità e dell'universo femminile c'è il tema dell'amore: l'amore è quello di Mirna per sua figlia e per i suoi alunni, quello di Sebina per sua madre, quello di entrambe per la loro terra martoriata; e ancora, l'amore che lega Gojko a quella sorellina che non riuscirà a proteggere, o che lega Gemma alla sua "figlioccia" che non riuscirà a salvare. L'amore che fa soffrire, perché «Tutto ciò che ami ti fa soffrire, è una regola», ma che è indispensabile per andare avanti, per sperare ancora, per continuare a vivere.

Le tecniche narrative

La protagonista

Protagonista e voce narrante della storia è **Gemma**, una ragazza italiana che per una serie di coincidenze, si trova a Sarajevo, dove ha amicizie di vecchia data, nel mezzo della sanguinosa guerra che ha devastato la Bosnia-Erzegovina fra il 1992 e il 1995. Gemma sceglie di raccontare il conflitto attraverso i propri ricordi, che sono quelli di una spettatrice coinvolta negli accadimenti e che cerca sempre di mantenere la calma, senza lasciarsi andare ad eccessi d'odio, difendendo la "normalità" del vivere e del sentire messa in pericolo dalla follia della guerra.

Gli altri personaggi
In questo Gemma emula il coraggio di **Mirna** e **Sebina**, madre e figlia, le due figure femminili al centro del brano, decise a continuare la loro vita nonostante la guerra e i pericoli che corrono ogni giorno, donne forti che hanno conservato una loro dignità, persino una loro eleganza nei modi e negli atteggiamenti, in mezzo al disfacimento totale. Sebina incarna l'orgoglio un po' ingenuo, idealista e temerario, delle nuove generazioni, che non accetta compromessi né vie di fuga, con quel pizzico di incoscienza di cui solo le persone molto giovani sono capaci. La sua testardaggine nel non voler lasciare sua madre e la sua città, nell'affrontare a testa alta il pericolo, fa tenerezza quando il suo acquario va in pezzi e i suoi pesciolini annaspano nella polvere. In quel momento tutta la sua determinazione e sicurezza sembrano vacillare: Sebina appare per quello che è, poco più di una bambina, indifesa e fragile, impreparata ad affrontare il dolore.

I luoghi
La scelta dell'ambientazione è quella di un **luogo chiuso**, circoscritto (la casa di Mirna e Sebina), che non viene descritto ma di cui vengono forniti particolari rappresentativi di un insieme: così il lettore può immaginare questa casa povera, fatiscente, senza alcuna comodità, senza elettricità né gas, illuminata appena da un generatore di corrente e dalla luce naturale che filtra dall'esterno, con finestre tenute chiuse da teloni di plastica, pochi e vecchi mobili, in uno dei tanti palazzoni neri di smog di Sarajevo. La città stessa è raccontata attraverso quei muri pericolanti e pieni di crepe, che mal proteggono i suoi abitanti.

Le tecniche espressive

Minimalismo ed essenzialità
L'autrice usa un **linguaggio asciutto**, a tratti persino duro, che rispecchia le situazioni e i personaggi raccontati (termini come «tugurio», «mozziconi di sigaretta», «butterato», solo per citarne alcuni, rendono lo squallore, la tristezza e la povertà dell'ambientazione). Le frasi sono brevi, essenziali, i dialoghi minimi, fatti di poche ma significative battute.

LABORATORIO SUL TESTO

Conoscenze

Comprensione

1. **Che cosa pensa di organizzare Mirna, con i suoi colleghi della scuola?**
2. **Come reagisce Sebina alla proposta di Gemma di partire con lei per l'Italia?**
3. **Dove è stato posizionato l'acquario di Sebina? E per quale ragione, secondo te, l'acquario è stato spostato?**
4. **Quali ingredienti utilizzano Gemma e Sebina, al posto di quelli mancanti?**
5. **Che cosa sarebbe successo a Gemma e Sebina, se non si fossero spostate per fare la torta?**
6. **Perché Gojko si è pentito di aver regalato i pesci a Sebina?**
7. **Perché, secondo te, «bisogna scendere in cantina sempre più spesso e restarci molte ore»? Che cosa significa questa frase?**
8. **Perché Sebina non vuole scendere in cantina?**
9. **Che cosa risponde Gemma alla frase di Sebina «Mi fa male il cuore»?**

Analisi

10. **Chi è la voce narrante della storia?**
   A Gemma B Mirna C Sebina D l'autrice
11. **Dove è ambientata la vicenda narrata?**

12. **Quali particolari, riportati dal testo, ci fanno capire che siamo in un clima di guerra?**

13. **Come viene descritta Mirna? Ti sembra una donna coraggiosa? Per quale ragione?**

14. **I pesci di Sebina assumono un valore simbolico, come i gigli sulla bandiera della Bosnia-Erzegovina. Che cosa rappresentano questi pesciolini? Perché, secondo le parole di Gemma, «valgono più di tutto»?**

Conoscenze lessicali

15. **Spiega il significato delle seguenti espressioni.**

a) Leccarsi i baffi
b) Essere vivi per miracolo
c) Sembrare un bisonte
d) Saltare come una lepre
e) Sbattere la testa da qualche parte
f) Dio solo sa

16. **Scegli la definizione corretta per i seguenti termini.**

a) abbuffarsi
- A mangiare avidamente grandi quantità di cibo
- B prendersi gioco di qualcuno
- C dare a qualcuno un buffetto sulla guancia
- D gonfiarsi per aver ingerito grosse quantità di aria

b) carponi
- A a quattro zampe
- B le ossa che formano parte dello scheletro della mano
- C pesci
- D calzature comode e molto ampie

Conoscenze grammaticali

17. **Ti presentiamo alcune frasi presenti nel testo: trasforma il discorso diretto in discorso indiretto.**

«Mi fa male il cuore» dice.
«Tutto ciò che ami ti fa soffrire, è una regola...».
«E per questo che non vuoi bambini?».
«Mi basti tu...».
«Io non sono tua figlia».

Abilità e competenze

Scrittura e interpretazione

1. **Immagina che Sebina accetti di andare con Gemma in Italia. Immagina di farle da guida per un giorno nella tua città. Scrivi un breve testo che racconti la vostra giornata insieme.**

2. **Come giudichi il comportamento di Mirna e Sebina, madre e figlia, le due figure femminili al centro del brano, decise a continuare la loro vita nonostante la guerra e i pericoli che corrono ogni giorno? Esprimi le tue opinioni a proposito.**

Ascoltare, argomentare e confrontarsi

3. **«Tutto ciò che ami ti fa soffrire, è una regola». Sei d'accordo con le parole di Gemma?**

4. **Eri al corrente delle guerre che si sono combattute nei Paesi dell'ex Jugoslavia? Sei documentato/a su altri conflitti attualmente in corso nel mondo? Fai un'indagine anche tra i tuoi compagni e riflettete sull'importanza di conoscere per capire il presente e per crescere in modo consapevole.**

SCHEDA STORIA

Le guerre jugoslave

SCHEDA STORIA **Le guerre jugoslave**

La guerra in Bosnia-Erzegovina si inserisce nel quadro più vasto delle cosidette "guerre jugoslave" che, nei primi anni Novanta, portarono alla disgregazione della Repubblica Federale di Jugoslavia e alla creazione di nuovi Stati nazionali, autonomi e indipendenti. Questo processo di conquista dell'indipendenza e dell'autonomia nazionale, tuttavia, fu uno dei più sanguinosi che la storia contemporanea ricordi, e per alcuni Paesi (fra cui la Bosnia-Erzegovina) lo fu più che per altri. Mentre infatti la Slovenia raggiunse l'indipendenza nel 1990 in maniera pressoché incruenta e nel giro di pochissimo tempo, non fu così per la Croazia e la Bosnia, dove i conflitti fra le diverse etnie e religioni presenti sul territorio e la resistenza-guerriglia contro i serbi si trasformarono in un dramma umanitario dalle proporzioni atroci.

Le motivazioni che sono alla base dei conflitti nella ex-Jugoslavia sono diverse: i nazionalismi, rimasti latenti nelle diverse repubbliche ed esplosi fra la fine degli anni Ottanta e l'inizio degli anni Novanta, motivi economici, gli interessi e le ambizioni personali dei leader politici coinvolti, la contrapposizione fra le popolazioni delle fasce urbane e quelle delle aree rurali e montane, le pressioni esterne volte a porre fine all'esperienza della Repubblica Socialista Federale di Jugoslavia, nonché l'esplosione dei conflitti fra le diverse etnie e le diverse religioni in un'area da sempre caratterizzata da una forte multiculturalità. Nell'area della Bosnia-Erzegovina, infatti, convivevano tre religioni diverse: i musulmani, i serbi ortodossi e i croati cattolici.

Il bilancio della guerra in Bosnia-Erzegovina

Il bilancio della guerra tra Bosnia-Erzegovina è stato spaventoso: la capitale del Paese, Sarajevo, rimane assediata per 43 mesi. Ciascuno dei tre gruppi nazionali si è reso protagonista di crimini di guerra e di operazioni di pulizia etnica (tra questi, il massacro di Srebrenica, in cui, l'11 luglio 1995, morirono circa ottomila bosniaci, nonostante la città fosse stata posta sotto la protezione dell'ONU).

Nel novembre 1995 furono stipulati gli accordi di Dayton che posero fine alle ostilità. La Bosnia-Ergezovina è stata divisa in due Stati: la Federazione croato-musulmana e la Repubblica serba.

Alla Presidenza collegiale del Paese siedono un serbo, un croato e un musulmano, che a turno, ogni otto mesi, si alternano nella carica di presidente. Per maggiori approfondimenti vedi la scheda nelle Espansioni digitali.

Il centro di Sarajevo durante i bombardamenti della Serbia, 1992.

Lia Levi
La decisione di Teresa

al alta leggibilità

OPERA	ANNO	GENERE	TEMA
La sposa gentile	2010	romanzo di rievocazione memoriale	• memoria familiare e memoria storica

L'AUTRICE

Lia Levi è nata a Pisa nel 1931 da una famiglia piemontese. Da bambina si è trasferita a Roma, dove vive ancora oggi. Ha fondato e diretto «Shalom», il mensile della comunità ebraica. Sceneggiatrice e giornalista, è autrice di romanzi per adulti e per bambini. Ha pubblicato *Una bambina e basta* (premio Elsa Morante opera prima, 1994), *Quasi un'estate* (1998), *Se va via il re* (1996), *Ogni giorno di tua vita* (1997), *Una valle piena di stelle* (1997), *Da quando sono tornata* (1998), *Cecilia va alla guerra* (2000), *Maddalena resta a casa* (2000), *La gomma magica* (2000), *Che cos'è l'antisemitismo* (2001), Il *segreto della casa sul cortile. Roma 1943-1944* (2001), *Il sole cerca moglie* (2001), il racconto "*La portinaia Apollonia*" che racconta le persecuzioni contro gli ebrei attraverso gli occhi di un bambino; con *L'albergo della magnolia* (2001 e 2004) ha vinto il premio Moravia, *Il mondo è cominciato da un pezzo* (2005), *Nessun giorno ritorna* (2007), *La sposa gentile*, (2010), *La notte dell'oblio* (2012).

Per amore di Amos, Teresa ha deciso di diventare ebrea come lui. Per questo, alla vigilia del matrimonio, si impegna a imparare tutti i riti e le preghiere della religione ebraica, aiutata da Sara, amica di vecchia data di Amos e figlia del rabbino della comunità. Riuscirà nel suo intento, meravigliando tutti, e Amos per primo.

COMPETENZE LINGUISTICHE

Certe volte, quando rincasava **presto**, Amos incontrava Sara e si fermava a chiacchierare con lei. Che questo suo sollecito[1] tornare a casa fosse **in qualche modo** collegato ai giorni in cui sapeva che la sua amica era **lì** da loro, Amos non lo avrebbe mai ammesso. Neanche con sé stesso.

Ma le tracce della presenza della Rabbina,[2] come Teresa **ogni tanto** si ostinava **ancora** a chiamarla, le trovava **anche** in certe altre pietruzze sparse a formare il sentiero di Polli-

1 **sollecito:** rapido, veloce.
12 **Rabbina:** è il soprannome, affettuoso e scherzoso, che Teresa ha dato a Sara (in quanto figlia del rabbino della comunità e, a sua volta, donna di grande cultura religiosa).

Marc Chagall, *Il compleanno*, 1915. New York, Museum of Modern Art.

cino.[3] I libri con le lettere ebraiche di grande formato, gli innocenti disegni stilizzati che accompagnavano le poche righe delle benedizioni, il cartone del volume di storie bibliche a colori consumato per il troppo uso con quel terribile patriarca[4] che punta il coltello alla gola del proprio figlio... tutti là, appoggiati sul tavolino o buttati come per caso su una poltrona... erano gli stessi, erano “loro”, era la loro infanzia comune. Ad Amos sembrava che niente avesse da rimpiangere di quello che aveva perduto, se non quei libri e quella saggia bambina di un tempo che lo rincorreva e poi gli teneva stretta la mano per obbligarlo a imparare *Baruch attà Adonai*[5]... E ora sentirlo ripetere ogni tanto da Teresa gli dava sensazioni mescolate fra loro, come davanti a un piatto non riuscito. Era contento, appena commosso, ma anche stizzito[6] e quasi geloso, senza sapere di che. Si sentiva amato e derubato. Teresa ripeteva a bassa voce quelle parole ebraiche per essere sicura di averle imparate bene o per esibirsi di fronte a lui?

Una sera gli recitò per intero lo *Shemà*[7] senza fare nemmeno un errore, e poi mormorò, prima di scappare via: «Fra poco lo insegneremo a Nerina».[8] E Amos si fece delle domande. Perché mai, quando meno se lo aspettava, lasciava che si aprisse un varco di malanimo[9] di fronte alla donna che pure era riuscita a far scorrere quel fuoco sotterraneo in ogni atto della sua vita?

Per la Pasqua ebraica Teresa aveva deciso.

Non sarebbe più stata la bambina che fa i suoi compiti in un angolo della stanza. Doveva diventare padrona di casa, e Amos non poteva restarne fuori. Con Sarina[10] alle spalle, lei sa-

3 **il sentiero di Pollicino:** riferimento alla celebre fiaba, in cui il protagonista dissemina il sentiero nel bosco di piccoli sassi bianchi per ritrovare la strada di casa.
4 **patriarca:** il capo di una tribù o di una grande famiglia, con potestà assoluta su tutti i suoi componenti. In questo caso si riferisce ad Abramo, primo patriarca, al quale Dio, secondo il racconto biblico, chiese di sacrificare il suo unico figlio Isacco per mettere alla prova la sua devozione. Abramo, seppur a malincuore, accettò la volontà di Dio.
5 ***Baruch attà Adonai*:** ‘Benedetto tu, Signore’: è l’inizio di tutte le benedizioni con cui l’ebreo osservante scandisce i vari momenti della vita [nota dell’autrice].
6 **stizzito:** colto da un attacco improvviso di collera, di impazienza o fastidio per qualcosa.
7 ***Shemà*:** lo *Shemà* (termine ebraico che significa ‘Ascolta’) è una preghiera della liturgia ebraica, recitata due volte al giorno, al mattino e alla sera.
8 **Nerina:** la primogenita di Amos e Teresa.
9 **malanimo:** malumore.
10 **Sarina:** diminutivo di Sara (un altro nomignolo affettuoso dato da Teresa all’amica).

SEGNALIBRO

La sposa gentile, Edizioni e/o, Roma 2010

il piacere di leggere

È il capodanno del ’900 e mentre tutti festeggiano l’arrivo del nuovo secolo, Amos, giovane banchiere appartenente a una famiglia piemontese di origini ebraiche, si ripromette di diventare ricco con le sue sole forze e di trovare moglie. Il primo proposito si concretizza senza troppi ostacoli, perché gli affari di Amos vanno a gonfie vele. Quando anche il secondo desiderio sta per realizzarsi, ed il fidanzamento con una ragazza ebrea di buona famiglia è quasi concluso, l’imprevisto irrompe nella vita di Amos nei panni di Teresa, una giovane e bella contadina del paese, che stravolgerà il corso degli eventi. Fra i due giovani, infatti, scoppia la passione; ma Teresa è una “gentile”, termine che nell’accezione ebraica indica qualcuno che appartiene a un altro popolo, ovvero Teresa è una non-ebrea. Per questa ragione Amos viene ripudiato dalla famiglia e dall’intera comunità ebraica locale, tuttavia non rinuncia all’amore di Teresa, né alla figlia che sta per nascere dalla loro unione. Teresa, a sua volta, per non veder soffrire Amos, prende una decisione drastica: rinunciare ai precetti della religione cattolica, in cui è stata cresciuta, e diventare ebrea. E riuscirà nel suo intento, lasciando tutti stupiti e meravigliati davanti a tanto amore e tanta devozione. Il termine “gentile”, dunque, si sposa perfettamente con il personaggio Teresa, poiché la giovane contadina cristiana è dotata di una mitezza tale da indurla a “rinunciare” al proprio credo e ad abbracciare quello del suo uomo. E nel farlo si allontanerà anche dai propri cari.
Ma fino a che punto è possibile scrollarsi di dosso le proprie origini? Fino a che punto la propria fede può essere addomesticata per assecondare le esigenze della persona con cui si è deciso di vivere?

rebbe diventata il capo di un esercito (impersonato da Marietta, Maddalena[11] e da una tarchiata[12] ragazza di campagna ingaggiata per l'occasione) che aveva il preciso obiettivo di impadronirsi della casa, rivoltarla, violentarla, per farsela docile e pronta ad accogliere Pesach,[13] la grande festa della Pasqua ebraica.

Le donne si inerpicarono[14] per annientar polvere fin sopra gli armadi, rincorsero con gli stracci lumi e cornici, sradicarono tende per immergerle nella tinozza e affidarle poi al vento e al ferro da stiro, svuotarono madie[15] e cassetti, lucidarono argenti e maniglie, e Teresa pensò a come poteva aver mai fatto Dio a creare il mondo in soli sei giorni... c'era così tanto da fare anche solo per tenerlo in ordine!

«Tutto questo pulire ha uno scopo» le aveva spiegato Sara, ma Teresa non aveva capito. Cosa c'è di strano? È solo un'usanza. Anche le famiglie cristiane fanno le pulizie nel periodo di Pasqua... forse semplicemente perché in quella stagione si possono già tenere le finestre aperte. «Hanno copiato da noi» rise Sara, «loro non hanno una spiegazione». Per gli ebrei invece il motivo c'è. Bisogna liberare radicalmente la casa da ogni traccia di cibo lievitato perché, per otto giorni, qualsiasi cosa abbia mai incontrato lievito deve essere messa al bando. E per ricordarselo, quel modo clamoroso, traboccante e chiassoso che ti fa aggrappare anche ai lampadari dà il suono giusto.

La casa domata, lucidata e con il vestito delle feste sarebbe ora stata pronta ad accogliere

11 **Marietta, Maddalena:** le domestiche e bambinaie di casa.
12 **tarchiata:** dalla corporatura massiccia, tozza.
13 **Pesach:** la Pasqua ebraica, festività che dura otto giorni (sette in Israele) e che ricorda l'esodo e la liberazione degli ebrei dall'Egitto.
14 **inerpicarono:** arrampicarono.
15 **madie:** mobili rustici con un ripostiglio per conservare generi alimentari.

COMPETENZE LINGUISTICHE → *Riflettiamo sull'avverbio*

Nel brano

Nel brano evidenziato abbiamo messo in rilievo alcune parole: esse sono avverbi o locuzioni avverbiali.
L'**avverbio** (da latino *adverbum* formato da *ad* 'presso' *verbum* 'parola': "vicino ad una parola") è una **parte invariabile** del discorso, dotata di significato autonomo che serve a modificare, qualificando, determinando, completando e precisando il significato della frase. Non concorda con le altre parole. La loro **collocazione** nella frase è in genere **libera**, tuttavia l'avverbio si colloca sempre vicino alla parola cui si riferisce. Spesso seguono il verbo o precedono l'aggettivo e il nome.
Alcune espressioni hanno la funzione di avverbio e sono chiamate **locuzioni avverbiali**, cioè espressioni formate da più parole, con autonomia di significato, ma usate come fossero una parola singola: come alla svelta, a piedi, certe volte, alla meno peggio, ecc.

L'importanza dell'avverbio

Osservando il testo notiamo che gli avverbi trasmettono informazioni molto diverse: determinano il tempo e il luogo, precisano il modo, completano, cioè agiscono da **modificatori**. Gli avverbi possono essere quindi modificatori della parola cui si accompagnano.

Facendo attenzione al loro significato, classifichiamo gli avverbi in: qualificativi, di tempo, di modo, di luogo, di quantità, di affermazione, di negazione, di dubbio, interrogativi ed esclamativi.

L'avverbio e lo stile dell'autrice

Esaminiamo gli avverbi sottolineati nel brano: l'autrice li usa per aggiungere sfumature di significato all'azione espressa dai verbi, notiamo infatti che l'io narrante suggerisce al lettore gli atteggiamenti incerti e ambigui di Amos che fa di tutto per incontrare l'amica Sara.
Ad esempio il verbo «rincasava» (rigo 1) è preceduto dalla locuzione avverbiale di tempo «certe volte» e seguito dall'avverbio di tempo «presto». In questo modo subisce una completa perdita di significato autonomo in quanto l'azione del rincasare è del tutto delimitata da «certe volte» e da «presto».
Lo stesso accade per il verbo «ostinava» (rigo 4) preceduto dalla locuzione avverbiale «ogni tanto» e seguito dall'avverbio di tempo «ancora».

Per ripassare, consultare e approfondire **sull'avverbio** vai a pag. 783.

le azzime[16] e tutti gli speciali cibi degli speciali giorni della Pasqua. Il vecchio pane avanzato, la pasta, i biscotti e le altre mille cose del "prima" erano già stati stipati in scatoloni sigillati e avevano preso il volo per altri lidi. Qualcosa era andato al Siulìn[17] e qualcosa alla balia,[18] destinato alla sorella e ai nipoti.

Amos ogni tanto guardava attonito il frenetico agitarsi di quelle donnine quasi deliranti all'idea di dover obbedire a un qualche ordine, e gli sembrava che anche alla truce[19] Marietta passasse negli occhi qualche lampo di esaltata e ricorrente sottomissione. Teresa non appariva più intimidita, ma per la prima volta signora e padrona. Ora, pensava Amos, la casa assomiglia di più a quella di mio padre e di Michela,[20] a quella di Anna e a tutte le altre case ebraiche della città.

Quando fu il momento del rito della candela Teresa lo volle accanto a sé. C'era anche Sara e Amos non poté sottrarsi. Si accostarono con la candela in mano a ogni angolo della casa per poi scovare da qualche parte le briciole di pane che vi erano state giocosamente messe solo per essere trovate e giustiziate dalla fiammella della candela. Lo stesso "gioco" che Amos faceva da bambino nella grigia casa paterna, dietro ad Anna[21] che impugnava la candela, seguita da Salvatore e Cesare[22] che pretendevano più spazio perché erano i fratelli più grandi, e lui, il piccolo, dava solo fastidio.

Quando giunse il solenne momento della prima sera di Pasqua arrivarono in tavola, oltre alle azzime e alle erbe amare, radiose come minuscoli soli, anche le ciambelle di Pasqua. Quelle ciambelle che Sara le aveva insegnato a fare sarebbero poi diventate, nelle generazioni, le "ciambelle di Teresa".

E per tutti gli otto giorni della Pasqua Amos si ritrovò a muoversi fra entusiasmo e disagio in un'autentica casa ebraica.

Ma guarda, rimuginò quando fu il momento di partire,[23] mi andava bene anche una sposa gentile[24] e finisco che da Torino mi porterò a casa una sposa ebrea.

---

16 **azzime:** il pane azzimo è l'impasto senza lievito a forma schiacciata che ricorda quando, per fuggire dalla schiavitù d'Egitto, gli ebrei non fecero in tempo a far lievitare delle normali pagnotte. Si usa mangiare l'azzima per tutti gli otto giorni della Pasqua [nota dell'autrice].

17 **Siulìn:** amico di vecchia data di Amos, suo fidato collaboratore negli affari e nella gestione della casa.

18 **balia:** donna che allatta un figlio di altri, oppure donna che si prende cura di un bambino.

19 **truce:** torva, minacciosa.

20 **Michela:** la matrigna di Amos.

21 **Anna:** sorella di Amos.

22 **Salvatore e Cesare:** i fratelli più grandi di Amos.

23 **il momento di partire:** la coppia sta per partire per Torino per sposarsi.

24 **gentile:** il termine deriva dal latino *gens*. Nell'antica Roma, la *gens* era un gruppo di persone, clan, che condividevano lo stesso *nomen* gentilizio. Con il termine "gentili" vengono designati dagli ebrei i "non-ebrei", coloro cioè che non professano la religione ebraica e non appartengono alla comunità ebraica.

ANALISI DEL TESTO

I temi

Integrazione tra culture diverse

L'autrice tratteggia una storia familiare che incrocia quella della prima parte del Novecento, rivelando alcune peculiarità del popolo ebraico e fermandosi alle soglie del 1938: l'anno delle leggi razziali fasciste.

Tutto il testo è incentrato sull'**amore**, la devozione e la determinazione di Teresa nell'imparare e mettere in pratica i precetti della religione ebraica che la renderanno il più possibile simile e vicina ad Amos, l'uomo di cui è innamorata e con il quale condivide l'esistenza. Il tema principale è dunque quello della coesistenza e integrazione fra culture e **religioni differenti**, rappresentate, in questo caso, dai due protagonisti della storia, Amos e Teresa. Il primo, infatti, non ha esitato ad andare contro la volontà della famiglia e ha rinunciato ai suoi affetti più cari, alle sue tradizioni, alla stima e al rispetto dell'intera comunità per amore di quella ragazza "gentile", appartenente ad un mondo completamente diverso dal suo. Teresa, dal canto suo, consapevole e grata del sacrificio di Amos, ha deciso di andargli incontro, condividendo con lui il suo passato e la sua cultura, sperando che questo sforzo possa riavvicinare il suo compagno alla famiglia e alla comunità che l'hanno allontanato a causa sua.

Le tecniche espressive

I protagonisti

Il personaggio principale è **Teresa**, seguita nella sua evoluzione da timida compagna di Amos a perfetta padrona di casa, sicura di sé e del proprio ruolo. Teresa racchiude ed esprime tutta la forza e la determinazione dell'amore, lei che non ha esitazioni nel rinnegare il proprio passato e lanciarsi in un'avventura del tutto nuova e sconosciuta, affidandosi con fiducia alle conoscenze e al sostegno dell'amica Sara, pur di rendere felice Amos. Accanto a Teresa, anche **Sara** occupa un ruolo importante nella vicenda: è guida spirituale di Teresa, ma anche amica d'infanzia di Amos e rappresenta la continuità fra i due, quel legame di origini e di cultura che manca loro, contribuendo al successo e alla forza della loro unione.

Gli altri personaggi

In generale, sono i personaggi femminili a spiccare nella narrazione (l'esercito di donne che si getta anima e corpo nelle pulizie; la casa stessa è uno spazio tutto al femminile), mentre gli uomini sembrano relegati ad un ruolo secondario. Il personaggio di **Amos**, in particolare, con i suoi dubbi e le sue perplessità (se Teresa sia animata da vera fede o voglia soltanto attirare su di sé la sua attenzione), con i suoi sentimenti contrastanti nei confronti della moglie (di gioia ma anche di stizza e di imbarazzo) e con la vaga nostalgia per Sara (che rappresenta il suo passato) sembra rimanere sullo sfondo, vinto dai suoi stessi dubbi e pregiudizi.

Le macrosequenze

Il brano può essere suddiviso in **due parti** o macrosequenze, di cui la prima fa da introduzione o prologo alla seconda. La prima parte infatti è dedicata al tentativo di Teresa di diventare ebrea, apprendendo i rituali e le preghiere dell'ebraismo attraverso l'insegnamento di Sara, figlia del rabbino e amica di vecchia data di Amos. La seconda parte, invece (a sua volta suddivisibile in micro-sequenze) è incentrata su un evento particolare, la celebrazione della Pasqua ebraica e costituisce lo sviluppo naturale della prima: Teresa mette in pratica ciò che ha appreso e studiato nelle settimane precedenti, dimostrando di poter essere una perfetta padrona di casa e un'autentica sposa ebrea.

Le tecniche espressive

Una ricca aggettivazione

L'autrice racconta la storia di Amos e Teresa in terza persona, dal **punto di vista del narratore onnisciente** ed esterno ai fatti narrati. Usa un **linguaggio forbito** ma fruibile, ricco di aggettivi che tracciano con maestria stati d'animo e situazioni, dando corpo ai personaggi e alle relazioni che li legano fra loro.

LABORATORIO SUL TESTO

Conoscenze

Comprensione

1. **Quali segni della presenza di Sara e della sua opera di insegnamento della religione ebraica Amos trova in casa? Es.: «I libri con le lettere ebraiche di grande formato».**
2. **Che cosa ricordano, ad Amos, i libri riguardanti l'ebraismo che trova in casa?**
3. **Quali sensazioni contrastanti prova Amos nel sentire Teresa ripetere le benedizioni ebraiche?**
4. **Perché Amos prova sentimenti così contrastanti nei confronti di Teresa? Quale dubbio gli viene, nel sentir ripetere le formule dalla ragazza?**
5. **Come viene chiamata affettuosamente Sara da Teresa?**
6. **Che cosa decide di fare Teresa per la Pasqua ebraica?**
7. **Che cosa fanno le donne di casa per prepararsi alla Pasqua?**
8. **Per quale ragione la casa viene pulita a fondo in occasione della Pasqua ebraica?**
9. **Che cosa sono «le azzime»?**
10. **In che cosa consiste il rito «della candela accesa»?**

Analisi

11. **Il narratore è palese o nascosto? Spiega i motivi della tua risposta attraverso degli esempi tratti dal testo.**

12. **A quale tipo di focalizzazione corrisponde il punto di vista del narratore?**

[A] focalizzazione zero (narratore onnisciente)
[B] focalizzazione interna (il narratore coincide con il personaggio)
[C] focalizzazione esterna (il narratore esterno non conosce gli stati d'animo dei personaggi)

13. **Come ti sembra Amos nei confronti di Teresa e della sua decisione di diventare una sposa ebrea?**

[A] maldisposto, contrariato e sfiduciato
[B] contento ma perplesso
[C] entusiasta
[D] del tutto indifferente

Conoscenze lessicali

14. **A che cosa vengono paragonate**

le sensazioni di Amos?

[A] a una pietanza esotica
[B] a un piatto non riuscito
[C] a un primo piatto
[D] a un dessert troppo dolce

le ciambelle di Pasqua di Teresa?

[A] a piccole lune
[B] a minuscoli soli
[C] a piccole ruote
[D] a minuscole stelle luminose

Conoscenze grammaticali

15. **Scegli, per ciascuno dei verbi sottoelencati, la definizione corretta.**

- ostinarsi
  [A] decidersi
  [B] cambiare idea
  [C] incolparsi
  [D] insistere

- esibirsi
  [A] manifestarsi
  [B] improvvisarsi
  [C] giocare
  [D] dare spettacolo di sé

16. **Trasforma il testo seguente in discorso indiretto.**

«Tutto questo pulire ha uno scopo» le aveva spiegato Sara, ma Teresa non aveva capito. «Che cosa c'è di strano? È solo un'usanza».

Abilità e competenze

Scrittura e interpretazione

1. **Nel testo vengono descritti i preparativi e la festa della famiglia in occasione di un evento speciale, la celebrazione della Pasqua ebraica. Prova a descrivere, in un breve testo, i preparativi e i festeggiamenti che accompagnano un evento particolare per te (Natale, Pasqua, il compleanno di un familiare ecc.), facendo particolare riferimento ai cibi e alle usanze caratteristiche di quella festa.**

Ascoltare, argomentare e confrontarsi

2. **La storia di Amos e Teresa è la prova che l'integrazione fra persone di culture, religioni e origini differenti è possibile, anche se difficile.**
Ti poniamo le seguenti domande per riflettere e confrontarti con il gruppo classe.

- Pensi che sia possibile per persone provenienti da contesti culturali e religiosi differenti vivere insieme ed amarsi, oppure no? Conosci storie al riguardo? Quale epilogo hanno avuto?
- Fino a che punto l'appartenenza a "ceti sociali" diversi può essere causa di conflitti nella coppia?

AREA DIGITALE

Forum. Progettare in gruppo

Create un forum sugli argomenti che vi proponiamo e inseritelo sul sito della scuola. Partecipate tutti alla discussione e fate in modo che altri gruppi classe dell'Istituto si inseriscano.
Individuate un coordinatore, le cui abilità e competenze siano condivise da tutti. Il suo compito sarà quello di occuparsi di tenere vivo e frequentato il forum.

Argomenti

- Il non sentirsi accettati dalla propria famiglia d'origine è un "ostacolo" superabile o, viceversa, incide inevitabilmente nella vita di chi subisce tale situazione?
- È giusto rinunciare al proprio credo religioso (o metterlo da parte) per uniformarsi a quello dell'amato/a? Compiere tale rinuncia è più un atto di debolezza o di coraggio?

SCHEDA STORIA

Le leggi razziali in Italia

Il 1938 è per il fascismo l'anno della svolta. Mussolini è convinto di avere completamente normalizzato la situazione interna e assiste con preoccupazione alle conquiste tedesche. Il legame con la Germania diventa sempre più stretto e Mussolini comincia a parlare di **difesa della razza**, imitando il razzismo tedesco, le cui prime vittime sono gli ebrei. L'emanazione delle leggi razziali comporta una svolta radicale ed è preceduta da prese di posizione a favore del razzismo. Il 14 luglio 1938 il «Giornale d'Italia» pubblica il **Manifesto degli scienziati razzisti**, 10 punti in cui si afferma l'esistenza di una "pura razza italiana". Il 5 agosto inizia le pubblicazioni una rivista violentemente antisemita, «La difesa della razza», e in settembre arrivano le leggi razziali. Nel settembre il Governo vara i primi provvedimenti antisemiti: sono espulsi gli ebrei stranieri e viene tolta la cittadinanza a tutti gli ebrei che l'hanno ottenuta dopo il 1918; gli ebrei sono espulsi dall'insegnamento in qualsiasi ordine di scuola e non possono frequentare le scuole pubbliche secondarie; nelle scuole elementari sono istituite sezioni separate. Il 10 novembre un decreto governativo vieta i matrimoni misti fra gli italiani di razza ariana e gli ebrei, che sono espulsi dall'esercito ed esclusi dal servizio militare obbligatorio. Inoltre non possono ricoprire cariche pubbliche né lavorare nella Pubblica Amministrazione. Soltanto gli ebrei iscritti al partito fascista prima del 1922 o mutilati di guerra possono chiedere una speciale esenzione. I fascisti collaboreranno attivamente con i nazisti nella deportazione degli ebrei verso i **campi di sterminio**.

Bruno Canova, *L'arte della guerra. Il mondo prende atto delle parole di Hitler*, 1972-1973.

un autore, un libro

Se questo è un uomo

di Primo Levi

IL LIBRO

Se questo è un uomo è il primo libro pubblicato da Primo Levi, scritto tra la fine del 1945 e l'inizio del 1946, dopo essere sopravvissuto al Lager di sterminio di Auschwitz e dopo aver attraversato l'Europa intera in un viaggio di ritorno durato più di otto mesi.

La prima edizione del libro venne stampata, nel 1947, da una piccola casa editrice torinese, De Silva, dopo che alcuni grandi editori, fra cui Einaudi, avevano rifiutato il manoscritto. L'opera ebbe alcune recensioni autorevoli, la più entusiasta delle quali fu quella di Italo Calvino, che lo definì il libro più bello uscito dall'esperienza della deportazione. Anni dopo, nel 1958, *Se questo è un uomo* fu ristampato da Einaudi, con alcune varianti (tra cui un capitolo nuovo, *Iniziazione*). Da quel momento in poi è stato tradotto in decine di lingue, ed è ormai considerato una delle opere più alte sullo sterminio ebraico, sia per la precisione della testimonianza sia per il suo risultato letterario.

La struttura

Se questo è un uomo è diviso in diciassette brevi capitoli. Nel 1976 Levi aggiunse una *Appendice*, nella quale rispondeva alle domande che gli venivano poste più spesso nelle scuole dove andava a raccontare la sua esperienza: questo testo di riflessione è il primo nucleo de *I sommersi e i salvati*, l'estrema riflessione di Levi sul Lager, che sarà pubblicata nel 1986. L'opera si apre con una poesia (*Shemà*, in ebraico 'Ascolta'), che dopo aver chiesto al lettore di considerare se ancora si possa definire «uomo» colui «Che lavora nel fango / Che non conosce pace / Che lotta per mezzo pane / Che muore per un sì o per un no», gli chiede fermamente attenzione e memoria per quanto gli sarà riferito.

immagine attiva

Felix Nussbaum, *I dannati*, 1944. Osnabrück, Kulturgeschichtlichen Museum.

La vicenda

In *Se questo è un uomo* Levi svolge il racconto di un intero anno, dal febbraio 1944 al 27 gennaio 1945, trascorso nel Lager di Buna-Monowitz. Buna era uno dei quarantaquattro campi satelliti di Auschwitz, in Alta Slesia, nel territorio polacco. La storia comincia con l'internamento dell'autore nel campo per ebrei di Fossoli, presso Carpi, in provincia di Modena, e termina con la liberazione di Auschwitz da parte dell'esercito russo. Secondo la testimonianza dell'autore, le varie parti di *Se questo è un uomo* non vennero scritte in ordine cronologico, ma secondo l'urgenza del raccontare.

Levi descrive con grande efficacia una realtà indicibile: la deportazione nei carri bestiame, le percosse senza ragione, gli ordini urlati in una lingua straniera, il lavoro da schiavi, la denutrizione, le selezioni per mandare in gas gli inabili al lavoro, le gerarchie visibili e invisibili, l'abbrutimento assoluto e l'etica fondata sul raggiro e sulla sopraffazione, ma anche i rari amici, e i compagni di prigionia di cui Levi fa un ritratto fisico e morale. Il Lager appare come un mostruoso esperimento antropologico, che rivela cosa sia connaturato e cosa sia invece acquisito nell'animo umano.

Levi riuscì a sopravvivere grazie al cibo supplementare procuratogli segretamente da un operaio italiano, Lorenzo, e grazie al fatto che i tedeschi intendevano cominciare a Monowitz la produzione della gomma sintetica: laureato in Chimica, venne “assunto” dopo uno sconcertante esame che figura tra i vertici del racconto, e poté trascorrere alcuni mesi nel laboratorio industriale del campo, al riparo dal gelo e dai lavori pesanti.

L'urgenza di raccontare

«Scrivendo trovavo breve pace e mi sentivo ridiventare uomo, uno come tutti, né martire, né infame, né santo, uno di quelli che si fanno una famiglia e guardano al futuro anziché al passato». La sua parola è stata quindi la “necessità vitale” di far riemergere una libertà interiore e spirituale dopo la disumana privazione: «Il bisogno di raccontare agli “altri”, di fare gli “altri” partecipi; in primo luogo quindi a scopo di liberazione interiore». *Se questo è un uomo* è nato dall'urgenza di raccontare, in modo preciso e scrupoloso, sempre attento alle parole giuste e calibrate per esprimere quel tormento interiore, che faceva fatica a scomparire, capace di numerose associazioni di memoria e di ricordi dettagliati e precisi di quell'atroce esperienza che lo aveva segnato. La sua è una voce che non giudica e non odia, ma nemmeno è disposta a perdonare gli aguzzini; il suo intento è «fornire documenti per uno studio pacato di alcuni aspetti dell'animo umano». La sua sofferenza e la sua testimonianza sono diventate patrimonio comune, e la sua parola, sempre sobria, è ancora fondamentale antidoto contro l'odio e il sopruso dell'uomo sull'uomo.

L'AUTORE

Primo Levi nacque nel 1919 in un'agiata famiglia ebraica torinese. Si laureò in Chimica nel 1941. Nel 1943 aderì alla lotta partigiana; catturato dai nazisti nel '44, venne internato, insieme ad altri ebrei italiani, nel campo di concentramento di Fossoli (Modena) e deportato successivamente ad Auschwitz, dove rimase fino all'arrivo delle truppe sovietiche; alla fine del 1945, dopo un lungo e avventuroso viaggio, rientrò a Torino e riprese il suo lavoro. Nello stesso periodo scrisse *Se questo è un uomo* (1947), rievocazione della sua permanenza nel campo di sterminio. Dopo la riedizione del 1958, presso Einaudi, il libro nel giro di pochi anni venne tradotto in tutta Europa. Nel 1963 Levi scrisse *La tregua*, narrazione del suo ritorno da Auschwitz a Torino. Scrisse poi, con lo pseudonimo di Damiano Malabaila, il volume di racconti ironici *Storie naturali* (1966); del 1971 è *Vizio di forma*, del 1975 *Il sistema periodico*. Nel 1978 pubblicò il romanzo *La chiave a stella*, nel 1981 l'antologia personale *La ricerca delle radici* e *Lilit e altri racconti*. Ritornò sui temi della guerra e dell'esperienza dell'Olocausto nel 1982 con *Se non ora quando?*, e nel 1986 con *I sommersi e i salvati*. Morì suicida nel 1987.

Tutta l'esperienza narrativa di Levi nasce dal bisogno di raccontare le proprie terribili esperienze, per fare in modo che, rimanendo nella memoria dell'uomo, esse non abbiano a ripetersi.

Larry Rivers, *Witness (Ritratto di Primo Levi)*, 1986. Torino, collezione privata.

Primo Levi
Il "viaggio"

OPERA	ANNO	GENERE	CONTESTO STORICO	TEMA
Se questo è un uomo	1947	romanzo memoriale autobiografico	seconda guerra mondiale: deportazione degli ebrei nei campi di sterminio	• l'esperienza di un deportato nel lager nazista di Buna-Monowitz

Il brano, tratto dal primo capitolo del libro, è il racconto del viaggio in treno merci di circa seicento prigionieri ebrei che, partiti dal campo di raccolta di Fossoli, presso Carpi, in provincia di Modena, furono deportati ad Auschwitz. L'autore fu catturato il 13 dicembre del 1943, quando aveva ventiquattro anni, e deportato alla fine del gennaio 1944. Fu destinato a Buna-Monowitz, uno dei quarantaquattro campi satelliti di Auschwitz, dove i deportati venivano fatti lavorare nelle fabbriche chimiche.

Il treno viaggiava lentamente, con lunghe soste snervanti. Dalla feritoia, vedemmo sfilare le alte rupi pallide della val d'Adige, gli ultimi nomi di città italiane. Passammo il Brennero alle dodici del secondo giorno, e tutti si alzarono in piedi, ma nessuno disse parola. Mi stava nel cuore il pensiero del ritorno, e crudelmente mi rappresentavo quale avrebbe potuto essere la inumana gioia di quell'altro passaggio, a portiere aperte, ché nessuno avrebbe desiderato

L'ingresso al campo di concentramento di Auschwitz.

fuggire, e i primi nomi italiani... e mi guardai intorno, e pensai quanti, fra quella povera polvere umana, sarebbero stati toccati dal destino.

Fra le quarantacinque persone del mio vagone, quattro soltanto hanno rivisto le loro case; e fu di gran lunga il vagone più fortunato.

Soffrivamo per la sete e il freddo: a tutte le fermate chiedevamo acqua a gran voce, o almeno un pugno di neve, ma raramente fummo uditi; i soldati della scorta allontanavano chi tentava di avvicinarsi al convoglio. Due giovani madri, coi figli ancora al seno, gemevano notte e giorno implorando acqua. Meno tormentose erano per tutti la fame, la fatica e l'insonnia, rese meno penose dalla tensione dei nervi: ma le notti erano incubi senza fine.

Pochi sono gli uomini che sanno andare a morte con dignità, e spesso non quelli che ti aspetteresti. Pochi sanno tacere, e rispettare il silenzio altrui. Il nostro sonno inquieto era interrotto sovente da liti rumorose e futili, da imprecazioni, da calci e pugni vibrati alla cieca come difesa contro qualche contatto molesto e inevitabile. Allora qualcuno accendeva la lugubre fiammella di una candela, e rivelava, prono[1] sul pavimento, un brulichio fosco, una materia umana confusa e continua, torpida e dolorosa, sollevata qua e là da convulsioni improvvise subito spente dalla stanchezza.

Dalla feritoia, nomi noti e ignoti di città austriache, Salisburgo, Vienna; poi cèche, infine polacche. Alla sera del quarto giorno, il freddo si fece intenso: il treno percorreva interminabili pinete nere, salendo in modo percettibile. La neve era alta. Doveva essere una linea secondaria, le stazioni erano piccole e quasi deserte. Nessuno tentava più, durante le soste, di comunicare col mondo esterno: ci sentivamo ormai «dall'altra parte». Vi fu una lunga sosta in aperta campagna, poi la marcia riprese con estrema lentezza, e il convoglio si arrestò definitivamente, a notte alta, in mezzo a una pianura buia e silenziosa.

Si vedevano, da entrambi i lati del binario, file di lumi bianchi e rossi, a perdita d'occhio; ma nulla di quel rumorio confuso che denunzia di lontano i luoghi abitati. Alla luce misera dell'ultima candela, spento il ritmo delle rotaie, spento ogni suono umano, attendemmo che qualcosa avvenisse.

Accanto a me, serrata come me fra corpo e corpo, era stata per tutto il viaggio una donna. Ci conoscevamo da molti anni, e la sventura ci aveva colti insieme, ma poco sapevamo l'uno dell'altro. Ci dicemmo allora, nell'ora della decisione, cose che non si dicono fra i vivi. Ci salutammo, e fu breve; ciascuno salutò nell'altro la vita. Non avevamo più paura.

Venne a un tratto lo scioglimento.[2] La portiera fu aperta con fragore, il buio echeggiò di ordini stranieri, e di quei barbarici latrati[3] dei tedeschi quando comandano, che sembrano dar vento a una rabbia vecchia di secoli. Ci apparve una vasta banchina illuminata da riflettori. Poco oltre, una fila di autocarri. Poi tutto tacque di nuovo. Qualcuno tradusse: bisognava scendere coi bagagli, e depositare questi lungo il treno. In un momento la banchina fu brulicante di ombre: ma avevamo paura di rompere quel silenzio, tutti si affaccendavano intorno ai bagagli, si cercavano, si chiamavano l'un l'altro, ma timidamente, a mezza voce.

Una decina di SS[4] stavano in disparte, l'aria indifferente, piantati a gambe larghe. A un certo momento, penetrarono fra di noi, e, con voce sommessa, con visi di pietra, presero a interrogarci rapidamente, uno per uno, in cattivo italiano. Non interrogavano tutti, solo qualcuno. «Quanti anni? Sano o malato?» e in base alla risposta ci indicavano due diverse direzioni.

Tutto era silenzioso come in un acquario, e come in certe scene di sogni. Ci saremmo attesi qualcosa di più apocalittico:[5] sembravano semplici agenti d'ordine. Era sconcertante e

1 **prono:** disteso a pancia in giù.
2 **scioglimento:** la fine del viaggio.
3 **barbarici latrati:** le parole tedesche, i cui suoni sembrano aspri e secchi ai loro orecchi.
4 **SS:** sigla di Schutz-Staffeln (pattuglie d'assalto) corpo speciale dell'esercito nazista paramilitare istituito nel 1925.
5 **apocalittico:** catastrofico, drammatico.

disarmante. Qualcuno osò chiedere dei bagagli: risposero «bagagli dopo»; qualche altro non voleva lasciare la moglie: dissero «dopo di nuovo insieme»; molte madri non volevano separarsi dai figli: dissero «bene bene, stare con figlio». Sempre con la pacata sicurezza di chi non fa che il suo ufficio[6] di ogni giorno; ma Renzo indugiò un istante di troppo a salutare Francesca, che era la sua fidanzata, e allora con un solo colpo in pieno viso lo stesero a terra; era il loro ufficio di ogni giorno.

In meno di dieci minuti tutti noi uomini validi fummo radunati in un gruppo. Quello che accadde degli altri, delle donne, dei bambini, dei vecchi, noi non potemmo stabilire allora né dopo: la notte li inghiottì, puramente e semplicemente. Oggi però sappiamo che in quella scelta rapida e sommaria, di ognuno di noi era stato giudicato se potesse o no lavorare utilmente per il Reich;[7] sappiamo che nei campi rispettivamente di Buna-Monowitz e Birkenau,[8] non entrarono, del nostro convoglio, che novantasei uomini e ventinove donne, e che di tutti gli altri, in numero di più di cinquecento, non uno era vivo due giorni più tardi. Sappiamo anche, che non sempre questo pur tenue principio di discriminazione in abili e inabili fu seguito, e che successivamente fu adottato spesso il sistema più semplice di aprire entrambe le portiere dei vagoni, senza avvertimenti né istruzioni ai nuovi arrivati. Entravano in campo quelli che il caso faceva scendere da un lato del convoglio; andavano in gas[9] gli altri.

Così morì Emilia, che aveva tre anni; poiché ai tedeschi appariva palese la necessità storica di mettere a morte i bambini degli ebrei. Emilia, figlia dell'ingegner Aldo Levi di Milano, che era una bambina curiosa, ambiziosa, allegra e intelligente; alla quale, durante il viaggio nel vagone gremito, il padre e la madre erano riusciti a fare il bagno in un mastello di zinco, in acqua tiepida che il degenere macchinista tedesco aveva acconsentito a spillare dalla locomotiva che ci trascinava tutti alla morte.

Scomparvero così, in un istante, a tradimento, le nostre donne, i nostri genitori, i nostri figli. Quasi nessuno ebbe modo di salutarli. Li vedemmo un po' di tempo come una massa oscura all'altra estremità della banchina, poi non vedemmo più nulla.

Emersero invece nella luce dei fanali due drappelli di strani individui. Camminavano inquadrati, per tre, con un curioso passo impacciato, il capo spenzolato in avanti e le braccia rigide. In capo avevano un buffo berrettino, ed erano vestiti di una lunga palandrana a righe, che anche di notte e di lontano si indovinava sudicia e stracciata. Descrissero un ampio cerchio attorno a noi, in modo da non avvicinarci, e, in silenzio, si diedero ad armeggiare coi nostri bagagli, e a salire e scendere dai vagoni vuoti.

Noi ci guardavamo senza parola. Tutto era incomprensibile e folle, ma una cosa avevamo capito. Questa era la metamorfosi che ci attendeva. Domani anche noi saremmo diventati così.

Senza sapere come, mi trovai caricato su di un autocarro con una trentina di altri; l'autocarro partì nella notte a tutta velocità; era coperto e non si poteva vedere fuori, ma dalle scosse si capiva che la strada aveva molte curve e cunette. [...] Il viaggio non durò che una ventina di minuti. Poi l'autocarro si è fermato e si è vista una grande porta, e sopra una scritta vivacemente illuminata (il suo ricordo ancora mi percuote nei sogni): ARBEIT MACHT FREI, il lavoro rende liberi.

[da *Se questo è un uomo*, Einaudi, Torino 1974]

6 **ufficio:** dovere.
7 **Reich:** in tedesco 'regno', 'impero'. L'impero tedesco che Hitler cercò di ricostruire scatenando la seconda guerra mondiale.
8 **Buna-Monowitz e Birkenau:** i due campi di concentramento e sterminio tedeschi di Auschwitz, in Polonia.
9 **andavano in gas:** erano destinati alle camere a gas.

ANALISI DEL TESTO

I temi

Viaggio verso l'orrore
Il racconto si sviluppa su due piani; quello descrittivo e quello riflessivo, tra loro intrecciati. Il primo ha carattere cronachistico, di preciso e distaccato rendiconto dei fatti: viene descritto in modo puntuale il tragitto in treno, le varie sofferenze dei prigionieri e il loro arrivo sentito per il momento come una liberazione («lo scioglimento») nel **Lager**. Essi non sanno ancora, ma non tarderanno a rendersi conto, di quali orrori stavano per diventare protagonisti. Appena scesi, infatti, cominciano subito le **discriminazioni** tra abili e inabili, la separazione dai parenti, i **maltrattamenti**.

Il piano riflessivo funge da contrappunto ai fatti ed è sempre volto ad analizzare l'animo umano nelle sue opposte componenti di nobiltà e di miseria. Le considerazioni non sono animate da polemica contro uomini in particolare, ma presentano piuttosto un carattere di universalità («Tutti scoprono [...] che la felicità perfetta non è realizzabile, ma pochi si soffermano sulla considerazione opposta»). Levi affermò del resto di non aver scritto il libro «allo scopo di formulare nuovi capi d'accusa» ma piuttosto per «fornire nuovi documenti per uno studio pacato di alcuni aspetti dell'animo umano».

Le tecniche narrative

Narrazione e riflessione
Si alternano nel testo narrazione e riflessione. Il narratore in quanto testimone dei fatti è interno, descrive la realtà che lo riguarda, ma anche quella degli altri personaggi. Il suo racconto è lineare e circostanziato da commenti e giudizi che cercano di fare chiarezza su certi comportamenti umani e allo stesso tempo possono aiutare innanzi tutto l'autore a cogliere o almeno a cercare un senso ai fatti e alle cose. Prima di raccontare il viaggio, Levi svolge acute considerazioni sulla perfetta felicità e infelicità.

Le tecniche espressive

Semplicità e immediatezza
Le parti narrative sono condotte con uno stile semplice e immediato, volutamente lontano da ogni ricercatezza formale: il che non esclude la presenza di qualche riferimento dotto, come ad esempio le citazioni della *Divina Commedia* di Dante, le parole di Caronte («Guai a voi anime prave»). Le frasi si snodano in modo lineare, con **prevalenza della paratassi** e di un **linguaggio** spesso **vicino al parlato**.
Maggiore complessità invece presentano le parti riflessive, frequenti soprattutto nella prima parte, caratterizzata da una sintassi più articolata, in relazione alla profondità dei concetti espressi.
Il tempo verbale prevalente è il passato remoto, con frequenti e improvvisi salti al presente.

LABORATORIO SUL TESTO

Conoscenze

Comprensione

1. **Qual è l'atteggiamento del protagonista narratore di fronte alle vicende rievocate nel testo?**
2. **Su quale base avviene la discriminazione dei prigionieri?**
3. **Quali sono i luoghi che il treno attraversa prima di giungere a destinazione?**
4. **Che cosa chiedevano i prigionieri ad ogni fermata?**
5. **Che cosa accade ai detenuti quando arrivano al campo?**
6. **Quale gesto compiono i genitori della bambina Emilia?**

7. **Quali sono i momenti più drammatici rievocati dall'autore?**

8. **Per quale ragione i tedeschi ritengono necessario uccidere i bambini ebrei?**

[A] perché non sapevano dove collocarli

[B] perché non potevano lavorare

[C] perché rappresentavano la perpetuazione della razza ebraica nella storia

[D] perché non sopportavano le loro grida di disperazione

Analisi

9. **Perché il narratore utilizza spesso la prima persona plurale?**

10. **Come vengono presentati i detenuti?**

11. **Come vengono caratterizzati i soldati tedeschi?**

12. **Nel testo ci sono sequenze narrative e riflessive; individuale e assegna a ciascuna un titolo.**

13. **Che differenza si può osservare, sul piano stilistico, tra le sequenze narrative e quelle riflessive?**

14. **Individua i punti in cui il tempo del racconto supera il tempo della storia.**

Conoscenze lessicali

15. **Nella seguente frase spiega il significato dei termini sottolineati tenendo presente il contesto in cui sono usati.**

Venne a un tratto lo scioglimento. La portiera fu aperta con fragore, il buio echeggiò di ordini stranieri, e di quei barbarici latrati dei tedeschi quando comandano, che sembrano dar vento a una rabbia vecchia di secoli.

16. **Nelle seguenti frasi sostituisci i verbi sottolineati con un sinonimo adeguato al contesto.**

– in silenzio, si diedero ad armeggiare coi nostri bagagli, e a salire e scendere dai vagoni vuoti.

– il suo ricordo ancora mi percuote nei sogni

Conoscenze grammaticali

17. **Nella frase «Alla sera del quarto giorno, il freddo si fece intenso», che complemento è «alla sera»?**

[A] di termine

[B] di specificazione

[C] di tempo

[D] di modo

18. **Nella frase «Poi la marcia riprese con estrema lentezza», i termini sottolineati indicano un complemento**

[A] di termine

[B] di causa

[C] di modo

[D] di tempo

19. **Nella frase «ci saremmo attesi qualcosa di più apocalittico» la forma verbale sottolineata è**

[A] futuro anteriore

[B] congiuntivo passato

[C] condizionale presente

[D] condizionale passato

Abilità e competenze

Scrittura e interpretazione

1. **Esprimi le tue opinioni sui concetti di uguaglianza e dignità umana in un breve testo.**

2. **Ti proponiamo la poesia di Levi premessa al suo libro; alla luce di quanto hai letto, fai un breve commento.**

Se questo è un uomo

Voi che vivete sicuri
nelle vostre tiepide case;
voi che trovate tornando la sera
il cibo caldo e visi amici:

Considerate se questo è un uomo
che lavora nel fango
che non conosce la pace
che lotta per mezzo pane
che muore per un sì e per un no.

Considerate se questa è una donna,
senza capelli e senza nome
senza più forza di ricordare
vuoti gli occhi e freddo il grembo
come una rana d'inverno.

Meditate che questo è stato:
vi comando queste parole.
Scolpitele nel vostro cuore
stando in casa andando per via,

coricandovi alzandovi.
Ripetetele ai vostri figli.
O vi si sfaccia la casa,
la malattia vi impedisca,
i vostri cari torcano il viso da voi.

3. **Commenta in un breve testo le frasi di seguito riportate, esprimendo la tua opinione personale.**

«Levi non gridava, non insultava, non accusava, perché non voleva gridare, voleva molto di più: far gridare» (Ferdinando Camon).

«C'è Auschwitz, quindi non può esserci Dio. (Non trovo una soluzione al dilemma. La cerco, ma non la trovo)» (Primo Levi).

Ascoltare, argomentare e confrontarsi

4. **Riportiamo due frasi tratte dal libro *Se questo è un uomo*. Quale messaggio l'autore ha voluto lasciarci? Esprimi la tua opinione confrontandoti con i compagni in una discussione in classe. Dopo avere ascoltato tutti gli interventi, indica alla fine quale opinione prevale motivando la vostra scelta.**

«Se comprendere è impossibile, conoscere è necessario».

«I mostri esistono, ma sono troppo pochi per essere davvero pericolosi. Sono più pericolosi gli uomini comuni, i funzionari pronti a credere e obbedire senza discutere... Occorre dunque essere diffidenti con chi cerca di convincerci con strumenti diversi dalla ragione, ossia i capi carismatici: dobbiamo essere cauti nel delegare ad altri il nostro giudizio e la nostra volontà».

Laboratorio delle competenze di scrittura

1 Le nostre testimonianze

Raccogli immagini, documenti e testi significativi sui campi di sterminio in Europa e in Italia e insieme ai tuoi compagni create un cartellone: arricchitelo di didascalie e di riflessioni personali.
Ne può risultare una vostra originale testimonianza su avvenimenti della storia da non dimenticare.

2 L'intervista-ricerca

Con l'intera classe e dividendovi i compiti a gruppi, cercate informazioni sulla comunità ebraica più vicina alla località in cui abitate. Formulate delle domande per un'intervista ad alcuni membri della comunità, raccogliete quindi notizie e documentazioni fotografiche.

3 Le testimonianze vie Internet

Raccogli immagini, documenti e testi significativi sui campi di sterminio in Europa e in Italia e insieme ai tuoi compagni create un piccolo dossier; arricchitelo di didascalie e di riflessioni personali. Tramite Internet vi potete mettere in contatto con altri ragazzi della vostra età che frequentano la scuola in Italia o in un altro Stato europeo. Ne può risultare una ricca e originale testimonianza su avvenimenti della storia da non dimenticare.

4 L'articolo di giornale

Nell'assurda violenza di tutti i conflitti, i bambini sono le vittime più innocenti, spettatori di un mondo che non lascia loro nessuna speranza. Ti presentiamo una foto scattata dal fotoreporter Raffaele Ciriello (1959-2002). Osservala attentamente e poi scrivi un breve articolo di giornale immaginando la situazione che la bambina si è trovata a vivere.

La bambina mostra nella mano destra uno dei micidiali "pappagalli verdi", mine colorate traslucide in materiale plastico che venivano lanciate in gran quantità dagli elicotteri dell'Armata Rossa e che ancora flagellano – a decine di migliaia – l'Afghanistan.

Afghanistan, maggio 1995 – Kabul, Jade Maywand road.

AREA DIGITALE

Ricerca in Internet. La storia attraverso le immagini

Cercate in Internet immagini significative sui campi di sterminio in Europa e in Italia e, insieme ai compagni di classe create un piccolo dossier.
Corredate ciascuna immagine con una didascalia semplice ma significativa. L'obiettivo è quello di sensibilizzare il pubblico giovanile, quindi la comunicazione deve essere chiara, efficace e immediatamente comprensibile.
Dopo una selezione delle immagini, dividetele per anno e, se è possibile, per area geografica. Scrivete una breve introduzione storica in modo che il lettore si orienti immediatamente nel percorso iconografico da voi organizzato.
Fate in modo che al lavoro di ricerca collabori tutto il gruppo classe e utilizzando le competenze di ciascuno (progettazione grafica delle pagine, ricerca in Internet, scelta fotografica, scrittura, organizzazione dei tempi, raccolta e selezione del materiale, ecc.).
Alla fine il vostro lavoro può essere inserito sul sito della scuola per rendere partecipi altri delle vostre conoscenze e attivare altre ricerche sul tema.

VERIFICA FORMATIVA

per accertare le competenze acquisite

Frediano Sessi
L'isola di Rab

autoverifica con tutor

Una pagina di diario racconta le condizioni disumane in cui sono costretti a vivere i prigionieri nel campo di concentramento di Rab. Siamo nei Balcani in guerra (1941-43), l'esercito fascista italiano compie sanguinosi crimini, rastrellamenti e deporta donne, vecchi e bambini. Quando Benito (detto Benni), un ragazzo di fede fascista di tredici anni, parte per raggiungere i suoi genitori nell'isola di Rab, dove suo padre è addetto a un campo di internamento per civili sloveni, è convinto di andare incontro a una grande avventura e di servire gli ideali del fascismo. Ma ben presto si trova davanti a una realtà sconvolgente.

Quando gli internati[1] sbarcano sull'isola di Rab, già stanchi e sfiniti per il viaggio nei carri bestiame, affamati e assetati, sono obbligati a camminare per otto chilometri, qualunque sia il loro stato di salute, fino alla Stazione di accettazione. Qui vengono registrati e sottoposti a una pulizia sommaria,[2] in docce di fortuna.[3]

Gli uomini vengono prima obbligati a spogliarsi e poi completamente rasati in tutte le parti del corpo, e così pure le ragazze e le donne. Dopo la disinfezione obbligatoria sono avviati direttamente nel campo I, stipato[4] di gente.

Il primo cibo arriva in bidoni per la benzina, ai quali sono stati saldati i manici e che contengono brodaglia per 90 persone.

Sotto le tende li accolgono miseri letti fatti di paglia (la famigerata[5] paglia piena di pidocchi e pulci, che ben conosco!) e basta la prima notte perché quella povera gente sia piena di parassiti.[6]

Di giorno fa un gran caldo e il vento forte solleva sabbia e polvere, portandola nelle tende e coprendo quasi tutto con uno strato grigiastro. Siccome le latrine[7] sono insufficienti e l'acqua scarseggia, in pochi giorni gli internati sono luridi.

Il vitto[8] ufficialmente previsto per ogni internato è il seguente:

pane	150 grammi
maccheroni o riso	66 g
pomodoro	15 g
verdura	20 g
carne con ossa (due volte a settimana)	100 g
formaggio (cinque volte a settimana)	40 g
lardo od olio	13 g
zucchero	15 g
surrogato[9] di caffè	7 g

1 **internati:** persone rinchiuse in un campo di concentramento.
2 **sommaria:** sbrigativa, superficiale.
3 **di fortuna:** improvvisate, di emergenza.
4 **stipato:** pieno, stracolmo.
5 **famigerata:** che gode di cattiva fama.
6 **parassiti:** organismi animali o vegetali che si nutrono di un altro essere vivente al quale causano in questo modo un danno.
7 **latrine:** gabinetti.
8 **vitto:** insieme di alimenti e bevande necessarie per vivere.
9 **surrogato:** prodotto alimentare di minor valore utilizzato al posto di un altro.

Per gli internati che lavorano nel campo, la tabella alimentare di ordinanza[10] prevede 400 grammi di pane; 120 di maccheroni o riso; 120 di carne con ossa. A volte capita che dalle cucine venga distribuito un po' di pane in più, ma tutti gli internati patiscono la fame.

Posso vederlo con i miei occhi: gli uomini e le donne deperiscono[11] in poche settimane, i bambini diventano un mucchio d'ossa, i vecchi perdono ogni forza.

Nelle cucine, tra gli ufficiali e i soldati italiani, c'è chi cerca di arricchirsi alle spalle degli internati, riducendo la quantità di cibo distribuito e vendendo quello che resta al mercato nero.

Papà si è lamentato con un alto ufficiale dell'XI Corpo d'armata, un certo Gastone Gambara che gli ha risposto seccamente: – È comprensibile e giusto che il campo di concentramento non sia un campo di ingrassamento. Una persona ammalata è una persona che ci lascia in pace.

Girando per il campo, ho constatato che tutti gli internati, salvo rare eccezioni, mostrano i sintomi di un grave deperimento fisico: sono dimagriti in maniera spaventosa, hanno gli occhi paurosamente incavati e le gambe gonfie, soffrono di vomito e diarrea.

Per il momento, comunque, Sonja[12] non è tra questi poveretti. Senza esserci messi d'accordo, io e alcuni uomini della truppa cerchiamo in segreto di alleviare[13] le condizioni di vita di quanti sono rinchiusi nel campo. Mettiamo a disposizione il cibo rimasto nelle cucine, recuperiamo i pacchi alimentari che arrivano da fuori e li recapitiamo ai destinatari, cerchiamo di preparare razioni più abbondanti, distribuiamo acqua a volontà.

Se il comandante del campo (il Serpente Cuiuli)[14] se ne accorge, apriti cielo. Il soldato "colpevole" passa alcuni giorni in una cella di punizione e rischia di essere spedito al fronte.

Il fatto che anche tra noi, aguzzini[15] di tutta questa gente, ci sia chi è capace di provare compassione e di mostrare solidarietà, è l'unica cosa che mi aiuta ad andare avanti.

[*L'isola di Rab, 1941-1943*, Mondadori, Milano 2001]

10 **di ordinanza:** prevista dal regolamento del campo.
11 **deperiscono:** perdono forza e salute, si ammalano, si indeboliscono.
12 **Sonja:** una ragazzina croata, amica del protagonista.
13 **alleviare:** rendere più lieve, calmare, mitigare.
14 **il Serpente Cuiuli:** il tenente colonnello Cuiuli, detto il Serpente, spietato comandante del campo di Rab.
15 **aguzzini:** tormentatori, persecutori; in generale, detto di persone molto crudeli.

Il campo di concentramento di Rab.

Competenza testuale

Comprendere i dati espliciti

1. **Gli internati, ovvero i prigionieri, vengono trasportati fino al campo di Rab**
[A] per mezzo di autobus
[B] su carri ferroviari adibiti al trasporto del bestiame
[C] su carri trainati da buoi
[D] su automezzi militari

2. **Dallo sbarco all'isola di Rab alla stazione di accettazione ci sono 8 km e i prigionieri li percorrono**
[A] a piedi
[B] su automezzi di vario tipo

3. **Prima di raggiungere il campo I i prigionieri sono**
[A] ispezionati
[B] interrogati
[C] sommariamente lavati
[D] selezionati in base all'età

4. **Dopo una notte nelle baracche i prigionieri si riempiono immediatamente di parassiti.**
[A] vero [B] falso

5. **Il vitto giornaliero a disposizione è tale che**
[A] i prigionieri mangiano a sufficienza
[B] i prigionieri mangiano in abbondanza
[C] i prigionieri patiscono la fame
[D] i prigionieri non mangiano affatto

6. **Fra i prigionieri deperiscono più facilmente**
[A] i maschi adulti [B] i vecchi
[C] le donne [D] i bambini

7. **I prigionieri in generale deperiscono**
[A] in poche settimane
[B] in pochi giorni
[C] in pochi mesi
[D] nel giro di un anno

8. **Fra gli ufficiali e i soldati italiani addetti alla custodia del campo qualcuno si arricchisce alle spalle degli internati.**
[A] vero [B] falso

9. **Il narratore e alcuni uomini della truppa**
[A] cercano di evitare qualunque contatto con i prigionieri
[B] aiutano i prigionieri con il cibo rimasto nelle cucine
[C] sorvegliano le cucine
[D] si impadroniscono dei pacchi di alimentari destinati ai prigionieri

10. **Se un soldato addetto alla sorveglianza aiuta i prigionieri rischia**
[A] un semplice rimprovero
[B] di essere spedito al fronte
[C] di essere rispedito a casa
[D] di essere processato da un tribunale militare

Comprendere i dati impliciti

11. **La voce narrante della storia**
[A] appartiene ad un narratore esterno
[B] appartiene ad un personaggio della storia

12. **I fatti raccontati sono accaduti**
[A] durante la prima guerra mondiale
[B] durante la seconda guerra mondiale
[C] durante la guerra fredda
[D] durante la guerra per la conquista dell'Etiopia

13. **Nel brano viene descritto**
[A] un carcere
[B] un campo di prigionia
[C] un ospedale militare
[D] un campo di sterminio

14. **Il testo contiene**
[A] un elenco
[B] uno schema
[C] una tabella
[D] un diagramma

15. **Quali personaggi oltre al narratore sono menzionati nel brano?**

Competenza lessicale

16. La parola «brodaglia» ha un valore

- [A] dispregiativo
- [B] accrescitivo
- [C] diminutivo
- [D] superlativo

17. Un «mucchio d'ossa» è un'espressione che va presa in senso

- [A] letterale
- [B] metaforico

18. Il «mercato nero» è

- [A] un luogo coperto dove si tiene un mercato
- [B] un mercato clandestino a prezzi diversi da quelli ufficiali
- [C] un'espressione per indicare evasione fiscale

19. Unisci con una freccia ciascuno dei seguenti vocaboli al suo sinonimo.

1 internare	3 segno
2 patire	6 tormentatore
3 sintomo	8 castigo
4 deperimento	7 sudicio
5 compassione	1 rinchiudere
6 aguzzino	2 soffrire
7 lurido	5 pietà
8 punizione	4 indebolimento

Competenza grammaticale

20. Nell'espressione «già stanchi e sfiniti per il viaggio» (rigo 1) «per il viaggio» è

- [A] un complemento di causa
- [B] un complemento di specificazione
- [C] un complemento di mezzo
- [D] un complemento di luogo

21. Nell'espressione «Girando per il campo» (rigo 37) il gerundio «girando» può essere reso esplicito con quali delle seguenti espressioni?

- [A] mentre giravo
- [B] quando giravo
- [C] poiché giravo
- [D] infatti giravo

AREA DIGITALE
Le risposte agli esercizi sono disponibili nell'area digitale

Interpretare e valutare

Esprimi le tue impressioni sul testo letto in uno scritto che non superi le 5 righe.

....

....

....

....

....

PRIMO PIANO

Quando ricordare diventa un dovere

testi non letterari

Non è sorprendente che la visione profetica di un'umanità unita e pacifica, di giustizia per i poveri e gli indifesi, trovasse un suolo fertile tra gli ebrei e che non fosse mai dimenticata? Che quando le mura dei ghetti caddero al suolo, gli ebrei, in numero sproporzionatamente grande, fossero tra coloro che proclamavano gli ideali di internazionalismo, pace e giustizia?

Eric Fromm

La memoria della Shoah

• La Shoah

Shoah è un termine ebraico che significa 'catastrofe', 'disastro', 'distruzione'.

Il termine compare più volte nel testo biblico, e quindi faceva parte del vocabolario ebraico.

Dal 1938 in poi la parola *Shoah* è stata utilizzata per denominare una delle più crudeli vicende della storia umana, quando i regimi dittatoriali nazi-fascisti stabilirono, attraverso **leggi razziali**, di far arrestare tutti gli ebrei e di rinchiuderli nei campi di lavoro forzato e di sterminio, per eliminare del tutto la loro "razza", ritenuta inferiore.

La stessa sorte toccò agli zingari, agli slavi, ai portatori di handicap, ai neri, e a tutti coloro che, secondo i nazisti e i fascisti, non appartenevano alla razza bianca ariana, considerata superiore e pura.

Si è preferito questo termine a "olocausto" per eliminare qualunque idea di sacrificio religioso insita in quest'ultimo termine.

La *Shoah* attuata in Europa a metà del secolo scorso tra gli anni Trenta e Quaranta, è divenuta in ebraico *ha-shoah*, la Catastrofe per eccellenza: il vocabolo ha assunto quindi il significato di un'intera vicenda storica.

• Il Giorno della memoria

Il **27 gennaio** 2000 si sono riuniti a Stoccolma i rappresentanti degli Stati europei per stabilire una comune iniziativa, affinché la memoria della Shoah non si perda con il passare degli anni e con la scomparsa dei testimoni diretti. Da quella riunione hanno preso origine le leggi dei vari paesi europei riguardanti la Shoah. L'Italia ha istituito il "Giorno della Memoria" con la legge 20 Luglio 2000 n. 211.

Art. 1 La Repubblica italiana riconosce il giorno 27 gennaio, data dell'abbattimento dei cancelli di Auschwitz, "Giorno della Memoria", al fine di ricordare la Shoah (sterminio del popolo ebraico), le leggi razziali, la persecuzione italiana dei cittadini ebrei, gli italiani che hanno subìto la deportazione, la prigionia, la morte, nonché coloro che, anche in campi e schieramenti diversi, si sono opposti al progetto di sterminio, ed a rischio della propria vita hanno salvato altre vite e protetto i perseguitati.

Art. 2 In occasione del "Giorno della Memoria" di cui all'articolo 1, sono organizzati cerimonie, iniziative, incontri e momenti comuni di narrazione dei fatti e di riflessione, in modo particolare nelle scuole di ogni ordine e grado, su quanto è accaduto al popolo ebraico e ai deportati militari e politici italiani nei campi nazisti in modo da conservare nel futuro dell'Italia la memoria di un tragico ed oscuro periodo della storia nel nostro Paese e in Europa, e affinché simili eventi non possano mai più accadere.

Gazzetta Ufficiale n. 177 del 31 luglio 2000

Studenti italiani in visita ad Auschwitz nel 2013.

La memoria affidata ai testimoni

... io mi lasciai alle spalle
non solo i ricordi ma anche
la mia famiglia e tutti gli amici
che non avrei rivisto mai più.
Credo sia mio dovere
di sopravvissuto fare in modo
che il mondo sappia della Shoah,
perché i sei milioni che sono stati
assassinati non hanno voce.
RENÉE FIRESTONE

Molto spesso, negli ultimi anni, il ricordo della Shoah è stato affidato alla memoria dei sopravvissuti. I testimoni, oggi, tengono conferenze in tutto il mondo, partecipano alle commemorazioni, vengono invitati nelle scuole per raccontare ai giovani che cosa accadde al popolo ebraico negli anni bui del nazifascismo. Ma non è stato sempre così.

Negli anni immediatamente successivi alla Seconda guerra mondiale, i sopravvissuti incontrarono molti ostacoli al racconto della loro esperienza, perché la maggior parte delle persone, provate dal conflitto e dai difficili anni del dopoguerra, preferirono non ascoltare la voce di chi aveva conosciuto l'atrocità dei campi nazisti. Non tutti i sopravvissuti, del resto, erano pronti a parlare, sicuri com'erano che la loro incredibile esperienza non sarebbe stata creduta. Ma anche quei pochi che avevano trovato il coraggio di testimoniare rimasero inascoltati.

Ripercorrendo le vicissitudini del primo libro di **Primo Levi**, *Se questo è un uomo*, pubblicato in pochi esemplari, nel 1947, da un piccolo editore, e diventato un best-seller solo dopo il 1958, possiamo facilmente capire come, prima di questa data, ci fosse stato non solo poco interesse nei confronti del racconto dei sopravvissuti, ma anche la volontà di mettere una pietra sopra il passato.

La svolta avvenne solamente agli inizi degli anni Sessanta quando il **processo ad Adolf Eichmann**, una delle figure chiave della burocrazia coinvolta nello sterminio ebraico, catturato in Argentina dai servizi segreti israeliani, pose le testimonianze al centro dell'attenzione pubblica. Infatti, nonostante i sopravvissuti, contrariamente a quanto si crede, non abbiano testimoniato al processo Eichmann per la prima volta, le loro parole, amplificate dall'aula del tribunale e dai media, acquistarono una risonanza che non avevano mai avuto in precedenza. *Se questo è un uomo* diventò immediatamente un libro di fama internazionale e Levi divenne il testimone per eccellenza.

Tra la fine degli anni Settanta e l'inizio degli anni Ottanta, numerose organizzazioni, impegnate nella trasmissione della memoria della Shoah, crearono archivi di testimonianze, foto e documenti relativi al genocidio ebraico. Tra le iniziative di maggior rilievo per la circolazione delle testimonianze spicca l'opera di due importanti registi: **Claude Lanzmann** e **Steven Spielberg**.

Nel 1973, Lanzmann cominciò a lavorare alla realizzazione di *Shoah*, un lungometraggio della durata di nove ore e mezza, fatto solo di testimonianze, il cui scopo principale non era quello di dare informazioni, ma quello di riabilitare la testimonianza, dando la parola a chi ormai non poteva più parlare.

Vent'anni dopo, nel 1993, fu la volta di *Schindler's List* di Spielberg, un film ispirato al romanzo *La lista di Schindler* di Thomas Keneally, basato sulla vera storia di Oskar Schindler, un imprenditore tedesco che salvò circa 1.200 ebrei dallo sterminio, con il pretesto di impiegarli, come personale necessario allo sforzo bellico, presso la sua fabbrica di oggetti smaltati.

A seguito del successo di pubblico e critica di *Schindler's List*, Spielberg creò la **Shoah Visual History Foundation**, un'organizzazione no-profit, cui si deve la realizzazione di un database elettronico in cui le più di mille testimonianze raccolte possono facilmente essere consultate dagli utenti di tutto il mondo insieme ad altre informazioni connesse: archivio familiare del testimone, foto, carte del campo o del ghetto in questione.

Per ovvie ragioni anagrafiche, anche gli ultimi sopravvissuti stanno ormai scomparendo. La loro testimonianza resterà, però, una fonte preziosa per la storia della Shoah, una risorsa fondamentale per la comprensione degli eventi e la costruzione della memoria delle generazioni future.

Schindler's List, film del 1993 diretto da Steven Spielberg, ispirato al romanzo *La lista di Schindler* di Thomas Keneally, basato sulla vera storia di Oskar Schindler.

Il ghetto ebraico

ANNO	TIPOLOGIA TESTUALE	MODELLO DI SCRITTURA	TEMA
2009	testo informativo	saggio	• origine e sviluppo dei ghetti

Fin dal 1516, la Repubblica di Venezia aveva adibito per gli ebrei un'area detta "la Giudecca" per separarli dal resto della popolazione. Le caratteristiche dei ghetti erano sostanzialmente simili in tutta Europa: aree anguste, con conseguente sviluppo delle abitazioni in altezza e limitazione delle attività lavorative.

Il ghetto, isolato attraverso barriere fisiche in cui si aprivano soltanto ingressi controllati nelle ore diurne e bloccati nelle ore notturne, costituiva un'area di emarginazione e di segregazione degli ebrei. L'idea di tenere separati gli ebrei si affermò nelle aree cristianizzate a partire dai primi secoli della diaspora ebraica successiva alla distruzione del secondo tempio di Gerusalemme (70 d.C.), a opera dell'imperatore romano Tito.
L'obiettivo era quello di preservare i fedeli da un possibile proselitismo ebraico che avrebbe potuto fare mettere in dubbio le credenze fondamentali cristiane.
Nonostante le difficili condizioni di vita e la subordinazione alle autorità locali che discriminavano il popolo ebraico anche sul piano dei tributi, il ghetto contribuì a tutelare l'identità ebraica. L'isolamento infatti consentiva la conservazione delle tradizioni, la pratica di un sistema di istruzione generalizzata, necessaria per la lettura e la comprensione delle Scritture (l'analfabetismo era sconosciuto) e non ostacolava la frequentazione della sinagoga, protetta dagli stessi confini del ghetto.
La permanenza in un luogo comune e la chiusura divenne un obbligo nell'età della Controriforma da quando un editto promulgato dal papa Paolo IV (1555-1559) ufficializzò una tendenza già in corso e ordinò a tutti gli ebrei che vivevano nei territori controllati dalla Chiesa di raccogliersi lungo una strada o in un quartiere, il ghetto, che doveva essere recintato in modo che le vie di accesso si potessero chiudere con vere e proprie porte, per impedire che gli ebrei uscissero di notte e per controllarne gli spostamenti di giorno.
I ghetti ebraici furono aboliti in seguito all'emancipazione degli ebrei alla fine del Settecento e nell'Ottocento. L'ultimo, quello di Roma, continuò a esistere fino al 1870. L'emancipazione fu, però, di breve durata e nuovi ghetti furono ripristinati dai nazisti nell'ambito della loro politica volta a espellere gli ebrei dall'Europa e dalla vita. In genere, i ghetti vennero creati dopo che, con altre misure punitive, si era proceduto a escludere gli ebrei dagli impieghi e dagli affari, a confiscare le loro proprietà e a privarli dei necessari rifornimenti alimentari. Gli ebrei provenienti dai paesi e dalle città minori furono deportati nei ghetti delle grandi città, come accadde, per esempio, a Varsavia.

Roman Vishniac, *Vendita di mele in via Gesia*, Varsavia, 1937.

1

Il ghetto di Varsavia

Nel ghetto di Varsavia, istituito nel novembre del 1940, risiedevano circa 450.000 persone. I collegamenti con la restante parte della città furono possibili fino al novembre del 1941, quando i muri del ghetto furono completamenti sigillati e venne introdotta la pena di morte per gli ebrei che fossero stati trovati all'esterno. Il tasso di mortalità era estremamente alto, in gran parte a causa della malnutrizione e della spossatezza fisica.

2

Il ghetto di Lodz

La città di Lodz venne occupata dall'esercito tedesco l'8 settembre 1939. Il territorio circostante venne annesso al Reich e la città venne ribattezzata dai tedeschi Litzmannstadt. Subito vennero attuate azioni di persecuzione brutale verso gli ebrei della città. I negozi e le sinagoghe vennero devastati, gli ebrei brutalizzati nelle loro case e una serie di decreti restrittivi e umilianti vennero emessi in brevissimo tempo. Il ghetto di Lodz, che venne sigillato il 30 aprile del 1940, era completamente isolato dalle zone circostanti. A chi vi risiedeva venne assegnata una speciale moneta che non poteva essere scambiata al di fuori di quell'area. Non esistevano punti di accesso al settore ariano della città e tutte le attività economiche erano controllate dallo Judenrat (il Consiglio ebraico), posto sotto il comando delle autorità naziste.

3

Il rastrellamento degli ebrei a Roma il 16 ottobre 1943 in un dipinto di Aldo Gay.

I ghetti in Italia

Il ghetto di Roma

A Roma la comunità ebraica subì per prima le sanzioni emesse per volontà di molti papi, come Clemente XIII o Benedetto XIV, fino a Pio VI, che nel 1775 emanò un Editto contenente 24 durissime regole contro gli ebrei. Tra esse la proibizione di vendere carne, latte o pane ai cristiani, di guidare carri in città, di avere domestici di religione cattoli-

ca, di svolgere affari o di trascorrere anche solo una notte fuori dal ghetto. Nonostante l'emancipazione, numerosi ebrei, appartenenti ai ceti sociali più poveri, continuarono a risiedere nel ghetto anche dopo il 1870 e furono protagonisti, insieme a molti altri ebrei romani, di uno degli episodi più efferati avvenuti in Italia durante la seconda guerra mondiale.
Il 16 ottobre 1943 un centinaio di soldati tedeschi, dopo aver circondato il quartiere, catturarono 1022 ebrei, tra cui circa 200 bambini. I prigionieri furono rinchiusi nel Collegio Militare di Palazzo Salviati, in via della Lungara, e caricati su un convoglio composto da 18 carri bestiame. Il treno giunse ad Auschwitz il 22 ottobre. Soltanto 16 deportati riusciranno a sopravvivere, tra questi una sola donna e nessun bambino.

4

Il ghetto di Venezia
Venezia ha conservato fino ad oggi, quasi intatto nei suoi caratteri urbanistici ed architettonici, il suo antico e monumentale "recinto" per gli ebrei. Esso ne accolse all'inizio circa 700, fino a giungere nel 1630 ad almeno 5.000 su una popolazione di circa 150.000. In seguito il numero degli ebrei andò declinando, ma restò immutata la vivacità di un ghetto dove convivevano, contraddistinti dalla frequentazione di sinagoghe di rito diverso (italiano, tedesco, spagnolo) e dall'adesione alle più diverse confraternite, ebrei provenienti da ogni parte d'Europa che finirono per essere accomunati dalla venezianità non meno che dall'ebraismo.

[da Marisa Carlà, *La Shoah*, Palumbo Editore, Palermo 2009]

LABORATORIO SUI TESTI FOTOGRAFICI

Abilità e competenze

Scrittura e interpretazione

1. **Esprimi i tuoi pensieri, le tue riflessioni, i tuoi sentimenti, dopo aver conosciuto la storia dei ghetti.**
2. **Immagina di intervistare uno dei soggetti delle fotografie presenti nel percorso: poni delle domande adeguate su tutto quello che vuoi sapere sul loro modo di sopravvivere nei ghetti.**
3. **Immagina di incontrare un tuo coetaneo che è riuscito a fuggire con la propria famiglia evitando il campo di concentramento. Scrivi quindi il contenuto del vostro dialogo.**

SCHEDA STORIA

La liberazione

Il numero esatto delle vittime della "soluzione finale" (così venne chiamata dai nazisti l'eliminazione del popolo ebraico) resta ancora oggi imprecisato. I tedeschi, che pur avevano accuratamente annotato nei loro registri i morti nei ghetti e nei campi di concentramento, distrussero, alla vigilia della resa, buona parte della documentazione. Un bilancio dello sterminio è stato possibile confrontando le cifre della popolazione ebraica all'inizio della guerra col numero dei sopravvissuti. Da questo calcolo è emerso che due terzi dell'ebraismo europeo è scomparso durante il periodo nazista. In pratica, le comunità più antiche e più ricche di storia culturale sono state cancellate. In questa prospettiva è facile capire come l'**8 maggio 1945**, giorno della vittoria sul nazismo, sia arrivato troppo tardi per gli ebrei. Le operazioni di sterminio e le marce della morte erano proseguite fino al crollo totale della Germania in guerra. E così le esecuzioni nei campi di concentramento. Il primo campo a essere liberato dall'Armata Russa è stato Auschwitz, il 27 gennaio 1945. Il 29 aprile era stata la volta di Dachau, costruito nel marzo 1933 nelle vicinanze di Monaco. Dachau era stato il modello di tutti i campi di concentramento nazisti. Il 15 aprile gli alleati avevano liberato anche Bergen-Belsen. Migliaia di uomini erano giunti in questo campo verso la fine della guerra con le famigerate marce della morte e dei 60.000 sopravvissuti all'arrivo degli Alleati, circa 14.000 morirono poco dopo la liberazione. L'ultimo ancora in funzione nella primavera del '45 era quello di Mauthausen, in Austria, liberato il 5 maggio dagli americani, solo tre giorni prima della resa della Germania.

I sopravvissuti

Alla fine della guerra, 1.200.000 superstiti, uomini sfiniti dalle privazioni e dalle violenze subite, si spostarono per tutta Europa nella speranza di tornare alla vita. 400.000 ebrei di origine polacca, che si erano rifugiati nell'Urss (Unione Sovietica, in Russia) durante le persecuzioni naziste, cercarono di rientrare in patria, incoraggiati dal governo provvisorio polacco a ricostituire la loro comunità. Colpiti dal pogrom di Kielce (sommossa sanguinosa contro gli ebrei, considerati capri espiatori del malcontento popolare), nel luglio del 1946, in 100.000 furono costretti a lasciare la Polonia e ripiegare sui campi profughi, allestiti dagli Alleati, in Germania e in Austria. Altri cercarono di raggiungere la Palestina. I "centri di raccolta", che, in un primo momento, avrebbero dovuto fungere da semplici centri di transito, si trasformarono ben presto in campi permanenti, in cui trovarono rifugio 250.000 ebrei che non sapevano più dove andare. I centri si gestivano autonomamente grazie anche all'aiuto dei volontari delle organizzazioni ebraiche di assistenza. In breve, i profughi si trasformarono in una temibile arma nelle mani del movimento sionista, un'organizzazione politica che voleva creare uno Stato ebraico in Palestina, in quel momento governata dagli Inglesi.
La situazione spaventò il governo laburista britannico, che decise di portare avanti la politica di restrizione dell'immigrazione ebraica iniziata nel 1939 con il Libro bianco (in base al quale l'immigrazione sarebbe stata limitata affinché in Palestina la popolazione ebraica non superasse il terzo degli abitanti).

Lo Stato di Israele

Dalla fine della Seconda guerra mondiale alla nascita dello **Stato di Israele**, il Mossad, un'agenzia clandestina sostenuta, più o meno apertamente, dai governi socialisti europei, riuscì a trasferire nel vicino Oriente circa 83.000 uomini. Il caso dell'Exodus diede un forte impulso alla risoluzione del problema: la nave Exodus, partita dal porto francese di Sète l'11 luglio 1947, con 4500 sopravvissuti dei campi di sterminio, fu bloccata in mare aperto dalla Royal Navy che la costrinse, dopo un violento combattimento, a tornare indietro. I rifugiati furono condotti al porto di partenza e in seguito in Germania.
I membri della commissione speciale dell'O.N.U. per la Palestina (U.N.S.C.O.P.) decisero allora, il 29 novembre 1947, la spartizione del territorio palestinese. Ufficialmente lo Stato di Israele nasce il 14 maggio 1948, con la fine del mandato inglese.

L'arrivo al porto di Haifa di un gruppo di sopravvissuti del campo di concentramento di Buchenwald, 1945.

SCHEDA APPROFONDIMENTI

I Giusti, eroi sconosciuti

Molti degli ebrei che sono sopravvissuti alla Shoah devono la loro vita a non ebrei che rischiarono la morte, specialmente in Polonia e nell'Europa dell'Est, per proteggerli. Diverse centinaia di non ebrei furono giustiziati per aver prestato soccorso agli ebrei: spesso erano gli stessi vicini di casa a tradire sia coloro che si erano nascosti sia le persone che li avevano aiutati.
L'amicizia, ma anche la semplice conoscenza giocarono un ruolo fondamentale in molti atti di salvataggio. In numerosi casi, i salvatori erano stati amici e vicini di casa, soci in affari o colleghi di lavoro, insegnanti o studenti dei perseguitati. In altri casi, invece, non avevano mai visto in precedenza la persona, o la famiglia, che capitò loro di soccorrere.
La disapprovazione dell'occupazione tedesca, il rifiuto del nazismo e delle sue dottrine razziali, motivarono i salvatori di molti Paesi europei. Per queste persone, aiutare gli ebrei era parte integrante della Resistenza stessa. Persino in Germania, base ideologica del nazismo, centinaia, forse migliaia, di semplici cittadini tedeschi aiutarono gli ebrei a sopravvivere alla guerra.
All'inizio del 2002, più di 19.000 non ebrei sono stati onorati come **Giusti** allo *Yad Vashem*. Il numero non è certamente quello definitivo. Non tutti i salvatori sono stati individuati: molti, purtroppo, sono morti prima che qualcuno li ricordasse, altri, forse per pudore, hanno chiesto di non essere menzionati.
Nel 1953, il parlamento israeliano ha istituito a Gerusalemme, presso il Monte della Rimembranza, il **Memoriale Yad Vashem**, che ha tra i suoi scopi quello di onorare, attraverso il riconoscimento di «**Giusti tra le Nazioni**», i non ebrei che, disinteressatamente e a loro rischio e pericolo, salvarono la vita agli ebrei durante la Shoah. Si è aperta così una nuova fase della ricerca storica, quella della cultura della testimonianza e della valorizzazione degli atti di solidarietà e giustizia.
Anche in Italia molti ebrei poterono contare sull'aiuto di non ebrei che, anche a rischio della propria vita, offrirono loro un rifugio, una falsa identità e una tessera annonaria, indispensabile per ricevere la razione di cibo consentita dall'economia di guerra. In tempi di distruzione e oppressione, gente comune trovò la forza e il coraggio di sottrarre gli ebrei alla morte.

Il museo Yad Vashem o Museo dell'Olocausto, il memoriale ufficiale a Gerusalemme, Israele, delle vittime ebree della Shoah, fondato nel 1953.

SCHEDA
INVITO ALLA VISIONE

Vai e vivrai

Regia	Radu Mihaileanu
Anno	2005
Produzione	Francia/Brasile/Israele/Italia
Soggetto	Esodo di una popolazione colpevole prima di essere ebrea, poi di non esserlo abbastanza. La storia di un bambino, di un ragazzo, di un uomo

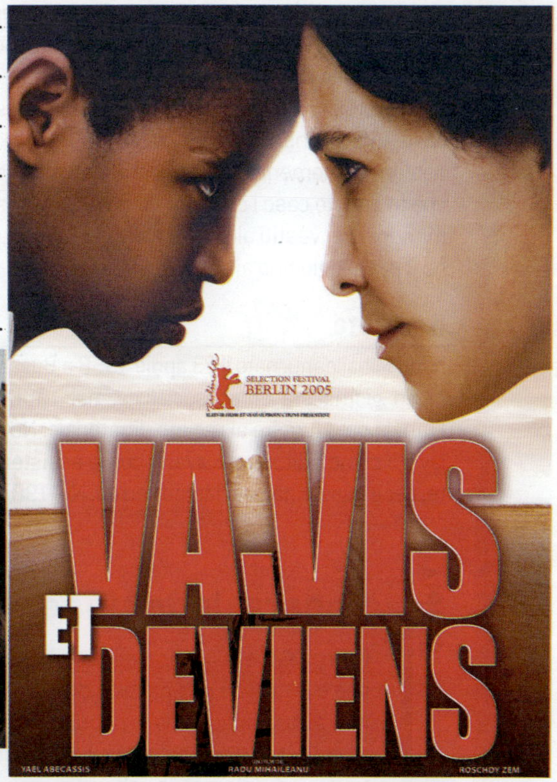

Sinossi

Nel 1984, per iniziativa dello stato d'Israele e degli Stati Uniti (la cosiddetta operazione Mosè), moltissimi ebrei etiopi furono portati in Israele, salvandosi quindi da una vita di stenti e sofferenze. Una madre cristiana spinge suo figlio a dichiararsi ebreo per salvarlo da tutto questo, mentre in realtà nessuno dei due è un vero discendente del popolo d'Israele. Lasciata la madre in Sudan, Schlomo sarà adottato (con la convinzione di essere ebreo) da una famiglia israeliana. Crescerà nascondendo a tutti il suo segreto, roso da dubbi e rimorsi. Attorno a lui un Paese in evoluzione che conoscerà (ancora) la guerra, il razzismo (verso gli ebrei neri), i tentativi vani di pace e quelli riusciti di democrazia. La sua sarà una ricerca incessante dell'identità che ha lasciato in Sudan, dove ritornerà per trovare la sua mamma e la propria terra, da toccare con i piedi scalzi.

Commento

Ambientato prima in un campo profughi sudanese, poi in Israele, fino ad arrivare in Francia, la scenografia si presenta varia e ben impostata. È un film nettamente diviso in due: la prima parte, quella nei campi, è piuttosto mo-

nocromatica nei toni del grigio, del verdastro, del color sabbia: è come se il sole avesse scolorito tutto, sensazione che può essere ritrovata anche nelle vesti dei personaggi. Quando si giunge alla scena in cui Schlomo arriva in Israele, ecco invece che tutto sembra assumere toni diversi, tutto rinasce e riprende vita; non sembra un caso, infatti, che il colore prenda totalmente possesso del film al momento dell'adozione del protagonista. Anche in questo caso i costumi fanno la loro parte, trasformandosi nei vestiti all'occidentale che accompagneranno il paesaggio fino alla conclusione del film.

I toni del film, mai patetici né troppo commiserevoli, danno alla narrazione il giusto equilibrio tra cruda realtà e profondo sentimento. Il film è un inno all'amore in un mondo ostile, è l'esaltazione della fede e della purezza nonostante il suo protagonista sia, suo malgrado, un bugiardo.

Radu Mihaileanu riprende i temi del suo memorabile *Train de vie*, anche qui in forma di paradosso: l'identità e l'impostura, la religione e il razzismo, con l'aggiunta del tema dell'adozione. Il tono, però, si sposta sull'epica e il lirismo, riuscendo spesso a emozionare.

Il regista

Radu Mihaileanu, nato il 23 aprile 1958 a Bucarest e figlio di un giornalista ebreo socialista, nel 1980 emigrò in Francia per sfuggire al regime dittatoriale. Negli anni '80 lavorò come editore, più avanti come assistente direttore, per il regista italiano Marco Ferreri. Nel 1987 pubblicò i suoi poemi in una raccolta dal titolo *Une vague en mal de mer*. Dirige nel 1998 le riprese di *Train de vie – Un treno per vivere*, film di un gruppo di ebrei in fuga dal nazismo. Nel 2006 è stato presidente della giuria al primo Angers Film Festival. Nel 2005 ha diretto le riprese di *Vai e Vivrai*.

SCHEDA STORIA

L'operazione Mosè

Fin dal XV secolo esistono testimonianze storiche e letterarie che parlano di "ebrei neri". Essi non si distinguono dalle popolazioni delle terre di cui sono originari né per le lingue né per i tratti, ma solo per la religione professata, l'ebraismo. Secondo alcuni storici, essi deriverebbero dalla fusione tra le popolazioni autoctone africane e quegli ebrei fuggiti dal proprio paese in Egitto (ma questa indicazione geografica data dalla Bibbia potrebbe genericamente indicare tutto il corno d'Africa) ai tempi della distruzione di Gerusalemme nel 587 a.C. o in successive ondate della diaspora ebraica. Dal punto di vista religioso, sarebbero i frutti dell'unione tra Salomone e la regina di Saba. Questo creerebbe, secondo la visione dell'Ebraismo ortodosso, alcuni problemi, perché l'ebraicità è trasmessa in linea femminile, ed essendo la regina di Saba non ebrea, in teoria neanche i suoi discendenti dovrebbero esserlo.

Minacciati dalle carestie e dalle repressioni del governo etiope tra il 1977 e il 1979, emigrarono verso il Sudan, il cui governo musulmano fu però ostile nei loro confronti. Il governo di Israele decise allora di trasportarli nel proprio paese attraverso un ponte aereo: si susseguirono così le tre operazioni denominate Mosè, Saba e Salomone, fino al 1991 (vennero traferiti circa 90.000 ebrei, l'85% della comunità presente).

Attualmente in Israele vivono alcune decine di migliaia di "ebrei falascia" (cioè di origine etiope e religione ebraica), nonostante difficoltà di integrazione in un ambiente diversissimo da quello di origine. Alcuni intellettuali accusano il governo israeliano di aver messo in atto una politica di "ebraizzazione" drastica e non rispettosa della originaria cultura falascia.

PRIMO PIANO

UNITÀ 5

Il giallo

René Magritte, *L'assassino minacciato* (1927) IMMAGINE ATTIVA

Intervista ad Andrea Camilleri sul "giallo"

Fred Vargas • La notte efferata

COMPETENZE LINGUISTICHE • **Riflettiamo sulle preposizioni**

ESPANSIONI DIGITALI

SCHEDA APPROFONDIMENTI **L'uso dell'ironia nei romanzi di Fred Vargas**

Anne Holt • L'annuncio della scomparsa

Carlo Lucarelli • Il delitto di Natale

Intervista a Carlo Lucarelli sul "giallo"

Eduardo A. Sacheri • Il volto dell'assassino

SCHEDA GEOSTORIA **L'Argentina**

ESPANSIONI DIGITALI

Alicia Giménez-Bartlett • La prima indagine di Petra

• **Laboratorio delle competenze di scrittura**

SCHEDA INVITO ALLA VISIONE ***Sherlock Holmes*** (Guy Ritchie)

VERIFICA FORMATIVA autoverifica con tutor

Arthur Conan Doyle • L'enigma

un autore, un libro ***Il mastino dei Baskerville*** **di Arthur Conan Doyle**

PRIMO PIANO testi non letterari • **Il giallo a fumetti**

ROMANZO ILLUSTRATO - FUMETTO

Loriano Macchiavelli • Le piste dell'attentato

ESPANSIONI DIGITALI

SCHEDA CINEMA **Sfumature in giallo**

SCHEDA ARTE **L'arma del delitto**

Che cos'è il genere giallo

Si parla di genere giallo quando un'opera narrativa è incentrata sul mistero e sviluppata con un ritmo basato sulle tecniche della *suspense* e del colpo di scena, fino allo scioglimento finale. In Italia il termine "giallo" viene usato per la prima volta nel 1929, quando l'editore Mondadori lancia una collana intitolata "I libri gialli" dedicata esclusivamente al romanzo poliziesco (*detective story*) le cui copertine sono di colore giallo (il colore giallo era molto usato in Gran Bretagna e negli Stati Uniti per le copertine di opuscoli popolari e a basso prezzo).

• Le origini

Il giallo nasce nella seconda metà dell'Ottocento, periodo in cui la civiltà occidentale è profondamente influenzata dalla cultura positivista, che dà grande fiducia alla scienza e al metodo scientifico. Il processo di industrializzazione, lo sviluppo delle grandi città, con l'aumento della criminalità e dei delitti, contribuiscono alla diffusione di una narrativa in cui sono presenti l'indagine, la conduzione dell'inchiesta, il trionfo della legge e della giustizia.

• Le caratteristiche del genere

Il giallo si basa su tre elementi essenziali: il **delitto**, la **ricerca dell'assassino**, la **punizione** (arresto e condanna). Da queste tre situazioni derivano i relativi personaggi-tipo: la **vittima**, il **colpevole**, l'**investigatore**. Il lettore ritrova nella narrazione, basata su un codice di comportamento fondato sul rispetto delle regole della convivenza civile e sull'osservanza delle leggi, un senso di sicurezza non sempre garantito dalla realtà. Nel corso degli anni la struttura del giallo ha dato origine a molti generi collaterali, come il romanzo di spionaggio (*spy story*), il thriller, il romanzo nero e l'horror.

• I maestri del giallo

Capostipite del giallo è **Edgar Allan Poe** (1809-1849). *I delitti della Rue Morgue* (1841) e *La lettera rubata* (1845) sono un modello di razionalità, costruiti su un obiettivo preciso: la soluzione del mistero. Intorno agli anni Venti del Novecento il giallo assume la propria connotazione classica, potenziando soprattutto il gusto della spiegazione razionale, dell'intuizione e dell'indagine che porta alla scoperta del colpevole. In Gran Bretagna ricordiamo: **Agatha Christie** (1890-1976), che crea la figura dell'investigatore Hercule Poirot, piccolo e vanitoso detective belga dai baffi impomatati, e Miss Marple, una vecchietta apparentemente fragile, ma dotata di grande fiuto investigativo.

Arthur Conan Doyle (1859-1930), che crea la coppia più celebre del giallo mondiale: l'investigatore Sherlock Holmes e il suo assistente, il dottor Watson.

Fra i numerosi autori di gialli negli Stati Uniti spiccano: **Ellery Queen**, pseudonimo usato dai due cugini **Frederic Dannay** (1905-1982) e **Manfred Bennington Lee** (1905-1971). Ellery Queen è il nome del protagonista della maggior parte dei loro romanzi. È alto, dinoccolato e le sue avventure sono basate su complicatissimi enigmi.

La popolarità del giallo in Francia tocca il culmine negli

Edward Hopper, *Ombre notturne*, 1921.

anni Trenta del Novecento, grazie alle opere di **Georges Simenon** (1903-1989), creatore del commissario Maigret, il cui metodo investigativo consiste nel comprendere la psicologia degli indiziati.

• Il giallo italiano

Il primo giallo italiano compare nel 1931: *Il sette bello* di **Alessandro Varaldo** (1876-1953).
Durante il periodo fascista il romanzo giallo è condizionato dalla censura, che non vede di buon occhio gli autori stranieri e, nello stesso tempo, vuol impedire ogni coinvolgimento di italiani in storie di crimine, anche fittizie. Dopo la seconda guerra mondiale, le case editrici inondano il mercato di autori anglosassoni, spesso di scarsa qualità, ma molto venduti. Il giallo diventa un libro usa e getta, che si compra a poco prezzo. Gli autori italiani sono poco letti e solo negli anni Sessanta viene riscoperto il giallo italiano grazie al successo, anche all'estero, di **Giorgio Scerbanenco** (1911-1969), che si fa conoscere nel 1966 con *Venere privata*. Vasta notorietà conquistano negli anni Ottanta i torinesi **Carlo Fruttero** (1926-2012) e **Franco Lucentini** (1920-2002), che scrivono in coppia e raggiungono il successo con *La donna della domenica* (1972). Il bolognese **Loriano Macchiavelli** (1934), creatore del bonario e provinciale commissario di polizia Sarti Antonio, è il capostipite del **Gruppo 13**, che riunisce un gruppo di scrittori emiliano-romagnoli, fra cui **Marcello Fois**, **Eraldo Baldini** e **Carlo Lucarelli** (1960). Quest'ultimo, in particolare, diventa celebre con *Almost Blue* (1997), romanzo giallo-noir ambientato a Bologna, che lancia il personaggio di Grazia Negro, poliziotta alle prese con un pericoloso e sanguinario serial killer. Tra i giallisti italiani sono inoltre da ricordare: **Marco Vichi**, scrittore fiorentino nato nel 1957, creatore del commissario Bordelli; **Marco Malvaldi**, nato a Pisa nel 1974, con i simpatici vecchietti del Bar Lume, che risolvono delitti fra una partita a briscola e l'altra; il napoletano **Maurizio De Giovanni** (1958) con il suo commissario Ricciardi, che si muove nella Napoli fascista degli anni Trenta.
Tra gli autori di gialli più amati dal pubblico e dalla critica spicca **Andrea Camilleri**, con il suo Salvo Montalbano, commissario in una cittadina siciliana, dai cui romanzi è tratta la fortunata serie televisiva prodotta dalla RAI.

• Le "signore in giallo": il giallo al femminile

Intervista ad Andrea Camilleri sul "giallo"

Se la capostipite del "giallo al femminile" può considerarsi senza dubbio Agatha Christie, molte sono le autrici che si cimentano, con grande successo di pubblico e di critica, in questo genere narrativo. Dagli Stati Uniti sono giunti i romanzi di **Patricia Highsmith** (1921-1995) e **Patricia Cornwell** (1956). Fra le scrittrici di gialli e noir europee, è doveroso ricordare la francese **Fred Vargas** (1957). In Spagna, invece, si è distinta per talento e originalità **Alicia Giménez-Bartlett** (1951), creatrice del personaggio di Petra Delicado. La canadese di lingua inglese **Margaret Anne Doody** (1939) ha invece scelto come protagonista delle sue investigazioni il filosofo greco Aristotele. Fra le scrittrici europee va infine ricordata **Anne Holt** (1958), scrittrice, avvocato e giornalista norvegese. Fra le autrici italiane di romanzi gialli e noir, vanno ricordate la marchigiana e milanese di adozione **Nicoletta Vallorani** (1959) e la bolognese **Grazia Verasani** (1964), autrice di *Quo vadis Baby?*

immagine attiva

René Magritte, *L'assassino minacciato*, 1927. New York, The Museum of Modern Art.

Fred Vargas
La notte efferata

ascolto

OPERA	ANNO	LINGUA	GENERE	TEMA
Scorre la Senna	2002	francese	racconto	• delitti, misteri e indagini a Parigi

L'AUTRICE

Fred Vargas è lo pseudonimo di **Frédérique Audouin-Rouzeau**, scrittrice francese nata a Parigi il 7 giugno 1957, autrice di racconti e romanzi noir di grande successo. Il nome è il connubio del diminutivo del nome Frédérique e del cognome Vargas, scelto dalla sorella Joëlle (Jo Vargas), pittrice contemporanea, la quale, a sua volta, l'ha mutuato dal nome del personaggio interpretato da Ava Gardner nel film *La contessa scalza*. Lavora come ricercatrice di Archeozoologia presso il Centro nazionale francese per le ricerche scientifiche (CNRS), ed è esperta in medievistica. Tutte le sue storie sono ambientate in Francia, in particolare a Parigi, e hanno per protagonisti i medesimi personaggi: gli Evangelisti, cioè tre giovani e squattrinati studiosi di storia che vivono in una casa fatiscente con un vecchio zio ex poliziotto, e il commissario di polizia Jean-Baptiste Adamsberg, soprannominato lo "spalatore di nuvole", uomo lento, meditativo, solitario, dalle grandi doti di umanità e intelligenza. Tra i suoi romanzi più famosi: *L'uomo dei cerchi azzurri* (1991), *Chi è morto alzi la mano* (1995), *Un po' più in là sulla destra* (1996), *Io sono il Tenebroso* (1997), *L'uomo a rovescio* (1999), *Parti in fretta e non tornare* (2001), *Sotto i venti di Nettuno* (2004), *Nei boschi eterni* (2006), *Un luogo incerto* (2008), *La cavalcata dei morti* (2011).

È la vigilia di Natale. Una donna viene trovata cadavere nelle gelide acque della Senna. Il commissario di polizia del 13° arrondissement di Parigi, Jean-Baptiste Adamsberg, arrivato sul posto per le indagini, esclude subito il suicidio. La donna è stata spinta giù dal ponte, ma da chi e per quale motivo? L'aiuto di un ubriacone detenuto in cella, una fotografia e la perspicacia del commissario saranno fondamentali per risolvere il mistero.

Deniaut[1] raggiunse Adamsberg davanti alla macchina del caffè.

– Forse per questa notte non ci sarà nient'altro, – disse – Poco movimento, tutto sommato.

– Staremo tranquilli solo fra tre o quattro giorni, – rispose Adamsberg. – La notte di Natale non c'è nessuno che noti i cadaveri, capisci? Spuntano solo dopo. Bisogna che tutti abbiano smaltito la sbronza. Ci vuole un po' di tempo. Chi sbaglia finestra, chi sbaglia porta, letto, marciapiede, donna, chi cerca la sua giacca, il suo uomo, la sua stampella, il suo ippopotamo.[2] Bisogna aspettare un po'.

COMPETENZE LINGUISTICHE

Il fiume, possente, ingrossato **da** tutte le piogge **dell'**autunno, trasportò **nelle** sue profondità il grosso corpo **della** donna durante le notti **del** 24 e del 25 dicembre, lo riportò **in** superficie la sera **del** 26 e **all'**alba del 27 lo abbandondò sotto lo stretto ponte **dell'**Archevêché,[3] riva sinistra.

Adamsberg ricevette la chiamata **al** mattino, quasi **alle** nove. Faceva a malapena chiaro.

Il commissario, **con** il telefono **in** mano, esitò **ad** avvertire il tenente Danglard.[4] Che era inefficiente, di mattina, e sensibile **alla** violenza. Adamsberg riagganciò adagio il ricevitore. Non avrebbe rotto le scatole **a** Danglard. Il corpo fluitato[5] sarebbe stato di certo un brutto spettacolo. La donna doveva essere morta più **di** due giorni prima, durante la notte **di** Natale. **Di** questo era quasi sicuro.

1 **Deniaut:** un giovane tenente di polizia, collaboratore del commissario Adamsberg.
2 **il suo ippopotamo:** il riferimento è a un regalo di Natale che Adamsberg ha ricevuto dalla sorella, un ippopotamo di peluche. Qui l'ippopotamo sta ad indicare un oggetto simbolico, con un significato particolare.
3 **Archevêché:** ponte di Parigi sulla Senna.
4 **il tenente Danglard:** è il vice di Adamsberg, prezioso collaboratore di tante indagini.
5 **fluitato:** trasportato dall'acqua, come un tronco galleggiante.

Adamsberg portò con sé Deniaut. Dopotutto, era con lui che aveva cominciato la vigilia di Natale.

– Che ti dicevo? – commentò Adamsberg, con le mani sul volante. – Che bisognava aspettare.

– Non è detto che sia morta il 24.

– E invece sì. È così, Natale, la baldoria dei desideri. I divieti vanno in pezzi, le barriere crollano. Certi si regalano un ippopotamo, altri si comprano la pelle di una donna.

Deniaut alzò le spalle.

– Ma sì, – riprese tranquillamente Adamsberg. – Vedrai.

Parcheggiò l'auto sul marciapiede, sollevò i nastri di plastica bianchi e rossi che sbarravano l'accesso al quai de Montebello[6] e scese la rampa dei gradini fino al fiume. Deniaut lo seguì con cautela sulla scala sporca. Deniaut era un maniaco della pulizia, uno terrorizzato dai microbi e, da quando era entrato in polizia, quattro anni prima, pregava che nessuno lo notasse. S'infilò i guanti e si tirò la sciarpa sul naso. L'aria era umida, il vento gelido. Davanti a lui Adamsberg, mani nude, testa scoperta, giacca slacciata e colletto sbottonato, camminava con passo tranquillo e regolare. Quel tizio non aveva mai freddo, come Babbo Natale.

Adamsberg si fermò vicino al corpo, strinse un po' le mani. Due agenti, il medico legale,[7] quelli della scientifica.[8] Deniaut riconobbe Bacher, il fotografo impavido, che rovistava nelle profondità degli orrori con il grugno[9] del suo apparecchio, senza fare una piega.[10] Spesso chiamavano lui nelle situazioni difficili. Deniaut rimase indietro, con il naso nella sciarpa, controvento.

6 **quai de Montebello:** banchina Montebello, sulla riva del fiume.
7 **medico legale:** medico chiamato sul luogo di un delitto o di un incidente per stabilire la causa di una morte e coadiuvare, in questo modo, la polizia nelle indagini.
8 **scientifica:** polizia scientifica, servizio della polizia specializzato nelle investigazioni tecniche e scientifiche nei campi della chimica, della biologia e della fisica, ausilio tecnico per le investigazioni tradizionali.
9 **grugno:** è il muso del porco o del cinghiale. Qui indica l'obiettivo della macchina fotografica, puntato come il muso di un animale sui soggetti da immortalare.
10 **senza fare una piega:** senza mostrare alcuna emozione, restando impassibile di fronte agli eventi.

COMPETENZE LINGUISTICHE → *Riflettiamo sulle preposizioni*

Nel brano

Nel brano evidenziato abbiamo messo in rilievo alcune parole: le **preposizioni**, cioè parole prive di significato autonomo ma che svolgono un ruolo indispensabile nella frase.

Le **preposizioni** sono parti invariabili del discorso che mettono in relazione tra loro elementi della frase in modo da renderne espliciti e chiari i rapporti. La preposizione, come dice il suo nome (dal latino *prae ponere* = porre davanti), è una parola che si pone sempre davanti ad un'altra parola.

La preposizione può essere collocata davanti a

- un nome — *Ho ricevuto un regalo **da** Aldo*
- un pronome — *Andrò in gita **con** loro*
- un verbo di modo indefinito — *Il piacere **di** vedere*
- un avverbio — *Arrivederci **a** domani*

L'importanza della preposizione

Nel breve brano evidenziato sono presenti molte preposizioni; se proviamo ad eliminarle dal testo vediamo che esso perde completamente il suo significato. Le preposizioni concorrono quindi a creare il senso complessivo della frase.

La preposizione e lo stile dell'autrice

Dal punto di vista dello stile l'uso limitato o ripetitivo delle preposizioni è finalizzato alla maggiore o minore forza espressiva che si vuole assegnare alla frase.

Nel nostro caso l'autrice vuole rendere in maniera realistica la violenza del raccapricciante ritrovamento del cadavere subito dopo Natale. Quindi, con una precisione quasi cronachistica, utilizza relazioni di tempo, di luogo, di modo, di materia servendosi delle preposizioni semplici o articolate e delle preposizioni improprie. Il messaggio che l'autore vuole comunicare è quello che al «brutto spettacolo» della violenza non ci si abitua mai, nemmeno quando per mestiere si è costretti a conviverci.

Per ripassare, consultare e approfondire **Le preposizioni** vai a pag. 785.

– Propenderei per due o tre giorni, – diceva il medico legale. – Il che collocherebbe il decesso nella notte tra il 24 e il 25.

Adamsberg lanciò una rapida occhiata a Deniaut. Che gli rispose con un cenno del capo. Sì, capito, la notte di Natale, la notte efferata.[11] Adamsberg era così. Sapeva certe cose prima di tutti gli altri, l'avevano avvertito. Bastava abituarsi, tutto qui, aveva commentato Danglard scolandosi una birra.

– Te lo confermerò domani, – continuava il medico.

– Secondo te?

– Banalissimo suicidio.

– Mai visto.

– Il cadavere?

– No. Non ho mai visto banalissimi suicidi.

Il medico legale alzò le spalle.

– È morta per annegamento, – continuò. – Te lo confermerò.

– Età?

– Sulla cinquantina, sulla sessantina. Si è buttata da un ponte. Ha delle contusioni, probabilmente ha sbattuto contro i piloni. Voglio dire che non si è buttata dalla riva. Viene da più a monte, il fiume l'ha trascinata.

– Si può spostarla? – domandò Adamsberg a quelli della scientifica.

– Abbiamo finito, la giriamo.

Adamsberg s'infilò un paio di guanti, girò il corpo con l'aiuto di uno dei tecnici. Sul volto gli passarono una smorfia, un battito di ciglia.

In silenzio, i due frugarono nei vestiti. La donna indossava un anonimo abito blu e una pelliccia. In tasca, chiavi, portamonete, nessun documento. Niente fede al dito, gioielli vistosi, un orologio d'oro al polso.

– Non è un abito da sera, – disse Deniaut. – Forse non era il 24?

– Era il 24, – disse Adamsberg rialzandosi.

– Manca una scarpa.

– Ho visto, vecchio mio.

– È in acqua.

– Dragheremo[12] l'area. Deniaut, tu risali il fiume e controlli la riva destra. Chiama Danglard perché faccia lo stesso su quella sinistra. Io mi occupo dei ponti. Può essere caduta dal ponte di Tolbiac, dal ponte National o ancora

11 efferata: feroce, crudele.
12 Dragheremo: "dragare" significa scavare un fondo marino o un terreno per mezzo della draga, una speciale macchina scavatrice in grado di asportare ghiaia, sabbia e detriti.

SEGNALIBRO

Scorre la Senna, Einaudi, Torino 2003. Traduzione di Margherita Botis

il piacere di leggere

Scorre la Senna è il titolo di una raccolta di tre racconti pubblicati dall'autrice fra il 1997 e il 2000. Protagonista di tutte e tre le storie è il commissario di polizia del 13° arrondissement di Parigi, Jean-Baptiste Adamsberg, detto «lo spalatore di nuvole» per via dell'aria assorta, vagamente sognante, che lo accompagna sempre e durante le indagini in particolare. Nel primo racconto intitolato *Salute e libertà* Adamsberg e il suo vice, il fedele Danglard, hanno a che fare con una donna trovata morta sui binari del treno e un assassino in libertà che invia alla polizia lettere anonime molto provocatorie. In *La notte efferata*, invece, il commissario deve risolvere il caso di una donna annegata nelle acque gelide della Senna il 24 dicembre, alla vigilia di Natale: quello che in apparenza poteva essere archiviato come suicidio si rivelerà un caso complesso di gelosie e inganni consumati in ambito familiare. In *Cinque franchi l'una*, infine, Adamsberg convincerà un venditore ambulante a dare la propria testimonianza nell'omicidio a bruciapelo di una donna ricca ed elegante. Oltre al commissario, protagonista indiscussa di tutti e tre i racconti è Parigi, con il maestoso e storico fiume che l'attraversa: la Senna.

più lontano, da quello di Charenton.[13] Cerchiamo una borsetta, cerchiamo un documento d'identità, cerchiamo chi è. E cerchiamo la scarpa, come per Cenerentola.

– Per Cenerentola era il contrario, – intervenne Deniaut con discrezione.[14] – Avevano la scarpa ma cercavano la donna.

– D'accordo, – disse Adamsberg.

Deniaut non era soltanto virtuoso,[15] ma coscienzioso. Non sopportava l'approssimazione,[16] mentre Adamsberg di approssimazione viveva.

– La scarpa può essere rimasta incastrata più in su, – riprese Deniaut.

– Non dragheremo certo la Senna fino al monte Gerbier-de-Jonc,[17] – disse Adamsberg. – Draghiamo sotto questo ponte.

Il medico levava le tende, mettevano il corpo su una barella, lo coprivano con un telo di plastica. Adamsberg si era allontanato e impartiva istruzioni al cellulare con voce lenta. Poi si ficcò il telefono nella giacca, sentì sotto le dita l'ippopotamo di sua sorella e alzò gli occhi verso il ponte.

– Sarà dura, preparati, – disse a Deniaut. – Molto dura. Forse non troveremo niente.

– Non capisco.

– L'omicidio, – spiegò Adamsberg spalancando le braccia. – È un omicidio, puro e semplice. È il materiale più duro da lavorare, resisterà come un sasso.

– Un omicidio?

– Ma la scarpa, Deniaut, cavolo.

– Abbiamo detto che la scarpa era nella Senna.

– L'hai detto tu, – ribatté Adamsberg scuotendo la testa. – Il corpo si è gonfiato, e l'altra scarpa è saldamente infilata nel piede. Quella che cerchiamo non è nella Senna. È caduta mentre la buttavano giù e l'assassino l'ha raccolta.

– Non ci sono prove, – disse Deniaut a bassa voce.

– No, non ci sono prove. Peccato che l'altra scarpa non voglia dirci niente. T'immagini, Deniaut, se fosse così? Cosa non si saprebbe della gente? Quasi tutto, in fondo. Forse il pensiero ci scende nei piedi.[18]

13 **ponte di Tolbiac... Charenton:** sono tutti ponti di Parigi sulla Senna.
14 **con discrezione:** con tatto, riservatezza, prudenza.
15 **virtuoso:** retto, onesto, che si comporta seguendo le norme morali.
16 **approssimazione:** imprecisione, vaghezza.
17 **monte Gerbier-de-Jonc:** monte della catena del Massiccio Centrale, nel cuore della Francia.
18 **Forse il pensiero... nei piedi:** è una delle considerazioni tipiche del personaggio di Adamsberg. Quello che vuol dire in questo caso è che l'essere umano, spesso, "pensa con i piedi", ovvero non pensa, non usa le proprie doti intellettive, si lascia trasportare dalle passioni e dagli eventi.

Parigi, la Senna e il Pont de l'Archevêché.

ANALISI DEL TESTO

I temi

Gli elementi classici del giallo
Al centro del racconto c'è la morte di una donna dall'identità sconosciuta senza segni particolari di riconoscimento addosso. All'apparenza sembra trattarsi di un suicidio: la donna si sarebbe gettata nelle gelide acque della Senna, la notte del 24 dicembre. Ma quello che sembra essere un «Banalissimo suicidio» si rivela un caso di omicidio, perché, secondo Adamsberg, i "banalissimi suicidi" non esistono; davanti a una morte violenta, non c'è mai nulla di banale o di scontato. Qui gli elementi del giallo classico (l'arrivo della polizia sul luogo della tragedia, il ritrovamento del corpo, le operazioni per il recupero dei reperti mancanti, il lavoro del fotografo, del medico legale e della Scientifica, l'indizio della scarpa, le prime osservazioni e supposizioni del commissario che segnano l'avvio dell'indagine) si mescolano con il lato umano, con **considerazioni** filosofiche più profonde e di più ampio respiro **sull'uomo e sull'esistenza umana**.

Le tecniche narrative

I luoghi
Anche in questo racconto ritroviamo le tecniche narrative del giallo. I luoghi della narrazione sono essenzialmente due: **il commissariato di polizia e la scena del delitto**. Si tratta, in entrambi i casi, di luoghi scarni, freddi, essenziali, resi dall'autrice con brevi descrizioni condensate in pochi particolari significativi. Dell'ufficio di polizia abbiamo l'immagine di un'anonima macchinetta del caffè, di una scrivania e di un apparecchio telefonico uguali a tanti altri. Riguardo alla scena del delitto immaginiamo la riva del fiume in una mattina d'inverno, le acque grigie della Senna sotto un cielo, nebbioso, un sottoponte, umido, forse un po' sporco, i nastri di nylon rossi e bianchi che servono a delimitare il luogo del delitto e a impedire l'accesso agli estranei. A queste descrizioni molto brevi, vengono preferiti i dialoghi fra i personaggi: pochi scambi di battute, piuttosto diretti e secchi, perché il tempo a disposizione è poco, la concentrazione è d'obbligo.

Il protagonista
Protagonista indiscusso di questo racconto, è il **commissario di polizia Jean-Baptiste Adamsberg**, uomo tutt'altro che metodico e preciso («vive di approssimazioni»), eppure puntuale ed efficace nelle intenzioni e nel modo di agire, riflessivo, meditativo, dotato di grande sensibilità e intelligenza emotiva, qualità che lo portano sempre a risolvere i casi su cui indaga. Adamsberg è dotato di un'intuizione **speciale**, innata, una sorta di veggenza. Così, mentre tutti pensano che la donna si sia uccisa volontariamente, Adamsberg sa già che si è trattato invece di un omicidio, così come sa anche che il delitto è avvenuto la notte di Natale. A questa capacità intuitiva si associano la capacità di immedesimarsi nelle situazioni, nei drammi delle persone, nonché la consapevolezza e l'esperienza di una persona abituata a riflettere.

Gli altri personaggi
Accanto ad Adamsberg in questa indagine, il **tenente Deniaut** è l'opposto del commissario. Deniaut è preciso e metodico (viene definito «virtuoso e coscienzioso»), è terrorizzato dai microbi ma cerca di non darlo a vedere per non incorrere nel giudizio altrui, teme il freddo e l'umidità e guarda con una certa invidia Adamsberg che invece va in giro a mani nude, giacca sbottonata e capo scoperto. Rispetto al suo capo si rivela anche piuttosto giovane e inesperto: si dichiara fiducioso rispetto al fatto che per quella notte non accadrà più nulla, ma viene smentito dal commissario e poi dai fatti; non capisce al volo le osservazioni di Adamsberg circa il momento in cui collocare il delitto né l'importanza dell'indizio della scarpa mancante. Allo stesso tempo Deniaut si mostra umile e disponibile nei confronti del suo superiore, disposto ad imparare dalla sua esperienza, nonostante non condivida tutti gli aspetti del carattere del commissario.

Le tecniche espressive

Le scelte linguistiche: asciutte, precise, essenziali
Il linguaggio utilizzato dall'autrice è quello tipico dei racconti gialli o polizieschi: un **linguaggio asciutto**, preciso, essenziale con **frasi corte** e concise. Diversamente dai poliziotti protagonisti di altre investigazioni, Adamsberg mantiene sempre un linguaggio semplice, diretto: non eccede in esclamazioni, non impreca, non si perde in spiegazioni complesse ma esprime il suo pensiero in maniera lineare e sintetica, a volte quasi emblematica, come nel caso dell'affermazione finale «Forse il pensiero ci scende nei piedi», che racchiude una riflessione profonda sulla banalità dell'esistenza umana e sull'incapacità degli uomini di pensare.

LABORATORIO SUL TESTO

Conoscenze

Comprensione

1. **Perché Adamsberg è convinto che debbano passare almeno quattro giorni dalla notte di Natale per essere sicuri che non sia stato commesso alcun crimine?**
2. **Per quale ragione il commissario Adamsberg decide di non chiamare il suo vice Danglard?**
3. **Chi si trova già sul luogo del delitto quando Adamsberg e Deniaut arrivano?**
4. **Il medico legale e Adamsberg formulano due ipotesi diverse circa la morte della vittima: quali?**
5. **Come viene descritta fisicamente la vittima?**
6. **Qual è il ragionamento che porta Adamsberg ad affermare che la donna non ha perso la scarpa mancante nella Senna?**

Analisi

7. **In quali luoghi è ambientata la vicenda narrata? In quale momento dell'anno si svolgono i fatti narrati?**
8. **Evidenzia nel testo tutti gli elementi che contribuiscono a delineare i personaggi di Adamsberg e Deniaut. Poi prova a descriverli.**
9. **Quali differenze di carattere, comportamento, attitudini vengono evidenziate fra i due personaggi principali, Adamsberg e Deniaut?**

Conoscenze lessicali

10. **Elenca i termini, presenti nel testo, che appartengono al linguaggio poliziesco.**
11. **Nel testo sono presenti espressioni colloquiali e/o gergali? Quali?**
12. **Spiega il significato delle seguenti espressioni che compaiono nel testo.**
    a) smaltire una sbronza b) resistere come un sasso c) comprarsi la pelle di qualcuno

Conoscenze grammaticali

13. **Per ciascuna delle seguenti frasi, individua: soggetto, verbo, complemento oggetto, altri complementi.**
    a) Deniaut raggiunse Adamsberg davanti alla macchina del caffè.
    b) Parcheggiò l'auto sul marciapiede, sollevò i nastri di plastica bianchi e rossi [...] e scese la rampa di gradini fino al fiume.
    c) Adamsberg si era allontanato e impartiva istruzioni al cellulare con voce lenta.
14. **Trasforma il seguente scambio di battute da discorso diretto a discorso indiretto.**
    – L'omicidio – spiegò Adamsberg [...]. – è un omicidio puro e semplice. È il materiale più duro da lavorare, resisterà come un sasso.
    – Un omicidio?
    – Ma la scarpa, Deniaut, cavolo.
    – Abbiamo detto che la scarpa era nella Senna.
    – L'hai detto tu.

Abilità e competenze

Scrittura e interpretazione

1. **Sintetizza il brano appena letto in un breve paragrafo di 20 righe al massimo, evidenziando gli aspetti della storia che ritieni maggiormente rilevanti.**

Ascoltare, argomentare e confrontarsi

2. **L'omicidio della donna diventa per Adamsberg un'occasione per esprimere le proprie considerazioni sulla notte di Natale e formulare una teoria in merito. Sei d'accordo con Adamsberg? Pensi che ci possano essere situazioni che, anziché essere vissute con gioia, possono rovesciarsi in situazioni di crisi? Confronta la tua opinione con quella dei compagni.**

Carlo Lucarelli
Il delitto di Natale

al alta leggibilità

Intervista a Carlo Lucarelli sul "giallo"

OPERA	ANNO	GENERE	TEMA
Il lato sinistro del cuore	2003	romanzo giallo	• misteriosi trasferimenti

L'AUTORE

Carlo Lucarelli è nato il 26 ottobre 1960 a Parma e vive a Mordano, vicino Bologna. È laureato in Storia contemporanea, con una tesi sulla Repubblica di Salò. Il suo primo romanzo è *Carta bianca* (del 1990) cui hanno fatto seguito una serie di gialli e romanzi noir che lo hanno reso celebre, anche all'estero, e che gli sono valsi diversi premi letterari. Tra questi, *Almost Blue*, *Lupo Mannaro*, *L'ottava vibrazione*, *Falange armata*, *Il giorno del lupo*, *Un giorno dopo l'altro*, *Guernica* e *L'isola dell'angelo caduto*, pubblicati dalla casa editrice Einaudi, e *L'estate torbida* e *Via delle Oche*, pubblicati da Sellerio, che, insieme a *Carta bianca*, fanno parte della trilogia del commissario De Luca. Lucarelli è anche un volto noto della televisione: conduce per la RAI il programma televisivo "Blu notte. Misteri italiani", dedicato ai misteri italiani rimasti insoluti. Dal suo romanzo forse più famoso, *Almost Blue*, è stato tratto l'omonimo film per la regia di Alex Infascelli. Due dei suoi personaggi inoltre (l'ispettore Coliandro e il commissario De Luca) hanno trovato un ruolo da protagonista nelle omonime serie TV prodotte dalla RAI.

Un pregiudicato, durante il trasferimento dal carcere al Palazzo di giustizia, è stato freddato da un misterioso assassino vestito da Babbo Natale. Il commissario Flaminio, intervenuto sul posto, non riesce a capire come il killer sia riuscito a dileguarsi. E ancora più grande è il suo sconcerto quando dalla Scientifica arriva il risultato delle analisi fatte su uno strano segno rinvenuto sul terreno.

– È stato un attimo, commissario, un attimo... e c'eravamo tutti quanti! Appena è arrivata la macchina ci siamo andati incontro, tutti fuori davanti al Palazzo di giustizia, come da disposizioni... Mulas è sceso dalla macchina, in manette e col giubbotto antiproiettile, e un tizio vestito da Babbo Natale è uscito da chissà dove e gli ha sparato quattro colpi nella faccia! Flaminio si strinse il cappotto sulle spalle. Faceva freddo e la neve della notte si era indurita sotto una crosticina scricchiolante. – E cosa ci faceva un tizio vestito da Babbo Natale da quelle parti?

Il sovrintendente[1] Cassarà allargò le braccia, guardando in alto, al cielo grigio. – Niente ci faceva, commissa'. Tutta la zona era bloccata, c'eravamo solo noi, e le pattuglie dicono che non è passato nessuno. Tanto che io, quando l'ho visto arrivare, credevo che il Babbo Natale fosse uno dei nostri travestito. Ho pensato: «Questo è Matrone che fa lo scemo», invece poi si è messo a sparare e allora l'ho capito che era un killer.

Flaminio annuì, serio. E, di certo, sul fatto che gli avessero ammazzato un grosso spacciatore, un insospettabile imprenditore che nascondeva la droga nei giocattoli prodotti dalla sua fabbrica, che glielo avessero ammazzato proprio davanti al Palazzo di giustizia e dopo che lui stesso aveva preparato il trasferimento per l'udienza, non c'era proprio nulla da ridere.

– Ci aspettavamo che potesse scappare, commissa', non che lo facessero fuori, – disse Cassarà, come per giustificarsi. Poi sospirò, imbarazzato. – Ma questo non è tutto... c'è qualcosa di più strano.

– Ancora più strano? – disse Flaminio, e seguì il sovrintendente sotto i portici, fino a una stradina laterale, coperta di neve spessa, bucata dalle impronte lunghe e profonde di passi in corsa.

– Dopo che ha sparato, il Babbo Natale è scappato di qua e noi dietro. Ha voltato in questa stradina, come si vede anche dalle orme, e si è infilato in quel portone. Io gli stavo dietro e l'ho visto entrare... – Seguirono le orme fino al

1 **sovrintendente:** funzionario di polizia.

portone e si affacciarono su un cortiletto quadrato, piccolissimo, a cielo aperto. Cassarà non disse più nulla e Flaminio si guardò attorno, corrugando la fronte. Non c'erano porte né finestre sul cortile, solo quattro pareti senza più intonaco. Le impronte si perdevano sulla neve calpestata e improvvisamente scomparivano, sotto il muro di fronte.

– Come ha fatto a scappare? – disse Cassarà. – Indietro non è tornato, perché ci stavo io... e qui non ci sono uscite. A meno che non sia saltato oltre il muro... – Ma erano più di tre metri e Flaminio scosse la testa. Entrò nel cortile, attento a non calpestare la neve martoriata[2] del centro.

– L'ho notata anch'io, – disse Cassarà vedendo che Flaminio si chinava su un buco, quadrato e netto, appena staccato dalle altre impronte confuse. – Pare lo zoccolo[3] di una scala di legno. Magari l'ha usata per scavalcare il muro...

– Non avevate controllato questo cortile prima del trasferimento? E non c'era una volante[4] nella strada dietro il muro? – Certo che c'era, commissa'... che diamine.

Flaminio sospirò e uscì dal cortile, con le mani strette nelle tasche del cappotto. Un killer che si volatilizza al centro di un cortile chiuso. Una scala di legno, lunga almeno tre metri, che salta fuori all'improvviso. Un bel regalo; proprio alla vigilia delle vacanze di Natale, con Stefania che insisteva perché le portasse in settimana bianca, lei e Martina, «la bimba ha bisogno di sole, la bimba ha bisogno di sole...».

– Poi, – disse Cassarà, come se gli leggesse nel pensiero, cosa che accadeva spesso, – chi lo voleva ammazzare, a Mulas? Era d'accordo con la mafia, non si era pentito, stava per prendersi l'ergastolo per quella bambina che si è mangiata per sbaglio l'eroina che stava in una bambola e ancora non aveva inguaiato nessuno... chi lo voleva ammazzare, a quello?

– Forse uno che amava i bambini... – disse Flaminio, con l'immagine di Martina davanti agli occhi, – magari il padre di quella bimba. Metti la Scientifica[5] su quell'impronta... – e salì in macchina, appena in tempo per evitare il primo giornalista.

– Non crederà che io sia una curiosona, commissario, io non mi impiccio dei fatti degli altri, per carità... però quando ho sentito quelle botte mi sono affacciata alla porta... sa, abito lì vicino, proprio dietro il cortile... No, non ho visto nessuno, è vero che dovrei portare gli occhiali, ma non lo faccio... Lei trova che starei meglio con gli occhiali? Oh, sì, qualcosa ho sentito... ho sentito come un sonaglino, come quelli che hanno i bambini... Lei non è sposato, commissario? Ah, è sposato e ha una figlia? Vabbe', come non detto... comunque sono a disposizione, davvero... disponga di me come vuole...

2 **martoriata:** calpestata ripetutamente.
3 **zoccolo:** estremità, punto d'appoggio della scala di legno.
4 **volante:** auto di pattuglia della polizia.
5 **la Scientifica:** polizia scientifica, servizio della Polizia di Stato specializzato nelle investigazioni tecniche e scientifiche nei campi della chimica, della biologia e della fisica, ausilio tecnico per le investigazioni tradizionali.

SEGNALIBRO

Il lato sinistro del cuore, Einaudi, Torino 2003.

il piacere di leggere

Il lato sinistro del cuore è un'antologia di racconti noir (53, per l'esattezza), scritti da Lucarelli in diversi momenti della sua produzione narrativa, spesso nati per rispondere ad esigenze e richieste particolari, come spiega l'autore stesso nella prefazione (il primo numero di una rivista, un libro di beneficenza, ecc.), selezionati e raggruppati in un unico volume. Il filo conduttore sono le trame del diavolo, entità in grado di incarnarsi nella splendida cameriera sudamericana che invece è un maestro voodoo, o di nascondersi nella trattoria della Lilina, famosa per il suo inimitabile ragù, o di infiltrarsi in un libro di cucina o di consentire una avventura incredibile ad una testa ghigliottinata durante la rivoluzione francese. In molti di questi racconti non manca un pizzico di ironia, o veri e propri risvolti comici, come se l'autore (o il diavolo in persona) si divertisse a mescolare le carte e i generi, a giocare con le sue stesse creazioni.

Cassarà fermò Flaminio proprio sulla porta della Scientifica, con la mano sulla maniglia.

– Ho parlato con quelli della volante, – disse. – Nessuno ha visto allontanarsi una carrozzina con un bambino. Peccato, perché questo spiegava quei campanellini e la scomparsa dei vestiti da Babbo Natale... sa, un complice che lo aspettava con una carrozzina ed ecco il nostro killer trasformato in una famiglia felice. A proposito di famiglie... anche quella della bambina è pulita.[6]

– E come fai a dirlo?

– Perché non c'è più. La madre è morta di crepacuore e il padre è in manicomio.

Flaminio aprì la porta e fece cenno a Cassarà di entrare con lui. Nel laboratorio c'era soltanto Melloni, in camice bianco, che li aspettava.

– Hai detto che era urgente, – disse Flaminio, con una punta di ansia nella voce. – Hai scoperto qualcosa?

Melloni sorrise e annuì, deciso. Aveva una busta in mano, con dentro delle fotografie ingrandite che sparse sul tavolo davanti a lui. Flaminio le guardò ma sembravano solo macchie e strisce senza senso.

– Io sono uno che non è mai riuscito a vedere il Carro con l'Orsa maggiore,[7] mormorò, – per me sono solo un mucchio di stelle come le altre. Cosa vuoi che ci veda in questa roba qua? Cosa sono, le macchie di Rorschach?[8]

6 **è pulita:** nel gergo poliziesco, "essere puliti" significa non essere né colpevoli né sospettabili di aver commesso alcun crimine (si dice anche "avere la fedina pulita" per indicare qualcuno che non si è mai macchiato di reati).

7 **Carro con l'Orsa maggiore:** l'Orsa Maggiore è una costellazione tipica dei cieli boreali; le sue sette stelle più luminose, raggruppate nel cosiddetto Grande Carro, sono chiaramente visibili a occhio nudo per tutto l'anno nell'emisfero nord.

8 **macchie di Rorschach:** così chiamate dal nome del loro creatore, Hermann Rorschach (1884-1922), le macchie sono la base di un noto test utilizzato ancora oggi per l'indagine della personalità. Si tratta di 10 tavole, su ciascuna delle quali è riportata una macchia d'inchiostro simmetrica, che vengono sottoposte all'attenzione del paziente una per volta. Per ciascuna di esse viene chiesto al paziente di esprimere quello che secondo lui la macchia rappresenta. Non esistono risposte giuste o sbagliate, ma in base alle risposte fornite è possibile delineare un profilo per attitudini, un profilo di personalità e identificare eventuali nodi problematici del soggetto sottoposto al test.

– Allora senti, – sospirò Melloni, – qualcosa di nuovo c'è, ma non credo che ti aiuti a chiarire. Si tratta dell'impronta quadrata... pensa che io stavo lì a fissarla senza capirci niente quando è passato Morini, che viene dalla campagna, le ha dato un'occhiata e ha detto: «Ma questa è una mucca!» È proprio vero, a vivere in città certe cose si perdono...

– Una mucca? È l'impronta di una mucca? – Flaminio aveva un'espressione disperata.

– Ma no... cioè, non esattamente. Ho fatto una piccola ricerca e ho scoperto che si tratta di un *rangifer tarandus*.[9]

– Sarebbe a dire?

– Sarebbe a dire una renna, – e mise le mani aperte attorno alla testa, dritte, con le dita spalancate. – Una renna... come quelle di Babbo Natale.

Il commissario Flaminio e il sovrintendente Cassarà stavano immobili davanti a due caffè, come ogni volta che risolvevano un caso. Guardavano fissi nello specchio di fronte, pensando in silenzio alle stesse cose... i campanellini, le renne, l'uomo vestito da Babbo Natale che scompariva in cielo, tra le nuvole, come su una slitta tirata da...

Flaminio guardò il caffè ormai freddo e alzò la testa verso Cassarà che lo stava fissando, con la stessa domanda negli occhi.

– E adesso come glielo diciamo al magistrato?[10]

---

9 ***rangifer tarandus***: come viene spiegato subito dopo, si tratta del nome latino della renna, mammifero artiodattilo appartenente alla famiglia dei Cervidi e unica specie del genere *rangifer*. Nella tradizione popolare, è l'animale che traina la slitta di Babbo Natale.

10 **magistrato**: il giudice incaricato di seguire le indagini, al quale la polizia deve riferire.

ANALISI DEL TESTO

I temi

Un mistero da risolvere

Il racconto ha tutti gli ingredienti del **giallo classico**: al centro della scena c'è l'**omicidio** che comporta la presenza di una **vittima** e di un **assassino**; il killer ha un travestimento (seppure insolito) che ne nasconde le reali sembianze e lo rende irriconoscibile; il killer riesce a scappare da un luogo chiuso (il cortile in cui si è nascosto per fuggire ai poliziotti) e a svanire nel nulla in maniera misteriosa e inspiegabile (il luogo chiuso in cui avviene un delitto o la sparizione dell'assassino è un classico del genere). Al centro della narrazione c'è quindi un mistero, un enigma da risolvere: chi poteva volere la morte della vittima, un delinquente che tuttavia non aveva nemici nel mondo della malavita? E, soprattutto, come ha fatto il killer a fuggire indisturbato? Quest'ultima domanda racchiude anche la soluzione del caso, perché ne fornisce la spiegazione.

L'infanzia negata

Accanto ai temi classici del giallo (il delitto, le indagini, la scoperta del colpevole) il racconto di Lucarelli sviluppa un altro tema: quello dell'infanzia negata e violata, racchiusa in quella drammatica immagine, appena evocata ma indimenticabile, della bambina morta mentre stava giocando, ignara e innocente vittima di un adulto criminale e il conseguente dramma di una famiglia, distrutta dal dolore. Quel delitto assurdo e inspiegabile, allora, diventa comprensibile, verrebbe da dire, accettabile; e nel suo essere surreale racchiude una sua logica e, forse, anche un pizzico di intima soddisfazione per chi legge.

Le tecniche narrative

Brevità e concisione

Le tecniche narrative sono quelle tipiche del giallo: **dialoghi brevi e concisi**, che riportano le informazioni essenziali, condite da qualche particolare pittoresco che dà colore alla narrazione, in cui sono già racchiusi tutti gli elementi che porteranno alla soluzione del caso, sapientemente mescolati ad altri meno importanti. Anche le **descrizioni** dei luoghi e dei personaggi sono **ridotte all'essenziale**, perché troppi elementi appesantirebbero la narrazione, allenterebbero la *suspense* e svierebbero l'attenzione del lettore dalla soluzione finale.

Ambientazione (il luogo del delitto, in cui vengono raccolte le prove e le testimonianze e viene ricostruita la scena del delitto; gli uffici e i laboratori della polizia, in cui vengono svolte le analisi e tratte le conclusioni), tempi (il più possibile concisi e rapidi), dialoghi fra i personaggi e loro caratterizzazione sono tipici del racconto giallo, dove ogni elemento, anche il più banale e insignificante, deve contribuire al quadro finale d'insieme, la soluzione del caso.

Il protagonista
Protagonista, come in ogni giallo che si rispetti, è il commissario di polizia incaricato delle indagini. In questo racconto si tratta del **commissario Flaminio**, un uomo serio, compassato, dai modi pacati e riflessivi, che si trova davanti a un caso difficile: l'omicidio di un delinquente commesso da un killer con un curioso travestimento che è riuscito a dileguarsi, fuggendo da un cortile chiuso. Flaminio cerca di raccogliere informazioni, prove, indizi e testimonianze con i modi classici dell'investigatore: ascolta il rapporto del suo collaboratore, i racconti dei testimoni (in questo caso una donna, la cui identità rimane sconosciuta), esamina il terreno in cerca di impronte o altri indizi lasciati dall'assassino durante la fuga e chiede il supporto della polizia scientifica per le analisi di rito. Della sua vita privata sappiamo che ha una moglie, Stefania, e una bambina, Martina: le sue preoccupazioni riguardo ad un eventuale protrarsi delle indagini proprio alla vigilia delle ferie natalizie, che lo costringerebbero a rimandare la settimana bianca a cui la moglie tiene tanto, lasciano intuire il carattere dell'uomo, piuttosto mite e poco incline al conflitto.

Gli altri personaggi
Accanto a lui, il suo collaboratore, il **sovrintendente Cassarà**, appare più nervoso, loquace, dai modi più spicci. Fra i due c'è una certa confidenza («commissà», così Cassarà chiama Flaminio) e una buona intesa (osservano gli stessi particolari, indovinano i pensieri l'uno dell'altro). Attorno a loro ruotano gli altri personaggi, secondari: la vittima, Mulas, la testimone di cui non sappiamo il nome, il misterioso killer travestito da Babbo Natale, il collega Melloni della Scientifica.

Le tecniche espressive

Le scelte linguistiche
Anche le tecniche espressive sono quelle tipiche del giallo: i dialoghi vengono preferiti alle descrizioni, il **testo parlato** entra e si mescola nelle parti più descrittive, fino a comporre un tutto fluido (la testimonianza della donna non è virgolettata, si inserisce in maniera naturale, spontanea nella narrazione senza appesantirla). Il **linguaggio** è quello **asciutto**, tipicamente poliziesco, con termini ed espressioni come «è pulita», «pentito», «d'accordo con la mafia», il più duro «ammazzare» al posto di "uccidere", che rimandano al gergo della polizia, al linguaggio crudo di chi ha a che fare quotidianamente con il male e con la morte.

LABORATORIO SUL TESTO

Conoscenze

Comprensione

1. **Dove e in che modo è stato ucciso Mulas?**
2. **Quale episodio drammatico, in particolare, ha portato all'incriminazione di Mulas?**
3. **Secondo la ricostruzione dell'ispettore Flaminio, Mulas**
   [A] aveva molti nemici, perché era un mafioso pentito e la mafia gli aveva giurato vendetta
   [B] aveva molti nemici perché aveva messo nei guai persone pericolose
   [C] non aveva nemici
4. **Quale circostanza, più delle altre, avrebbe dovuto rendere impossibile la fuga del killer?**
5. **Dalle analisi della Scientifica, che cosa emerge relativamente all'impronta quadrata trovata sul terreno?**
6. **Perché il commissario e il sovrintendente non hanno il coraggio di comunicare l'esito delle indagini al magistrato?**
7. **Prima di giungere alla soluzione del caso, il sovrintendente Cassarà ipotizza un possibile scenario per spiegare la fuga del killer. Di che cosa si tratta?**

Analisi

8. **In quali luoghi è ambientata la vicenda narrata?**

9. **In quale periodo dell'anno si svolgono i fatti narrati?**

10. **Ti sembra che l'ispettore Flaminio, durante le indagini, assuma un atteggiamento**

A pacato B riflessivo C nervoso D concitato

11. **Ti sembra che il sovrintendente Cassarà abbia un atteggiamento**

A pacato B riflessivo C nervoso D concitato

12. **Fra il commissario Flaminio e Cassarà, secondo te, l'intesa professionale è**

A buona B pessima

Motiva la tua risposta, facendo riferimento al testo.

Conoscenze lessicali

13. **Elenca i termini, presenti nel testo, che appartengono al linguaggio poliziesco.**

14. **Nel testo sono presenti espressioni colloquiali e/o gergali? Quali?**

15. **Trova per ciascuno dei termini sottoelencati il sostantivo corretto.**

Es. *volatilizzarsi* sostantivo *volatile*

fuggire ....

martoriare ....

controllare ....

scoprire ....

assassinare ....

passare ....

Conoscenze grammaticali

16. **«Flaminio sospirò e uscì dal cortile, con le mani strette nelle tasche del cappotto». Che complementi sono le espressioni sottolineate?**

17. **Trasforma il seguente scambio di battute da discorso diretto a discorso indiretto.**

– A proposito di famiglie... anche quella della bambina è pulita.
– E come fai a dirlo?
– Perché non c'è più. La madre è morta di crepacuore e il padre è in manicomio.

18. **Nella frase: «Flaminio guardò il caffè ormai freddo», il passato remoto «guardò» indica**

A un'azione puntuale B un'azione durativa
C un'azione imminente D un'azione abituale

Abilità e competenze

Scrittura e interpretazione

1. **Immagina il dialogo fra il commissario Flaminio e il magistrato, nel momento in cui il commissario si reca da questi per comunicargli l'esito della sua indagine.**

2. **Esprimi un tuo giudizio sulla figura del commissario e sul suo metodo investigativo.**

Ascoltare, argomentare e confrontarsi

3. **La soluzione del caso appare quanto mai insolita e curiosa, nonché poco verosimile, ma con un forte significato simbolico. Quale, secondo te? Quale messaggio l'autore ha voluto trasmettere, con questo finale un po' surreale? Confronta la tua opinione con quella dei compagni.**

Eduardo A. Sacheri
Il volto dell'assassino

al alta leggibilità

OPERA	ANNO	LINGUA	GENERE	TEMI
Il segreto dei suoi occhi	2010	spagnolo	romanzo giallo	• la ricerca della verità • l'amore assassino

L'AUTORE

Eduardo A. Sacheri è nato a Buenos Aires, in Argentina, nel 1967 e insegna Storia nelle università e nei licei. Ha pubblicato raccolte di racconti e romanzi. *Il segreto dei suoi occhi* (titolo originale: *La pregunta de sus ojos*) è il primo dei suoi romanzi a essere stato tradotto in Italia. L'omonimo film, diretto da Juan José Campanella, ha vinto l'Oscar nel 2010 come miglior film straniero.

Benjamín Chaparro è seduto al tavolo di un bar con Ricardo Morales, il giovane marito della vittima. L'uomo che ha ucciso la bella Liliana non è ancora stato identificato. Benjamín acconsente a scorrere alcune foto di Liliana che Ricardo vuole mostrargli. Lo fa distrattamente, controvoglia, per pietà di quel giovane vedovo che non riesce a rassegnarsi. Quando un particolare cattura la sua attenzione. E capisce che in quelle foto c'è la soluzione del caso. Perché fra i volti delle persone ritratte in quelle fotografie c'è anche quello dell'assassino.

Le foto del quindicesimo compleanno, diverse delle quali stampate in un formato più grande. Liliana con un vestito chiaro e una collana a due giri, truccata in maniera un po' artificiosa,[1] forse con troppo ombretto sulle palpebre. Lei accanto a ogni tavolo della sala, insieme a ciascun gruppo di invitati: con alcuni anziani venerabili[2] sicuramente nonni o fratelli dei nonni; con una compagnia di ragazze, alcune delle quali comparivano già nella foto in costume da bagno in riva al fiume; con un gruppetto di ragazzi insaccati dentro abiti noleggiati o presi in prestito; con un branco di bambini e bambine, forse cugini. Le foto del valzer, sulla pista improvvisata di fronte ai tavoli, con il papà, il nonno, il fratello e poi con una folla di ragazzi, forse abbagliati dall'opportunità della momentanea autorizzazione a posare la mano intorno alla vita di una simile bellezza.

Un picnic in un luogo difficile da identificare, che poteva essere il quartiere Palermo,[3] ma per il viso di Liliana, il viso di una sedicenne o al massimo diciassettenne, doveva essere ancora la provincia di Tucumán,[4] con un gruppo di ragazzi e ragazze distesi sull'erba, vicino a un fiume o a un ruscello.

«Queste sono del nostro fidanzamento» chiarì Morales mentre allungava a Chaparro un altro mucchietto. Erano poche e aggiunse in tono di scusa: «Non sono tante. Siamo stati fidanzati solo un anno».

1 **artificiosa:** fatta ad arte.
2 **venerabili:** vecchi degni di profondo rispetto, di ossequio.
3 **quartiere Palermo:** quartiere residenziale della città di Buenos Aires, il più grande della città, conosciuto per le sue eleganti case della classe media e medio-alta e i suoi viali alberati.
4 **provincia di Tucumán:** provincia dell'Argentina, situata nel nordovest del paese. La capitale è San Miguel de Tucumán.

Il segreto dei suoi occhi, film argentino del 2009 diretto da Juan José Campanella, tratto dall'omonimo romanzo di Eduardo Sacheri.

La notizia mi rallegrò. Non volevo passare per insensibile, ma intendevo finire presto e c'erano ancora parecchie foto da vedere. Provavo la sensazione che mi assale ogni volta quando mi metto a osservare fotografie: una sincera curiosità, un interesse genuino per le vite che si sono insinuate nell'eterno silenzio di quei cartoncini lucidi; ma anche una profonda malinconia, un senso di perdita, di nostalgia incurabile, di paradiso perduto, dietro ciascuno di quei minuscoli istanti giunti dal passato come innocenti sfaccendati. Ero già oppresso da quella malinconia e mi restava ancora da vedere gran parte dell'insieme. Allungai le dita verso una foto, come se uscire dal copione scritto da Morales mi restituisse una libertà che, in ogni caso, sarebbe servita a ben poco.

«Quelle sono di quando Liliana ha preso il diploma di maestra» mi spiegò Morales senza un briciolo di rancore per quella che avevo temuto scambiasse per un'impertinenza[5] da parte mia. «Ha insegnato solo un anno prima di venire a Buenos Aires».

Erano recenti. Le acconciature delle donne, i risvolti delle giacche maschili, i nodi delle cravatte, avevano un'aria da «poco tempo fa» che mi sembrava meno nostalgica. Era evidente che alla famiglia della ragazza piaceva festeggiare gli anniversari. La tavola sempre imbandita, qualche decorazione allusiva[6] alle pareti, le sedie accostate alle pareti per fare posto alla folla di amici, familiari e vicini di casa che comparivano in tutte le occasioni.

Non so perché finii per notare quello che notai. Immagino che sia successo perché mi è sempre piaciuto guardare le cose un po' di sbieco,[7] prestando attenzione anche a quelle che non sono in primo piano. Smisi di scorrere le foto che avevo in mano e rimasi a osservarne a lungo una che avevo sotto gli occhi in quel momento.

Una Liliana esultante, con un abito chiaro e semplice, leggero, probabilmente estivo, mostrava il diploma in piedi in mezzo a un cerchio di ragazze e ragazzi. Sollevai lo sguardo verso Morales:

«Può ridarmi le foto del quindicesimo compleanno?». Cercai di far apparire casuale la richiesta.

Morales mi accontentò, ma mi guardò un po' stranito.[8] Quando mi allungò le foto che gli avevo chiesto non ci misi molto a individuare quella che mi interessava: una del ballo in cui Liliana era in posa insieme a un signore grasso, calvo e sorridente, probabilmente uno zio. E un'altra in cui ballava con un ragazzo che si intravedeva appena perché teneva gli occhi torvamente[9] fissi per terra. Le lasciai in cima al mucchietto, che misi accanto a quello delle foto del diploma.

5 **impertinenza:** sfacciataggine, mancanza di sensibilità.
6 **allusiva:** che allude, accenna a qualcuno o a qualcosa senza farne espressa menzione.
7 **di sbieco:** in modo non diritto, obliquo, sghembo.
8 **stranito:** smarrito, turbato.
9 **torvamente:** con sguardo bieco, minaccioso, cupo.

SEGNALIBRO

Il segreto dei suoi occhi, Rizzoli, Milano 2010. Traduzione di Raul Schenardi e Isabella Aguilar.

il piacere di leggere

Benjamín Chaparro, cancelliere di tribunale a Buenos Aires, nel giorno del suo pensionamento decide di realizzare un progetto che ha in mente da molto tempo: scrivere la storia di un delitto rimasto impunito, di cui è stato testimone indiretto venticinque anni prima, l'uccisione di una donna giovane e bella, violentata e strangolata in casa da un uomo che è stato identificato ma che non ha scontato la sua condanna. Nel suo proposito, Benjamín è animato dal ricordo vivo di quel delitto efferato, nonché del dolore del marito della vittima, Ricardo Morales, un giovane uomo inconsolabile che la giustizia non ha saputo tutelare e che è rimasto solo a covare la propria vendetta contro l'assassino. Ma a spingere il protagonista a ripercorrere tutta quella vicenda sanguinosa e crudele è anche l'amore per Irene, giudice presso lo stesso tribunale in cui lavorava Chaparro all'epoca del delitto. Tutta la storia del delitto impunito, di Morales e dell'Argentina degli anni della violenza politica che precedono la dittatura, fino al terribile epilogo, rivivono attraverso le parole di Benjamín Chaparro come unica risposta alla domanda muta racchiusa negli occhi di Irene, la donna che egli ha amato per tutta la vita senza mai riuscire a confessarle i propri sentimenti.

«Adesso per favore mi cerchi quelle che mi ha mostrato prima di un picnic, in una specie di giardino con molti alberi. Sa quali dico?».

Morales annuì. Non disse nulla e proprio per questo mi resi conto che coglieva la confusa urgenza delle mie parole e non voleva distrarmi chiedendo spiegazione per quegli ordini intempestivi.[10] Quando le ebbi in mano ne scelsi rapidamente due. Erano campi lunghi e abbracciavano l'intero gruppo.

«Che c'è?» osò chiedere dopo un lungo minuto Morales, con la voce strozzata dal dubbio.

Avevo estratto quattro foto e adesso controllavo i vari mucchietti facendo attenzione solo all'eventualità di trovare un viso che comparisse di nuovo. Ne scovai altre due interessanti. Ora ne avevo sei. Scostai le altre centosessantotto con un gesto un po' brusco. Forse avrei dovuto offrire una spiegazione a Morales, o almeno fargli capire che avevo sentito la sua domanda. Ma la mia idea era così improvvisa e allo stesso tempo così azzardata che temevo oscuramente potesse dissolversi in modo irrimediabile se l'avessi enunciata ad alta voce. Alla fine, invece di rispondere, replicai a mia volta con un'altra domanda:

«Conosce questo ragazzo?» dissi mentre liberavo il tavolo con una manata, rischiando di far finire tutte le foto sul pavimento per mettergli davanti, con la concitazione[11] della fretta, le sei che mi avevano colpito.

Morales le osservò, ubbidiente ma perplesso. Fino a quel venerdì pomeriggio non si era mai imbattuto in quei lineamenti, ma era condannato a continuare a vederseli davanti per l'eternità, anche con gli occhi chiusi. Tutto questo sarebbe successo, però Morales lo ignorava ancora e perciò rispose semplicemente:

«No».

Voltai verso di me le foto facendo attenzione a non sporcarle con le dita. Nelle due del picnic un ragazzo che indossava una maglietta chiara, calzoni scuri e scarpe da ginnastica, quasi all'estrema sinistra del gruppo, presentava all'obiettivo un profilo molto pallido, col naso aquilino.[12] I capelli neri e ricci. Nella terza foto lo stesso ragazzo, seduto quasi al buio a una tavola cosparsa di piatti con resti di cibo e bottiglie semivuote, alzava lo sguardo verso la coppia che stava ballando il valzer, più precisamente verso Liliana, che figurava in primo piano con i lunghi capelli lisci e il trucco un po' pesante insieme a un uomo anziano. Nell'altra foto della stessa serata si vedeva meglio quel ragazzo con le braccia rigide protese verso di lei, come se volesse toccarla o temesse di farlo, e gli occhi fissi sul pavimento e non sul viso della ragazza e nemmeno sulla sua promettente scollatura.

La quinta era sicuramente stata scattata nel soggiorno della casa di Liliana. Diploma di maestra al centro, sorretto con fierezza, e un sorriso smisurato sul viso della stessa ragazza delle altre foto, qui un po' più grandicella. Gruppo di amici (vicini di casa?) intorno alla neodiplomata, fra un uomo e una donna – sicuramente gli orgogliosi genitori. Il ragazzo questa volta è a destra: i soliti capelli neri ricci, lo stesso naso, la medesima espressione dura e gli occhi che non cercano l'obiettivo ma Liliana, il cui sorriso illumina tutta la foto.

E infine l'ultima, la migliore (per la spoglia semplicità con cui proclama, dal suo silenzio congelato, la verità che cresceva ai miei occhi assumendo la dimensione della certezza): il ragazzo dà quasi le spalle all'azione (ancora il gruppo intorno alla neodiplomata, ora senza diploma) e fissa una mensola sulla parete vicina. Su quello scaffale, quasi all'altezza del suo naso, un portaritratti con il viso sorridente della stessa ragazza, Liliana Emma Colotto, naturalmente, ma con un ulteriore vantaggio per lui che la contempla in estasi: sulla mensola lei è assolutamente esposta, ignara e alla mercé[13] del suo sguardo assorto. Per questo non si ac-

10 **intempestivi:** che non avvengono al momento giusto.
11 **concitazione:** forte agitazione dell'animo, eccitazione.
12 **aquilino:** adunco, piegato in punta come un uncino, come il becco dell'aquila.
13 **alla mercé:** essere in balia di qualcuno o qualcosa, in suo potere.

corge nemmeno che stanno scattando un'altra foto, e tutti gli amici, i familiari e i vicini di casa guardano l'obiettivo tranne lui, che preferisce smarrirsi in quel culto silenzioso, sottratto alla vista degli altri. Non può sapere, naturalmente, che a millecinquecento chilometri di distanza, parecchi anni dopo, qualcuno lo sta guardando mentre lui guarda lei. Che questo qualcuno, che poi sono io, lo ha scoperto quasi per miracolo, se vogliamo credere che sia una bella cosa scoprire la verità, o grazie a una fatale perspicacia,[14] se preferiamo pensare che non sempre la verità sia il porto migliore per le nostre incertezze, o in virtù di una fortuna incredibile, se ci limitiamo a considerare la delicata e apparentemente casuale concatenazione dei fatti.

Per un istante pensai che Morales fosse del tutto all'oscuro della rivoluzione mentale che mi consumava. Ma quando riuscii a focalizzare un briciolo di attenzione su di lui notai che frugava nella sua cartella come uno studente coscienzioso. Ne estrasse una specie di album dalla copertina rigida con incisioni dorate. Lo aprì. Non conteneva foto: le pagine di cartoncino, separate da fogli di carta velina, erano vuote. Ci misi un po' ad accorgermi che su ogni pagina c'erano diversi punti in cui la superficie lucida sembrava leggermente spellata, e capii che Morales aveva staccato le foto per metterle nei mucchietti che mi aveva mostrato. Ma allora, cosa faceva adesso? Attento ai dettagli com'era, mi sembrava strano che controllasse se gli era sfuggita qualche foto. Sfogliava le pagine una alla volta, con l'accuratezza di chi non vuole commettere errori. L'album era voluminoso. Arrivando alla fine si fermò su una pagina. Lì il foglio divisorio di carta velina era cosparso di segni sinuosi, tracciati con quello che sembrava inchiostro di china. In fondo, in un angolo, c'era un elenco di parole che sembravano nomi di persona.

Morales posò lo sguardo sulle foto che gli avevo appena mostrato e scelse una di quelle del picnic. Sollevò il foglio di carta velina segnato e ci infilò sotto la foto. Quando i segni in inchiostro di china si adattarono alle sagome della foto, capii. Combaciavano perfettamente e sotto ciascuna c'era scritto un numero. Morales posò l'indice sulla sagoma che lasciava appena intravedere il perenne osservatore di Liliana.

«Diciannove» mormorò.

Entrambi guardammo l'elenco dei presenti.

«Picnic nella residenza di campagna di Rosita Calamaro, 21 settembre 1962». Morales lesse l'intestazione e poi fece scendere l'indice della mano destra fino alla riga che stava cercando. «Numero diciannove: Isidoro Gómez».

14 **perspicacia:** acuta intelligenza.

ANALISI DEL TESTO

I temi

Scoprire la verità
Come in ogni noir che si rispetti, la narrazione ruota attorno all'indagine, al tema della scoperta della verità: il momento cruciale di tutta la storia è quello in cui Chaparro ha il lampo di genio che lo porta alla soluzione del caso.

I sentimenti
Ma nella trama del giallo si inseriscono prepotentemente anche i sentimenti: l'**amore**, in primo luogo, l'amore di Morales per quella moglie perduta troppo presto, che lo spinge a cercare l'aiuto, la complicità, la solidarietà di Chaparro, a mostrargli ciò che gli è rimasto di quel suo amore perduto, un mucchietto di fotografie sparse sul tavolino di un bar.
Ma anche l'amore malato di Isidoro Gómez, un amore che non è neppure tale quanto piuttosto ossessione, morbosità, **gelosia perversa e cattiva**. La violenza sulla bella e ignara Liliana è la stessa violenza che viene perpetrata ogni giorno su tante donne, colpevoli soltanto di aver attratto, con il loro sorriso, lo sguardo di una persona malata.

Le tecniche narrative

Il tempo e lo spazio
Tempo e spazio della narrazione sono **circoscritti**: siamo in un bar, in un momento imprecisato della giornata, la vicenda si consuma nell'arco di un'oretta al massimo.

Il crescente ritmo narrativo
Il brano si apre con una **prima parte lenta**, un po' monotona, che ben riflette i sentimenti e le emozioni del protagonista e voce narrante della storia, Benjamín Chaparro, costretto suo malgrado a guardare le foto di Liliana senza aver realmente voglia di farlo. Nella **seconda parte**, invece, la narrazione subisce una brusca **accelerata**, correndo fino all'epilogo: Chaparro ha un'intuizione fondamentale, capisce che in quelle foto è nascosta la soluzione del caso, il volto dell'assassino. Allora le foto diventano più importanti, vengono riprese, descritte in maniera più accurata, minuziosa.

I protagonisti
I protagonisti del brano sono le due figure maschili principali della narrazione: **Benjamín Chaparro** e **Ricardo Morales**, il funzionario del tribunale che svolge diligentemente il lavoro che gli è stato assegnato e il marito della giovane vittima. Entrambi sono uomini giovani ma già segnati dalla vita, sono pacati e gentili nei modi, c'è una tristezza di fondo nei loro sguardi e nei loro atteggiamenti che però cercano di non lasciar trasparire. E anche nel momento critico, quando Chaparro ha quell'intuizione felice ma anche sconvolgente e Morales la recepisce, dopo un attimo soltanto di esitazione e di smarrimento, quando entrambi arrivano a capire la terribile verità celata in quelle foto dall'apparenza innocua, anche allora entrambi mantengono la loro compostezza, il loro sangue freddo, appena turbato da un attimo di concitazione, da movimenti delle mani che si fanno più veloci.

Le tecniche espressive

La voce narrante
La vicenda è raccontata **in prima persona** da Chaparro, al passato; nel momento in cui rievoca il suo incontro con Morales in un bar, voce narrante e protagonista coincidono. Non mancano le allusioni ad un tempo futuro («non si era mai imbattuto in quei lineamenti, ma era condannato a continuare a vederseli davanti per l'eternità», «Tutto questo sarebbe successo, però Morales lo ignorava») di chi conosce già la storia, sa come andrà a finire perché l'ha vissuta di persona.

Dialoghi, divagazioni e riflessioni
Ai dialoghi (sobri, essenziali, fatti di pochi scambi di battute e di informazioni) fra Morales e Chaparro, si alternano le divagazioni e riflessioni di quest'ultimo, più articolate e "filosofiche" (sul caso o sul destino, che danno profondità alla narrazione.

LABORATORIO SUL TESTO

Conoscenze

Comprensione

1. **Chaparro, nel guardare le foto di Liliana, inizialmente si mostra indifferente. Per quale motivo?**

2. **Chaparro rivolge a Morales la richiesta di rivedere alcune delle foto già viste. Da che cosa è motivata tale richiesta?**
- [A] si sente in colpa verso Morales per non aver prestato grande attenzione alle foto
- [B] vuol dissimulare la sua indifferenza e mostrarsi interessato alle foto di Liliana
- [C] ha notato nelle foto un particolare ricorrente
- [D] vuol conservare un ricordo della vittima

3. **Quale particolare ricorrente Morales nota nelle foto selezionate?**

4. Nella maggior parte delle foto selezionate il ragazzo ha il medesimo atteggiamento, quale?

A ride alle spalle di Liliana

B guarda Liliana di sottecchi, con adorazione e timore

C osserva Liliana con evidente espressione di disprezzo e fastidio

D sorride all'obiettivo

5. A quale deduzione è giunto Chaparro, osservando le foto?

A che quel ragazzo, Isidoro Gómez, doveva essere il migliore amico di Liliana

B che Isidoro Gómez è stato l'amante di Liliana

C che Isidoro Gómez è l'assassino di Liliana

Analisi

6. Chi è la voce narrante della storia?

7. Dalle foto di Liliana emerge il ritratto di una ragazza. Ricostruisci l'immagine riferendoti al testo.

8. Quali particolari fisici vengono riportati di Isidoro Gómez?

9. Quale atteggiamento mantiene Morales, per tutta la durata della conversazione con Chaparro e anche alla fine, quando scopre il nome dell'assassino di sua moglie?

Conoscenze lessicali

10. Sostituisci le parti in corsivo, senza alterare il significato finale della frase.

a) Liliana truccata *in maniera un po' artificiosa*

b) Mi è sempre piaciuto guardare le cose *un po' di sbieco*

Conoscenze grammaticali

11. Trova il contrario dei seguenti aggettivi presenti nel testo.

a) artificioso b) venerabile c) sfaccendato d) stranito e) torvo

12. Nella frase «Immagino che sia successo perché mi è sempre piaciuto guardare le cose un po' di sbieco», «perché» può essere sostituito da

A infatti B eppure C tuttavia D poiché

13. Indica modo e tempo della voce verbale «avrei dovuto offrire».

A condizionale passato

B congiuntivo passato

C condizionale presente

D congiuntivo imperfetto

Abilità e competenze

Scrittura e interpretazione

1. Come giudichi i due protagonisti Benjamín Chaparro e Ricardo Morales, la loro compostezza e il loro modo di essere? Esprimi una tua opinione personale.

Ascoltare, argomentare e confrontarsi

2. Uno dei temi centrali del romanzo di Sacheri è la violenza contro le donne, impersonata dalla bella e sfortunata Liliana, uccisa da uno spasimante respinto, un uomo malato che non ha saputo esprimere i suoi sentimenti se non con la brutalità. La vicenda è ambientata negli anni Sessanta, ma è ancora oggi molto attuale. Pensi che si stia facendo qualcosa per contrastare questo fenomeno, o che sia necessario fare qualcosa di più contro la violenza sulle donne? Che cosa andrebbe fatto? Confronta la tua opinione con quella dei tuoi compagni.

SCHEDA **GEOSTORIA**

L'Argentina

La geografia

L'**Argentina** è uno Stato dell'America meridionale. Il nome "Argentina" deriva dal latino *argentum* ('argento') e si riferisce ai primi giacimenti di questo metallo prezioso, di cui il Paese è ricco, scoperti dai primi *conquistadores* spagnoli agli inizi del '500. Confina a ovest e a sud con il Cile, a nord con la Bolivia e il Paraguay, a nord-est con il Paraguay e il Brasile, a est con l'Uruguay e l'Oceano Atlantico. Oltre un terzo della popolazione è concentrato nella capitale Buenos Aires.

Dal punto di vista politico è una repubblica federale composta da 23 province (*provincias*) ed un distretto federale (Ciudad Autónoma de Buenos Aires). Conta circa 40 milioni di abitanti. Dopo le vicissitudini storiche e politiche passate e la grave crisi economica che l'ha colpita nel 2001, l'Argentina oggi vive una fase di crescita economica che ne fa una delle nazioni più sviluppate dell'America Latina.

La lingua ufficiale dell'Argentina è lo spagnolo, chiamato solitamente *castellano*. Rispetto alla lingua parlata in Spagna, tuttavia, vi sono alcune differenze a livello fonetico e morfologico.

La religione principale è quella cattolica, la popolazione è in massima parte di origine europea (soprattutto di ascendenza italiana o spagnola).

Buenos Aires, il Palazzo del Congresso della Nazione Argentina.

La storia

Gli anni della dittatura Tra gli anni '50 e gli anni '70 l'economia argentina conosce un periodo di forte crescita, che coincide però con il rafforzarsi del protezionismo e, soprattutto, dei contrasti politici interni. In un quadro di profonda instabilità politica, nel 1973 viene rieletto alla presidenza Juan Domingo Perón (eletto presidente del Paese per la prima volta nel 1946) che però l'anno successivo muore; la presidenza viene assunta dalla sua terza moglie, Isabelita Perón, in quanto vice-presidente, ma i due anni che seguono sono pervasi da una conflittualità sociale e politica che diventa presto critica. In questo contesto l'Alianza Anticomunista Argentina (AAA) contribuisce a creare un clima di terrore con l'omicidio, secondo i dati raccolti dopo la fine della dittatura dalla Comisión Nacional sobre la Desaparición de Personas (CONADEP), di oltre 400 persone tra il 1973 ed il 1975 mentre, contestualmente, riprende vigore l'azione dell'Ejército Revolucionario del Pueblo (ERP) con azioni di guerriglia urbana.

Il quadro di instabilità favorisce dapprima l'ingresso dei militari nel governo e successivamente la deposizione di Isabelita nel golpe del 24 marzo 1976 che porterà al potere un terribile triumvirato: Massera (comandante della Marina), Agosti (comandante dell'Aeronautica) e Videla (comandante dell'esercito e presidente di fatto).

È l'inizio di una feroce dittatura. Dal 1976 al 1983 le forze armate detengono il potere per mezzo di una giunta che si autoincarica del cosiddetto Processo di Riorganizzazione Nazionale. Dichiarano lo stato di assedio abrogando i diritti costituzionali, sospendono le attività politiche e di associazione e chiudono e sequestrano sindacati e giornali. L'opposizione, sia dei gruppi di sinistra che dei peronisti, viene duramente repressa, utilizzando metodi improntati all'illegalità e dando inizio a quella che sarebbe passata alla storia come la "guerra sporca": migliaia di dissidenti furono fatti scomparire, con la collaborazione dei servizi segreti di altri Paesi sudamericani e, soprattutto, della CIA in quella operazione che gli Stati Uniti avevano pianificato, organizzato e finanziato al fine di contribuire ad eliminare il pericolo dell'instaurazione di governi di sinistra in Sud America ed in America centrale (la cosiddetta Operazione Condor).

Si è calcolato che nel periodo della dittatura siano scomparse 30.000 persone, in quel fenomeno passato alla storia come il dramma dei *desaparecidos*.

Manifestazione delle "Madri di Plaza de Mayo", una associazione formata dalle madri dei *desaparecidos*, ossia i dissidenti scomparsi durante la dittatura militare in Argentina tra il 1976 e il 1983. Buenos Aires, 2010.

Laboratorio delle competenze di scrittura

1 Costruire un mistero

Un crimine misterioso non deve avere necessariamente un delitto e quindi una vittima. Prova ad ipotizzare invece che al centro della vicenda giallo/poliziesca che vogliamo inventare ci sia un furto. In questo esercizio lasciamo facoltativa la parte della scrittura che concorderai eventualmente con l'insegnante; vogliamo invece farti concentrare sul lavoro preliminare:
- ipotizzare l'oggetto da rubare
- informarsi sul luogo del furto
- ipotizzare il giorno e l'ora migliore per il furto
- inventare il "tuo" ladro
- inventare il "tuo" investigatore che lo smaschererà.

2 Scrivere un articolo di cronaca

La cronaca nera quotidiana ci riferisce di molti casi di omicidio perpetrati ai danni di persone di tutte le età e condizione sociale; ci sono però dei casi più frequenti di altri, ad esempio l'omicidio compiuto per gelosia.
Prova a raccogliere, utilizzando Internet, notizie dalle cronache dei giornali e prova a ragionare su questi casi, raccogliendo i dati che ritieni significativi per un'indagine sociologica; ad esempio:
- sesso, età e condizione sociale della vittima
- sesso, età e condizione sociale dell'assassino
- rapporti sociali fra i due
- movente
- luogo (città, piccolo centro)
- ambiente del delitto (casa, ambiente esterno)
- arma usata.

Ora, sulla base di quanto raccolto, prova a scrivere un articolo giornalistico di cronaca nera, analizzando anche l'eventuale aumento di questi fenomeni e le motivazioni del disagio che oggi pare colpire la nostra società con maggiore impeto che nel passato.

3 Condurre un'indagine

Ti sei mai chiesto perché il genere giallo appassiona tanti lettori, nonostante l'argomento principale sia sempre il crimine? Perché mai una persona dovrebbe dedicare il suo tempo libero a leggere le storie di assassini e serial killer? Noi crediamo che una delle ragioni possa essere il fatto che nel libro giallo il colpevole viene sempre individuato, catturato e quindi messo nelle condizioni di non nuocere più. Quindi, in ultima analisi, il libro giallo soddisfa nel finale il nostro bisogno di sicurezza e di giustizia. Tutte le volte che dai giornali o dai telegiornali hai sentito di crimini irrisolti, ti è mai capitato di pensare con un certo fastidio che anche nella realtà quotidiana dovrebbero esistere detective così arguti come quelli che la letteratura gialla ci ha tramandato?
Prova a ricordare un caso realmente accaduto e tuttora irrisolto che ti ha particolarmente colpito. Prova a supporre che cosa non ha funzionato nelle indagini. Scrivi in un breve testo i risultati della tua indagine.

4 Casi da risolvere

Ti proponiamo tre casi da risolvere.
Caso 1. È stata rapinata una banca. Quattro uomini con i volti coperti sono entrati nell'edificio, hanno minacciato i presenti con armi da fuoco, si sono fatti consegnare il denaro dal cassiere e sono fuggiti.
Caso 2. Una celebre attrice è stata trovata assassinata nella lussuosa suite di un hotel di Venezia. A trovare il corpo, riverso sul letto, è stata la sua assistente personale.
Caso 3. Una vecchia signora è stata scippata della borsa mentre usciva dall'ufficio postale da due malviventi a bordo di uno scooter, con il volto coperto da caschi integrali.
Una volta scelto uno dei tre casi, prova a condurre l'indagine, come farebbe un ispettore di polizia, interrogando: la persona (o le persone) che hanno assistito al fatto (caso 1); la persona che ha rinvenuto il cadavere (caso 2); la vittima e un eventuale testimone dell'accaduto (caso 3).
Come tipologia di scrittura scegli una forma narrativa, oppure il "rapporto" poliziesco; lo puoi scrivere in terza o in prima persona.

SCHEDA
INVITO ALLA VISIONE

Sherlock Holmes

Regia	Guy Ritchie
Anno	2009
Produzione	Usa, Gran Bretagna, Australia
Interpreti	Robert Downey Jr., Jude Law, Rachel McAdams, Mark Strong

Soggetto

Il regista inglese Guy Ritchie riporta sul grande schermo uno degli investigatori più famosi di tutti i tempi, Sherlock Holmes, insieme al suo inseparabile amico e fidato collaboratore Dottor Watson, a 122 anni dall'esordio letterario del personaggio creato dalla penna di Sir Arthur Conan Doyle (il primo romanzo della serie, *Uno studio in rosso*, risale al 1887). Il film, tuttavia, non è tratto direttamente dagli scritti del grande scrittore inglese, bensì da un fumetto inedito di Lionel Wigram che a sua volta è ispirato ai romanzi di Conan Doyle (la fotografia del film e la grafica dei titoli di coda tradiscono la matrice fumettistica della storia).

Sinossi

In questo episodio il celebre investigatore deve vedersela con un cattivo dall'aspetto tetro e inquietante, Lord Blackwood, nobile discendente di un illustre e potente casato, malato di ossessive manie di grandezza e appassionato di magia nera e riti esoterici. Il film si apre con lo spettacolare arresto del nobile malvagio, colto nell'intento di sacrificare una giovane vergine durante una delle sue macabre messe nere e per questo condannato alla pena capitale. Sarà proprio il dottor John Watson, amico e collaboratore fidato di Sherlock Holmes, a confermare il decesso, ad esecuzione avvenuta. Potrebbe sembrare la fine, invece è solo l'inizio della storia. Perché Blackwood, inspiegabilmente, sembrerà risorgere in tutta la sua inquietante e malvagia potenza per mettere a segno tutta una serie di delitti, fino all'attuazione del suo folle piano finale: conquistare il potere politico assoluto, non solo della Gran Bretagna, ma addirittura degli Stati Uniti d'America, imponendo la propria egemonia sul resto del mondo. E tutto questo grazie ad una micidiale macchina futurista, capace di sprigionare un potente gas velenoso nel bel mezzo di una seduta plenaria del parlamento britannico. Toccherà a Sherlock Holmes sventare il piano, con l'aiuto del fedelissimo Watson, che, pur in procinto di sposarsi con l'amata Mary, non esita a mettere a repentaglio la propria incolumità per seguire l'amico di sempre. Accanto al detective c'è anche una donna, la bella e sfuggente Irene, di cui l'investigatore è palesemente innamorato e che, con il suo fascino di donna intelligente e scaltra, costituisce il suo punto debole. Tra fughe rocambolesche, sparatorie e lotte corpo a corpo, incendi ed esplosioni, sette segrete di cui fanno parte personaggi insospettabili, inquietanti misteri e colpi di scena, sullo sfondo di una Londra di fine Ottocento, il nostro eroe riuscirà, ancora una volta, ad essere all'altezza della sua fama, arrivando, con il solo potere della mente e del ragionamento logico, laddove gli altri falliscono.

Commento

Il protagonista del film è uno Sherlock Holmes inedito e moderno. Fisico scattante e allenato, temprato dagli incontri di boxe clandestini nei bassifondi londinesi, lo Sherlock Holmes del film non disdegna lo scontro corpo a corpo con avversari temibili e feroci, forte, oltre che della propria muscolatura snella e agile, di uno straordinario intuito e di una formidabile prontezza di riflessi. Rispetto all'eroe di Sir Arthur Conan Doyle, questo Sherlock Holmes è sicuramente meno rigido nei modi e nei comportamenti, meno formale e più fisico, pur mantenendo quelle caratteristiche e aspetti caratteriali che hanno reso celebre il personaggio: la straordinaria e geniale intelligenza, lo spirito brillante e intuitivo, la grande attitudine all'osservazione e la lucida capacità di ragionamento, che gli consentono di costruire un'intera teoria e quindi di giungere alla verità sulla base di un unico, singolo e apparentemente insignificante particolare, sfuggito all'attenzione della polizia di Scotland Yard. E anche il personaggio di Watson esce sensibilmente cambiato dalla pellicola di Guy Ritchie: non è più il goffo e cerimonioso uomo di mezza età dal temperamento pacato e dall'intelligenza non proprio vivace che nei romanzi fa da spalla al protagonista, facendone risaltare la genialità, bensì un affascinante e sensibile giovane, con le bionde fattezze di uno dei più belli ed eleganti attori di Hollywood, Jude Law. Rispetto a Holmes, Watson qui appare come il suo completamento, incarnando quelle caratteristiche e qualità, come la prudenza, la cautela, la pacatezza, l'armonia e l'eleganza dei modi, di cui il protagonista sembra difettare. Sherlock Holmes è l'eroe positivo, impavido e coraggioso, ironico, scanzonato e incurante del pericolo, l'unico capace di sconfiggere la malvagità, in qualunque forma e in qualsiasi epoca essa si presenti: in questo Sherlock Holmes è un eroe senza tempo e senza età e dunque autenticamente moderno.

Abilità e competenze

Ascoltare, argomentare e confrontarsi

1. **Come appare (fisicamente e caratterialmente) il dottor John Watson nel film?**
2. **Come vengono descritte le due donne che compaiono nella pellicola, al fianco dei due protagonisti? In che cosa sono diverse? Hanno dei punti in comune, e se sì, quali?**
3. **In che luogo e in che epoca si svolge la vicenda? Come viene raffigurata la città che fa da sfondo e ambientazione alla storia?**
4. **Ti sembra che la vicenda narrata nel film, sebbene ambientata in un'epoca e in un contesto culturale diversi da quelli attuali, abbia dei caratteri di modernità e attualità?**
5. **Quale messaggio, secondo te, il regista ha voluto trasmettere al pubblico con questo film?**

VERIFICA FORMATIVA

per accertare le competenze acquisite

Arthur Conan Doyle
L'enigma

autoverifica con tutor

Sherlock Holmes e Watson vengono chiamati a ispezionare il luogo di un orrendo delitto: Sir Charles Baskerville è stato ucciso in una notte fredda e piovosa, nella landa desolata di Dartmoor, nel bel mezzo della brughiera inglese. Il suo corpo è riverso a terra e circondato da inquietanti orme che lasciano pensare che l'assassino sia un essere enorme e, forse, soprannaturale.

La notte in cui Sir Charles morì, Barrymore, il maggiordomo, che scoprì il corpo, mi spedì lo stalliere Perkins a cavallo e, dal momento che ero ancora alzato, arrivai a Baskerville Hall entro un'ora dalla disgrazia. Controllai personalmente tutti i fatti emersi all'inchiesta. Seguii le impronte lungo il viale dei cipressi, vidi il punto dove sembrava si fosse fermato, accanto al cancello della brughiera,[1] notai il successivo cambiamento delle impronte, vidi che, sulla ghiaia bagnata, non c'erano altre orme tranne quelle di Barrymore e, infine, esaminai attentamente il corpo che non era stato toccato in attesa del mio arrivo. Sir Charles giaceva bocconi, con le braccia tese in fuori, le dita artigliate al terreno e i lineamenti distorti da una qualche terribile emozione, a un punto tale che stentai a riconoscerlo. Non si vedevano lesioni di alcun genere. Ma all'inchiesta Barrymore ha dichiarato una cosa non vera. Ha detto che non c'erano tracce sul terreno intorno al corpo. Non ne aveva viste. Ma io sì – un po' distanti, ma fresche e nitide».

«Impronte?».

«Impronte».

«Uomo o donna?».

Il dottor Mortimer ci guardò per un momento con una strana espressione e la sua voce si abbassò fino a divenire quasi un sussurro quando rispose:

«Signor Holmes, erano le impronte di un mastino gigantesco!».

Confesso che a quelle parole mi sentii rabbrividire. C'era un fremito nella voce del dottore che dimostrava come egli stesso fosse profondamente turbato da quanto ci aveva detto. Nella sua eccitazione, Holmes si era inclinato in avanti e i suoi occhi avevano quel bagliore duro e implacabile quando il suo interesse era risvegliato.

«Le ha viste personalmente?».

«Chiare come vedo lei».

«E non ne ha parlato?».

«A che scopo?».

«Come mai nessun altro le ha viste?».

«Le impronte erano a una ventina di metri dal corpo e nessuno ci ha badato. Forse non ci avrei badato nemmeno io, se non fosse stato per la leggenda».

«Ci sono molti cani da pastore sulla brughiera?».

«Certo, ma non si trattava di un cane da pastore».

«Dice che era molto grosso?».

«Enorme».

1 **brughiera:** terreno non coltivato ricoperto da cespugli e arbusti.

«Ma non si era accostato al corpo?».

«No».

«Che tempo faceva?».

«Umido e freddo».

«Ma non pioveva?».

«No».

«Mi descriva il viale».

«È fiancheggiato da due siepi di vecchi cipressi, alte dodici piedi[2] e impenetrabili. Al centro, il passaggio è largo circa otto piedi».

«C'è qualcosa fra le siepi e il passaggio?».

«Sì, una striscia d'erba larga circa sei piedi, da entrambi i lati».

«Se ho ben capito, a un certo punto la siepe di cipressi è interrotta da un cancello?»

«Esatto. Il cancello di vimini che dà sulla brughiera».

«Altre aperture?».

«Nessuna».

«Quindi, per raggiungere il viale dei cipressi, bisogna provenire dalla casa o altrimenti entrare attraverso quel cancello?».

«C'è un'uscita in fondo, attraverso un chiosco[3] del giardino».

«Sir Charles era arrivato a quel punto?».

«No; giaceva a circa cinquanta metri di distanza».

«Adesso mi dica, dottor Mortimer – e questo è importante – le impronte che lei ha visto erano sul sentiero e non sull'erba?».

«Sull'erba non si sarebbero viste».

«Ma erano dallo stesso lato del cancello?».

«Sì; sul bordo del sentiero, dalla stessa parte del cancello sulla brughiera».

«Questo è davvero molto interessante. Un'altra cosa. Il cancello era chiuso?».

«Chiuso con un lucchetto».

«Quanto è alto?».

«Circa quattro piedi».

«Allora qualcuno avrebbe potuto scavalcarlo?».

«Sì».

«E quali impronte ha trovato vicino al cancello?».

«Nessuna in particolare».

«Santo cielo! Ma non sono state esaminate?».

«Certo, le ho esaminate io stesso».

«E non ha trovato nulla?».

«Era tutto molto confuso. Evidentemente Sir Charles era rimasto lì in piedi per cinque o dieci minuti».

«Come lo sa?».

«Perché per due volte era caduta la cenere dal sigaro».

«Eccellente! Il dottore è proprio un collega in gamba, Watson. Ma le impronte?».

«C'erano le sue impronte in quel punto, su tutto il ghiaietto. Non ne ho viste altre».

Sherlock Holmes si batté il pugno sul ginocchio con gesto impaziente.

«Se solo ci fossi stato anch'io!», esclamò. «È un caso interessantissimo, che offre possibilità infinite a un esperto [...]».

[da *Il mastino dei Baskerville* di Arthur Conan Doyle, Newton Compton, Milano 2001, traduzione di Nicoletta Rosati Bizzotto]

2 **piedi:** unità di misura in uso nei Paesi anglosassoni equivalente a 30,48 centimetri.

3 **chiosco:** piccola costruzione a cupola che adornava parchi e giardini.

Competenza testuale

Comprendere i dati espliciti

1. Secondo il dottor Mortimer il maggiordomo Barrymore all'inchiesta ha mentito

- [A] sull'ora in cui ha trovato il corpo di sir Charles
- [B] sul luogo in cui ha trovato il corpo
- [C] sulle impronte rimaste sul terreno
- [D] sulla posizione del cadavere di sir Charles

2. Il corpo di sir Charles era

- [A] bocconi
- [B] supino
- [C] sul fianco
- [D] carpiato

3. Le impronte attorno al luogo del delitto appartenevano

- [A] ad un uomo
- [B] ad un cane
- [C] ad un orso
- [D] ad una donna

4. Le impronte erano

- [A] accanto al corpo
- [B] distanti alcune centinaia di metri dal corpo
- [C] distanti alcune decine di metri dal corpo
- [D] distanti una ventina di metri dal corpo

5. Le medesime impronte erano

- [A] sull'erba
- [B] sul sentiero
- [C] nella brughiera
- [D] presso il chiosco del giardino

6. All'estremità del viale dei cipressi si trova

- [A] l'aperta campagna
- [B] un cancello
- [C] una biforcazione
- [D] uno stagno

7. Secondo il dottor Mortimer sir Charles è rimasto in piedi per cinque o dieci minuti: da cosa lo ha dedotto?

- [A] dall'erba calpestata
- [B] dalla cenere caduta due volte dal sigaro
- [C] dalle parole del maggiordomo
- [D] da altri indizi

8. Al termine del racconto del dottor Mortimer Sherlock Holmes si batte un pugno sul ginocchio con gesto impaziente perché

- [A] è convinto che il dottore nasconda qualcosa
- [B] non ha potuto recarsi subito sul posto
- [C] non approva i metodi con cui sono state condotte le prime indagini
- [D] il racconto del dottore è troppo lungo

Comprendere i dati impliciti

9. A giudicare dai nomi propri, sia di luogo sia di persona, la storia è ambientata

- [A] in Olanda
- [B] in Germania
- [C] in Inghilterra
- [D] in Irlanda

10. Le dita artigliate al terreno e i lineamenti distorti del corpo di sir Charles sono segno

- [A] di forte emozione
- [B] di un improvviso malore
- [C] di percosse
- [D] dell'azione di un veleno

11. L'interesse di Sherlock Holmes nei confronti del caso raccontato dal dottor Mortimer si vede

- [A] dall'attenzione con cui segue il racconto
- [B] dal bagliore degli occhi
- [C] dalle domande che fa
- [D] dal movimento delle mani

12. «Confesso che a quelle parole mi sentii rabbrividire», chi pronuncia queste parole?

- [A] il dottor Mortimer
- [B] il maggiordomo
- [C] il narratore interno, la cui identità non è precisata
- [D] Sherlock Holmes

13. Il dottor Mortimer dice di aver badato alle misteriose impronte a causa

- [A] di una leggenda
- [B] di fatti inquietanti recentemente accaduti
- [C] di certi discorsi fatti da sir Charles prima di morire
- [D] di una lettera anonima

14. Il brano consiste soprattutto in

- [A] un ragionamento
- [B] un dialogo
- [C] una descrizione
- [D] una presentazione dei personaggi

Competenza lessicale

15. Quale dei seguenti vocaboli non è sinonimo di inchiesta

A ricerca
B indagine
C investigazione
D articolo

16. Che cosa significa "giacere bocconi"? Qual è il contrario di "bocconi"?

....

17. Un «cane da pastore» è un cane che aiuta il pastore a controllare il gregge.

A vero B falso

18. L'espressione «dita artigliate al terreno» significa

A che erano piantate nel terreno come fossero artigli
B che avevano segni di artigli sui polpastrelli
C che avevano segni di artigli sul dorso
D che erano rattrappite

Competenza grammaticale

19. Quale delle seguenti voci verbali è in forma passiva?

A si era accostato
B avrebbe potuto scavalcarlo
C era rimasto
D è fiancheggiato

20. «Evidentemente» è un avverbio

A di tempo
B di quantità
C di modo
D di luogo

AREA DIGITALE
Le risposte agli esercizi sono disponibili nell'area digitale

Interpretare e valutare

Come giudichi l'atteggiamento di Sherlock Holmes nei confronti del dottor Mortimer? Sembra interessato, infastidito o indifferente alle sue teorie? Esprimi la tua opinione motivandola. (max 10 righe)

....
....
....
....
....
....
....
....
....
....

un autore, un libro

Il mastino dei Baskerville
di Arthur Conan Doyle

IL LIBRO

Il mastino dei Baskerville fu pubblicato dapprima a puntate (dall'agosto 1901 all'aprile 1902) poi in volume. Sherlock Holmes deve risolvere un nuovo caso: scoprire chi ha provocato la morte di Sir Charles Baskerville e attentato alla vita del suo erede diretto, il nipote Henry. I fatti si svolgono fra Londra, dove Holmes è stato messo al corrente dei fatti da un testimone e amico della vittima, il dottor Mortimer, e la desolata brughiera del Devonshire, dove è morto misteriosamente Sir Charles nel giardino dell'antica casa di famiglia. Il mistero è reso più fitto dalle analogie che tale morte presenta con quella leggendaria di un antenato, Hugo Baskerville, raccontata in un antico manoscritto fatto anch'esso pervenire a Holmes. Nel manoscritto si parla di un enorme mastino che avrebbe sbranato Hugo; il dottor Mortimer afferma di aver visto una bestia analoga aggirarsi e lasciare impronte nei pressi della casa dei Baskerville. Il caso sembra tingersi di soprannaturale ma le indagini sul luogo di Sherlock Holmes coadiuvato da Watson permetteranno di dare al complesso caso una soluzione del tutto logica e realistica.

L'AUTORE

Lo scrittore inglese **Arthur Conan Doyle** (Edimburgo 1859 – Crowborough 1930) ebbe una vita di viaggi, incontri e innumerevoli peripezie, come lui stesso sottolinea nella sua autobiografia. Nacque da una famiglia illustre ma impoverita. Riuscì a terminare gli studi di medicina ma non ebbe fortuna nella professione di medico né in provincia né nella stessa Londra. Ad un certo punto decise di abbandonare la medicina e di dedicarsi completamente agli studi storici e alla letteratura, con un successo crescente. La tranquillità economica gli consentì di viaggiare, come conferenziere, giornalista e perfino medico volontario in Sudafrica al tempo della guerra anglo boera, soddisfacendo così la sua indole curiosa e irrequieta. Negli ultimi anni di vita scrisse romanzi storici e si dedicò alla pratica e allo studio dello spiritismo.

La sua fama è legata al personaggio tuttora popolarissimo di Sherlock Holmes (e al suo aiutante nonché cronista delle sue indagini dottor Watson), con il quale ha creato un nuovo filone di romanzo poliziesco detto *scientifico*, per il metodo basato su una logica stringente e un'acuta capacità d'osservazione.

Il detective Holmes compare la prima volta nel romanzo *Uno studio in rosso* (1887), seguiranno *Il segno dei quattro* (1890), *Il mastino dei Baskerville* (1902), *La valle della paura* (1905). Altrettanto appassionanti sono i racconti, riuniti in cinque raccolte fra le quali ricordiamo *Le avventure di Sherlock Holmes* (1903).

Il mastino dei Baskerville (2012), episodio della serie televisiva britannica *Sherlock*, liberamente tratta dalle opere di Sir Arthur Conan Doyle, creata da Steven Moffat e Mark Gatiss.

PRIMO PIANO

Il giallo a fumetti

testi non letterari

Il romanzo a fumetti o *graphic novel* è libero di affrontare qualsiasi argomento... e permette allo scrittore di esprimersi in uno specifico che non è né della narrativa né del cinema. Perciò utilizzando un altro medium può tentare e ritentare punti di vista diversi.

testi non letterari

Loriano Macchiavelli
Le piste dell'attentato (illustrato da Gianni Materazzo)

OPERA	ANNO	GENERE	DISEGNI	TEMI
Le piste dell'attentato	2005	romanzo a fumetti	Gianni Materazzo	• indagine poliziesca • attentato terroristico

L'AUTORE

Loriano Macchiavelli è nato a Vergato, sulle montagne di Bologna, il 12 marzo 1934. È autore di teatro, di racconti e di romanzi polizieschi, alcuni dei quali scritti a quattro mani con il cantautore e scrittore Francesco Guccini. Tra i suoi gialli, celebre è diventata la serie dedicata a Sarti Antonio, poliziotto che si muove nella Bologna difficile degli anni '70, tra movimenti anarchici, terrorismo, gruppi neo-fascisti e delinquenti comuni con determinazione, lealtà e una forte sensibilità umana, in coppia con Felice Cantoni, alla guida della volante n. 28, e spesso aiutato nelle sue indagini da Rosas, uno studente universitario squattrinato. *Le piste dell'attentato*, scritto nel 1974, è il primo romanzo della serie. Ne sono seguiti altri: *Fiori alla memoria* (1975), *Ombre sotto i portici* (1976), *Sui colli all'alba* (1976), *Passato, presente e chissà* (1978), *Sarti Antonio: un diavolo per capello* (1980), *Sarti Antonio: caccia tragica* (1981), per citare alcuni titoli. Nel 1988 è stata girata una serie in 13 puntate per la televisione basata sul personaggio di Sarti Antonio (interpretato da Gianni Cavina), andata in onda nel 1991 e replicata due anni più tardi.
Gianni Materazzo è fumettista e scrittore. Ha trascorso l'infanzia a Tripoli, in Libia. Rientrato in Italia con la famiglia, si è stabilito a Bologna, dove vive e lavora. Come scrittore è autore di romanzi gialli che hanno come protagonista l'avvocato Luca Marotta e da cui è stata tratta una serie televisiva intitolata *Tre passi nel delitto*. Come fumettista debutta illustrando il romanzo di Macchiavelli *Le piste dell'attentato* che viene pubblicato sulla rivista «Orient Express» e successivamente ripubblicato nel 2005.

Paderno, colli bolognesi. La radio della caserma dell'esercito intercetta uno strano messaggio che parla di una bomba che sta per esplodere. I militari di turno pensano a uno scherzo di cattivo gusto. L'avvertimento, invece, corrisponde a una drammatica realtà: pochi secondi e avviene lo scoppio. Quattro militari rimangono uccisi. Sul luogo dell'attentato viene chiamato il sergente Sarti Antonio, con la sua autovettura n. 28 guidata dal fedele collaboratore Felice Cantoni. È l'inizio della prima avventura del questurino più amato di Bologna.

SEGNALIBRO

Le piste dell'attentato, Dario Flaccovio Editore, Palermo 2005.

il piacere di leggere

Le piste dell'attentato è la prima avventura che vede protagonista il sergente Sarti Antonio, poliziotto che si muove nella Bologna degli anni '70. In questo caso, Sarti Antonio e il suo collega, Felice Cantoni, autista dell'auto n. 28, sono chiamati sul luogo di un attentato: una bomba ha fatto esplodere la stazione radio dell'Esercito, causando la morte di quattro militari. Qualche minuto dopo l'esplosione, un'auto con tre uomini a bordo forza un posto di blocco. Sarti Antonio si lancia all'inseguimento e riesce ad arrestare i tre, operai disoccupati legati agli ambienti di sinistra. Per tutti il caso è risolto ma Sarti Antonio non è affatto convinto di quella conclusione. La faccenda si complica quando viene arrestato Rosas, studente squattrinato e anarchico, amico di Sarti Antonio, che quella sera, stando alla testimonianza di una prostituta, si trovava sul luogo della strage. Grazie alla tenacia e alla caparbietà che lo contraddistinguono, nonché all'aiuto dello stesso Rosas che lo guida dalla sua cella con le sue brillanti intuizioni, Sarti Antonio arriva a un'altra verità, ben più complessa e scomoda, che coinvolge servizi segreti deviati e mandanti insospettabili.

PRIMO PIANO

1 **alce selvaggio:** nome in codice utilizzato per le comunicazioni via radio, con lo scopo di non rivelare la vera identità degli interlocutori.
2 **ventuno gamma [...] cuccia:** anche in questo caso si tratta di un linguaggio cifrato e in codice.
3 **brigate rivoluzionarie:** nome di un gruppo anarchico-sovversivo.
4 **colite:** disturbo intestinale di cui Sarti Antonio soffre da sempre.
5 **capitalismo:** insieme di teorie intese a giustificare l'esistenza della proprietà privata e a spiegare il funzionamento dei mercati ad essa connessi; più in generale, da un punto di vista politico, si intende il regime economico e di produzione tipico delle civiltà occidentali avanzate, basato sull'arricchimento, sul monopolio e sulla detenzione di ricchezza (in denaro) e di potere (economico, sociale e politico). È la forma di sistema che i gruppi rivoluzionari, anarchici o di sinistra, vogliono contrastare e abbattere.
6 **neo imperialista:** l'imperialismo è l'azione dei governi tesa a imporre la propria egemonia su altri Paesi per sfruttarli da un punto di vista economico assumendo il controllo delle fonti energetiche e delle materie prime che si sviluppa nei secoli XIX e XX. Il neo imperialismo è la tendenza, ancora attuale ai nostri giorni, di alcuni Paesi industrializzati a prevaricarne altri meno sviluppati.
7 **Paderno:** località sui colli bolognesi, a pochi chilometri dalla città.

8 **magnum:** tipo di pistola, piccola e maneggevole. Ne esistono di vari modelli, in generale si tratta del tipo di arma da fuoco commercialmente prodotta più potente al mondo.

9 **pomiciare:** espressione gergale che sta per "amoreggiare".
10 **auto di traverso:** l'autovettura della polizia parcheggiata di traverso, in mezzo alla strada, per sbarrare l'accesso alle altre auto in transito: in pratica, un posto di blocco.

11 **Dunque, è vero come si dice:** la voce fuori campo è quella di Raimondi Cesare, il capo di Sarti Antonio («è vero come si dice» è una delle sue espressioni preferite).

12 **gruppo extraparlamentare:** movimento politico non rappresentato in parlamento per insufficienza di elettori o per il rifiuto del gruppo stesso delle logiche e delle dinamiche parlamentari. Negli anni Settanta i gruppi extraparlamentari erano molto diffusi, soprattutto negli ambienti di sinistra, e radunavano studenti universitari, giovani e operai scontenti del sistema di governo e in opposizione ad esso.

13 **diffidato:** chi ha ricevuto dall'autorità giudiziaria una diffida, atto formale col quale si intima a una persona di compiere o non compiere una determinata azione.

14 **invertito:** modo arcaico per indicare un omosessuale.

15 **ricchione:** omosessuale (il termine è gergale e dispregiativo).

ANALISI DEL TESTO

I temi

I riferimenti storici e politici
Le vignette di Gianni Materazzo sono la trasposizione grafica del primo romanzo e quindi della prima avventura di Sarti Antonio, raccontata dallo scrittore bolognese Loriano Macchiavelli, che ha per titolo *Le piste dell'attentato*. La prima pubblicazione del romanzo risale al 1974.
Come in altri romanzi e racconti di Loriano Macchiavelli, la scelta di genere nasconde altri interessi. Il tema ricorrente, qui come in altri testi, è quello politico, con particolare riferimento al clima degli anni Settanta. Sono gli anni del **terrorismo**, i cosiddetti "**anni di piombo**", tristemente passati alla storia per la scia di sangue che hanno lasciato dietro di sé, per gli attentati, dalle bombe piazzate in luoghi pubblici agli agguati a magistrati, giornalisti e cariche dello Stato che si sono occupate di terrorismo. L'attentato di Paderno è emblematico in questo senso perché rientra nella logica della violenza e del terrore che imperava in quegli anni e da cui nessuno poteva considerarsi immune. Bologna diventa negli anni Settanta il teatro di questi scontri, tra la Questura e i vari gruppi sovversivi costituiti per lo più di giovani e di studenti, che vogliono cambiare il mondo sradicando il sistema politico e sociale esistente.

Le tecniche narrative

I luoghi
I luoghi della narrazione sono molteplici, ripresi in fotogrammi significativi. Dalla stazione radio dell'Esercito in cui scoppia la bomba l'attenzione si sposta prima su Sarti Antonio e Felice Cantoni di pattuglia in una serata qualsiasi, poi si sposta nuovamente sul luogo dell'attentato, per lanciarsi nell'inseguimento rocambolesco di un'auto sospetta. Quindi si ritorna in un luogo chiuso (gli uffici della Questura), per tornare all'aria aperta, di nuovo sul luogo dell'attentato dove Sarti Antonio e Felice Cantoni si recano il giorno successivo per raccogliere indizi e testimonianze. **Luoghi e personaggi sono raffigurati con i tratti essenziali che li caratterizzano**: i militari con la mimetica addosso, Sarti Antonio e Felice Cantoni con gli abiti sgualciti alla fine di un pattugliamento, nell'auto n. 28 sono riconoscibilissime le linee di una Fiat, l'abito della ragazza fermata per errore ha le forme tipiche della moda degli anni Settanta, così pure l'abbigliamento trasandato dei tre indiziati, nonché quello molto più ricercato ed elegante di Raimondi Cesare. Sullo sfondo ci sono i palazzoni tipici della città o i campi della periferia, gli uffici della Questura hanno l'aria triste e un po' decadente degli uffici pubblici, con la parete di fondo dall'intonaco scrostato e una mappa appesa.

Il protagonista
Protagonista del fumetto, come dell'intera serie di romanzi di Macchiavelli, è **Sarti Antonio**. La scelta di invertire nome e cognome è voluta e contribuisce a caratterizzare il personaggio, rafforzando quell'aura di goffaggine e impotenza che lo contraddistingue. Sarti Antonio è un anti-eroe, molto lontano dagli investigatori dei romanzi noir o polizieschi d'oltre Oceano; perennemente affetto da attacchi di colite che lo colgono nei momenti meno opportuni, con gli abiti sgualciti e i capelli spettinati, senza grandi mezzi a disposizione su cui poter contare, si muove spesso inconsapevole e disorientato per le strade di Bologna, nel tentativo disperato di trovare la verità in casi sempre molto complicati e difficili da risolvere, cercando anche di evitare le ramanzine del suo diretto superiore, Raimondi Cesare. Per contro, Sarti Antonio è una **persona dotata di grande umanità e sensibilità**: non ha i modi arroganti del suo capo, non ha la mentalità da burocrate, è sinceramente turbato dalla violenza che si scatena attorno a lui e animato da tenacia e determinazione quasi ossessive nel trovare i colpevoli.

Gli altri personaggi
Accanto a Sarti Antonio ci sono i personaggi minori: **Felice Cantoni**, suo fedele collaboratore e autista dell'auto n. 28, pronto a condurre il suo capo ovunque; **Raimondi Cesare**, con l'aria arrogante e saccente dei superiori, sempre pronto a brontolare, trattare con sufficienza gli altri, sbrigativo e scorbutico con l'unico intento di arrivare presto alla soluzione del caso e non avere rogne.

Le tecniche espressive

Varietà di linguaggio
Il linguaggio utilizzato rispecchia lo stile dei diversi personaggi che si affacciano nella narrazione. Sarti Antonio e Felice Cantoni sono **poliziotti di strada**, il loro è un **linguaggio scarno**, essenziale; la parolaccia, l'imprecazione fanno parte del mestiere, dell'avere a che fare ogni giorno con situazioni al limite della tolleranza. Il **linguaggio** di Raimondi Cesare, capo di Sarti Antonio,

invece, è di tutt'altro spessore: vuol essere **ricercato**, a partire dall'intercalare continuo «è vero come si dice», che rappresenta un segno distintivo del personaggio.

La grafica
Nel fumetto, gran parte dell'**espressività del testo** è affidata, oltre che alle battute dei personaggi, alla maestria del disegnatore. I disegni esprimono quello che l'autore descrive e che il lettore, fino a questo momento, poteva soltanto immaginare. Nel fumetto, Sarti Antonio ha dei tratti puramente caratteriali: la sua testardaggine, la sua onestà, la grande sensibilità verso gli innocenti, le vittime della società, i più umili e indifesi vengono trasposte in un'immagine, in un ritratto, quello di un uomo dai capelli folti, scuri, arruffati e spettinati, il mento squadrato, la barba incolta, le sopracciglia aggrottate. Anche gli altri personaggi, allo stesso modo, prendono forma: Felice Cantoni è un ragazzotto biondo, con l'aria un po' strafottente (la sigaretta in bocca un po' di sbieco), con addosso una giacchetta a scacchi tipicamente anni Settanta; Raimondi Cesare è il burocrate ben vestito di cui abbiamo detto.

LABORATORIO SUL TESTO

Conoscenze

Comprensione

1. **Da quale gruppo terroristico viene diramato il messaggio radio intercettato dalla stazione dei militari?**

2. **Quando Sarti Antonio e l'agente Felice Cantoni vengono chiamati sul luogo dell'attentato, che cosa sono intenti a fare?**

3. **Chi è a bordo della Ford che Sarti Antonio e Felice Cantoni intercettano?**

4. **Sarti Antonio e Felice Cantoni intercettano un'altra vettura. Per quale ragione la considerano un'auto sospetta?**

5. **Chi sono i tre indiziati fermati da Sarti Antonio e Felice Cantoni e accompagnati in Questura? Riporta le generalità di ciascuno di essi, come elencate nel testo.**

6. **Quali sono i pensieri di Sarti Antonio, tornando, il giorno dopo, sul luogo dell'attentato?**

Analisi

7. **In quali luoghi è ambientata la vicenda narrata?**

8. **Secondo te, in quale momento dell'anno si svolgono i fatti narrati? Su quali particolari basi la tua risposta?**

9. **Secondo te, quali particolari fisici del personaggio di Sarti Antonio, messi in risalto dal disegnatore, corrispondono o sono esplicativi di determinate caratteristiche caratteriali del personaggio?**

10. **Come definiresti il rapporto tra Sarti Antonio e Raimondi Cesare?**

Conoscenze lessicali

11. **Nel fumetto compaiono delle parole onomatopeiche. Elencale e spiega che cosa indicano.**

12. **Nel testo sono presenti espressioni colloquiali e/o gergali? Quali?**

Conoscenze grammaticali

13. **Indica un sinonimo dei termini sottoelencati, specificando, per ciascuno di essi, se si tratta di un sostantivo, di un aggettivo o di un verbo.**

a) sospetto b) individui c) scherzo d) interrogare

Abilità e competenze

Scrittura e interpretazione

1. **Crea un tuo personaggio, descrivilo fisicamente e poi prova a disegnarlo. Quali aspetti fisici porresti maggiormente in risalto? La raffigurazione grafica del tuo personaggio corrisponde alla descrizione fisica che ne hai fornito?**

UNITÀ 6
La fantascienza

Il racconto di fantascienza

Le origini del genere

La fantascienza è un genere letterario che è difficile confinare in ambiti rigidi e predefiniti.

I temi che confluiscono sotto la dicitura *science fiction* (o 'fantascienza' in italiano) sono così vari e multiformi da rendere difficile una definizione unilaterale.

Il termine *"science fiction"* nasce negli Stati Uniti nel 1926 con la pubblicazione della prima rivista specializzata «Amazing Stories» ('Storie stupefacenti') creata negli Stati Uniti da Hugo Gernsback con l'ambizione di rinnovare il panorama dell'editoria americana. Nei primi numeri la rivista pubblica storie di tre scrittori presi a modello: Edgar Allan Poe, Herbert G. Wells, Jules Verne.

Nascono in seguito molte altre riviste e si affermano nuovi scrittori. Lentamente, anche lo spazio editoriale della fantascienza va mutando. Nel 1946 due editori decidono di pubblicare due antologie: *The best of Science Fiction* e *Adventures in Time and Space*. Da questo momento il genere inizia ad essere considerato anche dal punto di vista critico. Intorno agli **anni Cinquanta** compare anche in Italia la prima rivista specializzata, «Scienza fantastica».

L'affermazione del genere è legata allo sviluppo scientifico e tecnologico che, a partire dalla metà del Settecento, ridisegna completamente il mondo, modificando in modo radicale la civiltà.

Illustrazione di Luigi Aldeghieri per *Dalla Terra alla Luna* di Jules Verne.

Sorgono anche nuove preoccupazioni e paure, spesso scaturite dal contrasto tra l'esigenza umana di conoscere e modificare la natura e le conseguenze negative che tali trasformazioni possono apportare al futuro dell'umanità.

Le storie di fantascienza sono caratterizzate dall'**ambientazione nel futuro o in mondi paralleli o possibili**, da **situazioni estreme, paradossali**, spesso provocatorie o, più semplicemente, di evasione fantastica, che sfruttano elementi di immediata presa sul pubblico come il fascino dell'ignoto, del diverso e dell'imprevisto. Questi elementi si fondono in un **ritmo narrativo coinvolgente**, che mantiene sempre desta l'attenzione sino alla fine della vicenda.

I precursori del genere

Tra i precursori del genere annoveriamo lo scrittore greco Luciano di Samosata (*Storia vera*, II secolo d.C.), i francesi Savien de Cyrano de Bergerac (*L'altro mondo*, 1657), Voltaire (*Micromega*, 1752) e la scrittrice inglese Mary Shelley, nel cui *Frankenstein* (1818) prende forma per la prima volta una creatura artificiale creata da uno scienziato.

Il genere trova però effettiva origine nel clima positivistico del **secondo Ottocento**, con i romanzi di **Jules Verne** (*Viaggio al centro della Terra*, 1864; *Dalla Terra alla Luna*, 1865; *Intorno alla Luna*, 1870) e di **Herbert George Wells** (*La macchina del tempo*, 1895; *L'isola del dottor Moreau*, 1896; *La guerra dei mondi*, 1898).

• Le strade della fantascienza

A partire da Verne e Wells si riconoscono almeno **due strade** seguite dalla fantascienza. **Una** è legata alla tradizione del **romanzo di avventure**, in cui si accentua la verosimiglianza, si rendono cioè credibili le storie straordinarie e le macchine prodigiose, per conservare in questo modo l'intento didascalico, di divulgazione delle scoperte scientifiche. **L'altra** strada utilizza sempre gli elementi avventurosi (viaggio nel tempo, guerre con altri mondi ecc.) ma **per criticare la realtà presente**, lasciando quindi in secondo piano i contenuti tecnologici.

• Fantascienza e mondo presente

Le storie fantascientifiche quindi nascono sia dalla proiezione di speranze o di utopie liberatorie (dettate dalla fiducia nella scienza e nella tecnica del mondo moderno), sia dai disagi e dalle contraddizioni presenti nella stessa **società moderna**, come nella cosiddetta fantascienza "antiutopistica", i cui esempi più noti sono *Il mondo nuovo* (1932) di **Aldous Leonard Huxley** e *1984* (1949) di **George Orwell**. Agli **inizi del Novecento**, negli Stati Uniti la fantascienza, la cui vasta popolarità è testimoniata dalla pubblicazione di numerose collane e riviste specializzate, vede la presenza di temi legati all'avventura, ma soprattutto cominciano a diffondersi racconti con la presenza di alieni, mostri e automi. Autori di *space operas*, come vennero chiamate, furono: Edmond Hamilton, Murray Leinster e soprattutto, a partire dalla fine degli anni Trenta, John Wood Campbell, Robert Anson Heinlein, Alfred Van Vogt, Eric Frank Russell.

Nel **dopoguerra** vanno ricordati, per la quantità e la qualità delle opere, che hanno portato il genere ai più alti livelli, gli americani **Isaac Asimov** (autore, fra l'altro, della celeberrima *Trilogia galattica, 1951-1953*), **Ray Bradbury** (di cui ricordiamo *Fahrenheit 451*, 1953), **Clifford Simak** e **Fredric Brown**; gli inglesi **Arthur Clarke**, **John Wyndham**, **James Ballard**.

Dagli **anni Sessanta** del Novecento la fantascienza si arricchisce di nuove tematiche (droga, psicanalisi, misticismo) e raggiunge un livello di particolare interesse e intensità soprattutto con **Philip Kindred Dick**, **Kurt Vonnegut** e il polacco **Stanislaw Lem**.

• Il cyberpunk

Negli **anni Ottanta** del Novecento, sulla spinta del successo ottenuto dal romanzo *Neuromante* dello scrittore **William Gibson**, nasce una nuova branca della fantascienza: la **letteratura *cyberpunk*,** legata alle teorie sullo sviluppo dell'informatica e del computer. Questo nuovo filone cerca di sviluppare nella fantascienza le tematiche più estreme della nuova rivoluzione industriale e, in particolare, della cibernetica, coniugandole con le prospettive trasgressive delle ideologie *punk*.

Uno dei centri fondamentali della narrativa *cyberpunk* sarà proprio l'ibridazione uomo-macchina che porta da una parte al *cyborg*, l'organismo organico-inorganico, e dall'altra alla macchina reinterpretatata in chiave *software*, all'intelligenza artificiale. Non si tratta quindi di produrre un immaginario partendo dalla realtà, ma si va rapidamente verso i concetti di "iperrealtà" o di "transrealismo".

Blade Runner, film del 1982 di Ridley Scott, liberamente ispirato al romanzo *Il cacciatore di androidi* di Philip K. Dick.

Fredric Brown
Sentinella

ascolto

OPERA	ANNO	LINGUA	GENERE	TEMI
Sentinella	1954	inglese	racconto breve	• la relatività dei punti di vista. • un messaggio di uguaglianza tra gli uomini

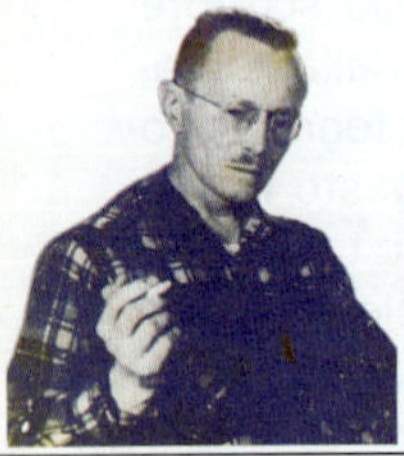

L'AUTORE

Fredric Brown (Cincinnati, 29 ottobre 1906 - Tucson, 11 marzo 1972) è stato uno scrittore statunitense di fantascienza e di gialli, noto soprattutto per la sua capacità di scrivere racconti brevi con una vena umoristica ed evocativa. Il suo primo racconto di fantascienza, *Not Yet the End* (Non è ancora finita) venne pubblicato in «Captain Future» del 1941. Molti dei racconti che seguirono erano brevi, praticamente scherzi estesi piuttosto che racconti veri e propri, ma scritti con uno stile che affascinava e con una rara capacità di sintesi. Spesso il tono leggero era un pretesto per mettere in ridicolo i pregiudizi su temi drammatici come la guerra e la corsa agli armamenti. Uno dei suoi racconti più famosi in assoluto è probabilmente *Sentinella*. Brown portò lo stesso umorismo anche nei suoi romanzi. Il suo romanzo di fantascienza *Assurdo universo* (1949) gioca con gli stereotipi convenzionali del genere, gettando l'editore di una rivista pulp in un mondo parallelo basato non sulle storie che pubblica, ma piuttosto su quello che il redattore pensa che immagini il tipico appassionato di queste storie. Analogamente *Marziani andate a casa*! (1955) descrive un'invasione marziana attraverso gli occhi di uno scrittore di romanzi di fantascienza. Uno dei suoi racconti più famosi, *Arena*, venne usato come base per l'episodio omonimo della serie televisiva *Star Trek*. La sua fama è comunque legata a circa trecento racconti, tra cui spiccano quelli brevi e con finale a sorpresa come in *Sentinella*.

Questo brevissimo racconto è considerato un classico della narrativa fantascientifica. Il protagonista è un soldato in una guerra interplanetaria contro una specie aliena e si trova su uno sperduto pianeta, a cinquantamila anni luce da casa. Sta sorvegliando la sua posizione in trincea, prova nostalgia e soffre per l'ambiente ostile e per le privazioni causate dalla guerra. Ad un tratto un nemico tenta di avvicinarsi, ma lui lo vede e lo uccide. Nelle ultime frasi del racconto, però, avviene un colpo di scena...

COMPETENZE LINGUISTICHE

Era bagnato fradicio **e** coperto di fango **e** aveva fame **e** freddo **e**d era lontano cinquantamila anni-luce da casa.

Un sole straniero dava una gelida luce azzurra e la gravità, doppia di quella cui era abituato, faceva d'ogni movimento un'agonia di fatica. Ma dopo decine di migliaia d'anni quest'angolo di guerra non era cambiato. Era comodo per quelli dell'aviazione, con le loro astronavi tirate a lucido e le loro superarmi; ma quando si arrivava al dunque, toccava ancora al soldato di terra, alla fanteria, prendere la posizione e tenerla, col sangue, palmo a palmo. Come questo pianeta di una stella mai sentita nominare finché non ce lo avevano sbarcato.

E adesso era suolo sacro perché c'era arrivato anche il nemico. Il nemico, l'unica altra razza intelligente della Galassia... crudeli, schifosi, ripugnanti mostri.

SEGNALIBRO

La sentinella e altre storie di fantascienza, Morano, Napoli-Milano 1990. Traduzione di Carlo Fruttero

il piacere di leggere

I tanti brevi racconti contenuti ne *La sentinella e altre storie di fantascienza* prospettano una fantascienza che ci pone davanti agli interrogativi creati dai grandi progressi della scienza e della tecnica: razzismo interplanetario, viaggi nel tempo, intelligenze artificiali. Maestro nel rovesciamento finale, nel colpo di scena che ribalta ogni aspettativa logica, nei suoi racconti Brown spazia tra umorismo, horror, avventura. Lo stile di Brown è lucido, preciso, sempre efficace nel creare la tensione e l'atmosfera drammatica dei suoi racconti, i quali non mirano a dipingere meravigliosi mondi futuri, ma a sottolineare gli aspetti più pericolosi e ambigui.

Il primo contatto era avvenuto vicino al centro della Galassia, dopo la lenta e difficile colonizzazione di qualche migliaio di pianeti; ed era stata la guerra, subito. Quelli avevano cominciato a sparare senza nemmeno tentare un accordo, una soluzione pacifica.

E adesso, pianeta per pianeta, bisognava combattere, coi denti e con le unghie.

COMPETENZE LINGUISTICHE

Era bagnato fradicio **e** coperto di fango **e** aveva fame e freddo, **e** il giorno **era** livido **e** spazzato da un vento violento che gli faceva male agli occhi. **Ma** i nemici tentavano d'infiltrarsi **e** ogni avamposto era vitale.

Stava all'erta, il fucile pronto. Lontano cinquantamila anni-luce dalla patria, a combattere su un mondo straniero e a chiedersi se ce l'avrebbe mai fatta a riportare a casa la pelle.

E allora vide uno di loro strisciare verso di lui. Prese la mira e fece fuoco.

Il nemico emise quel verso strano, agghiacciante, che tutti loro facevano, poi non si mosse più.

Il verso e la vista del cadavere lo fecero rabbrividire. Molti, col passare del tempo, s'erano abituati, non ci facevano più caso, ma lui no. Erano creature troppo schifose, con solo due braccia e due gambe, la pelle d'un bianco nauseante, e senza squame.

COMPETENZE LINGUISTICHE → *Riflettiamo sulle congiunzioni*

Nel brano

Osservando il periodo con cui si apre il brano vediamo che sono evidenziate le parole la cui funzione di legame risulta subito evidente. Esse sono **congiunzioni**, ossia parti invariabili del discorso che hanno la funzione di congiungere tra loro, in modo logico, due parole di una stessa proposizione o due proposizioni in un periodo.
Nel nostro caso la congiunzione **e** ha una **forma semplice** e una **funzione coordinante** e stabilisce un legame di tipo **copulativo** in quanto collega tra di loro elementi simili.

L'importanza delle congiunzioni

Le congiunzioni svolgono un ruolo connettivo (di collegamento) nel tessuto del discorso, ruolo di massima importanza in quanto esse riflettono il processo logico dei nostri pensieri, le varie relazioni (di continuità, di causa, di fine, di conseguenza, di dubbio, ecc.) tra le nostre idee.

Le congiunzioni e lo stile dell'autore

Nel nostro brano la ripetizione nell'*incipit* della congiunzione **e** riflette lo stato d'animo del protagonista che si trova in difficoltà in un mondo sconosciuto e lontanissimo da casa. L'inospitalità di quel mondo traspare soprattutto da due parole: «gelida» e «agonia» del periodo seguente.
L'*incipit* del brano conferisce un'impronta semplicistica e infantile al discorso, catturando l'attenzione e la simpatia del lettore e lo induce a identificarsi con il protagonista condividendone le sofferenze fisiche e psicologiche.
La congiunzione avversativa **ma** viene usata pochissime volte, per introdurre due concetti opposti e contrastanti. La congiunzione che predomina nel testo è sempre la congiunzione copulativa **e** di cui l'autore si serve per comunicare il suo punto di vista e la sua visione della vita.

Per ripassare, consultare e approfondire **La congiunzione** vai a pag. 787.

ANALISI DEL TESTO

I temi

Un messaggio di uguaglianza
Attraverso l'uso di una particolare tecnica narrativa (vedi più avanti "Il punto di vista") l'autore ci fa comprendere come tutto sia relativo, come sia assurda la nostra arroganza di esseri umani superiori a tutti, facendoci così riflettere su un messaggio di uguaglianza universale.

Questo racconto ribalta i canoni di quella che era la fantascienza tradizionale: il soldato, solo nella terra aliena, coperto di fango e immerso nell'orrore della guerra, non ha colore né razza né bandiera. Il racconto quindi è un atto di accusa contro tutti i razzismi e contro la convinzione di alcuni popoli di essere superiori ad altri.

Le tecniche narrative

L'*incipit*
Il racconto inizia ***in medias res***, subito il lettore è immesso nel clima della storia. I primi due capoversi introducono l'ambiente e il contesto narrativo. Il protagonista si trova in un mondo sconosciuto e ostile. Ogni parola della prima frase comunica difficoltà e disagio, resi attraverso un elenco per accumulo. L'inospitalità di quel mondo traspare soprattutto da due parole: «gelida» e «agonia».

La tecnica della regressione
Dopo l'*incipit*, elementi, eventi e personaggi essenziali per la comprensione della vicenda, comparsi in un tempo anteriore a quello dell'inizio del racconto verranno ripresi più avanti mediante un recupero che implica un "tornare indietro", una regressione. Infatti alla prima sequenza, che già caratterizza il personaggio e il suo stato d'animo («Era bagnato fradicio... una agonia di fatica»), ne segue una più lunga («Ma dopo decine di migliaia d'anni... bisognava combattere, coi denti e con le unghie») che inquadra eventi, avvenuti nel passato, indispensabili per capire la situazione presentata nella prima sequenza.

Il protagonista
Il protagonista è l'unico personaggio, portavoce di rabbia e disagio per essersi trovato in guerra con una razza particolarmente ripugnante: gli umani.
Non vi sono dunque grandi descrizioni riguardo ai personaggi.

Spazio e tempo
La vicenda è ambientata in una galassia sconosciuta, tutti i luoghi sono esterni ed immaginari.
La **descrizione** degli ambienti è **generica**, effettuata direttamente dal narratore. Durante tutto il romanzo, non viene specificato mai il tempo, si parla solo di futuro, un futuro indeterminato, privo di indicatori di tempo e riferimenti storici precisi.

Il punto di vista
Il narratore esterno assume il **punto di vista del protagonista** che vede i nemici come «crudeli, schifosi, ripugnanti mostri». Il lettore è spinto a identificarsi con il protagonista condividendone le sofferenze fisiche e psicologiche e considerandone «mostruoso» il nemico che striscia ed emette un «verso strano». L'adozione del punto di vista interno che coincide con quello del protagonista consente all'autore di esprimere il suo giudizio negativo nei confronti degli esseri umani in cui albergano sentimenti di razzismo e di odio per lo straniero (xenofobia).

L'effetto sorpresa
Nel racconto non viene fornito alcun ragguaglio sull'aspetto fisico, sul luogo di provenienza e sulle abitudini sociali del soldato sentinella. Il lettore non può assolutamente sospettare la sorpresa finale: quel povero essere solo e in condizioni precarie non è un uomo che combatte contro gli alieni, ma un alieno che combatte contro gli uomini.

Le tecniche espressive

Ritmo vivace
La narrazione procede in modo asciutto e con un ritmo vivace che coinvolge subito il lettore nella narrazione. La ripetizione della frase «Era bagnato» e l'uso del **discorso indiretto libero** contribuisce a indirizzare la simpatia e la solidarietà del lettore verso la sentinella. Il **registro** stilistico è **medio**, con una leggera dose di umorismo sarcastico. Il **lessico** è abbastanza **semplice** e comune.

LABORATORIO SUL TESTO

Comprensione

1. **Il narratore è umano o alieno?**

2. **Che sentimenti prova il narratore nei confronti del nemico?**

[A] pena [B] disgusto [C] invidia [D] rabbia
[E] rancore [F] commiserazione [G] autocommiserazione [H] paura

3. **Cosa pensa il narratore del suo ruolo di soldato di fanteria?**

[A] trova che sia un lavoro importante e gratificante
[B] trova che sia un lavoro ingrato e ingiusto
[C] trova che sia un lavoro ingrato perché altri hanno mansioni più facili
[D] trova che sia disgustoso affrontare un nemico ripugnante

Analisi

4. **Da quale punto di vista vengono raccontati gli avvenimenti?**

5. **Individua i punti in cui la narrazione fa riferimento ad avvenimenti precedentemente accaduti (analessi) e spiega la funzione di questa tecnica all'interno della vicenda narrata.**

Conoscenze lessicali

6. **Spiega con parole tue le seguenti espressioni popolari contenute nel brano antologizzato.**

a) arrivare al dunque b) riportare a casa la pelle

7. **Rintraccia e sottolinea nel testo tutte le espressioni tipiche del lessico di tipo militare.**

8. **Trova il significato dei termini "umanoide" e "panico" e di ciascuno individua poi un sinonimo.**

Conoscenze grammaticali

9. **Dividi il periodo in proposizioni e indica qual è la proposizione principale.**

Il primo contatto era avvenuto vicino al centro della Galassia, dopo la lenta e difficile colonizzazione di qualche migliaio di pianeti; ed era stata la guerra, subito; quelli avevano cominciato a sparare senza nemmeno tentare un accordo, una soluzione pacifica.

❯ *Abilità e competenze*

Scrittura e interpretazione

1. **Scrivi anche tu un brevissimo racconto basato su due personaggi e usando lo stesso schema narrativo utilizzato in *Sentinella*, cioè calcolando e dosando con astuzia le informazioni da dare al lettore. Procedi così**

- pensa ad una situazione che possa essere considerata "un colpo di scena"; questo sarà il tuo finale
- pensa all'ambiente in cui il tuo colpo di scena si svolgerà
- pensa ai personaggi protagonisti del colpo di scena
- ora costruisci una situazione di partenza, facendo in modo che il lettore non possa sospettare nulla della sorpresa finale.

Ascoltare, argomentare e confrontarsi

2. **La genialità di Brown consiste nell'avere semplicemente effettuato il rovesciamento della tipica situazione da racconto di fantascienza. Fino all'ultimo, l'autore ci fa credere che il protagonista sia un terrestre, insinuando, fra l'altro, un minuscolo ma tenace tarlo nelle nostre menti: siamo proprio sicuri che i mostri siano gli altri? Questo interrogativo può essere l'inizio di un confronto in classe con i tuoi compagni per una riflessione comune sulla relatività dei punti di vista.**

Isaac Asimov
Chissà come si divertivano!

testo facilitato
ascolto

OPERA	ANNO	LINGUA	GENERE	TEMA
Tutti i racconti	1991	inglese	racconto	• la scuola del futuro

L'AUTORE

Isaac Asimov (1920-1992) è stato un biochimico, scrittore, autore di fantascienza e divulgatore scientifico statunitense di origine sovietica. Le sue opere sono considerate una pietra miliare sia nel campo della fantascienza sia in quello della divulgazione scientifica. Uomo di grande cultura, è autore di una vastissima e variegata produzione, stimata intorno a 500 volumi.
Con la raccolta di racconti *Io, robot* (1950) è stato tra i primi ad introdurre nella fantascienza la robotica. La sua opera più nota è *La trilogia galattica* composta da *Cronache della galassia* (1951), *Il crollo della galassia centrale* (1952), *L'altra faccia della spirale* (1953).
Negli ultimi anni della sua vita si dedicò alla divulgazione scientifica sui temi più disparati. Nel 1992 ottenne l'ultimo dei suoi sei premi Hugo, per il racconto *Gold*. È morto a New York il 6 aprile 1992.

Il racconto è ambientato nel 2157. Due ragazzi, Margie e Tommy, scoprono in soffitta un vecchio libro a stampa, residuo di un'epoca ormai lontana.

1

Margie lo scrisse perfino nel suo diario, quella sera. Sulla pagina che portava la data 17 maggio 2157, scrisse: "Oggi Tommy ha trovato un vero libro!"

Era un libro antichissimo. Il nonno di Margie aveva detto una volta che, quand'era bambino lui, suo nonno gli aveva detto che c'era stata un'epoca in cui tutte le storie e i racconti erano stampati su carta.

Si voltavano le pagine, che erano gialle e fruscianti, ed era buffissimo leggere parole che se ne stavano ferme invece di muoversi, com'era previsto che facessero: su uno schermo, è

logico. E poi, quando si tornava alla pagina precedente, sopra c'erano le stesse parole che loro avevano già letto la prima volta.

– Mamma mia, che spreco – disse Tommy. – Quando uno è arrivato in fondo al libro, che cosa fa? Lo butta via, immagino. Il nostro schermo televisivo deve avere avuto un milione di libri, sopra, ed è ancora buono per chissà quanti altri. Chi si sognerebbe di buttarlo via?

– Lo stesso vale per il mio – disse Margie. Aveva undici anni, lei, e non aveva visto tanti telelibri[1] quanti ne aveva visti Tommy. Lui di anni ne aveva tredici.

– Dove l'hai trovato? – gli domandò.

– In casa. – Indicò senza guardare, perché era occupatissimo a leggere. – In solaio.

– Di cosa parla?

– Di scuola.

– Di scuola? – Il tono di Margie era sprezzante. – Cosa c'è da scrivere, sulla scuola? Io, la scuola, la odio.

Margie aveva sempre odiato la scuola, ma ora la odiava più che mai. L'insegnante meccanico le aveva assegnato un test dopo l'altro di geografia, e lei aveva risposto sempre peggio, finché la madre aveva scosso la testa, avvilita, e aveva mandato a chiamare l'Ispettore della Contea.

Era un omino tondo tondo, l'Ispettore, con una faccia rossa e uno scatolone di arnesi con fili e con quadranti. Aveva sorriso a Margie e le aveva offerto una mela, poi aveva smontato l'insegnante in tanti pezzi.

Margie aveva sperato che poi non sapesse più come rimetterli insieme, ma lui lo sapeva e, in poco più di un'ora, l'insegnante era di nuovo tutto intero, largo, nero e brutto, con un grosso schermo sul quale erano illustrate tutte le lezioni e venivano scritte tutte le domande.

2

Ma non era quello, il peggio. La cosa che Margie odiava soprattutto era la fessura dove lei doveva infilare i compiti e i testi compilati. Le toccava scriverli in un codice perforato che le avevano fatto imparare quando aveva sei anni, e il maestro meccanico calcolava i voti a una velocità spaventosa.

L'ispettore aveva sorriso, una volta finito il lavoro, e aveva accarezzato la testa di Margie. Alla mamma aveva detto: – Non è colpa della bambina, signora Jones. Secondo me, il settore geografia era regolato male. Sa, sono inconvenienti che capitano, a volte.

1 **telelibri:** libri che si leggono sopra uno schermo televisivo.

SEGNALIBRO

Tutti i racconti, Mondadori, Milano 1991.
Traduzione di Hilia Brinis

il piacere di leggere

Secondo Isaac Asimov i robot sarebbero stati costruiti secondo tre leggi fondamentali. Nell'ordine: proteggere l'uomo, obbedire all'uomo, proteggere se stessi. La *U.S. Robots & Mechanical Men Corp.*, leader mondiale nella costruzione dei robot, sarebbe stata fondata nel 1982, nel 2000 i robot sarebbero diventati così bravi che i sindacati ne avrebbero permesso l'utilizzo solo sulle stazioni spaziali, il volo interstellare sarebbe stato inventato attorno al 2030 con il contributo decisivo di un robot, il primo governo mondiale sarebbe entrato in carica nel 2044 sotto la supervisione delle Macchine.
Tutti questi avvenimenti, insieme ad altri episodi curiosi, vengono narrati in una serie di racconti in cui Asimov fa parlare Susan Calvin, robopsicologa e personaggio-chiave della *U.S. Robots*. Robot indistinguibili dall'uomo, robot inviati nello spazio a compiere lavori ingrati, automobili coscienti, robot chirurghi, robot artisti, macchine che pianificano l'economia mondiale: tutti si trovano in questa raccolta di racconti pubblicati dagli anni '40 agli anni '70 del Novecento.

L'ho rallentato. Ora è su un livello medio per alunni di dieci anni. Anzi, direi che l'andamento generale dei progressi della scolara sia piuttosto soddisfacente. – E aveva fatto un'altra carezza sulla testa a Margie.

Margie era delusa. Aveva sperato che si portassero via l'insegnante, per ripararlo in officina. Una volta s'erano tenuti quello di Tommy per circa un mese, perché il settore storia era andato completamente a pallino.

Così, disse a Tommy: – Ma come gli viene in mente, a uno, di scrivere un libro sulla scuola?

Tommy la squadrò con aria di superiorità. – Ma non è una scuola come la nostra, stupida! Questo è un tipo di scuola molto antico, come l'avevano centinaia e centinaia di anni fa. – Poi aggiunse altezzosamente,[2] pronunciando la parola con cura. – Secoli fa.

Margie era offesa. – Be' io non so che specie di scuola avessero, tutto quel tempo fa. – Per un po' continuò a sbirciare il libro, china sopra la spalla di lui, poi disse: – In ogni modo, avevano un maestro.

– Certo che avevano un maestro, ma non era un maestro regolare. Era un uomo.

– Un uomo? Come faceva un uomo a fare il maestro?

– Be', spiegava le cose ai ragazzi e alle ragazze, dava da fare dei compiti a casa e faceva delle domande.

– Un uomo non è abbastanza in gamba.

– Sì che lo è. Mio papà ne sa quanto il mio maestro.

– Ma va'! Un uomo non può saperne quanto un maestro.

– Ne sa quasi quanto il maestro, ci scommetto.

Margie non era preparata a mettere in dubbio quell'affermazione. Disse. – Io non ce lo vorrei un estraneo in casa mia, a insegnarmi.

Tommy rise a più non posso. – Non sai proprio niente, Margie. Gli insegnanti non vivevano in casa. Avevano un edificio speciale e tutti i ragazzi andavano là.

– E imparavano tutti la stessa cosa?

– Certo, se avevano la stessa età.

– Ma la mia mamma dice che un insegnante dev'essere regolato perché si adatti alla mente di uno scolaro o di una scolara, e che ogni bambino deve essere istruito in modo diverso.

3

– Sì, però loro a quei tempi non facevano così. Se non ti va, fai a meno di leggere il libro.

– Non ho detto che non mi va, io – sì affrettò a precisare Margie. Certo che voleva leggere di quelle buffe scuole.

Non erano nemmeno a metà del libro quando la signora Jones chiamò: – Margie! A scuola!

Margie guardò in su. – Non ancora, mamma.

– Subito! – disse la signora Jones. – E sarà ora di scuola anche per Tommy, probabilmente.

Margie disse a Tommy: – Posso leggere ancora un po' il libro con te, dopo la scuola?

– Vedremo – rispose lui, con noncuranza. Si allontanò fischiettando, il vecchio libro polveroso stretto sotto il braccio.

Margie se ne andò in classe. L'aula era proprio accanto alla sua cameretta, e l'insegnante meccanico, già in funzione, la stava aspettando. Era in funzione sempre alla stessa ora, tutti i giorni tranne il sabato e la domenica, perché la mamma diceva che le bambine imparavano meglio se imparavano a orari regolari.

Lo schermo era illuminato e diceva – Oggi la lezione di aritmetica è sull'addizione delle frazioni proprie. Prego inserire il compito di ieri nell'apposita fessura.

Margie obbedì, con un sospiro. Stava pensando alle vecchie scuole che c'erano quando il nonno di suo nonno era bambino. Ci andavano i ragazzi di tutto il vicinato, ridevano e vociavano nel cortile, sedevano insieme in classe, torna-

2 **altezzosamente:** con superbia.

vano a casa insieme alla fine della giornata. Imparavano le stesse cose, così potevano darsi una mano a fare i compiti e parlare di quello che avevano da studiare.

E i maestri erano persone...

L'insegnante meccanico faceva lampeggiare sullo schermo: – Quando addizioniamo le frazioni 1/2 + 1/4...

Margie stava pensando ai bambini di quei tempi, e a come dovevano amare la scuola. Chissà, stava pensando, come si divertivano!

ANALISI DEL TESTO

I temi

I libri elettronici

Il racconto risulta estremamente attuale (un fenomeno che si verifica spesso con la narrativa di Asimov), anzi per certi versi il racconto è addirittura profetico: oggi i libri elettronici, i cosiddetti **e-book**, sono una realtà consolidata, prodotti che a prezzi ragionevoli chiunque può acquistare e sfogliare. Non è difficile pensare che in breve tempo le nuove tecnologie modificheranno l'idea stessa di manuale scolastico, e rischieranno di mettere in discussione la figura stessa di insegnante. Fino a dove potrà spingersi questa rivoluzione? Niente più scuola dunque? Ma siamo sicuri che questo sia un reale progresso? Asimov ci propone una diversa prospettiva.

La scuola e i libri

Il racconto di Asimov appartiene a quel filone della fantascienza in cui il futuro sembra togliere anziché aggiungere qualcosa all'esperienza umana. Il testo contiene in effetti una duplice riflessione: la prima sulla scuola, con l'affettuosa evocazione della scuola del XX secolo, così umana se confrontata a quella di un ipotetico futuro dove studenti grandi e piccoli si troveranno a tu per tu con una macchina, senza alcuna possibilità di interagire, neppure con i compagni. Il mondo, e perfino la scuola, a portata di mano, fra le quattro pareti di casa. Lo stesso metodo didattico, che calibra il livello di insegnamento sulle capacità intellettuali del ragazzo, sembra togliere ogni gusto al sapere inteso come conquista, una meta da raggiungere insieme ai compagni di scuola.

La seconda riflessione concerne i libri, oggetti che siamo abituati a vedere, a toccare, a sfogliare. Oggi però, nell'era degli e-book, profetizzata con tanta precisione nel racconto, il mondo dei libri e della lettura sta vivendo una rivoluzione che apre scenari ancora tutti da scoprire.

Le tecniche narrative

I protagonisti Margie e Tommy

Pochi i personaggi, sebbene il racconto abbia forti implicazioni culturali. Al centro della storia troviamo **Margie**, una bambina qualunque, senza particolari attitudini né particolari caratteristiche personali. Il suo problema, come per tanti altri bambini, è la scuola, una scuola ben diversa dalla nostra ma comunque reputata noiosa anzi addirittura odiata. L'amico **Tommy** ha la funzione esclusiva di rivelarle, tramite una lettura casuale, l'organizzazione della scuola di un tempo lontano, che poi sarebbe il nostro.

Gli altri personaggi

Di fronte a Margie stanno le autorità: la madre, l'Ispettore e l'insegnante meccanico, le figure che rappresentano le responsabilità e i doveri. Con queste figure Margie sembra non possa neppure comunicare, ma solo eseguire delle consegne. Da qui il rimpianto, o meglio l'idealizzazione, della scuola di un tempo.

Le tecniche espressive

Dialoghi e fatti

I racconti brevi di Asimov entrano immediatamente nel cuore della situazione: non c'è antefatto né alcuna presentazione dei personaggi, c'è poca psicologia, ci sono invece molti dialoghi e molti fatti. I dettagli che servono vengono rapidamente forniti nel corso dell'azione. Non manca un finale ad effetto che rimane indelebilmente impresso nella memoria del lettore.

Il **linguaggio** è molto **vicino al parlato**, come si nota non soltanto nei dialoghi ma anche in quei passi in cui il narratore riporta i pensieri dei personaggi, ad esempio «il settore storia era andato completamente a pallino». Emerge così dal racconto un piccolo spaccato di vita ordinaria, una famiglia qualsiasi, un ambiente in cui la tecnologia avveniristica è diventata consueta, quasi banale.

LABORATORIO SUL TESTO

Conoscenze

Comprensione

1. Com'erano i libri "di una volta", come quello trovato da Tommy in solaio, rispetto ai libri che leggono abitualmente Margie e lo stesso Tommy?

A nei libri le parole stavano ferme
B nei libri le parole scorrevano
C nei libri le pagine erano luminose
D i libri si buttavano via

2. Come funziona l'insegnante meccanico?

3. Perché Margie odia la fessura nella quale deve infilare i compiti?

4. Ai tempi di Margie e di Tommy

A l'insegnamento è uguale per tutti gli scolari
B ogni bambino è istruito in modo diverso
C c'è lo stesso insegnante per tutti gli scolari
D l'insegnamento avviene a distanza

5. Perché Margie rimpiange le vecchie scuole, come quella descritta nel libro ritrovato da Tommy?

A perché i bambini studiavano volentieri
B perché i bambini studiavano molto di più
C perché i bambini si divertivano
D perché le ore di scuola erano di meno

Analisi

6. In che epoca è ambientata la storia?

A nel passato
B in un futuro prossimo
C in un futuro molto lontano
D nel presente

7. Chi è secondo te il protagonista?

A Margie
B Tommy
C l'Ispettore
D l'insegnante meccanico

Conoscenze lessicali

8. Rileggi il passo che contiene la frase «Vedremo – rispose lui, con noncuranza». Quale espressione dal significato analogo può sostituire «con noncuranza»?

A con negligenza
B con insofferenza
C con indifferenza
D con attenzione

9. Qual è il significato del verbo "sbirciare"?

A guardare di sfuggita
B guardare distrattamente
C origliare
D fissare

Conoscenze grammaticali

10. Come collegheresti fra loro le due frasi «Margie era delusa» e «Aveva sperato che si portassero via l'insegnante»?

A Margie era delusa *ma* aveva sperato che si portassero via l'insegnante
B Margie era delusa *tuttavia* aveva sperato si portassero via l'insegnante
C Margie era delusa *poiché* aveva sperato che si portassero via l'insegnante
D Margie era delusa *dunque* aveva sperato che si portassero via l'insegnante

11. Nella frase «Un uomo non è abbastanza in gamba», il termine «abbastanza» è un avverbio

A di modo
B di quantità
C di tempo
D di luogo

Abilità e competenze

Scrittura e interpretazione

1. **Scrivi un commento al racconto e un giudizio sul tipo di scuola che prevede per i per ragazzi del futuro.**

2.

NAO, un robot umanoide di taglia media, autonomo e programmabile, sviluppato dalla Aldebaran Robotics, società francese di tecnologia.

Di robot come questo se ne vedono sempre più spesso. Ne inventa la pubblicità, popolano i film ad effetti speciali, diventano prototipi dei robot che le industrie tecnologiche più avanzate stanno costruendo per essere venduti come aiutanti domestici e personalizzati. Crea con la tua immaginazione un racconto di fantascienza il cui protagonista è un robot, dotato di intelligenza particolare e immagina di compiere un viaggio insieme a lui.

Ascoltare, argomentare e confrontarsi

3. **Vi piacerebbe avere un computer come insegnante e imparare standovene comodamente a casa? Discutetene in classe cercando di rilevare i pro e i contro di una simile situazione educativa. Alla fine dei vostri interventi create il prototipo dell'insegnante meccanico perfetto elencando tutte le qualità che dovrebbe avere.**

PER LEGGERE E APPROFONDIRE

Solaris

Stanislaw Lem, polacco, uno dei pochi grandi scrittori di fantascienza non anglofoni, è famoso soprattutto per il romanzo *Solaris* (Sellerio, Palermo 2013), noto anche per la versione cinematografica del regista Andrej Tarkowskij del 1972 e per quella più recente, del 2002, di Steven Soderbergh. Recentemente è stato pubblicato in Italia un suo singolare libro di racconti, *Fiabe per robot* (Marcos y Marcos, Milano 2005), raccolta comparsa la prima volta nel 1964. Malgrado abbiano ormai una quarantina d'anni, le singole storie restano sorprendentemente attuali e piacevoli, rappresentative dello spirito originale dell'autore; vogliono essere infatti "le future favole di un mondo di robot", analoghe a quelle tradizionali di Fedro o delle *Mille e una notte.*

Philip Kindred Dick
La rimozione della memoria

al alta leggibilità

OPERA	ANNO	LINGUA	GENERE	TEMA
I labirinti della memoria e altri racconti	1953	inglese	racconto	• la manipolazione della memoria

L'AUTORE

Philip Kindred Dick (Chicago, 1928 - Fullerton, California, 1982), è considerato oggi uno degli autori più interessanti e originali del genere fantascientifico. Le sue opere infatti risentono chiaramente di una formazione letteraria legata alla conoscenza degli autori classici come Huxley, Orwell e Bradbury e riportano i temi caratterizzanti il genere, ma sono arricchite anche da spunti legati al genere fantastico e da motivi autobiografici. Comincia a scrivere racconti nel 1952 e pubblica il primo romanzo, *Il disco di Fiamma*, nel 1955. Dick ha pubblicato un centinaio di racconti e oltre cento romanzi. Ne ricordiamo alcuni: *La svastica sul sole*, 1963; *I simulacri*, 1964; *Il cacciatore di Androidi*, 1968; *Ubik, mio signore*, 1969. L'autobiografismo è soprattutto presente nella celebre *Trilogia di Valis*. Valis è un acronimo, cioè un nome composto utilizzando le iniziali delle parole *Vast Active Intelligence System* (vasto sistema attivo di intelligenza vivente). La trilogia comprende: *La divina invasione* e *Valis*, entrambi del 1981, la trasmigrazione di *Timothy Acher* del 1982, anno dell'improvvisa scomparsa dell'autore.

Il brano che proponiamo è l'inizio del racconto I labirinti della memoria. *Al protagonista, Jennings, un ingegnere, è appena stata cancellata la memoria degli ultimi due anni durante i quali ha lavorato per Earl Rethrick ed è in attesa del suo compenso.*

Tutto a un tratto fu in movimento. Intorno a lui ronzavano dolcemente i motori a reazione. Si trovava su un piccolo incrociatore privato che solcava placidamente il cielo pomeridiano tra una città e l'altra.

«Uh!» esclamò, raddrizzandosi sul sedile e strofinandosi la fronte. Accanto a lui, Earl Rethrick lo stava osservando intensamente, con gli occhi scintillanti.

«Si è ripreso?»

«Dove siamo?» Jennings scosse la testa, cercando di superare quel senso di doloroso stordimento. «O forse dovrei formulare la domanda in un altro modo». Già si era accorto che

non era autunno inoltrato. Era primavera, perché i campi al di sotto del velivolo erano verdi. L'ultima cosa che ricordava era di trovarsi insieme a Rethrick dentro un ascensore. Ed era autunno inoltrato, a New York.

«Sì» disse Rethrick. «Sono passati quasi due anni. Si accorgerà che sono cambiate un sacco di cose. Pochi mesi fa è caduto il governo, ed è stato sostituito da un altro ancora più autoritario. La polizia ha un potere pressoché illimitato; adesso stanno insegnando ai bambini a fare le spie. Ma tutto questo era già nell'aria. Vediamo, che altro è successo? New York è diventata più grande, e ho saputo che hanno terminato di interrare la baia di San Francisco».

«Quello che voglio sapere è che diavolo ho fatto in questi due anni!» Jennings si accese nervosamente una sigaretta, schiacciandola a un'estremità. «Me lo dirà?»

«No. Certo che non glielo dirò».

«Dove stiamo andando?»

«Stiamo tornando all'ufficio di New York. Dove mi ha incontrato per la prima volta. Si ricorda? Forse se ne ricorda meglio di me. In fondo, per lei è passato un giorno o due».

Jennings annuì. Due anni! Due anni della sua vita che se ne erano andati per sempre. Non sembrava possibile. Aveva continuato a pensarci, a discuterne dentro di sé, fino al momento di salire in ascensore. Avrebbe dovuto cambiare idea? Anche se la cosa gli stava per fruttare un bel po' di denaro – ed era davvero tanto, anche per lui – in realtà non sembrava che il gioco valesse poi la candela. Si sarebbe domandato in eterno che cosa aveva fatto in quel periodo. Era legale? Era... Ma a questo punto era inutile fare congetture del genere. Proprio mentre stava cercando di prendere una decisione, era caduto il sipario. Guardò tristemente dal finestrino il cielo pomeridiano. Al di sotto, la terra era umida e viva. Primavera, primavera due anni dopo. E a lui cos'era rimasto, di quei due anni?

«Sono stato pagato?» domandò, poi tirò fuori il portafoglio e vi guardò dentro. «Pare di no».

«No. Verrà pagato all'ufficio. Ci penserà Kelly».

«Tutto insieme?»

«Cinquantamila crediti».[1]

Jennings sorrise. Si sentiva un po' meglio, ora che l'altro gli aveva ripetuto ad alta voce l'entità della somma. Forse non era poi così male. Quasi come essere pagati per dormire. Ma era più vecchio di due anni, e due di meno gliene restavano da vivere. Era come vendere una parte di se stesso, della propria vita. E la vita valeva la pena viverla tutta, in quei giorni. Scrollò le spalle. In ogni caso, era ormai una cosa che apparteneva al passato.

«Siamo quasi arrivati» disse l'uomo più anziano. Il robopilota fece scendere in picchiata l'incrociatore, puntandolo verso il suolo. Sotto di loro divenne visibile il contorno di New York. «Bene, Jennings. Spero di non rivederla mai più». Gli porse la mano. «È stato un piacere lavorare con lei. Sa, noi abbiamo lavorato insieme. Fianco a fianco. Lei è uno dei migliori tecnici che abbia mai avuto. Abbiamo fatto bene

1 **Cinquantamila crediti:** è il pagamento previsto per il lavoro di Jennings.

SEGNALIBRO

I labirinti della memoria e altri racconti, Fanucci Editore, Roma 2004.
Traduzione di M. Nati e S. Pergameno

il piacere di leggere

Il titolo del libro è anche il titolo del primo degli otto racconti di Dick. Il mondo immaginato dall'autore non comprende solo i mezzi e le tecnologie tipiche di un ipotetico futuro che ogni lettore si aspetta di trovare in un testo di fantascienza, ma affronta anche temi politici (l'esercizio del potere imposto ai cittadini) ed etici, come la manipolazione della memoria degli individui a scopo di lucro, l'ascesa inarrestabile delle grandi corporazioni economiche. Riflessioni che Dick ha avviato fin dagli anni Cinquanta, e che hanno avuto un influsso profondissimo sull'immaginario contemporaneo, rendendolo un autore profetico e anticipatore.

ad assumerla, anche a quel prezzo. Ci ha ripagato abbondantemente... benché non se ne renda conto».

«Sono contento che abbia speso bene il suo denaro».

«Lei sembra arrabbiato».

«No, sto solo cercando di abituarmi all'idea di essere di due anni più vecchio».

Rethrick rise. «Lei è ancora molto giovane. E quando avrà i soldi in mano, si sentirà decisamente meglio».

Discesero dal velivolo sul piccolo campo d'atterraggio in cima al palazzo dell'ufficio di New York, e Rethrick lo condusse verso un ascensore. Quando la porta si spalancò davanti a lui, Jennings ebbe uno shock: quell'ascensore era l'ultima cosa che ricordava. Dopo, c'era soltanto un velo nero.

«Kelly sarà lieta di rivederla» disse Rethrick mentre uscivano in un atrio illuminato. «Ogni tanto mi chiede di lei».

«Perché?»

«Dice che lei è un bell'uomo». Rethrick infilò nella serratura della porta la chiave a codice, e la porta si aprì immediatamente. I due uomini entrarono nell'elegante ufficio della Rethrick Construction. Dietro una grossa scrivania di mogano sedeva una ragazza, intenta a leggere un rapporto.

«Kelly», disse Rethrick «guarda un po' chi ha finito il suo tempo?»[2]

La ragazza sollevò la testa e sorrise. «Salve, signor Jennings. Come si sente, a essere di nuovo nel mondo?»

«Bene». Jennings si diresse verso di lei. «Rethrick dice che lei è addetta ai pagamenti».

Rethrick diede una pacca sulla spalla di Jennings. «Arrivederci, amico mio. Io torno allo Stabilimento. Se dovesse avere bisogno urgente di un bel po' di soldi, si faccia vedere e faremo un altro contratto».

Jennings annuì. Mentre Rethrick usciva, si mise a sedere accanto alla scrivania, accavallando le gambe. Kelly spostò indietro la sedia e aprì un cassetto. «Bene. Il suo tempo è finito, e la Rethrick Construction è pronta a pagare. Ha la copia del contratto?»

Jennings prese una busta dalla tasca e la gettò sulla scrivania. «Eccola».

Kelly tolse dal cassetto un sacchettino di stoffa e alcuni fogli di carta scritti a mano. Per un po' di tempo lesse questi ultimi con molta attenzione.

«Che c'è?»

«Credo che avrà una sorpresa». Kelly gli restituì il contratto. «Lo rilegga di nuovo».

«Perché?» Jennings aprì la busta.

«C'è una clausola alternativa. 'Se la parte interessata lo desidera, in qualsiasi momento, per l'intera durata del contratto con la succitata Rethick Construction Company...'»

«'Se così desidera, al posto dell'importo in denaro stabilito, potrà avere, a sua scelta, articoli o prodotti i quali, a suo giudizio, siano di valore sufficiente da poter compensare la somma...'»

Jennings afferrò il sacchettino di stoffa e lo aprì, versandone il contenuto nel palmo della mano. Kelly lo osservò.

«Dov'è Rethrick?» Jennings si alzò in piedi. «Se ha solo un'idea di questa...»

«Rethrick non c'entra niente. È stata una sua richiesta ben precisa. Ecco, legga qui». Kelly gli porse i fogli di carta. «Di sua mano. Legga. È stata un'idea sua, non nostra. Davvero». Gli sorrise. «Ogni tanto succedono cose del genere, con i nostri collaboratori. Durante il loro tempo, decidono di sostituire il denaro con qualche altra cosa. Il perché non lo so. Le loro menti non recano traccia del passato, avendo acconsentito...»

Jennings sfogliò rapidamente le pagine. Era la sua calligrafia, non c'era alcun dubbio. Le sue mani incominciarono a tremare. «Non riesco a crederci. Anche se l'ho scritto io». Ripiegò i fogli, stringendo la mascella. «Mi devono aver fatto qualcosa. Io non avrei mai accettato una cosa del genere».

«Deve aver avuto un motivo. Ammetto che non ha senso, ma

2 **ha finito il suo tempo:** nel lessico della società immaginata dall'autore, il tempo è il periodo di lavoro stabilito da un contratto; allo scadere del tempo, ossia del contratto di lavoro stipulato, si effettua la procedura di cancellazione della memoria.

lei non può sapere quali fattori l'abbiano influenzata, prima che le ripulissero la mente. Lei non è il primo. Ce ne sono stati parecchi altri, prima di lei».

Jennings si guardò nella mano. Dal sacchetto aveva tirato fuori un piccolo assortimento di oggetti: una chiave a codice, la matrice di un biglietto, una ricevuta bancaria, un lungo filo metallico, mezza fiche da poker, un pezzo di stoffa verde, un gettone per l'autobus.

«Questa roba, in cambio di cinquantamila crediti» mormorò. «Due anni...»

Uscì dall'edificio sulla strada piena di gente. Era ancora confuso, e stordito. Era stato raggirato? Sentiva, nella sua tasca, il peso di tutta quell'inutile paccottiglia. *Tutto ciò*, in cambio di due anni di lavoro!

Eppure aveva visto la scrittura di suo pugno, la sua dichiarazione di rinuncia, la richiesta di sostituzione. Come Jack e il fagiolo magico.[3] Perché? A quale scopo? Cosa lo aveva spinto a comportarsi in quel modo?

Si girò, e prese a camminare lungo il marciapiede. All'angolo della strada una vettura di superficie gli bloccò il passo. «Forza, Jennings. Salga su».

Alzò lo sguardo. La porta della vettura era aperta, e dentro c'era un uomo che gli puntava addosso una pistola a raggi. Un uomo con un'uniforme azzurra. Quella della polizia.

3 **Jack e il fagiolo magico:** è il titolo di un racconto popolare inglese. Jack è inviato dalla madre vedova a vendere una mucca. Il ragazzo vende l'animale a un macellaio per un pugno di fagioli colorati.

ANALISI DEL TESTO

I temi

Ricordo e rimozione

Ritroviamo nel testo le tematiche più ricorrenti nell'opera dell'autore americano: il tema del ricordo e della rimozione, il rapporto tra individuo e potere in una società tecnologica e autoritaria, in cui dominano le corporazioni economiche che gestiscono anche gli individui.

Il protagonista, Jennings, è un ingegnere che dopo aver prestato servizio per due anni presso lo Stabilimento della Rethrick Construction Company, accetta di farsi cancellare la memoria in modo da non poter rivelare a nessuno i progetti su cui ha lavorato. Ma al momento del congedo dalla Rethrick, Jennings scopre sia di aver scambiato il suo stipendio con alcuni oggetti apparentemente insignificanti e di scarso valore, sia che la polizia gli dà la caccia per scoprire su che cosa ha lavorato. L'ingegnere sfugge fortunosamente alla cattura e durante la fuga avrà modo di scoprire anche l'utilità degli oggetti da lui richiesti alla Rethrick in cambio del suo compenso.

Le tecniche narrative

Il narratore e il ritmo narrativo

Le vicende sono narrate in terza persona da un **narratore esterno** che ne osserva lo svolgimento. Le riflessioni e commenti della voce narrante coincidono con lo sguardo dell'autore sul destino dell'umanità manipolata, fino alla cancellazione della memoria, da parte del potere.

L'***incipit*** del racconto è ***in medias res***, ed è costituito dalla descrizione del risveglio del protagonista subito dopo la procedura di cancellazione della memoria. La fase successiva sarà quella del riorientamento nello spazio ma soprattutto nel tempo che si rivela un parametro fondamentale per Jennings. L'intero racconto infatti non è altro che un lento e progressivo ragionamento di ricostruzione di un passato ignoto, partendo solo dai pochi elementi noti del suo attuale presente; la logica che collega gli oggetti di Jennings ed i fatti del presente deve essere scoperta e capita gradualmente. La trama si sviluppa attraverso i dialoghi che conferiscono un ritmo incalzante al racconto.

I personaggi

Jennings, il protagonista, non sa cosa ha in realtà costruito alla Rethrick, ma sa di essere in pericolo di vita. Si trova inoltre improvvisamente di fronte ad un'altra sconcertante sorpresa: ha volontariamente sostituito (prima di subire la cancellazione della memoria) il suo compenso di 50.000 crediti con pochi oggetti privi di valore venale. Perché? È evidente che c'è stata una ragione, il problema di Jennings è capire che cosa può averlo indotto a questa scelta. Il personaggio non ha una caratterizzazione psicologica e ci viene presentato attraverso le sue parole e le sue azioni volte a sottolineare l'inquietante messaggio etico dell'autore. Attraverso il comportamento del personaggio, Dick lancia un allarme sui rischi che l'umanità corre se si sostituiscono ai valori morali i valori venali, se gli individui antepongono i loro bisogni immediati (compenso in denaro come nel nostro racconto) alla loro integrità fisica e morale e alla loro libertà, adattandosi, senza ribellarsi, ad una società tecnologica e repressiva, in cui dominano poteri forti che operano un controllo su tutte le attività umane e sulla personalità fino a manipolarne, a scopo di lucro, la memoria.

Le tecniche espressive

***Suspense* e dialoghi**

Nella prima parte del racconto l'autore getta le basi per la costruzione della *suspense* con la quale tiene saldamente ancorato il lettore sino alle ultime battute. Nel testo prevalgono le sequenze dialogate condotte attraverso il **discorso diretto** caratterizzato da una **sintassi semplice** e scorrevole, basata sulla coordinazione, da un **lessico di registro medio** e da vivaci espressioni tipiche della lingua parlata, fondate sull'immediatezza dello scambio comunicativo.

LABORATORIO SUL TESTO

Conoscenze

Comprensione

1. Al suo risveglio Jennings è disorientato. Quali elementi del paesaggio gli sono utili per orientarsi nel tempo?

[A] i campi verdi
[B] i rumori dei veicoli
[C] la città sorvolata
[D] l'incrociatore privato

2. Jennings si rende conto di aver perso due anni della sua vita di cui non ricorda più nulla. Che dubbi esprime in merito al procedimento di cancellazione della memoria?

Analisi

3. Il brano è scritto in terza persona; il narratore però non racconta le cose in modo del tutto impersonale, perché esprime giudizi sugli atteggiamenti o le sensazioni dei personaggi. Ritrova le espressioni nel testo.

Esempio: il *doloroso stordimento* provato da Jennigs al risveglio.

4. In quali punti del testo il flusso dei pensieri di Jennings si sostituisce alla voce del narratore? Questa scelta stilistica è efficace? Spiegane le ragioni.

Conoscenze lessicali

5. Jennings dopo il risveglio comincia a fare molte congetture: cosa significa esattamente questo termine? Esistono sinonimi o parole dal significato affine?

6. Fra gli oggetti consegnati a Jennings come compenso c'è: una chiave a codice, la matrice di un biglietto, una ricevuta bancaria, mezza fiche da poker. Sapresti spiegare con parole tue cosa sono questi oggetti e a cosa servono comunemente?

Conoscenze grammaticali

7. Indica che tipo di proposizione è la subordinata sottolineata introdotta da "che".

Già si era accorto <u>che non era autunno inoltrato</u>.

8. Indica che tipo di complementi sono le espressioni sottolineate.

Jennings prese una busta <u>dalla tasca</u> e la gettò <u>sulla scrivania</u>.

Scrittura e interpretazione

1. **Visite inaspettate**

L'immagine (realizzata con un programma di modellazione tridimensionale 3D) ha l'inequivocabile impronta della grafica del fumetto, molto raffinato per definizioni e colori. Ma immagini così sono anche dentro i videogiochi: tutte le immagini, in fondo, oggi si assomigliano, difficile dire che cosa rappresentano ma anche con quali strumenti sono state prodotte. E se questa fosse una vera foto, scattata da un rilevatore spia? Siamo sicuri che non vi sia da qualche parte una città nel cui cielo sfreccia un velivolo così? Infine, non è forse vero che nessuno di noi ha mai potuto sapere che cosa realmente vola costantemente sopra le nostre teste?

Su questi interrogativi costruisci un racconto di fantascienza in cui ci sia anche della *suspense*.

2. **Ammesso che in futuro si possano veramente manipolare le menti umane in questo modo, tu saresti favorevole o contrario a simili procedure? Argomenta la tua opinione in un breve testo.**

Ascoltare, argomentare e confrontarsi

3. **Uno dei punti forti di questo racconto è un problema morale: è accettabile e giusta la prassi di mettere a disposizione le proprie capacità intellettuali per lavorare a progetti talmente azzardati da richiedere poi la cancellazione della memoria dell'inventore? Organizza una discussione con i tuoi compagni di classe e dopo aver ascoltato le opinioni di ciascuno indica quale tesi è prevalsa argomentandola.**

PER LEGGERE E APPROFONDIRE

Un futuro non troppo lontano

- Sul tema della meccanizzazione della vita umana suggeriamo ***La macchina si ferma*** (1909) dello scrittore inglese **Edward Morgan Forster** (1879-1970) uscito in edizione bilingue presso l'Editrice Nord nel 1985.
- Per chi voglia conoscere la tormentata biografia di Philip K. Dick segnaliamo il volume di **Emanuel Carrère, *Io sono vivo e voi siete morti*** (Theoria, Roma 1995).
- Pur essendo considerato da tempo uno dei massimi scrittori di fantascienza del Novecento (anzi un classico della letteratura nordamericana) **Philip K. Dick** ha raggiunto una vera popolarità con il romanzo *Cacciatore di androidi* (Fanucci, Roma 1968), dal quale il regista Ridley Scott ha ricavato anni dopo uno splendido film, *Blade runner*. *Cacciatore di androidi* è la storia di Rick Deckard, che ha il compito di scoprire ed eliminare gli androidi, cioè creature artificiali infiltratesi illegalmente sulla terra. Come in *Cronache del dopobomba* anche in questo libro ci troviamo in un futuro non troppo lontano, dove l'umanità, stremata dalla guerra nucleare, è emigrata però verso altri mondi, le colonie della Terra.

Laboratorio delle competenze di scrittura

1 Articolo di giornale

L'immagine raffigura una stazione spaziale in orbita attorno alla Terra, che è il pianeta visibile sullo sfondo. Immagina che lo scopo della stazione sia quello di osservare e registrare i dati utili per capire i cambiamenti climatici del nostro pianeta. Tenendo presenti i dati trasmessi scrivi un articolo di giornale per una rivista scientifica a scopo divulgativo riportando anche tutte le altre notizie sullo stato di salute del nostro pianeta che ti sono pervenute dalla stazione spaziale.

2 Creare un racconto

L'immagine rappresenta la scena di una possibile attività lavorativa su un altro pianeta. Come vedi, sullo sfondo c'è la base lunare e una serie di operai al lavoro. Questo può essere lo spunto per creare un racconto di fantascienza. Scegli il pianeta che più ti piace e, dopo esserti documentato, descrivilo. Poi ambienta la tua storia in questo pianeta creando un intreccio interessante e coinvolgente.

3 Depliant per un viaggio spaziale

Questo disegno raffigura una stazione spaziale orbitante con la quale, nel futuro, si potrebbe viaggiare nell'immensità dell'universo. Organizza un viaggio nel Sistema Solare con soste in più pianeti. Prima del viaggio documentati sui pianeti che inserirai nel tuo percorso. Prepara quindi un depliant con orari, soste, arrivi e partenze. Nel depliant illustra brevemente i pianeti da visitare e corredalo di immagini.

VERIFICA FORMATIVA

per accertare le competenze acquisite

Robert Swindells
La distruzione del dispositivo

autoverifica con tutor

Harper Rye è una scienziata che ha inventato il Dispositivo di Rye, una macchina capace di viaggiare indietro nel tempo, catturare animali o piante estinte da anni e portarle nel presente, cioè nel 2039.
Harper ed i suoi figli vorrebbero tenere questa invenzione segreta, ben consapevoli che se finisse nelle mani sbagliate, ne potrebbero nascere terribili conseguenze. Infatti, quando il segreto dei Rye viene scoperto, ad Harper si presentano gli individui più strani con le pretese più assurde: le fans della defunta pop star Vulcan Pan e un pazzo di nome Sefton che vorrebbe resuscitare Hitler.
Ad Harper, sequestrata da Sefton per realizzare i suoi scopi perversi, non resta che una cosa da fare: distruggere il Dispositivo.
Il brano che ti presentiamo è l'ultimo capitolo del libro. Harper è stata liberata dalla polizia, prima che il pazzo Sefton le facesse del male ed ha appena distrutto il suo Dispositivo.

– Che cosa hai fatto, mamma? – domandò Kizzy, mentre l'auto di Hazel li portava verso Ipswich.

Per il momento l'ispettore aveva finito con i Rye, ma i suoi uomimi stavano ancora rovistando in casa, perciò Hazel aveva deciso di portarli da lei per qualche giorno.

Harper sospirò. – L'ho distrutto, tesoro. Non c'erano alternative.

– In quattro minuti? – annaspò Frazer. – L'hai fracassato in quattro minuti? E che mi dici dei pezzi, mamma? Non riusciranno a ricostruirlo?

Harper scoppiò a ridere. – Non ci sono pezzi, tesoro. Non l'ho distrutto nel Laboratorio, non sono così stupida. Ci ho ammucchiato dentro le mie carte e ho spedito tutto nel passato, indietro di duemila anni. E per essere assolutamente certa che il dispositivo non potesse più funzionare, l'ho scaricato nella bocca di un vulcano attivo. Perciò la Polizia militare sta cercando inutilmente. Non è rimasto un bel nulla.

Hazel lanciò un'occhiata all'amica. – Sembri straordinariamente allegra – disse per qualcuno che ha appena buttato al vento l'occasione di diventare ricca e famosa. Non ti dispiace neanche un po'?

– Certo che sì. Mi dispiace di aver distrutto il Dispositivo di Rye, ma il dispiacere è superato dal sollievo... sollievo per aver impedito che la mia invenzione fosse usata come un'arma. Adesso non potrà nuocere a nessuno.

– Mamma? – disse Kizzy, con una strana voce soffocata.

– Che cosa c'è, tesoro?

– In che anno è finito il dispositivo?

– Non lo so esattamente rispose Harper. — Non ho avuto tempo per calcolarlo con precisione. Perché me lo chiedi?

– Ma pensi che sia stato duemila anni fa?

– Un paio di secoli in più o in meno, sì.

– Quale vulcano?

Harper sorrise. – Indovina.

– Non mi va.

– Tu quale avresti scelto? – insisté Harper. — Qual è il primo nome che ti viene in mente quando senti la parola vulcano?

– Vesuvio – mormorò Kizzy.

– Be', allora ci sei. Era proprio il Vesuvio – rise sua madre.

– Non c'è niente da ridere, mamma.

– No? – Harper lanciò un'occhiata alla figlia. – Sei un tipo strano, Kizzy. Ti comporti eroicamente di fronte a una situazione di estremo pericolo, e poi quando è tutto finito metti il muso. Che cosa c'è?

Kizzy scosse la testa. – Non importa.

– Sì invece. Diccelo.

– E va bene. Hai detto che il Dispositivo di Rye non ha mai fatto male a nessuno e mai lo farà, giusto?

Harper annuì.

– Ma nel settantanove dopo Cristo l'eruzione del Vesuvio ha cancellato Pompei, Ercolano e Stabia. Sono morte migliaia di persone, l'ho studiato a scuola proprio il mese scorso. – Kizzy guardò sua madre. – Il settantanove dopo Cristo vuoi dire circa duemila anni fa... Mamma, che cosa ha provocato quell'eruzione? Potrebbe essere stata una macchina proveniente dal futuro, che è piombata dentro il vulcano scatenando uno scoppio spaventoso?

– No. Non credo... – la voce di Harper si spense.

Nessun altro aveva niente da dire. L'auto correva nell'oscurità.

[da *Strappo temporale*, traduzione di Sandra Grieco, Mondadori, Milano 1999]

Immagine satellitare della bocca del Vesuvio.

Competenza testuale

Comprendere i dati espliciti

1. Dove ha scaricato Harper il *Dispositivo di Rye*?
[A] nella bocca di un vulcano attivo
[B] nella bocca di un vulcano spento
[C] in mare aperto
[D] in un profondissimo baratro

2. Il *Dispositivo di Rye* è stato spedito indietro nel tempo, di quanto?
[A] tremila anni
[B] mille anni
[C] duemila anni
[D] cinquecento anni

3. Harper ha distrutto il *Dispositivo*
[A] per nascondere ogni prova della sua esistenza
[B] per evitare che cada in mano a malintenzionati
[C] per impedire che fosse usato come un'arma
[D] perché ne ignorava il valore

4. Harper, dopo aver distrutto il *Dispositivo* si sente
[A] dispiaciuta [B] afflitta
[C] allegra [D] colpevole

5. Il testo fa riferimento ad un celebre e catastrofico evento naturale, si tratta
[A] della Peste nera
[B] la distruzione di Pompei
[C] dello tsunami nell'Oceano Indiano
[D] il terremoto di Messina

6. Secondo la piccola Kizzy tale evento potrebbe essere stato provocato
[A] da un terremoto
[B] da un'eruzione vulcanica
[C] da una macchina proveniente dal futuro
[D] da una variazione climatica

7. Harper secondo te
[A] è d'accordo con l'ipotesi della figlia
[B] non vuole credere all'ipotesi della figlia
[C] non è d'accordo con l'ipotesi della figlia
[D] è colta da un terribile dubbio

Comprendere i dati impliciti

8. Dai nomi dei personaggi la storia è ambientata
[A] in un paese anglosassone, come l'Inghilterra o gli Stati Uniti
[B] in Francia
[C] in Germania
[D] in Svezia

9. All'inizio del brano compare Hazel, si tratta di
[A] una parente stretta di entrambe
[B] un'agente di polizia
[C] un'amica di Harper
[D] un'amica di Kizzy

10. La prima ad avere dei dubbi sugli effetti della distruzione del *Dispositivo di Rye* è
[A] Kizzy
[B] Hazel
[C] Frazer
[D] Harper

11. Nel brano si accenna ad un vulcano, di quale vulcano di tratta?
[A] dell'Etna
[B] dello Stromboli
[C] del Fujiama
[D] del Vesuvio

12. Harper ad un certo punto trova la figlia Kizzy
[A] strana
[B] ridicola
[C] ansiosa
[D] impaurita

13. La conclusione del racconto
[A] è perfettamente descritta
[B] lascia il lettore nel dubbio
[C] è implicita
[D] è aperta ad ogni ipotesi

Competenza lessicale

14. "Rovistare" significa esattamente

[A] cercare
[B] rovesciare
[C] frugare
[D] creare disordine

15. L'espressione "mettere il muso", con cui Harper descrive ad un certo punto la figlia Kizzy, vuole indicare l'aspetto di chi

[A] è arrabbiato
[B] è preoccupato
[C] ha perso il controllo di sé
[D] è assorto

16. Quale dei seguenti termini *non* è un sinonimo di "sollievo"?

[A] conforto
[B] consolazione
[C] affanno
[D] refrigerio

17. "Buttare al vento" è un'espressione che va letta

[A] letteralmente
[B] metaforicamente

Competenza grammaticale

18. Qual è il participio passato del verbo "nuocere"?

[A] nuociuto
[B] nosso
[C] nociuto
[D] noto

19. "Attivo" è un aggettivo di grado

[A] positivo
[B] superlativo
[C] comparativo

20. Nel brano ci sono cinque avverbi con la desinenza in *-mente*, ritrovali e trascrivili.

....
....
....
....
....

AREA DIGITALE
Le risposte agli esercizi sono disponibili nell'area digitale

Interpretare e valutare

Come giudichi la decisione della scienziata Rye di distruggere il dispositivo rinunciando a lauti guadagni e alla gloria? Esprimi le tue opinioni argomentandole in un testo che non superi le 10 righe.

....
....
....
....
....
....
....
....
....
....

PRIMO PIANO

La realtà virtuale

testi non letterari

La realtà virtuale nasce dalla volontà di "replicare" la realtà, quanto più precisamente possibile dal punto di vista visivo, uditivo, tattile e anche olfattivo, per compiere azioni nello spazio virtuale superando limiti fisici, economici, di sicurezza.

www.r3donline.it

testi non letterari

Francesco Antinucci
La realtà virtuale

MODELLO DI SCRITTURA	TIPOLOGIA TESTUALE	TEMA
intervista	testo informativo	• la realtà virtuale come nuovo strumento di conoscenza

L'AUTORE

Francesco Antinucci è direttore di ricerca all'Istituto di Scienze e tecnologie della cognizione del CNR (Centro Nazionale delle Ricerche). Si occupa di linguaggio, apprendimento, percezione e comunicazione, soprattutto in relazione alle nuove tecnologie digitali. Ha svolto parte della sua attività di ricerca negli Stati Uniti, al dipartimento di Psicologia dell'Università della California a Berkeley, alla School of Information della stessa università e al Palo Alto Research Center (PARC) della Xerox.

Ciò che sembrava solo fantascienza è oggi realtà. Il mondo virtuale è il prodotto di una tecnologia che permette di "creare" un ambiente che non esiste, entro il quale ci si può "muovere" come se fosse realtà "vera". La nostra stessa percezione viene "ingannata".

Domanda Siamo abituati a vedere i caschi e i guanti per questo nuovo fenomeno chiamato realtà virtuale, considerata dal grande pubblico una sorta di gioco. Ma la realtà virtuale, può essere veramente anche uno strumento di conoscenza?

Risposta Credo che al di là del fascino iniziale di queste nuove tecnologie, nel quale la componente di meraviglia, di novità e di gioco finisce col prevalere nell'immagine, così come viene trasmessa dai media, la realtà virtuale è uno strumento di conoscenza, è forse uno dei più potenti strumenti di conoscenza che la tecnologia ci mette a disposizione in questo fine di millennio. [...] Per esempio, ci sono visualizzazioni di fenomeni – noi stessi ne abbiamo costruita una. I concetti, nella fisica, per esempio, i concetti di forza, è tutta roba che studiamo e poi dobbiamo immaginarcela, non la possiamo vedere operare fisicamente. Il bello della realtà virtuale è che mi permette di costruire ambienti simulati. Abbiamo costruito uno di questi ambienti in cui le forze le vedete con i vostri occhi, non solo, ma le toccate, cioè potete interagire con la vostra mano e vedere che effetto fa. In questa maniera io riesco a farvi capire e conoscere il comportamento di questi fenomeni di nuovo nel primo modo, in modo naturale, cioè guardandolo con gli occhi e toccandolo con la mano. Questo è il vero potere della realtà virtuale. Nasce per riprodurre il mondo, ma una volta che abbiamo imparato a riprodurre, noi possiamo fabbricare mondi che non ci sono, mondi che non possiamo vedere, mondi che non possiamo toccare. E possiamo vederli, possiamo metterli a disposizione dell'uomo.

D. Quindi significa che il progresso delle tecnologie, l'aumento di potenza e di velocità riporta finalmente le macchine al servizio dell'uomo e della sua comunicazione naturale?

R. Paradossalmente sì. Più si va avanti, più la tecnologia diventa sofisticata, più ha questo compito, io lo trovo meraviglioso, di tornare alla natura [...]. Il telefono, per esempio, che tutti conoscete, è stato una grande invenzione. Non ha toccato la capacità di parlare. Noi continuiamo a parlare come parliamo faccia a faccia con le persone, la nostra parola è lì, ma ci ha permesso di trasportarlo su una scala impensabile. [...] Quindi il telefono mi ha permesso di tornare alla forma naturale, perché prima del telefono io dovevo scrivere messaggi, l'altro doveva riceverli e leggerli. Sono tornato alla natura: non ti scrivo un messaggio, ti parlo. Ma con un potere molto più grande. [...]

D. Al CRN avete realizzato delle applicazioni importanti di realtà virtuale, ce le descrive?

R. [...] Abbiamo realizzato una serie di applicazioni nel campo artistico, perché si presta meglio al discorso che facevo prima. Vi faccio un esempio semplicissimo. Andate a visitare un sito archeologico, e ditemi che conoscenza potete ricavarne. Lì si vede se avete studiato, se siete un archeologo, con grande fatica, e pazienza, e studiando, riuscite a immaginarvi com'era questo monumento di cui magari resta la pianta o pochi muretti. Per molte persone è difficile farlo, significa poco, la conoscenza è così. Quindi questo è proprio uno di quei campi in cui uno pensa: ma se io lo restituisco com'era? Di nuovo siamo nel caso di prima, allora io lo vedo come se esistesse oggi. [...]

Abbiamo preso la tomba, che esiste fisicamente in Egitto [la tomba di Nefertari], e l'abbiamo riprodotta virtualmente, perché c'è un gravissimo problema di conservazione per quel monumento. Il monumento aperto al pubblico si è deteriorato terribilmente. È stato restaurato recentemente da un'équipe internazionale e la raccomandazione unanime è stata: chiudiamolo, perché altrimenti questo monumento non arriverà al prossimo secolo, sarà completamente distrutto. Il monumento è splendido. E d'altra parte, però, le persone non possono più vederlo. La soluzione c'era: riprodurlo in realtà virtuale. Significa riprodurlo con una tecnologia che permette di sentircisi dentro, di muoversi dentro a piacimento, così come se si stesse nella tomba, e di guardarlo a vostro piacere. E quindi l'utilizzo è stato subito ed immediato. Questa realizzazione virtuale ci ha permesso di fare qualcosa in più della realtà, perché una volta che abbiamo ricostruito la tomba, abbiamo potuto ricostruire anche com'era la tomba quando fu aperta la prima volta dall'archeologo Schiapparelli, nel 1904. [...]

D. Ci può spiegare come funziona la realtà virtuale?

R. È difficile spiegarlo in poco tempo. Occorre innanzitutto un computer grafico molto potente, per avere l'impressione di essere in un luogo. Che cosa succede tipicamente in un luogo? Succede che io mi guardo intorno o mi muovo. Quindi la mia vista di questo luogo cambia istantaneamente, momento per momento. Devo avere un computer grafico, che una volta che ha il modello ricostruito, cioè la vista possibile di tutto l'ambiente, prende il mio punto di vista e me lo restituisce immediatamente. Se io mi muovo e lui se ne accorge attraverso un sensore – a volte questi sensori sono indossati sulla testa o sono portati in mano –, se lui si accorge che io ho cambiato il mio punto di vista, deve immediatamente ridisegnare l'intero modello dal mio punto di vista – e immediatamente qui significa in meno di un quindicesimo di secondo. È questo che rende la realtà virtuale complessa e difficile tecnologicamente. Un modello può essere molto difficile da disegnare, se in più io voglio una macchina che lo disegni venti, trenta volte al secondo, sto ponendo dei requisiti molto duri, alla capacità delle macchine di operare. Ma se non ho questi, non ho il realismo, cioè non riesco ad ingannare la percezione.

[da MediaMente-it]

Ricostruzione virtuale della tomba di Nefertari in Egitto.

ANALISI DEL TESTO

I temi

Le potenzialità della realtà virtuale

La realtà virtuale è un potente strumento di conoscenza – questo è quello che emerge dall'intervista con Francesco Antinucci, direttore di ricerca all'Istituto di Scienze e tecnologie della cognizione del CRN – «perché permette un approccio intuitivo alla percezione di un fenomeno» e perché «con tale strumento è possibile creare degli ambienti simulati in cui muoversi e con cui interagire». Ciò che deve farci sperare è che, attraverso una tecnologia avanzata come questa, si possa diffondere in modo significativo la cultura, approfondire le conoscenze, avere a disposizione strumenti con cui il presente "legga" il passato, nelle sue varie manifestazioni artistiche e culturali come se fosse un mondo a noi contemporaneo. Vedere dall'interno un quadro, "visitare" una tomba romana "intatta", riprodurre una realtà che ciascun contemporaneo possa "vivere" ai giorni nostri. Ciò ha un grande valore educativo e, soprattutto, consente agli studiosi di avere straordinarie nuove possibilità di conoscenza.

La fiducia nella scienza

Al lettore appare evidente l'entusiamo dello scienziato che cerca di spiegare tutte le potenzialità che la realtà virtuale mette a disposizione sia degli studiosi sia dei comuni cittadini. Il mondo dell'arte nel suo complesso è quello che riesce più facilmente ad usufruire della funzionalità della realtà virtuale. Gli studiosi possono "addentrarsi" in ambienti altrimenti non frequentabili, dopo aver "ricostruito" con l'ausilio di un computer una tomba o un palazzo di cui sono rimaste solo poche tracce.

Così pure altre discipline possono utilizzare questa straordinaria tecnologia. Si pensi alla fisica, alla medicina ecc. Si legge in questa intervista la fiducia nelle possibilità della scienza di risolvere i problemi della gente. Si capisce l'importanza di investire nella ricerca in questo settore che può veramente migliorare la qualità della vita.

Le tecniche espressive

Comunicazione esplicativa

Lo stile comunicativo è tipico dell'intervista. Ovvero, una struttura sintattica che presenta una limitata ipotassi (poche frasi subordinate) e un linguaggio esplicativo facilmente comprensibile, visto che il messaggio deve essere compreso dal maggior numero di persone possibile e deve, appunto, dare spiegazioni su cosa sia la realtà virtuale e quali vantaggi può portare il suo utilizzo in diversi campi della vita. Come sempre accade quando la comunicazione è esplicativa, l'intervistato, per farsi comprendere, propone degli esempi utilizzando della immagini. Questo modo di comunicare, infatti, soprattutto in una società dell'immagine, è estremamente efficace.

LABORATORIO SUL TESTO

Abilità e competenze

Scrittura e interpretazione

1. **L'intervistato afferma che la realtà virtuale offre importanti opportunità prima impensabili per gli studiosi di varie discipline. Rispondi per iscritto brevemente alle seguenti domande.**

- Sapresti indicare quali settori culturali possono trarre notevoli benefici dall'utilizzo della realtà virtuale?
- In che modo tutto questo può avvicinare anche i giovani alla cultura?
- Cosa suggeriresti per rinnovare un laboratorio della tua scuola?

Ascoltare, argomentare e confrontarsi

2. **L'argomento della realtà virtuale è quanto mai attuale. Il cinema con effetti speciali originali e spettacolari ha contribuito ad avvicinare il grande pubblico ad una nuova forma di conoscenza. Utilizzando l'intervista come modello di scrittura, prepara delle domande da rivolgere al gruppo classe sul tema "La realtà virtuale e le prospettive future di conoscenza. Aspetti positivi e aspetti negativi". Sintetizza brevemente i risultati dell'intervista in un testo che non superi cinque righe.**

SCHEDA
INVITO ALLA VISIONE

Avatar

Regia	James Cameron
Anno	2009
Produzione	Usa
Soggetto	2154: una compagnia interplanetaria terreste è determinata a sfruttare i giacimenti di un prezioso minerale, l'unobtanium, presente in grande quantità su Pandora, luna del pianeta gassoso Polifemo appartenente al sistema Alfa Centauri

Sinossi

La missione prevede l'utilizzo di una innumerevole quantità di mezzi e uomini, per lo più militari e scienziati, addestrati a raggiungere l'obiettivo combattendo contro le molte creature viventi presenti su Pandora, tra cui degli umanoidi dotati di intelligenza chiamati Na'Vi, alti anche più di tre metri e con la pelle blu striata. Pandora infatti è una sorta di paradiso della natura, nel quale regnano alberi millenari, svettano montagne fluttuanti, crescono fiori e piante da colori e forme stupefacenti, dove creature di ogni genere e Na'Vi vivono in un equilibrio armonico che viene tramandato di generazione in generazione. Ma l'arrivo dei terrestri rischia di spezzare tale equilibrio, i fini della compagnia interplanetaria infatti calpestano le tradizioni e la sacralità dei luoghi nei

quali vivono i Na'Vi. Per tentare una mediazione pacifica alcuni scienziati terrestri hanno creato degli avatar, ovvero degli ibridi genetici tra umano e Na'Vi, del tutto somiglianti fisicamente a quest'ultimi, in grado di respirare l'aria di Pandora senza l'utilizzo di maschere filtranti e di parlare la stessa lingua degli indigeni. Gli avatar vengono guidati, attraverso connessioni neuroniche, da umani che con un'apposita macchina entrano in una sorta di stato comatoso e trasferiscono le loro capacità mentali sull'avatar stesso. Dopo molti tentativi di mediazione falliti, la compagnia decide di far "condurre" un avatar a un ex marine rimasto invalido, fratello gemello di uno scienziato morto in missione su Pandora. Lo scopo del marine/avatar è quello di convincere i Na'Vi a cedere il giacimento di unobtanium ai terrestri, lasciando quindi perforare e distruggere parte del loro mondo. Ma anche questa missione per la compagnia si rivelerà un fallimento perché Jake Sally, nel corpo del suo avatar, diventerà un po' alla volta parte integrante di quel mondo che i terrestri vogliono distruggere e a tutti gli effetti sentirà di appartenere ai Na'Vi, combattendo al loro fianco la forza distruttrice di terrestri senza etica e senza scrupoli.

Commento

Dal regista di *Titanic*, James Cameron, un altro capolavoro di maestose ricostruzioni scenografiche ed effetti speciali. *Avatar* è l'ultima e più avanzata frontiera della tecnologia applicata al cinema. Pensato per essere visto in 3D, il film proietta lo spettatore in un mondo di fantasia del quale, grazie all'effetto della terza dimensione, si sentirà parte integrante. Ma *Avatar* non è solo questo, la perfezione dell'immagine e dell'ambientazione è accompagnata da un messaggio che per tutta la durata del film suona come un monito: la razza umana quel che conquista distrugge. Metafora di un'era nella quale l'uomo, con la sua arroganza, con la sua violenza è riuscito a mettere a serio rischio la sopravvivenza del Pianeta Terra. Il film di Cameron è un inno alla natura, un omaggio alla non violenza, uno stimolo alla ricerca di un'armonia che unisce gli abitanti del nostro pianeta, umani, animali, vegetali. L'avatar diventa così lo strumento attraverso il quale un solo uomo è capace di ritrovare il cammino della saggezza, della pace, dell'amore verso il diverso da sé, verso la natura.

Abilità e competenze

Scrittura e interpretazione

1. **Descrivi un avatar e come viene guidato e esprimi un tuo giudizio personale sulla loro funzione.**

2. **Perché i terrestri vogliono impossessarsi del minerale unobtanium?**

3. **Indica dove si trova Pandora e descrivine la natura.**

4. **Indica con poche parole chi sono i Na'Vi.**

Ascoltare, argomentare e confrontarsi

5. **Che cosa ti ha colpito maggiormente del film? Quale messaggio ne hai ricavato?**

6. **Che cosa ne pensi della moda di crearsi un proprio avatar su facebook? È un gioco, un modo di spersonalizzarsi o altro? Confrontati anche con i tuoi compagni.**

PERCORSO 4

Competenze interpretative: leggere e interpretare i contesti

PERCORSO 4
Competenze interpretative: leggere e interpretare i contesti

UNITÀ 1 **Leggere e interpretare un'epoca: il Novecento attraverso il racconto**

COMPETENZE LINGUISTICHE • Riflettiamo sulle interiezioni

PRIMO PIANO *testi non letterari* **Leggere i contesti attraversano le immagini**

UNITÀ 2 **Leggere e interpretare i temi del presente**

PRIMO PIANO *testi non letterari* **Alchimie di parole e di significati**

Alessandro Bergonzoni • Prender parte (*Opossum*)

Percorso 4 Competenze interpretative: leggere e interpretare i contesti

UNITÀ 1

Leggere e interpretare un'epoca: il Novecento attraverso il racconto

leggere e interpretare un'epoca

Il Novecento attraverso il racconto

Definizione del termine

Novella o **racconto** sono termini oggi usati per indicare una narrazione breve, reale o fantastica, che non ha intenzioni morali, ma di intrattenimento, che privilegia il gusto stesso del narrare. Il termine **novella** si riferiva inizialmente al carattere di "novità" e di curiosità dei fatti narrati.
Racconto deriva invece dal verbo *contare* (riferire in un certo ordine, raccontare); oltre ad indicare una forma di narrazione breve come la novella, designa la struttura stessa del racconto, la presenza di una dimensione narrativa all'interno di qualsiasi testo.
Il termine **novella** domina fino a tutto il Settecento; nel corso dell'Ottocento viene sostituito da **racconto** per indicare le narrazioni brevi che si allontanano dal modello classico del Boccaccio assumendo caratteri nuovi, per forme, temi o intreccio. Molti scrittori hanno chiamato novelle o racconti le loro raccolte per indicare la collocazione nel filone moderno (racconto) o nella tradizione (novella). Nel Novecento è prevalso definitivamente il termine racconto, mentre novella è usato solo nella storia del genere.

Mancanza di certezze e disagio esistenziale

Dopo la grande stagione del racconto realista della seconda metà dell'Ottocento, nel Novecento, pur continuando, la narrazione breve cessa di occupare un posto di primo piano nelle scelte degli autori. Con il mutare del clima storico, con l'affermarsi di una società di massa e con le profonde trasformazioni che investono la vita politica e sociale, l'individuo perde le certezze in cui credere, si sente estraneo al mondo che lo circonda e vive in una condizione di disagio esistenziale e in una realtà sempre meno comprensibile in cui dominano la produzione e il profitto.
Il romanzo è il genere che viene scelto per esprimere le incertezze esistenziali dell'individuo nella società contemporanea, mentre si privilegia il racconto per focalizzare, grazie alla sua brevità, un solo aspetto, una semplice situazione descritta con intensità.

Frammenti di realtà interiore

Nel Novecento il racconto muta la sua struttura e racchiude frammenti di realtà piuttosto che storie organiche con intrecci ben definiti; dedica ampi spazi alla riflessione e all'analisi interiore e le vicende narrate assumono un carattere simbolico che sfugge ad ogni interpretazione di tipo razionale. L'autore rinuncia a tracciare un ritratto definitivo del personaggio: scompare quindi la figura del narratore che costituisce a priori una concatenazione di eventi, una serie di meccanismi psicologici, di azioni e reazioni dei personaggi secondo un criterio di causalità.
Nel panorama europeo il racconto rispecchia le varie correnti artistiche che vanno dalla tradizione realistica e naturalistica del Decadentismo ai movimenti di avanguardia.

Nel Novecento, a differenza del secolo precedente, è difficile stabilire dei filoni precisi secondo un'organizzazione di tipo logico e cronologico, poiché ogni autore interpreta se stesso e il mondo circostante in modo autonomo, affidandosi alle percezioni desunte dalla propria esperienza.

Giorgio De Chirico, *L'arrivo dell'enigma e del pomeriggio*, 1911-1912. Collezione privata.

un autore, un libro

Novelle per un anno di Luigi Pirandello

IL LIBRO

A partire dal 1922, Pirandello decise di raccogliere e sistemare tutte le novelle che aveva composto e via via pubblicato e scelse come titolo complessivo *Novelle per un anno*: una novella al giorno (avrebbero dovuto essere 365) senz'altra indicazione, senza particolari suddivisioni o percorsi tematici e nulla più che un pretesto sono i titoli delle singole raccolte, derivanti semplicemente dalla prima novella della serie (tranne l'ultima, *Una giornata*, pubblicata postuma). La disposizione casuale delle novelle, la varietà e la contraddittorietà dei casi umani rappresentati vogliono essere testimonianza dell'infinita varietà del mondo, della sua sostanziale incomprensibilità e inafferrabilità.

L'ambiente in cui si svolge gran parte delle *Novelle* è, da un lato, quello siciliano, in particolare agrigentino (di cui lo scrittore aveva esperienza diretta), e, dall'altro, il mondo della piccola borghesia romana. Nelle novelle siciliane il comportamento dei protagonisti, appartenenti a tutte le classi sociali, è caratterizzato dalla follia e dalla violenza di un mondo arcaico; nelle novelle romane, invece, un'umanità perdente, costituita da impiegati, professori e poveri diavoli insoddisfatti della propria esistenza monotona e ripetitiva, si impegna vanamente nel tentativo di dare un segnale di sé in una società dominata da regole e comportamenti rigidi, di cui sono tutori i personaggi dell'alta borghesia. Ne derivano situazioni allucinate e stravolte, in cui i temi più ricorrenti sono quelli del caso che determina gli avvenimenti, dell'impossibilità di modificare una situazione originaria, della crisi di identità, dell'infelicità coniugale, dell'alienazione (estraneità alla vita), della solitudine, del contrasto tra apparenza e realtà, della pazzia, della morte sempre in agguato.

Per lo scrittore, le *Novelle* costituiscono, inoltre, un laboratorio in continua attività, ove sperimentare tecniche, situazioni e personaggi che verranno poi trasferiti, rielaborati o approfonditi nei romanzi e nei lavori teatrali.

L'AUTORE

Luigi Pirandello nacque nel 1867 nella tenuta di campagna (chiamata *Caos*, nome cui Pirandello attribuì in seguito un grande valore simbolico) nei pressi di Girgenti (oggi Agrigento), in una famiglia benestante che all'epoca possedeva alcune zolfare. Pirandello seguì gli studi classici a Palermo, frequentando poi la facoltà di Lettere, prima a Palermo, poi a Roma e infine a Bonn, in Germania, dove si laureò nel 1891.

Dopo la laurea Pirandello si trasferì a Roma, dove, nel 1893, esordì nel campo della narrativa col romanzo *Marta Ajala*, che verrà ripubblicato in seguito, nel 1901, col titolo *L'esclusa*. In seguito Pirandello compose altri romanzi: *Il turno* (1902); *Il fu Mattia Pascal* (1904); *Suo marito* (1911); *I vecchi e i giovani* (1913); *Quaderni di Serafino Gubbio operatore* (1925, ma già apparso nel 1917 col titolo *Si gira*); *Uno, nessuno e centomila* (1926).

Nel 1894 pubblicò la sua prima raccolta di novelle, col titolo di *Amori senza amore*, e sposò Antonietta Portulano, dalla quale avrà tre figli. In seguito al dissesto economico del padre, Pirandello fu costretto ad accettare l'incarico di insegnante all'Istituto di Magistero di Roma e nel 1908 divenne titolare della cattedra di Lingua e Letteratura italiana che tenne fino al 1922; cominciavano in quel periodo a manifestarsi nella moglie i primi sintomi di quello squilibrio mentale che la condusse all'internamento nel 1919. Nel 1907 fondò la rivista «Ariel» e nel 1908 pubblicò il saggio *L'umorismo*, fondamentale per la definizione della sua poetica. A partire dal 1909 le sue novelle cominciarono ad apparire con regolarità sul «Corriere della Sera».

Nel 1921, col dramma *Sei personaggi in cerca d'autore*, ebbe inizio la grande stagione teatrale di Pirandello, che nel 1925 assunse la direzione del Teatro d'Arte, fondato a Roma insieme al figlio Stefano e a Massimo Bontempelli, e in cui figurava, tra gli altri, l'attrice Marta Abba, che diventò la maggiore interprete e ispiratrice delle sue opere. Nel 1924 aderì ufficialmente al fascismo, di cui in realtà non si avverte il minimo condizionamento nelle sue opere, caratterizzate da tematiche di natura esistenziale piuttosto che politica e sociale. Nel 1929 fu nominato Accademico d'Italia e nel 1934 ricevette il premio Nobel per la Letteratura. Morì a Roma il 10 dicembre del 1936, mentre stava lavorando alla conclusione del suo ultimo dramma, *I giganti della montagna*.

La realtà del mondo interiore

al alta leggibilità

Intervista a Romano Luperini sulle novelle di Luigi Pirandello

Luigi Pirandello
Il treno ha fischiato

OPERA	ANNO	GENERE	TEMA
Novelle per un anno	1922-1937	novella psicologica	• il desiderio di evadere da una realtà opprimente

L'ansia di libertà pervade tutta la narrativa di Luigi Pirandello. Il desiderio di evadere da una realtà opprimente anima in particolare i suoi personaggi più grigi e dimessi, sempre legati da obblighi e schiacciati da responsabilità. Ma la catena ad un certo punto si spezza, il personaggio si ribella oppure, come il nostro Belluca, riesce almeno a intuire l'esistenza di un altro modo di vivere e a ritagliarsi uno spazio, un momento della giornata in cui poter viaggiare con la mente.

Farneticava. Principio di febbre cerebrale, avevano detto i medici; e lo ripetevano tutti i compagni d'ufficio, che ritornavano a due, a tre, dall'ospizio, ov'erano stati a visitarlo.

Pareva provassero un gusto particolare a darne l'annunzio coi termini scientifici, appresi or ora dai medici, a qualche collega ritardatario che incontravano per via:

– Frenesia,[1] frenesia.
– Encefalite.
– Infiammazione della membrana.
– Febbre cerebrale.

E volevan sembrare afflitti; ma erano in fondo così contenti, anche per quel dovere compiuto; nella pienezza della salute, usciti da quel triste ospizio al gajo azzurro della mattinata invernale.

1 **Frenesia:** pazzia, violento furore.

La mano dell'uomo, fotografia di Alfred Stieglitz del 1902. New York, Metropolitan Museum of Art.

COMPETENZE LINGUISTICHE

– Morrà? Impazzirà?
– **Mah!**
– Morire, pare di no...
– **Ma che dice?** che dice?
– Sempre la stessa cosa. Farnetica...
– **Povero Belluca!**[2]

E a nessuno passava per il capo che, date le specialissime condizioni in cui quell'infelice viveva da tant'anni, il suo caso poteva anche essere naturalissimo; e che tutto ciò che Belluca diceva e che pareva a tutti delirio, sintomo della frenesia, poteva anche essere la spiegazione più semplice di quel suo naturalissimo caso.

Veramente, il fatto che Belluca, la sera avanti, s'era fieramente[3] ribellato al suo capo-ufficio, e che poi, all'aspra riprensione di questo, per poco non gli s'era scagliato addosso, dava un serio argomento alla supposizione che si trattasse d'una vera e propria alienazione mentale.

Perché uomo più mansueto e sottomesso, più metodico e paziente di Belluca non si sarebbe potuto immaginare.

Circoscritto... sì, chi l'aveva definito così? Uno dei suoi compagni d'ufficio. Circoscritto, povero Belluca, entro i limiti angustissimi della sua arida mansione di computista,[4] senz'altra memoria che non fosse di partite aperte, di partite semplici o doppie o di storno, e di defalchi e prelevamenti e impostazioni; note, libri mastri, partitarii, stracciafogli[5] e via dicendo. Casellario ambulante: o piuttosto, vecchio somaro, che tirava zitto zitto, sempre d'un passo, sempre per la stessa strada la carretta, con tanto di paraocchi.

2 **Belluca:** si tratta del protagonista, ancora non è comparso ma gradualmente veniamo a sapere che è di lui che si parla.
3 **fieramente:** duramente.
4 **computista:** contabile.
5 **defalchi...stracciafogli:** si tratta di operazioni e strumenti del lavoro di *computista*.

COMPETENZE LINGUISTICHE → *Riflettiamo sulle interiezioni*

Nel brano

Nel brano evidenziato abbiamo messo in rilievo alcune parole, le interiezioni, parole brevissime ma cariche di un significato in sé concluso.
L'**interiezione** (dal latino *interiectio* 'atto di gettare in mezzo') è una parte invariabile del discorso usata per esprimere in forma immediata una sensazione, uno stato d'animo, oppure per formulare un ordine, una preghiera, un saluto, ecc.
«Mah!», «Ma che dice?», «Povero Belluca!».

L'importanza dell'interiezione

Le interiezioni non costituiscono una vera e propria categoria grammaticale perché sono **prive** di **legami sintattici** con gli altri elementi del discorso: non sono legate, per la loro funzione, né al sostantivo né al verbo e non modificano le parole; con la loro carica espressiva servono a dare tono e coloritura a tutta la frase presa nel suo complesso. Possono, quindi, avere una collocazione libera all'interno della frase.
Le interiezioni possono da sole esprimere un messaggio di senso compiuto.

In base alla **forma** le interiezioni si dividono in
- **proprie**: oh!, ah!, eh!, uh!, ahi!, ehi!, uff!, bah!, mah!
- **improprie**: Bravo!, Avanti!, Via!, Ecco!, Coraggio!, Ottimo!, Ciao!, Forza!, Fuori!
- **locuzioni interiettive o esclamative**: povero me!, mamma mia!, al diavolo!, per amor di Dio!, a più tardi!

L'interiezione e lo stile dell'autore

Nella lingua scritta per rendere la vivacità e l'immediatezza dell'interiezione si usa il punto esclamativo: **ah!, oh!, ahimè!**. A volte il punto esclamativo è unito al punto interrogativo per esprimere sorpresa, incredulità: **Eh!?, Davvero!?**
Pirandello fa largo uso delle interiezioni, in modo particolare nel discorso diretto, per dare vivacità ed espressività al linguaggio e per rendere immediatamente un'idea, uno stato d'animo, una sensazione.

Per ripassare, consultare e approfondire le **interiezioni** vai a pag. 789.

Orbene, cento volte questo vecchio somaro era stato frustato, fustigato senza pietà, così per ridere, per il gusto di vedere se si riusciva a farlo imbizzire[6] un po', a fargli almeno drizzare un po' le orecchie abbattute, se non a dar segno che volesse levare un piede per sparar qualche calcio. Niente! S'era prese le frustate ingiuste e le crudeli punture in santa pace, sempre, senza neppur fiatare, come se gli toccassero, o meglio, come se non le sentisse più, avvezzo com'era da anni e anni alle continue solenni bastonature della sorte.

Inconcepibile, dunque, veramente, quella ribellione in lui, se non come effetto d'una improvvisa alienazione mentale.

Tanto più che, la sera avanti, proprio gli toccava la riprensione;[7] proprio aveva il diritto di fargliela, il capo-ufficio. Già s'era presentato, la mattina, con un'aria insolita, nuova; e – cosa veramente enorme, paragonabile, che so? al crollo d'una montagna – era venuto con più di mezz'ora di ritardo.

Pareva che il viso, tutt'a un tratto, gli si fosse allargato. Pareva che i paraocchi gli fossero tutt'a un tratto caduti, e gli si fosse scoperto, spalancato d'improvviso all'intorno lo spettacolo della vita. Pareva che gli orecchi tutt'a un tratto gli si fossero sturati e percepissero per la prima volta voci, suoni non avvertiti mai.

Così ilare,[8] d'una ilarità vaga e piena di stordimento, s'era presentato all'ufficio. E, tutto il giorno, non aveva combinato niente.

La sera, il capo-ufficio, entrando nella stanza di lui, esaminati i registri, le carte:

– E come mai? Che hai combinato tutt'oggi?

Belluca lo aveva guardato sorridente, quasi con un'aria d'impudenza,[9] aprendo le mani.

– Che significa? – aveva allora esclamato il capo-ufficio, accostandoglisi e prendendolo per una spalla e scrollandolo. – Ohé, Belluca!

– Niente, – aveva risposto Belluca, sempre con quel sorriso tra d'impudenza e d'imbecillità su le labbra. – Il treno, signor Cavaliere.

– Il treno? Che treno?

– Ha fischiato.

– Ma che diavolo dici?

– Stanotte, signor Cavaliere. Ha fischiato. L'ho sentito fischiare...

– Il treno?

– Sissignore. E se sapesse dove sono arrivato! In Siberia... oppure oppure... nelle foreste del Congo... Si fa in un attimo, signor Cavaliere!

Gli altri impiegati, alle grida del capo-ufficio imbestialito, erano entrati nella stanza e, sentendo parlare così Belluca, giù risate da pazzi.

Allora il capo-ufficio – che quella sera doveva essere di malumore – urtato da quelle risate, era montato su tutte le furie e aveva malmenato[10] la mansueta vittima di tanti suoi scherzi crudeli.

Se non che, questa volta, la vittima, con stupore e quasi con terrore di tutti, s'era ribellata, aveva inveito, gridando sempre quella stramberia del treno che aveva fischiato, e che, perdio, ora non più, ora ch'egli aveva sentito fischiare il treno, non poteva più, non voleva più esser trattato a quel modo.

Lo avevano a viva forza preso, imbracato e trascinato all'ospizio dei matti.

Seguitava[11] ancora, qua, a parlare di quel treno. Ne imitava il fischio. Oh, un fischio assai lamentoso, come lontano, nella notte; accorato. E, subito dopo, soggiungeva:

– Si parte, si parte... Signori, per dove? per dove?

---

6 **imbizzire:** stizzire.
7 **riprensione:** rimprovero.
8 **ilare:** lieto, disposto al riso.
9 **impudenza:** sfacciataggine.
10 **malmenato:** maltrattato, a parole in questo caso.
11 **Seguitava:** continuava.

E guardava tutti con occhi che non erano più i suoi. Quegli occhi, di solito cupi, senza lustro, aggrottati,[12] ora gli ridevano lucidissimi, come quelli d'un bambino o d'un uomo felice; e frasi senza costrutto gli uscivano dalle labbra. Cose inaudite; espressioni poetiche, imaginose, bislacche, che tanto più stupivano, in quanto non si poteva in alcun modo spiegare come, per qual prodigio, fiorissero in bocca a lui, cioè a uno che finora non s'era mai occupato d'altro che di cifre e registri e cataloghi, rimanendo come cieco e sordo alla vita: macchinetta di computisteria. Ora parlava di *azzurre fronti* di montagne nevose, levate al cielo; parlava di viscidi cetacei che, voluminosi, sul fondo dei mari, con la coda *facevan la virgola*. Cose, ripeto, inaudite.

Chi venne a riferirmele insieme con la notizia dell'improvvisa alienazione mentale rimase però sconcertato, non notando in me, non che meraviglia, ma neppur una lieve sorpresa.

Difatti io accolsi in silenzio la notizia.

E il mio silenzio era pieno di dolore. Tentennai il capo, con gli angoli della bocca contratti in giù, amaramente, e dissi:

– Belluca, signori, non è impazzito. State sicuri che non è impazzito. Qualche cosa dev'essergli accaduta; ma naturalissima. Nessuno se la può spiegare, perché nessuno sa bene come quest'uomo ha vissuto finora. Io che lo so, son sicuro che mi spiegherò tutto naturalissimamente, appena l'avrò veduto e avrò parlato con lui.

Cammin facendo verso l'ospizio ove il poverino era stato ricoverato, seguitai a riflettere per conto mio:

«A un uomo che viva come Belluca finora ha vissuto, cioè una vita "impossibile", la cosa più ovvia, l'incidente più comune, un qualunque lievissimo inciampo impreveduto, che so io, d'un ciottolo per via, possono produrre effetti straordinarii, di cui nessuno si può dar la spiegazione, se non pensa appunto che la vita di quell'uomo è "impossibile". Bisogna condurre la spiegazione là, riattaccandola a quelle condizioni di vita impossibili, ed essa apparirà allora semplice e chiara. Chi veda soltanto una coda, facendo astrazione dal mostro a cui essa appartiene, potrà stimarla per se stessa mostruosa. Bisognerà riattaccarla al mostro; e allora non sembrerà più tale; ma *quale dev'essere*, appartenendo a quel mostro.

«Una coda naturalissima».

Non avevo veduto mai un uomo vivere come Belluca.

Ero suo vicino di casa, e non io soltanto, ma tutti gli altri inquilini della casa si domandavano con me come mai quell'uomo potesse resistere in quelle condizioni di vita.

Aveva con sé tre cieche, la moglie, la suocera e la sorella della suocera: queste due, vecchissime, per cataratta;[13] l'altra, la moglie, senza cataratta, cieca fissa; palpebre murate.

Tutt'e tre volevano esser servite. Strillavano dalla mattina alla sera perché nessuno le serviva. Le due figliuole vedove, raccolte in casa dopo la morte dei mariti, l'una con quattro, l'altra con tre figliuoli, non avevano mai né tempo né voglia da badare ad esse; se mai, porgevano qualche ajuto alla madre soltanto.

Con lo scarso provento del suo impieguccio di computista poteva Belluca dar da mangiare a tutte quelle bocche? Si procurava altro lavoro per la sera, in casa: carte da ricopiare. E ricopiava tra gli strilli indiavolati di quelle cinque donne e di quei sette ragazzi finché essi, tutt'e dodici, non trovavan posto nei tre soli letti della casa.

Letti ampii, matrimoniali; ma tre.

Zuffe furibonde, inseguimenti, mobili rovesciati, stoviglie rotte, pianti, urli, tonfi, perché qualcuno dei ragazzi, al bujo, scappava e andava a cacciarsi fra le tre vecchie cieche, che dormivano in un letto a parte, e che ogni sera litigavano anch'esse tra loro, perché nessuna delle tre voleva stare in mezzo e si ribellava quando veniva la sua volta.

12 **aggrottati:** corrugati.
13 **cataratta:** malattia dell'occhio a causa della quale il cristallino diventa opaco e non lascia penetrare i raggi luminosi.

Alla fine, si faceva silenzio, e Belluca seguitava a ricopiare fino a tarda notte, finché la penna non gli cadeva di mano e gli occhi non gli si chiudevano da sé.

Andava allora a buttarsi, spesso vestito, su un divanaccio sgangherato, e subito sprofondava in un sonno di piombo, da cui ogni mattina si levava a stento, più intontito che mai.

Ebbene, signori: a Belluca, in queste condizioni, era accaduto un fatto naturalissimo.

Quando andai a trovarlo all'ospizio, me lo raccontò lui stesso, per filo e per segno. Era, sì, ancora esaltato un po', ma *naturalissimamente*, per ciò che gli era accaduto. Rideva dei medici e degli infermieri e di tutti i suoi colleghi, che lo credevano impazzito.

– Magari! – diceva. – Magari!

Signori, Belluca, s'era dimenticato da tanti e tanti anni – ma proprio dimenticato – che il mondo esisteva.

Assorto nel continuo tormento di quella sua sciagurata esistenza, assorto tutto il giorno nei conti del suo ufficio, senza mai un momento di respiro, come una bestia bendata, aggiogata alla stanga d'una nòria o d'un molino,[14] sissignori, s'era dimenticato da anni e anni – ma proprio dimenticato che il mondo esisteva.

Due sere avanti, buttandosi a dormire stremato su quel divanaccio, forse per l'eccessiva stanchezza, insolitamente, non gli era riuscito d'addormentarsi subito. E, d'improvviso, nel silenzio profondo della notte, aveva sentito, da lontano, fischiare un treno.

Gli era parso che gli orecchi, dopo tant'anni, chi sa come, d'improvviso gli si fossero sturati.

Il fischio di quel treno gli aveva squarciato e portato via d'un tratto la miseria di tutte quelle sue orribili angustie, e quasi da un sepolcro scoperchiato s'era ritrovato a spaziare anelante[15] nel vuoto arioso del mondo che gli si spalancava enorme tutt'intorno.

S'era tenuto istintivamente alle coperte che ogni sera si buttava addosso, ed era corso col pensiero dietro a quel treno che s'allontanava nella notte.

C'era, ah! c'era, fuori di quella casa orrenda, fuori di tutti i suoi tormenti, c'era il mondo, tanto, tanto mondo lontano, a cui quel treno s'avviava... Firenze, Bologna, Torino, Venezia... tante città, in cui egli da giovine era stato e che ancora, certo, in quella notte sfavillavano di luci sulla terra. Sì, sapeva la vita che vi si viveva! La vita che un tempo vi aveva vissuto anche lui! E seguitava, quella vita; aveva sempre seguitato, mentr'egli qua, come una bestia bendata, girava la stanga del molino. Non ci aveva pensato più! Il mondo s'era chiuso per lui, nel tormento della sua casa, nell'arida, ispida angustia della sua computisteria... Ma ora, ecco, gli rientrava, come per travaso violento, nello spirito. L'attimo, che scoccava per lui, qua, in questa sua prigione, scorreva come un brivido elettrico per tutto il mondo, e lui con l'immaginazione d'improvviso risvegliata poteva, ecco, poteva seguirlo per città note e ignote, lande, montagne, foreste, mari... Questo stesso brivido, questo stesso palpito del tempo. C'erano, mentr'egli qua viveva questa vita «impossibile», tanti e tanti milioni d'uomini sparsi su tutta la terra, che vivevano diversamente. Ora, nel medesimo attimo ch'egli qua soffriva, c'erano le montagne solitarie nevose che levavano al cielo notturno le *azzurre fronti*... Sì, sì, le vedeva, le vedeva, le vedeva così... c'erano gli oceani... le foreste...

E, dunque, lui – ora che il mondo gli era rientrato nello spirito – poteva in qualche modo consolarsi! Sì, levandosi ogni tanto dal suo tormento, per prendere con l'immaginazione una boccata d'aria nel mondo.

Gli bastava!

Naturalmente, il primo giorno, aveva ecceduto. S'era ubriacato. Tutto il mondo, dentro d'un tratto: un cataclisma. A poco a poco, si sarebbe ricomposto. Era ancora ebro[16] della troppa aria, lo sentiva.

---

14 **aggiogata...molino:** attaccata alla stanga di un elevatore o di un mulino, vale a dire costretto a compiere un lavoro pesante e ripetitivo come quello di una bestia da soma.

15 **anelante:** desideroso.

16 **ebro:** esaltato, ubriaco.

Sarebbe andato, appena ricomposto del tutto, a chiedere scusa al capo-ufficio, e avrebbe ripreso come prima la sua computisteria. Soltanto il capo-ufficio ormai non doveva pretender troppo da lui come per il passato: doveva concedergli che di tanto in tanto, tra una partita e l'altra da registrare, egli facesse una capatina, sì, in Siberia... oppure oppure... nelle foreste del Congo:

– Si fa in un attimo, signor Cavaliere mio. Ora che il treno ha fischiato...

[da *Novelle per un anno*, Mondadori, Milano 1990]

ANALISI DEL TESTO

I temi

Il sogno, la fuga e l'evasione

La novella narra un avvenimento apparentemente assurdo ed incomprensibile: l'improvviso eccesso di follia di un cauto e laborioso impiegato, Belluca, chiuso in una monotonia di giorni sempre uguali, curvo sotto il peso di sacrifici ed umiliazioni e zimbello di un capoufficio e di colleghi insensibili. Improvvisamente, però, nella sua vita in cui nulla sembrava potesse cambiare, avviene una cosa che cambia tutto. Una notte, pur essendo stremato per la stanchezza, non riesce ad addormentarsi e, ad un certo punto, sente il fischio di un treno che corre lontano nel buio e che distrugge la cappa opprimente sotto la quale il poveretto si trascinava da anni e che gli fa riaprire gli occhi sul mondo.

Il fischio del treno assume **il significato di una rivelazione**. Di colpo Belluca comprende l'insostenibilità della propria situazione, in ufficio e soprattutto in casa (una situazione talmente pesante da essere quasi inverosimile, ma proprio per questo esemplare, secondo l'intento di Pirandello). Il fischio del treno rappresenta simbolicamente il viaggio, dunque la fuga, l'evasione, l'apertura di vasti orizzonti che rimangono tuttavia esperienze mentali e non effettivamente vissute.

Le tecniche narrative

La struttura

La novella presenta una struttura complessa. L'autore l'ha suddivisa in **sei sezioni** tramite spazi bianchi e ogni sezione rappresenta una piccola tappa verso la verità sul caso Belluca. La prima sezione lascia il lettore nell'incertezza, perfino dell'identità della persona di cui si parla; l'ultima, che è decisamente la più lunga, chiude l'inchiesta con la spiegazione di quanto è accaduto al protagonista e perciò del suo imprevedibile comportamento in ufficio. La conclusione è tuttavia aperta, non risolve definitivamente il problema di Belluca, non sappiamo se e come sarà accolta la sua richiesta «di fare ogni tanto una capatina in Siberia», ma lascia spazio a diverse prospettive.

L'*incipit*

Il lettore della novella viene immediatamente introdotto, dalla voce narrante, nella vicenda (***in medias res***), direttamente a contatto con il punto di vista dei colleghi, che parlano di Belluca come di un folle. E per dare più forza al loro giudizio, ipotizzano diagnosi mediche che, in quanto espresse con termini scientifici, acquistano credibilità.

I tempi narrativi

I fatti non seguono un naturale corso logico-cronologico, la narrazione procede invece retrospettivamente cominciando con gli effetti (la supposta pazzia di Belluca) e arrivando alle cause (il fischio del treno nella notte prima, la tragica situazione famigliare dell'impiegato poi). C'è una **sfasatura tra tempo della storia** e **tempo del racconto**.

I luoghi

Nella novella sono assenti precisazioni geografiche, anche se si può supporre che la vicenda si svolga nel Sud Italia. Infatti Belluca, per evidenziare il divario tra la condizione in cui vive e quella a cui aspira, cita alcune città del Nord, quali Firenze, Bologna, Torino e Venezia. Più che di luoghi è preferibile parlare di **"ambienti" allegorici**: l'ufficio e la famiglia rappresentano gli obblighi e i doveri che opprimono la sua esistenza; l'ospedale, in cui si perde la propria consueta identità, il momento di transizione tra il vecchio e il nuovo stile di vita.

Il protagonista

Belluca è il personaggio principale della vicenda ed è descritto sia direttamente (attraverso i dialoghi, le descrizioni), sia, in minor misura, indirettamente (attraverso l'opinione dei colleghi). Belluca appare un uomo inetto, dedito unicamente all'adempimento dei propri doveri, succube degli ambienti che fanno da sfondo alle sue azioni: il lavoro, la famiglia, lo spazio esterno inteso come "mondo" al di fuori di lui. In questo ambito egli è incapace di agire secondo i desideri personali e si limita a mettere in atto qualsiasi cosa gli venga richiesta. A tale vita "impossibile" segue la reazione, quasi istintiva, all'evento del fischio del treno: un episodio in sé insignificante ma capace di fargli ricordare quel mondo a cui è stato costretto a rinunciare. Sarà grazie al fischio del treno che troverà il coraggio di ribellarsi, per conquistare quello spazio di libertà che sarà etichettata come frutto di una malattia mentale.

Le tecniche espressive

Il linguaggio discorsivo e dialogico

Il linguaggio delle novelle pirandelliane è discorsivo e dialogico, poiché l'autore ha fiducia nell'argomentazione. Nel nostro testo notiamo alcune particolarità: il linguaggio, che in alcuni punti è preciso e referenziale (la descrizione con termini tecnici del lavoro di computista), in una sezione si fa più lirico. Si tratta della terza sezione dove il povero Belluca racconta in maniera sconnessa il mondo poetico e fantastico intravisto di notte, al fischio del treno: «*azzurre fronti*», cetacei che con la coda «*facevan la virgola*». L'evasione di Belluca, i cui occhi «ridevano lucidissimi, come quelli d'un bambino», sembra prendere la forma di una regressione all'infanzia, l'età in cui tutto desta stupore e gioia.

SCHEDA APPROFONDIMENTI

L'umorismo

L'opera di Pirandello è, secondo la definizione dello stesso autore, umoristica. La realtà moderna per lo scrittore siciliano è contraddittoria e priva di un significato univoco.

La riflessione pertanto diventa un momento fondamentale della rappresentazione artistica, tramite il quale noi possiamo passare dall'«avvertimento del contrario», proprio del comico, al «sentimento del contrario», proprio dell'arte umoristica. Per spiegare questo principio, che è anche il metodo con cui costruisce molti racconti e drammi, Pirandello, in un saggio intitolato *L'umorismo*, ricorre ad un esempio:

«una vecchia signora mi si presenta *goffamente imbellettata* (cioè pesantemente truccata) e vestita come una ragazzina, avverto che appare giusto il contrario di quel che un'anziana, rispettabile signora dovrebbe essere e mi metto a ridere. La situazione a questo punto è semplicemente comica. Se tuttavia rifletto sul caso di quella signora e comprendo che *non prova nessun piacere a pararsi così come un pappagallo* ma lo fa per conservare l'amore di un marito assai più giovane di lei, ecco che io non posso più riderne come prima. Dall'avvertimento sono passato al *sentimento* del contrario, cioè alla capacità di cogliere la verità della sua condizione umana».

LABORATORIO SUL TESTO

Conoscenze

Comprensione

1. **Come si comporta un giorno, in maniera del tutto inattesa, l'impiegato Belluca in ufficio?**
   SEMBRA IMPAZZITO
2. **Qual è la reazione dei colleghi e del capoufficio?**
   LO PRENDONO IN GIRO
3. **Dove viene ricoverato Belluca? Perché?**
   IN UNO SPIZIO, PERCHÉ PRESO COME PAZZO
4. **Che vita conduceva da anni Belluca fra casa e ufficio?**
5. **Quando e in che modo il protagonista prende coscienza dell'angustia opprimente della sua esistenza?**
   QUANDO UNA SERA SENTE FISCHIARE IL TRENO

Analisi

6. **Il narratore è interno o esterno alla storia? In quale punto del testo comprendiamo esattamente di chi si tratta?**

7. **La vicenda di Belluca è giudicata anche da altri punti di vista, a chi appartengono?**

8. **La novella è divisa in sei sezioni, quali ti sembrano avere un carattere più narrativo e quali un contenuto prevalentemente riflessivo?**

9. **La vicenda di Belluca ti sembra raccontata rispettando la logica successione degli avvenimenti? Da dove comincia?**

10. **Come reagiscono di primo acchito i colleghi al comportamento del tutto inconsueto di Belluca? E il capoufficio?**

11. **Il protagonista del racconto è certamente il povero Belluca; come giudichi il suo carattere di fondo?**

A paziente — C intollerante — E accomodante — G irascibile — I sfacciato

B remissivo — D ubbidiente — F buono — H ribelle — J rassegnato

Segna gli aggettivi che ritieni adatti.

Conoscenze lessicali

12. **Il narratore-vicino di casa di Belluca ci dice ad un certo punto che «la vita di quell'uomo è "impossibile"»; cosa intende con tale espressione?**

13. **Quando sentì il fischio del treno a Belluca pareva «che i paraocchi gli fossero tutt'a un tratto caduti»; cosa intendiamo con le parole «vivere (o ragionare o giudicare) con i paraocchi»?**

14. **I colleghi di Belluca parlano di «alienazione mentale», quali sono i vari significati che nella lingua corrente attribuiamo al termine «alienazione»?**

Conoscenze grammaticali

15. **Quali sono i soggetti della seguente frase: «Stanotte, signor Cavaliere. Ha fischiato. L'ho sentito fischiare...»?**

16. **Fai l'analisi logica delle parole sottolineate.**

E, d'<u>improvviso</u>, <u>nel silenzio profondo</u> della notte, aveva sentito, da lontano, fischiare un treno.

17. Sarebbe andato, appena ricomposto del tutto, <u>a chiedere scusa</u> al capo ufficio, e avrebbe ripreso come prima la sua computisteria.

Nella frase l'espressione sottolineata è una proposizione

A causale — B consecutiva — C finale — D temporale

❯ *Abilità e competenze*

Scrittura e interpretazione

1. **«Si fa in un attimo, signor Cavaliere mio. Ora che il treno ha fischiato...» Sono le parole conclusive della novella. Il protagonista Belluca, anziché fuggire e prendere il treno che lo porta verso il mondo libero, si accontenta di esprimere a voce la propria ansia di libertà. Esprimi, con un breve testo argomentativo, un tuo giudizio sul finale della novella e sulle scelte del protagonista.**

Ascoltare, argomentare e confrontarsi

2. **È importante, a tuo avviso, esprimere sempre liberamente il proprio pensiero o ci sono occasioni in cui è più opportuno il silenzio? Confrontati con i tuoi compagni in una discussione-dibattito sull'importanza della libera espressione del proprio pensiero. Dopo aver ascoltato i vari punti di vista sintetizza i giudizi finali espressi.**

Antonio Tabucchi
I treni che vanno a Madras

ascolto

OPERA	ANNO	GENERE	TEMI
Piccoli equivoci senza importanza	1985	racconto psicologico	• il mistero esistenziale • la vendetta

L'AUTORE

Antonio Tabucchi è nato a Pisa nel 1943, nella città natale frequenta il liceo e si iscrive alla Facoltà di Lettere, dove si laurea in Lingue nel 1969. Alla laurea seguono anni di studi e di viaggi, specialmente a Parigi e Lisbona, città dove soggiorna ripetutamente, grazie a borse di studio, ricavandone stimoli letterari e spunti di ricerca su autori portoghesi. Tabucchi ha contribuito infatti a far conoscere nel nostro Paese l'opera poetica di Fernando Pessoa, di cui ha curato la traduzione in italiano.

Dopo essersi perfezionato alla Scuola Normale Superiore di Pisa Tabucchi comincia ad insegnare Lingua e letteratura portoghese alle Università di Bologna, di Genova e infine di Siena.

Come narratore ha esordito nel 1975 con il romanzo *Piazze d'Italia* (1975), seguiranno *Il piccolo naviglio* (1978), *Il gioco del rovescio* (racconti 1981), *Donna di Porto Pim* (1983) dove già sono evidenti i caratteri salienti della sua narrativa: l'interesse per i Portogallo e la ricostruzione di storie individuali o collettive, sempre a metà strada fra realtà e fantasia.

Il grande successo arriva con *Notturno indiano* (1984), confermato dai racconti *Piccoli equivoci senza importanza* (1985), *L'angelo nero* (1991) e dai romanzi *Requiem* (1992), *Sostiene Pereira* (1994), *La testa perduta di Damasceno Monteiro* (1997), *Si sta facendo sempre più tardi* (2001). Nel 2003 appare in libreria *Autobiografie altrui. Poetiche a posteriori,* sette testi di poetica, per la maggior parte inediti in Italia. *Tristano muore*, è del 2004.

I suoi libri hanno vinto importanti premi letterari e sono tradotti in numerose lingue. È morto a Lisbona nel 2012.

Protagonista del racconto è un viaggiatore in procinto di recarsi in treno da Bombay a Madras per vivere un'esperienza esotica, aperta a incontri inaspettati. Ad un certo punto del percorso si imbatte in un compagno di viaggio colto e amabile ma anche ambiguo e sfuggente che desta immediatamente la sua curiosità, una curiosità che diventa acuta quando apprende che il suo nome sul passaporto è Peter Schlemihl, come il celebre personaggio letterario creato dallo scrittore tedesco Adalbert von Chamisso (1781-1838), costretto a vivere senza la propria ombra.

I treni che da Bombay vanno a Madras[1] partono dalla Victoria Station.[2] La mia guida assicurava che una partenza dalla Victoria Station vale da sola un viaggio in India, e questa era la prima motivazione che mi aveva fatto preferire il treno all'aereo. [...] Avevo attraversato paesaggi di rara bellezza, o comunque indimenticabili per l'umanità che avevo visto; il vagone era di un conforto eccezionale, l'aria condizionata gradevole, il servizio impeccabile. Stava calando il crepuscolo e il treno attraversava un paesaggio di montagne rosse e scabre.[3] [...]

La frenata del treno mi strappò alle mie considerazioni, forse al mio torpore.[4] [...]

L'uomo entrò mentre il treno si stava rimettendo in movimento. Mi salutò frettolosamente, verificò che il numero della cuccetta libera corrispondesse a quello del suo biglietto e dopo avere constatato che non c'erano errori mi chiese scusa dell'intrusione. Era un europeo di una grassezza flaccida, portava un completo blu abbastanza fuori luogo dato il clima e un cappello elegante. Come bagaglio aveva soltanto una valigetta ventiquattrore di cuoio nero. Si sedette al suo posto, trasse di tasca un fazzoletto candido e pulì con cura gli occhiali da vista, sorridendo. Aveva un'aria affabile ma riser-

1 **Bombay...Madras:** grandi città situate rispettivamente sulla costa occidentale e orientale del Deccan, l'India peninsulare, sede di antichissime civiltà preindù.
2 **Victoria Station:** la grande stazione ferroviaria costruita a Bombay nell'Ottocento dai dominatori inglesi, ai tempi della regina Vittoria (1819-1901) e a lei intitolata.
3 **scabre:** brulle, desolate.
4 **torpore:** mancanza di vitalità; in questo caso, sonnolenza.

vata, quasi compunta.[5] "Anche lei va a Madras?" mi chiese senza aspettare la mia risposta, "questo treno è molto puntuale, arriveremo domani mattina alle sette".

Parlava un buon inglese con accento tedesco, ma non mi parve tedesco. Olandese, mi venne da pensare senza sapere perché, o forse svizzero. Aveva l'aria di un uomo d'affari, così a prima vista pareva sulla sessantina, ma forse era piu vecchio. "Madras è la capitale dell'India dravidica",[6] aggiunse, "se non c'è mai stato avrà cose straordinarie da vedere". Parlava con la disinvoltura un po' distaccata degli europei che conoscono l'India, e mi preparai a una conversazione basata sulle banalità. Decisi che era opportuno informarlo che potevamo cenare nel vagone ristorante, preferendo intercalare i prevedibili luoghi comuni dell'inevitabile dialogo con i necessari silenzi previsti da un pasto consumato civilmente.

Mentre camminavamo nel corridoio mi presentai scusandomi per la distrazione di non averlo fatto prima. "Oh, le presentazioni sono diventate una formalità inutile, ormai", affermò con la sua aria affabile. Accennò un lieve inchino con la testa. "Mi chiamo Peter", concluse.

[...]

Parlammo molto delle civiltà dravidiche, anzi, parlò quasi sempre lui, perché i miei interventi si limitavano alle domande tipiche dell'inesperto, a qualche timida obiezione, perlopiù al consenso incondizionato. Mi descrisse con dovizia di dettagli i rilievi rupestri[7] di Kancheepuram[8] e l'architettura dello Shore Temple, mi parlò di culti arcaici e ignoti, estranei al panteismo[9] induista, come quello delle aquile bianche di Mahabalipuram; del significato dei colori, dei riti funebri, delle caste. [...]

5 **compunta:** si dice di persona che dimostra dispiacere o pentimento.

6 **l'India dravidica:** la parte più meridionale della penisola indiana (o Deccan), sede di antichissime popolazioni, dette appunto dravidiche, in possesso di lingue, tradizioni letterarie e religiose originali.

7 **rilievi rupestri:** statue in rilievo scolpite su pareti di roccia.

8 **Kancheepuram:** località montuosa nei pressi di Madras.

9 **panteismo:** dottrina filosofico-religiosa secondo la quale Dio si identifica con la natura.

Linea ferroviaria vicino ad Agra in India, 1983.

La sua voce aveva una nota struggente,[10] mi parve, come un rimpianto o una pena. I suoi occhi erano lustri, e il volto glabro[11] pareva più pallido sotto la luce del vagone ristorante. Aveva mani delicate e i gesti stanchi. C'era una sorta di incompiutezza, nel suo aspetto, qualcosa di dimidiato,[12] ma era difficile dire che cosa: pensai a qualcosa di infermo e di nascosto, come una vergogna.

Tornammo nel nostro scompartimento continuando a conversare, ma ora la sua verve[13] si era affievolita e il nostro colloquio era intercalato da lunghi silenzi. Mentre ci disponevamo a prepararci per la notte, solo per dire qualcosa, senza una ragione specifica, gli chiesi perché viaggiasse in treno, piuttosto che in aereo. Pensavo che per una persona della sua età sarebbe stato più agevole e comodo usare l'aereo, invece di sottoporsi a un viaggio così lungo; e probabilmente mi aspettavo la confessione del timore di un simile mezzo di trasporto, come a volte accade a persone che non vi furono abituate nella giovinezza.

Il signor Peter mi guardò perplesso, come se non ci avesse mai pensato. Poi si illuminò all'improvviso e disse: "Con l'aereo si fanno viaggi comodi e rapidi, ma si salta la vera India. Certo con i treni che fanno lunghi percorsi c'è il rischio di arrivare anche con un giorno di ritardo; ma se si ha la fortuna di indovinare il treno giusto si può fare un viaggio molto confortevole e arrivare con estrema puntualità. E poi sul treno c'è sempre il piacere di una conversazione che l'aereo non permette".

Fu più forte di me e mormorai: "India, a travel survival kit".[14]

"Come?" disse lui.

"Niente", risposi, "mi era venuto in mente un libro". E poi dissi con sicurezza: "Lei non è mai stato a Madras".

Il signor Peter mi guardò con candore. "Per conoscere un luogo non è sempre necessario esserci stati", affermò. Si tolse la giacca e le scarpe, infilò la sua valigetta sotto il cuscino, tirò la tenda della sua cuccetta e mi augurò la buona notte.

Avrei voluto dirgli che anche lui aveva una tenue speranza, e per questo aveva preso il treno: perché preferiva cullarla e assaporarla a lungo, invece di bruciarla nel breve spazio di un viaggio aereo, ne ero certo. Ma naturalmente non dissi niente, spensi la luce centrale, lasciai la *veilleuse*[15] azzurra, tirai la mia tenda e gli augurai la buona notte.

* * *

Ci svegliò il fastidio della luce accesa all'improvviso e una voce che chiedeva qualcosa. Dal finestrino si vedeva una baracca di tavole rischiarata da una luce fioca, con un cartello incomprensibile. Il controllore era accompagnato da un poliziotto molto scuro dall'aria sospettosa.

10 **struggente:** tormentata.
11 **glabro:** liscio, privo di peli.
12 **dimidiato:** diviso a metà.
13 **verve:** vivacità nel parlare.
14 **"India, a travel survival kit":** titolo in lingua inglese 'India, un manuale di sopravvivenza per il viaggiatore'.
15 ***veilleuse:*** lume da notte; francese.

SEGNALIBRO

Piccoli equivoci senza importanza, Feltrinelli, Milano 1985.

il piacere di leggere

Gli undici racconti che compongono *Piccoli equivoci senza importanza* si dipanano in un clima enigmatico e offrono diverse possibilità di lettura. Che cosa siano precisamente gli equivoci cui accenna il titolo lo chiarisce lo stesso autore in una nota premessa al testo: «malintesi, incertezze, comprensioni tardive, inutili rimpianti, ricordi forse ingannevoli, errori sciocchi e irrimediabili: le cose fuori luogo esercitano su di me un'attrazione irresistibile...».
Le storie sono ambientate nei luoghi più diversi, talvolta esotici, sempre di forte suggestione letteraria: la Toscana, Lisbona, Biarritz, la Riviera o l'India. I personaggi sono individui eccentrici, vendicatori implacabili, viaggiatori disperati, attori invecchiati o falliti, tutti comunque alle prese con esistenze irrisolte, scelte sbagliate, casualità sconcertanti.

"Stiamo entrando nel paese Tamil Nadu", disse il controllore con un sorriso, "è una pura formalità". Il poliziotto tese la mano e disse: "Documenti, prego".

Guardò il mio passaporto con aria distratta e lo richiuse subito. Sul documento del signor Peter si trattenne con maggiore attenzione. Mentre lo esaminava mi accorsi che era un passaporto israeliano. "Mister... Shi...mail?" sillabò faticosamente il poliziotto.

"Schlemihl", corresse il mio compagno di viaggio, "Peter Schlemihl".[16]

Il poliziotto ci restituì i documenti, spense la luce e si accomiatò freddamente. Il treno aveva ripreso a correre attraverso la notte indiana, la luce della lampada azzurra creava un'atmosfera di sogno, restammo a lungo in silenzio, poi alla fine io parlai. "Lei non può avere questo nome", dissi, "esiste un solo Peter Schlemihl, è un'invenzione di Chamisso, e lei lo sa perfettamente. Una cosa del genere va bene per un poliziotto indiano".

Il mio compagno di viaggio non rispose. Poi mi chiese: "Le piace Thomas Mann?"[17]

"Non tutto", risposi.

"Che cosa?"

"I racconti, alcuni romanzi brevi, Tonio Kröger, Morte a Venezia".

"Non so se conosce una prefazione al Peter Schlemihl," disse lui, "è un testo ammirevole".

Il silenzio cadde di nuovo. Pensai che il mio compagno si fosse addormentato, ma non poteva essere, certo. Aspettava solo che parlassi io, e io parlai.

"Che cosa va a fare a Madras?"

Il mio compagno di viaggio non rispose subito. Tossì leggermente. "Vado a vedere una statua", sussurrò.

"È un lungo viaggio, per vedere una statua".

Il mio compagno non rispose. Si soffiò il naso a più riprese. "Voglio raccontarle una piccola storia" disse poi, "ho voglia di raccontarle una piccola storia". Parlava sommessamente e la sua voce mi giungeva attutita da dietro la tenda. "Molti anni fa, in Germania, conobbi un uomo. Era un medico, e doveva visitarmi. Stava seduto dietro una scrivania e io stavo in piedi nudo davanti a lui. Dietro di me c'era una fila di altri uomini nudi che egli doveva visitare. Quando ci avevano condotti in quel luogo ci avevano detto che noi servivamo al progresso della scienza tedesca. Accanto al medico c'erano due guardie armate e un infermiere che riempiva delle schede. Egli ci poneva delle domande precise concernenti le nostre funzioni virili, l'infermiere procedeva a certe analisi sui nostri corpi, e poi scriveva. La fila procedeva svelta, perché quel medico aveva fretta. Quando avevo già superato il mio turno, invece di proseguire verso la stanza in cui ci conducevano, indugiai qualche attimo, perché il mio sguardo fu attratto da una statuetta che il medico teneva sulla scrivania. Era la riproduzione di una divinità orientale, ma io non l'avevo mai vista. Rappresentava una figura danzante, con le braccia e le gambe in posizioni armoniche e divergenti iscritte in un circolo. C'erano solo pochi spazi aperti in quel circolo, piccoli vuoti che aspettavano di essere chiusi dall'immaginazione di chi lo guardava.

Statua di Shiva danzante.

16 Peter Schlemihl: protagonista del romanzo *La meravigliosa storia di Peter Schlemihl* (1814) dello scrittore tedesco Adalbert von Chamisso (1781-1838), vedi p. 000.

17 Thomas Mann: fra i più grandi scrittori tedeschi del Novecento (1875-1955), autore dei romanzi *I Buddenbrook, La montagna magica, Giuseppe e i suoi fratelli* e numerosi altri fra i quali quelli citati nel racconto.

Il medico si accorse del mio rapimento e sorrise. Aveva una bocca sottile e beffarda. Questa statua rappresenta il circolo vitale, disse, nel quale tutte le scorie devono entrare per raggiungere la forma superiore della vita che è la bellezza. Le auguro che nel ciclo biologico previsto dalla filosofia che concepì questa statua lei possa avere, in un'altra vita, un gradino superiore a quello che le è toccato nella sua vita attuale".

Il mio compagno di viaggio tacque. Nonostante il rumore del treno potevo avvertire perfettamente la sua respirazione pausata e profonda.

"Vada avanti, la prego", dissi.

"Non c'è molto da aggiungere", disse lui, "quella statua era l'immagine di Shiva[18] danzante, ma io allora non lo sapevo. Come vede non sono ancora entrato nel circolo del riciclaggio vitale, e la mia interpretazione di quella figura è un'altra. Ci ho pensato ogni giorno, è l'unica cosa a cui ho pensato in tutti questi anni".

"Quanti anni sono passati".

"Quaranta".

"Si può pensare a una sola cosa per quarant'anni?"

"Credo di sì, se si è provata su di noi la turpitudine".[19]

"E quale è la sua interpretazione di quella figura?"

"Credo che essa non rappresenti affatto il circolo vitale. Rappresenta semplicemente la danza della vita".

"In che cosa consiste la differenza?" chiesi io.

"Oh, è molto diverso", sussurrò il signor Peter. "La vita è un cerchio. C'è un giorno in cui il cerchio si chiude, e noi non sappiamo quale". Si soffiò di nuovo il naso e poi disse: "E ora mi scusi, sono stanco, se permette vorrei cercare di dormire".

* * *

Mi svegliai nei dintorni di Madras. Il mio compagno di viaggio era già rasato e pronto nel suo impeccabile vestito blu. Aveva un'aria riposata e sorridente, aveva rialzato la sua cuccetta e mi indicava il vassoio della colazione posato sul tavolo accanto al finestrino.

"Ho aspettato che si svegliasse per prendere il tè insieme", disse. "Non ho voluto disturbarla, dormiva così bene".

Entrai nello stanzino del lavabo e feci rapidamente la toeletta mattutina, raccolsi le mie cose, sistemai il mio bagaglio e mi sedetti davanti alla colazione. Cominciavamo a percorrere un luogo abitato, una zona di villaggi popolosi con le prime avvisaglie[20] di città.

"Come vede siamo in perfetto orario", disse il mio compagno, "sono le sette meno un quarto". Piegò con cura il suo tovagliolo. "Mi piacerebbe che anche lei andasse a vedere quella statua", aggiunse, "si trova nel museo di Madras. Mi piacerebbe sapere cosa ne pensa". Si alzò in piedi e prese la sua valigetta. Mi tese la mano e mi salutò col suo tono affabile. "Sono grato alla mia guida di viaggio che consigliava questo mezzo di trasporto", disse, "è vero che sui treni indiani si possono fare gli incontri più inattesi: la sua compagnia è stata per me un piacere e un conforto".

"È un piacere reciproco", replicai, "sono io che sono grato ai consigli della mia guida".

Stavamo entrando nella stazione, davanti a un marciapiede brulicante di folla. Il treno azionò i freni e il convoglio si fermò dolcemente. Gli cedetti il passo ed egli scese per primo, facendomi un cenno di saluto con la mano. Mentre si allontanava lo chiamai e lui si voltò.

"Non so dove potrei eventualmente comunicarle la mia opinione", gridai, "non ho il suo indirizzo".

Lui tornò sui suoi passi, con quell'aria perplessa che già gli conoscevo, e rifletté un istante. "Mi lasci un messaggio all'American Express",[21] disse, "passerò a raccoglierlo".

18 **Shiva:** dio della morte ma anche della rinascita della natura, è una delle divinità supreme della religione induista e costituisce con Brama e Visnù la sacra Trimurti.

19 **turpitudine:** vergogna morale, infamia.

20 **prime avvisaglie:** i primi segni, gli inizi.

21 **American Express:** compagnia americana di servizi postali e finanziari.

Poi ciascuno di noi si perse tra la folla.

* * *

A Madras restai solo tre giorni. [...]

La mattina del quarto giorno mi trovavo in una stazione degli autobus che fanno il percorso per il Kerala[22] e per Goa.[23] Mancava un'ora alla partenza, faceva un caldo torrido e le pensiline dell'enorme hangar[24] della stazione erano l'unico rifugio contro la calura delle strade. Per ingannare l'attesa comprai il giornale in lingua inglese di Madras. Era un giornale di appena quattro fogli, dall'aspetto di giornale di parrocchia, con molti annunci di ogni specie, riassunti di film popolari, cronaca cittadina. In prima pagina, con molto rilievo, c'era la notizia di un omicidio avvenuto il giorno precedente. La vittima era un cittadino di nazionalità argentina che viveva a Madras dal 1958. Era descritto come un signore schivo e discreto, senza amicizie, settantenne, che viveva in una villetta nel quartiere residenziale di Adyar. La moglie era deceduta tre anni prima per cause naturali. Non avevano figli.

Era stato ucciso con un colpo di pistola al cuore. Era un omicidio apparentemente inspiegabile, perché l'assassino non aveva agito a scopo di furto. La casa risultava in ordine, senza tracce di scassi. L'articolo descriveva l'abitazione come una residenza semplice e sobria, con alcuni pezzi d'arte di buon gusto e un piccolo giardino. Pareva che la vittima fosse un intenditore di arte dravidica; il giornale menzionava alcuni servigi resi nella catalogazione del locale museo e riportava la fotografia di uno sconosciuto: il viso di un vecchio calvo, con gli occhi chiari e la bocca sottile. Era una descrizione neutra e anodina.[25] L'unico particolare curioso era la fotografia di una statuetta abbinata al volto della vittima. Si trattava certo di un abbinamento plausibile, perché la vittima era un intenditore di arte dravidica e la danza di Shiva è il pezzo più noto del museo di Madras, una specie di simbolo. Ma quell'accostamento plausibile suscitò in me un altro accostamento. [...]

* * *

Non escludo che la mia immaginazione abbia lavorato più del consentito. Ma se avessi indovinato quale era l'ombra che il signor Schlemihl aveva perduto; e se mai gli capitasse di leggere questo racconto, per lo stesso strano caso che ci fece incontrare quella sera in treno, vorrei che gli giungesse il mio saluto. E la mia pena.

22 **Kerala:** regione costiera situata nell'estremità occidentale della penisola indiana.
23 **Goa:** città portuale a sud di Bombay.
24 **hangar:** deposito, rimessa per treni o velivoli.
25 **anodina:** impersonale.

ANALISI DEL TESTO

I temi

L'atmosfera di mistero

La narrativa di Antonio Tabucchi sembra talvolta un raffinato gioco letterario, piena di rimandi, impliciti o espliciti, ad altre letterature, ai più diversi generi romanzeschi, alle storie poliziesche ad esempio, o a quelle di fantasmi. Sulle sue storie aleggia un'atmosfera di mistero, ricorrono temi come l'**intrusione del caso** nel corso ordinario dell'esistenza, la difficoltà da parte dei personaggi (e del lettore) ad afferrare concretamente la realtà o a stabilire l'identità stessa delle persone.

Il protagonista del brano incontra in treno un uomo con cui stringe una buona amicizia, anche se sente che in lui c'è qualcosa che non va.

Il tema più importante del brano ruota intorno ad un nome: Peter Schlemihl. Questo è lo pseudonimo dell'interlocutore del narratore, ma anche il nome di un personaggio di un romanzo dell'800, pieno di significati. A questo personaggio è stata sottratta l'ombra dal diavolo, cioè la sua dimensione umana. Anche all'uomo del racconto di Tabucchi è stata sottratta l'ombra, ma dai nazisti. Il medico nazista offende senza dignità l'uomo non considerandolo neanche tale. A quel punto in lui nasce il **desiderio di vendetta**, che consumerà quarant'anni dopo.

Le tecniche narrative

La struttura del racconto

Il testo procede come un **racconto poliziesco**, un *mistery*: c'è un individuo enigmatico e sfuggente, veniamo a conoscere un antico, orrendo torto subito, abbiamo notizia alla fine di un misterioso omicidio ma siamo in possesso di tutti gli elementi per indovinarne la soluzione. Come in ogni racconto poliziesco non si raccontano subito tutti i fatti nel giusto ordine cronologico ma, per creare un po' di *suspense*, si ricorre ad un certo punto ad un *flashback* e, nel finale, ad un annuncio anticipato della vendetta, che verrà effettivamente consumata di lì a poco. **Fabula e intreccio corrispondono** perfettamente, perché, anche se con la storia di Peter si va indietro nel tempo, questa è raccontata sotto forma di dialogo.

I luoghi

Il racconto è ambientato nell'India meridionale, luogo ricco di suggestioni che già faceva da sfondo ad uno dei romanzi migliori di Tabucchi, *Notturno indiano*, apparso nel 1984. In realtà quasi tutta la vicenda si svolge in interni, in luoghi chiusi come il vagone ferroviario, e i riferimenti alla storia e all'arte indiana sono semplici scambi di informazioni, prese talvolta dalle guide turistiche.

Il tempo

Le vicende durano circa sei giorni. Sono collocate in un **tempo** storico **indeterminato** per l'assenza di marche temporali. Il ritmo del racconto è **lento**.

Il protagonista

Il narratore-viaggiatore ci descrive il personaggio chiave del racconto. Non lo descrive subito (a parte un accenno alla sua «grassezza flaccida») come avrebbe fatto uno scrittore realista né la descrizione si ferma all'aspetto esteriore: anzi attraverso alcuni dettagli fisici – la voce, le mani, il volto glabro, gli occhi – il lettore avverte che si trova di fronte ad una vita misteriosa, segnata da oscure ma dolorose esperienze. Il resto del racconto, attraverso le allusioni tipiche dello stile di Tabucchi, chiarirà il tragico segreto.

Le tecniche espressive

Metafore e simboli

L'alternanza di immagini realistiche con spunti di riflessione e momenti di dubbio e mistero rende il testo particolarmente vario e interessante dal punto di vista stilistico. La tecnica usata per esprimere le parole o i pensieri dei personaggi è il **discorso diretto**. È una storia ricca di metafore e di simboli: è un simbolo la statuetta di Shiva danzante, variamente interpretata dal medico tedesco e dal suo prigioniero ebreo; è un nome simbolico Peter Schlemihl, che in ebraico significa 'colui che ha la sfortuna addosso', oltre ad essere ovviamente un riferimento al personaggio di Chamisso. Per il misterioso viaggiatore la propria ombra, la propria vera identità di uomo, è andata perduta negli orrori della persecuzione antisemita. È una metafora della casualità dell'esistenza infine il viaggio in treno: «è vero che sui treni indiani si possono fare gli incontri più inattesi».

LABORATORIO SUL TESTO

Conoscenze

Comprensione

1. **Perché il narratore-viaggiatore preferisce attraversare l'India in treno anziché in aereo?**
2. **Chi è il personaggio che sale sul treno fra Bombay e Madras? Il nome sul passaporto è palesemente falso, qual è presumibilmente la sua nazionalità?**
3. **Di quale antica civiltà indiana è esperto il misterioso viaggiatore?**
4. **Fra i due viaggiatori, colui che narra in prima persona e lo pseudo Peter Schlemihl, esistono alcune affinità, di gusti per esempio o di interessi culturali, prova a individuarli e a elencarli.**
5. **Il racconto è ricco di simboli e di oggetti simbolici, quali ti sembrano i più significativi?**
6. **Chi è il personaggio assassinato nella parte conclusiva del racconto?**

Analisi

7. **Nel racconto fabula e intreccio corrispondono?**

8. **Il testo contiene un esempio di *flashback* (o analessi), la rievocazione cioè di una vicenda anteriore al punto in cui è giunta la storia; ritrovala e riportane l'inizio e la fine.**

9. **I personaggi e la trama si riferiscono a una grande tragedia che si è svolta in Europa, quale?**

10. **Peter Schlemihl è un enigmatico compagno di viaggio, ad esso il narratore dedica una particolare descrizione: recupera nel testo tutti gli elementi che si riferiscono al suo aspetto fisico, al suo abbigliamento e al suo stato d'animo.**

11. **Per quale motivo per il narratore Peter Schlemihl è un "uomo senza ombra?"**

Conoscenze lessicali

12. **Spiega l'espressione, assai efficace, «grassezza flaccida» con la quale il narratore descrive l'aspetto del viaggiatore salito alla fermata del treno.**

13. **Nel testo ci sono molti termini o espressioni usati in senso metaforico o simbolico. Individuane alcuni e trascrivili.**

14. **Il linguaggio di Tabucchi ti sembra**

[A] colto [B] elaborato [C] sintetico [D] colloquiale [E] semplice

Segna gli aggettivi che ritieni adatti.

Conoscenze grammaticali

15. **Fai l'analisi logica della seguente frase: «Poi ciascuno di noi si perse tra la folla».**

16. **«Avrei voluto dirgli <u>che anche lui aveva una tenue speranza</u>». Che valore ha la proposizione sottolineata?**

[A] temporale [B] causale [C] oggettiva [D] finale

17. **«Era stato ucciso <u>con un colpo</u> di pistola <u>al cuore</u>». Che complementi sono le espressioni sottolineate?**

Abilità e competenze

Scrittura e interpretazione

1. **Esprimi un giudizio sul gesto del viaggiatore, lo pseudo Peter Schlemihl, che decide di farsi giustizia da solo nei confronti dell'antico persecutore del suo popolo.**

Ascoltare, argomentare e confrontarsi

2. **Rifletti sul concetto di vendetta. È giusto perdonare se qualcuno ha commesso delle atrocità? Anche se ha scontato una giusta pena? Confrontati con i tuoi compagni in un dibattito organizzato in classe. Dopo avere ascoltato tutte le opinioni, rispettando i vari punti di vista, sintetizza i risultati che commenterete insieme.**

PER LEGGERE E APPROFONDIRE

La storia di un personaggio

Adalbert Von Chamisso ***La meravigliosa storia di Peter Schlemihl*** **(La spiga, Milano 2007)**

Nel breve romanzo di Chamisso, *La meravigliosa storia di Peter Schlemihl*, si racconta di un uomo che ha venduto al diavolo la propria ombra in cambio di una borsa che lo rifornisce di oro a volontà. Si pentirà amaramente dello scambio perché tutti eviteranno con orrore un uomo senza ombra. Prova a leggerlo e a individuare gli elementi comuni fra la vita del personaggio di Chamisso e quello di Tabucchi.

Raymond Carver
Riuscivo a vedere ogni più piccola cosa

al alta leggibilità

OPERA	ANNO	GENERE	TEMI
Di cosa parliamo quando parliamo d'amore	1981	racconto psicologico	• solitudine, angoscia, incomunicabilità • crisi della vita di coppia

L'AUTORE

Lo scrittore statunitense **Raymond Carver** nacque a Clatskanie, in Oregon, nel 1939 e crebbe a Yakima, nello Stato di Washington. Figlio di un operaio e di una cameriera di ristorante, dovette fin dall'adolescenza lavorare per aiutare il padre, cercando nello stesso tempo di portare a termine gli studi. Si sposò ben presto, a soli diciotto anni, e, come tanti altri scrittori americani prima di lui, svolse per vivere i più diversi lavori, da bibliotecario a portiere di notte in un ospedale. Riuscì comunque, faticosamente, a laurearsi dopo il matrimonio, ma a ventinove anni iniziò a bere e dall'alcolismo riuscì a liberarsi solo nel 1977, dopo dieci anni di arresti, ricoveri e disintossicazioni, quando viveva ormai separato dalla moglie e dalle due figlie in un piccolo centro della California. L'alcolismo non gli impedì di scrivere e di insegnare per un semestre, nel 1973, allo Yowa Writers Workshop, assieme ad un altro grande scrittore di racconti, John Cheever.
Nel 1976, dopo un primo incerto tentativo letterario, uscì la sua seconda raccolta di racconti, *Vuoi stare zitta, per favore?*, che segnò per la critica l'inizio del "minimalismo americano", classificazione che Carver rifiutò sempre ostinatamente. Nel 1979 conobbe Tess Gallagher, una poetessa con la quale iniziò a vivere e a insegnare all'Università di Syracuse. Con la fine dei tempi difficili la produzione narrativa di Carver crebbe rapidamente: nel 1981 uscirono i racconti riuniti sotto il titolo *Di cosa parliamo quando parliamo d'amore*, nel 1983 i diciotto racconti di *Cattedrale*, nel 1988 la raccolta *Chi ha usato questo letto?*
Carver morì a Port Angeles (Washington) nel 1988; un volume postumo di lezioni e saggi è apparso nel 1997 con il titolo *Il mestiere di scrivere*.

Nel racconto che presentiamo, in poche sequenze, attraverso dialoghi essenziali Carter ci offre un quadro di rassegnata solitudine, di sofferta angoscia, di rapporti personali vuoti. Una notte insonne offre alla protagonista la possibilità di riflettere sulla banalità della vita quotidiana e sull'indifferenza con cui gli esseri umani affrontano l'esistenza. Il sonno quindi può essere l'unico ristoro al corpo e alla mente.

Ero a letto quando sentii il rumore del cancello. Tesi l'orecchio. Non sentii più niente. Ma quello sì. Cercai di svegliare Cliff. Era come morto. Allora mi alzai e andai alla finestra. C'era una grande luna sopra le montagne intorno alla città. Era una luna bianca piena di cicatrici.[1] Anche un imbecille ci avrebbe visto una faccia.

C'era abbastanza luce, tanto che riuscivo a vedere ogni cosa nel giardino: le sedie a sdraio, il salice, il filo del bucato teso tra i pali, le petunie, le staccionate,[2] il cancello spalancato.

Ma non c'era nessuno in giro, né zone d'ombra che facessero paura. Tutto era inondato dal chiarore della luna e io riuscivo a vedere ogni più piccola cosa. Le mollette della biancheria sul filo, per esempio.

Misi le mani sul vetro per schermare la luna. Guardai ancora. Restai in ascolto. Poi tornai a letto.

Ma non riuscivo a prendere sonno. Continuavo a girarmi. Pensavo al cancello spalancato. Era come una minaccia.

Il respiro di Cliff era insopportabile. Stava a bocca aperta con le braccia strette sul petto bianco. Occupava quasi tutto il letto.

Provai più volte a spingerlo dalla sua parte. Ma lui emise solo un mugolio.

Rimasi immobile ancora un po' finché decisi che non sarebbe servito a niente. Mi alzai e infilai le pantofole. Andai in cucina a farmi un tè e mi sedetti a berlo al tavolo. Fumai una sigaretta di Cliff, senza filtro.

1 **cicatrici:** la metafora indica gli avvallamenti e i rilievi sulla superficie della luna.
2 **staccionate:** recinti formati da traverse di legno sostenute da paletti; servono a delimitare giardini o campi sportivi.

Era tardi. Non guardai l'ora. Bevvi il tè e fumai un'altra sigaretta. Dopo un po' decisi di uscire a chiudere il cancello.

Presi dunque la vestaglia.

La luna illuminava tutto: case e alberi, pali e fili della luce, il mondo intero. Diedi un'occhiata al giardinetto sul retro prima di uscire sotto il portico. C'era una leggera brezza e mi avvolsi bene nella vestaglia.

Mi avviai verso il cancello.

Udii un rumore provenire dalle staccionate che ci separano dal terreno di Sam Lawton. Aguzzai la vista. Sam stava appoggiato con le braccia sulla sua staccionata; sì, perché di staccionate su cui appoggiarsi ce ne erano due. Sollevò una mano chiusa a pugno all'altezza della bocca e tossì, un colpo secco.

«Sera, Nancy», disse Sam Lawton.

Dissi: «Sam, mi hai fatto paura. Cosa fai alzato?». «Hai sentito qualcosa?», dissi. «Io ho sentito il mio cancello che si apriva».

«Non ho sentito niente», disse. «Non ho nemmeno visto niente. Potrebbe essere stato il vento».

Stava masticando qualcosa. Guardò il cancello aperto e alzò le spalle.

I suoi capelli erano d'argento sotto la luce della luna, e gli stavano dritti sulla testa. Riuscii a vedere il suo naso lungo, e le rughe sulla sua grande faccia triste.

Dissi: «Che fai alzato, Sam?», e mi avvicinai alla sua staccionata.

«Vuoi vedere una cosa?», disse.

«Vengo», dissi.

Uscii sul vialetto. Mi sentivo strana ad andarmene in giro in camicia da notte e vestaglia. Mi dissi che dovevo proprio ricordarmelo questo, andarmene in giro in quel modo.

Edward Hopper, *Western Motel*, 1957. New Haven, Yale University Art Gallery.

Sam era là, vicino a casa sua, con i calzoni del pigiama arrotolati sopra le scarpe bianche e marroni. Aveva una torcia elettrica in una mano e un barattolo di qualcosa nell'altra.

Sam e Cliff erano stati amici un tempo. Poi una sera avevano bevuto. Avevano litigato. E dopo quella sera Sam si era costruito una staccionata e Cliff ne aveva costruita una anche lui.

Questo successe dopo che Sam aveva perso Millie, si era risposato, ed era diventato di nuovo padre, il tutto in men che non si dica. Millie era stata una buona amica per me fino al giorno in cui morì. Aveva solo quarantadue anni quando accadde. Insufficienza cardiaca. Successe proprio nel momento in cui imboccava il vialetto. La macchina continuò ad andare avanti fino a sfondare la parete in fondo al garage.

«Guarda qua», disse Sam, tirandosi su i calzoni del pigiama e accovacciandosi. Puntò la torcia elettrica sul terreno.

Guardai e vidi su una zolla tutto un brulicare di cose mollicce.

«Lumache», disse. «Gli ho appena dato un po' di questa roba», disse, sollevando un barattolo che poteva essere di Ajax.[3] «Stanno per prendere il sopravvento», disse, e masticò quella cosa che aveva in bocca. Voltò la testa di lato e sputò qualcosa che pareva tabacco. «Devo continuare con questo se voglio tenerle sotto controllo». Puntò la luce su un vaso pieno di quelle cose. «Metto l'esca e appena posso vengo fuori con questa roba. Bastarde, sono dappertutto. Un disastro quello che possono combinare. Guarda qua», disse.

Si rialzò. Mi prese per il braccio e mi guidò fino ai suoi cespugli di rose. Mi mostrò i forellini sulle foglie.

«Lumache», disse. «La notte se ti guardi intorno ne vedi dappertutto. Metto l'esca e poi vengo a prenderle», disse.

«Un'invenzione schifosa, la lumaca. Le conservo in quel vaso lì».

Puntò la torcia elettrica sotto i cespugli di rose.

Un aereo passò sopra le nostre teste. Mi immaginai le persone, sedute ai loro posti con le cinture allacciate, alcune che leggevano, altre che guardavano giù.

«Sam», dissi, «come stanno a casa?».

«Stanno bene», disse, e alzò le spalle.

Continuava a masticare quella roba che aveva in bocca.

«Come sta Clifford?», disse.

«Come sempre», dissi.

Sam disse: «Magari una volta che sono qua fuori alle prese con le lumache guarderò verso casa vostra», disse. «Vorrei proprio che Cliff e io tornassimo ad essere amici. Guarda là ades-

3 **Ajax:** noto detergente chimico, può essere letale se cosparso o ingerito.

SEGNALIBRO

Di cosa parliamo quando parliamo d'amore, Garzanti, Milano 1987. Traduzione di Livia Manera

il piacere di leggere

Di cosa parliamo quando parliamo d'amore è una raccolta di diciassette racconti, scritti negli anni Settanta e pubblicati per la prima volta in volume negli Stati Uniti nel 1981. Sono storie della provincia americana, di gente modesta che spesso ha difficoltà a trovare quel minimo di tranquillità indispensabile per vivere: di fronte alla vita sono personaggi indifesi, infelici, che vivono in solitudine la crisi delle relazioni interpersonali. Queste brevi storie, raccontate in una prosa asciutta e incisiva, sono spesso ambientate in un interno domestico, le scene sono rarefatte e condensate, i gesti minimi, gli avvenimenti accadono in un clima di isolamento dove il prima e il dopo sono completamente sottintesi e le tensioni emotive esplodono secondo una logica del tutto inattesa.

so», disse e tirò un brusco respiro. «Ce n'è una là. La vedi? Proprio là dove sto facendo luce». Teneva la luce puntata sul terriccio sotto il cespuglio di rose. «Ora fa attenzione», disse Sam.

Mi strinsi le braccia sul petto e mi chinai verso il punto che stava illuminando. La cosa smise di muoversi e girò la testa da una parte all'altra. Allora Sam le fu addosso col suo barattolo, e spruzzò la polvere.

«Che schifose», disse.

La lumaca si contorse. Poi si arrotolò e di nuovo si allungò.

Sam prese una palettina, raccolse la lumaca, e la buttò dentro il vaso.

«Ci ho rinunciato, sai», disse Sam. «C'è stato un momento che non sapevo più cosa fare. Intorno alla casa ci stiamo ancora attenti, ma non è che ci badi più molto».

Annuii. Lui mi guardò insistentemente.

«Sarà meglio che rientri», dissi.

«Certo», disse. «Continuo ancora un po' e appena ho finito torno dentro anch'io».

Dissi: «Buona notte, Sam».

«Senti», disse. Smise di masticare. Con la lingua spinse quella cosa dietro il labbro inferiore. «Dì a Cliff che lo saluto».

«Gli dirò che hai detto così, Sam».

Sam si passò una mano sui capelli argentati come se volesse farli star giù una volta per tutte, e poi la alzò in un gesto di saluto.

In camera da letto, mi tolsi la vestaglia, la ripiegai e la misi a portata di mano. Senza guardare l'ora, controllai che la levetta della sveglia fosse alzata. Poi mi infilai nel letto, tirai su le coperte, e chiusi gli occhi. Fu allora che mi venne in mente che avevo dimenticato di chiudere il cancello.

Aprii gli occhi e restai lì ferma. Diedi una scrollatina a Cliff. Lui si schiarì la gola. Deglutì. Qualcosa gli andò di traverso e gli gorgogliò dentro il petto.

Non so. Mi fece pensare a quelle cose che Sam Lawton cospargeva di polvere.

Per un minuto pensai al mondo là fuori, e poi non pensai più a nient'altro, solo che dovevo sbrigarmi a dormire.

ANALISI DEL TESTO

I temi

Solitudine e incomunicabilità

Nel racconto, come in molti altri della raccolta di cui fanno parte, troviamo personaggi che soffrono silenziosamente; il loro dramma è l'incapacità di comunicare, di uscire da una solitudine di cui non percepiscono, se non oscuramente, le cause. Vivono una vita priva di slanci e di speranze in una provincia nordamericana squallida e desolata.

Nelle opere di Carver gli eventi, al centro delle sue storie, non sono situati in nessun luogo preciso, attorno la società è assente, ne scorgiamo però il peso e le conseguenze, spesso disastrose, infatti «i personaggi sono rappresentati mentre vivono la loro **vita smorta**, svolgendo lavori smorti in luoghi smorti; ma la loro anima non è mai smorta ed è in queste **anime doloranti** che Carter scava con la sua poesia tanto ricca di umanità quanto la sua prosa è parca di parole» (Fernanda Pivano).

Le tecniche espressive

Atmosfera di tensione

Il racconto inizia ***in medias res*** e subito cattura l'attenzione del lettore creando un'atmosfera di tensione. Procede in ordine cronologico lineare fatta eccezione per l'anticipazione iniziale nella quale il lettore è informato di un insolito rumore che disturba il sonno della protagonista. L'anticipazione serve a creare ***suspense*** per attirare l'attenzione del lettore il quale è portato a domandarsi quale possa essere la fonte del rumore.

La conclusione non è esplicitata dal narratore ma la si deduce dal fatto che la protagonista ha fretta di addormentarsi, quindi non vuole porsi problemi irrisolvibili preferendo la consueta anche se grigia quotidianità.
Lo **spazio**, di cui vengono fornite solo brevi descrizioni, ha una funzione simbolica. C'è una netta contrapposizione tra gli ambienti in cui si muovono i personaggi, la casa e il piccolo giardino, e il mondo fuori rappresentato dalla luna e dall'aereo. Le ambientazioni chiuse e prive di luce creano nel lettore la sensazione di una vita desolante.

La protagonista
A narrare la storia è la protagonista del racconto, Nancy, il **punto di vista** quindi è **interno**. La donna ha accanto il marito, che dorme rumorosamente, lo guarda con stanca rassegnazione e non riesce a dormire. Un rumore la induce ad andare fuori dove incontra Sam, il vicino vecchio amico di famiglia che passa il suo tempo a cacciare le lumache che danneggiano il giardino. Sam non è meno solo di Nancy e cerca disperatamente le parole per riallacciare un vecchio rapporto di amicizia. La stessa Nancy, di cui seguiamo i pensieri, per un breve lasso di tempo riesce «a vedere ogni più piccola cosa», poi, senza vera consapevolezza dello stato delle cose o forse per paura di scoprire il vuoto che le sta attorno, ricerca il sonno per non pensare e porsi domande a cui non saprebbe rispondere.

Le tecniche espressive

Il minimalismo, l'essenzialità espressiva
La prosa asciutta e incisiva di Carver ha trovato la misura più congeniale nel racconto breve. Si nota in effetti nei suoi testi una riduzione della realtà ai suoi elementi essenziali. Lo stesso scrittore a proposito della sua prosa ebbe a dire: «Non taglio fino all'osso, taglio fino al midollo» e anche «Se tagliassi ancora non resterebbe più niente». Questo risultato espressivo è ottenuto attraverso un linguaggio semplice e preciso e uno stile lineare rigorosamente paratattico; si veda ad esempio anche questo passo: «Sam e Cliff erano stati amici un tempo. Poi una sera avevano bevuto. Avevano litigato. E dopo quella sera Sam si era costruito una staccionata e Cliff ne aveva costruita una anche lui».

LABORATORIO SUL TESTO

Conoscenze

Comprensione

1. **Quali sono i sentimenti di Nancy nei confronti del marito? Che cosa te lo fa supporre?**

2. **Che rapporti ci sono fra la famiglia di Nancy e la famiglia di Sam Lawton? In passato erano diversi? Perché sono cambiati?**

3. **Quale funzione hanno, secondo te, le lumache nell'economia del racconto?**

Analisi

4. **Nel racconto il punto di vista è interno o esterno?**

5. **In quale lasso di tempo avviene approssimativamente la semplice vicenda raccontata?**

6. **Nel testo esiste un breve *flashback*; sapresti ritrovarlo?**

7. **In quale spazio si muovono i personaggi?**

8. **Che cosa contribuisce a creare nel lettore la sensazione di una vita oscura e desolante?**

Conoscenze lessicali

9. **Il linguaggio narrativo di Raymond Carver ti sembra**

[A] quotidiano [C] colto [E] raffinato [G] elaborato
[B] essenziale [D] descrittivo [F] sommario

Segna gli aggettivi che ritieni appropriati.

10. **Sam definisce le lumache «bastarde»; cosa significa questo aggettivo nel contesto del racconto?**

Conoscenze grammaticali

11. **Che valore ha la subordinata «per schermare» nella frase «Misi le mani sul vetro per schermare la luna».**

12. **Volgi in discorso indiretto le seguenti frasi.**

«Sam» dissi, «come stanno a casa?»
«Stanno bene», disse, e alzò le spalle.
Continuava a masticare quella roba che aveva in bocca.
«Come sta Clifford?», disse.
«Come sempre», dissi.

13. **Qual è il soggetto della frase «Qualcosa gli andò di traverso e gli gorgogliò dentro»?**

Abilità e competenze

Scrittura e interpretazione

1. **La scrittura di Carver omette molte informazioni sui personaggi: età, cultura, provenienza sociale, professione; prova tu a fornire un ritratto dettagliato dei personaggi, di Nancy in particolare.**

2. **Il tema centrale del racconto è la crisi di coppia. Il rapporto insoddisfacente che lega i due coniugi è reso con grande efficacia anche per il ruolo affidato al marito della protagonista. Per quale motivo? Quale azione compie nel corso di tutta la vicenda?**

Ascoltare, argomentare e confrontarsi

3. **Rifletti su quanto afferma Carver ed esprimi le tue considerazioni in proposito.**

E, intanto, la gente intorno a te continua a chiacchierare e a comportarsi come se fossi la stessa persona che eri ieri, stanotte, cinque minuti fa, e invece tu stai attraversando una crisi profonda e ti senti il cuore a pezzi...

4. **Carver mette in scena la vita di tutti i giorni: i protagonisti delle sue storie vengono colti durante una crisi familiare, di coppia o personale. Precisa scelta dell'autore è la mancanza di un finale compiuto per i suoi racconti, che vengono fermati bruscamente, di colpo, lasciando il lettore col fiato terribilmente troncato. Forse per dare la possibilità al lettore di immaginare una sorta di ottimistico lieto fine? O forse per la consapevolezza che il dramma umano, anche il più intimo e personale, non ha mai una vera conclusione?**
Esprimi la tua opinione e confrontati con i compagni, traete spunto dal racconto che avete letto.

PER LEGGERE E APPROFONDIRE

La disincantata borghesia americana

John Cheever *Ballata* (Fandango, Roma 2000)
Puoi accostare i racconti di Raymond Carver alle *Short stories* di Ernest Hemingway o ai racconti del suo amico, anche se di una generazione più vecchia, John Cheever (1912-82). Nei racconti di questo scrittore c'è la stessa visione della vita amara e disincantata, benché siano ambientati fra la media e alta borghesia americana. Le varie raccolte di John Cheever sono tradotte e pubblicate nel nostro Paese, fra queste ti segnaliamo *Ballata*.

Jay McInerney *Le mille luci di New York* (Bompiani, Milano 1984)
Per un primo approccio alla narrativa cosiddetta minimalista, definizione contestata dagli scrittori ma ormai entrata nel lessico della critica letteraria, puoi leggere *Le mille luci di New York*, libro d'esordio di Jay McInerney sulle disavventure di un giovane degli anni Ottanta, fra vita notturna e routine quotidiana.

Sentimenti dell'universo femminile

Alice Munro
Il cowboy della Walker Brothers

OPERA	ANNO	LINGUA	GENERE	TEMI
Danza delle ombre felici	1968	inglese	racconto psicologico	• crisi economica • rapporto genitori-figli

L'AUTORE

Alice Munro è una scrittrice canadese, nata il 10 luglio 1931 nell'Ontario, da una famiglia di allevatori e agricoltori. Il cognome di famiglia è Laidlaw, ma Alice, come scrittrice, adotterà il cognome del marito, James Munro, con il quale avrà 4 figlie, fonderà una casa editrice e dal quale divorzierà nel 1972, per sposarsi, successivamente, con un geografo. Inizia a scrivere appena adolescente e pubblica il suo primo racconto nel 1950, mentre è studentessa presso la University of Western Ontario, che successivamente lascerà senza aver completato i suoi studi. È autrice di molte raccolte di racconti, tra cui: *Chi ti credi di essere?* (1978), *Il percorso dell'amore* (1986), *Stringimi forte, non lasciarmi andare* (1990), *Segreti svelati* (1994), *In fuga* (2004), *Troppa felicità* (2009). *Danza delle ombre felici*, recentemente riedito, è la sua prima raccolta di racconti. Nel 2013 è stata insignita del premio Nobel per la Letteratura, come "maestra del racconto breve contemporaneo".

Il racconto è una lunga descrizione, una sorta di monologo condotto dalla giovane protagonista della vicenda, che sceglie di raccontare il contesto storico, sociale ed economico dell'America di provincia, povera e degradata degli anni Trenta attraverso il personaggio del padre, un venditore di prodotti per la casa, ma un vero eroe, un moderno cowboy metropolitano agli occhi della figlia.

Dopo cena mio padre fa: – Scendiamo a vedere se c'è ancora il lago? – Lasciamo mia madre a cucire sotto la lampada in sala da pranzo; mi fa dei vestiti per l'inizio della scuola. A questo scopo ha disfatto un vecchio completo e un vestito scozzese che erano suoi, e ora le tocca ingegnarsi per tagliare e ricucire oltre a farmi stare in piedi a girare su me stessa per interminabili prove mentre io, ingrata, sudo e mi lamento perché la lana prude e mi viene caldo. Lasciamo mio fratello a letto nel piccolo portico chiuso al fondo della veranda, e certe volte lui si inginocchia sul lettino, preme la faccia contro la zanzariera e frigna:[1] «Portatemi il gelato!», ma io gli rispondo: «Tanto dormirai già», e non giro neanche la testa.

Poi io e mio padre ci avviamo per una lunga strada sconnessa,[2] fiancheggiata da pubblicità dei gelati Silverwoods,[3] sistemate sul marciapiede, davanti a botteguce illuminate. Siamo a Tuppertown,[4] un paese sul lago Huron,[5] vecchio porto di granaglie.[6] A tratti, la via è ombreggiata da aceri[7] le cui radici hanno sollevato e squarciato il marciapiede per poi crescere come coccodrilli nei cortili vuoti. La gente è seduta fuori, gli uomini in maniche di camicia e canottiera e le donne in grembiule: è gente che non conosciamo, ma se qualcuno decide di fare un cenno e dire «Caldo, eh, stasera?», mio padre di sicuro ricambia il saluto e fa un commento analogo. I bambini stanno ancora giocando. Non conosco neanche loro, perché mia madre tiene me e mio fratello nel nostro cortile sostenendo che lui è troppo piccolo per uscire e io devo stargli dietro. Non mi fa tanta tristezza vederli, perché i giochi della sera sono bruschi, inconcludenti. I bambini si separano spontaneamente, si appartano in isolotti di uno o due

1 **frigna:** piange come è tipico dei bambini piccoli, in maniera insistente e lamentosa.
2 **sconnessa:** dissestata, piena di buche e di avvallamenti.
3 **Silverwoods:** marca di gelati.
4 **Tuppertown:** cittadina situata sulle sponde del lago Huron (vedi nota successiva), nello Stato dell'Ontario, in Canada, al confine con gli Stati Uniti.
5 **lago Huron:** è uno dei Grandi Laghi dell'America Settentrionale ed è situato sul confine fra gli Stati Uniti e il Canada.
6 **granaglie:** insieme dei grani alimentari.
7 **aceri:** alberi dal fusto di colore chiaro con fiori verdognoli a grappolo e frutti alati, propri delle regioni temperate settentrionali.

sotto i grossi alberi, e si intrattengono con le stesse attività solitarie delle mie giornate, tipo seppellire ciottoli, o scrivere per terra con un bastoncino.

Ci lasciamo subito alle spalle queste case e i cortili; superiamo una fabbrica con le finestre chiuse, un deposito di legname i cui cancelli altissimi sono sprangati per la notte. Dopodiché il paese piano piano cede al degrado di baracche diroccate e piccole discariche, il marciapiede si interrompe e ci ritroviamo a camminare su un sentiero di sabbia costeggiato da lappe,[8] piantaggini[9] e altre umili erbe anonime. Entriamo in un terreno vuoto, una specie di parco, anzi, perché lo tengono sgombro dai rottami e c'è una panchina a cui manca una stecca di schienale ma su cui ci si può sedere a guardare l'acqua. Di sera solitamente è grigia, sotto un cielo un po' coperto, senza tramonti, con l'orizzonte sfumato. Si sente lo sciabordio[10] lievissimo dell'acqua sui ciottoli, a riva. Più giù, verso il centro abitato, c'è un tratto di spiaggia, uno scivolo, le boe che delimitano la zona balneabile, il trono vacillante del bagnino. C'è anche un lungo edificio verde scuro, tipo veranda con tettoia, chiamato il Padiglione, che la domenica si riempie di contadini e delle loro mogli paludati a festa.[11] Quella era l'unica parte del paese che conoscevamo quando abitavamo ancora a Dungannon[12] e venivamo giú al lago tre o quattro volte nella bella stagione. Quella, e il porto dove andavamo a vedere le barche da carico di granaglie, vecchie, arrugginite, traballanti, che ci lasciavano a chiederci come riuscissero a superare anche solo i frangiflutti,[13] altro che spingersi fino a Fort William.[14]

Al porto girano i barboni; ogni tanto, in sere come questa, risalgono la lingua di spiaggia provvisoria, si arrampicano reggendosi ai cespugli secchi su per il sentiero scivoloso tracciato dai ragazzi e dicono a mio padre delle cose che la paura mi impedisce di capire. Mio padre risponde che è piuttosto al verde anche lui. – Posso rollarle[15] una sigaretta, se le va, – dice, e

8 **lappe:** la "arctium lappa", conosciuta anche come Bardana maggiore, è una pianta erbacea, eretta e biennale.
9 **piantaggini:** la piantaggine è una pianta erbacea perenne con foglie a rosetta e piccoli fiori verdognoli raccolti in spighe, utilizzata per le sue proprietà astringenti e depurative.
10 **sciabordio:** movimento e rumore di liquidi (per esempio dell'acqua di un fiume o del mare) che urtano contro un ostacolo.
11 **paludati a festa:** ammantati, agghindati, vestiti a festa.
12 **Dungannon:** altra località situata nello Stato dell'Ontario in Canada.
13 **frangiflutti:** ostacolo naturale o artificiale che protegge un porto o un'insenatura dalle onde.
14 **Fort William:** un'altra località della zona.
15 **rollarle:** il verbo è di solito usato per indicare il movimento di rollio, ovvero la lieve oscillazione laterale di aerei e imbarcazioni. Nel linguaggio popolare viene utilizzato per descrivere il gesto di far scivolare la cartina fra il pollice e l'indice per distribuire il tabacco al suo interno e confezionare una sigaretta.

Dorothea Lange, California, 1936.

scuote con precisione un po' di tabacco nelle cartine sottili come ali di farfalla, ci passa su la lingua, la chiude con le dita e consegna la sigaretta al vagabondo che prende e se ne va. Mio padre se ne prepara un'altra, accende e fuma.

Mi racconta come si formarono i Grandi Laghi.[16] Dove oggi c'è il lago Huron, dice, una volta era tutto piatto, una grande pianura. Poi arrivò il ghiaccio che avanzava dal Nord e si depositava premendo sulle zone piú basse. *Così*, e mi fa vedere, con la mano aperta che schiaccia sulla terra dura come roccia dove siamo seduti. Le dita non lasciano quasi il segno, e lui commenta: – Devi sapere che la calotta glaciale aveva tanta piú forza di questa mano –. Poi il ghiaccio indietreggiò ritirandosi verso il Polo Nord da cui era venuto, e lasciò le sue dita di ghiaccio nelle fenditure[17] che aveva scavato, e il ghiaccio si trasformò in quei laghi che erano ancora lì al giorno d'oggi. Erano *giovani*, per come va il tempo. Io mi sforzo di vedere la pianura davanti a me, con i dinosauri che ci camminano sopra, ma non sono nemmeno in grado di immaginare la riva del lago quando c'erano gli indiani, prima di Tuppertown. La minuscola frazione di tempo di cui disponiamo mi spaventa, anche se mio padre pare tranquillo al riguardo. Perfino lui, che certe volte mi sembra esserci da che mondo è mondo, in realtà è vissuto su questa terra poco più a lungo di me, rispetto a tutto il tempo che c'è stato da vivere. Anche lui, come me, non ha conosciuto un tempo in cui perlomeno non esistessero le automobili e la luce elettrica. Non era vivo quando è iniziato questo secolo. Lo sarò a malapena io, ma vecchissima, quando finirà. Non mi piace pensarci. Vorrei che il lago rimanesse lago per sempre, con le boe a delimitare la zona balneabile, con i frangiflutti e le luci di Tuppertown.

Mio padre ha un lavoro, fa il rappresentante per la Walker Brothers. La sua ditta vende praticamente solo nelle campagne dell'interno. Sunshine, Boylesbridge, Turnaround,[18] sono tutte zone sue. Non Dungannon, dove abitavamo prima, e mia madre è contenta, perché Dungannon è troppo vicina al paese. Vende sciroppi per la tosse, ferro ricostituente, cerotti per calli, lassativi, analgesici per i dolori femminili, collutori, shampoo, pomate, impacchi, concentrati di arancia, limone e lampone per fare bibite dissetanti, vaniglia, coloranti alimentari, tè verde e nero, zenzero, chiodi di garofano e altre spezie, veleno per topi. Si è inventato una canzone di due versi, che fa così:

16 i Grandi Laghi: complesso di cinque laghi fra i più grandi al mondo, costituisce una sorta di mare interno fra gli Stati Uniti ed il Canada.
17 fenditure: spaccature, aperture larghe e strette.
18 Sunshine...Turnaround: si tratta di altre piccole località della zona.

SEGNALIBRO

Danza delle ombre felici, Einaudi, Torino 2013.
Traduzione di Susanna Basso

il piacere di leggere

Danza delle ombre felici è la prima raccolta di racconti di Alice Munro, pubblicata nel 1968 e oggi riedita in Italia da Einaudi. Si tratta, per la precisione, di quindici racconti di una quindicina di pagine ciascuno che lasciano trapelare la delicata psicologia dei personaggi e la condizione-limite di certi paesaggi, luoghi, situazioni. Di questi, *Il cowboy della Walker Brothers* è il primo. Narra il rapporto tra un padre e una figlia, raccontato dal punto di vista di quest'ultima. Una ragazzina che cresce sola, con l'unica compagnia di un fratello più piccolo col quale si annoia, in una cittadina della provincia che non offre quasi nulla. In questo contesto, povero da un punto di vista sociale e culturale, la bambina vede suo padre come un punto di riferimento imprescindibile: così un modesto rappresentante di prodotti per la persona e per la casa che vende porta a porta diventa una sorta di eroe, l'impavido cowboy che, coraggiosamente e incurante dei pericoli, attraversa lande desolate e intere città per compiere la sua missione. È in una di queste giornate di lavoro che il papà la porta, assieme al fratellino, a visitare una persona che non vede da molto tempo, Nora, che sembra conoscerlo bene e che è stata, un tempo, sua amica. Così la giovane protagonista e voce narrante della storia scopre, dietro quell'uomo che è suo padre, un passato di cui non è a conoscenza e di cui intuisce sia meglio non parlare tornando a casa.

Ho pillole, pomate e impacchi
per tosse, calli, vesciche e pateracchi...[19]

Non molto divertente, secondo mia madre. Una filastrocca da venditore ambulante, ed è questo infatti mio padre: un venditore ambulante che bussa alla porta di cucina in aperta campagna. Fino all'inverno scorso avevamo una ditta nostra, un allevamento di volpi. Mio padre allevava volpi argentate e vendeva le pelli a gente che ne ricavava stole, manicotti, pellicce. Poi i prezzi sono crollati, mio padre ha tenuto duro sperando che le cose migliorassero l'anno dopo, e invece sono crollati di nuovo, e lui ha resistito ancora un anno, e poi ancora uno, ma alla fine non è stato piú possibile reggere; eravamo pieni di debiti con la ditta che ci forniva i mangimi. Ho sentito mia madre spiegare tutto questo piú di una volta a Mrs Oliphant, l'unica vicina di casa con cui parla. (Anche Mrs Oliphant non ha avuto granché dalla vita, visto che è una maestra e ha sposato il bidello). Ci siamo venduti tutto, dice mia madre, e non abbiamo ricavato un soldo. Molti potrebbero dire lo stesso, al giorno d'oggi, ma mia madre non ha tempo da perdere con la calamità nazionale, solo con la nostra. Il destino ci ha scaraventati a vivere in un quartiere da poveri (il fatto che lo fossimo anche prima non ha importanza, era una povertà diversa, quella), e l'unico modo per reagire alla disgrazia, a suo parere, è con amarezza, con dignità e senza rassegnazione. Nessun bagno con vasca a piedini e water con sciacquone la può consolare, e nemmeno l'acqua corrente e il marciapiede davanti a casa, e il latte in bottiglia, nemmeno i due cinematografi e il ristorante Venus, e i grandi magazzini Woolworths, che sono una tale meraviglia da avere uccelli vivi che cantano nelle gabbie rinfrescate dai ventilatori e pesciolini grandi come un'unghia e luminosi come lune che guizzano nelle vasche verdi. A mia madre non importa niente.

Di pomeriggio va spesso a piedi all'alimentari di Simon e mi ci porta perché l'aiuti con le borse. Si mette il vestito buono, quello blu marina a fiorellini, liscio, sopra una sottoveste dello stesso blu. Si mette anche un cappellino estivo di paglia bianca, calzato sulle ventitre,[20] e le scarpe bianche che io le ho lucidato sopra un foglio di giornale sui gradini dietro casa. Mi ha appena pettinata a lunghi boccoli molli – che per fortuna l'aria calda e secca disferà subito – e mi ha piazzato sulla testa un gran fiocco di stoffa. Tutto ciò è completamente diverso dalle uscite con mio padre dopo cena. Non abbiamo ancora passato due case e già ho la sensazione che siamo diventate per tutti oggetto di ridicolo. Perfino le parolacce scritte col gesso sul marciapiede ridono di noi. Mia madre sembra non farci caso. Incede[21] imperturbabile come chiunque vada a fare la spesa, anzi no, come una signora che vada a fare la spesa, passando davanti alle massaie del paese nei loro vestitoni larghi e scuciti sotto le ascelle. Con me, la sua creazione, accanto, con questi riccioli atroci e il fioccone tra i capelli, le ginocchia strofinate e i calzini bianchi: tutto quello che non voglio essere, insomma. Detesto anche il mio nome quando mi chiama in pubblico, con la sua voce alta, fiera e squillante, volutamente diversa da quella di tutte le altre madri nella via.

19 **pateracchi:** un pateracchio è un accordo mal riuscito o un patto di poca importanza fra due persone.
20 **calzato sulle ventitre:** si dice del cappello o del berretto portato molto inclinato da una parte, come la riga che tracciasse il diametro del quadrante di un orologio toccando le cifre che indicano le ore 5 e le ore 11, ossia le ventitré. È inteso spesso come segno di spavalderia.
21 **Incede:** cammina, avanza con solennità e maestosità.

ANALISI DEL TESTO

I temi

Il rapporto padre-figlia

Il racconto è tutto incentrato sul rapporto fra un padre, che di mestiere fa il rappresentante per una ditta di prodotti per la casa e l'igiene della persona, la Walker Brothers, e sua figlia, narrato dal punto di vista di quest'ultima. Il padre qui assume i contorni di un moderno cowboy metropolitano: come i cowboy del vecchio West il padre percorre chilometri e chilometri di asfalto e campagne sotto il sole, tra paesaggi desolati e cittadine di provincia, per vendere porta a porta ogni genere di prodotto per la persona e per la casa. Per la giovane protagonista della storia questo padre è una sorta di eroe metropolitano; tra le righe si percepisce chiaramente un certo orgoglio, un profondo senso di gratitudine per quelle passeggiate solitarie che li vedono protagonisti, padre e figlia, dopo cena, quando attraversano quartieri di solitudine e cortili vuoti per scendere fino al lago.

La famiglia

Accanto a quello del **rapporto padre-figlia**, l'autrice sviluppa il tema delle **relazioni familiari**: la famiglia diventa allora il fulcro della narrazione; padre, figlia, madre e figlio più piccolo costituiscono una sorta di nucleo, un microcosmo drammaticamente separato da tutto il resto, e all'interno del quale i singoli componenti sembrano essere molto soli. I bambini giocano poco fra loro e non giocano con gli altri bambini del vicinato; la madre non ha amiche; anche il padre sembra limitarsi a poche battute e saluti di circostanza con le persone che incontra per strada. Mancano rapporti veri, autentici, dialoghi profondi.

La crisi economica e il contesto sociale

Se al centro di questo racconto ci sono sicuramente le relazioni familiari, uno sguardo attento viene dedicato anche al contesto economico e sociale entro cui queste relazioni umane si inseriscono. Siamo in una piccola, desolata cittadina che ha poche comodità e servizi da offrire ai suoi abitanti, se non qualche svago a poco prezzo (il cinema, i grandi magazzini). L'ambiente è il risultato di una crisi economica che ha ripercussioni sociali importanti: sappiamo che il padre aveva un'impresa propria che è fallita e ha dovuto svendere, che è stato costretto ad accontentarsi di un lavoro da dipendente, per giunta piuttosto modesto. Ad emergere è l'immagine di un'America fatta di gente che fatica a portare a casa uno stipendio a fine mese, barboni che vagano alla ricerca di qualche spicciolo o di una sigaretta, persone sole che trascorrono le loro giornate nei cortili, o fuori dalle case. Anche il paesaggio, fatto di baracche diroccate, fabbriche chiuse, rottami abbandonati e discariche, partecipa a quest'idea di **degrado**, **abbandono**, **rassegnazione** che aleggia sugli abitanti della cittadina.

Le tecniche narrative

I protagonisti

Il titolo del racconto identifica quello che dovrebbe essere il personaggio principale: *Il cowboy della Walker Brothers*, ovvero il **padre** della voce narrante della storia, che di mestiere fa il rappresentante di prodotti per la ditta citata nel titolo. È un uomo che sembra aver accettato con coraggio e con una buona dose di sano ottimismo il cambiamento di lavoro e di status sociale, da titolare di un'impresa individuale ad anonimo dipendente, da artigiano a venditore ambulante. Questo moderno cowboy canta una stupida canzoncina per ingannare i momenti di vuoto, si mostra positivo e sorridente, è cordiale con le persone che incontra lungo il suo cammino e generoso coi barboni a cui dona una sigaretta, si prende cura della figlia durante le passeggiate serali in cui le racconta quello che sa, trasmettendole il suo modesto bagaglio di conoscenze. Manca un dialogo profondo, tra padre e figlia, ma è come se più in là di così questo padre non potesse andare. Ma la vera protagonista del racconto è **la figlia, voce narrante della storia**, di cui non sappiamo nulla, né l'età né il nome di battesimo. Ce la possiamo immaginare grande abbastanza da fare delle considerazioni personali di un certo spessore, ma non tanto da potersi ribellare alle imposizioni materne in fatto di abbigliamento. Sappiamo anche che nutre un sentimento di rispetto, quasi di venerazione nei confronti del padre, che non ha amici fra i suoi coetanei, che si annoia col fratello più piccolo percepito più come un fastidio che come un compagno di giochi, che è molto critica nei confronti della madre. Soprattutto, conosciamo tutto ciò che la circonda unicamente attraverso il suo sguardo, infantile e disincantato al tempo stesso.

Le tecniche espressive

Le scelte linguistiche

L'autrice sceglie di far parlare la sua protagonista al **tempo presente**; il paesaggio circostante, il contesto economico e sociale, gli altri personaggi del racconto sono tutti filtrati attraverso lo sguardo e il linguaggio di questa bambina destinata a restare anonima. Il suo è un **linguaggio semplice**, diretto, descrittivo e poetico allo stesso tempo. Così nel testo compaiono **modi di dire colloquiali** (espressioni come "essere al verde", "rollare una sigaretta" oppure "paludati a festa") ma anche descrizioni poetiche di paesaggi, luoghi, momenti della storia («i giochi della sera sono bruschi, inconcludenti; sotto un cielo un po' coperto, senza tramonti, con l'orizzonte sfumato»). È la poesia di una bambina-adulta, una bambina già cresciuta, con la saggezza e la gravità che i bambini, a volte, possiedono.

LABORATORIO SUL TESTO

Conoscenze

Comprensione

1. Chi incontrano, padre e figlia, nella prima parte della loro passeggiata?

2. Che cosa racconta il padre alla figlia?

3. Quali sono i pensieri e le preoccupazioni della figlia, riguardo al racconto del padre?

4. Quale lavoro fa il padre della protagonista? Quale lavoro faceva prima? Per quale ragione ha cambiato lavoro?

5. Quali mutamenti ha portato, nella vita familiare, il cambiamento di lavoro del padre? In che modo la madre ha reagito al cambiamento?

Analisi

6. Il racconto è narrato (segna le ipotesi corrette)

A in prima persona B in terza persona C al presente D al passato

7. Quale quadro emerge della situazione economica e sociale della famiglia della protagonista?

8. In quale stagione dell'anno, secondo te, è ambientata la vicenda narrata? Da quali particolari, presenti nel testo, deduci la tua risposta?

9. Chi è la protagonista e voce narrante della storia e che cosa sappiamo di lei attraverso il testo?

10. Quale rapporto ha, secondo te, la protagonista con i suoi familiari e quali sentimenti prova nei confronti di ciascuno di essi?

11. Quale rapporto ha, la protagonista, con i suoi coetanei e quali sentimenti prova al riguardo?

Conoscenze lessicali

12. Spiega il significato delle seguenti espressioni.

a) è piuttosto al verde

b) lui, che certe volte mi sembra esserci da che mondo è mondo

Conoscenze grammaticali

13. Che complementi sono le espressioni sottolineate?

«Poi <u>io e mio padre</u> ci avviamo <u>per una lunga strada</u> sconnessa, fiancheggiata <u>da pubblicità</u> dei gelati Silverwoods, sistemate <u>sul marciapiede</u>, <u>davanti a botteguccce</u> illuminate».

14. Nella frase «Di pomeriggio va spesso a piedi all'alimentari di Simon», il presente «va» indica

A un'azione puntuale C un'azione imminente

B un'azione durativa D un'azione abituale

Abilità e competenze

Scrittura e interpretazione

1. Descrivi in un breve racconto un'attività che compi abitualmente con uno dei tuoi genitori (o con entrambi). Esprimiti in prima persona e al presente.

Ascoltare, argomentare e confrontarsi

2. «Non era vivo quando è iniziato questo secolo. Lo sarò a malapena io, ma vecchissima, quando finirà. Non mi piace pensarci. Vorrei che il lago rimanesse lago per sempre».
Ti capita mai di pensare al passare del tempo? Come ti immagini da vecchio? Prova a tracciare una tua descrizione fisica (puoi anche disegnare un tuo ritratto di come sarai, secondo te). Quali sensazioni, emozioni, pensieri ti suscita l'idea del passare del tempo?

SCHEDA STORIA

L'America negli anni Trenta

La crisi del '29

La cosiddetta "crisi del '29" e la conseguente "grande depressione" interessò l'America ma ebbe immediate ripercussioni anche in Europa.
Tutto iniziò con il crollo del valore delle azioni a Wall Street nell'ottobre del 1929. Il mercato delle azioni era finanziato dal sistema delle banche: il valore delle azioni aumentava o diminuiva a prescindere dal valore reale delle imprese che esse rappresentavano. Gli speculatori rendevano "vivace" la Borsa di New York provocando facili arricchimenti, ma quando i prestiti con i quali erano state acquistate le azioni non poterono più essere rimborsati attraverso la vendita delle azioni medesime, molti operatori finanziari furono rovinati.

La grande depressione

Il crollo economico ebbe drammatiche ripercussioni sulla struttura della società impoverendo tutte le classi sociali e aggravando molto le diseguaglianze tra i cittadini. I proprietari di grandi capitali subirono grosse perdite dal crollo in borsa del valore delle loro azioni, ma dopo due o tre anni il sistema riprese vigore pur a prezzo della chiusura di molte piccole e medie imprese.
Fu quest'ultima la principale causa dell'improvviso peggioramento delle condizioni di vita della classe media, comprendente artigiani, piccoli commercianti, piccoli e medi industriali, che da imprenditori autonomi diventarono spesso lavoratori dipendenti o restarono addirittura senza lavoro.
Anche la situazione dei liberi professionisti peggiorò con la diminuzione della clientela; la reazione corporativa delle associazioni di notai, farmacisti, avvocati, ecc. rese peraltro difficilissimo ai giovani l'accesso alle professioni liberali.
Nel settore agricolo la situazione diventò grave a causa del crollo dei prezzi, che rese la vita impossibile ai contadini poveri, privi sia della capacità finanziaria sufficiente ad acquistare i mezzi necessari ad accrescere la produzione, sia della forza contrattuale e organizzativa per commercializzare i loro prodotti su un mercato più vasto di quello interno.
Ma la condizione di gran lunga peggiore, ai limiti della sopravvivenza, fu quella degli operai delle industrie e dei braccianti agricoli. Il crollo del potere d'acquisto dei salari unito alla disoccupazione di massa mise la classe operaia nella completa impossibilità di contrattare con gli industriali salari e condizioni di lavoro, riducendoli spesso alla mendicità.
Nel complesso, insomma, la crisi portò ad un peggioramento delle condizioni di vita sia nelle città sia nelle campagne. In particolare, nelle grandi metropoli crebbero molto l'accattonaggio, la prostituzione, la criminalità.

Immagine di Wall Street nel 1929.

un autore, un libro

Furore

di John Steinbeck

IL LIBRO

Furore (il titolo originale, *The grapes of wrath*, è pressoché intraducibile: *grape* significa 'chicco o grappolo d'uva' ma in senso lato anche 'scarica di proiettili', *wrath* sta per 'ira, furore') apparve nel 1939. Alla base del romanzo c'è il terribile disastro ambientale che nella prima metà degli anni Trenta sconvolse le grandi pianure del Midwest, il centro agricolo degli Stati Uniti d'America. A seguito della forte siccità e dell'eccessivo sfruttamento del suolo praticato per decenni si sollevarono dal terreno immense tempeste di sabbia (*dust bowl*, 'palla di polvere', fu chiamato il fenomeno) che coprirono fattorie e interi villaggi, provocando una crisi agricola che gettò in miseria migliaia di piccoli coltivatori, costretti a vendere i terreni per pochi soldi ed emigrare verso Ovest con le famiglie.

Il romanzo, duro e drammatico, racconta le vicende di una famiglia di contadini che emigra per lavoro verso la California. Uscito di prigione (aveva ucciso un uomo in una rissa) Tom Joad, il protagonista, trova il suo mondo sconvolto da crisi e miseria, non c'è lavoro né cibo, persino la terra è diventata arida. Con tutta la famiglia – nonni, genitori, sorella, cognato e bambini – decide di partire verso l'Ovest, abbandonando le terre ormai espropriate dalle banche, attratto da un volantino pubblicitario che promette lavoro per tutti. Una vecchia auto viene trasformata in camion e, caricate le masserizie, la famiglia comincia il suo viaggio. Lungo la strada incontra violenza, scioperi, scarsità di lavoro, paghe da fame e qualche sprazzo di solidarietà. Alla fine, dopo un viaggio costellato di difficoltà e soprusi, la famiglia trova un lavoro dignitoso in un campo allestito in California dal governo. I disagi sembrano finiti ma Tom assiste all'assassinio di un vecchio amico da parte di un poliziotto, lo colpisce e involontariamente lo uccide. Tom, uomo determinato e generoso ma anche pronto a reagire violentemente contro ingiustizie e prepotenze, da quel momento sarà costretto a fuggire.

L'AUTORE

Lo scrittore statunitense **John Steinbeck** nacque a Salinas, in California, nel 1902. Abbandonò gli studi universitari nel 1926, mosso da un profondo interesse per i problemi sociali e si unì a un gruppo di braccianti agricoli che dall'Oklahoma emigravano verso la California. Da questa esperienza nasceranno alcuni fra i suoi libri più notevoli come *La battaglia* (1936), storia di uno sciopero dei raccoglitori di frutta, e *Furore* (1939), un libro di chiare implicazioni politiche e sociali che portava alla ribalta della letteratura la condizione dei braccianti.

Durante il secondo conflitto mondiale fu corrispondente di guerra e dall'esperienza scaturì il libro *La luna è tramontata* (1942). Fra le sue opere del dopoguerra sono da segnalare *La valle dell'Eden* (1952) e l'inedito *Le gesta di re Artù e dei suoi nobili cavalieri*, un'interpretazione moderna del celebre ciclo cavalleresco medievale.

Nel 1962 gli fu conferito il premio Nobel. Morì a New York nel 1968.

Agricoltore con i figli in una tempesta di polvere, Oklahoma 1936.

VERIFICA FORMATIVA

per accertare le competenze acquisite

Italo Calvino
Incontri sulla neve

Vita di Italo Calvino

autoverifica con tutor

Una qualunque domenica sulla neve si trasforma in una giornata indimenticabile per un ragazzo come tanti. L'incontro con una giovane sciatrice, infatti, gli farà battere il cuore...

Allo skilift c'era la coda. La comitiva dei ragazzi venuti col pullman s'era messa in fila, affiancandosi a sci paralleli, e, a ogni passo avanti che la coda faceva – una lunga coda che invece d'andar dritta, come pure avrebbe potuto, seguiva una casuale linea a zig-zag, un po' in salita un po' in discesa – pesticciando in su oppure scivolando giù di fianco a seconda del punto in cui si trovavano, e subito ripuntellandosi ai bastoncini, spesso andando a gravare del proprio peso i vicini di sotto, o cercando di liberare racchette di bastoncini da sotto a sci dei vicini di sopra, inciampando negli sci andati a mettersi per storto, chinandosi ad aggiustare gli attacchi e arrestando così tutta la fila, togliendosi le giacche a vento o i maglioni o rimettendoseli a seconda se il sole appariva o spariva, ricacciando le filze di capelli sotto il copriorecchi di lana o gli sbuffi delle camicie a scacchi dentro le cinture, cercando i fazzoletti nelle tasche e soffiandosi i nasi rossi e gelati, e per tutte queste operazioni togliendosi e rimettendosi i guantoni che talvolta cadevano nella neve e bisognava con la punta dei bastoncini ripescarli: quest'agitazione di piccoli gesti scomposti percorreva la fila e diventava frenetica al suo culmine, là dove bisognava aprire le cerniere-lampo di tutte le tasche per cercare dove s'erano cacciati i soldi per il biglietto oppure il tesserino e porgerlo all'uomo dello skilift che ci faceva i buchi, e poi rimettersi la roba nelle tasche, e i guantoni, e unire i due bastoncini uno con la punta infilata nella racchetta dell'altro per tenerli con una mano sola, tutto questo superando la piccola salita della piazzola dove bisognava essere pronti a mettere a posto l'àncora dello skilift sotto il sedere e a lasciarsi trascinare su di strappo.

Il ragazzo con gli occhiali verdi era a metà della coda, intirizzito, con a fianco un ragazzo grasso che spingeva. E mentre loro erano lì, passò la ragazza col cappuccio celeste-cielo. Non si mise in coda; andava avanti, in su, per il sentiero. E muoveva in salita gli sci leggera come camminasse.

– Cosa fa quella? Vuol fare la salita con le sue gambe? – si domandò il ragazzo grasso che spingeva.

– Ha le pelli di foca, – disse il ragazzo con gli occhiali verdi.

– Però, voglio vederla su dove è più ripido, – disse il grasso.

– Ha poco da far la furba, sta' sicuro!

La ragazza andava con un passo senza sforzo, con un movimento regolare dei suoi alti ginocchi – era di gamba molto lunga, nei pantaloni tirati, tesi alla caviglia – a tempo con l'alzare ed abbassare di lucenti bastoncini. Il sole in quell'aria gelata e bianca si mostrava come un esatto disegno giallo, con tutti i suoi raggi: nelle distese di neve senza un'ombra, solamente dal suo brillìo si distinguevano gobbe e anfratti e il battuto delle piste. Nella giacca a vento celeste-cielo il viso della ragazza bionda era d'un rosa che diventava rosso sulle guance, contro la bianca felpa dell'interno del cappuccio. Rideva verso il sole, appena socchiudendo gli occhi. Andava su leggera, sulle pelli di foca. I ragazzi della comitiva del pullman, con le orecchie gelate, l'arsura alle labbra, i nasi che tiravano su moccio, non sapevano staccare gli occhi di dosso a lei, e si facevano spingere nella coda; finché lei non superò un ciglio e sparì. [...]

Il sole intanto, invece di prendere più forza avvicinandosi al mezzogiorno, s'intirizziva tutto finché non sparì, come bevuto da una cartasuga.[1] [...] Il nevischio aveva disperso la coda allo skilift. Il ragazzo con gli occhiali verdi si trovò senza accorgersene vicino al casotto della stazione di partenza. I compagni non si vedevano. La ragazza col cappuccio celeste-cielo era già lì. Aspettava l'àncora, che adesso stava svoltando alla ruota. – Presto! – gridò l'uomo dello skilift verso di lui, afferrando a volo l'àncora e trattenendola perché la ragazza non partisse sola. Arrancando a spina di pesce, riuscì ad affiancarsi alla ragazza appena in tempo per partire con lei, quasi facendola cadere come si abbrancò al legno. Lei tenne l'equilibrio anche per lui, finché non gli riuscì di mettersi su bene, farfugliando recriminazioni, cui rispose una sommessa risata di lei come un glu–glu di gallina faraona, soffocata dalla giacca a vento tirata su fin sopra la bocca.

Ora il cappuccio celeste-cielo, come un elmo d'armatura, le lasciava scoperto solo il naso, che aveva un po' aquilino, gli occhi, qualche ricciolo sulla fronte, e i pomelli delle gote. Così la vedeva, di profilo, il ragazzo dagli occhiali verdi, e non sapeva se essere felice a trovarsi con lei sulla stessa àncora di skilift, o vergognarsi d'esser lì tutto imbrattato di neve, coi capelli sulle tempie, la camicia che gli sbuffava fuori tra il maglione e la cintura, e che lui per non sbilanciarsi muovendo le braccia non osava ricacciare a posto, e un po' sbirciava lei un po' stava attento alla posizione degli sci che non uscissero fuori dal battuto nei momenti di trazione troppo lenta o troppo tesa, ed era sempre lei a salvare l'equilibrio, ridendo il suo glu–glu di faraona, mentre lui non sapeva cosa dire.

Di nevicare aveva smesso. Ora anche l'aria nebbiosa si squarciò e nello squarcio apparve un cielo finalmente azzurro e il sole splendente e le montagne nitide ghiacciate una per una, solo qua e là piumate sulla cresta dai soffici brandelli della nuvola di neve. La ragazza incappucciata riaffacciò la bocca e il mento.

– Ritorna bello, – fece, – io lo dicevo.

1 **cartasuga:** carta assorbente.

– Sì, – disse il ragazzo dagli occhiali verdi, – bello. Poi la neve è buona.

– Un po' molle.

– Oh, già.

– Ma a me così piace, – lei disse, – e anche la discesa nella nebbia è mica male.

– Finché si sa la pista... – disse lui.

– No, così, – disse lei, – indovinandola.

– Io l'ho già fatta tre volte, – disse il ragazzo.

– Bravo. Io una sola, ma sono andata su senza skilift.

– L'ho vista. Aveva messo le pelli di foca.

– Sì. Ora che c'è il sole vado fin sul colle.

– Sul colle dove?

– Più in su di dove arriva lo skilift. Fin sulla cresta.

– E cosa c'è lassù?

– Si vede il ghiacciaio che sembra di toccarlo. Poi le lepri bianche.

– Le cosa?

– Le lepri. A quest'altezza le lepri d'inverno mettono il pelo bianco. Anche le pernici.

– Ci sono lì?

– Pernici bianche. Con le penne tutte bianchissime. D'estate invece hanno le penne caffelatte. Lei di dov'è?

– Italiano.

– Io sono svizzera.

Erano arrivati. Al termine s'erano staccati dallo skilift, lui malamente, lei accompagnando con la mano l'àncora per tutto il giro. Lei si tolse gli sci, li mise ritti, dalla borsetta che portava alla cintola tirò fuori le pelli di foca e le legò sotto gli sci. Lui la stava a guardare, strofinandosi le dita gelate nei guantoni. Poi, quando lei prese a salire, le andò dietro.

La salita dallo skilift alla cima del colle era dura.

Il ragazzo con gli occhiali verdi ci dava dentro un po' a spina di pesce, un po' a gradini, un po' arrancando avanti e riscivolando indietro, tenendosi ai bastoni come uno sciancato alle stampelle. E lei era già lassù che lui ormai non la vedeva.

Arrivò al colle sudato, a lingua fuori, mezzo accecato dallo sfavillìo che si irradiava tutt'intorno. Là cominciava il mondo del ghiaccio. La ragazza bionda s'era tolta la giacca a vento celeste-cielo e la portava annodata alla vita. Anche lei s'era messa un paio di occhialoni.

– Là! Ha visto? Ha visto?

– Cosa c'è? – faceva lui stordito. Era saltata una lepre bianca? Una pernice?

– Ora non c'è più, – lei disse.

Giù sopra la valle svolazzavano i soliti uccelli neri gracchianti dei duemila metri. [...]

La ragazza s'era già slanciata per la discesa e andava e andava con i suoi tranquilli zig-zag, ora era già dove le piste erano più battute dagli sciatori, ma in mezzo a tutto lo sfrecciare di sagome confuse e intercambiabili la sua figura appena disegnata come un'oscillante parentesi non si perdeva, restava l'unica che si potesse seguire e distinguere, sottratta al caso e al disordine.

L'aria era così nitida che il ragazzo dagli occhiali verdi indovinava sulla neve il reticolo fitto delle orme di sci, dritte ed oblique, delle strisciate, delle gobbe, delle buche, delle pestate di racchetta, e gli pareva che là nell'informe pasticcio della vita fosse nascosta la linea segreta, l'armonia, solamente rintracciabile alla ragazza celeste-cielo, e questo fosse il miracolo di lei, di scegliere a ogni istante nel caos dei mille movimenti possibili quello e quello solo che era giusto e limpido e lieve e necessario, quel gesto e quello solo, tra mille gesti perduti, che contasse.

[da *Gli amori difficili*, Einaudi, Torino 1970]

Competenza testuale

Comprendere i dati espliciti

1. Allo skilift c'è tanta coda perché
- A c'è tanta gente che deve risalire
- B si sono rotte le cabine di risalita
- C la gente procede in modo disordinato
- D manca l'addetto alla risalita

2. Perché la ragazza con il cappuccio celeste-cielo non si preoccupa della coda allo skilift?
- A perché non deve sciare
- B perché altri fanno la coda per lei
- C perché ha già il biglietto per la risalita
- D perché fa la risalita soltanto con gli sci

3. Di che colore è la felpa della ragazza all'interno del cappuccio della giacca a vento?
- A bianca
- B rossa
- C celeste
- D verde

4. Cosa fanno i ragazzi della comitiva quando vedono le ragazze dal cappuccio celeste-cielo?
- A incominciano a ridere
- B la ignorano
- C la fissano senza parlare
- D la fissano e la chiamano ad alta voce

5. A che ora il sole sparisce e l'aria si fa più fredda?
- A a mezzogiorno
- B nel pomeriggio
- C di mattina
- D al tramonto

6. Il protagonista del racconto è
- A il ragazzo con gli occhiali verdi
- B la ragazza con il cappuccio celeste-cielo
- C la comitiva
- D il ragazzo grasso

7. Ai duemila metri quali animali incontrano?
- A gli uccelli neri
- B la pernice bianca
- C la lepre bianca
- D la pernice scura

8. Il ragazzo da che cosa viene estasiato nell'ammirare le movenze della ragazza?
- A dall'armonia dei movimenti
- B dalla velocità nei movimenti
- C dalla capacità di evitare i pericoli
- D dalla capacità di resistere tante ore sulla neve

9. Di che nazionalità è la ragazza?
- A italiana
- C svizzera
- B austriaca
- D americana

10. Come finisce il racconto?
- A i due ragazzi fanno amicizia
- B i due ragazzi si scambiano gli indirizzi
- C i due ragazzi parlano tanto tra loro
- D la ragazza si allontana leggera mentre il ragazzo la guarda rapito

Comprendere i dati impliciti

11. Come definiresti l'atteggiamento della ragazza nei confronti del ragazzo con gli occhiali? Puoi indicare più risposte.
- A indifferente
- B comprensivo
- C di superiorità
- D incoraggiante
- E scoraggiante
- F disponibile
- G ironico
- H beffardo

12. Quale ruolo svolge la ragazza nei confronti del ragazzo?
- A positivo
- B negativo

Motiva la tua risposta (risposta libera).

13. Nel racconto nessuno dei personaggi ha un nome. Sai spiegare il perché?
- A il narratore non li conosce
- B i ragazzi non si presentano
- C non è importante il nome ma il comportamento
- D non è importante il nome, ma il significato che i personaggi assumono nel racconto

Competenza lessicale

14. Che significato ha il termine «pesticciando»? (rigo 4)

- A pestando ripetutamente con i piedi
- B scivolando sulla neve
- C battendo i piedi
- D salendo con i piedi divaricati

15. Che significato ha il termine «intirizzito»? (rigo 20)

- A irrigidito per il freddo
- B raffreddato
- C immobilizzato
- D intimorito

16. Che cosa significa il termine «farfugliando»? (rigo 47)

- A lamentandosi confusamente
- B parlando a bassa voce
- C parlando senza farsi capire
- D urlando vivacemente

Competenza grammaticale

17. Che cosa esprime il gerundio «Arrancando» (rigo 45)

- A il modo con cui il ragazzo riesce ad affiancarsi alla ragazza
- B la causa per cui il ragazzo riesce ad affiancarsi alla ragazza
- C la circostanza per cui il ragazzo riesce ad affiancarsi alla ragazza
- D la condizione per cui il ragazzo riesce ad affiancarsi alla ragazza

AREA DIGITALE
Le risposte agli esercizi sono disponibili nell'area digitale

Interpretare e valutare

L'avventura di uno sciatore costituisce per Italo Calvino "un amore difficile"; il racconto è infatti inserito nel volume *Gli amori difficili*: cerca di spiegarne il perché considerando in modo particolare la parte finale del racconto, quando la ragazza si allontana leggera e armoniosa e appare così diversa dal suo impacciato amico.

....

....

....

....

Che cosa pensi del comportamento del ragazzo con gli occhiali verdi? La sua goffaggine è frutto della sua timidezza o della troppa appariscente bellezza e bravura della ragazza? Esprimi le tue opinioni.

....

....

....

....

PRIMO PIANO

Leggere i contesti attraverso le immagini: arte, fotografia, pubblicità

testi non letterari

Le immagini raccontano la storia e consentono di illuminare aspetti inediti e nuovi risvolti interpretativi.

leggere **i contesti** attraverso **le immagini: arte, fotografia, pubblicità**

Vacanze al mare, uno spazio tutto borghese

Il turismo e la moda balneare

Tra fine Settecento e inizio Ottocento si diversificano le motivazioni che in Europa muovono le classi più ricche (le prime restano quelle inglesi, che già avevano cominciato dal XVII secolo a spostarsi per motivi culturali) a compiere viaggi turistici in Europa: se ancora resta la motivazione culturale, legata alla formazione dei giovani aristocratici, presto si aggiunge il desiderio di svago e relax, non più indirizzato però verso i soli centri termali (attivi dal tempo dei Romani) ma anche verso mete balneari; ad attirare erano motivazioni "scientifiche", come la salubrità dell'aria e la funzione terapeutica dell'acqua, termale ma poi anche marina, preferibilmente quella fredda del nord Europa e poi anche quella calda del Mediterraneo. Col potenziamento dei mezzi di trasporto (ferrovie) la borghesia sarà inclusa nel flusso turistico termale e balneare: anche in questo caso il primato spetta all'Inghilterra, dove nel 1841 si compì il primo viaggio organizzato del turismo moderno.

Edgard Degas, *Sulla spiaggia atlantica*

Edgard Degas (1834-1917), *Scena di spiaggia*, 1869-70. Londra, National Gallery.

Oggetti sparsi per terra, figure prevalentemente femminili e infantili, il colore caldo della sabbia: ci sono già tutti gli ingredienti di una scena di spiaggia; non ci sono corpi nudi esposti al sole, fondamentalmente per la temperatura meno mite delle coste atlantiche dove i francesi salivano per "andare al mare". Dalla parte opposta della Francia, molti pittori (gli impressionisti, Cézanne) dipingevano le affascinanti, colorate e calde coste del Mediterraneo. Degas, più interessato alle forme definite che a quelle che sfumano nell'atmosfera variegata della vegetazione mediterranea, si esprime con pochi colori contrapposti, l'orizzonte alto e lontano, in sintonia con le vedute del pittore Eugène Boudin (1824-1898) che per primo scoprì, nella località alla moda di Trouville in Normandia, la folla sulle spiagge.

PRIMO PIANO

Joaquín Sorolla, *Sull'affollata spiaggia di Zarauz*

Joaquín Sorolla y Bastida (1863-1923), *Passeggiando lungo la spiaggia*, 1909. Madrid, Museo Sorolla.

Per catturare la luce della sua terra d'origine, Valencia, in Spagna, il pittore studiò a lungo quali colori potevano meglio assorbirla e restituirla allo sguardo dell'osservatore. Questo quadro, dipinto nella località balneare di Zarauz sul golfo di Biscaglia, è solo un frammento della ricca produzione di quadri dedicati alle tante persone che trascorrevano le giornate al mare; qui sono ancora raffigurate quelle donne borghesi che frequentavano la spiaggia vestite, con abiti adattati solo nei colori chiari e nei tessuti leggeri, e indossavano larghi cappelli o aprivano ombrellini per non farsi scurire la pelle dal sole. Donne che si limitavano a "guardare" gli altri che si potevano divertire liberando il proprio corpo all'aria, al sole e nell'acqua, ma che Sorolla cattura nelle sue cronache marine: sono i bambini più piccoli sorretti dalle mamme perché timorosi o troppo arditi, ragazzini che si stendono nudi sulla battigia a riposarsi dai bagni.

L'abbagliante spiaggia di Alex Katz

Alex Katz (1927), *Round Hill, 1977*. Los Angeles, County Museum of Art.

«Mi piace realizzare immagini che siano tanto semplici da non poterle evitare e tanto complesse da non riuscire ad afferrarle»: così parla della sua opera Alex Katz. «Le facce vengono private d'espressione, gli occhi mutilati del bianco intorno alla pupilla, e se ancora lo sguardo risultasse troppo fatale, ecco che Katz provvede a schermarlo con fascianti occhiali da sole. Chi guarda chi? Incomunicabilità». Ma quale migliore soluzione per questa nuova borghesia che frequenta la spiaggia, distante pur non avendo connotazioni di ricchezza, senza ostentazione negli abiti ma tutt'altro che popolare? Così, in pieno Novecento, Katz ripropone un'immagine di grado zero: i suoi personaggi sono bagnati dalla luce del sole, la spiaggia è rosa, il mare è piatto, la luce è intensa; sulla spiaggia non si registrano emozioni, eventi, mutamenti.

Bellezze al bagno

Una certa libertà di "costume", nel senso proprio e più esteso del termine, si verifica con il processo di emancipazione della donna, che comprende sia il diffondersi di sport anche tra le donne sia l'assunzione di nuovi ruoli nella famiglia e nella società del Novecento.

Nella sequenza fotografica che segue, è possibile riscontrare come proprio nei paesi anglosassoni – Inghilterra, Australia e Stati Uniti – si fa strada la libertà di svestirsi o di vestirsi in modo più consono all'ambiente marittimo e più comodo per i movimenti in acqua.

Atlantic City, New Jersey, USA 1890-1910.

Potomac Tindal Basin beach, Washington, USA 1922.

Coi primi del Novecento il costume da bagno è ormai un capo di abbigliamento non solo funzionale, perché deve mettere in risalto il corpo della donna, colpire per i suoi colori e, progressivamente, ridursi il più possibile; la donna non rinuncia all'abito da spiaggia e continua così a vestirsi (anche se poi ci si sveste) per andare in spiaggia; il cappello continua ad essere un importante accessorio, accompagnato da occhiali e borse; anche il sandalo diventa un altro campo di espansione della moda tutt'altro che trascurabile.

Due donne in spiaggia in una foto del 1930 circa.

Palm Beach, Australia 1935.

Vacanze al mare, uno spazio tutto borghese

Pubblicità e tempo libero

Donna, mare, moda, vacanza: ormai gli elementi di base, prima appannaggio della sola borghesia, stanno allargandosi alla nuova società che a breve diventerà di massa, proprio a ridosso della seconda guerra mondiale e subito dopo, con la ripresa economica, a livello mondiale.

La pubblicità, già funzionante nel settore per promuovere le località di villeggiatura internazionali più conosciute, di montagna, di mare o di lago, diventa mezzo essenziale per la scelta di chi si affaccia per la prima volta al mondo del tempo libero, dei soggiorni organizzati, dei viaggi a basso costo.

Filippo Romoli, *Alassio* (Italia), 1929.

Percy Trompf, *Australia*, 1935.

Charles Avalon, *Montecarlo*, Francia anni Cinquanta.

Laboratorio delle competenze di scrittura

1 Ricerca su un aspetto della storia del turismo

Raccogli informazioni su Thomas Cook (controlla anche sui tuoi manuali scolastici) e ricostruisci il viaggio da lui organizzato nel 1841 da Leicester a Loughborough, corredandolo di documenti visivi (cartina geografica, immagini del tempo e di oggi delle due località, ecc.).

2 Confronto tra immagini pittoriche

Eugène Boudin, Eugène Isabey e Charles Mozin furono tra i più famosi pittori che frequentarono, fin dall'Ottocento, le spiagge di Deauville e Trouville.
Scegli tre quadri, magari simili per disposizione dei personaggi e punto di vista, tra quelli dipinti da Boudin, Isabey e Mozin, fanne la descrizione e quindi un confronto.

3 Ricerca sulla moda per il mare

Un altro celebre personaggio che legò il suo nome a Trouville fu la stilista Coco Chanel: conduci una ricerca sugli abiti da mare disegnati da Chanel e costruisci una sfilata virtuale, con foto o modelli da te disegnati.

4 Raccontare con le immagini

L'attività pittorica dello spagnolo Joaquín Sorolla y Bastida sembra coltivare il filone fecondissimo del racconto cronachistico della villeggiatura al mare della gente comune.

a. Scegli tra i suoi quadri (li trovi facilmente in Internet) quelli per te più adatti a costruire un racconto per immagini come illustrazione di un diario di una vacanza al mare, scritto da un bambino o da un ragazzo.
b. Scegli tra i suoi quadri quelli che per te assomigliano, per inquadratura e punto di vista, ad una fotografia, quindi costruisci un album fotografico di una vacanza al mare.

5 Costruire un prodotto informatico

Consulta il sito del museo del mare www.balnea.net e conduci una ricerca sulle immagini o gli argomenti che più ti attirano tra quelli che hai trovato nell'indice del museo.
Quindi riferisci i risultati della tua ricerca utilizzando power point, prezi, o un altro programma a tua scelta.

6 Approfondire un linguaggio visivo: la pubblicità

Alex Katz, pittore o pubblicitario?
Cerca in Internet i quadri di Alex Katz in cui sono dipinte donne in costume, che giocano a palla, che siedono al sole, o altri con evidenti richiami al mondo del mare; ricerca poi immagini pubblicitarie analoghe e confrontale.

- In che cosa si differenziano?
- In che cosa si assomigliano?
- Quale "qualità" fotografica hanno le opere pittoriche di Katz?
- Pensi di avere capito perché Katz potrebbe essere anche un bravo pubblicitario?

Allarga le tue riflessioni sull'uso dell'immagine con donna in costume da bagno

- Quale pensi che sia l'obiettivo di un pubblicitario che fotografa un costume indossato da una modella?
- Quali effetti produce la stessa immagine riportata su un cartellone stradale, una rivista femminile, una confezione di costumi da bagno?
- Quali sono i casi più comuni in cui l'immagine di una donna in bikini non pubblicizza un costume? Perché pensi che venga utilizzata? A quale pubblico si rivolge?

UNITÀ 2

Leggere e interpretare i temi del presente

leggere e interpretare i temi del presente

Realtà, miti, valori del nostro tempo

I testi presentati in questa sezione non sono letterari ma appartengono ad altre tipologie testuali: la saggistica, l'articolo di giornale, l'inchiesta, la relazione, ecc.

La scelta di argomenti come il femminicidio, il bullismo elettronico, l'alimentazione, il mito della bellezza, vuole sollecitare gli studenti ad affrontare problemi di cui sentono parlare o che vivono in prima persona.

Il femminicidio è un fenomeno tristemente presente ormai nella cronaca quotidiana, che ha implicazioni di carattere psicologico e sociale importanti.

Il bullismo elettronico, o *cyberbullismo*, sta emergendo in questi tempi con forza e, il più delle volte, si tratta di un fenomeno che trova impreparati ad affrontarlo non solo i ragazzi, ma anche gli adulti, i genitori, che sembrano impotenti di fronte a questa emergenza sociale.

Il problema dell'alimentazione va di pari passo con il mito della bellezza. Sono ormai note le conseguenze che hanno entrambi sulla vita quotidiana, anche in termini patologici, di giovani adolescenti che non possiedono gli strumenti per capire come la "bellezza" vada interpretata nella sua giusta dimensione. Bellezza interiore, dello spirito, che la cultura può alimentare contro un'idea del bello estetico funzionale solo alla pubblicità e al profitto.

Questi argomenti fanno parte di un progetto educativo che mira a una crescita che sia in armonia con la realtà esterna. Si è cercato, infatti, di affrontare problematiche e situazioni che fanno parte della realtà di oggi e che possono risultare particolarmente significative per una riflessione individuale e collettiva attraverso lavori di gruppo e di dibattito in classe.

Gli studenti vengono guidati nella lettura dei brani scelti sia attraverso l'approfondimento concettuale delle tematiche, sia stimolando l'attenzione sull'aspetto formale e linguistico e sulle modalità comunicative dei testi. La finalità è quella di fornire agli studenti conoscenze, metodi e strumenti per acquistare le giuste competenze, per crescere, orientarsi e decifrare in modo adeguato la complessità del mondo in cui vivono.

immagine attiva

Roy Lichtenstein, *Crying Girl*, 1963.

Silvia Garambois e Monica Ricci Sargentini
Il femminicidio nel mondo

ANNO	MODELLO DI SCRITTURA	TIPOLOGIA DI SCRITTURA	TEMA
2013	inchiesta-denuncia	testo informativo	• la violenza sulle donne

LE AUTRICI

Silvia Garambois, torinese di nascita e romana di adozione, ha lavorato per 25 anni per «l'Unità», dove è stata anche caporedattore, fino al 2000. Da dieci anni è una free-lance. Continua ad occuparsi prevalentemente, da giornalista, di critica televisiva e di problemi dell'informazione.

Monica Ricci Sargentini, romana, ha cominciato la sua carriera con il giornale «Noidonne», per poi approdare a «l'Unità», dove è stata caporedattore del servizio Esteri. Nel 2000 si è trasferita a Milano per tentare l'avventura informatica de «IlNuovo.it». Laureata in Lingue e Letterature straniere all'Università di Roma La Sapienza, ha vissuto per due anni negli Stati Uniti dove ha insegnato lingua italiana e conseguito un master alla New York University.

La considerazione che molti uomini hanno delle donne nasce da un archetipo antichissimo, da una cultura estremamente diffusa in tutto il mondo. Una cultura che ha posto la donna, procreatrice di vita, come un oggetto di potere; sono proprio il potere e questa presunta superiorità maschile a tradursi, a volte, in violenza psicologica e fisica contro la donna.

Sessantaseimila donne e bambine vengono uccise ogni anno nel mondo, una cifra enorme che rappresenta circa un quinto di tutti gli omicidi (396 mila). Il dato, raccolto dalla Small Arms Survey, un progetto che diffonde informazioni imparziali sulla violenza e la diffusione delle armi a livello internazionale, è relativo al periodo 2004-2009. Si tratta di un numero approssimativo perché l'informazione in molti Paesi è carente, ci sono interpretazioni diverse della definizione del termine femminicidio e a volte mancano le risorse per avere statistiche attendibili.

A guidare la classifica degli omicidi femminili sono le regioni dove il tasso di criminalità è tra i più alti come il Sud Africa, il Sud America, i Caraibi e l'America centrale. Tra i singoli Paesi al primo posto c'è El Salvador con 12 femminicidi ogni centomila donne, seguito da Jamaica (10.9), Guatemala (9.7), Sudafrica (9.6) e dalla Federazione Russa (8.7). In questi Paesi le donne vengono attaccate nei luoghi pubblici da bande criminali o da gang in un clima che sembra loro garantire l'impunità. In El Salvador, per esempio, soltanto il 3% dei femminicidi è commesso da un partner o da un ex. Al contrario in Francia e in Portogallo, dove il tasso dei femminicidi è più basso, è proprio una persona conosciuta, con cui abbiamo avuto una relazione, a commettere violenza nell'80% dei casi. Secondo le Nazioni Unite la metà delle donne uccise in Europa tra il 2008 e il 2010 è morta per mano di qualcuno che la amava, un membro della famiglia. Lo stesso dato per gli uomini scende al 15%. [...] Ma il fenomeno non è soltanto europeo. Secondo un rapporto delle Nazioni Unite il 70% delle donne almeno una volta nella vita è vittima di un episodio di violenza da parte di un uomo che spesso è il marito, il partner o qualcuno di conosciuto. Questo vuol dire che un miliardo di donne e di ragazzine sarà picchiata o stuprata durante la propria esistenza. La violenza contro le donne comincia ancor prima di venire al mondo. Secondo alcune stime sarebbero 100 milioni le bambine mai nate a causa degli aborti selettivi. E poi ci sono le minori vittime di violenza sessuale, mutilazioni genitali, matrimoni forzati. Nei prossimi dieci anni 142 milioni di ragazzine si sposeranno prima di aver compiuto i 18 anni. I matrimoni precoci aumentano il rischio di gravidanze difficili con conseguente morte di mamma e neonato. C'è il traffico di esseri umani a scopi sessuali che riguarda per l'80 per cento delle donne e che è diffusissimo anche in Occidente. Ogni anno si calcola che circa 800 mila persone vengano fatte espatriare per essere vendute. Ecco una mappa delle situazioni più a rischio Paese per Paese.

1

Manifestazione delle donne indiane a Nuova Delhi nel 2012.

India: tra violenza e ribellione

Il peggior posto per essere nate donne? Nella "classifica dell'orrore" resa pubblica in previsione del G20 in Messico del giugno 2012, al primo posto c'è l'India, dove – secondo Gulshun Rehman di Save the Children – "le donne e le ragazze continuano a essere vendute come schiave, date in sposa anche a dieci anni, bruciate vive e abusate sessualmente". Secondo le statistiche della polizia indiana a New Delhi, megalopoli con 16 milioni di abitanti, c'è una violenza sessuale contro le donne ogni 18 ore. Ma è l'India anche il Paese dove più forte è la rivolta delle donne e degli studenti contro la violenza, fino a costringere governo e media a intervenire. La cronaca del 2012 era iniziata con la notizia di una giovane di Uttar Pradesh (India settentrionale) che era stata cosparsa di kerosene e incendiata perché, dopo le violenze, si ribellava ancora e voleva denunciare i suoi aguzzini. Una vicenda che seguiva di appena 24 ore il caso di violenza carnale di gruppo ed assassinio di una studentessa di 19 anni che viaggiava su un autobus ad Agarpada (Stato nord-orientale di Orissa). Una infinita litania di donne senza nome violate, violentate, uccise [...].

2

Giovani donne del North Darfur.

Darfur (Sudan): la guerra delle donne

Lo stupro come arma da guerra. Cinquantamila quelli commessi in Bosnia negli anni Novanta, con solo 30 persone condannate. E oggi in Siria, di cui non si parla. E nel Nord Kivu, in Congo. Nel Darfur, dove sta assumendo dimensioni da genocidio: donne violentate brutalmente, spesso uccise... Una tragedia su cui ha acceso i riflettori il governo Cameron, nella data simbolo dello scorso 25 novembre, giornata mondiale contro la violenza sulle donne, inserendo l'eliminazione dello stupro come arma di guerra tra gli obiettivi della sua presidenza del G8 nel 2013.

3

Manifestazione contro la violenza sulle donne a Vancouver, in Canada, nel 2013.

Canada: l'autostrada del dolore

Il Canada, secondo gli osservatori internazionali, è il Paese dove le donne vivono meglio. Ma non le "native" che abitano nel maledetto triangolo della Northern British Columbia, aree attraversate dall'autostrada 16 e 97, strette "tra la minaccia della violenza domestica ed occasionale da un lato, e gli abusi dagli agenti della polizia canadese dall'altro", come denuncia il rapporto 2013 di Human Rights Watch. Sin dagli anni Sessanta – secondo HRW – si contano a centinaia le donne e le giovani donne vittime di femminicidio o scomparse in quella zona: per la maggior parte donne native, i cui casi, per la maggior parte, sono tuttora irrisolti.

4

Croci rosa in memoria delle donne uccise a Ciudad Juarez.

Messico: il confine delle croci

Rapite, stuprate, torturate, mutilate, uccise. Buttate nell'immondizia, nel deserto, bruciate, sfigurate. Secondo Amnesty International dal 2005 a Ciudad Juarez, nello stato messicano di Chihuahua, sono state 370 le donne assassinate: età media 16 anni, operaie, cameriere, studentesse. Almeno 137 di loro sono state anche stuprate. A decine anche le "sparizioni": 70 secondo Amnesty, addirittura 450 secondo altre fonti. Ma sarebbero migliaia le donne uccise da quando, all'inizio degli anni Novanta, nella più grande e più violenta città del mondo sono arrivate le fabbriche. Un genocidio sessuale.

A Ciudad Juarez – sul Rio Grande, al confine tra Messico e Stati Uniti – dopo l'"accordo nordamericano di libero scambio" (NAFTA) del '94, sono sorte infatti molte aziende di proprietà di multinazionali, le "maquilladoras" che assumono soprattutto donne, giovani e giovanissime: sono sottopagate e super-sfruttate (con turni anche di 12 ore al giorno), basta un ritardo per essere licenziate, ma nonostante questo la possibilità di un lavoro richiama manodopera femminile povera da tutto il Messico. Le giovani che affollano la città di confine abitano in baraccopoli, spesso buie e pericolose, in una città violenta dove spadroneggiano i signori della droga. Eppure meno del 10% dei femminicidi – secondo uno studio del 2008 – è attribuibile direttamente alla criminalità organizzata.

Sotto accusa – nel disinteresse della polizia e delle istituzioni – il "machismo" dominante e la cultura del "marianismo", per cui le donne devono stare in casa a svolgere ruoli domestici come mogli e madri e astenersi dal lavoro dipendente al di fuori della casa. Una cultura esasperata dalla mancanza di opportunità di lavoro per gli uomini mentre sempre più donne vengono chiamate dalle fabbriche come forza lavoro, modificando le dinamiche di genere tradizionali: in una città dove le sparatorie sono quotidiane e i negozi per questo vengono situati nei piani alti degli edifici, questi elementi avrebbero scatenato la mattanza delle donne. [...]

5

Pakistan: la strage delle donne che educano le bambine

Prima Malala, poi le maestre di una scuola elementare. In Pakistan chi si prodiga per l'istruzione delle bambine rischia la vita per mano dei fondamentalisti islamici. Gli obiettivi dei terroristi sono sempre gli stessi: impedire l'alfabetizzazione delle donne, che è ferma a un misero 46 per cento, e combattere le vaccinazioni contro poliomelite e morbillo che sono considerate un escamotage dell'Occidente per sterilizzare i musulmani. Lo scorso dicembre il governo è stato costretto a sospendere la campagna sanitaria dopo l'uccisione di alcuni operatori sanitari che somministravano i vaccini anti-polio ai bambini. E all'inizio di gennaio i fanatici hanno nuovamente colpito nella provincia Khyber Pakhtunkhwa al confine con l'Afghanistan dove i talebani un tempo la facevano da padroni. Oltre a cinque maestre hanno perso la vita anche un'infermiera e un suo collega. L'agguato è avvenuto nella città di Swabi, a circa 75 chilometri da Islamabad, non molto lontano da Swat dove fu ferita Malala, la ragazzina che voleva studiare e far studiare le sue coetanee.

Nel 2012 il World Economic Forum ha posto il Chad, il Pakistan e lo Yemen in fondo alla classifica del Rapporto Internazionale sul divario tra i generi. In Pakistan le donne subiscono atrocità come lo stupro, i delitti d'onore, le nozze forzate, la prostituzione forzata e gli attacchi con l'acido. Diffusa è anche la pratica della sposa data alle fiamme per accaparrarsi la dote. Di solito l'omicidio viene fatto passare per un incidente o un suicidio. Nel 1999 dei 1.600 casi segnalati soltanto 60 sono arrivati in tribunale dove si sono registrate solo due condanne. Dal 2001 il numero di questi delitti è in netta diminuzione.

6

Marito e moglie (40 e 11 anni) nella loro casa nel giorno del matrimonio. Afghanistan, 2005.

Afghanistan: il massacro delle spose bambine e il silenzio del mondo

Negli ultimi dieci anni la situazione delle donne in Afghanistan è migliorata: quattro milioni di bambine ora possono andare a scuola e molte donne hanno trovato lavoro. Ma molto deve ancora essere fatto. Nel Paese l'età legale per il matrimonio è 16 anni ma secondo le Nazioni Unite metà delle bambine viene data in sposa molto prima. La violenza nei confronti delle donne è ancora molto diffusa e spesso rimane impunita. Le coraggiose che si rivolgono alla polizia a volte subiscono ulteriori abusi, tra cui lo stupro e le molestie, prima di essere riconsegnate alla famiglia e dimenticate. Come è successo anche alla piccola Sahar Gul, una ragazzina afghana di 15 anni, che un anno fa ha quasi rischiato di essere uccisa dal marito perché non voleva prostituirsi. Quattro mesi fa, prima di essere liberata, la sposa-bambina era riuscita a fuggire ed aveva chiesto aiuto a dei vicini di casa: «Se siete dei musulmani dovete dire alle autorità quello che mi sta succedendo – aveva detto disperata –, vogliono farmi prostituire». La polizia di Puli Khumri, la città nella provincia di Baghlan dove è avvenuto il fatto, era stata avvisata ma non aveva fatto altro che restituire la povera ragazza alla famiglia torturatrice dietro la promessa che gli abusi non sarebbero più continuati. Invece, come da copione, è accaduto l'esatto contrario. Questa volta però è stata fatta giustizia, almeno in parte. Lo scorso maggio tre parenti della ragazzina sono stati condannati a dieci anni di prigione per tortura, abusi e violazioni dei diritti umani ma il marito è ancora in fuga. Sahar si è presentata in tribunale il giorno della sentenza. Per la prima volta dopo la sua liberazione ha guardato in faccia i suoi torturatori: il padre, la madre e la sorella del marito. Davanti al giudice si è tolta il velo per mostrare le cicatrici frutto del suo calvario e ha chiesto che gli imputati fossero puniti severamente. La sentenza non l'ha soddisfatta. I suoi avvocati hanno fatto sapere che presenteranno sicuramente ricorso. «Ho visto la felicità sul suo viso – ha dichiarato a "The Independent" Huma Safi dell'organizzazione Women for Afghan Women, un gruppo per i diritti delle donne che sta aiutando la ragazza a riprendersi – ma anche la paura perché tra dieci anni quelle persone torneranno di nuovo libere. E lei pensa che il tempo volerà».

Per le spose bambine promesse a un parente lontano anche a soli nove anni spesso la morte è l'unica soluzione perché soltanto con un gesto così estremo il patto matrimoniale potrà essere invalidato. Lo sapeva bene Nasreen, 18 anni, di Kunduz, che lo scorso dicembre ha preso un fucile da caccia e si è sparata, uccidendosi. Nasreen non è di certo l'unico esempio. Fatima, 17 anni, di Kabul ha provato a fare lo stesso qualche mese fa ma a lei è andata peggio: è sopravvissuta e, per farsi annullare il fidanzamento, è dovuta andare in tribunale dove vige la sharia e una ragazza per farsi ascoltare deve avere almeno cinque testimoni a favore, ovviamente maschi.

Secondo gli organismi umanitari che operano in Afghanistan, il numero di ragazze che decidono con un gesto estremo di mettere fine a vessazioni famigliari o a matrimoni indesiderati è in aumento. L'altra alternativa è la fuga, un'opzione che apre le porte del carcere a moltissime donne: secondo Human Rights Watch circa 500 afghane sono attualmente in carcere per aver cercato di sfuggire a un matrimonio forzato o a un marito violento. E poi, purtroppo, ci sono i femminicidi, molto frequenti in questa parte del mondo. [...]

7

Istanbul, 8 marzo 2009. Donne curde sfilano in occasione della Giornata delle donne.

Turchia: un Paese per soli uomini

Il Global Gender Gap Index, che calcola la percentuale di diseguaglianza tra i due sessi, pone la Turchia al 124 posto su 135 Paesi. C'è poi il problema gravissimo del femminicidio e della violenza domestica. Negli ultimi anni si è registrata un'escalation degli omicidi del 1.400%: da 66 nel 2002 a 953 nei primi sette mesi del 2009. Secondo un rapporto delle Nazioni Unite del 2011 il 39% delle cittadine ha sofferto una qualche forma di violenza fisica nella sua vita. Soprattutto nel sud est e nell'est dell'Anatolia le donne sono sottoposte a violenza domestica, matrimoni forzati e delitti d'onore tanto che un'ong aveva proposto di armare le donne perché potessero difendersi. La misoginia è così endemica nel Paese che una tv è stata multata perché aveva mostrato in una commedia un pestaggio di alcune ragazze come se fosse divertente. [...]

[adattamento da www.spiweb.it]

Vista l'escalation del femminicidio in Italia il governo ha varato una legge contro questo fenomeno, che reca alcune importanti novità a tutela delle vittime di maltrattamenti e violenza domestica. Certo è che in Italia la violenza sulle donne è ancora vista come un **problema di ordine pubblico piuttosto che culturale** e, in questo senso, non c'è un sistema di interventi organici contro simile piaga. L'unica richiesta andata a buon fine, in tal senso, è stata la ratifica della ***Convenzione europea contro la violenza sulle donne*****, approvata a Istanbul l'11 maggio 2011 e ratificata dall'Italia nel giugno 2013.**

ANALISI DEL TESTO

I temi

Il buio della coscienza, della ragione e della giustizia

Le autrici di questo testo affrontano il gravissimo problema del femminicidio e della violenza cui sono costrette a sottostare le donne in molte parti del mondo. È quella che viene definita "**violenza di genere**". Il panorama cui ci si trova di fronte è sconcertante e avvilente insieme. Che si parli dell'India, della regione del Darfur, del Messico, del Ghana, del Pakistan o dell'Afghanistan, ci si trova di fronte alle stesse denunce di atti terribili, che faticano a trovare giustizia, in Paesi dove solo l'uomo occupa i centri di potere e i centri decisionali. E questo, in alcuni Paesi, finisce per dare una legittimazione al comportamento criminale che si consuma nei confronti delle donne.

C'è speranza di cambiare?

In mezzo a tanto "buio" della coscienza e della ragione, si legge qua e là qualche timido barlume di risveglio e di speranza. Ecco, allora, emergere la figura gigantesca di **Malala**, che lotta per il diritto allo studio delle bambine. È noto, infatti, che sia in Afghanistan sia in Pakistan, laddove è forte la presenza dei talebani, vi è il divieto assoluto per le bambine di studiare, di imparare a leggere e a scrivere. O la sconosciuta bambina afghana, **Sahar Gul**, che eroicamente porta a processo i suoi aguzzini, cioè i genitori e la famiglia del marito che è stata costretta a sposare. Sono figure di eroine che le autrici riportano come espressioni di una grande speranza: che quel mondo brutale nei confronti del genere femminile possa cambiare.

Ma Silvia Garambois e Monica Ricci Sargentini sorprendono i lettori quando denunciano violenze sulle donne in una parte del mondo che viene considerata civile e avanzata nei costumi: il Canada. Anche in tal caso le autrici riportano storie di violenze con la complicità di uomini il cui compito istituzionale (sono poliziotti) dovrebbe essere di tutela della sicurezza di tutti i cittadini, a prescindere dal genere.

Quale messaggio

Quale messaggio le autrici vogliono che arrivi ai lettori? Certamente la denuncia di fenomeni criminali che sono espressione distorta e violenta di usanze e tradizioni di popoli a noi culturalmente lontani (Afghanistan, Pakistan, India); a volte, invece, rappresentano un degrado della civiltà cui noi stessi apparteniamo. Ma emerge da questa ricerca anche una speranza. Una seppur flebile speranza, che ha il volto di giovani e giovanissime donne che si ribellano al mondo al maschile cui appartengono. E lo fanno rischiando la loro stessa vita. Queste figure vengono proposte come **esempi di coraggio** e, allo stesso tempo, come dimostrazione che nessuna realtà, per quanto ingiusta e violenta possa essere, è immodificabile.

Le tecniche narrative

Come viene comunicato il messaggio

Il testo, come abbiamo detto, è una denuncia. Per essere credibile, come ogni testo che sia anche una ricerca sul campo, deve riportare documenti, esempi concreti rintracciabili attraverso i mezzi di comunicazione e le testimonianze. In questo caso, infatti, abbiamo nomi e cognomi di donne; continui riferimenti ad organizzazioni internazionali che hanno affrontato e ancora affrontano il problema, producendo una ricca documentazione sul fenomeno studiato. Questo modo di procedere comunica ai destinatari l'immagine di un lavoro credibile, "oggettivo", che si rifà a documenti "certi", frutto dell'impegno di organizzazioni la cui serietà operativa è riconosciuta a livello internazionale.

A tutto questo si aggiunga che il testo utilizza un **linguaggio giornalistico**. Semplice (con poche subordinate), diretto, comprensibilissimo dalla gran parte dei lettori. Si tratta, infatti, di una ricerca di **carattere documentario** che è destinata all'informazione consapevole del maggior numero di persone, di tutte le classi sociali e di ogni livello culturale.

LABORATORIO SUL TESTO

Abilità e competenze

Ascoltare, argomentare e confrontarsi

1. **I mass media, quasi quotidianamente anche nel nostro Paese, riportano episodi drammatici di femminicidio. Quali sono le cause più frequenti di questo inaccettabile fenomeno? Come può la scuola aiutare i giovani a "prevenire" efficacemente tutto questo?**

2. **Ti presentiamo un quadro del 1890. A parte gli abiti dei personaggi la storia è sempre la stessa: una donna è stata uccisa nella sua casa. Confrontatevi come gruppo classe, quali sono le vostre riflessioni a proposito? Sintetizzate un commento che tenga presente i punti di vista di ciascuno.**

Jakub Schikaneder, *Omicidio in casa*, 1890. Praga, Galleria Nazionale.

3. **Malala rischia la propria vita per il solo fatto di voler studiare e di favorire l'istruzione delle bambine. Perché, a tuo avviso, i talebani vogliono a tutti i costi impedire l'istruzione delle bambine? Confronta la tua opinione con quella dei compagni e organizzate un dibattito sul tema dell'importanza dell'istruzione.**

4. **Il 25 novembre è la giornata mondiale scelta dall'Onu contro la violenza sulle donne. Tra le tante iniziative, in molte città, centinaia di scarpe rosse da donna sono state poste in luoghi pubblici, in memoria di tutte le vittime di femminicidio, per testimoniare la marcia silenziosa di quelle donne che non ci sono più. Esprimi le tue considerazioni in proposito.**

Il mito della bellezza

al alta leggibilità

Cinzia Arcari
Nascere cigno o diventarlo

MODELLO DI SCRITTURA	TIPOLOGIA TESTUALE	TEMA
articolo di giornale	testo argomentativo	• il culto della bellezza

L'AUTRICE

Cinzia Arcari è una giornalista di «stampacritica.it», giornale indipendente on line.

Il mito della bellezza esercita una forte pressione sociale, soprattutto sugli adolescenti, per conformarli ad un'idea di bellezza stereotipata che non contempla nessuna delle reali virtù della vera bellezza, che è personale, intima e spirituale.

La società di oggi dà eccessiva importanza all'aspetto esteriore. Si pensa che avere una bella presenza può far raggiungere il prestigio, la felicità, l'amore e il successo. Il modello vincente del mondo d'oggi è quello della gioventù e della bellezza. È un modello ossessivamente trasmesso dai mass-media che, influenzando i gusti, le mode e le tendenze agiscono prepotentemente sull'immaginario collettivo.

L'adattamento sociale e della personalità risente, in particolare nell'adolescenza, del rapporto che si ha con la propria immagine e della percezione del proprio corpo, particolarmente in funzione dell'impressione che produce sugli altri. Nella giovinezza la capacità di introspezione è estremamente intensa, la propria immagine è sottoposta ad una scrupolosa attenzione ed il confronto con i coetanei è continuo, anche perché ognuno tende a identificarsi con un modello fisico ideale.

La giovinezza è l'età in cui si fa tutto, a volte inconsciamente, per essere accettati producendo, spesso, dei modelli che sembrano sfornati in serie. Abbigliamento, calzature, gestuali-

tà, frasario, comportamenti sociali, fanno di moltissimi giovani dei prodotti di un'omologazione culturale e fisica. Il look, la bella presenza, l'apparire sono valori più diffusi tra i giovani, che sono figli della società in cui vivono e non possono ignorare i messaggi da cui sono tempestati. La stessa pubblicità non fa altro che proporre modelli esteticamente invidiabili, sprofondando nella crisi esistenziale quanti non sono all'altezza degli standard imposti.

Oggi l'industria della bellezza offre un rimedio ad ogni inestetismo,[1] ad ogni difetto, e chi si limita ad essere normale rischia di sentirsi in difetto rispetto al resto dell'umanità. L'accettazione di sé, dei propri limiti non può che venire, e non sempre, con la maturità e l'esperienza. Ma considerazioni di questo genere non hanno molta presa sul mondo dei giovani e sono sempre più ignorate da quello degli adulti. L'illusione di immortalità dei giovani spinge a considerare la bellezza un culto da perseguire ad ogni costo, dimenticando la relatività di un valore che è destinato ad affievolirsi e che potrebbe farne sottovalutare altri ben più significanti e duraturi.

L'aspetto conta così tanto da generare una vera malattia che colpisce sempre più ragazzi che non riescono ad accettarsi per come sono in presenza di difetti reali o immaginari e divengono dismorfofobici.[2] L'esordio del problema avviene mediamente fra i 10 e i 20 anni, tra soggetti giovani e psicologicamente più fragili rispetto agli adulti. Il fatto che l'aspetto conti non è però una novità: i brutti sono sempre stati emarginati o penalizzati, portando molti di loro a compensare un aspetto non gradevole valorizzando altre qualità ottenendo non di rado risultati significativi nel lavoro e nella vita sociale. A differenza che in passato oggi si sta diffondendo l'illusione di poter conquistare quello che una volta o c'era o non c'era.

C'è sempre meno spazio per l'accettazione di sé stessi e l'investimento in altre qualità, e sempre più ricorso a trattamenti di vario genere per correggere il corpo, considerato un oggetto da manipolare in quanto strumento per raggiungere altri obiettivi. È innegabile che la bellezza influenzi la percezione che si ha di una persona, e che possa portare vantaggi a molti livelli: abituandosi ad essere trattati bene dagli altri fin da piccoli, i belli acquisiscono maggiore autostima e possono raggiungere buoni risultati grazie ad un atteggiamento sicuro, determinato e seduttivo.

Soprattutto noi giovani, oggi, veniamo condizionati dal mito dell'apparire e dai canoni imposti dai giornali, dalla tv, dai media che esigono bellezze virtuali e prive di originalità. Le donne devono essere sempre tutte snelle, filiformi, ma sode e sinuose, con i capelli fluenti e innaturalmente decolorati, il trucco impeccabile, la pelle liscia, le labbra carnose e le unghie lunghe. Gli uomini poi sono costretti a somigliare ai vari calciatori: muscolosi, ma non troppo, senza pancia e con gli addominali, alti, ben sbarbati, profumati, mai pelati ed addirittura depilati.

E il confronto con la nostra normalità/imperfezione ci porta ad adottare comportamenti alimentari scorretti, depressioni, malattie come l'anoressia e la bulimia. Dovremmo rimboccarci tutti le maniche, giovani e adulti, per accettarci e farci apprezzare per quello che siamo dentro, per le nostre imperfezioni e le nostre particolarità. Il nostro aspetto esteriore può servirci per un buon impatto iniziale ma quel che lascia il segno negli altri deve essere la nostra personalità, i tratti segreti del nostro carattere, il nostro temperamento, il nostro modo di fare, i nostri sguardi, i nostri gesti... A fare la differenza deve essere la nostra unicità interiore e non un involucro stereotipato da contemplare!

1 **inestetismo:** aspetto antiestetico, mal fatto, sproporzionato, brutto.
2 **dismorfofobici:** terrorizzati dalla disarmonia (del corpo).

[da www.stampacritica.it, numero 15/2012]

ANALISI DEL TESTO

I temi

Il culto della bellezza

L'autrice sottolinea il ruolo eccessivamente invadente del culto della bellezza nel mondo odierno, in particolare per quanto riguarda i giovani. Complici di questa distorta visione della realtà sono soprattutto i media. Questi, infatti, propongono, in particolare per motivi commerciali, **modelli di bellezza** che sono **irraggiungibili** per la gran parte delle persone "comuni". Giovinezza e bellezza. Questi sono gli stereotipi che quotidianamente ci vengono presentati. E a subire maggiormente i condizionamenti di questi messaggi sono soprattutto gli adolescenti. Infatti, come afferma l'autrice, sono i giovani che, per i cambiamenti sia fisici sia psichici che si trovano a vivere, pensano che essere esteticamente belli sia indispensabile oggi per essere accettati. Questa è la trappola con cui essi si trovano a fare i conti. L'adolescenza rappresenta una fase molto delicata della crescita e della accettazione di se stessi.

Il successo come falsa illusione

Purtroppo il mondo oggi subisce la violenza di **messaggi distorti** che impongono i canoni della bellezza estetica e della giovinezza come gli unici che garantiscono il successo in ogni campo. E ad essi i giovani si rivolgono con illusorie speranze che, il più delle volte, sono destinate ad essere deluse. Questo significa che i veri valori della persona, quelli che veramente arricchiscono in modo autentico, vengono messi in secondo piano. Oggi si fa di tutto per "apparire". È su questo che, per profitto, puntano le case produttrici di "false" illusioni. Ecco allora che la ricerca ossessiva della perfezione del proprio corpo porta a comportamenti sbagliati, che spesso minano la nostra stessa salute. Non è un mistero che certe patologie, quali l'**anoressia** e la **bulimia**, sono "figlie" di questi condizionamenti. Occorre, aggiunge l'autrice, recuperare il senso vero della realtà, per dare importanza alla vera ricchezza della persona: migliorare se stessi interiormente. Ciò che conta è come siamo dentro. Questo distoglie dall'ossessione diffusa del "contemplare" solo ciò che appartiene all'esteriorità.

Le tecniche espressive

Immediatezza espressiva

Le argomentazioni procedono con un ritmo scandito da una **sintassi ipotattica**, sostenuta da un **linguaggio chiaro** e articolato, caratterizzato dalla presenza di un cospicuo numero di aggettivi e pronomi che conferiscono armonia ed equilibrio al testo.

LABORATORIO SUL TESTO

Abilità e competenze

Scrittura e interpretazione

1. **Cosa significa, in base alla tua esperienza, essere accettati? Perché i giovani in particolare sentono questo bisogno? Esponi le tue considerazioni in un breve testo argomentativo.**
2. **Nella realtà che frequenti quotidianamente, è veramente così importante "apparire"? Se sì, quali "vantaggi" offre? Scrivilo sotto forma di pagina di diario.**

Ascoltare, argomentare e confrontarsi

3. **Ti presentiamo un breve articolo scritto da una ragazza della tua età e pubblicato su Repubblica@scuola. Organizzate una discussione in classe sul tema «I giovani e la moda» partendo dalla lettura dell'articolo ad alta voce. Ciascuno esponga il proprio punto di vista rispetto a quanto affermato nell'articolo. Uno di voi funga da moderatore e alla fine esponga quale tra le opinioni è prevalsa.**

Al giorno d'oggi la moda rappresenta un aspetto importantissimo nella vita della gente, in particolare nei ragazzi, perché grazie ad essa si riesce ad esprimere se stessi e il proprio stile di vita; per molte persone, però, la moda diventa a volte un mezzo per nascondere la propria personalità, perché, anziché i loro gusti, seguono le tendenze di un gruppo per paura di essere giudicati male e non essere accettati. A chiunque piace apparire e essere giudicato sempre positivamente e forse è questo il motivo principale che spinge a seguire le mode del momento. La moda, quindi, è ciò che riesce ad unirci, anche se siamo tutti diversi, perché quasi tutti abbiamo bisogno di fare una buona impressione sul gruppo.
Per noi ragazzi chi segue la moda ha sempre una marcia in più. Anche io come la maggior parte degli adolescenti seguo la moda, ma questo mio interesse è iniziato da quest'anno, da quando ho cominciato a far parte di una nuova comitiva di amici; vedevo che loro si vestivano sempre con abiti firmati e io, per non essere diversa da loro, ho cominciato a vestirmi allo stesso modo.

[da lucy 1 su scuola.repubblica.it, 08.02.2013]

progettare per competenze

Laboratorio in situazione

rapporto di cittadinanza attiva tra scuola e territorio

GLI ANNI OTTANTA NELLA MODA
Dittatura della marca, tirannia del look

Dall'*hip hop* nasce una lunga tradizione di pantaloni larghi e cascanti (per b-boy), magliette di ogni tipo, canottiere (per le b-girl), cappellini c visiera, fuseaux per tutte le gambe dai colori fluo: verde, blu, fucsia, giallo neon, tinte accese di colori che provocano un “effetto evidenziator

SITUAZIONE

CONCORSO NAZIONALE Gli anni Ottanta: eventi, costume e società

PRODOTTO

DOSSIER **“Gli anni Ottanta nella moda: dittatura della marca, tirannia del look”**

LABORATORIO

Compiti individuali e collettivi per potenziare conoscenze, abilità e competenze specifiche in funzione del risultato finale.

Cittadinanza attiva *Il lavoro di laboratorio si inserisce nelle proposte di cittadinanza attiva previste nei percorsi formativi che caratterizzano il primo biennio delle scuole secondarie di secondo grado.*

Presentazione del laboratorio *L'occasione è una situazione reale: la partecipazione ad un concorso indetto da un'istituzione pubblica. Si aderisce all'iniziativa con una classe: si progetta, attraverso l'attività di laboratorio, un* dossier *sull'argomento oggetto del concorso, con l'obiettivo di fare emergere come la moda degli anni Ottanta sia stata l'espressione della storia politica, sociale e culturale dell'Italia di quel particolare momento storico.*
Gli anni Ottanta sono stati definiti l'epoca dei progressi tecnologi, della ricchezza diffusa e ostentata, dell'individualismo e soprattutto della tirannia dell'immagine e del look *(in inglese 'sguardo', ma anche 'apparenza', 'maschera'). Mai forse come in questo momento il sistema economico sollecita ed esalta nuovi bisogni per l'individuo proiettandolo in una dimensione illusoria in cui la felicità equivale al successo e al benessere economico. Il consumo* di marca *è una delle manifestazioni più significative dell'opulenza degli anni Ottanta: non si valuta il prodotto o il rapporto qualità prezzo, ma si bada esclusivamente al prestigio del nome.*

Competenze attivate

competenze chiave di cittadinanza	competenze di base
• progettare • acquisire e interpretare informazioni • collaborare e partecipare • comunicare	• comunicare nella madrelingua • comunicare in una lingua straniera • competenza digitale

Discipline coinvolte

- italiano
- lingua straniera
- discipline di indirizzo del settore moda, servizi turismo, grafica

Ruolo del docente

Il docente si pone come consulente metodologico e animatore motivazionale

Coordinamento

La classe è coordinata da un insegnante che può decidere di affidare il coordinamento a un "peer leader"

Esiti formativi

abilità/competenze da sviluppare nel percorso di laboratorio

- interazione tra competenze disciplinari e professionali scolastiche ed extrascolastiche per un processo di formazione e di crescita in termini innovativi
- attivazione della capacità di coordinamento e lavoro tra gruppi di una classe per l'organizzazione di materiali al fine di una partecipazione ad un evento esterno all'istituto
- il laboratorio come occasione per accrescere motivazione e incentivo allo studio, per scoprire il piacere della ricerca dell'informazione anche come risposta alla curiosità del sapere
- consapevolezza degli strumenti linguistici da usare in funzione di uno scopo comunicativo specifico e condiviso

Fasi operative

Il laboratorio prevede quattro fasi operative per organizzare i gruppi di lavoro e il percorso metodologico da seguire

Laboratorio in situazione

1 Prima fase operativa

La motivazione e l'avvio dell'esperienza

Confronto iniziale: proposte e discussione collettiva

Durante il primo incontro si programmano le attività da svolgere per la preparazione del dossier. Si stabiliscono metodi e tempi.

ATTIVITÀ		RIFLESSIONI SULLE COMPETENZE ATTIVATE
Si definiscono gli ambiti da approfondire e le ricerche individuali da effettuare sul periodo scelto: gli anni Ottanta.	1	L'attività accresce la capacità di autogestione in ambito scolastico potenziando il ruolo degli studenti come soggetti attivi del proprio processo di formazione e apprendimento.
Confronto tra i risultati e divisione in gruppi per leggere e comprendere le fonti da cui trarre ed elaborare informazioni.	2	L'attività sollecita la discussione e la capacità di confronto, di organizzazione e cooperazione. Sollecita inoltre la capacità di ricercare e interpretare le fonti sapendone decodificare i linguaggi specifici.
Stesura di uno schema operativo; organizzazione dei tempi per la consultazione e la schedatura delle fonti. Utilizzo di momenti extrascolastici e spazi scolastici.	3	L'attività potenzia la riflessione e la valutazione dei metodi e dei tempi della ricerca di gruppo e la capacità di autogestione.

2 Seconda fase operativa

Organizzazione dei contenuti del dossier

Sintesi dei risultati.

La seconda fase comprende la realizzazione del dossier cartaceo attraverso la redazione delle sintesi dei vari lavori di gruppo, la predisposizione del corredo di immagini, la definizione della scelta grafica.

ATTIVITÀ		RIFLESSIONI SULLE COMPETENZE ATTIVATE
Sintesi scritta, coerente e coesa, dei risultati dei vari gruppi di lavoro.	1	L'attività potenzia la capacità di passare dai processi analitici a quelli sintetici.
Scelta delle immagini e delle fotografie da inserire con relative didascalie.	2	L'attività potenzia la capacità di documentazione del testo scritto con immagini fotografiche e grafiche.
Scelta della forma grafica per il testo cartaceo.	3	L'attività potenzia le capacità progettuali ed organizzative, il possesso di tecniche e di linguaggi per la comunicazione e l'acquisizione approfondita delle conoscenze.
Scelta della forma grafica per il testo ipermediale (immagini, caratteri testo, musiche).	4	L'attività potenzia la capacità di redigere testi multimediali, per acquisire o consolidare competenze digitali.

La rivoluzione nell'abbigliamento femminile comincia con le scarpe senza tacco; sono le **sneakers**, all'inizio solo bianche, legate alla *break dance*. Da allora se ne sono viste di tutti i colori e altezze, anche stampate, accessoriate di pelliccia e di borchie.

Laboratorio in situazione

3 Terza fase operativa

Comunicazione

Simulazione della presentazione del dossier alla giuria del Concorso.

Nel gruppo classe si individuano gli incaricati della presentazione orale, nella giornata designata, sia della forma cartacea, sia della forma multimediale del dossier.

ATTIVITÀ		RIFLESSIONI SULLE COMPETENZE ATTIVATE
Presentazione orale del dossier cartaceo: a) **a una sola voce**: relatore ufficiale b) **a più voci**: dividendosi gli interventi rispetto alle fonti consultate o alle parti del dossier.	1	L'attività si pone come occasione per accrescere motivazione e incentivo allo studio, per dare valore alla ricerca finalizzata ad un progetto comune.
Presentazione del dossier multimediale.	2	L'attività crea consapevolezza delle potenzialità dei mezzi multimediali e della rete e si pone come occasione di riflessione sulle diverse tipologie di pubblico con cui comunicare.

Benché nato un decennio prima in quartieri neri americani, il fenomeno della *breakdance* si diffonde dagli Stati Uniti in tutto il mondo grazie al film *Break dance* (1984); da allora questa "danza al suolo" si è evoluta e perfezionata.

La moda della *breakdance* giunge in Italia negli anni Ottanta e si sviluppa di pari passo con il movimento hip hop, nelle strade, nei centri sociali e nelle discoteche delle maggiori città che diventano luoghi di formazione dei b-boy che elaborarono uno stile italiano.

Nel 1983 usciva nelle sale degli Stati Uniti il film *Flashdance*, che raccontava le ambizioni di una giovane operaia con il sogno di danzare. Il film incassò quasi 93 milioni di dollari, un successo enorme; fu poi candidato agli Oscar nelle categorie: migliore fotografia, miglior montaggio, miglior canzone (*Maniac*) e vinse la statuetta per la migliore colonna sonora.
La protagonista del film ha il corpo scolpito dall'attività fisica, capelli lunghi ricci e t-shirt che lascia scoperta una spalla, viene così lanciato un nuovo modo di essere delle giovanissime.

4 Quarta fase operativa

Occasioni di presentazione della ricerca

Scelta delle forme comunicative per presentare in altre occasioni, diverse dalla giuria del concorso, l'esperienza e i risultati finali del laboratorio.

Presentazione del dossier agli studenti del proprio istituto o altri istituti o di scuole con cui si è in contatto per scambi culturali.

ATTIVITÀ		RIFLESSIONI SULLE COMPETENZE ATTIVATE
Un **articolo giornalistico** che presenti tutte le fasi di sviluppo del lavoro di gruppo, che sarà inviato al giornalino scolastico (cartaceo, on line) o a un giornale locale.	1	Si potenzia la capacità di utilizzare gli strumenti espressivi, informativi ed argomentativi nell'interazione comunicativa.
Un **comunicato stampa** ad un giornale locale che comunichi la presentazione dei risultati del lavoro di gruppo nell'Aula Magna del proprio istituto.	2	Si potenzia la capacità di redigere sintesi con un lessico appropriato adeguato alla situazione comunicativa in oggetto.
Una **relazione orale** per altre classi dell'istituto.	3	Si potenzia la capacità di esporre in modo chiaro, logico e coerente l'esperienza di gruppo.
Una **relazione scritta** condivisa da tutti che indichi tutte le fasi di lavoro sia organizzative, sia di ricerca da presentare al Dirigente della scuola.	4	Si potenzia la capacità di rielaborare in forma chiara le informazioni adeguandole alla situazione comunicativa.
Un **depliant illustrativo**, tradotto anche in altre lingue, da proporre agli studenti dell'istituto o altri istituti e al territorio in occasione di determinate situazioni (ad esempio scambi culturali).	5	L'attività mette in atto la capacità di articolare una ricerca acquisendo e rielaborando informazioni per trarne conclusioni.
Una presentazione in **power point**.	6	Si potenzia la capacità di documentare l'esperienza in modo articolato e gradualmente ampliabile, anche utilizzando strumenti multimediali.
Un **ipertesto** che utilizzi immagini e scrittura frutto dell'indagine effettuata.	7	La documentazione attraverso una struttura organizzata, come l'ipertesto, potenzia l'acquisizione di una visione unitaria d'insieme utile a guidare gli studenti nel passaggio dai processi analitici verso quelli sintetici.

Laboratorio in situazione

Compiti individuali in situazione

1. La tua scuola ospiterà un gruppo di studenti provenienti da una nazione europea ai quali dovrai fare una **presentazione** del lavoro svolto e del risultato della ricerca (dossier cartaceo o multimediale) nella loro lingua.

2. Partecipi ad un evento programmato dalla tua città, in cui si premiano i migliori lavori sugli anni Ottanta. Scrivi la **relazione** che presenterai all'incontro utilizzando le indicazioni e i documenti forniti dagli insegnanti in lingua italiana ed in inglese e i documenti allegati sul tema trattato.

3. Il direttore del giornalino scolastico ti ha incaricato di scrivere un **articolo** dal titolo *L'influenza della moda degli anni Ottanta su quella dei giorni nostri*.
Basati sulle conoscenze acquisite nell'esperienza del Laboratorio in situazione e riferisciti ai documenti e alle fonti consultate.

QUESTIONARIO DI AUTOVERIFICA

competenze acquisite nell'attività di Laboratorio in situazione

GLI ANNI OTTANTA NELLA MODA. DITTATURA DELLA MARCA, TIRANNIA DEL LOOK

Progettare e partecipare

1 **Quando mi hanno proposto questo laboratorio, la mia reazione è stata**

- A incertezza sulle reali possibilità di trovare materiale e supporto
- B interesse per l'argomento della moda
- C curiosità per come la moda poteva diventare una ricerca di costume e di storia
- D entusiasmo in quanto fanatico/a della moda

2 **Nella fase di ricerca sul periodo da indagare ho riscontrato**

- A molte difficoltà perché il periodo è troppo vicino a noi
- B nessun problema
- C collaborazione di adulti che potevano testimoniare direttamente la loro esperienza
- D diffidenza da parte di chi pensa che la moda sia solo un fatto economico

3 **Durante la ricerca ho scoperto che l'abbigliamento**

- A è la vera carta di identità dei giovani
- B non può essere indagato perché è un fatto strettamente personale
- C ha un interessante valore simbolico non facile da capire
- D non è un mezzo di libertà ma un condizionamento

4 **Dal lavoro del laboratorio ho capito che**

- A non sono adatto/a al lavoro di gruppo
- B non sono riuscito/a a fare veramente quello che pensavo e volevo

C il lavoro di gruppo deve essere sempre presentato con tutti i partecipanti
D i giovani dovrebbero sempre occuparsi di argomenti "giovani"

Acquisire e interpretare informazioni

5 Partecipando a questo laboratorio

A ho verificato che ogni periodo della società è un insieme di fattori intrecciati e strettamente collegati
B ho capito cosa vogliono dire i termini "campagna di un prodotto", "lanciare un prodotto", "fare sistema"
C guardando le fotografie di riviste o tratte da film, ho rivalutato il valore della fotografia come documento
D ho constatato quanto siano simili/siano differenti gli uomini e le donne nel vestire e atteggiarsi

Collaborare e risolvere problemi

6 Nella divisione del lavoro di gruppo ho capito che mi riesce molto bene

A fare ricerca su libri e riviste piuttosto che in Internet
B contattare e parlare con adulti fuori dalla scuola
C lavorare con le immagini
D costruire sequenze di immagini

7 Rispetto ai miei compagni ho capito di essere capace di

A organizzare eventi
B ricercare notizie e informazioni
C parlare da solo/a davanti ad un pubblico
D sintetizzare

8 Nel lavoro conclusivo della ricerca ho

A saputo assumere compiti e responsabilità diversi
B evitato di essere troppo coinvolto/a
C lasciato fare agli altri
D fatto la mia parte e apprezzato quella degli altri

9 Per la realizzazione del lavoro ho scelto di

A elaborare la sintesi scritta
B organizzare la forma grafica per il testo cartaceo
C selezionare le immagini e le fotografie con le didascalie appropriate
D scegliere la forma grafica per il testo interattivo

10 A lavoro ultimato ho scelto di

A scrivere un articolo
B fare una relazione scritta
C presentare il depliant illustrativo
D presentare il power point

Competenze digitali

11 Durante l'attività di laboratorio ho potuto verificare che le mie competenze digitali sono

A buone
B scarse
C sufficienti
D inesistenti

Carlo Petrini
Slow Food: cibo e libertà

testo facilitato ascolto

OPERA	ANNO	MODELLO DI SCRITTURA	TIPOLOGIA TESTUALE	TEMI
Cibo e libertà. Slow Food: storie di gastronomia per la liberazione	2013	saggio	testo argomentativo	• combattere gli sprechi alimentari e gli squilibri • salvaguardare la biodiversità

L'AUTORE

Carlo Petrini, nato a Bra (Cuneo) nel 1949, è un gastronomo, giornalista e scrittore italiano, fondatore dell'associazione Slow Food. Unico italiano inserito nel gennaio 2008 dal quotidiano inglese «The Guardian» tra le 50 persone che «potrebbero salvare il pianeta».

Partendo dalla cultura del cibo, ha messo in piedi, dall'84 a oggi, non solo un'associazione internazionale come Slow Food, in prima linea nella difesa delle colture in via d'estinzione e delle biodiversità, ma anche la prima università al mondo di Scienze dell'alimentazione, a Pollenzo (Cuneo).

Carlo Petrini è uno dei convinti sostenitori di una agricoltura maggiormente "compatibile", che non veda il cibo come merce soggetta a speculazioni, ma come strumento di liberazione dello sfruttamento e dalla malnutrizione. Attraverso Slou food e Terra Madre, Petrini combatte quindi lo strapotere dell'industria agro-alimentare.

[...] "Cibo" e "libertà" sono due parole che mai come oggi vanno accoppiate con orgoglio. Penso per esempio alla questione della dignità del lavoro contadino e della terra, una lotta secolare. La rivoluzione messicana del primo Novecento fu sostenuta dal grido «Terra e libertà!» e ancora oggi molti processi di pace (come in Colombia) o di netto cambiamento si giocano nel nome della terra.

Tuttavia qualcosa è mutato profondamente, nel panorama globalizzato: viviamo una dimensione schizofrenica[1] in cui proprio il mondo contadino e l'uso della terra, i due elementi fondamentali per fornire nutrimento agli uomini, sono alle prese con un sistema in cui il cibo ha perso i suoi molteplici e complessi valori, per diventare una *commodity* che ha senso solo in funzione del suo prezzo. Una merce soggetta a speculazioni di ogni tipo e che, nonostante gli aumenti nella produzione, invece di diminuire i problemi della maggioranza della popolazione mondiale li ha acuiti, generandone perfino altri, inediti. La fame e la malnutrizione non sono scomparse, tanto per citare il caso più clamoroso, ma gli inquinamenti e il depauperamento delle risorse si moltiplicano, e i contadini continuano – tranne rare eccezioni – a essere l'ultima ruota del carro, anche se possiedono la terra che coltivano. La battaglia per liberarsi, allora, non riguarda più soltanto la terra. Quel grido rivoluzionario messicano, «*¡Tierra y libertad!*», oggi si può ben trasformare in «Cibo e libertà!», per una nuova era, per nuove battaglie.

Il cibo diventa strumento di liberazione. Lo dico alla luce di una storia, delle tante storie che mi riguardano da vicino, perché parlano dell'avventura di Slow Food e di Terra Madre.[2] E quindi un poco – tanto – anche della mia vita. Ho cercato allora di ricostruire un viaggio basandomi sull'esperienza, sulle esperienze fatte e sugli incontri avvenuti lungo il cammino. Ed è venuto fuori che i protagonisti di questo libro sono gli altri, le persone dentro Slow

Carlo Petrini. Immagine tratta da *Slow Food Story*, film documentario di Stefano Sardo, 2012.

1 **schizofrenica:** dissociata.
2 **Terra Madre:** vedi scheda (p. 514).

Food e Terra Madre, o quelli che dal di fuori in qualche modo si sono sintonizzati. È un viaggio che parte dai miei luoghi e dagli anni Ottanta per portarci infine a intuire prospettive future molto più ad ampio raggio, che guardano al mondo intero, dopo averlo attraversato in lungo e in largo.

Si parte dalle liberazioni già avvenute, dalla *gastronomia liberata*, per darle una meritata dignità scientifica e per farne un complesso – olistico[3] – insieme di idee e sensibilità, di rapporti e connessioni. Una nuova prospettiva intellettuale e di cultura materiale, guadagnata attraverso tante piccole liberazioni, che oggi è in grado di sprigionare (di liberare!) una straordinaria energia.

Anche gli strumenti che usa hanno bisogno della libertà: bisogna *liberare la diversità*, perché possa essere sempre più e sempre meglio uno straordinario elemento creativo, e fare in modo che le nuove reti che oggi muovono il mondo assumano le caratteristiche di una *rete libera* e non condizionabile, a partire da quella che abbiamo costruito con i compagni di viaggio di Slow Food e Terra Madre.

Tutto ciò viene impegnato per una progettualità certamente ambiziosa (qualcuno dirà troppo), ma non più procrastinabile,[4] per ottenere infine la liberazione più importante. Sto parlando di una gastronomia che da liberata diventa "per la liberazione", in quattro passaggi che è stato bello percorrere e ripercorrere. *Gastronomia per la liberazione*: un gioco di parole che mi è venuto in mente guardando all'America latina, a quello che sta succedendo laggiù e che mi ha conquistato, perché vi ho infine visto i frutti di un lavoro che ha radici molto lontane, quasi insospettabili per chi non conosce la storia del movimento che rappresento insieme all'umanità che a vario titolo ne è partecipe. È la liberazione dai gioghi e dalle gabbie più scandalose: le disuguaglianze, le oppressioni, gli scempi che si perpetrano sull'ambiente e sulle persone, lo scandalo della fame e della malnutrizione.

Mi rendo conto che quest'affermazione suonerà quanto meno pretenziosa o inutilmente retorica, ma ne sono davvero convinto e vi invito perciò a seguire il percorso che mi porta a pronunciarla senza nessuna esitazione. È certo una questione molto complessa, ma i luoghi, le persone coinvolte e le loro attività, le storie vissute e narrate la dipanano[5] con relativa semplicità, almeno per aiutarci a comprenderne i motivi. Sicuramente non sarà semplice la realizzazione dell'intento, [...], e tuttavia nessuno s'è mai spaventato più di tanto. E poi, mica siamo soli: tutti insieme possiamo farcela.

[da *Cibo e libertà. Slow Food: storie di gastronomia per la liberazione*, Giunti, Firenze 2013]

3 **olistico:** complessivo, totale.
4 **procrastinabile:** rinviabile.
5 **dipanano:** sbrogliano.

ANALISI DEL TESTO

I temi

Il binomio "cibo e libertà"

Petrini sottolinea l'apparente stranezza del binomio "cibo e libertà" che invece richiama l'idea della lotta "secolare" dei contadini per affrancarsi da condizioni sociali di sfruttamento e di violenze. Tuttavia, da quel tipo di società, afferma l'autore, si è passati al mondo globalizzato in cui, nonostante l'aumento della produzione agricola, si assiste ad un impoverimento di molti popoli che soffrono la fame. Nello stesso tempo, i contadini in molti Paesi continuano a vivere in condizioni difficili. Perciò, dice Petrini, la lotta per il cibo si intreccia con la lotta per la libertà: «Il cibo diventa strumento di liberazione».
L'autore parla poi di **Slow Food** e di **Terra Madre**. La prima è un'associazione che combatte gli sprechi alimentari e gli squilibri nel mondo tra popolazioni che soffrono di malnutrizione e Paesi in cui si sprecano tonnellate di cibo e in cui uno dei problemi più evidenti è l'obesità diffusa. La seconda è il meeting mondiale tra le "Comunità del Cibo".

Liberare la diversità

Petrini, per parlare dei problemi del mondo, parte dalla terra in cui è cresciuto, allo scopo di trovare delle soluzioni che abbiano valore anche per altri Paesi del mondo. Nelle sue parole si riscontra una vena di **ottimismo**. Si coglie la speranza che vi siano soluzioni applicabili al mondo dei diseredati, di coloro che soffrono ingiustamente la fame. A questo scopo, l'autore dà importanza alla necessità di «liberare la diversità» nel campo della gastronomia, come processo che favorisce la creatività e, con questa, un più generale processo di liberazione dei popoli.

Le tecniche espressive

Un messaggio di denuncia ma anche di speranza
L'autore, come è evidente, tocca uno dei problemi più spinosi del nostro tempo, quello dello sfruttamento selvaggio delle risorse, a danno di molti che ne soffrono drammaticamente le conseguenze. Lo fa con uno stile comunicativo giornalistico, utilizzando un linguaggio asciutto ed essenziale, facilmente comprensibile in tutta la sua drammaticità, che arriva al cuore dei problemi. Nelle sue parole, tuttavia, non c'è rassegnazione, nonostante la gravità della situazione globale sia rappresentata dalle cifre spaventose che egli riporta. Il suo messaggio, infatti, è certamente di denuncia forte, ma anche di speranza nel processo di liberazione dalla povertà, come cammino possibile partendo dalle cose semplici.

LABORATORIO SUL TESTO

Abilità e competenze

Scrittura e interpretazione

1. **L'autore afferma che oggi, nel mondo globalizzato, «viviamo una dimensione schizofrenica» a proposito della produzione alimentare e i problemi della fame nel mondo. Prova a spiegare in cosa consiste la "schizofrenia" di cui parla l'autore.**

2. **Commenta questa affermazione ed esprimi le tue considerazioni: «Da Terra Madre nasce una nuova idea di economia locale, un nuovo modo di produrre e consumare basato su un processo di rilocalizzazione dell'agricoltura e fondato sulle diversità: biodiversità naturale e diversità culturale degli uomini. Un nuovo modello di sviluppo, una concretizzazione del saper coniugare il globale con il locale, che vuole avere un forte impatto sul futuro della nostra alimentazione e sulla qualità della vita di milioni di persone».**

Ascoltare, argomentare e confrontarsi

3. **L'autore del brano parla anche di inquinamento e di depauperamento del territorio. Fate una ricerca su un quotidiano o su Internet che tratti della "Terra dei fuochi" e scrivete un breve resoconto di quanto avete scoperto da quelle letture. Organizzate un dibattito su questo argomento e ciascuno porti la sintesi di un contributo frutto della propria ricerca.**

SCHEDA APPROFONDIMENTI

Slow Food Italia

Fondata da Carlo Petrini nel 1986, Slow Food è diventata nel 1989 una associazione internazionale. Nata a Bra, oggi conta 100.000 iscritti, con sedi in Italia, Germania, Svizzera, Stati Uniti, Francia, Giappone, Regno Unito e aderenti in 130 Paesi.
Da un'idea di Slow Food è nata Terra Madre, il meeting mondiale tra le Comunità del Cibo. Slow Food significa dare la giusta importanza al piacere legato al cibo, imparando a godere della diversità delle ricette e dei sapori, a riconoscere la varietà dei luoghi di produzione e degli artefici, a rispettare i ritmi delle stagioni e del convivio.
Slow Food afferma la necessità dell'educazione del gusto come migliore difesa contro la cattiva qualità e le frodi e come strada maestra contro l'omologazione dei nostri pasti; opera per la salvaguardia delle cucine locali, delle produzioni tradizionali, delle specie vegetali e animali a rischio di estinzione; sostiene un nuovo modello di agricoltura, meno intensivo e più pulito. Slow Food difende la biodiversità e i diritti dei popoli alla sovranità alimentare.
La rete dei 100.000 associati di Slow Food è suddivisa in sedi locali – dette Condotte in Italia e Convivium nel mondo, coordinate da Convivium leader che si occupano di organizzare corsi, degustazioni, cene, viaggi, di promuovere a livello locale le campagne lanciate dall'associazione, di attivare progetti diffusi come gli orti scolastici e di partecipare ai grandi eventi organizzati da Slow Food a livello internazionale. Sono attivi più di 1000 Convivium Slow Food in 130 Paesi, comprese le 410 Condotte in Italia.

Slow Food®

Nel mondo digitale

Maria Luisa Genta, Antonella Brighi, Annalisa Guarini

Bullismo elettronico

ANNO	MODELLO DI SCRITTURA	TIPOLOGIA TESTUALE	TEMA
2009	saggio	testo argomentativo	• il bullismo elettronico come uno degli aspetti deleteri della tecnologia

LE AUTRICI

Maria Luisa Genta è professoressa ordinaria di Psicologia dello sviluppo e dell'educazione presso la Facoltà di Scienze della Formazione dell'Università di Bologna.

Antonella Brighi è ricercatrice in Psicologia dello sviluppo e dell'educazione e insegna presso la Facoltà di Scienze della Formazione dell'Università di Bologna.

Annalisa Guarini è psicologa e ricercatrice in Psicologia dello sviluppo e dell'educazione e insegna Psicologia dell'handicap e della riabilitazione presso la Facoltà di Scienze della Formazione dell'Università di Bologna.

Il bullismo elettronico è un fenomeno recente ma in forte espansione. Ogni adolescente, soprattutto nel mondo occidentale, ha la possibilità di comunicare con il mondo intero grazie all'uso di Internet. Se questo rappresenta «un contesto di esperienze e socializzazione irrinunciabile», come sostengono le autrici del testo, è anche vero che l'utilizzo non corretto di Internet può avere conseguenze anche tragiche per la vita di un adolescente. Infatti, sempre più spesso si parla di cyberbullismo, ovvero di bullismo elettronico, come uno degli aspetti deleteri che si collegano all'uso distorto della tecnologia avanzata nel mondo della comunicazione.

Per gli adolescenti delle società tecnologicamente avanzate, Internet rappresenta un contesto di esperienze e socializzazione irrinunciabile: si usa per socializzare, cercare informazioni, discutere, prendere posizione rispetto ai grandi temi di interesse mondiale, studiare. Tuttavia, dietro alle meravigliose e progressive sorti, le tecnologie celano il loro "lato oscuro": l'uso di-

storto e improprio che ne viene fatto per colpire intenzionalmente persone indifese e arrecare danno alla loro reputazione, facilitato dall'anonimato e dalla potenziale diffusione planetaria delle offese. A questo proposito è stato coniato[1] il termine "bullismo elettronico" (*cyberbullying* nella letteratura anglofona) per definire un atto aggressivo, intenzionale, condotto da un individuo o un gruppo di individui usando varie forme di contatto elettronico, ripetuto nel tempo contro una vittima.

Il bullo può agire, ad esempio, pubblicando fotografie, video o informazioni private della vittima, spargendo maldicenze attraverso messaggi di testo con il cellulare o con la posta elettronica, oppure mettendo in atto minacce ripetute tramite il cellulare o gli strumenti elettronici [...]

Un altro esempio è la denigrazione, che si verifica quando vengono pubblicati pettegolezzi o dicerie sulla vittima, con lo scopo di danneggiare la reputazione e i rapporti sociali. Viene segnalato anche il fenomeno della sostituzione della persona: quando il bullo viola una password e, fingendosi un'altra persona, crea danni (ad esempio, inviando messaggi malevoli ai contatti della vittima), rovinando così sia la reputazione che le amicizie stesse della vittima. Anche l'*outing* (rivelare informazioni personali e riservate riguardanti una persona), il *trickery* (spingere una persona, attraverso l'inganno, a rivelare informazioni imbarazzanti e riservate per renderle poi pubbliche in rete) e l'esclusione (escludere intenzionalmente una vittima da un gruppo online) sono esempi di come un bullo possa infliggere un danno psicologico immediato e a lungo termine alla propria vittima [...]

Un solo episodio, divulgato a migliaia di astanti,[2] ad esempio attraverso You Tube, può arrecare un potenziale danno alla vittima anche senza la sua ripetizione nel tempo; il video o il post su un blog è sempre disponibile, può essere visto da migliaia di persone in tempi diversi. Lo stesso contenuto offensivo (ad esempio un MMS) divulgato da un bullo può venire diffuso a cascata tra i riceventi, eventualmente anche non implicati nella relazione bullo-vittima. Non è quindi necessario, in senso stretto, che l'atto offensivo venga ripetuto dallo stesso aggressore nel tempo, anche se questa tipologia di aggressione è sicuramente presente nel bullismo elettronico (cfr. il *cyberstalking*, ad esempio, con l'invio di ripetute e-mail minatorie,[3] le telefonate o i messaggi di minaccia, ecc.); una vasta platea di spettatori potrà comunque amplificare l'effetto dell'aggressione, con risultati ugualmente devastanti per la vittima.

Prendiamo infine in considerazione l'aspetto di intenzionalità legato all'atto aggressivo. Se nel bullismo tradizionale è relativamente immediato leggere l'intenzionalità delle azioni del bullo, nel bullismo elettronico la responsabilità può essere estesa e condivisa anche a chi "semplicemente" visiona un video e decide di inoltrarlo ad altri. Non a caso, in Inghilterra uno slogan efficace che descrive questo aspetto recita *Laugh of it and you are part of it* (ridici su e ne sei parte anche tu). Le considerazioni sull'intenzionalità si collegano al ruolo del gruppo nel bullismo elettronico [...].

Nel bullismo elettronico avvengono due fenomeni di tipo parallelo: il primo consiste nell'attaccare la vittima direttamente, spesso sotto la maschera dell'anonimato; il secondo consiste nella diffusione di immagini, video, notizie riguardanti la vittima, attraverso la rete o tramite SMS, distribuendo tali immagini e informazioni a un gruppo di astanti estesissimo. Li[4] ha rilevato che la maggior parte delle forme elettroniche include la diffusione di materiale online: diventa quindi molto importante "il farlo sapere al mondo", e il vasto pubblico di astanti (*bystanders*) è un elemento principe di questo fenomeno legato alle nuove tecnologie.

L'astante, che frequenta i siti e fruisce delle immagini, diventa uno "strumento" fondamentale per lo scopo del cyberbullo, e assume un ruolo di responsabilità attiva nei confronti delle vittime, anche se, paradossalmente, spesso non le conosce affatto.

[da M.L. Genta, A. Brighi, A. Guarini, *Bullismo elettronico*, Carocci, Roma 2009, pp. 29-34]

1 **coniato:** creato.
2 **astanti:** presenti.
3 **minatorie:** che contengono minacce.
4 **Li:** Quing Li, professore associato della Facoltà di Educazione dell'Università di Calgary (Canada).

ANALISI DEL TESTO

I temi

La comunicazione via Internet

Il testo presenta un'introduzione di carattere generale, che riguarda l'uso generalizzato di Internet da parte degli adolescenti. Questo *incipit* (inizio) presenta il problema e serve a "preparare" il lettore a ciò che verrà detto dopo sul bullismo elettronico.

Gli argomenti che seguono per presentare i rischi che comporta un utilizzo scorretto della rete si soffermano sui danni che il bullismo elettronico può provocare alle loro vittime.

Ormai tutti gli adolescenti fanno uso di strumenti elettronici che danno loro la possibilità di comunicare con il mondo intero (Internet), grazie ai quali possono entrare in contatto con i coetanei e accedere a migliaia di informazioni utili anche per i loro studi. Ma, come spesso accade, questi straordinari strumenti possono dare origine a situazioni drammatiche, quando non vengono utilizzati in modo appropriato.

I pericoli della "rete"

È diffuso, infatti, il triste fenomeno del **bullismo elettronico**, che può risultare devastante per le vittime verso le quali viene indirizzato: si possono mettere in rete fotografie, video, informazioni in grado di provocare danni anche pesanti nei confronti di persone che vengono prese di mira per i motivi più diversi.

Un aspetto drammatico del **cyberbullismo** consiste nel fatto che un'immagine o un'informazione messe in rete assumono una dimensione planetaria. La rete, infatti, non conosce confini. Tali messaggi e/o video possono essere poi "letti" anche da persone che non hanno nessuna relazione con la vittima. L'aggressione, in questo modo, si amplifica all'infinito, perché il materiale offensivo è sempre disponibile in qualunque momento. Gli effetti sulla vittima possono, in tal modo, davvero risultare devastanti.

Nelle conclusioni si ribadisce come nel bullismo tradizionale l'aggressore sia facilmente individuabile. Nel bullismo elettronico invece il numero di possibili aggressori può essere infinito, dal momento che chiunque veda un video, oppure legga frasi ingiuriose nei confronti di una vittima e li diffonda a sua volta, in qualunque parte del mondo si trovi, diventa complice dell'aggressione, quindi a sua volta bullo anche se, come spesso accade, neppure conosce la sua vittima.

Le tecniche espressive

Equilibrio e razionalità

Dal punto di vista stilistico il testo è caratterizzato da una struttura sintattica di tipo ipotattico (presenza di frasi principali e subordinate), ben lontana dalla struttura paratattica (prevalenza di frasi coordinate) tipica del linguaggio colloquiale.

Come sempre accade in un testo scientifico, il rigore del ragionamento che deve portare a certe conclusioni, supportato dall'apporto di documenti e di risultati di indagini e/o ricerche, necessita di un linguaggio più articolato e rigoroso sia sotto il profilo sintattico sia nella scelta dei vocaboli.

LABORATORIO SUL TESTO

Abilità e competenze

Scrittura e interpretazione

1. **Sei a conoscenza di fenomeni di bullismo elettronico tra persone che conosci? Se la risposta è positiva, puoi descrivere come si è manifestato il problema e qual è stato l'atteggiamento della "vittima" di fronte a quella aggressione?**

2. **In che modo, secondo te, la famiglia può contribuire per evitare che un ragazzo possa essere vittima di bullismo elettronico? Scrivi le tue opinioni in merito e parlane in classe.**

Ascoltare, argomentare e confrontarsi

3. **Discuti in classe, con i compagni e con gli insegnanti, quali comportamenti corretti si devono tenere quando si entra in rete e si contattano altre persone, per evitare qualsiasi rischio. Terminata la discussione, riportate su un foglio da appendere in aula i comportamenti che sono stati identificati come corretti.**

4. **Fai una ricerca su quotidiani che hanno parlato di bullismo elettronico e porta gli articoli in classe per discuterne con i compagni e gli insegnanti.**

Nel mondo digitale

Vittorio Zucconi
La guerra dei social network

ANNO	MODELLO DI SCRITTURA	TIPOLOGIA TESTUALE	TEMA
2010	articolo di giornale	testo argomentativo	• Facebook: critica e denuncia

L'AUTORE

Vittorio Zucconi, nato a Bastiglia nel 1944, è un giornalista e scrittore italiano. Laureato in Lettere e Filosofia all'Università degli Studi di Milano, è il figlio del giornalista Guglielmo Zucconi (che fu direttore de «Il Giorno»). Ha la doppia cittadinanza, italiana e americana. È stato corrispondente da Bruxelles per «La Stampa» di Torino, da Parigi per «la Repubblica», dalla Russia durante il periodo della Guerra Fredda e dal Giappone. Da diversi anni vive a Washington, dove ricopre l'incarico di corrispondente dagli Stati Uniti per «la Repubblica». In passato ha lavorato anche per il «Corriere della Sera». È attualmente direttore del quotidiano on-line la Repubblica.it e di Radio Capital. Cura inoltre una rubrica sul settimanale «D – la Repubblica delle Donne». Dal 2007 tiene corsi estivi di storia italiana contemporanea e di giornalismo per post laureati al Middlebury College (Vermont, USA). Ha pubblicato vari saggi, insieme al padre ha scritto il libro *La scommessa* (1993). Ha scritto inoltre un libro per ragazzi, *Stranieri come noi* (1993).

L'articolo prospetta i rischi in cui può incorrere chi usa Facebook, affidando molta parte della propria vita allo sguardo del mondo.

The Social Network, film del 2010 diretto da David Fincher, incentrato sulla nascita di Facebook.

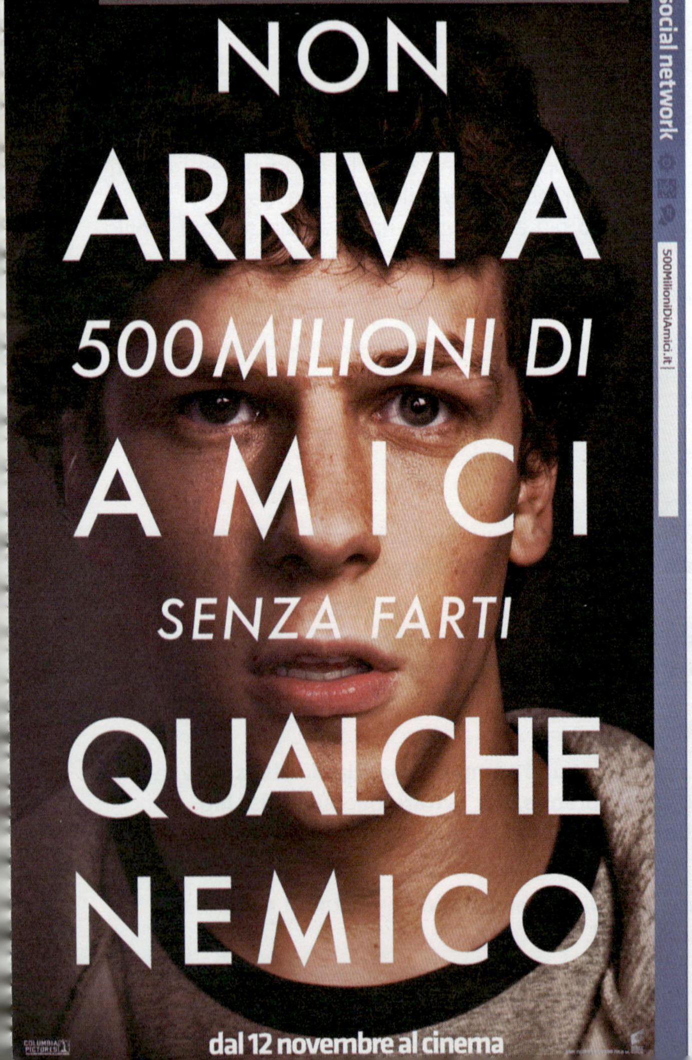

Ha un volto, anzi, una *face*, allegro e accattivante il possibile, nuovo "Grande Fratello" orwelliano,[1] ma in molti cominciano a intravedere un ghigno dietro il sorriso innocente e vogliono dichiarargli guerra. Che si tratti di paranoia da complottisti incurabili,[2] di invidia, di semplice effetto collaterale del mostruoso successo di Mark Zuckerberg[3] l'inventore, il risultato è ormai sotto il miliardo di occhi che nel mondo la guardano: Facebook, la rete sociale che raccoglie almeno 500 milioni di amici virtuali attraverso il pianeta per scambiarsi tenere foto di neonati, meno tenere immagini di sé ignudi, messaggi di propaganda politica e sempre più commerciali, è in guerra.

È in guerra con sé stessa, con gli utenti agitati dall'invasione massiccia e crescente della loro privacy, con qualche governo suscettibile, come quello pachistano che ora l'ha bloccata per le immancabili "vignette blasfeme" contro il Profe-

1 **"Grande Fratello" orwelliano:** si allude al romanzo di George Orwell dal titolo *1984*, nel quale un dittatore chiamato Grande Fratello controlla la vita dei cittadini attraverso gli schermi televisivi.
2 **complottisti incurabili:** si riferisce a quelle persone che dietro ogni fatto sociale o politico vedono complotti segreti.
3 **Mark Zuckerberg:** (1984) è un informatico, programmatore e imprenditore statunitense, co-fondatore di Facebook.

ta,[4] con l'universo dei tecchies, dei grandi smanettatori di Internet sui loro blog frementi e ora pure con Hollywood, che sta finendo di produrre il primo kolossal di denuncia e di critica su Facebook: si chiamerà appunto Social Network, ma senza lieto fine. Dal "grande amico di tastiera", qual era ancora cinque anni or sono quando partì il boom, rischia di trasformarsi nella nuova edizione del Big Brother orwelliano.

Il clima giocoso e innocente da scampagnata su banda larga[5] e da riunione fra i diplomati del liceo classe 1990 sta lentamente intossicandosi in un'atmosfera di sospetto reciproco e collettivo, nel dubbio che quell'entusiastica cessione dei particolari privati della propria vita sia il cavallo di Troia[6] attraverso il quale gli "apostoli" della rete sociale invadano l'esistenza dei cosiddetti "amici" per venderli al miglior offerente. Non amici, ma merce di scambio. Facebook, dietro la faccia, è un'impresa commerciale a fini di lucro, di molto lucro, che ha già attirato sostanziosi investimenti.

[...]

Molti, se non tutti, erano disposti a pagare il prezzo di questa rottura dall'assedio dell'isolamento o dalla fatica della comunicazione tradizionale, con qualche cessione di riservatezza, sedotti dall'ovvio elemento di esibizionismo e di protagonismo (le migliaia di "amici" che mi cercano) che offriva. Ma è il prezzo che comincia a diventare troppo alto. A pretendere una resa sempre più totale della propria identità, della propria vita, della propria privacy e in un mondo impalpabile, come Internet, ma dotato di una memoria totale.

Nulla sarà mai davvero dimenticato o cancellato, in Rete, non la spiritosa foto dell'orgetta per l'addio al celibato, non la frase audace diretta all'amico di banda larga in India o a Malta. È nato anche l'inevitabile acronimo,[7] vizio americano, il TMI, che sta per "Too Much Information"[8] e su questo eccesso è scoppiata la guerra di Facebook. Pretende troppi dettagli, troppe notizie private, troppe informazioni in cambio della vertigine dell'"amicizia" e della "comunicazione", ha scritto uno dei quotidiani che vegliano sul mondo di chips e bytes, il californiano San Josè Mercury. Troppo ficcanaso questo libro dei volti, dove la sonda scava sempre più in profondità nell'iscritto per mettere sempre meglio a fuoco il cliente, le sue abitudini, i suoi gusti e dunque venderlo a un maggior profitto ai commercianti che vogliono mirare con precisione il proprio messaggio, anziché buttarlo a pioggia.

Facebook è un "work in progress",[9] un meccanismo, un programma che evolve ogni giorno e che fa dei propri "amici" di fatto le cavie sulle quali sperimentare i continui cambiamenti, per vedere quali funzionino e quali vadano abbandonati. Tutti sono insieme partecipanti e porcellini d'India,[10] nel più grande laboratorio del mondo.

[...] Ad ascoltare i portavoce e gli addetti alle pubbliche relazioni di Facebook, che sono moltissimi, forse in proporzione diretta agli attacchi, questa "guerra" è una pura invenzione dei media e dei bloggers e degli invidiosi, alla ricerca di qualche incrinatura nella corazza e certamente i casi shock come quelli dell'insegnante inglese Emma Jones, suicida dopo avere scoperto vecchie foto di lei completamente nuda messe in rete dall'ex fidanzato, sono tragedie rare e troppo aneddotiche[11] per tirarne generalizzazioni. Ma il conflitto fra la caccia a sempre maggiori informazioni personali da sfruttare commercialmente e il timore di denudare la

4 **suscettibile...Profeta:** allude alla comparsa in rete di vignette satiriche su Maometto, nel 2004, che provocarono proteste nelle piazze di parecchi Paesi islamici e soprattutto in Pakistan.

5 **scampagnata su banda larga:** la banda larga è il tipo di frequenza propria della comunicazione in rete. La scampagnata si riferisce al clima giocoso e amichevole (come nelle gite tra amici) che si poteva trovare su Facebook nei primi tempi.

6 **cavallo di Troia:** allusione allo stratagemma inventato dal greco Ulisse, il quale, per penetrare dentro le mura di Troia, fece nascondere i suoi compagni nel ventre di un cavallo di legno donato alla città. Il fatto si legge nell'*Odissea*, il poema epico attribuito a Omero.

7 **acronimo:** sigla composta dalla lettera iniziale delle parole che la compongono per esteso.

8 **Too Much Information:** 'troppa informazione'.

9 **work in progress:** 'lavoro in via di perfezionamento', che cambia e migliora nel corso del tempo.

10 **porcellini d'India:** le piccole cavie usate negli esperimenti scientifici.

11 **aneddotiche:** parziali, che non hanno un valore generale.

propria anima, prima ancora che il proprio corpo, davanti a un miliardo di occhi è inevitabile. Sono nati già almeno tre siti che offrono programmi semplici per limitare l'invadenza di Facebook, ma il vero motore che muove questo nuovo impero sarà difficile da bloccare, perché non è l'ingordigia di Mark o l'invadenza del Grande Fratello. Sono coloro che si offrono al rischio e misurano il proprio valore dal numero di "amici" che riescono a reclutare. E non esiste un programma di computer che possa proteggere gli uomini da loro stessi.

[da «la Repubblica», 21 maggio 2010]

ANALISI DEL TESTO

I temi

Facebook e la solitudine

L'autore affronta un problema di cui oggi si parla di frequente, e che è tra le prime cause del coinvolgimento di molti giovani nel fenomeno Facebook. Ovvero, la solitudine. La mancanza di rapporti umani che siano appaganti, diretti, con una comunicazione che preveda empatia. La solitudine, dice Zucconi, spinge a «pagare il prezzo di questa rottura dall'assedio...».

Ecco allora la sottile ironia descrittiva del fenomeno Facebook («paranoia da complottisti incurabili»; «qualche governo suscettibile»), paragonato al Grande Fratello di Orwell, che serve a smascherare in maniera forte quelli che l'autore definisce «effetti collaterali», quasi fosse una malattia.

Le tecniche espressive

Linguaggio giornalistico e asettico

Il testo di Zucconi "risente" del linguaggio tipicamente giornalistico, immediato, fatto di esempi, di immagini, ricco di metafore.

Ecco allora la metafora della «guerra» ripetuta più volte, cui si collegano le parole «attacchi», «conflitto», «cavia» e «tragedie», che costituiscono un campo semantico che richiama l'idea della distruzione (della persona) e della sofferenza.

Questa è l'immagine che Zucconi propone al lettore, a proposito del fenomeno Facebook, attraverso un linguaggio accessibile, fatto di periodi abbastanza lunghi, che riporta esempi negativi (il suicidio di Emma Jones) a sostegno dell'immagine negativa del fenomeno, per come si sta manifestando in questi tempi.

Un linguaggio fintamente asettico, che in realtà denuncia la gravità di una situazione di scambio di informazioni, di immagini, di battute buone e/o cattive, di violenze comunicative, che hanno reso "pericoloso" uno strumento che, sotto la falsa veste dell'"amicizia", espone i più deboli, gli indifesi, a situazioni che mettono in pericolo l'integrità psicologica e, a volte, anche quella fisica degli utenti più sprovveduti.

LABORATORIO SUL TESTO

Abilità e competenze

Scrittura e interpretazione

1. **L'autore afferma che Facebook è «in guerra con sé stessa, con gli utenti agitati dall'invasione massiccia e crescente della loro privacy». Cosa si intende per "privacy", e perché, secondo l'autore, Facebook può violare la privacy?**

Ascoltare, argomentare e confrontarsi

2. **L'autore parla di un "Grande Fratello" orwelliano, come metafora di Facebook. Secondo te esiste il pericolo di essere controllati a propria insaputa nell'espressione delle idee, dei gusti, delle emozioni?**

3. **Confrontati con i tuoi compagni. Se avete un profilo su Facebook, provate a rileggerlo. Secondo voi emergono i vostri interessi e la vostra personalità o emerge un'immagine parziale di voi?**

Il futuro del pianeta

Erika Mancuso e Roberto Morabito
La *green economy* nel panorama delle strategie internazionali

ANNO	MODELLO DI SCRITTURA	TIPOLOGIA TESTUALE	TEMA
2013	relazione	testo informativo-argomentativo	• la *green economy* per risorse, ambiente e lavoro

GLI AUTORI

Erika Mancuso e **Roberto Morabito** fanno parte del dipartimento Ambiente, Cambiamenti Globali e Sviluppo Sostenibile dell'ENEA (Agenzia nazionale per le nuove tecnologie, l'energia e lo sviluppo economico sostenibile).

Negli ultimi anni il termine e il concetto di green economy *sono sempre più diventati di largo utilizzo. Si può sottolineare però come a diverse definizioni di* green economy *corrisponda oggi sostanzialmente una visione comune, che schematicamente si può riassumere così: la* green economy *come strumento di sviluppo sostenibile basato sulla valorizzazione del capitale economico (investimenti e ricavi), del capitale naturale (risorse primarie e impatti ambientali) e del capitale sociale (lavoro e benessere), così come lo sviluppo sostenibile è basato sulle tre dimensioni costituite da economia, società e ambiente.*

È ormai opinione largamente condivisa che l'attuale crisi sia non soltanto economica e finanziaria ma anche ambientale e molti ritengono che questa in generale rappresenti il fallimento del tradizionale modello economico. Quest'ultimo, imperniato sulla cosiddetta *brown economy*, si è di fatto basato sullo sfruttamento di risorse naturali, a lungo credute infinite e sulla scarsa attenzione agli impatti delle attività antropiche[1] su ambiente, società e qualità della vita. Viceversa la *green economy* non solo riconosce i limiti del pianeta, ma li rimarca come confini all'interno dei quali deve muoversi il nuovo modello economico basato su un uso sostenibile delle risorse ed una riduzione drastica degli impatti ambientali e sociali, ai fini di un miglioramento generalizzato della qualità della vita. In questo senso, la *green economy* deve essere vista come un nuovo modello economico *tout court* e non può e non deve essere considerata semplicemente come la parte "verde" dell'economia.

Il concetto è molto semplice, le implicazioni molteplici: "*one planet, one economy*", il pianeta è solo uno, l'economia anche! [...]

Un'economia verde riconosce e investe nel capitale naturale, considerando la biodiversità come il tessuto vivente proprio di questo pianeta, che contribuisce al benessere umano e fornisce le economie di risorse preziose sotto forma di servizi elargiti gratuitamente. Questo cosiddetto "ecosistema di servizi" è rappresentato principalmente in natura da *beni pubblici*, che sono invisibili economicamente, e per questo motivo sottovalutati e mal gestiti.

Una giusta economia, in questo caso davvero verde, stima il valore economico di questi ecosistemi e li introduce, così come gli altri beni, nel mercato economico. Risorse naturali come foreste, laghi, zone umide e bacini fluviali sono componenti essenziali del capitale naturale ed assicurano la stabilità del ciclo dell'acqua e dei suoi benefici per l'agricoltura e per le famiglie, il ciclo del carbonio e il suo ruolo nella mitigazione del clima, la fertilità del suolo e il suo valore per la produzione delle colture, i microclimi locali per gli habitat. La figura 1 illustra il rapporto critico che si è instaurato tra il consumo di risorse naturali, misurato con l'impronta ecologica, e l'indice dello sviluppo umano (HDI), calcolato dalle Nazioni Unite, che fornisce indicazioni sulla qualità di vita dei vari paesi.

1 antropiche: che riguardano l'uomo.

Alcuni paesi hanno raggiunto livelli elevati di sviluppo umano, ma spesso a scapito del loro capitale naturale e della loro qualità ambientale, pregiudicata molto spesso dalle alte emissioni di gas serra. La sfida per questi paesi è quella di ridurre la loro impronta ecologica senza compromettere il proprio benessere. Altri paesi mantengono ancora relativamente bassa l'impronta ecologica, ma hanno bisogno di migliori livelli di benessere. La loro sfida è quella di riuscirvi senza aumentare drasticamente la propria impronta ecologica. Come mostra la figura 1, una di queste due sfide coinvolge quasi ogni nazione, e globalmente, tutti i paesi sono molto lontani dal raggiungere un'economia verde.

Figura 1 – Relazione tra Indice di Sviluppo Umano e Impronta Ecologica (ettari pro capite)

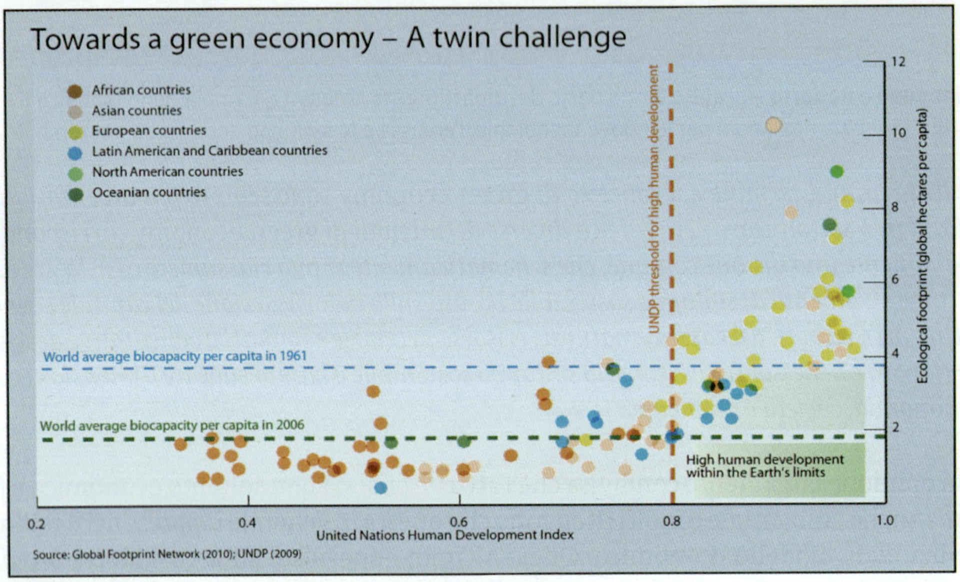

Fonte: UNEP 2001

Il Programma per l'Ambiente delle Nazioni Unite (UNEP)

La definizione di *green economy* per l'UNEP scaturisce da un'approfondita analisi, non solo economica, che tiene in debito conto tutte le risorse naturali da cui la specie umana trae beneficio senza alcun compenso corrisposto. L'analisi praticamente si basa su una equa considerazione economica del capitale naturale nel suo complesso, unico modo per compensare i paesi in difficoltà, che pur ricchi di materie prime sono ben lontani dal raggiungere i livelli di benessere dei paesi industrializzati. L'UNEP traccia un manifesto ben preciso per l'attuazione di un'economia verde e lo fa attraverso l'indicazione di investimenti verdi sostanzialmente indirizzati in due ambiti cruciali: l'approvvigionamento e l'utilizzo sostenibile del capitale naturale e dell'energia.[...]

[da ENEA, Agenzia nazionale per le nuove tecnologie, l'energia e lo sviluppo economico sostenibile, www.enea.it]

ANALISI DEL TESTO

I temi

La green economy

Gli autori denunciano lo **sfruttamento** indiscriminato delle **risorse ambientali** e dell'ambiente nel suo complesso, proprio del modello economico tuttora dominante, che non si pone il problema dell'esaurimento delle risorse e delle conseguenze gravissime che questo ha sulla qualità della vita delle persone. Essi, infatti, contrappongono a quel modello, ormai non più possibile, quella che viene chiamata *green economy*. Ovvero un'economia che si definisce "sosteni-

bile" poiché, da un lato, valorizza le risorse disponibili in quanto esauribili e, dall'altro, garantisce il rispetto dell'ambiente naturale nel suo complesso.
È ormai convinzione diffusa che questo sia il nuovo modello economico percorribile; l'unico che offra nuove opportunità di sviluppo e che, nel preservare la natura e l'ambiente, possa migliorare la qualità della vita di tutti noi.

Rispetto per la biodiversità
Alla base di questa che viene definita "economia verde" vi è il rispetto per la biodiversità. Ovvero il principio in base al quale il mantenimento di tutte le forme di vita geneticamente diverse rappresenta una ricchezza, una risorsa anche sotto il profilo economico. Si parla delle foreste, dei laghi, delle zone umide, dei bacini fluviali che, se mantenuti integri, garantiscono ad esempio un clima mite, una buona produzione agricola, ecc.
L'aumento demografico eccessivo di alcuni Paesi ha portato a **danni ambientali importanti**, che non possono più essere tollerati se non al prezzo di catastrofi naturali sempre più frequenti. Si veda, per esempio, quali gravi conseguenze sono provocate dai gas serra. Per questi Paesi, la sfida oggi è di coniugare una diminuzione dello sfruttamento delle risorse naturali con il mantenimento di una accettabile qualità della vita.

Le tecniche espressive

Tra denuncia e speranza
La conclusione cui giungono gli autori e che trova sostegno nel grafico che integra il testo scritto, termina con una **denuncia**: oggi nessun Paese sta facendo abbastanza per favorire lo sviluppo della *green economy*.
Il testo vuole comunicare da un lato l'allarme di una importante agenzia (ENEA) che sottolinea i gravi rischi che l'umanità intera corre se si continua con l'attuale modello di economia. Si tratta di un'agenzia riconosciuta a livello internazionale le cui conclusioni sono considerate altamente attendibili. Pertanto il messaggio è più che mai credibile. La sua "credibilità" è fortemente sostenuta anche dal grafico che trasmette al lettore un'idea di "oggettività" scientifica della ricerca in questione.
Ma ci troviamo di fronte ad un testo che vuole trasmettere anche una **speranza**, una via d'uscita dall'attuale situazione in cui il mondo intero si trova. Infatti, la nuova frontiera è data dall'economia verde. Questa viene considerata la strada giusta da percorrere affinché l'umanità possa continuare a prosperare abbandonando quel modello economico suicida che renderebbe il mondo invivibile.
Trattandosi di una relazione che deve divulgare i risultati scientifici di una ricerca, il linguaggio è caratterizzato prevalentemente da una struttura di tipo paratattico (prevalenza di coordinate), facilmente comprensibile da un lettore medio, proprio perché ha un carattere divulgativo oltre che informativo.

LABORATORIO SUL TESTO

Abilità e competenze

Ascoltare, argomentare e confrontarsi

1. **Gli autori parlano di un modello economico (*brown economy*) che deve necessariamente essere abbandonato per favorire un'economia verde (*green economy*).
Perché, in base a quanto affermato nel testo, è fondamentale che oggi l'economia rispetti l'ambiente?**
2. **Secondo te, si può favorire una "educazione ambientale"? In che modo?**
3. **Ritieni che a scuola si parli a sufficienza dei problemi legati all'ambiente? In che modo? Discutetene in classe in modo che ciascuno contribuisca con le proprie idee e il proprio punto di vista a rendere vivo e interessante il dibattito su questo problema quanto mai attuale e a prospettare soluzioni convincenti.**

progettare per competenze

Laboratorio in situazione

rapporto di cittadinanza attiva tra scuola e territorio

SE FAI BELLA LA TUA SCUOLA... ANCHE TU SALVI L'AMBIENTE
Le 3 ERRE per l'ambiente: raccolta, riciclo, riuso

SITUAZIONE

PROGETTO D'ISTITUTO "La scuola per l'ambiente"

PRODOTTO

RACCOLTA DIFFERENZIATA Partecipazione attiva per creare la raccolta differenziata a scuola

LABORATORIO

Compiti individuali e collettivi per potenziare conoscenze, abilità e competenze specifiche in funzione del risultato finale.

Cittadinanza attiva *Il lavoro di laboratorio si inserisce nelle proposte di cittadinanza previste nei percorsi formativi che caratterizzano il primo biennio delle scuole secondarie di secondo grado.*

Presentazione del laboratorio *Il laboratorio si propone di suscitare, o sostenere, la sensibilità verso i temi ambientali traducendola in azioni concrete da organizzare e condividere con tutte le componenti della struttura scolastica. Il laboratorio può essere preceduto da informazioni sulla raccolta di rifiuti solidi che sta alla base di tutte le attività di promozione, oggi regolate attraverso leggi statali, regionali e comunali, della raccolta differenziata.*

Il perché del laboratorio

- *Diffondere la cultura della* raccolta, del riciclo e del riuso *(le 3 ERRE al servizio dell'ambiente) dei rifiuti in genere.*
- *Far conoscere la "quarta ERRE", cioè la* riduzione, *aggiunta negli ultimi anni nell'ottica della* green economy.
- *Stimolare la consapevolezza della necessità urgente di un potenziamento della raccolta differenziata nell'ambito scolastico, in continuità con quanto magari già appreso e cominciato nella scuola primaria e secondaria di primo grado.*
- *Instaurare un clima di collaborazione tra studenti, personale ausiliario, organi collegiali di istituto e assemblee di rappresentanza degli studenti.*

Competenze attivate

competenze chiave di cittadinanza	competenze di base
• imparare ad imparare • acquisire e interpretare informazioni • comunicare	• comunicare nella madrelingua • comunicare in lingue straniere (anche quelle non studiate ma presenti grazie agli studenti stranieri) • comunicare in linguaggi non verbali • comunicare sul web

Discipline coinvolte

Tutti gli insegnanti possono essere coinvolti perché quando si parla di rifiuti non c'è differenza tra sapere umanistico e sapere scientifico

Ruolo del docente

I docenti informatori e coordinatori, terminata la fase iniziale di presentazione annuale del progetto (e/o dei suoi risultati dell'anno presente), sono sostituiti nel corso dell'anno da rappresentanti nominati in ogni classe che si occupano concretamente della buona pratica della raccolta differenziata e della sua organizzazione

Coordinamento

Tutti sono attori, tutti sono destinatari, perché ciascuno è responsabile dell'azione che compie.

La finalità ultima di questo laboratorio è la promozione di una azione positiva (o buona pratica) che, una volta cominciata, non termini con l'anno scolastico ma prosegua a livello individuale. Il coordinamento iniziale dei docenti è necessario per garantire la continuità all'interno dell'istituzione scolastica, ma è auspicabile che in ogni classe siano designati uno o due responsabili che poi si coordinino durante l'anno con i loro pari

Esiti formativi

abilità/competenze da sviluppare nel laboratorio
• prendersi cura dell'ambiente scolastico nel quale si vive compiendo azioni positive insieme agli altri • interazione tra competenze disciplinari e professionali scolastiche ed extrascolastiche per un processo di formazione e di crescita in termini innovativi • attivare la capacità di coordinamento e lavoro tra gruppi di una classe per l'organizzazione di materiale al fine di una partecipazione ad un evento interno all'istituto

Fasi operative

Il laboratorio prevede tre fasi operative per organizzare i gruppi di lavoro e il percorso metodologico da seguire

Laboratorio in situazione

1 Prima fase operativa

Conoscere e progettare

Confronto iniziale: proposte e discussione collettiva.

Dopo un incontro con il docente referente dell'educazione ambientale, si organizzano le modalità e gli strumenti utili all'avvio della raccolta differenziata; si assegnano compiti, si insegnano metodi e si definiscono tempi per il conferimento in un punto di raccolta al quale fanno riferimento tutte le classi all'interno dell'istituto.

ATTIVITÀ		RIFLESSIONI SULLE COMPETENZE ATTIVATE
Acquisire conoscenze circa i materiali (molti e diversificati) con cui sono confezionati snack e bibite consumati quotidianamente a scuola, per poterli distinguere e collocare negli appositi contenitori di raccolta.	1	L'attività fa emergere la capacità di autogestione in ambito scolastico potenziando il ruolo degli studenti come soggetti attivi del processo di educazione e formazione.
Acquisire conoscenza di tutte le tipologie di rifiuto prodotte all'interno dell'ambiente scolastico: dall'attività di segreteria alla pulizia locali e dei laboratori informatici, chimici, ecc.	2	L'attività sollecita la curiosità e lo scambio di informazioni già in possesso degli studenti.
Conoscenza delle modalità di raccolta, se esistenti, predisposte dalla municipalità, identificabili con cassonetti collocati solitamente nei pressi delle strutture scolastiche.	3	L'attività stimola l'attenzione verso l'ambiente pubblico; ciò può suscitare una discussione circa l'efficacia di ciò che è stato predisposto e può stimolare il confronto sulla migliore organizzazione possibile. Sollecita dunque la capacità di interagire con l'ambiente interno ed esterno alla scuola, verso cui ci si rivolge con la "forza" del gruppo e non singolarmente.

Questo laboratorio mette al primo posto "il fare", infatti la conoscenza richiesta è quella minima per poter iniziare a "fare la raccolta differenziata".
Una più approfondita conoscenza dell'oggetto "rifiuto" potrà essere attivata se la classe dimostra interesse o se il docente ritiene che possa veicolare altre conoscenze utili alle discipline del curricolo.

Si propone quindi una doppia scelta

A una porta direttamente alla fase conclusiva (termine stabilito dalla classe o dall'assemblea di istituto) nella quale l'attività viene monitorata e valutata

B l'altra porta a lavorare sulla "catena del rifiuto differenziato" o sul suo uso creativo.

2 Seconda fase operativa A

Controllo e confronti

Monitoraggio, raccolta dati, discussione collettiva sui risultati.

ATTIVITÀ		RIFLESSIONI SULLE COMPETENZE ATTIVATE
Stesura di una scheda per la raccolta dei dati, dei tempi e delle persone impegnate nel controllo e nell'organizzazione della raccolta così come è stata attuata nel mese/trimestre/quadrimestre/anno.	1	L'attività sollecita e rafforza la capacità di archiviazione dei dati e della documentazione sintetica oltre che quella di riflessione sui risultati ottenuti.
Confronto tra i risultati (quantità, correttezza, aumento progressivo) della raccolta dei rifiuti prodotti a scuola da ogni singolo gruppo o classe o gruppo di classi.	2	L'attività fa emergere la capacità di riflessione sulla organizzazione autogestita, sulla valutazione dei dati, sul commento dei risultati in base agli obiettivi iniziali.
Valutazione all'interno del gruppo classe dell'efficienza dell'operazione e delle sue conseguenze sull'ambiente scolastico e sull'ambiente della collettività extrascolastica.	3	L'attività, guidata dal docente referente dell'educazione ambientale, dovrebbe far emergere una nuova consapevolezza circa il valore "culturale" dell'operazione compiuta e non il valore "economico". Il tempo impiegato può sembrare eccessivo e senza vantaggio immediato, se non quello di avere reso più bella la scuola e migliorato l'ambiente.

Laboratorio in situazione

2 Seconda fase operativa B

Organizzare e creare

Raccolta dei dati sui rifiuti, discussione collettiva sul loro utilizzo o ri-utilizzo.

L'attività degli studenti si può dividere in due gruppi: gli "scienziati" e gli "artisti"
- *i primi seguono il rifiuto nella catena predisposta per il suo stoccaggio o smaltimento e/o utilizzo industriale*
- *i secondi valutano il rifiuto dal punto di vista semplicemente materiale, immaginando e progettando un suo ri-utilizzo per motivi ludici, didattici, per puro godimento estetico.*

Gli scienziati *Questi studenti acquisiscono consapevolezza di essere operatori al servizio del proprio ambiente scolastico collegato a sua volta col sistema comunale di salvaguardia del territorio.*

ATTIVITÀ		RIFLESSIONI SULLE COMPETENZE ATTIVATE
I componenti della classe **studiano** con i docenti le qualità dei materiali da riciclare, attingendo ai manuali scolastici, a testi della biblioteca scolastica, a depliant informativi, agli opuscoli opportunamente raccolti da tutti gli studenti.	1	L'attività crea conoscenza delle aziende municipali e delle ditte appaltatrici incaricate della raccolta differenziata attive nel Comune di appartenenza.
Gli studenti **confrontano** le conoscenze acquisite con altre fonti di informazioni (riviste divulgative e scientifiche, atti di convegni, materiale informativo pubblicato da Enti locali, ecc.).	2	L'attività permette di conoscere ubicazione e funzionamento delle centrali di smaltimento e stoccaggio dei rifiuti solidi urbani (se presenti) nel territorio comunale, provinciale, regionale.
Gli studenti **richiedono** materiale sui rifiuti e sulla raccolta e sullo smaltimento ad associazioni ambientaliste, di categoria, di volontariato, culturali, presenti nel territorio o sul web.	3	L'attività avvicina lo studente alle aziende/industrie di trasformazione dei rifiuti riciclati per la produzione di nuovi materiali, commerciabili, presenti nel territorio comunale e provinciale nelle quali può andare in visita guidata o svolgere stage di alternanza scuola-lavoro.

Gli artisti *Questi studenti acquisiscono consapevolezza delle proprie capacità creative.*

ATTIVITÀ		RIFLESSIONI SULLE COMPETENZE ATTIVATE
Gli studenti **scelgono il materiale** sul quale lavorare: plastica (bottiglie, tappi, plastica chiara, plastica colorata, ecc.), carta, lattine, cartone, ecc.	1	L'attività fa emergere la capacità organizzativa di attività extrascolastiche e del coordinamento tra saperi disciplinari e interventi individuali e di gruppo di tipo creativo.
Gli studenti **ricercano** sul web indirizzi di fiere, convegni, giornate di promozione e sensibilizzazione verso temi ambientali, in particolare sui rifiuti e il loro utilizzo per trarne spunti ed esempi.	2	L'attività sollecita la capacità di raccolta dati, documentazione e contatto con associazioni e/o artisti impegnati nella lavorazione di materiali provenienti dal riciclo trasformati attraverso la creatività in oggetti nuovi o con nuove funzioni.
Gli studenti **elencano** gli oggetti necessari ai progetti di riciclo e ne promuovono una raccolta mirata all'interno della scuola.	3	L'attività permette di trovare nuove motivazioni per la raccolta differenziata presso i coetanei.
Gli studenti **lavorano**, prima di tutto, **alla creazione dei contenitori stessi per la raccolta**, utilizzando materiale di riciclo (cartone, plastica, ecc.); producono oggetti "nuovi" col materiale riciclato in proprio o con l'aiuto di esperti per **partecipare a concorsi locali e/o nazionali**.	4	L'attività permette il confronto con quanti, a cominciare dagli artisti del XX secolo, hanno scelto il materiale di scarto della società consumistica per far riflettere sulla inesauribile creatività umana. La competizione in questo campo permette di conoscere nuovi sbocchi di tipo economico basati sulla lavorazione di materiale da riciclo: numerosi esempi si possono trovare sul web.

Laboratorio in situazione

3 Terza fase operativa

Comunicare e valutare

Sintesi dei risultati.

In questa ultima fase gli studenti, che hanno già espresso in modo diverso la loro creatività nella ricerca e nella produzione, continuano ad esprimersi nella comunicazione tra pari, sperimentando il potenziale della parola e dell'immagine, ancora una volta privilegiate nel mondo della diffusione delle buone pratiche o delle aziende impegnate nell'ambiente o nella green economy.

ATTIVITÀ		RIFLESSIONI SULLE COMPETENZE ATTIVATE
Gli studenti **comunicano**, in spazi condivisi sul web, quanto è stato fatto per promuovere e attivare la raccolta differenziata. Gli studenti stendono relazioni, documentano con fotografie, filmati, la partecipazione a fiere e manifestazioni dedicate alla salvaguardia dell'ambiente.	1	L'attività può mettere in comunicazione la classe e la scuola con gli eventi dedicati all'ambiente, tra cui: Giornata mondiale di «Puliamo il mondo» (settembre). Settimana europea per la riduzione dei rifiuti (novembre). Giornata scolastica nazionale dedicata alla pulizia, abbellimento, risparmio negli edifici scolastici: Nontiscordardimé (marzo). Giornata nazionale dedicata alle spiagge pulite (maggio).
All'inizio dell'anno scolastico successivo all'esperienza già avviata, **una classe-pilota predispone materiale leggero** (volantini in fotocopia, depliant, cartelloni, ecc.) **per informare** nuovi e vecchi iscritti delle regole di istituto per la raccolta differenziata.	2	L'attività, guidata dal docente referente dell'educazione ambientale, farà emergere una nuova consapevolezza circa il valore "culturale" del "rifiuto" e non solo il suo valore "economico".
Gli studenti traducono (con l'aiuto di insegnanti o mediatori) le informazioni nella/e lingua/e straniera/e più diffusa/e nella scuola.	3	Si potenzia la capacità di utilizzare gli strumenti espressivi, informativi ed argomentativi nell'interazione comunicativa anche in lingua straniera.
Valutazione finale all'interno di ogni classe dell'efficienza delle operazioni compiute e delle sue conseguenze su singoli individui, sull'ambiente scolastico e sull'ambiente della collettività extrascolastica.	4	L'abitudine alla valutazione e a verificare azioni e ipotesi accresce l'autocontrollo e la consapevolezza.

QUESTIONARIO DI AUTOVERIFICA

competenze acquisite nell'attività di Laboratorio in situazione

LA SCUOLA PER L'AMBIENTE. LE 3 ERRE PER L'AMBIENTE: RACCOLTA, RICICLO, RIUSO

Progettare e partecipare

1 **Quando mi hanno proposto questo laboratorio, la mia reazione è stata di**

A indifferenza   B interesse   C curiosità   D diffidenza

2 **Nella fase di ricerca dei rifiuti prodotti a scuola e della loro tipologia, ho pensato che**

A era un'ottima occasione per fare qualcosa di concreto e utile
B potevo lavorare con l'impegno che metto in tutte le attività extracurricolari
C stavo facendo una cosa strana della quale era meglio non parlare con i miei amici
D era tempo perso, perché, proprio a scuola, non si può fare la raccolta differenziata

3 **Durante la ricerca ho scoperto che occuparsi dei rifiuti può essere utile in quanto**

A ne parlano tutti, soprattutto fuori dalla scuola, dunque a qualcosa deve servire
B la raccolta differenziata si può estendere a tutti i settori
C il rifiuto è una fonte di energia da sfruttare al massimo
D è un campo sul quale puntare per una professione futura

4 **Dal lavoro del laboratorio ho capito che**

A conoscere i rifiuti fa anche risparmiare, anche se indirettamente
B il tema dei rifiuti coinvolge politici, scienziati, economisti, industriali e associazioni illegali
C mi piace studiare per una finalità precisa, pratica, dai risvolti creativi
D si può mettere in mostra tutto, anche i rifiuti

Acquisire e interpretare informazioni

5 **Quali aspetti interessanti ho scoperto partecipando alla ricerca?**

A dallo studio dei materiali scartati ho imparato che vengono prodotti molti materiali dei quali non sappiamo nulla
B prima di questa ricerca non avevo neppure sentito parlare di *green economy* e di industrie di recupero e trasformazione della carta, della plastica, del vetro e dell'alluminio
C guardando i rifiuti prodotti a scuola e gettati tutti insieme nel cestino ho pensato che è difficile far cambiare abitudini alle persone
D il rifiuto prodotto da ciascuno di noi ogni giorno è come la nostra "carta di identità": da esso si può risalire ad abitudini, gusti, stato economico, idee sull'ambiente, rispetto per gli altri

Collaborare e risolvere problemi

6 **Nella divisione del lavoro di gruppo ho capito che mi riesce molto bene**

A fare ricerca scientifica   B scrivere, commentare, illustrare
C costruire nuovi prodotti con i rifiuti   D consultare il mondo della rete

Laboratorio in situazione

7 **Nel collaborare con i compagni ho potuto esprimere le mie capacità di**

- A organizzare il lavoro degli altri
- B ricercare documenti
- C allestire i materiali raccolti
- D svolgere ruoli diversi, non avendo nessuna capacità in particolare

8 **Nel lavoro conclusivo della ricerca ho**

- A saputo assumermi responsabilità
- B evitato di essere troppo coinvolto in un campo di ricerca come questo
- C lasciato fare chi si entusiasma facilmente
- D lavorato con serietà e continuità per realizzare il prodotto finale

Comunicare

9 **Per la diffusione del lavoro di laboratorio ho scelto di**

- A fare ricerche sul web sulle tematiche trattate
- B confrontare le conoscenze acquisite con altre fonti di informazioni
- C studiare i materiali da riciclare
- D creare prodotti con materiali di rifiuto

10 **A lavoro ultimato ho scelto di**

- A elaborare una scheda per la raccolta di dati
- B comunicare sul web in spazi condivisi
- C stendere una relazione sui risultati della ricerca
- D tradurre in un'altra lingua la sintesi dell'esperienza

Competenze digitali

11 **Durante l'attività di laboratorio ho potuto verificare che le mie competenze digitali sono**

- A buone
- B scarse
- C sufficienti
- D inesistenti

PRIMO PIANO

Alchimie di parole e di significati

Prender parte (*Opossum*)

Videotesto di Alessandro Bergonzoni

testi non letterari

Posso o Non posso

Partecipare

Scegliere o farsi scegliere

Prender parte

Non demandare ma fare

Un modo per essere cittadini attivi

Alessandro Bergonzoni
Prender parte (*Opossum*) (videotesto)

videotesto

REGIA	ANNO	PRODUTTORE	TIPOLOGIA	TEMI
Concept e regia di Elisa Savi	2013	Palumbo editore	audiovisivo	• l'importanza della partecipazione • il gioco combinatorio del linguaggio

L'AUTORE

Alessandro Bergonzoni (Bologna, 1958) è un comico, scrittore, autore e attore di teatro. È famoso per il suo stile surreale che lo vede giocare con le parole, accostando elementi, suoni e oggetti impensabili, con il fine di suscitare il riso e un'ilarità intelligente e grottesca. È, grazie al suo stile, uno degli interpreti più interessanti del panorama italiano del teatro dell'assurdo.

Da ragazzo frequenta l'Accademia Antoniana e, contemporaneamente alle sue passioni, studia Giurisprudenza, conseguendo la laurea. All'età di ventiquattro anni inizia a collaborare con Claudio Calabrò, regista teatrale e attore. È il 1982 quando debutta in teatro, con un'opera scritta da lui e intitolata *Scemeggiata*. 1985 comincia anche la sua attività in radio e, l'anno dopo, anche nel piccolo schermo con lo spettacolo *Non è morto né Flic né Floc*, del 1987. Nel biennio successivo avvia dei seminari sulla sua ricerca linguistica in chiave assolutamente comica. Nel medesimo anno inizia una serie di collaborazioni fisse, di tipo ironico, con testate nazionali, come la rubrica che tiene sulle pagine de «La Repubblica», edizione Emilia-Romagna, dal titolo "Il sabato di Alessandro Bergonzoni". Nel 1989 esce il suo primo libro, *Le balene restino sedute*, vincitore nel giugno dell'anno successivo della Palma D'Oro di Bordighera come miglior libro comico dell'anno.

Dal 1991 inizia a collaborare con Radio 2 come autore. Nel 1991 pubblica il suo secondo libro, dal titolo *È già mercoledì e io no*. Negli anni successivi si intensificano le sue partecipazioni a spettacoli radiofonici, televisivi e teatrali e le sue collaborazioni a periodici vari. Nel 2009 è stato invitato a parlare alla Oxford University Italian Society. Nel 2008 e nel 2009 tiene lezioni magistrali al Festival della Filosofia di Modena-Carpi-Sassuolo. Nel 2010 prende parte con una propria raccolta di opere all'inaugurazione di «Bologna si rivela», manifestazione di recupero artistico. Nella primavera dello stesso anno lancia il suo nuovo progetto aperto, con prove in divenire, dal titolo «Tàchete». Nel 2011 partecipa alla notte bianca di Artefiera, presentando una sua installazione, dal titolo «Ai tuoi piedi (gli appallottolati)».

videotesto 1 (5' 10")

Il monologo di Alessandro Bergonzoni

Il primo videotesto che ti presentiamo è un monologo dell'attore che usa il linguaggio per "prender p'arte".

● Il gioco combinatorio delle parole

L'attore, attraverso un linguaggio tra grottesco e ironico, gioca con le parole e con il loro mutevole significato, creando situazioni paradossali e surreali e comunicando nello stesso tempo nuove prospettive e visioni inconsuete quanto provocatorie della realtà. Bergonzoni piega la parola e i suoi ritmi a nuovi esiti espressivi, le guida con il pensiero, la fantasia, l'immaginazione, il surreale e riveste di sorprendenti significati i segni che le compongono. («Nella parola *diventare* c'è la parola *vento*, nella parola *volontario* c'è la parola *volo*, in *accanto* c'è la parola *canto*»).

Alla parola abbina la sua attorialità e la fisicità della sua voce, per far passare il concetto che non esistono delle categorie nette, che dividono la scrittura dall'arte o dalla poesia, ma tutte queste hanno dei "fili rossi", che le legano insieme.

PRIMO PIANO

Le sue sperimentazioni non sono fini a se stesse ma ricerca costante per innovare e rinnovare, andare oltre i limiti della parola e dentro i paradossi del linguaggio, utilizzando il potenziale inespresso e potentissimo del pensiero e della creatività dell'uomo.

Il gioco combinatorio dei significati

Sulla scena del video quello che prende forma è un monologo ininterrotto e serrato. Dal fondo nero della scena, illuminata da quattro luci bianche, appare la figura alta, dinoccolata, dell'attore che si presenta vestito in perfetta sintonia cromatica con l'ambiente: pantalone e gilet nero e una camicia bianca. Poi sordo rumore dei passi, aria riflessiva e pensosa, un breve sospiro e la voce tonante e calda dell'attore inizia la versificazione di una serie di collegamenti e di situazioni e l'invito a rimuovere i luoghi comuni, a non farsi contaminare dalla superficialità, a partecipare in prima persona a «Prendere parte», a non delegare, a non giudicare senza conoscere, ma «mettersi nei panni di». Non esiste, dice, un generico e vuoto «modo di impegno» ma «il modo dell'impegno», ossia il modo in cui ciascuno riesce a dare il proprio contributo per risolvere i problemi. Occorre scegliere in prima persona e non «essere scelti», non demandare le decisioni che riguardano la propria vita agli altri, ma decidere in prima persona. Esserci è una possibilità e deve diventare una realtà poter dire «io ci sono», «io posso», «Opossum», con un poco di immaginazione espressiva.

videotesto 2 (12' 00")

Il punto di vista degli adolescenti

Il secondo videotesto ti presenta lo stesso monologo accompagnato da riflessioni di ragazzi che hanno preso spunto dalle tante sollecitazioni del testo per ripercorrerlo dal loro punto di vista: i ragazzi della Scuola secondaria "San Biagio" di Monza ci dicono cosa vuol dire per loro "mettersi nei panni di...", "scegliere o essere scelti", e perché è importante decidere in prima persona.

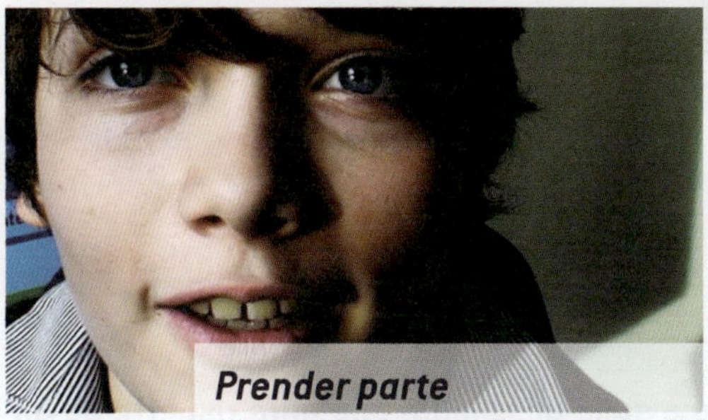

Prender parte
L'impegno bisogna dimostrarlo, di fronte ai grandi problemi dell'umanità bisogna fare qualcosa di più concreto. Anche con un piccolo gesto ci si può rendere utili rispetto a un grande problema.

Partecipazione e impegno

Prendere parte vuol dire non essere spettatori ma attori, cioè essere **cittadini attivi** e partecipare in prima persona alle situazioni in cui è importante esserci (la famiglia, la scuola, il territorio, ecc.) per scegliere e non demandare agli altri le scelte che ci riguardano. «Quando qualcuno decide per noi ci toglie la libertà di pensare e di scegliere», ma per scegliere occorre partecipare; e la partecipazione non deve rimanere una vaga intenzione, ma deve essere il nostro modo di impegnarci senza nasconderci dietro il più facile e banale «non mi interessa» o risolvere tutto con una semplice cliccata su «mi piace». Molte volte anche esprimere un giudizio è importante, perché vuol dire che non siamo indifferenti e ci stiamo interessando a quella situazione o a quel problema.

Mettersi nei panni di...
vuol dire che per aiutare una persona bisogna capire i suoi problemi: se non capisci che cosa serve a questa persona non puoi nemmeno aiutarla.

Immedesimazione e non solo partecipazione

Ciascuno può dimostrare il proprio impegno ed essere utile agli altri **immedesimandosi** negli altri. Dire "mi dispiace" se si vede un povero che chiede l'elemosina perché ha fame è superficiale e semplicistico, soltanto mettendosi nei suoi panni e cercando di capire che cosa significa vivere come lui, si potrà capire il problema e, superando i propri egoismi, cercare di intervenire come possiamo, anche con piccoli gesti. **È importante diventare "coloro che agiscono", smettere di giudicare da spettatori.**

Scegliere è un diritto...
quando qualcuno sceglie per noi è sbagliato perché ci toglie la libertà.

Scegliere o essere scelti

Scegliere è importante per non demandare ad altri le nostre scelte. Siamo noi che dobbiamo scegliere con la nostra testa senza condizionamenti. Non dobbiamo sempre avere bisogno di un rappresentante, di un eroe, di un esempio che ci faccia capire di aver detto o pensato la cosa giusta. Basta con: «fallo tu per me, decidi tu per me». Chi lo decide quando una cosa è giusta e quando è sbagliata? È importante capire che siamo noi gli esempi e che dobbiamo scegliere seguendo le nostre regole morali per non lasciare che gli altri parlino, discutano e decidano per noi. («cultura colluttoria»)

"Io posso" prender p'arte (opossum)

Impegnarsi vuol dire: io ci sono, io governo me stesso, io partecipo, io sono responsabile di quello che faccio, io chiedo a me stesso che cosa posso fare, io non sono indifferente, io posso scegliere, io posso decidere, io sono cittadino attivo che si interessa dei problemi della collettività, io posso prendere *p'arte*, diventare un tutt'uno con l'arte di agire, in cui ciascuno è responsabile di se stesso.

LABORATORIO SUL TESTO

Abilità e competenze

Scrittura e interpretazione

1. **Esprimi in un breve testo il tuo giudizio sul videotesto e sulle possibilità che offre rispetto ad un testo scritto.**

2. **Quali frasi del testo, dette dall'attore, ti hanno maggiormente interessato e colpito? Indicane i motivi argomentandoli.**

3. **Tra le affermazioni degli studenti, quale hai trovato più vicina al tuo modo di vivere la realtà che ti circonda?**

Ascoltare, argomentare e confrontarsi

4. **Non sempre è facile mettersi «nei panni di» perché non sempre si può immaginare una realtà che non si vive in prima persona. Ti è mai capitato di aiutare qualcuno mettendoti nei suoi panni? E se non è successo, come immagini di poterlo fare?**

5. **In che modo, nel tuo piccolo, pensi di essere o diventare cittadino attivo? Ci sono esperienze già fatte che possono essere inserite nel concetto di "cittadinanza attiva"?**

6. **È importante scegliere e non fare in modo che gli altri scelgano per te; ma alla tua età non sempre è possibile scegliere. Quali sono le situazioni in cui avresti preferito scegliere in prima persona? Per quali motivi non lo hai potuto fare? Confrontati con il gruppo classe anche per capire quanta libertà di scelta potete avere alla vostra età.**

PERCORSO 5

La poesia e il teatro

PERCORSO 5

La poesia e il teatro

UNITÀ 1 **Il testo poetico: strutture e forme**

UNITÀ 2 **La poesia lirica: temi**
• Il canto della natura: luoghi, atmosfere, sensazioni

COMPETENZE STILISTICHE
- Riflettiamo sulla perifrasi
- Riflettiamo sull'iperbato
- Riflettiamo sull'anastrofe
- Riflettiamo sul chiasmo

UNITÀ 3 **La poesia lirica: temi**
• Il canto dell'impegno civile: i poeti e la storia

UNITÀ 4 **La poesia lirica: temi**
• Il canto dell'inquietudine del vivere: i poeti e la società

COMPETENZE STILISTICHE
- Riflettiamo sulla sineddoche

UNITÀ 5 **La poesia lirica: temi**
• Il canto della memoria: ritratti e dediche

COMPETENZE STILISTICHE
- Riflettiamo sulla metonimia
- Riflettiamo sulla similitudine

ESPANSIONI DIGITALI

UNITÀ **La poesia lirica: temi • L'innamorato canto**

UNITÀ 6 **Il teatro**

COMPETENZE STILISTICHE
- Riflettiamo sul monologo

UNITÀ 1

Il testo poetico: strutture e forme

1 CHE COS'È LA POESIA

La poesia è un genere antico ed è quello che utilizza al massimo le potenzialità del linguaggio, ponendo l'attenzione sulla forma del testo (*tono, ritmo, scelta delle parole, uso delle figure retoriche*). Il termine "poesia" deriva dal greco *poiéin*, che significa 'fare', 'creare'.
Nell'antichità la poesia era considerata la creazione artistica per eccellenza.
I racconti mitici delle origini, le imprese degli eroi e degli dèi sono stati espressi attraverso questa forma, dando origine a forme antichissime di poesia, racconti che venivano recitati oralmente, accompagnati dalla musica degli aedi, cantori di professione, che tramandavano le credenze e le tradizioni di piazza in piazza.
Appartengono alla poesia sia i poemi di carattere narrativo (poesia epica) sia le composizioni a carattere soggettivo (poesia lirica).

Le origini della poesia lirica

La poesia lirica è il più importante e diffuso tra i generi poetici. Essa esprime gli *stati d'animo e i sentimenti individuali*, facendosi portavoce degli aspetti più profondi dell'animo umano.
Il genere lirico ha le sue origini nel mondo greco. Il termine "lirica" indicava i testi che venivano recitati ritmicamente, accompagnati dalla lira, uno strumento musicale a corde. Se la poesia veniva recitata da un solo cantore si diceva *monodica*, se da più cantori veniva detta *corale*. La lirica può trattare qualsiasi argomento e avere qualsiasi forma, ma è generalmente contrassegnata dall'uso della prima persona singolare che traduce l'espressione soggettiva dei sentimenti del poeta.

L'evoluzione della poesia lirica

Il genere lirico ha avuto notevoli trasformazioni con i contributi di tradizioni diverse, da quella latina a quella provenzale. Durante il Medioevo la lirica sviluppò nel suo ambito filoni diversi:

- il **filone religioso**, che comprende sia forme mediolatine sia forme in volgare, rappresentate in primo luogo dalla *lauda*, che si esprime ad un duplice livello: quello *popolare*, legato a forme di culto vicine alla massa, e quello *colto*, utilizzato prevalentemente in chiave di elevazione spirituale
- il **filone profano di livello colto**. È la lirica, detta anche "cortese", che si sviluppa in Provenza in lingua *d'oc* e successivamente in Italia in lingua volgare, in un primo tempo presso la Scuola siciliana, sorta alla corte di Federico II (XIII secolo). In seguito il genere si istituzionalizzò in canoni fissi, caratterizzati da determinati temi (in prevalenza amorosi) e metri, e da una lingua resa unitaria attraverso l'esperienza toscana della scuola del Dolce stil novo (1280-1310), i cui maggiori rappresentanti furono Guido Guinizzelli, Guido Cavalcanti e Dante Alighieri
- il **filone profano di livello popolare**, che comprende la lirica realistica, prodotta in forme più libere e con temi legati alla quotidianità da artisti "popolari", professionisti o semiprofessionisti, giullari, menestrelli.

Nell'Ottocento, nel periodo del Romanticismo, nasce la **lirica moderna**, che privilegia il sentimento, la passionalità e personalità dell'autore, fino a identificarsi sempre più con la poesia in generale. Nel Novecento, con la crisi complessiva dei valori, il poeta si chiude in se stesso, privilegiando l'analisi dell'universo interiore. Si elabora allora un tipo di poesia lirica che va gradualmente liberandosi dal condizionamento della rima, della metrica e delle strutture tradizionali.

Giorgio de Chirico, *La nostalgia del poeta (La nostalgie du poéte)*, 1914. Venezia, Collezione Peggy Guggenheim.

2 GLI ASPETTI METRICO-RITMICI

2.1 La metrica e il verso

La metrica

Il linguaggio della poesia segue regole e tecniche particolari che si sono codificate nei secoli. Si tratta di una serie di convenzioni che prendono il nome di *metrica*. La *metrica* (dal greco *métron*, 'misura') è la disciplina che studia le regole che caratterizzano la struttura del verso e della strofa. La conoscenza metrica è indispensabile per l'analisi e il commento di qualsiasi opera poetica, la quale, oltre a criteri di organizzazione grammaticale, obbedisce a quelli di metro e di ritmo.

Il verso

Il *verso* (dal latino *vertere*, 'voltare', 'andare a capo') è l'unità metrica fondamentale, costituita da una serie di sillabe su cui cade l'**accento ritmico** o *ictus* (parola latina che significa 'battuta di tempo', 'percussione'). Un componimento poetico può essere costituito da uno o più versi di lunghezza variabile. I versi della tradizione poetica italiana sono costituiti da un numero predeterminato di sillabe, dal quale prendono il nome:

TIPI DI VERSO	NUMERO DI SILLABE	ACCENTI	ESEMPI
binario (o bisillabo)	**2**	**1ª** sillaba	[Entro l'angusta gabbia ritta al vederti] **S'ál**/za (Umberto Saba)
ternario (o trisillabo)	**3**	**2ª**	Re **Ó**rso ti sch**é**rni dal m**ó**rso de' v**é**rmi (Arrigo Boito)
quaternario (o quadrisillabo)	**4**	**3ª**	damig**é**lla tutta b**é**lla (Gabriello Chiabrera)
quinario	**5**	**4ª**	melancon**í**a ninfa gent**í**le (Ippolito Pindemonte)
senario	**6**	**5ª**	Dolci miei sosp**í**ri dolci miei mart**í**ri dolce mio des**í**o (Gabriello Chiabrera)
settenario	**7**	**6ª**	Forse s'avess'io l'**á**le da volar su le n**ú**bi (Giacomo Leopardi)
ottonario	**8**	3ª, **7ª**	Teodoríco di Ver**ó**na, dove vài tanto di fr**é**tta? (Giosuè Carducci)
novenario	**9**	2ª, 5ª, **8ª**	Nascóndi le cóse lont**á**ne, tu n**é**bbia impalp**á**bile e sci**á**lba (Giovanni Pascoli)
decasillabo	**10**	3ª, 6ª, **9ª**	Softermáti sull'árida sp**ó**nda, volti i guárdi al varcáto Tic**í**no (Alessandro Manzoni)

endecasillabo	**11**	4ª, **10ª**	Per me si **vá** ne la città dol**é**nte (Dante)
		6ª, **10ª**	Nel mezzo del camm**í**n di nostra v**í**ta (Dante)
dodecasillabo	**12**	3ª, **11ª**	Quando il tr**é**mulo splendore de la l**ú**na (Giosuè Carducci)

Questa corrispondenza non è però valida in tutti i casi. Per essere più precisi, la denominazione del verso è in relazione con la numerazione delle sillabe sino all'ultimo accento, aggiungendone poi una. Un esempio ci viene offerto da un passo di Manzoni tratto dalla prima strofa dell'ode *Il cinque maggio*:

Ei fu. Siccome imm**ò**bile
dato il mortal sosp**ì**ro,
stette la spoglia imm**è**more
orba di tanto sp**ì**ro,
così percossa, att**ò**nita
la terra al nunzio st**à**

Se contiamo le sillabe di ogni verso constatiamo che il primo, il terzo e il quinto hanno otto sillabe, il secondo e il quarto ne hanno sette, il sesto ne ha sei, ma tutti sono settenari, perché in ciascuno di essi l'ultimo accento cade sulla sesta sillaba, e il numero complessivo delle sillabe varia da verso a verso perché l'ultima parola è ora sdrucciola, ora piana, ora tronca.

Se il verso è **piano** (l'accento tonico cade sulla penultima sillaba), si conteggiano le sillabe reali, ossia quelle che effettivamente compongono il verso:

Per/ me/ si/ va/ ne/ la / cit/tà/ do/**lén**/te (Dante)

(il verso è un endecasillabo = 11 sillabe).

Se il verso è **tronco** (l'accento cade sull'ultima sillaba), si conteggia una sillaba in più:

L'as/sal/se il / sov/ve/**nìr** (Alessandro Manzoni)

(il verso è un settenario = 6 sillabe + 1)

Se il verso è **sdrucciolo** (l'accento cade sulla terzultima sillaba), si conteggia una sillaba in meno:

Spar/sa / le / trec/ce / **mòr**/bi/de (Alessandro Manzoni)

(il verso è un settenario = 8 sillabe –1)

Solo nel caso di verso piano, quindi, vale il conteggio delle sillabe, negli altri casi conta dove cade l'accento tonico.

Oltre le 11 sillabe esistono i versi doppi, formati dall'unione di due versi semplici (doppio senario, doppio settenario). La loro caratteristica è quella di presentare una pausa forte (cesura) a metà verso.

Endecasillabo *a maiore e a minore*

L'**endecasillabo** è il verso più comune e più vario dal punto di vista ritmico di tutta la poesia italiana.

È composto di due **emistichi** (due "mezzi versi") separati dalla **cesura** (cioè la pausa forte che lo spezza).

Se i due emistichi dell'endecasillabo sono un quinario e un settenario, l'endecasillabo si definisce: *a minore* ('dal minore') se il primo emistichio è un quinario; *a maiore* ('dal maggiore') se il primo emistichio è un settenario.

Esempi:

Un quinario (in questo caso tronco) + un settenario

Per me si **và** // tra la per du ta **gèn** te (Dante)

Un settenario + un quinario

L'a va ra Ba bi **lò** nia // ha col moil **sàc** co (Petrarca)

2.2 Il computo delle sillabe

Il computo delle sillabe dipende da alcune regole fisse o da particolari figure metriche che regolano sia l'incontro delle vocali all'interno di un verso (dieresi/sineresi, dialefe/sinalefe), sia il numero di sillabe dell'ultima parola del verso.

Sinalefe e dialefe

Sinalefe, o elisione (dal greco *synaléiphein*, 'fondere insieme'), è fenomeno opposto alla dialefe e di questa assai più frequente. Consiste nel computare come una sola sillaba metrica la vocale finale di una parola e la vocale iniziale della successiva. Entrambe le vocali non devono essere accentate. In tal modo le sillabe, che grammaticalmente sono due, nel computo metrico (non nella pronuncia) valgono come una.

Voi ch'ascoltat**e i**n rime spars**e i**l suono (Francesco Petrarca)

Il fenomeno può riguardare anche più vocali:

ti stud**i, e**ntr**i, e**sc**i, a**pr**i, a**lz**i, e** sui castelli (Giovanni Pascoli)

Dialefe, o iato (dal greco *dialéiphein*, 'separare'), fenomeno opposto alla sinalefe e assai più raro. Consiste nel considerare due vocali contigue (finale + iniziale) come due sillabe metriche separate. Ciò si verifica soprattutto dopo vocale tonica:

è or commesso il nostro capo Roma (Francesco Petrarca)
È/ Or/ com/ mes/ soil/ no/ stro/ ca/ po/ Ro/ ma

o tra vocale finale atona e vocale iniziale atona:

trova**i A**mor**e i**n mezzo de la via (Dante)

tro/ vaI/ A/ mo/ rEIn/ mez/ zo/ de/ la/ vi/a

Il fenomeno può riguardare anche più vocali:

E io anima trista non son sola (Dante)
E/ IO/ A/ ni/ ma/ tri/ sta/ non/ son/ so/ la

Sinalefe e dialefe non vengono indicate nel testo da alcun segno grafico.

Dieresi e sineresi

Dieresi (dal greco *diáiresis*, 'divisione') è il fenomeno per cui due vocali, all'interno di una parola, vengono considerate sdoppiate e contano come due sillabe metriche e sono pronunciate distinte.
Convenzionalmente la dieresi è segnalata da due puntini sulla prima vocale interessata.

O /grazï/o/sa/ lu/na or/ mi/ ram/me/nto (Giacomo Leopardi)

For/se/per/ché/ del/la/fa/tal/ quï/e/te (Ugo Foscolo)

Sineresi (dal greco *synáiresis*, 'contrazione') è il fenomeno opposto alla dieresi e consiste nel computare come un'unica sillaba due o tre vocali contigue che avrebbero pronuncia separata.

E/der/ ra/ l'ar/ mo/ **nia**/ per/ que/ sta val/ le (Giacomo Leopardi)

Pause ed *enjambement*

In un testo poetico l'effetto ritmico è determinato anche dalle pause che interrompono i versi, alternando suoni e silenzi.
La pausa più incisiva, quella che coincide con la fine del verso, è chiamata **pausa primaria**.

Molte volte, però, la fine del verso non coincide con la fine del periodo sintattico segnalata dal punto e non si ha pertanto corrispondenza tra struttura metrica e struttura sintattica: si vengono così a creare variazioni ritmiche.
Quando un gruppo sintattico fortemente legato (come sostantivo + attributo o soggetto + predicato) viene spezzato tra la fine di un verso e l'inizio di quello successivo, si parla di ***enjambement*** (o inarcatura).

> Ma sedendo e mirando, **interminati**
> **spazi** di là da quella, e **sovrumani**
> **silenzi**, e profondissima quïete (Giacomo Leopardi)

La voce tende ad inarcarsi e a legare la fine del verso con l'inizio di quello successivo.
L'*enjambement*, interrompendo la simmetria tra sintassi e metro, cancella la pausa forte e dilata il verso prolungandolo oltre l'"a capo".
Quando il verso viene diviso da una pausa interna si ha la cesura (**pausa secondaria**).
La **cesura** è una pausa del ritmo del verso, che coincide spesso con una pausa del senso; cade sempre alla fine di una parola ed ha un peso tanto più forte quanto più è in corrispondenza di pause sintattiche forti, come il punto fermo, il punto e virgola, i due punti. La cesura, nell'endecasillabo e nei versi doppi, cade in posizioni determinate e divide il verso in due parti chiamate **emistichi**.

> O speranze, speranze, // ameni inganni
> della mia prima età! // sempre, parlando (Giacomo Leopardi)

Le pause, nella scansione della frase, danno origine a molteplici variazioni ritmiche, che aumentano fortemente l'espressività del testo poetico.

2.3 Il ritmo

Il ritmo (dal greco *rythmós*, 'successione') è una successione cadenzata di particolari accenti (o *ictus*, dal latino *icere*, 'colpire') che marcano con diversa intensità alcune sillabe nel verso. Nella metrica italiana il ritmo è determinato dall'alternanza di sillabe toniche e atone. La posizione dell'accento ritmico mette in rilievo, all'interno del verso, alcune parole rispetto ad altre. Questi accenti cadono in posizioni fisse, che variano da verso a verso, determinate dalla tradizione letteraria. In ogni tipo di verso, comunque, l'accento ritmico cade sempre sulla penultima sillaba.
Il ritmo in ogni frase poetica è determinato non solo dagli accenti, ma anche dalle rime, dalle assonanze, dalle consonanze, dalle allitterazioni, talvolta anche dalle dissonanze.
Il ritmo può essere, ad esempio, veloce e incalzante:

> vuólsi così colà dóve si puóte
> ciò che si vuóle, e più non dimandáre (Dante)

o lento e pacato:

> D'ín su la vétta della tórre antíca,
> pássero solitário, alla campágna
> cantándo vái finché non móre il giórno (Giacomo Leopardi)

oppure solenne e maestoso:

> – Quésto, al nóme di Crísto e di María,
> órdino e vóglio ché nel pópol sía. –
> a mán leváta il pópol dícea: Sí.
> É le rósse giovénche di su 'l práto
> vedéan passáre il píccolo senáto,
> brillándo su gli abéti il mezzodí (Giosuè Carducci)

2.4 Il linguaggio poetico tra ritmo e suoni

In un componimento poetico la musicalità è data dal **ritmo**, ossia dalla disposizione degli accenti (*ictus*) nel verso (secondo un'alternanza di momenti forti e deboli), che varia a seconda del verso adottato, e dai **suoni** di cui sono composte le parole. La poesia non va pertanto considerata come un testo esclusivamente scritto, bensì come un testo pronunciato (anche se tale operazione può essere compiuta mentalmente), da **ascoltare** oltre che da leggere. In questo senso occorre prestare molta attenzione agli elementi fonici del testo, ossia ai suoni che lo costituiscono. Nel sistema italiano i suoni, detti **fonemi** (da non confondersi con le lettere o grafemi, che sono invece i simboli grafici corrispondenti ai suoni), si distinguono in **vocalici** e **consonantici**.

Le vocali sono prodotte da una maggiore o minore apertura della bocca:

VOCALI APERTE (o CHIARE)	**A**	**È**
VOCALI CHIUSE (o SCURE)	**Ó**	**U**
VOCALI INTERMEDIE	**É** **I**	**Ò**

A seconda del punto di articolazione nell'apparato fonatore, le consonanti sono invece distinte come nel seguente schema (semplificato al massimo ai fini del nostro discorso):

BILABIALI	*sorde*: **P**	*sonore*: **B**	
PALATALI	*sorde*: **Č** (*cesto*)	*sonore*: **Ğ** (*gelato*)	
VELARI	*sorde*: **K** (*casa*)	*sonore*: **G** (*gatto*)	
DENTALI	*sorde*: **T**	*sonore*: **D**	
LABIODENTALI	*sorde*: **F**	*sonore*: **V**	
LATERALI (o LIQUIDE)	*alveolari*: **L**	*vibranti*: **R**	
NASALI	*bilabiale*: **M**	*alveolare*: **N**	*palatale*: **GN** (*gnomo*)
SIBILANTI	*sorde*: **S** (*sale*)	*sonore*: **Z** (*rosa*)	*palatoalveolare*: **SC** (*sciame*)
AFFRICATE	*sorde*: **TS** (*pazzia*)	*sonore*: **DZ** (*zanzara*)	
LABIOVELARI	**KW** (*questo*)		

La presenza di suoni nel testo può avere un valore onomatopeico (parole o sintagmi che cercano di riprodurre il suono a cui si riferiscono) o di musicalità fine a se stessa, ma può anche avere funzione simbolica (si parla in questo caso di **fonosimbolismo**); ad esempio un paesaggio cupo o uno stato d'animo triste vengono spesso associati all'utilizzo di vocali scure; la frequenza di gruppi di consonanti (che costituiscono dei suoni aspri) può rimandare, come in Montale, all'asprezza del paesaggio o della condizione esistenziale descritti.

ESPANSIONI DIGITALI
Corso di dizione

3 LA RIMA E LA STROFA

La rima

La **rima** consiste nell'identità di suono di due o più parole della parte finale di un verso, a partire dall'ultima sillaba tonica. In un testo poetico la rima è un elemento metrico importante e serve a creare maggior ritmo o armonia tra i versi.

– Né più mai toccherò le sacre spONDE **A**
ove il mio corpo fanciulletto giACQUE, **B**
Zacinto mia, che te specchi nell'ONDE **A**
del greco mar da cui vergine nACQUE (Ugo Foscolo) **B**

I vari tipi di rime si distinguono in base alla qualità delle parole e alla quantità dei suoni collegati. In base quindi alla loro disposizione, la rima può essere:

interna, quando ricorre all'interno del verso:

Le stelle lucevano rARE
tra mezzo alla nebbia di latte:
sentivo il cullARE del mARE,
sentivo un fru fru tra le fratte (Giovanni Pascoli)

rimalmezzo, quando cade a metà verso, prima della cesura:

Passata è la tempESTA:
odo augelli far fESTA, e la gallina (Giacomo Leopardi)

baciata, quando rimano due versi consecutivi, secondo lo schema AA:

Tu che ti senti ai fianchi l'uragANO, **A**
tu dai retta alla sua piccola mANO (Giovanni Pascoli) **A**

alternata, quando il 1° verso rima con il 3° e il 2° con il 4°, secondo lo schema ABAB:

Un dì s'io non andrò sempre fuggENDO **A**
di gente in gente, me vedrai sedUTO **B**
su la tua pietra, o fratel mio, gemENDO **A**
il fior de' tuoi gentili anni cadUTO (Ugo Foscolo) **B**

incrociata, quando il 1° verso rima con il 4° e il 2° con il 3°, secondo lo schema ABBA:

Movesi il vecchierel canuto e biANCO **A**
del dolce loco ov'ha sua età fornITA, **B**
e da la famigliola sbigottITA, **B**
che vede il caro padre venir mANCO (Francesco Petrarca) **A**

incatenata (o **terza rima**), quando il 1° verso rima con il 3°, il 2° con il 4° e con il 6°, il 5° con il 7° e con il 9°, ecc. secondo lo schema ABABCBCDC:

Amor, che al cor gentile ratto s'apprENDE **A**
prese costui della bella persONA **B**
che mi fu tolta, e il modo ancor m'offENDE. **A**
Amor, che a nullo amato amar perdONA, **B**
mi prese del costui piacer sì fORTE **C**
che, come vedi, ancor non m'abbandONA **B**

Amor condusse noi a una mORTE; **C**
Caina attende chi a vita ci spENSE. **D**
Queste parole da lor ci fur pORTE (Dante) **C**

ripetuta, quando si susseguono in ordine eguale in ciascuna strofa; quindi, se ogni strofa è di tre versi, si ha lo schema ABCABC:

Ben riconosco in voi l'usate fORME, **A**
Non lasso!, in me, che da sì lieta vITA **B**
Son fatto albergo d'infinita dOGLIA. **C**
Quinci vedea 'l mio bene; e per queste ORME **A**
Torno a vedere ond'al ciel nuda è gITA **B**
Lasciando in terra la sua bella spOGLIA (Francesco Petrarca) **C**

ipèrmetra, quando una parola piana rima con una parola sdrucciola, e la sillaba eccedente rispetto alla misura del verso viene computata come se facesse parte del verso successivo:

È, quella infinita tempESTA,
finita in un rivo canORO
Dei fulmini fragili rESTAno
cirri di porpora e d'ORO (Giovanni Pascoli)

rESTAno rima con tempESTA; la sillaba *-no* (v. 3), che provoca la rima ipermetra, viene computata nel verso successivo.

La strofa

La strofa (o periodo ritmico) è un insieme definito di versi dotati di senso compiuto e legati da schemi precisi di rime.
Vi sono vari tipi di strofa: ognuna ha un nome a seconda del numero dei versi che la costituiscono, della disposizione delle rime, del tipo di versi usati (endecasillabi, settenari ecc.). Le strofe possono essere legate a schemi fissi (distico, quartina, terzina ecc.), oppure possono essere legate a schemi liberi, che obbediscono solo alle intenzioni espressive del poeta. Nella tradizione italiana le strofe a schema fisso sono:

il **distico**, due versi, in genere endecasillabi, a rima baciata (AA):

Nella Torre il silenzio era già ALTO. **A**
Sussurravano i pioppi del Rio SALTO **A**

I cavalli normanni alle lor pOSTE **A**
frangean la biada con rumor di crOSTE (Giovanni Pascoli) **A**

la **terzina**, tre versi endecasillabi. Due terzine, a rima alternata (CDC DCD) o replicata (CDE CDE), costituiscono la seconda parte del sonetto:

Sento gli avversi Numi, e le secrete **C**
cure che al vivere tuo furon tempesta, **D**
e prego anch'io nel tuo porto quiete. **C**
Questo di tanta speme oggi mi resta! **D**
Straniere genti, l'ossa mie rendete **C**
allora al petto della madre mesta (Ugo Foscolo) **D**

la **terzina** incatenata (ABA BCB) è quella della *Divina Commedia* di Dante:

La gloria di colui che tutto move **A**
per l'universo penetra, e risplende **B**
in una parte più e meno altrove. **A**

Nel ciel che più de la sua luce prende **B**
fu' io, e vidi cose che ridire **C**
né sa né può chi di là sù discende (Dante) **B**

la **quartina**, quattro versi a rima alternata (ABAB) o incrociata (ABBA):

Forse perché della fatal quïete — A
tu sei l'immago a me sì cara vieni — B
o sera! E quando ti corteggian liete — A
le nubi estive e i zeffiri sereni (Ugo Foscolo) — B

la **sestina**, sei versi, in genere endecasillabi, con varie combinazioni di rima:

Signorina Felicita, a quest'ora — A
scende la sera nel giardino antico — B
della tua casa. Nel mio cuore amico — B
scende il ricordo. E ti rivedo ancora, — A
e Ivrea e la cerulea Dora — A
e quel dolce paese che non dico (Guido Gozzano) — B

l'**ottava**, otto versi; lo schema più frequente è dato da otto endecasillabi, di cui sei a rima alternata, gli ultimi due a rima baciata (ABABABCC). L'ottava è detta anche **stanza** ed è tipica dei poemi epico-cavallereschi

Le donne, i cavallier, l'arme, gli amori, — A
le cortesie, l'audaci imprese io canto, — B
che furo al tempo che passaro i Mori — A
d'Africa il mare, e in Francia nocquer tanto, — B
seguendo l'ire e i giovenil furori — A
d'Agramante lor re, che si diè vanto — B
di vendicar la morte di Troiano — C
sopra re Carlo imperator romano (Ludovico Ariosto) — C

il **polimetro** è una strofa libera formata da un numero di versi non fisso, senza tener conto del ritmo tradizionale. Questo tipo di strofa è molto usato nella poesia contemporanea:

E subito riprende
il viaggio
come
dopo il naufragio
un superstite
il lupo di mare (Giuseppe Ungaretti)

Joan Miró, *Bleu II*, 1961. Parigi, Centre Georges Pompidou, Musée National d'Art Moderne.

Laboratorio di metodo

esempio guidato

Leggere e interpretare un testo poetico

Il **testo poetico** è un testo complesso e polisemico (con più significati), e pertanto, per comprenderlo nella sua globalità, occorre imparare a leggerlo con una duplice operazione di analisi e di interpretazione.

1 Lettura denotativa e connotativa

Innanzitutto diciamo che per comprendere una poesia occorre leggerla più di una volta ed anche ad alta voce per apprezzarne il ritmo e la musicalità.

Il significato primario (*denotativo*) Nelle poesie ci sono due livelli di significato, il primo, *livello denotativo*, prevede un'interpretazione chiara ed esplicita dei versi, in quanto le parole vengono usate nel loro significato letterale e primario e quindi oggettivo.

Ad esempio: *la parola* ***mare*** *usata in senso denotativo ci rimanda alla distesa di acque che ricopre la terra.*

Il significato secondario (*connotativo*) Il secondo livello di significato (*livello connotativo*) è supplementare, aggiuntivo al significato denotativo, in quanto le parole vengono usate nel loro significato allusivo e quindi soggettivo. Il poeta attribuisce ad alcune parole un significato diverso da quello che esse hanno nella lingua comune servendosi delle **figure retoriche di senso** (similitudine, metafora, metonimia, sinestesia, antonomasia, litote, enfasi, iperbole ecc.).

Ad esempio: *la parola* ***mare*** *usata in senso connotativo ci rimanda ad altri significati quali l'immensità, la profondità, la libertà, le vacanze ecc.*

Comprendere in modo globale una poesia, analizzarla e interpretarla implica pertanto due tipi di lettura:

- una lettura **denotativa**
- una lettura **connotativa**

La **parafrasi** di un testo ci permette di comprenderne il **piano denotativo**.

Per comprendere fino in fondo un testo è necessario, poi, inserirlo nel **contesto** storico-culturale in cui esso è stato prodotto e all'interno del quale ha operato l'autore.

Questa operazione ci faciliterà l'**interpretazione** finale del testo.

Ti proponiamo la lettura guidata di una poesia:

Vincenzo Cardarelli

Gabbiani

Non so dove i gabbiani abbiano il nido,
ove trovino pace.
Io son come loro,
in perpetuo volo.
La vita la sfioro
com'essi l'acqua ad acciuffare il cibo.
E come forse anch'essi amo la quiete,
la gran quiete marina,
ma il mio destino è vivere
balenando in burrasca.

[da Vincenzo Cardarelli, *Poesie*, Mondadori, Milano 1996]

Laboratorio di metodo esempio guidato

2 Parafrasi, analisi e interpretazione

PIANO DENOTATIVO

Il significato primario Ci avvicineremo al testo esaminando innanzitutto il suo significato letterale; l'operazione preliminare da fare è quindi la **parafrasi**, ossia riformulare sintatticamente e lessicalmente un testo, mantenendone inalterati i contenuti. La parafrasi ci consente di avvicinare il linguaggio adoperato dall'autore a quello del lettore. Il tipo di parafrasi che andremo a fare sarà di carattere sia lessicale che interpretativo, almeno ad un primo livello.

PARAFRASI

Io non so dove i gabbiani vadano a riposare (abbiano il nido)*, in quale luogo* (ove) *essi riescano a trovare la pace (il riposo dopo le fatiche dei continui voli diurni). Io sono come loro, poiché trascorro la vita in continua attività* (in perpetuo volo).
Anch'io entro solo ogni tanto (per necessità) in contatto (sfioro) *con gli aspetti materiali della vita, così come i gabbiani sfiorano l'acqua per catturare la preda di cui nutrirsi* (ad acciuffare il cibo).
E anch'io, come forse anche i gabbiani, amo (e quindi desidero fortemente) la quiete, la grande quiete marina, ma mi rendo conto di essere destinato a vivere lampeggiando (balenando) *nella burrasca.*

PIANO CONNOTATIVO

Il significato secondario Come è possibile notare, la parafrasi non ci dà ulteriori informazioni rispetto a quelle che già abbiamo potuto cogliere ad una prima lettura. Per comprendere significati più profondi dovremo quindi leggere il testo ad **altri livelli**.

A La struttura metrica

La prima osservazione è sul libero utilizzo di versi lunghi e brevi:

- quelli lunghi (1, 6, 7) sono endecasillabi; si notano frequenti sinalefi: v. 1 (*dov**e i** gabbian**i a**bbian**o il** nido*); v. 6 (*l'acqu**a a**d acciuffar**e il** cibo*); v. 7 (*fors**e a**nch'essi **a**mo*).
- quelli brevi sono senari (3, 4, 5), settenari (2, 8, 10), ottonari (9). Anche qui sono presenti alcune sinalefi, v. 9 (*m**a il** mio destin**o è***); vi è inoltre la possibilità di leggere con dieresi i versi 4 (*perpetüo*) e 7-8 (*quïete*), che risulterebbero così aumentati di una sillaba.

Possiamo adesso concludere che si tratta di **versi liberi**, ossia non vincolati ad una struttura predeterminata; essi costituiscono una libera scelta dell'autore, che li ha ritenuti i più adatti ad esprimere il proprio stato d'animo.

B Il ritmo

Oltre che dall'alternanza dei versi, il ritmo del componimento è dato dalla posizione degli **accenti** e delle **pause** in ciascun verso. Riproponiamo ora il testo segnando gli accenti ritmici, ovvero gli accenti che conferiscono particolare "rilevanza" soltanto ad alcune delle sillabe presenti nel verso.

Non s**ò**/dove i gabbi**à**ni abbiano il n**ì**do,
ove tr**ò**vino p**à**ce.
Ìo son come l**ò**ro,
in perp**è**tuo v**ò**lo.
La v**ì**ta la sfi**ò**ro
com'essi l'**à**cqua/ad acciuff**à**re il c**ì**bo.
E c**ò**me forse anch'**è**ssi/amo la qui**è**te,
la gr**à**n/qui**è**te mar**ì**na,
ma il m**ì**o dest**ì**no è v**ì**vere
balen**à**ndo in burr**à**sca.

Attraverso questa lettura prossiamo rilevare:

- una forte pausa nel verso iniziale, che isola l'espressione *Non so*; di questo dovremo tenere conto in sede di interpretazione del testo;
- un ritmo abbastanza disteso, soprattutto nei versi che contengono le parole *pace* (2) e *quiete* (7, 8); ciò può corrispondere al desiderio di pace del poeta, che però è destinato a non realizzarsi;
- un *enjambement* (un procedimento poetico che prevede che la parola finale di un verso e quella iniziale del verso successivo siano legate concettualmente) tra i vv. 9-10, in conclusione del testo;
- una divisione del testo in quattro blocchi. I primi tre sono isolati dal punto fermo: vv. 1-2 (introduzione); vv. 3-4 (similitudine); vv. 5-6 (altra similitudine). Il quarto blocco è diviso in due parti: la prima (vv. 7-8) è costituita da un'ulteriore similitudine, ma attenuata dal *forse*; la seconda (vv. 9-10) costituisce la conclusione, introdotta dall'avversativa *ma*, che segna la differenza tra il poeta e i gabbiani.

C Il significato delle parole e il linguaggio figurato

Approfondendo l'analisi, noteremo come nel testo le parole-chiave *pace* e *quiete* (vv. 2, 7, 8) e le similitudini introdotte dal *come* (vv. 3, 6, 7) pongano in rilievo sia l'analogia tra il poeta e i gabbiani (messa però in discussione nel finale), sia l'antitesi tra desiderio e realtà.

Possiamo allora estendere le nostre osservazioni, focalizzando l'attenzione sull'inquietudine, tema particolarmente sentito dai poeti e dagli intellettuali del primo Novecento.

D Il contesto

La lirica rivela una situazione di inquietudine tipica dei primi anni del Novecento, determinata dalla caduta delle certezze su cui era basato il mondo ottocentesco. Le tensioni tra gli Stati (di natura politica, economica e coloniale) avevano condotto al primo conflitto mondiale (1914-1918) e, successivamente, al fascismo (1922-1943) e al nazismo (1933-1945). In tale contesto, la posizione degli intellettuali è difficile e complessa; essi non sanno dare risposte, ma si limitano a manifestare un disagio, un senso di inquietudine appunto, che costituisce il tratto comune, oltre che di Cardarelli, di un'intera generazione.

E L'interpretazione

Dopo l'analisi di tipo connotativo, diamo di seguito una nostra interpretazione al testo.

Cardarelli riesce ad esprimere in breve spazio, con immagini semplici e di estrema efficacia, la propria condizione di uomo e di poeta. Come i gabbiani nel loro perpetuo volo sulle distese marine, anch'egli desidera la pace, una condizione di serenità; allo stesso modo in cui i gabbiani, per catturare il cibo, sfiorano rapidamente l'acqua, così il poeta non riesce a penetrare il mistero profondo della vita; e questo è per lui causa di inquietudine e insoddisfazione. Il suo animo inquieto non riesce mai a trovare pace, perché il suo destino è quello di vivere nella burrasca, nella tensione della continua ricerca che contraddistingue ogni vero poeta.

4 METRI E FORME DELLA TRADIZIONE LIRICA

Le **strofe** si possono organizzare in raggruppamenti più o meno ampi, dando origine a componimenti poetici organizzati secondo **forme metriche**: schemi di combinazioni di suoni e di parole, che possono essere schemi fissi, come nella poesia tradizionale, oppure schemi liberi, come in gran parte della poesia moderna.
Le principali forme metriche della tradizione letteraria italiana sono: sonetto, canzone, ballata, madrigale, ode.

Sonetto

Composto da versi **endecasillabi** divisi in **due quartine** (a rima alternata o incrociata), seguite da **due terzine** (secondo uno schema variabile). Il sonetto, insieme alla canzone, è la forma strofica più frequente nella letteratura italiana. Fu inventato nell'ambito della Scuola siciliana (XIII secolo), forse da Jacopo da Lentini. Riportiamo un sonetto di Petrarca:

Voi ch'ascoltate in rime sparse il suono **A**
di quei sospiri ond'io nudriva 'l core **B**
in sul mio primo giovenile errore **B**
quand'era in parte altr'uom da quel ch'i' sono, **A**

del vario stile in ch'io piango e ragiono **A**
fra le vane speranze e 'l van dolore, **B**
ove sia chi per prova intenda amore, **B**
spero trovar pietà, non che perdono. **A**

Ma ben veggio or sì come al popol tutto **C**
favola fui gran tempo, onde sovente **D**
di me medesmo meco mi vergogno; **E**

e del mio vaneggiar vergogna è 'l frutto, **C**
e 'l pentersi, e 'l conoscer chiaramente **D**
che quanto piace al mondo è breve sogno. **E**

(Francesco Petrarca)

Canzone

Composta da un numero variabile di strofe (**stanze**) di **endecasillabi** e **settenari**. Ogni stanza è composta da due piedi, i quali sono costituiti dallo stesso numero di versi, che varia da due a sei. Ciascuna stanza può essere divisibile in due parti, la prima detta **fronte**, la seconda **sirma**. La fronte si può suddividere in due parti chiamate **piedi**, e la sirma è formata per lo più anch'essa da due parti denominate **volte**. La sirma è legata alla fronte da un verso chiamato **chiave**, la cui rima può rimanere isolata oppure può tornare in altri versi.
Anche la sirma ha un numero di versi variabile: possono essere sia inferiori che superiori a quelli della fronte.
L'ultima stanza della canzone si chiama **congedo** o **commiato**, in cui il poeta si rivolge alla canzone invitandola a portare il messaggio alla persona a cui era destinata.
La canzone fu elaborata nel Duecento da poeti della Scuola siciliana, a imitazione della *cansò*

dei poeti provenzali del XII secolo. Subì poi numerose trasformazioni, fino ad assumere la sua forma esemplare con Francesco Petrarca (1304-1374).

FRONTE	**1° piede**	Chiare, fresche et dolci acque	**A**
		ove le belle membra	**B**
		pose colei che sola a me par donna;	**C**
	2° piede	gentil ramo ove piacque	**A**
		(con sospir mi rimembra)	**B**
		a lei di fare al bel fianco colonna;	**C**
	chiave	erba e fior, che la gonna	**C**
SIRMA	**1ª volta**	leggiadra ricoverse	**D**
		co' l'angelico seno;	**E**
		aere sacro, sereno,	**E**
	2ª volta	ove Amor co' begli occhi il cor m'aperse;	**D**
		date udienza insieme	**F**
		a le dolenti mie parole extreme.	**F**

Il modello della canzone petrarchesca rimase inalterato fino al secolo XIX, quando Giacomo Leopardi (1798-1837) diede vita al modello della canzone libera, in cui ogni strofa può avere lunghezza variabile rispetto alle altre, dettata dal libero fluire del sentimento e dell'ispirazione poetica, senza corrispondenza ritmica e strutturale.

126

Hiare freſche & dolci acque
oue le belle membra
poſe colei che ſola a me par donna
gentil ramo oue piacque
con ſoſpir mi rimembra)
allei di fare al bel fianco colonna
herba & fior che lagonna
leggiadra ricouerſe
con langelico ſeno
aer ſacro ſereno
oue amor chobegliocchi il cor mapſe
date udienza inſeme
a ledolenti mie parole extreme
S eglie pur mio deſtino
el cielo incio ſadopra
chamor qusti occhi lagrimando chiuda
qual che gratia ilmeſchino
corpo fra uoi ricopra
& torni lalma al pprio albergo ignuda
la morte fia men cruda
ſe queſta ſpeme porto
a quel dubioſo paſſo
che lo ſpirito laſſo
non poria mai in piu riposato porto
nen piu tranquilla foſſa
fuggir la carne trauagliata e loſſa
T empo uerra ancor forſe
cha luſato ſoggiorno
torni laſera bella & manſueta
& la ouella mi ſcorſe

Francesco Petrarca, *Canzoniere*, incunabolo del XV secolo. Brescia, Biblioteca Queriniana.

Ballata o canzone a ballo

È uno dei componimenti più antichi; veniva cantata e accompagnata alla danza; anche la ballata è di origine provenzale, assomiglia alla canzone, ma ha una struttura più semplice. Essa è formata da un **ritornello** (o **ripresa**) che la introduce, costituito da un numero di versi variabile da uno a quattro. Dopo la ripresa seguono le **stanze**, suddivise in due **piedi** (detti **prima mutazione** e **seconda mutazione**) e una **volta**; l'ultimo verso della volta rimane l'ultimo verso della ripresa, della quale ha sempre anche lo stesso numero di versi.
La ballata è detta grande, mezzana, minore, piccola, a seconda che la ripresa abbia quattro versi, tre, due, uno; minima se ha un solo verso, settenario, stravagante se la ripresa ha più di quattro versi.
La ballata ebbe una grande diffusione in epoca medievale, rinascimentale e barocca. Dal Settecento in poi il suo uso è andato via via esaurendosi; fu recuperata tra Ottocento e Novecento da autori come Carducci, Pascoli, D'Annunzio.

ripresa	I' mi trovai fanciulle, un bel mattino di mezzo maggio in un verde giardino.	**X** **X**
1ª mutazione	Eran d'intorno violette e gigli fra l'erba verde, e vaghi fior novelli	**A** **B**
2ª mutazione	azzurri gialli candidi e vermigli: ond'io porsi la mano a côr di quelli	**A** **B**
volta	per adornar e' mie' biondi capelli e cingere di grillanda el vago crino.	**B** **X**

(Angelo Poliziano)

Madrigale

Breve componimento spesso di tono amoroso. Anticamente era formato da due terzine di versi endecasillabi, seguite da un distico a rima baciata; poi assunse forme diverse.

Nova angeletta sovra l'ale accorta **A**
scese dal cielo in su la fresca riva, **B**
là 'nd'io passava sol per mio destino. **C**

Poi che senza compagna et senza scorta **A**
mi vide, un laccio che di seta ordiva **B**
tese fra l'erba, ond'è verde il cammino. **C**

Allor fui preso; et non mi spiacque poi, **D**
sì dolce lume uscia dagli occhi suoi. **D**

(Francesco Petrarca)

Ode

Componimento che non ha uno schema metrico fisso; utilizza, in genere, versi brevi come settenari, ottonari, novenari, ed è di tono elevato e celebrativo; fu introdotta nel mondo letterario italiano a partire dal Cinquecento. Prende il nome di **inno** se tratta argomenti civili o religiosi con intonazione solenne.

Ei fu. Siccome immobile, **A**
dato il mortal sospiro, **B**
stette la spoglia immemore **C**
orba di tanto spiro, **B**
così percossa attonita **E**
la terra al nunzio sta **F**

(Alessandro Manzoni)

5 GLI ASPETTI FONICO-MUSICALI: LE FIGURE RETORICHE

5.1 Le immagini del discorso poetico

Le figure retoriche (figura = 'configurazione', 'schema'; retorica = 'arte del discorso efficace') sono gli ornamenti del discorso, gli accorgimenti formali, i processi stilistici, letterari e poetici che, allontanandosi dal normale e quotidiano uso linguistico e grammaticale, conferiscono al discorso particolare vivacità, ricchezza ed espressività.

Si possono classificare le varie figure retoriche in alcune grandi categorie:

fonetiche: riguardano il modo in cui vengono combinati i suoni;

sintattiche (o **di ordine**): riguardano la disposizione delle parole nella frase o delle frasi nel periodo;

semantiche (o **di significato**): riguardano il significato, i contenuti delle parole o dell'intera frase.

5.2 Figure fonetiche

In un testo poetico concorrono a produrre effetti ritmici, oltre alla rima, il numero variabile delle sillabe, gli accenti, le cesure del verso, i suoni delle parole. Attraverso la combinazione dei suoni, si crea non solo una particolare musicalità del testo, ma si arricchisce il significato delle parole. Nella poesia quindi le parole riescono ad evocare particolari e suggestivi significati con i semplici suoni.

Allitterazione: ripetizione di suoni identici (vocali, consonanti, sillabe) nella parte iniziale o centrale di due o più parole in posizione ravvicinata, in modo da suggerire rapporti di significato fra le parole.

> di **me me**des**m**o **me**co **mi** vergogno (Francesco Petrarca)
>
> e **f**a **f**uggire le **f**iere e li pastori (Dante)

Assonanza: quando le parole finali dei versi hanno, dopo l'accento tonico, le vocali uguali ma differenti consonanti.

> Io son come l**o**r**o**
> in perpetuo v**o**l**o** (Vincenzo Cardarelli)

Consonanza: quando le parole finali dei versi, dopo l'accento tonico, hanno le consonanti uguali ma differenti vocali.

> Batte alla tua finestra e dice il ve**nt**o
> per monti e mari ho viaggiato ta**nt**o (Giosuè Carducci)

Iterazione: dal latino *iteratio*, 'ripetizione', consiste nella ripetizione di suoni, di parole, di costrutti. Figure di iterazione fonetica sono l'allitterazione e la paronomasia.

Onomatopea: dal greco *onomatopoiía*, 'formazione dei nomi', cioè composizione di parole che, secondo le regole fonologiche di una determinata lingua, riproducono suoni, rumori di agenti naturali e artificiali.

Il tuo **trillo** sem**bra** la **brina**
che **sgrigi**ola, **il** ve**tro** che **incri**na (Giovanni Pascoli)

Nell'**a**ria c'è un **bre**ve **gre gre** di **ra**nelle (Giovanni Pascoli)

Paronomàsia: dal greco *pará*, 'vicino' e *ónoma*, 'nome', consiste nell'accostamento di due parole di suono simile ma di significato diverso, creando quasi un gioco di parole.

ch'i' fui per ritornar più **volte vòlto** (Dante)
che **libito** fé **licito** in sua legge (Dante)

5.3 Figure sintattiche (o di ordine)

Le possibilità di variare l'ordine sintattico delle parole (soggetto + predicato + complemento) sono state codificate in una serie di figure, dette appunto **sintattiche** o di **ordine**. Il poeta trasgredisce l'ordine sintattico per creare significati aggiuntivi e fare affiorare livelli diversi del senso.

Anàfora: dal greco *anaphérein*, 'ripetere', consiste nella ripetizione di una o più parole all'inizio di due o più frasi o versi successivi.

Per me si va ne la città dolente,
per me si va ne l'etterno dolore,
per me si va tra la perduta gente (Dante)

Anàstrofe: dal greco *anastréphein*, 'rovesciare', consiste nel presentare le parole di un enunciato in un ordine diverso da quello abituale.

ad un pensier solleva
di me più degno [invece di *più degno di me*] (Vincenzo Monti)

Asìndeto: dal greco *asýndeton*, 'slegato', accostamento di termini o di proposizioni senza le congiunzioni coordinative (il fenomeno opposto è detto *polisindeto*).

Fresco ombroso fiorito e verde colle (Francesco Petrarca)

Chiasmo: così chiamato dalla forma della lettera greca *chi* (χ), si verifica quando due elementi del discorso, corrispondenti per struttura grammaticale, si susseguono in ordine inverso, con disposizione a incrocio (A-B-B_1-A_1).

... io solo [A] / combatterò [B], procomberò [B_1] sol io [A_1] (Giacomo Leopardi)

Clìmax: dal greco *klímax*, 'scala', viene chiamato anche *progressione*. Consiste in una successione di termini disposti in ordine di intensità concettuale crescente (climax ascendente) o decrescente (climax discendente o anticlimax).

vegghio, penso, ardo, piango [climax ascendente] (Francesco Petrarca)

Più sordo e più fioco / s'allenta, si spegne [climax discendente] (Gabriele D'Annunzio)

Ellissi: dal greco *élleipsis*, 'mancanza', procedimento attraverso cui, per ottenere effetti di concisione espressiva, vengono sottintesi alcuni elementi della frase (verbi, pronomi ecc.), senza che ciò comprometta la comprensione del testo, dal momento che i termini soppressi sono facilmente deducibili dal contesto. L'ellissi ha la funzione di dare rilievo alle immagini, attraverso la rapidità e l'essenzialità dell'enunciato.

Gemmea l'aria, il sole così chiaro,
che tu ricerchi gli albicocchi in fiore (Giovanni Pascoli)

Il verso di Pascoli è ellittico del verbo: «Gemmea [è] l'aria, il sole [è] così chiaro».

Enumerazione: accostamento (per asindeto, senza congiunzioni, o per polisindeto, con due o più congiunzioni) di una serie di termini appartenenti alla stessa categoria grammaticale.

Fior', frondi, herbe, ombre, antri, onde, aure soavi (Francesco Petrarca)

Ipèrbato: dal greco *hypérbaton*, 'inversione', si ha quando all'interno della frase viene spezzato un forte legame sintattico, inserendo un elemento (parola o espressione) che dovrebbe avere diversa collocazione.

questa bella d'erbe **famiglia** e d'animali (Ugo Foscolo)

Ipotassi: dal greco *ypótaxis*, 'dipendenza', costruzione sintattica basata sulla relazione tra una proposizione principale e una o più subordinate dipendenti. Il pensiero viene espresso attraverso un linguaggio più complesso ed elaborato rispetto alla paratassi.

Paratassi: dal greco *pará*, 'accanto' e *taxis*, 'ordine', costruzione sintattica basata sull'accostamento delle proposizioni, collegate tra loro tramite congiunzioni coordinanti o per asindeto. La paratassi rivela uno stile più rapido e vicino al parlato rispetto alla ipotassi.

Poliptòto: dal greco *polýptoton*, 'dai molti casi', è un procedimento mediante il quale uno stesso vocabolo viene ripreso a breve distanza con funzioni morfo-sintattiche diverse (genere, numero, tempo o persona del verbo).

infiammò contra me li animi tutti;
e li **'nfiammati infiammar** sì Augusto (Dante)

Polisìndeto: dal greco *polysýndeton*, 'con molti legami', è una figura sintattica che consiste, al contrario dell'*asindeto*, nel collegare termini, sintagmi o proposizioni attraverso la ripetizione frequente della stessa congiunzione coordinante, in particolare della *e*. In genere serve a dare al periodo un andamento solenne, oppure un ritmo concitato.

e mi sovvien l'eterno,
e le morte stagioni, **e** la presente
e viva, **e** il suon di lei (Giacomo Leopardi)

Zèugma: dal greco *zêugma*, 'aggiogamento', è la dipendenza da un unico verbo di più enunciati che richiederebbero un proprio verbo reggente. Nell'esempio seguente dal verbo "vedere" dipende logicamente solo «lagrimar», mentre «parlare» richiederebbe come reggente il verbo "udire".

parlare e lagrimar vedrai insieme (Dante)

5.4 Figure semantiche (o di significato o di traslato)

Si hanno **figure semantiche** o di significato o di traslato quando le parole non sono usate più in senso denotativo, ma per le qualità che richiamano, per le analogie che fanno affiorare, per le valenze contestuali e culturali che posseggono, quindi per il loro valore denotativo. Le figure semantiche sono dette anche *di traslato* ('deviazione, direzione') in quanto implicano un trasferimento di significato.

Allegorìa: dal greco *allegoréuein*, 'parlare diversamente', consiste nella elaborazione di un discorso in cui non è importante il significato letterale dei singoli elementi che lo compongono, ma quello simbolico dell'insieme, che rimanda ad altri e più profondi significati, di ordine morale o filosofico. L'allegoria trasforma quindi concetti astratti in immagini concrete, il cui significato nascosto, ma comunque riconoscibile all'interno di un determinato codice culturale, è da ricercarsi oltre quello letterale. Tale è ad esempio, nella *Divina Commedia* di Dante, il veltro, che letteralmente è un cane da caccia, ma allegoricamente designa un riformatore o un imperatore che sconfiggerà la cupidigia rappresentata dalla lupa, causa dei mali del mondo.

Jan Vermeer (1632-1675), *L'arte della pittura*, 1662-65, Vienna, Kunsthistorisches Museum.

L'allegoria nell'arte

L'idea della pittura cambia col mutare delle culture

Il quadro di **Jan Vermeer** (1632-1675) si presenta con gli ingredienti comuni a molti altri suoi dipinti: i personaggi sono collocati in una stanza illuminata dalla luce naturale della finestra, il mobilio d'epoca è quello di un interno borghese; le stoffe e i drappi, rappresentati con grande realismo, completano l'arredo e richiamano le manifatture e il commercio tipici del Paese.
Ma l'insieme della composizione, dove domina la figura di spalle dell'uomo che dipinge, ne fa invece un'attualizzazione della pittura, in base all'idea che il pittore olandese viene maturando nella sua intensa e breve carriera: sulla parete di fondo la carta geografica dell'Olanda, prima della sua divisione in province, allude sia alla tradizione pittorica unitaria del Paese, sia alla capacità della pittura di riprodurre la realtà; la donna rappresenta Clio, la musa della Fama che ogni pittore desidera raggiungere nella Storia; e il pittore rappresenta, molto realisticamente, la pittura stessa, che la tradizione invece, allegoricamente, identificava in una figura femminile.

Analogìa: dal greco *analoghía*, 'corrispondenza, somiglianza', è un rapporto di identità tra due elementi, una similitudine in cui viene soppresso il "come":

> I tuoi occhi saranno una vana parola, un grido taciuto (Cesare Pavese)

Antìtesi: dal greco *antíthesis*, 'contrapposizione', è l'accostamento di due parole o due espressioni di valore opposto, in modo tale che dal loro contrasto risalti meglio quanto si vuol dire.

> due volte nella **polvere**,
> due volte sull'**altar** (Alessandro Manzoni)

Apòstrofe: dal greco *apostréphein*, 'deviare', consiste nel rivolgersi improvvisamente ad una persona, o ad una cosa personificata, deviando momentaneamente dal corso della narrazione; l'ordine espositivo viene così interrotto per inserire un inciso di particolare immediatezza ed efficacia.

> **Ahi! serva Italia**, di dolore ostello,
> nave senza nocchiere in gran tempesta (Dante)

Ipèrbole: dal greco *hyperbállein*, 'oltrepassare', esagerazione a fini espressivi di un concetto, per eccesso o per difetto (è molto comune anche nel linguaggio quotidiano: "morire di fame"; "magro come un grissino"; "lento come una tartaruga").

> Uno spirto celeste, un **vivo sole**
> fu quel ch'i' vidi (Francesco Petrarca)

Ipotipòsi: dal greco *hypotýposis*, 'abbozzo', rappresentazione particolarmente incisiva di un fatto o di un personaggio, isolando i dettagli più significativi; così ad esempio Dante descrive le arpie.

> Ali hanno late, e colli e visi umani
> piè con artigli, e pennuto il gran ventre;
> fanno lamenti in su li alberi strani (Dante)

Litòte: dal greco *litótes*, 'semplicità', procedimento con cui si esprime un concetto, in forma spesso attenuata, negando il concetto opposto. Può essere usata (ma non necessariamente) per evidenziare il significato contrario, oppure a scopo ironico.

> Don Abbondio non era nato con un cuor di leone [= era un pavido] (Alessandro Manzoni)

Metàfora: dal greco *metaphérein*, 'trasferire', è una delle figure retoriche più usate. Consiste nel sostituire una parola con un'altra il cui significato abbia con la precedente una relazione di somiglianza. Nell'esempio riportato, l'espressione «del viver mio la primavera» è metafora di giovinezza, dal momento che la giovinezza è, rispetto alla vita, ciò che la primavera è rispetto al corso dell'anno.

quasi romito, e strano
al mio loco natìo,
passo **del viver mio la primavera** (Giacomo Leopardi)

Metonìmia: dal greco *metonymía*, 'scambio di nome', è la sostituzione di un termine proprio con un altro a questo legato da un rapporto logico e di contiguità. Può essere l'autore per l'opera ("leggere Dante" invece che "l'opera di Dante"); la materia prima per il prodotto finito ("legno" in luogo di "nave"); il contenente per il contenuto ("bere una bottiglia" invece che "il vino contenuto in una bottiglia"); il concreto per l'astratto ("fegato" invece di "coraggio"), l'effetto per la causa, come nell'esempio qui riportato.

Io gli studi leggiadri
talor lasciando e le **sudate carte** (Giacomo Leopardi)

La metonìmia nell'arte

Il corpo bianco e anonimo al posto del corpo vivo

Nell'ambito del movimento della Pop Art americana che si sviluppa negli anni Sessanta del Novecento, **George Segal** (1924-2000) si distingue dagli altri artisti per le sue installazioni: esse riproducono tipici ambienti della vita quotidiana nei quali l'artista statunitense introduce, attraverso una sostituzione, cioè concretamente con un calco in gesso, la figura umana.
Segal è consapevole che esso non potrà essere scambiato per un vero uomo, ma sa che quella traccia di uomo susciterà le stesse sensazioni che si provano nelle situazioni di vita da lui ricostruite. Il suo intento è quello di far riflettere sul quotidiano, avvertendoci di un futuro pericolo: la perdita di identità umana nella ripetizione dei gesti, l'alienazione dell'uomo nei meccanismi della vita moderna, la spersonalizzazione cui ciascuno è destinato in quanto estraneo agli occhi degli altri.

George Segal (1924-2000), *Spazio per la pubblicità* (partic.), 1966, New York, collezione privata.

Ossìmoro: dal greco *oxýmoron*, 'acutamente folle', è l'accostamento di due termini di significato opposto, come «dotta ignoranza», «lucida follia» ecc.

a ber lo **dolce assenzio** [= la dolce amarezza] d'i martìri (Dante)

Perìfrasi: dal greco *períphrasis*, 'circonlocuzione', 'giro di parole', procedimento col quale, per indicare una persona o una cosa, si utilizza, anziché il termine proprio, una sequenza di parole. Può essere usata per evitare una ripetizione o come forma di attenuazione, o per dare rilievo espressivo alla frase.

maestro di color che sanno [Aristotele] (Dante)

l'inclito verso di **colui che l'acque**
cantò fatali [Omero] (Ugo Foscolo)

Prosopopèa: dal greco *prósopon*, 'volto', e *poieîn*, 'fare', è detta anche **personificazione**. Consiste nel far parlare un personaggio assente o defunto come se fosse presente o vivo, cose inanimate o astratte come se fossero persone reali. Nella lirica *Davanti San Guido*, ad esempio, Giosuè Carducci fa parlare i cipressi.

Mi riconobbero, e – Ben torni omai –
bisbigliaron vèr me co 'l capo chino
– Perché non scendi? perché non ristai?

Simbolo: dal greco *symbállein*, 'mettere insieme', un oggetto concreto chiamato a rappresentare una delle sue qualità più evidenti; il leone, ad esempio, è simbolo del coraggio, il ferro della durezza. Mentre nell'allegoria il rapporto tra due entità è legato all'interpretazione di una comunità, nel simbolo tale rapporto ha invece un fondamento intuitivo e immediato. In ogni caso il simbolo è polivalente e può rimandare a diversi significati: il leone, oltre ad essere simbolo del coraggio, lo è anche della forza o della superbia:

Nel campo mezzo grigio e mezzo nero
resta un **aratro** [= solitudine, abbandono] senza buoi, che pare
dimenticato tra il vapor leggero (Giovanni Pascoli)

Il simbolo nell'arte

Un universo di immagini

Tutta la pittura di **Marc Chagall** (1887-1985) è *simbolica*, tanto che si dice che il suo stile abbia creato un universo di immagini talvolta incomprensibili come i termini di un linguaggio inventato: esso in effetti traduce le esperienze del suo Paese d'origine (la Russia), dei sogni e degli amori, delle vicende drammatiche della sua lunga vita. In questo quadro alcune immagini sembrano comprensibili: il pendolo, ad esempio, che segna il tempo, o la coppia che evoca l'amore. Ma una lettura corretta e completa indica, più propriamente, che è il fiume a rappresentare che il tempo scorre senza sosta, mentre l'orologio allude al destino dell'uomo; il pesce (nel cristianesimo simbolo di Gesù) è alato perché Cristo *fugge dal mondo*, mentre gli amanti sulla riva sono fecondati dall'acqua. Il titolo del quadro (una frase tratta dalle *Metamorfosi* di Ovidio) riconduce l'opera all'interno della più ampia e antica riflessione filosofica sul tempo.

Marc Chagall (1887-1985), *Il tempo è un fiume senza rive*, 1930-39, New York, Museum of Modern Art.

– **Similitudine** (o **paragone**): rapporto di somiglianza tra due persone o cose introdotto da *come* o da avverbi di paragone. Viene utilizzata per dare risalto ad un determinato elemento, mettendolo in relazione con un altro che si ritiene più conosciuto, per renderlo più facilmente comprensibile, oppure a scopi espressivi. La relazione di somiglianza è introdotta da avverbi di paragone o locuzioni avverbiali ("come...così"; "quale...tale"; "simile a...").

Come d'autunno si levan le foglie [...]
similemente il mal seme d'Adamo... (Dante)

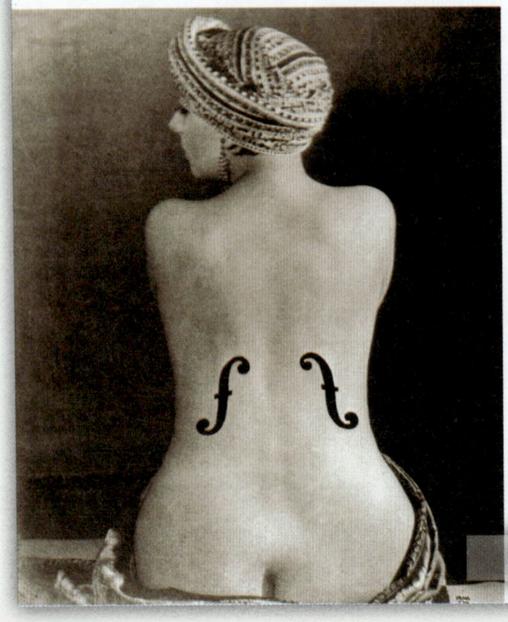

La similitudine nell'arte

Il corpo è come...

Sono infiniti, nella poesia e nei testi delle canzoni, i confronti tra la donna, i fiori o altri aspetti del mondo naturale; più raro è incontrare confronti con oggetti; ma in questo caso, sebbene mosso anche da un intento ironico tipico dello spirito *dadaista*, il pittore, regista e fotografo americano **Man Ray** (1890-1976) ottiene un bell'effetto dall'accostamento visivo tra il corpo di Kiki (famosa cantante francese, modella di artisti parigini) e un violino. Dopo averla fotografata, infatti, applica per contatto, secondo un procedimento molto usato nella pratica fotografica del tempo, le due "effe" della cassa del violino. La similitudine diventa *paragone* sapendo che questa fotografia è una citazione di un quadro di Dominique Ingres, in cui una bagnante è vista di spalle; e diventa infine *metafora* dell'espressione idiomatica francese *violon d'Ingres* che sta ad indicare un hobby: per Man Ray la fotografia era un hobby rispetto alle altre arti.

Man Ray (1890-1976), *Le violon d'Ingres*, 1924, fotografia ritoccata.

Sinèddoche: dal greco *synekdechesthai*, 'afferrare insieme', procedimento con cui si esprime una nozione attraverso una parola che ne denota di per sé un'altra, ma che ha con la prima un rapporto di quantità. Può quindi indicare: la parte per il tutto ("il tetto" invece della "casa"); il tutto per la parte ("una cintura di coccodrillo", invece che "di pelle di coccodrillo"); il singolare per il plurale ("l'italiano è sportivo" invece che "gli italiani sono sportivi"); il plurale per il singolare ("i cieli" invece del "cielo"); la specie per il genere ("guadagnarsi il pane" invece che "i cibi"); il genere per la specie ("felino" invece di "gatto").

Ma io deluse a voi le **palme** tendo
e sol da lunge i miei **tetti** saluto (Ugo Foscolo)

La sineddoche nell'arte

Dal particolare si comprende ciò che non è mostrato: il tutto

L'artista **Gianni Ruffi** (1938) si è concentrato su questo particolare con un procedimento già sperimentato da un altro artista italiano, Domenico Gnoli, famoso proprio per i suoi ingrandimenti. Mentre però quest'ultimo intitola i suoi dipinti col nome dell'oggetto illustrato (cravatta, bottone ecc.), Gianni Ruffi racconta usando solo una parte del corpo: l'uomo a cui appartengono i piedi è un uomo elegante, che compie un gesto disinvolto in un ambiente, rappresentato dal pavimento, che scatena la nostra immaginazione esattamente come quando dobbiamo integrare, di fronte a una figura retorica verbale, quello che non viene espresso. Colore delle scarpe, stoffa del vestito rievocano la moda di molti anni fa; e la postura (appoggio su un solo piede) fa pensare a un riposo che durerà poco. Il pittore ha colto dunque solo un momento del lungo flusso della vita.

Gianni Ruffi (1938), *Riposo*, 1965.

Sinestesìa: dal greco *synaísthesis*, 'percezione simultanea', si verifica quando ad un oggetto, caratterizzabile con determinazioni di una data sfera sensoriale, vengono impropriamente attribuite qualità appartenenti a un campo sensoriale diverso.

Io venni in loco **d'ogni luce** [vista] **muto** [udito] (Dante)

La sinestesia nell'arte

Colori che gridano e pietre silenziose

Di fronte a questo dipinto si può pensare che il titolo alluda alla imminente fine della vita artistica di **René Magritte** (1898-1967), ma le sue caratteristiche lo collocano perfettamente nel repertorio tipico dell'artista *surrealista*, e ciò proprio per l'uso spregiudicato degli oggetti dipinti, accostati tra loro senza un collegamento logico o narrativo.
Il pittore belga fa dunque largo uso di figure retoriche, dalla metafora alla metonimia o, come in questo caso, alla *sinestesia*: il grido del titolo, infatti, anziché provocare nell'osservatore una sensazione uditiva, sposta tutta la sua attenzione verso la sensazione visiva, intensa ed esclusiva, del colore verde, così che è il colore a "gridare", è l'immagine dell'albero, metafora della vita, generato dalla foglia (che normalmente è lui a far crescere), che sembra urlare il suo bisogno di esistere.

René Magritte (1898-1967), *L'ultimo grido*, 1967, litografia.

Laboratorio di metodo

esempio guidato

Analisi di un testo poetico: gli effetti della musicalità

Gabriele D'Annunzio
La pioggia nel pineto

Il poeta si trova con una donna, dal mitico nome di Ermione, nella pineta sotto la pioggia estiva. Le gocce, cadendo sui rami e sulle foglie, intonano una musica nuova e suggestiva; ascoltando in silenzio, immersi nella freschezza della pioggia, essi hanno la sensazione di trasformarsi in creature vegetali, fino a sentirsi parte viva ed integrante della natura.

Taci. Su le soglie
del bosco non odo
parole che dici
umane; ma odo
parole più nuove
che parlano gocciole e foglie
lontane.
Ascolta. Piove
dalle nuvole sparse.
Piove su le tamerici
salmastre ed arse,
piove su i pini
scagliosi ed irti,
piove su i mirti
divini,
su le ginestre fulgenti
di fiori accolti,
su i ginepri folti
di coccole aulenti,
piove su i nostri volti
silvani,
piove su le nostre mani
ignude,
su i nostri vestimenti
leggieri,
su i freschi pensieri
che l'anima schiude
novella,
su la favola bella
che ieri
t'illuse, che oggi m'illude,
o Ermione.

Odi? La pioggia cade
su la solitaria
verdura
con un crepitìo che dura
e varia nell'aria
secondo le fronde
più rade, men rade.
Ascolta. Risponde
al pianto il canto
delle cicale
che il pianto australe
non impaura,
né il ciel cinerino.
E il pino
ha un suono, e il mirto
altro suono, e il ginepro
altro ancóra, stromenti
diversi
sotto innumerevoli dita.
E immersi
noi siam nello spirto
silvestre,
d'arborea vita viventi;
e il tuo volto ebro
è molle di pioggia
come una foglia,
e le tue chiome
auliscono come
le chiare ginestre,
o creatura terrestre
che hai nome
Ermione.

Parafrasi *Taci. Entrando nel bosco non odo più suoni umani, ma odo parole insolite pronunciate dalle gocce che cadono in lontananza. Ascolta. Piove dalle nuvole sparse. Piove sulle tamerici impregnate di salsedine ed arse dal sole, sui pini dalle scorze ruvide e dalle foglie aghiformi, sui mirti sacri a Venere, sulle ginestre dai gialli fiori raccolti e sui ginepri che sono pieni di bacche profumatissime. Piove sui nostri volti divenuti tutt'uno con il bosco, piove sulle nostre mani nude, sul nostro corpo, sui nuovi pensieri sbocciati dall'anima rinnovata, sull'illusoria favola dell'amore che ieri t'illuse, che oggi m'illude, o Ermione. Senti? La pioggia che cade sul fogliame della pineta deserta producendo un crepitio che dura e varia secondo quanto è folto il fogliame. Ascolta. Alla pioggia risponde il canto delle cicale che non è fermato né dalla pioggia né dal colore scuro del cielo. E il pino ha un suono, e il mirto altro suono, e il ginepro altro ancora, e le gocce di pioggia sono come miriadi di dita che fanno suonare diversamente queste piante. Noi siamo nel più intimo della foresta, non più esseri umani ma vivi d'una vita vegetale. E il tuo volto bagnato ed inebriato dalla gioia e le tue chiome profumano come le ginestre, o creatura originata dalla terra che hai nome Ermione.*

Ascolta, ascolta. L'accordo
delle aeree cicale
a poco a poco
più sordo
si fa sotto il pianto
che cresce;
ma un canto vi si mesce
più roco
che di laggiù sale,
dall'umida ombra remota.
Più sordo e più fioco
s'allenta, si spegne.
Solo una nota
ancor trema, si spegne,
risorge, trema, si spegne.
Non s'ode voce del mare.
Or s'ode su tutta la fronda
crosciare
l'argentea pioggia
che monda,
il croscio che varia
secondo la fronda
più folta, men folta.
Ascolta.
La figlia dell'aria
è muta; ma la figlia
del limo lontana,
la rana,
canta nell'ombra più fonda,
chi sa dove, chi sa dove!
E piove su le tue ciglia,
Ermione.

Piove su le tue ciglia nere
sì che par tu pianga
ma di piacere; non bianca
ma quasi fatta virente,
par da scorza tu esca.
E tutta la vita è in noi fresca
aulente,
il cuor nel petto è come pèsca
intatta,
tra le pàlpebre gli occhi
son come polle tra l'erbe,
i denti negli alvèoli
son come mandorle acerbe.
E andiam di fratta in fratta,
or congiunti or disciolti
(e il verde vigor rude
ci allaccia i mallèoli
c'intrica i ginocchi)
chi sa dove, chi sa dove!
E piove su i nostri volti
silvani,
piove su le nostre mani
ignude,
su i nostri vestimenti
leggieri,
su i freschi pensieri
che l'anima schiude
novella,
su la favola bella
che ieri
m'illuse, che oggi t'illude,
o Ermione.

[Da *Poesia italiana del Novecento*, Einaudi, Torino 1993]

Ascolta, ascolta. Il canto delle cicale che stanno nell'aria va diminuendo sotto la pioggia che aumenta. Ma in crescendo si mescola un canto più rauco, che sale dall'ombra scura dello stagno in lontananza. Solo una nota ancor trema, si spegne, risorge, trema, si spegne. Non arriva il suono delle onde sulla spiaggia. Non si sente sulle fronde degli alberi scrosciare la pioggia d'argento che purifica, lo scroscio che varia secondo i rami più folti, meno folti. Ascolta. La cicala è muta, ma la figlia del lontano fango, la rana, canta nell'ombra più profonda, chissà dove, chissà dove. E piove sulle tue ciglia, o Ermione. Piove sulle tue ciglia nere, che sembra tu pianga di piacere, non bianca ma quasi verde, sembri uscita dalla corteccia di un albero. E tutta la vita è in noi fresca e odorosa, il cuore nel petto è come una pesca non ancora toccata, gli occhi tra le palpebre sono come fonti d'acqua in mezzo all'erba; i denti nelle gengive sembrano mandorle acerbe. E andiamo di cespuglio in cespuglio, ora tenendoci per mano ora separati (la ruvida e forte stretta delle erbe aggrovigliate ci blocca le ginocchia) chissà dove, chissà dove! Piove sui nostri volti divenuti tutt'uno con il bosco piove sulle nostre mani nude, sul nostro corpo, sui nuovi pensieri sbocciati dall'anima rinnovata, sull'illusoria favola dell'amore che ieri mi illuse, che oggi ti illude, o Ermione.

Laboratorio di metodo esempio guidato

ANALISI DEL TESTO

I temi

Metamorfosi e amore

Il tema della metamorfosi, che D'Annunzio riprende dal poeta latino Ovidio, e che ricorre nelle liriche di *Alcyone*, tocca in questa poesia momenti elevati: due amanti sono «immersi... nello spirto silvestre» come alberi, e i loro corpi reagiscono alla pioggia come le fronde; essi perdono il loro valore reale per divenire partecipi dell'immensa sinfonia della natura. È questo il **"panismo"** dannunziano, cioè la capacità della natura di inglobare tutti gli esseri viventi, e quindi anche il poeta. Accanto al tema della metamorfosi vi è anche il tema dell'amore, vissuto come illusione, come «favola bella» che trasporta i due amanti, «or congiunti or disciolti», in una dimensione di sogno, al di là della realtà materiale.

La struttura e le forme

La funzione delle similitudini

Le tappe del progressivo processo di fusione nella natura dei due personaggi vengono scandite da una serie di similitudini. L'aggettivo "silvano" («piove sui nostri volti / silvani») introduce il tema della metamorfosi arborea; ai vv. 52-64 i due personaggi umani sono accomunati nello spirito della selva e diventano essi stessi creature di bosco. La similitudine è, da una parte, tra il volto della donna inebriato di pioggia e la foglia («il tuo volto ebro / è molle di pioggia / come una foglia»), dall'altra, tra i capelli profumati e le ginestre. Nella quarta strofa la donna assume il colore verde della pineta e appare come una ninfa uscita dalla corteccia di un albero: i cuori dei due amanti sono simili a una «pèsca» non ancora toccata; gli occhi brillano come sorgenti d'acqua; i denti hanno l'aspetto di «mandorle acerbe».

Parole e musica

La metrica è estremamente libera. Si succedono versi brevi, senari, settenari, ottonari, novenari, ma anche trisillabi. Questa tecnica serve a riprodurre l'innumerevole pluralità di presenze e di voci della pineta sotto le gocce di pioggia. Un altro strumento del virtuosismo di D'Annunzio è la rima, molto libera senza alcuno schema fisso. Vi sono rime baciate, rime o consonanze all'interno di un verso. La modulazione fonica contribuisce anche alla musicalità della lirica: per esempio, vi è la variazione tra toni chiari delle "a" e i toni scuri delle "o".

Le figure retoriche

Apostrofe: «taci»; anafora con la serie di «piove» e «ascolta»; allitterazione: «ciel cinerino», «spirito silvestre», «vita viventi», «limo lontana...»; similitudine: vv. 57-58 «come una foglia»; vv. 60-61 «come le chiare ginestre»; vv. 106-107 «come polle»; iterazione: ripetizioni di parole e di intere formule («piove su...»). Le iterazioni richiamano l'andamento musicale.

Le tecniche espressive

Periodi brevi e spezzati

In tutto il componimento emerge una forte attenzione al valore fonico delle parole e dei versi che già nei loro suoni, prima ancora che nei loro significati, riproducono l'atmosfera e la scena che sono al centro dell'ispirazione.

Dal punto di vista sintattico, la struttura dei periodi, molto brevi, è di tipo paratattico.

Il testo si basa su pochi verbi, in particolare «piove», anafora che regge una lunga serie di versi nella prima, nella seconda e nella quarta strofa.

Da notare il verbo «ha» (v. 47) che regge l'elenco dei suoni che gli alberi producono sotto la pioggia, con un ampio e fluido giro sintattico.

Nella terza strofa si registrano invece numerosi verbi (nei vv. 75-80) che, uniti per asindeto, segnano un ritmo più nervoso. Frequenti sono anche le inversioni, come ad esempio «E immersi / noi siam», che sottolinea l'identificazione nella natura con l'anticipazione del participio passato.

Nel complesso la struttura sintattica non segue una struttura logica e articolata, ma piuttosto un susseguirsi impressionistico di sensazioni, riprodotte con immediatezza. Questo contribuisce a rafforzare la musicalità del verso.

Lavoriamo con metodo

per consolidare abilità e competenze

Musicalità e lettura espressiva

Ti presentiamo una lirica di Giorgio Caproni (1912-1990) dedicata alla madre Annina. Il poeta esorta se stesso a cessare di soffrire per la perdita della madre e a iniziare invece a cantarla per la sua poesia. La musicalità della lirica è resa dall'accostamento dei termini e dalla scelta di particolari figure retoriche.

Giorgio Caproni
«Per lei»

Per lei voglio rime chiare,
usuali: in -are.
Rime magari vietate,
ma aperte: ventilate.
Rime coi suoni fini
(di mare) dei suoi orecchini.
O che abbiano, coralline,
le tinte delle sue collanine.
Rime che a distanza
(Annina era così schietta)
conservino l'eleganza
povera, ma altrettanto netta.
Rime che non siano labili,
anche se orecchiabili.
Rime non crepuscolari,
ma verdi, elementari.

[da *Tutte le poesie*, Garzanti, Milano 1989]

Per consolidare abilità e competenze

Dopo aver letto i versi sofferma la tua attenzione sui suoni vocalici.
Nei primi quattro versi prevalgono le vocali *a* ed *e*. La pronuncia di queste vocali è aperta e trasmette l'immagine di positività e serenità che la madre conserva nel ricordo del poeta.
La vocale *i* dei versi successivi è associata alla semplicità degli orecchini e delle collanine della madre.

1. **Nei versi successivi compare la vocale *o* (vv. 5-8, e in particolare v. 7): che cosa vuole trasmettere il suono di questa vocale?**
2. **Sono presenti nella lirica rime baciate e rime alternate: individuale con colori diversi.**
3. **Si può notare nella lirica un'evidente anafora di quale sostantivo?**
4. **Nella lirica è presente la figura fonetica dell'allitterazione: individuala.**
5. **Le parole «orecchini» (v. 6) e «coralline» (v. 7) «chiare» (v. 1) e «vietate» (v. 3) quali figure retoriche di suono costituiscono?**
6. **Rintraccia gli *enjambements* che sono inseriti nei primi sei versi.**

6 IL COMMENTO

Fare il commento di un testo poetico vuol dire **analizzarlo** e **interpretarlo** sia dal punto di vista del *significato* sia del *significante* per coglierne il messaggio.
Il commento può essere:

- **soggettivo** se si basa su valutazioni personali
- **oggettivo** se mira ad esaminare gli elementi propri del testo nelle sue caratteristiche lessicali, semantiche, morfosintattiche.

Come si fa il commento di un testo poetico

Prima di iniziare il lavoro è utile:

- leggere il testo per comprenderne l'**argomento**
- comprendere il **significato** di tutte le parole presenti (con l'aiuto di note e del dizionario)
- eseguire la **parafrasi**, ossia trascrivere il testo in linguaggio semplice e lineare. La parafrasi è il primo obiettivo operativo che ci si pone davanti ad una poesia, poiché attraverso di essa si raggiunge il primo livello di comprensione

Per procedere nel lavoro si può seguire lo schema seguente.

INTRODUZIONE

Presentazione dell'argomento, riassunto brevemente, con informazioni necessarie per la comprensione del testo.

COMPRENSIONE COMPLESSIVA

Analisi del significato: individuazione del **tema** principale e del **messaggio** che il poeta vuole trasmettere.

ANALISI DEL TESTO

Analisi del significante: esame della struttura del testo dal **punto di vista formale**: esame dei versi, struttura delle strofe, caratteristiche foniche, figure retoriche, ritmo della lirica, relazione tra significante e significato, modalità espressive del poeta.

CONTESTO

Una volta conclusa la fase dell'analisi delle caratteristiche interne al testo, si procede all'analisi degli **elementi extratestuali** al fine di contestualizzare il testo in esame. Tali elementi sono:

a) la biografia dell'autore
b) la poetica dell'autore
c) i rapporti con le altre opere dell'autore
d) i rapporti con altre opere di autori diversi che richiamino tematiche o strutture analoghe
e) i rapporti con la tradizione e con i movimenti letterari del tempo
f) i rapporti con il contesto storico-culturale del tempo

INTERPRETAZIONE

Esame del contenuto per cogliere l'intenzione comunicativa e per dare una delle possibili interpretazioni

Laboratorio di metodo

esempio guidato

Commento guidato

Eugenio Montale
«Ho sceso, dandoti il braccio, almeno un milione di scale»

La lirica è una dolorosa riflessione sulla vita e sulla morte. L'assenza della moglie ha lasciato un grande vuoto nel poeta, perché lei riusciva a vedere quello che gli altri non vedono: "La realtà non è quella che si vede" questo era l'insegnamento di Mosca, che Montale ha fatto suo per continuare il cammino senza cadere in inganni e disillusioni.

Ho sceso, dandoti il braccio, almeno un milione di scale
ed ora che non ci sei è il vuoto ad ogni gradino.
Anche così è stato breve il nostro lungo viaggio.
Il mio dura tuttora, né più mi occorrono
le coincidenze, le prenotazioni,
le trappole, gli scorni di chi crede
che la realtà sia quella che si vede.

Ho sceso milioni di scale dandoti il braccio
non già perché con quattr'occhi forse si vede di più.
Con te le ho scese perché sapevo che di noi due
le sole vere pupille, sebbene tanto offuscate,
erano le tue.

[da *Tutte le poesie*, Garzanti, Milano 1984]

Abbiamo evidenziato
in fucsia
la presenza delle rime
in verde
le scelte stilistiche
in rosso
le figure retoriche

Parafrasi *Ho sceso almeno un milione di scale con l'aiuto del tuo braccio e tu con il mio, e ora che sei morta senza il tuo aiuto mi sembra cadere ad ogni scalino.*
Nonostante la lunga vita trascorsa insieme è stato troppo breve il nostro tempo. La mia vita, invece dura ancora, non mi servono più le coincidenze dei treni, le prenotazioni degli alberghi e gli affanni della vita appaiono trappole prive di senso senza la tua presenza e le delusioni, le arrabbiature di gente che pensa sia vero ciò che appare.
Ho sceso tantissime scale col tuo aiuto perché con quattro occhi forse si vede meglio.
Le ho scese insieme a te perché tra di noi quello che vedeva meglio, nonostante la miopia, eri tu.

A Analisi del testo

Il tema

Il testo appartiene a *Satura*, una delle ultime raccolte poetiche di Eugenio Montale, uscita nel 1971. La lirica, composta il 20 novembre 1967, è stata inserita dal poeta nella seconda sezione della raccolta, intitolata *Xenia II*. Vi compare, come in altre poesie, alcune delle quali particolarmente sofferte, il motivo della morte della moglie. La perdita di Mosca, la donna assieme alla quale aveva trascorso gran parte della vita (il milione di scale del primo verso) provoca nel poeta un senso di vuoto e di disorientamento. Era la moglie ad avere, fra i due, il ruolo di guida fra le difficoltà, grandi e piccole, dell'esistenza.

Laboratorio di metodo
esempio guidato

La struttura e le forme

La lirica si compone di dodici versi liberi, organizzati in due strofe di lunghezza diseguale. Alcuni hanno un andamento che ricorda l'endecasillabo, altri sono addirittura più lunghi. Le rime compaiono soltanto nei due versi finali di ogni strofa: crede / vede (rima baciata); due / tue (rima alternata).

Dal punto di vista strutturale si nota la ripresa, in termini quasi identici, del primo verso al verso 8, che coincide con l'inizio della seconda strofa. Questa ripresa funge da collegamento fra le due parti della lirica: in effetti se la prima strofa rende il senso di smarrimento del poeta per la perdita della moglie, la seconda chiarisce il vero senso di quel disorientamento. Mosca dunque non era semplicemente la donna dotata di senso pratico, ma comprendeva il significato profondo delle cose, al di là delle semplici apparenze.

B Le tecniche espressive

Le scelte linguistiche e le figure retoriche

Il testo ha un andamento chiaramente prosastico, soprattutto la prima strofa senza gli *a capo* non si distinguerebbe da un breve testo in prosa. Anche la sintassi procede regolarmente, senza inversioni (tranne quel «né più» al verso 4) e senza artifici, come potrebbero essere assonanze e allitterazioni.

Il lessico è semplice e colloquiale, in alcuni punti suggerisce momenti di vita quotidiana, piccole faccende di ordine pratico: coincidenze, prenotazioni, trappole, quest'ultimo termine ha poi un sapore vagamente gergale.

Non mancano invece le figure retoriche. Il milione di scale (e i milioni di scale al verso 8) è chiaramente un'iperbole; il nostro lungo viaggio (verso 3) è una metafora che allude, in termini abbastanza consueti, agli anni passati insieme. L'aggettivo breve premesso alla citata metafora conferisce all'espressione anche il valore di un ossimoro, cioè l'accostamento di due termini di significato opposto: breve/lungo.

Le pupille del verso 11 sono infine una sineddoche, che si ottiene indicando una parte per il tutto: le pupille stanno sia al posto degli occhi sia al posto della vista, quest'ultima va intesa anche, in senso metaforico, come capacità di comprensione del senso profondo della vita.

C Il contesto

La lirica non ha come sfondo alcun luogo specifico, non è collocata in un tempo determinato, affronta piuttosto una situazione. Vari dettagli rimandano ad un ambiente sociale elevato (i viaggi, le prenotazioni), altri a riflessioni tipiche di chi svolge un lavoro intellettuale («chi crede che la realtà sia quella che si vede»); emerge in ogni caso un contesto famigliare in cui i ruoli sono definiti: alla moglie le incombenze pratiche, al marito (il poeta) le meditazioni filosofiche e la scrittura.

Ora quello stile di vita, intessuto di lunghe abitudini («Ho sceso milioni di scale dandoti il braccio»), è arrivato ad una naturale conclusione. La morte della moglie ha provocato una frattura anche nella vita del poeta: dolore e insieme disorientamento, vuoto fisico ed esistenziale.

D L'interpretazione

Fondamentale per la comprensione della lirica è il motivo dello sguardo. Lo sguardo di Mosca, sia concreto sia metaforico, era la guida del poeta. Quello sguardo, benché offuscato (la donna infatti era molto miope), esprimeva una saggezza e una comprensione della vita innati, frutto dell'istinto, dell'intuizione e non di un particolare bagaglio culturale o intellettuale. Proprio Mosca, che sappiamo essere stata donna pratica e attenta alle piccole incombenze quotidiane, sapeva che la realtà vera, autentica, profonda non coincide con quella che abitualmente percepiamo con i nostri sensi e organizziamo secondo scansioni, impegni, scadenze. Questi, dice il poeta, sono soltanto le trappole, gli «scorni» (verso 6), cioè gli smacchi, le beffe, le delusioni che la vita ha in serbo per noi.

Resta da scoprire che cosa si celi sotto la superficie delle cose. Qui l'interpretazione del messaggio si fa ardua, aperta a tante ipotesi. Montale come sempre ci addita quel che le cose non sono, la loro essenza rimane invece indeterminata, forse dietro l'apparenza si cela semplicemente il nulla esistenziale.

VERIFICA FORMATIVA

per accertare le competenze acquisite

autoverifica con tutor

Il testo poetico

1. Le seguenti affermazioni riguardano i testi poetici; indica la frase errata.

- [A] I testi poetici sono caratterizzati da una struttura ritmica e metrica
- [B] Il testo poetico è polisemico, ossia ha più significati
- [C] Nella poesia il livello connotativo (i significati aggiuntivi delle parole) prevale su quello denotativo (il significato base, di uso comune)
- [D] Il testo poetico si può dividere in sequenze
- [E] L'unità metrica fondamentale della poesia è il verso
- [F] Il ritmo è una successione cadenzata di particolari accenti
- [G] La strofa è un insieme di versi legati insieme da schemi fissi o da schemi liberi

2. Indica due forme metriche molto diffuse nella tradizione della poesia italiana.

3. Completa la frase seguente.

Il verso si dice *piano* quando l'accento cade ...., *tronco* se l'accento cade ...., *sdrucciolo* se l'accento cade ....

4. Completa la frase seguente.

Il sonetto è formato da .... detti endecasillabi, distribuiti in due quartine a rima .... o a rima .... e due terzine a rima ....

5. Come si chiamano le strofe della canzone?

6. Come si chiama l'ultima strofa della canzone?

7. Individua le figure retoriche presenti nei seguenti versi.

A) *Spesso **il male di vivere ho incontrato*** (E. Montale)

- [A] ipallage
- [B] anastrofe
- [C] *climax*
- [D] iperbole

B) *Io gli studi leggiadri / talor lasciando e **le sudate carte*** (G. Leopardi)

- [A] ossimoro
- [B] metonimia
- [C] sinestesia
- [D] onomatopea

C) *Nell'aria c'è un breve **gre gre** di renelle* (G. Pascoli)

- [A] ossimoro
- [B] chiasmo
- [C] paranomasia
- [D] onomatopea

D) *Due volte nella* ***polvere*** */ due volte sull'****altar*** (A. Manzoni)

- A antitesi
- B metafora
- C litote
- D iperbole

8. Il sonetto è una forma metrica inventata da

- A Dante
- B Petrarca
- C la scuola poetica siciliana
- D la scuola poetica toscana

9. Completa le seguenti frasi.

La **dieresi** è il fenomeno per cui due vocali, all'interno di una parola, vengono considerate .... e contano come .... sillabe metriche e sono pronunciate ....

Convenzionalmente la dieresi è segnalata da .... sulla prima vocale interessata.

La **sineresi** è il fenomeno opposto alla dieresi e consiste nel computare come .... sillaba due o tre .... contigue che avrebbero pronuncia ....

10. Che cos'è l'*enjambement*?

- A la collocazione nello stesso verso di due parole legate dal punto di vista logico e grammaticale
- B la coincidenza della fine del verso con la conclusione sintattica di una frase
- C la separazione in due versi successivi di due parole strettamente legate dal punto di vista grammaticale
- D la presenza in una poesia di frasi che si estendono in più versi determinando la coincidenza tra struttura metrica e sintattica

11. Le figure fonetiche (di suono) sono (cancella le due risposte sbagliate)

- A anastrofe
- B allitterazione
- C assonanza
- D iperbato
- E consonanza
- F iterazione

12. Completa la seguente frase.

Fare il commento di un testo poetico vuol dire .... sia dal punto di vista del .... sia del significante per coglierne ....

AREA DIGITALE

Le risposte agli esercizi sono disponibili nell'area digitale

UNITÀ 2

La poesia lirica: temi • Il canto della natura: luoghi, atmosfere, sensazioni

Il canto della natura: luoghi, atmosfere e suggestioni

I poeti e la natura

La natura, con le sue bellezze, è stata oggetto di ispirazione per i poeti di tutti i tempi, a volte gioiosa a volte triste e nostalgica.

Nell'Ottocento il paesaggio, pur rimanendo un dato esterno e reale, diviene tuttavia interlocutore privilegiato del soggetto, occasione di contemplazione e di riflessione, specchio dell'io in cui si riflettono le emozioni e i sentimenti del poeta. Nel Novecento si assiste ad una progressiva interiorizzazione del paesaggio, che nasce direttamente dalla coscienza del poeta e viene utilizzato per rappresentare una condizione esistenziale e per esprimere una ricerca interiore, spesso sofferta, nel tentativo di capire il senso profondo dell'esistenza.

Suggestioni: chiarori lunari

Dell'immenso e sublime palcoscenico della natura, la luna è l'astro più familiare e caro agli uomini, che da sempre lo hanno umanizzato dotandolo di un volto, ma è anche il più misterioso e affascinante. Considerato simbolo della caducità, ma anche del perpetuo rinnovamento della morte e della resurrezione, non a caso la luna è stata fonte inesauribile di suggestioni soprattutto per i poeti che l'hanno posta al centro di nostalgiche atmosfere, ne hanno fatto oggetto di sogni e di desideri, l'hanno considerata una confidente privilegiata alla quale affidare i propri pensieri e i propri tormenti.

- **Saffo** identifica il tramonto della luna con il tramonto della giovinezza.
- **Giacomo Leopardi** confida alla silenziosa luna il suo dolore.
- **Victor Hugo** proietta i suoi intimi stati d'animo nel paesaggio rischiarato dalla luna.

Realtà interiori

La contemplazione della natura dà voce ai poeti per fare rivivere realtà interiori e paesaggi dell'animo, fatti di promesse e speranze, tristezze e ironie, sogni e tenerezze, dubbi e smarrimenti.

- **Giacomo Leopardi** vorrebbe naufragare nella quiete silenziosa dell'infinito per provare la dolcezza del nulla, che cancella le sofferenze della vita.
- **Giosuè Carducci**, contemplando il paesaggio della Maremma toscana, sua terra natìa, prova profonde emozioni legate ai ricordi del suo tempo giovanile.
- **Paul Verlaine** proietta la sua languida malinconia in un triste e malinconico paesaggio d'autunno e crea immagini poetiche di profonda sensibilità e musicalità.
- **Giovanni Pascoli** descrive la realtà non attraverso relazioni logiche, ma con analogie, allusioni, immagini balenanti, corrispondenze tra l'ambiente e lo stato d'animo.

Luoghi: la città

La città diviene occasione di meditazione e di riflessione, specchio dell'io, in cui si riflettono le emozioni e i sentimenti del poeta; luogo privilegiato per rappresentare una condizione esistenziale e per esprimere una ricerca interiore, spesso sofferta, nel tentativo di capire il senso profondo dell'esistenza.

- Per **Umberto Saba** Trieste rappresenta un rifugio in cui trovare equilibrio e i valori autentici dell'esistenza.
- **Vincenzo Cardarelli** coglie immagini suggestive ed emozionanti nella magica atmosfera di Venezia, colta in un tramonto di fine estate.

immagine attiva

Vincent Van Gogh, *Campo di grano con corvi*, 1890. Amsterdam, Rijksmuseum.

Chiarori lunari

Saffo
«Tramontata è la luna»

ascolto

ANNO	FORMA METRICA	TEMA
VII secolo a.C.	frammento	• il tramonto della giovinezza

L'AUTRICE

Saffo nacque a Ereso nell'isola di Lesbo nella metà del VII secolo a.C. Fondò a Mitilene una sorta di comunità religioso-pedagogica legata al culto di Afrodite e delle Muse per l'educazione artistica e religiosa delle figlie dei nobili. Saffo è una delle figure più importanti della poesia lirica greca. Il genere lirico è caratterizzato dalla trattazione di temi personali. Saffo sviluppò soprattutto la tematica amorosa.

Nella lirica che segue, che costituisce la parte iniziale di un frammento della poetessa greca Saffo, il tramonto della luna viene associato alla giovinezza che svanisce.

Tramontata è la luna
e le Pleiadi a mezzo della notte,
anche giovinezza già dilegua,
e ora nel mio letto resto sola.

[da *Lirici greci*, Mondadori, Milano 1995, traduzione di Salvatore Quasimodo]

LABORATORIO SUL TESTO

Abilità e competenze

Scrittura e interpretazione

1. Commenta la seguente lirica di Saffo; prova quindi a proseguire il componimento aggiungendo, in forma poetica, suggestioni personali.

Plenilunio
Gli astri d'intorno alla leggiadra luna
nascondono l'immagine lucente,
quando piena più risplende, bianca
sopra la terra.

[traduzione di Salvatore Quasimodo]

SCHEDA APPROFONDIMENTI

Le Pleiadi

Secondo la mitologia le Pleiadi erano sette sorelle figlie del gigante Atlante e di Pleione; si chiamavano Taigeta, Elettra, Alcione, Asterope, Celeno, Maia e Merope. Un giorno, mentre si trovavano in Beozia, incontrarono il cacciatore Orione, che, innamoratosi di loro, le inseguì per cinque anni, ma inutilmente, perché esse vennero trasformate in colombe; in seguito Zeus, impietositosi, le trasformò in stelle, a formare appunto, l'omonima costellazione. Secondo un'altra versione del mito, le Pleiadi furono trasformate in stelle a causa del dolore provato al momento in cui il loro padre Atlante venne condannato a sostenere il cielo sulle spalle. Si narra inoltre che al momento della caduta di Troia, Elettra, dalla quale discendeva la stirpe regale della città, abbandonò disperata la compagnia delle sorelle e fu trasformata in una cometa.

Elihu Vedder, *Le Pleiadi*, 1885. New York, Metropolitan Museum of Art.

un autore, un libro

Canti
di Giacomo Leopardi

IL LIBRO

La prima edizione dei *Canti* uscì nel 1831. Nel 1845, dopo la morte del poeta, Antonio Ranieri curò l'edizione definitiva.

I 41 componimenti non sono distribuiti secondo l'ordine cronologico di composizione, ma secondo un ordine tematico-estetico. Le prime due canzoni della raccolta sono di **argomento civile** (*All'Italia* e *Sopra il monumento di Dante*, 1818); nella canzone *Ad Angelo Mai* (1820) il tema politico e civile diventa pretesto per esprimere la constatazione della scomparsa dei grandi ideali che avevano caratterizzato il mondo classico; in *Bruto minore* (1821) e *Ultimo canto di Saffo* (1822), il poeta affronta il tema dell'infelicità e del suicidio.

Segue poi, nei *Canti*, un gruppo di componimenti, chiamati tradizionalmente **piccoli idilli**, che segnano un momento nuovo nella storia della lirica leopardiana. Sono *L'infinito, La sera del dì di festa*, *Alla luna*, *Il sogno*, *La vita solitaria*, tutti composti tra il 1819 e il 1821, e caratterizzati da temi autobiografici, espressi in uno stile di limpida semplicità, impreziosito da vocaboli arcaici.

Dopo un lungo silenzio poetico, tra il 1828 e il 1830 furono composti, tra Pisa e Recanati, i cosiddetti **grandi idilli**: *A Silvia, Le ricordanze*, *Il sabato del villaggio*, *La quiete dopo la tempesta*, *Il passero solitario*, *Canto notturno di un pastore errante dell'Asia*. Lo stato d'animo da cui nasce questa seconda stagione poetica è quello della rimembranza, del ricordo, attraverso cui Leopardi recupera la stagione dell'illusione e della speranza e rivive immagini, sensazioni e sentimenti antichi, con la consapevolezza tuttavia del vero, della vanità, delle illusioni.

Dalla delusione subita per il tramonto della speranza d'amore per una donna fiorentina (Fanny Targioni Tozzetti) nasce il **«ciclo di Aspasia»**. La poesia è lontana da quella degli idilli, il linguaggio è più cupo, le illusioni hanno ceduto il posto all'accettazione del *vero*, che è inganno e dolore.

Con *La ginestra o il fiore del deserto* si conclude idealmente la storia della poesia leopardiana. La ginestra, unico fiore di una terra deserta, simbolo della resistenza e della poesia, racchiude il messaggio leopardiano: l'accettazione della tragica condizione che accomuna gli uomini e che dovrebbe renderli solidali nella lotta contro il comune nemico: la Natura.

L'AUTORE

Giacomo Leopardi nacque nel 1798 presso una nobile famiglia di Recanati; il padre, il conte Monaldo, era un erudito uomo di cultura; la madre, Adelaide Antici, era una donna rigida, incapace di trasmettere calore umano. Leopardi ricevette la sua prima formazione da educatori ecclesiastici e, servendosi della fornitissima biblioteca paterna, si dedicò allo studio della letteratura italiana, delle lingue e delle letterature classiche. Un momento fondamentale della sua formazione intellettuale fu l'amicizia stretta nel 1817 con Pietro Giordani, un intellettuale di orientamento classicista, ma di idee laiche e democratiche. Insofferente dell'ambiente gretto di Recanati nel 1819 tentò di fuggire da casa, senza però riuscirvi. Intanto, le precarie condizioni di salute, aggravate dall'insorgere di una malattia agli occhi, lo gettarono in uno stato di sconforto. Sono di questo periodo le prime meditazioni sulla vanità della vita, sul nulla, sulla noia e sul dolore, che condizionano la vita dell'uomo; il suo pessimismo nei confronti della vita cominciò a diventare sempre più profondo. Leopardi oppone alla Natura, considerata «madre benigna», fonte di illusioni e di felicità, la Ragione (che ha prodotto la Civiltà), che è causa di ogni dolore perché distrugge le illusioni (è questa la fase del "pessimismo storico"). Nel 1822 la famiglia gli dà il permesso di recarsi a Roma, qui però non trova quello che si aspettava: i rapporti umani gli sembrano superficiali, la bellezza dei monumenti non lo coinvolge. Ritorna quindi a Recanati, fortemente deluso. Approda così ad una visione basata sul "pessimismo cosmico" e sull'idea di una Natura «matrigna», indifferente alla sorte degli uomini. In Leopardi vengono meno le illusioni ed egli si avvicina sempre più profondamente al materialismo illuminista. Tra il 1824 e il 1827, anni di silenzio poetico, scrive le *Operette morali*, prosa di tono filosofico, satirico e fantastico, in cui evidenzia e definisce il pessimismo maturato in quegli anni. Nel 1825 si trasferì a Milano; fu poi a Bologna e infine a Firenze e a Pisa, sempre alle prese con problemi economici e di salute. Peggiorate le sue condizioni fisiche, ritornò a Recanati tra il 1828 e il 1830; questo periodo coincise però con la ritrovata vena poetica, che lo portò a comporre alcune delle sue liriche più intense. Nel 1830 conobbe a Firenze l'esule napoletano Antonio Ranieri, con cui strinse una duratura amicizia, con lui si trasferì a Napoli. Morì il 7 giugno del 1837, a soli 39 anni.

Chiarori lunari

Giacomo Leopardi
Alla luna

ascolto

OPERA	ANNO	FORMA METRICA	TEMA
Canti	1819	idillio	• il ricordo del passato procura piacere perché se ne rievocano le illusioni

La lirica risale al 1819 e fa parte, insieme a L'infinito, *di quei brevi componimenti che nei* Canti *vengono definiti "piccoli idilli". L'ambientazione è la stessa dell'*Infinito *(vedi p. 595): sulla cima del colle (il monte Tabor, a Recanati), il poeta si rivolge intimamente alla luna, muta testimone del suo dolore, e ricorda quando, un anno prima, egli l'aveva ammirata con occhi piangenti, a causa dell'angoscia che l'opprimeva. Anche ora, a distanza di tempo, il dolore è rimasto immutato, ma non dà più spazio alle lacrime, quasi fosse divenuto l'abito normale del poeta; il quale anzi trova sollievo proprio nel ricordare il proprio passato che, se pur segnato dalla sofferenza, rimane legato alla giovinezza, stagione in cui appaiono vive quelle speranze per il futuro che l'uomo maturo vede invece definitivamente tramontare.*

O graziosa[1] luna, io mi rammento
che, or volge l'anno, sovra questo colle[2]
io venia pien d'angoscia a rimirarti:
e tu pendevi allor su quella selva
siccome or fai, che tutta la rischiari.

Parafrasi *Oh leggiadra luna, io mi ricordo* (mi rammento) *che, è passato* (or volge) *adesso un anno, sopra questo colle venivo pieno d'angoscia a contemplarti: e tu illuminavi* (pendevi) *dall'alto quella selva come fai ora, che tutta la rischiari.*

Schema metrico: endecasillabi sciolti.
1 **graziosa:** bella e consolatrice. Il poeta si rivolge alla luna con tono familiare e confidenziale, come se fosse una creatura umana; essa è la muta testimone della perenne condizione di dolore di Leopardi.
2 **questo colle:** il monte Tabor a Recanati, l'«ermo colle» caro al poeta, vedi p. 595.

Johan Christian Dahl, *Studio di nuvola e paesaggio al chiaro di luna*, 1822. Fine Arts Museums of San Francisco.

Ma nebuloso e tremulo dal pianto
che mi sorgea sul ciglio, alle mie luci
il tuo volto apparia, ché travagliosa
era mia vita: ed è, né cangia stile,
o mia diletta luna. E pur mi giova
la ricordanza[3] e il noverar l'etate
del mio dolore.[4] Oh come grato occorre
nel tempo giovanil, quando ancor lungo
la speme e breve ha la memoria il corso,
il rimembrar delle passate cose,
ancor che triste, e che l'affanno duri![5]

[da *Canti*, Einaudi, Torino 1962]

Ma ai miei occhi (alle mie luci) *il tuo volto appariva velato, offuscato e indefinito* (nebuloso e tremulo) *a causa delle lacrime che mi bagnavano gli occhi,* (mi sorgea sul ciglio) *perché la mia vita era piena di tormenti e continua ad esserlo, né cambia la sua qualità* (né cangia stile) *o mia diletta luna. E tuttavia mi procura piacere il ricordo, e il richiamare alla memoria il tempo* (noverar l'etade) *del mio dolore. Oh com'è gradito* (grato occorre) *negli anni della giovinezza, quando la speranza* (speme) *ha dinanzi a sé una lunga serie di anni e invece il corso della memoria è breve, ricordare gli eventi passati, sebbene [il ricordo] sia doloroso, e le sofferenze* (l'affanno) *durino ancora e ci facciano soffrire.*

3 **E pur... ricordanza:** per Leopardi il ricordo è in sé sempre piacevole, anche se riguarda cose dolorose.
4 **e il noverar ... dolore:** il dolore, infatti, col tempo, è entrato a far parte integrante del modo di essere del poeta.
5 **Oh... duri:** il piacere del ricordare è tale soltanto finché si è giovani e le speranze hanno ancora molte possibilità di realizzarsi; con l'età matura, accorciandosi il tempo a venire ed affievolendosi quindi le speranze, il ricordare finirà per perdere tale dolcezza.

ANALISI DEL TESTO

I temi

La tematica del ricordo

Il tema che domina la lirica è quello tipicamente leopardiano del ricordo, della rimembranza: ricordare il passato, anche se doloroso, è fonte di piacere, perché se ne rievocano le illusioni. Il poeta osserva la luna, simbolo della forza rasserenatrice della natura, e le parla come ad una creatura cara. Egli ricorda che anche l'anno prima era salito sullo stesso colle, ma il volto della luna era apparso tremolante ai suoi occhi velati di pianto. Nulla è cambiato da allora, il suo animo è ancora ricolmo di sofferenza, eppure **ricordare il dolore** di allora gli **arreca sollievo**.

La solitudine del poeta

Il 1819 è un anno particolarmente doloroso per Leopardi, che sente acutissimo il senso della propria solitudine esistenziale e il desiderio di evadere da Recanati, che egli chiama «natio borgo selvaggio». Isolato dal consorzio umano, sua meta abituale era il monte Tabor, l'«ermo colle» dove poteva sognare o «naufragar» nell'infinito, oppure, come fa in questa lirica, riflettere a tu per tu con la Luna, sulla propria vita segnata dall'«angoscia» e dall'«affanno».

La struttura e le forme

Il ricordo e l'esperienza del dolore

Possiamo dividere la lirica in **tre parti**: nella **prima parte**, vv. 1-5, il poeta si rivolge confidenzialmente alla luna («O graziosa luna») e istituisce, sul filo del ricordo, un confronto col proprio passato. Adesso, proprio come un anno prima, identica è la situazione, immutata è l'angoscia del poeta, e la luna è unica e silenziosa testimone del suo dolore.

Nella **seconda parte**, vv. 6-12, introdotta dall'avversativa «Ma», interviene però un mutamento nella considerazione del proprio stato d'animo: se un anno prima la vita «travagliosa» lo portava a piangere, ora l'esperienza del dolore si è consolidata («ed è, né cangia stile»), radicandosi nella vita del poeta e divenendo quasi una sua caratteristica esclusiva, tanto che contare la durata della sofferenza («il noverar/l'etate del mio dolore») provoca in lui una sorta di piacere («E pur mi giova...»). L'esperienza personale appena rievocata assume nell'**ultima parte** della lirica, vv. 13-16, un valore universale, espresso in forma di massima: il piacere suscitato dal ricordare il passato, per quanto triste esso sia, è tale «nel tempo giovanil», nel momento in cui l'individuo ha vissuto ancora poco e ha molte speranze dentro di sé per l'avvenire, ossia prima che il tempo distrugga tutte le sue illusioni.

Le tecniche espressive

La poetica del vago

Nella lirica rimangono imprecisate le cause della sofferenza del poeta, di cui è detto soltanto che è «pien d'angoscia» (v. 3) e che la sua vita è «travagliosa» (v. 8); ciò favorisce tra l'altro un'immediata identificazione da parte del lettore. Improntata a vaghezza è anche la scelta degli aggettivi: «graziosa», «nebuloso», «tremulo», «passate cose». Tale indeterminatezza è caratteristica della poetica leopardiana, tendente a riprodurre, attraverso la memoria, le **sensazioni indefinite** proprie della fanciullezza, dal momento che poetico per Leopardi è ciò che è lontano nel tempo e nello spazio, che può essere solo immaginato e non direttamente percepito. Per questo, afferma lo stesso Leopardi nel suo diario, lo *Zibaldone*, «la rimembranza è essenziale e principale nel sentimento poetico, non per altro, se non perché il presente, qual ch'egli sia, non può essere poetico; e il poetico, in uno o in altro modo, si trova sempre consistere nel lontano, nell'indefinito, nel vago».

LABORATORIO SUL TESTO

› Conoscenze

Comprensione

1. In questa poesia di che cosa è simbolo la luna?
- [A] del passato del poeta
- [B] del dolore dell'uomo
- [C] dell'imperturbabilità della natura

2. Il ricordo è piacevole perché
- [A] consente di sfuggire alla propria condizione di dolore
- [B] si rivedono i volti amati
- [C] solo nel ricordo si può essere felici

3. Che cosa è cambiato nell'animo del poeta a distanza di un anno?

4. A quale conclusione giunge l'autore?

Analisi

5. La riflessione di Leopardi può essere divisa in tre momenti fondamentali; individuali nel testo e cerca di sintetizzarne il contenuto e la funzione.

6. La struttura degli endecasillabi sciolti presuppone l'uso frequente di *enjambement*; rilevali nel testo.

Conoscenze lessicali

7. La parola «travagliosa» in questo contesto assume il significato di
- [A] faticosa
- [B] laboriosa
- [C] piena di impegni
- [D] dolorosa

8. Sottolinea nel testo i termini e le forme oggi caduti in disuso e cerca il corrispettivo in lingua corrente.

9. I verbi "rammentare" (v. 1), "rimembrare" (v. 15) valgono entrambi "ricordare", così come "sovvenire" e "rammemorare", usati in altra sede da Leopardi; controlla sul vocabolario l'etimologia di ciascun verbo e verifica le eventuali sfumature di significato.

Conoscenze grammaticali

10. Nei versi 1-12 compaiono numerosi pronomi personali in prima e seconda persona e aggettivi possessivi. Dopo averli individuati e sottolineati spiega per quale motivo non sono più presenti nei versi conclusivi.

11. La lirica è composta da quattro periodi: individuali e per ciascun periodo indica la proposizione principale.

Abilità e competenze

Scrittura e interpretazione

1. **Condividi, almeno in parte, l'opinione di Leopardi sul piacere del ricordo, anche se associato ad eventi tristi? Esponi brevemente il tuo pensiero anche riportando qualche esempio legato alla tua esperienza personale.**

Ascoltare, argomentare e confrontarsi

2. **Osserva il dipinto e dopo avere letto la spiegazione rispondi alle domande.**

immagine attiva

Edvard Munch (1863-1944), *Chiaro di luna*, 1895. Nasional Galleriet, Oslo.

La luna che si specchia nel tratto di mare dipinto da Edvard Munch non è illuminata dalla «grazïosa luna» che muove i ricordi di Leopardi; sembra anzi minacciata da una macchia scura che il pittore, ambiguamente, fa coincidere con un ramo d'albero frondoso. Se la visione in Leopardi è "nebulosa e tremula" qui la realtà della natura dipinta dal pittore scandinavo si condensa in forme ben definite, pesanti, così che anche il riflesso della luna crea una forma autonoma, incuneata nell'acqua. La corposità dei colori e la consistenza delle forme creano una visione concreta e diversa da quella reale, fino ad arrivare a pensarla inconoscibile e misteriosa. Solo a questo punto, la pittura di Munch si congiunge con la poesia di Leopardi, che in altre suoi scritti aveva pensato quanto la natura potesse essere ostile verso l'uomo. La luna di Munch è piccola cosa rispetto al mare e alla terra, e l'uomo ancora più indifeso di fronte alla natura, che qui non possiede neppure una funzione consolatoria.

1. Nella poesia di Leopardi la luna è silenziosa testimone del suo dolore; nell'opera di Munch come ti appare la luna rispetto agli altri elementi della natura?
2. A tuo parere il paesaggio risulta
   [A] malinconico [B] inquietante [C] sereno [D] armonioso [E] misterioso
   Spiega i motivi della tua scelta.
3. Indipendentemente dal titolo dato dall'autore, proponi tu un titolo al quadro.
4. Quali sensazioni ti suscita questo dipinto?
5. Ci sono elementi a tuo avviso che possono accomunare quest'opera alla poesia di Leopardi? Motiva la tua risposta.

Queste domande possono essere rivolte a tutto il gruppo classe per un confronto tra i diversi punti di vista. Le diverse opinioni saranno oggetto di dibattito su come un'opera d'arte possa essere interpretata in modo soggettivo, ma logico e coerente.

Chiarori lunari

Victor Hugo
Chiaro di luna

OPERA	ANNO	FORMA METRICA	TEMA
Le Orientali	1829	versi liberi	• paesaggi e stati d'animo

L'AUTORE

Victor Hugo nacque a Besançon nel 1802. Votato alle lettere fin dalla prima giovinezza, già nel 1819 fondò una rivista, «Le Conservateur littéraire», e nel 1822 pubblicò la sua prima raccolta di versi, *Odi e poesie varie*. Repubblicano convinto, schierato dalla parte del popolo per difenderne i diritti, lasciò la Francia dopo il colpo di stato di Napoleone III, nel 1851, recandosi in esilio prima in Belgio, poi nelle isole Normanne (sulla Manica), dove rimase fino alla caduta del Secondo impero (1870). Fece un rientro trionfale a Parigi, dove trascorse gli ultimi quindici anni della sua vita; morì infatti nel 1885. Massimo rappresentante e teorico del Romanticismo francese, Hugo fu scrittore instancabile. Della sua enorme produzione ricordiamo i romanzi *Notre-Dame de Paris* (1831), *I miserabili* (1862); il dramma *Marion Delorme* (1829); le raccolte poetiche *Le Orientali* (1829), *Foglie d'autunno* (1831), *Canti del crepuscolo* (1835), *Le voci interiori* (1837), *I raggi e le ombre* (1840), *Il Reno* (1842), *La leggenda dei secoli* (1883).

La situazione qui descritta è quella di un'atmosfera notturna e serena, in cui i giochi di luce prodotti dal chiarore lunare s'intrecciano con le vibrazioni di una chitarra. Improvvisamente, però, l'incanto viene interrotto da un «opaco rumore»: quello dei tonfi di prigionieri gettati in acqua, crudelmente cuciti dentro ai sacchi.

PER AMICA SILENTIA LUNAE (Virgilio)[1]

La luna era serena e giocava sull'acqua.[2]
Libera infine[3] e aperta la finestra alla brezza,
e la sultana[4] osserva: il mare che si frange[5]
laggiù e gli scogli neri ricamati d'argento.

La chitarra vibrando le scivola di mano,[6]
ascolta l'eco sorda di un opaco rumore:
forse un vascello turco, coi suoi tartari remi,
dalle spiagge di Kos[7] si muove ai lidi[8] greci?

O sono i cormorani[9] coi loro tuffi lenti
E con le ali imperlate dall'acqua appena mossa?

La lune était sereine et jouait sur les flots.
La fenêtre enfin libre est ouverte à la brise,
La sultane regarde, et la mer qui se brise,
Là-bas, d'un flot d'argent brode les noirs îlots.

De ses doigts en vibrant s'échappe la guitare.
Elle écoute... Un bruit sourd frappe les sourds échos.
Est-ce un lourd vaisseau turc qui vient des eaux de Cos,
Battant l'archipel grec de sa rame tartare?

Sont-ce des cormorans qui plongent tour à tour,
Et coupent l'eau, qui roule en perles sur leur aile?

Schema metrico: cinque quartine di senari e settenari doppi senza vincolo di rima (a rima incrociata, ABBA, nell'originale).

1 **Per amica silentia lunae (Virgilio)**: i versi in epigrafe sono tratti dall'*Eneide* (II, 255), poema epico latino di Virgilio (I sec. a.C.): 'nell'amico silenzio della luna'.
2 **giocava sull'acqua**: si riferisce ai riflessi della luna sulla superficie tremolante dell'acqua.
3 **Libera infine**: secondo il costume orientale, infatti, le finestre devono stare chiuse durante il giorno.
4 **sultana**: moglie o madre del sultano.
5 **si frange**: si infrange contro gli scogli.
6 **La chitarra... mano**: a causa di un tonfo che interrompe quell'atmosfera incantata.
7 **Kos**: o Coo, isola del Dodecaneso, nel mar Egeo, a quel tempo appartenente all'impero ottomano (l'arcipelago, che fu anche colonia italiana durante il fascismo, ritornò alla Grecia nel 1947).
8 **lidi**: spiagge.
9 **cormorani**: uccello dei pelicaniformi, abilissimo pescatore.

O di un jinn[10] lassù soffia la smorta voce
E pietre dalla torre fa cadere nel mare?

Chi vicino al serraglio[11] osa turbare l'acqua?
Né il cormorano nero dall'onda carezzato;
né pietre delle mura, né il suono cadenzato
di un vascello che arranca[12] sull'acqua con i remi.

Sono sacchi pesanti, da cui escono dei singhiozzi.
Si potrebbe vedere, scrutando il mare che li accompagna,
muoversi all'interno come una forma umana...[13]
La luna era serena e giocava sull'acqua.

[da *Capolavori della poesia romantica*, a cura di Guido Davico Bonino, Mondadori, Milano 1986]

Est-ce un djinn qui là-haut siffle d'une voix grêle,
Et jette dans la mer les créneaux de la tour?

Qui trouble ainsi les flots près du sérail des femmes?
Ni le noir cormoran, sur la vague bercé,
Ni les pierres du mur, ni le bruit cadencé
Du lourd vaisseau, rampant sur l'onde avec des rames.

Ce sont des sacs pesants, d'où partent des sanglots.
On verrait, en sondant la mer qui les promène,
Se mouvoir dans leurs flancs comme une forme humaine...
La lune était sereine et jouait sur les flots.

10 **jinn**: nella tradizione popolare musulmana il *jinn* è il genio, uno spirito maligno della notte.
11 **serraglio**: residenza regale (dal turco *saray* = 'edificio', 'palazzo').
12 **arranca**: avanza lentamente e faticosamente.
13 **una forma umana**: si tratta infatti di corpi di prigionieri crudelmente gettati in mare dai Turchi.

ANALISI DEL TESTO

I temi

Il motivo ispiratore della lirica

Concepite nel periodo del pieno Romanticismo, le liriche di questa raccolta sono caratterizzate dall'idea che la poesia debba cantare «tutto ciò che vi è di intimo in ogni cosa», affidando ai versi il compito di esprimere l'«interiorità dell'anima». Si aggiunga, per quanto riguarda il motivo ispiratore della lirica, l'interesse per gli studi delle **civiltà orientali**, molto sviluppati a quel tempo, e le ripercussioni emotive esercitate dal 1821, su patrioti e artisti di tutta Europa, dalla lotta dei Greci per l'indipendenza dall'Impero ottomano, che otterranno nel 1830. Sono presenti in questo "chiaro di luna" (soggetto assai frequentato sia dai poeti che dai musicisti; si pensi, tra tutti, a Beethoven e a Chopin) alcuni **temi** tipicamente **romantici**: il **paesaggio** come proiezione di uno **stato d'animo**, la profonda **musicalità**, ma anche il senso della **patria** e della **libertà**, deducibile dal contesto, in cui viene indirettamente evocato un episodio della guerra greco-turca.

La struttura e le forme

Il punto di vista

Dopo una prima osservazione, che introduce direttamente l'immagine del chiaro di luna sul mare, l'autore adotta inaspettatamente, per la descrizione analitica del paesaggio, un punto di vista diverso: quello di una sultana orientale alla finestra («e la sultana osserva»), identificandosi con lei quasi per proiettare le proprie emozioni in un mondo esotico e lontano, secondo un modo di sentire caro ai poeti romantici.

L'atmosfera sospesa del notturno

Il clima di dolcezza e serenità («La luna era serena»...) e le osservazioni coloristiche («gli scogli neri ricamati d'argento») sono accompagnati dal suono di una chitarra, che serve a potenziare ulteriormente l'incanto della situazione.

L'atmosfera sospesa viene però interrotta da un «opaco rumore» (la sinestesia fonde una sensazione acustica con una visiva); ciò consente di formulare, sempre attraverso il **punto di vista della sultana**, una serie di ipotesi (rilevate dai punti interrogativi), che sfumano progressivamente dal reale al fantastico: dal «vascello», ai «cormorani», al genio della torre («un jinn») che fa cadere nel mare le pietre.

Ma nell'ultima strofa, in cui il **punto di vista dell'autore** e quello della sultana coincidono, tali ipotesi sulle cause del turbamento («Chi... osa turbare l'acqua?») vengono negate, e in tal modo viene evocata una realtà diversa, profondamente suggestiva proprio perché taciuta.

Le tecniche espressive

La musicalità

La musicalità, come si è detto, è uno dei principali intenti che l'autore si propone di conseguire nella lirica; essa risulta inevitabilmente meno percepibile nella traduzione, che tende in ogni caso a riprodurre dal testo originale il **ritmo lento** del verso, caratterizzato dalla presenza di **vocali chiare** (*a*, *e*), il carattere sognante rilevato dalle numerose domande, le notazioni cromatiche («giocava sull'acqua»; «scogli neri ricamati d'argento»; «cormorano nero») e soprattutto musicali («si frange»; «vibrando»; «eco sorda»; «soffia la smorta voce»; «suono cadenzato»).

LABORATORIO SUL TESTO

Conoscenze

Comprensione

1. **Quali ipotesi vengono formulate sulla causa del tonfo? Perché vengono smentite ai versi successivi?**

2. **Quali termini fanno esplicito riferimento a realtà del mondo orientale?**

Analisi

3. **Il primo verso viene ripreso a conclusione della lirica, dove però si carica di un diverso significato: prova a chiarirlo.**

4. **Sintetizza la situazione descritta in ciascuna quartina della lirica.**

5. **Qual è il significato della sinestesia (cioè l'accostamento di termini che appartengono a sfere sensoriali differenti) del v. 6 («un opaco rumore»)?**

Conoscenze lessicali

6. **Riporta i termini e le espressioni riferibili alle sensazioni visive e a quelle acustiche presenti nella lirica.**

Conoscenze grammaticali

7. **Individua i verbi di movimento, distinguendoli a seconda della loro connotazione positiva o negativa.**

8. **«E pietre dalla torre fa cadere nel mare». Che complemento è l'espressione sottolineata?**

Abilità e competenze

Scrittura e interpretazione

1. Esprimi in un breve testo un tuo giudizio sulla poesia motivandolo.

Ascoltare, argomentare e confrontarsi

2. Presentiamo un'immagine che abbiamo scelto per evocare l'atmosfera sospesa della poesia *Chiaro di luna* di Hugo. Dopo avere letto la spiegazione rispondete alle domande.

Henri Rousseau (1844-1910), *Zingara addormentata*, 1887. New York, Moma.

La penna di Victor Hugo e il pennello di Henri Rousseau hanno creato due immagini intense ma lontane tra loro: sembra unirle soltanto una figura di donna esotica, la sultana e la zingara; tutte e due hanno accanto uno strumento musicale e proprio la musica, la notte e la luna sono gli ingredienti che danno vita ad un'atmosfera sospesa. La sultana sente un tonfo che la fa trasalire, la zingara dorme. Il suono udito dalla sultana della poesia rievoca in lei immagini con cui cerca di comprendere chi ha generato quel rumore; nel dipinto, l'immagine vuole invece fissare le immagini che si formano dentro, in quel mondo interiore dove diamo spazio ai nostri sogni e alle nostre visioni. Nella poesia è lo stesso poeta che indaga l'origine del suono, così che la realtà irrompe drammatica; qui il pittore ci lascia nell'ambiguità: non sappiamo chi sia quella donna, forse una pellegrina? Una maga? L'ombra umana che la sultana intravede ha un parallelo nella figura del leone, ma è frutto di un sogno o è la realtà che incombe minacciosa?

1. Trovate delle corrispondenze tra la poesia e il quadro?
2. Qual è, a tuo parere, il ruolo della luna nella poesia? E quale nel quadro?
3. Il verso «la luna era serena e giocava…» si può adattare anche al dipinto?
4. La pittura di Rousseau è fondata sul disegno e sul colore vivido: questo stile ostacola o facilita la rappresentazione di immagini non realistiche?

Nella lettura tra immagine e poesia confrontatevi come gruppo classe esprimendo liberamente il vostro punto di vista. Un coordinatore, che nel frattempo ha preso appunti, alla fine esponga ad alta voce quale opinione è prevalsa dalla discussione.

Chiarori lunari

al alta leggibilità

Gabriele D'Annunzio
«O falce di luna calante»

OPERA	ANNO	FORMA METRICA	TEMA
Canto Novo	1882	ode	• il chiarore lunare rischiara un mondo dove tutto è silenzio, pace e sensualità

L'AUTORE

Gabriele D'Annunzio nacque a Pescara nel 1863. Dopo gli studi al liceo Cicognini di Prato, pubblicò nel 1879, a spese del padre, la prima raccolta di versi, *Primo vere,* di ispirazione carducciana. Si iscrisse alla facoltà di Lettere a Roma. Nella villa del pittore Francesco Paolo Michetti, presso cui era ospite a Francavilla a Mare, compose il romanzo *Il piacere,* pubblicato nel 1889. Separatosi dalla moglie, Maria Hardouin di Gallese, ritornò all'attività giornalistica, collaborando alle riviste «Nuova Antologia», «Corriere di Napoli», «Il Mattino»; nel 1892 scrisse i romanzi *Giovanni Episcopo* e *L'innocente,* che fu rifiutato, per la scabrosità dei temi, dall'editore Treves. Del 1893 sono il *Poema paradisiaco* e le *Odi navali*; del 1894 il romanzo *Trionfo della morte.* Sul «Convito» di Lauro De Bosis uscì a puntate, tra il 1894 e il 1895, il romanzo *Le vergini delle rocce*. In questi anni D'Annunzio accoglie gli aspetti più innovativi della cultura europea: il simbolismo, la musica di Wagner e la filosofia di Nietzsche, da cui ricava la propria concezione del superuomo. Nel 1895 si legò sentimentalmente all'attrice Eleonora Duse. L'amore tra i due ispirerà allo scrittore il romanzo *Il fuoco* (1900). La relazione con la Duse accrescerà l'interesse del poeta per il teatro, per il quale scriverà *Sogno d'un mattino di primavera* (1897), *Francesca da Rimini* (1901), *La figlia di Jorio* (1904). Partecipò alla vita politica italiana come deputato della destra nel 1897, e poi, nel 1900, dell'estrema sinistra. Nel 1903 pubblicò i primi tre libri delle *Laudi* (*Maia*, *Elettra*, *Alcyone*). Seguirono altri lavori teatrali. Nel 1910 scrisse il romanzo *Forse che sì forse che no*. Il dissesto economico seguito al folle tenore di vita della Capponcina lo costrinse a rifugiarsi in Francia. Tra il 1911 e il 1912 uscì il quarto libro delle Laudi (*Merope*), le *Canzoni delle gesta d'oltremare*, sull'impresa in Libia, e il volume di prose *Leda senza cigno.* Fu subito favorevole all'intervento dell'Italia nel primo conflitto mondiale, che sostenne con una serie di discorsi a Genova e a Roma. Si distinse in guerra con una serie di azioni spettacolari, per cui fu ripetutamente decorato. Una ferita ad un occhio lo costrinse a un periodo di convalescenza, durante il quale scrisse l'abbozzo del *Notturno,* che verrà pubblicato nel 1921. Finita la guerra, nel 1919 occupò insieme ai suoi legionari la città istriana di Fiume, abbandonata l'anno successivo per l'intervento di Giolitti. D'Annunzio si ritirò allora nella villa di Gardone, che diventerà il Vittoriale, dove morirà nel 1938.

La lirica rappresenta un "notturno" contemplativo e meditativo. Immerso nella solitudine e nel silenzio, il poeta osserva la luna che brilla sul mare e, dopo l'esplosione diurna delle energie vitali, riesce a cogliere l'intima atmosfera di pace e riposo, di magica sospensione determinata dall'ora notturna.

O falce di luna calante
che brilli su l'acque deserte,
o falce d'argento, qual messe di sogni[1]
ondeggia a 'l tuo mite chiarore qua giù!

Aneliti[2] brevi di foglie
sospiri di fiori dal bosco
esalano a 'l mare: non canto, non grido
non suono pe 'l vasto silenzïo va.

Parafrasi

O falce di luna calante
che brilli sulle acque deserte del mare,
o falce dal colore argentato, quale abbondanza di sogni
ondeggia sulla terra al tuo dolce chiarore!

Fruscii leggeri di foglie,
sospiri di fiori si sprigionano dal bosco
si diffondono verso il mare: nel vasto
silenzio non si ode né
canto, né grido, né suono.

Schema metrico: tre strofe di quattro versi (due novenari e due doppi senari, l'ultimo dei quali tronco) non rimati.

1 **messe di sogni:** raccolto di sogni. Il termine «messe» è collegato al campo semantico di «falce»: la falce di luna miete la messe di sogni degli uomini, raffigurata come un campo ondeggiante (verso seguente).

2 **Aneliti:** effluvi, respiri.

COMPETENZE STILISTICHE

Oppresso d'amor, di piacere[3]
il popol de' vivi s'addorme...
O falce calante, qual messe di sogni
ondeggia a 'l tuo mite chiarore qua giù!

Sazi d'amore, di piacere,
gli esseri viventi si abbandonano al sonno...
O luna calante, quale abbondanza di sogni
ondeggia quaggiù sulla terra al tuo mite chiarore!

[da *Canto novo*, II, X, in *Versi d'amore e di gloria*, Mondadori, Milano 1982]

3 **Oppresso... piacere:** le liriche precedenti cantavano appunto l'energia vitale e la sensualità della natura, di cui erano intimamente partecipi, con la loro esuberanza giovanile, i protagonisti, il poeta stesso e varie figure femminili.

COMPETENZE STILISTICHE → *Riflettiamo sulla perifrasi*

Nel testo

Al verso 10 troviamo il sintagma «*il popol de' vivi*» per indicare semplicemente i vivi o l'umanità in generale. Si tratta di una perifrasi, il termine deriva dal greco antico *periphràzo* e significa letteralmente 'locuzione intorno'. La perifrasi, detta anche **circonlocuzione**, consiste nell'usare una serie di parole per indicare un oggetto, una persona o una situazione, anziché un termine unico.
Alcuni esempi di perifrasi:
– *Occorre studiare tutto il quinto canto del sommo poeta.*
Ci si riferisce a Dante, chiamato "sommo poeta".
– *Il maestro di color che sanno*
usata da Dante riferendosi ad Aristotele
– *colui che nuovo Olimpo alzò in Roma ai celesti*
usata da Foscolo per Michelangelo, alludendo alla Cupola di San Pietro ideata dall'artista.

L'importanza della perifrasi

Molto adoperata sia nella poesia sia nella narrativa, specialmente quando non si vuole citare lo stesso vocabolo più volte a breve distanza. Talvolta si ricorre alla perifrasi per ragione di metrica. In alri contesti comunicativi la perifrasi può assumere una funzione eufemistica: per esempio "non vedenti" per "ciechi", "operatore ecologico", per "netturbino".

La perifrasi e lo stile dell'autore

Come spesso avviene nella poesia antica, D'Annunzio si serve della perifrasi per innalzare il tono stilistico e arricchire le immagini della sua poesia, evitando così termini ritenuti troppo comuni o prosatici.

ANALISI DEL TESTO

I temi

Notturni silenzi

Il poeta descrive una notte quieta in cui il mondo gli appare immobile sotto il chiarore dell'esile spicchio dell'ultimo quarto di luna. Non si ode alcun rumore, solo le piante ed i fiori sembrano muoversi mentre gli esseri viventi si lasciano andare a un sonno languido, inebriati dal piacere.
In pochi versi D'Annunzio riesce a descrivere in maniera suggestiva e raffinata questo notturno, giocando sulla musicalità dei versi e sulla sensualità delle immagini.

La struttura e le forme

La ricerca della musicalità

Si avverte nella lirica un'insistita ricerca di musicalità (essa fu in effetti musicata in forma di romanza dal compositore Francesco Paolo Tosti, amico dell'autore), determinata dal ritmo regolare dei versi, con accento (*ictus*) in 2ª, 5ª e 8ª sillaba nei novenari, in 2ª, 5ª, 8ª e 11ª nei senari doppi.
A tale regolarità ritmica fa riscontro, parallelamente,

una sostanziale **omogeneità** sul piano **lessicale**: i termini «falce» e «calante», contenuti nel primo verso, vengono ripetuti ai vv. 3 e 11; i due versi finali della prima strofa, inoltre, ritornano identici (con la sola variante «d'argento/calante») in conclusione della lirica.

Le tecniche narrative

Allitterazioni e assonanze

I versi non sono rimati, ma si nota una forte frequenza di allitterazioni («falce di luna calante»; «de' vivi s'addorme») e assonanze (calANTE, *deser*TEe), corrispondenze foniche (*arge*NTo, *c*ANTo; *chiar*ORe, *fi*OR*i*). Il tema della solitudine («acque deserte», v. 2) è collegato a quello del silenzio, ai vv. 7-8 («non canto, non grido / non suono pe 'l vasto silenzïo va»), spiegato ai vv. 9-10.

Nella statica atmosfera evocata dal poeta, l'unica idea di movimento è suggerita dagli effluvi vegetali, che «esalano a 'l mare» (v. 7) e dall'«ondeggiare» della «messe di sogni».

Al verso 10 troviamo il sintagma «il popol de' vivi» per indicare semplicemente i vivi o l'umanità in generale. Si tratta di una perifrasi (vedi Competenze stilistiche).

LABORATORIO SUL TESTO

Conoscenze

Comprensione

1. **Qual è il centro tematico della lirica?**
2. **Su quali elementi del paesaggio notturno si sofferma il poeta?**
3. **Sintetizza il contenuto di ciascuna strofa con un'espressione significativa.**

Analisi

4. **Distingui i verbi di tipo «statico» da quelli di tipo «dinamico».**
5. **Determina la tipologia dei versi di ciascuna strofa e poni su ognuno gli accenti ritmici.**
6. **Qual è la caratteristica comune dei versi finali di ogni strofa?**
7. **D'Annunzio è sempre molto attento, nei suoi componimenti, alla ricerca di effetti musicali. Anche se la struttura del testo non prevede rime in fine di verso, vi sono tuttavia numerose assonanze, allitterazioni e corrispondenze foniche. Ricercale e segnalale nel testo.**
8. **A quali altri elementi fa ricorso il poeta per determinare l'effetto musicale della lirica?**
9. **Individua e spiega la sinestesia (cioè l'accostamento di termini che appartengono a sfere sensoriali diverse) del v. 9.**

Conoscenze lessicali

10. **Segnala le forme e i termini oggi in disuso e sostituiscili con i corrispettivi in lingua corrente.**
11. **Cerca sul dizionario il significato etimologico dei seguenti termini e scrivi il verbo o il sostantivo corrispondenti: «messe», «anelito», «oppresso».**

Conoscenze grammaticali

12. **Che valore grammaticale ha il pronome «qual» dei versi 3 e 11?**

Abilità e competenze

Scrittura e interpretazione

1. **Commenta, secondo la tua sensibilità, i vv. 3-4 della lirica («qual messe di sogni / ondeggia a 'l tuo mite chiarore qua giù!»), ripresi anche nel finale con leggera variante.**

Ascoltare, argomentare e confrontarsi

2. **Guarda il dipinto e leggi la spiegazione che accomuna l'opera pittorica all'atmosfera della poesia di D'Annunzio *O falce di luna calante*. Rispondi quindi alle domande e confrontati con la classe.**

Vincent Van Gogh (1853-1890), *Notte stellata*, 1889. New York, Museum of Modern Art.

immagine attiv

Il primo verso della poesia di Gabriele D'Annunzio potrebbe dare il titolo al dipinto di Vincent Van Gogh: ma la falce di luna dipinta dal pittore olandese brilla di un colore acceso, mentre quella del poeta è "d'argento"; da qui si comprende quanto l'atmosfera creata dal poeta sia lontana dalla febbrile visione dell'artista. Se sotto la luna del dipinto il paese è addormentato, così come "s'addorme il popol de' vivi", il cielo non sembra affatto dormire, anzi è tutto in movimento, come se Van Gogh avesse dipinto il moto dei pianeti, la scia delle comete, il big-bang dell'universo, tanto che in quei gorghi di luce bianca e gialla sembra di sprofondare. L'effetto dinamico è ottenuto con le tipiche pennellate lunghe, ondulate o concentriche, che diventano regolari quando segnano le case e i rilievi, per rianimarsi di nuovo nel cipresso che si alza come una fiamma verso il cielo.

1. Quale idea di natura emerge in Van Gogh?
2. In che cosa ti sembra paragonabile a quella di D'Annunzio?
3. Quale funzione compositiva ha il cipresso?
4. Trovi che l'immagine evochi l'atmosfera della poesia di D'Annunzio?
5. Quale verso della poesia rispecchia un particolare del dipinto?
   - [A] «che brilli su l'acque deserte»
   - [B] «Aneliti brevi di foglie»
   - [C] «non canto, non grido / non suono pe 'l vasto silenzïo va»

Realtà interiori e paesaggi dell'anima

Matsuo Basho
Primavera

OPERA	ANNO	FORMA METRICA	TEMA
Cento haiku	1600 circa.	haiku	• pennellate di primavera

L'AUTORE

Basho Matsuo (1644-1694) è un poeta giapponese (nome originale **Matsuo Munefusa**) ritenuto il massimo maestro giapponese della poesia haiku. Nato nella classe militare ed in seguito ordinato monaco in un monastero zen, divenne poeta famoso con una propria scuola ed allievi, col passare del tempo, sempre più numerosi. Viaggiatore instancabile, descrive spesso nella sua opera l'esperienza del viaggio. La sua estetica fa coincidere i dettami dello zen con una sensibilità nuova che caratterizza la società in evoluzione: dalla ricerca del vuoto, la semplicità scarna, la rappresentazione della natura, fino ad essenziali ma vividi ritratti della vita quotidiana e popolare.

L'autore ferma lo scatto di una ragazza scompigliata in un attimo da un soffio birichino di vento.
Kigo: zefiro.

Dallo zefiro
sospinta è la fanciulla...
irata beltà –

«Una vena comica serpeggia nella scena. Grottesco infatti appare il contrasto fra la piccolezza della bestiola e la vastità del Sumida, tra l'inutile affrettarsi del topo e il lento, ampio fluire di questo fiume di Tokyo».
Kigo: pioggerella primaverile.

Pioggerella primaverile –
lecca, un topolino,
il fiume Sumida

Composto nel 1686, questo haiku segna dal punto di vista formale l'inizio della scuola di Basho e vanta il più alto indice di notorietà in Giappone e all'estero. «Pura essenzialità del paesaggio: uno stagno in un giardino, ove il profondo silenzio, l'immoto e l'eterno vengono momentaneamente interrotti in forma visivo-sonora da un risveglio d'acqua».
Kigo: rana.

Nello specchio antico
d'acqua morta
s'immerge
una rana.
Risveglio d'acqua

Lo **haiku** è una forma poetica che si diffuse in Giappone dal sedicesimo secolo in poi. Ha una struttura molto semplice, è formato da 17 sillabe, suddivise nella catena 5-7-5, ma il suo significato è profondo e richiede una lettura attenta per scoprirne la profondità misteriosa (lo *yugen*, da *Yu* = 'vaga' 'confuso', *gen* = 'occulto' 'misterioso'). Per comprendere questa profondità si deve entrare nella situazione descritta dal poeta, immedesimandosi in essa per cercare di cogliere l'essenza intima delle cose più semplici. «Lo haiku è come un attimo di vita che diventa verso». All'interno di ciascun *haiku* è costante la presenza di un **kigo**, ossia di una parola o situazione (un fiore, una ricorrenza, un animale...) che, in modo più o meno esplicito, fa riferimento a una delle quattro stagioni.

Descrizione del paesaggio in un gioco di immagini e di sensazioni, il paesaggio, pur nell'assoluta essenzialità delle sue linee, è completo. «Da un tempio in montagna, la campana, a sera, pervade col suo suono una natura in luminoso risveglio. Svanita l'eco dei rintocchi, rimane il profumo, di breve durata anch'esso, ma intenso, degli alberi di ciliegio in fiore».
Kigo: fragranza delicata dei fiori.

Dilegua
l'eco della campana del tempio;
persiste
la fragranza delicata dei fiori.
Ed è sera –

«Un desiderio in tutto il suo fresco fascino, e un impercettibile sorriso consapevole dell'appagamento realizzabile! nel solo mondo della fantasia».
Kigo: violetta.

Poter rinascere!
Piccolo...
Pari a violetta!

«Con abile tecnica che stimola le associazioni di idee, ben si accompagna all'immagine delle brume serali quella del velo che il tempo stende, inesorabile, sul passato».
Kigo: nebbie della sera.

Nebbie della sera.
Assorto, il pensiero indugia
sui ricordi indistinti di un tempo –

[da *Cento haiku*, Guanda, Parma 1997, traduzione di Irene Iarocci]

LABORATORIO SUL TESTO

Abilità e competenze

Scrittura e interpretazione

1. Prova a commentare i seguenti *haiku* di Basho. Cerca di determinare i possibili *kigo*, le stagioni, i luoghi, le eventuali simbologie.

1. In cerca di profumi,
tra i susini, continuo a guardare
l'orlo della ghirlanda.

2. Questa strada
nessuno la percorre –
crepuscolo autunnale.

3. Al profumo dei pruni,
d'improvviso, appare il sole,
sul sentiero montano!

4. Luna piena autunnale –
la marea spumeggiante
scivola dalla porta.

5. La quercia
sembra non curarsi
dei ciliegi in fiore.

2. Prova a scrivere tu degli *haiku* sul modello di Basho e dedicali ad una stagione: l'inverno o l'autunno.

Realtà interiori e paesaggi dell'anima

Alcmane
La notte

ANNO	FORMA METRICA	TEMA
VII sec. a.C.	frammento	• il sonno avvolge nella dimenticanza i contrasti della vita

L'AUTORE

Sono molto scarse le notizie sulla figura del poeta greco **Alcmane**, vissuto nel VII secolo a.C. Probabilmente era originario della Lidia, ma trascorse buona parte della sua vita a Sparta, dove lavorò come maestro di canto e di musica, componendo in dialetto dorico (con elementi eolici) molte poesie, di cui ne resta un numero significativo. La sua opera poetica venne raccolta in sei libri ed è caratterizzata dalla presenza di temi desunti dal mito, ma anche da ricordi autobiografici e da splendide descrizioni paesaggistiche.

Un paesaggio notturno reso in modo conciso ed efficace. Vi domina il tema del sonno che avvolge tutti gli esseri, viventi e non, in una quiete tranquilla.

Dormono i vertici dei monti e i baratri,
le balze e le forre,[1]
e le creature della terra bruna,
e le fiere che ai monti s'acquattano, e gli sciami,
e i cetacei nei fondi del mare lucente.[2]
Dormono le famiglie degli uccelli,
fermo palpito d'ali.[3]

[da *Antologia Palatina*, Einaudi, Milano 1978, traduzione di Filippo Maria Pontani]

Schema metrico: versi di varia lunghezza.

1 **Dormono...forre:** il verbo iniziale «Dormono» regge tutti i versi. Il poeta immagina che, con l'arrivo della notte, il sonno abbia catturato l'intera natura, a cominciare dai «monti» e dai «baratri», dalle pareti dei monti («balze»), dalle gole («forre») in cui scorrono i ruscelli.

2 **e...lucente:** dormono gli animali che abitano nella terra scura, le fiere che si nascondono («acquattano») nei monti, gli insetti («sciami»), i «cetacei» che stanno in fondo al mare.

3 **Dormono...ali:** anche gli stormi degli uccelli dormono, e si ferma il movimento delle loro ali.

Antonio Canova, *Ninfa dormiente*, 1820 circa. Londra, Victoria and Albert Museum.

ANALISI DEL TESTO

I temi

Il senso di infinito

A dominare è la **sensazione visiva**, poiché la natura dipinta nei versi è immersa nel silenzio assoluto. Il senso di pace coinvolge emotivamente il poeta e il lettore, che si trovano di fronte a un quadro idilliaco, dal quale sono espulse tutte le contraddizioni e i contrasti (a cominciare da quelli prodotti dall'uomo), che invece connotano l'esistenza diurna. Il buio e il suono trasmettono il senso d'infinito. Tutti gli oggetti nella notte sembrano formare un unico essere in cui si fonde il cielo e la terra.

La struttura e le forme

Struttura "a catalogo"

Il frammento di Alcmane è esemplare per comprendere le qualità artistiche del poeta: egli è animato da un grande senso di amore per la natura, che sa descrivere con espressioni di **alta musicalità**. La sua poesia ha l'aspetto formale di un "catalogo", in cui sono elencati i diversi soggetti naturali immersi nel silenzio del sonno. La **costruzione paratattica**, tuttavia, non nasconde il sentimento di meraviglia di fronte allo spettacolo che si presenta agli occhi del poeta, che trascorrono, quasi come l'obiettivo di una telecamera, dai monti al cielo, dalle vallate ai ruscelli, senza dimenticare il fascino del mare «lucente».

Le tecniche espressive

Dall'alto al basso

L'unità dell'universo è simboleggiato dall'uso dell'anafora cioè della ripetizione del termine «Dormono» all'inizio dei vv. 1 e 6. Notiamo anche come il movimento spaziale va dall'alto («i vertici dei monti») al basso («nei fondi del mare lucente») per ritornare in alto («fermo palpito d'ali»).

LABORATORIO SUL TESTO

Conoscenze

Comprensione

1. **Qual è l'argomento di questo breve frammento poetico?**

2. **Su quale motivo il poeta concentra maggiormente l'attenzione?**

3. **Perché l'uomo è assente da questa sorta di "catalogo"?**

Analisi

4. **La lirica di Alcmane ti sembra un frammento o un testo che conserva integralmente il suo significato? Perché?**

5. **A tuo parere, la composizione presenta una struttura paratattica o ipotattica? Perché?**

Conoscenze lessicali

6. **La parola «cetacei» a quale lessico specialistico appartiene?**

7. **Cosa significa il verbo «acquattarsi»?**

Abilità e competenze

Scrittura e interpretazione

1. **Prova a scrivere un testo in versi o in prosa dove descrivi un paesaggio notturno. Puoi prendere spunto da tanti dipinti dedicati alla notte e che puoi rintracciare facendo una ricerca in internet.**

un autore, un libro

Canzoniere
di Francesco Petrarca

IL LIBRO

Il *Canzoniere* è un'opera in volgare composta da 3661 liriche, di cui 263 composte prima della morte di Laura, la donna amata dal poeta, e 103 dopo la morte. Il libro delle liriche volgari di Francesco Petrarca, si presenta sulla scena letteraria del Trecento come un'opera nuova: non una semplice raccolta di rime, non un poema narrativo come la *Divina commedia* di Dante Alighieri, ma la rappresentazione di un conflitto interiore dove l'amore per la donna è inestricabilmente mescolato al desiderio cristiano di salvezza.

L'amore di Francesco è durato trentun anni: ventuno mentre Laura era in vita, altri dieci dopo la sua morte. L'ordine dei testi non rispetta tuttavia l'ordine di composizione, ma è il risultato di un continuo lavoro di selezione.

Anonimo, *Francesco Petrarca nello studio*, ultimo quarto del secolo XIV. Padova, Sala dei Giganti.

L'AUTORE

Francesco Petrarca nacque nel 1304 ad Arezzo, dove si era recata in esilio la famiglia, bandita da Firenze per motivi politici: il padre era infatti guelfo bianco, come Dante, di cui era amico; da lì si trasferì poi con la famiglia in Francia a Carpentras, vicino ad Avignone, dove papa Clemente V aveva trasferito la corte papale nel 1305. Ad Avignone conobbe Laura, di cui non si sa nulla di certo, se non che è una delle fondamentali fonti di ispirazione poetica dello scrittore. Nel 1330 fu assunto al servizio del cardinale Giovanni Colonna, per cui compì numerosi viaggi in tutta Europa, coltivando incessantemente lo studio dei classici latini (soprattutto Cicerone, Virgilio e Livio) e dei padri della Chiesa, in particolare Sant'Agostino. Nel 1337 fu per la prima volta a Roma, centro della classicità da lui ammirata. Le sue opere, soprattutto il poemetto latino *Africa*, gli diedero notevole fama, tanto che ricevette l'incoronazione poetica in Campidoglio l'8 aprile del 1341. Successivamente andò a Verona e a Roma, nel 1347, attratto dal tentativo di riforma politica attuato da Cola di Rienzo (1313-1354), poi fallito. Dopo aver appreso a Parma che Laura era morta di peste nel 1348, continuò a viaggiare per tutta l'Italia: dal 1353 al 1361 soggiornò a Milano, alla corte dei Visconti, ottenendone incarichi diplomatici; fu poi a Padova e a Venezia e infine si stabilì sui colli Euganei, ad Arquà, dove rimase fino alla morte, avvenuta nel 1374.

Petrarca fu un grande ammiratore della cultura latina, cui si dedicò con impegno costante, visitando biblioteche in tutta Europa, scoprendo fra l'altro importanti opere di Cicerone: due orazioni e le *Epistole ad Attico*. Per questa attività di infaticabile ricercatore di testi, nonché per la loro sistemazione, Petrarca può considerarsi l'anticipatore dell'Umanesimo, un movimento culturale basato sulla classicità che troverà pieno sviluppo nel Quattrocento. La maggior parte delle sue opere è proprio in lingua latina. La fama di Petrarca è legata però alla sua attività poetica in lingua volgare: in primo luogo il *Canzoniere* (*Rerum vulgarium fragmenta*), cui si dedicò dal 1342 fino alla morte, allestendone varie redazioni; infine i *Trionfi* (*Triumphi*), poema in terzine, iniziato prima del 1340 e concluso nel 1374.

Realtà interiori e paesaggi dell'anima

Francesco Petrarca
«Solo et pensoso i più deserti campi»

ascolto

OPERA	ANNO	FORMA METRICA	TEMA
Canzoniere	1342-1374	sonetto	• ricerca della solitudine per nascondere le sofferenze d'amore

Il sonetto appartiene alla prima parte del Canzoniere, *dedicata da Petrarca a Laura «in vita», mentre la seconda parte è dedicata a Laura «in morte». L'amore di Petrarca per Laura costituisce il tema fondamentale della raccolta poetica, che ne ripercorre le fasi dal momento del primo incontro fino alla morte di lei, avvenuta nel 1348. Le liriche della raccolta poetica sono 366 (tra cui 317 sonetti) e formano quasi un diario poetico amoroso.*

Il poeta cerca luoghi solitari, per nascondere le proprie sofferenze d'amore, ma il paesaggio, nei suoi vari aspetti, diviene spettatore del suo tormento. Egli vuole fuggire dagli uomini, ma non lo abbandona Amore, che lo segue dovunque. Il tema della solitudine, del dialogo interiore, costituisce un modello lirico tipico di Petrarca e avrà una lunga fortuna nella poesia successiva.

COMPETENZE STILISTICHE

Solo et pensoso[1] i più deserti campi
vo mesurando a passi tardi et lenti,
et gli occhi porto per fuggire intenti
ove vestigio human l'arena stampi.

Altro schermo non trovo che mi scampi
dal manifesto accorger de le genti,
perché negli atti d'allegrezza spenti
di fuor si legge com'io dentro avampi:

Parafrasi *Solo e pensieroso percorro* (vo mesurando) *a passo lento i campi deserti e tengo gli occhi attenti affiché io possa fuggire i luoghi* (l'arena stampi) *segnati da piede umano* (vestigio human).
Non trovo altro riparo (schermo) *per salvarmi dal fatto che la gente comprende* (dal manifesto accorger de le genti) (= *il poeta si riferisce alla comprensione del suo stato interiore*), *perché negli atti privi di allegria si legge esteriormente* (fuor si legge) *come io dentro soffro* (*com'io dentro avampi*):

Schema metrico: sonetto, costituito da due quartine e due terzine rimate secondo lo schema ABBA ABBA CDE CDE.

1 **Solo et pensoso:** i due aggettivi anticipano il tono malinconico e i temi che caratterizzano il sonetto: la solitudine e la riflessione amorosa.

COMPETENZE STILISTICHE → *Riflettiamo sull'iperbato*

Nel testo

Il verso 3 del sonetto presenta la figura retorica dell'**iperbato** [«*et gli occhi porto per fuggire intenti*»], cioè il rovesciamento dell'ordine consueto fra le parti che costituiscono un discorso. Due parole che sarebbero unite da legami sintattici vengono separate con l'immissione di un sintagma cui spetterebbe un'altra collocazione. Il termine deriva dal greco antico *hypérbaton*, significa letteralmente 'inversione'; ovviamente di parole.
Ecco un esempio dove troviamo un iperbato usato spesso per non esprimersi con l'aggettivo possessivo
*La **di lui** madre* anziché ***sua madre***.

L'importanza dell'iperbato

La libertà espressiva dell'autore può modificare il normale ordine sintattico conferendo alle parole nuovi significati. Attraverso l'uso dell'iperbato è infatti possibile creare effetti stilistici particolari, enfatizzando alcune parole e conferendo così al componimento un determinato stile.

L'iperbato e lo stile dell'autore

La figura retorica dell'iperbato non risponde soltanto a ragioni metriche, quanto piuttosto a ragioni stilistiche.
Nel nostro caso l'iperbato genera quasi un senso di ansia, che si aggiunge al clima interiore particolarmente teso del poeta: *et gli occhi porto per fuggire intenti*.

sì ch'io mi credo ormai che monti et piagge
et fiumi et selve sappian di che tempre
sia la mia vita, ch'è celata altrui.

Ma pur sì aspre vie né sì selvagge
cercar non so, ch'Amor non venga sempre
ragionando con meco, e io co˙llui.

[da *Canzoniere*, Mondadori, Milano 1996]

tanto che io credo ormai che sia i monti, le pianure, i fiumi e i boschi sappiano di che tenore (tempre) sia la mia vita, che è nascosta (celata) agli altri.

Ma tuttaglia non so cercare vie così impervie e solitarie (sì aspre vie né sì selvagge) che Amore non venga sempre a parlare con me (ragionando) ed io con lui.

Affresco di anonimo raffigurante *Laura e il Poeta*. Casa di Francesco Petrarca ad Arquà Petrarca (Padova).

ANALISI DEL TESTO

I temi

Tormenti interiori

Protagonista assoluto del sonetto è l'io del poeta, che ricerca la **solitudine** in un paesaggio deserto, per impedire che altri colgano il suo tormento interiore.

Laura, che il poeta non nomina mai esplicitamente, diventa il centro ideale del discorso. Il paesaggio resta indeterminato e i suoi elementi vengono caratterizzati in modo generico: «deserti campi»; «monti et piagge / et fiumi et selve». Esso costituisce lo scenario di un avvenimento interiore, al di fuori del tempo. Solo la natura solitaria sembra possa comprendere la **malinconia dell'amante** e offrirgli protezione e sicurezza.

La struttura e le forme

Tra emotività e rassegnazione

A livello strutturale il sonetto può essere diviso in **tre sequenze**: la prima ha come motivo centrale la solitudine, scandita anche dalla lentezza del verso, testimoniata dagli accostamenti: «Solo et pensoso», «tardi et lenti».

Il secondo momento è rappresentato dalla seconda quartina e dalla prima terzina, separate dai due punti. La solitudine è vista come una difesa («schermo») rispetto all'evidente stato di sofferenza, che è frutto della passione d'amore che consuma il poeta.

Nell'ultima terzina il «sempre» e il «ragionando» sottolineano come non vi sia nessun paesaggio solitario che possa impedire all'amore di ripresentarsi.

Le tecniche espressive

Ritmo, suoni e retorica
Stilisticamente il sonetto è costituito secondo le leggi del raggruppamento a due: «Solo et pensoso»; «tardi et lenti»; «monti et piagge»; «fiumi et selve». Notiamo inoltre frequenti allitterazioni e assonanze: «Solo et pensoso»; «deserti… / lenti»; «ove vestigio»; «accorger… genti»; «selve sappian»; «sì aspre… sì selvagge»; «cercar… Amor»; «con meco… co'llui». La lirica si chiude con un chiasmo: «meco, e io co'llui».

LABORATORIO SUL TESTO

Conoscenze

Comprensione

1. **Con quale espressione il poeta rappresenta se stesso in apertura della poesia?**

2. **Con quale espressione il poeta dichiara di voler fuggire la presenza delle persone?**

3. **Con quale espressione viene indicato il rapporto tra il poeta e il paesaggio circostante?**

4. **Che cosa intende il poeta parlando di «schermo» al v. 5?**

Analisi

5. **L'argomentazione del poeta si sviluppa in tre momenti rilevabili anche sintatticamente: prova a individuarli.**

6. **Il paesaggio è ben definito o rimane uno sfondo vago? Motiva la tua risposta.**

7. **Lo scopo del poeta, trovare conforto nella solitudine, non è stato raggiunto: quale parte del discorso lo segnala?**

Conoscenze lessicali

8. **Riportiamo nello schema alcuni vocaboli non più in uso nella lingua moderna. Associa a ciascuno di essi il vocabolo dell'italiano di oggi.**

a) *mesurando* b) *allegrezza* c) *vestigio* d) *accorger*
e) *piagge* f) *tempre* g) *meco*

Conoscenze grammaticali

9. **Ricomponi la struttura del periodo, dividendo nella poesia le proposizioni principali, le coordinate e le subordinate.**

Abilità e competenze

Scrittura e interpretazione

1. **Facendo riferimento alle espressioni del testo, illustra quale visione dell'amore emerge dal sonetto di Petrarca e quali effetti, secondo il poeta, l'amore produce nell'animo umano.**

2. **Ci sono momenti della tua vita in cui hai sentito il bisogno di restare solo con te stesso? Rievoca in un breve testo espressivo (lettera, pagina di diario) quali sensazioni e quali stati d'animo hai provato.**

Realtà interiori e paesaggi dell'anima

video · testo attivo · ascolto

Giacomo Leopardi
L'infinito

OPERA	ANNO	FORMA METRICA	TEMI
Canti	1819	idillio	• evadere con il pensiero dalla realtà • allontanarsi dai dolori della vita

L'AUTORE vedi pagina 578

L'infinito, *composto a Recanati nel 1819, è il primo dei canti a cui il poeta diede il nome di «idilli».* L'infinito *anticipa il tema che sarà al centro della riflessione leopardiana negli anni successivi: la teoria del piacere, basata sull'idea del vago e dell'indefinito.*
L'idillio esprime le sensazioni interiori del poeta nel momento in cui, con l'immaginazione, si allontana dal reale per immergersi in spazi senza fine; è anche una meditazione sul trascorrere del tempo e sulla condizione dell'uomo, sospeso tra la constatazione della propria finitezza e l'intuizione di uno spazio e di un tempo infiniti. Una siepe preclude la visione dell'orizzonte, ma apre lo spazio infinito all'immaginazione del poeta, che vi si smarrisce con un senso di sgomento.

Sempre caro mi fu quest'ermo colle,[1]
e questa siepe, che da tanta parte
dell'ultimo orizzonte il guardo esclude.[2]
Ma sedendo e mirando, interminati
spazi di là da quella, e sovrumani
silenzi, e profondissima quiete
io nel pensier mi fingo;[3] ove per poco
il cor non si spaura.[4] E come[5] il vento
odo stormir tra queste piante, io quello
infinito silenzio a questa voce
vo comparando:[6] e mi sovvien l'eterno,
e le morte stagioni, e la presente
e viva, e il suon di lei.[7] Così tra questa
immensità s'annega il pensier mio:
e il naufragar m'è dolce in questo mare.[8]

[da Giacomo Leopardi, *Canti*, Einaudi, Torino 1962]

Parafrasi *Sempre cari mi furono questo colle solitario* (ermo) *e questa siepe, che impedisce la vista di gran parte dell'estremo* (ultimo) *orizzonte.*
Ma stando seduto e contemplando (mirando), *io immagino* (nel pensier mi fingo) *al di là della siepe* (di là quella) *spazi infiniti, e un silenzio sovrumano e una pace profondissima; dove per poco il cuore non si smarrisce* (si spaura). *E appena* (come) *odo lo stormire del vento tra queste fronde, io paragono* (vo comparando) *quell'infinito silenzio al rumore del vento* (a questa voce)*: e nasce nella mia mente* (mi sovvien) *il pensiero dell'eterno, delle epoche passate* (morte stagioni) *e di quella presente ancora viva e il suono delle sue imprese* (e il suon di lei). *Così in quest'immensità il mio pensiero si smarrisce e per me è dolce perdersi nel mare dell'infinito* (in questo mare).

Schema metrico: endecasillabi sciolti.
1 **Sempre...colle:** il colle è il monte Tabor, vicino a Recanati; il colle solitario («ermo») è «caro» al poeta perché gli consente di isolarsi, di raccogliersi nei propri pensieri e nella propria immaginazione. L'avverbio «sempre» indica una lunga consuetudine.
2 **e questa...esclude:** la siepe rappresenta il limite del reale, che suscita il bisogno di evasione e il desiderio di infinito, che è insopprimibile in ogni essere.
3 **Ma...mi fingo:** il «Ma» avversativo segna il distacco tra lo spazio reale limitato (il colle e la siepe) e quello infinito cui il poeta accede con l'immaginazione.
4 **ove...non si spaura:** la visione dell'infinito porta ad un senso di smarrimento; «ove» significa "in cui" (riferito a «spazi», «silenzi», «quïete»), ma ha anche un valore consecutivo (al punto che).
5 **E come:** la congiunzione segna il passaggio dalla percezione dell'infinito di spazio a quella dell'infinito di tempo, e sottolinea quindi il momentaneo recupero, da parte del poeta, del rapporto con la realtà.
6 **il vento...vo comparando:** non appena il poeta ode stormire il vento tra le fronde, si sente riportare alla realtà, e mette subito in relazione la voce del vento con l'«infinito silenzio» immaginato negli spazi «sovrumani».
7 **e mi sovvien...e il suon di lei:** la rapida progressione delle sensazioni viene sottolineata dalle congiunzioni («E come»; «e mi sovvien»; «e la presente / e viva», «e il suon di lei»).
8 **e il naufragar...mare:** l'abbandonarsi, il perdersi nel mare dell'infinito, in pensieri e immaginazioni così vaste, provoca nell'animo una sensazione di piacere, di dolcezza. La metafora del naufragio (rafforzata dall'ossimoro «naufragar...dolce») rende l'idea dell'annullamento dell'animo del poeta, ma anche della dolcezza del suo sentirsi riassorbire nel tutto.

ANALISI DEL TESTO

I temi

Percepire l'infinito
Nell'immaginare l'infinito, il pensiero si smarrisce, si perde, ma questo naufragare nell'immensità provoca una sensazione indefinibile di piacere e di dolcezza; percepire l'infinito significa infatti per Leopardi evadere da una realtà circoscritta e limitata, per perdersi nel nulla e **dimenticare** per qualche istante il **dolore della vita**.

La struttura e le forme

Struttura della lirica
La poesia inizia con la presentazione di una situazione concreta e limitata (il «colle», la «siepe»); la forte avversativa «Ma» introduce il momento del distacco, del superamento dell'ostacolo esterno attraverso la visione interiore. La successiva meditazione sull'infinito si articola in **due momenti**, corrispondenti all'esperienza dell'infinito di spazio (vv.1-8) e dell'infinito di tempo (vv. 8-15). Nel primo momento un elemento concreto (la «siepe»), impedendo la vista, permette all'immaginazione di creare l'idea degli spazi senza limiti, immersi in «sovrumani / silenzi», «e profondissima quïete»; nel secondo momento, l'immaginazione prende avvio da un altro elemento concreto, la voce del vento, che richiama alla mente l'idea dell'eternità, e quindi del continuo fluire del tempo, dalle epoche passate a quella presente, destinata anch'essa a svanire.

Le tecniche espressive

I segnali linguistici
I segnali linguistici del **contrasto tra limitato e illimitato**, vicino e lontano, **finito e infinito**, sono evidenziati dall'**uso degli aggettivi**. Osserviamo prima quelli dimostrativi, la cui frequenza è piuttosto elevata: «questo», che sottolinea il rapporto con la realtà («quest'ermo colle»; «questa siepe»; «queste piante»; «questa voce»; «questa immensità»; «in questo mare»), e «quello», che sottolinea il rapporto con lo spazio dell'immaginazione e del pensiero («di là da quella»; «quello infinito silenzio»). Prendiamo ora in considerazione gli aggettivi qualificativi: due sono di grado positivo, entrambi riferiti al poeta («caro mi fu»; «m'è dolce») nel primo e nell'ultimo verso della lirica, e rimandano quindi ad una condizione di limite, di piccolezza; tutti gli altri, riferiti ad elementi esterni al poeta, sono invece di grado superlativo («profondissima») o comunque contengono già in sé l'idea superlativa («ultimo»; «interminati»; «sovrumani»; «infinito»).

Concreto/astratto
Osserviamo inoltre che i termini riferiti ad elementi concreti sono più brevi (al massimo di tre sillabe), mentre più lunghe sono quelle riferite al pensiero («interminati»; «sovrumani»; «profondissima»). Il passaggio continuo dal concreto all'astratto, dal finito all'infinito viene sottolineato ritmicamente dai numerosi *enjambements* e dalla frequenza delle particelle congiuntive, che allacciano i singoli periodi («ma sedendo»; «ove per poco»; «e come il vento»; «e mi sovvien»; «così tra questa»; «e il naufragar»).

LABORATORIO SUL TESTO

Conoscenze

Comprensione

1. **Che cosa rappresenta il «colle» per il poeta?** RAPPRESENTA QUALCOSA CHE GLI CONSENTE DI ISOLARSI.
2. **Quale funzione ha la «siepe»?** DI DELIMITARE LE COSE REALI DALL'IMMAGINAZIONE
3. **La poesia si può dividere in due momenti: riconoscili e riportane in sintesi il contenuto.**
4. **Perché per il poeta è «dolce» perdersi nel mare dell'infinito?** PERCHE' GLI PIACE IMMAGINARE
5. **Qual è, secondo te, il tema della poesia?** L'IMMAGINAZIONE DEL POETA
6. **Quali riferimenti al tempo sono presenti nella poesia? Che cosa indicano?** ALLE EPOCHE PASSATE. LE STAGIONI PASSATE.

Analisi

7. **Da quali versi è composta la poesia?**

8. **Che cosa indica la congiunzione «Ma» con cui inizia il quarto verso?**

9. **Il componimento è costruito sulle antitesi: chiuso-aperto, concreto-astratto, vicino-lontano, finito-infinito. Indica sul testo i punti in cui si evidenziano questi contrasti.**

Conoscenze lessicali

10. **La posizione e l'atteggiamento del poeta di fronte al paesaggio sono indicati dai verbi «sedendo e mirando» (v. 4) e «mi fingo» (v. 7): spiega qual è il significato di queste voci verbali.**

11. **Individua i termini arcaici, ormai in disuso, che compaiono nella poesia e prova ad indicare quale effetto producono.**

12. **Cerca i sinonimi dell'aggettivo «ermo».**

13. **Qual è l'etimologia del verbo "naufragare"?**

Conoscenze grammaticali

14. **Nel testo sono presenti gli aggettivi dimostrativi "questo" e "quello": rintracciali e trascrivili con i nomi a cui si riferiscono indicandone la funzione.**

15. **Quante volte ricorrono e quale significato assumono nel testo il pronome personale e le particelle pronominali?**

Abilità e competenze

Ascoltare, argomentare e confrontarsi

1. **L'immagine del viandante riesce ad evocare l'atmosfera della poesia di Leopardi *L'infinito*, quasi ne fosse la diretta trasposizione. Tuttavia nel pittore tedesco Friedrich vi è un'altra interpretazione della visione sull'infinità della natura che qui si propone di confrontare. Dopo aver letto la spiegazione rispondi alle domande.**

Con la figura di spalle che favorisce l'identificazione col soggetto, "il dipinto è il più emblematico dell'intero Romanticismo: la solenne solitudine sull'abisso nebbioso dell'uomo in redingote [lungo soprabito aperto dietro], assorto nella contemplazione di qualcosa che è al di sopra della comprensione umana, ha una grandezza tragica. Separato dal mondo e allo stesso tempo separato dalla natura, egli è colui che resta straniero a ogni comunità e può dire, come il filosofo Kierkegaard, «la mia sofferenza è il mio mistero». Ma quel viandante è anche colui che ha raggiunto il limite dell'esperienza terrena e dall'ultimo avamposto del mondo si confronta adesso con l'indicibile visione dell'esperienza estrema".
(da Eva Di Stefano, *Friedrich*, Giunti, Firenze 2001)

Caspar David Friedrich (1774-1840), *Viandante sul mare di nebbia*, 1818. Amburgo, Kunsthalle.

1. Condividi il confronto tra poesia e quadro? Spiegane i motivi.
2. In che cosa, secondo te, si avvicinano maggiormente la poesia e il quadro?
   - [A] atmosfera
   - [B] oggetti evocati
   - [C] l'idea dello spazio infinito
   - [D] sentimento della solitudine

Realtà interiori e paesaggi dell'anima

Paul Verlaine
Canzone d'autunno

OPERA	ANNO	LINGUA	FORMA METRICA	TEMA
Poemetti saturnini	1866	francese	versi liberi	• consapevolezza della fragilità dell'uomo

L'AUTORE

Nato a Metz nel 1844, **Paul Verlaine** si trasferì con la famiglia a Parigi, dove studiò e trovò lavoro come impiegato amministrativo. Pubblicò a sue spese una raccolta poetica, *Poemi saturnini* (1866), apprezzata soprattutto da Stéphane Mallarmé. Successivamente si arruolò come volontario nella guerra contro la Prussia e partecipò all'insurrezione popolare durante la Comune di Parigi. È del 1871 l'incontro con Arthur Rimbaud e l'inizio di una relazione intellettuale e amorosa che ebbe drammaticamente termine nel 1873 a Bruxelles, dove Verlaine, in preda all'alcool, sparò a Rimbaud, che minacciava di lasciarlo. Uscito dal carcere nel 1875 si dedicò, per vivere, all'insegnamento in diversi collegi. Segnato dalla morte di persone a lui care e vicine, trascorse gli ultimi anni in una progressiva decadenza fisica e morale. Fra le opere più importanti ricordiamo: *Feste galanti* (1869), *Buona canzone* (1870), *Romanze senza parole* (1874), una raccolta di saggi e articoli, *I poeti maledetti* (1884). La poesia di Verlaine è caratterizzata dal gusto del vago e del malinconico, dal linguaggio simbolico, evocativo e musicale, privo di retorica, con versi brevi e fluidi. Verlaine anticipò certi aspetti del Simbolismo e contribuì in maniera determinante all'evoluzione della poesia moderna. Il poeta francese morì a Parigi nel 1896.

Il componimento appartiene alla raccolta Poemi saturnini *(1866). Il paesaggio rappresentato esprime in modo simbolico lo stato d'animo del poeta: egli sembra immergersi negli elementi naturali da cui sprigiona un senso di profonda malinconia. La parola e il verso esprimono sfumature musicali che, secondo la poetica dell'autore, costituiscono l'essenza stessa dell'arte poetica.*

I singhiozzi lunghi
dei violini
autunnali
colpiscono il mio cuore
con un monotono
languore.[1]

Tutto soffocante
e smorto,[2] quando
batte l'ora,
oh come ricordo
i giorni antichi,
e piango,

e mi trascino
nel vento maligno
che mi sbalza
di qua e di là
come la foglia
morta![3]

[da *Poesie*, Newton Compton, Roma 1973 , traduzione di Renato Minore]

Parafrasi

Lunghi singulti
dei violini
d'autunno
mi lacerano il cuore
con uno sfinimento senza fine.

Pieno d'affanno
e stanco, quando
l'ora batte
io mi ricordo
lontani giorni
e piango;

e mi abbandono
al triste vento
che mi trasporta
di qua e di là
simile ad una
foglia morta.

Schema metrico: versi liberi.
1 **singhiozzi...languore:** l'autunno viene metaforicamente rappresentato come una sinfonia struggente: le note prolungate e dolenti dei violini infondono nel cuore un senso di sfinimento senza fine («monotono languore»).
2 **Tutto...smorto:** l'autunno produce un senso di malinconia opprimente («soffocante») e un senso di infinita stanchezza («smorto»).
3 **e mi trascino...morta:** il vento simboleggia la fatica di vivere.

ANALISI DEL TESTO

I temi

Il tempo e la vita

Il trascorrere del tempo e la consapevolezza della fragilità della vita sono i temi di questa lirica. Ma tutto ciò è detto con un senso di profonda malinconia che accomuna l'animo del poeta alla stagione autunnale. E come la foglia staccata dal ramo che il vento trascina qua e là, il poeta, ormai indifferente, lascia che gli eventi lo travolgano.

La struttura e le forme

Impressioni vaghe e indefinite

Secondo la concezione poetica di Verlaine, la poesia deve essere musica e trasmettere impressioni vaghe e indefinite, deve suggerire emozioni. Essa deve evitare di essere retorica. *Canzone d'autunno* è una dimostrazione di questo modo di intendere la poesia: i versi brevi e tutte le scelte lessicali concorrono a creare un effetto musicale e un'atmosfera rarefatta, in cui la malinconia del paesaggio autunnale si confonde con quella del poeta.

Le tecniche espressive

Ritmo spezzato

I versi brevi e musicali, le scelte lessicali che evocano gli stati d'animo del poeta, la fitta trama di rime e assonanze, gli *enjambements* che spezzano i versi conferiscono alla poesia un ritmo spezzato, quasi la melodia di violini frantumata in lunghi singhiozzi.

LABORATORIO SUL TESTO

Conoscenze

Comprensione

1. **Quale stato d'animo esprime Verlaine in *Canzone d'autunno*?**

2. **Quali elementi sottolineano simbolicamente i sentimenti di malinconia e di solitudine opprimente del poeta?**

Analisi

3. **Quali elementi determinano il ritmo lento e frammentato del componimento?**

4. **Quale significato simbolico esprime la similitudine finale?**

Conoscenze lessicali

5. **Rintraccia nel testo le parole che si riferiscono allo stato d'animo del poeta.**

Conoscenze grammaticali

6. **Indica la proposizione principale della seguente strofa e fai l'analisi logica delle parole sottolineate.**

tutto soffocante / e smorto, quando / batte l'ora, / oh come mi ricordo / i giorni antichi e piango

Abilità e competenze

Scrittura e interpretazione

1. **Ti presentiamo un commento alla poesia, esprimi le tue considerazioni in un breve testo.**

Poche frasi bastano a definire perfettamente uno stato d'animo, in cui molti possono rispecchiarsi. L'autunno non rappresenta semplicemente una stagione, ma una fase della vita, un passaggio nel percorso che ci conduce alla morte. Rappresenta una fine e un inizio, rappresenta la malinconia e la nostalgia.

Realtà interiori e paesaggi dell'anima

Giosuè Carducci
Traversando la Maremma toscana

al alta leggibilità

OPERA	ANNO	FORMA METRICA	TEMI
Rime nuove	1885	sonetto	• nostalgia della terra natìa e della giovinezza • la natura come ispiratrice di forza morale e di serenità

L'AUTORE

Giosuè Carducci nacque a Valdicastello (Lucca) nel 1835. Si trasferì con la famiglia prima a Bologna, poi a Castagneto, nella Maremma toscana, quindi, nel 1849, a Firenze. Si laureò nel 1856 alla Scuola Normale Superiore di Pisa. La sua prima raccolta di versi, intitolata *Rime,* uscì nel 1857. Nel 1860 fu nominato professore alla cattedra di Letteratura italiana dell'Ateneo di Bologna. Nel 1868 uscì la raccolta *Levia gravia,* poesie scritte ad imitazione dei classici, dominate da un forte impegno civile, che caratterizzerà anche la raccolta successiva *Giambi ed epòdi* (composti tra il 1867 e il 1879), in cui è presente un gusto satirico e polemico contro la debolezza della classe politica italiana. Nel 1887 pubblicò *Rime nuove,* raccolta di poesie più serena e pacata, in cui si celebra la natura e il paesaggio. Nel 1893 fu pubblicata la seconda edizione delle *Odi barbare*, così chiamate per il tentativo di riprodurre la metrica classica. Nella raccolta viene esaltata la natura e la storia d'Italia. Nell'ultima raccolta, *Rime e ritmi* (1899), sono presenti temi di riflessione più intima. Nel 1906 ricevette il premio Nobel per la Letteratura. Morì a Bologna nel 1907. Carducci fu difensore del classicismo e di una concezione austera. Inoltre era convinto della missione del poeta (poeta-vate), chiamato a celebrare la patria e ad esaltare l'eroismo e la virtù.

Il poeta, durante un viaggio in treno da Livorno a Roma, rivede la Maremma toscana, la terra dove ha trascorso l'infanzia e la prima giovinezza. Egli si riconosce in quel paesaggio aspro e selvaggio, che rispecchia il proprio temperamento orgoglioso e impulsivo. La contemplazione del paesaggio suscita emozioni e ricordi legati al tempo giovanile, ai sogni non realizzati nel presente, mentre il futuro non riserva che incertezza e morte.

Dolce paese,[1] onde portai conforme
L'abito fiero e lo sdegnoso canto
E il petto ov'odio e amor mai non s'addorme,
Pur ti riveggo, e il cuor mi balza in tanto.

Ben riconosco in te le usate forme
Con gli occhi incerti tra 'l sorriso e il pianto,[2]
E in quelle seguo **de' miei sogni l'orme**
Erranti dietro il giovenile incanto.

COMPETENZE STILISTICHE

Oh, quel che amai, quel che sognai, fu in vano;
E sempre corsi, e mai non giunsi il fine;
E dimani cadrò.[3] Ma di lontano
Pace dicono al cuor le tue colline
Con le nebbie sfumanti e il verde piano
Ridente ne le pioggie mattutine.

COMPETENZE STILISTICHE

21 aprile 1855

[da *Poesie*, Garzanti, Milano 1978]

Parafrasi *O amato paese dal quale ricavai il carattere* (abito) *fiero e il mio stile di poesia senza compromessi* (sdegnoso canto), *dove nel mio cuore vi è il conflitto tra amore e odio che non si placa mai* (non s'addorme). *Finalmente ti rivedo, e il cuore mi sussulta per l'emozione!*

Riconosco bene le figure familiari (usate forme) *del tuo paesaggio, con gli occhi incerti ero indeciso se sorridere di gioia o piangere, e nel rivedere le tue forme ritrovo le tracce, il ricordo dei miei sogni giovanili che seguivano la mia voglia di vivere* (giovenile incanto).

Oh, quello che ho amato e sognato da giovane fu inutile; e senza mai fermarmi ho perseguito la mia meta ma non l'ho ancora raggiunta, e presto morirò (e dimani cadrò).

Ma vedendo le tue colline da lontano, con le nebbioline mattutine e il verde della splendida pianura, o Toscana, m'ispirano pace al cuore.

Schema metrico: Sonetto, con rime ABAB ABAB CDC DCD.

1 **Dolce paese:** l'aggettivo «Dolce», che si riferisce al paesaggio della Maremma toscana, racchiude un senso di affetto e tenerezza, più intensi in quanto legati al periodo dell'infanzia e dell'adolescenza trascorse in quella terra, da cui ora il poeta è lontano.

2 **Con gli occhi...pianto:** le emozioni che scaturiscono dal cuore nel rivedere il paesaggio sono contrastanti: felicità («sorriso») e tristezza («pianto») per le speranze deluse.

3 **E sempre...cadrò:** Il verbo «cadrò», che segna una pausa nel verso, vuole indicare la conclusione di una vita, che si presenta come una corsa affannosa e allo stesso tempo come una lotta.

ANALISI DEL TESTO

I temi

L'amore per la terra natìa
Il tema centrale del sonetto è l'amore per la terra natìa, la Maremma, rievocata attraverso il ricordo, che è anche ricordo della propria giovinezza, con tutti i sogni («E in quelle seguo de' miei sogni l'orme»), le speranze e le illusioni legate a quel periodo. Il poeta tuttavia non si sofferma in considerazioni tristi e dolorose, ma cerca piuttosto di ritrovare nella contemplazione del paesaggio un senso di serenità e di pace. La poesia di Carducci è spesso **poesia della memoria**, quindi **di nostalgia**, rimpianti e contrastanti sentimenti interiori («Con gli occhi incerti tra 'l sorriso e il pianto»). Il poeta si rivolge al suo «Dolce paese», facendone una breve descrizione, ma solo per parlare dei propri sentimenti e per fare un bilancio della propria vita («E sempre corsi, e mai non giunsi il fine»).

La struttura e le forme

Sentimenti in antitesi
La Maremma è il luogo dell'animo del poeta, anche se i sentimenti si accavallano in antitesi (opposizioni): «odio e amor» (verso 3); «'l sorriso e il pianto» (verso 6). Il verso 9 («Oh, quel che amai, quel che sognai, fu in vano») sembra giungere a una prima, sconsolata conclusione fino alla secca battuta «E dimani cadrò»: il poeta sembra temere l'imminenza della morte. L'ultima strofa è legata alla precedente dall'*enjambment* «di lontano // Pace»: viene messa così in rilievo la parola chiave «pace», che riecheggia la dolcezza iniziale.

Le tecniche espressive

Linguaggio ricercato
Dal punto di vista espressivo, il linguaggio è ricco di termini ricercati e di **tono alto**; il periodare è ampio nelle prime due quartine, dove vi è la commozione per il ritorno alla terra d'origine; diventa spezzato nella prima terzina, per rendere l'idea dell'incalzare affannoso della vita, sottolineato dalla ripetizione della congiunzione *e* e dal verbo «cadrò» (v. 11), come pausa per esprimere lo sconforto finale del poeta.
La congiunzione avversativa «Ma» interrompe i ricordi del poeta, che si abbandona ad un senso di pace, ispiratogli dal paesaggio («Ma di lontano/Pace dicono al cuor le tue colline»).

COMPETENZE STILISTICHE

Riflettiamo sull'anastrofe

Nel testo
Nella lirica troviamo al v. 7 l'espressione: «*de' miei sogni l'orme*» invece del consueto "l'orme dei miei sogni", al v. 12 troviamo il completamento oggetto posto davanti al verbo «*pace dicono al cuor*» anziché "dicono pace al cuor". La scelta di solito dipende da ragioni metriche, ma è chiaro che la parola anteposta assume un'importanza più marcata. Questa particolare disposizione delle parole si chiama **anastrofe** (dal greco *anastrophé*, 'inversione' 'rovesciamento') ed è la figura retorica (di parola) che consiste nell'inversione dell'ordine naturale delle parole all'interno di un verso.
Per esempio si ha un'anastrofe quando si antepone il completamento oggetto, o qualsiasi complemento, al predicato.
Esempi: "*A grande velocità* correndo". "*Di grande aiuto* fu il suo consiglio". (Giacomo Leopardi)
"Allor che *all'opre femminili intenta sedevi*, assai contenta..." (Giacomo Leopardi)
L'anastrofe, detta anche **anteposizione**, è molto simile all'iperbato (separazione di due elementi della frase attraverso l'inserimento di altre parole, vedi p. 592) che qui non avviene.

L'importanza dell'anastrofe
L'anastrofe si usa per dare rilievo ad una parola e ottenere effetti fonici.

L'anastrofe e lo stile dell'autore
Nella poesia classicista, nel cui ambito rientra gran parte della lirica di Carducci, per rendere più solenne lo stile è assai frequente l'uso di commutare o invertire l'ordine abituale degli elementi che formano un discorso, ossia l'uso di spostare le parole dalla loro logica posizione.

LABORATORIO SUL TESTO

Conoscenze

Comprensione

1. **Il viaggio in treno diventa per il poeta spunto di riflessione sulla vita. Ti pare che abbia maturato una visione pessimistica o ottimistica della vita? Motiva la tua risposta.**

2. **Quali sono i diversi stati d'animo che il poeta prova a rivedere il paesaggio natale?**

Analisi

3. **Che valore ha l'avversativa «Ma» della penultima strofa?**

4. **Rintraccia le figure retoriche presenti nel testo e indicane la funzione.**

Conoscenze lessicali

5. **Come definiresti il lessico che il poeta usa in questa poesia**

[A] sublime [B] elevato [C] medio [D] colloquiale

6. **Individua nel testo la presenza di termini ricercati, quindi spiegane il significato.**

Conoscenze grammaticali

7. **Come descriveresti il tipo di sintassi che usa il poeta?**

8. **Indica nella seconda quartina le proposizioni principali e le secondarie.**

Abilità e competenze

Scrittura e interpretazione

1. **Imitando Carducci, prova anche tu a descrivere il tuo luogo natìo, mettendo in risalto la corrispondenza tra le sue caratteristiche e il tuo carattere.**

Ascoltare, argomentare e confrontarsi

2. **Ti presentiamo un quadro del pittore Giovanni Fattori (1825-1908), che è stato il maggiore esponente dei Macchiaioli. Dopo aver osservato il dipinto, rispondi alle domande.**

Giovanni Fattori, *Riposo in Maremma*, 1875 circa. Collezione privata.

1. L'immagine scelta riesce ad evocare l'atmosfera della poesia di Carducci? Attraverso quali elementi?
2. Quale verso della poesia rispecchia un particolare del dipinto?

un autore, un libro

Myricae
di Giovanni Pascoli

IL LIBRO

I testi compresi nell'edizione definitiva di *Myricae* sono stati composti tra il 1877 e il 1900. La prima edizione esce nel 1891; nelle successive, del 1892, 1894 e 1897, aumenta progressivamente il numero dei testi e delle sezioni in cui questi vengono organizzati. Nella quinta e definitiva (1900) sono contenuti 156 testi ripartiti in 15 sezioni. Il titolo *Myricae* corrisponde all'italiano 'tamerici', nome di una specie di arbusto, ed è tratto da un verso delle *Bucoliche* del poeta latino Virgilio. Il riferimento tematico del titolo suggerisce una poetica del "basso", dell'attenzione per le cose umili, comuni e quotidiane; il rimando classico a Virgilio suggerisce invece una ricerca di raffinatezza ed elaborazione formale.

Nella *Prefazione* scritta da Pascoli per la terza edizione di *Myricae* il poeta presenta due temi centrali nel libro: quello della morte del padre, con le conseguenti sciagure familiari, e quello della natura consolatrice e benefica. L'autore suggerisce un contrasto tra vicende dolorose della storia e dimensione pacificatrice della natura, che però non corrisponde pienamente ai contenuti della raccolta. La poesia di Pascoli mostra come anche nella natura, sotto un'apparenza di armonia e positività, spesso si nascondano la minaccia, il perturbante, la morte.

L'AUTORE

Giovanni Pascoli nacque il 31 dicembre 1855 a San Mauro di Romagna (Forlì). La sua fanciullezza fu segnata da continui lutti famigliari, fra cui l'assassinio del padre Ruggero, amministratore di una tenuta dei principi Torlonia, avvenuto il 10 agosto del 1867. La morte del padre creò difficoltà economiche alla famiglia, che dovette trasferirsi (1871) a Rimini, dove il figlio maggiore Giacomo aveva trovato lavoro. Il poeta dovette così abbandonare il Collegio degli Scolopi ad Urbino, dove frequentava il liceo. Nel giro di pochi anni altri lutti colpirono la famiglia: morirono due fratelli, la madre e la sorella maggiore.

Nel 1873, grazie ad una borsa di studio, si iscrisse alla facoltà di Lettere dell'Università di Bologna, dove ebbe come maestro Giosuè Carducci. In questo periodo si avvicinò alle idee socialiste di Andrea Costa, e per avere partecipato ad una manifestazione contro il governo trascorse alcuni mesi in carcere. Dopo questa esperienza si allontanò dalla vita politica attiva e riprese gli studi laureandosi nel 1882 in Letteratura greca.

Dopo la morte del fratello maggiore, Giovanni divenne il capofamiglia e si trasferì a Massa (1887), dove chiamò a vivere con sé le due sorelle Ida e Maria (Mariù) dal convento in cui si erano ritirate nel 1874, per ricostruire idealmente il nucleo familiare.

Dopo il matrimonio di Ida, avvenuto nel 1895 (nonostante l'opposizione del poeta), Pascoli si trasferì con la sorella Maria a Castelvecchio di Barga (Lucca), in una casa di campagna che sarà la sua residenza definitiva. Maria non si separerà mai da lui e dopo la morte ne curerà gli inediti.

Dopo avere insegnato in vari licei (Matera, Massa, Livorno), nel 1895 ottenne la cattedra di Grammatica greca e latina presso l'Università di Bologna, poi di Letteratura latina all'Università di Messina, dove insegnò sino al 1903. Nel 1905 divenne titolare della cattedra di Letteratura italiana a Bologna, subentrando al suo maestro Carducci.

Nel 1891 Pascoli aveva pubblicato una prima raccolta di liriche, *Myricae*, che fino al 1911 conoscerà nove edizioni diverse.

Nel 1897 vennero pubblicati i *Primi poemetti* (arricchiti in successive ristampe), nel 1903 *I Canti di Castelvecchio*, nel 1904 i *Poemi conviviali*. Nel 1906 pubblicò *Odi e inni*, le *Canzoni di re Enzio* (1908), i *Poemi Italici* (1911). I *Poemi del Risorgimento* uscirono postumi nel 1913.

Nel 1911, in occasione della guerra di Libia, tenne a Barga il discorso *La grande proletaria s'è mossa*, che fu il suo ultimo intervento pubblico. Morì a Bologna il 6 aprile del 1912.

Giovanni Pascoli nell'orto della sua casa di Castelvecchio di Barga.

Giovanni Pascoli
Myricae

OPERA	ANNO	FORME METRICHE	TEMI
Myricae	1892-1894	• madrigale • ballata	• solitudine e abbandono • la precarietà della vita

Lavandare

testo attivo ascolto

L'AUTORE vedi pagina 603

Il testo fu composto tra il 1892 il 1894 e fa parte della sezione L'ultima passeggiata *della raccolta* Myricae. *È autunno, il poeta, in un'ora indefinita del giorno, passeggia tra i campi tristi e spogli ammantati da un velo di nebbia: un aratro è abbandonato in un campo arato a metà, da lontano giunge il canto triste delle «lavandare», che sciacquano i panni con un ritmo cadenzato. Il quadretto, che potrebbe sembrare una descrizione oggettiva di tipo impressionistico, ha invece una connotazione soggettiva, perché diviene simbolicamente la proiezione di uno stato d'animo malinconico e di un sentimento di solitudine e di abbandono, che si fissa nell'immagine conclusiva dell'aratro abbandonato.*

Nel campo mezzo grigio e mezzo nero
resta un aratro senza buoi, che pare
dimenticato, tra il vapor leggero.[1]

Parafrasi *Nel campo per metà grigio e per metà nero c'è un aratro senza buoi, che sembra dimenticato, in mezzo alla nebbia* (vapor) *leggera.*

Schema metrico: madrigale composto da due terzine e una quartina di endecasillabi: le rime seguono lo schema ABA CBC DEDE. Il v. 7 e il v. 9 costituiscono una quasi-rima.

1 **Nel campo...leggero:** l'aratro lasciato in abbandono esprime il senso di solitudine.

COMPETENZE STILISTICHE → *Riflettiamo sul chiasmo*

Nel testo

Nei vv. 6-7, è presente una figura retorica relativa alla dispozione delle parole: il **chiasmo**. Il chiasmo si ottiene disponendo due elementi del discorso dall'identica struttura grammaticale in ordine inverso e speculare. Nel nostro caso al v. 6 «*tonfi spessi e lunghe cantilene*» abbiamo: nome + attributo, attributo + nome. Il risultato è una figura incrociata, infatti il termine chiasmo deriva dal greco antico *chiasmòs* e significa letteralmente 'struttura a croce'; è così chiamato dalla forma della lettera greca χ (che si pronuncia chi).
Un esempio di chiasmo: *Mangiava e beveva, vino e pane secco.*

L'importanza del chiasmo

Il chiasmo, usato sia in poesia sia nella narrativa, è una figura retorica di grande capacità espressiva. La funzione del chiasmo è quella di ottenere una particolare modulazione musicale e significative simmetrie tra i termini incrociati.

Il chiasmo e lo stile dell'autore

Dal punto di vista stilistico, la scelta di utilizzare il chiasmo è motivata dalla ricerca da parte di Pascoli di particolari effetti ritmici per evidenziare il significato che essi evocano: il ritmo cadenzato dei tonfi accompagnati dalla monotonia del canto (cantilene) ci rimandano alla solitudine, all'abbandono, tema rappresentato già nei primi versi dal simbolismo dell'aratro abbandonato nel campo. Così la notazione paesistica del verso 7 mira a creare un paesaggio desolato che sia il corrispettivo di uno stato d'animo pervaso da malinconia e tristezza.

E cadenzato dalla gora viene
lo sciabordare delle lavandare
con tonfi spessi e lunghe cantilene:

COMPETENZE STILISTICHE

Il vento soffia e nevica la frasca,
e tu non torni ancora al tuo paese!
quando partisti, come son rimasta!
come l'aratro in mezzo alla maggese.[2]

[da *Myricae*, in *Poesie*, Mondadori, Milano 1981]

E scandito dal canale (gora) *si sente* (viene) *il rumore d'acqua* (sciabordare) *delle lavandaie che lavano i panni, ritmato da colpi frequenti e lunghe cantilene:*

Il vento soffia e ai rami cadono le foglie, e tu non sei ancora tornato! da quando sei partito sono rimasta sola come l'aratro abbandonato ii mezzo al campo incolto (maggese).

2 **Il vento...maggese:** il maggese è un campo lasciato a riposo perché acquisti fertilità, secondo l'antico uso della rotazione delle colture.

ANALISI DEL TESTO

I temi

Un quadretto impressionista

Il componimento assomiglia a un quadretto impressionista: le immagini sono giustapposte come rapide pennellate su una tela, per fermare attraverso dei particolari le **impressioni dello stato d'animo** del poeta, turbato e inquieto.

L'aratro, lasciato in mezzo al campo arato a metà («mezzo grigio e mezzo nero»), evoca l'idea della solitudine e dell'abbandono e trova corrispondenza nelle parole malinconiche della lavandaia che attende il ritorno dell'uomo che ama.

La struttura e le forme

La scrittura e l'immagine

Nella prima terzina viene presentato il paesaggio e prevalgono gli **elementi visivi** («campo mezzo grigio e mezzo nero», «il vapor leggero»); nella seconda terzina prevalgono gli **elementi auditivi**: il cadenzato battere dei panni delle «lavandare» accompagnato dai loro ritornelli. La quartina conclusiva rende esplicito il significato simbolico del paesaggio iniziale. L'immagine dell'aratro in mezzo al campo rimanda in modo circolare all'immagine iniziale dell'aratro dimenticato e chiarisce il significato della solitudine.

Suoni, rime e ritmi

Dal punto di vista fonico, assumono un'importanza particolare le **parole onomatopeiche** (cioè che riproducono dei suoni) come «cadenzato», «sciabordare», «tonfi spessi», «cantilene» che rischiarano nella nostra mente l'intera scena. Un altro rilievo particolare è assunto dalle rime interne «sciabordare», «lavandare» e dai fonemi R ed S «gora», «sciabordare», «lavandare», «spessi» che imprimono un ritmo cadenzato ai versi. Nell'ultima strofa, il poeta adotta, invece della rima, un'**assonanza** «frasca-rimasta» e una struttura sintattica lineare nella quale ogni frase coincide con la misura del verso. Tutto ciò è stato fatto per riprodurre le forme del canto popolare e, quindi, per dare un'impressione di monotona semplicità.

Per quanto riguarda le figure retoriche, al verso v. 7 è presente un'**analogia** (cioè l'accostamento tra due termini lontani, messi in relazione senza un passaggio logico) molto ardita «nevica la frasca», che ci dà l'idea delle foglie che cadono dagli alberi come fiocchi di neve. Un po' più in giù, ai vv. 9-10 è presente una **similitudine** (dove invece si confrontano due elementi stabilendo tra loro dei nessi espliciti), in cui la donna abbandonata è paragonata all'aratro in mezzo al campo deserto. Ad ogni fine verso è presente l'***enjambement***, che dà un ritmo particolare all'intero componimento.

Le tecniche espressive

Semplicità e linearità

A livello lessicale, la sintassi è molto semplice e lineare; ci sono espressioni della lingua più usuale e non soltanto nella seconda terzina col canto delle lavandaie, bensì anche negli altri versi, nell'analogia e nella similitudine. Pascoli utilizza un linguaggio semplice che riprende e rappresenta la realtà quotidiana.

LABORATORIO SUL TESTO

Conoscenze

Comprensione

1. **Nella lirica ad uno sfondo indefinito fanno riscontro particolari precisi: illustrane il rapporto.**

2. **Individua le immagini che evocano senso di abbandono e di solitudine.**

3. **Che sensazioni trasmettono i colori e i suoni dell'autunno?**

Analisi

4. **Nella poesia sono presenti rime interne, assonanze e consonanze? Quale effetto producono?**

5. **Che significato hanno i due punti alla fine della seconda strofa?**

6. **Spiega il significato e le funzioni delle seguenti figure retoriche**

A «lo sciabordare delle lavandare» (v. 5, metonimia);

B «nevica la frasca» (v. 7, metafora);

C «come l'aratro in mezzo alla maggese» (v. 10, similitudine).

7. **Nella prima e nella terza strofa si ritrovano parole uguali ed altre che esprimono significati corrispondenti: individuale e trascrivile. Questi richiami lessicali servono a stabilire un collegamento tra lo stato della natura e lo stato d'animo della donna: che cosa li accomuna?**

Conoscenze lessicali

8. **Quale parola sostituiresti al posto di «cadenzato» nell'espressione un «rumore cadenzato»?**

Conoscenze grammaticali

9. **Il verbo "nevica" è adoperato transitivamente o intransitivamente?**

Abilità e competenze

Ascoltare, argomentare e confrontarsi

1. **Presentiamo un quadro di Giovanni Boldini, *Le lavandaie*. Il quadro può diventare un'occasione di dibattito che coinvolga tutta la classe, per un confronto tra punti di vista e interpretazioni soggettive nella lettura di un'opera d'arte. Proponiamo alcune riflessioni e domande per avviare il dibattito.**

Giovanni Boldini, *Le lavandaie*, 1874. Collezione privata.

1. Ciascuno esprima con tre aggettivi le prime impressioni ricavate dall'opera.
2. Ciascuno proponga un titolo diverso da quello dato dall'autore.
3. Ciascuno proponga un proprio significato.
4. Ritrovate nel quadro l'atmosfera della poesia di Pascoli? Motivate la vostra risposta.

Temporale

ascolto

La lirica fu inclusa nella raccolta Myricae *a partire dalla terza edizione del 1894 ed è inserita nella sezione* In campagna. *Il rombo del tuono, proveniente da una indefinita lontananza, annuncia un imminente temporale che si avvicina minacciosamente. La natura sconvolta dagli eventi atmosferici appare minacciosa e richiama i dolori e i lutti che sconvolsero la vita del poeta.*

Un bubbolìo lontano...[1]

Rosseggia l'orizzonte,
come affocato, a mare:[2]
nero di pece, a monte,[3]
stracci di nubi[4] chiare:
tra il nero un casolare:
un'ala di gabbiano.[5]

[da *Myricae*, in *Poesie*, Mondadori, Milano 1981]

Schema metrico: ballata di versi settenari, con schema ABCBCCA.

1 **Un bubbolìo lontano...:** il «bubbolìo» è un rombo indistinto; voce onomatopeica per indicare il rumoreggiare lontano del tuono. Il verso termina con puntini di sospensione, è privo di verbo e introduce immediatamente un'impressione acustica. Il verso è separato dal resto del componimento da uno spazio bianco, una pausa per l'oscura minaccia di temporale.

2 **Rosseggia...a mare:** l'orizzonte, come infuocato («affocato»; il sole sta per tramontare), rosseggia verso il mare. «Rosseggia» è l'unico verbo presente. All'impressione acustica del primo verso seguono impressioni visive.

3 **nero di pece, a monte:** il cielo verso la montagna è nero come la pece.

4 **stracci di nubi:** nubi chiare come stracciate (dal vento).

5 **tra il nero...gabbiano:** il casolare che biancheggia solitario in mezzo al nero del temporale è come un'ala di gabbiano. Nella lirica le immagini sono espresse per accostamento analogico («un casolare: / un'ala»). L'immagine finale del casolare, che rivela al poeta un aspetto nascosto del paesaggio, assume il valore simbolico della possibilità di fuga, o di speranza, in contrasto con l'ostilità della natura.

ANALISI DEL TESTO

I temi

La solitudine dell'uomo

Il poeta ritrae con rapidi tocchi una natura sconvolta, attraverso impressioni visive e acustiche caratterizzate da contrasti di colore: il rosseggiare dell'orizzonte verso il mare, il nero delle nuvole sui monti con qualche frammento di nuvole più chiare; sullo sfondo scuro biancheggia un solitario casolare, fragile nella tempesta come «un'ala di gabbiano». Quest'ultima immagine diviene simbolo della solitudine dell'uomo e della precarietà della vita tra i pericoli e le minacce delle forze naturali.

La struttura e le forme

Il paesaggio come specchio delle sensazioni dell'animo

Il componimento, dopo l'iniziale notazione acustica, accosta quattro immagini visive, caratterizzate da un cromatismo giocato sui toni del rosso, del nero, del bianco («Rosseggia»; «nero»; «chiare»; «nero»; «ala» = bianco). L'assenza di verbi («Rosseggia» del v. 2 è l'unico verbo ed ha una funzione nominale) contribuisce a creare un senso di sospensione e di attesa per qualcosa che dovrà accadere.

La sintassi è caratterizzata da brevi frasi separate dai segni di interpunzione (sono assenti le congiunzioni coordinative), che accostano una serie di immagini solo in apparenza staccate tra di loro; in realtà un legame profondo le accomuna: il valore simbolico che il poeta attribuisce alle manifestazioni naturali del temporale. Esso rappresenta la realtà minacciosa del mondo rispetto a cui l'uomo cerca rifugio nella "casa-nido", motivo ricorrente in tutta la poesia del Pascoli.

Le tecniche espressive

Il linguaggio

Il linguaggio conciso, ricco di analogie e metafore, rende più suggestiva la descrizione della natura. Sono presenti sintagmi originali, che caratterizzano lo stile pascoliano, come «nero di pece» e «stracci di nubi», che sintetizzano le similitudini; conclude la lirica l'analogia, resa per opposizione di termini, «un'ala di gabbiano», che insieme agli aggettivi «nero» e «chiare» forma un quadro a chiazze contrastanti di colore.

LABORATORIO SUL TESTO

Conoscenze

Comprensione

1. **Quale rapporto intercorre fra il paesaggio e lo stato d'animo del poeta?**
2. **Che cosa scopre il poeta negli elementi del paesaggio che cadono sotto i suoi occhi?**

Analisi

3. **Sottolinea le impressioni sensoriali, soprattutto visive e acustiche, presenti nella lirica e indica qual è la loro funzione.**
4. **Esplicita tutti i verbi sottintesi.**

Conoscenze lessicali

5. **La parola «casolare» deriva da casa: cerca tutti gli altri nomi e aggettivi derivati.**

Conoscenze grammaticali

6. **La sintassi della poesia è basata sulla paratassi o sull'ipotassi? Giustifica la tua risposta.**

Abilità e competenze

Scrittura e interpretazione

1. **Ti proponiamo altre due liriche riportate nella raccolta di *Myricae*; esse rendono le impressioni acustiche e visive colte dal poeta in alcuni fenomeni atmosferici. Alla luce della concezione poetica di Pascoli, analizza le due liriche tenendo presenti: le espressioni che rendono con maggiore intensità i sentimenti del poeta, le impressioni sensoriali, visive e acustiche, il paesaggio nel suo rapporto con lo stato d'animo del poeta, le similitudini e le analogie, la visione del mondo che il poeta ti sembra voglia esprimere.**

Il lampo

E cielo e terra si mostrò qual era:
la terra ansante, livida, in sussulto;
il cielo ingombro, tragico, disfatto:
bianca bianca nel tacito tumulto
una casa apparì sparì d'un tratto;
come un occhio, che, largo, esterrefatto,
s'aprì si chiuse, nella notte nera.

Il tuono

E nella notte nera come il nulla,
a un tratto, col fragor d'arduo dirupo
che frana, il tuono rimbombò di schianto:
rimbombò, rimbalzò, rotolò cupo,
e tacque, e poi rimareggiò rinfranto,
e poi vanì. Soave allora un canto
s'udì di madre, e il moto di una culla.

SCHEDA APPROFONDIMENTI

Raffigurare con i suoni

Le figure foniche, proprio perché si fondano sulla suggestione e sull'identità tra parole e cose, si adattano ad una poetica "simbolista".

Onomatopea È una figura fonica che riproduce suono o rumori. È l'armonia imitativa, cioè il suggerire col suono delle parole i rumori delle cose.

Essa può limitarsi ad una semplice *allitterazione*, ossia la ripetizione di fonemi in parole diverse da cui risulta un effetto di suono, o una vera e propria trascrizione del suono stesso (esempio *din-don*, *cri-cri...*). L'onomatopea, abbastanza rara nella poesia antica, è presente nella poesia contemporanea. Pascoli ne fa continuo uso nella forma dell'allitterazione. Le parole onomatopeiche in italiano sono molte: *miagolare*, *ululare*, *tintinnare*, *sussurro*, *rimbombo*, *tonfo*, *gorgolio...*

Fonosimbolismo Il fonosimbolismo, o simbolismo fonico, consiste nel valorizzare l'aspetto fonico delle parole che vengono utilizzate, al di là dei parametri comunicativi della lingua, per particolari scopi espressivi, per evocare le cose attraverso puri suoni (ad esempio si collega l'impressione del buio ad "u" per effetto delle parole *buio*, *scuro*, *cupo*). Sia nell'onomatopea sia nel fonosmbolismo il significato è richiamato dal significante: il verbo *miagolare* richiama con il suono il verso prodotto dall'animale e dunque l'animale stesso.

VERIFICA FORMATIVA

per accertare le competenze acquisite

Giovanni Pascoli
Novembre

autoverifica con tutor

È l'estate tardiva e apparente di novembre, l'estate di San Martino, in cui si possono avere ancora alcune giornate di sole: una fugace illusione, quindi, che svanisce in un presagio di morte.

Gemmea[1] l'aria, il sole così chiaro
che tu ricerchi gli albicocchi in fiore,
e del prunalbo[2] l'odorino amaro
senti nel cuore...

Ma secco è il pruno[3] e le stecchite piante
di nere trame[4] segnano il sereno,
e vuoto il cielo, e cavo al piè sonante[5]
sembra il terreno.

Silenzio, intorno; solo, alle ventate
odi lontano, da giardini ed orti,
di foglie un cadere fragile. È l'estate,
fredda, dei morti.[6]

[da *Myricae*, in *Poesie*, Mondadori, Milano 1981]

1 **gemmea:** limpida come una gemma.
2 **prunalbo:** il biancospino.
3 **pruno:** altro nome del biancospino.
4 **nere trame:** l'intreccio dei loro rami neri.
5 **cavo al piè sonante:** il terreno duro e velato risuona sotto i piedi come se fosse vuoto.
6 **È l'estate...morti:** L'"estate di san Martino", tra il 2 e l'11 novembre, periodo in cui le temperature sono ancora miti.

Competenza testuale

Comprendere e analizzare

1. Il tema dominante della poesia è
- A la precarietà della vita
- B la felicità fuggevole
- C il dolore dell'esistenza
- D il trascorrere del tempo

2. La poesia è costituita da versi
- A endecasillabi e quinari
- B endecasillabi e senari
- C endecasillabi e settenari
- D endecasillabi e novenari

3. Nella poesia prevalgono le sensazioni
- A olfattive e visive
- B visive e uditive
- C tattili e olfattive
- D uditive e tattili

4. La congiunzione «Ma» (v. 5) divide la lirica in due parti, il dualismo riguarda
- A felicità-infelicità
- B apparenza-realtà
- C passato-presente
- D vita-morte

5. L'espressione: «un cadere fragile» (v. 11) è
- A un'allegoria
- B una sineddoche
- C una sinestesia
- D una metonimia

6. L'espressione: «estate-fredda» (11-12) è un
- A ossimoro
- B *climax*
- C sinestesia
- D metonimia

7. I primi tre versi di ogni strofa sono

[A] settenari [B] endecasillabi
[C] decasillabi [D] dodecasillabi

8. L'ultimo verso di ogni strofa è un

[A] quadrisillabo [B] quinario
[C] senario [D] settenario

9. La rima è

[A] baciata [B] alternata
[C] incrociata [D] ripetuta

10. Nelle strofe finali le piante stecchite e il cielo vuoto di uccelli alludono a

[A] immagini di morte
[B] immagini di precarietà
[C] immagini di dolore
[D] immagini invernali

11. «che tu ricerchi gli albicocchi in fiore» (v. 2) è una subordinata

[A] consecutiva [B] finale
[C] temporale [D] oggettiva

12. Le tre strofe della lirica corrispondono a tre momenti diversi: individua le immagini che si riferiscono a tali momenti.

A. L'illusione di un'inaspettata primavera

....

B. Il ribaltamento della situazione

....

C. La presa di coscienza della triste realtà

....

13. Nel testo sono presenti delle parole chiave: «secco», «stecchite», «nere», «vuoto», «cavo». Quale tematica della lirica evocano?

AREA DIGITALE
Le risposte agli esercizi sono disponibili nell'area digitale

Interpretare e valutare

Quali sensazioni ti ha procurato la lettura della poesia? Esprimi il tuo giudizio motivandolo in un testo che non superi le 10 righe.

....

....

....

....

....

....

....

....

....

....

UNITÀ 3

La poesia lirica: temi • Il canto dell'impegno civile: i poeti e la storia

Pablo Picasso, ***Guernica*** IMMAGINE ATTIVA

Archiloco • Generali

William Butler Yeats • Un aviatore irlandese prevede la sua morte

SCHEDA STORIA **La Prima guerra mondiale e la posizione dell'Italia**

John McCrae • Sui campi delle Fiandre

un autore, un libro ***L'allegria*** **di Giuseppe Ungaretti**

Giuseppe Ungaretti • Veglia • San Martino del Carso • Soldati • Fratelli

Paul Éluard • «Non verremo alla mèta ad uno ad uno»

Bertolt Brecht • Poesie dal *Breviario tedesco*

SCHEDA APPROFONDIMENTI **Il carro armato**

Salvatore Quasimodo • Alle fronde dei salici

SCHEDA STORIA **L'Italia nella Seconda guerra mondiale**

ESPANSIONI DIGITALI

Salvatore Quasimodo • Milano, agosto 1943

SCHEDA STORIA **L'Italia nel 1943**

VERIFICA FORMATIVA autoverifica con tutor

Salvatore Quasimodo • Uomo del mio tempo

Il canto dell'impegno civile: i poeti e la storia

L'impegno civile ha caratterizzato fortemente la produzione artistica di molti poeti. La loro voce si è sempre elevata, nel proprio tempo, per denunciare le storture dell'agire umano, le guerre, le violenze, le sopraffazioni.

Una esperienza costante nella storia dell'uomo e della società è sempre stata la guerra, che ha coinvolto e colpito le popolazioni quanto gli eserciti. Guerre tanto più distruttive quanto rafforzate da un'ispirazione ideologica.

Non sappiamo quale sarà il viaggio del mondo e neppure dove dovrebbe condurci, ma certamente con la violenza e la sopraffazione non si può costruire niente che sia duraturo e che dia un senso alla vita del nostro Pianeta e dell'uomo.

Il nostro percorso presenta testi poetici costruiti sul tema della guerra o sulla riflessione attorno ad essa. La condanna della guerra e la demistificazione delle ragioni che la generano è unanime in tutti.

- **Archiloco** esalta la virtù e il coraggio che deve essere propria dei generali.
- Per un irlandese conscio nella miseria del suo popolo, neanche combattendo c'è speranza di cambiare il mondo: questo è il messaggio poetico di **William Butler Yeats**.
- Dall'emozione per la morte di un amico nasce *Sui campi delle fiandre* di **John McCrae**, dedicata a tutti coloro che hanno perso la vita in trincea durante la prima guerra mondiale.
- **Giuseppe Ungaretti** combatté la guerra di trincea come semplice soldato; il confronto quotidiano con la morte, con il dolore e con la precarietà della vita umana riaffermano in lui il valore della vita stessa.
- La guerra non può renderci disumani, dobbiamo continuare ad amarci malgrado le difficoltà che la società ci pone, questo afferma **Paul Éluard**.
- **Bertolt Brecht**, dall'esilio danese, condanna la guerra e la politica militaristica di Hitler.
- La desolazione e l'atrocità della guerra deve risvegliare nei poeti una coscienza civile e fare poesia diversa, nuova e impegnata. Questo è il messaggio della poesia di **Salvatore Quasimodo**.

Pablo Picasso, *Guernica*, 1937. Madrid, Museo Reina Sofia.

immagine attiva

Archiloco
Generali

ANNO	**LINGUA**	**FORMA METRICA**	**TEMA**
VII sec. a.C.	greco antico	frammento	• la virtù e il coraggio

L'AUTORE

Nato nell'isola di Paro, il poeta greco **Archiloco** ebbe una vita piuttosto avventurosa. La data esatta della sua nascita non è conosciuta. Certamente visse nel corso del VII secolo a.C. Fu un soldato mercenario e visse a lungo tra Nasso e Taso. Una leggenda narra che morì in combattimento. Della sua opera restano, in complesso, 140 frammenti, in gran parte dedicati al tema della guerra. Lo stesso poeta si presenta come un soldato valente e impetuoso, dedito all'esercizio delle armi. In effetti, molti suoi versi esaltano le virtù guerriere, mentre in altri il poeta indugia nella celebrazione dell'amore. La sua fama resta legata all'uso del giambo, ossia un tipo di verso utilizzato anche dal poeta latino Orazio.

Proponiamo il frammento 114, nel quale il poeta esalta la virtù del coraggio, che deve essere propria dei generali, molto più della prestanza fisica.

Non mi piace un generale gigantesco, gambe larghe,
tutto fiero dei suoi ricci, glabro a forza di rasoi.
Io lo voglio piccoletto; gli si notino le gambe
Storte, ma si regga in piedi saldamente, tutto cuore.

[da *Storia della letteratura greca*, Loescher, Torino 1991, traduzione di Giovanni Tarditi]

Schema metrico: nel testo originale, versi giambici.

Guerriero che corre, pittura vascolare attribuita al pittore di Colmar, 510 a.C. circa. Baltimora, Walters Art Museum.

ANALISI DEL TESTO

I temi

Il coraggio

Nei versi di Archiloco è anzitutto contestato il tradizionale modello aristocratico del soldato tipico dei poemi di Omero: il poeta disprezza i generali dal fisico prestante, vanitosamente orgogliosi dei propri riccioli o del volto sbarbato. Preferisce invece un generale brutto e tozzo, magari con le gambe storte, ma capace di reggere l'urto della battaglia e dotato di grande coraggio.

La struttura e le forme

Il giambo

Il metro della poesia di Archiloco è il giambo, una forma che veniva recitata di solito in occasione di simposi o banchetti. Le parole erano infatti pronunciate attraverso il recitativo (in greco *parakatologhé*), la voce era accompagnata o da uno strumento a corde (la lira) o da uno strumento a fiato (l'*aulòs*). Dal punto di vista metrico il giambo è costituito da una sillaba breve e una lunga con l'accento sulla seconda sillaba, sul piano tematico spazia dall'invettiva personale alla critica sociale.

Basta questa breve composizione per comprendere l'arte di Archiloco, fatta di **espressioni dure e dirette**, di versi che colgono nel segno senza ricorrere a inutili giri di parole. Il mondo guerriero del poeta non è più quello dei grandi eroi omerici, ma quello ben più realista dei rudi guerrieri impegnati in sanguinose battaglie.

LABORATORIO SUL TESTO

Conoscenze

Comprensione

1. **Indica quale tipo di capo militare preferisce Archiloco e per quali motivi.**

2. **La critica del poeta è**

A sociale B politico-militare C individuale D generica

Analisi

3. **Quale è il tono della poesia?**

A di speranza B di rabbia
C di accettazione della realtà D di negazione della realtà

Conoscenze lessicali

4. **Cosa significa l'espressione «tutto cuore»? Trova altre espressioni analoghe nella nostra lingua.**

5. **Quali sono l'origine e il significato del termine «glabro»? Fai una ricerca sul dizionario.**

Abilità e competenze

Scrittura e interpretazione

1. **Dal testo di Archiloco emerge una critica della guerra e dei militari? Scrivi le tue considerazioni a proposito.**

William Butler Yeats
Un aviatore irlandese prevede la sua morte

OPERA	ANNO	LINGUA	FORMA METRICA	TEMA
I cigni selvatici a Coole	1919	inglese	versi liberi	• l'inutilità della guerra

L'AUTORE

William Butler Yeats nacque a Sandymouth (Dublino) nel 1865, in una famiglia anglo-irlandese protestante che si trasferì due anni dopo a Londra, dove il padre, che era un pittore, sperava di riuscire a imporsi come ritrattista. Lo scarso successo costrinse invece gli Yeats a ritornare a Dublino. Qui, nel 1885, William si iscrisse alla Metropolitan School of Art e pubblicò nello stesso anno alcune liriche. Cominciò intanto a interessarsi agli studi di magia e di occultismo, che avranno in seguito un ruolo importante nella sua produzione poetica, e che approfondirà a Londra nel 1887. La sua prima raccolta poetica è *I vagabondaggi di Oisin* (1889), divagazioni su temi leggendari della tradizione irlandese. Contribuì con il suo teatro a sostenere la rivendicazione dell'autonomia da parte dell'Irlanda (ottenuta nel 1921): tra le sue opere teatrali è *Il paese del desiderio del cuore* (1894). Egli fu però uno spirito pacifista, e rimase sempre profondamente legato sia all'Inghilterra che all'Irlanda. Nel 1917 sposò la studiosa di occultismo Georgie Hyde-Lees. La poesia di Yeats, ricca di suggestione, è legata a temi visionari, sul tipo di quelli del poeta William Blake (1757-1827), e all'interesse per i fenomeni occulti. Ormai celebre e divenuto quasi il simbolo dell'Irlanda, ottenne il premio Nobel nel 1923. Per motivi di salute trascorse in Italia e in Francia gli ultimi anni della sua vita. Le sue raccolte più celebri appartengono al periodo della vecchiaia; tra queste ricordiamo: *I cigni selvatici a Coole* (1919), *La torre* (1928), *La scala a chiocciola* (1933), *Luna piena di marzo* (1935) e *Ultime poesie* (1936-1939). Yeats morì nel 1939 a Roquebrune-St. Martin, in Francia.

Nella poesia, tratta dalla raccolta I cigni selvatici a Coole *(1919), Yeats assiste appartato, ma attento, ai conflitti esistenziali e politici del proprio tempo: la lotta dei suoi connazionali per l'indipendenza dal dominio inglese e la Prima guerra mondiale. Il testo poetico rappresenta i pensieri e gli stati d'animo di un soldato irlandese, Robert Gregory, che si arruolò nell'aviazione inglese e morì nel 1918 sul fronte italiano. Il poeta lo ricorda e scrive per lui quasi un epitaffio, in cui l'aviatore racconta il proprio conflitto interiore e prevede la propria fine. Il testo è stato musicato da Angelo Branduardi.*

So bene che incontrerò il mio destino
da qualche parte, lassù fra le nuvole;
io non odio coloro che combatto,[1]

I know that I shall meet my fate
Somewhere among the clouds above;
Those that I fight I do not hate,

Schema metrico: versi liberi nella traduzione italiana, a rima alternata nell'originale inglese.

1 **coloro che combatto**: nel caso specifico sono i Tedeschi, durante la Prima guerra mondiale; ma il concetto ha un valore generale.

Tullio Crali, *Incuneandosi nell'abitato*, 1939-40. Roma, Collezione privata.

e non amo coloro che difendo;[2] il mio paese
si chiama Kiltartan Cross,[3] e i miei compaesani
sono i pezzenti di Kiltartan, e nulla può accadere
che possa menomarli, o che li possa
rendere più felici che in passato.
Né legge né dovere mi costrinsero alla guerra,
non gli uomini politici, non le folle plaudenti,
un impulso di gioia solitario
mi guidò a questa furia fra le nuvole;
ho valutato ogni cosa, mi sono chiesto tutto,
gli anni avvenire mi parvero spreco di fiato,
uno spreco di fiato gli anni ormai passati,
in equilibrio con questa vita, con questa morte.

[da *Poesie*, Mondadori, Milano 1991, traduzione di R. Sanesi]

Those that I guard I do not love;
My contry is Kiltartan Cross,
My countrymen Kiltartan's poor,
No likely end could bring them loss
Or leave them happier than before.
Nor law, nor duty bade me fight,
Nor public men, nor cheering crowds,
A lonely impulse of delight
Drove to this tumult in the clouds;
I balanced all, brought all to mind,
The years to come seemed waste of breath,
A waste of breath the years behind
In balance with this life; this death.

2 **coloro che difendo**: gli Inglesi e gli abitanti dell'Irlanda, la cui separazione dall'Inghilterra avverrà nel 1921.

3 **Kiltartan Cross**: villaggio irlandese nei pressi di Coole.

ANALISI DEL TESTO

I temi

Sfidare il destino

Il commosso ricordo dei caduti in battaglia è un ricorrente motivo poetico, da Omero a Foscolo, da Edgar Lee Masters ad Ungaretti e a Brecht. Nei secoli scorsi il tema si fondeva assai spesso a quello della **patria**, dell'**eroismo**, del «bel gesto». Le guerre del XX secolo, collettive e tecnologiche, respingono in secondo piano il tema dell'eroismo patriottico, mentre ad accentuarsi è invece il senso di angosciosa fatalità degli eventi, in un mondo che sembra spingere l'umanità ad uno scontro inevitabile. Milioni di uomini chinano il capo senza ribellarsi e partono per la guerra, forse perché è la vita stessa, ancor più della morte, ad essere sentita assurda, inutile «spreco di fiato»; le pallottole che uccidono sono quasi una liberazione dalla fatica di vivere.
Non vi è un vero motivo per combattere: «non odio coloro che combatto», ma allo stesso tempo «non amo coloro che difendo»; Tedeschi e Inglesi non sono nemici né amici, per un irlandese conscio della miseria del suo popolo; neanche combattendo c'è speranza di migliorare il mondo. A spingere l'aviatore in battaglia è invece «un impulso di gioia solitario», la gioia di chi ha colto il **senso assurdo della vita**, del passato e del futuro, e si ribella cercando consapevolmente la morte. Contro quello «spreco di fiato» che è la realtà storica non resta che gettare il proprio urlo ribelle dall'alto, «lassù fra le nuvole», sfidando e aspettando il destino.

La struttura e le forme

I piani temporali

Nella lirica tutti gli elementi sono orientati verso la morte: il testo inizia con «il mio destino» (che indica chiaramente la morte) e si conclude con la parola «morte» («questa morte»).
Da notare il progressivo slittamento dei piani temporali. Nel primo verso l'io poetico (la voce dell'aviatore) usa il tempo futuro («incontrerò») e le nuvole sono situate sopra di lui («lassù»). Al verso 9 compare il tempo passato («mi costrinsero alla guerra»), attraverso cui la vita e le scelte appartengono già ad un passato concluso e irrecuperabile. Nel verso 12 l'io è già situato «fra le nuvole», mentre «questa furia» sembra riferirsi al combattimento mortale. Al verso 13 avviene un bilancio della vita («ho valutato ogni cosa»), vista però come cosa passata e non più attuale. Nell'ultimo verso il precario equilibrio tra vita e morte si sbilancia a favore di quest'ultima (la parola «morte» chiude il testo), nell'indifferenza nei confronti della vita, che è soltanto uno «spreco di fiato».

Le tecniche espressive

L'epitaffio
Il testo della lirica somiglia molto ad un epitaffio (dal greco *epitàphios*, 'elogio funebre'). Ai tempi della *pólis* greca era un discorso che un oratore pronunciava per celebrare un cittadino morto in difesa della patria. Nella poesia moderna indica un breve componimento posto come iscrizione su una lapide con un **linguaggio semplice ed immediato.**

LABORATORIO SUL TESTO

Conoscenze

Comprensione

1. **Di che cosa è sicuro il pilota?**

2. **Cosa pensa il pilota dei suoi compaesani?**

3. **Che cosa lo ha spinto ad arruolarsi?**

4. **Spiega il significato dell'espressione «spreco di fiato».**

5. **Come va inteso, a tuo parere, il verso finale «in equilibrio con questa vita, con questa morte»?**

Conoscenze lessicali

6. **Indica i sinonimi delle parole seguenti e riporta a fianco alcuni termini da esse derivati: "nuvola", "menomare", "folla", "equilibrio".**

7. **Cerca sul vocabolario il significato etimologico dei termini "destino" e "impulso".**

Conoscenze grammaticali

8. **Osserva nel testo l'utilizzo esteso delle negazioni e prova a spiegare il senso di tale scelta.**

Abilità e competenze

Scrittura e interpretazione

1. **Ti proponiamo un'altra lirica di Yeats, tratta dalla raccolta *Responsabilità* (1914). Commentala liberamente. Confronta quindi il testo italiano con l'originale e riscontra le varianti stilistiche imposte dalla traduzione.**

Un mantello

Feci al mio canto un mantello
coperto coi ricami delle antiche
mitologie, dai piedi fino al collo;
ma gli sciocchi
lo presero per loro, lo indossarono
davanti agli occhi del mondo
quasi che loro l'avessero cucito.
Canzone, lascia pure
che se lo tengano, perché
ci vuole più coraggio a camminare nudi.

A Coat

I made my song a coat
covered with embroideries
out of old mythologies
from heel to throat;
but the fools caught it,
wore it in the world's eyes
as though they'd wrought it.
Song, let them take it,
for there's more enterprise
in walking naked.

SCHEDA **STORIA**

La Prima guerra mondiale e la posizione dell'Italia

La Prima guerra mondiale scoppiò nel luglio del 1914 a seguito dell'uccisione dell'arciduca Francesco Ferdinando d'Asburgo, erede al trono austriaco, avvenuta a Sarajevo (in Bosnia) il 28 giugno per mano del separatista serbo Gavrilo Princip. In realtà già da tempo esistevano forti tensioni, di natura economica, politica e militare, che minacciavano il delicato equilibrio degli Stati europei e che l'attentato di Sarajevo fece rapidamente precipitare.

Sul piano militare si trovarono contrapposti due blocchi di alleanze: la Triplice Alleanza, che comprendeva gli Imperi centrali (Germania e Austria-Ungheria) e l'Italia; la Triplice Intesa, comprendente Inghilterra, Francia e Russia.

Allo scoppio della guerra l'Italia si mantenne neutrale, con decisione giustificata dal carattere difensivo della Triplice Alleanza: era infatti stata l'Austria ad attaccare la Serbia, senza neppure aver consultato l'Italia. Presto cominciò tuttavia a farsi strada l'ipotesi di entrare nel conflitto, non però a fianco degli Imperi centrali, ma dell'Intesa: una vittoria sull'Austria avrebbe così consentito, con la conquista di Trento e Trieste, di portare a termine il processo di unificazione nazionale. Si aprì nel Paese un acceso dibattito tra interventisti e neutralisti. Favorevoli all'intervento erano la monarchia e il governo (Antonio Salandra), i gruppi nazionalisti e irredentisti, il mondo dell'alta finanza, alcuni settori della sinistra democratica, personaggi influenti come Gabriele D'Annunzio. Neutralisti furono i liberali di Giovanni Giolitti, i socialisti, il mondo cattolico. Il 26 aprile del 1915 il governo firmò il Patto di Londra, che prevedeva l'entrata in guerra a fianco di Francia, Inghilterra e Russia (in cambio, in caso di vittoria, del Trentino, della Venezia-Giulia, dell'Istria ad esclusione della città di Fiume, una parte della Dalmazia e alcune isole adriatiche).

L'Italia entrò in guerra a fianco dell'Intesa il 24 maggio del 1915. Capo dello Stato Maggiore dell'esercito era il generale Luigi Cadorna.

Una guerra totale

«L'assassinio a Sarajevo dell'erede al trono asburgico, il 28 giugno del 1914, segnò la fine della cosiddetta "belle époque" e l'inizio di un conflitto senza precedenti, destinato non solo a mutare, con il crollo di quattro grandi imperi, assetti geopolitici consolidati da secoli, ma anche perché, fin dall'inizio, ebbe a tramutarsi in un'immane e apocalittica carneficina, fino ad allora mai vista, che condusse al quasi annientamento reciproco dei due schieramenti che vedevano opposti gli Imperi Centrali, ovvero Austria-Ungheria, Germania e Impero Ottomano, a cui si aggiunse la Bulgaria, contro le forze dell'Intesa, cioè Francia, Russia e Inghilterra, a cui successivamente si unirono Italia (per la quale il conflitto rappresentò l'ultima guerra d'indipendenza), Giappone e Stati Uniti d'America.

Allora come oggi i Balcani furono oggetto di crescenti tensioni, dovute al desiderio delle popolazioni slave di liberarsi dalla dominazione di un Impero, quello Austro-ungarico, che non sopravvisse al corso degli eventi.

Per la prima volta nella storia, una guerra assunse contorni mondiali, con l'intervento di potenze fino a quel momento distanti dalle questioni europee, come gli Stati Uniti e il Giappone. Per la prima volta, vennero utilizzati armamenti mai conosciuti prima (carri armati, aerei, sommergibili), la cui drammatica efficacia costrinse decine di migliaia di soldati a combattere in condizioni inimmaginabili, seppelliti dal fango delle trincee e mandati al massacro in maniera sconsiderata, anche solo per guadagnare poche decine di metri di terreno.

Dopo le vittorie iniziali delle forze degli Imperi Centrali, anche grazie all'intervento di italiani e americani la situazione si capovolse, fino al crollo della Germania e dell'Impero Austro-ungarico. Furono comunque quattro anni di atroci sofferenze, che riuscirono ad azzerare, con ben dieci milioni di morti, un'intera generazione di persone e che si conclusero, per i principali sconfitti (la Germania), con una pace, quella di Versailles, talmente umiliante da far covare, in essi, profondi sentimenti di rivincita sfociati, poi, nel 1939, nella seconda grande disgrazia mondiale» (da *Storia del XXI secolo*, ANPI, Roma).

Guerra di trincea durante la Prima guerra mondiale.

John McCrae
Sui campi delle Fiandre

ascolto

OPERA	ANNO	LINGUA	FORMA METRICA	TEMA
Sui campi delle fiandre	1915	inglese	lirica	• il sacrificio di un'intera generazione

L'AUTORE

John McCrae (Guelph, Ontario, 1872-Fiandre, 1918) nasce in Canada, allora colonia britannica. Si laurea in Medicina presso l'Università di Toronto. Allo scoppio della Prima guerra mondiale si arruola nel corpo medico dell'esercito canadese, di stanza sul fronte francese. Nel 1915 pubblica sulla rivista «Punch» la sua prima poesia, *In Flanders Fields*, nata dall'impatto emotivo destatogli dal campo di battaglia. Muore di malattia polmonare, contratta in trincea, nel 1918.

"The eleventh hour of the eleventh day of the eleventh month" ('l'undicesima ora dell'undicesimo giorno dell'undicesimo mese') è, nel mondo anglosassone, un momento particolarmente struggente: vi si commemora infatti la firma dell'armistizio nel 1918, la fine della Prima guerra mondiale. In Belgio, Francia e Inghilterra ancora oggi molte persone recano con sé un papavero rosso in memoria di quanti hanno concluso la vita in trincea. A Londra i veterani sfilano in ordine e, passando davanti al Monumento ai Caduti, depositano una corona di papaveri rossi. Il papavero simboleggia il ricordo, l'estremo omaggio ai caduti di tutte le guerre. Era, infatti, l'unico fiore capace di nascere e risplendere sui campi devastati delle Fiandre, malgrado il fango, le continue esplosioni, i gas asfissianti che ristagnavano fra le trincee opposte. Nel 1915 John McCrae, un medico delle forze canadesi, ha tradotto le proprie esperienze belliche in questi versi. L'autore morì tre anni dopo, mentre il conflitto volgeva all'epilogo.
La lirica In Flanders Fields, *assai celebre nell'area culturale dell'Europa settentrionale, è stata adattata musicalmente da Luc Wynants.*

Sui campi delle Fiandre[1] spuntano i papaveri
tra le croci, fila dopo fila,
che ci segnano il posto;[2] e nel cielo
le allodole, cantando ancora con coraggio,
volano appena udite tra i cannoni, sotto.[3]

Noi siamo i Morti. Pochi giorni fa
eravamo vivi, sentivamo l'alba, vedevamo

In Flanders fields the poppies blow
Between the crosses, row on row,
That mark our place; and in the sky
The larks, still bravely singing, fly
Scarce heard amid the guns below.

We are the Dead. Short days ago
We lived, felt dawn, saw sunset glow,

1 **Sui...Fiandre:** le Fiandre corrispondono all'area geografica belga posta a ridosso del Mare del Nord, incastrata fra la Francia e i Paesi Bassi. Qui, fra il 1914 e il 1918, avvennero terribili combattimenti fra le forze germaniche, che puntavano a impadronirsi della Manica, e gli eserciti alleati (francese, inglese e belga). Nel settore di Ypres (Ieper) fu lanciato, fra l'altro, il primo attacco con gas chimici della storia.

2 **spuntano...posto:** la prima immagine propostaci dall'autore è quella di un duplice allineamento, con file allungate di croci (le tombe dei soldati) e altre, parallele, di papaveri che "segnano il posto" (rendono evidente il luogo grazie al proprio colore rosso sangue). La presenza dei papaveri si presta anche ad una lettura simbolica: la natura che prosegue il proprio corso malgrado la ferocia distruttiva degli uomini; il fiore ci suggerisce perciò l'idea di resistenza, di sopportazione, di tenacia: la stessa tenacia mostrata dal soldato negli anni di guerra; ma anche la tenacia del ricordo di quanto è avvenuto, che non dovrà – suggerisce l'autore – mai svanire.

3 **e nel cielo...sotto:** *le allodole hanno ancora il coraggio di diffondere il proprio canto per il cielo, anche se sotto la voce dei cannoni tenta di annullare quella voce.* Di nuovo l'immagine della natura che lotta per non soccombere alla guerra.

Celebrazioni per il "Remembrance Day" a Toronto in Canada, 11 novembre 2011.

risplendere il tramonto, amanti e amati.[4]
Ma adesso giacciamo sui campi delle Fiandre.

Riprendete voi la lotta col nemico:
a voi passiamo la torcia, con le nostre
mani cadenti, e sian le vostre a tenerla alta.[5]
e se non ci ricorderete, noi che moriamo,
non dormiremo anche se i papaveri
cresceranno sui campi di Fiandra.[6]

Loved, and were loved, and now we lie
In Flanders fields.

Take up our quarrel with the foe:
To you from failing hands we throw
The torch; be yours to hold it high.
If ye break faith with us who die
We shall not sleep, though poppies grow
In Flanders fields.

[da *Readings about the World*, vol. 2. Versione italiana di Riccardo Venturi, 2004]

4 **Pochi...amati:** lo sguardo dell'autore si sposta dalla natura agli uomini; a parlare è un gruppo di soldati morti da pochi giorni, sepolti sotto quelle croci, che ricordano ancora la propria esistenza: il tempo che scorreva («sentivamo l'alba, vedevamo risplendere il tramonto») con le sue illusioni e delusioni, con i suoi sentimenti (*amanti* di una donna e *amati,* cioè ricambiati in quest'amore).

5 **Riprendete...alta:** i morti si rivolgono ai vivi, esortandoli a continuare la battaglia contro il nemico. «A voi passiamo la torcia»: l'immagine ci richiama una staffetta olimpionica: la torcia è un simbolo degli ideali che hanno spinto gli uomini alla battaglia; i caduti, con le mani che stanno perdendo forze, passano il simbolo a chi li seguirà e che dovrà tenerlo alto, portarlo fino alla vittoria. A tale interpretazione patriottica potremmo accostarle una più universale: la torcia è la vita stessa, da far proseguire nelle sue gioie, nei suoi amori, anche in nome di chi non c'è più.

6 **e se...Fiandra:** *e se i viventi scorderanno i caduti, questi non potranno dormire in pace, anche se i papaveri continueranno a sbocciare sui campi di Fiandra.* Senza il conforto del ricordo dei posteri, i soldati caduti non potranno trovare consolazione neppure nello scorrere del tempo o nella bellezza della natura.

ANALISI DEL TESTO

I temi

Un sacrificio doloroso

Il poeta, che scrive la sua lirica nel 1915, all'inizio cioè del conflitto, sembra rivolgersi a chi gli sta intorno, ai suoi contemporanei: i commilitoni e i borghesi in Inghilterra e in Canada. Ad essi perviene un triplice messaggio: la **commemorazione** dei compagni morti, il **rimpianto** per la loro giovinezza stroncata, la necessità di non vanificare il loro **sa-**

crificio giungendo alla vittoria contro la Germania. Una tale lettura va certamente presa in considerazione, ma non può soddisfarci pienamente: una poesia patriottica non avrebbe messo al centro dell'attenzione del lettore i papaveri, le allodole, i ricordi d'amore: si sarebbe piuttosto incentrata sugli atti d'eroismo, sulle bandiere e sui simboli della gloria nazionale. Ecco perché riteniamo che l'autore, scrivendo, non volesse rivolgersi esclusivamente ai contemporanei, incitandoli alla guerra, ma anche ai posteri, a coloro che di quella guerra vedranno solo le macerie, le tombe, le file di papaveri: cioè a noi. A noi Mc Crae rivolge un invito alla comprensione di un sacrificio generazionale apparentemente assurdo (storicamente assurdo) ma nobilitato almeno dal ricordo di quegli uomini che hanno sopportato il dolore, l'attesa, la morte spesso senza capire, ma con dignità. La «torcia» (v. 11) va interpretata non tanto come una bandiera nazionale, quanto come la vita stessa, da essi non goduta pienamente e che ora tocca a noi vivere. In nome loro e in loro ricordo.

La struttura e le forme

Ritmo e musicalità

La struttura della poesia, nella sua forma originale inglese, richiama facilmente un testo musicale, una canzone: doppi quaternari a rima baciata e alternata, con due chiusure in quaternario semplice dove ricorre il titolo stesso (*In Flanders Fields*). Tale musicalità vuole renderci foneticamente l'idea del ritmo della natura, che ora ha coinvolto anche la voce dei caduti.

L'immagine dei campi di Fiandra e dei papaveri inizia e chiude la poesia, dando al testo un senso di ciclicità: l'immensità degli spazi e il rosso che li punteggia racchiudono la "piccola" vicenda degli uomini «Morti» per colpa della guerra. L'**immensità della natura**, che prosegue senza fine, racchiude l'effimera vicenda dei soldati che scorre nel tempo soltanto grazie al ricordo.

Le tecniche espressive

Il simbolismo

La lirica, pur nella sua brevità, è ricca di implicazioni simboliche, per cui le singole immagini alludono a qualcosa di soggettivo e indefinito: le allodole alla natura che sembra coraggiosamente riprendere il suo corso; i papaveri al sangue dei morti, ma anche alla tenacia, al ricordo dei caduti; la torcia all'ideale della vittoria, ma anche alla sacralità della vita. Si nota quindi la **pluralità di significati** che può assumere il *simbolo*, a differenza dell'*allegoria* che rimanda sempre ad un significato astratto ma univoco.

LABORATORIO SUL TESTO

Conoscenze

Comprensione

1. **Per quale motivo, secondo te, la parola «i Morti» (v. 6) è scritta con l'iniziale maiuscola?**

2. **La voce dei soldati caduti, ai vv. 6-8, evidenzia in essi la persistenza di uno stato d'animo**

[A] di rabbia
[B] di rimpianto
[C] di rassegnazione
[D] di desiderio di vendetta

Analisi

3. **Il testo si richiama al modello classico dell'epigramma. Ricordi le caratteristiche principali di tale tipo di componimento?**

Conoscenze lessicali

4. **Spiega l'espressione «sentivano l'alba» del verso 7.**

Abilità e competenze

Scrittura e interpretazione

1. **Il poeta inglese Rudyard Kipling, che perse un figlio nel conflitto (in Piccardia, immediatamente a sud della Fiandra), scrisse il testo che ti proponiamo.**

Getsemani [1914-1818]

L'Orto chiamato Getsemani
Era in Piccardia,
E la gente veniva là a vedere
I soldati inglesi passare.
E passavamo, passavamo,
O, secondo il caso, sostavamo,
Portandoci dietro le maschere antigas
Oltre il Getsemani.
Nell'orto chiamato Getsemani
C'era una bella ragazza,
Ma per tutto il tempo che mi parlava
Io pregavo che il mio calice passasse.
L'ufficiale sedeva sulla sedia,
Gli uomini giacevano sull'erba
E per tutto il tempo che sostammo là
Io pregavo che il mio calice passasse.
Ma non passò – non passò –
Non passò da me.
Lo bevvi quando incontrammo il gas
Oltre il Getsemani.

[da www.jesus1.it]

Prova ad attuare un confronto tematico, in un brevissimo testo, fra questa lirica e quella di McCrae (ad esempio, l'Orto e i Campi, il rimpianto dell'amore, la voce narrante di un soldato caduto).

Ascoltare, argomentare e confrontarsi

2. **Osserva l'opera del pittore Claude Monet e dopo aver letto la spiegazione rispondi alle domande.**

Claude Monet, *Campo di papaveri vicino a Giverny*, 1885. Boston, Museum of Fine Arts.

La composizione ha una struttura che mette in risalto la dilatazione spaziale, conferita da zone geometriche coloristiche a toni rossi e verdi. L'efficace effetto di profondità rimane inalterato: le scure forme inserite in secondo piano rimangono al di là del campo di papaveri, nonostante la superiore forza coloristica e di contrasto rispetto a questi ultimi.

1. Quali sensazioni ti suscita il dipinto?
2. Quali particolari hanno attirato la tua attenzione?
3. Che significato pensi che abbia il dipinto?
4. Proponi un titolo diverso da quello scelto dall'autore.
5. Trovi che ci sia qualche elemento (particolare, atmosfera, composizione, ecc.), oltre i papaveri, che rimandi ai versi di McCrae?

un autore, un libro

L'allegria di Giuseppe Ungaretti

IL LIBRO

Le edizioni

La raccolta *L'allegria* si articola in cinque parti (*Ultime*, *Il porto sepolto*, *Naufragi*, *Girovago*, *Prime*), con poesie nate in momenti diversi, comprese in un arco cronologico che va dal 1915, quando le prime apparvero sulla rivista «Lacerba», alla breve raccolta *Il porto sepolto*, pubblicata a Udine nel 1916, alle successive poesie di guerra raccolte nel volume *Allegria di naufragi* (1919). *L'allegria*, edita nel 1931, raggiunse la forma definitiva nell'edizione del 1942.

Le innovazioni stilistiche e tecniche

Nate nel clima della Prima guerra mondiale, le poesie dell'*Allegria* sono un "diario" di guerra (in ogni lirica vengono indicati luogo e data di composizione), brevi frammenti poetici fatti di intuizioni fulminee, impressioni colte nella loro essenzialità e caratterizzate da un linguaggio scarno, che mette in evidenza il valore della parola, caricandola di significati e suggestioni.

Per Ungaretti la poesia è una forma di conoscenza pura e immediata della realtà più profonda delle cose; in questa concezione si inseriscono le sue originali soluzioni tecniche e stilistiche, cui si aggiungono gli influssi del Simbolismo: abbandono del verso tradizionale per versi brevissimi, spesso di un solo vocabolo; abolizione dei nessi sintattici e della punteggiatura; frequenti pause e spazi bianchi caricano di significato, isolandole, le parole, che sembrano così emergere dal silenzio. L'essenzialità della parola è tuttavia per Ungaretti il risultato di una faticosa ricerca e di una assidua e sofferta meditazione. Dai simbolisti Ungaretti derivò anche l'uso dell'analogia e della sinestesia, che congiungono immediatamente oggetti e stati d'animo apparentemente lontani.

I temi

I temi ricorrenti nella poesia di Ungaretti sono la caducità della vita, la solitudine, il dolore, il senso di fratellanza che unisce gli uomini esposti al medesimo destino, la consapevolezza di essere parte dell'universo e al tempo stesso dello sradicamento, vissuto in modo doloroso.

In tutta la raccolta *L'allegria* è evidente una marcata presenza biografica. Ungaretti, nel cantare gli slanci vitali che si affermano in mezzo alla morte e alla distruzione, alla forza «allegra» della sopravvivenza nel vuoto e nel naufragio (da cui il titolo *Allegria*), avverte la sua specifica condizione di «uomo di pena». La vita è per il poeta angoscia e pena, ma anche possibilità di illusioni, che danno la forza e il coraggio di vivere. È questo anche il messaggio di tutta l'opera: l'umanità deve ritrovare se stessa e i propri spazi vitali, anche e soprattutto nel nulla e nella distruzione.

L'AUTORE

Giuseppe Ungaretti nacque nel 1888 ad Alessandria d'Egitto, dove erano emigrati i genitori italiani di origine lucchese. Il padre, che lavorava come operaio al Canale di Suez, morì quando il poeta aveva due anni. Nel 1912 si trasferì a Parigi, dove studiò alla Sorbona senza mai laurearsi e dove frequentò i maggiori esponenti delle avanguardie artistiche e letterarie, tra cui i francesi Bréton, Derain, Braque, Apollinaire, Picasso e gli italiani Soffici, Palazzeschi, Savinio e Marinetti, attraverso cui stabilì un contatto col movimento futurista. Nel 1914, allo scoppio della Prima guerra mondiale, rientrò in Italia: acceso interventista, l'anno successivo partì per la guerra, combattendo prima sul Carso e poi sul fronte francese. L'esperienza di trincea fu decisiva per il poeta, inducendolo ad una profonda riflessione sulla fragilità della condizione umana e sul valore della fratellanza fra gli uomini. Scoprì allora la propria vocazione di scrittore. Dal 1918 al 1921 visse ancora a Parigi, dove sposò Jeanne Dupoix, da cui ebbe due figli.

Nel 1919 pubblicò con Vallecchi la prima edizione di *Allegria di naufragi*. Si trasferì poi a Roma, lavorando presso il Ministero degli Esteri e svolgendo attività di giornalista. Nel 1925 Ungaretti firmò il *Manifesto degli intellettuali fascisti*. Nel 1933 venne pubblicata la raccolta *Sentimento del tempo*, caratterizzata da una trasformazione stilistica e da riflessioni su temi sempre più elevati. Nel 1936 accettò l'incarico di insegnare Lingua e letteratura italiana all'Università di San Paolo in Brasile, dove rimase fino al 1942. Durante il soggiorno sudamericano morì il figlio Antonietto, di soli nove anni. A questo tragico evento sono dedicati molti dei versi raccolti nella prima parte de *Il dolore* (1947), nei quali esprime le difficoltà dell'uomo nel conservare la fede di fronte agli imperscrutabili disegni divini. Rientrato in Italia, gli viene conferito il titolo di Accademico d'Italia e dal 1942 inizia ad insegnare Letteratura italiana moderna e contemporanea all'Università di Roma. Giuseppe Ungaretti si è spento a Milano nel giugno del 1970. Nel 1974 è stata pubblicata la raccolta postuma di *Saggi e interventi*.

Giuseppe Ungaretti
L'allegria

OPERA	ANNI	FORMA METRICA	TEMI
L'allegria	1915-1918	versi liberi	• la violenza della guerra • l'attaccamento alla vita

Veglia

ascolto

La poesia costituisce la prima pagina del diario di guerra in cui Ungaretti racchiude la sua esperienza in trincea. Il contrasto fra le immagini violente di morte offerte dalla realtà e il rinnovato attaccamento alla vita costituisce il nucleo centrale della lirica.
Con un linguaggio essenziale e scarno, in cui la parola isolata nel verso si carica di significati e suggestioni, Ungaretti parla di una dolorosa esperienza: per una notte intera è stato accanto ad un compagno morto, col volto deformato nell'atroce spasimo della morte, con le mani "congestionate" nell'ultimo gesto convulso, che è penetrato nel profondo dell'animo del poeta. Eppure egli non grida invettive, non maledice, non odia, ma scrive «lettere piene d'amore»: accanto all'atrocità della morte si fa più profondo l'istintivo attaccamento alla vita («Non sono mai stato / tanto / attaccato alla vita»).

Cima Quattro il 23 dicembre 1915

Un'intera nottata
buttato vicino
a un compagno
massacrato[1]
con la sua bocca
digrignata[2]
volta al plenilunio[3]
con la congestione
delle sue mani[4]
penetrata
nel mio silenzio
ho scritto
lettere piene d'amore[5]

Non sono mai stato
tanto
attaccato alla vita[6]

[da *Vita d'un uomo*, Mondadori, Milano 1974]

Scipione [Gino Bonichi], *Ritratto di Ungaretti*, 1931 circa. Roma, Galleria Nazionale d'Arte Moderna e Contemporanea.

Schema metrico: versi liberi.
1 **massacrato:** la parola isolata nel verso (come più avanti «digrignata», «penetrata») acquista una forte carica espressiva e dà maggior rilievo all'atrocità di quello spettacolo di morte.
2 **digrignata:** con i denti stretti in un ghigno, quasi per rabbia contro la violenza della morte.
3 **volta al plenilunio:** rivolta verso la luna piena, che con la sua luminosità rende più tragica la scena. La parola «plenilunio» rappresenta un segno di vita e d'amore nel clima atroce della guerra.
4 **con la congestione / delle sue mani:** con le mani livide, contratte, che sembrano penetrare nel silenzio, nell'assorta meditazione del poeta.
5 **ho scritto...d'amore:** di fronte all'atroce spettacolo della morte, il poeta riafferma istintivamente il diritto alla vita. Le «lettere piene d'amore» nascono dalla presenza della morte; la vita prevale sulla morte.
6 **Non sono...vita:** gli ultimi tre versi, staccati dai precedenti da una pausa e scanditi da una rima al mezzo, sottolineano la volontà di vivere che il poeta scopre in sé.

ANALISI DEL TESTO

I temi

Verità e suggestioni

Con frasi brevi, dense di significato, ed un linguaggio essenziale, in cui le parole isolate nel verso si caricano di profonde verità e suggestioni, Ungaretti ci rappresenta la veglia accanto al corpo del compagno ucciso; la **crudezza delle immagini**, rese più rilevanti dalle parole-chiave costituite dai participi «buttato», «massacrato», «digrignata», «penetrata», «attaccato», intensificano il **senso di angoscia**, rendendo la descrizione fortemente espressionistica. La poetica di Ungaretti si basa, nella sua prima produzione, sulla riscoperta del **valore della parola**, pura, illuminante, carica di significato, che nasce da una ricerca faticosa e insieme da improvvisa "folgorazione".

La struttura e le forme

Originalità sintattica

La costruzione della lirica è basata su immagini legate da una **sintassi disarticolata**, che si appoggia sui participi prima menzionati e sulla ripetizione dei costrutti: «con la sua bocca / digrignata»; «con la congestione / delle sue mani / penetrata», che trova una conclusione improvvisa nell'affermazione «ho scritto / lettere piene d'amore», sintatticamente slegata dai versi precedenti. Viene introdotto il verbo di modo finito e la dimensione personale: dal possessivo *suo* («sua bocca», «sue mani») si passa a *mio* («mio silenzio»).

Le tecniche espressive

Asprezza di suoni

Le scelte lessicali privilegiano i suoni aspri, in cui prevalgono le dentali («nottata», «buttato», «massacrato», «digrignata», «scritto», «confortare», «penetrata» ecc.) che contribuiscono a dare rilievo alla disumanità della situazione. La testimonianza di attaccamento alla vita, presente simbolicamente nella parola «plenilunio» del v. 7, viene confermata dal poeta nella conclusione della lirica («Non sono mai stato / tanto / attaccato alla vita»).

LABORATORIO SUL TESTO

Conoscenze

Comprensione

1. **Qual è la situazione rievocata dal poeta?**

2. **Su quali particolari si concentra l'autore per descrivere il compagno morto? A quale scopo?**

Analisi

3. **Quali sono i suoni che danno ritmo al testo?**

4. **Segnala gli *enjambements* presenti nel testo e spiegane la funzione.**

5. **La poesia è divisa in due parti, separate dallo spazio bianco: indicane la rispettiva funzione.**

6. **I verbi sono prevalentemente al participio passato: che cosa vuole segnalare l'autore con tale scelta?**

Conoscenze lessicali

7. **Quale significato simbolico assume nel testo il «plenilunio» (v. 7)?**

8. **Cerca sul vocabolario il significato etimologico dei termini «digrignato» e «congestione».**

Abilità e competenze

Scrittura e interpretazione

1. **Riassumi il nucleo tematico della lirica ed esprimi le tue opinioni al riguardo.**

Ascoltare, argomentare e confrontarsi

2. **Vi proponiamo una lettura collettiva dell'opera pittorica di Joseph Scharl per un confronto tra poesia e opera pittorica a cui può partecipare tutto il gruppo classe, ciascuno con il proprio punto di vista. Dopo aver letto la spiegazione del dipinto, rispondete alle domande.**

Joseph Scharl (1896-1954), *Soldato caduto*, 1932. Monaco, Stadtische Galerie im Lenbachhaus.

Confrontando le opere del poeta e del pittore, tra la *Veglia* di Ungaretti e il *Soldato caduto* di Joseph Scharl si ha la sensazione che entrambi abbiano trascorso una notte accanto al corpo del soldato morto. Eppure le differenze non sono poche, a cominciare dal momento in cui la poesia è stata scritta: da una parte il soldato Ungaretti che stava vivendo direttamente quell'esperienza, fermandola nei versi della sua poesia, dall'altra il pittore tedesco che dipinge il quadro dopo molti anni da quegli avvenimenti. Stupisce pensare che quell'esperienza, anche per lui personale, sia ancora presente. Ma forse proprio ciò che si stava preparando negli anni Trenta in Germania aveva riportato alla memoria del pittore la crudeltà della guerra, suscitandogli nuova e profonda pietà per le vittime. Un'altra significativa differenza sta nella chiusura della poesia, piena di voglia di vivere, forse anche di speranza, che manca invece nel quadro, privo di orizzonte e dominato dal fondo scuro.

1. Individua i parallelismi descrittivi nella poesia e nel quadro.
2. La breve poesia di Ungaretti ha il potere di creare un racconto, anche se costruito con pochissime parole: ti sembra che anche il quadro abbia questa stessa capacità di sintesi? Motiva la tua risposta.
3. Quale significato simbolico ricopre Il filo spinato che avvolge il corpo?
4. Quale elemento ha attirato maggiormente la tua attenzione?
5. Ritrovi nel dipinto la stessa atmosfera della poesia? Motiva la tua risposta.

San Martino del Carso

ascolto

La zona del Carso (nelle Alpi orientali delimitate dal fiume Isonzo), dove si trova appunto il paese di San Martino, fu uno dei teatri più duri e cruenti della Prima guerra mondiale; qui combatté Ungaretti dal dicembre del 1915 alla fine dell'anno successivo, e affidò la propria terribile esperienza ad una serie di brevi ed incisive liriche (pubblicate una prima volta nel 1916 col titolo di Porto sepolto *e infine nel 1931 col titolo di* L'allegria*), da leggersi come una sorta di diario.*

Valloncello dell'Albero Isolato il 27 agosto 1916

Di queste case[1]
non è rimasto
che qualche
brandello di muro[2]

Di tanti[3]
che mi corrispondevano[4]
non è rimasto
neppure tanto[5]

Ma nel cuore
nessuna croce manca

È il mio cuore
il paese più straziato

[da *L'allegria*, in *Vita d'un uomo. Tutte le poesie*, Mondadori, Milano 1969]

Parafrasi *Sono rimasti soltanto alcuni pezzi di muro di queste case; non è rimasto neppure questo dei tanti che contraccambiavano il mio affetto. Ma nel mio cuore non manca nessun ricordo: è proprio il mio cuore il posto più lacerato e addolorato.*

Schema metrico: versi liberi raggruppati in due quartine e due distici (che, se accorpati, possono costituire due endecasillabi).

1 **Di queste case:** nella prima quartina viene presentata la distruzione operata dalla guerra sul paese di San Martino.

2 **brandello di muro:** l'uso del termine «brandello» in riferimento al muro fa scattare immediatamente l'associazione tra paesaggio e uomini, entrambi devastati dalla guerra.

3 **Di tanti:** nella seconda quartina, parallelamente, vi è la distruzione operata nell'animo dell'uomo.

4 **che mi corrispondevano:** che condividevano con Ungaretti non solo la condizione di soldati, ma anche di «uomini di pena», in uno stretto legame di sentimenti, di dolore e di speranze.

5 **neppure tanto:** neppure qualche «brandello»; degli uomini è sopravvissuto, cioè ancora meno che delle case.

ANALISI DEL TESTO

I temi

Le conseguenze della guerra

Il poeta si trova di fronte ad un paesaggio desolato e sconvolto: delle case del paese non rimane in piedi che qualche misero muro, mentre gli amici e i compagni sono tutti morti in combattimento. Il dramma più straziante è dentro chi è sopravvissuto e, rimasto solo, non può che guardare impotente **gli effetti di una inutile guerra**.

La struttura e le forme

Simmetrie e corrispondenze

Nella lirica è **assente la punteggiatura** e le pause sono determinate dalle spaziature che separano ciascun gruppo di versi. Il testo è costruito su di un'equilibrata e **calcolata simmetria**: la corrispondenza tra il paesaggio esterno e il paesaggio interiore trova espressione formale nei **parallelismi** e nella disposizione delle riprese.

Lo stretto parallelismo tra le due quartine («Di queste… non è rimasto», vv. 1-2; «Di tanti… non è rimasto», vv. 5-7) e i due distici finali («nel cuore…», v. 9; «il mio cuore…» v. 11) evidenzia come la guerra abbia avuto effetti devastanti sia all'esterno (le case distrutte) sia, soprattutto, all'interno, nel cuore del poeta (si noti come ciò venga sottolineato dall'antitesi tra «qualche», v. 3, e «nessuna», v. 10), divenuto come un cimitero pieno di croci.

L'analogia cuore-paese

Il rapporto tra paesaggio esterno (che viene così umanizzato) e paesaggio interiore (che assume i connotati di un cimitero) è basato sull'analogia cuore-paese, che consente di riferire il termine «brandello» sia ai muri sia ai compagni morti (i «tanti» che «corrispondevano» col poeta).
L'analogia viene resa esplicita nei versi conclusivi.

LABORATORIO SUL TESTO

Conoscenze

Comprensione

1. **Chi sono i "corrispondenti" del poeta?**
2. **Che cosa significa che nel cuore del poeta «nessuna croce manca»?**
3. **Che rapporto c'è fra il paese di San Martino e il cuore del poeta?**
4. **La lirica si intitola *San Martino del Carso*, ma in realtà qual è il vero protagonista?**

Analisi

5. **Evidenzia i parallelismi attraverso i quali si articolano le prime due strofe del componimento.**
6. **Determina attraverso il computo metrico la tipologia dei versi.**
7. **Rileva in ciascuna strofa i suoni dominanti.**
8. **Che cosa indica l'avversativa «Ma» con cui inizia la terza strofa?**

Conoscenze grammaticali

9. **Quali elementi grammaticali segnalano la presenza e la centralità del poeta?**
10. **Nel testo si registra una forte presenza di negazioni. Verifica e prova a spiegare il motivo di tale scelta.**

Abilità e competenze

Scrittura e interpretazione

1. **Confronta la lirica di Ungaretti con *Voce di vedetta morta* di Clemente Rebora; la poesia è riferita ad una situazione analoga, cerca di definirne analogie e differenze.**

Voce di vedetta morta

C'è un corpo in poltiglia
con crespe di faccia, affiorante
sul lezzo dell'aria sbranata.
Frode la terra.
Forsennato non piango:
affar di chi può, e del fango.
Però se ritorni
tu uomo, di guerra
a chi ignora non dire;
non dire la cosa, ove l'uomo
e la vita s'intendono ancora.
[...]

[da *Poeti italiani del Novecento*, a cura di Pier Vincenzo Mengaldo, Mondadori, Milano 1978]

AREA DIGITALE

Ricerca sul web. Il fronte italiano durante la Prima guerra mondiale

Fai una breve ricerca su Internet sulle vicende del fronte italiano durante la Prima guerra mondiale e, con la guida dell'insegnante, prova a reperire altre testimonianze poetiche (sia italiane sia straniere) sull'esperienza della Grande guerra.

Soldati

ascolto

Questa lirica presenta una drammatica similitudine: la vita dei soldati in guerra è fragile e provvisoria come le foglie che il vento d'autunno, da un momento all'altro, staccherà dal ramo. In quattro versi il poeta condensa lo stato d'animo del soldato, il suo sentirsi sospeso tra la vita e la morte. La forma impersonale trasferisce l'esperienza autobiografica a quella di tutti gli altri uomini, costretti a sentire la violenza della guerra. La similitudine è espressa in pochi versi, brevi, dal tono epigrammatico, che mettono in risalto l'inesorabile destino di morte che grava su ogni soldato.

Bosco di Courton luglio 1918

Si sta come
d'autunno
sugli alberi
le foglie

[da *L'allegria*, in *Vita d'un uomo. Tutte le poesie*, Mondadori, Milano 1969]

Schema metrico: versi liberi (che nell'insieme formano un doppio settenario).

Fratelli

ascolto

La lirica appartiene al Porto sepolto *(1916), nucleo originario dell'*Allegria *(1931), ed ha come tema la solidarietà, la ricerca di un punto fermo che permetta di superare l'angoscia provocata dalla violenza della guerra, scoprendo la fraternità degli uomini nella sofferenza, nella fragilità della vita. La guerra non è vista come eroismo e patriottismo, ma come momento tragico in cui l'uomo acquista coscienza della precarietà dell'esistenza e sente il bisogno di unirsi agli altri.*

Mariano il 15 luglio 1916

Di che reggimento siete
fratelli?[1]

Parola tremante
nella notte

Foglia appena nata

Nell'aria spasimante
involontaria rivolta
dell'uomo presente alla sua
fragilità[2]

Fratelli[3]

[da *Vita d'un uomo*, Mondadori, Milano 1974]

Parafrasi *Di che reggimento siete, fratelli? Parola che suona incerta e timorosa nella notte. Come una foglia appena spuntata. Istintiva ribellione, nell'aria attraversata dalla sofferenza dell'uomo cosciente della sua fragilità Fratelli*

Truppe italiane in ritirata dopo la battaglia di Caporetto, 1917.

Schema metrico: versi liberi.
1 **Di che reggimento...fratelli?:** la domanda iniziale (il punto interrogativo è l'unico segno di punteggiatura presente nella lirica), rivolta ad altri soldati, è l'occasione per la meditazione del poeta; il senso di fraternità scaturisce dalla percezione della fragilità degli uomini.
2 **Parola tremante...fragilità:** la parola «fratelli» si leva timidamente nella notte come una «Foglia appena nata», e nell'aria straziata dagli spari e dagli scoppi («spasimante») diventa istintiva ribellione dell'uomo, consapevole («presente») della propria fragilità. In questa realtà il poeta sembra riscoprire il vero significato della fratellanza.
3 **Fratelli:** la parola «Fratelli» assume un valore nuovo rispetto al secondo verso e conclude la commossa meditazione del poeta.

ANALISI DEL TESTO

I temi

L'amore contro la violenza
Per Ungaretti l'amore, la solidarietà, la fratellanza nascono dall'istintiva reazione dell'uomo all'odio, alla violenza ed alla precarietà della vita («involontaria rivolta / dell'uomo presente alla sua / fragilità»). Nella domanda iniziale, rivolta da soldati ad altri soldati, «fratelli», parola-chiave che apre e chiude la lirica, allude alla solidarietà che unisce gli uomini accomunati in guerra dallo stesso **destino di morte**.

La struttura e le forme

«Fulgurazioni» fulminee
La lirica è un esempio della carica suggestiva delle «fulgurazioni» di Ungaretti, essenziali e fulminee, che emergono da una profonda meditazione e, attraverso rapidi **rapporti analogici**, rivelano significati profondi. La parola–chiave «fratelli» esprime un delicato rapporto analogico con «Foglia appena nata» e stabilisce un paragone tra la «fragilità» delle foglie e quella dell'uomo, acquistando maggior risalto grazie agli aggettivi «tremante» e «spasimante», che concorrono a rendere l'atmosfera di intensa drammaticità. La parola «Fratelli», isolata nell'ultimo verso da una spaziatura, racchiude il messaggio profondo del poeta.

Le tecniche espressive

Essenzialità evocative
La ricerca dell'essenzialità e del potere evocativo della parola, che racchiude nuovi e più profondi significati, è evidenziata dalla **ripetizione di parole-chiave**, dall'**uso delle analogie**, dall'abolizione dei nessi grammaticali e sintattici e della punteggiatura, dalla **frantumazione dei versi**, tipici della poesia del primo Ungaretti.

LABORATORIO SUL TESTO

Conoscenze

Comprensione

1. **Tenendo presente le caratteristiche della poesia di Ungaretti, spiega il significato della parola «fratelli» e della sua collocazione nei versi.**
2. **Perché la rivolta dell'uomo è definita «involontaria»? Quale messaggio il poeta vuole comunicare in tal modo ai lettori?**
3. **Per quale motivo la parola «fragilità» è isolata nel testo? Che valore assume in questo modo?**

Analisi

4. **Nell'espressione «aria spasimante» (v. 6) l'aggettivo «spasimante» (sofferente) è attribuito all'aria invece che ai soldati. Di quale figura retorica si tratta?**
   [A] ipallage [B] iperbole [C] similitudine
5. **Quale funzione hanno nella lirica gli spazi bianchi?**
6. **Perché il poeta ha usato solo un segno di punteggiatura?**

Abilità e competenze

Scrittura e interpretazione

1. **Fai un commento alla poesia, evidenziando il messaggio che ne hai ricavato e soffermandoti in particolare sulla capacità evocativa che il poeta ha saputo dare alla parola.**

Paul Éluard
«Non verremo alla mèta ad uno ad uno»

ascolto

OPERA	ANNO	LINGUA	FORMA METRICA	TEMA
Il duro desiderio di durare	1946	francese	epigramma	• la solidarietà umana per sconfiggere la violenza

L'AUTORE

Paul Éluard (pseudonimo di Eugène Grindel) nacque a Saint-Denis (Parigi) nel 1895. Nel 1912 dovette interrompere gli studi a causa di una tubercolosi e fu ricoverato nel sanatorio di Davos, in Svizzera, dove conobbe Elena Diakonova (da lui chiamata Gala), che diventerà sua moglie nel 1917. Partecipò alla Prima guerra mondiale e, al suo termine, si trasferì a Parigi dove entrò in contatto con l'ambiente dadaista e poi con quello surrealista, di cui divenne uno dei principali animatori, insieme a André Breton e a Louis Aragon. Nel 1930 la moglie lo lasciò per il pittore spagnolo Salvador Dalí: esperienza dolorosa da cui il poeta si riprese grazie alla passione per Marie Benz (detta Nusch), che sposerà nel 1934. Nel 1938, durante la Guerra civile spagnola, si avvicinò all'ideologia marxista e nel 1942 si iscrisse al Partito comunista francese partecipando attivamente alla Resistenza. Dopo la morte improvvisa di Nusch, nel 1946, Éluard strinse un profondo legame con Dominique, che sposerà nel 1951. Esordì nel 1913 con *Scelta di poesie*. Tra le sue raccolte più significative ricordiamo: *Capitale del dolore* (1926); *L'amore la poesia* (1929); *La rosa pubblica* (1934); *Gli occhi fertili* (1936); *Corso naturale* (1938); *Il libro aperto* (1940); *Poesia e verità* (1942); *Appuntamento coi Tedeschi* (1944); *Poesie politiche* (1948); *Una lezione di morale* (1950); *La fenice* (1951). Il poeta francese è morto a Charenton-le Pont (Parigi) nel 1952.

La lirica risente di due motivi d'ispirazione: l'esperienza recente della Resistenza e l'amore per la sua compagna Nusch, in quei giorni però in precarie condizioni di salute (morirà nel novembre dello stesso anno). La breve poesia epigrammatica è una specie di manifesto politico e individuale: dobbiamo continuare ad amarci, malgrado le difficoltà che la società ci pone davanti. Solo smettendo di sentirci soli, di pensare come se fossimo soli, un giorno nascerà un mondo in cui le guerre e le tensioni attuali saranno soltanto un ricordo confuso e su cui ridere.

Non verremo alla mèta[1] ad uno ad uno
Ma a due a due.[2] Se ci conosceremo
A due a due, noi ci conosceremo
Tutti, noi ci ameremo tutti e i figli[3]
Un giorno rideranno
Della leggenda nera[4] dove un uomo
Lacrima in solitudine.

[da *Poesie*, Einaudi, Torino 1966, a cura di Franco Fortini]

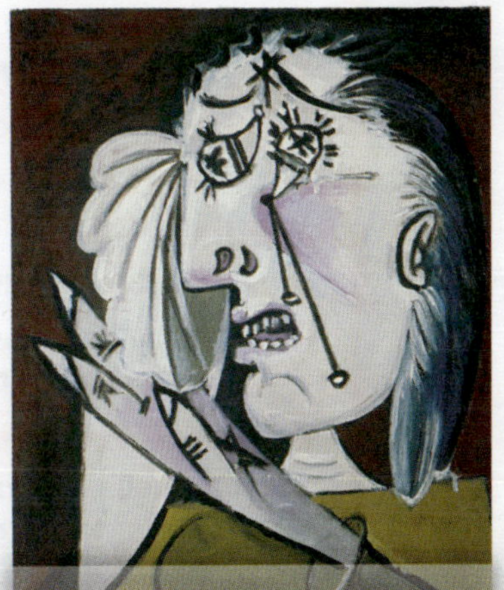

Pablo Picasso, *Donna che piange con fazzoletto*, 1937. Riehen (Basilea), Fondation Beyeler.

Nous n'irons pas au but un par un mais par deux

Nous n'irons pas au but un par un mais par deux
Nous connaissant par deux nous nous connaîtrons tous
Nous nous aimerons tous et nos enfants riront
De la légende noire où pleure un solitaire.

Schema metrico: epigramma in versi alessandrini (corrispondenti ad un doppio senario) senza rima.
1 **mèta:** il punto d'arrivo della storia. Va inteso come l'obiettivo politico d'una società ideale in cui regneranno giustizia, libertà e fratellanza.
2 **a due a due:** il numero due si ricollega all'immagine dell'amore di coppia. Al centro del discorso sta l'idea del superamento dell'uno (l'egoismo, l'indifferenza) per acquisire la capacità di immedesimarci negli altri.
3 **i figli:** i posteri.
4 **leggenda nera:** profetizzando un futuro ideale per il mondo, si prevede che i giorni attuali, pieni di guerre, odio, lacrime e solitudine egoistica, saranno ricordati come una storia così negativa («nera») da sembrare irreale e ridicola.

ANALISI DEL TESTO

I temi

Giungere alla mèta

L'idea portante della poesia risiede nell'espressione «Non verremo alla mèta» (v. 1). La mèta a cui allude Éluard è la speranza, il mondo ideale in cui tutti i nostri sogni, individuali e collettivi, saranno finalmente realizzati. In questo mondo non ci sarà più posto per la solitudine egoistica («ad uno ad uno», v. 1), che caratterizza invece la nostra epoca. La società ideale si fonderà invece sul **dualismo** («a due a due», v. 2), simbolo della **fratellanza**, dell'**amore**, della solidarietà fondata sulla reciproca comprensione.

La conclusione della lirica è una profezia poetica: il nostro ricordo sarà una «leggenda nera» (v. 6) dove l'uomo «lacrima in solitudine» (v. 7). I nostri figli perverranno così alla rimozione del ricordo, volgendolo in risate d'incredulità.

La struttura e le forme

Un messaggio che colpisce

La **struttura** dei versi è secca, **lapidaria**, imperniata su alcune significative **iterazioni** («a due a due», vv. 2-3; «ci conosceremo», «ci ameremo» vv. 2-4; «tutti», v. 4) che rendono incisivo il messaggio.

Il finale è basato su poche immagini ad effetto: l'espressione «leggenda nera» e l'antitesi «rideranno... Lacrima» (vv. 5-7), che sottolinea il contrasto fra l'oggi, dominato dalla disperata individualità, e il domani, dualistico e felice.

Le tecniche espressive

Il verso alessandrino

Anche se nella traduzione italiana la metrica francese va in gran parte perduta, va tuttavia segnalato, soprattutto in un poeta così innovativo come Éluard, l'uso del verso alessandrino, il verso tradizionale della poesia francese e provenzale.

LABORATORIO SUL TESTO

Conoscenze

Comprensione

1. **Che cosa significa, secondo te, «verremo alla mèta» (v. 1)?**
2. **Per quale motivo il poeta, ai vv. 4-5, afferma che «i figli / Un giorno rideranno / Della leggenda nera»?**
3. **Quale rapporto può essere instaurato fra le lacrime e la solitudine (v.7)?**

Analisi

4. **Il testo, pur nella sua brevità, presenta alcune significative iterazioni: prova a individuarle.**
5. **L'immagine «leggenda nera» (v. 6) è una sinestesia; spiega il significato di tale figura retorica e prova a costruirne qualcuna analoga.**

Conoscenze lessicali

6. **Controlla le varie accezioni dei termini "mèta" e "leggenda"; indica per ciascuno alcuni sinonimi e rilevane il significato etimologico.**

Conoscenze grammaticali

7. **L'autore, nel testo, fa uso di un unico tempo verbale: quale? Perché secondo te?**

Abilità e competenze

Scrittura e interpretazione

1. **L'uomo ha la possibilità di raggiungere i propri scopi nella vita e di essere felice solo se saprà unirsi agli altri uomini in un rapporto di amore e di solidarietà, questo è il messaggio che Éluard rivolge agli uomini da poco usciti dalla Seconda guerra mondiale. Esprimi il tuo punto di vista in un testo di massimo trenta parole.**

Bertolt Brecht
Poesie dal *Breviario tedesco*

OPERA	ANNO	LINGUA	FORMA METRICA	TEMA
Breviario tedesco	1939	tedesco	versi liberi	• il rifiuto della guerra manipolata da industriali e generali

L'AUTORE

Lo scrittore tedesco **Bertolt Brecht** nacque ad Augusta nel 1898. Si interessò al teatro prima come critico e cronista poi, dal 1924, collaborando con i registi Reinhard e Piscator a Monaco, in un ambiente ricco di stimoli e di artisti importanti. Si avvicinò al marxismo, collaborando attivamente dal 1930 col Partito comunista tedesco. Il regime nazista di Hitler lo costrinse a lasciare la Germania e, dopo brevi soste in Svizzera e in Francia, si stabilì a Svendborg, in Danimarca. Nel 1935 fu a Mosca, a New York e a Parigi, dove sostenne con accesi discorsi la propria ideologia antifascista. Quando i nazisti occuparono la Danimarca, nel 1940, fuggì in Finlandia e, prima che i tedeschi la invadessero, raggiunse Mosca, e poi gli Stati Uniti. Qui lavorò per il cinema di Hollywood, allestendo insieme al regista J. Losey la *Vita di Galileo*, che ottenne però scarso successo. Dopo la guerra tornò in Europa e a Berlino Est, nel 1949, fondò la compagnia teatrale del *Berliner Ensemble*. Brecht è stato uno dei più importanti drammaturghi del Novecento, di cui seppe interpretare a fondo le problematiche e le tensioni, in particolare attraverso i capolavori del *teatro epico*, che egli stesso teorizzò e mise in pratica. Scrisse anche numerose poesie: *Canzoni, Poesie, Cori* (1934); *Poesie di Svendborg* (1939), caratterizzate da un linguaggio essenziale e drammatico, in netta antitesi rispetto alla tradizione simbolista e surrealista europea. È autore, inoltre, del *Romanzo da tre soldi* (1934), rielaborazione narrativa del dramma, e delle prose raccolte nel 1948 col titolo di *Storie da calendario*. Brecht morì a Berlino nel 1956.

Brecht è in Danimarca, dove è stato costretto all'esilio. Qui scrive una serie di brevi testi poetici che, col titolo di Breviario tedesco, *saranno inseriti nella raccolta* Poesie di Svendborg. *Siamo all'immediata vigilia dello scoppio della Seconda guerra mondiale e l'autore esprime le proprie opinioni sulla situazione politica che va profilandosi.*

I
LA GUERRA CHE VERRÀ[1]
non è la prima. Prima
ci sono state altre guerre.
Alla fine dell'ultima[2]
c'erano vincitori e vinti.
Fra i vinti[3] la povera gente
faceva la fame. Fra i vincitori[4]
faceva la fame la povera gente egualmente.

Otto Dix, *Autoritratto da soldato*, 1914. Stoccarda, Kunstmuseum.

Schema metrico: versi liberi.
I
1 **La guerra che verrà:** il poeta esprime la certezza che stia per scoppiare una nuova guerra. La politica di riarmo e di espansione territoriale condotta dalla Germania di Hitler fra il 1938 e il 1939 giustificava pienamente la convinzione di Brecht.
2 **ultima:** la Prima guerra mondiale (1914-1918).
3 **i vinti:** in particolare i tedeschi, usciti sconfitti dalla guerra dopo terribili perdite umane ed economiche.
4 **i vincitori:** francesi, inglesi e italiani. Brecht constata che anche i popoli vittoriosi pagarono il successo con un enorme numero di morti e con grandi perdite economiche, tali da causare disoccupazione e miseria fra gli strati più umili della popolazione.

II

GENERALE, IL TUO CARRO ARMATO[1] È UNA MACCHINA POTENTE
spiana un bosco[2] e sfracella[3] cento uomini.
Ma ha un difetto:
ha bisogno di un carrista.

Generale, il tuo bombardiere[4] è potente.
Vola più rapido d'una tempesta[5] e porta più di un elefante.[6]
Ma ha un difetto:
ha bisogno di un meccanico.

Generale, l'uomo fa di tutto.
Può volare e può uccidere.
Ma ha un difetto:
può pensare.[7]

[da *Poesie e canzoni*, Einaudi, Torino 1981]

II
1 **carro armato:** strumento bellico inventato durante la Prima guerra mondiale e perfezionato, particolarmente dall'esercito tedesco, durante gli anni Trenta.
2 **spiana un bosco:** distrugge tutti gli alberi di un bosco, trasformandolo in pianura aperta.
3 **sfracella:** massacra.
4 **bombardiere:** aeroplano adibito a trasportare bombe da gettare sul nemico.
5 **vola...tempesta:** è in grado, volando, di correre più in fretta di una tempesta spinta dal vento.
6 **porta...elefante:** è capace di trasportare più peso di quanto possa fare un elefante.
7 **può pensare:** l'uomo, con la propria ragione, può pilotare un carro armato e riparare un aeroplano. Ma può anche capire che la guerra gli porterà soltanto morte e miseria.

ANALISI DEL TESTO

I temi

La guerra e gli interessi economici
Nel **primo testo** spicca una constatazione: come vent'anni fa, dopo la Prima guerra mondiale, l'appartenere a una nazione vittoriosa o sconfitta è irrilevante; i veri sconfitti saranno sempre gli uomini umili, i lavoratori dipendenti, uccisi e impoveriti. I padroni di industrie e di terre, invece, resteranno in ogni modo ricchi.
Nella **seconda lirica** l'attenzione si sofferma sui generali che conducono le loro grandi operazioni belliche impiegando tecnologie moderne (carri armati, aerei). Ma tutte le armi hanno necessità di qualcuno che sappia impiegarle; se ogni soldato capisse che la guerra è un male per tutti, si rifiuterebbe di far funzionare quelle armi. E la guerra non ci sarebbe.
L'apparente semplicità dei due testi ci rivela quella che è la vera intenzione dell'autore: far capire alla gente comune che la vera causa di ogni guerra sta negli interessi economici dei ricchi.

La struttura e le forme

Espressioni lapidarie
La breve poesia *La guerra che verrà* ha una chiara **struttura a epigramma**; i primi cinque versi ci propongono brevi affermazioni lapidarie. Da notare l'estrema chiarezza del linguaggio, arricchito da espedienti retorici quali l'uso dell'anafora al v. 2 («prima. Prima»), che impiega la parola dapprima con funzione di sostantivo poi di avverbio. Efficace anche l'utilizzo del parallelismo ai vv. 6-7 («Fra i vinti... Fra i vincitori...»), con la ripresa segnata dai termini invertiti («la povera gente faceva la fame... faceva la fame la povera gente...»).
La lirica *Generale, il tuo carro armato...* è costituita da tre strofe a struttura parallela. I primi due versi di ognuna contengono una constatazione della potenza militare, che può disporre di carri armati, aeroplani e masse umane capaci di usare la tecnologia per uccidere; i secondi due versi individuano però chiaramente dove stia il limite del potere dei generali: tutti i mezzi tecnologici hanno bisogno di uomini che li adoperino. Uomini che però, si augura Brecht, dispongono anche della capacità di pensare, di capire se la guerra è un bene o un male. Da notare l'efficacissimo triplice impiego delle anafore: «Generale...» (vv. 1, 5 e 9), «Ma...» (vv. 3, 7 e 11), in un continuo batti e ribatti di affermazioni e contestazioni.

LABORATORIO SUL TESTO

Conoscenze

Comprensione

1. **Nel primo testo Brecht usa l'espressione «povera gente» (vv. 6 e 8): a quali categorie della società sta facendo riferimento?**

2. **Perché, secondo te, anche nelle nazioni vincitrici il soldato tornato dal fronte si trova a patire la fame esattamente come gli sconfitti?**

3. **«Carrista» e «meccanico», dice Brecht nel secondo testo, in quanto uomini sono in grado di pensare: quali effetti ciò potrà produrre?**

Analisi

4. **I testi lirici presentano alcune anafore, intenzionalmente inserite dal poeta per indicare le contraddizioni del mondo moderno. Prova a individuarle.**

Conoscenze lessicali

5. **Spiega il significato dei termini «sfracella» e «difetto».**

6. **Svolgi una ricerca etimologica relativa ai termini «generale», «bombardiere».**

7. **Individua alcune forme derivate e composte dei termini «carro» e «macchina».**

Abilità e competenze

Scrittura e interpretazione

1. **Nella lirica il poeta esprime chiaramente la sua avversione per la guerra e invia un messaggio all'umanità. Spiega quale esortazione è contenuta nel testo ed esprimi le tue considerazioni in un breve testo.**

SCHEDA APPROFONDIMENTI

Il carro armato

Il carro armato è un mezzo militare, mobile e protetto, realizzato e utilizzato a partire dall'inizio del Novecento, in concomitanza con l'invenzione del motore a scoppio. I primi mezzi di questo tipo, detti "autoblindo", vennero impiegati nella Prima guerra mondiale per ricognizione o per accompagnare gli attacchi della fanteria; erano dotati di mitragliatrice e pesavano fino a tre tonnellate, ma, dovendo spostarsi su ruote, non erano in grado di superare le difese poste dal nemico sul terreno, quali fossati, trincee, reticolati. Per questo, alla fine del 1915, gli Inglesi realizzarono un veicolo cingolato, pesante 28 tonnellate e armato con due cannoni navali, che può essere considerato il primo carro armato. Questi mezzi entrarono subito a far parte della dotazione regolare degli eserciti e resero molto più efficienti gli assalti della fanteria, aprendo ad essa i varchi nelle linee nemiche. Nella Seconda guerra mondiale, soprattutto da parte tedesca, i carri armati (*tank*) vennero impiegati in massa insieme all'artiglieria corazzata e all'aviazione d'assalto.

Un carro armato tedesco in Francia nel 1940.

Salvatore Quasimodo
Alle fronde dei salici

testo attivo
ascolto

OPERA	ANNO	FORMA METRICA	TEMA
Giorno dopo giorno	1944	endecasillabi sciolti	• il valore della poesia di fronte agli orrori della guerra

L'AUTORE

Nato a Modica, in provincia di Ragusa, nel 1901, **Salvatore Quasimodo** trascorse l'infanzia in Sicilia; a soli sedici anni, nel 1917, fondò il mensile «Nuovo giornale letterario», su cui pubblicò le prime poesie. Nel 1919 si trasferì a Roma per frequentare l'Università, che dovette però abbandonare per motivi economici. Nel 1929 si recò a Firenze, dove entrò in contatto, grazie anche al cognato Elio Vittorini, con l'ambiente intellettuale di «Solaria», rivista per la quale pubblicò nel 1930 la sua prima raccolta poetica, *Acque e terre*. Nel 1932 uscì *Oboe sommerso*, che, insieme alla successiva raccolta *Erato e Apollion* (1936), testimonia l'adesione del poeta all'Ermetismo. Nel 1940 pubblicò la traduzione dei *Lirici greci*, che gli valse nel 1941 la nomina a professore di Letteratura italiana presso il Conservatorio Giuseppe Verdi di Milano. Nel 1942 uscì la raccolta *Ed è subito sera*. I temi delle prime raccolte sono la nostalgia della terra siciliana – che nel ricordo viene mitizzata – e della casa, la madre, l'infanzia, l'esilio nel Nord, nell'alienante società metropolitana. Gli anni della guerra determinarono una svolta nella produzione di Quasimodo, che si allontanò dall'Ermetismo ed elaborò una poetica basata su problematiche di tipo sociale: la sua poesia, che assume cadenze di tipo discorsivo e narrativo, diventa testimonianza politica e polemica sociale. Nascono le raccolte *Con il piede straniero sopra il cuore* e *Giorno dopo giorno* (1947), *La vita non è sogno* (1949), *Il falso e vero verde* (1956), *La terra impareggiabile* (1958), *Dare e avere* (1966).

L'esigenza di una poesia impegnata e di una responsabilizzazione politica della letteratura venne sviluppata nel discorso *Il poeta e il politico,* pubblicato nel 1960 e pronunciato l'anno prima a Stoccolma, quando a Quasimodo venne conferito il premio Nobel per la letteratura. Critico teatrale per «Omnibus» e «Tempo», raccolse nel 1961 i suoi scritti nel volume *Scritti sul teatro*. Tradusse inoltre molti testi classici (Omero, Virgilio, Catullo, l'*Antologia Palatina*), ma anche Shakespeare e Neruda. Salvatore Quasimodo è morto a Napoli nel 1968.

Ispirata alla situazione politica italiana negli anni della Seconda guerra mondiale, la nuova poetica di Quasimodo si allontana dai canoni dell'Ermetismo (vedi Scheda approfondimenti. L'Ermetismo, *p. 664) in nome di una esplicita volontà di comunicazione, dettata proprio dalla desolazione e dalle atrocità della guerra durante l'occupazione tedesca. In questa situazione tragica si risveglia nel poeta una coscienza civile: occorre fare poesia diversa e nuova, impegnata, che sia trascrizione immediata dell'esperienza storica e che possa portare, anche attraverso un nuovo linguaggio, «alla ricostruzione dell'uomo frodato dalla guerra». In questa presa di coscienza il poeta non vuole essere solo: ecco perché all'* io *di altre poesie egli sostituisce il* noi. *Nel frattempo i poeti appenderanno le loro cetre, così come fecero i cantori ebraici, che si rifiutarono di cantare durante la schiavitù del loro popolo a Babilonia. In presenza di una tale disumanizzazione, causata dalla guerra, la poesia è costretta a tacere, raggelata dall'assurda violenza.*

E come potevamo noi cantare[1]
con il piede straniero sopra il cuore,[2]
fra i morti abbandonati nelle piazze
sull'erba dura di ghiaccio, al lamento

Parafrasi *Come avremmo mai potuto comporre poesie con l'occupazione straniera che ci pesava nell'animo, in mezzo ai morti abbandonati nelle piazze sull'erba resa dura dal ghiaccio, sentendo i lamenti*

Schema metrico: endecasillabi sciolti (un solo caso di rima, ai vv. 4 e 10).

1 **E come potevamo noi cantare:** si noti l'uso del *noi* al posto di *io*. La poesia non può più essere autobiografica, ma corale. La violenza della guerra e le atrocità commesse dai Tedeschi durante l'occupazione fanno abbandonare ai poeti il loro isolamento per comporre poesia civilmente impegnata.

2 **con il piede...cuore:** sentendo il piede del nemico sul cuore: metafora per indicare l'occupazione tedesca. Nella Seconda guerra mondiale i Tedeschi, da alleati, divennero nemici dopo l'armistizio dell'8 settembre 1943.

d'agnello[3] dei fanciulli, all'urlo nero[4]
della madre che andava incontro al figlio
crocifisso sul palo del telegrafo?[5]
Alle fronde dei salici, per voto,
anche le nostre cetre erano appese,[6]
oscillavano lievi al triste vento.

[da *Tutte le poesie*, Mondadori, Milano 1961]

dei bambini, innocenti come agnelli, il tremendo grido funebre (l'urlo nero) *della madre che andava incontro al figlio crocifisso sul palo del telegrafo? Anche le nostre cetre, i simboli della nostra poesia, per un patto di silenzio, stavano appese sui rami dei salici e oscillavano lievemente al vento portatore di dolore* (triste vento).

3 **al lamento / d'agnello:** espressione analogica: al pianto innocente dei bambini, vittime della guerra, uccisi come agnelli sacrificali. Gli agnelli erano le vittime dei sacrifici nei riti di purificazione.
4 **urlo nero:** è una sinestesia: il grido lugubre, disperato come quello della madre che corre verso il figlio crocifisso. I morti, che i nazisti proibivano di seppellire subito dopo essere stati uccisi, per alcuni giorni venivano esposti nelle piazze o legati ai pali come ammonimento per la popolazione.
5 **crocifisso...telegrafo:** richiamo metaforico al sacrificio di Cristo: il giovane impiccato diventa un Cristo in croce.
6 **Alle fronde dei salici...appese:** in un momento di profonda disperazione la poesia non può che tacere. Il verso sembra significare anche la volontà di fare una poesia diversa dopo l'incancellabile esperienza della guerra. Il poeta riprende un'immagine biblica: nel Salmo 136 si dice che i cantori ebraici si rifiutarono di cantare durante la schiavitù del loro popolo a Babilonia (587-538 a.C.) e appesero le cetre ai salici.

ANALISI DEL TESTO

I temi

Il silenzio della poesia
La poesia è una **condanna della guerra** sofferta e partecipata: il poeta vorrebbe esprimere tutto il suo dolore, ma si chiede quale sia realmente il significato ed il valore della poesia di fronte agli orrori della guerra. La risposta è negativa: di fronte all'efferatezza della guerra, che cancella persino i sentimenti più elementari di pietà e di umanità, anche i poeti non possono far altro che tacere e appendere le loro cetre, simboli del loro canto, ai rami dei salici.

La struttura e le forme

La poesia e la guerra
L'idea che muove tutta la lirica è che, in presenza della violenza e della crudeltà della guerra e della disumanizzazione dell'uomo, la poesia è costretta a tacere. La lirica è composta da **due periodi**: il **primo**, in cui le immagini evocano gli orrori dell'occupazione nazista, è una lunga domanda (vv. 1-7) che si apre con «E come», che dà il senso dell'interrogarsi angoscioso del poeta; gli ultimi tre versi costituiscono la **seconda parte**, esplicativa.
L'immagine delle cetre appese ai salici deriva dai versetti 2 e 4 del Salmo 136 della Bibbia, che esprime il canto degli Ebrei esuli in Babilonia. L'atrocità della guerra è espressa dalle metafore: «lamento / d'agnello dei fanciulli» (vv. 4-5), per indicare che tutti coloro che vennero segnati dal dolore sono come vittime innocenti immolate per espiare la violenza che è dentro l'uomo; «crocifisso sul palo del telegrafo» rappresenta il giovane impiccato, il cui sacrificio è paragonato a quello di Cristo. La **sinestesia** «l'urlo nero» racchiude il dolore e la disperazione della madre che corre verso il figlio crocifisso.

La protesta del silenzio
Negli ultimi due versi la poesia viene simboleggiata dalle cetre appese ai salici oscillanti al vento, «triste» per l'angoscia di quei giorni dolorosi della nostra storia.
La **sospensione della poesia** durante gli anni dell'oppressione straniera significa anche la volontà di fare poesia diversa e nuova dopo l'impronta profonda e incancellabile lasciata dalla guerra nella coscienza degli uomini.
Dell'Ermetismo rimane soprattutto il gusto per l'analogia e la sinestesia, che tende a rendere più drammatico il senso di crudeltà e di orrore della guerra, che assume nella lirica un carattere solenne, mescolando al presente immagini bibliche di sacrificio e martirio (gli agnelli sgozzati, le esecuzioni paragonate all'uccisione di Cristo, la madre che richiama la figura di Maria).

Le tecniche espressive

Semplicità lessicale

Il poeta fa ricorso a molte figure retoriche che contribuiscono ad accrescere l'atrocità delle scene rappresentate. L'intento dell'io poetico è quello di comunicare con un pubblico il più vasto possibile, pertanto usa un lessico semplice e una struttura dei periodi lineare. Il poeta si sente solidale con gli altri e lo dimostra il passaggio dal pronome «io» al «noi» che indica un coinvolgimento collettivo e il richiamo a un nuovo senso di responsabilità.

LABORATORIO SUL TESTO

Conoscenze

Comprensione

1. **In quale contesto storico nasce la lirica? Quali elementi del testo lo rilevano?**

2. **Per quale motivo questa poesia può essere considerata "civile"?**

3. **Perché l'autore parla alla prima persona plurale?**

4. **A che cosa allude il titolo della lirica? Perché le «cetre» sono appese «alle fronde dei salici»?**

Analisi

5. **In quante parti può essere diviso il componimento? Spiegane la rispettiva funzione.**

6. **Raccogli i termini e le espressioni appartenente all'ambito del «sacro» e spiega il motivo di tale insistenza.**

7. **Spiega la sinestesia presente nel testo al verso 5.**

8. **Spiega le seguenti metafore.**

«con il piede straniero sopra il cuore»	
«lamento / d'agnello dei fanciulli»	
«crocifisso sul palo del telegrafo»	
«le nostre cetre»	

Conoscenze lessicali

9. **Il linguaggio adoperato da Quasimodo in questa lirica ti sembra: *enfatico*, *incisivo*, *drammatico*, *retorico*, *ricercato*, *semplice*, *quotidiano*, *colto* (sottolinea gli aggettivi che ritieni adatti).**

Abilità e competenze

Scrittura e interpretazione

1. **In un momento di crisi storica, la poesia può avere una funzione consolatoria oppure può porsi come strumento di memoria collettiva per ricordare ciò che rischia di essere dimenticato. Esprimi le tue riflessioni in proposito, evidenziando il ruolo che a tuo avviso dovrebbe avere il poeta in simili circostanze.**

2. Riportiamo, dal *Salmo* CXXXVI, legato alla cattività degli Ebrei in Babilonia (536-538 a.C.), i versi che hanno ispirato Quasimodo; tenendo presente anche questo passo, fai un breve commento alla lirica.

Sui fiumi di Babilonia
là sedevano piangendo
al ricordo di Sion.
A salici di quella terra
appendemmo le nostre cetre.
Là ci chiedevano parole di canto
coloro che ci avevano deportato,
canzoni di gioia, i nostri oppressori:
"Cantateci i canti di Sion!"
Come cantare i canti del Signore / in terra straniera.

Ascoltare, argomentare e confrontarsi

3. Dopo aver osservato il dipinto e letto la spiegazione, confrontatevi come gruppo classe rispondendo alle domande.

Aligi Sassu, *I martiri di Piazzale Loreto*, 1944. Roma, Galleria Nazionale d'arte Moderna.

Non sappiamo se anche il pittore Aligi Sassu (1912-2000) si sia domandato come fosse possibile dipingere durante la guerra, in una situazione non solo di pericolo per chi viveva nelle città, ma anche di sospensione delle normali attività, di crisi individuali e collettive. Grazie ai pittori, tuttavia, abbiamo testimonianze dei fatti e dei ricordi, che la fotografia da sola non può tramandare. Così, e forse ancora di più, è per la poesia, anche se la dichiarazione di Salvatore Quasimodo è proprio nella direzione dell'impotenza e dell'inadeguatezza della parola scritta, come se i silenzi, gli urli e i lamenti riempissero le orecchie e rendessero muti.

1. Con quale verso della poesia intitoleresti il quadro?
2. Con che cosa paragoneresti il punto di vista del pittore?
   - [A] quello di un fotoreporter
   - [B] quello di un passante che si trovava per caso in quel luogo
   - [C] quello di uno scampato alla fucilazione
3. Tra la poesia e il quadro, quale ti sembra più drammatico? Spiegane i motivi.

SCHEDA STORIA

L'Italia nella Seconda guerra mondiale

La guerra scoppiò il 3 settembre del 1939, immediatamente dopo l'attacco della Germania nazista alla Polonia. Le responsabilità del conflitto vanno innanzitutto attribuite alla Germania di Hitler, la cui politica aggressiva era sostenuta all'interno dalle forze conservatrici: in particolare dagli *Junkers* (ossia dai grandi proprietari terrieri), dagli industriali e dagli alti gradi dello stato maggiore; ma nel complesso l'intera nazione tedesca si lasciò docilmente coinvolgere nelle iniziative militari del proprio *Führer*. D'altra parte, le grandi potenze europee, e in particolare l'Inghilterra, commisero decisivi errori di valutazione: esse non seppero comprendere la necessità di arginare prontamente l'espansionismo tedesco e acconsentirono anzi alle rivendicazioni territoriali di Hitler. Hitler, che già nel 1936 aveva fatto occupare militarmente la Renania, poté così procedere impunemente all'annessione di vasti tenitori: nel 1938 toccò all'Austria, con cui venne ricostituita la Grande Germania; l'anno successivo fu la volta di Danzica e del "corridoio" polacco, quindi della Cecoslovacchia, prima attraverso l'occupazione della regione strategica dei Sudati, poi della Boemia e della Moravia. Gravi responsabilità ebbero infine il dittatore italiano Benito Mussolini, che incoraggiò l'azione di Hitler promettendogli il proprio sostegno, e del leader sovietico Stalin, il quale, mediante il patto di non aggressione russo-tedesco (patto Ribbentrop-Molotov), concordò di fatto col *Führer* l'occupazione della Polonia, che segnò l'apertura del conflitto, costringendo finalmente all'intervento Francia e Inghilterra.

Il 10 giugno 1940 l'Italia, che dal 1922 era governata dal regime fascista di Mussolini, entrò in guerra a fianco di Hitler. Mussolini sapeva che il suo Paese era impreparato, sia economicamente che militarmente, ma giudicando imminente la vittoria finale della Germania, pensò di condividerne i frutti. La strategia di una guerra "parallela", che prevedeva azioni autonome dell'esercito italiano in Africa e nel Mediterraneo, si rivelò disastrosa e l'Italia fu sempre più subordinata alle decisioni strategiche di Hitler. A partire dalla seconda metà del 1942, le sorti del conflitto volsero a favore degli Anglo-americani (gli Stati Uniti erano entrati in guerra nel 1941 dopo l'attacco giapponese a Pearl Harbor) e dei Sovietici, alleatisi con l'obiettivo di condurre la Germania ad una resa senza condizioni.

Nel luglio del '43 gli Anglo-americani sbarcarono in Sicilia e l'occuparono in poche settimane. Lo sbarco diede il colpo definitivo al fascismo, alimentando all'interno del Paese il crescente clima di malcontento e di opposizione al regime. Il 25 luglio Mussolini veniva arrestato e il re Vittorio Emanuele III assumeva nuovamente le proprie funzioni di comandante delle forze armate. Capo del governo veniva nominato il maresciallo Pietro Badoglio. La notizia fu accolta entusiasticamente dalla popolazione, che si illudeva di una imminente conclusione del conflitto. Il Paese stava in realtà per entrare nella fase più difficile. I Tedeschi rafforzarono la propria presenza militare sul territorio italiano, contrastata dagli attacchi dell'aviazione anglo-americana, che dall'agosto 1943 cominciarono a colpire con maggiore violenza i centri vitali del Paese e in particolare Milano. Lo sbarco degli Anglo-americani in Normandia, i bombardamenti a tappeto delle città tedesche (1944) e la Resistenza europea condussero alla fine dell'occupazione nazista. Nell'aprile del 1945 in Italia i partigiani conclusero la liberazione delle principali città, anticipando l'arrivo dell'esercito alleato.

Fu una guerra totale, combattuta su tutti i continenti e vissuta drammaticamente in ogni suo aspetto dall'intera società, con un bilancio complessivo di 50 milioni di vittime (compresa la popolazione civile).

Il bacio della liberazione, Francia 1944. Fotografia di Tony Vaccaro.

VERIFICA FORMATIVA

per accertare le competenze acquisite

Salvatore Quasimodo
Uomo del mio tempo

autoverifica con tutor

Scritta nel 1935 Uomo del mio tempo *chiude la raccolta* Giorno dopo giorno *e fu pubblicata nel 1947 alla fine della Seconda guerra mondiale. Tema della poesia è l'immutabilità della natura umana, rimasta violenta come era quella dell'uomo «della pietra e della fionda». La scienza ha perfezionato le armi che portano la morte ai fratelli. Quasimodo spera che le generazioni future si liberino dall'eredità di guerre e distruzioni lasciate dai loro padri.*

Sei ancora quello della pietra e della fionda,[1]
uomo del mio tempo. Eri nella carlinga,[2]
con le ali maligne, le meridiane[3] di morte,
t'ho visto – dentro il carro di fuoco, alle forche,
alle ruote di tortura. T'ho visto: eri tu,
con la tua scienza esatta persuasa allo sterminio,[4]
senza amore, senza Cristo. Hai ucciso ancora,
come sempre, come uccisero i padri, come uccisero
gli animali che ti videro per la prima volta.
E questo sangue odora come nel giorno
Quando il fratello disse all'altro fratello:
«Andiamo ai campi».[5] E quell'eco fredda, tenace,
è giunta fino a te, dentro la tua giornata.
Dimenticate, o figli, le nuvole di sangue
Salite dalla terra, dimenticate i padri:
le loro tombe affondano nella cenere,
gli uccelli neri, il vento, coprono il loro cuore.

[da *Tutte le poesie*, Mondadori, Milano 1994]

1 **della pietra e della fionda:** si riferisce alle armi dell'uomo primitivo.
2 **carlinga:** la parte dell'aereo dove alloggia il pilota.
3 **meridiane:** strumento solare di misurazione del tempo.
4 **persuasa allo sterminio:** indirizzata a sterminare altri uomini.
5 **«Andiamo ai campi»:** si riferisce all'episodio narrato nella Bibbia, Caino attirò con l'inganno il fratello Abele nei campi per ucciderlo.

Competenza testuale

1. In quante strofe si articola la poesia?
- A una
- B due
- C tre
- D quattro

2. Da che tipo di versi è composta la poesia?
- A versi endecasillabi
- B versi settenari e endecasillabi
- C versi liberi
- D versi novenari e endecasillabi

3. Il poeta con l'espressione «uomo del mio tempo» vuole indicare

A tutti gli uomini di oggi
B gli uomini della sua generazione
C gli uomini a lui contemporanei
D gli uomini di tutti i tempi

4. Nei primi due versi: «Sei ancora quello della pietra e della fionda, uomo del mio tempo. Eri nella carlinga», il poeta collega strumenti di morte primitivi (pietra e fionda) con quelli moderni, in questo caso la carlinga di aerei di combattimento. Con questo che cosa vuole comunicare?

A che l'istinto violento dell'uomo è rimasto identico nel tempo
B che la tecnologia ha mutato gli strumenti di morte
C che l'evoluzione tecnologica non ha superato la validità della pietra e della fionda
D che gli aerei da combattimento sono più nocivi della pietra e della fionda

5. Quale figura retorica è presente nei versi 1-2-14?

A apostrofe
B litote
C iperbole
D metafora

6. Quale figura retorica è presente nei versi 3-14-17?

A metafora
B allegoria
C metonimia
D analogia

7. L'espressione «le nuvole di sangue» (v. 14) indica una

A sinestesia
B metafora
C allegoria
D similitudine

8. L'espressione «eco fredda» (v. 12) contiene due figure retoriche. Quali?

A metafora e sinestesia
B similitudine e sinestesia
C sinestesia e iperbole
D metafora e antitesi

Motiva la tua risposta.

9. Nella poesia il poeta afferma

A che l'uomo non ha mai smesso di uccidere
B si rivolge alle nuove generazioni perché dimentichino la violenza

10. Che cosa vuole comunicare il poeta con la seguente espressione: «T'ho visto: eri tu, con la tua scienza esatta persuasa allo sterminio» (vv. 5-6)?

A l'uomo ha indirizzato il progresso scientifico alla distruzione
B l'uomo con il progresso scientifico poteva evitare distruzioni e violenze
C l'uomo è stato educato allo sterminio per la sopravvivenza
D l'uomo con il progresso scientifico poteva persuadere gli altri alla non violenza

AREA DIGITALE
Le risposte agli esercizi sono disponibili nell'area digitale

Interpretare e valutare

Ti proponiamo una frase che commenta i versi di Quasimodo. Esprimi brevemente le tue opinioni.

L'autore con l'espressione "uomo del mio tempo" vuole indicare tutti gli uomini di oggi.

Subito dopo gli orrori della seconda guerra mondiale, il poeta vuol parlare a tutti gli uomini. Nel corso dei secoli, il progresso, invece che civiltà, ha realizzato strumenti di morte sempre più feroci: dalla pietra e dalla fionda si è passati alle forche, alle macchine di tortura, ai carri armati e agli aerei da guerra.

....

....

....

....

UNITÀ 4

La poesia lirica: temi • Il canto dell'inquietudine del vivere: i poeti e la società

Il canto dell'inquietudine del vivere: i poeti e la società

La visione del mondo incentrata su un doloroso senso della caducità delle cose e sul trascorrere del tempo che spazza via la vita dell'uomo; la sua solitudine in una dimensione di attesa e di speranza, l'ineluttabilità del dolore, la separazione dagli affetti familiari; l'impotenza nei confronti della violenza sono alcuni elementi che generano nell'uomo incertezze, sofferenze e inquietudini. Spesso, infatti, l'uomo avverte dentro di sé una sensazione di incompiutezza dalla quale ha origine un sentimento di perdita di senso per quanto si sta facendo o ancora la paura dell'avvenire e l'incertezza del proprio destino.

Le risposte dei poeti all'inquietudine del vivere sono diverse perché differenti sono i contesti e le visioni della vita.

- **Orazio** esorta a cogliere l'attimo e a gustare i piaceri della vita.
- **Ugo Foscolo** vede la sua vita contrastata da affanni e invoca la pace nella morte tra le braccia consolatrici della madre nella propria patria.
- La poesia di **Eugenio Montale** si presenta come una riflessione profonda e disincantata sulla negatività del vivere. In un mondo privo di certezze, la poesia appare come un valore positivo: è consapevolezza del dolore connaturato all'esistenza e presente in ogni aspetto della natura:
  - in «*Non chiederci la parola*» è manifesta l'incapacità dell'uomo di capire se stesso e il mondo governato dalla sofferenza e dalla pena
  - in «*Spesso il male di vivere ho incontrato*» compare la desolazione dell'esistenza a cui si può contrapporre solo l'indifferenza, ossia il disinteresse per tutto ciò che provoca dolore.
- La vita dell'uomo è effimera e caduca e «ognuno sta solo sul cuor della terra»: questo è il messaggio della poesia di **Salvatore Quasimodo**.
- La poesia di **Alda Merini** ci trasporta in un paesaggio dell'anima fortemente doloroso e tormentato.

IMMAGINE ATTIVA

Caspar David Friedrich, *Due uomini davanti alla luna*, 1819-20 circa. Dresda, Staatliche Kunstsammlung.

Orazio
Carpe diem

OPERA	ANNO	FORMA METRICA	TEMA
Odi	30 a.C	ode	• la fugacità del tempo

L'AUTORE

Quinto Orazio Flacco, poeta latino, nacque a Venusta (l'attuale Venosa, in Basilicata) nel 65 a.C. Il padre era un liberto (un ex schiavo arricchito), che impiegò molte risorse per garantire al figlio un'educazione letteraria di prim'ordine. Perciò il futuro poeta venne inviato a Roma, dove studiò filosofia, retorica e grammatica. Poco più che ventenne si arruolò nell'esercito di Bruto e Cassio, uccisori di Giulio Cesare. In seguito alla sconfitta di Filippi (42 a.C.) dovette fuggire; poté tornare a Roma grazie al condono politico di Ottaviano. Visse allora in una condizione di disagio economico (l'eredità del padre gli era stata confiscata) e dovette impiegarsi nell'amministrazione dello stato, pur continuando l'esercizio poetico. Proprio quest'ultimo gli assicurò una fama crescente, grazie alla quale entrò a far parte della cerchia di artisti e intellettuali sostenuta da Mecenate, potente "ministro" dell'imperatore Augusto. Dal 38 a.C. Orazio ebbe modo di vivere con più agio e di dedicarsi alla composizione delle sue maggiori opere. Intorno al 35 a.C. completò il primo libro delle *Satire*, per poi comporre il secondo libro intorno al 30, contemporaneamente agli *Epodi*. Negli anni seguenti trascorse molto tempo nella quiete della campagna, che amava particolarmente. Sostanzialmente allineato con le scelte del potere politico, diventò il poeta ufficiale del regime imperiale. Scrisse anche 4 libri di *Odi* e 2 libri di *Epistole*; l'ultima epistola del secondo libro, la cosiddetta *Arte poetica*, è un importante saggio di letteratura. Morì a Roma il 27 novembre dell'8 a.C.

Il carme, intitolato convenzionalmente 'Carpe diem' (Cogli l'attimo), *è tratto dal primo libro delle* Odi (I,11) *di Orazio. I versi sono indirizzati a una giovane donna, Leuconoe, alla quale il poeta espone la sua concezione della vita: accettare tutto ciò che il destino riserva, cogliere ogni attimo e godere pienamente del presente senza pensare al domani.*

Tu non chieder (tanto non è dato
sapere) quale a me, quale altra a te
sorte gli dei concedano, Leucònoe;[1]
e i giri e le stelle non tentare.
Meglio sporgersi al buio del domani
quale che sia, anche se molti inverni
ci assegna Giove o sia l'ultimo questo
che sulle opposte rocce stanca il mare
Tirreno:[2] appronta i vini, saggia; e accorcia,
poi che lo spazio è breve, il desiderio
lungo.[3] Parliamo, e il tempo invido vola:
godi il presente, e il resto appena credilo.[4]

[da *Tutte le opere*, Sansoni, Firenze 1968, traduzione di Enzio Cetrangolo]

Schema metrico: nel testo originale, asclepiadeo maggiore.
1 **Tu...Leucònoe:** il poeta invita la fanciulla Leuconoe a non indagare sul futuro. Non importa, infatti, sapere quale è il destino che gli dèi hanno riservato loro. È inutile anche interrogare le stelle, come fanno gli astrologi.
2 **Meglio...Tirreno:** meglio restare ignari del domani («al buio»), qualunque esso sia. L'immagine del Tirreno che sbatte contro le rocce arricchisce i versi con una nota paesaggistica.
3 **appronta...lungo:** sii saggia [Leuconoe], prepara i vini e modera il desiderio, poiché il tempo della vita è breve.
4 **Parliamo...credilo:** anche mentre si parla, il tempo scorre inarrestabile. Allora è meglio godere il presente e credere appena nel futuro.

L'ode
La struttura metrico-formale di questa celebre poesia di Orazio è l'*ode* (dal greco *odè*, 'canto'). Nella poesia dell'antica Grecia, dove ebbe origine, questa forma lirica presentava numerose varianti metriche ed era eseguita con l'accompagnamento di uno strumento musicale. Nella poesia latina l'ode perde ogni collegamento con la musica, mantiene invece le forme metriche tradizionali, anche se proprio Orazio le usa con grande libertà.

ANALISI DEL TESTO

I temi

Cogliere l'attimo

Il componimento di Orazio è condotto sul filo della saggia esortazione di vita. L'argomentazione parte dalla premessa, esposta chiaramente nella prima parte, che è inutile conoscere il futuro. Nessuno può dare certezze sul domani e la vita è come uno scoglio sul quale continuamente si infrangono le onde del destino. Così, dopo l'immagine del Mar Tirreno che si infrange sulle rocce, arriva la sentenza lapidaria: cogli il presente e non aspettare il futuro.

La struttura e le forme

I piaceri della vita

Il principio di saggezza di cogliere l'attimo è espresso con straordinaria **leggerezza**, chiuso in due parole semplicissime (*carpe diem*). Eppure l'accenno alla fugacità della vita e al crudele trascorrere del tempo, che spazza via la vita dell'uomo, avrebbe potuto indurre il poeta a scegliere toni più cupi. Invece la malinconia soffusa nei versi resta sullo sfondo, e l'amarezza per il trascorrere del tempo è mitigata dal tono leggero e quasi gioioso della poesia, addirittura ironico nell'accenno alle pratiche astrologiche e al vino da versare. Ma proprio i piaceri della vita (la tavola, gli amici) sono gli unici concessi all'uomo. Perciò è meglio porre un freno ai desideri smisurati per accontentarsi delle gioie quotidiane e facilmente fruibili.

Le tecniche espressive

Tono solenne

Il registro linguistico appartiene al **livello elevato**: eleganti le scelte lessicali adeguate al tono solenne. Sono presenti **due campi semantici opposti**, quello ostile della tempesta («inverni», «affatica», «mare scogli») e quello dell'amicizia e della convivialità («filtra», «vini», «parliamo»).

I due campi sono collegati da due espressioni che sembrano contrapposte e invece sono complementari («fugge il tempo-afferra l'oggi»).

LABORATORIO SUL TESTO

Conoscenze

Comprensione

1. **Con quale immagine viene rappresentata la vita dell'uomo?**
2. **Perché Orazio ritiene che l'unica soddisfazione concessa all'uomo sia quella del godimento dei piaceri terreni?**
3. **Quale visione della vita emerge da questa lirica antica?**
4. **Nei versi finali quale sentimento esprime il poeta nei confronti della vecchiaia?**

Conoscenze lessicali

5. **Distingui nell'ode i termini che si riferiscono ai due campi semantici opposti, quello ostile e tempestoso, l'altro amichevole e conviviale.**

Abilità e competenze

Scrittura e interpretazione

1. **Che cos'è la saggezza secondo Orazio? Ti convince la sua visione della vita? Scrivi un breve commento che non superi le venti parole.**
2. **Esprimi la tua opinione dopo aver letto il seguente commento della poesia.**

   La tesi della poesia è incentrata soprattutto sul messaggio positivo "Carpe diem", 'vivi pienamente la giornata' e non 'alla giornata'. Il "carpe diem" finale, infatti, non deve essere inteso nel senso grossolano in cui è divenuto proverbiale.

Ugo Foscolo
«Un dì, s'io non andrò sempre fuggendo»

testo attivo

ascolto

OPERA	ANNO	FORMA METRICA	TEMI
Sonetti	1802	sonetto	• la morte • l'esilio • la patria

L'AUTORE

Niccolò Ugo Foscolo nacque nel 1778 a Zante (o Zacinto), una delle isole Ionie, allora possedimento della Repubblica di Venezia, da madre greca e padre veneziano. Seguì con entusiasmo le vicende della Rivoluzione francese del 1789, animato dagli ideali di libertà e uguaglianza. Sospettato dalla Repubblica, si rifugiò a Teolo, sui Colli Euganei, e poi a Bologna, dove compose l'ode a *Bonaparte liberatore*. Ma nel 1797 il Trattato di Campoformio, con cui Napoleone cedeva la Repubblica di Venezia all'Austria, mise fine alle speranze di libertà e diede inizio al suo esilio volontario. Si rifugiò a Milano, dove conobbe il poeta Giuseppe Parini (che costituiva per lui un modello intellettuale), strinse amicizia con Vincenzo Monti e con altri letterati e intellettuali, come lui esuli, coi quali collaborò al giornale «Il Monitore italiano». Combatté insieme ai Francesi sino alla battaglia di Marengo (1800), con cui Napoleone conquistò l'Italia. Nel 1804, per ovviare alle continue difficoltà economiche, seguì la spedizione preparata da Napoleone contro l'Inghilterra, soggiornando due anni in Francia. La prima opera di rilievo di Foscolo fu il romanzo epistolare, di carattere autobiografico, *Ultime lettere di Jacopo Ortis*, la cui prima edizione, parziale, è del 1798, seguita da quella, profondamente riveduta, del 1802. Scrisse inoltre le *Odi* (1799-1803), i *Sonetti* (1803) e il carme *Dei sepolcri* (1807), e cominciò la stesura del poemetto *Le Grazie*, rimasto incompiuto. Nel 1811 fu rappresentata la sua tragedia *Aiace*, di cui furono proibite le repliche in quanto si vedevano, nella raffigurazione del tiranno Agamennone, evidenti allusioni a Napoleone. Nel 1815, rientrati gli Austriaci in Lombardia, Foscolo rifiutò, per coerenza ideologica, l'incarico che gli era stato affidato di dirigere la «Biblioteca italiana», con cui il nuovo regime cercava di assicurarsi il consenso degli intellettuali e preferì l'esilio, prima in Svizzera, infine a Londra, dove trascorse, sempre più solo, gli ultimi anni della sua vita, afflitto da difficoltà economiche. Morì a Londra a 49 anni, nel 1827. Nel 1871 i suoi resti furono portati in Italia e sepolti a Firenze, in Santa Croce, vicino alle tombe dei grandi poeti da lui cantati nel carme *I sepolcri*.

Il sonetto fu composto nel 1802 per ricordare la morte del fratello minore Giovanni, ufficiale dell'esercito della Repubblica Cisalpina, che si era ucciso nel 1801, a vent'anni. Foscolo ebbe certamente presenti i versi analoghi dei poeti latini Catullo e Tibullo, che egli ben conosceva come studioso e traduttore della poesia classica. Esprime qui il suo dolore per la prematura morte del fratello e per l'avverso destino che non gli consente di ritornare in patria (il poeta è in esilio), per recarsi sulla sua tomba e per consolare la madre, rimasta sola. Dopo il Trattato di Campoformio (1797), con cui la Repubblica di Venezia fu ceduta da Napoleone all'Austria, Foscolo, le cui idee liberali erano in contrasto con la politica conservatrice del governo austriaco, aveva preso la via dell'esilio. La patria lontana, la separazione dagli affetti familiari e la speranza nella morte serenatrice divennero motivi ricorrenti della sua poesia. Il poeta vede la sua vita contrastata da affanni e agitata da tormenti, e desidera anch'egli trovare pace nella morte, invocando di essere sepolto accanto al fratello, per poter ritornare finalmente in patria, tra le braccia consolatrici della madre.

Antonio Ciseri, *L'esule*, 1860-1870. Lugano, Museo Civico di Belle Arti.

Un dì,[1] s'io non andrò sempre fuggendo
Di gente in gente, me vedrai seduto
Su la tua pietra,[2] o fratel mio, gemendo
Il fior de' tuoi gentili anni caduto.

La Madre[3] or sol suo dì tardo traendo
Parla di me col tuo cenere muto,
Ma io deluse a voi **le palme** tendo[4]
E sol da lunge i miei **tetti** saluto.

COMPETENZE STILISTICHE

Sento gli avversi numi, e le secrete
Cure che al viver tuo furon tempesta,
E prego anch'io nel tuo porto quïete.

Questo di tanta speme oggi mi resta!
Straniere genti, almen le ossa rendete
Allora al petto della madre mesta.[5]

[da *Opere*, Einaudi-Gallimard, Torino 1994]

Parafrasi *Un giorno, se non fuggirò sempre di popolo in popolo, fratello mio, mi vedrai seduto sulla tua tomba, a piangere il fiore spezzato degli anni della tua giovinezza.*

Solo la madre ora, trascinando la sua vecchiaia, parla di me con la tua cenere muta: ma io tendo inutilmente le mani verso di voi; e, anche se saluto solo da lontano la mia patria,

sento gli dei contrari e i tormenti interiori, che sconvolsero la tua vita (inducendoti al suicidio), e invoco anch'io la pace insieme a te nella morte.

Oggi di tante speranze, mi resta soltanto questo! Popoli stranieri, restituite le mie spoglie alle braccia della madre infelice.

Schema metrico: sonetto con rime alternate secondo lo schema ABAB ABAB CDC DCD.
1 **Un dì:** l'espressione iniziale è indeterminata e sottolinea un desiderio proiettato in un futuro lontano e incerto.
2 **Su la tua pietra:** è una metonimia, in quanto viene indicata la materia prima al posto dell'oggetto finito (pietra per tomba).
3 **La Madre:** la madre rappresenta l'unità del nucleo familiare, ricomposto attraverso il dolore.
4 **Ma... tendo:** l'espressione indica l'angoscia del suo animo, per la difficoltà di ritornare in patria.
5 **Straniere genti...mesta:** il poeta è ormai convinto di restare in esilio; spera così che almeno i suoi resti («le ossa») vengano restituiti alla madre.

COMPETENZE STILISTICHE → *Riflettiamo sulla sineddoche*

Nel testo

Nei vv. 7 e 8 è presente una **sineddoche**, figura retorica di contenuto impostata sul trasferimento di significato da una parola all'altra, sulla base di un rapporto di quantità; nel nostro caso, adottando la terminologia tradizionale, la parte per il tutto: ai versi 7 e 8: le «palme» invece delle "mani", i «tetti» invece delle "case". Altre esempi di sineddoche:
- il tutto per la parte ("l'America" per "gli Stati Uniti")
- il genere per la specie e viceversa ("il felino" per "il gatto", "i mortali" per "gli esseri umani")
- il singolare per il plurale e viceversa ("aveva la palpebra calante" per "aveva le palpebre calanti")
- la materia per l'oggetto ("il legno" per "la nave")
- un numero determinato per l'indeterminato, come nell'espressione "durerà per mille anni", nella quale "mille anni" significa un tempo lunghissimo e non mille anni esatti.

L'importanza della sineddoche

Anche la sineddoche, come altre figure retoriche, contribuisce all'arricchimento del lessico della lingua attraverso i cambiamenti di significato.

La sineddoche e lo stile dell'autore

Dal punto di vista stilistico la scelta di utilizzare la sineddoche è motivata dalla ricerca, da parte del Foscolo, di innalzare il tono stilistico e arricchire le immagini della sua poesia, mettendo in rilievo alcuni elementi del testo per evidenziarne il significato che essi evocano.

ANALISI DEL TESTO

I temi

Patria e affetti familiari

I temi del sonetto sono: la **morte**, l'**esilio** e l'aspirazione al ritorno in patria, per ricongiungersi agli affetti familiari. Nei primi versi il poeta esprime la propria condizione di esule («s'io non andrò sempre fuggendo / di gente in gente») e il desiderio di poter piangere sul sepolcro del fratello; nella seconda quartina compare la figura della madre, che sintetizza l'idea della famiglia e della patria. Nelle due terzine il desiderio della patria e della madre si trasforma in aspirazione alla morte come luogo di riposo faticosamente guadagnato («porto»), cessazione di tutti i tormenti che la vita riserva («quïete»); solo la morte può quindi consentire il ritorno in patria, solo il dolore può permettere il ricongiungimento con la famiglia.

La struttura e le forme

La centralità dell'*io*

Osserviamo come, al di là dei temi enunciati, il centro del sonetto sia in realtà dominato dall'*io* del poeta; *io* è infatti il primo riferimento personale che compare nel testo («Un dì, s'io non andrò»), seguito da un altro pronome di prima persona («me vedrai») che precedono il riferimento al fratello, cui la poesia è dedicata. Questo "egotismo", ossia questo sentirsi al centro dell'attenzione e dell'interesse, è caratteristico dell'opera e della personalità di Foscolo, ma anche dell'epoca del Romanticismo, che trova nella **soggettività** e nell'**individualità**, soprattutto legate al tema della sventura, il suo principale motivo ispiratore.

Le scelte metriche e ritmiche

I temi drammatici trattati nel sonetto si riflettono sulle scelte metriche e stilistiche. Il ritmo è infatti fortemente scandito dalla fitta successione di accenti (principali e secondari) dovuta alla scelta di **parole brevi**, in prevalenza bisillabiche (ma anche monosillabiche e tronche); si vedano ad esempio i versi 1, 5-6, 12:

Un/ d**ì**,/s'**ì**o/ non/ an/dr**ò**/ s**è**m/pre/ fug/g**è**n/do [...]
La/M**à**/dre or/ s**ò**l/ suo/ d**ì**/ tar/do/ tra/**è**n/do
P**à**r/la/ di/ m**è**/ col/ t**ù**o/ ce/ne/re/ m**ù**/to [...]
Qu**è**/sto/ di/ t**à**n/ta/ sp**è**/me og/gi/ mi/ r**è**/sta!

In più, la frase ritmica viene spezzata da frequenti *enjambements* (vv. 1-2, 2-3, 3-4, 9-10, 13-14).
Il ritmo sembra placarsi solo al v. 11, in cui la frase si chiude non a caso con la parola *quïete*, allungata oltretutto dalla dieresi:

E/ pr**è**/go an/ch'**ì**o/ nel/ tuo/ p**ò**r/to/ qui/**ïè**/te.

Anche il v. 12 vede la coincidenza di ritmo e sintassi e suona come un grido di dolore, accentuato dal punto esclamativo:

Qu**è**/sto/ di/ t**à**n/ta/ sp**è**/me og/gi/ mi/ r**è**/sta!

Il tono drammatico è del resto impostato subito in apertura, con l'interruzione della proposizione principale a causa del brusco inserimento del periodo ipotetico (*s'io non andrò sempre fuggendo*), che proietta in un futuro lontano la possibilità di visitare la tomba del fratello; possibilità che verrà negata nella strofa conclusiva.

Le figure retoriche

Le figure retoriche rimarcano i temi più gravi:

- metafora:
  il fior de' tuoi gentili anni caduto = morte precoce del fratello
  cenere muto = il corpo defunto
  tempesta = sofferenza, difficoltà
  porto = morte
- metonimia (la materia prima per il prodotto finito, il contenente per il contenuto):
  pietra = tomba
  petto = cuore
- sineddoche (la parte per il tutto):
  dì = età
  palme = mani
  tetti = case, patria

Le tecniche espressive

Tono alto e solenne

Le **scelte lessicali** del sonetto sono **raffinate** e alte, molto legate alla tradizione letteraria; frequenti infatti sono i **latinismi** (ossia termini con grafia e significato più vicini a quelli della parola latina di origine), che conferiscono al componimento un tono elevato, conforme ai temi trattati:

lunge = lontano
secrete cure = intime preoccupazioni
speme = speranza

La sintassi si avvale del **linguaggio figurato** per sottolineare la solitudine del poeta e la fine delle sue speranze. Gli *enjambements* creano versi lunghi con una accentuata cadenza musicale.

LABORATORIO SUL TESTO

Conoscenze

Comprensione

1. **Quale rapporto lega nel sonetto la patria, la tomba e la madre?**

Analisi

2. **Con quali espressioni Foscolo si riferisce alla madre? Sottolineale nel testo.**

3. **Perché la morte è vista come un porto di quiete?**

4. **Il sonetto si apre con un riferimento temporale indefinito («Un dì»), contrapposto al presente, indicato da «or» (v. 5) e «oggi» (v. 12): a che cosa corrisponde tale opposizione?**

5. **Con quali metafore viene rappresentata la morte? Individuale nel testo e spiegane brevemente il significato.**

6. **Distingui le espressioni che indicano azione da quelle che indicano sentimenti e stati d'animo.**

Conoscenze lessicali

7. **Indica tutti i termini presenti nel testo che non sono più in uso nella lingua comune.**

8. **Il termine «porto» è una metafora e indica**

A la poesia
B l'approdo
C la morte
D la vita

9. **L'espressione al v. 7, «a voi le palme tendo», ha il significato di**

A delusione
B sconfitta
C attesa

Conoscenze grammaticali

10. **Analizza la seconda quartina e individua la proposizione principale e le secondarie.**

Abilità e competenze

Scrittura e interpretazione

1. **In questo testo poetico l'autore tratta il tema dell'esilio, unito a quello del tormento interiore per la scomparsa tragica dell'amato fratello Giovanni. In opposizione a questo, troviamo il motivo della tomba, che si ricollega all'immagine del nucleo familiare e soprattutto della madre. Il ricongiungimento con la madre e la terra natale è l'unico punto fermo nella condizione di esule.**
– Esprimi un tuo giudizio su queste affermazioni.
– Riscrivi il testo mantenendo lo stesso tema in forma di lettera o di pagina di diario.

Ascoltare, argomentare e confrontarsi

2. **Abbiamo scelto un'opera di Antonio Canova (1757-1822), grande scultore neoclassico, a cui Foscolo aveva dedicato il poemetto *Le Grazie*. Le opere di Canova rappresentano alla perfezione l'ideale neoclassico di bellezza che Foscolo tende a riprodurre nella sua opera, attraverso un linguaggio che ricerca la precisione e la musicalità. Altri elementi comuni ai due artisti sono il tema della morte, sentita come cessazione di tutti i tormenti, e il tema della tomba, che conserva il ricordo di chi non c'è più e su cui gli affetti che sopravvivono possono piangere esprimendo il proprio dolore. Solo così l'estinto potrà sopravvivere alla distruzione del tempo. Dopo aver letto la spiegazione del quadro rispondi alle domande.**

Antonio Canova (1757-1822), *Monumento funebre di Maria Cristina d'Austria*, 1798-1805. Vienna, Chiesa degli Agostiniani.

La netta impressione di vita che si coglie nel corteo che entra nella tomba monumentale ha colpito subito sia gli ammiratori di Canova sia i visitatori della cripta, dove il monumento fu fatto erigere dal marito dell'arciduchessa austriaca Maria Cristina. Nella tomba le figure del leone, del vecchio e delle giovani donne sono allegorie e personificazioni di virtù e fama, valori che alimentano la poesia di Foscolo, a volte con toni magniloquenti, altre con espressioni più intime e accorate.

1. Esprimi le tue considerazioni sul concetto che Canova ha della vita e della morte, tenendo presente il contesto storico in cui visse.
2. Ritrovi delle corrispondenze tra la poesia e l'opera di Canova? Motiva la tua risposta.

Giovanni Pascoli
X agosto

testo attivo
ascolto

OPERA	ANNO	FORMA METRICA	TEMI
Myricae	1897	versi liberi	• il mondo come «atomo del male»

La lirica fu inserita nel 1897 nella quarta edizione della raccolta Myricae. *Pascoli rievoca l'avvenimento che segnò la sua vita: la morte del padre, avvenuta il 10 agosto 1867. Attraverso il parallelo con la rondine, il dolore per la morte del padre viene proiettato in una dimensione cosmica e assume un valore emblematico di ingiustizia e violenza, in un mondo visto come «atomo opaco del Male». Le stelle cadenti nella notte di San Lorenzo (il 10 agosto), che sembrano incendiarsi precipitando, e che esprimono il "pianto del cielo", evocano sensazioni profonde, che il poeta trasforma in immagini simboliche.*
La rondine abbattuta mentre tornava al suo nido, con le ali aperte in croce, richiama la morte del padre, anch'egli ignaro e innocente mentre tornava a casa, e sembra ricollegarsi al sacrificio di Cristo.

L'AUTORE vedi pagina 603

San Lorenzo,[1] io lo so perché tanto
di stelle[2] per l'aria tranquilla
arde e cade,[3] perché sì gran pianto
nel concavo cielo sfavilla.[4]

Ritornava una rondine al tetto:
l'uccisero: cadde tra spini:
ella aveva nel becco un insetto:
la cena de' suoi rondinini.[5]

Ora è là, come in croce,[6] che tende,
quel verme a quel cielo lontano;[7]
e il suo nido è nell'ombra, che attende,
che pigola sempre più piano.[8]

Parafrasi

San Lorenzo, io lo so perché un così gran numero
di stelle nell'aria serena
s'incendia e cade, perché un così gran pianto
risplende nel cielo.

Una rondine ritornava al suo nido:
l'uccisero: cadde tra rovi spinosi:
aveva un insetto nel becco:
la cena per i suoi rondinini.

Ora è là, morta, come se fosse in croce, che tende
quel verme a quel cielo lontano;
e i suoi rondinini sono nell'ombra, che attendono,
e pigolano sempre più piano.

Schema metrico: sei quartine di decasillabi e novenari alternati; rime secondo lo schema ABAB CDCD.

1 **San Lorenzo:** il 10 agosto è il giorno di San Lorenzo ed è l'anniversario della morte del padre del poeta, Ruggero, avvenuta mentre tornava dal mercato di Cesena. La notte del 10 agosto è quella in cui si vedono con particolare intensità le stelle cadenti, che nella tradizione popolare sono ritenute le lacrime del Santo.

2 **io lo so...stelle:** il poeta conosce la causa che fa apparire tante stelle cadenti («tanto di stelle»); l'affermazione, rafforzata dal pronome *io* e dalla ripetizione della congiunzione «perché», rimane sospesa fino al v. 3, quando il poeta rivela il significato, interpretando questa caduta come un «pianto».

3 **arde e cade:** le stelle cadenti sembrano incendiarsi e precipitare dal cielo. Il sintagma è legato da una forte assonanza («arde e cade»).

4 **perché...sfavilla:** le stelle sono paragonate al pianto che brilla nel cielo. C'è analogia tra il pianto degli uomini e quello delle stelle: il dolore assume, in tal modo, un significato cosmico, universale.

5 **Ritornava...rondinini:** la vicenda della rondine è narrata con un tono concitato e rende chiaro il perché di quel pianto: viene uccisa mentre tornava al suo nido e cade, tra i rovi, col cibo per i suoi piccoli nel becco. La frequenza dei verbi («ritornava», «l'uccisero», «cadde», «aveva») sottolinea la drammaticità dell'azione. La parola «tetto» è una sineddoche (la parte per il tutto), usata al posto di nido; metaforicamente, nido è usato al posto di casa.

6 **come in croce:** stesa in terra con le ali aperte; l'immagine richiama il sacrificio di Cristo e la sofferenza dell'innocente.

7 **che tende...lontano:** il verme «teso» al cielo sembra una denuncia della cattiveria degli uomini e una silenziosa e vana domanda sul perché della morte. L'aggettivo «lontano» sottolinea l'enorme distanza che separa l'uomo dal cielo e l'indifferenza della natura verso coloro che soffrono.

8 **il suo nido...piano:** mancando il cibo, vengono meno le forze ai rondinini, ormai destinati alla morte. Il nido rappresenta protezione, rifugio dai pericoli della vita e, sul piano umano, della storia. Il «nido» che «pigola» è una metonimia, in quanto viene attribuita l'azione del pigolare al nido anziché ai rondinini, al contenente invece che al contenuto.

Anche un uomo tornava al suo nido:
l'uccisero:[9] disse: Perdono;[10]
e restò negli aperti occhi un grido:[11]
portava due bambole in dono...

Ora là, nella casa romita,
lo aspettano, aspettano in vano:[12]
egli immobile, attonito, addita
le bambole al cielo lontano.

E tu, Cielo, dall'alto dei mondi
sereni, infinito, immortale,[13]
oh! d'un pianto di stelle lo inondi
quest'atomo opaco del Male![14]

[da *Myricae*, in *Poesie*, Mondadori, Milano 1981]

Anche un uomo tornava alla sua casa:
lo uccisero: disse: Perdono;
e nei suoi occhi sbarrati restò un grido:
portava con sé due bambole per le figlie...

Ora là, nella solitaria casa,
lo aspettano, aspettano invano:
egli, immobile, stupefatto, mostra
le bambole al cielo lontano.

E tu Cielo, dall'alto dei mondi
sereni, che sei infinito, immortale
inondi con un pianto di stelle
quest'atomo opaco del male!

9 **l'uccisero:** come al v. 6, il verbo sottolinea un fatto improvviso e incomprensibile; la drammaticità dell'evento, come nel caso della rondine, è resa dalla frequenza dei verbi («tornava», «l'uccisero», «disse», «restò», «portava»).

10 **Perdono:** in punto di morte l'uomo perdona cristianamente i propri assassini. Questo gesto di bontà accresce ulteriormente il senso di assurdità dell'assassinio.

11 **negli aperti occhi un grido:** la sinestesia (accostamento di sensazioni appartenenti a campi diversi, in questo caso vista e udito) esprime la morte repentina e inaspettata, che non consente di emettere nemmeno un grido.

12 **aspettano, aspettano in vano:** la ripetizione del verbo evoca il tempo interminabile della vana attesa.

13 **E tu, Cielo...immortale:** il poeta si rivolge al «Cielo» affinché inondi di un «pianto di stelle» la terra, per purificarla dal male. I «mondi» sono sereni perché non conoscono il male. I due aggettivi («infinito», «immortale») indicano la distanza enorme tra la serenità e l'indifferenza del cielo e il dolore terreno.

14 **quest'atomo opaco del Male!:** la Terra è una parte infinitamente piccola dell'universo ed è definita "opaca" perché insignificante, regno del «Male», senza luce di speranza.

ANALISI DEL TESTO

I temi

Il male e il dolore

La lirica, tutta costruita su parallelismi, è incentrata sui temi del male, del dolore, della **distruzione del nido familiare**, unico rifugio in un mondo in cui domina la violenza, la malvagità umana che uccide creature innocenti.

Il tema della morte ritorna spesso nelle poesie di Pascoli e in quasi tutte affiora lo sgomento del poeta, la sua protesta, il suo domandare al cielo *perché*.

La struttura e le forme

La simmetria del componimento

Il testo è basato sull'**analogia** tra due situazioni: la morte della **rondine** e quella del **padre**, il cui significato simbolico è racchiuso in alcune parole-chiave. La parola «pianto» (v. 3), riferita alle stelle cadenti, ritorna al v. 23, legando la prima e la sesta strofa, in cui viene espressa la funzione simbolica del pianto del «Cielo», che serve a purificare la terra dal Male. Nella terza e quarta strofa c'è una corrispondenza analogica tra la morte della rondine e quella del padre: la rondine tornava al «tetto», l'uomo al suo «nido»; lo scambio di elementi associa strettamente la rondine e l'uomo, accomunati dall'essere entrambi vittime del Male.

Nella terza e quarta strofa c'è inoltre il **parallelismo** tra il dramma della rondine e il dramma della famiglia: la rondine portava un insetto per i rondinini, l'uomo due bambole in dono alle sue bambine, un atto d'amore stroncato dalla malvagità degli uomini.

Vi sono altri elementi che contribuiscono alla simmetria della composizione ed esplicitano il parallelo tra i due esseri uccisi: la parola «stelle» (vv. 2, 23), «Ritornava» / «tornava» (vv. 5, 13), «Ora è là» / «Ora là» (vv. 9, 17); sinonimi risultano «attende» (v. 11) e «aspettano» (v. 18), «aveva» (v. 7) e «portava» (v. 16).

Le tecniche espressive

Tono solenne

Il lessico ruota intorno alla parola «cielo» (vv. 4, 10, 20, 21), di cui gli aggettivi «infinito» e «immortale» sottolineano la lontananza infinita rispetto alla fragilità dell'uomo, che è soggetto alla sofferenza e alla morte. Il linguaggio della lirica è di tono alto, come dimostrano le scelte lessicali («concavo», «sfavilla», «attonito», «atomo»), e le frequenti figure retoriche. Numerosi sono anche gli *enjambements* che spezzano il verso dando l'idea del pianto e del dolore.

LABORATORIO SUL TESTO

Conoscenze

Comprensione

1. **Tutto il componimento stabilisce un'analogia tra due tragiche morti, quella della rondine e quella del padre del poeta: prova a spiegare perché, secondo te, il poeta ha scelto questo parallelismo.**
2. **In che giorno si svolgono gli avvenimenti? Che cosa caratterizza quel giorno?**
3. **Nella quarta e quinta strofa si ricorda un fatto accaduto ad un uomo, il padre del poeta: che cosa gli è successo?**
4. **La poesia è costituita da tre momenti: alcuni versi di introduzione, una parte narrativa e un'invocazione finale. Riconoscili e riferiscine il contenuto.**

Analisi

5. **Quale metafora viene utilizzata all'inizio della poesia a proposito del cielo e delle stelle cadenti? Viene successivamente ripresa? Indica quale effetto crea.**
6. **La figura della rondine ricorda per analogia il sacrificio di Cristo. Come viene espressa tale analogia?**
7. **Perché, secondo te, le parole «Cielo» (v. 21) e «Male» (v. 24) sono scritte con la lettera maiuscola?**
8. **La parola «tetto», al v. 5, è una sineddoche (la parte per il tutto) per indicare il nido, parola che viene utilizzata al v. 13 nella similitudine con il padre del poeta: qual è il suo significato metaforico?**
9. **Al v. 15 viene utilizzata una sinestesia (accostamento di sensazioni relative a due campi sensoriali diversi): quale? Che effetto provoca?**
10. **Perché la Terra, nell'ultimo verso, è chiamata «atomo»? Cosa intende dire il poeta, riferendole l'aggettivo «opaco»?**

Conoscenze lessicali

11. **Individua le parole che appartengono al campo semantico del "male" e al campo semantico del "dolore".**

Conoscenze grammaticali

12. **Fai l'analisi logica delle seguenti proposizioni.**

    a) *Cadde tra spini*; b) *Ora è là, come in croce*; c) *Che pigola sempre più piano*

Abilità e competenze

Ascoltare, argomentare e confrontarsi

1. **Pascoli, in questa poesia, come in altre, affronta il tema della morte esprimendo il suo sgomento e la sua "protesta". Hai mai riflettuto su questo tema? Esprimi il tuo pensiero in uno scritto di venti parole.**
2. **Quali emozioni ti suggerisce la poesia? Confronta la tua opinione con quella dei compagni.**

un autore, un libro

Ossi di seppia
di Eugenio Montale

IL LIBRO

Ossi di seppia è la prima raccolta poetica di Montale; comprende liriche composte tra il 1916 («*Meriggiare pallido e assorto*») e il 1925, anno della pubblicazione. L'edizione successiva, del 1928, si arricchì di 6 poesie.

Gli ossi di seppia indicano significativamente il carattere *scabro ed essenziale* della sua poesia, antiretorica e antidannunziana. Il paesaggio dominante è quello dell'arido e assolato litorale ligure delle Cinque Terre, dove il poeta trascorreva le vacanze, chiamato a rappresentare la sua desolata condizione esistenziale, la sua esclusione dalla realtà, nella quale pure è concretamente immerso, e la sua distanza dalla persona (l'indeterminato *tu* montaliano) a cui rivolge il messaggio.

Sul piano espressivo, la poesia degli *Ossi di seppia* è caratterizzata da un'estrema precisione del linguaggio, che conferisce agli oggetti poetici contorni netti e perfettamente definiti. Il lessico è vario e composito, con una forte presenza di termini tecnici, dialettali, rari, aulici, che vengono tuttavia sempre utilizzati per rappresentare situazioni quotidiane e realistiche. A livello metrico, Montale non apporta novità radicali, quanto piuttosto un rinnovamento dall'interno, determinato dalla particolare attenzione nell'uso delle assonanze, delle rime interne e di tutti i legami fonici in genere.

L'AUTORE

Eugenio Montale nacque a Genova il 12 ottobre 1896 da un'agiata famiglia borghese. Trascorse l'infanzia e l'adolescenza tra il capoluogo ligure e la villa familiare di Monterosso, nelle Cinque Terre. Si diplomò ragioniere nel 1915. Appassionato di musica iniziò a studiare canto con l'ex baritono Eugenio Sivori. Nel 1917, dopo un corso per allievi ufficiali a Parma, partecipò alla Prima guerra mondiale. Nel 1920, congedato, riprese a frequentare gli ambienti culturali e artistici di Genova e, grazie all'amico poeta Sergio Solmi, entrò in contatto con gli intellettuali torinesi che ruotavano attorno alla rivista di Piero Gobetti «Primo Tempo». Nel 1920 aveva conosciuto a Monterosso Anna degli Uberti, che canterà nelle sue poesie con il nome di *Annetta* o *Arletta*. Nel 1925 Piero Gobetti fece uscire, per le proprie edizioni, *Ossi di seppia*. Nello stesso anno Montale fu tra i firmatari del manifesto antifascista di Benedetto Croce e pubblicò sulla rivista «L'esame» *Omaggio a Italo Svevo*, che segnò l'inizio della scoperta del romanziere triestino.

Nel 1927 Montale si trasferì a Firenze, dove lavorò dapprima presso la casa editrice Bemporad, poi come direttore del Gabinetto Vieusseux e della sua biblioteca. Nel 1938 venne licenziato perché non iscritto al partito fascista: visse facendo il traduttore e collaborando con alcuni giornali, fino al suo trasferimento a Milano come redattore del «Corriere della Sera». Nel 1933 avvenne l'incontro con la studiosa americana Irma Brandeis, la *Clizia* di alcune poesie, cui dedicò la sua seconda raccolta poetica, *Le occasioni* (1939).

Dal 1939 andò a vivere con Drusilla Tanzi, da lui già frequentata da diversi anni e che diventerà sua moglie solo nel 1962: verrà cantata nelle sue poesie con il nomignolo di *Mosca*.

Nel 1943 uscì a Lugano, su intervento del critico Gianfranco Contini, la prima serie delle poesie di *Finisterre*, che confluiranno poi nella raccolta *La bufera e altro*, pubblicata nel 1956. Durante la guerra Montale abitò a Firenze, dove ospitò diversi amici costretti alla clandestinità, come Carlo Levi e Umberto Saba, perseguitati per motivi razziali. Nel 1945 si iscrisse al Partito d'azione.

Nel 1948 venne assunto come redattore del «Corriere della Sera» e si stabilì a Milano. Nel 1954 ebbe l'incarico di critico musicale per il «Corriere d'informazione». Nel 1956 uscì una raccolta di prose narrative, *Farfalla di Dinard*. Altri volumi di articoli e saggi sono *Auto da fè. Cronache in due tempi* (1966), *Fuori di casa* (1969), *Sulla poesia* (1976). Nel 1963 morì la moglie e Montale ricominciò a scrivere versi: a lei dedicherà gli *Xenia*, compresi nella quarta raccolta, *Satura*, che uscirà nel 1971.

Nel 1967 ricevette la laurea *honoris causa* a Cambridge, e la nomina a Senatore a vita «per aver illustrato la Patria nel campo letterario e artistico».

Negli ultimi dieci anni della sua vita Montale compose diverse raccolte poetiche: *Diario del '71 e del '72* (1974), *Quaderno di quattro anni* (1977). Nel 1980 fu pubblicata l'edizione critica di tutte le poesie montaliane, *L'opera in versi*, grande omaggio del critico e amico Gianfranco Contini. Nel 1975 venne insignito del premio Nobel per la letteratura, a coronamento di una lunga serie di riconoscimenti ufficiali in Italia e all'estero. Eugenio Montale morì a Milano il 12 settembre 1981, ma fu sepolto nel piccolo cimitero di San Felice a Ema, alle porte di Firenze.

Eugenio Montale
«Non chiederci la parola»

Incontro con un poeta: Eugenio Montale

OPERA	ANNO	FORMA METRICA	TEMI
Ossi di seppia	1923	versi liberi	• la poesia non può dare certezze

La poesia apre la raccolta Ossi di seppia, *pubblicata nel 1925, che costituisce il punto di partenza dell'itinerario poetico di Eugenio Montale e comprende liriche scritte tra il 1916 e il 1925. La poetica di* Ossi di seppia *(il titolo rimanda sia al senso dell'aridità della vita sia all'essenzialità della poesia) si può definire della negatività, dell'angoscia esistenziale, della precarietà della condizione umana, in un momento di profonda crisi iniziata alla fine dell'Ottocento e destinata a sfociare nella tragedia della Prima guerra mondiale (1914-18).*

Non chiederci[1] la parola che squadri da ogni lato[2]
l'animo nostro informe,[3] e a lettere di fuoco
lo dichiari e risplenda come un croco[4]
perduto in mezzo a un polveroso prato.

Parafrasi

Non chiederci la parola, che metta a fuoco sotto ogni profilo, il nostro animo privo di certezze (informe), *e a lettere che lo chiariscano rendendolo luminoso come il fiore dello zafferano: perduto in mezzo ad un prato polveroso.*

Schema metrico: tre quartine di versi di varia lunghezza con rima ABBA ABBA ABAB; nei versi centrali la rima è dissimulata, AmICO-cAnICOla.

1 **Non chiederci:** si stabilisce già all'inizio un rapporto tra il poeta, che si identifica con tutti i poeti della sua generazione, e il lettore, a cui si rivolge col "tu" (stilema tipico della poesia di Montale). La poesia inizia con una negazione («Non chiederci», imperativo negativo) e si concluderà con una serie di altre negazioni («Non domandarci»; «ciò che non siamo, ciò che non vogliamo»): questo serve a sottolineare l'impossibilità per il poeta, in un particolare momento della storia, di proporre dei valori.

2 **che squadri da ogni lato:** che esprima chiaramente («squadri») l'animo del poeta, che non può più trasmettere certezze. L'atmosfera è quella del comune disagio in cui si trova a vivere l'uomo del primo Novecento.

3 **l'animo nostro informe:** si riferisce alla mancanza di ideali sicuri, di certezze che valgano per sempre.

4 **risplenda come un croco:** se il mondo è un prato polveroso, la parola del poeta non può risplendere su di esso come il «croco» (il fiore dello zafferano, dall'intenso colore giallo). La poesia non può essere portatrice di certezze indiscutibili.

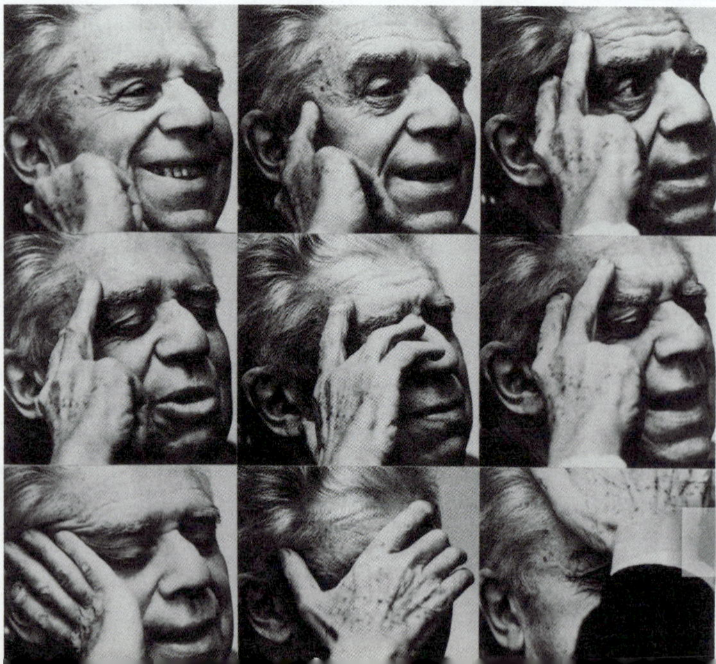

Eugenio Montale, foto di Giorgio Lotti, 1975.

Ah l'uomo che se ne va sicuro,[5]
agli altri ed a se stesso amico,[6]
e l'ombra sua non cura che la canicola[7]
stampa sopra uno scalcinato muro![8]

Non domandarci la formula che mondi possa aprirti,[9]
sì qualche storta sillaba e secca[10] come un ramo.
Codesto solo oggi possiamo dirti,
ciò che *non* siamo, ciò che *non* vogliamo.[11]

[da *Tutte le opere*, Mondadori, Milano 1977]

Ah l'uomo che se ne va sicuro, senza contrasti con se stesso e con gli altri.
E la sua ombra non viene toccata che dal sole nel periodo più caldo dell'estate; (canicola) *proiettata su un muro mancante di intonaco* (scalcinato muro).

Non domandarci il segreto (formula) *che possa rivelarti nuove prospettive di conoscenza del mondo, bensì una distorta sillaba secca come un ramo.*
Solo questo possiamo in questo momento farti presente, ciò che non siamo, ciò che non vogliamo.

5 **Ah l'uomo che se ne va sicuro:** c'è chi, sicuro di sé, senza preoccupazioni e senza dubbi, procede incurante della precarietà della vita e della negatività dell'esistenza. È l'uomo che non vuol conoscere né conoscersi; ed è proprio da questo tipo di uomo inconsapevole e privo di dubbi che Montale vuol prendere le distanze.
6 **amico:** in pace con se stesso e con gli altri.
7 **l'ombra...canicola:** è una metafora che identifica l'«ombra» con la vita dell'uomo. L'immagine rimanda a qualcosa di inconsistente ed effimero, per sottolineare la precarietà della condizione umana.
8 **stampa...muro!:** i termini «canicola» e «scalcinato muro» stanno a indicare il paesaggio assolato, arido come la vita. Il muro è anche metafora del limite, della mancanza di prospettive, quindi della condizione negativa dell'uomo. È un'immagine tipica della poesia di Montale.
9 **Non domandarci...aprirti:** la conclusione, tutta in negativo, contiene però un elemento che sembra attenuare la durezza dell'affermazione: «oggi»; la condizione descritta non può essere considerata definitiva, rimane un piccolo spazio per la speranza.
10 **qualche storta sillaba e secca:** è la parola scarna ed essenziale (un *osso di seppia*, appunto) del poeta, che non può offrire né certezze, né illusioni.
11 **Codesto...*non* vogliamo:** l'unico messaggio di cui si sente portatore il poeta è il tentativo di definire la condizione negativa e i limiti dell'uomo. La triplice ripetizione della negazione viene utilizzata per rendere maggiormente incisiva la sua affermazione conclusiva (vedi nota 1).

Il correlativo oggettivo

Un carattere ricorrente della poesia di Montale è la presenza di immagini che si riferiscono a oggetti concreti e a momenti, paesaggi, luoghi consueti. Le immagini esprimono con evidenza simbolica il suo modo di sentire la vita e il suo stato d'animo: il *rivo strozzato*, la *statua nella sonnolenza del meriggio*, il *falco alto levato* sottolineano il dolore e la sofferenza del vivere, identificati in dati reali e concreti che corrispondono (sono, cioè, correlativi) al suo stato d'animo. Tale tecnica espressiva, che prenderà il nome di "correlativo oggettivo", andrà via via accentuandosi nella sua lirica a partire dalla raccolta *Le occasioni* del 1939.

ANALISI DEL TESTO

I temi

L'incapacità di capire il male

In *«Non chiederci la parola»* il poeta manifesta la consapevolezza dell'incapacità dell'uomo di capire se stesso e il mondo, che sembra governato dalla legge della sofferenza e della pena, dal «male di vivere»; la poesia non può dare messaggi e certezze, né "formule" sicure e consolatorie, ma solo «qualche storta sillaba e secca». L'unico messaggio che il poeta può fornire è la testimonianza responsabile di una **condizione umana negativa**, per spiegare agli altri l'amara verità; le sue parole quindi riescono solo a dire «ciò che non siamo, ciò che non vogliamo». Solo «l'uomo che se ne va sicuro», senza aspirazioni a conoscersi e a conoscere, pretende di possedere la verità e non si accorge della precarietà della vita e della condizione di disagio che gli appartiene («l'ombra...sopra uno scalcinato muro»). La **conclusione pessimistica** è attenuata dal termine «oggi», che sembra presupporre che la condizione descritta non debba essere considerata definitiva, ma che vi sia uno spiraglio di **speranza verso il futuro**.

La struttura e le forme

La negatività dell'esistenza

La poesia si apre con un "tu" sottinteso rivolto al lettore, con il quale il poeta stabilisce subito un rapporto di comunicazione; il plurale «chiederci» indica l'identificazione del poeta con tutti i poeti della sua generazione.

Il messaggio poetico è quello della sofferenza del vivere, della negatività e permea tutti i livelli del testo. Sintatticamente si regge sui due imperativi negativi all'inizio della prima e della terza strofa, che hanno lo stesso significato («Non chiederci»; «Non domandarci»). Le immagini tendono a creare una visione angosciosa di silenzio interiore; la parola non può definire ciò che è «informe», né far risplendere «come un croco» ciò che non ha luce e dare colore a una realtà che è grigia «come un polveroso prato». La poesia non può che essere testimonianza di questa aridità, sottolineata dalle immagini («polveroso prato», «canicola», «scalcinato muro») e dalle parole che il poeta considera solo «qualche storta sillaba e secca come un ramo».

La **ripetizione della negazione** «non» ai vv. 1, 9 e 12 dà maggior forza al messaggio poetico, che viene presentato in negativo: l'unica certezza consiste nel sapere che cosa *non* si è e che cosa *non* si vuole.

Le tecniche espressive

Lessico scarno ed essenziale

La visione del mondo negativa è espressa mediante moduli stilistici concisi, un lessico scarno e secco Spicca la frequenza della consonante dura C, dalla quale deriva la tipica secchezza della scrittura di Montale.

I riferimenti al paesaggio

È tipica della poesia di Montale la presenza di immagini che si riferiscono a oggetti concreti e a situazioni naturali consuete, ma che esprimono allo stesso tempo con evidenza simbolica il suo modo di sentire, il suo stato d'animo. Tale caratteristica, che andrà via via sviluppandosi nella poesia di Montale, prenderà il nome di "**correlativo oggettivo**", e caratterizzerà soprattutto la raccolta *Le occasioni*.

LABORATORIO SUL TESTO

Conoscenze

Comprensione

1. **A chi si rivolge il poeta nella lirica? In quali punti del testo e con quali espressioni?**

2. **Perché il poeta parla in prima persona plurale?**

3. **Con chi si pone in contrasto Montale nella lirica? Per quali motivi?**

4. **Qual è il messaggio conclusivo del componimento? È del tutto negativo o lascia qualche margine di speranza?**

5. **Montale dichiara di non essere in grado di fornire una parola poetica precisa e risolutiva: indica i termini e le espressioni che fanno riferimento a tali caratteristiche.**

Analisi

6. **Rileva le allitterazioni e le assonanze di cui è ricca la lirica e cerca di capirne il valore semantico.**

7. **Quale rapporto fonico lega i termini «amico» (v. 6) e «canicola» (v. 7)?**

8. **Individua gli *enjambements* e commenta la loro funzione poetica.**

Conoscenze lessicali

9. **Individua tutte le parole che fanno parte del campo semantico della negatività.**

Abilità e competenze

Scrittura e interpretazione

1. **Fai un confronto tra la poesia di Montale e *Alle fronde dei salici* di Quasimodo (p. 636). Ti sembra che ci siano analogie tematiche. Esprimi la tua opinione in un breve commento.**

Ascoltare, argomentare e confrontarsi

2. **Osserva il dipinto di René Magritte e dopo aver letto la didascalia rispondi alle domande.**

René Magritte, *La reproduction interdite (L'uomo allo specchio)*, 1937. Rotterdam, Museum Boijmans van Beuningen.

Alcune "immagini" della poesia di Montale (animo «informe», uomo «sicuro», sillaba «storta e secca») suggeriscono significati che a volte si contraddicono, altre si confermano; il quadro-immagine del pittore surrealista belga arriva senza dubbi al suo significato: l'uomo, benché stia allo specchio, non può guardarsi, dunque non può vedersi, così come noi non lo possiamo vedere. Se è impossibile parlare al poeta (che rifiuta la parola, la messa a fuoco) così è impossibile per il pittore riprodurre il volto (l'identità) del suo protagonista, contraddicendo la caratteristica della pittura che sempre mostra ciò che dipinge.

1. Scegli un titolo per il quadro di Magritte, indipendentemente da quello scelto dall'autore.
2. Quali sensazioni ti suscita il dipinto? Motiva la tua risposta.
3. Quali elementi, a tuo avviso, possono accumunare quest'opera alla poesia di Montale? Motiva la tua risposta.

Queste domande possono essere rivolte a tutto il gruppo classe per un confronto tra i diversi punti di vista. Le diverse opinioni saranno oggetto di dibattito su come un'opera d'arte possa essere interpretata in modo soggettivo, ma logico e coerente.

video | testo attivo | ascolto

Eugenio Montale
«Spesso il male di vivere ho incontrato»

OPERA	ANNO	FORMA METRICA	TEMI
Ossi di seppia	1925	endecasillabi	• l'universalità del dolore, connaturato alla vita stessa • l'indifferenza come antitodo al male di vivere

La lirica fa parte di Ossi di seppia *(1925). Il* «male di vivere» *è la sintetica definizione del malessere esistenziale dell'uomo contemporaneo. Il male, la sofferenza, il dolore sono la costante della vita che tormenta tutti gli esseri, animati e inanimati, accomunati dalla pena esistenziale del vivere. L'unica possibilità è l'indifferenza, ossia il distacco dagli eventi, la noncuranza e il disinteresse per tutto ciò che provoca dolore.*

Spesso il male di vivere ho incontrato:
era il rivo strozzato che gorgoglia,
era l'incartocciarsi della foglia
riarsa, era il cavallo stramazzato.

Bene non seppi, fuori del prodigio
che schiude la divina Indifferenza:[1]
era la statua nella sonnolenza
del meriggio, e la nuvola, e il falco alto levato.

[da *Poesie*, Mondadori, Milano 1996]

Parafrasi *Spesso mi sono imbattuto nel male di vivere: si è manifestato nel ruscello che borbotta come un lamento, nella foglia secca, nel cavallo caduto a terra.*

Non ho conosciuto altra forma di bene al di fuori di un superiore distacco (divina Indifferenza)*: e questa indifferenza l'ho conosciuta nella statua di pietra, nella nuvola e nel falco che vola verso l'alto.*

Schema metrico: due quartine di endecasillabi (salvo l'ultimo ipèrmetro) con rime secondo lo schema ABBA CDDA.

1 **Indifferenza:** il sostantivo «Indifferenza» (soggetto) è disposto in una posizione che inverte l'ordine sintattico della frase (anastrofe), grazie alla quale l'autore pone all'inizio del verso il complemento oggetto rappresentato dal sostantivo «Bene», quasi a sottolineare la meta suprema delle aspirazioni umane.

ANALISI DEL TESTO

I temi

Il male di vivere

Il tema di questa poesia è il male di vivere: il dolore che il poeta ha incontrato nella sua vita.

I due poli della poesia sono "male" e "bene", attorno ad essi sono costruite le due strofe.

Nella prima quartina ci sono tre frasi che fanno capire il significato di "male": il ruscello ostacolato dal suo corso; la foglia che si incartoccia e il cavallo caduto. Nella seconda, invece, ruota tutto intorno al "bene", il poeta parla dell'Indifferenza che ci consente il distacco dagli eventi umani e l'impassibilità per tutto ciò che provoca dolore.

La struttura e le forme

Ripetizioni e contrapposizioni

La lirica è un esempio efficace di "**correlativo oggettivo**" ossia della relazione che la parola stabilisce con gli oggetti da essa nominati. Il componimento si apre con un avverbio temporale («Spesso») che sottolinea l'iteratività e l'immutabilità della condizione umana e del dolore come essenza della vita. La **triplice ripetizione** (anafora) del verbo «era» vuole sottolineare che quella rappresentata non è una situazione particolare, ma è propria della condizione stessa dell'uomo.

Compare anche nel testo l'opposizione spaziale *alto/basso*, cioè il movimento di ascesa e di distacco («statua», «nuvola», «falco») a cui si contrappone un movimento dall'alto verso il basso, la caduta («rivo», «foglia», «cavallo»).

Le tecniche espressive

Ritmi e suoni

A rendere il senso del "male di vivere" contribuiscono nella prima quartina il prevalere dei **suoni aspri**, in particolare *r* ed *s* (*viveRe*, *incontRato*, *Rivo*, *StRozzato*, *incaRtocciaRSi*, *RiaRSa*, *StRamazzato*...), e i legami di rima e assonanza (*gorgoglia*, *foglia*; *l'incartocciarsi*, *riarsa*).

Nella seconda quartina il ritmo diventa più ampio con una cesura tra le due coppie di versi. Nel distico iniziale le parole tematiche «Bene» e «Indifferenza» sono collocate in modo significativo, grazie alla modificazione dell'ordine sintattico (anastrofe).

L'*enjambement* del penultimo verso isola la parola «meriggio». Con questi accorgimenti stilistici il poeta cerca di rendere il **senso di estraneità**, di immobilità e lontananza delle cose che è proprio di chi, anche per poco, vede compiersi il miracolo della «divina Indifferenza».

La sonorità nella **triplice assonanza finale** «falco», «alto», «levato», data dall'apertura della vocale "a" e dal ripetersi della consonante "l" contribuisce a dare il senso di lontananza e di dilatazione dello spazio accentuato anche dal prolungamento dell'endecasillabo (ipèrmetro).

LABORATORIO SUL TESTO

Conoscenze

Comprensione

1. **Sintetizza il tema fondamentale di ciascuna strofa.**

2. **Che cos'è il «prodigio» di cui si parla al v. 5? Perché è considerato un «Bene»?**

Analisi

3. **Nella seconda strofa è utilizzata la figura retorica dell'anastrofe (inversione dell'ordine normale dell'enunciato): individuala nel testo.**

4. **La lirica si basa sulla netta antitesi tra bene e male: trascrivi le immagini utilizzate dal poeta per evidenziare tale opposizione.**

5. **A quale figura retorica rispondono le espressioni: «era il rivo strozzato» (v. 2); «era l'incartocciarsi della foglia» (v. 3); «era la statua» (v. 7)?**

Conoscenze lessicali

6. **Il termine «prodigio» in questa lirica significa**

[A] avvenimento meraviglioso

[B] situazione inattesa

[C] fortuna

[D] sfortuna

7. **L'espressione «bene non seppi» (v. 5) significa**

[A] non ho conosciuto il bene

[B] non ho conosciuto bene

[C] non riesco a capire bene

[D] non riesco a distinguere

Abilità e competenze

Scrittura e interpretazione

1. Il male di vivere è l'espressione con cui Montale ha sintetizzato l'amara condizione dell'uomo: l'unica soluzione al male del vivere è l'indifferenza, il distacco, il disinteresse per gli eventi della storia.
Che cosa ne pensi di questa concezione della vita? Esprimi sinteticamente le tue considerazioni.

Ascoltare, argomentare e confrontarsi

2. Presentiamo un'opera di Giorgio De Chirico che abbiamo scelto per evocare l'atmosfera della poesia di Montale. Dopo aver letto la didascalia rispondi alle domande.

Giorgio De Chirico, *Piazza Souvenir d'Italie*, 1925. MART, Museo di Arte Moderna e Contemporanea di Trento e Rovereto.

Nello stesso anno, il 1925, Eugenio Montale e Giorgio De Chirico, rispettivamente scrivono e dipingono la loro idea del "male di vivere", che spesso noi chiamiamo "disagio esistenziale". Nel quadro del pittore, che sceglie le atmosfere sospese della corrente "metafisica", i personaggi sono lontani, gli oggetti senza relazioni reciproche, le architetture non proporzionate, la luce netta disegna lunghe ombre. Guardando il dipinto il disagio emerge ancora oggi, perché non comprendiamo il nesso logico che lo ha ispirato; ci possono aiutare, forse, alcune parole del poeta: «prodigio», «Indifferenza», «sonnolenza».

1. Trovi delle corrispondenze tra la poesia e il quadro?
2. La statua che campeggia nel quadro, secondo te, evoca la «statua nella sonnolenza» della poesia?
3. Esprimi in dieci parole le sensazioni che ti suscita questo dipinto.

Nella lettura tra immagine e poesia confrontatevi come gruppo classe e ciascuno esprima liberamente il proprio punto di vista.

Salvatore Quasimodo
«Ed è subito sera»

al alta leggibilità

OPERA	ANNO	FORMA METRICA	TEMA
Acque e terre	1930	versi liberi	• solitudine e incomunicabilità

L'AUTORE vedi pagina 636

I tre versi qui di seguito riportati, pubblicati nell'edizione del 1930 di Acque e terre, *costituiscono l'ultima strofa della poesia* Solitudini. *La solitudine caratterizza l'esistenza dell'uomo, che è tragica in quanto precaria e trascorre in un baleno, con la stessa rapidità con cui tramonta la luce del giorno; quando giunge la sera (il tramonto della vita) egli avverte di non aver saputo cogliere il senso dell'esistenza.*

Ognuno[1] sta solo[2] sul cuor della terra[3]
trafitto da un raggio di sole:[4]
ed è subito sera.[5]

[da *Ed è subito sera*, Mondadori, Milano 1942]

Schema metrico: versi liberi di varia misura (un doppio senario, un novenario e un settenario).

1 **Ognuno:** il pronome indefinito allude a una condizione universale, al di là delle singole esperienze.

2 **sta solo:** la solitudine dell'uomo lo costringe a precise responsabilità e scelte di vita. La posizione di «solo» accanto a due parole monosillabiche («sul cuor») accentua il valore perentorio dell'affermazione, sottolineato anche dalla triplice allitterazione («sta solo sul»).

3 **sul cuor della terra:** è una metafora indicante il vuoto e la solitudine umana.

4 **trafitto...sole:** la metafora indica uno spiraglio di luce che può illuminare la vita dell'uomo, ferito dalla sua fragilità e dal crollo delle illusioni. Simbolicamente significa che la maturità ci fa capire il senso (o il non-senso) del vivere.

5 **ed è subito sera:** è l'amara constatazione dell'uomo: sopraggiunge subito la morte con la stessa rapidità con cui al giorno segue la sera. Notare la congiunzione «ed», che ha valore di pausa tra l'attesa del primo verso e la constatazione finale, e l'assonanza tra «terra» e «sera», tra «solo» e «sole».

ANALISI DEL TESTO

I temi

La solitudine e l'attesa

L'uomo è solo, in una dimensione di attesa e speranza, e si sente «trafitto da un raggio di sole» che sembra, per un attimo, riportarlo a capire se stesso e il mondo, ma subito è travolto dal crollo dell'illusione: «ed è subito sera», amara presa di coscienza della sua **fragilità** e della **brevità della vita**.

La struttura e le forme

Il pessimismo esistenziale

La lirica è divisa in **tre momenti scanditi da tre versi**; il pronome indefinito «Ognuno» allude ad una condizione universale; l'aggettivo «solo» indica una solitudine comune a tutti, una condizione esistenziale: l'uomo non riesce a comunicare con gli altri.

Il secondo verso allude all'impossibilità per l'uomo di essere felice; la durata della gioia è breve, appena un raggio di sole nel deserto dell'esistenza. Il participio passato «trafitto» indica che la luce è benefica e dolorosa nello stesso tempo. Il terzo verso, un settenario, accentua con la sua rapidità la drammatica conclusione: tutto passa velocemente ed arriva la fine, la sera, metafora della morte.

Le tecniche espressive

Essenzialità linguistica

Il linguaggio, essenziale e scarno, è uno degli esempi più significativi della stagione ermetica di Quasimodo. La poesia vuole liberarsi dalla retorica tradizionale e proporsi, nella sua intensità e purezza, senza un fine (oratorio, morale, politico) che sia estraneo alla poesia stessa, sciolta così da legami logico-sintattici, tesa ad evocare, a suggerire più che a comunicare, attraverso un **largo uso di metafore**, **analogie**, **sinestesie**, secondo la lezione del Simbolismo francese.

SCHEDA **APPROFONDIMENTI**

L'Ermetismo

Significato del termine

Con "Ermetismo" si indica una corrente poetica del Novecento italiano, attiva a Firenze negli anni Trenta-Quaranta, la cui caratteristica principale è quella di utilizzare un linguaggio oscuro e difficile, "ermetico" appunto; il termine e l'aggettivo corrispondente derivano infatti da Ermete Trismegisto (ossia "tre volte grande"), un mitico personaggio cui venivano attribuiti testi filosofici, magici e religiosi (i "testi ermetici") ritenuti depositari di un sapere segreto ed elitario, di ardua decifrazione, in grado di porre in diretto contatto con la divinità; di qui il termine "ermetico" passò ad indicare qualcosa di oscuro e misterioso, la cui conoscenza, di difficile comprensione, è riservata a pochi.

Gli autori

Precursori della scuola ermetica sono considerati, per la complessità della struttura poetica dei loro testi, **Giuseppe Ungaretti** (1888-1970) ed **Eugenio Montale** (1896-1981); ma l'Ermetismo va in realtà ristretto a un gruppo di giovani poeti operanti a Firenze, uno dei centri culturali più vivaci della prima metà del Novecento: i meridionali **Salvatore Quasimodo** (1901-1968) e **Alfonso Gatto** (1909-1976); i fiorentini **Mario Luzi** (1914-2005), **Carlo Betocchi** (1899-1986), **Alessandro Parronchi** (1914) e **Piero Bigongiari** (1914-1997); il lucano **Leonardo Sinisgalli** (1908-1981).

La poetica

Questi poeti, al di là delle loro caratteristiche individuali, si riconobbero per comuni intenti e finalità, attraverso uno stile e un linguaggio legati da evidenti affinità. Elementi caratterizzanti dell'Ermetismo furono un'estrema concentrazione della parola poetica, tendente alla purezza, all'essenzialità, all'assoluto, dotata di un forte valore allusivo ed evocativo; un linguaggio ridotto all'essenziale, fatto prevalentemente di termini astratti, quasi sempre al plurale, di uso colto e raro, con frequente abolizione degli articoli e in genere dei legami logici e sintattici, nel tentativo di realizzare attraverso il linguaggio il massimo della purezza e i valori assoluti, rivelando, nello stesso tempo, la consapevolezza di non poter raggiungere questi obiettivi. In ciò rimane decisiva per gli ermetici la lezione di **Stéphane Mallarmé** (1842-1898), di **Paul Valéry** (1871-1945) e del Simbolismo in genere (con le immagini ricorrenti della pagina bianca, del nulla, del silenzio) e del primo Ungaretti. Grande importanza acquista in questa dimensione l'uso dell'analogia, di metafore ardite, di libere associazioni di immagini, spesso di difficile comprensione. Il tono dominante è quello di sospensione temporale e di attesa, di stupore, di ambiguità volutamente ricercata; dal punto di vista metrico, furono molto sfruttati il settenario e l'endecasillabo, metri nobili della tradizione italiana, e le forme brevi e chiuse, come il sonetto.

L'esperienza ermetica, sviluppatasi durante gli anni del fascismo, in un clima quindi di chiusura intellettuale, ha dato origine a contrapposte interpretazioni: c'è infatti chi ha visto nell'isolamento degli ermetici una posizione di distacco dai problemi sociali e un tacito consenso al fascismo, e chi invece considera quell'esperienza un «impegno nel disimpegno», una forma di «resistenza passiva al regime», a cui non era possibile opporre alternative.

Alberto Savinio, *Il poeta*, 1931.
Rovereto, Museo d'arte moderna e contemporanea di Trento e Rovereto.

Alda Merini
«Anche oggi sarà dentro la storia»

OPERA	ANNO	FORMA METRICA	TEMI
Destinati a morire	1980	versi liberi	• il crollo dei sogni e delle illusioni

L'AUTRICE

Alda Merini nasce a Milano nel 1931. Esordì appena quindicenne con la raccolta *La presenza di Orfeo*. E mentre già attirava l'attenzione della critica, incontrava difficoltà nel mondo della scuola "normale". Venne infatti respinta quando tentò di entrare al liceo Manzoni poiché – dissero – non aveva raggiunto la sufficienza nella prova d'italiano. Da quel momento ha vissuto al confine tra il riconoscimento della sua eccezionale capacità poetica e la malattia mentale, che nel 1947 la portò al ricovero, per un mese, nella clinica Villa Turro, a Milano. La poetessa ha definito la sua sofferenza come "ombre della mente", con le quali, nel tempo, ha saputo convivere. Il dolore l'ha aiutata a scandagliare l'animo umano. Fra le sue raccolte più famose: *La pazza della porta accanto* (1955), *L'altra verità: diario di una diversa* (1986), *Vuoto d'amore* (1991), *Ballate non pagate* (1995), *Superba è la notte* (2000). È morta il 1° novembre 2009.

La poesia fa parte della raccolta Destinati a morire *del 1980. Si tratta di una lirica autobiografica, come lo sono la maggior parte delle sue liriche. Vi ricorrono i temi a lei cari: la percezione del tempo, la memoria, l'infanzia, il destino (individuale e umano) il male di vivere, la descrizione di elementi naturali che vanno a comporre un paesaggio interiore, un paesaggio dell'anima fortemente evocativo di un vissuto tormentato, originario e unico.*

Anche oggi sarà dentro la storia
della mia vita. Ma non era l'oggi
che io volevo quand'ero bambina:
oggi è un oggi diverso, senza grida,
afono[1] e grigio come una fontana.
Oggi è l'oggi di ieri manifesto
solo nel mio respiro prigioniero:
o larghe nubi come fonderei
volentieri il mio passo
dentro quel cielo che racchiude tutta
tutta l'avversità del mio destino.

[da *Destinati a morire. Poesie vecchie e nuove*, Lalli, Poggibonsi 1980]

Schema metrico: versi liberi.
1 **afono:** senza voce, che ha perso la voce.

ANALISI DEL TESTO

I temi

Sofferenza e coraggio

La poesia, fortemente autobiografica, ha come tema principale la vita, l'esistenza umana e individuale di una donna che ha sofferto ma che ha saputo accettare con coraggio il proprio destino. In questo rispecchia la biografia della sua autrice, Alda Merini, costellata di grandi successi e soddisfazioni, ma anche di tante disillusioni, amarezze, sofferenze fisiche e psichiche, incomprensioni e rinunce. In pochi versi l'autrice riassume il proprio "oggi" e fa un bilancio lucido e disincantato della propria esistenza: l'oggi del titolo è un tempo presente molto distante dai sogni e dai desideri dell'infanzia, che tuttavia va accettato per come è, in quanto parte di se stessi, ovvero del proprio destino. In questa accettazione c'è un **desiderio di libertà**: perché la vera libertà, parafrasando il filosofo tedesco Nietzsche, è volere ciò che si ha.

La struttura e le forme

Il punto di vista
Sin dai primissimi versi, il punto di vista della lirica si rivela essere quello dell'autrice, manifestato attraverso l'uso degli aggettivi possessivi («mia vita», «mio respiro», «mio passo», «mio destino») e la rievocazione del tempo dell'infanzia vissuto in prima persona («quand'ero bambina»). Si tratta di una poesia autobiografica, in cui l'autrice parla al lettore di se stessa.

Tempo, memoria, destino
Tempo e memoria sono gli elementi fondamentali della lirica: il tempo qui viene vissuto attraverso la memoria, non la memoria collettiva (la Storia) ma una **memoria individuale**, personale e intima («la storia della mia vita») in cui ciascun giorno, quindi anche l'oggi, è iscritto («anche oggi sarà dentro la storia della mia vita»). L'idea è che ciascun essere vivente sia parte di un tutto, di un tempo che scorre inesorabilmente verso una fine, un compimento; che ciascuno di noi abbia una propria storia, da raccontare e da rivivere attraverso il ricordo. Ma quello che potrebbe essere un ricordo dolce si vela di un'improvvisa e amara **malinconia**, laddove la speranza del passato non trova corrispondenza con ciò che è stato poi, con le disillusioni e le sofferenze dell'età adulta («Ma non era l'oggi che io volevo quand'ero bambina», dove l'avversativo "ma" indica chiaramente un cambio di registro, un'inversione di rotta). Così i temi del tempo e della memoria si intrecciano con quello del destino: un destino avverso, molto diverso da quello sognato nell'infanzia (dove l'avversità del destino è rimarcata dalla ripetizione dell'aggettivo «tutta»: «tutta – tutta l'avversità del mio destino»). È l'idea, d'eco vagamente leopardiana, di un'età dell'infanzia e della giovinezza che non mantiene le sue promesse, che tradisce le migliori speranze ("O natura, o natura, perché non rendi poi quel che prometti allor? perché di tanto inganni i figli tuoi?" scriveva Leopardi nella sua celebre "A Silvia").

Il paesaggio dell'anima
L'oggi dell'autrice è «afono e grigio come una fontana» e il suo cielo è solcato da «larghe nubi». Il cielo stesso diventa rappresentativo dell'avversità del suo destino e perdersi in quel cielo significa consegnarsi a quel destino stesso, senza ribellarvisi, senza cercare di fuggirlo, anzi, solcandolo, abbracciandolo, fondendosi con esso. I richiami agli aspetti paesaggistici costruiscono un vero e proprio paesaggio dell'anima, dove le nubi rappresentano le avversità e il cielo è il grande contenitore che le racchiude tutte, ovvero, la vita stessa. Le nubi, in particolare, vengono invocate in una sorta di preghiera laica («o larghe nubi»), che sembra ridare aria a quel "respiro prigioniero" della strofa precedente. Attraversare questo paesaggio e desiderare di fondersi con esso («come fonderei / volentieri il mio passo») significa allora **accettare il proprio destino** con umiltà e consapevolezza, la consapevolezza di chi sa accettare il fatto che i sogni dell'infanzia non si avverano e che l'oggi è inevitabilmente diverso da quello sperato e desiderato.

Le tecniche espressive

La musicalità
L'autrice non usa rime. La musicalità della lirica è data tutta dalla **ripetizione di alcuni termini** (l'«oggi» del titolo, l'uso del possessivo «mio», la ripetizione dell'aggettivo «tutta» in chiusura) che percorrono la poesia, formando una sorta di colonna vertebrale e ancorando saldamente le immagini a quella percezione intima, personale e sofferta del tempo di cui si diceva.

LABORATORIO SUL TESTO

Conoscenze

Comprensione

1. **Quali caratteristiche ha l'«oggi» dell'autrice?**
2. **In che cosa l'oggi del titolo si differenzia dai desideri e dai sogni dell'infanzia?**
3. **Quali elementi naturali compaiono nella lirica?**
4. **Che cosa racchiude il cielo, secondo l'autrice?**

Analisi

5. **Individua nel testo gli aggettivi usati per i campi semantici dell'«oggi», del «respiro» e delle «nubi».**

6. **Spiega il paragone fra il presente dell'autrice (oggi) e la fontana: da che cosa sono accomunati i due elementi?**

Conoscenze lessicali

7. **Riporta i termini e le espressioni riferibili alle sensazioni visive e a quelle acustiche presenti nella lirica.**

Conoscenze grammaticali

8. **Individua i verbi di movimento, distinguendoli a seconda della loro connotazione positiva o negativa.**

9. **Che complemento sono le espressioni sottolineate?**

Oggi è un oggi diverso
Dentro quel cielo.
Come fonderei volentieri il mio passo

Abilità e competenze

Scrittura e interpretazione

1. **Quali sensazioni ha evocato in te la lettura di questa poesia? Prova a scriverle in un breve testo.**

Ascoltare, argomentare e confrontarsi

2. **Collegato alla poesia di Alda Merini proponiamo un celebre dipinto di Edvard Munch intitolato *L'urlo*. Dopo aver letto la spiegazione rispondi alle domande.**

Edvard Munch, *L'urlo*, 1893. Oslo, Museo Munch.

IMMAGINE ATTIVA

L'urlo (1893) è senz'altro il quadro più celebre del pittore norvegese Edvard Munch (1863-1944), che descrive la genesi di quest'opera nel suo diario: «Camminavo lungo la strada con due amici quando il sole tramontò, il cielo si tinse all'improvviso di rosso sangue, mi fermai, mi appoggiai stanco morto a un recinto sul fiordo nerazzurro e sulla città c'erano sangue e lingue di fuoco, i miei amici continuavano a camminare e io tremavo ancora di paura e sentivo che un grande urlo infinito pervadeva la natura».

1. Quali corrispondenze, secondo te, esistono fra la poesia e il quadro? Ti sembra che il soggetto rappresentato possa esprimere le sensazioni, gli stati d'animo e i messaggi trasmessi dall'autrice?
2. Quali differenze riscontri fra la poesia di Alda Merini e il dipinto di Edvard Munch?

Motiva entrambe le risposte, confrontandole con quella dei tuoi compagni.

VERIFICA FORMATIVA

per accertare le competenze acquisite

Giuseppe Ungaretti
Silenzio

autoverifica con tutor

Nella poesia Silenzio *vi è il ricordo improvviso di un passato radioso che rinasce sullo sfondo buio del presente, un presente denso di pena e desolazione (la poesia viene scritta nel pieno della guerra).*

Conosco una città[1]
che ogni giorno s'empie di sole
e tutto è rapito in quel momento

Me ne sono andato una sera

Nel cuore durava il limio[2]
delle cicale

Dal bastimento
verniciato di bianco
ho visto
la mia città sparire
lasciando
un poco
un abbraccio di lumi nell'aria torbida
sospesi

[da *L'Allegria*, in *Vita di un uomo*, Mondadori, Milano 1983]

1 **una città:** è Alessandria d'Egitto, dove il poeta era nato nel 1888.
2 **limio:** il rumore della lima che rode il ferro, qui indica l'insistente frinire delle cicale.

Alessandria d'Egitto in una foto scattata tra il 1900 e il 1920.

Competenza testuale

Comprendere e analizzare

1. Qual è il tema centrale della lirica?

A il dolore della lontananza
B l'abbandono della città natale
C il ricordo della sua città
D il desiderio di ritornare nella sua città

2. Che cosa significa l'espressione «e tutto è rapito in quel momento» (v. 3)?

A il sole annulla tutto con la sua luminosità
B il sole con la sua luminosità porta a dimenticare tutto
C il sole con la sua luminosità riempie di gioia tutto
D il sole con la sua luminosità riscalda tutto

3. Nella lirica c'è l'assenza totale della punteggiatura. Per quale ragione il poeta non ne fa uso?

A perché non necessaria
B perché segue delle regole poetiche particolari
C perché utilizza versi liberi
D perché vuole dare maggiore espressività alle parole

4. Per quale motivo il poeta isola le parole frammentando i versi?

A per dare risalto all'essenzialità del linguaggio poetico
B per fattori fonetici
C per fattori ritmici
D per dare risalto al tema poetico

5. I due termini «sole»/«cicale» (vv. 2-6) costituiscono

A un'assonanza
B una consonanza
C una rima imperfetta
D una rima interna

6. I due termini «bianco»/«lasciando» (vv. 8-11) evidenziano

A un'assonanza
B una consonanza
C una rima imperfetta
D una rima interna

7. Il termine «limio» (v. 5) che indica il frinire delle cicale è

A una similitudine
B una metafora
C una paranomasia
D una metonimia

8. Tutte le immagini presenti nel testo possono essere ricondotte a due sfere sensoriali, quali?

A vista e udito
B vista e tatto
C vista e olfatto
D olfatto e tatto

9. Osserva lo schema delle rime presenti nel testo. Quante ne hai trovate?

A una
B due
C tre
D nessuna

10. L'uso dei tempi verbali (presente-passato prossimo) che cosa vuole sottolineare?

A il distacco del poeta dalla sua città ma il persistere dei ricordi
B il dolore del poeta legato al momento del distacco
C il dolore di chi sa che non può più tornare
D il dolore di avere perduto tutto

11. L'aggettivo «torbida» (v. 13) nel contesto della poesia significa

A velata
B nebbiosa
C sporca
D inquinata

AREA DIGITALE
Le risposte agli esercizi sono disponibili nell'area digitale

Interpretare e valutare

Nella lirica sono presenti immagini figurate molto suggestive. Spiega in un breve testo la corrispondenza tra le immagini e lo stato d'animo dell'autore.

....

....

....

....

....

....

....

....

....

....

UNITÀ 5

La poesia lirica: temi • Il canto della memoria: ritratti e dediche

Il canto della memoria: ritratti e dediche

La storia di ciascun individuo, così come quella dell'intera civiltà umana coincide con quello che l'uomo conserva del passato nella propria memoria. Grazie alla grande facoltà che l'uomo ha di ricordare, esso può riconoscere se stesso nel mondo e sopravvivere, entro certi limiti, a se stesso e al mondo, perché la memoria riesce ad opporsi all'azione distruttrice del tempo.

La dedica di una poesia e i ritratti poetici sono sempre molto legati alla memoria e immortalano nel tempo figure, momenti e situazioni irripetibili, in modo particolare e originale.

- Il ricordo della terra natia, *Zacinto*, sopravvive come rimpianto in **Ugo Foscolo** a cui l'esilio non lascia speranza di ritorno.
- Il ricordo di *Silvia* diviene per **Giacomo Leopardi** il pretesto per parlare della giovinezza e del sogno e del crollo delle illusioni.
- **Charles Baudelaire** con il suo desiderio di evadere dai limiti del reale, si sente vicino all'*albatro*, il maestoso uccello marino che riesce a volare verso dimensioni sconosciute.
- Il ricordo del figlio tredicenne scomparso diventa per **Rudyard Kipling** un'occasione per affermare che per dare significato alla vita bisogna viverla con dei valori, quali il coraggio, la pazienza, la tenacia, la sincerità.
- **Umberto Saba** presenta in versi il *ritratto della sua bambina* e la immortala così nel tempo.
- In pochi e brevi versi **Vincenzo Cardarelli** scolpisce il *ritratto* della sua donna esaltandone la bellezza.
- La pittrice **Berthe Morisot** immortala nella sua tela (*L'ortensia e le due sorelle*) la nostalgia originata dal ricordo della sorella lontana.

Telemaco Signorini, *Sul colle a Settignano*, 1885. Collezione privata.

Ugo Foscolo
A Zacinto

ascolto

OPERA	ANNO	FORMA METRICA	TEMI
Sonetti	1802-1803	sonetto	• la patria lontana • l'esilio • la sepoltura in terra straniera

L'AUTORE vedi pagina 647

In questo sonetto, composto tra il 1802 e il 1803, il poeta celebra la propria patria Zacinto, rievocandone non solo l'eccezionale bellezza del paesaggio, ma anche le figure straordinarie a essa collegate, quali Omero ed Ulisse, eroe mitico quest'ultimo, che egli, in maniera più o meno esplicita, pone a confronto con se stesso.

Né più mai toccherò le sacre sponde[1]
ove il mio corpo fanciulletto giacque,[2]
Zacinto[3] mia, che te specchi nell'onde
del greco mar da cui vergine nacque

Venere,[4] e fea quell'isole feconde
col suo primo sorriso,[5] onde non tacque[6]
le tue limpide nubi e le tue fronde
l'inclito verso di colui[7] che l'acque

cantò fatali,[8] ed il diverso esiglio[9]
per cui bello di fama e di sventura[10]
baciò la sua petrosa Itaca Ulisse.[11]

Tu non altro che il canto avrai del figlio,
o materna mia terra; a noi prescrisse
il fato illacrimata[12] sepoltura.

[da *Poesie e Tragedie*, a cura di F. Gavezzani, Einaudi-Gallimard, Torino 1994]

Parafrasi *Io non toccherò mai più le sacre rive del mare, dove trascorsi la mia fanciullezza, o mia Zacinto, che ti specchi nelle onde del mare greco da cui, fanciulla, nacque*

Venere, e rendeva quelle isole fertili con il suo primo sorriso, per cui non passò sotto silenzio le tue nubi limpide e la tua vegetazione l'illustre poesia di colui [Omero] che cantò le peregrinazioni volute dal destino e l'esilio

in terre lontane, in seguito ai quali Ulisse, illustre per la gloria e le sventure, baciò la sua rocciosa Itaca.

O mia terra natale, tu non avrai null'altro che la poesia del tuo figlio: a noi, infatti, il destino ha riservato una tomba su cui nessuno verrà a piangere.

Schema metrico: sonetto, secondo lo schema ABAB ABAB CDE CED.

1 **le sacre sponde:** quelle di Zacinto, isola "sacra" sia perché il poeta vi è nato, sia perché è associata al mito classico; dalle sue acque nacque infatti Venere (dea della bellezza).

2 **giacque:** il significato del verbo "giacere" è quello di "stare disteso", o "stare nella culla", ma in questo caso può anche alludere all'usanza di consacrare i fanciulli appena nati a Venere, adagiandoli sulla terra.

3 **Zacinto:** Zante, nelle isole Ionie, a quel tempo sotto il dominio di Venezia.

4 **Venere:** il termine ha forte rilievo, isolato sia dall'*enjambement* che dalla virgola. Secondo il mito, Venere nacque dalla spuma del mare.

5 **e fea...sorriso:** Venere, con la sua forza generatrice, rende fertili le isole Ionie, cui Zacinto appartiene.

6 **non tacque:** l'espressione vaga e suggestiva «non tacque» (propriamente una litote) possiede un potenziale evocativo molto forte.

7 **colui:** la perifrasi designa Omero, il cantore cieco cui la tradizione attribuisce la composizione dell'*Iliade* e dell'*Odissea*, i primi poemi della letteratura occidentale.

8 **l'acque...fatali:** espressione concisa, con cui vengono indicate le peripezie di Ulisse, perseguitato dal dio Poseidone, attraverso il Mediterraneo, prima di poter giungere a Itaca.

9 **diverso esiglio:** il peregrinare rivolto in molteplici direzioni, senza meta precisa. Allo stesso tempo, però, «diverso» implica anche il rapporto tra Ulisse e Foscolo, i cui destini sono diversi tra loro, dal momento che il poeta, a differenza dell'eroe greco, non potrà fare ritorno in patria.

10 **bello di fama e di sventura:** la bellezza è data dalla commistione di fama e di sventura, derivata dalla lotta contro il destino avverso. L'espressione «di fama e di sventura» costituisce una endiadi, consistente nell'esprimere attraverso due termini coordinati un concetto che andrebbe espresso tramite sostantivo + aggettivo; il significato è quindi per la fama delle sue sventure.

11 **Ulisse:** protagonista dell'*Odissea* e divenuto, per il suo ingegno, il suo coraggio e il suo desiderio di conoscenza, il personaggio mitico tra i più rappresentativi della cultura d'Occidente.

12 **illacrimata:** non confortata dalle lacrime dei parenti, poiché il poeta sarà sepolto in terra straniera.

ANALISI DEL TESTO

I temi

La patria, l'esilio, la morte

Foscolo era nato nell'isola greca di Zacinto, allora appartenente al dominio di Venezia; quando nell'ottobre 1797, col Trattato di Campoformio, Napoleone cedette all'Austria Venezia (provvisoriamente costituitasi in Repubblica nel maggio dello stesso anno), Foscolo, fino a quel momento grande ammiratore del generale francese, si sentì tradito e, profondamente deluso, decise di lasciare per sempre Venezia, preferendo l'esilio piuttosto che accettare di vivere sotto una **dominazione straniera**. I temi della patria e dell'esilio, unitamente a quello della morte in terra straniera, diverranno centrali nell'opera di Foscolo, dalle *Ultime lettere di Jacopo Ortis* ai *Sonetti* e ai *Sepolcri*.

La struttura e le forme

La negazione del ritorno

L'*incipit* del sonetto (vv. 1-2) sembra la parte conclusiva di una precedente meditazione interiore del poeta riguardo al proprio destino di esule. L'assoluta impossibilità del ritorno in patria è sottolineata dalla **successione delle negazioni** («Né più mai», v. 1). Il tema evocato nei primi due versi verrà ripreso nella parte conclusiva del sonetto (che viene così a chiudersi circolarmente), in cui però l'esilio sarà associato non più all'immagine della fanciullezza («ove il mio corpo fanciulletto giacque», v. 2), bensì a quella della tomba («illacrimata sepoltura», v. 14).

Evocazioni mitiche

Zacinto, rievocata nella sua bellezza incontaminata («che te specchi nell'onde», v. 3), nella sua fertilità («isole feconde», v. 5; «le tue fronde», v. 7) e nella sua serenità («le tue limpide nubi», v. 7), viene ad assumere i tratti di un luogo sacro («sacre sponde», v. 1), riconducibile al **mito di Venere** (dea della fecondità nata dalla schiuma del mare), e si presenta pertanto come un paradiso perduto, oggetto di desiderio senza speranza da parte dell'autore. A quello di Venere si ricollega **il mito della poesia delle origini**, svolto attraverso il richiamo ad Omero («colui che... / cantò», vv. 8-9), qui presentato come autore solo dell'*Odissea*.

La struttura ritmico-sintattica

I temi presentati nel sonetto si sviluppano l'uno sull'altro senza soluzione di continuità: dalla riflessione autobiografica dell'*incipit* scaturiscono infatti le immagini del mare greco e i riferimenti mitici, si passa quindi ad Omero e ad Ulisse per ritornare infine al tema di partenza. Tale andamento trova perfetta corrispondenza nella struttura ritmico-sintattica del componimento. I primi 11 versi (le due quartine e la prima terzina) costituiscono un unico lunghissimo periodo (con frequenti successioni di *enjambements*: ai vv. 3, 4, 6, 7, 8), ricco di subordinate e coordinate, introdotte dai nessi «ove» (v. 2), «che» (v. 3), «da cui» (v. 4), *e* (v. 5), «onde» (v. 6), «di colui che» (v. 8), «per cui» (v. 10). Tale andamento ritmico si interrompe nell'ultima terzina, che costituisce un periodo autonomo, di stile lapidario, ricollegabile a quello del verso d'apertura, in cui alla rievocazione mitica viene contrapposta la realtà negativa dell'esilio.

Le tecniche espressive

Scelte lessicali elevate

Tutti i temi sono collegati nel sonetto mediante il frequente ricorso ai connettivi logici («ove», «da cui», «onde», «che», «per cui») La struttura sintattica è complessa e rigorosa basata sulla **subordinazione** nelle prime tre strofe. Il **lessico** è alto ed **elevato**, ricco di riferimenti mitologici. Nell'ultima strofa in cui segue un breve enunciato, la sintassi è più semplice in quanto contiene un'invocazione finale a Zacinto espressa con un tono alquanto patetico: dal suo figlio Zacinto non avrà altro che il canto perché il destino ha riservato al poeta una sepoltura tra estranei, «illacrimata».

LABORATORIO SUL TESTO

Conoscenze

Comprensione

1. **Quali temi vengono trattati nel sonetto?**
2. **Quali riferimenti mitologici sono presenti nel componimento?**
3. **Per quale motivo Foscolo afferma che Ulisse «è bello di fama e di sventura» (v. 10)?**
4. **Indica le analogie e le differenze istituite da Foscolo tra il proprio destino e quello di Ulisse.**

Analisi

5. **Il sonetto presenta una struttura circolare: quali elementi la determinano?**

6. **Rileva le negazioni presenti nel testo e indicane la funzione.**

7. **Nei versi 8 e 9 troviamo la figura retoriche della perifrasi, spiega di che cosa si tratta.**

Conoscenze lessicali

8. **Trova dei sinonimi degli aggettivi «illacrimata», «feconde», «inclito».**

Conoscenze grammaticali

9. **Indica quante proposizioni relative sono contenute nel testo.**

10. **«onde non tacque / le tue limpide nubi e le tue fronde». Che tipo di proposizione introduce il connettivo «onde»?**

Abilità e competenze

Scrittura e interpretazione

1. **Verifica la presenza del motivo della patria e dell'esilio e fai un confronto con l'altra poesia di Foscolo presente nell'Antologia, «Un dì, s'io non andrò sempre fuggendo» (pag. 647).**

AREA DIGITALE

Ricerca sul web. Il mito di Venere

Il mito di Venere, legato ai temi della bellezza, dell'amore e del piacere dei sensi, ha avuto attraverso i secoli differenti rappresentazioni da parte degli artisti. In arte la *Nascita di Venere* di Sandro Botticelli è uno tra i più famosi dipinti dedicati al mito.

La leggenda racconta che Afrodite (il nome latino di Venere) fosse nata dalla schiuma del mare (in greco *Aphròs*), presso Cipro.

Navigando in Internet approfondite il mito di Venere attraverso una ricerca sul mito letterario e affiancate ad essa una ricerca iconografia pittorica e scultorea. Organizzate la ricerca iconografica in modo cronologico così da potere cogliere via via i contesti e il modo di rappresentare il mito nelle varie epoche.

Corredate ciascuna immagine delle opportune indicazioni: artista, titolo, anno, collocazione attuale.

IMMAGINE ATTIVA

Sandro Botticelli, *La nascita di Venere*, 1484-1486. Firenze, Galleria degli Uffizi.

Alessandro Manzoni
Il cinque maggio

testo attivo

ascolto

OPERA	ANNO	FORMA METRICA	TEMI
Odi	1821	ode	• la grandezza di Napoleone • i progetti di Dio

L'ode Il cinque maggio *fu scritta quasi di getto nel giro di pochi giorni, quando Manzoni, che si trovava nella sua villa di Brusuglio, in Brianza, profondamente turbato, lesse la notizia, sulla «Gazzetta di Milano» del 17 luglio 1821, della morte di Napoleone, avvenuta il 5 maggio 1821 nell'esilio di Sant'Elena. Nonostante la censura e il divieto di pubblicazione da parte dell'Austria, il componimento si diffuse immediatamente in tutta Europa, grazie anche alla traduzione in tedesco (1822) di Johann Wolfgang Goethe. Manzoni non aveva espresso su Napoleone nessun giudizio quando questi era in vita, protagonista assoluto della storia, arbitro tra due secoli di civiltà diverse. Alla sua scomparsa parla di lui, non per esaltarlo o condannarlo, ma per meditare sul significato della sua vicenda umana. Dio si è servito di Napoleone per realizzare i propri imperscrutabili progetti. Napoleone, grazie all'infinita misericordia divina, ha ritrovato nella forza rasserenatrice della fede e nella speranza dell'eternità la via della salvezza e del perdono. Il tema storico-politico si fonde con la meditazione cristiana: protagonista dell'ode non è Napoleone, ma Dio, che ha permesso a Napoleone di redimersi e salvarsi.*

L'AUTORE vedi pagina 232

Ei fu.[1] Siccome immobile,
dato il mortal sospiro,
stette la spoglia immemore
orba di tanto spiro,
così percossa, attonita
la terra al nunzio sta,

muta pensando all'ultima
ora dell'uom fatale;[2]
né sa quando una simile

Parafrasi *Egli* (Ei) *non è più vivo. Come* (Siccome) [si lega a *così* del v. 5] *il corpo senza vita* (spoglia) *di Napoleone, dopo avere esalato* (dato) *l'ultimo respiro* (il mortal sospiro), *rimase immobile* (stette), *senza più memoria* (immemore), *privato* (orba) *di uno spirito tanto grande* (di tanto spiro), *così la terra, alla notizia* (al nunzio) *della sua morte, resta immobile* (sta), *colpita* (percossa), *stupefatta* (attonita),

ammutolita (muta), *pensando al momento della morte* (all'ultima ora) *dell'uomo mandato dal destino* (fatale); (la terra) *non sa quando l'impronta* (orma) *di un piede di un*

Jacques-Louis David, *Napoleone attraversa le Alpi*, 1800. Rueil, Museo Malmaison.

Schema metrico: ode composta di diciotto strofe di sei settenari ciascuna: il primo, il terzo e il quinto sono sdruccioli e non rimati, il secondo e il quarto piani e in rima tra loro, il sesto è tronco e in rima con il sesto della strofa successiva. Schema: ABCBDE, FGHGIE.

1 Ei fu: l'espressione epigrafica concentra in due monosillabi (il pronome personale *Ei* seguito dal passato remoto «fu») il senso di stupore del poeta per l'ineluttabile scomparsa di un uomo protagonista di vicende terrene tanto grandi. L'ellissi del nome proprio indica che Napoleone è un personaggio vivo nella coscienza di tutti.

2 Siccome immobile... fatale: nella similitudine «Siccome immobile... così percossa» fa da perno il verbo stare, usato nell'accezione di assoluta immobilità; esso si riferisce sia al corpo privo di vita di Napoleone («stette la spoglia»), sia alla terra («la terra al nunzio sta»).

COMPETENZE STILISTICHE

orma di piè mortale
la sua **cruenta polvere**
a calpestar verrà.[3]

uomo (piè mortale) *simile a Napoleone tornerà* (verrà) *a calpestare la sua polvere insanguinata* (cruenta) *dalle guerre.*

Lui folgorante in solio
vide il mio genio e tacque;
quando, con vece assidua,
cadde, risorse e giacque,
di mille voci al sonito
mista la sua non ha:[4]

Il mio ingegno poetico (genio) *vide Napoleone* (Lui) *nel momento di massima gloria* (folgorante) *sul trono imperiale* (in solio), *ma tacque senza adularlo, non si espresse in alcuna lirica; allo stesso modo* (il mio genio) *si astenne dal mescolare la sua voce* (mista la sua non ha) *al risuonare confuso, al frastuono* (sonito) *di mille altre voci* [di lode e di biasimo] *quando, con un avvicendarsi* (vece) *incessante* (assidua), *cadde, si risollevò* (risorse) *e ricadde definitivamente* (giacque):

vergin di servo encomio
e di codardo oltraggio,
sorge or commosso al subito
sparir di tanto raggio;
e scioglie all'urna un cantico
che forse non morrà.[5]

(il mio genio) *non contaminato* (vergin) *da elogi servili* (servo encomio) *e da vili insulti* (codardo oltraggio), *ora si leva* (sorge) *commosso per l'improvvisa* (al subito) *morte* (sparir) *di una figura così radiosa* (tanto raggio) *e innalza alla tomba* (scioglie all'urna) *un canto* (cantico) *che forse resterà immortale* (non morrà).

3 **né sa... verrà:** «simile / orma di piè mortale» è metafora per indicare la grandezza di Napoleone; «orma» è metonimia (l'effetto per la causa), in quanto a calpestare la polvere è il piede, non l'orma. Anche la «cruenta polvere» è una metonimia: la guerra è indicata attraverso uno degli effetti prodotti.

4 **Lui... non ha:** i tre verbi si riferiscono a tre momenti finali delle vicende di Napoleone: la sconfitta di Lipsia del 1813 («cadde»), la ripresa dei Cento Giorni dopo la fuga dall'isola d'Elba (marzo-giugno 1815) («risorse»), la sconfitta definitiva a Waterloo nel 1815 («giacque»).

5 **vergin... morrà:** nota la metafora «raggio» per alludere ad una figura di così grande importanza. Le imprese gloriose di Napoleone sono presentate sempre attraverso metafore di luce o di sonorità: «folgorante» (v. 13), «fulmine» (v. 27), rai fulminei» (v. 75), «lampo de' manipoli» (v. 81), «il concitato imperio» (v. 83).

COMPETENZE STILISTICHE → *Riflettiamo sulla metonimia*

Nel testo

Nella seconda strofa della lirica troviamo due **metonimie**: «*orma*» e «*cruenta polvere*» (vv. 10-11) che sostituiscono rispettivamente la parola "piede" e la parola "guerra".
La **metonimia** (dal greco *metá* 'trasferimento' e *ónoma* 'nome' = 'scambio di nome') è una figura retorica (di contenuto) per cui il significato di una parola è trasferito a un'altra che ha con la prima un rapporto di causa ed effetto. Nel nostro caso «cruenta» (v. 11) non è la polvere, ma la guerra che ha intriso di sangue il terreno su cui si è combattuto.
Nella metonimia, la parola sostituente appartiene allo stesso campo semantico della sostituita.
Le relazioni più diffuse sono le seguenti:
- la causa per l'effetto (*ascolto* ***Rossini***) (Rossini = musica)
- la materia per l'oggetto (*il legno solcava l'onde*) (legno = barca)
- contenente per il contenuto (*ho mangiato un* ***piatto*** *squisito*) (piatto = cibo)
- lo strumento al posto della persona (*è il primo* ***violino*** *dell'orchestra*) (violino = musicista)
- l'astratto per il concreto (*la* ***gioventù*** *di ieri*) (gioventù = giovani)
- il simbolo per la cosa simbolizzata (*più caro che la fama e* ***l'allor***) (allor = gloria)
- il luogo per la persona (*una decisione della* ***panchina***) (panchina = allenatore)

L'importanza della metonimia

La metonimia è importante nella struttura linguistica, in quanto, tra combinazioni e sostituzioni, favorisce l'arricchimento del vocabolario attraverso le estensioni di significato.

La metonimia e lo stile dell'autore

Alessandro Manzoni utilizza la figura retorica della metonimia non soltanto per ragioni metriche, quanto piuttosto per ragioni stilistiche. La metonimia arricchisce il senso delle parole proprio perché instaura collegamenti con ciò che non è enunciato, creando così effetti di ambiguità.

Dall'Alpi alle Piramidi,
dal Manzanarre al Reno,
di quel securo il fulmine
tenea dietro al baleno;
scoppiò da Scilla al Tanai,
dall'uno all'altro mar.[6]

Dalle Alpi alle Piramidi, dal Manzanarre al Reno, l'azione rapidissima (fulmine) *di quell'uomo risoluto* (quel securo) *seguiva immediatamente* (tenea dietro) *la decisione altrettanto rapida* (baleno). *L'azione fulminea* (il fulmine) *di Napoleone si estese dall'estrema punta della Calabria* (Scilla) *fino alla Russia* (Tanai), *dal Mediterraneo all'Atlantico* (dall'uno all'altro mar).

Fu vera gloria? Ai posteri
l'ardua sentenza: nui
chiniam la fronte al Massimo
Fattor, che volle in lui
del creator suo spirito[7]
più vasta orma stampar.

(Quella di Napoleone) *fu vera gloria destinata a durare in eterno? Alle generazioni future* (ai posteri) *la difficile risposta* (l'ardua sentenza); *noi ci inchiniamo umilmente al Sommo Creatore* (Massimo Fattor: Dio) *che volle imprimere su di lui un segno* (orma) *così grande della sua potenza creatrice* (spirito).

La procellosa e trepida
gioia d'un gran disegno,
l'ansia d'un cor che indocile
serve, pensando al regno;
e il giunge, e tiene un premio
ch'era follia sperar;

Egli provò tutto, fece tutte le esperienze possibili (*tutto ei provò*, v. 43; è la proposizione principale che regge le strofe dei versi 37-48): *la tempestosa e trepidante gioia di un grandioso progetto* (gran disegno) *e l'ansia irrequieta di un animo* (cor) *che deve obbedire* (serve) *mentre pensa di ottenere il potere* (al regno), *e lo* (*il*, riferito al potere) *raggiunge* (giunge) *ottenendo un premio che* (ad un uomo normale) *sembrava* (era) *cosa folle sperare*

tutto ei provò:[8] la gloria
maggior dopo il periglio,
la fuga e la vittoria,
la reggia e il tristo esiglio:
due volte nella polvere,
due volte sull'altar.[9]

(egli provò tutto): *la gloria tanto più grande dopo il pericolo* (periglio), *la fuga e la vittoria, il potere* (la reggia) *e l'esilio; per due volte è stato sconfitto* (nella polvere), *per due volte è riuscito a raggiungere il trionfo* (sull'altar).

Ei si nomò:[10] due secoli,
l'un contro l'altro armato,
sommessi a lui si volsero,
come aspettando il fato;
ei fe' silenzio, ed arbitro
s'assise in mezzo a lor.[11]

Egli si diede il nome: due epoche storiche contrapposte [il Settecento, il secolo della Rivoluzione, e l'Ottocento, il secolo della Restaurazione monarchica], *si volsero a lui rispettosamente* (sommessi) *in attesa del loro destino* (fato) *storico. Egli fece tacere le opposte tendenze e sedette* (s'assise) *come arbitro in mezzo a loro* (tra i due secoli).

E sparve, e i dì nell'ozio
chiuse in sì breve sponda,
segno d'immensa invidia

Finì i suoi giorni (*sparve*, scomparve) *nell'inerzia di un'isola* [Sant'Elena, nell'Oceano Atlantico] *così piccola* (breve), *bersaglio* (segno) *di immensa invidia e di*

6 **Dall'Alpi... mar:** la strofa celebra in modo incalzante le imprese di Napoleone; «Alpi»: campagne d'Italia (1796-1800); «Piramidi»: campagne d'Egitto (1798-1799); «Manzanarre»: campagna di Spagna (1806); «Reno»: varie campagne in Germania; «Tanai»: altro nome russo del fiume Don.

7 **Fu vera... spirito:** la domanda retorica segna il passaggio da un momento epico ad una pausa meditativa sul significato e sul senso di tutta la vita di Napoleone, che introduce il tema etico-religioso. «Nui» è forma arcaica di "noi", qui usata per esigenza di rima. Il plurale vuole indicare la voce corale di tutti coloro che parlano attraverso il poeta e che, come lui, interpretano la vicenda di Napoleone in chiave religiosa, come prova della grandezza della gloria divina, l'unica alla quale l'uomo deve inchinarsi umilmente.

8 **La procellosa... provò:** il termine «follia» qui assume valore morale ed è usato nel significato di peccato d'orgoglio, che allontana l'uomo dai veri ideali.

9 **la gloria...sull'altar:** i grandi momenti dell'avventura napoleonica sono costruiti con uno stile nominale (nell'intera strofa non compare nessun verbo), e con una rapida serie di antitesi: «gloria/periglio», «fuga/vittoria», «reggia/esiglio», «polvere/altar»; «polvere»: le sconfitte di Lipsia e Waterloo; «altar»: sul trono a Lipsia e a l'Elba.

10 **Ei si nomò:** come nei vv. 1, 13, 43, 53, l'autore propone la figura di Napoleone attraverso il semplice pronome personale.

11 **due secoli... in mezzo a lor:** Napoleone riuscì a sintetizzare nella propria figura gli aspetti più significativi dei due secoli.

e di pietà profonda,
d'inestinguibil odio
e d'indomato amor.[12]

rispetto profondo, di odio inestinguibile e di amore invincibile (indomato).

Come sul capo al naufrago
l'onda s'avvolve e pesa,
l'onda su cui del misero,
alta pur dianzi e tesa,
scorrea la vista a scernere
prode remote invan;

Come sul capo del naufrago incombe vorticosa e grava (s'avvolve e pesa) *l'onda su cui lo sguardo dello sventurato* (misero) *naufrago poco prima* (pur dianzi) *scorreva alto e proteso ad avvistare invano lontani approdi* (remote prode),

tal su quell'alma il cumulo
delle memorie scese!
Oh quante volte ai posteri
narrar sé stesso imprese,
e sull'eterne pagine
cadde la stanca man![13]

così il cumulo dei ricordi (memorie) *si abbatté* (scese) *su quell'anima* (alma) *con il suo peso angoscioso. Oh quante volte cominciò a narrare ai posteri le sue memorie* (sé stesso) *e sulle pagine eterne, mai finite, cadde la sua mano stanca.*

Oh quante volte, al tacito
morir d'un giorno inerte,
chinati i rai fulminei,
le braccia al sen conserte,
stette, e dei dì che furono
l'assalse il sovvenir!

Oh quante volte, al silenzioso tramontare di una giornata trascorsa senza far niente (inerte), *chinati gli occhi* (rai) *folgoranti* (fulminei), *rimase fermo* (stette) *con le braccia incrociate al seno* (conserte) *e lo assalì il ricordo* (il sovvenir) *dei giorni passati* (dei dì che furono).

E ripensò le mobili
tende, e i percossi valli,
e il lampo de' manipoli,
e l'onda dei cavalli,
e il concitato imperio,
e il celere ubbidir.

E ripensò agli accampamenti militari (tende) *spostati di continuo* (mobili), *alle trincee* (valli) *nemiche colpite* (percossi) *dagli assalti dei suoi soldati, al muoversi fulmineo* (lampo) *dei plotoni* (manipoli), *all'incalzare ondeggiante* (onda) *della cavalleria, agli ordini concitati* (concitato imperio) *e alla loro rapida esecuzione* (celere ubbidir).

Ahi! forse a tanto strazio
cadde lo spirto anelo,
e disperò; ma valida
venne una man dal cielo
e in più spirabil aere
pietosa il trasportò;

Ahi forse di fronte a un così grande dolore (tanto strazio) *si smarrì il suo animo* (spirto) *affannato* (anelo) *e perse ogni speranza* (e disperò), *ma una provvida mano* [la mano divina] *venne dal cielo e lo sollevò pietosa in un'atmosfera più serena* (più spirabil aere, ossia quella della fede);

e l'avviò, pei floridi
sentier della speranza,

e lo guidò attraverso i fioriti e vitali (floridi) *sentieri della speranza,*

12 **E sparve... amor:** le strofe mutano ritmo, non più concitato come nella rievocazione epica, ma scandito da affermazioni più solenni, inserite in una struttura del periodo più ampia. Il polisindeto e la congiunzione «e» caratterizzano tutta la seconda parte dell'ode («E sparve»... «E ripensò... e disperò e... il trasportò... e l'avviò»). I vv. 57-60 sono costruiti per antitesi (come i precedenti 45-48): si alternano due coppie di aggettivi e sostantivi che esprimono sentimenti opposti: «invidia/pietà», «odio/amore». Nota il chiasmo: «d'immensa invidia/e di pietà profonda» (sequenza aggettivo e sostantivo + sostantivo e aggettivo). Tutta la strofa (vv. 55-60) è costruita in antitesi concettuale alle strofe precedenti; all'essenzialità dell'espressione «E sparve» fanno da contrasto le ampie immagini di potenza delle strofe precedenti.

13 **Oh quante volte... man:** «eterne» può essere anche inteso come pagine destinate a rimanere eterne, ad eternare le sue imprese. In questa strofa, e nelle seguenti, Napoleone è colto in un atteggiamento di stanchezza, disperazione e sconfitta: egli può solo ricordare il passato glorioso.

ai campi eterni, al premio
che i desidéri avanza,
dov'è silenzio e tenebre
la gloria che passò.

verso l'eternità (campi eterni), *verso quel premio di felicità che supera ogni desiderio umano, dove la gloria passata non è altro che silenzio e tenebre.*

Bella Immortal! benefica
fede ai trionfi avvezza!
Scrivi ancor questo, allegrati;
ché più superba altezza
al disonor del Golgota
giammai non si chinò.[14]

Oh fede benefica destinata a non morire, abituata (avvezza) *ai trionfi, annovera* (scrivi) *anche questo trionfo* [la conversione di Napoleone], *gioisci perché mai uomo più potente* (superba altezza) *si è inchinato di fronte alla croce di Cristo* [Golgota, o Calvario, è il monte su cui venne crocifisso Cristo].

Tu dalle stanche ceneri
sperdi ogni ria parola:
il Dio che atterra e suscita,
che affanna e che consola
sulla deserta coltrice
accanto a lui posò.[15]

Tu [o Fede] *allontana* (sperdi) *dalle stanche spoglie mortali* (ceneri) *ogni parola di condanna e di odio* (ria). *Dio, che abbatte l'uomo e lo soccorre* (atterra e suscita) *con la sua misericordia, siede consolatore sul letto solitario* (deserta coltrice) *di Napoleone morente.*

[da *Liriche e Tragedie*, Utet, Torino 1974]

14 **Bella Immortal!... si chinò:** l'espressione si richiama a San Paolo, che parlò di "scandalo della croce", perché al supplizio della croce venivano condannati gli schiavi.

15 **Tu... a lui posò:** nota le antitesi verbali «atterra e suscita», «affanna e consola». Il verso finale «accanto a lui posò» mette in risalto l'infinita misericordia di Dio, la sua comprensione e l'infinito amore, che rimangono al di sopra di tutti i giudizi degli uomini.

ANALISI DEL TESTO

I temi

La concezione cristiana della storia

Il tema di fondo dell'ode non è epico, ma lirico-religioso: il poeta ricostruisce le vicende umane di Napoleone non per testimoniare la propria ammirazione, ma per poter collocare un personaggio così grande nell'ambito della sua concezione della storia e scorgere nelle vicende di Napoleone il segno provvidenziale dell'intervento di Dio, che ha voluto imprimere in quel grande personaggio un'impronta più vasta della propria gloria. Dio gli ha concesso di essere potente, lo ha condotto alla gloria ma anche alla disperazione, e alla fine lo ha consolato e nella sua infinita misericordia gli ha donato il conforto della fede, guidandolo attraverso le vie della speranza che portano verso la vera vita, la vita eterna («campi eterni»), dove si annulla l'effimera gloria terrena. Vera protagonista di tutto il componimento è quindi **la Provvidenza**, che attraverso Napoleone ha realizzato i propri disegni imperscrutabili.

La riflessione sul potere

Alla concezione cristiana della storia è legato il tema del potere umano e della potenza divina, della gloria terrena e di quella eterna. Nell'interrogazione «Fu vera gloria?» resta sospeso il giudizio storico sull'opera di Napoleone, il cui destino rientra nel più ampio disegno della Provvidenza. Non ci sono dubbi, invece, per la visione cristiana che Manzoni ha della vita, sul fatto che la gloria terrena non abbia nessun valore, che essa sia silenzio e tenebre e che la **gloria vera** sia quella **eterna**, che l'uomo può raggiungere solo se si abbandona alla fede e si lascia guidare da Dio verso «i floridi sentier» della speranza.

La struttura e le forme

La struttura

L'ode è divisa in **due parti**: nella prima (vv. 1-54) si ha una rappresentazione epica delle vicende terrene e politiche di Napoleone; nella seconda (vv. 55-108) una meditazione dell'autore sulla dimensione umana del personaggio, sino alla celebrazione finale della capacità salvatrice della Fede e del trionfo della gloria eterna su quella terrena.

La **prima parte** è caratterizzata da un **ritmo incalzante**, funzionale alla rappresentazione rapida e sintetica delle vicende vissute da Napoleone. Nella **seconda parte** il **ritmo** diviene **più disteso**, perché più pacata è la riflessione del poeta sul contrasto tra il significato storico della figura di Napoleone e il suo destino individuale.

L'architettura dell'opera è basata su un'esatta simmetria e su un armonico equilibrio: il **preambolo** è costituito dalle prime quattro strofe: notizia della morte di Napoleone, atteggiamento del poeta di fronte alla scomparsa di un uomo che era stato protagonista di una esperienza terrena tanto grande.

La parte centrale, con la **narrazione** e la **descrizione** delle vicende napoleoniche, è composta dalle dieci strofe centrali, ed è divisa in due sezioni: le prime cinque strofe (vv. 25-54) sono dedicate alla fulminea ascesa politica di Napoleone, arbitro supremo di due secoli, il Settecento e l'Ottocento; le altre cinque strofe (vv. 55-84) sono dedicate alla vertiginosa caduta di Napoleone, al tempo dell'esilio, alla solitudine, alla sua disperazione, dalla quale tenta invano di sollevarsi ripensando alle imprese del passato e tentando di scriverne le memorie, fino al momento supremo al cospetto della morte.

La **conclusione** è formata dalle ultime quattro strofe: la vittoria della fede su un personaggio come Napoleone.

Le opposizioni principali

La struttura del testo è retta da una serie di opposizioni: spazio, tempo, movimento e stasi.

Spaziali: lo spazio molto ampio in cui si realizzano le imprese militari di Napoleone («Dall'Alpi ... mar», vv. 25-30) si contrappone alla «breve sponda» (v. 56) dell'isola in cui Napoleone è relegato.

Temporali: il passato glorioso (strofe 5-9) si contrappone all'angustia e alla miseria del presente (strofe 10-13).

Rapidità e **immobilità**: tutte le imprese di Napoleone sono rievocate sottolineando la rapidità fulminea delle decisioni e delle azioni («di quel securo il fulmine / tenea dietro al baleno», vv. 27-28; «dall'uno all'altro mar», v. 30) e la rapidità delle trasformazioni («la gioia di un gran disegno», v. 38; «l'ansia d'un cor che indocile / serve, pensando al regno»; «e il giunge», vv. 39-41). Alle immagini di rapidità sono anche legate quelle di luce e di sonorità (vedi nota 5).

L'esilio di Sant'Elena è sottolineato da immagini di silenzio e immobilità («e i dì nell'ozio», v. 55; «cadde la stanca man!», v. 72; «giorno inerte», v. 74; «stette, e dei dì che furono / l'assalse il sovvenir», vv. 77-78). Già nel preambolo l'immobilità della salma («Siccome immobile») si contrappone alla rapidità dell'alternarsi delle vicende («con vece assidua, / cadde, risorse e giacque», vv. 15-16). Inoltre lo sgomento, che sembra quasi paralizzare gli uomini alla notizia della morte di Napoleone («percossa, attonita / la terra al nunzio sta», vv. 5-6), è paragonato al silenzio del corpo privo di vita di Napoleone («immobile, immemore»). Anche i versi conclusivi ripropongono l'opposizione *dinamicità/immobilità* («il Dio che atterra e suscita / [...] accanto a lui posò», vv. 105-108), ma in una nuova dimensione fuori dal tempo e dallo spazio: l'eternità («campi eterni»), dove il silenzio e l'immobilità non sono più una sconfitta, ma una conquista di pace nel perdono di Dio.

Le tecniche espressive

Varietà di toni

Sono presenti nell'ode diverse scelte linguistiche che corrispondono ai diversi toni che la caratterizzano. Ai toni epici corrispondono frasi brevi prevalentemente coordinate tra loro, attraverso l'uso di frequenti congiunzioni, disposte simmetricamente in cui prevale un **ritmo concitato** rafforzato dall'**anafora** che rende l'idea del rapido susseguirsi degli eventi. Nelle parti riflessive predomina una sintassi più ampia e distesa e il discorso si sviluppa su più di una strofa.

LABORATORIO SUL TESTO

Conoscenze

Comprensione

1. **Alla morte di Napoleone quali sono state, secondo Manzoni, le reazioni dei contemporanei?**
2. **Per quali ragioni Manzoni sospende il giudizio storico su Napoleone?**
3. **A chi si rivolge, secondo te, Manzoni al verso 31 («Fu vera gloria»)?**
4. **A quali eventi storici si riferiscono i vv. 47-48 («due volte nella polvere, / due volte sull'altar»)?**

Analisi

5. Individua i versi corrispondenti agli avvenimenti storici qui riportati.
Perviene in Europa la notizia della morte di Napoleone ....
Le campagne militari vittoriose dell'Imperatore ....
Napoleone durante l'esilio ....
La morte di Napoleone ....

6. Indica accanto alle espressioni riportate la figura retorica corrispondente
vv. 1-5: «Siccome immobile… così percossa…»; v. 4: «orba»; vv. 25-27: «dall'Alpi… dal Manzanarre… di quel…»; v. 56: «breve sponda»; vv. 61-66: «come sul capo… tal su quell'alma»

Conoscenze lessicali

7. Rintraccia nel testo gli aggettivi che esprimono una valutazione morale, positiva o negativa.

Abilità e competenze

Scrittura e interpretazione

1. Quali aspetti della figura di Napoleone, a tuo avviso, hanno colpito maggiormente Manzoni? Motiva la tua risposta facendo riferimento al testo.

2. Esprimi un tuo giudizio sulla presentazione che Manzoni fa di Napoleone.

AREA DIGITALE

Ricerca in Internet. Napoleone, "arbitro tra due secoli"

Alessandro Manzoni scrive *Il cinque maggio* in occasione della morte di Napoleone avvenuta il 5 maggio del 1821 e lo definisce protagonista assoluto della storia e arbitro tra due secoli. Pur esaltando la Provvidenza divina che si è servito di lui per imprimere un segno della sua potenza, Manzoni considera Napoleone un grande e ne rappresenta le sue imprese immortalandolo attraverso la sua poesia.

Fate una ricerca in Internet sulla figura storica di Napoleone dal titolo: **Napoleone, tra storia e arte**.
Potete dividere la classe in due gruppi: un gruppo si dedica alla ricerca storica e l'altro alla ricerca iconografica.
Utilizzate Internet selezionando e confrontando le notizie reperite in siti diversi.
Fate in modo che nella ricerca le immagini artistiche siano inserite nel discorso storico. Sotto ciascuna immagine scrivete una didascalia.
Collaborate utilizzando le competenze di ciascuno. Alla fine date una veste grafica affidando il compito a chi tra di voi sa utilizzare meglio le varie possibilità del computer.

Jean-Auguste-Dominique Ingres, *Napoleone I sul trono imperiale*, 1806. Parigi, Musée de L'Armée.

Giacomo Leopardi
A Silvia

ascolto

OPERA	ANNO	FORMA METRICA	TEMA
Canti	1828	idillio	• la caducità della speranza di fronte alla dolorosa verità della vita

La canzone A Silvia, *il primo dei* Grandi Idilli *(1828-1830), fu composta tra il 19 e il 20 aprile del 1828 a Pisa, dove il poeta aveva trovato un breve periodo di serenità e dove rinacque in lui il desiderio di comporre versi e di recuperare attraverso la memoria «il buon tempo antico» di cui ora, adulto e maturo, sente una struggente nostalgia, ricordando le care illusioni della giovinezza perduta. Dopo gli anni impiegati nella stesura delle* Operette Morali, *Leopardi ritorna alla poesia e scrive quelli che saranno chiamati* Grandi Idilli.

La riflessione filosofica sull'origine della sofferenza umana aveva portato alla conclusione che la causa dell'infelicità dell'uomo fosse da attribuire alla Natura, che crea già infelici tutti gli esseri, uniti quindi da un comune destino di dolore e di morte. La materia autobiografica si inserisce da questo momento in una prospettiva più ampia, universale. Silvia, a cui è dedicata la lirica, è l'immagine di una fanciulla reale ma è soprattutto simbolo della gioventù e della speranza.

L'AUTORE vedi pagina 578

Silvia,[1] rimembri[2] ancora
quel tempo della tua vita mortale,[3]
quando beltà splendea
negli occhi tuoi ridenti e fuggitivi,
e tu, lieta e pensosa, il limitare
di gioventù salivi?[4]

Parafrasi *Silvia, ti ricordi ancora quel periodo della tua vita terrena quando la bellezza risplendeva nei tuoi occhi sorridenti e sfuggenti e tu, felice e pensierosa, eri sul punto di superare la soglia della gioventù?*

Sonavan le quiete
stanze, e le vie dintorno,
al tuo perpetuo canto,
allor che all'opre femminili intenta
sedevi, assai contenta
di quel vago[5] avvenir che in mente avevi.
Era il maggio odoroso: e tu solevi
così menare il giorno.

Risuonavano le stanze tranquille e le strade circostanti al tuo canto ininterrotto, quando tu, intenta alle attività tipicamente femminili, sedevi, molto felice di quel futuro indeterminato e desiderato che avevi in mente. Era il mese di maggio, pieno di profumi, e tu eri solita passare così le giornate.

Io gli studi leggiadri
talor lasciando e le sudate carte,[6]

Io, abbandonando di tanto in tanto gli studi piacevoli e le carte che mi affati-

Schema metrico: strofe libere di diversa lunghezza di endecasillabi e settenari variamente rimati.

1 **Silvia:** si dice che ad ispirare la figura di Silvia sia stata Teresa Fattorini, figlia del cocchiere di casa Leopardi, morta di tisi nel 1818 a soli vent'anni; ma Silvia è soprattutto una creazione della fantasia del poeta, simbolo della giovinezza e della speranza.

2 **rimembri:** il verbo "rimembrare" è un termine fondamentale della poetica leopardiana della memoria.

3 **vita mortale:** vita terrena destinata alla morte; l'aggettivo «mortale» sta ad indicare che ora Silvia vive in un'altra vita immortale; il poeta si rivolge quindi al ricordo che ha di lei.

4 **e tu... salivi:** e tu stavi per varcare la soglia della giovinezza, contenta («lieta») e ansiosa («pensosa») nello stesso tempo, perché preoccupata per una nuova fase della vita da affrontare. L'accostamento dei termini antitetici «lieta» e «pensosa» sottolinea l'incertezza dello stato d'animo di Silvia.

5 **vago:** il termine *vago* ha il significato di indefinito, incerto, ma anche dilettevole, leggiadro. Il termine, come annota Leopardi nella raccolta di riflessioni dello *Zibaldone*, ha una forte carica semantica proprio perché indefinito.

6 **gli studi... carta:** l'espressione «sudate carte» costituisce una metonimia, in quanto il sudore, effetto della fatica, viene attribuito alle carte invece che a colui che le ha compilate.

ove il tempo mio primo
e di me si spendea la miglior parte,
d'in su i veroni del paterno ostello
porgea gli orecchi al suon della tua voce,
ed alla man veloce
che percorrea la faticosa tela.
Mirava il ciel sereno,
le vie dorate e gli orti,
e quinci il mar da lungi, e quindi il monte.
Lingua mortal non dice
quel ch'io sentiva in seno.

cavano, nei quali si consumavano il tempo della mia giovinezza e la parte migliore di me, dai balconi della casa di mio padre porgevo le orecchie al suono della tua voce e a quello della tua mano veloce che con fatica tesseva la tela. Contemplavo il cielo sereno, le vie illuminate dal sole e i giardini e da una parte il mare da lontano, dall'altra la montagna. Le parole di un uomo non possono esprimere ciò che io provavo nel cuore.

Che pensieri soavi,
che speranze, che cori, o Silvia mia!
Quale allor ci apparia
la vita umana e il fato![7]
Quando sovviemmi di cotanta speme,
un affetto mi preme
acerbo e sconsolato,
e tornami a doler di mia sventura.
O natura, o natura,
perché non rendi poi
quel che prometti allor? perché di tanto
inganni i figli tuoi?

Che pensieri stupendi, che speranze, che sentimenti, o mia Silvia! Come ci sembravano allora la vita umana e il destino! Quando mi ricordo di una speranza così grande, mi opprime un sentimento insopportabile e sconsolato, e mi torno a rattristare per la mia sfortuna. Natura, natura, perché non restituisci dopo quello che hai promesso prima? Perché inganni così tanto i tuoi figli?

Tu pria che l'erbe inaridisse il verno,
da chiuso morbo combattuta e vinta,
perivi, o tenerella.[8] E non vedevi
il fior degli anni tuoi;[9]
non ti molceva il core
la dolce lode or delle negre chiome,
or degli sguardi innamorati e schivi;
né teco le compagne ai dì festivi
ragionavan d'amore.

Tu prima che l'inverno inaridisse le erbe, consumata e uccisa da una malattia interna, morivi, o mia tenera. E non vedevi la parte migliore dei tuoi anni; non ti addolciva il cuore la dolce lode o dei tuoi capelli neri, o degli sguardi innamorati e pudichi; né le compagne nei giorni festivi parlavano d'amore con te.

Anche peria fra poco
la speranza mia dolce: agli anni miei
anche negaro i fati
la giovanezza.Ahi come,
come passata sei,
cara compagna dell'età mia nova,
mia lacrimata speme![10]
Questo è quel mondo? questi
i diletti, l'amor, l'opre, gli eventi
onde cotanto ragionammo insieme?[11]

Tra poco si estinguerà anche la mia dolce speranza: il destino negò la giovinezza anche alla mia vita. Ahimè, come sei svanita, cara compagna della mia giovinezza, mia compianta speranza! È dunque questo quel mondo (così desiderato)? Sono questi i piaceri, i sentimenti, le attività, gli avvenimenti di cui parlammo tanto insieme?

7 **Che pensieri... fato:** Leopardi, sentendosi vicino a Silvia, ripensa ai progetti, alle speranze, ai sentimenti («cori») che coltivavano in comune, e a come il futuro («fato») si presentava pieno di speranza. «allor» sottolinea il fallimento presente di tutte le illusioni.

8 **Tu... o tenerella:** dopo lo sfogo contro la Natura, il poeta si rivolge a Silvia e inizia la seconda parte della canzone: vengono rappresentate in parallelo la morte di Silvia e la morte delle speranze del poeta.

9 **il fior degli anni tuoi:** metafora per indicare la giovinezza.

10 **come passata... speme:** compagna della giovinezza del poeta è la speranza, di cui Silvia costituisce il simbolo.

11 **Questo... insieme:** è una domanda sconsolata, che non concede spazio alle speranze e alle illusioni.

Questa la sorte dell'umane genti?
All'apparir del vero
tu, misera, cadesti: e con la mano
la fredda morte ed una tomba ignuda
mostravi di lontano.[12]

[da *Opere*, Ricciardi, Napoli 1956]

È questo il destino degli uomini? Al rivelarsi della verità, tu sei miseramente svanita: e indicavi con la mano la fredda morte e una tomba spoglia.

12 **All'apparir... lontano:** la speranza, cadendo, indica al poeta l'unica meta che ormai egli può raggiungere. Silvia, stimolo dell'illusione e della giovinezza, scompare all'apparire della verità, che fa crollare le illusioni e mostra la dura realtà della vita, fatta di dolore e di morte.

ANALISI DEL TESTO

I temi

Speranze e illusioni

Il poeta ricorda Silvia nel fiore della giovinezza, felice e spensierata, nella stagione primaverile, mentre egli, abbandonando le «sudate carte», si affacciava al balcone della casa paterna per ascoltare il suono del suo canto. Era quella l'età delle speranze e delle illusioni, tutte risolte poi in un inganno della natura: Silvia è morta prima che sopraggiungesse l'inverno e anche le speranze del poeta sono crollate «all'apparir del vero», quando cioè la vita si era manifestata nella sua dolorosa realtà. Silvia diviene quindi **il simbolo della caducità della speranza** e del suo cedere di fronte alla **dolorosa verità della vita**.

La struttura e le forme

Il contrasto tra sogno e realtà

Il testo ha una **struttura simmetrica**: la prima strofa introduce il tema dell'evocazione di Silvia, quasi a volerla richiamare in vita; la seconda e la terza, attraverso la memoria, rievocano l'età della giovinezza, della speranza, delle illusioni, sia in Silvia che nel poeta; la strofa centrale (vv. 28-39) interrompe la rievocazione e parla di temi più generali, riassumendo il senso delle prime due strofe, il contrasto tra sogni e realtà; le ultime due strofe rappresentano ancora Silvia e il poeta nel momento del crollo delle speranze, dell'apparire della verità, che mostra all'uomo il suo destino di morte. Alla giovinezza di Silvia, stroncata dalla malattia («da chiuso morbo combattuta e vinta»), corrisponde per il poeta l'apparire dell'arido *vero* e la fine delle illusioni («Anche peria fra poco / la speranza mia dolce»).

Attraverso il ricordo, il poeta rivive quel rapido passare del tempo, il crollo dei sogni e delle attese; da un tono malinconico si passa ad una interrogazione retorica (vv. 36-39) e ad un'accorata protesta contro la Natura, che promette e non mantiene («perché non rendi poi / quel che prometti allor?»).

Le **interrogazioni** diventano **incalzanti** nella strofa finale: al poeta è negata la possibilità di provare la felicità e le gioie della giovinezza, e la vita gli ha riservato solo dolore e delusioni («Questo è quel mondo?» [...] «Questa la sorte dell'umane genti?»).

Le vicende parallele del poeta e di Silvia si ricollegano al **profondo pessimismo** cui Leopardi era approdato proprio in quegli anni: il contrasto tra la Natura, che delude le aspettative degli uomini, il suo inarrestabile divenire e la natura umana che spera inutilmente nel piacere e nella felicità.

C'è in tutta la canzone un'atmosfera di **estrema vaghezza**. Nonostante alcuni riferimenti fisici (gli «occhi tuoi ridenti e fuggitivi», il «perpetuo canto»; «alla man veloce / che percorrea la faticosa tela»), Silvia non ha consistenza materiale e contorni ben definiti. Anche l'ambiente non è descritto, ma evocato attraverso immagini.

Le tecniche espressive

Linguaggio alto e ricercato

Sul piano espressivo, la contrapposizione tra sogni e delusioni è resa anche attraverso un **uso differente delle forme verbali**. I sogni e le illusioni vengono rievocati attraverso l'imperfetto, tempo della memoria («splendea», «salivi», «sonavan», «sedevi», «era», «molceva», «ragionavan», «peria»); il presente indicativo, il tempo della realtà attuale, viene usato per indicare il crollo delle illusioni («sovviemmi», «mi preme», «questo è quel mondo?»).

Frequenti sono nella canzone gli *enjambements*, che dilatano il verso in quello successivo, creando suggestivi effetti ritmici («il limitare / di gioventù salivi»; «E non vedevi / il fior degli anni tuoi»; «non ti molceva il core / la dolce lode»).
Il linguaggio appartiene alla tradizione letteraria, quella di Petrarca in particolare («opre», «veroni», «ostello», «verno», «lacrimata speme»); sono presenti alcune **metafore** («il limitare di gioventù»; «il fior degli anni tuoi»); **ricca** è l'**aggettivazione**, di cui Leopardi si serve non per descrivere, ma per evocare e delineare l'immagine attraverso la memoria; spesso sono accostati due aggettivi («ridenti e fuggitivi»; «lieta e pensosa»; «acerbo e sconsolato»; «innamorati e schivi»). La scelta dell'aggettivazione porta al punto più alto la poetica leopardiana del vago e dell'indefinito («ridenti», «fuggitivi», «pensosa», «vago», «sereno», «dorate», «dolce», «schivi»), che stimola l'immaginazione e la fantasia, cercando quell'infinito cui l'uomo sempre aspira con l'illusione di trovarvi il bello e la felicità, lontano dalla realtà del «vero», che è solo sofferenza e dolore.

LABORATORIO SUL TESTO

Conoscenze

Comprensione

1. **Che cosa rappresenta Silvia per Leopardi?**

2. **Quali aspetti vengono messi in luce dell'atteggiamento di Silvia, sia sul piano esteriore che psicologico?**

3. **Perché Silvia è «lieta e pensosa» (v. 5)?**

4. **In quale momento della vita è morta Silvia? Per quale causa?**

5. **Quale rapporto di somiglianza il poeta istituisce tra se stesso e Silvia?**

Analisi

6. **La prima strofa inizia con «Silvia» e si conclude con «salivi». Che tipo di affinità lega queste due parole?**

7. **Distingui nel testo i momenti descrittivi e quelli riflessivi.**

8. **In che punto della lirica e in quali termini il poeta si rivolge alla Natura?**

9. **Il componimento è costruito sull'antitesi tra sogni e realtà, tra le «speranze» e l'«apparir del vero»: riporta le espressioni più significative di ciascun aspetto.**

10. **Individua nella lirica i riferimenti al tempo.**

11. **Riporta le metafore utilizzate dal poeta e spiegane il significato.**

12. **Quale figura retorica costituisce l'espressione «sudate carte» (v. 16)? Ve ne sono altri esempi nel testo?**

13. **Il «tu» del v. 61 è volutamente ambiguo: per quale motivo?**

Conoscenze lessicali

14. **Quali sinonimi del verbo «ricordare» sono utilizzati nel testo?**

15. **Spiega il significato delle coppie di aggettivi «ridenti e fuggitivi» (v. 4) e «lieta e pensosa» (v. 5).**

16. **Nella lirica compaiono coppie di aggettivi che meglio delineano gli atteggiamenti e il carattere di Silvia. Riscrivi queste tre coppie usando prima sinonimi e poi contrari.**

- ridenti e fuggitivi
- lieta e pensosa
- sguardi innamorati e schivi

Abilità e competenze

Scrittura e interpretazione

1. **Prova a trasformare la lirica di Leopardi in una lettera in prosa indirizzata a Silvia, conservando lo stesso contenuto.**

2. **Descrivi il paesaggio di Recanati com'è presentato nella lirica.**

Ascoltare, argomentare e confrontarsi

3. **Vi presentiamo un'immagine tra le tante dedicate a giovani contadine o pastorelle dell'Ottocento italiano, che accostiamo alla poesia di Leopardi *A Silvia*.**
Dopo aver letto la spiegazione rispondete alle domande e confrontatevi con il gruppo classe. Dal dibattito può emergere un nuovo ritratto di Silvia, sintesi dei vostri punti di vista e della lettura individuale di un'opera d'arte.

Eugenio Prati, *Poesia della montagna*, 1903.

Il quadro è solo un pretesto per immaginare quale poteva essere il volto di Silvia al quale il poeta dedica la lunga poesia, il racconto della sua breve vita e di quella che avrebbe potuto essere. Il pittore trentino ha voluto invece dare forma ad uno stato d'animo presente spesso nell'età giovanile, e che qui riesce a rattristare profondamente il pur bel volto ovale e i grandi occhi della ragazza. Dove nella poesia c'era certezza di una vita tutta da vivere, qui c'è un fermo della vita provocato dalla indecisione: in ambedue i casi è compromessa la spensieratezza che si accompagna a questa età, della quale, forse superficialmente, si pensa che niente la possa turbare.

1. Condividete l'accostamento tra questa immagine e Silvia? Motivate la risposta.
2. Dividete la poesia in nuclei e accostate a ciascuno di essi un'immagine reperibile su Internet; alcuni suggerimenti:
   - gli occhi di Silvia
   - il suo lavoro al telaio
   - i suoi sogni sul futuro
   - la morte sopraggiunta inaspettata

Charles Baudelaire
L'àlbatro

al alta leggibilità

OPERA	ANNO	LINGUA	FORMA METRICA	TEMI
I fiori del male	1859	francese	versi endecasillabi non rimati	• la finitezza del reale • la libertà della poesia

L'AUTORE

Charles Baudelaire, nato a Parigi nel 1821, ebbe un'adolescenza segnata prima dalla morte del padre e poi dalle incomprensioni col patrigno. Spirito ribelle e anticonformista, dopo aver interrotto gli studi fu sollecitato dalla famiglia a intraprendere un viaggio in India, nella speranza che potesse indurne un cambiamento. Al suo ritorno riprese invece la via stravagante, dissipando il patrimonio ereditato dal padre, e avvilendosi sempre più nell'alcool, nella droga, nella frequentazione di ambienti malfamati. Nel 1856 pubblicò la traduzione dei *Racconti straordinari* dello scrittore americano Edgar Allan Poe (1809-1849); nel 1857 apparve la raccolta di versi *I fiori del male*, che ben presto fu sequestrata e condannata con l'accusa di immoralità; una seconda edizione apparirà nel 1861 (essa comprende 126 liriche suddivise in sei sezioni, secondo un ordinamento tematico). Nello stesso anno veniva pubblicato il volume *I paradisi artificiali*.
Lo scarso favore incontrato dalla sua opera amareggiò il poeta, che lasciò Parigi e si trasferì a Bruxelles, dove, tra il 1862 e il 1865, pubblicò i poemetti in prosa di *Lo Spleen di Parigi* e *I relitti*, raccolta di liriche precedentemente condannate e qualcuna inedita. Colpito da paralisi, morì a Parigi nel 1867.

L'àlbatro *(1859) compare nella seconda edizione dei* Fiori del male *(1861). L'àlbatro, maestoso uccello marino, sulla terra si muove goffo ed impacciato perché impedito dalle grandi ali, mentre nel cielo diventa nobile ed elegante, capace di volare verso dimensioni sconosciute. Così è il poeta: sulla terra è un essere soffocato dai limiti e dalla banalità del reale, ma, quando libera la mente negli spazi infiniti della poesia, diventa un «principe dei nembi», e riesce a raggiungere mete inaccessibili agli altri uomini.*

Per dilettarsi, sovente, le ciurme[1]
catturano degli àlbatri, marini
grandi uccelli, che seguono, indolenti[2]
compagni di viaggio, il bastimento
che scivolando va su amari abissi.[3]
E li hanno appena sulla tolda[4] posti
che questi re dell'azzurro[5] abbandonano,
inetti e vergognosi,[6] ai loro fianchi
miseramente, come remi, inerti[7]

Souvent, pour s'amuser, les hommes d'équipage
Prennent des albatros, vastes oiseaux des mers,
Qui suivent, indolents compagnons de voyage,
Le navire glissant sur les gouffres amers.
À peine les ont-ils déposés sur les planches,
Que ces rois de l'azur, maladroits et honteux,
Laissent piteusement leurs grandes ailes blanches
Comme des avirons traîner à côté d'eux.

Schema metrico: l'originale francese è composto di quattro quartine di versi alessandrini (due emistichi di sei sillabe ciascuno) a rima alternata; tale schema si perde nella versione italiana, resa con due blocchi poetici di versi endecasillabi non rimati.
1 **ciurme:** gli equipaggi delle navi.
2 **indolenti:** pigri, disinteressati.
3 **scivolando... amari abissi:** la nave che corre sul mare carico di insidie («amari abissi»), spesso causa di sofferenza e di morte, simboleggia la vita, con i suoi tormenti e i suoi misteri.
4 **tolda:** il ponte del bastimento.
5 **re dell'azzurro:** l'àlbatro è padrone del cielo e del mondo, metafora per indicare il poeta che è grande quando con la sua poesia riesce a penetrare negli arcani misteri dell'universo. Quest'immagine di serena nobiltà è in antitesi col successivo «inetti e vergognosi». Tale contrasto tra la condizione normale dell'àlbatro e la sua goffaggine di straniero tra gli uomini costituisce il nucleo tematico centrale della lirica.
6 **inetti e vergognosi:** privi di vita e di sicurezza, perché non hanno più forza di sbattere, estenuati, le loro ali divenute troppo ingombranti. È una metafora per indicare che il poeta non riesce ad abituarsi alla quotidianità del vivere: le sue ali troppo grandi gli impediscono di volare vicino a terra, vicino agli altri uomini.
7 **inerti:** senza vita.

le candide e grandi ali. Com'è goffo
e imbelle[8] questo alato viaggiatore!
Lui, poco fa sì bello, com'è brutto
e comico! Qualcuno con la pipa
il becco qui gli stuzzica;[9] là un altro
l'infermo che volava, zoppicando
scimmieggia.

Ce voyageur ailé, comme il est gauche et veule!
Lui, naguère si beau, qu'il est comique et laid!
L'un agace son bec avec un brûle-gueule,
L'autre mime, en boitant, l'infirme qui volait.

COMPETENZE STILISTICHE

Come il principe dei nembi
è il Poeta[10] che, avvezzo alla tempesta,[11]
si ride dell'arciere: ma esiliato
sulla terra, fra scherni, camminare
non può per le sue ali di gigante.[12]

Le Poète est semblable au prince des nuées
Qui hante la tempête et se rit de l'archer;
Exilé sur le sol au milieu des huées,
Ses ailes de géant l'empêchent de marcher.

[da *I fiori del male*, trad. di Luigi de Nardis, Feltrinelli, Milano 1964]

8 **goffo / e imbelle:** ridicolo e incapace di volare. Ancora un contrasto: l'àlbatro ora è debole e impacciato, mentre prima volava maestoso.
9 **Qualcuno... gli stuzzica:** i marinai con la pipa lo stuzzicano; ormai, senza le sue ali che lo portano alto, è alla mercé di tutti.
10 **Come... è il Poeta:** la seconda parte della lirica rende manifesto con una similitudine il senso implicito nella prima, identificando nell'àlbatro il «Poeta».
11 **avvezzo alla tempesta:** in senso metaforico: egli è abituato ad affrontare le difficoltà della vita.
12 **le sue ali di gigante:** l'àlbatro vola tanto alto da poter ridere dell'arciere; così il poeta vola alto con la sua poesia e può ridere degli uomini comuni. Fuori di metafora, le «ali di gigante» vogliono significare la capacità del poeta di innalzarsi al di sopra degli uomini per scoprire i misteri dell'universo. Gli uomini comuni non capiscono questa sua capacità e lo deridono.

COMPETENZE STILISTICHE → *Riflettiamo sulla similitudine*

Nel testo

La prima parte della poesia (che è anche la più lunga) sembra la descrizione commossa del grande uccello marino, della sua grandezza in cielo e della sua miseria sulla terra.
Solo la quartina conclusiva ci rivela che l'albatro è un termine di paragone con il poeta: «*come il principe dei nembi è il Poeta*». In definitiva la lirica è un'unica complessa similitudine.
La **similitudine** (dal latino *similitudo*, 'somiglianza') è la figura retorica (di contenuto) in cui si paragonano persone, animali, cose, sentimenti, immagini, situazioni per associazione di idee; è introdotta da: "come", "sembra", "pare", "è simile", "somiglia", ecc.
Ad esempio: "*bianca come la neve; rosso come il fuoco*".

L'importanza della similitudine

Sul piano letterario, la similitudine permette di dare un significato nuovo a qualcosa di noto e conosciuto. Essa è la più importante delle due forme di paragone; l'altra è la **comparazione**.
Si ha *similitudine* (non "comparazione") quando i termini del confronto non sono intercambiabili, perché la loro intercambiabilità altererebbe il senso del paragone, ad esempio: "*Questo rimorso pesa come un macigno*" è ben diverso da "*Questo macigno pesa come un rimorso*".
Si ha, invece, *comparazione* quando il paragone fra due entità è reversibile senza alterazioni di senso: "*Quell'abete o è alto come la mia casa*" è molto simile a "*La mia casa è alta come quell'abete*".

La similitudine e lo stile dell'autore

La lunga similitudine usata da Baudelaire ha dato un significato nuovo all'albatro, il grande e maestoso uccello marino; nella poesia esso diventa emblema di qualcosa di più originale e profondo: la condizione del poeta nella società moderna.

ANALISI DEL TESTO

I temi

Il conflitto tra poeta e società

Dalla consapevolezza dei limiti del reale e della libertà della mente negli spazi infiniti della poesia scaturisce in Baudelaire il desiderio di evasione nel paradiso della poesia, dove può diventare padrone del mondo, «re dell'azzurro», colui che ha capacità superiori di sentire e di penetrare nei misteri dell'universo. Il contrasto tra il poeta e il mondo che non può capirlo, tra la piattezza quotidiana e le altezze toccate dalla poesia, dà all'artista la dolorosa e consapevole coscienza del proprio esilio terreno. Da questa sensazione di inutilità e di emarginazione nascono **la noia** del poeta, **la tristezza, l'angoscia esistenziale**, l'incapacità di stabilire un rapporto positivo col mondo, e nello stesso tempo la coscienza dell'alto valore della poesia.

La struttura e le forme

Contrasti e opposizioni

La poesia è divisa in **due parti**; nella prima vi è la descrizione della «ciurma» che cattura l'àlbatro, nella seconda viene introdotta la similitudine col «Poeta», che chiarisce il significato della lirica.

Il poeta è grande quando *vola*, quando, come l'àlbatro, si eleva con la propria sensibilità e immaginazione al di sopra del mondo comune; ma è anche un essere indifeso negli spazi che non gli sono congeniali. Tutta la lirica è costruita su una **serie di opposizioni**: l'àlbatro, presentato nel suo ambiente naturale, nel cielo, è «re dell'azzurro», «alato viaggiatore», «principe dei nembi» che vola troppo alto perché l'arciere lo possa colpire; una volta catturato e costretto nello spazio limitato della «tolda» (metafora del mondo), viene schernito e tormentato dalle «ciurme» (gli uomini che non capiscono), e diviene «brutto / e comico», e sono proprio le sue grandi «ali di gigante» a farlo sembrare, in un ambiente in cui non è consentito volare, «goffo / e imbelle».

La poesia ripropone il **contrasto**, centrale in tutta la raccolta dei *Fiori del male*, tra ***alto e basso***, tra *cielo* e *terra*, *ideale* e *noia* (*Spleen*, cioè la melanconia). Il poeta si sente come esiliato in un mondo che non gli appartiene e che non sembra accettare la dimensione libera e spirituale della poesia; egli, tuttavia, sente questo suo essere diverso come segno di superiorità e nobiltà, che lo porta a disprezzare la mediocrità della vita normale.

LABORATORIO SUL TESTO

Conoscenze

Comprensione

1. **Che cosa fanno i marinai per divertirsi?**
2. **Come appaiono gli uccelli mentre volano in cielo?**
3. **Quale aspetto hanno invece gli uccelli dopo essere stati catturati?**
4. **In che senso il poeta è simile all'àlbatro?**
5. **Perché il poeta, secondo te, «è avvezzo alla tempesta»? Motiva la tua risposta, facendo riferimenti alla condizione del poeta nell'epoca in cui vive Baudelaire e alla biografia di Baudelaire stesso.**
6. **Come si sente, secondo te, il poeta in mezzo agli altri uomini che deridono la sua arte?**
   - A si sente ferito nei suoi sentimenti
   - B si sente umiliato
   - C prova un senso di impotenza
   - D prova un senso di rabbia e di frustrazione
   - E è indifferente alla reazione degli altri
   - E è felice di essere oggetto di scherno

Analisi

7. **Di quante strofe è composta la poesia? E di quanti versi è composta ciascuna strofa?**

8. **Il testo ha una struttura poetica tradizionale, in cui una similitudine (quella tra l'àlbatro e il poeta) è svolta in due tempi diversi, il primo dedicato all'àlbatro, il secondo dedicato alla figura del poeta. Individua questi due diversi momenti nel testo.**

9. **L'immagine dell'àlbatro subisce un brusco mutamento nella sua caduta dal cielo, dove vola libero, alla terra, dove viene fatto prigioniero. Quali coppie di aggettivi e di espressioni tra loro contrapposte il poeta utilizza per descrivere questo cambiamento di posizione e di aspetto dell'àlbatro?**

10. **Che cosa simboleggiano gli «amari abissi»?**

11. **A chi possono essere paragonati i marinai che si prendono gioco dell'àlbatro?**

12. **Che cosa rappresentano le «ali di gigante» del «Poeta»?**

Conoscenze lessicali

13. **Come definiresti il rapporto del poeta con la società in cui vive, dai versi appena letti? Sottolinea gli aggettivi che ritieni più appropriati, motivando la tua scelta.**
problematico, conflittuale, sereno, doloroso, felice, appagante, tranquillo, monotono

Abilità e competenze

Scrittura e interpretazione

1. **Il poeta stabilisce una similitudine tra la propria condizione di artista e la condizione di un àlbatro catturato dai marinai. Se tu dovessi paragonarti ad un animale, quale sceglieresti e per quali ragioni?**

2. **Quali sensazioni ha suscitato in te la poesia? Che cosa provi nei confronti dell'àlbatro, dei marinai e del poeta?**

3. **Pensi che gli artisti nella società contemporanea siano in qualche modo discriminati e siano spesso costretti a subire più umiliazioni e sofferenze degli altri uomini? Per quali motivi?**

4. **Il disegno illustra l'episodio centrale della poesia. Confrontatevi come gruppo classe rispondendo alle domande poste dopo l'immagine. Sintetizzate alla fine le vostre idee per capire come punti di vista diversi insinuano dubbi e arricchiscono conoscenze.**

1. Si potrebbe sostituire l'àlbatro con un altro uccello e avere il medesimo significato?
2. Che cosa, secondo te, rende difficile la vita dei poeti nella nostra società?
3. Con quale altro simbolo esprimeresti la difficoltà ad essere ascoltati?

Rudyard Kipling
Se...

OPERA	ANNO	LINGUA	FORMA METRICA	TEMA
Ricompense e fate	1910	inglese	versi liberi	• costruire i valori della vita per capire il bene e il male

L'AUTORE

Joseph Rudyard Kipling nacque nel 1865 a Bombay, in India, allora colonia britannica, da genitori inglesi benestanti. Dopo una breve parentesi adolescenziale di studio in Inghilterra, tornò in India per intraprendervi la carriera di giornalista e scrittore. Raggiunse la celebrità attraverso l'opera poetica *Ballate di caserma* (1892) e i romanzi d'avventura *I libri della giungla* (1894-95) e *Kim* (1901). Tornato in Inghilterra nel 1898, svolse l'attività di corrispondente di guerra in Africa meridionale. Nel 1907 ottenne il premio Nobel per la Letteratura. Durante la Prima guerra mondiale, in cui gli morì l'unico figlio maschio, svolse un'intensa attività di corrispondente dal fronte francese e italiano.

La lirica, composta nel 1910, fa parte della raccolta Ricompense e fate. *Kipling la dedica al figlio John, tredicenne, che quattro anni dopo si arruolerà volontario nell'esercito inglese impegnato in Francia contro i Tedeschi. Il ragazzo morirà ben presto in battaglia. Il messaggio del poeta è chiaro: vivere con pienezza la propria vita non è facile, ogni situazione va interpretata rispettando alcune regole interiori, quali: l'umiltà, la pazienza, il coraggio, la tenacia, la sincerità, un giusto equilibrio fra immaginazione, sentimento e razionalità. Soltanto così, dice Kipling, ogni istante dell'esistenza avrà significato, in quel viaggio breve ma fondamentale di cui ognuno di noi sarà il protagonista, non soltanto lo spettatore.*

Se riesci a conservare il controllo quando tutti
   Intorno a te lo perdono e te ne fanno una colpa;
Se riesci ad aver fiducia in te quando tutti
   Ne dubitano, ma anche a tener conto del dubbio;
Se riesci ad aspettare e non stancarti di aspettare;
   O se mentono a tuo riguardo, a non ricambiare in menzogne,
O se ti odiano, a non lasciarti prendere dall'odio,
   E tuttavia a non sembrare troppo buono e a non parlare troppo saggio;

Se riesci a sognare e a non fare del sogno il tuo padrone;
   Se riesci a pensare e a non fare del pensiero il tuo scopo;
Se riesci a far fronte al Trionfo e alla Rovina
   E trattare allo stesso modo quei due impostori;

Parafrasi *Se saprai mantenere sempre la calma anche quando gli altri sono arrabbiati, confusi e ti accusano perché sembri distaccato e indifferente.*
Se riuscirai, di fronte alle critiche altrui, a conservare la tua autostima, ma farai anche tesoro di quanto ti dicono per capirti meglio e migliorarti.
Se saprai conservare la virtù della pazienza.
Se saprai rispondere lealmente e senza cattiveria a chi ti racconta bugie pieno di odio, ma se saprai anche evitare la presunzione d'essere troppo buono e troppo saggio.
Se saprai conservare i tuoi sogni, senza però vivere soltanto di loro [perdendo cioè i contatti col mondo reale].
Se saprai usare la razionalità, senza però fare di essa il tuo unico scopo [ossia eliminando i sentimenti].
Se saprai capire che, nella nostra vita, le vittorie e le sconfitte sono degli impostori, delle situazioni provvisorie.

Schema metrico: nel testo originale quattro ottave di versi endecasillabi e decasillabi a rime alternate.

Se riesci a sopportare di udire la verità che hai detto
distorta da furfanti per abbindolare gli sciocchi,
O a contemplare le cose cui hai dedicato la vita infrante,
E piegarti a ricostruirle con arnesi logori:

Se riesci a fare un mucchio di tutte le tue vincite
E rischiarle in un colpo solo a testa e croce,
E perdere e ricominciare di nuovo dal principio
E non fiatare una parola sulla perdita;
Se riesci a costringere cuore, tendini e nervi
A servire al tuo scopo quando sono da tempo sfiniti,
E a tener duro quando in te non resta altro
Tranne la Volontà che dice loro: «Tieni duro!».

Se riesci a parlare con la folla e a conservarti retto,
E a camminare coi re senza perdere il contatto con la gente,
Se non riesce a ferirti il nemico né l'amico più caro,
Se tutti contano per te, ma nessuno troppo;
Se riesci a occupare il minuto inesorabile
Dando valore a ogni istante che passa,
Tua è la terra e tutto ciò che è in essa,
E – quel che è più – sei un Uomo, figlio mio!

[da *Poesie*, a cura di Ornella De Zordo, traduzione di Paola Bottalla e Stefano Miliani, Mursia, Milano 1987]

Se saprai sopportare di vedere persone disoneste impossessarsi delle tue parole, dette a fin di bene, travisandole per ingannare coloro che sono ignoranti, che non capiscono.
Se vedrai andare in frantumi tutte le cose cui hai dedicato i tuoi sforzi e saprai chinarti umilmente a ricostruirle, malgrado ti restino pochi mezzi (arnesi logori).
Se saprai mettere in gioco (a testa e croce)*, se le circostanze lo richiedono, tutto quanto è in tuo possesso; e se, quando avrai perso, saprai ripartire senza abbatterti.*
Se saprai impiegare al massimo le risorse del tuo organismo, resistendo alla stanchezza anche quando ti sembra di aver perso le forze e ti resta solo la spinta della volontà.
Se saprai parlare alle folle senza farti dominare dall'ambizione del potere, e se saprai parlare apertamente, senza paura, a coloro che sono più potenti di te.
Se tutte le persone attorno a te saranno importanti ma non così tanto da poterti condizionare e ingannare.
Se saprai impiegare il tempo (il minuto) *che ti è dato da vivere* (che fugge inesorabile) *dando significato a ogni attimo.*
Se saprai fare tutto questo, sarai padrone del mondo, perché sarai un vero uomo.

ANALISI DEL TESTO

I temi

Probabilità e certezze
Il destinatario del messaggio è il figlio del poeta; ma la lirica esorbita dalla sfera privata di Kipling per estendersi a tutta una **generazione di giovani** che si accingevano, in quegli anni, a fare ingresso in una società sempre più complicata, tecnologica, conflittuale, allargata su spazi mondiali fino ad allora sconosciuti. A questa generazione il poeta si rivolge mettendola in guardia, esortandola a non prendere la vita come un gioco comodo da svolgere distrattamente, alla meno peggio: la vita che i giovani devono aspettarsi sarà molto complessa, prevede il poeta, malgrado tutte le occasioni e le incalcolabili ricchezze offerte dalla nuova **società novecentesca**. Per riuscire ad essere se stessi, i giovani dovranno far proprie e seguire alcune regole di comportamento, delle ipotesi di percorso.

La struttura e le forme

Ipotesi e sospensioni
Quasi tutta la lirica è imperniata sull'intercalare dei «Se» come **anafora** che scandisce ripetitivamente una serie di **periodi ipotetici** più o meno lunghi. Ciascuno di questi periodi resta provvisoriamente "in sospeso", per trovare finalmente la proposizione reggente soltanto negli ultimi due versi, dove il discorso del poeta trova il proprio coronamento: se farai così...giungerai ad essere «Uomo»!

Le tecniche espressive

Toni discorsivi
Il tono della lirica è discorsivo e le **scelte lessicali** sono **semplici** e di uso quotidiano. Il fine della poesia è quello di farsi capire dal destinatario perché il messaggio sia efficace. I periodi sono lunghi e ipotetici e costruiti volutamente per lasciare spazio alla riflessione.

LABORATORIO SUL TESTO

Conoscenze

Comprensione

1. **Secondo l'autore, che cosa significa veramente diventare «Uomo»? Perché la parola è scritta con l'iniziale maiuscola?**

2. **La lirica è indirizzata a un adolescente del 1910. A circa un secolo di distanza, a tuo avviso, il messaggio è allargabile anche a te e ai tuoi coetanei?**

Analisi

3. **Il testo presenta alcune iterazioni significative: prova a individuarle.**

4. **L'uso dell'anafora «Se...» ha un preciso significato: quale?**

5. **Alcune parole, all'interno dei versi, sono scritte con l'iniziale maiuscola. Individuale e spiega il motivo di tale particolarità.**

6. **Individua i periodi ipotetici in cui il «Se» è implicito.**

Conoscenze lessicali

7. **Nel testo ci sono molti termini che hanno una interessante origine etimologica: verificala sul dizionario.**
menzogne (v. 6); *Trionfo* (v. 11); *impostori* (v. 12); *infrante* (v. 15); *inesorabile* (v. 29); *Uomo* (v. 32)

Abilità e competenze

Scrittura e interpretazione

1. **Nel 1962 il poeta e cantautore statunitense Bob Dylan (1941) ha composto una ballata – *A Hard Rain's a-Gonna Fall* (Una dura pioggia cadrà) – che potrebbe essere l'ideale risposta del figlio John a Kipling. Dylan immagina che un ragazzo sia partito per il viaggio della vita; poi,**

quando fa un provvisorio ritorno, il genitore gli chiede dov'è stato, che cos'ha visto. La risposta è terribile: il mondo è pieno di lacrime, di sofferenze, di pioggia radioattiva che cade dal cielo. La ballata si conclude così:

E cosa farai adesso
figlio dagli occhi azzurri?
Cosa farai adesso
dolce mio figlio?
Tornerò là fuori
prima che la pioggia cominci a cadere,
camminerò nel profondo
della più profonda nera foresta,
dove molti sono gli uomini
e vuote sono le loro mani,
dove pallottole di veleno
contaminano le loro acque,
dove la casa nella valle
è sporca e fredda prigione
e la faccia del boia
è sempre bene nascosta,
dove la fame è brutta,
dove le anime sono dimenticate,
dove nero è il colore,
dove zero è il numero,
e lo dirò e lo ripeterò
e lo penserò e lo respirerò
e rifletterò dalle montagne
così che tutte le anime lo vedano,
poi starò in piedi sull'oceano
fino a quando comincerò ad affondare,
ma saprò la mia canzone bene
prima di cominciare a cantare,
e una dura, dura,
dura pioggia cadrà.

[da Bob Dylan, *Blues, ballate e canzoni*, a cura di Fernanda Pivano, Newton Compton, Roma 1972]

Metti a confronto i due testi e indica in un breve componimento le analogie e le differenze fra le situazioni descritte. Esprimi quindi le ragioni che orientano le tue preferenze per l'uno o per l'altro testo.

Copertina dell'album *The Freewheelin' Bob Dylan* del 1962 in cui Dylan incise la canzone *A Hard Rain's a-Gonna Fall*.

Umberto Saba
Ritratto della mia bambina

ascolto

OPERA	ANNO	FORMA METRICA	TEMI
Cose leggere e vaganti	1920	endecasillabi sciolti	• i teneri affetti familiari • l'innocenza e la genuinità della piccola Linuccia • la poesia come testimonianza dell'intimità domestica

L'AUTORE

Umberto Saba nacque a Trieste nel 1883 da madre ebrea; il padre, Ugo Poli, cattolico convertitosi all'ebraismo per sposarsi, abbandonò la famiglia prima che il figlio nascesse. Per questo il poeta in seguito cambierà il suo vero cognome con Saba, che in ebraico vuol dire 'pane'. Abbandonò gli studi per necessità di trovare un lavoro, impiegandosi presso una casa di commercio triestina. Esordì come poeta nel 1903 con l'edizione privata de *Il mio primo libro di poesia*, ma la sua prima vera uscita fu con *Poesie* (1911), introdotte dal critico letterario triestino Silvio Benco. Solo più tardi, nel 1918, avendo aperto a Trieste una piccola libreria antiquaria, si poté dedicare completamente alla poesia, alla quale si era accostato assai giovane. Nel 1921 pubblicò presso la sua "Libreria antica e moderna" la prima edizione del *Canzoniere* che raccoglie la produzione poetica di un ventennio. Il *Canzoniere* è un lungo racconto autobiografico in versi, il romanzo psicologico di un'intera vita, che evidenzia un'ossessiva domanda del poeta per scoprire il senso unitario della sua esistenza e della sua arte. Fanno parte dell'opera duecento poesie, suddivise in dieci sezioni. Nel 1928 la rivista «Solaria» (1926-1936) dedicò a Saba un numero unico, a testimonianza della sua fama crescente.

A Trieste trascorrerà tutta la sua vita, allontanandosene solo durante l'ultima guerra, per sfuggire alle persecuzioni razziali. La sua sensibilità acutissima, minata da crisi di angoscia, lo spinse a cercare rifugio, negli ultimi anni, in diverse cliniche, per curare la nevrosi di cui soffriva da tempo. Morì a Gorizia nel 1957.

Tutta l'opera poetica di Saba fu raccolta nel *Canzoniere,* che dal 1921 al 1961 ebbe cinque edizioni. La prima edizione, del 1921, è formata da dieci sezioni, che raccolgono la produzione di liriche composte dal 1905 al 1920. Nella seconda edizione (1945), nella terza (1948) e nella quarta (1957), il materiale viene via via revisionato e rielaborato; alcune sezioni vengono ridotte, altre eliminate, altre aggiunte. Nell'ultima edizione, pubblicata postuma nel 1961, vengono inserite, secondo le indicazioni lasciate dall'autore, due sezioni che comprendono l'ultima produzione poetica: *Epigrafe* e *Sei poesie della vecchiaia*.

Scrisse inoltre racconti e pagine critiche, fra cui *Scorciatoie e raccontini* (1946) e il saggio *Storia e cronistoria del Canzoniere* (1948), in cui diviene critico di se stesso, analizzando la sua poesia dal punto di vista estetico, storico e psicologico. Postumo (nel 1975) è uscito il romanzo incompiuto *Ernesto*.

In questo ritratto poetico il poeta immortala la bellezza della sua bambina Linuccia, di dieci anni, paragonandola a tutte le «cose leggere e vaganti» della natura: la schiuma del mare, il fumo azzurro che esce dai comignoli, le nubi che continuamente si formano e si dissolvono nel cielo.

La mia bambina con la palla in mano,
con gli occhi grandi colore del cielo,
e dell'estiva vesticciola: «Babbo
– mi disse – voglio uscire oggi con te».
Ed io pensavo: Di tante parvenze[1]
che s'ammirano al mondo, io ben so a quali
posso la mia bambina assomigliare.[2]
Certo alla schiuma, alla marina schiuma
che sull'onde biancheggia, a quella scia
ch'esce azzurra dai tetti e il vento sperde;[3]
anche[4] alle nubi, insensibili nubi
che si fanno e disfanno[5] in chiaro cielo;
e ad altre cose leggere e vaganti.[6]

[da Umberto Saba, *Il Canzoniere*, Einaudi, Torino 1978]

Schema metrico: una strofa di tredici endecasillabi sciolti, senza legami di rima, a eccezione di cielo (al v. 2 e al v. 12).

1 **Ed io pensavo... parvenze:** le parole semplici e ingenue della bambina inducono il poeta a trovare nella realtà immagini prive di consistenza («parvenze») a cui poterla paragonare.

2 **assomigliare:** paragonare.

3 **a quella scia... sperde:** al fumo leggero che esce dai camini e che il vento disperde («sperde») facilmente.

4 **anche:** e posso paragonare la mia bambina anche ecc.

5 **si fanno e disfanno:** come la schiuma del mare e il fumo, anche le nubi appaiono e subito scompaiono.

6 **cose leggere e vaganti:** tutti gli elementi impalpabili della natura; il verso ha dato il titolo a una sezione intera del *Canzoniere*, uscita separatamente nel 1920.

ANALISI DEL TESTO

I temi

Affetti semplici e quotidiani

I primi versi ritraggono una bambina tutta grazia, leggerezza e spensieratezza: le **immagini** sono **luminose** ed esprimono gioia di vivere. La lirica rispecchia la concezione che il poeta ha della poesia, quella di cogliere gli aspetti più semplici e quotidiani della realtà che ci circonda. Nella poesia di Saba il piano oggettivo e il piano soggettivo si fondono: il suo realismo non è di tipo oggettivo, non vuole riprodurre gli aspetti esteriori della realtà, ma coglierne gli effetti più profondi.

La struttura e le forme

Armonie e simmetrie

In questa lirica, il ritratto della sua bambina è affidato a «immagini leggere e vaganti» dai colori sfumati e dalle musicali corrispondenze. Tutti gli elementi paragonati alla bellezza della figlia non hanno consistenza tangibile («schiuma», «scia ch'esce e azzurra», «insensibili nubi») e sono di colore bianco e azzurro. Tutta la lirica di Saba ha una **matrice autobiografica**, ma non è mai sfogo o confessione di sentimenti ed è sempre costruita in **modo armonico e simmetrico**.

Le tecniche espressive

Lessico familiare e musicalità

Il linguaggio di Saba è semplice e quotidiano, essenziale, ma possiede effetti di sommessa musicalità, che scaturisce da precise scelte ritmiche, lessicali e sintattiche disposte in modo simmetrico e armonico. Nei primi versi il tono volutamente infantile è sottolineato dall'uso del discorso diretto; le espressioni prese dal parlato familiare rendono tratti caratteristici del rapporto padre-figlia («La mia bambina…» «Babbo… voglio uscire… con te»). Dal verso 5 il poeta abbandona il registro infantile e dà inizio a considerazioni personali: ora è l'adulto che parla e pertanto il linguaggio si fa adeguato e la costruzione dei periodi diviene più complessa.

La **perifrasi** innalza il tono lirico («a quella scia / ch'esce azzurra dai tetti e il vento sperde»).

La **ripetizione** di parole («schiuma», «nubi») e di suoni consonantici («posso… assomigliare»; «scia… esce»; «fanno», «disfanno») accentua nella seconda parte della lirica la musicalità dei versi.

LABORATORIO SUL TESTO

Conoscenze

Comprensione

1. **In che modo viene tratteggiato il ritratto della bambina da parte del poeta?**

Analisi

2. **Individua le situazioni a cui si riferiscono i seguenti gruppi di versi: vv. 1-4; vv. 5-7; vv. 8-13.**

3. **Spiega l'importanza dell'ultimo verso.**

4. **Il ritmo del componimento è**

[A] lento [B] veloce
[C] variabile [D] monotono [E] incalzante

Conoscenze lessicali

5. **Spiega in che modo la parola «parvenze» del v. 5 anticipa tutte le altre riguardanti i campi semantici *leggerezza/luminosità, mutevolezza/inconsistenza*.**

Abilità e competenze

Scrittura e interpretazione

1. Sul modello della poesia di Saba scrivi anche tu dei versi in cui descrivi una persona a te cara, ma lontana, utilizzando una serie di immagini prima in modo diretto, poi in modo indiretto.

Ascoltare, argomentare e confrontarsi

2. Presentiamo un quadro di Pierre-August Renoir (1841-1919), *Bambina con annaffiatoio*, per un'occasione di dibattito che coinvolga tutta la classe su un confronto tra punti di vista e interpretazioni soggettive nella lettura di un'opera d'arte. Proponiamo alcune riflessioni e domande per avviare il dibattito.

Pierre-August Renoir (1841-1919), *Bambina con annaffiatoio*, 1876. National Gallery of Art, Washington.

La poesia di Umberto Saba si chiude con il rinvio a «cose leggere e vaganti»; queste ultime possono diventare la chiave di lettura di questo ritratto di bambina, dipinto quasi cinquant'anni prima dal pittore impressionista francese August Renoir (1841-1919). Tuttavia il rapporto non è dato esclusivamente dal soggetto, quanto piuttosto dalla capacità del poeta di creare il colore (quello del cielo estivo, della schiuma del mare, della scia azzurra del fumo) parallela a quella del pittore di far vivere il soggetto dentro la natura: non esiste infatti differenza nella stesura del colore per indicare la bambina o il prato, il cespuglio di rose o la ghiaia del sentiero. È caratteristica dell'Impressionismo quella di dar forma ad immagini che possono "farsi e disfarsi" per la pura gioia dei nostri occhi; così possiamo chiamare "impressionista" il ritratto della bambina di Umberto Saba.

1. Ciascuno esprima con tre aggettivi le prime impressioni ricavate dall'opera.
2. Ciascuno proponga un titolo diverso da quello dato dall'autore.
3. Ciascuno proponga un proprio significato.
4. Ritrovate nel quadro l'atmosfera della poesia di Pascoli? Motivate la vostra risposta.

Dalle vostre risposte e dal vostro coinvolgimento nel dibattito, potrà scaturire una significativa e originale lettura dell'opera di Renoir, oltre all'abitudine al confronto e al rispetto dei punti di vista degli altri.

Giorgio Caproni
«Donna che apre riviere»

Incontro con un poeta: Giorgio Caproni

OPERA	ANNO	FORMA METRICA	TEMA
Finzioni	1941	versi liberi	• un suggestivo ritratto di donna sullo sfondo di luminosi paesaggi marini

L'AUTORE

Giorgio Caproni è nato a Livorno nel 1912. A Genova, dove visse tra il 1922 e il 1938, fece i più svariati mestieri: fu violinista, commesso, impiegato; poi esercitò l'attività di maestro elementare, prima nella Val Trebbia, nel bresciano, poi a Roma nel 1939. Dopo la guerra e la Resistenza, a cui egli partecipò, continuò ad insegnare e iniziò la sua attività di giornalista e di traduttore (Céline, Proust, Frénaud, Char, Apollinaire, Genet, Maupassant). Nel 1936 pubblicò la sua prima raccolta di poesia, *Come un'allegoria*, cui seguirono *Ballo a Fontanigorda* (1938); *Finzioni* (1941); *Stanze della funicolare* (1952), poi confluite ne *Il passaggio di Enea* (1956). I temi della solitudine dell'uomo, del dolore del distacco dalle cose amate, del ricordo e del viaggio diventeranno centrali anche nelle successive raccolte poetiche: *Il seme del piangere* (1959); *Il congedo del viaggiatore cerimonioso e altre prosopopee* (1965); *Il «Terzo libro» e altre cose* (1968); *Il muro della terra* (1975); *Il franco cacciatore* (1982). Tutte le raccolte di poesie furono riunite sotto il titolo complessivo *Poesie*, pubblicate nel 1983 e nel 1989. Caproni è morto a Roma nel 1990.

Il poeta delinea un ritratto di una figura femminile bella, vitale e luminosa, la cui solarità è evocata dalle immagini di ampi litorali, agitarsi di vele e di bandiere al vento.

Sei donna di marine,[1]
donna che apre riviere.[2]
L'aria delle mattine
bianche è la tua aria
di sale e sono vele[3]
al vento, sono bandiere
spiegate a bordo l'ampie
vesti tue così chiare.[4]

[da *Poesie*, Garzanti, Milano 1989]

Schema metrico: settenari sciolti (il sesto è un ottonario, ma la prima sillaba, "al", si fonde metricamente con la sillaba finale, "-le", del verso precedente.

1 **donna di marine:** una donna che evoca paesaggi marini.

2 **che apre riviere:** che evoca paesaggi di mare.

3 **L'aria... vele:** l'aria delle mattine luminose è la medesima del sentore salmastro del mare.

4 **Al vento... così chiare:** le tue vesti così chiare a bordo di un veliero in navigazione sono vele al vento, sono bandiere spiegate.

Henri Matisse, *Nizza, il quaderno nero*, 1918. Collezione privata.

ANALISI DEL TESTO

La struttura e le forme

La donna e il mare

Il ritratto della donna che il poeta colloca sullo sfondo di immagini marine sembra evanescente e fa tutt'uno con la **luminosità**, la vastità e la radiosa bellezza dei paesaggi. Ma tutto questo sembra suggerito dalla donna: la sua presenza, la luce che emana da lei, le sue vesti chiare evocano al poeta le immagini che gli sono care.

Il tema della donna e quello del mare vengono così a congiungersi e a intrecciarsi l'uno con l'altro.

Le tecniche espressive

Intense brevità

Componimento breve ed intensissimo, si caratterizza per due elementi apparentemente contraddittori ma sapientemente armonizzati dal poeta: il ricorso all'**analogia**, tipico di molta poesia novecentesca e la semplicità dei versi e del lessico.

LABORATORIO SUL TESTO

Conoscenze

Comprensione

1. **Fai un riassunto della breve lirica.**

Analisi

2. **Segna gli accenti ritmici sui versi del componimento.**
Es. Sei dónna di maríne

3. **Il ritmo del componimento è**
[A] lento [B] veloce [C] variabile [D] monotono

4. **Individua gli *enjambements* presenti nella lirica. Quali effetti producono?**
[A] rendono il ritmo più incalzante [B] spezzano il ritmo

5. **Le immagini di cui il poeta si serve per delineare il ritratto della donna sono riconducibili all'ambiente marino. Individua le parole e le espressioni che appartengono al campo semantico del mare.**

Abilità e competenze

Scrittura e interpretazione

1. **Ti presentiamo due poesie di Giorgio Caproni. Indica quali delle due liriche preferisci, motivando la tua scelta.**

Rina

Senza di te un albero
non sarebbe più un albero.
Nulla senza di te sarebbe quello che è.

Compleanno

Avevo salutato
tutti, uno per uno.
Infatti, non sapevo
se sarei ritornato.
Per strada mi sono voltato,
prima di scantonare a destra.
Nessuno s'era affacciato
(nemmeno io) alla finestra.

2. **Scrivi una pagina di diario in cui una persona lontana dall'amato/a esprime la sua nostalgia e il suo sentimento d'amore.**

Eugenio Montale
«Cigola la carrucola del pozzo»

al alta leggibilità

OPERA	ANNO	FORMA METRICA	TEMA
Ossi di seppia	1925	versi liberi	• l'illusione della memoria

L'AUTORE vedi pagina 655

Al centro della lirica è il tema del ricordo, raffigurato attraverso le immagini di un pozzo, di una carrucola e di un secchio. Un volto caro riaffiora dal fondo della memoria e il poeta vi si aggrappa, nella speranza di poter recuperare il passato. Ma il ricongiungimento dura solo un istante: il ricordo precipita immediatamente trascinando con sé nel vuoto l'illusione del poeta.

Cigola[1] la carrucola del pozzo,
l'acqua sale alla luce e vi si fonde.[2]
Trema un ricordo[3] nel ricolmo secchio,
nel puro cerchio[4] un'immagine ride.[5]
Accosto il volto a evanescenti[6] labbri:
si deforma il passato, si fa vecchio,
appartiene ad un altro...[7]
Ah che già stride
la ruota,[8] ti ridona all'atro[9] fondo,
visione, una distanza ci divide.

[da *Ossi di seppia*, in *Tutte le poesie*, Mondadori, Milano 1984]

Parafrasi *La carrucola del pozzo stride, l'acqua sale verso la luce: al suono si sovrappone l'immagine. Un ricordo tremulo appare sulla superficie dell'acqua del secchio pieno che per un attimo funge da specchio, sul cerchio d'acqua s'intravede un'immagine ridente.*
Mi avvicino al volto sorridente che si dissolve: si scompone l'immagine, diventa irrecuperabile il passato, appartiene ad un altro tempo.
Ah, già la ruota cigola di nuovo, ti conduce nel fondo cupo (pozzo = passato), o cara immagine, una distanza incolmabile ci divide.

Schema metrico: nove endecasillabi, di cui il settimo spezzato.
1 **Cigola:** termine onomatopeico, fortemente rilevato a inizio di verso; è ripreso da «stride» al v. 8.
2 **vi si fonde:** si fonde con la luce; è un segnale di ricongiungimento, che si rivelerà però illusorio.
3 **Trema un ricordo:** il recupero memoriale rivela nel tremolio la propria precarietà.
4 **nel puro cerchio:** nel cerchio perfetto del secchio, che racchiude, come una foto incorniciata, un volto appartenente al passato.
5 **ride:** il verbo indica un momento lieto, che avrà però breve durata.
6 **evanescenti:** inconsistenti.
7 **un altro:** una persona in cui il poeta non riconosce più se stesso.
8 **ruota:** carrucola.
9 **atro:** nero, oscuro.

ANALISI DEL TESTO

I temi

Il recupero memoriale e il mito di Narciso

Il tema della lirica è il **trascorrere del tempo** e l'illusoria aspirazione a recuperare e trattenere nella memoria le esperienze del passato.
La lirica si apre col cigolio della carrucola che dà avvio al processo di recupero memoriale. L'immagine che lo trasmette è quella di un secchio che scende in un pozzo e porta acqua in superficie. Essa corrisponde al **movimento verticale di discesa** nel passato **e di risalita** nel presente. L'acqua tremula si fonde con la luce, a indicare l'avvenuto contatto; riaffiora un ricordo, un volto caro «ride», ma si tratta di una breve illusione. Come nel **mito di Narciso** (il giovane invaghitosi della propria immagine riflessa in una fonte e morto annegato nel tentativo di abbracciarla), il poeta tenta di suggellare il contatto con un bacio, ma il gesto si risolve in un fallimento: l'immagine si scompone e ritorna definitivamente nel passato. La spezzatura del v. 7 segnala con forza questo senso di frattura.

La perdita del ricordo e il mito di Orfeo

Il movimento di discesa-salita-discesa, che accompagna il processo di recupero-perdita del ricordo, ripete in chiave moderna il mito di Orfeo, colui che col suono sublime del suo canto affascinava uomini, belve e persino gli esseri inanimati. Grazie al suo canto, Orfeo ottenne dagli dèi il permesso di riportare con sé dagli Inferi l'amata sposa Euridice. Non avrebbe dovuto, però, voltarsi a guardarla prima di essere uscito dall'Ade: ma Orfeo non seppe resistere e così dovette ancora separarsi da Euridice, questa volta definitivamente. Le corrispondenze della lirica di Montale col mito sono abbastanza evidenti (Orfeo = Montale; Euridice = ricordo), con la variante che al tema del voltarsi Montale sostituisce quello del bacio (in riferimento al mito di Narciso), contaminando in tal modo due vicende mitiche.

La struttura e le forme

La musicalità del testo

Montale è particolarmente attento agli effetti fonici della poesia che assumono un forte valore simbolico. Nel primo verso la **parola onomatopeica** «cigola» rende il rumore acuto e stridulo della carrucola ed è fonicamente molto rilevata per l'accento sulla terzultima sillaba e per la rima con la parola successiva «carrucola», anch'essa sdrucciola. La musicalità del secondo verso, caratterizzato da suoni aperti della vocale «a» («l'acqua sale alla luce») sul piano simbolico indica un momento di distensione per l'attesa del recupero della memoria del passato. L'evanescenza del ricordo è resa dall'**allitterazione «r»** del terzo verso («trema»... «ricordo»... «ricolmo») che trova rispondenza nel verbo «ride» con cui si chiude il quarto verso.

Nella seconda parte un altro suono onomatopeico, «stride», riproduce il suono della «ruota» e simbolicamente ne accentua la componente negativa («una distanza ci divide»). I **suoni aspri** delle consonanti «s» e «t» suggeriscono per analogia una sensazione di dolore.

Le tecniche espressive

Linearità sintattica

Dal punto di vista sintattico la costruzione è lineare, i periodi sono brevi e prevale la **paratassi**.

Le scelte lessicali sono caratterizzate da **vocaboli consueti**, adeguati tuttavia all'atmosfera evanescente della lirica.

LABORATORIO SUL TESTO

Conoscenze

Comprensione

1. **Per dare evidenza al motivo del recupero memoriale, Montale ricorre ad un correlativo oggettivo di grande immediatezza ed efficacia. Associa ciascuno dei seguenti oggetti "correlativi" il concetto corrispondente (esempio *pozzo* = memoria): *carrucola, secchio, luce, ruota, atro fondo*.**

2. **La situazione descritta è inserita in uno spazio verticale (alto-basso); tre sono i movimenti compiuti dalla corda e dal secchio: individua il verbo attraverso cui vengono rispettivamente segnalati.**

Analisi

3. **Qual è il suono dominante nel v. 3? A cosa corrisponde sul piano fonosimbolico?**

4. **Anche il verso spezzato («appartiene ad un altro... / Ah che già stride»), all'interno della situazione descritta nella lirica, ha una precisa funzione simbolica: sapresti individuarla?**

Abilità e competenze

Scrittura e interpretazione

1. **Riporta alla memoria un ricordo a te personalmente caro e scrivilo sotto forma di diario.**

2. **La poesia di Montale recupera antichi miti. Fai un ricerca sui miti di Narciso e Orfeo; sono riportati rispettivamente nel libro III e X del poema *Metamorfosi* del poeta latino Ovidio. Anche in Internet puoi trovare ampio materiale.**

Berthe Morisot
L'ortensia (le due sorelle)

OPERA	ANNO	MOVIMENTO	GENERE	TEMA
L'ortensia (le due sorelle)	1894	Impressionismo	ritratto	• frammenti di ricordi

L'ARTISTA

Berthe Morisot (1841-1895), pittrice americana, ma parigina d'adozione. Iniziò a dipingere quasi per gioco, quando nel 1857, aveva allora 16 anni, le due sorelle le proposero di realizzare dei dipinti da regalare al padre per il suo compleanno. Iniziò a passare i pomeriggi al museo del Louvre, dove, come tutti i giovani artisti, riproduceva le tele dei grandi maestri e, nel 1864, al suo primo tentativo, vide accettare due sue opere al Salon di Parigi.

Berthe Morisot partecipò a sette mostre impressioniste su otto (mancando a quella del 1879, per la nascita dell'unico figlio).

Berthe Morisot fu una delle poche artiste a vivere insieme ai più conosciuti e numerosi protagonisti maschili l'intera stagione impressionista dei decenni Settanta e Ottanta del XIX secolo, condividendo con essi le tematiche più moderne e i nuovi spazi espositivi. La sensibilità per il colore, aggiornata sulle novità tecniche dell'Impressionismo, la portò ad uscire dalla tradizione accademica e a distinguersi dagli altri pittori, pur dipingendo come loro paesaggi, ritratti e scene di vita quotidiana. Una nota malinconica subentrò dopo la morte del marito, in parte presente anche in questo dipinto.

Berte Morisot (1841-1895), *L'ortensia (le due sorelle)*, 1894. Parigi, Musée d'Orsay.

ANALISI DEL TESTO

Il tema

Tema del quadro è la nostalgia, originata dal ricordo della sorella lontana; non è difficile immaginare infatti che questo dipinto rievochi i momenti di intimità in cui lei e la sorella Edma, anch'essa pittrice, vivevano insieme, in sintonia di affetti e di interessi. Forse il tema dei ricordi che si trova nelle sue ultime opere, tra cui questa, è legato alla vicenda biografica, che la vide morire a soli 54 anni.

I personaggi

I personaggi sono le due ragazze, ma solo di quella bruna, che occupa il primo piano, è stato fatto un vero ritratto: la sorella che le sta accanto e i fiori (che pure danno il titolo al quadro) è come se fossero di completamento alla sua figura. Infatti, sia la postura sia la definizione del volto fanno pensare che la protagonista sia lei, oggetto dell'osservazione attenta della pittrice, tanto da poter immaginare che la ragazza in secondo piano sia proiezione di un suo ricordo.

Scelte formali e note stilistiche

La freschezza del tocco, il modo delicato di trattare la luce, la sensualità della gamma cromatica: queste le caratteristiche che furono molto apprezzate dai suoi contemporanei. Ciò che probabilmente colpì il pubblico, ormai abituato ai nuovi temi e alla nuovissima tecnica pittorica impressionista, fu il suo modo semplice e diretto di sviluppare i temi della vita di tutti i giorni. La delicatezza del colore si osserva invece nella definizione della carnagione, messa in risalto dal verde delle foglie, mentre l'interesse per la luce è confermato dalla materializzazione della figura nello sfondo.

Il messaggio

La potenza del ricordo, e la sua dimensione smaterializzata è ciò che si coglie nel quadro, dove la scelta dei colori, dal rosa tenerissimo del vestito della giovane bruna, al giallo-grigio della giovane bionda, carica di personale valenza affettiva questo momento, se si vuole anche banale, del quotidiano, rendendolo però prezioso, perché non è il frutto di ciò che cade oggettivamente sotto lo sguardo, ma di ciò che il suo personale ricordo rivive e rivede.

LABORATORIO SUL TESTO

Abilità e competenze

Scrittura e interpretazione

1. Quale delle due ragazze è "in posa"?

2. Quale, tra i colori usati, è più adatto ad esprimere la dimensione del "ricordo"?

3. Che ruolo possono avere i fiori accanto alle due ragazze?

A servono a riempire lo spazio
B per far capire che abitano in una casa ben arredata
C per abbinare l'idea di freschezza e bellezza dei fiori alle due ragazze
D perché i fiori profumano, come la giovinezza

4. In che senso questo dipinto possiede una "dimensione poetica"?

A perché ci sono due giovani ragazze
B perché viene enfatizzato e valorizzato un gesto molto semplice
C perché le poesie parlano sempre di fiori
D perché tutto nel quadro è espresso con delicatezza

5. Inventa dei "versi liberi" utilizzando figure retoriche della poesia che colleghino tra loro "le ragazze e i fiori".

VERIFICA FORMATIVA

per accertare le competenze acquisite

Eugenio Montale
«Non recidere, forbice, quel volto»

autoverifica con tutor

Il ricordo della donna amata rischia di svanire nella memoria del poeta. Il tempo cancella tutto, anche i ricordi più cari.

Non recidere, forbice, quel volto,
solo nella memoria che si sfolla,
non far del grande suo viso in ascolto
la mia nebbia di sempre.

Un freddo cala... Duro il colpo svetta.[1]
E l'acacia ferita da sé scrolla
il guscio di cicala
nella prima belletta[2] di Novembre.

[da *Tutte le poesie*, Mondadori, Milano 1984]

1 **svetta:** taglia la cima.
2 **belletta:** fango.

Pierre Roy, *Il temporale*, 1929.
Collezione privata.

Competenza testuale

Comprendere e analizzare

1. Da quali versi è composta la poesia?

A da settenari e endecasillabi
B da settenari e dodecasillabi
C da senari e endecasillabi
D da quinari e endecasillabi

2. Il tema fondamentale della poesia è

A lo svanire del ricordo
B il dolore per l'abbandono
C la paura di essere abbandonato
D la paura di ricordare

3. Nella rima «sfolla» e «crolla» si ritrova

A la somiglianza di significato
B la ricerca di effetti fonici
C un'onomatopea
D un ossimoro

4. Quali sono le parole chiave che si trovano nella prima strofa?

A forbice e nebbia
B memoria e viso
C volto e ascolto
D sfolla e nebbia

Spiega i motivi della tua scelta.

5. I simboli della natura, come «l'acacia ferita» e il «guscio di cicala», trasmettono l'immagine di

- [A] una vita ormai definitivamente conclusa
- [B] una vita triste e solitaria
- [C] una vita dolorosa ma da vivere
- [D] una vita fredda e senza affetti

6. L'elemento positivo presente nella memoria del poeta è

- [A] il viso della donna
- [B] la memoria della donna
- [C] la nebbia che tutto cancella
- [D] l'amore della donna

7. Che cosa rappresenta simbolicamente il mese di Novembre?

- [A] la fine delle speranze
- [B] l'inverno freddo
- [C] il dolore profondo
- [D] la memoria intorpidita

8. Che cosa significa «svetta» al v. 5

- [A] sventola
- [B] si staglia
- [C] si innalza
- [D] taglia la cima

9. Il correlativo oggettivo indica

- [A] stati d'animo rappresentati simbolicamente da un oggetto
- [B] la relazione tra due oggetti
- [C] una figura retorica che indica l'esistenza reale di un oggetto
- [D] una costruzione sintattica particolare che antepone al soggetto il complemento oggetto

AREA DIGITALE
Le risposte agli esercizi sono disponibili nell'area digitale

Interpretare e valutare

Rapporto paesaggio-stato d'animo

Nella lirica sono presenti immagini molto suggestive riferite al paesaggio. Spiega in un breve testo la corrispondenza tra le immagini e lo stato d'animo dell'autore.

....

....

....

....

....

....

....

....

....

....

Percorso 5 La poesia e il teatro

UNITÀ 6

Il teatro

1 IL TESTO TEATRALE

1.1 Testo letterario e spettacolo teatrale

Il termine **teatro** deriva dal greco *théatron* ('guardare', 'essere spettatore') e inizialmente indicava l'atto del guardare da parte degli spettatori, poi servì a indicare l'insieme del pubblico, successivamente il luogo dove avveniva l'allestimento di uno spettacolo. Oggi la parola *teatro* si usa anche per indicare:

- il complesso delle opere drammatiche di un autore (il *teatro di Pirandello*) o di un'epoca (il *teatro del Seicento*);
- una compagnia di attori diretta da un regista (il *Teatro Stabile di Catania*);
- l'edificio in cui si allestiscono rappresentazioni teatrali (il *Teatro di Taormina*, il *Teatro Massimo di Palermo*);
- un genere letterario, per indicare le opere che fanno parte della letteratura drammatica.

Adolph Menzel, *Théâtre du Gymnase a Parigi*, 1856. Berlino, Arte Nationalgalerie.

Testo drammatico e spettacolo non coincidono: sulla scena gli attori, oltre a pronunciare le parole del testo letterario, si servono di elementi comunicativi extraverbali: i *gesti*, i *movimenti*, l'*intonazione della voce*; concorrono poi all'allestimento scenico i *costumi*, le *luci*, la *musica*. Lo stesso spazio teatrale (il luogo fisico dove viene rappresentata l'azione) influenza lo spettacolo e soprattutto la sua fruizione da parte dello spettatore.

Fu Aristotele (384 ca.-322 a.C.) a dare il nome di **dramma** (dal verbo greco *dráo*, 'agisco') a tutte le narrazioni in versi e in prosa scritte per essere rappresentate sul palcoscenico e dove i personaggi parlano e agiscono direttamente, anziché attraverso la voce del narratore. Lo spettacolo teatrale è allestito da un regista con uno o più attori e con scenari, luci e altri mezzi tecnici.

Il testo drammatico si distingue dallo spettacolo teatrale per i seguenti elementi:

	testo drammatico	spettacolo teatrale
STRUTTURA	testo letterario scritto (unico)	messa in scena del testo drammatico (multiplo)
AUTORE	il drammaturgo	lo scrittore, il regista, la compagnia teatrale, i vari operatori (truccatori, costumisti...)
SPAZIO	la pagina del libro	l'edificio teatrale
AZIONE	è contenuta nelle parole dei personaggi	è costituita da parole, ma anche da altri elementi extraverbali (movimenti, intonazione della voce, costumi, trucco, ecc.)

Il testo drammatico ha finalità estetiche e si avvale di tutti i meccanismi propri della comunicazione letteraria. La comunicazione teatrale, per il suo carattere misto, è complessa e presenta caratteristiche proprie.

La comunicazione teatrale è uno dei settori della comunicazione artistica più complessi, perché fondata sulla combinazione di più codici (*visivo*, *sonoro*, *mimico-gestuale*) che agiscono contemporaneamente, di più linguaggi che insieme costituiscono il linguaggio teatrale. Nella comunicazione teatrale il carattere "misto" si manifesta a livello strutturale: alla base si trova tradizionalmente un testo letterario che, tuttavia, sta in un rapporto dinamico con lo spettacolo.

Testo teatrale e testo narrativo: criteri di distinzione

Il **testo drammatico** presenta caratteri peculiari del tutto diversi dal testo narrativo.

Aristotele nella sua *Poetica* contrappone i concetti di **narrativo** e **drammatico** sulla base del modo dell'imitazione. Per Aristotele l'arte è *imitazione* e può essere effettuata in due modi: **mimetico**, con i personaggi che agiscono, e **narrativo**, con la presenza di un narratore che racconta la storia. La poesia drammatica rappresenta direttamente gli avvenimenti attraverso gli attori che parlano ed agiscono davanti al pubblico. Il genere drammatico presuppone la presenza di una storia, ma non di un narratore.

La distinzione tra *mimetico* e *narrativo* nell'ambito della comunicazione porta a notevoli differenze. In un testo drammatico tutta l'azione è contenuta nelle parole dei personaggi, in rapporto o in contrasto tra di loro. Scompare la figura del narratore, manca la sua funzione di mediazione tra i fatti raccontati e il lettore, le sue informazioni sull'antefatto della vicenda o sui personaggi. Il rapporto tra l'autore e il fruitore (*spettatore*) avviene attraverso le parole che si scambiano i personaggi, cioè attraverso il **dialogo**. Anche se un personaggio può narrare all'altro fatti estranei alla scena, o parlare all'interlocutore di una terza persona, la comunicazione avviene sempre, con rare eccezioni, attraverso la forma dialogica. Nel testo drammatico il tempo della storia e il tempo del discorso coincidono, la forma della durata temporale è la **scena**.

L'azione drammatica si svolge sempre al presente; la non coincidenza tra l'effettiva durata dello spettacolo e la durata dei fatti viene resa attraverso intervalli, oppure attraverso inserti che recuperano segmenti di tempo passato.

1.2 Il testo teatrale

«NORA Ti ringrazio per il tuo perdono *(Esce dalla porta di destra)*.
HELMER Ma no resta qui... *(Guardando nella stanza)*
Che cosa fai nell'alcova?
NORA *(Dalla sua camera)* Mi tolgo il costume.
HELMER *(Accanto alla sua porta)* Bene; cerca di riprenderti e di calmare il tuo spirito, mio piccolo uccellino spaurito! Riposa senza paura; e io ti proteggerò sotto le mie ali robuste. *(Passeggia senza allontanarsi dalla porta)* Oh, com'è bella e raccolta la nostra casa, Nora. Qui tu sei al sicuro; io ti terrò come una colomba inseguita, strappata da me agli artigli dello sparviero; saprò acquetare il tuo povero cuoricino che palpita».

Il brano riportato è tratto da una scena di *Casa di bambola*, **dramma** in tre atti del drammaturgo norvegese Henrik Ibsen (1828-1906). Il testo presenta delle caratteristiche peculiari: i personaggi comunicano attraverso il **dialogo**: accanto alle loro **battute** compaiono delle indicazioni, in corsivo, poste tra parentesi e chiamate **didascalie**, ossia tutti i suggerimenti per la rappresentazione scenica che l'autore dà al regista, cioè a colui che coordina e dirige i vari movimenti dello spettacolo. Sono proprio le didascalie ad indicarci che il testo non è stato scritto solo per la lettura, ma anche per essere rappresentato sulla scena.

Un testo drammatico si apre di solito con l'elenco dei **personaggi**: tutta l'azione (in greco, *dráma*) è contenuta nelle loro parole e quindi affidata al dialogo.

La **fabula**, in un testo drammatico, è l'insieme degli eventi nella loro successione cronologica, l'**intreccio** è lo stesso insieme di azioni, ma poste nell'ordine in cui l'autore decide di raccontarle. L'intreccio dei fatti viene tradizionalmente suddiviso in **atti,** ciascuno dei quali espone e sviluppa una fase precisa della vicenda; a loro volta gli atti vengono suddivisi in **scene**, episodi più brevi che hanno una certa autonomia all'interno della vicenda. Importante nella strutturazione del testo drammatico è la scelta dei tempi dell'azione, ossia l'ampiezza temporale della vicenda che l'autore decide di prendere in esame. Il tempo dell'azione può essere considerevolmente dilatato, oppure ristretto. Sono di notevole importanza anche i **luoghi** nei quali l'azione si svolge, generalmente indicati e descritti nelle didascalie di inizio atto. Infine la **lingua** con cui il testo è scritto è un elemento estremamente significativo per individuare l'ambiente e l'estrazione sociale dei personaggi, ma anche il periodo di composizione del testo, la cultura a cui appartiene l'autore, il contesto culturale e sociale che ha prodotto la specifica drammaturgia.

Dialoghi, monologhi, "a parte"

Pur con notevoli differenze tra dramma antico e dramma moderno, il **dialogo** è la forma comunicativa fondamentale del testo drammatico.

Il dialogo è costituito dalle **battute**, le parole pronunciate dai personaggi che si alternano sulla scena. Ogni battuta è delimitata da quelle degli altri personaggi, oppure dall'inizio o dalla fine di ogni scena o atto. Dalle battute il lettore ricava tutte le informazioni sulla vicenda, sia quella che si svolge al presente, sia gli eventuali riferimenti a quella passata.

Nel dramma tradizionale il dialogo era la forma comunicativa naturale ed esclusiva, l'assenza dell'autore era totale, tutto il dramma era concentrato sulla scena, e doveva avvenire al presente, senza mutamenti di luogo o salti di tempo. Nel dramma moderno, a partire dal secondo Otto-

Nora alla prova da *Casa di bambola* di Henrik Ibsen, adattamento e regia Luca Ronconi, con Mariangela Melato. Produzione del Teatro Stabile di Genova, 2011.

cento, l'azione è ridotta e spesso i dialoghi contengono richiami al passato; vi sono frequenti e lunghi **monologhi** in cui il personaggio parla di se stesso, mettendo a nudo la propria coscienza; l'autore si manifesta con chiarezza e persino il pubblico può intervenire o essere chiamato in causa.

Una grande importanza sulla scena hanno le **pause**, che sottolineano di volta in volta momenti specifici e salienti dell'azione. Sono delle parentesi nell'azione che servono a commentare e riflettere. Il monologo è un altro degli aspetti del dramma che corrisponde a tali esigenze.

Nel testo drammatico incontriamo gli **"a parte"** (oppure "da sé"), in cui il personaggio si rivolge al pubblico con battute di riflessione o commento, che integrano e a volte contraddicono gli enunciati del dialogo. Gli "a parte", come le didascalie, nel testo sono in corsivo o tra parentesi e possono considerarsi come "fuga di notizie", in quanto forniscono una quantità di informazioni che l'azione e il dialogo non potrebbero dare; la vicenda acquista così chiarezza, perché di un personaggio, ad esempio, veniamo a conoscere le motivazioni profonde e l'intimo pensiero.

Personaggi

Come nel testo narrativo, anche nel testo drammatico i **personaggi** sono il motore della vicenda, alla quale partecipano in veste di *protagonisti* o *antagonisti,* di *comprimari* o di semplici *comparse*: questi risultano legati tra loro da un insieme di rapporti che costituiscono il **sistema dei personaggi**.

Il dramma è anzitutto azione e i personaggi sono contraddistinti da ciò che fanno, dal loro agire. Già Aristotele (che per primo operò nel IV secolo a.C. una codificazione dei generi letterari) nella sua *Poetica,* a proposito della **tragedia**, parlava di caratteri (cioè la psicologia dei personaggi) che dovevano però essere conseguenza dell'azione e non viceversa. L'importante era la vicenda (la *fabula*), alle cui necessità i personaggi dovevano essere subordinati, disponendosi secondo determinati *ruoli.* Nella ricostruzione delle caratteristiche dei vari personaggi in un testo drammatico, occorre tenere conto delle battute (di cui si è detto prima), della vicenda e delle didascalie.

Didascalie

Le **didascalie** (dal verbo greco *didáskein*, 'insegnare'), differenziate nei testi dai caratteri tipografici (a volte sono in corsivo, a volte poste tra parentesi), sono i suggerimenti dell'autore per la messa in scena e riguardano l'apparato scenico e la recitazione degli attori. Se numerose e dettagliate, esse costituiscono una guida per inserire il dramma in un ambiente, per immaginare lo sfondo su cui l'autore vuole situarlo.

La funzione della didascalia varia in relazione al messaggio che l'autore vuole comunicare e che viene affidato alla recitazione dell'attore: esse possono fornire indicazioni sull'ambiente, sugli atteggiamenti dei personaggi, sui loro gesti, sui loro stati d'animo, possono dare indicazioni sui nessi logici che collegano le varie scene o fornire suggerimenti tecnici o scenografici, come ad esempio la collocazione delle luci. L'importanza delle didascalie è andata via via aumentando nella drammaturgia: dall'essenzialità delle didascalie del teatro classico, si è passati ad un crescente rilievo della didascalia ai fini della comprensione del testo e della sua rappresentazione.

I performativi e i deittici

Tutti gli enunciati di un testo drammatico sono **performativi**, cioè finalizzati all'azione; essi hanno una funzione conativa, ossia esortano, ordinano di fare qualche cosa. Questa è una caratteristica di tutto il testo drammatico, comprese le didascalie.

Alla performatività del linguaggio drammatico si collegano i **deittici** (dal greco *déiknumi*, 'mostrare'), cioè gli indicatori pronominali (*io*, *tu*, *egli*..., *questo*, *quello*..., *mio*, *tuo*...), o avverbiali (*là*, *qui*, *adesso*, *così*). I deittici indicano con esattezza i gesti dei personaggi e i tempi e i luoghi della loro azione. Essi fungono da tramite tra testo drammatico e testo teatrale.

1.3 Dal testo allo spettacolo teatrale

La messa in scena

Il teatro è un fenomeno complesso che non si risolve nel testo drammatico scritto, e quindi non si esprime soltanto attraverso il linguaggio verbale ma, essendo destinato alle scene, coinvolge altri linguaggi, extra-verbali, prioritariamente espressivi, gestuali e visivi. L'operazione di traduzione di un testo drammatico scritto in spettacolo si chiama **messa in scena** e richiede la collaborazione di molti mestieri, ciascuno dei quali prevede una competenza specifica, in genere sotto la guida di un **regista**.

Dopo aver dato indicazioni di lettura per il testo drammatico scritto, cerchiamo ora di analizzare gli altri linguaggi che concorrono a comporre lo spettacolo teatrale.

Come è stato fatto per il testo drammatico, ci atterremo a definizioni valide per il teatro di tradizione e ci limiteremo, nei cenni storici, a dare notizia di altre possibili definizioni utilizzate in periodi storici del passato o dalla sperimentazione del nostro secolo.

Attore

La parola drammatica raggiunge lo scopo per cui è scritta quando viene espressa, con la voce, davanti ad un pubblico. Prescindendo dalla complessità con cui si presenta il mestiere dell'attore, egli è genericamente colui che dice o "recita" il testo drammatico, assumendo il ruolo di uno dei personaggi. Il fatto che un testo venga pronunciato a voce alta, invece che letto in silenzio, ne muta considerevolmente la ricezione: intervengono infatti il tono e il volume della voce dell'attore, la mimica, la gestualità, il modo di spostarsi nello spazio, oltre al costume che l'attore indossa. Tutti questi elementi attribuiscono al testo significati particolari, e costituiscono un *secondo testo*, sonoro e visivo, accanto a quello scritto dell'autore.

Il ruolo sociale dell'attore muta da un'epoca all'altra, ma anche il suo mestiere varia dal dilettantismo al professionismo, così come variano le tecniche che utilizza, apprese in sistemi di formazione diversi, e tese a privilegiare per esempio ora lo strumento del corpo ora quello della voce.

Nel nostro secolo, accanto ad un attore della *tradizione*, che recita una parte calandosi nel personaggio da interpretare, compare l'attore *epico*, teorizzato da Brecht, che resta lucidamente esterno al personaggio per poterlo additare allo spettatore, coinvolgendo quest'ultimo non emotivamente ma razionalmente. Un prodotto del teatro di *ricerca* del nostro secolo è anche un attore che, superando il concetto di personaggio, cerca, in quanto *uomo* sulla scena, un rapporto diretto con lo spettatore.

La Checchina di Carlo Goldoni, regia di Francesco Bellotto. Produzione del Teatro La Fenice di Venezia, 2010.

Personaggi, costume, maschera

Quando un attore riveste sulla scena i panni del **personaggio** creato dall'autore del testo drammatico, lo arricchisce inevitabilmente di elementi dovuti alla propria personalità, alla propria presenza fisica, ai propri metodi di recitazione, ed anche al **costume** che indossa, al trucco con cui modifica i propri lineamenti o alla **maschera** con cui, in certe forme di teatro, può coprirsi il viso.

Gli elementi che concorrono alla composizione del personaggio che noi spettatori vediamo agire sulla scena quando andiamo a teatro sono molteplici, e in parte sono debitori al testo scritto; per il resto dipendono dall'attore e dalle tecniche di messa in scena.

Scenografia

La **scenografia** è l'arredo della scena e serve a fornire allo spettatore gli strumenti per individuare l'ambiente ove si svolge la vicenda del dramma. La ricostruzione dell'**ambiente** può essere minuziosamente realistica, fino a portare sul palcoscenico mobili veri e suppellettili d'epoca, ma può anche essere solo accennata attraverso pochi elementi simbolici e allusivi, come una sagoma di albero al posto di una foresta, o addirittura non esistere e lasciare che il dramma si rappresenti sul palco vuoto.

Macchine, luce, suono

Macchine, luce e suono sono elementi tecnici per eccellenza che la messa in scena utilizza per aiutare la creazione dell'ambiente dello spettacolo o il lavoro dell'attore.

Le **macchine** intervengono talvolta a far ruotare la scena o a sollevare in volo l'attore o a creare una suggestione particolare, come per esempio provocare l'effetto di una nevicata.

L'**illuminazione**, oltre ad assolvere al compito essenziale di permettere al pubblico di vedere lo spettacolo, assume i valori espressivi di un vero e proprio linguaggio, contribuendo a suggerire particolari significativi al dramma che si rappresenta: per esempio una luce serale dai toni caldi può rendere più romantica una scena d'amore.

Analogamente per il **suono**: una musica di scena che accompagni le parole degli attori o le loro azioni può dare maggiore rilevanza a ciò che sta accadendo oppure contrastare l'azione colorandola di ambiguità (come può avvenire se, per esempio, uso un tamburo e non un violino per accompagnare una scena d'amore).

Enrico IV di Luigi Pirandello, regia di Paolo Valerio, con Ugo Pagliai. Produzione: Fondazione Atlantide, Teatro Stabile di Verona, Teatro Stabile del Veneto, 2009.

Regia

Il **regista**, nell'accezione più comune, è colui che crea lo spettacolo teatrale. Ogni regista ha un suo stile riconoscibile che dipende dalla sua poetica teatrale e dall'utilizzo che fa dei linguaggi a sua disposizione. Come si impara a riconoscere lo stile di un grande romanziere, per esempio studiandone il linguaggio, le tecniche di scrittura, le tematiche che affronta, l'immaginario e la poetica che mette in atto, allo stesso modo è possibile riconoscere lo stile di un regista: l'unica difficoltà consiste nell'imparare a decodificare i linguaggi non verbali di cui si serve, come il lavoro attoriale, le luci, le scenografie o le musiche di scena.

Nella seconda metà del secolo il mestiere del regista si istituzionalizza e diviene, secondo le parole del critico e storico Silvio D'Amico, «colui che capisce un testo, ne estrae la sostanza teatrale, la traduce in quella materiale della scena, coordinando attori, scene, costumi, luci, musiche, macchine».

Negli anni Sessanta si manifesta una nuova spinta alla ricerca formale che produce una *regia d'avanguardia* tendente a rivoluzionare i linguaggi teatrali dello spettacolo.

Ma è dello stesso periodo anche una spinta eversiva più globale, che possiamo chiamare *regia di ricerca* che, riallacciandosi alla regia d'inizio secolo, rimette in discussione il teatro nella sua globalità, riaffrontando radicalmente il problema dell'attore e del pubblico.

Spazio, pubblico

Ai fini della ricezione teatrale non è infine indifferente lo **spazio** in cui avviene lo spettacolo, soprattutto in rapporto al tipo di comunicazione col pubblico che la scelta dello spazio detta.

Nel teatro tradizionale, il **pubblico**, seduto nella sala, al buio, di fronte al palcoscenico, attende che si alzi il sipario che divide i due spazi, quello della realtà e quello della finzione. Il suo compito è chiaramente sancito dalla disposizione spaziale: deve guardare, in silenzio e al buio, ciò che avviene sul palcoscenico.

In anni recenti gli *spettacoli di strada* ci hanno abituati all'idea di un rapporto diverso fra spettatore e spettacolo: il fatto di essere raggiunti da uno spettacolo in un tempo e in uno spazio che appartiene alla nostra quotidianità, la vicinanza fisica fra attore e spettatore, sono tutti elementi che modificano la nostra ricezione del fatto teatrale.

Il Teatro Municipale Romolo Valli di Reggio Emilia.

SCHEDA APPROFONDIMENTI

La commedia

Le origini

Il termine ***commedia*** deriva dal greco *comodía* (da *cómos*, 'convito' e *odé*, 'canto'). La commedia nasce in Grecia verso il VI secolo a.C. e, come la tragedia, ha origini rituali, ricollegandosi infatti alle cerimonie e ai riti di fertilità particolarmente lieti e vivaci (*falloforie*) che accompagnavano le feste in onore di Dioniso, in cui si portava in trionfo un simulacro fallico, simbolo della fecondità.
Per *commedia* si intende quindi genericamente una composizione teatrale a lieto fine, di argomento comico o comunque leggero.
In questo genere si distinguono nel mondo greco tre fasi: la commedia "antica", quella "di mezzo" e la commedia "nuova". È proprio con la **commedia nuova**, conosciuta attraverso i testi di Menandro (342-291 a.C.), che il genere teatrale assunse i tratti che lo hanno caratterizzato fino al Settecento.

Struttura della commedia

La commedia era divisa in due parti separate dalla parabasi, un canto in cui il coro si rivolgeva direttamente al pubblico infrangendo la finzione scenica. La **parabasi** costituisce uno dei nuclei originari della commedia, mentre il *Prologo* o la *Parodos* (canto che accompagnava l'ingresso del coro) muteranno progressivamente fino a quando l'azione scenica non si concentrerà esclusivamente sul gioco dei personaggi.
Nella **prima parte** gli attori e il coro esponevano i fatti che il protagonista si proponeva di realizzare.
La **seconda parte** era rappresentata da una serie di quadri inframmezzati da canti.
Come la tragedia, anche la commedia utilizzava il coro, che consisteva in una sorta di processione di attori che percorrendo la scena intrattenevano gli spettatori con invettive e sferzate satiriche.
La commedia si distinse subito per la presenza della *satira*, anche politica: i personaggi, che deridevano uomini di spicco o eventi pubblici, diventarono via via *tipi fissi:* il servo astuto, il vecchio avaro, il prepotente ecc., che si ritroveranno come maschere nella *Commedia dell'arte* cinquecentesca.

L'eredità

La struttura della commedia così come si è realizzata con la tipologia della *commedia nuova* è alla base del genere fino alla nostra epoca. Aristotele nella sua *Poetica* non aveva trattato della commedia, ma nel XVI secolo si vollero estendere anche a questa le regole elaborate per la tragedia.
La commedia venne divisa in cinque atti; si dovevano osservare le *unità di luogo* e di *tempo*. Non venne ritenuta necessaria l'unità di azione, lasciando così libero l'intreccio. Venne curato anche l'aspetto spettacolare dal punto di vista della scenografia e dei costumi. Questa tensione verso lo spettacolo fa sì che la commedia abbandoni la corte molto presto, per trasferirsi in spazi pubblici che potevano coinvolgere un più vasto pubblico. Nasce così la **Commedia dell'arte**, nella quale il testo scritto scompare a favore di una recitazione improvvisata.
Commedia di *intreccio* o di *intrigo* è quella del Cinquecento e del Seicento, in cui prevale l'interesse per il movimentato intrecciarsi degli episodi. Commedia *di carattere* è invece quella che cerca di delineare un carattere o un difetto umano.
La commedia, con il testo scritto e regolare, compare in Italia nella prima metà del secolo XVIII con l'opera di **Carlo Goldoni**, che stabilirà una struttura rimasta valida fino al secolo XIX.
Nel periodo del Romanticismo – caratterizzato dalle atmosfere eroiche e dai soggetti storici, e insofferente per i generi e per qualsiasi tipo di comicità – assistiamo alla fine del genere comico tradizionale.
Dal Novecento, con il termine *commedia* non si designa più un genere preciso, in quanto, superati i vecchi schemi e le classificazioni stereotipate, si affermano una varietà di registri in cui si intrecciano ironia, comicità, malinconia e drammaticità. La commedia inoltre si fonde con la musica (*commedia musicale*), diventa dialettale e viene utilizzata dal cinema, cambiando spesso i suoi caratteri distintivi.

Arlecchino servitore di due padroni di Carlo Goldoni, messa in scena di Ferruccio Soleri, 2007.

l'opera in scena

La locandiera di Carlo Goldoni

L'OPERA

Scritta nel 1752, *La locandiera* segna la fine della collaborazione di Goldoni con Medebach e il Teatro S. Angelo come ci riferisce lo stesso autore nelle *Memorie*:

La signora Medebac era sempre malata. [...] Vedendo che la prima donna non era in grado di comparire in scena, per l'apertura del carnevale composi una commedia per la servetta. La signora Medebac si fece vedere in piedi e in salute il giorno di Natale; ma quando seppe che per il giorno dopo era stata affissa La locandiera, *nuova commedia scritta per Corallina, andò a rimettersi a letto, con convulsioni inedite che facevan disperare sua madre, il marito, i parenti e i servi.*

Aprimmo dunque gli spettacoli il 26 dicembre con La locandiera *[...].*

(Carlo Goldoni, *Memorie*, Rizzoli, Milano, 1985, p. 312)

La Corallina di cui parla Goldoni, modello vivente di Mirandolina, era Maddalena Marliani, una delle tante servette spiritose conosciute sulle scene del tempo. La Marliani, che faceva parte della compagnia Medebach con cui lavorava anche Goldoni, aveva al tempo 32 anni. Molto bella, dotata di spirito e di talento, restò sulle scene fino al 1782. È stata forse la maggiore attrice goldoniana. Goldoni si dimostra capace di muoversi con disinvoltura nel mondo del teatro: non solo non si preoccupa delle bizze della prima donna, ma le usa come monito per l'attore, al quale, nell'ambito della sua opera di *Riforma*, vuole restituire la dignità del proprio lavoro. Anche la trama della commedia è Goldoni a raccontarcela:

Mirandolina tiene una locanda a Firenze; con le sue grazie e il suo spirito conquista, anche senza volerlo, i cuori di tutti quelli che alloggiano da lei. Di tre stranieri che stanno nella locanda, due sono innamorati della bella locandiera, ma il cavaliere di Ripafratta, che è il terzo, non è capace di affetto per le donne, la tratta rozzamente e si burla dei compagni. Ma appunto contro codesto uomo selvatico e scorbutico Mirandolina punta tutte le sue batterie; non lo ama, ma è offesa e, per amor proprio e per l'onore del suo sesso, lo vuol sottomettere, umiliare e castigare. Comincia lusingandolo, finge di approvare i suoi costumi e il suo disprezzo per le donne; e affetta lo stesso disgusto verso gli uomini: detesta i due stranieri che la importunano, entra con piacere soltanto nell'appartamento del cavaliere, sicura di non essere annoiata da ridicole scipitaggini. Con tale astuzia conquista dapprima la stima del cavaliere, che l'ammira e la crede degna della sua fiducia; la considera come donna di buon senso, la frequenta con piacere. La locandiera approfitta di codesti momenti favorevoli e raddoppia di attenzioni per lui. Il duro uomo comincia a concepire qualche sentimento di riconoscenza; si fa amico d'una donna che gli sembra straordinaria e rispettabile. Si annoia quando non la vede; la va a cercare; insomma, se ne innamora. Mirandolina è al colmo della gioia; ma la sua vendetta non è completa, lo vuol vedere ai suoi piedi. Ci riesce, e allora lo tormenta, lo affligge, lo fa disperare e finisce per sposare sotto gli occhi del cavaliere un uomo della sua propria condizione, al quale s'era promessa già da tempo.

La struttura

La commedia è divisa in tre atti e rispetta le unità classiche di tempo e di luogo in quanto i fatti si svolgono tutti nell'arco di una giornata e hanno come sfondo la locanda di Mirandolina a Firenze.

Le tematiche

Le tematiche della commedia sono la **differenza sociale**, evidenziata dall'opposizione tra il "denaro" del Conte e la "protezione" del Marchese, e la differenza tra i sessi dimostrata dalla **misoginia** del Cavaliere di Ripafratta. Mirandolina è una donna intraprendente e abile costruttrice del proprio destino, la sua storia ha un forte valore di emancipazione.

La locandiera di Carlo Goldoni, regia di Giuseppe Marini, con Nancy Brilli, 2013.

L'AUTORE

Nato a Venezia nel 1707, si laurea in Legge e saltuariamente esercita la professione di avvocato e di diplomatico, ma l'amore per il teatro si manifesta fin da quando, a 14 anni, fugge con una compagnia di comici. Dal '34 è assunto come poeta di compagnia dal comico Giovanni Imer, presso il Teatro San Samuele di Venezia, ove inizia adattando canovacci di Commedia dell'Arte. Le prime commedie sono *Momolo Cortesan* (1738), *La donna di garbo* (1743) e *Il servitore di due padroni* (1745). Dal '48 al '53, passato alla compagnia Medebach del Teatro Sant'Angelo, scrive molti dei suoi capolavori: *La locandiera* (1752), *La putta onorata* (1749), *La bottega del caffè* (1750), *Il teatro comico* (1750), dando inizio a una vera e propria *Riforma del teatro*, che, seguendo le idee illuministe, vuole rendere il teatro utile ed educativo, liberandolo da ogni orpello esteriore sia scenografico che recitativo, per avvicinarlo al quotidiano e al verosimile. Dal '53 al '62 lavora al Teatro San Luca con una compagnia più importante e scrive capolavori come *Il campiello* (1756), *I rusteghi* (1760), *Le baruffe chiozzotte* (1762), *Una delle ultime sere di Carnovale* (1762). Ma i contrasti e le polemiche, che hanno sempre accompagnato la sua carriera, si acutizzano e Goldoni è costretto a lasciare Venezia. Invitato a Parigi nel 1762 dai comici italiani della *Comédie Italienne*, passerà gli ultimi trent'anni della sua vita con alterna fortuna (morirà povero, cieco e dimenticato), producendo ancora alcuni capolavori come *Il ventaglio* (1765) e scrivendo le sue *Memorie* (1784-87). L'opera che lascia è imponente: oltre ai *Mémoires*, 120 commedie, 20 tragicommedie e circa 80 libretti operistici.

Muore a Parigi nel 1793.

SCHEDA APPROFONDIMENTI

Goldoni e la riforma del teatro

Il teatro goldoniano è comprensibile appieno soltanto se situato nell'ambito dell'opera di *Riforma* a cui l'autore ha dedicato molti anni della sua vita, e che costituisce la più grande novità teatrale della seconda metà del Settecento. La Riforma si attua prima su un piano concettuale: l'illuminismo goldoniano coglie alcuni punti fermi che, con la nuova cultura, via via si diffondono, come la fiducia nella natura, la simpatia per un ideale dell'uomo in cui predominano l'equilibrio e il buon senso, il ripudio di ogni dimensione eroica ed agonistica, la valorizzazione del borghese intraprendente e attivo che, col suo lavoro, produce benessere per sé e per gli altri; ma è certamente vero anche che Goldoni mette in atto, di pari passo con le sue teorie, una serie di interventi tecnici precisi, che vengono esposti, in forma di programma, nella commedia *Il teatro comico* (1750), vera e propria dichiarazione di poetica. I due principi ispiratori di Goldoni sono il Mondo e il Teatro:

I due libri su' quali ho più meditato, e di cui non mi pentirò mai di essermi servito, furono il Mondo e il Teatro. Il primo mi mostra tanti e poi tanti caratteri di persone, me li dipinge così al naturale, che paiono fatti apposta per somministrarmi abbondantissimi argomenti di graziose ed istruttive Commedie... Il secondo poi, cioè il Libro del Teatro, mentre io lo vo maneggiando, mi fa conoscere con quali colori si debban rappresentare sulle scene i caratteri, le passioni, gli avvenimenti che nel libro del Mondo si leggono...

(*Prefazione* alla prima raccolta delle commedie di Goldoni del 1750, in *Opere*, Milano, Mursia, 1969, p. 1311)

Seguendo le regole dettate da questi due maestri, Goldoni rende verosimili gli intrecci, quotidiani i personaggi e i temi di cui questi si occupano, contemporanei i valori che rappresentano, terreno e comprensibile il loro linguaggio. L'attenzione, con Goldoni, si sposta sull'autore, responsabile di un testo scritto per esteso, dal contenuto educativo, dalla trama e dall'intreccio verosimili e dove le maschere stereotipate lasciano il posto a personaggi psicologicamente e socialmente definiti, come Mirandolina, e che parlano una lingua quotidiana. Evocativa, ritmica, pensata per essere detta, e immediatamente traducibile in gesto è la *lingua* di Goldoni. Colpiscono inoltre le innumerevoli opportunità di gioco mimico offerte agli attori dal testo goldoniano: spesso si incontrano svenimenti, pantomime, *scene mute*, in cui la battuta è sostituita da un movimento affidato all'attore. Teoria e pratica coesistono in Goldoni ad ogni passo del suo cammino. Inoltre egli è uomo di teatro in senso pieno, crea pensando agli attori che ha a disposizione e si preoccupa della loro professione e della loro moralità, è attento che i costumi non eccedano in lussi inconcepibili e le scenografie in meraviglie inconciliabili con la volontà di verosimiglianza. È per tutti questi motivi che la Riforma goldoniana non si limita soltanto a dare dignità al testo scritto ma deve essere considerata una *riforma teatrale* a tutti gli effetti.

I personaggi si presentano

[atto I, scene quinta e sesta]

PERSONAGGI: Mirandolina, Marchese, Cavaliere, Conte

TESTI IN SCENA

Le prime scene della commedia, che riproduciamo in parte, introducono i personaggi principali: il sipario si apre nella locanda di Mirandolina su una discussione fra il Conte e il Marchese, entrambi innamorati della locandiera; nella seconda scena interviene Fabrizio, servitore e suo promesso sposo: nella quarta il Cavaliere, che non ama le donne, e nella quinta infine entra in scena Mirandolina.

SCENA QUINTA

Mirandolina e detti.

MIRANDOLINA M'inchino a questi cavalieri. Chi mi domanda di lor signori?

MARCHESE Io vi domando, ma non qui.

MIRANDOLINA Dove mi vuole, Eccellenza?

MARCHESE Nella mia camera.

MIRANDOLINA Nella sua camera? Se ha bisogno di qualche cosa, verrà il cameriere a servirla.

MARCHESE (Che dite di quel contegno?) (*al Cavaliere*).

CAVALIERE (Quello che voi chiamate contegno io lo chiamerei temerità,[1] impertinenza) (*al Marchese*).

CONTE Cara Mirandolina, io vi parlerò in pubblico, non vi darò l'incomodo[2] di venire nella mia camera. Osservate questi orecchini. Vi piacciono?

MIRANDOLINA Belli.

CONTE Sono diamanti, sapete?

MIRANDOLINA Oh, gli conosco. Me ne intendo anch'io dei diamanti.

CONTE E sono al vostro comando.[3]

CAVALIERE (Caro amico, voi li buttate via) (*piano al Conte*).

MIRANDOLINA Perché mi vuol ella donare quegli orecchini?

MARCHESE Veramente sarebbe un gran regalo! Ella ne ha de' più belli al doppio.

CONTE Questi son legati alla moda. Vi prego riceverli per amor mio.

CAVALIERE (Oh che pazzo!) (*da sé*)

MIRANDOLINA No, davvero. Signore...

CONTE Se non li prendete, mi disgustate.[4]

MIRANDOLINA Non so che dire... mi preme tenermi amici gli avventori della mia locanda. Per non disgustare il signor Conte, li prenderò.

CAVALIERE (Oh che forca![5]). (*da sé*)

CONTE (Che dite di quella prontezza di spirito?) (*al Cavaliere*).

CAVALIERE (Bella prontezza! Ve li mangia, e non vi ringrazia nemmeno) (*al Conte*).

1 **temerità:** temerarietà, sfacciataggine.
2 **non vi darò l'incomodo:** non vi darò il fastidio.
3 **sono al vostro comando:** sono vostri, se li volete.
4 **mi disgustate:** mi offendete.
5 **che forca!:** che furbona!

MARCHESE Veramente, signor Conte, vi siete acquistato un gran merito. Regalare una donna in pubblico, per vanità! Mirandolina, vi ho da parlare a quattr'occhi, fra voi e me: son cavaliere.

MIRANDOLINA (Che arsura! Non gliene cascano[6]). (*da sé*) Se altro non mi comandano, io me n'anderò.

CAVALIERE Ehi! padrona. La biancheria che mi avete dato, non mi gusta. Se non ne avete di meglio, mi provvederò[7] (*disprezzo*).

MIRANDOLINA Signore, ve ne sarà di meglio. Sarà servita, ma mi pare che la potrebbe chiedere con un poco di gentilezza.

CAVALIERE Dove spendo il mio denaro, non ho bisogno di far complimenti.

CONTE Compatitelo. Egli è nemico capitale delle donne (*a Mirandolina*).

CAVALIERE Eh, che non ho bisogno d'essere da lei compatito.

MIRANDOLINA Povere donne! che cosa le hanno fatto? Perché così crudele con noi, signor Cavaliere?

CAVALIERE Basta così. Con me non vi prendete maggior confidenza. Cambiatemi la biancheria. La manderò a prender pel servitore. Amici, vi sono schiavo (*parte*).

SCENA SESTA

Il Marchese, il Conte e Mirandolina.

MIRANDOLINA Che uomo salvatico! Non ho veduto il compagno.

CONTE Cara Mirandolina, tutti non conoscono il vostro merito.

MIRANDOLINA In verità, son così stomacata del suo mal procedere, che or ora lo licenzio a dirittura.

MARCHESE Sì; e se non vuol andarsene, ditelo a me, che lo farò partire immediatamente. Fate pur uso della mia protezione.

CONTE E per il denaro che aveste a perdere, io supplirò e pagherò tutto. (Sentite, mandate via anche il Marchese, che pagherò io). (*Piano a Mirandolina.*)

MIRANDOLINA Grazie, signori miei, grazie. Ho tanto spirito che basta, per dire ad un forestiere ch'io non lo voglio, e circa all'utile, la mia locanda non ha mai camere in ozio.

6 **Che arsura... cascano:** che scarsezza di denari, non ne lascia certamente cadere a terra, visto che non ne ha.
7 **mi provvederò:** ci penserò da solo.

TESTI IN SCENA

ANALISI DEL TESTO

I personaggi in scena

Nella parte precedente a quella antologizzata, il Conte e il Marchese, entrambi innamorati della locandiera stanno discutendo animatamente. Nella seconda scena interviene Fabrizio, servitore e promesso sposo di Mirandolina, nella quarta il Cavaliere.
Nella quinta scena compare finalmente Mirandolina, il personaggio intorno al quale ruota tutta la commedia. Il suo ingresso è stato abilmente preparato dai commenti lusinghieri del Conte e del Marchese, finalizzati certamente a suscitare la curiosità e l'attesa del pubblico.
Nella quinta scena compaiono i quattro personaggi principali (Mirandolina, il Marchese, il Conte e il Cavaliere) manca Fabrizio. Nella sesta scena Mirandolina dialoga con il Conte e con il Marchese.

Un concerto di voci

Tutta la scena è un gran concerto di voci tra battute dette ad alta voce e quelle dette a se stessi. Il Marchese e il Conte si contendono le attenzioni della locandiera mentre il Cavaliere tra sé o sottovoce commenta con ironia e sarcasmo le loro debolezze. Mirandolina sa abilmente destreggiarsi con cortesia e con garbo anche quando le proposte che le vengono fatte sono equivoche, come quella del Marchese di portare la biancheria in camera sua. Accetta gli orecchini che il Conte le regala ma come una cortesia. Concretezza, prontezza di spirito, ironia e buon senso sono le doti della locandiera.

LABORATORIO SUL TESTO

Comprensione

1. **Qual è l'atteggiamento di Mirandolina nei confronti del Conte, del Marchese e del Cavaliere?**
2. **Quale dei tre ospiti viene trattato peggio? Per quale motivo?**
3. **Come valuti il comportamento di Mirandolina?**
4. **Ritieni che Mirandolina agisca con superficialità, frivolezza o vanità? Perché?**

Mirandolina

[atto I, scene nona e decima]
PERSONAGGI: Mirandolina, Fabrizio

Continua il corteggiamento di Mirandolina, da parte del Marchese e del Conte, con l'ininterrotta offerta di gioielli e di "protezione". Infine Mirandolina si ritrova sola a fare il punto della situazione e poi a confrontarsi con Fabrizio.

SCENA NONA

Mirandolina sola.

MIRANDOLINA Uh, che mai ha detto! L'eccellentissimo signor Marchese Arsura[1] mi sposerebbe? Eppure, se mi volesse sposare, vi sarebbe una piccola difficoltà. Io non lo vorrei. Mi piace l'arrosto, e del fumo non so che farne. Se avessi sposati tutti quelli che hanno detto volermi, oh, avrei pure tanti mariti! Quanti arrivano a questa locanda tutti di me s'innamorano, tutti mi fanno i cascamorti,[2] e tanti e tanti mi esibiscono[3] di sposarmi a dirittura. E questo signor Cavaliere, rusti-

1 **Marchese Arsura:** soprannome che allude alla povertà e all'avarizia del Marchese.
2 **fanno i cascamorti:** assumono atteggiamenti svenevoli.
3 **mi esibiscono:** mi offrono.

co come un orso, mi tratta sì bruscamente? Questi è il primo forestiere capitato alla mia locanda, il quale non abbia avuto piacere di trattare con me. Non dico che tutti in un salto s'abbiano a innamorare: ma disprezzarmi così? è una cosa che mi muove la bile terribilmente. È nemico delle donne? Non le può vedere? Povero pazzo! Non avrà ancora trovato quella che sappia fare. Ma la troverà. La troverà. E chi sa che non l'abbia trovata? Con questi per l'appunto mi ci metto di picca.[4] Quei che mi corrono dietro, presto presto m'annoiano. La nobiltà non fa per me. La ricchezza la stimo e non la stimo. Tutto il mio piacere consiste in vedermi servita, vagheggiata, adorata. Questa è la mia debolezza, e questa è la debolezza di quasi tutte le donne. A maritarmi non ci penso nemmeno; non ho bisogno di nessuno; vivo onestamente, e godo la mia libertà. Tratto con tutti, ma non m'innamoro mai di nessuno. Voglio burlarmi di tante caricature d'amanti spasimati; e voglio usar tutta l'arte per vincere, abbattere e conquassare quei cuori barbari e duri che son nemici di noi, che siamo la miglior cosa che abbia prodotto al mondo la bella madre natura.

SCENA DECIMA

Fabrizio e detta.

FABRIZIO Ehi, padrona.

MIRANDOLINA Che cosa c'è?

FABRIZIO Quel forestiere che è alloggiato nella camera di mezzo, grida della biancheria; dice che è ordinaria, e che non la vuole.

MIRANDOLINA Lo so, lo so. Lo ha detto anche a me, e lo voglio servire.

FABRIZIO Benissimo. Venitemi dunque a metter fuori la roba, che gliela possa portare.

MIRANDOLINA Andate, andate, gliela porterò io.

FABRIZIO Voi gliela volete portare?

MIRANDOLINA Sì, io.

FABRIZIO Bisogna che vi prema molto questo forestiere.

MIRANDOLINA Tutti mi premono. Badate a voi.

FABRIZIO (Già me n'avvedo. Non faremo niente. Ella mi lusinga; ma non faremo niente).

4 **di picca:** di puntiglio.

COMPETENZE STILISTICHE → *Riflettiamo sul monologo*

I monologhi costituiscono delle pause dall'azione scenica e sono usati per portare a conoscenza del pubblico contenuti non rappresentati direttamente. Con il **monologo** il personaggio espone i propri pensieri, commenta l'azione, dichiara le sue intenzioni nei confronti degli altri personaggi; il monologo costituisce un vero e proprio espediente drammaturgico, dal momento che a teatro, di norma non esiste un "narratore".

→ Nel testo

I monologhi nella *Locandiera* sono rapidi e vivaci e sono riservati per lo più a Mirandolina, il personaggio che con il piano di far innamorare il Cavaliere determina il filo conduttore della commedia.

In questo monologo la locandiera esprime al pubblico la sua visione della vita, le sue idee su se stessa, sulle donne, sugli spasimanti, sul suo futuro.

Il monologo inizia con tre frasi affermative che evidenziano i seguenti tratti della protagononista: la consapevolezza del suo **fascino** sugli uomini, la sua **ironia** nei confronti dei "cascamorti", la sua ferma intenzione a non cedere alle loro richieste di matrimonio. L'**autonomia economica** permette alla donna anche di non avere bisogno di trovarsi un marito. Mirandolina non è attratta dagli uomini, né dal matrimonio. Desidera soltanto essere «servita, vagheggiata, adorata».

Il susseguirsi di proposizioni interrogative esprime il disappunto per l'atteggiamento del Cavaliere che ostenta disprezzo per le donne, considerate invece da Mirandolina (e da Goldoni) «la miglior cosa che abbia prodotto al mondo la bella madre natura».

MIRANDOLINA (Povero sciocco! Ha delle pretensioni.[5] Voglio tenerlo in isperanza, perché mi serva con fedeltà).

FABRIZIO Si è sempre costumato[6] che i forestieri li serva io.

MIRANDOLINA Voi con i forestieri siete un poco troppo ruvido.

FABRIZIO E voi siete un poco troppo gentile.

MIRANDOLINA So quel che fo, non ho bisogno di correttori.

FABRIZIO Bene, bene. Provvedetevi di cameriere.[7]

MIRANDOLINA Perché, signor Fabrizio? è disgustato di me?

FABRIZIO Vi ricordate voi che cosa ha detto a noi due vostro padre, prima ch'egli morisse?

MIRANDOLINA Sì; quando mi vorrò maritare, mi ricorderò di quel che ha detto mio padre.

FABRIZIO Ma io son delicato di pelle,[8] certe cose non le posso soffrire.

MIRANDOLINA Ma che credi tu ch'io mi sia? Una frasca?[9] Una civetta? Una pazza? Mi maraviglio di te. Che voglio fare io dei forestieri che vanno e vengono? Se li tratto bene, lo fo per mio interesse, per tener in credito la mia locanda. De' regali non ne ho bisogno: per far all'amore? Uno mi basta: e questo non mi manca; e so chi merita, e so quello che mi conviene. E quando vorrò maritarmi... mi ricorderò di mio padre. E chi mi averà servito bene, non potrà lagnarsi di me. Son grata. Conosco il merito... Ma io non son conosciuta. Basta, Fabrizio, intendetemi, se potete (*parte*).

FABRIZIO Chi può intenderla, è bravo davvero. Ora pare che la mi voglia, ora che la non mi voglia. Dice che non è una frasca, ma vuol far a suo modo. Non so che dire. Staremo a vedere. Ella mi piace, le voglio bene, accomoderei con essa i miei interessi per tutto il tempo di vita mia. Ah! bisognerà chiuder un occhio, e lasciar correre qualche cosa. Finalmente[10] i forestieri vanno e vengono. Io resto sempre. Il meglio sarà sempre per me (*parte*).

5 **pretensioni:** pretese.
6 **si è sempre costumato:** è sempre stato usuale.
7 **Provvedetevi di cameriere:** cercate un nuovo cameriere.
8 **delicato di pelle:** sensibile.
9 **frasca:** donna di facili costumi, incostante.
10 **Finalmente:** in fin dei conti.

ANALISI DEL TESTO

Il personaggio di Mirandolina

Dal monologo emerge con evidenze la complessità del carattere di Mirandolina, la donna è lusingata dal fatto che tutti i clienti della locanda finiscano prima o poi di innamorarsi di lei, la sua vanità è soddisfatta dai complimenti e dai regali. Sembrano dominare in lei una certa fragilità e vanità femminili, ma dimostra anche una consapevolezza della propria identità e una determinazione non comuni.

La finzione, arma di Mirandolina

L'arma che Mirandolina usa fin troppo bene è la finzione: si finge innamorata del Cavaliere per indurlo, a sua volta, a innamorarsi e punire il suo ostinato disprezzo per le donne. Tuttavia il piano di seduzione messo in atto non è volto a fini immorali; Mirandolina stessa afferma (nella scena nona) «tutto il mio piacere consiste in vedermi servita vagheggiata, adorata, Questa è la mia debolezza questa è la debolezza di quasi tutte le donne. A maritarmi non ci penso nemmeno; non ho bisogno di nessuno, vivo onestamente e godo la mia libertà». Il gioco della finzione però è condotto così bene che l'ingenuo Cavaliere alla fine crederà profondamente sincere le parole di Mirandolina tanto da arrivare a dire «Quel che più stimo in lei è la sincerità».

Il trionfo della concretezza

Abile e disinvolta, Mirandolina scatena con incredibile rapidità la passione del Cavaliere. Il personaggio di Mirandolina vuole mettere in luce, al di là della civetteria e della seduzione, il trionfo della concretezza, l'adesione alla realtà, il buon senso popolare. Ottenuta la vittoria sul Cavaliere deciderà di sposare il fedele servitore Fabrizio, assecondando il volere espresso dal padre prima di morire, matrimonio doveroso ma che non le impedirà di conservare la libertà, tanto cara al personaggio.

Le tecniche espressive

La vivacità e la naturalezza del dialogo
Il dialogo è vivace e naturale e il modo di parlare caratterizza ulteriormente i personaggi. L'astuzia di Mirandolina emerge in modo significativo, la locandiera usa nei dialoghi uno stile diverso da quello dei monologhi e degli "a parte". Infatti quando parla con i clienti è piena di lusinghe, nel monologo invece usa un registro linguistico di tono basso e gergale, con espressioni coerenti al suo ruolo sociale di vivandiera dotata di senso pratico e concretezza («Mi piace l'arrosto, e del fumo non so che farne»).
Nel dialogo i veri sentimenti e i pensieri dei personaggi sono rivelati al pubblico (a al lettore) dagli "a parte", indicati nella didascalia con *da sé* e recitati come se il personaggio stesse parlando da solo.
Il linguaggio si regge sulla vivacità espressiva del parlato, la sintassi è caratterizzata da un andamento paratattico, le frasi sono brevi e spesso nominali, con frequenti interiezioni e sospensioni.

LABORATORIO SUL TESTO

Comprensione

1. Descrivi in una frase il piano di Mirandolina per fare innamorare il misogino Cavaliere.

2. Descrivi il progetto di Fabrizio e le sue intenzioni nei confronti della locandiera.

Analisi

3. Definisci con almeno tre aggettivi il carattere di Mirandolina.

SCHEDA APPROFONDIMENTI

Una commedia di carattere

Sono passati sette anni da *Il servitore di due padroni* e Goldoni è ormai nel pieno della sua opera di riforma. La commedia è un capolavoro di intreccio e di ritmo. Della Commedia dell'Arte sono spariti sia lo schema compositivo che le maschere. Al centro è un carattere di donna problematico, sfaccettato e credibile, attorno al quale ruotano tutti gli avvenimenti della commedia: ci troviamo di fronte a una "commedia di carattere".
Goldoni doveva rendersi conto delle reazioni che avrebbe suscitato una commedia in cui una protagonista piccolo-borghese era capace di tener testa, anzi addirittura di prendersi gioco, fra nobiluomini. Forse per questo egli ambienta la commedia a Firenze, come a dire che quelle cose potevano succedere a Firenze, ma non certo a Venezia, ed è certo anche per lo stesso motivo che l'autore si preoccupò di far precedere la stampa della commedia da una sua nota, in cui venivano esposti i motivi e le riserve sulla correttezza del comportamento di Mirandolina.

Fra tutte le Commedie da me sinora composte, starei per dire esser questa la più morale, la più utile, la più istruttiva. Sembrerà ciò essere un paradosso a chi soltanto vorrà fermarsi a considerare il carattere della Locandiera, e dirà anzi non aver dipinto altrove una donna più lusinghiera, più pericolosa di questa. Ma chi rifletterà al carattere e agli avvenimenti del Cavaliere, troverà un esempio vivissimo della presunzione avvilita, ed una scuola che insegna a fuggire i pericoli, per non soccombere alle cadute.

Goldoni vuole dunque che Mirandolina sia apprezzata come finzione teatrale, ma venga smascherata come possibile figura sociale e considerata un esempio da evitare:

Dio volesse che io medesimo cotale specchio avessi avuto per tempo, che non avrei veduto ridere del mio pianto qualche barbara Locandiera. Oh di quante Scene mi hanno provveduto le mie vicende medesime!... Ma non è il luogo questo né di vantarmi delle mie follie, né di pentirmi delle mie debolezze. Bastami che alcun mi sia grato della lezione che gli offerisco. Le donne che oneste sono, giubileranno anch'esse che mi smentiscano codeste simulatrici, che disonorano il loro sesso, ed esse femmine lusinghiere arrossiranno in guardarmi, e non m'importa che mi dicano nell'incontrarmi: che tu sia maledetto!

La scelta finale di Mirandolina

[atto III, scene diciottesima, diciannovesima e ultima]

PERSONAGGI: Mirandolina, Cavaliere, Marchese, Conte, Fabrizio

Il Conte e il Marchese hanno scoperto l'identità delle due attrici, Ortensia e Dejanira, che si divertono a spacciarsi per dame e che attraggono l'interesse dei due nobili; e si sono anche resi conto dell'innamoramento del Cavaliere. Decidono quindi di andarsene dalla locanda. Intanto il Cavaliere corteggia ormai apertamente Mirandolina e arriva al punto di urlare dietro la porta per farsi aprire da lei. La locandiera si rende conto infine di aver troppo esasperata la situazione e chiede aiuto. I tre spasimanti mettono mano alle spade e solo l'arrivo di Fabrizio evita che la situazione precipiti in tragedia.

[...] MIRANDOLINA Si fermi, signor Cavaliere, qui ci va della sua riputazione. Questi signori credono ch'ella sia innamorato; bisogna disingannarli.

CAVALIERE Non vi è questo bisogno.

MIRANDOLINA Oh sì, signore. Si trattenga un momento.

CAVALIERE (Che far intende costei?) (*da sé*)

MIRANDOLINA Signori, il più certo segno d'amore è quello della gelosia, e chi non sente la gelosia, certamente non ama. Se il signor Cavaliere mi amasse, non potrebbe soffrire ch'io fossi d'un altro, ma egli lo soffrirà, e vedranno...

CAVALIERE Di chi volete voi essere?

MIRANDOLINA Di quello a cui mi ha destinato mio padre.

FABRIZIO Parlate forse di me? (*a Mirandolina*).

MIRANDOLINA Sì, caro Fabrizio, a voi in presenza di questi cavalieri vo' dar la mano di sposa.

CAVALIERE (Oimè! Con colui? non ho cuor di soffrirlo[1]) (*da sé*) (*smaniando*).

CONTE (Se sposa Fabrizio, non ama il Cavaliere) (*da sé*). Sì, sposatevi, e vi prometto trecento scudi.

MARCHESE Mirandolina, è meglio un ovo oggi, che una gallina domani. Sposatevi ora, e vi do subito dodici zecchini.

MIRANDOLINA Grazie, signori, non ho bisogno di dote. Sono una povera donna senza grazia, senza brio, incapace di innamorar persone di merito.[2] Ma Fabrizio mi vuol bene, ed io in questo punto alla presenza loro lo sposo...

CAVALIERE Sì, maladetta, sposati a chi tu vuoi. So che tu m'ingannasti, so che trionfi dentro di te medesima d'avermi avvilito, e vedo sin dove vuoi cimentare la mia tolleranza.[3] Meriteresti che io pagassi gli inganni tuoi con un pugnale al seno; meriteresti ch'io ti strappassi il cuore, e lo recassi in mostra alle femmine lusinghiere, alle femmine ingannatrici. Ma ciò sarebbe un doppiamente avvilirmi. Fuggo dagli occhi tuoi: maladico le tue lusinghe, le tue lagrime, le tue finzioni; tu mi hai fatto conoscere qual infausto[4] potere abbia sopra di noi il tuo sesso, e mi hai fatto a costo mio imparare, che per vincerlo non basta, no, disprezzarlo, ma ci conviene fuggirlo (*parte*).

1 **soffrirlo:** sopportarlo.
2 **di merito:** nobili, di classe elevata.
3 **vuoi cimentare la mia tolleranza:** vuoi mettere alla prova la mia capacità di sopportazione.
4 **infausto:** negativo.

SCENA DICIANNOVESIMA

Mirandolina, il Conte, il Marchese e Fabrizio.

CONTE Dica ora di non essere innamorato.

MARCHESE Se mi dà un'altra mentita, da cavaliere lo sfido.

MIRANDOLINA Zitto, signori, zitto. È andato via e se non torna, e se la cosa passa così, posso dire di essere fortunata. Pur troppo, poverino, mi è riuscito d'innamorarlo, e mi son messa ad un brutto rischio. Non ne vo' saper altro. Fabrizio, vien qui, caro, dammi la mano.

FABRIZIO La mano? Piano un poco, signora. Vi dilettate[5] di innamorar la gente in questa maniera, e credete ch'io vi voglia sposare?

MIRANDOLINA Eh via, pazzo! È stato uno scherzo, una bizzarria, un puntiglio. Ero fanciulla, non avevo nessuno che mi comandasse. Quando sarò maritata, so io quel che farò.

FABRIZIO Che cosa farete?

SCENA ULTIMA

Il servitore del Cavaliere e detti.

SERVITORE Signora padrona, prima di partire son venuto a riverirvi.

MIRANDOLINA Andate via?

SERVITORE Sì. Il padrone va alla posta. Fa attaccare: mi aspetta colla roba, e ce ne andiamo a Livorno.

MIRANDOLINA Compatite[6] se non vi ho fatto...

SERVITORE Non ho tempo da trattenermi. Vi ringrazio, e vi riverisco (*parte*).

MIRANDOLINA Grazie al cielo, è partito. Mi resta qualche rimorso; certamente è partito con poco gusto. Di questi spassi non me ne cavo mai più.

CONTE Mirandolina, fanciulla o maritata che siate, sarò lo stesso per voi.

MARCHESE Fate pur capitale della mia protezione.[7]

MIRANDOLINA Signori miei, ora che mi marito, non voglio protettori, non voglio spasi-

5 **Vi dilettate:** vi divertite.
6 **Compatite:** perdonate, scusate.
7 **Fate pur capitale protezione:** contate sulla mia protezione.

La locandiera di Carlo Goldoni, regia di Giuseppe Marini, con Nancy Brilli, 2012.

manti,[8] non voglio regali. Sinora mi sono divertita, e ho fatto male, e mi sono arrischiata troppo, e non lo voglio fare mai più. Questi è mio marito...

FABRIZIO Ma piano, signora...

MIRANDOLINA Che piano! Che cosa c'è? Che difficoltà ci sono? Andiamo. Datemi quella mano.

FABRIZIO Vorrei che facessimo prima i nostri patti.

MIRANDOLINA Che patti? Il patto è questo: o dammi la mano, o vattene al tuo paese.

FABRIZIO Vi darò la mano... ma poi...

MIRANDOLINA Ma poi, sì, caro, sarò tutta tua; non dubitare di me, ti amerò sempre, sarai l'anima mia.

FABRIZIO Tenete, cara, non posso più (*le dà la mano*).

MIRANDOLINA (Anche questa è fatta).

CONTE Mirandolina, voi siete una gran donna, voi avete l'abilità di condur gli uomini dove volete.

MARCHESE Certamente la vostra maniera obbliga infinitamente.

MIRANDOLINA Se è vero ch'io possa sperar grazie da lor signori, una ne chiedo loro per ultimo.

CONTE Dite pure.

MARCHESE Parlate.

FABRIZIO (Che cosa mai adesso domanderà?).

MIRANDOLINA Li supplico per atto di grazia,[9] a provvedersi[10] d'un'altra locanda.

FABRIZIO (Brava; ora vedo che la mi vuol bene).

CONTE Sì, vi capisco e vi lodo. Me n'anderò, ma dovunque io sia, assicuratevi della mia stima.

MARCHESE Ditemi: avete voi perduta una boccettina d'oro?

MIRANDOLINA Sì signore.

MARCHESE Eccola qui. L'ho io ritrovata e ve la rendo. Partirò per compiacervi, ma in ogni loco[11] fate pur capitale della mia protezione.

MIRANDOLINA Queste espressioni mi saran care, nei limiti della convenienza e dell'onestà. Cambiando stato, voglio cambiar costume; e lor signori ancora[12] profittino di quanto hanno veduto, in vantaggio e sicurezza del loro cuore; e quando mai si trovassero in occasioni di dubitare di dover cedere, di dover cadere, pensino alle malizie imparate, e si ricordino della locandiera.

8 **spasimanti:** corteggiatori.
9 **per atto di grazia:** per farmi una cortesia.
10 **a provvedersi:** di cercarsi.
11 **in ogni loco:** dovunque io sia.
12 **ancora:** anche.

ANALISI DEL TESTO

La lezione di Mirandolina

Fabrizio riesce a calmare i litiganti. Mirandolina però non è ancora soddisfatta e annuncia il proprio matrimonio con Fabrizio allo scopo di esasperare il Cavaliere e indurlo a una piena e pubblica confessione. Finalmente Mirandolina è appagata, il suo trionfo è stato completo, anche se una nota un poco amara si nasconde tra le pieghe di questa vittoria: «Purtroppo, poverino, mi è riuscito d'innamorarlo e mi sono messa ad un brutto rischio...». Da parte sua il Cavaliere, disilluso, maledice le lusinghe della locandiera. Anche gli altri due innamorati illustri, il Conte e il Marchese, conoscono la stessa disillusione, ma in modo diverso, meno cocente e ridicolo, Mirandolina ha deciso di sposare Fabrizio e ciò rientra non solo nella logica del buon senso, ma anche in quella delle convenzioni sociali del tempo (una popolana deve sposare un suo pari).
La lezione di Mirandolina che ella rivolge prima di tutto a se stessa, ma senza ombra di pentimento, è monito per tutti i personaggi della commedia e insegnamento per il pubblico perché impari a riconoscere e a fuggire le donne "pericolose".

LABORATORIO SUL TESTO

Comprensione

1. **Secondo te la commedia intende proporre una morale, un insegnamento? Se sì quale?**

2. **Ritieni che Mirandolina si sia pentita del suo gioco? Perché?**

3. **La finzione messa in atto da Mirandolina ha cambiato l'atteggiamento del Conte e del Marchese verso di lei? Giustifica la risposta.**

Abilità e competenze

Scrittura e interpretazione

1. **Descrivi il complesso carattere di Mirandolina ed esprimi le tue considerazioni in un testo che non superi le 40 parole.**

2. **Scrivi un breve testo in cui, sulla base delle scene che hai letto, analizzi l'amore di Mirandolina per Fabrizio.**

3. **Scrivi un breve testo in cui metti in rilievo l'aspetto fondamentale del carattere di ciascun personaggio incontrato nelle scene.**

4. **Il progetto di Fabrizio ha qualche tratto di ambiguità: sembra dettato dall'amore, ma c'è anche una certa dose di calcolo. Quali sono le tue riflessioni a proposito?**

5. **Immagina di dover allestire l'ultima scena della commedia: come organizzeresti lo spazio scenico?**

6. **Trasforma una scena a tua scelta in un testo narrativo.**

Ascoltare, argomentare e confrontarsi

7. **Proponiamo un dipinto del pittore Pietro Longhi da mettere a confronto con il personaggio letterario di Mirandolina. Dopo aver letto la spiegazione, confrontatevi come gruppo classe e rispondete alle domande.**

Pietro Longhi (1702-1785), *La polenta*, 1750. Venezia, Ca' Rezzonico.

Nel dipinto viene rappresentato un interno, piccolo e buio, tipico delle case veneziane, dove solitamente hanno inizio i complicati intrecci delle commedie di Carlo Goldoni (che si dipanano poi in incontri, chiacchiere, bugie e chiarimenti tra le calli e i campielli di Venezia, vero *teatro naturale* per le commedie goldoniane).

Lo scrittore e il pittore sono coetanei, ambedue amano osservare, con occhio critico e benevolo insieme, la vita del popolo e quella della piccola e ambiziosa borghesia, nelle cui case si vive imitando, nei costumi e negli atteggiamenti, l'aristocrazia, a sua volta in declino, ma ancora presente e attiva nella città lagunare. Nella cucina, dove si sta versando la polenta, le giovani serve sono in amabile compagnia, forse di servi che hanno accompagnato i loro padroni a far visita a qualcuno che abita al piano di sopra, o forse di fattorini e commessi, invitati a condividere il tradizionale piatto caldo.

1. Quali aspetti ti hanno maggiormente colpito del quadro?
2. Ritrovi nel quadro l'atmosfera presente nelle scene lette della *Locandiera*? Motiva la tua risposta.
3. A tuo parere l'ambiente è
   [A] malinconico [B] inquietante [C] sereno [D] armonioso [E] misterioso

   Spiegane i motivi.
4. Proponi un titolo per il quadro, indipendentemente da quello scelto dall'autore.
5. Quali sensazioni ti suscita questo dipinto? Motiva la tua risposta.

SCHEDA APPROFONDIMENTI

Una commedia, ma non d'amore

Anche se si parla tanto d'amore, se ci sono due personaggi che si dicono innamorati, un terzo che viene sedotto e un finale con un matrimonio, *La locandiera* non è una commedia d'amore. I presunti sentimenti d'amore sono solo un pretesto per una sorta di recita, di gioco delle parti che serve a mettere in evidenza il carattere dei singoli personaggi. E il quadro che ne esce non è certamente consolante: la povertà e anche la nullità delle diverse situazioni esistenziali risulta alla fine evidente. Mirandolina è la più brava a condurre la recita, è in grado di smascherare subito le due attrici di teatro e di superarle nell'arte della recitazione. La scelta di seduzione di Mirandolina è calcolata, e anche i sentimenti d'amore dei due pretendenti non suonano sinceri. Perfino la scelta finale della protagonista di sposare Fabrizio non sembra del tutto dettata da passione amorosa: «Ora principio quasi a pentirmi di quel che ho fatto. È vero che mi sono assai divertita nel farmi correr dietro a tal segno un superbo, un disprezzator delle donne; ma ora che il satiro è sulle furie, vedo in pericolo la mia riputazione, e la mia vita medesima. Qui mi conviene risolvere qualche cosa di grande. Son sola, non ho nessuno dal cuore che mi difenda. Non ci sarebbe altri che quel buon uomo di Fabrizio, che in un tal caso mi potesse giovare. Gli prometterò di sposarlo... Ma... prometti, prometti, si stancherà di credermi... Sarebbe quasi meglio ch'io lo sposassi davvero. Finalmente con un tal matrimonio posso sperar di mettere al coperto il mio interesse e la mia riputazione, senza pregiudicare alla mia libertà».

La comicità si intreccia in Goldoni con una buona dose di amarezza: nella sua ansia di realismo, l'autore affronta direttamente la contraddittorietà della natura umana e la porta sulla scena.

SCHEDA APPROFONDIMENTI

L'evoluzione della commedia di Goldoni

La commedia di Goldoni, proponendosi come fine di educare la società denunciandone i vizi, attua una satira di costume che si sviluppa nel tempo secondo tappe ben individuabili. La satira inizia a demolire la classe aristocratica, colta nelle manifestazioni piccole e squallide della decadenza, come avviene per esempio nella *Locandiera*, o nella *Trilogia della villeggiatura*, esaltando a contrasto l'emergere della classe borghese, l'operosità e l'onestà del mercante. Infine, quando anche il mercante comincia a chiudersi in se stesso, in una involuzione che Goldoni giudica asociale e negativa, egli si fa critico e volge il suo favore ad uno strato sociale ancora incontaminato, quello popolare delle *Baruffe chiozzotte*. Assieme all'oggetto del comico mutano in Goldoni i tipi delle strutture utilizzate, in una ricerca tematica e formale che non si arresta mai: si passa così da una forma ancora vicina a quella della Commedia dell'Arte, come è *Il servitore di due padroni*, alla commedia di carattere, costruita attorno a un personaggio centrale molto forte, come è *La locandiera,* per arrivare ai veri e propri concertati delle ultime produzioni, affreschi corali di altissimo valore poetico e teatrale come *Le baruffe chiozzotte* o *Una delle ultime sere di Carnovale*.

PERCORSO 6

Competenze comunicative: metodi, strumenti, strategie

situazioni comunicative **in contesto**

PERCORSO 6

Competenze comunicative: metodi, strumenti, strategie

1 SAPER ASCOLTARE

situazioni comunicative **in contesto**

ESPANSIONI DIGITALI
LABORATORIO DI AUTOVERIFICA
Luis Sepúlveda • Il vecchio ispettore e la giovane agente

Ascoltare è un'attività costante in quanto implica la capacità di immediata comprensione di ogni tipo di informazione sonora.

Come il parlare, lo scrivere, il leggere, anche l'ascoltare può essere potenziato e migliorato tramite strategie ed esercizio, infatti per **saper ascoltare** non è sufficiente udire, ma occorre:

- **prestare attenzione**
- **comprendere il significato** del testo
- **individuare lo scopo** reale del testo
- **cogliere le informazioni** contenute nel testo
- **cogliere lo sviluppo dei fatti** raccontati
- **interpretare** oltre ai suoni anche **gli aspetti spaziali** della comunicazione orale, come i gesti, l'intonazione della voce, le espressioni del volto di chi parla.

Tipi di ascolto

In relazione al **contesto** in cui il messaggio è formulato distinguiamo:

- l'**ascolto diretto**, in cui chi parla e chi ascolta si trovano nello stesso luogo (conversazione, discussione, lezione, conferenza, lettura ad alta voce)
- l'**ascolto indiretto**, in cui chi parla e chi ascolta si trovano in luoghi diversi (trasmissione televisiva, radiofonica, cinematografica)

In relazione allo **scopo** di chi ascolta distinguiamo:

- **ascolto selettivo**, quando dal messaggio vogliamo ricavare solo alcune informazioni
- **ascolto approfondito**, quando lo scopo di chi ascolta è quello di comprendere interamente il messaggio
- **ascolto critico**, quando si ascolta per formulare un proprio giudizio sul tema affrontato da chi parla
- **ascolto creativo**, quando lo stimolo all'ascolto è la successiva realizzazione, in codici diversi, di produzioni personali ispirate a quanto si è recepito.

Un buon ascoltatore

Essere un buon ascoltatore significa comprendere le intenzioni di chi parla, concentrarsi su quello che viene detto, non distrarsi lasciandosi catturare da un particolare, altrimenti si perde il contatto con quanto viene detto, interrogarsi ad ascolto concluso se ciò che si è capito corrisponde alle informazioni importanti.

PRIMA DELL'ASCOLTO	• **sapere** che cosa stiamo per ascoltare • **avere chiaro lo scopo** per cui si ascolta
DURANTE L'ASCOLTO	• **prestare attenzione** a chi parla • **concentrarsi** su quanto viene detto • **capire** lo scopo dell'emittente, ossia di colui che parla • **selezionare** le informazini principali e quelle secondarie • **distinguere** le informazioni oggettive da quelle soggettive, ossia personali dell'emittente • **prendere** eventuali **appunti**
DOPO L'ASCOLTO	• **riflettere** su quanto ascoltato • **verificare se si è capito il significato** complessivo di quanto ascoltato • **valutare se lo scopo** dell'ascolto **è stato utile** e ha arricchito le nostre conoscenze • **rivedere** e riordinare **gli appunti** presi

2 SAPER LEGGERE

situazioni comunicative **in contesto**

ESPANSIONI DIGITALI
LABORATORIO DI AUTOVERIFICA
Amos Oz • Strani rumori nella notte

La lettura è un'importante abilità di base, fondamentale ai fini dell'apprendimento. La lettura non è un atto passivo e non si basa semplicemente sul riconoscimento visivo delle parole, né sulla traduzione di segni (le *parole*) in suoni (la *voce*) ma richiede un contributo attivo, che permette di **entrare in sintonia con il testo** per **comprenderne il significato** e **coglierne il messaggio**. Appare evidente che quanto maggiore è la conoscenza dell'argomento tanto più facile è la comprensione del testo.

Per leggere in modo critico e partecipe occorre variare il **ritmo** e l'**intonazione** con cui si legge, in modo da fare comprendere a chi ascolta l'andamento logico del testo.

Il **ritmo** è dato dalla velocità con cui si leggono le parole e dal modo con cui sono cadenzate le pause.

L'**intonazione** è la modulazione della voce emessa durante la pronuncia di parole e di frasi.
Il ritmo e l'intonazione servono a riprodurre il più fedelmente possibile le intenzioni comunicative del testo scritto, facilitando così la comprensione di chi ascolta.

Saper leggere significa utilizzare strategie adeguate ai diversi scopi di lettura.

Le strategie e gli scopi di lettura

Esistono diverse strategie di lettura, differenti a seconda degli scopi per cui si legge.
La lettura può essere:

- **Lettura silenziosa**, impegna le **capacità di concentrazione** ed è un tipo di lettura a cui si ricorre più di frequente perché è quello che meglio si presta ai fini di studio, di riflessione e di analisi, visto che il lettore non è distratto dal tono della voce.
- **Lettura ad alta voce**, richiede notevole livello di **attenzione**, **rapidità** e **capacità** di coordinare i vari elementi del testo per renderlo espressivo con la giusta interpretazione, con le pause appropriate e con la pronuncia corretta.

  Quando si legge ad alta voce occorre:
  - **pronunciare** in modo nitido e chiaro ciò che si legge, rispettando gli accenti secondo le regole della fonetica
  - **far comprendere** l'andamento del testo con opportune pause e con variazioni del tono della voce
  - **rispettare le pause** rappresentate dalla punteggiatura (punto, punto e virgola, due punti, ecc.)
  - **leggere in modo espressivo** adeguando il tono della voce all'andamento del testo, passando da toni alti a toni bassi, variando il ritmo della lettura, accelerando o rallentando.
- **Lettura approfondita:** è una lettura attenta, che richiede concentrazione per comprendere in modo globale il testo e capire tutti i concetti e le informazioni in esso contenute.
- **Lettura orientativa:** è una lettura veloce e poco approfondita che permette di comprendere il significato di un testo a grandi linee e di coglierne le informazioni principali.
- **Lettura espressiva:** è una lettura a voce alta e impostata nei toni giusti in modo da interessare o coinvolgere emotivamente il lettore.
- **Lettura selettiva:** è una lettura mentale e silenziosa che permette di trovare velocemente le informazioni, soffermandosi sui dati che interessano (orari, indirizzi, ecc.).

3 SAPER SCRIVERE

situazioni comunicative in contesto

Scrivere significa organizzare in modo logico le idee, così da creare gradualmente un testo corretto, ordinato e coerente, capace di comunicare con chiarezza quello che si intende esprimere.

Saper scrivere è un'attività complessa, che richiede l'applicazione di competenze diverse: *scegliere*, *catalogare* già nella nostra mente *le informazioni*, *conoscere l'argomento* al centro del nostro discorso, *valutare il tempo* a disposizione, *sviluppare i ragionamenti* con un *linguaggio chiaro*, corretto ed efficace, *revisionare il proprio scritto* individuando e correggendo gli errori.

Ci soffermiamo su otto situazioni comunicative: il **riassunto**, la **relazione**, il **curriculum**, la **ricerca**, il **tema**, il **saggio breve**, la **recensione**, l'**articolo di giornale**.

3.1 Il riassunto

Il **riassunto** (o **sintesi**) è un testo di tipo **informativo** ed è la rielaborazione breve, fatta con parole proprie, di un testo originario, orale o scritto, di cui si conservano solo le informazioni più importanti.

Per fare un riassunto occorre **selezionare** in modo efficace le informazioni, sfrondando tutto ciò che si ritiene superfluo o meno importante. Non esiste un criterio per distinguere quali siano gli elementi essenziali; in generale possiamo dire che è essenziale tutto ciò che, se venisse eliminato, farebbe venir meno la fedeltà al testo da riassumere che risulterebbe così incomprensibile. Dover riassumere obbliga a rileggere, abitua a riflettere, a saper cogliere il significato essenziale di un testo, a scrivere in modo autonomo, ossia a conoscere il testo con maggiore precisione.

Leggi il testo che segue, tratto da un racconto di Truman Capote. Come puoi osservare, sono state selezionate con il colore rosa le informazioni importanti e con il colore verde le informazioni secondarie.

Truman Capote **Racconti del terrore e del soprannaturale**

Da molti anni, la signora H.T. Miller viveva in un comodo appartamento (due stanze con cucinino) in un edificio ristrutturato di arenaria rossa presso l'East River. Era vedova: il signor H.T. Miller aveva lasciato una buona assicurazione. I suoi interessi erano ristretti, non aveva praticamente amici, e raramente si spingeva più in là della drogheria sull'angolo. Gli altri inquilini della casa non sembravano mai accorgersi di lei; indossava abiti pratici, non usava cosmetici, aveva lineamenti comuni e insignificanti, e aveva compiuto sessantun'anni. Raramente le sue attività erano spontanee: provvedeva a che le due stanze fossero di una pulizia immacolata, fumava di tanto in tanto una sigaretta, si preparava il pranzo e la cena e si occupava del suo canarino.

Da molti anni, la signora H.T. Miller viveva in un comodo appartamento (due stanze con cucinino) in un edificio ristrutturato di arenaria rossa presso l'East River. Era vedova: il signor H.T. Miller aveva lasciato una buona assicurazione. I suoi interessi erano ristretti, non aveva praticamente amici, e raramente si spingeva più in là della drogheria sull'angolo. Gli altri inquilini della casa non sembravano mai accorgersi di lei; indossava abiti pratici, non usava cosmetici, aveva lineamenti comuni e insignificanti, e aveva compiuto sessantun anni. Raramente le sue attività erano spontanee: provvedeva a che le due stanze fossero di una pulizia immacolata, fumava di tanto in tanto una sigaretta, si preparava il pranzo e la cena e si occupava del suo canarino.

[Truman Capote, *Racconti del terrore e del soprannaturale*, Mondadori, Milano 1990]

INFORMAZIONE PRINCIPALE
è quella parte della sequenza (una o più frasi) che contiene le informazioni più importanti inerenti all'argomento generale del testo cui la sequenza appartiene

INFORMAZIONE SECONDARIA
è quella parte della sequenza (una o più frasi) che aggiunge notizie di minore importanza all'informazione principale, che viene così completata

Il riassunto può avere **scopi** diversi:

- può servire per un *uso privato*, per focalizzare e *ricordare quanto letto* ed eventualmente utilizzarlo per una *relazione*, un *approfondimento*, un *lavoro di confronto* tra testi diversi, un'*interrogazione*
- può essere *destinato ad altri*, per comunicare il contenuto di quanto si è letto;
- può avere un *uso scolastico*, per dimostrare il proprio grado di comprensione di un testo;
- può costituire una *prima fase di lavoro* per elaborare testi più complessi come commenti o recensioni.

Per formulare un riassunto occorre una serie di abilità che analizzeremo nelle prossime pagine.

Abilità e tecniche del riassumere

Prima di scrivere un riassunto, è molto importante leggere con attenzione e comprendere il significato del testo. In particolare occorre:

- **comprendere il contenuto** (argomento principale, temi e argomenti, personaggi, tempo e luogo della vicenda)
- **individuare il tipo di testo** (narrativo, espositivo, descrittivo, informativo, argomentativo)
- **capire lo scopo** che il testo si prefigge (divertire, dare istruzioni, esporre fatti e avvenimenti, approfondire un argomento, sostenere un'opinione, fornire dati e indicazioni).

Al momento di scrivere il riassunto, è molto utile distinguere le informazioni principali da quelle secondarie del testo di partenza. In particolare è necessario:

- **riformulare le informazioni** in un testo più breve dell'originale in modo che queste risultino collegate logicamente e producano un testo coerente e coeso
- **saper cogliere quanto l'autore vuole comunicare**
- **evitare i commenti personali**; si è invece liberi di evidenziare le tematiche che hanno destato maggior interesse.

Come costruire un riassunto

A Fasi preliminari

Prima di riassumere occorre **individuare il destinatario** del riassunto e gli **scopi** per cui si riassume; questo permette di decidere l'ampiezza e il tipo della sintesi.

Durante la lettura del testo da riassumere è utile **consultare il vocabolario** quando non si capisce il significato di parole fondamentali per la comprensione del testo e quindi per una precisa e corretta selezione delle informazioni.

È importante, prima della stesura di un riassunto, procedere alla **sottolineatura del testo** per **evidenziare** i termini e le espressioni più significative, riducendo il testo alle sue parti essenziali. La sottolineatura può essere varia e personalizzata, l'importante è che segua criteri di razionalità e di praticità.

Dopo aver sottolineato il testo, sarà opportuno suddividerlo in **sequenze**, cioè in unità di testo che sviluppano un solo argomento. Occorre a questo proposito tener presente che scomponendo un testo in sequenze brevi si otterrà un riassunto più lungo, mentre scomponendolo in sequenze lunghe si otterrà un riassunto più breve.

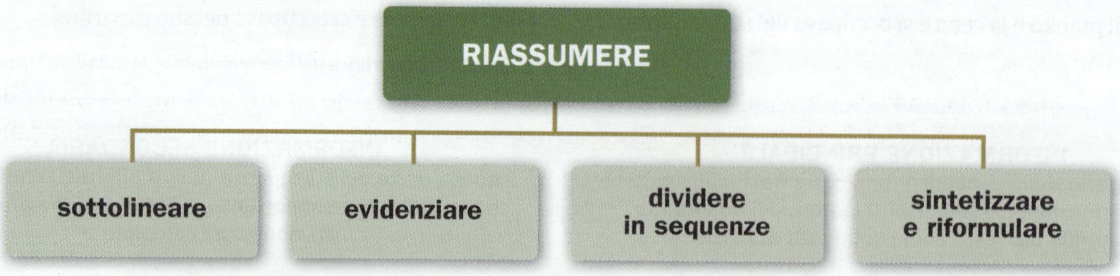

B Progettazione

Le fasi operative essenziali per la stesura di un riassunto possono essere schematizzate nei seguenti punti:

1 **Raccogliere dati:**
- *leggere con attenzione* e sottolineare il testo
- *suddividere il testo in sequenze*, concentrando l'attenzione su tempi, luoghi, personaggi principali, fatti essenziali, evoluzione della vicenda, se si tratta di un testo narrativo; su articolazioni della tesi e riferimenti ad altre tesi, se si tratta di un testo argomentativo; su informazioni essenziali, se si tratta di un testo informativo, espositivo o descrittivo.

2 **Individuare il destinatario** del riassunto.

3 Tenere presente **il rapporto di proporzione tra testo originario e sintesi da produrre**.

4 **Dare un titolo ad ogni sequenza** e fare una scaletta dei punti chiave.

5 **Rimontare le singole parti** della scaletta.

6 **Sintetizzare** via via le singole parti di testo.

7 **Equilibrare il rapporto tra le parti** evitando riassunti che inizino in modo dettagliato e terminino con generalizzazioni.

8 Elaborare **frasi brevi** e **chiare**, collegarle con opportuni connettivi, trasformare i discorsi diretti in discorsi indiretti.

Nella fase di stesura di un riassunto, soprattutto nel caso si tratti di articoli di cronaca, risulta utile anche lo schema delle "cinque W e una H":

What? → che cosa?
Who? → chi?
When? → quando?
Where? → dove?
Why? → perché?
How? → come?

C Revisione

Terminato il riassunto, si procede alla revisione per accertarne la coerenza. Questa operazione riguarda due livelli:

PRIMO LIVELLO

revisione del contenuto
per accertare se
- è stata colta la parte essenziale del testo
- le sequenze sono state ben collegate
- ci sono concetti ripetuti
- c'è proporzione tra le parti

SECONDO LIVELLO

revisione della forma
per accertare se
- i periodi hanno senso compiuto
- ci sono espressioni o parole ripetute
- l'uso dei tempi verbali è esatto
- la punteggiatura è stata usata in modo corretto

■ Tipi di riassunto

In base allo scopo che ci prefiggiamo, possiamo avere diversi tipi di riassunto:

- **guidato** (o sommario), quando in una breve scaletta si elencano i punti trattati, mantenendo quindi l'ordine del testo originale. Questo tipo di riassunto ha come funzione principale quella di chiarire la comprensione del testo
- **libero**, quando si sconvolge l'ordine delle sequenze e si decide di iniziare da quella che si ritiene più significativa.

Riassunto guidato e riassunto libero

Ti proponiamo un brano tratto da un testo narrativo, *Il visconte dimezzato* di **Italo Calvino**, di cui è già stata fatta la divisione in sequenze.

Osserva le differenze tra il **riassunto guidato** (che rispetta la scaletta) e il **riassunto libero** (che segue la scansione ritenuta più interessante), che ti proponiamo al termine del brano.

Italo Calvino

Il visconte dimezzato

scaletta delle sequenze

1 **recupero dei morti e dei feriti**

Alla sera, scesa la tregua, due carri andavano raccogliendo i corpi dei cristiani per il campo di battaglia. Uno era per i feriti e l'altro per i morti. La prima scelta si faceva sul campo. – Questo lo prendo io, quello lo prendi tu –. Dove sembrava ci fosse ancora qualcosa da salvare, lo mettevano sul carro dei feriti: dove erano solo pezzi e brani andava sul carro dei morti, per aver sepoltura benedetta; quello che non era neanche un cadavere era lasciato in pasto alle cicogne. In quei giorni, viste le perdite crescenti, s'era data la disposizione che nei feriti era meglio abbondare. Così i resti di Medardo furono considerati un ferito e messi su quel carro.

2 **l'ospedale**

La seconda scelta si faceva all'ospedale. Dopo le battaglie l'ospedale da campo offriva una vista ancora più atroce delle battaglie stesse. In terra c'era la lunga fila delle barelle con dentro quegli sventurati, e tutt'intorno imperversavano i dottori, strappandosi di mano pinze, seghe, aghi, arti amputati e gomitoli di spago. Morto per morto, a ogni cadavere facevan di tutto per farlo tornar vivo. Sega qui, cuci là, tampona falle, rovesciavano le vene come guanti, e le rimettevano al suo posto, con dentro più spago che sangue, ma rattoppate e chiuse. Quando un paziente moriva, tutto quello che aveva di buono serviva a racconciare le membra di un altro, e così via. La cosa che imbrogliava di più erano gli intestini: una volta srotolati non si sapeva più come rimetterli.

3 **il visconte moribondo**

Tirato via il lenzuolo, il corpo del visconte apparve orrendamente mutilato. Gli mancava un braccio e una gamba, non solo, ma tutto quel che c'era di torace e d'addome tra quel braccio e quella gamba era stato portato via, polverizzato da quella cannonata presa in pieno. Del capo restavano un occhio, un orecchio, una guancia, mezzo naso, mezza bocca, mezzo mento e mezza fronte: dell'altra metà del capo c'era più solo una pappetta. A farla breve, se n'era salvato solo metà, la parte destra, che peraltro era perfettamente conservata, senza neanche una scalfittura, escluso quell'enorme squarcio che l'aveva separata dalla parte sinistra andata in briciole.

4 **il visconte dimezzato**

I medici: tutti contenti. – Uh che bel naso! – Se non moriva nel frattempo, potevano provare anche a salvarlo. E gli si misero d'attorno, mentre i poveri soldati con una freccia in un braccio morivano di setticemia. Cucirono, applicarono, impastarono: chi lo sa cosa fecero. Fatto sta che l'indomani mio zio aperse l'unico occhio, la mezza bocca, dilatò la narice e respirò. La forte fibra dei Terralba aveva resistito. Adesso era vivo e dimezzato.

[da *Il visconte dimezzato*, Einaudi, Torino 1971]

Riassunto guidato

1 Alla sera, durante la tregua della battaglia, si procedeva al recupero dei corpi rimasti sul campo. C'erano due carri: uno per i feriti, per cercare di salvarli, e uno per i morti, per dar loro sepoltura. I resti del visconte Medardo di Terralba, ritenuto ancora vivo, furono messi sul carro dei feriti e portati all'ospedale.

2 L'ospedale offriva uno spettacolo ancora più atroce del campo di battaglia: sangue, arti amputati, ferri chirurgici e medici indaffaratissimi.

3 Il visconte era stato colpito al petto da una cannonata. La parte sinistra del suo corpo era stata polverizzata, mentre la parte destra si era perfettamente conservata.

4 Incuriositi dal fatto, i medici si erano dati da fare attorno al visconte e, tralasciando le cure degli altri feriti, erano riusciti a salvarlo, nonostante gli fosse rimasta solo la parte destra del corpo: un occhio, mezza bocca, una narice, mezza fronte e mezzo mento, un braccio e una gamba. La sua forte fibra aveva resistito. Egli era vivo e dimezzato.

Riassunto libero

4 I medici, dandosi un gran da fare attorno al corpo del visconte e grazie alla sua forte fibra, riuscirono a mantenerlo in vita, nonostante a Medardo di Terralba non fosse rimasta che la metà destra del corpo. Dal momento che l'interesse principale di Calvino non è quello di dare una descrizione realistica dei fatti, egli ricorre spesso ad un tono ironico e fantastico, ponendo la narrazione su un piano allegorico.

3 Era stato infatti colpito da una cannonata in mezzo al petto, che gli aveva polverizzato la parte sinistra.

2 Il suo corpo, che giaceva in mezzo ai feriti sul campo di battaglia, era stato raccolto durante la tregua serale della battaglia.

1 Ciò che rimaneva del suo corpo venne portato in condizioni disperate all'ospedale, la cui vista costituiva uno spettacolo ancora più atroce di quello del campo di battaglia.

3.2 La relazione

La **relazione** è un testo che ha lo scopo di **informare** e di **esporre** in modo chiaro e ordinato un determinato argomento, con lo scopo pratico di far conoscere qualcosa a qualcuno.

La relazione è un testo che viene utilizzato frequentemente in molte circostanze; a scuola, negli uffici, nei laboratori di ricerca si preparano spesso resoconti informativi su qualcosa che si è fatto, su progetti, su determinati argomenti.

Molte volte, al posto di "relazione", si usano altri termini, come ad esempio **dossier**, **reportage**, **rapporto**, che si possono considerare tipi speciali di relazioni.

Lo **scopo** fondamentale della relazione è sempre quello di far conoscere ad altri un'informazione in modo esauriente e corretto.

Per fare una relazione occorre:

- **individuare informazioni**, documentandosi bene sull'argomento da trattare
- **selezionare il materiale raccolto** e riordinarlo.

Nell'elaborare una relazione, quindi, si integrano non soltanto le attività di lettura e di scrittura ma anche le capacità di **individuare**, **selezionare** e **rielaborare** informazioni.

In campo scolastico vi sono frequenti occasioni per fare delle relazioni, sia orali che scritte, in concomitanza di:

- visite guidate a mostre, musei
- visite culturali in una città
- visite ad un'azienda
- spettacoli teatrali o proiezioni cinematografiche
- lavori di gruppo realizzati
- libri letti.

Procedimenti operativi

A Fasi preliminari

Prima di passare alla stesura di una relazione è molto importante:

- scegliere il **metodo di lavoro** da seguire per sviluppare gli argomenti con precisione e completezza in modo che abbiano una validità
- stabilire i criteri generali
- trattare l'argomento con **riferimenti pertinenti**
- fornire opportune indicazioni sugli **strumenti di informazione** utilizzati
- tenere presente il **destinatario** per stendere una relazione anche in riferimento allo **scopo**.

B Raccolta dei dati

La qualità e la quantità delle informazioni che sono presenti in un testo caratterizzano una relazione. A tale scopo sono importanti:

- la fase di **documentazione**, cioè di raccolta del materiale per ricavarne dati e informazioni: libri, riviste, fonti statistiche
- la fase in cui si **selezionano** le informazioni in modo accurato, annotando su una scheda i dati che si ritengono utili, ricordando sempre di citare la fonte per poterla poi facilmente rintracciare.

È consigliabile preparare una **scaletta-guida** per fissare i punti ed avere chiaro lo sguardo d'insieme.

C Stesura della relazione

Quando si passa alla **stesura** della relazione, si svolgono i singoli punti della scaletta, cercando di collegare le notizie raccolte secondo un ordine logico consequenziale, evitando ripetizioni. È necessario quindi esprimersi con chiarezza e precisione, con un linguaggio appropriato ed essenziale, che utilizzi i termini specifici, in modo che l'informazione giunga chiara ed esauriente.

Il testo di una relazione si articola in *introduzione*, *sviluppo del testo* e *conclusione*.

INTRODUZIONE	definizione dell'argomento (**Che cosa**) presentazione degli obiettivi (**Perché**) occasione in cui è nata l'attività di cui si fa la relazione (**Quando**)
SVILUPPO DEL TESTO	descrizione della fase presentazione dei dati raccolti
CONCLUSIONE	deduzioni e proposte valutazioni in relazione agli scopi

Suggerimenti operativi

Le fasi essenziali per la stesura di una relazione possono essere schematizzate nei seguenti punti.

PRIMA FASE	**stabilire gli obiettivi**: scopo della relazione **scegliere l'argomento** su cui si vuol fare la relazione (libro, film, conferenza, visita a una mostra…)

SECONDA FASE

- **individuare informazioni** e raccogliere dati
- **selezionare appunti** e dati raccolti
- **disporre gli argomenti** secondo la loro importanza riguardo ai fini prefissati
- **preparare una scaletta-guida**

TERZA FASE

- **stesura** della relazione: svolgere i singoli punti della scaletta cercando di usare un linguaggio chiaro e sintetico
- **revisione**: verificare l'ordine logico, la chiarezza delle tesi esposte, la coerenza del testo, il corretto uso dei tempi verbali, la precisione dei termini lessicali, il giusto utilizzo dei connettivi come *quindi*, *infatti*, *dunque*, *di conseguenza* ecc.

Tipi di relazione

Le relazioni possono essere:

- **informative** (espositive), quando presentano informazioni e dati in modo oggettivo, senza commenti o interpretazioni personali;
- **informative-argomentate** (espositive-argomentate), quando presentano informazioni e dati con commenti, interpretazioni e giudizi personali.

Per stendere in modo corretto una relazione è necessario tenere presenti il **destinatario** e lo **scopo**.

Gli **scopi** di una relazione sono quelli di:

- informare su ciò che si è letto, visto, udito;
- analizzare e chiarire i termini di un dibattito;
- rilevare e porre problemi di carattere culturale, sociale ecc.;
- esporre con chiarezza le proprie idee su un determinato argomento.

Esempio di relazione

Riportiamo nelle pagine seguenti un esempio di relazione informativa su Paesi ricchi e Paesi poveri corredata da dati, grafici e tabelle.

titolo

introduzione

argomento

sviluppo del testo

contesto della ricerca

PAESI RICCHI E PAESI POVERI

Agli inizi del terzo millennio, la gran parte dell'umanità vive ancora in condizioni di forte sottosviluppo.

I dati sulla distribuzione delle ricchezze mostrano dislivelli impressionanti tra le nazioni industrializzate e i paesi poveri. Il 20% della popolazione mondiale, che è concentrata nei paesi ricchi (il cosiddetto «Nord del mondo»), dispone dell'87% del reddito mondiale, si divide, cioè, la quasi totalità della «torta» della ricchezza mondiale, mentre l'80% della popolazione (il cosiddetto «Sud del mondo») sopravvive con il restante 13%.

La disuguaglianza appare ancora più macroscopica se facciamo un confronto su alcuni consumi, prendendo in considerazione, per esempio, il quinto più ricco della popolazione mondiale e il quinto più povero.

Negli ultimi decenni, i consumi mondiali sono aumentati in modo significativo ma, evidentemente, il fenomeno ha riguardato soprattutto i paesi ricchi e, in parte, quelli che vengono definiti «paesi neo-industrializzati», quelle nazioni, cioè, in via di sviluppo che hanno avuto un processo di industrializzazione recente e che stanno entrando a far parte del mondo economicamente più sviluppato.

Come indicatore dello sviluppo di un paese si è soliti fare riferimento al reddito pro capite, cioè alla ricchezza di una nazione divisa per i suoi abitanti. È certo un buon metodo di valutazione che, però, da solo non riesce a fornire un quadro preciso del benessere di una nazione o di un popolo. Più che a quella dello sviluppo inteso in senso strettamente economico, occorre riferirsi alla categoria più generale dello sviluppo umano che prende in considerazione vari indicatori. Tra questi, quelli essenziali sono la longevità, le condizioni sanitarie, i livelli di istruzione e, infine, l'accesso alle risorse per uno standard di vita dignitoso (il reddito pro capite, appunto). A queste condizioni di base se ne aggiungono altre, come i diritti politici, la sicurezza sociale, la situazione ambientale, ecc. Può accadere che paesi con reddito pro capite simile abbiano livelli di sviluppo umano diverso o che paesi con reddito pro capite anche significativamente diverso abbiano standard di sviluppo umano analoghi. Generalmente, però, la ricchezza e il potere di acquisto sono indici abbastanza validi per giudicare il livello di benessere di una nazione.

conclusione deduzione

grafici e tabelle

I più ricchi e i più poveri		
il quinto più ricco (circa 1.200.000.000 persone) *consumo in percentuale*	**prodotto o servizio**	**il quinto più povero** (circa 1.200.000.000 persone) *consumo in percentuale*
45	carne e pesce	5
58	energia	4
74	linee telefoniche	1,50
84	carta	1,10
87	traffico navale	1

dati e informazioni

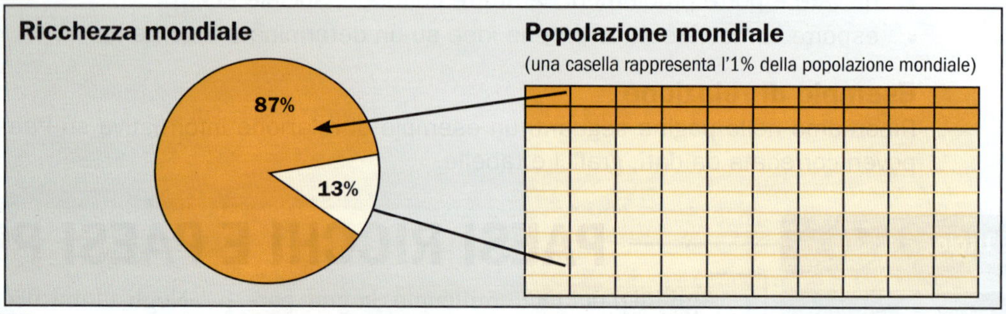

dati e informazioni

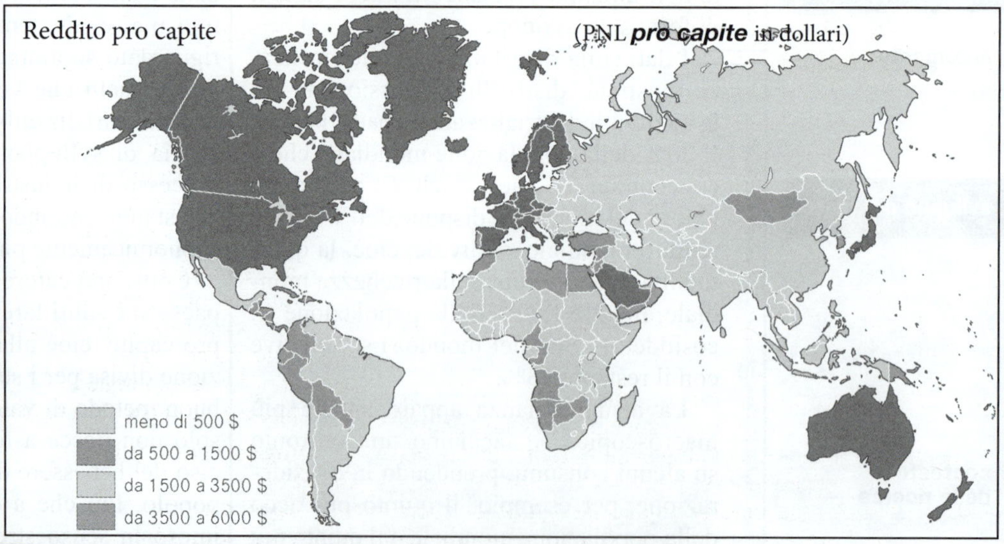

[A. Binazzi, F.S. Tucci, *Scienze Sociali*, Palermo, Palumbo 2006]

3.3 Il curriculum e il video curriculum

Il **curriculum** o per esteso **curriculum vitae**, ossia "carriera della propria vita", è un testo particolare che serve a presentare il proprio profilo professionale con percorsi scolastici e lavorativi.

Saper scrivere un curriculum è molto importante in quanto significa presentare se stessi fornendo tutte quelle informazioni che dovranno convincere chi legge a sceglierti tra altri aspiranti.

Il curriculum deve essere chiaro, conciso e redatto con linguaggio formale.

Un **curriculum** deve essere costituito dalle seguenti parti:

- l'indicazione completa dei *dati anagrafici* (prima il **nome** e dopo il **cognome**), l'indicazione dei recapiti dove si può essere rintracciati
- l'indicazione della *formazione scolastica*, di eventuali corsi di specializzazione frequentati (corsi universitari, corsi post diploma, stages in aziende, pubblicazioni) e del grado di conoscenza di una o più lingue straniere
- l'indicazione delle *esperienze lavorative precedenti*, con specificazione della qualifica e delle mansioni svolte, del datore di lavoro, del luogo e della durata
- l'indicazione di *informazioni accessorie* come, ad esempio, il possesso di patente automobilistica o la disponibilità ad essere trasferito in altra città o in altro Stato.

Il curriculum può, inoltre, contenere:

- l'indicazione delle proprie aspirazioni o dei propri *obiettivi professionali*
- l'indicazione degli *hobbies personali*.

Vediamo un esempio di curriculum.

Il più delle volte ai selezionatori aziendali importano al massimo i seguenti "capitoli", la cui successione fornisce uno schema-traccia da adottare nella compilazione del curriculum. Provate a seguirla per stendere o controllare il vostro.

A Generalità

Nome
Cognome
Luogo e data di nascita
Stato civile
Nazionalità
Località, indirizzo e telefono di residenza
Località, indirizzo con CAP e telefono di domicilio
Eventuale indirizzo e telefono di ufficio
Cenni sulla composizione e situazione familiare
Altre eventuali

B Studi compiuti

SCUOLE MEDIE
- città e istituto
- anni da/a
- giudizio finale

SCUOLE SUPERIORI
- città e istituto
- anni da/a
- voto finale

UNIVERSITÀ
- città, facoltà, corso di laurea
- anni da/a
- voto finale
- titolo e argomento della tesi
- eventuali corsi di specializza-zione *oppure*
- anni frequentati ed esami sostenuti (se non ancora laureati)

Lingue estere conosciute (grado di padronanza relativamente a comprensione del testo, conversazione, traduzione)

C Interessi extraprofessionali

Hobby
Pratica sportiva
Attività culturali e sociali

D Occupazioni precedenti all'attuale

PER CIASCUNA:
- periodo dal/al
- azienda e città
- posizione ricoperta
- categoria contrattuale
- stipendio lordo annuo

E Occupazione attuale

Data di inizio (giorno, mese e anno)
Azienda e città
Posizione ricoperta (obiettivi e responsabilità, dipendenza, collaboratori, rapporti con altri uffici)
Categoria e contratto
Dati retributivi (retribuzione annua lorda, mensile netta, numero di mensilità)

F Conoscenze ed esperienze professionali acquisite

Che cosa si sa fare e in quali campi
Con quali metodologie
Trasferibilità ad altri settori
Punti forti e punti deboli della propria preparazione

G Progetti per il futuro

Ambizioni
Aspirazioni culturali
Aspirazioni lavorative e motivazioni che le sottendono

Come scrivere un curriculum

Saper scrivere un curriculum vuole dire sapere valorizzare se stessi senza inventare nulla, ma mettendo in primo piano i punti forti, in secondo piano quelli meno importanti.

Accorgimenti grafici

È preferibile utilizzare un computer, ma se dovete scrivere il curriculum a mano fate in modo che la grafia sia leggibile. Utilizzate un foglio bianco di formato A4.

Per l'impaginazione:

- lasciate adeguati margini a destra e a sinistra del foglio, in alto e in basso
- scrivete su una sola facciata. L'intestazione può essere posta al centro della pagina (ma non è necessario)
- fate seguire l'elenco dei dati raggruppati per tipologia:
  - dati anagrafici
  - dati personali
  - dati sugli studi
  - dati professionali.

È opportuno separare visivamente le varie parti del curriculum, distanziandole tra di loro.

Curriculum e privacy

Con la legge n. 196 del 2003 anche l'Italia si è allineata agli altri paesi europei per quanto riguarda la tutela della privacy dei suoi cittadini.

Chiunque, sia esso un ente pubblico, un'azienda o una associazione, per poter trattare i dati personali di un soggetto, deve avere dallo stesso la cosiddetta "liberatoria", deve cioè avere da questa persona l'assenso a trattare i suoi dati personali.

Ebbene, quando si invia il proprio curriculum ad un'agenzia di selezione del personale o ad un'azienda, non dobbiamo dimenticarci della legge sulla privacy. Infatti, senza la nostra firma di liberatoria, chi riceve il nostro curriculum non può inserirlo in una qualsiasi banca dati e non può segnalarlo ad altri.

È necessario quindi specificare all'interno del curriculum tale autorizzazione, inserendo una frase di questo tipo: ***"presto consenso all'utilizzo dei dati personali ai sensi della legge 196/03"***.

Non dimenticatelo: rischiate che il vostro curriculum, per quanto interessante, venga cestinato!

Il *Curriculum Europeo*

Il *Curriculum Vitae Europeo* è uno degli strumenti che possono essere utilizzati per **facilitare** e **favorire** la mobilità delle persone. Modelli (compilabili) del *Curriculum Vitae Europeo* sono reperibili in rete, ad esempio sul sito europass.cedefop.europa.eu.

Ancora oggi, malgrado la **libera circolazione** sia ormai definita in termini di condizioni giuridiche e diritti costituiti, il cittadino europeo rischia di non vedere riconosciute le proprie qualifiche e competenze in un paese diverso da quello in cui sono state acquisite.

La situazione è ulteriormente complicata dalla proliferazione di titoli a livello mondiale e dai continui cambiamenti nei sistemi nazionali delle qualifiche, negli ordinamenti scolastici ed universitari.

Per risolvere questo problema, negli ultimi anni l'Unione Europea ha proposto vari strumenti volti a favorire la trasparenza e il riconoscimento delle qualifiche, dei titoli accademici e professionali, in modo da consentire ai cittadini di presentare e utilizzare le proprie competenze in Europa, indipendentemente dal luogo e dal contesto nel quale sono state acquisite.

Il *Curriculum Vitae Europeo* costituisce un'opportunità importante:

- per l'**individuo** che aspira a trovare un posto di lavoro, e/o proseguire il suo percorso di formazione, in quanto permette di valorizzare e dare notorietà anche ai percorsi di apprendimento non formali

- per le **aziende** e gli **istituti di istruzione/formazione** che hanno la possibilità di riconoscere con maggiore chiarezza il possesso di conoscenze, abilità e competenze, indipendentemente dalle modalità con cui sono state acquisite e dalle qualifiche o titoli professionali posseduti dai singoli cittadini.

Il *Curriculum Vitae Europeo* costituisce un **modello comune di riferimento** per fornire e reperire informazioni sui percorsi formativi compiuti e sulle esperienze lavorative capitalizzate nel tempo.

L'obiettivo è quello di consentire a tutti i cittadini europei di **riconoscere** e **valorizzare** le proprie competenze per proporsi o riproporsi sul mercato del lavoro e della formazione con un curriculum più trasparente e spendibile in tutto il territorio dell'Unione.

Il *Curriculum Vitae Europeo* accoglie in pieno le indicazioni politiche proposte dall'Unione Europea in tema di sviluppo delle risorse umane, che vanno dalla necessità di considerare l'intera esperienza di una persona in una logica di **formazione per tutta la durata della vita**, alla visibilità delle competenze ritenute utili per lavorare nella società attuale.

Il *Curriculum Vitae Europeo*, infatti, prende in considerazione:

- sia la **formazione** iniziale, sia le **esperienze** di vita e di lavoro
- sia le competenze maturate a scuola o in un ambiente **formativo**, sia quelle acquisite nella **vita professionale** e **sociale**
- sia le competenze **tecnico-professionali** tradizionali, sia quelle utili nelle nuove forme di **organizzazione del lavoro** e nelle nuove **professioni** (competenze relazionali, organizzative ecc.).

Il *Curriculum Vitae Europeo* è uno **strumento** a disposizione di tutti i cittadini. Non è un certificato, bensì una **dichiarazione** autocertificata e volontaria.

L'adozione di un formato ***standard*** per tutti i paesi elimina le barriere poste dai diversi metodi istituzionali e nazionali di riconoscimento delle competenze, permettendo alle persone di **esprimere** la propria **storia** ed **esperienza** in modo **comprensibile** per tutti.

A chi serve il *Curriculum Vitae Europeo*

Il **CVE** è uno strumento utile a diversi livelli.

Ai **cittadini europei**, giovani e meno giovani che:

- desiderano lavorare in un paese europeo diverso da quello d'origine
- hanno acquisito un titolo di studio all'estero
- hanno avuto esperienze di lavoro in diversi paesi europei
- hanno acquisito competenze in ambiti diversi da quello formativo, non documentate da titoli e certificati, e vogliono renderle note per trovare un lavoro adatto alle proprie capacità e inclinazioni
- desiderano continuare il proprio percorso formativo anche in un paese europeo diverso da quello d'origine valorizzando non solo i titoli di studio e professionali, ma le competenze acquisite e le esperienze effettuate.

Agli **istituti scolastici** e alle **strutture formative** che, attraverso il CVE, possono disporre di informazioni utili all'inserimento delle persone nei diversi percorsi formativi.

Il **Punto Nazionale di Riferimento Italia**, istituito presso l'Isfol, è la struttura incaricata dal Ministero del Lavoro e delle Politiche Sociali e dall'Unione europea di fornire informazioni di carattere generale sul CVE.

Il video curriculum

Anche il curriculum diventa multimediale.

Che cos'è il video curriculum

Accanto al **curriculum vitae cartaceo**, che rimane sempre indispensabile, tanto nella sua versione più tradizionale che in quella del formato europeo, si fa strada con sempre maggiore successo il **video curriculum**.

Il **video curriculum** è una presentazione, tramite videocamera, di colui che è in cerca di un impiego e vuole proporsi ad un'azienda. Da tempo presente all'estero, soprattutto negli Stati Uniti, il video curriculum comincia ad affermarsi anche in Italia, rivelandosi una risorsa ricca di potenzialità. Particolarmente utile in un momento in cui è fondamentale sapersi muovere nel modo più efficace per trovare un'occupazione soddisfacente, farsi notare dalle aziende o dagli addetti alla selezione di personale.

Il video curriculum è diffuso via internet, principalmente attraverso i siti dedicati alle offerte/domande di lavoro o sul portale You tube.

I vantaggi del video curriculum per le aziende

Per ciò che riguarda la fase di selezione, visionare i video curriculum consente all'azienda di avere delle informazioni aggiuntive del candidato rispetto a quanto trasmesso nel curriculum testuale. Ovviamente oltre alle competenze del candidato, la presentazione video mette in risalto anche la personalità, l'atteggiamento, la dialettica del soggetto. Attraverso il video curriculum l'azienda può attestare anche le competenze tecniche o pratiche e il grado di conoscenza di una lingua straniera del candidato. Tutto ciò facilita e accorcia i tempi della fase di preselezione, diminuendo il numero di colloqui dal vivo che l'azienda organizza nella successiva fase di selezione.

Cosa deve contenere il video curriculum

Requisito fondamentale è la **brevità**: è importante non essere dispersivi, perché altrimenti si finisce per annoiare e confondere chi ascolta. Per i selezionatori uno dei vantaggi principali del video curriculum è infatti la possibilità di valutare un candidato attraverso una sorta di **anteprima** di quello che potrebbe essere un colloquio dal vivo, riducendo l'impegno organizzativo ed economico che la gestione di colloqui di tipo tradizionale comporta. Bisogna perciò essere in grado di fornire **informazioni sintetiche** sui **dati più rilevanti** che compongono il proprio profilo anagrafico e professionale.

Come deve essere il video curriculum

Anche la **forma** di un video curriculum è già di per sé un messaggio per chi lo vede: può rivelare la creatività, l'originalità o le doti di affidabilità e concretezza di un candidato.

Il risultato finale può essere molto vario. Si può realizzare un video curriculum **tradizionale**, che ricrea l'ambientazione neutra di un colloquio standard, o **creativo**, basato su una sorta di sceneggiatura, in cui il montaggio e l'inserto di vari elementi del linguaggio visivo o musicale possono avere un peso determinante. Può essere un'**autopresentazione** o può essere strutturato come una **simulazione di colloquio**, con una voce fuori capo che propone le domande. Può avere un'intonazione seria, **formale** oppure può avere un'impronta ironica, **divertente**, spiazzante.

La scelta della modalità di realizzazione va valutata naturalmente sulla base delle proprie competenze e soprattutto del tipo di lavoro a cui si aspira.

Sarà sufficiente effettuare una ricerca sul web per reperire consigli ed esempi per creare un video curriculum.

3.4 La ricerca e la ricerca in Internet

La **ricerca** è un particolare tipo di testo che ha lo scopo di organizzare le informazioni reperite su un argomento storico, letterario, artistico, sociologico, sportivo ecc. per approfondirne la conoscenza. Fare una ricerca coinvolge le abilità di scrittura e di lettura e la capacità di rielaborare in modo consapevole le conoscenze.

Scelte preliminari

Prima di fare una ricerca occorre:

- aver chiaro l'argomento che si vuole approfondire e lo scopo prefissato
- reperire, selezionare e organizzare dati e informazioni
- una volta stabilite le linee generali del problema che si vuole affrontare, individuare gli argomenti da sviluppare e cercare la bibliografia di base.

Per ottenere un'informazione relativa ad un certo argomento si deve saper individuare il tipo di informazione che serve e le fonti in cui è possibile reperirla.

Repertorio delle fonti

La fase più impegnativa della ricerca è costituita proprio dal reperimento delle fonti; per produrre un buon lavoro, è necessario infatti esaminare un'ampia documentazione.

Le fonti sono i materiali che si utilizzano per trarre informazioni relative a un determinato argomento; possono essere **fonti scritte** (enciclopedie, libri, articoli, lettere, siti internet) o **fonti orali** (interviste, colloqui); ci sono anche le **fonti materiali**, costituite da sculture, monete, oggetti, dipinti. Le fonti scritte sono quelle cui si fa riferimento più frequentemente, soprattutto a scuola.

Una volta identificate le fonti, occorre capire come utilizzare il testo da consultare, aiutandosi con l'indice e l'introduzione o la prefazione, in cui vengono esposti gli scopi del libro e da cui si possono ricavare informazioni utili per capire se il testo può effettivamente servire.

È consigliabile fare prima una lettura *orientativa* di un libro, visualizzando e sottolineando le parti che interessano; se il libro interessa, si passa ad una lettura approfondita e *analitica*, che permetta di scegliere, selezionare e focalizzare le informazioni del testo utili alla ricerca da compiere.

Scelte tali informazioni, occorre sistemarle in **schede**, in modo da poterle utilizzare anche a distanza di tempo; nelle schede si possono riassumere schematicamente dati, informazioni, tabelle.

È importante ordinare, elencandole in ordine alfabetico, le fonti bibliografiche utilizzate, indicando *nome e cognome dell'autore, titolo del libro, luogo di edizione, casa editrice e anno di pubblicazione*.

ESEMPIO

Khaled Hosseini, *Il cacciatore di acquiloni*, Edizioni Piemme, Casale Monferrato (AL) 2004.
Magellano, *La scoperta dello Stretto*, in «Stocca», settembre 2013.
Carlo Petrini, *Cibo e libertà* in www.slowfood.it.

Se l'opera è tradotta si deve indicare il nome del traduttore. Per gli articoli di giornale, si indica il titolo dell'articolo, il nome del quotidiano, la data di pubblicazione.

Si possono allegare alla ricerca altri tipi di materiali prodotti: questionari, foto, tabelle, grafici, testi della registrazione.

Suggerimenti operativi per fare una ricerca di classe

I fase - lavoro in classe

A Tracciare le linee generali del problema che si vuole affrontare (con la guida dell'insegnante).
B Individuare gli argomenti da indagare e la bibliografia di base per ciascun argomento. Predisporre delle schede su cui fissare dei dati.
C Formare dei gruppi in numero corrispondente agli argomenti da approfondire.

II fase - lavoro per singoli gruppi

A Consultare i testi proposti dalla bibliografia per individuare i dati su cui soffermarsi.
B Raccogliere i dati utili e individuare ulteriori suggerimenti bibliografici.
C Sulla base dei dati raccolti in comune o dai singoli, ogni gruppo, dopo aver preparato una scaletta, stende un resoconto preciso sull'argomento di sua competenza.

III fase - lavoro in classe

A Tutti i dati di ciascun gruppo, sotto la guida dell'insegnante, vengono analizzati e riordinati con chiarezza, in modo che corrispondano alle finalità prefissate.
B Tutti i dati ricomposti formano le sequenze su cui impostare una relazione.
C Il testo finale della ricerca viene diviso in capitoli e vengono preparati gli indici e la bibliografia.

La consultazione in biblioteca

La biblioteca resta il principale luogo di reperimento e di consultazione delle fonti. Per cercare un libro in biblioteca si ricorre agli schedari. Ci sono gli schedari per **autore**, per **soggetto**, per **titolo**; inoltre c'è uno schedario dei **periodici**.

Le schede del catalogo per **autore** contengono *nome* e *cognome* dell'autore, *titolo*, *luogo* e *data di pubblicazione*, *editore*, *anno di stampa*, *numero di pagine*, eventuale *formato*, *nome* e *numero della collana editoriale*. In alto a destra c'è la *collocazione* o *segnatura*, che permette di rintracciare il libro nello scaffale della biblioteca.

Nel catalogo per **soggetto**, invece, il libro viene schedato in base all'argomento (*letteratura*, *storia*, *sociologia ecc.*) sotto il quale le schede sono collocate, in ordine alfabetico di autore.

Le biblioteche sono ormai dotate di computer, che facilitano e rendono rapida e analitica la ricerca delle informazioni.

La ricerca in Internet

Internet è un potente mezzo di diffusione del pensiero, un mezzo di comunicazione individuale e di massa. La rete Internet include diversi miliardi di **pagine Web**, che contengono testi, video, immagini e altre informazioni sugli argomenti più disparati. La creazione di queste pagine si deve all'opera di società, associazioni, Enti governativi, istituzioni culturali e singole persone che hanno deciso di diffondere parte del loro sapere in modo che altre persone possano accedervi.

I motori di ricerca

Dal momento che queste informazioni sono divise su una mole sterminata di **siti diversi**, è stato necessario creare degli strumenti che permettessero di trovare velocemente le informazioni e gli argomenti di proprio interesse, anche quando non si conosce direttamente l'indirizzo del sito. Per questa ragione sono nati i **motori di ricerca**, siti che offrono una serie di strumenti per trovare velocemente le pagine Web relative ad un argomento di nostro interesse. Esistono inoltre i "motori di ricerca tematici", che rappresentano una buona alternativa nella ricerca mirata in quanto ricercano siti e portali specializzati in un determinato settore o argomento; alcuni portali (come *Wikipedia*, l'enciclopedia on line) contengono al loro interno informazioni di svariata natura.

Utilizzare le parole chiave

Per usare un motore di ricerca, basta **digitare delle parole chiave** nel campo previsto a questo scopo, validare e aspettare le risposte del motore. È fondamentale determinare il tipo di parole che permettono di trovare le informazioni ricercate.

Il motore cerca le pagine che contengono queste parole chiave; se non troviamo ciò che desideriamo e il motore non trova nessun risultato e rinvia un messaggio del tipo «*Nessun risultato corrisponde*», bisognerà estendere la ricerca con altre parole chiave secondo l'argomento ricercato, oppure levarne alcune o affinare la ricerca attraverso l'utilizzo di altri caratteri speciali, i cosiddetti **operatori logici**.

In caso contrario, cioè se si hanno troppi risultati, bisognerà restringere la ricerca aggiungendo delle limitazioni, come l'obbligo di fornire dei risultati che contengano tutte le parole richieste oppure che ne escludano altre.

Se ci interessa un certo tipo di documento, è bene indicarne il tipo aggiungendo alla nostra ricerca **filetype:pdf** (o doc, jpg, insomma l'estensione del file). Se poi ci ricordiamo anche il nome o vogliamo che nel titolo delle pagine segnalate dalla nostra ricerca ci sia una parola esatta, possiamo indicarla con l'espressione **intitle:parola**.

Gli operatori logici

Per una ricerca con più parole chiave definite, possiamo sfruttare gli operatori logici:

- **"frase"** indica al motore di ricerca di cercare la frase esatta posta fra virgolette e non le singole parole
- **parola** estende la ricerca ai sinonimi della parola indicata
- **parola** il segno meno esclude una parola dalla ricerca

- ***parola** l›asterisco può indicare un testo, in genere parte di una parola o di una più lunga locuzione, previsto come variabile rispetto ad una parte ben determinata e indicata puntualmente dell›espressione da ricercare. L›asterisco può essere usato in combinazione con le virgolette per trovare varianti della frase esatta o per ricordare parole al centro della frase
- **parola-parola** il trattino indica termini strettamente connessi, come per esempio baby-sitter
- **OR** aiuta a fare una doppia ricerca, restituendo i risultati della stessa ricerca con una parola o l'altra anziché quelli che soddisfano entrambi i termini
- **site:nomedelsitosenzawww** cerca solo all'interno di un sito.

I suggerimenti dei motori di ricerca

I diversi motori di ricerca hanno comunque dei filtri preimpostati utilissimi per restringere le ricerche.

Prendiamo ad esempio il motore di ricerca **Google**.

Mentre digitiamo le nostre parole chiave, il motore di ricerca ci dà dei suggerimenti su eventuali altre parole da scrivere; Google desume queste informazioni sulla base delle frasi o dei termini più comuni cercati dagli altri utilizzatori in associazione alle parole che abbiamo inserito.

Per ogni ricerca effettuata, il motore di ricerca mostra anche un elenco di "Ricerche correlate", sempre sula base delle statistiche delle ricerche simili alle nostre effettuate da altri utilizzatori.

Google Scholar, inoltre, può rivelarsi un discreto sostituto della biblioteca. Questo strumento infatti consente di fare ricerche fra **pubblicazioni scientifiche e accademiche e citazioni** sempre nello stesso ambito. In questo caso è molto utile il filtro **author:nomedellautore** (che può anche essere messo fra virgolette così: "**nome autore**"). È anche possibile effettuare ricerche avanzate, riempiendo dei campi preimpostati.

Quando si effettua una ricerca su Internet, può essere utile aprire i siti trovati in una nuova scheda o in una nuova finestra del browser di navigazione che usiamo (Internet Explorer, Mozilla Firefox, Google Chrome...).

Controlliamo sempre l'attendibilità delle fonti!

Ricorda che non tutte le informazioni presenti nella Rete sono attendibili. Proprio perché chiunque potenzialmente può creare siti Web e inserire qualsiasi tipo di informazione, senza alcun controllo di veridicità, è possibile trovare siti con dati falsi, errati o tendenziosi. Anche **Wikipedia**, enciclopedia collaborativa scritta a più mani, nonostante i contenuti siano controllati da molti utenti, **può contenere informazioni o citazioni non veritiere**, magari basate su luoghi comuni o **informazioni errate che non è possibile verificare**.

Noto è il caso di un personaggio famoso che non ha potuto cambiare la propria data di nascita indicata su Wikipedia perchè "la maggior parte degli utenti aveva ritenuto corretta e accettato la data inserita!". Alcuni siti, poi, contengono virus o materiali offensivi o inopportuni.

Controlliamo quindi sempre l'attendibilità delle fonti, cioè dei siti che consultiamo, cercando di riferiamoci a siti già noti, a portali professionali o istituzionali, a siti che indicano chiaramente chi li ha fatti, possibilmente citando le fonti utilizzate e con date di aggiornamento recenti. Non limitiamoci ai risultati trovati nel primo sito restituito dal motore di ricerca, ma confrontiamo con le informazioni presenti in altri siti.

E se la ricerca ci è stata richiesta da un docente come compito a casa, non limitiamoci ad un copia e incolla delle informazioni trovate, ma cerchiamo di selezionare quelle che ci interessano e di rielaborarle in maniera personale, aggiungendo, se vogliamo, immagini, schemi e mappe concettuali. Ricordiamo, infine, che alcuni contenuti presenti nel Web sono protetti dal diritto d'autore, e quindi non è possibile utilizzarli o possono essere usati solo a determinate condizioni.

"Serendipità" un neologismo amico che ci fa trovare quello che non cerchiamo

Quando cerchiamo in Internet, non scartiamo sempre i risultati non previsti: potremmo sempre trovare qualcosa che non cercavamo ma che può interessarci: è il concetto di **serendipità**, un neologismo che indica la sensazione che si prova quando si scopre una cosa non cercata e imprevista mentre se ne sta cercando un'altra.

La redazione finale

Organizzare la ricerca in modo ordinato ne facilita la lettura, rendendola più gradevole e più veloce. Forniamo pertanto alcuni suggerimenti e indicazioni per una buona **redazione finale**.

È importante suddividere lo scritto in **capitoli**, la cui lunghezza dovrà essere per quanto possibile uniforme; i capitoli possono essere divisi in **paragrafi** e in **sottoparagrafi**.

Ogni capitolo avrà un titolo e ciascuno sarà numerato in modo progressivo (anche i paragrafi e i sottoparagrafi saranno numerati in modo progressivo).

Note

Le note al testo hanno lo scopo di riportare informazioni secondarie, che appesantirebbero la trattazione se inserite direttamente nel testo. Le note possono essere usate per due tipi fondamentali di informazioni: *chiarimenti* o *commenti* (note di contenuto) e *riferimenti bibliografici* (note di riferimento).

Le note possono essere collocate in fondo alla pagina, al termine di ogni capitolo o alla fine dell'intero testo.

La numerazione delle note è progressiva.

Le note relative a tabelle, illustrazioni o schemi particolari non seguono la numerazione delle note al testo, ma vengono contrassegnate con simboli, lettere (minuscole), talvolta numeri, e riportate sotto l'elemento in questione.

Per evitare ripetizioni, all'interno delle note si possono usare forme abbreviate. Ad esempio, se il testo comprende una bibliografia analitica finale è possibile adottare nelle note un riferimento abbreviato che rimanda a quello esteso contenuto in bibliografia. Se il testo non è citato in bibliografia, è sufficiente adottare per esteso il riferimento la prima volta che l'opera viene citata; i successivi rimandi possono essere espressi in forma abbreviata.

ESEMPIO

Buzzati, *Siamo spiacenti di...*, cit., p. 21.

Anziché di:

Dino Buzzati, *Siamo spiacenti di...*, Milano, Mondadori, 1933, p. 21.

Quando per un riferimento bibliografico si rimanda ad altra nota, è sufficiente riportare un rimando al riferimento precedente. A questo scopo si può usare il termine *ivi*, oppure la corrispondente forma latina, l'abbreviazione *ibid.* (*ibidem*).

Se il riferimento iniziale specifica un certo numero di pagina, il rimando *ivi* sottintende lo stesso numero di pagina; se si vuole rimandare ad un altro brano del testo, al rimando *ivi* viene fatto seguire il nuovo numero di pagina.

ESEMPIO

4. **Italo Calvino**, *Prima che tu dica «Pronto»*, Milano, Mondadori, 1993.
5. *Ivi.*
6. *Ivi.*
7. *Ivi*, p. 12.

Citazioni

Le citazioni sono brani presi direttamente da un altro testo e inseriti nello scritto in fase di stesura. La citazione può costituire lo spunto per una riflessione personale o essere il punto di partenza di un commento testuale oppure può costituire una prova autorevole a sostegno delle proprie tesi.

Le citazioni possono essere inserite in un testo in due modi diversi: *in corpo* e *fuori corpo*.

Si definiscono **citazioni in corpo** quelle inserite direttamente all'interno di un testo corrente, racchiuse tra virgolette.

ESEMPIO

La lettura, dice Calvino, è "un percorso che sembra uniforme e invece è sempre mutevole e accidentato" e pertanto comporta un impegno attivo che deve essere affrontato con una guida e un'educazione specifica.

Si definiscono **fuori corpo** le citazioni riportate come inserti distinti dal testo; sono scritte in corpo ridotto e in genere rientrate rispetto ai margini della pagina. Per le citazioni fuori corpo non è necessario l'uso delle virgolette.

Bibliografia

La bibliografia consiste nell'elenco di libri, articoli e altre fonti consultati per la propria ricerca, che si segnalano anche per fornire indicazioni al lettore che voglia approfondire l'argomento trattato.

La bibliografia viene posta in genere alla fine dello scritto o in fondo ad ogni capitolo.

Gli autori compaiono in ordine alfabetico e, quando dello stesso autore vengono citati più testi, questi si possono ordinare in base all'anno di pubblicazione.

Per ciascun testo è opportuno dare tutte le informazioni necessarie.

Indice

L'indice riporta l'elenco ordinato di tutte le parti in cui il testo è suddiviso: capitoli, paragrafi, sottoparagrafi, con i relativi numeri di pagina nel testo.

L'indice può essere posto all'inizio o alla fine dello scritto.

È importante strutturare l'indice in modo completo e ordinato, per catturare l'attenzione del lettore. La prima impressione del testo, infatti, il lettore la trae proprio dall'indice.

Impaginazione

Una buona impaginazione finale valorizza un testo scritto. Innanzitutto un testo deve avere un *titolo*. Importanti sono i *titoletti* di sintesi per ogni sezione, che devono essere evidenziati graficamente con caratteri maiuscoli o in grassetto. Le *virgolette* che segnalano il discorso diretto devono essere sempre dello stesso tipo. Le *note* devono essere evidenziate sempre allo stesso modo. Può risultare utile *evidenziare* alcuni elementi del testo ricorrendo al grassetto o alle sottolineature o alle virgolette. È opportuno usare sempre la stessa *spaziatura* tra le righe.

3.5 Il tema

Che cos'è il tema

Tema, dal greco *théma*, significa 'proposta', 'argomento assegnato'. Il tema è una pratica di scrittura di tipo prettamente scolastico. Fare un tema è un'importante attività di tipo *cognitivo* e *formativo*, in quanto abitua a saper pianificare organicamente le proprie conoscenze e le proprie idee e ad esprimerle in modo appropriato e corretto.

Per fare un tema occorre infatti saper *produrre* e *organizzare* idee e informazioni, saperle esporre con chiarezza e precisione, rispettando tempi predeterminati.

Per lo svolgimento di un tema è opportuno distinguere due fasi di lavoro:

- la fase preliminare, o di **prescrittura**, durante la quale vengono raccolte ed organizzate le idee e le informazioni relative all'argomento proposto
- la fase della **produzione del testo**, durante la quale si procede alla stesura dell'elaborato e alla sua revisione.

Tipi di tema

Esistono diversi tipi di tema; i più comuni sono:

- **tema espositivo**
- **tema descrittivo-narrativo**
- **tema argomentativo.**

La tipologia del tema è generalmente indicata dalla **traccia** fornita dall'insegnante. È necessario aver chiaro il tipo di tema che si deve svolgere per scegliere il procedimento più opportuno. Se la traccia non fornisce adeguate informazioni in proposito, è opportuno chiedere chiarimenti all'insegnante.

Prima di procedere all'organizzazione del proprio lavoro è anche necessario valutare:

- il *ruolo dello scrivente*; aver chiaro se lo studente deve esprimere opinioni proprie o se deve rifarsi a tesi esaminate
- i *criteri di valutazione dell'insegnante*; sapere se occorre concentrare la propria attenzione sull'originalità del testo, sull'ampiezza dell'argomentazione, sullo stile, sulla correttezza delle informazioni fornite.

Guida allo svolgimento

La **fase preliminare** (o fase di *prescrittura*) può essere suddivisa in quattro momenti successivi:

- analisi della traccia
- raccolta di idee e informazioni
- organizzazione delle idee e delle informazioni raccolte
- stesura della "scaletta".

Analisi della traccia

È un momento fondamentale, che permette innanzitutto di capire il tipo di tema richiesto e il ruolo dello scrivente e, in secondo luogo, quali specifici argomenti devono essere trattati dallo studente.

Esistono diversi tipi di traccia: questa infatti può essere *precisa* e *dettagliata* e, in questo caso, fornire preziose indicazioni sul modo di svolgere l'elaborato richiesto; oppure può invece essere *vaga* e fornire solo indicativamente l'argomento da trattare. In ogni caso contiene sempre **parole-chiave**, che occorre analizzare per poter individuare con chiarezza la richiesta fornita.

Vediamo alcuni esempi:

ESEMPIO **I Tema** *"Io e gli altri"*

Si tratta di un titolo generico che presuppone lo svolgimento di un tema "personale", in cui pertanto le informazioni richieste riguardano l'esperienza personale dello studente e non sono necessarie conoscenze specifiche. L'analisi del titolo è, in questo caso, molto semplice: la congiunzione "**e**" fa capire che la richiesta della traccia consiste principalmente nell'analisi dei rapporti tra lo studente e le persone che lo circondano. Si tratterà quindi di riflettere sulle proprie relazioni, raccontando in che modo e con chi queste si svolgono. Quello che occorre impostare è quindi un tema di tipo narrativo, contenente riflessioni e considerazioni personali.

ESEMPIO **II Tema** *"Lo sviluppo crescente dei consumi individuali tende sempre più a caratterizzare la civiltà del nostro tempo. Quali problemi pone per l'equilibrio della natura, per la tutela dei suoi valori e delle sue bellezze, e quali interrogativi e fermenti sollecita nei giovani?"*

Si tratta in questo caso di un titolo molto dettagliato, che fornisce, oltre all'argomento, indicazioni preziose su come strutturare l'elaborato. Quello richiesto è un tema di tipo **espositivo**: presuppone quindi che lo studente sia in possesso di adeguate informazioni al riguardo.

I due periodi che costituiscono il titolo suggeriscono, oltre agli ambiti specifici, le proporzioni tra le varie parti dello svolgimento.

La prima parte riguarderà la società dei consumi in cui viviamo: bisognerà analizzare il fenomeno del consumismo, strettamente legato all'industrializzazione; fare riferimento alla pubblicità e ad altri meccanismi nascosti che tendono a creare falsi bisogni; analizzare il problema di tipo sociologico dell'alienazione, della perdita di identità dell'individuo, dell'omologazione e, all'opposto, del rifiuto del diverso che da ciò scaturisce.

La seconda parte del tema sarà strutturata su due piani: da un lato bisognerà sviluppare il rapporto tra consumismo ed equilibrio naturale, dall'altro il rapporto tra consumismo e giovani.

ESEMPIO **III Tema** *"La libertà è una conquista irrinunciabile degli individui e delle società"*

La traccia è piuttosto generica. Frasi di questo tipo vengono spesso proposte agli studenti: si può trattare di enunciazioni anonime, come in questo caso, o di citazioni di personaggi famosi, in ogni modo lo studente è chiamato ad esprimersi sull'argomento proposto e a commentare l'enunciazione, fornendo le proprie opinioni in proposito. Lo svolgimento dovrà pertanto essere di tipo **argomentativo**. In questo caso le *parole-chiave* che potranno guidare all'elaborazione della traccia sono "conquista" e "irrinunciabile".

La prima suggerisce di inquadrare storicamente il problema: la libertà è frutto di un processo, non è un dato di fatto; individui e società hanno in diverso modo lottato per ottenere questo bene. Lo studente dovrà quindi fornire esempi di processi storici che hanno portato ad ottenere questa conquista.

La seconda parola-chiave suggerisce di sottolineare l'importanza della libertà per gli individui e per le società e quindi di analizzare in che modo essi debbano salvaguardare questo bene prezioso. Si può far riferimento, ad esempio, al significato delle carte costituzionali e, in particolare, ai primi articoli della nostra Costituzione.

ESEMPIO

IV Tema *"La vivisezione: pratica fondamentale per la ricerca scientifica o inutile barbarie nei confronti degli animali?"*

Si tratta anche in questo caso di una traccia che rimanda ad un tema di tipo **argomentativo**. Il punto interrogativo suggerisce infatti che lo studente debba prendere posizione a favore di una delle definizioni proposte.

Dopo aver chiarito che cosa significa *vivisezione*, bisognerà quindi analizzare i due aspetti proposti, fornendo argomentazioni a favore o contro, a seconda della posizione assunta dallo studente.

Raccolta di idee e informazioni

Qualunque sia il tipo di tema richiesto dalla traccia, questo prevede la produzione di idee e di informazioni che saranno poi selezionate, organizzate e, infine, formulate nell'elaborato finale.

Se il tema è stato preparato con un lavoro preliminare in classe o se l'argomento oggetto della traccia è stato annunciato con anticipo, in modo da permettere allo studente di svolgere a casa ricerche in proposito, il materiale a cui attingere sarà già definito. In qualunque caso, anche nell'ipotesi di un argomento generico o inaspettato, una volta analizzata la traccia occorre procedere alla *raccolta delle idee e delle informazioni da sviluppare*.

Una tecnica per fare ciò consiste nello scrivere al centro di una pagina bianca l'argomento richiesto dalla traccia e quindi inserire a raggiera tutte le idee e le informazioni che vengono in mente, sviluppando da ciascuna successive diramazioni contenenti ulteriori idee, che nascono per associazione.

Il risultato di questa operazione è quello che viene chiamato un "grappolo associativo".

La stesura del "grappolo associativo" sarà terminata quando saranno esaurite le idee o quando quelle raccolte sembreranno sufficienti allo scopo.

Vediamo due esempi di "grappolo associativo" relativi a due delle tracce precedentemente analizzate.

ESEMPIO

Grappolo associativo - traccia 1: Io e gli altri

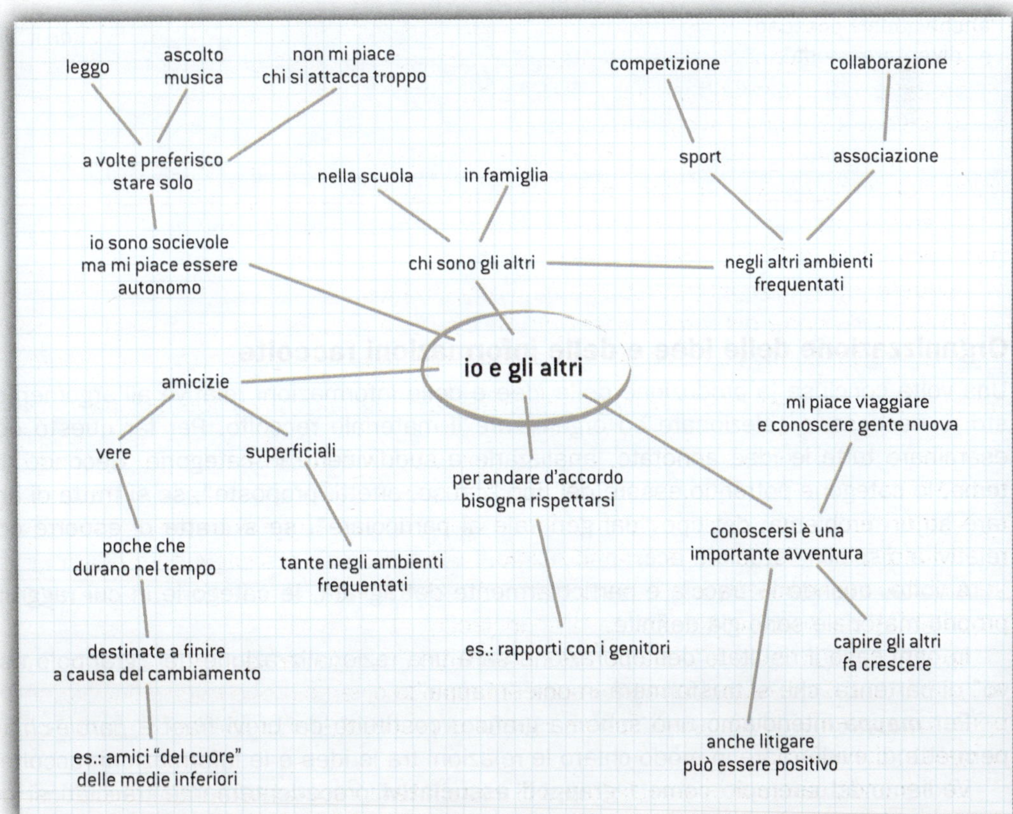

ESEMPIO **Grappolo associativo - traccia 2: Lo sviluppo crescente**

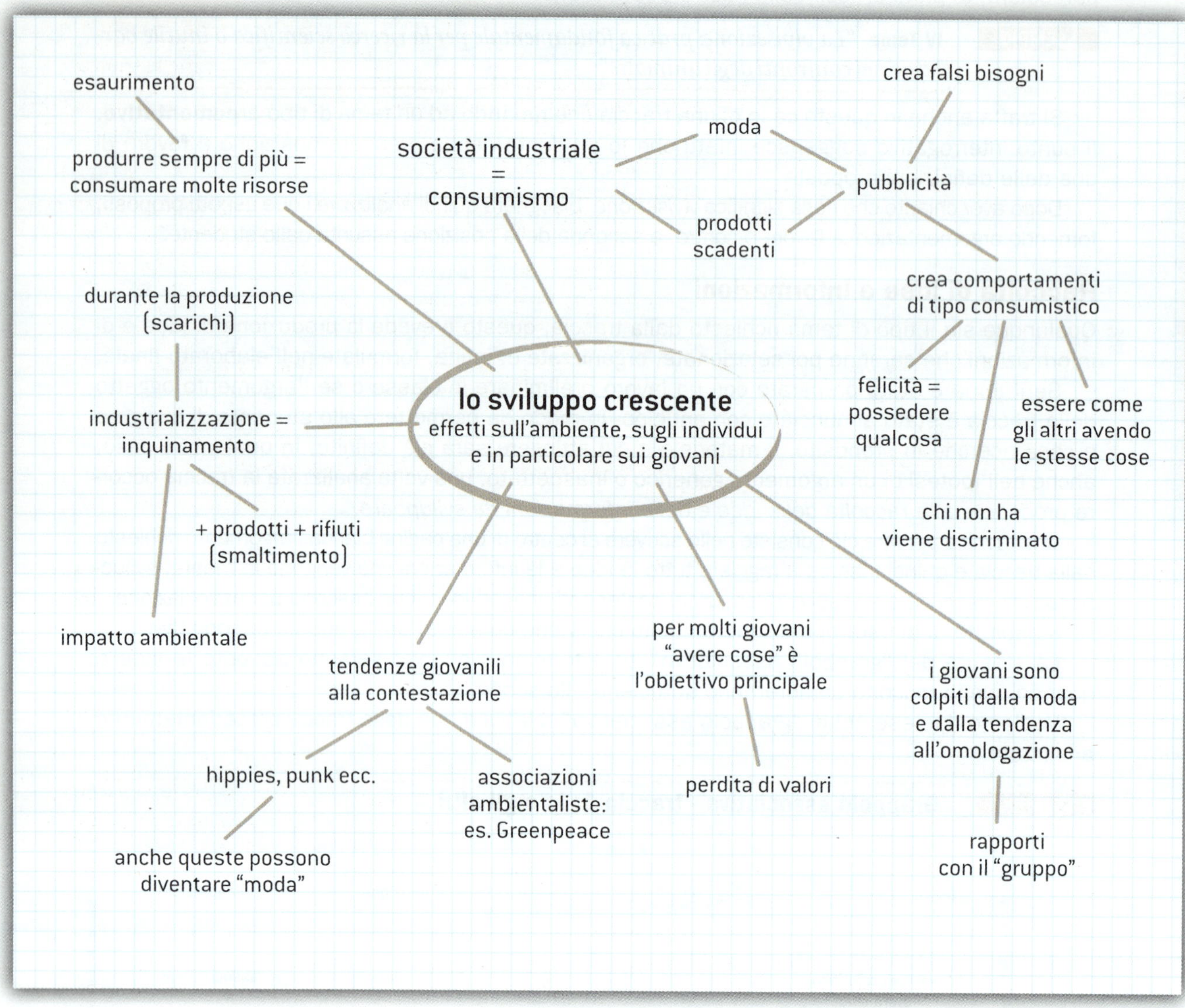

Organizzazione delle idee e delle informazioni raccolte

Una volta conclusa la produzione delle idee e delle informazioni relative all'argomento richiesto, è necessario selezionare ed organizzare il materiale raccolto. Per far questo occorrerà esaminare tutte le idee annotate, analizzarle e suddividerle in categorie. Secondo il tipo di tema, le categorie potranno essere del tipo "cause, effetti, proposte", se si tratta di argomentare su un problema, del tipo "dal generale al particolare", se si tratta di esporre contenuti relativi a discipline studiate ecc.

A volte, quando la traccia è particolarmente dettagliata, le categorie in cui raggruppare il proprio materiale sono già definite.

In ogni caso il risultato dell'operazione sarà una razionalizzazione del "grappolo associativo" di partenza, che si trasformerà in una "mappa".

Per ***mappa*** intendiamo uno schema grafico, costituito da brevi frasi e *parole-chiave*, che permette di evidenziare in modo chiaro le relazioni tra le idee e le informazioni raccolte.

Vediamo ad esempio come i **grappoli associativi** precedentemente tracciati si possono trasformare in **mappe**.

ESEMPIO **Mappa - traccia 1: Io e gli altri**

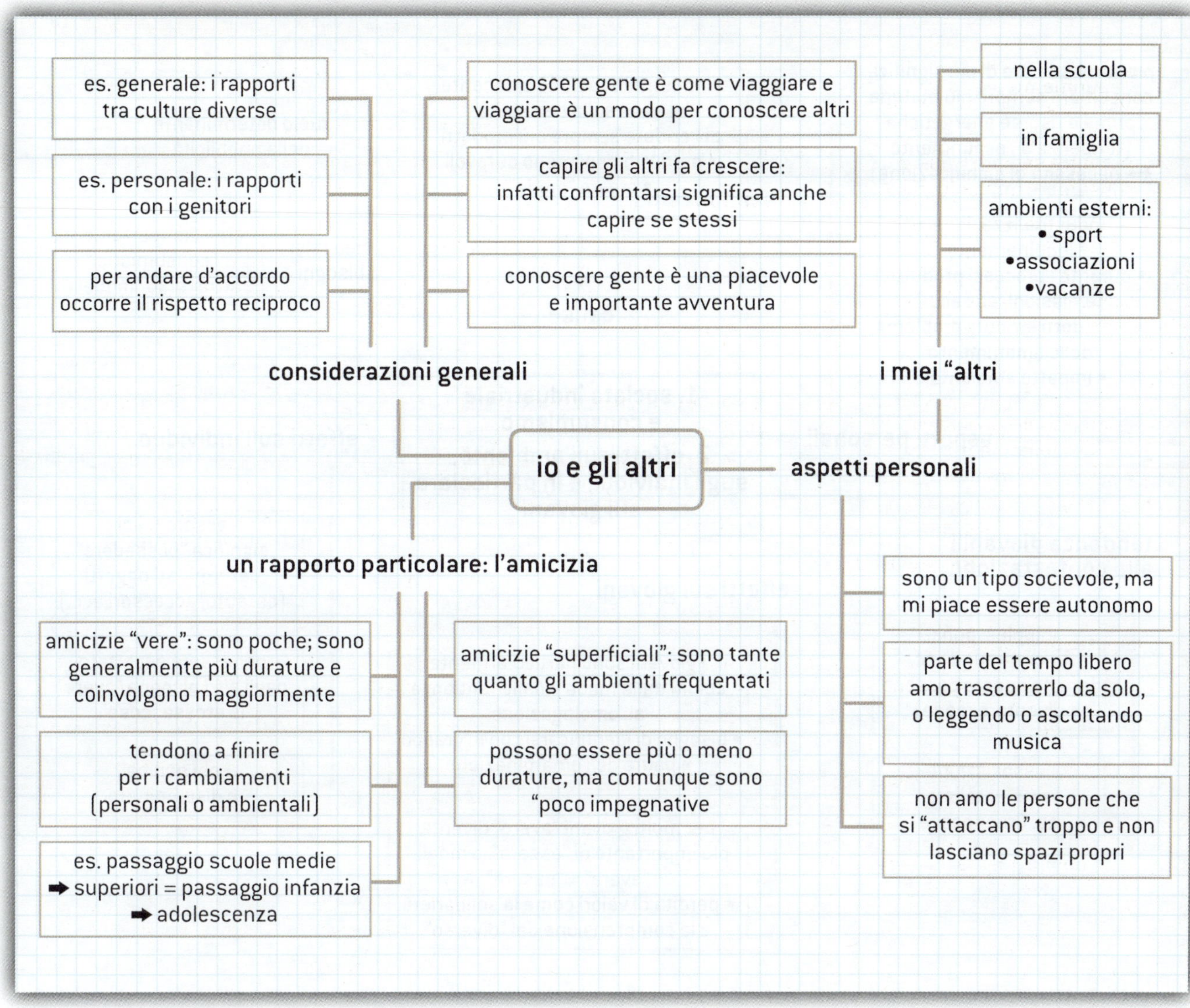

Stesura della "scaletta"

La "**scaletta**" costituisce l'ossatura del tema. Se la scaletta è opportunamente organizzata, se sono ben evidenziati i rapporti gerarchici tra gli argomenti da svolgere, se le idee e le informazioni sono ben dettagliate, la stesura dell'elaborato risulterà semplice e lineare.

Prima di costruire la scaletta, perché il testo finale abbia unità e coerenza, è necessario compiere una ulteriore operazione a partire dalla *mappa* precedentemente predisposta: occorre definire il *punto di vista* in un tema *descrittivo-narrativo*, e definire la *tesi* che si vuole sostenere in un tema *argomentativo*.

Il **punto di vista** è l'angolo prospettico dal quale si decide di mostrare fatti o oggetti: la scelta di questo ci permette l'opportuna organizzazione della scaletta e l'ordine gerarchico che il materiale elaborato dovrà assumere.

La **tesi** è l'idea centrale che si sostiene nel tema argomentativo: la scelta di questa ci consente di predisporre un'opportuna introduzione nella quale la tesi sarà presentata e, in seguito, di organizzare opportunamente idee e informazioni, e di decidere come concludere lo svolgimento.

Vediamo ad esempio in che modo, stabilita la tesi, una delle "**mappe**" precedenti diventa "**scaletta**".

ESEMPIO

Scaletta - traccia 2: Lo sviluppo crescente

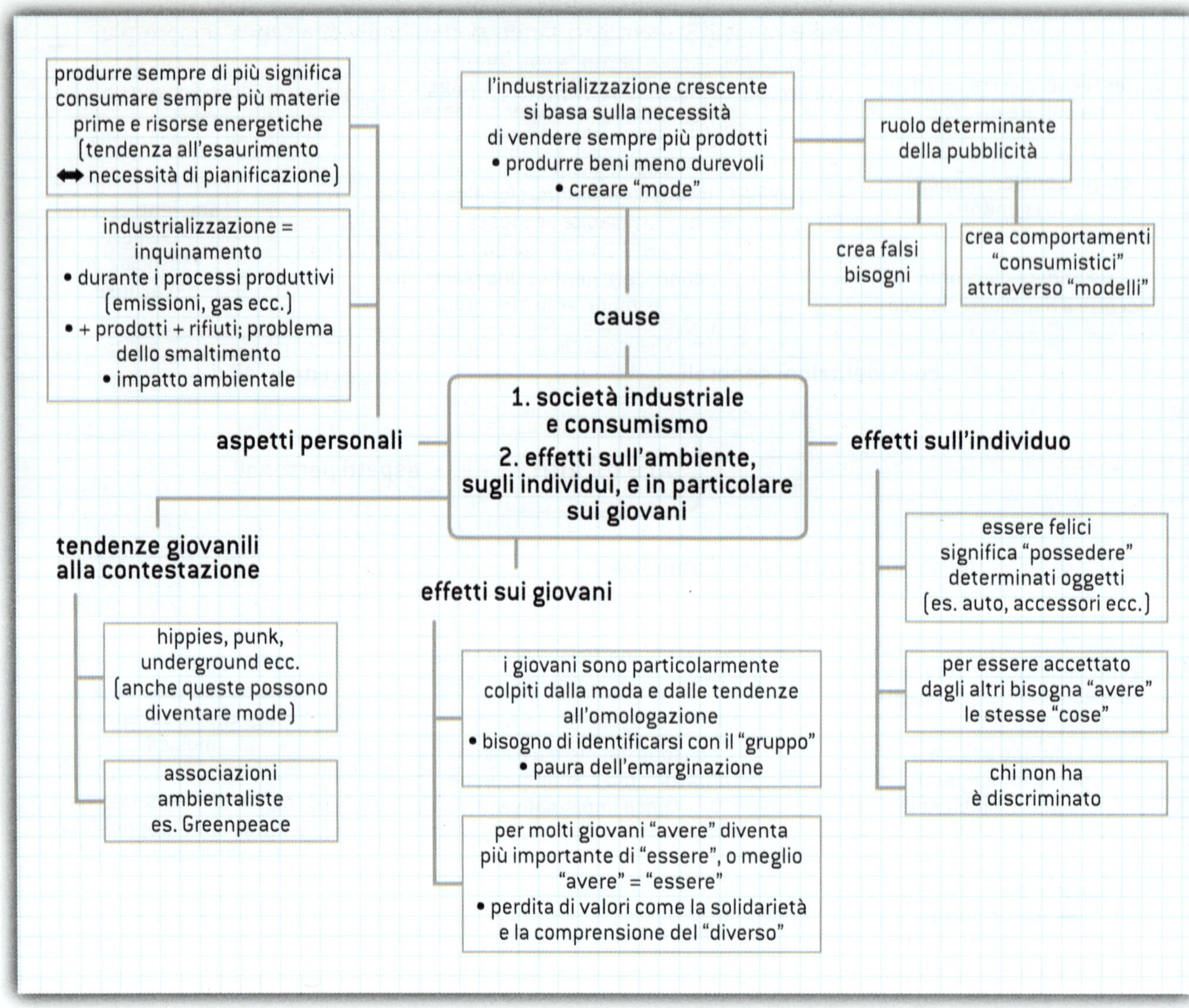

ESEMPIO

1. **Il consumismo è un tratto distintivo della nostra civiltà**
   A. *Cause: l'industrializzazione crescente si fonda sulla necessità di vendere prodotti*
   Per far questo è necessario:
   – produrre beni sempre meno durevoli;
   – indurre falsi bisogni (pubblicità).
2. **Effetti sull'ambiente, sugli individui, e in particolare sui giovani**
   A. *Conseguenze per l'ambiente: il consumismo porterà inevitabilmente al "collasso ambientale"*
   Questo perché:
   – le materie prime non sono illimitate e quindi si esauriranno;
   – i modi di produzione sono altamente inquinanti (aria, falde acquifere, sistema idrico, suolo);
   – le merci prodotte si trasformano rapidamente in rifiuti spesso pericolosi e comunque difficilmente smaltibili.

B. *Conseguenze per l'individuo:*
- i vari condizionamenti, primo fra tutti la pubblicità, creando falsi bisogni e modelli stereotipati fanno sì che l'individuo tenda sempre più all'omologazione e perda la sua identità:
- questo porta anche a fenomeni come l'emarginazione, l'intolleranza e il rifiuto del diverso.

C. *Atteggiamenti giovanili:*
Possono essere raccolti su due versanti:
- atteggiamento "**negativo**", rappresentato dalla tendenza diffusa a valutare maggiormente l'avere rispetto all'essere, alla violenza e all'intolleranza dovuti all perdita di valori fondamentali come la *solidarietà* e il *rispetto per il diverso*;
- atteggiamento "**propositivo**", rappresentato da forme di contestazione che propongono modelli di società alternative (hippies, punk, underground...) da associazioni ambientaliste e naturaliste.

Dalle idee alla scrittura: la produzione del testo

La fase di produzione del testo può essere suddivisa in tre momenti:

- la *stesura del testo*, in cui la scaletta viene sviluppata in un discorso completo e organico;
- la *revisione*, in cui il testo viene riletto e in cui si deve verificare la correttezza formale e la consequenzialità del contenuto;
- la *scrittura definitiva*, in cui il testo viene ricopiato dopo le opportune correzioni.

Stesura del testo

Il primo accorgimento per una corretta produzione del testo è quello di strutturarlo in *paragrafi.*

Il **paragrafo** è una porzione di testo compresa tra due punti e a capo; al suo interno vi possono essere diversi periodi. Indicativamente ogni paragrafo dovrà corrispondere ad uno dei punti della scaletta e dovrà contenere una "*idea centrale*", adeguatamente sviluppata e articolata.

La struttura del paragrafo varia secondo il tipo di tema.

PARAGRAFO NARRATIVO-DESCRITTIVO

Questo tipo di paragrafo è generalmente costituito da una "asserzione", che presenta l'idea centrale del paragrafo, e da "informazioni", che contengono i dati che danno supporto all'asserzione.

Nel caso della narrazione le "informazioni" contengono fatti esposti in ordine cronologico, legati da congiunzioni come "poi", "in seguito", "infine".

Nel caso della descrizione, le informazioni riguardano i dettagli relativi a luoghi, persone o oggetti; è importante che questi siano ricchi e vari, per rendere la descrizione interessante e vivace; una indicazione in tal senso può essere quella di utilizzare i cinque sensi, quando possibile, per analizzare l'oggetto della descrizione.

PARAGRAFO ESPOSITIVO-ARGOMENTATIVO

Questo tipo di paragrafo è generalmente costituito da una "asserzione", da "informazioni" e da una "conclusione" che evidenzi il legame tra i due elementi precedenti, dimostrando il rapporto che unisce le informazioni prodotte all'asserzione proposta.

Le "informazioni" possono, in questo caso, essere definizioni, esempi, confronti, elenchi di dati.

La differenza tra un paragrafo espositivo e uno argomentativo consiste nel fatto che nel primo caso si tratta di utilizzare le informazioni per "far capire", "per spiegare", nel secondo caso per "convincere".

In entrambi i casi occorre non essere generici, ma sviluppare adeguatamente le informazioni.

Due paragrafi particolari, che contribuiscono ulteriormente a dare organicità al testo, sono quello introduttivo e quello conclusivo.

Entrambi possono essere più facilmente realizzati per ultimi, quando tutti i punti della scaletta sono stati svolti e si ha chiaro il "**corpo centrale**" del proprio lavoro; infatti sia l'introduzione che la conclusione devono essere coerenti con il resto dello svolgimento: la prima ha la funzione di far entrare il lettore nell'argomento trattato, la seconda aiuta il lettore a tirare le fila del discorso fatto.

Revisione del testo

Terminata la stesura del testo, occorre procedere alla **revisione** dell'elaborato dal punto di vista sia del contenuto che della forma.

Per quanto riguarda il contenuto, bisogna verificare che:

- emerga con chiarezza la tesi prescelta
- ogni paragrafo contenga un'idea centrale
- esempi, argomentazioni e dettagli siano sufficientemente ricchi.

Per quanto riguarda la forma, bisogna verificare che:

- esistano opportuni legami logici (connettivi) tra le parti
- la sintassi sia chiara e corretta (meglio usare periodi brevi)
- il lessico sia chiaro, preciso e meno generico possibile
- l'ortografia sia corretta
- ci sia equilibrio tra le parti.

Scrittura definitiva

Conclusa la fase di revisione e apportate le opportune correzioni, si può procedere alla scrittura definitiva del tema. Un solo accorgimento sarà necessario tenere presente in questa fase: l'uso di una grafia leggibile e la "pulizia" del testo che rendono più agevole e piacevole la lettura e facilitano la comprensione del tema.

3.6 Il saggio breve

Nella pratica scolastica il **"saggio breve"** è una scrittura **documentata**: sulla base di materiali che forniscono una serie di informazioni, si dovranno elaborare proprie tesi espresse attraverso argomentazioni logiche e coerenti. La documentazione può essere costituita da *articoli di giornale, saggi, tabelle, dati, grafici, riviste, immagini* ecc. Il saggio può avere una lunghezza variabile e può trattare diversi argomenti: scientifici, politici, storici, finanziari, filosofici ecc.

Il saggio si distingue dal tema di tipo argomentativo.

Il **tema argomentativo** può essere svolto:

- in modo soggettivo e partendo dalla traccia; si possono sviluppare gli argomenti commentando, enunciando ed esprimendo le proprie opinioni in modo libero
- non è imposto nessun limite alla trattazione
- la documentazione è costituita dal bagaglio di conoscenze possedute dallo studente al momento dello svolgimento con la possibilità di reperire informazioni.

Il saggio presuppone:

- buone conoscenze sull'argomento da trattare
- capacità di argomentazione per organizzare le conoscenze a sostegno di una o più tesi
- capacità di utilizzare espressioni tecniche e settoriali
- capacità di adottare un ragionamento di tipo deduttivo.

Il saggio è una scrittura di tipo argomentativo e come tale ha lo scopo pratico di **persuadere** sulla validità di una determinata tesi. Insieme alla funzione **argomentativa** è presente nel saggio, quasi sempre, la funzione **informativa**: è necessario infatti produrre tutte le informazioni utili per gli argomenti a favore della tesi.

Il **saggio argomentativo** tiene presente la struttura tipica dei testi argomentativi:

- **Tesi**, l'argomento di cui si vuole dimostrare la fondatezza
- **Argomenti a favore della tesi**
- **Antitesi**, le obiezioni alla tesi
- **Argomenti a favore dell'antitesi**
- **Conclusione**.

Guida alla progettazione di un saggio breve

Nell'elaborazione di un "saggio breve" è importante la **progettazione**, che può essere suddivisa in due fasi:

I Fase - Esaminare

(Analisi dei materiali forniti e valutazione della situazione comunicativa)

1. **le richieste della traccia**
   esaminare attentamente quanto la traccia richiede in modo da esaudirla adeguatamente e completamente
2. **l'argomento fornito dalla traccia**
   valutare le conoscenze che si hanno del tema proposto
3. **la collocazione del saggio e la sua destinazione**
   collocazioni ipotizzabili possono essere le riviste scolastiche, di cultura (specialistiche o no), degli *abstract* per congressi in cui si illustra il risultato di una ricerca, le sceneggiature di documentari televisivi o video, o altro ancora
4. **la scelta del destinatario**
   il destinatario può essere "esperto", ed allora va scritto un discorso di tipo specialistico, oppure "inesperto", e quindi va formulato un discorso di tipo divulgativo
5. **la scelta del registro linguistico**
   formale, informale, lessico specialistico
6. **la documentazione informativa**
   dossier costituito, ad esempio, da dati numerici, tabelle, brani documentari, citazioni, testi iconici. Il dossier può essere fornito dall'insegnante o raccolto dallo studente in occasione di esercitazioni scolastiche oppure essere consegnato direttamente in sede d'esame.

II Fase - Pianificare

(Raccolta delle idee, scelta dell'ordine e dello sviluppo degli argomenti)

LA SCELTA DELLA STRUTTURA

chiaramente articolata mediante un'eventuale paragrafazione e "corredo" di note.

- Ai fini didattici e valutativi, l'indicazione dell'argomento del "saggio breve", accompagnata da relativo *dossier*, deve essere preceduta da una formulazione delle consegne molto precisa e rigorosa, in modo da non ingenerare equivoci di interpretazione. Inoltre sarebbe opportuno, da parte dell'insegnante, preparare una griglia di valutazione (da rendere nota agli studenti) le cui voci corrispondono alle richieste della consegna.
- È molto importante, nell'elaborazione del "saggio breve", il rispetto rigoroso delle consegne che accompagnano l'indicazione dell'argomento e il relativo *dossier*. Dunque è necessario: chiarire, in apertura di svolgimento, collocazione e destinazione, con le conseguenze di stile e di contenuto citate nel punto precedente; utilizzare la documentazione fornita; dare un titolo alla trattazione; rispettare la lunghezza prescritta e tutto ciò che la traccia richiede.

PIANIFICAZIONE DELLA SCRITTURA

- raccolta delle idee
- la lista disordinata
- scaletta
- grappolo associativo
- mappa
- stesura del testo
- revisione finale.

Le fasi di progettazione

1 VALUTAZIONE DELLA TRACCIA

- l'utilizzo di documenti e di dati, facendo riferimento alle conoscenze dello studente e alle esperienze di studio
- la scelta di un titolo per la trattazione
- la destinazione editoriale (rivista specializzata, fascicolo scolastico di ricerca e di documentazione, rassegna di argomento culturale, altro)
- la misura da rispettare.

2 VALUTAZIONE DELL'ARGOMENTO

La scelta dell'argomento deve essere fatta in relazione alle reali conoscenze che si hanno di un determinato tema proposto. Anche i materiali che vengono proposti sono comunque da integrare con altre conoscenze acquisite nel corso degli studi o per interessi personali, per meglio focalizzare l'argomento da trattare e l'ambito di riferimento entro il quale sviluppare l'elaborato. I materiali proposti forniscono dati e informazioni, punti di vista, opinioni, con i quali siamo chiamati a confrontarci e che costituiscono il punto di partenza per raccogliere le idee e le informazioni intorno alle quali costruire il testo richiesto.

3 VALUTAZIONE DELLA SITUAZIONE COMUNICATIVA E DELLA COLLOCAZIONE DEL SAGGIO

È importante scegliere fin dalla prima fase la destinazione editoriale (rivista specializzata, fascicolo scolastico di ricerca e di documentazione, rassegna di argomento culturale, altro), in quanto questa determina sia la scelta delle informazioni da utilizzare nella stesura del testo, sia il registro linguistico da usare.

4 VALUTAZIONE DELLA DOCUMENTAZIONE INFORMATIVA E DEFINIZIONE DELLA TESI

Esaminato l'argomento e individuate tutte le informazioni che riusciamo a reperire si passa a definire la propria **tesi**. La formulazione della tesi ci consente di selezionare le informazioni e di organizzare una prima **scaletta** da cui partire per strutturare il testo in modo organico e coerente.

5 VALUTAZIONE E DEFINIZIONE DEL TITOLO

Definita la tesi si formula un **titolo** da dare al testo, stando attenti a sceglierne uno che richiami la tesi che si intende sviluppare.

ESEMPIO **Saggio breve**

TITOLO: **I giovani e le nuove tecnologie**

DESTINAZIONE: **Giornale della scuola**

Per capire quanto le nuove tecnologie siano imperanti nella vita dei giovani di oggi basta pensare all'utilizzo che fanno del cellulare e di Internet con Youtube, i social network ed i giochi on-line. Internet rappresenta ormai un contesto di esperienze e socializzazione irrinunciabile. — **Individuazione del problema**

Una recente indagine condotta da un gruppo di studenti torinesi dell' Itis Avogadro assieme ai vigili di Torino ha messo in luce come i giovani trascorrono molte ore al giorno con questi strumenti informatici. Usano il cellulare tra le cinque e le dodici ore al giorno, i videogiochi tra le due e le quattro ore a settimana, Youtube e i social network minimo un'ora al giorno. — **Introduzione**

Spesso i ragazzi fanno un uso smisurato e improprio delle tecnologie non pensando ai rischi che corrono. Le nuove tecnologie presentano quindi innumerevoli aspetti negativi, tra i quali il triste fenomeno del bullismo elttronico (*cyberbulling* nella letteratura anglofana). — **tesi**

L'utilizzo imprudente dell'interazione virtuale con un estraneo potrebbe risultare pericoloso non conoscendo le reali intenzioni dell'interlocutore che potrebbe essere un malintenzionato pronto ad estorcere informazioni con lo scopo di perpetrare dei reati. Anche l'uso Youtube, sito utilizzato per guardare video, ascoltare musica ed immettere video personali, potrebbe celare insidie poiché spesso si rischia di violare le norme sulla privacy. Internet, inoltre, sfugge a ogni controllo. Un ragazzino potrebbe imbattersi in siti diseducativi: siti che incitano alla violenza, siti pornografici. È dunque una rete imprevedibile e ingestibile da parte dei genitori che cercano di tutelare i propri figli. È noto anche che l'utilizzo di internet può generare dipendenza confondendo la realtà con la finzione del mondo virtuale, ideale. Sulla rete, inoltre, nessun controllo delle informazioni viene fatto alla base, ed una falsa notizia può propagarsi all'infinito da una parte all'altra del mondo senza che nessuno ne verifichi la fondatezza. Anche l'uso del cellulare da parte dei ragazzi è talvolta eccessivo e non sempre funzionale; esso viene adoperato in contesti e situazioni dove il suo utilizzo è vietato: scuola, cinema.

Argomentazione a favore della tesi

Non mancano sicuramente coloro che considerano le nuove tecnologie invenzioni indispensabili per la vita quotidiana. Questi affermano, ad esempio, che Internet ha trasformato positivamente il modo di comunicare trasferendo in modo rapido informazioni. Ha abbattuto ogni barriera rendendo accessibili tutte le informazioni; si può prenotare, comprare, pagare senza muoversi da casa, senza far file, limitando ogni perdita di tempo. Internet è libertà. Tutti possono dire quello che vogliono senza alcuna censura.

Grazie al possesso di un telefono cellulare da parte dei ragazzi i genitori sono più tranquilli perché possono facilmente rintracciare i propri figli e viceversa.

Antitesi e argomentazioni

Non si può non riconoscere, inoltre, che se da una parte è aumentata la possibilità per le persone di relazionarsi con gli altri grazie al mondo virtuale, dall'altra parte, e ciò non è assolutamente da sottovalutare, l'intensità delle relazioni è diminuita. I giovani, ma non solo, nel momento in cui viene sospeso il rapporto con la macchina rivelano solitudine ed un vuoto vasto ed improvviso. Non resta che essere scettici sui nuovi mezzi soprattutto a causa dell'errato uso di questi da parte di molti giovani e per il fatto che le innovazioni tecnologiche si susseguono con una velocità talmente rapida da rendere problematica una previsione dell'uso futuro che ne verrà fatto.

Conclusione

ULTERIORI DOCUMENTI

Maria Luisa Genta, Antonella Brighi, Annalisa Guarini, *Bullismo elettronico*, p. 515
Vittorio Zucconi, *I social network*, p. 518

3.7 La recensione

La **recensione** è un testo che **informa** su una determinata opera, un libro, un film, un brano musicale ecc., **interpreta** i possibili significati, **motiva** l'interpretazione ed **esprime** una valutazione. Come tale lo possiamo considerare un testo di tipo **argomentativo**. È destinata a un pubblico ampio di lettori, quindi lo stile e l'impostazione sono più discorsivi e meno specialistici. Ciascun tipo di recensione si diversifica dagli altri in base alle caratteristiche specifiche del linguaggio e dei settori a cui fa riferimento. Nella stesura di una recensione occorre sapere **interpretare** e **valutare** in modo logico e motivato e sapere distinguere tra una parte oggettiva di presentazione dell'opera e una parte soggettiva in cui si esprime una valutazione o un giudizio.

La struttura tipica di una recensione è la seguente:

- **Introduzione**, ovvero presentazione di tutti i dati informativi sull'opera (titolo, data di composizione e pubblicazione, rappresentazione o esecuzione, notizie relative agli interpreti al genere ecc.), sull'autore, sui personaggi…
- **Presentazione** in modo oggettivo e in forma sintetica dei contenuti.
- **Analisi degli aspetti formali** (le tecniche di costruzione di un film, le caratteristiche linguistiche e testuali di un libro, di un film, di un racconto ecc.), con confronti e riferimenti ad altre opere.

- **Interpretazione dell'opera** sia in generale che con riferimenti a particolari significativi. I giudizi devono essere sempre motivati e sostenuti da argomentazioni logiche e pertinenti.
- **Valutazione** e giudizio sull'opera in riferimento agli scopi per cui è stata prodotta, alle aspettative del pubblico e a tutti gli accorgimenti tecnici e stilistici adottati per raggiungerli.

Ovviamente non è necessario che l'ordine delle varie fasi sia rispettato in modo consequenziale; importante è che tutti gli aspetti siano soddisfatti.

ESEMPIO

Recensione di un film

Vado a scuola

regia di Pascal Plisson, nazione Francia, anno 2013, genere: drammatico/avventura

INTRODUZIONE

Vado a scuola narra la toccante storia di quattro bambini, provenienti da paesi diversi, ma convinti che le loro vite potranno cambiare soltanto grazie all'istruzione e alla scuola.

PRESENTAZIONE SINTETICA DEI CONTENUTI

Pascal Plisson è un documentarista francese che ha filmato il tragitto casa-scuola compiuto ogni giorno da quattro bambini provenienti da diversi angoli del mondo: il keniota Jachson, la marocchina Zahira, l'argentino Carlito e l'indiano Samuel. Plisson questi bambini ha imparato a conoscerli, prima di cominciare a girare, e a guadagnare la loro fiducia, con il risultato che tutti quanti hanno facilmente dimenticato la macchina da presa.
A ognuno una sua avventura e una sua lotta contro una natura matrigna pronta a ostacolarli con terreni accidentati, elefanti rabbiosi, caldo, acque limacciose.
Suscettibili di identificazione anche se fossero nati dalla penna di uno scrittore, in quanto realmente esistenti questi personaggi risvegliano in chi li osserva un'accorata partecipazione, complice un montaggio che non si risolve mai nella matematica alternanza delle varie vicende e uno stile che nella sua oggettività non carica il film di pomposi insegnamenti.

VALUTAZIONE

Jackson, Zahira, Samuel e Carlito sono gli eroi di *Vado a scuola*, un film che intreccia la storia di quattro alunni costretti ad affrontare innumerevoli ostacoli, spesso pericolosi – distanze enormi da attraversare, serpenti, elefanti, ma anche banditi – per raggiungere la scuola. Se l'accesso all'istruzione è solo una formalità nel mondo occidentale, altrove può trasformarsi in un vero e proprio viaggio che richiede sforzi e sacrifici... Quattro destini che si intrecciano, quattro storie piene di speranza, accomunate da una incrollabile fiducia sul futuro e da una contagiosa *joie de vivre*.

ESEMPIO

Recensione di un libro

David Grossman, *Ad un cerbiatto somiglia il mio amore*, Einaudi, Torino 2008

INTRODUZIONE

L'amore che riemerge dalle macerie di un Paese perennemente in conflitto, in cui non esiste la pace, ma solo una temporanea parentesi tra una guerra e l'altra. Come un'eco lontana, una voce chiara e distinta attraversa il flusso della memoria, è la voce di una madre, Orah, che ripercorre gli anni intensi della sua vita, dall'adolescenza al tragico giorno in cui deve accompagnare suo figlio Ofer al fronte.

PRESENTAZIONE SINTETICA DEI CONTENUTI

Avram, Orah e Ilan si conoscono durante la Guerra dei sei giorni, nel 1967, mentre sono ricoverati in un piccolo ospedale di Gerusalemme per una forma di epatite. Dopo trent'anni ritroviamo Orah e Ilan sposati e separati. Ilan è partito per un viaggio in Sudamerica con il figlio più grande, Adam, ormai ventiquattrenne, Orah invece è rimasta in Israele ad attendere il congedo dal servizio militare del figlio più piccolo, Ofer. Madre e figlio hanno in programma una vacanza nel nord della Galilea, per festeggiare il congedo di Ofer. Ma qualcosa non va come dovrebbe. Ofer viene regolarmente congedato, ma il giorno stesso chiede di partire volontario per un'importante e pericolosa missione militare nei Territori occupati. Orah, in preda ad un angoscioso presagio per la sorte del figlio, decide di intraprendere ugualmente il viaggio programmato e di rimanere lontana da casa per tutta la durata della missione di Ofer. È animata da un pensiero folle e lucido al tempo stesso: se si renderà irreperibile, nessuno potrà comunicarle la morte di Ofer. Quel viaggio a piedi attraverso Israele diventa allora una sorta di voto, l'unico modo che Orah conosce per salvare la vita al figlio in pericolo. E nel suo pellegrinaggio porta con sé Avram, l'amico di sempre, segnato nel corpo e nello spirito dalla guerra contro l'Egitto, ma ancora vivo, nonostante le ferite e le torture subite, l'unico che possa sostenere l'angoscia di Orah, raccogliere le sue parole e conservarle per sempre.

VALUTAZIONE

Amore e morte sono i temi principali di questo libro: l'amore fra una madre e un figlio che si fa forte, in grado di resistere a tutto, di superare qualsiasi incomprensione e di sopravvivere alle macerie della storia, la morte che incombe come un presagio, una premonizione, in quella guerra assurda, illogica e irrazionale che si protrae da anni e continua a mietere vittime di entrambe le parti. La guerra cui si fa cenno è il conflitto arabo-israeliano, che tuttavia non viene mai nominato apertamente, anche se i riferimenti geografici sono chiari (Galilea, Nablus): qui è questa guerra, ma potrebbe essere anche un'altra, non farebbe alcuna differenza. La questione storico-politica è certamente presente e centrale nell'opera di Grossman, in questo romanzo come altrove, ma qui la questione è un'altra, più privata: la sfida di una madre contro la guerra, contro qualsiasi guerra che minacci di ucciderle il figlio, il coraggio di battersi contro la storia, di ribellarsi al dolore, di gridare vita.

3.8 L'articolo di giornale

Gli **articoli di giornale** sono testi che contengono sia elementi di tipo informativo-espositivo, sia elementi argomentativi. Gli articoli di un giornale sono diversi tra di loro per temi trattati e per destinatari; possono essere di cronaca, di politica, di economia, di cultura, di scienza, di sport ecc. Hanno quindi scopi e funzioni diverse e linguaggio e stile differenti. Tutte le tipologie di articolo sono accomunate dallo stretto rapporto con l'attualità e da una struttura tipica del linguaggio giornalistico, caratterizzato da *sintesi efficaci*, *forza persuasiva e precisione dei dati*.

La struttura di un articolo

In base ai principi di un corretto giornalismo, ogni articolo deve seguire la regola delle **"cinque W + una H"**; su esempio del giornalismo inglese, cioè, la notizia riportata deve soddisfare i sei interrogativi descritti nel box in basso.

What? →	che cosa?	che cosa è accaduto o accadrà? in che cosa consiste l'avvenimento di cui si parla?
Who? →	chi?	di chi parla l'articolo? qual è il soggetto dell'informazione? chi è il personaggio principale della notizia?
When? →	quando?	in che momento si è verificato o si verificherà il fatto di cui si tratta?
Where? →	dove?	in che luogo è accaduto o accadrà l'avvenimento trattato?
Why? →	perché?	perché è accaduto o accadrà?
How? →	come?	in che modo si svolge o si svolgerà il fatto?

Oltre alle informazioni complete evidenziate dalle "cinque W + una H"; l'articolo può presentare ulteriori informazioni relative allo sfondo (in inglese, **background**) che consentono di inquadrare meglio le notizie e ne favoriscono la comprensione.

È importante curare particolarmente l'inizio dell'articolo (in inglese, **lead**) per attirare l'attenzione e per immettere subito il lettore nell'argomento trattato.

Lo stile deve essere semplice, chiaro, vivace, caratterizzato dall'uso della paratassi; deve essere accessibile ad un pubblico vasto ed eterogeneo.

Nella stesura di articoli specialistici sono importanti le scelte stilistiche, sempre adeguate agli argomenti trattati. Naturalmente non è necessario che l'ordine delle "**cinque W + una H**" sia sempre lo stesso, ma tutti gli interrogativi devono essere soddisfatti.

Un'altra importante regola del giornalismo riguarda la correttezza dell'informazione: da parte del lettore, l'informazione vera e propria dovrebbe infatti essere sempre facilmente distinguibile dal commento o dall'interpretazione del giornalista.

ESEMPIO

"Effetto serra, uragani sempre più forti"

Kerry Emanuel: Kyoto non basta, bisogna fare in fretta

DAL NOSTRO CORRISPONDENTE

What – che cosa

Who – chi

When – quando

Where – dove

Why – perché

How – come

WASHINGTON – **«Un ulteriore surriscaldamento del globo potrebbe accrescere la potenza distruttiva degli uragani tropicali e, anche causa dell'aumento delle popolazioni costiere, aumentare le perdite vite umane nel ventunesimo secolo». Ad ammonire** il mondo che nei prossimi decenni ci saranno cicloni ancora più violenti di quelli dell'ultimo anno e stragi ancora più gravi di quella di New Orleans, **è Kerry Emanuel, il meteorologo del Mit, il prestigioso Massachusetts institute of technology,** che ai primi di agosto, in un'allarmante ricerca pubblicata da Nature, denunciò per primo la connessione tra l'effetto serra e la forza dei cicloni.

«Gli studi – dice Emanuel – si sono concentrati finora sulla frequenza degli uragani, ma la questione più significativa riguarda la loro potenza distruttiva che, secondo la mia ricerca, **negli ultimi 30 anni è salita del 50 per cento nell'Atlantico e del 75 per cento nel Pacifico nord occidentale. Il motivo è che i cicloni sono più potenti e durano più a lungo che in passato e questo è dovuto al surriscaldamento del globo e all'aumento della temperatura della superficie dei mari tropicali».**

Emanuel è giunto a queste conclusioni analizzando i dati sui venti. Secondo le ricerche precedenti, un incremento di mezzo grado della temperatura della superficie dei mari tropicali in trent'anni avrebbe aumentato di appena il 3 per cento la forza dei venti e di appena il 10 per cento la potenza distruttiva degli uragani. «Ma erano calcoli per difetto – sostiene lo scienziato –. La crescita della potenza distruttiva dei cicloni nell'ultimo decennio è stata enorme e imprevedibile. Le ricerche precedenti non hanno tenuto conto che essi modificano il clima regionale e globale».

E Katrina, aggiunge Emanuel, ha dimostrato l'urgenza e l'importanza di combattere l'effetto serra: «Ci ha colto impreparati, New Orleans è semidistrutta. La politica di difesa dell'ambiente è carente ovunque, non soltanto negli Stati Uniti. Occorrono massicce misure preventive. I cicloni tropicali hanno un ruolo preminente nei disastri naturali, e da noi sono i fenomeni che causano i maggiori danni e causeranno presto anche il maggior numero di vittime. Ma, ripeto, sinora ci eravamo documentati soprattutto sui loro cicli annuali e decennali, e non anche sulla minaccia che rappresentano per il futuro. È stato un errore al quale dobbiamo rimediare subito».

[«Corriere della Sera», 2 settembre 2005]

I titoli

Nella compilazione del giornale ricopre una particolare importanza la **titolazione**. Il **titolo**, infatti, contiene il messaggio immediato che riassume la notizia e pertanto ha lo scopo principale di attirare il lettore.

La grandezza o meno di un titolo è indicativa dell'importanza che il giornale dà a un particolare avvenimento.

I titoli forniscono innanzitutto l'informazione principale che sarà sviluppata nell'articolo, ma generalmente oltre a informare tendono anche a commentare, a dare una particolare valutazione degli avvenimenti.

Nel linguaggio giornalistico si usa distinguere i **titoli caldi** dai titoli **freddi**: i titoli sono *caldi* quando puntano a creare un effetto emotivo tramite toni drammatici o sensazionali, sono *freddi*, invece, quando si limitano a registrare un fatto.

La stessa distinzione può essere fatta per le **foto**.

Analizzando più in particolare la struttura del **titolo**, possiamo individuare quattro elementi fondamentali:

- il **titolo vero e proprio**: può essere posto su una o più righe e occupa un numero diverso di colonne a seconda della rilevanza che deve avere; è composto in caratteri tipografici grandi; mette in rilievo la notizia principale su cui verte l'articolo
- l'**occhiello**: posto sopra il titolo, in caratteri più piccoli, occupa una riga; serve da introduzione e riassume in breve il contenuto dell'articolo
- il **sottotitolo** o *sommario*: posto sotto il titolo, in caratteri più piccoli, può occupare diverse righe; presenta una sintesi più o meno ampia del tema principale trattato dall'articolo
- il **catenaccio** o rigone: a volte completa il titolo riportando ulteriori notizie, anche se minori, legate a quella del titolo.

Il titolo deve essere breve e incisivo, per questo molto spesso si ricorre all'uso della frase nominale, cioè senza la presenza del verbo ("Lavoro, la sfida finale", "Razzi su un'ambulanza").

ESEMPIO

occhiello → Attualmente da ogni donna nascono in media 2,7 figli: nel 2050 scenderanno a 1,85. Forte crescita del numero degli anziani

titolo → **Popolazione, il mondo cresce meno**

sommario → Studio delle Nazioni Unite: il tasso di fertilità sulla Terra si dimezzerà, dal 2075 diminuiranno gli abitanti

ESEMPIO

titolo → I veterani, le donne e il colonnello
I sette che non torneranno mai più

sommario → *Sei americani e un cittadino israeliano: i protagonisti dell'ultimo viaggio del Columbia Quattro erano alla prima missione spaziale. Il comandante del gruppo: qui ci divertiamo*

catenaccio → **Sei americani, un israeliano. Cinque uomini, due donne. Tutti di età compresa tra i 41 e i 48 anni. Quattro di loro erano alla prima esperienza nello spazio, gli altri più o meno veterani. Ieri, pochi minuti dopo il tragico volo dello shuttle nel cielo azzurro del Texas, la Nasa li ha dichiarati morti. Rick Husband (il suo nome in inglese significa marito) era comandante della missione. Al suo fianco William Mc Cool, tre figli, collaudatore di aerei con alle spalle migliaia di ore di volo ma alla prima esperienza nello spazio: era il pilota. Con loro una squadra di scienziati formata da Kalpana Chawla (indiana di nascita), David Brown, medico, capitano della Marina e pilota, Michael Anderson, che sul Columbia aveva il ruolo di «comandante del carico di bordo», e Laurel Clark, medico specializzato in immersioni, madre di un bambino di otto anni. Dell'equipaggio faceva parte anche il colonnello Ilan Ramon, eroe di guerra: è stato il primo astronauta di nazionalità israeliana. Lascia quattro bambini: il più piccolo ha cinque anni.**

Titoli caldi

ESEMPIO

La Visita Alle domande su Taiwan e Tibet risponde: «Sono affari interni di Pechino»

Hu vuole rassicurare Obama e gli Usa
«Non siamo una minaccia per nessuno»

Il leader cinese accolta freddamente dal Congresso: «Cerchiamo la pace»

Il semaforo della discordia

Nasce il comitato del no, che ha già raccolto oltre cento firme

Titoli freddi

ESEMPIO

In giro tra degustazioni e fiere

Un ricco calendario di incontri alla Regione alla ricerca dei prodotti tipici

Arancia, ricca di vitamine

Un agrume dolce che abbassa il rischio di raffreddore

4 SAPER PARLARE

situazioni comunicative **in contesto**

Parlare è un'attività molto importante per un'adeguata comunicazione e una vita di relazione.

Farsi capire

Il primo obiettivo da raggiungere quando si parla è farsi capire. Per una comunicazione efficace occorre:

- **conoscere** bene **l'argomento** di cui si parla
- **conoscere lo scopo** per cui si parla (informare, spiegare, convincere, ecc.)
- **conoscere il contesto** per usare un diverso registro per ogni situazione comunicativa (famiglia, scuola, pubblico)
- **controllare le** proprie **emozioni**
- **catturare l'interesse** dei destinatari
- **reagire** adeguatamente **agli stimoli** che vengono dai destinatari.

Saper parlare in situazioni comunicative

Gran parte dei nostri discorsi comunicativi avvengono attraverso il discorso orale. L'abilità del parlare non consiste solo nella conoscenza delle norme del codice linguistico, ma anche dal saper attivare tutte le componenti della comunicazione orale in relazione alla situazione.

Quindi è opportuno avere sempre chiaro il contesto in cui si comunica e adeguare a esso il nostro modo di parlare limitando il **parlato informale** a contesti privati e familiari e adottando il **parlato formale**, controllato e pianificato, negli scambi comunicativi della vita sociale e nelle occasioni pubbliche.

Pertanto è importante conoscere le tecniche per imparare ad ascoltare e a parlare in modo efficace, così da trarne vantaggio per lo studio come per le necessità della vita di tutti i giorni.

Ci soffermeremo su quattro situazioni comunicative (*il dibattito*, *la presentazione orale del curriculum*, *il colloquio di lavoro*, *la relazione orale*) in cui sono presenti i discorsi dialogici (in cui gli interlocutori alternano i ruoli di parlante e di ascoltatore) e la comunicazione verbale dovrebbe essere "sostenuta" adeguatamente, anche dalla comunicazione non verbale.

4.1 Il dibattito

video

A Parlare per capire e per risolvere problemi

L'importanza della comunicazione non verbale

Perché la comunicazione risulti efficace, qualunque sia il "canale" attraverso il quale deve passare il messaggio, è importante che si tenga conto di alcuni fattori essenziali che troppo spesso vengono sottovalutati. Prima di tutto, non si può prescindere dalle **circostanze** e dal **luogo** in cui ci si trova a comunicare.

Chi partecipa ad un dibattito su un canale radiofonico non deve tener conto di alcuni fattori quali: la postura, l'abbigliamento, una particolare cura dell'aspetto estetico, ecc. Deve essere consapevole, allo stesso tempo, che non può utilizzare alcuni "strumenti" della comunicazione, oltre a quelli suindicati, generalmente molto efficaci: gesticolazione, contatto oculare, atteggiamento del corpo.

Questi elementi, viceversa, devono essere attentamente tenuti in considerazione, ad esempio, nei **dibattiti televisivi**.

In queste situazioni, colui che "dibatte" deve essere consapevole del valore comunicativo dell'*espressione del viso*, del *contatto oculare*, della *gesticolazione*, del *tono della voce*, che spesso "dicono" più cose di quanto non ne dicano le parole. La **comunicazione non verbale** (NV), infatti, può "tradire" stati d'animo che si vorrebbero nascondere ostentando sicurezza attraverso il linguaggio. Ecco perché, oggi soprattutto, uomini politici che si confrontano in dibattiti, vengono accuratamente "preparati" da esperti della comunicazione. Si studiano a tavolino discorsi tenuti da leader politici che hanno avuto ruoli importanti e che sono stati bravi comunicatori. Di loro si studiano le parole, le espressioni del viso, i movimenti del corpo. Tutto quanto, insomma, fa parte della comunicazione.

La comunicazione aggressiva

Prendiamo invece l'esempio di alcuni dibattiti televisivi degli ultimi anni, soprattutto in campo politico, e proviamo ad evidenziare qual è lo stile comunicativo dominante.

La comunicazione è diventata sempre più "aggressiva", sia sul piano verbale che non verbale. Ci si interrompe continuamente; non si ascoltano le parole dell'interlocutore; si sovrappongono in modo caotico le voci (stile comunicativo aggressivo). In qualche modo, è una comunicazione che rispecchia anche una società in cui l'aggressività è presente sotto molti aspetti.

Il più delle volte è prevista la presenza di un conduttore che, in teoria, dovrebbe fungere anche da **mediatore**. In realtà, sempre più spesso, assistiamo a veri "scontri" che nulla hanno a che vedere con un vero dibattito.

Un **dibattito** "**corretto**", infatti, ha lo scopo di affrontare un problema da diversi punti di vista, ciascuno dei quali viene suffragato da teorie, da esempi, ecc. Tale confronto dovrebbe prevedere che gli interlocutori parlassero uno alla volta in successione, in modo tale che le rispettive posizioni risultassero chiare al pubblico che assiste.

Un dibattito corretto, richiede infatti che ci sia *rispetto nella successione degli interventi* e che anche la comunicazione non verbale sia adeguata alla situazione in cui ci si trova a dibattere. Il tutto sempre nel *rispetto dei destinatari*.

In ogni caso, la comunicazione verbale dovrebbe essere "sostenuta" adeguatamente, in modo convincente, anche dalla comunicazione non verbale.

B Come si discute

Quando si partecipa ad una discussione occorre sia saper ascoltare sia saper parlare.

Il primo ed essenziale obiettivo da raggiungere quando si parla è farsi capire. E a questo scopo vi sono alcune regole fondamentali che valgono qualunque sia il discorso che facciamo.

Per farsi capire

Regole fondamentali

- **pronunciare chiaramente** e in modo completo **le parole**
- **non andare** né troppo **in fretta** né troppo **adagio**
- **usare parole** precise e appropriate
- **esporre gli argomenti in ordine** senza saltare da un argomento ad un altro
- **favorire la coerenza** tra la comunicazione verbale e quella non verbale
- **adeguare il linguaggio**, nelle sue diverse espressioni, **al pubblico** cui il messaggio è destinato.

Queste regole sono fondamentali perché la nostra comunicazione possa funzionare.

Saper ascoltare

In un dibattito, tutti gli interventi devono essere reciprocamente legati.

- quando si interviene occorre **tenere conto di quello che gli altri dicono prima di noi**
- **evitare di ripetere cose già dette**
- **ascoltare con attenzione** e attendere che l'interlocutore abbia terminato il suo intervento prima di prendere la parola. Non si tratta solo di "buona educazione", bensì anche della necessità di avere a disposizione tutti gli elementi necessari per intervenire in modo consapevole e opportuno
- per "dimostrare" un ascolto attento, si possono **chiedere chiarimenti** su quanto affermato dall'interlocutore, dopo di che ribattere, o approfondire, o condividere
- ascoltando gli altri, è sempre bene **prendere qualche appunto.**

Il moderatore

Per assicurare un corretto svolgimento del dibattito è consigliabile che qualcuno presieda il dibattito e che faccia da moderatore adottando alcuni accorgimenti.

I compiti del moderatore

Il moderatore deve:

- **introdurre il dibattito** presentando brevemente il tema in discussione
- **garantire** a ogni partecipante al dibattito **gli stessi tempi** per esporre le proprie ragioni
- **fare rispettare il tempo** degli interventi
- **intervenire** ogniqualvolta il dibattito si trasforma in "rissa" comunicativa
- **mantenere una posizione "neutra"** rispetto alle diverse posizioni degli interlocutori; può, tuttavia, **chiedere chiarimenti** quando avesse l'impressione che un concetto risulti poco comprensibile ai destinatari
- mettere ai voti le eventuali proposte
- **chiudere il dibattito** indicando le conclusioni.

C Il verbale finale

Nelle riunioni ufficiali viene sempre redatto un verbale, ossia un resoconto sintetico di ciò che è stato detto e delle decisioni prese, questa prassi dovrebbe essere seguita anche nelle discussioni e dibattiti scolastici.

Nel verbale oltre il luogo e l'argomento della discussione si indicheranno il nome degli intervenuti e una breve sintesi di ciò che è stato detto e alla fine le eventuali decisioni assunte.

4.2 La presentazione orale di un curriculum

video

Nel caso in cui si presenti personalmente un curriculum vitae per accedere ad un posto di lavoro, è bene che l'interessato conosca le regole fondamentali della comunicazione, per non incorrere in errori comportamentali che possono sembrare banali, e che, in realtà pregiudicano le opportunità di essere selezionati. Si tenga conto, infatti, che l'intero comportamento quando ci si relaziona con un'altra persona ha il valore di un messaggio. Il modello comunicativo più efficace è quello che viene definito "affermativo" o "assertivo". Una persona *affermativa* esprime le proprie opinioni e le proprie emozioni tenendo ben presente le circostanze e le situazioni.

Nel caso in cui si debba presentare personalmente un curriculum vitae, è importante fare attenzione alla comunicazione non verbale (CNV), che si compone di diversi linguaggi: postura, tono della voce, contatto oculare, gesticolazione, prossemica, abbigliamento.

- **postura**: tenere il busto eretto, senza per questo apparire troppo rigidi
- **tono della voce**: non troppo alto (aggressività) né troppo basso (passività)
- **contatto oculare**: mantenere il contatto oculare con l'interlocutore. Questo comportamento dà l'impressione di sicurezza e di attenzione a ciò che si dice
- **gesticolazione**: la gesticolazione deve essere moderata, coerentemente con il tono della voce
- **prossemica**: non ci si deve avvicinare troppo all'interlocutore, per non apparire "invadenti", né ad una distanza eccessiva che metterebbe a disagio l'interlocutore, che potrebbe "vivere" la prossemica come un rifiuto di contatto
- **abbigliamento**: l'abbigliamento deve essere conforme alla situazione: sobrio senza essere troppo "serioso"; mai eccessivo. Un giusto abbigliamento comunica equilibrio e rispetto per l'ambiente.

4.3 Il colloquio di lavoro

video

Il candidato che si presenti ad una selezione di personale, allo scopo di essere assunto per svolgere un determinato lavoro, deve essere in grado di "fare una buona impressione" agli occhi del selezionatore. Per questo motivo, è importante che si tenga conto di alcuni suggerimenti che si riferiscono allo stile comunicativo.

1 Fare attenzione alla propria comunicazione non verbale:

a) presentarsi all'appuntamento con un abbigliamento sobrio

b) salutare per primi con una stretta di mano "sicura" (dà un'impressione di sicurezza all'interlocutore)

c) accompagnare la stretta di mano con un sorriso appena accennato (dà un'impressione di sicurezza all'interlocutore)

d) accomodarsi dopo che ci sia stato l'invito in tal senso da parte dell'interlocutore

e) una volta seduti, mantenere una posizione del corpo eretta ma non rigida

f) mantenere un buon contatto oculare

g) mantenere un tono adeguato della voce e una gesticolazione contenuta

h) annuire di tanto in tanto per confermare la propria attenzione a quanto sta comunicando l'interlocutore.

2 Fare attenzione alla propria comunicazione verbale:

a) fare domande che denotino che ci si è documentati in merito al ruolo professionale per cui ci si è presentati per la selezione

b) non ostentare conoscenze e/o competenze pregresse enfatizzandole

c) dimostrare desiderio di apprendere anche con domande appropriate

d) non parlare di un generico "bisogno di lavorare", bensì dimostrare entusiasmo per il lavoro per cui ci si è presentati alla selezione.

4.4 La relazione orale

video

La comunicazione nella relazione orale

La **relazione** è l'**esposizione** di fatti o di argomenti in un arco di tempo limitato e in presenza di uno o più interlocutori.

Le modalità con cui si relaziona ad un pubblico sono diverse a seconda della *situazione*, del *canale comunicativo*, del *contenuto*, e dei *destinatari* della relazione stessa.

Chi relaziona deve avere ben chiaro l'obiettivo che intende raggiungere. Pertanto, la sua comunicazione varia relativamente ai destinatari oltre che al contenuto del messaggio.

La credibilità dell'emittente e di quanto egli vuole che "arrivi" a destinazione dipende da una serie di fattori. In primo luogo, la sua deve apparire il più possibile una comunicazione "oggettiva". A questo scopo, il tono della voce deve essere quello "freddo" di chi fa elenchi di dati, prospetta grafici e tabulati, presenta immagini e fotografie che attestino la veridicità del contenuto e che si sostituiscono alle parole.

È importante, infatti, che venga lasciato il maggiore spazio possibile ai documenti, piuttosto che alla narrazione, al linguaggio parlato. L'attenzione deve essere "catturata" dalla *oggettività* di quanto viene affermato, non dalla retorica del linguaggio.

L'organizzazione dei contenuti

Il messaggio deve essere già annunciato dal *titolo*, che andrà individuato con molta attenzione.

Le immagini, i dati, le percentuali, i grafici devono poi parlare per proprio conto. Quindi, per essere convincenti e credibili devono avere anche una loro organizzazione, per esempio, nello spazio interno di una slide. Questa, infatti, deve risultare apprezzabile anche esteticamente.

Il linguaggio parlato del relatore deve corrispondere alla chiarezza delle immagini e dei dati oggettivi che questi riporta. Pertanto, deve essere molto concreto, preciso e sintetico.

L'importanza dello stile e del linguaggio

È bene tenere presente, nell'esposizione orale, che una struttura sintattica troppo complessa del linguaggio tende ad affaticare il destinatario e, quindi, favorisce la sua distrazione. I *periodi* devono pertanto essere *brevi*, con una *limitata ipotassi* (presenza di limitate proposizioni subordinate).

Il codice linguistico deve essere adeguato al livello culturale medio dei destinatari. Pertanto varierà, sotto il profilo del gergo tecnico, a seconda che gli utenti siano "tecnicamente" competenti e in grado di decodificare un messaggio più o meno complesso.

Come preparare ed esporre una relazione

La relazione è destinata ad essere presentata a un pubblico di ascoltatori, pertanto per ottenere una comunicazione corretta ed efficace è opportuno seguire alcune strategie operative:

- **documentarsi** in modo preciso e dettagliato **sull'argomento** che si intende trattare. I documenti possono essere di varia natura: testi scritti, immagini fotografiche, filmati ecc.
- **schematizzare i concetti** in modo chiaro e comprensibile, così che possano essere facilmente memorizzati, per poi approfondirli in successione con il supporto dei documenti di cui si è in possesso
- **scegliere una comunicazione** che, sul piano lessicale, tenga conto dei destinatari
- **fare esempi** per facilitare la comprensione immediata dei temi trattati
- **utilizzare**, se è possibile, **supporti visivi** (ad esempio la Lavagna Interattiva Multimediale) che, uniti al canale uditivo, rendono più facile la comprensione
- **individuare il filo conduttore coerente**, tralasciando tutto ciò che potrebbe distrarre l'ascoltatore dall'argomento
- **prevedere** (predisponendone anche un elenco) possibili **osservazioni** e richiesta di chiarimenti
- **mantenere vivo l'interesse** degli ascoltatori, parlando lentamente, ma senza monotonia
- **scandire** con chiarezza **le parole**

- fare in modo che tutti i presenti si sentano coinvolti, è sconsigliabile guardare sempre da un'unica parte, o in basso o in alto, occorre invece **rivolgersi a tutto il pubblico** presente.

Se la relazione è di tipo **critico-interpretativo**, oltre a mettere a punto dei dati di tipo informativo, occorre elaborare anche alcune idee personali che vanno presentate con equilibrio, tenendo presente la pluralità dei destinatari.

LA RELAZIONE		
è utilizzata	**comprende**	**svolge**
• in ambito scolastico e professionale	• la relazione-ricerca (argomento di attualità o disciplinare) • la relazione-esperienza (risultati di attività e progetti) • la relazione tecnico-scientifica (analisi e osservazione di un'esperienza di laboratorio)	una funzione informativa *attraverso* • l'esposizione • l'argomentazione

PRONTUARIO DI GRAMMATICA

L'abilità linguistica si consolida non solo con l'uso e l'esercizio costante ma anche attraverso la consapevolezza di come funziona la lingua e di quali sono le regole che ne governano l'utilizzo. Il prontuario è costituito da schede di tutte le principali regole di morfosintassi.

SCHEDA 1

Il nome

Il **nome** (o sostantivo) è una **parte variabile** del discorso che serve per indicare, "denominare" persone, animali, cose, concetti, azioni, ossia tutto ciò che esiste o che possiamo immaginare o pensare.

Classifichiamo i nomi secondo:

- **il significato** (comuni, propri, concreti, astratti, individuali, collettivi)
- **la struttura** (primitivi, derivati, composti, alterati)
- **la forma** (maschile, femminile, singolare, plurale)

Il significato

In base al **significato** che esprimono, i nomi si distinguono in: comuni, propri, concreti, astratti, individuali, collettivi.

- **Nomi comuni** (*uomo, scolara, cane, giornale*)
- **Nomi propri** (*Carla, Torino, Adige*)

I nomi comuni si distinguono in concreti e astratti.

- **Nomi concreti** (*ragazza, gatto, fiore, chiodo, aroma*)
- **Nomi astratti** (*povertà, amore, noia, paura*)

I nomi comuni si possono distinguere, in base al numero o alla quantità a cui fanno riferimento, in individuali e collettivi.

- **Nomi individuali** (*libro, ragazzo, uomo*)
- **Nomi collettivi** (*folla, esercito, scolaresca, gregge*)

La struttura

Dal punto di vista della **struttura**, i nomi si dividono in: primitivi, derivati, composti e alterati.

- **Nomi primitivi** (*padre, frutto, gioco*)
- **Nomi derivati** (derivati da *padre*: *paterno, paternità, patrimonio, patriarca, patrizio, paternamente*, ecc.)
- **Nomi composti** (*caposquadra, sempreverde, contachilometri*)
- **Nomi alterati** quelli che, attraverso determinati prefissi o suffissi, hanno modificato alquanto la forma e il significato primitivo. I nomi alterati, a seconda dei suffissi che li modificano, assumono un'idea di aumento o di diminuzione, di grazia o di spregio, e si dividono in: accrescitivi, diminutivi, vezzeggiativi, dispregiativi.

Per esempio dal nome maschile *ragazzo* abbiamo:

- *ragazzone* (accrescitivo)
- *ragazzino* (diminutivo)
- *ragazzetto* (vezzeggiativo)
- *ragazzaccio* (dispregiativo)

La forma

Il nome presenta **forme** diverse per esprimere la variazione di genere e numero.

- Il **genere** si divide in **maschile** e **femminile**: gatt*o*/gatt*a*
- Il **numero** si divide in **singolare** e **plurale**: gatt*o*/gatt*i*

PASSAGGIO DEI NOMI DAL SINGOLARE AL PLURALE. ALCUNI CASI PARTICOLARI

- Plurale dei nomi che terminano in **-ca** e **-ga**
  -che e *-ghe* se sono femminili: mona*ca*/mona*che*; fola*ga*/fola*ghe*
  -chi e *-ghi* se sono maschili: du*ca*/du*chi*; strate*ga*/strate*ghi*
- Plurale dei nomi femminili che terminano in **-cìa** e **-gìa** (con la **i** accentata)
  -cìe e *-gìe*: farma*cìa*/farma*cìe*; bu*gìa*/bu*gìe*
- Plurale dei nomi femminili che terminano in **-cia** e **-gia** (con la **i** non accentata)
  -ce e *-ge*, perdono la *i* se *-cia* e *-gia* sono precedute da consonante:
  la lan*cia*/le lan*ce*; la fran*gia*/le fran*ge*
  -cie e *-gie*, conservano la *i* se *-cia* e *-gia* sono precedute da vocali:
  cami*cia*/cami*cie*; cilie*gia*/cilie*gie*
- Nomi che al singolare terminano in **-e**
  Si tratta di nomi maschili e femminili.
  Il plurale si ottiene mutando la desinenza *-e* in *-i*: cavalier*e*/cavalier*i*; luc*e*/luc*i*; madr*e*/madr*i*
- Nomi che terminano in **-ie**
  Generalmente non cambiano al plurale: la barbar*ie*/le barbar*ie*; la spec*ie*/le spec*ie*
  Eccezioni: mogl*ie*/mogl*i*; superfic*ie*/superfic*i*; effig*ie*/effig*i*
- Nomi che terminano in **-logo**
  Formano il plurale in *-logi* se indicano persone: psico*logo*/psico*logi*
  Formano il plurale in *-loghi* se indicano cose: dia*logo*/dia*loghi*

Come si scrive!

- I **nomi propri** si scrivono sempre con l'iniziale maiuscola.
- I **nomi dei mesi e dei giorni della settimana**, per consuetudine, si scrivono con l'iniziale minuscola.
- I **nomi propri di persona** non vogliono il plurale.
- Il **nome proprio di persona** non vuole l'articolo né determinativo né indeterminativo e va collocato sempre prima del cognome.
- Il **cognome prima del nome** è permesso solo negli elenchi alfabetici (enciclopedie, elenchi telefonici, ecc.).
- I **nomi di feste civili e ricorrenze religiose** si scrivono con l'iniziale maiuscola (*Natale*, *Pentecoste*, *Capodanno*, ecc.).
- I **periodi storici e le correnti culturali** si scrivono con la lettera maiuscola (il *Medioevo*, il *Romanticismo*, ecc.).
- I **titoli di libri e di periodici** si scrivono con la lettera maiuscola (*La Repubblica*, *L'isola dei gabbiani*, *Amica*, ecc.).

SCHEDA 2

L'articolo

L'**articolo** è una **parte variabile** del discorso che precede il nome e ne indica il genere e il numero.
Ci sono tre forme di articoli: **indeterminativo, determinativo, partitivo.**

	determinativo		indeterminativo		partitivo	
	MASCHILE	FEMMINILE	MASCHILE	FEMMINILE	MASCHILE	FEMMINILE
SINGOLARE	**il, lo (l')**	**la (l')**	**un, uno**	**una (un')**	**del, dello**	**della**
PLURALE	**i, gli**	**le**			**dei, degli**	**delle**

L'**articolo determinativo** si riferisce al nome di esseri o cose specifici o noti. Esso, generalmente, non si usa:

- davanti ai nomi propri di persona: *ho incontrato Elena*
- davanti ai nomi di città e piccole isole: *ho visitato Capri*
- davanti ai nomi dei giorni della settimana: *verrò martedì sera*
- davanti ai nomi dei mesi: *faremo un viaggio a maggio*
- in particolari espressioni e modi di dire: *notte e giorno; per mari e per monti; carta e penna*
- davanti alla successione nome-cognome: *Giacomo Leopardi*
- davanti a cognomi di personaggi illustri: *Petrarca è un grande poeta*

L'**articolo indeterminativo** indica in modo generico il nome di esseri o cose a cui si riferisce.

- L'articolo indeterminativo maschile singolare **un** non vuole l'apostrofo davanti ai nomi che incominciano per vocale: *un* ombrello, *un* amo, *un* amico
- L'articolo indeterminativo femminile singolare **una** vuole l'apostrofo davanti ai nomi che iniziano per vocale: *un'*amica, *un'*arancia

L'**articolo partitivo** si usa per indicare una parte, una quantità imprecisata rispetto a un tutto, che viene espresso dal nome: Compro *della* frutta (una certa quantità di frutta)

- Gli articoli partitivi *dei, delle, degli* fanno da plurale agli articoli indeterminativi (un, uno, una) che ne sono privi.
- L'articolo partitivo usato al singolare assume il significato di: un poco, una certa quantità di, una parte di: Ho speso *del* denaro (una certa quantità di denaro).

L'articolo partitivo non va usato:

- davanti ad aggettivi che indicano quantità (*varie, parecchi, alquanti*): *In biblioteca ci sono parecchi libri*; in questo caso l'aggettivo "parecchi" esprime già l'idea di quantità indeterminata.
- davanti a complementi indiretti, retti dalle preposizioni: *a, con, per, su*. Così invece di dire: *usciva sempre **con delle** ragazze* si dirà *usciva sempre con alcune ragazze.*

Attenzione!

Gli articoli partitivi li puoi riconoscere provando a sostituirli con "un po' di" (al singolare) e con "alcuni/alcune" (al plurale). Se puoi far questa sostituzione, si tratta di articoli partitivi altrimenti sono preposizioni articolate.

*Ho ascoltato **della** musica* (= un po' di) articolo partitivo

*Il cane **della** vicina ha abbaiato tutta la notte* preposizione articolata (specifica di chi è il cane)

SCHEDA 3

L'aggettivo

L'**aggettivo** è una **parte variabile** del discorso che si aggiunge al nome per indicarne una qualità o quantità o per determinarlo in modo più preciso:

- Il mio cane è *fedele*, *forte* e molto *vivace*

Gli aggettivi, rispetto alla forma, concordano con il nome al quale si riferiscono in **genere** e **numero**: diventano quindi maschili o femminili, singolari o plurali a seconda del sostantivo al quale si uniscono:

- La casa è *luminosa*; il cielo è *sereno*; le margherite sono *bianche*

Tipi di aggettivi

Gli aggettivi, in relazione al loro **significato**, si dividono in due categorie: qualificativi e determinativi.

- **Aggettivi qualificativi**
  Gli aggettivi qualificativi indicano una qualità o una caratteristica del nome (persona, animale, cosa, concetto) al quale si riferiscono: un bambino *bello*; una rosa *profumata*; un *immenso* edificio.
- **Aggettivi determinativi**
  Gli aggettivi determinativi servono a precisare meglio la natura del nome al quale si riferiscono.
  A seconda del tipo di determinazione che esprimono, essi si distinguono in: **dimostrativi**, **possessivi**, **interrogativi** ed **esclamativi**, **indefiniti**, **numerali**.

Le classi degli aggettivi qualificativi

Gli **aggettivi qualificativi** si dividono in due classi:

- appartengono alla prima classe gli aggettivi che hanno **forme diverse** per maschile e femminile e per singolare e plurale:
  - maschile singolare **-o**: azzurr*o*
  - femminile singolare **-a**: azzurra
  - maschile plurale **-i**: azzurr*i*
  - femminile plurale **-e**: azzurr*e*
- appartengono alla seconda classe gli aggettivi che **non mutano desinenza** fra maschile e femminile:
  - maschile e femminile singolare **-e**: soav*e*
  - maschile e femminile plurale **-i**: soav*i*

Gradi dell'aggettivo qualificativo

La qualità indicata da un aggettivo si può attribuire ad un nome con diverse gradazioni, che costituiscono i gradi dell'aggettivo.

I **gradi dell'aggettivo** sono tre: positivo, comparativo, superlativo.

- **Grado positivo**. Il grado positivo è rappresentato dall'aggettivo attribuito al nome: Luca è un ragazzo *abile*.
- **Grado comparativo**. Abbiamo il comparativo quando si confrontano tra loro due termini rispetto alla stessa qualità espressa dall'aggettivo. I due termini sono detti **primo** e **secondo termine di paragone**. Il comparativo può essere di tre tipi:

- Comparativo d'uguaglianza, quando si stabilisce un rapporto di parità tra le qualità considerate: Mara è *tanto graziosa quanto* Isabella.
- Comparativo di maggioranza, quando si stabilisce un rapporto di superiorità di una qualità tra due persone o cose: Sara *è più graziosa* di Mara.
- Comparativo di minoranza, quando si stabilisce un rapporto di inferiorità di una qualità fra due persone o cose: Sara *è meno graziosa* di Mara.

- **Grado superlativo**. Il grado superlativo esprime una qualità considerata ad un grado molto alto: È *il più grande* attore del cinema.

  Si distinguono due tipi di superlativi:

- **Superlativo assoluto**, quando la qualità è presentata al grado massimo senza riferimenti o paragoni. Esso si forma aggiungendo al tema dell'aggettivo il suffisso *-issimo* (bello/bell*issimo*): L'elefante è fort*issimo*.
- **Superlativo relativo**, quando la qualità espressa dall'aggettivo è presentata al massimo grado o al minimo grado in riferimento a un gruppo di cose o di persone. Esso si forma premettendo *il più* o *il meno* all'aggettivo: Francesco è *il più bravo* della compagnia; Angela *è la meno brava* della classe.

Il confronto tra il gruppo di persone o cose può essere introdotto dalle preposizioni *di*, *tra*, o *fra* oppure può essere sottinteso: Tra tutti noi Giada è *la più furba*; Abbiamo visitato *i più importanti* musei.

Aggettivi possessivi, dimostrativi e indefiniti

AGGETTIVI POSSESSIVI

Gli **aggettivi possessivi** specificano a chi appartiene la cosa, l'animale, la persona indicata dal nome a cui si riferiscono.

Gli aggettivi possessivi sono:

- *mio, mia, miei, mie* (indicano che il possessore è uno solo e precisamente colui che parla);
- *tuo, tua, tuoi, tue* (indicano che il possessore è uno solo e precisamente colui a cui è rivolto il discorso);
- *suo, sua, suoi, sue* (indicano che il possessore è uno solo e precisamente colui di cui si parla);
- *nostro, nostra, nostri, nostre* (indicano che i possessori sono più d'uno, ovvero le persone che parlano);
- *vostro, vostra, vostri, vostre* (indicano che i possessori sono più d'uno e precisamente coloro a cui si parla);
- *loro* (indica che i possessori sono più d'uno e precisamente coloro di cui si parla).

Un altro aggettivo possessivo è *altrui*, invariabile, che indica il possessore non definito. Corrisponde alle espressioni *di un altro, di un'altra, di altri, degli altri*.

Altrui non si usa in riferimento a cose, ma solo a persone: Dobbiamo rispettare le opinioni *altrui* (degli altri).

AGGETTIVI DIMOSTRATIVI

Gli **aggettivi dimostrativi** determinano la posizione nello spazio e nel tempo della persona o della cosa di cui si tratta, rispetto a chi parla e a chi ascolta.

Gli aggettivi dimostrativi, tutti variabili nel genere e nel numero, sono: *questo, codesto, quello*.

- **Questo**
  Singolare: *questo, questa*. Plurale: *questi, queste*

Indica che l'oggetto è vicino a chi parla, oppure determina qualcosa che appartiene al tempo presente, o anche richiama l'ultimo argomento del quale si è parlato:
- Osserva *questa* lampada sul mio tavolo
- *Questo* palazzo è da ristrutturare
- Ricordate *questo* discorso che avete appena sentito

- **Codesto**
  Singolare: *codesto, codesta.* Plurale: *codesti, codeste*
  Indica che l'oggetto è vicino a chi ascolta o che ha qualche particolare relazione con lui:
  - Esci con *codesto* vestito?
  - Portami *codesta* tazzina che hai in mano

- **Quello**
  Singolare: *quello, quella.* Plurale: *quelli, quelle*
  Indica che l'oggetto è lontano tanto da chi parla quanto da chi ascolta, sia nello spazio che nel tempo:
  - Vedi *quella* casa in cima alla collina?

Sono considerati **aggettivi dimostrativi** anche:
- *stesso, stessa, medesimo, medesima*
- *stessi, stesse, medesimi, medesime*

Questi indicano una identità tra elementi; significano fondamentalmente che qualcuno o qualcosa è identico, uguale a ciò di cui si era parlato.

Essi concordano in numero e genere con il nome cui si riferiscono e sono preceduti da articolo:
- Mio padre e mia madre hanno la *stessa* età
- Abbiamo scelto il *medesimo* colore
- **Tale, tali**
- **Quale, quali**

Questi aggettivi spesso sono usati in correlazione e assumono più propriamente il valore qualificativo di *questo, simile, siffatto, così grande*:
- *Tale* il padre *tale* il figlio
- Quel ragazzo è *tale* e *quale* a suo nonno

Tale, da solo, ha il significato di *siffatto, cosiffatto* (dimostrativi ormai usciti dall'uso):
- Non posso sopportare *tali* discorsi

Spesso l'aggettivo *tale* si trova preceduto dall'articolo determinativo, ed allora assume il medesimo significato di *quello*:
- Che tipo è il *tale* ragazzo?

Sia *tale* che *quale* si troncano davanti ai nomi maschili e femminili singolari:
- Vorrei conoscere un *tal* uomo (una *tal* donna).

AGGETTIVI INDEFINITI

Gli **aggettivi indefiniti** indicano una quantità o una qualità non determinabile in modo preciso. Gli aggettivi indefiniti sono vari nel significato. Riguardo alla forma alcuni aggettivi sono variabili altri no.

Essi indicano:

- **una quantità limitata**:
  uno, una
  alcuno, alcuna, alcuni, alcune
  taluno, taluna, taluni, talune
  qualche
  certi, certe
- **una quantità scarsa**:
  poco, poca, pochi, poche
- **una quantità abbondante**:
  molti, molta, molti, molte
  parecchio, parecchia, parecchi, parecchie
  alquanto, alquanta, alquanti, alquante
  tanto, tanta, tanti, tante
  troppo, troppa, troppi, troppe
- **una totalità positiva**:
  tutto, tutta, tutti, tutte
  ogni
  ciascuno, ciascuna
  cadauno, cadauna
- **una totalità negativa**:
  nessuno, nessuna
- **una parità quantitativa**:
  altrettanto, altrettanta, altrettanti, altrettante
- **una parità qualitativa**:
  qualsivoglia
  qualsiasi
  qualunque
- **una diversità generica**:
  altro, altra, altri, altre

Particolarità

Tutti gli aggettivi indefiniti si usano preposti ai nomi ai quali si riferiscono, ad eccezione di *tutto* che può trovarsi posposto quando si voglia dare risalto all'idea della totalità:

- *Tutto* il pubblico lo applaudiva

Tutti gli aggettivi indefiniti rifiutano l'articolo, ad eccezione di *poco, molto, troppo, tanto*, che in alcuni casi lo ammettono:

- I *pochi* libri che posseggo
- La *troppa* fatica l'aveva spossato

SCHEDA 4

Il verbo

Il **verbo** è quella **parte variabile** del discorso che indica:

- azioni compiute dal soggetto Matteo *compra* un libro
- azioni subite dal soggetto Matteo *è stato* rimproverato
- un modo di essere Chiara e Matteo *sembrano* felici
- un sentimento Matteo *ama* gli animali
- l'esistenza di qualcosa o qualcuno Ci *sono* i tuoi amici

Ogni verbo è composto da una parte invariabile che si chiama **radice** e da una parte variabile che si chiama **desinenza**:

- *legg* (radice) *-o, -i, -e, -iamo, -ete, -ono* (desinenze)

La coniugazione

I verbi, ad eccezione degli ausiliari *essere* e *avere*, vengono raggruppati in base alle desinenze dell'infinito in tre categorie dette **coniugazioni**:

- Prima coniugazione -are lod*are*
- Seconda coniugazione -ere ved*ere*
- Terza coniugazione -ire sent*ire*

Esistono anche verbi usati alla terza persona singolare detti impersonali (piove, nevica, tuona, ecc.).

La struttura

Attraverso il variare delle **desinenze** il verbo indica:

- la **persona** che compie l'azione (1°, 2° o 3° singolare o plurale)
- il **numero** (singolare o plurale)

Il **modo** del verbo può essere:

- **finito**: indica la persona e il numero (l'indicativo, il congiuntivo, il condizionale, l'imperativo)
- **indefinito**: non indica la persona e il numero (sono modi indefiniti l'infinito, il participio e il gerundio)

Il **tempo** può essere:

- **presente**: io *canto*
- **passato**: imperfetto (io *cantavo*), passato prossimo (io *ho cantato*), passato remoto (io *cantai*), trapassato prossimo (io *avevo cantato*), trapassato remoto (io *ebbi cantato*)
- **futuro**: semplice (io *canterò*), anteriore (io *avrò cantato*)

I tempi verbali si distinguono in:

- **semplici**, quando sono costituiti da una sola parola, formata dalla radice del verbo più la desinenza: am-*are* dorm-*o*, ecc.
- **composti**, quando sono formati da due parole: una voce degli ausiliari *essere* o *avere* più il participio passato del verbo (*ho amato, sarei andato*, ecc.)

La **forma** può essere:

- **attiva**: quando il soggetto compie l'azione (Andrea *lava* il bambino)

- **passiva**: quando il soggetto subisce l'azione (Il bambino *è lavato* da Andrea)
- **riflessiva**: quando l'azione che il soggetto compie ricade su se stesso (Il bambino *si lava*)

Funzioni particolari: verbi ausiliari e verbi servili

I verbi *essere* e *avere*, oltre alla funzione autonoma di predicato svolgono una funzione fondamentale: quella di **ausiliari**, ossia sono di aiuto a tutti gli altri verbi nella formazione dei composti sia attivi che passivi.

- Io *canto* (forma autonoma)
- Io *avevo cantato* (forma composta con l'ausiliare avere)
- Io *vado* (forma autonoma)
- Io *ero andato* (forma composta con l'ausiliare essere)

I verbi **servili** (*potere, dovere, volere, sapere*) sono quei verbi che possono essere usati con significato proprio, ma possono essere anche "al servizio" di un altro verbo; infatti, premessi all'infinito di un altro verbo, ne modificano il significato:

- Tu *scrivi*: il verbo *scrivere* è usato con significato proprio, indica l'azione dello scrivere
- Tu *vuoi scrivere*: il verbo *volere* è "al servizio" del verbo all'infinito *scrivere*, di cui modifica il significato esprimendo un'idea di volontà, di intenzione.

Il "genere" dei verbi

Rispetto al "genere" i verbi si distinguono in **verbi transitivi** e **intransitivi**.

- I verbi **transitivi** esprimono l'azione compiuta dal soggetto che passa sull'oggetto: Manuela (soggetto) *legge* (verbo transitivo) un libro (oggetto)
- I **verbi intransitivi** esprimono l'azione compiuta dal soggetto che non passa sull'oggetto, ma ricade sul soggetto stesso: Marta (soggetto) *dorme* (verbo intransitivo)

Ti ricordiamo che i verbi transitivi consentono di coniugare la forma attiva (il soggetto fa ricadere l'azione su altri) o passiva (il soggetto subisce l'azione).

Teniamo d'occhio il congiuntivo e il condizionale

- Si dice: *avrei vinto* se avessi rispettato i tempi
- Non si dice: *avevo vinto se rispettavo i tempi*
- Si dice: Mariella *viaggerebbe* se *potesse*
- Non si dice: *Mariella viaggerebbe se potrebbe*
- Si dice: *Vada* via!
- Non si dice: *Vadi via!*

SCHEDA 5

I pronomi

Il **pronome** è quella **parte variabile** del discorso che si usa al posto di un nome (o anche di un'intera espressione) per evitare ripetizioni e appesantire il discorso.

I pronomi si dividono, in base alla funzione che hanno nella frase, in:

- **personali**: usati come soggetto (*io, tu, egli, noi, voi, essi*) e usati come complemento (*me, mi, ti, ci, sé* – con valore riflessivo – *lui, le, vi, gli, loro*)
- **relativi**: *che, il quale, la quale, cui, chi*
- **possessivi**: *mio, tuo, suo, nostro, vostro, loro*
- **dimostrativi**: *questo, codesto, quello, stesso, colui, ciò, stesso, tale*
- **indefiniti**: *uno, nessuno, alcuno, tutto, ognuno, qualcuno, qualcosa, nulla*
- **interrogativi**: *quale?, quanto?, chi?, che cosa?, che?*
- **esclamativi**: *chi!, che cosa!*

I pronomi consentono di collegare parole o parti del testo anche lontane tra di loro. Non sempre quindi il pronome è vicino alle parti che sostituisce.

Facciamo due esempi:

- Il gioco può servire a dare sfogo all'aggressività, cioè alla tendenza *che* (*la quale*) c'è in molti animali e nell'uomo ad assalire, a combattere.
- Due ragazzi che sono molto amici, vanno d'accordo e non litigano mai, se improvvisamente cominciano a giocare alla lotta sembrano diventati due nemici; *essi* in realtà cercano di non farsi male e così scaricano la loro aggressività con un finto combattimento.

Nella prima frase, il pronome relativo *che* segue immediatamente la parola *tendenza* a cui è riferito. Nella seconda, invece, il pronome *essi* è collocato molto più avanti rispetto al nome (*due ragazzi*).

I PRONOMI PERSONALI: *GLI/LE*

Uno degli errori più frequenti sui pronomi, è l'uso sbagliato di **gli** e **le**:

- **gli** (significa *a lui*, 3° persona singolare maschile)
- **le** (significa *a lei*, 3° persona singolare femminile)

È venuta a trovarmi Marcella e *le* ho fatto visitare la mia città

È venuto a trovarmi Matteo e *gli* ho fatto visitare la mia città

I PRONOMI PERSONALI: *GLI O LORO?*

Spesso si usa il pronome **gli** al posto di **loro**: è una scorrettezza da evitare!

Quando ci si riferisce a più persone si deve usare **loro** e non *gli*.

Chiama i nuovi amici e chiedi *loro* da dove provengono (e non chiedigli)

Ne, *una particella pronominale "multiuso"*

Un altro scoglio difficile è rappresentato dalla particella pronominale **ne**. È infatti un pronome "multiuso" che si adopera sia per il singolare che per il plurale; significa "di lui", "di lei", "di loro" e si riferisce ad un nome che nella frase è già stato detto e che non si vuole ripetere:

- Parliamo di Priscilla: te *ne* descriverò l'aspetto

Come vedi la frase significa: Parliamo di Priscilla; di Priscilla ti descriverò l'aspetto. Ma la ripetizione del nome Priscilla rende la frase pesante; con il **ne** possiamo risolvere facilmente il problema.

"A me mi", un pronome di troppo

È scorretta la ripetizione dei pronomi con la stessa funzione sintattica perchè si finisce per ripetere lo stesso concetto.
Il pronome **mi** significa **a me**; quindi se dico **a me mi piace** sarebbe come dire:

a me a me piace.

Perché dire due volte la stessa cosa, quando ne basta una? Lo stesso si verifica con:

- *a te ti* piace
- *a lui gli* piace
- *a noi ci* piace
- *a voi vi* piace
- *a loro gli* piace

Tutte queste ripetizioni sono superflue e sono forme molto scorrette. Quindi si deve scegliere una delle due:

- **a me piace** oppure **mi piace**

PRONOMI POSSESSIVI

I **pronomi possessivi** hanno lo stesso significato e le stesse forme degli aggettivi possessivi corrispondenti; si distinguono nell'uso perché non si accompagnano ai nomi, ma li sostituiscono.

La parola *mio* può essere sia aggettivo che pronome: bisogna quindi ricordarsi come distinguerli fra loro:

- Ho portato il *mio* videogioco; tu hai portato il *tuo*?

La parola *mio* è un aggettivo perché accompagna il sostantivo *videogioco*; mentre la parola **tuo** è un pronome perché sta al posto della locuzione *tuo videogioco*.

PRONOMI RELATIVI

I **pronomi relativi** (*che*, *quale*, *cui*, *chi*) svolgono nella frase due funzioni, quella **sostitutiva**, cioè sostituiscono un nome, e quella **sintattica**, ossia mettono in relazione fra loro due frasi.

- Ho visto un bambino → Il bambino andava in bicicletta
- Ho visto un bambino *che* andava in bicicletta

Il periodo è formato da due frasi.

- La frase principale: Ho visto un bambino
- La frase secondaria: *che* andava in bicicletta

Il pronome relativo **che** svolge due funzioni: sostituisce *un bambino* (che = un bambino) e mette in relazione la frase principale con la frase secondaria.

SCHEDA 6

L'avverbio

L'**avverbio** è quella **parte invariabile** del discorso che serve a precisare, completare il significato del verbo, dell'aggettivo o della frase a cui si riferisce.

In base alla loro **forma** gli avverbi si dividono in:

- **avverbi semplici**, formati da una sola parola: *forse, qui, là, assai, quasi, tardi, ecco,* ecc.
- **avverbi composti**, formati dall'unione di due o più parole: *oltremodo, perlomeno, altrove, malgrado,* ecc.
- **avverbi derivati**, formati da una parola a cui è stato aggiunto un suffisso: *dolcemente, saltelloni,* ecc.

Gli avverbi si distinguono in:

- **avverbi di modo**: *bene, male, lentamente, penzoloni,* ecc.
- **avverbi di tempo**: *adesso, allora, ormai, subito, prima, poi, dopo,* ecc.
- **avverbi di luogo**: *dove, qui, là, laggiù,* ecc.
- **avverbi di quantità**: *molto, poco, tanto, quanto, troppo,* ecc.
- **avverbi interrogativi**: *come?, perché?,* ecc.
- **avverbi esclamativi**: *come!, quanto!,* ecc.
- **avverbi di affermazione**: *sì, certo, certamente, davvero, appunto,* ecc.
- **avverbi di negazione**: *no, non, neppure, nemmeno,* ecc.
- **avverbi di dubbio**: *forse, magari, quasi, circa, probabilmente,* ecc.

GRADI DEGLI AVVERBI

La stretta parentela grammaticale esistente fra gli aggettivi e gli avverbi è dimostrata dal fatto che anche questi ultimi ammettono, oltre al **grado positivo**, forme di **comparativo** e di **superlativo**.

avverbio grado positivo	avverbio grado comparativo	avverbio grado superlativo
vicino	uguaglianza *vicino come* maggioranza *più vicino di* minoranza *meno vicino di*	assoluto *vicinissimo* relativo *il più vicino*

Gli avverbi derivati dagli aggettivi formano il superlativo aggiungendo il suffisso-**mente** al superlativo singolare femminile dell'aggettivo stesso.

aggettivo	avverbio	aggettivo superalativo	grado avverbio grado superlativo
vivace	*vicacemente*	*vivacissima*	*vivacissimamente*
dotto	*dottamente*	*dottissima*	*dottissimamente*

Come distinguere gli avverbi

Ecco in sintesi alcune regole fondamentali per distinguere gli avverbi. Ricordati che per distinguere gli **avverbi** dalle altre parti del discorso basta ricordarsi che:

- gli aggettivi accompagnano sempre un sostantivo e concordano con quello in genere e numero, gli avverbi no, sono invariabili.

  Marta aveva ***molto*** *coraggio*: *molto* è aggettivo.

  Oggi abbiamo studiato ***molto***: *molto* è un avverbio e si riferisce al verbo.

- le congiunzioni collegano sempre due elementi, mentre gli avverbi si riferiscono ad uno solo.

  Abbiamo fatto ***come*** *ci hai suggerito*: *come* è congiunzione perché lega *fatto* e *ci*

  Come *sono contento!*: *come* non lega nulla, è un avverbio esclamativo.

- le preposizioni introducono sempre un sostantivo o un pronome, l'avverbio no.

  Sotto *il letto ci sono i libri*: *sotto* è una preposizione

  Cerca ***sotto*** *prima di andartene*: *sotto* è un avverbio

Attenzione!

Le particelle *ci* e *vi* possono essere pronomi o avverbi. Quando indicano stato in luogo o moto da luogo, sono avverbi, in tutti gli altri casi pronomi.

Ci sono molte persone al cinema: *ci* (*stato in luogo*) è avverbio.

Ora vi racconterò la mia stroria: *vi* è pronome.

Hanno valore di avverbi di luogo le particelle avverbiali **ci**/**ce** (in questo luogo) **vi**/**ve** (in questo luogo), **ne** (da lì, da quel luogo). Attenzione, ci/vi/ne sono anche pronomi personali.

Ci *piacciono i nuovi insegnanti* (= **a noi**, pronome)

Ci *sono molti ragazzi* (= **in quel luogo**, avverbio di luogo)

SCHEDA 7

Le preposizioni

La **preposizione** è una parola invariabile del discorso che mette in relazione tra loro elementi della frase in modo da renderne espliciti e chiari i rapporti.

La preposizione può essere collocati davanti a:

- un nome (*Ho ricevuto un regalo* ***da*** *Aldo*)
- un pronome (*Andrò in gita* ***con*** *loro*)
- un verbo di modo finito (*Il piacere* ***di*** *vedere*)
- un avverbio (*Arrivederci* ***a*** *domani*).

Le forme: le preposizioni proprie

Le preposizioni, in base alla loro forma, si distinguono in tre categorie: proprie, improprie, locuzioni prepositive.

Le **preposizioni proprie** sono quelle che svolgono nel discorso unicamente la funzione di preposizione. Esse sono: *di, a, da, in, con, su, per, tra, fra* e sono tutte **preposizioni semplici** e **invariabili**.

Quando le preposizioni *a, con, da, di, in, su* si combinano con gli articoli determinativi, si uniscono con essi formando una sola parola, dando luogo così alle **preposizioni articolate**.

preposizione semplice	preposizione articolata					
	+ il	+ lo	+ la	+ i	+ gli	+ le
di	**del**	**dello**	**della**	**dei**	**degli**	**delle**
a	**al**	**allo**	**alla**	**ai**	**agli**	**alle**
da	**dal**	**dallo**	**dalla**	**dai**	**dagli**	**dalle**
in	**nel**	**nello**	**nella**	**nei**	**negli**	**nelle**
con	**col**	**collo**	**colla**	**coi**	**cogli**	**colle**
su	**sul**	**sullo**	**sulla**	**sui**	**sugli**	**sulle**

Attenzione!

Non bisogna confondere le preposizioni articolate formate da *di* (*del, dei, delle*) con le forme dell'articolo partitivo che hanno la stessa composizione.

Il bordo ***del*** *tavolo* (preposizione).

Ho mangiato ***del*** *pane* (articolo partitivo).

Le preposizioni improprie

Si chiamano **preposizioni improprie** tutte quelle parti del discorso (aggettivi, participi, avverbi) che possono essere utilizzati anche come preposizioni.

Le principali sono:

- tra gli avverbi: *davanti, innanzi, dietro, fuori, dentro, intorno, sopra, sotto, contro, presso, dopo, oltre.*

*Ne discuteremo **dopo*** (avverbio)

*Si allontanò **dopo** la caduta* (preposizione)

- tra gli aggettivi: *lungo, vicino, lontano, secondo*, ecc.

  *Abito al **secondo** piano* (aggettivo)

  *Chi parlerà **secondo** te?* (preposizione)

- tra i participi: *stante, nonostante, durante, mediante, dato, tolto, eccettuato* (*eccetto*), ecc.
- tra le voci verbali di modo finito: l'imperativo presente del verbo *trarre* che oggi però è usato solo in funzione di preposizione.

Attenzione!

Per non confondere le preposizioni con gli avverbi di forma uguale ricordati che le proposizioni accompagnano un nome o un pronome.

*Ci vediamo **dopo*** (avverbio)

*Ci vediamo **dopo** cena* (preposizione)

Le locuzioni propositive

Si chiamano **locuzioni prepositive** (o **preposizionali**) quelle espressioni formate da più parole che acquistano il valore di preposizione.

Le locuzioni propositive tra queste ricordiamo *davanti a, vicino a, rispetto a, prima di, lontano da, insieme con, in mezzo a*, ecc. Le preposizioni *sopra, sotto, presso, dopo, contro, verso, senza*, esigono il **di** quando sono seguite da un pronome personale (*sotto di noi, sopra di loro*). Quelle risultanti dall'unione di una preposizione con altri avverbi o sostantivi: *a causa di, per mezzo di, all'infuori di, di fronte a, in faccia a, per opera di, per colpa di*, ecc.

Come si scrive?

- Per un corretto uso delle preposizioni è bene sempre consultare il vocabolario
- Spesso, usando le preposizioni, sorgono dubbi sul modo corretto di unire ad esse il nome che segue. Facciamo qualche esempio.

CON I NOMI	CON I PRONOMI PERSONALI	NELLE ESPRESSIONI
sopra il divano	sopra di me	
davanti alla vetrina	davanti a noi	davanti a casa
dietro la vetrina	dietro di noi	
dopo la lezione		dopo pranzo

SCHEDA 8

La congiunzione

La congiunzione è una parte invariabile del discorso che serve a congiungere fra loro le diverse proposizioni che formano il periodo.

Mi guardo intorno smarrito ***perché*** *non riconosco nessuno*

O vari elementi di una stessa proposizione

Né *la costa sassosa,* ***né*** *questa terra.*

Le forme

In base alla forma le congiunzioni si dividono in:

- **semplici**, quando sono costituite da una sola parola non divisibile: *e, o, che, come, né, ma se, però, dunque, anzi;*
- **composte**, quando sono costituite da due o più parole che si sono fuse: *allorché* (= *allora che*), *affinché* (= *a fine che*), *eppure* (= *e pure*), *dopoché* (= *dopo che*);
- **locuzioni congiuntive**, quando sono costituite da due o più parole tra loro distinte: *di modo che, in fin dei conti, dal momento che, nonostante che, non appena che.*

Le locuzioni congiuntive hanno solo **funzione subordinante**.

Le congiunzioni coordinanti e subordinanti

Rispetto alle funzioni sintattiche che svolgono all'interno del discorso, cioè in base ai legami che stabiliscono, le congiunzioni si dividono in **coordinanti** e **subordinanti**.

Le **congiunzioni coordinanti** si distinguono in base ai legami che stabiliscono tra gli elementi che collegano e si distinguono in:

congiunzioni coordinanti		
copulative	***e, anche, pure, nemmeno, neanche***	Congiungono in una frase o in un periodo due elementi della stessa importanza (più soggetti, più oggetti). Possono essere negative o positive (*Mario* ***e*** *Rita sono amici*)
disgiuntive	***o, oppure, ovvero, altrimenti***	Congiungono sintatticamente due elementi stabilendo un'esclusione o un'alternanza (*Resti con me* ***oppure*** *preferisci lui?*)
avversative	***ma, però, eppure, tuttavia, ciò nonostante, al contrario, non di meno, invece di, piuttosto di***	Congiungono due elementi che si contrappongono l'un l'altro (*È un quartiere povero* ***ma*** *dignitoso*)
dichiarative	***infatti, difatti, invero, cioè, ossia***	Spiegano quanto si è detto in precedenza, aggiungendovi una conferma (*Era un uomo generoso:* ***infatti*** *aiutava tutti*)
conclusive	***dunque, perciò, pertanto, per cui, così, di conseguenza, in conclusione, insomma***	Indicano una conclusione o una conseguenza di quanto detto prima (*Sono stanco,* ***perciò*** *prenderò qualche giorno di ferie*)
correlative	***e... e, sia... sia, né... né, tanto... quanto, non solo... ma anche***	Indicano una relazione tra due o più termini in senso affermativo, disgiuntivo, negativo, si usano in coppia (***Non solo*** *è bello,* ***ma anche*** *buono*)

Mentre le congiunzioni coordinanti possono funzionare anche all'interno di una frase semplice collegando, quindi, due elementi della stessa frase, le subordinanti sono specializzate nel collegamento di frasi, periodi.

In base al legame sintattico che instaurano si suddividono in:

congiunzioni subordinanti		
dichiarative	***che, come...***	Sono usate prevalentemente in dipendenza dai verbi che significano "sapere", "dire", "raccontare", ecc., e introducono una subordinata in cui è dichiarato qualcosa (*Disse **che** sarebbe ritornato*)
temporali	***mentre, finché, non appena che, ogni volta che, quando...***	Introducono una proposizione subordinata che indica una circostanza di tempo (*Uscirai **quando** smetterà di piovere?*)
casuali	***perché, poiché, giacché, visto che, dal momento che***	Introducono una proposizione causale, che enuncia la causa di quanto affermato nella proposizione reggente (***Siccome** insisti ti racconto tutto*)
finali	***affinché, acciocché, al fine di, con l'intento di***	Spiegano quanto si è detto in precedenza, aggiungendovi una conferma (*Gli parlò apertamente **con l'intento** di persuaderlo*)
consecutive	***che, cosicché, per modo che, di modo che, tanto... da, tanto... che***	Introducono una proposizione consecutiva che esprime la conseguenza di ciò che si afferma nella proposizione reggente (*Sono **tanto** strani **da** non sembrare veri*)
concessive	***benché, sebbene, quantunque, per quanto, nonostante che***	Introducono una proposizione concessiva, che indica una circostanza, nonostante la quale si realizza quanto viene affermato nella proposizione reggente (***Benché** fosse tardi, volle partire*)
modali	***come, a quel modo che, siccome***	Introducono una proposizione modale che illustra il modo in cui avviene quanto affermato nella proposizione reggente (*Devi mostrarti deciso **come** conviene ad una persona coraggiosa*)
condizionali	***se, qualora, pure se, purché, quand'anche***	Introducono una proposizione condizionale, che pone una condizione alla realizzazione di quanto viene affermato nella proposizione reggente (*Riprendetemi pure se sbaglio*)
eccettuative o limitative	***fuorché, tranne, eccetto che, senza che***	Introducono una proposizione per mezzo della quale si esclude o si limita una parte dell'azione indicata dalla reggente (*Tutto mi aspettavo da lui, fuorché mi trattasse in modo scostante*)
interrogative o dubitative	***se, come, quando, perché***	Introducono una proposizione secondaria per mezzo della quale si fa un'interrogazione indiretta o si esprime un dubbio (*Dimmi perché sei così triste*)

SCHEDA 9

L'interiezione

L'**interiezione** (dal latino *interiectio* 'atto di gettare in mezzo') è una parte invariabile del discorso usata per esprimere in forma immediata una sensazione, uno stato d'animo, oppure per formulare un ordine, una preghiera, un saluto, ecc.

__Uffa__! Non ne posso più.
__Ahi__! Mi hai pestato il piede.

Le interiezioni non costituiscono una vera e propria categoria grammaticale perché sono prive di legami sintattici con gli altri elementi del discorso, non sono legate, per la loro funzione, né al sostantivo né al verbo e non modificano le parole; esse servono soltanto a dare tono e coloritura a tutta la proposizione presa nel suo complesso. Possono, quindi, avere una collocazione libera all'interno della frase.

Le interiezioni possono da sole esprimere un messaggio di senso compiuto.

Classificazione

In base alla **forma** le interiezioni si dividono in:

- **proprie**, sono parole usate solo con la funzione di interiezione: *oh!, ah!, eh!, uh!, ahi!, ehi!, uff!, bah!, mah!*
- **improprie**, sono parole usate in funzioni di interiezione ma che possono essere aggettivi, nomi, forme verbali, avverbi, formule di saluto: *Bravo!, Avanti!, Via!, Ecco!, Coraggio!, Ottimo!, Ciao!, Forza!, Fuori!*
- **locuzioni interiettive** o **esclamative**, quando sono costituite da due o più parole o anche intere frasi usate in funzione interiettiva: *povero me!, mamma mia!, al diavolo!, per amor di Dio!, a più tardi!*

Attenzione!

Alcune espressioni, dette **onomatopee**, sono considerate affini alle interiezioni. Si tratta di sequenze di suoni usate per imitare rumori, suoni, versi degli animali (*coccodè, miao, bau bau, tic tac, din don, patratrac, brr*).

Ricorda: le onomatopee **non** sono interiezioni perché, mentre queste ultime esprimono una sensazione, uno stato d'animo, le onomatopee imitano solamente i rumori, i suoni.

GLOSSARIO

A

accumulazione figura retorica consistente nell'accostare una serie di termini appartenenti alla stessa categoria grammaticale. Se ciò avviene in modo ordinato si parla di enumerazione. Il collegamento dei termini può avvenire per asìndeto (▶) o per polisindeto (▶).

allegoria (dal greco *allegoréin*, "parlare diversamente"); consiste nella elaborazione di un discorso in cui non è importante il significato letterale dei singoli elementi che lo compongono, ma quello simbolico dell'insieme, che rimanda ad altri e più profondi significati, di ordine morale o filosofico. L'*allegoria* può essere estesa ad un'intera composizione: un apologo, una favola o anche un'opera vasta e complessa come la *Divina Commedia* di Dante Alighieri, in cui il significato letterale (il viaggio attraverso i tre mondi ultraterreni) rimanda allegoricamente al viaggio spirituale dell'anima verso Dio.

allitterazione figura retorica che consiste nella ripetizione di suoni identici o simili nella parte iniziale o centrale di due o più parole consecutive. Es.: *di* me *medesmo* meco mi *vergogno* (Petrarca).

anacolùto (dal greco *anakóluthos*, "che non segue"); costruzione sintattica irregolare dovuta ad un cambio di soggetto; viene di solito usata per riprodurre il linguaggio popolare. Es.: *Quelli che muoiono, bisogna pregar Iddio per loro* (Manzoni).

anacronismo (dal greco, composto di *aná*, «contro», e *chrónos*, «tempo»); errore di cronologia, attribuzione ad altri tempi di elementi propri di epoca diversa.

anadiplòsi (dal greco *anadíplosis*, «raddoppio»); è una forma di *iterazione* (▶), consistente nella ripresa, all'inizio di un verso o di una frase, di una parola o di un gruppo di parole collocate a conclusione del verso o della frase precedente. Es.: *Questa voce sentiva / gemere* in una capra *solitaria*. // In una capra *dal viso semita* (U. Saba).

anàfora (dal greco *anaphorá*, "ripetizione"); figura retorica che consiste nella ripetizione di una o più parole all'inizio di due o più frasi o versi successivi; serve ad evidenziare parole chiave del testo ed è un elemento importante del ritmo. Es.: Piove *sulle tamerici... /* piove *sui pini / scagliosi ed irti /* piove *sui mirti...* (D'Annunzio).

analogìa (dal greco *analogía*, "corrispondenza, somiglianza"); in letteratura è un rapporto di identità tra due elementi, una *similitudine* in cui viene soppresso il *come*. Es.: *I tuoi occhi saranno una vana parola, un grido taciuto* (Pavese).

anàstrofe (dal greco *anastréphein*, "rovesciare"); inversione dell'ordine normale di due parole; viene utilizzata sia per mettere in evidenza un termine, sia per ragioni ritmiche. Es.: *Con rispetto parlando; Cammin facendo.*

antinomìa (dal greco *antí*, «contro», e *nómos*, «legge»); contrasto, opposizione, contraddizione.

antìtesi (dal greco *antíthesis*, "contrapposizione"); accostamento di due parole o due espressioni di valore opposto. Es.: *Due volte nella polvere, / Due volte sull'altar* (Manzoni).

apòcope (in greco *apokopé*, «taglio»); è la caduta di una vocale o di una sillaba in fine di parola: ad esempio *polve* al posto di «polvere». A differenza dell'*elisione* (▶), l'*apocope* può avvenire sia davanti a vocale che a consonante.

arcaismo (dal greco *archáios*, "antico"); l'uso, a scopo espressivo, di qualsiasi parola o costrutto sintattico scomparso o che sta scomparendo dalla lingua corrente. Es.: giovine = giovane; non mi cale = non m'importa.

asindeto (dal greco *asy´ndeton*, "slegato"); accostamento di termini o di proposizioni senza l'ausilio delle congiunzioni. La separazione dei vari elementi avviene in genere per mezzo della virgola. Es.: *corre via, anela, / varca torrenti e stagni, / cade, risorge...* (Leopardi).

assonanza rima imperfetta, in cui l'identità di suono è relativa alle vocali e non alle consonanti. Es.: *pane/fame*. Vedi anche *consonanza*.

àtono (dal greco, composto di *a-* privativo e *tónos*, "accento"); termine o sillaba senza accento.

aulico uno degli attributi con cui Dante (nel *De vulgari eloquentia*) designa il volgare letterario, per indicarne la nobiltà e l'eccellenza proprie di una corte (in latino *aula*). Il termine viene usato genericamente anche per definire il tono alto di uno stile o di un'opera letteraria.

autore in letteratura, il concetto di autore prevede una doppia distinzione:
- *autore reale*: lo scrittore storicamente determinato, cui si deve l'ideazione e la realizzazione dell'opera;
- *autore implicito*: l'idea che il lettore, leggendo l'opera, si fa di chi l'ha scritta, attraverso gli elementi forniti dal testo, non dai dati biografici. Molto spesso autore reale e autore implicito non coincidono, perché l'autore può dare attraverso il testo un'idea di sé completamente diversa da quella reale. Un caso evidente di non coincidenza si verifica nelle opere scritte a più mani, come ad esempio quelle di Fruttero & Lucentini, in cui vi sono due autori reali e un unico autore implicito.

B

ballata componimento poetico originariamente destinato al canto e alla danza. Già definita nelle sue caratteristiche alla metà del Duecento, la *ballata*, composta per lo più di endecasillabi e settenari, è composta da diverse *strofe* di identica struttura (dette *stanze*), precedute da una strofa più breve, detta *ripresa*, ripetuta alla fine di ogni stanza.

ballata romantica vedi *romanza*.

bisìllabo verso composto di due sole sillabe, con un solo accento, posto sulla prima sillaba; viene utilizzato soprattutto nella poesia moderna.

C

canzone componimento poetico composto di più *strofe* (dette anche *stanze*), uguali tra loro per struttura metrica e distribuzione delle rime. Di solito le *stanze* sono seguite da una *strofa* più breve, detta *congedo* o *commiato*, in cui il poeta si rivolge direttamente alla sua opera, prendendo commiato.

cesura (dal latino *caesura* = «taglio»); è una pausa ritmica che divide il verso in due parti, dette *emistichi* (dal greco *hemistìchion*, composto da *hemi* = «metà», e *stìchos* = «verso»). È chiamata anche pausa secondaria, dato che quella primaria è costituita dalla fine del verso. Può coincidere o meno con le pause logiche e sintattiche, a seconda delle esigenze ritmiche.

chiasmo (così chiamato dalla forma della lettera greca χ, *chi*); si verifica quando due elementi del discorso si susseguono in ordine inverso. Es.: *io solo / combatterò, procomberò sol io* (Leopardi), in cui alla disposizione soggetto-predicato (*io solo combatterò*) segue la disposizione predicato-soggetto (*procomberò sol io*).

citazione è la ripresa, parziale o integrale, di versi o frasi di altri, che viene utilizzata dagli scrittori sia per imitazione o riferimento ad un modello ammirato, sia con scopi parodistici, per evidenziare i limiti del modello o per dichiarare la propria contrarietà ai concetti da questo espressi.

clìmax (in greco, "scala"); viene chiamato anche progressione. Consiste in una successione di termini disposti in ordine di intensità concettuale crescente (*climax ascendente*) o decrescente (*climax discendente* o *anticlimax*). Es. di *c. ascendente*: *vegghio, penso, ardo, piango* (Petrarca); *c. discendente*: *Più sordo e più fioco / s'allenta, si spegne* (D'Annunzio).

connettivo con questo termine si intendono gli elementi grammaticali (congiunzioni, avverbi) che collegano tra loro due espressioni, stabilendo un rapporto logico. Possono indicare una causa (perché, dal momento che, dato che...), una successione temporale (prima, poi, in un secondo momento...), una conseguenza (quindi, pertanto...), una spiegazione o un chiarimento (ossia, cioè...) e altri tipi di relazione.

connotazione il significato supplementare (allusivo, evocativo, affettivo) di un termine o di una espressione, che si aggiunge a quello informativo, referenziale (*denotazione* ▶).

consonanza rima imperfetta, in cui vi è identità di suono solo tra le consonanti e non nelle vocali. Es.: travaglio/bottiglia (Montale). Vedi anche *assonanza*.

contesto l'insieme organico degli elementi stilistici ed espressivi che costituiscono un testo, al cui interno i singoli elementi linguistici hanno una propria funzione e un proprio significato. È quindi il contesto a permettere la comprensione del testo, sia nell'ambito strettamente linguistico e letterario (l'insieme degli elementi che concorrono a determinare il testo), sia nell'ambito più vasto della situazione storica, del sistema di relazioni economiche, politiche, sociali, culturali, di cui la letteratura non è che una componente.

correlativo oggettivo un elemento (un oggetto, una situazione, un'occasione) che rimanda con evidenza immediata a una sensazione, una condizione soggettiva. Questo procedimento, formulato la prima volta dal poeta inglese Thomas Stearns Eliot, nella poesia italiana è tipico dell'opera di Eugenio Montale.

D

decasillabo verso di dieci sillabe, in cui l'accento principale cade sulla nona sillaba (gli altri accenti sono sulla terza e sulla sesta). È un verso regolare e fortemente scandito. Es.: *S'ode a dèstra uno squìlllo di tròmba / a sinistra rispònde uno squìllo* (Manzoni).

deìssi (dal greco *déiknumi*, «indico»); procedimento con cui l'autore richiama l'attenzione del lettore su oggetti o personaggi del testo, attraverso elementi linguistici (chiamati *deittici*) che consentono di indicare con precisione l'oggetto a cui ci si riferisce. Come deittici vengono usati in genere i pronomi e gli aggettivi dimostrativi *questo* e *quello*.

denotazione è il valore primario, fondamentale di una parola, stabilito dal codice della lingua in uso. Un termine viene usato denotativamente quando non gli si attribuisce nessun significato aggiuntivo, allusivo o evocativo. La parola "coniglio", ad esempio, è usata con valore denotativo quando vuole indicare un animale con determinate caratteristiche; con valore connotativo quando implica un giudizio negativo (sei un coniglio! = sei un codardo!).

destinatario nel processo della comunicazione il destinatario è colui al quale viene indirizzato il messaggio. Nella comunicazione letteraria è il pubblico dei lettori. Il destinatario esercita un condizionamento sull'autore che, scrivendo, può tener conto di un particolare tipo di pubblico e delle sue aspettative (orizzonte di attesa).

diacronìa (dal greco *diá chrónos*, "lungo il tempo"); costituisce l'aspetto storico ed evolutivo dei fatti linguistici, che sono soggetti a trasformazioni e a modifiche nel tempo. Vedi anche sincronìa (▶).

dialèfe (dal greco *dialéipein* = "lasciare un intervallo"); figura metrica consistente nel considerare separate, nel computo delle sillabe di un verso, due vocali contigue. Il fenomeno contrario si chiama sinalèfe (▶).

dialogo (dal greco *dialégein*, "parlare"); è una tecnica, specifica del teatro ma ampiamente utilizzata anche nella narrativa, che consiste nel riportare le parole (battute) che si scambiano due o più interlocutori. Le battute vengono indicate da particolari segni grafici (virgolette o trattino). Il dialogo è inoltre un genere letterario autonomo, oggi scarsamente utilizzato.

diegèsi (dal greco *diégesis*, "narrazione, racconto"); uno dei due modi, oltre alla mimèsi (▶), con cui, già secondo Aristotele, era possibile rappresentare un fatto nell'opera letteraria: in quello diegetico, propriamente narrativo, è l'autore a raccontare l'azione.

dièresi (dal greco *diáirein*, "separare"); figura metrica consistente nel considerare separate, costituenti quindi due sillabe diverse, due vocali contigue normalmente considerate dittongo. La presenza della dieresi viene segnata con due puntini posti sulla prima vocale. Es.: *Forse perché della fatal quïete* (Foscolo).

digressione (dal latino *digredi*, "allontanare"); è una deviazione momentanea dal corso principale della narrazione. A volte, come in Sterne, costituisce la sostanza stessa del racconto, che non ha un filo conduttore preciso. A seconda dell'ampiezza, può presentarsi come semplice divagazione, come espansione del discorso narrativo, per approfondirne alcuni aspetti (ad esempio il lungo inserto che Manzoni dedica, nei *Promessi sposi*, alla guerra di successione per il ducato di Mantova).

dilèmma (dal greco, composto da *dis*, "due", e *lémma*, "assunto"); un tipo di ragionamento che si dibatte tra due alternative, entrambe possibili (come Amleto, nella tragedia omonima di Shakespeare, tra essere o non essere).

discorso diretto legato la trascrizione di parole o pensieri dei personaggi introdotti (legati) da verbi come dire, pensare ecc. Es.: *«Signor curato,» disse un di que' due, piantandogli gli occhi in faccia. «Cosa comanda?» rispose subito don Abbondio...* (Manzoni).

discorso diretto libero la trascrizione di pensieri e parole dei personaggi senza l'introduzione dei verbi dire, pensare ecc. Es.: *«Il mio rispetto...» «Si spieghi meglio!» «...Disposto...disposto sempre all'ubbidienza».* (Manzoni). Vedi anche solilòquio (▶) e monòlogo interiore (▶).

discorso indiretto legato si verifica quando il narratore riporta in forma indiretta (cioè in terza persona) parole o pensieri dei personaggi, facendoli dipendere dai verbi dire, pensare ecc. Es.: *E con voce rotta dal pianto, raccontò come, pochi giorni prima, mentre tornava dalla filanda, ed era rimasta indietro dalle sue compagne, le era passato innanzi don Rodrigo* (Manzoni).

discorso indiretto libero corrisponde al tedesco *erlebte Rede* (discorso rivissuto). Si verifica quando il narratore riporta in forma indiretta (in terza persona) pensieri e parole del personaggio, eliminando però i verbi dire e pensare. Es.: *don Abbondio... si pentiva anche dell'aver ciarlato con Perpetua. Fuggire? Dove? E poi! Quant'impicci, e quanti conti da rendere!* (Manzoni).

distanza in una narrazione, la distanza riguarda sia il tempo (▶) che il punto di vista. È il tempo che intercorre tra il momento in cui accadono gli avvenimenti narrati e il momento in cui gli stessi avvenimenti vengono narrati, ed è l'insieme degli elementi (stilistici e ideologici) che separa il narratore dalla vicenda e dai personaggi descritti.

dittologìa (dal greco *dittología*, «ripetizione di parola»); uso di una coppia di vocaboli, di significato affine, collegati dalla congiunzione *e*, per ottenere effetti di ordine semantico e ritmico. Es.: Solo e pensoso *i più deserti campi / vo mesurando a passi* tardi e lenti (Petrarca); *negli occhi tuoi* ridenti e fuggitivi, / *e tu*, lieta e pensosa... (Leopardi).

durata non potendo narrare gli eventi in ogni dettaglio, il narratore è costretto ad operare delle scelte: può riassumere in poche righe avvenimenti di lunga durata (sommario); può omettere del tutto avvenimenti o un intero periodo della storia (*ellissi* ▶); può riportare un fatto in tempo reale attraverso il dialogo diretto tra i personaggi (scena); può soffermarsi a lungo su avvenimenti di breve o brevissima durata (analisi); può interrompere la storia con digressioni (▶), riflessioni, descrizioni analitiche di ambienti o personaggi.

E

elegia nella letteratura greca e latina è un componimento poetico in distici (▶);

oggi il termine (e l'aggettivo *elegiaco*) indica una poesia di tono meditativo e malinconico.

ellissi (dal greco *élleipsis*, "mancanza"); procedimento attraverso cui, per ottenere effetti di concisione espressiva, vengono sottintesi alcuni elementi della frase, senza compromettere la comprensione del testo.

endecasillabo verso di undici sillabe con accento obbligato sulla decima sillaba; è uno dei versi maggiormente utilizzati nella lirica italiana. Es.: *Sempre caro mi fu quest'ermo colle.*

endìadi (dal greco *hén diá dyóin*, «una per mezzo di due»); figura retorica consistente nell'esprimere un concetto per mezzo di due elementi complementari (aggettivi o sostantivi) tra loro coordinati, in luogo di un unico sostantivo accompagnato da un aggettivo o da un complemento. Es.: *la luce e il sole* invece di «la luce del sole».

enjambement (dal francese *enjamber*, "sconfinare in campo altrui"); si verifica quando in un verso non si esprime compiutamente un concetto, che si completa nel verso successivo, quando cioè non vi è coincidenza tra sintassi e ritmo. Es.: *Ma sedendo e mirando, interminati // spazi di là da quella e, sovrumani silenzi, e profondissima quiete* (Leopardi).

epigramma (dal greco *epigráphein*, «scrivere sopra»); in origine era un'iscrizione funebre o commemorativa; il termine è poi passato anche ad indicare un breve componimento poetico, vario per ispirazione e metro.

epìteto (dal greco *epítheton*, "posto in aggiunta"); aggettivo o nome aggiunto a un nome per qualificarlo; ha in genere funzione di ornato. Es.: *la pargoletta mano* (Carducci).

epopèa ampia narrazione poetica di gesta eroiche.

etimologia (dal greco *étymos*, "vero", e *lógos* = "parola"); è la disciplina che studia il significato originario, più antico di una parola.

eufemismo (dal greco *euphemismós*, «parola di buon augurio»); figura retorica utilizzata per attenuare espressioni ritenute troppo crude. Es.: *passare a miglior vita* invece di «morire». Una forma di *eufemismo* è anche la *litòte* (▶).

explicit il termine deriva dalla formula *explicit liber* (= "finisce il libro"), che in età medievale veniva posta nel manoscritto alla fine del testo ricopiato; designa quindi le parole finali di un'opera. Come l'incipit (▶), anche l'explicit acquista un particolare rilievo espressivo nel testo.

F

fabula in un racconto, la fabula indica l'insieme degli eventi nella loro successione logica e cronologica, mentre l'*intreccio* è costituito dagli stessi eventi secondo l'ordine in cui vengono collocati dall'autore.

figura etimologica consiste nell'uso, all'interno della stessa frase, di due parole che hanno la medesima etimologia. Es.: l'espressione dantesca *selva selvaggia*.

figure retoriche i diversi aspetti e modalità di espressione che il pensiero assume nel discorso. Le figure retoriche sono essenziali non solo per abbellire un discorso, ma anche per conferirgli una carica emotiva che arricchisce il senso del messaggio. La retorica, la scienza che studia le proprietà del discorso, distingue le figure retoriche in figure fonetiche (come l'*allitterazione* ▶ e l'*onomatopèa* ▶), figure sintattiche (come l'*anàfora* ▶, il *chiasmo* ▶ ecc.), e figure di significato (come la *metàfora* ▶, la *litòte* ▶ ecc.).

flusso di coscienza traduce l'inglese *stream of consciousness*; il narratore cerca di esprimere in forma diretta (senza però i segni grafici che la identificano, come virgolette o trattino) il libero fluire dei pensieri del personaggio, così come si vanno formando nella sua mente. A differenza del monòlogo interiore (▶), che è ancora un tipo di discorso logicamente e sintatticamente organizzato, il flusso di coscienza è sconnesso e caotico. La tecnica è stata adottata per la prima volta dallo scrittore irlandese James Joyce.

focalizzazione si chiama focalizzazione la prospettiva, il punto di vista scelto dal narratore per regolare l'informazione. Si parla di racconto focalizzato (o a focalizzazione interna) quando si basa sul punto di vista di uno o più personaggi; di racconto non focalizzato quando dipende direttamente dal narratore, che viene definito onnisciente. Nel racconto a focalizzazione interna il narratore ne sa quanto i personaggi; in quello non focalizzato ne sa di più dei personaggi; si parla infine di focalizzazione esterna quando (come ad esempio nei romanzi «gialli») il narratore ne sa (o finge di saperne) meno dei personaggi.

fonema (dal greco *phoné*, "suono"); è l'unità minima di suono esistente in una lingua. Tali unità, da sole, non hanno significato, che acquistano solo attraverso la loro combinazione. Es.: [c]+[a]+[n]+[e] = cane.

fonosimbolismo si parla di fonosimbolismo quando vengono utilizzate parole che, per mezzo del loro suono, determinano sensazioni visive o acustiche, anche senza l'intenzione dell'autore. Caso tipico di fonosimbolismo è l'onomatopèa (▶).

forma indica l'aspetto linguistico e stilistico del testo, in opposizione a *contenuto*, che si riferisce invece al messaggio dell'opera.

I

iato (dal latino *hiatus*, «apertura»); incontro di due vocali considerate come sillabe differenti, che pertanto non possono elidersi o contrarsi.

icàstico (dal greco *eikastikós*, «che rappresenta»); il termine indica la particolare efficacia ed evidenza con cui un'immagine viene rappresentata.

idillio (dal greco *eidyllion*, "quadretto"); breve componimento poetico generalmente di ambientazione campestre e pastorale. Ha origini antichissime (il poeta greco Teocrito, III sec. a.C.; il poeta latino Virgilio nelle *Bucoliche*, I sec. a.C.). Leopardi diede all'*idillio* il valore di espressione di «*situazioni, affezioni, avventure storiche*» del suo animo.

incipit (dall'espressione latina *incipit de*, "comincia il libro su", formula che nei manoscritti veniva solitamente premessa al titolo di un'opera); il termine "incipit" è passato quindi ad indicare l'inizio di un'opera. L'incipit di una poesia serve ad identificarla qualora sia priva di titolo (come ad esempio i componimenti del *Canzoniere* di Petrarca). L'incipit è una parte strategicamente molto importante del testo (è infatti quella più memorabile), di cui spesso fornisce la chiave di lettura.

interrogativa retorica una domanda formulata non per ricevere una risposta, ma per ribadire un'affermazione; la domanda, infatti, contiene già la risposta. Es.: *Stai attento! Vuoi farti male?*

io narrante in una narrazione in prima persona, l'io narrante è colui che racconta la propria storia, e si distingue dall'io narrato, che è la stessa persona considerata nel suo ruolo di personaggio. Nella *Divina Commedia*, ad esempio, Dante narratore (che scrive dopo aver compiuto l'esperienza del viaggio) è molto diverso da Dante personaggio quale viene descritto all'inizio del poema.

ipàllage (dal greco *hypallássein*, «scambiare»); attribuzione ad un termine della frase di una qualificazione o specificazione propria di un termine vicino. Nei versi di Pascoli *un ribatte / le porche con sua marra pazïente* (*Arano*), l'aggettivo *pazïente* è riferito a *marra* («zappa»), ma logicamente va attribuito a *un* (il contadino), di cui indica una qualità.

ipèrbato (dal greco *hypérbaton*, "passato oltre"); separazione di elementi che dovrebbero restare uniti perché costituiscono un unico *sintagma*. Es.: *Questa / bella d'erbe famiglia e d'animali* (Foscolo).

ipèrbole (dal greco *hypér*, "sopra", e *bállein*, "gettare"); esagerazione a fini espressivi di un concetto, per eccesso o per difetto. È una figura retorica molto comune anche nel linguaggio quotidiano: *morire di fame*; *magro come un grissino*; *lento come una tartaruga*.

ipèrmetro (dal greco *hypérmetron*, "oltre la misura"); si dice ipèrmetro un verso che eccede di una sillaba la sua misura regolare; il fenomeno si elimina tuttavia elidendo la sillaba finale davanti alla vocale iniziale del verso successivo. Es.: *È l'alba: si chiudono i petali / un poco gualciti* (Pascoli).

ipotàssi (dal greco *hypó*, "sotto", e *táksis*, "disposizione"); costruzione sintattica, modellata sulla prosa latina, basata sulla dipendenza di tutte le subordinate da un'unica proposizione principale. È un procedimento più colto e complesso rispetto alla paratassi (▶).

ipotipòsi (dal greco *hypotíposis*, «abbozzo»); rappresentazione particolarmente incisiva di un fatto o di un personaggio, tale che al lettore sembra di vederli con i propri occhi. Es.: *La bocca sollevò dal fiero pasto / quel peccator, forbendola a' capelli / del capo ch'elli avea di retro guasto* (Dante Alighieri).

ironia (dal greco *eironéia*, "finzione"); consiste nell'enunciare un concetto intendendo però affermare il contrario. Il contesto e l'intonazione aiutano l'interlocutore a decodificare correttamente il messaggio. L'ironia può essere evidenziata da figure retoriche quali la litòte (▶) e il paradòsso (▶). Es.: *Sei proprio brava nell'arte del far niente.*

iterazione (dal latino *iteratio*, «ripetizione»); ripetizione di suoni, di parole, di costrutti; si distinguono figure di iterazione fonetica, come l'*allitterazione* (▶), e figure di iterazione morfosintattica, come l'*anàfora* (▶).

K

kitsch (in tedesco, «scarto, rifiuto»); la parola tedesca indica oggetti, atteggiamenti, opere di cattivo gusto, espressioni della cultura di massa.

L

leitmotiv parola tedesca che significa letteralmente "motivo-guida". È termine proprio del linguaggio musicale, esteso anche alla letteratura; indica il motivo dominante e ricorrente di un'opera.

lirica (dal greco *lyriké*, "poesia accompagnata dal suono della lira"); è la forma poetica che esprime in modo soggettivo stati d'animo ed esperienze psicologiche e sentimentali.

litòte (dal greco *litós*, "semplice, attenuato"); procedimento con cui si esprime una qualità in forma attenuata, per lo più negandone il contrario (*non molto alto* invece di «basso»). Di solito ha valore ironico: *Don Abbondio non era nato con un cuor di leone* (Manzoni).

M

metàfora (dal greco *metaphérein*, "portare oltre"); è una delle figure retoriche più usate nella comunicazione. Consiste in una relazione di somiglianza tra due termini diversi, in una similitudine (▶) abbreviata, in cui è stato eliminato l'avverbio di paragone (come). Es.: *quella donna è un fiore* per dire che «è bella come un fiore».

metonìmia (dal greco *metonymía*, "scambio di nome"); sostituzione di un termine proprio con un altro, legato da un rapporto di contiguità. Può essere:
- l'effetto per la causa (come in

Leopardi: *lasciando...le sudate carte*, ossia «i libri che mi facevano sudare per la fatica»);
- la causa per l'effetto (*sentire le campane* invece che «il suono delle campane»);
- la materia prima per il prodotto finito (*legno* in luogo di «nave»);
- il contenente per il contenuto (*bere una bottiglia* invece che «il vino contenuto in una bottiglia»);
- l'autore per l'opera (*leggere Dante* invece che «l'opera di Dante»);
- il concreto per l'astratto (*fegato* invece di «coraggio»);

mimèsi (dal greco *mímesis*, "imitazione"); uno dei due modi, oltre alla diegèsi (▶) con cui, già secondo Aristotele, era possibile rappresentare un fatto nell'opera letteraria: in quello mimetico (tipico dell'azione drammatica), sono gli attori a rappresentare direttamente la vicenda. Nella narrativa, la tecnica mimetica consiste nel far riportare i fatti dalla voce dei personaggi, attraverso il discorso diretto (▶).

monòlogo (dal greco *monòlogos*, "che parla solo", composto di *mónos*, "solo", e *lógos*, "parola"); in teatro, è una scena in cui un attore parla da solo, come se pensasse ad alta voce. Si oppone a dialogo (▶).

monòlogo interiore il lettore viene direttamente introdotto nella vita interiore del personaggio, senza nessuna spiegazione o intervento introduttivo del narratore, e può ascoltare il libero dispiegarsi dei pensieri del personaggio. Tecnica tipica del romanzo del Novecento (Proust, Svevo, Mann, Kafka), il monologo interiore avviene sempre in prima persona, al tempo presente, attraverso il linguaggio tipico del personaggio, senza presupporre la presenza di un destinatario (▶); quest'ultima caratteristica lo distingue dal solilòquio (▶).

motivo unità tematica minore all'interno di un'opera letteraria, distinta dal tema, che è l'unità tematica principale.

N

narratore è colui che narra la storia e non va confuso con l'autore (▶); a seconda delle modalità adottate per esporre i fatti, il narratore può essere:
- interno, se è protagonista o testimone dei fatti narrati (narrazione in prima persona);
- esterno, se racconta una storia a cui non ha partecipato (narrazione in terza persona);
- palese, quando la sua presenza è manifesta, come in Manzoni, che esprime direttamente il proprio punto di vista;
- nascosto, quando non rivela la propria presenza, come in Verga, in base ai canoni veristi dell'oggettività e impersonalità.

neologismo (dal greco *néos*, "nuovo", e *lógos*, "parola"); un termine di recente formazione (come ad esempio birroteca, tangentòpoli), oppure un nuovo significato assunto da una parola già esistente (ad esempio "realizzare" nel significato di "rendersi conto").

nominale, costrutto frase in cui è stato soppresso il predicato verbale. Es.: *Attenti al cane*.

nonsense (in inglese, "assurdità"); espressione basata su un umorismo assurdo e irreale, come quello di Lewis Carroll nel romanzo *Alice nel paese delle meraviglie*, o di autori del «Teatro dell'assurdo» come Ionesco e Beckett.

novella breve narrazione di un fatto, reale o immaginario, a scopo di intrattenimento. In italiano il termine, in uso fino ai primi del Novecento, è oggi sostituito da racconto; i francesi distinguono invece la novella (*nouvelle*) dal racconto (*conte*) per una maggior lunghezza.

novenario verso di nove sillabe con l'ultimo accento sull'ottava sillaba.

O

ode componimento poetico, vario per struttura metrica, di contenuto elevato, tendente ad esaltare la grandezza morale e civile di fatti o eventi, o la bellezza della donna amata.

onomatopèa (dal greco *ónoma*, "nome", e *poieîn*, "fare"); epressione che riproduce o suggerisce, attraverso suoni della lingua, rumori o suoni di cose o animali che si vogliono rappresentare. Es.: *nell'aria c'è un breve* gre gre *di ranelle* (Pascoli).

ossìmoro (dal greco *oxy´s*, "acuto", e *morós*, "stupido"); è un accostamento di due termini di significato opposto. Es.: *silenzio eloquente, tacito tumulto, lucida follia.*

ottonario verso di otto sillabe con l'ultimo accento sulla settima.

P

paràbola (dal greco *parabállein*, "confrontare, paragonare"); breve narrazione allegorica il cui fine è quello di fornire un insegnamento di ordine morale. Gli esempi più celebri di parabole sono quelli di Cristo riportati nei Vangeli.

paradòsso (dal greco *pará*, "contro", e *dóxa*, "opinione"); espressione che indica ciò che, partendo da presupposti accettati come validi, giunge a conclusioni che vanno contro le aspettative, che contraddicono l'esperienza comune. Assume quindi anche il significato di *strano*, *sbalorditivo*.

paràfrasi (dal greco *paráphrasis*, da *paraphrázo*, "dire con parole simili"); procedimento che consiste nel trasformare un testo in un altro testo, dando regolarità all'ordine sintattico e sostituendo le parole meno usuali con altre di uso corrente; si attua prevalentemente per volgere in prosa un testo poetico, allo scopo di chiarire il senso del messaggio.

paratassi (dal greco *pará*, "vicino", e *táksis*, "disposizione"); costruzione sintattica basata sull'accostamento delle proposizioni, collegate tra loro tramite congiunzioni coordinanti o per *asìndeto* (▶). La *paratassi* rivela uno stile più rapido e vicino al parlato rispetto alla *ipotàssi* (▶).

parodìa (dal greco *paroidía*, "imitazione di un canto", composto da *pará*, "vicino", e *oidé*, "canto"); componimento letterario che imita, a scopo satirico, un altro testo, rovesciandone il tono da serio in umoristico.

parola-chiave il termine che, per la sua ricorrenza o densità concettuale nel testo, ne può consentire l'accesso all'interpretazione.

paronomàsia (dal greco *pará*, «vicino», e *onomasía*, «denominazione»); vicinanza di due parole simili dal punto di vista fonico, ma diverse per significato. Es.: *Chi dice* donna *dice* danno.

perìfrasi (dal greco *períphrasis*, "locuzione intorno"), detta anche comunemente *giro di parole*; figura retorica che consiste nell'utilizzare, anziché il termine proprio, una sequenza di parole per indicare una persona o una cosa. Può essere usata per evitare una ripetizione o come forma di attenuazione, o per dare rilievo espressivo alla frase. Es.: nel sonetto *A Zacinto* di Foscolo, Omero è indicato come *colui che l'acque / cantò fatali*...

pleonàsmo (dal greco *pléonasma*, «ridondanza»); è l'uso enfatico di elementi della frase (in particolare i pronomi) non essenziali dal punto di vista logico o grammaticale. Es.: *A me* mi *piace*; *non* ne *avevo proprio bisogno* di questo.

poema composizione poetica di notevoli dimensioni e di grande impegno, di carattere epico, storico, didascalico, cavalleresco.

poetica il termine indica l'idea complessiva che l'autore possiede dell'arte, in base alla quale compone le proprie opere.

polisindeto (dal greco *polysỳndeton*, "con molti legami"); è una figura sintattica che consiste, al contrario dell'asìndeto (▶), nel collegare termini, sintagmi o proposizioni attraverso la ripetizione frequente della stessa congiunzione coordinante, in particolare della *e*. In genere serve a dare al periodo un andamento solenne, oppure un ritmo concitato. Es.: *e mi sovvien l'eterno, e le morte stagioni, e la presente e viva, e il suon di lei* (Leopardi).

proèmio (dal greco *proóimion*, "preludio"); la parte introduttiva di un'opera, in particolare di un poema (▶); contiene in genere la presentazione dell'argomento (proposizione), l'invocazione (agli dèi, alle Muse), e talvolta la dedica a un mecenate o a un «signore».

prosopopèa (dal greco *prósopon*, "volto", e *poiéin*, "fare"); figura retorica di uso classico che consiste nel far parlare un personaggio assente o defunto, cose inanimate o astratte, come se fossero persone reali. Ad esempio, Giosuè Carducci, nella lirica *Davanti San Guido*, fa parlare i cipressi.

protagonista (dal greco *prôtos*, "primo", e *agonistés*, "combattente, attore"); il personaggio principale di una narrazione, di un'azione drammatica, di un film.

Q

quartina strofa di quattro versi in rima, secondo lo schema ABAB o ABBA; due quartine costituiscono la prima parte del sonetto.

quaternario verso di quattro sillabe con accento sulla terza.

quinario verso di cinque sillabe con l'ultimo accento sulla quarta.

R

referente tutto ciò (oggetti, persone, luoghi) a cui un segno linguistico fa riferimento nella realtà.

refrain (in francese = "ritornello"); ripresa, all'interno di un componimento poetico, di uno più versi in fine di strofa.

registro il livello stilistico utilizzato da un parlante (o da uno scrivente); le scelte lessicali e sintattiche, che dipendono dalle varie situazioni comunicative, possono essere di tipo formale (aulico, letterario, burocratico, ufficiale, medio ecc.) o di tipo informale (colloquiale, familiare, gergale, popolare, dialettale, espressivo ecc.).

reticenza (dal latino *reticere*, "tacere"); interruzione di una frase per lasciarne intuire la conclusione al lettore, coinvolgendolo emotivamente nella situazione. È segnalata dai puntini di sospensione.

rima identità di suono tra due o più parole in chiusura di verso, a partire dall'ultimo accento (*vITA/smarrITA*). Quando l'identità di suono non è perfetta si parla di *assonanza* (▶) o *consonanza* (▶); quando una parola in chiusura di verso rima con altra all'interno di un verso si parla di *rima al mezzo*; *rima ricca* è quella composta da un numero elevato di lettere, oppure quando si tratta di rima difficile. Le rime possono essere *baciate* (AABBCC), *alternate* (ABABAB), *continuate* (AAA), *incrociate* (ABBA), *replicate* (ABCABC), *invertite* (ABCCBA).

ritmo (dal greco *rythmós*, «movimento regolato»); è costituito dall'alternarsi, all'interno di un *verso* (▶), di sillabe accentate dette *arsi* (dal greco *àrsis*, «innalzamento»), e di sillabe atone dette *tesi* (dal greco *thésis*, «abbassamento»), di *cesure* (▶) e di suoni. L'accento ritmico che cade sulla sillaba accentata si chiama *ictus* (in latino, «percussione»). Non necessariamente l'accento tonico (quello che cade sulla sillaba anche in prosa) e l'accento ritmico coincidono.

romanza detta anche ballata romantica; componimento poetico tipico del Romanticismo, che tratta in genere, con varietà metrica, argomenti politico-patriottici, storico-medievali, sociali.

romanze, letterature il complesso delle opere scritte nelle lingue d'oc, d'oïl, del sì, derivate dal latino.

romanze, lingue le lingue derivate dal latino nelle regioni che facevano parte dell'Impero romano, successivamente differenziatesi per motivi storici. Le lingue romanze sono quella del sì (l'italiano), d'oc (il provenzale, nel meridione della Francia), d'oïl (il francese, nel nord della Francia), lo spagnolo, il portoghese, il rumeno (o valacco), il ladino e il sardo.

romanzo narrazione in prosa distinta dalla novella (▶) e dal racconto per la maggiore ampiezza. Viene classificato, in base ai contenuti, in numerosi generi: gotico, storico, poliziesco, di fantascienza, naturalista, d'appendice, rosa.

S

saggio opera di studio critico su un autore, un'opera, un movimento, un periodo storico.

sarcasmo (dal greco *sarkázo*, «lacero le carni»); forma di *ironia* che scaturisce da sdegno morale.

segno nell'ambito della comunicazione linguistica, segno indica tutto ciò che, all'interno di un codice preciso, denota convenzionalmente, tramite espressione sonora o grafica (significante), un determinato concetto (significato).

semàntica (dal greco *semantikós*, "dotato di significato"); la scienza che si occupa dei significati, analizzando i rapporti che legano segno e oggetto designato (referente).

semiologia (dal greco, composto di *semêion*, "segno", e *loghía*, "studio"); la semiologia (successivamente denominata semiotica in seguito ad alcuni spostamenti teorici), trae origine dal *Corso di linguistica generale* (1916) di Ferdinand de Saussure, e successivamente, grazie all'apporto del formalismo russo, dello strutturalismo e della fenomenologia, va delineandosi e specificandosi negli anni Sessanta. È la scienza generale che si occupa dello studio di tutti i sistemi di segni, linguistici e non linguistici (gestuali, visivi, uditivi ecc.) attraverso i quali avviene la comunicazione.

senario verso di sei sillabe con accento obbligato sulla quinta.

sestina componimento poetico formato da sei strofe di sei versi endecasillabi ciascuna, con un congedo di tre endecasillabi.

settenario verso di sette sillabe con l'ultimo accento sulla sesta.

sillogismo (dal greco *sylloghismós*, composto da *syn*, "insieme", e *loghismós*, "concetto"); forma di ragionamento deduttivo definita da Aristotele. È composto da una premessa maggiore (tutti gli uomini sono mortali), una premessa minore (io sono un uomo), e una conclusione che ne è la logica conseguenza (io sono mortale).

simbolo (dal greco *symbállein*, "mettere insieme"); un oggetto concreto chiamato a rappresentare una delle sue qualità più evidenti; il leone, ad esempio, è simbolo della forza, il ferro della durezza. Mentre nell'allegoria (▶) il rapporto tra due entità è artificiale, stabilito dalle convenzioni culturali, nel simbolo tale rapporto ha invece un fondamento naturale. Spesso, tuttavia, il significato del simbolo non è immediatamente riconoscibile, perché possiede una molteplicità di significati e un forte potenziale evocativo e allusivo, legati alla soggettività del poeta e affidati alla libera interpretazione del lettore. La letteratura ricorre a simboli quando vuole indicare qualcosa che, per la sua complessità e ambivalenza, non può essere espressa direttamente ed esaurientemente. Tale per esempio è il valore simbolico di Moby Dick: la realtà della balena non giustifica infatti da sola tutti i moventi dell'azione o gli atteggiamenti del capitano Achab.

similitudine figura retorica che serve a dare risalto ad un determinato elemento, mettendolo in relazione con un altro che si ritiene più conosciuto, per renderlo più facilmente comprensibile, oppure a scopi espressivi. La relazione di somiglianza è introdotta da avverbi di paragone o locuzioni avverbiali (*così... come...*; *quale...tale...*; *simile a...*).

sinalèfe (dal greco *sy´n*, "insieme", e *aléiphein*, "unire"); fusione di due vocali contigue (una in fine di parola, l'altra al principio di quella successiva), che vengono così a formare un'unica sillaba metrica. Il fenomeno contrario si chiama dialèfe (▶).

sincope (dal greco *sýn*, «insieme», e *kóptein*, «tagliare»); caduta di una sillaba all'interno di una parola, per ragioni metriche. Es.: la parola *spirto*, ottenuta da «spirito» per *sincope* della *i* (e da trisillabica diventa bisillabica).

sincronìa (dal greco *sy´n*, "insieme", e *chrónos*, "tempo"); indica il rapporto che vi è tra gli elementi di un sistema linguistico in un determinato momento del suo sviluppo, senza quindi tener conto della sua dinamica evolutiva. Vedi anche *diacronìa*.

sinèddoche (dal greco *synekdéchomai*, "afferro insieme"); figura retorica con cui si indica uno spostamento di significato tra due termini legati da un rapporto di continuità:
- la parte per il tutto (*il tetto* invece della «casa»);
- il tutto per la parte (*una cintura di coccodrillo*, invece che «di pelle di coccodrillo»);
- il singolare per il plurale (*l'italiano* è *sportivo* invece che «gli Italiani sono sportivi»);
- il plurale per il singolare (*i cieli* invece del «cielo»);
- la specie per il genere (*guadagnarsi il pane* invece che "i cibi");
- il genere per la specie (*i mortali* invece che «gli uomini»);

sinèresi (dal greco *synaireîn*, «raccogliere»); fenomeno contrario alla *dièresi* (▶); si verifica quando due vocali contigue, che normalmente non formano dittongo, si contraggono in una sola sillaba. Es.: *ed erra l'armonia per questa valle* (Leopardi).

sinestesìa (dal greco *sy´ n*, "insieme", e *aisthánesthai*, "percepire"); significa quindi "percezione simultanea"; figura retorica consistente nell'accostare nella stessa espressione indicazioni relative a campi sensoriali diversi. Per es. in Dante (*Inferno*, V): *Io venni in loco d'ogni luce* (vista) *muto* (udito).

solilòquio (dal latino *solus*, "solo", e *loquor*, "parlo"); tecnica tipica del teatro, poi adottata anche dalla narrativa; si verifica quando un personaggio prende la parola e, rivolgendosi a se stesso, dà libero sfogo ai propri sentimenti e pensieri. A differenza del monòlogo interiore (▶), il soliloquio prevede un destinatario a cui il discorso, implicitamente o esplicitamente, è rivolto. Nei *Promessi sposi*, ad esempio, i pensieri di don Abbondio sulla strada del castello dell'Innominato (*E costui!... dopo aver messo sottosopra il mondo con le scelleratezze, ora lo mette sottosopra con la conversione...*) sono mentalmente rivolti all'innominato.

sommario vedi *durata.*

sonetto costituisce, insieme alla canzone, una delle forme liriche fondamentali della letteratura italiana. Secondo l'ipotesi più accreditata, a differenza della canzone (componimento più ampio, diviso in stanze formate da versi settenari e endecasillabi) e della ballata (legata alla musica e alla danza), di origine provenzale, il sonetto avrebbe avuto origine in Italia, precisamente nell'ambito della Scuola siciliana, costituitasi intorno alla corte dell'imperatore Federico II di Svevia tra il 1230 e il 1250.
Il nome deriva dal provenzale *sonet*, "canzonetta" (forma diminutiva di *son*, "suono") nel significato di "aria di musica" che accompagnava i versi. È una breve composizione dalla struttura rigorosa, che sembra derivare dall'elaborazione di una stanza (strofa) isolata della canzone. È formato da quattordici versi endecasillabi distribuiti in due quartine (strofe di quattro versi) e due terzine (strofe di tre versi). Le rime delle quartine devono essere soltanto due; ciascuna di esse ritorna quindi quattro volte, secondo gli schemi ABAB/ABAB (rime alternate) o ABBA/ABBA (rime incrociate); le rime delle terzine possono essere due o tre, secondo combinazioni varie.

stanza parte di un componimento poetico: la strofa della canzone o l'ottava del poema cavalleresco.

stereòtipo (dal greco *stereós*, «fermo, stabile»", e *týpos*, «modello»); modello rigido, ripetitivo, convenzionale, privo di tratti originali.

stilema è una caratteristica stilistica che, per il suo uso e ricorrenza, caratterizza un testo, un autore o una scuola poetica.

strofa (dal greco *strophé*, "voltava", in riferimento al cambio di direzione della danza del coro della tragedia greca); raggruppamento di più versi, secondo schemi codificati dalla tradizione letteraria. Le strofe possono essere costituite da due versi (*distico*), tre versi (*terzina*), quattro versi (*quartina*), sei versi (*sestina*), otto versi (*ottava*). Vi sono poi, soprattutto nella poesia moderna, strofe libere, non vincolate ad un numero preciso di versi.

suspense (sostantivo inglese, derivato dal latino *suspensum* da *suspendere*, "sospendere"); stato di apprensione e di attesa con cui si segue lo sviluppo di una vicenda, soprattutto in opere letterarie e cinematografiche.

T

tema di fondo è il nucleo concettuale più importante e profondo di un'opera d'arte, che si articola in vari temi e motivi particolari. Ad esempio, nei *Promessi sposi* il tema di fondo è costituito dalla Provvidenza, attorno a cui ruotano i temi del peccato, della grazia, del perdono, della giustizia ecc.

tempo è uno degli elementi strutturali della narrazione, che è racconto di una successione di eventi. Occorre distinguere il tempo della storia (quello reale degli avvenimenti narrati) e il tempo della scrittura (il tempo impiegato nella narrazione per raccontare gli eventi).

ternario verso di tre sillabe con accento sulla seconda.

terzina strofa di tre versi endecasillabi. *Terzine* sono ad esempio la seconda parte del *sonetto* (▶). In *terzine* è composta la *Divina Commedia* di Dante Alighieri, in cui le *strofe* (▶) sono collegate (*incatenate*) dalla rima ABA-BCB-CDC...

tòpos (dal greco *tópos*, "luogo"); indica un'espressione, un'immagine, una situazione che nella tradizione letteraria hanno sempre continuato ad essere utilizzate divenendo un luogo comune, oppure un motivo ricorrente nell'opera di un autore. Quando il tòpos è convenzionale, non rivitalizzato creativamente dall'autore, allora diventa uno stereotipo.

tranche de vie (in francese, "pezzo di vita"); tecnica narrativa, tipica del Naturalismo e del Verismo, che consiste nell'introdurre nella narrazione testimonianze dirette e documenti d'ambiente, per rappresentare in modo oggettivo e impersonale personaggi e situazioni.

traslato (dal latino *translatus*, "trasformato, trasportato"); indica un significato metaforico, figurato di una parola o di una espressione. I traslati più comuni sono la metàfora (▶), la metonìmia (▶), la sinèddoche (▶), la perìfrasi (▶).

trattato è un'opera che tratta in maniera sistematica argomenti di carattere scientifico, storico, filosofico, teologico, letterario.

trovatore (dal provenzale *trobar*, "comporre"); termine che designa i poeti della letteratura provenzale (XI-XIII sec.), che componevano in lingua d'oc. I poeti che trasferirono i temi della lirica provenzale in lingua d'oïl (l'antico francese) erano invece chiamati trovieri.

troviere vedi *trovatore.*

V

verso (dal latino *vertere*, “andare a capo”); unità metrica e ritmica composta da un numero prestabilito di sillabe e delimitata da una pausa (*cesura*).
A differenza della metrica classica, che era *quantitativa* (basata sull’alternanza nel *verso* di sillabe brevi e lunghe) la metrica moderna è detta *accentuativa*, caratterizzata cioè dalla posizione degli accenti ritmici posti su determinate sillabe.

verso libero verso svincolato da qualsiasi schema metrico e ritmico. Teorizzato dai poeti francesi di fine Ottocento (Rimbaud, Mallarmé...), si è gradualmente imposto nel Novecento come forma ideale per esprimere il variare continuo dello stato d’animo del poeta.

versi sciolti struttura poetica senza divisioni in *strofe* (▶) e in cui i *versi* (generalmente *endecasillabi* (▶) non sono legati dal vincolo della *rima* (▶).

Z

zeugma (in greco, «aggiogamento»); dipendenza da un unico verbo di più enunciati che richiederebbero ciascuno un proprio verbo reggente. Es.: nel verso dantesco *parlare e lacrimar vedrai insieme*, *parlare* e *lacrimar* dipendono entrambi dal verbo *vedere*, mentre *parlare* richiederebbe come reggente il verbo *udire*.

INDICE DEGLI AUTORI IN DIGITALE

INDICE DEGLI AUTORI ANTOLOGIZZATI